경제편
수산업-염업
일제의 염업 개발과 통제

경제편

일제침탈사
자료총서 37

수산업-염업

—일제의 염업 개발과 통제

동북아역사재단 일제침탈사편찬위원회 기획

류창호 편역

발간사

　일본이 한국을 침탈한 지 100년이 지나고 한국이 일본의 지배로부터 벗어난 지 70년이 넘었건만, 식민 지배에 대한 청산은 이루어지지 못하고 있다. 일본의 독도영유권 주장은 도를 넘어섰다. 일본은 일본군'위안부', 강제동원 등 인적 수탈의 강제성도 인정하지 않고 있다. 일본군'위안부'와 강제동원의 피해를 해결하는 방안을 놓고 한·일 간의 갈등은 최고조에 이르고 있다. 역사문제를 벗어나 무역분쟁, 안보위기 등 현실문제가 위기국면을 맞고 있다.

　한·일 간의 갈등은 식민 지배의 역사를 어떻게 볼 것인가 하는 역사인식에서 기인한다. 역사는 현재와 과거의 대화이며 이를 기반으로 미래로 나아갈 수 있다. 과거 침략의 역사를 미화하면서 평화로운 미래를 말하는 것은 불가능하다. 식민 지배와 전쟁발발의 책임을 인정하지 않고 반성하지 않으면 다시 군국주의가 부활할 수 있고 전쟁이 일어날 위험성도 배제할 수 없다. 미래지향적 한일관계를 형성하고 나아가 동아시아의 평화와 번영의 기틀을 조성하기 위해 일본은 식민 지배의 책임을 인정하고 그 청산을 위해 노력해야 할 것이다.

　식민 지배의 역사를 청산하기 위해서는 식민 지배는 어떻게 이루어졌는지 그 실상을 명확하게 규명하는 일이 긴요하다. 그동안 일본제국주의에 맞서 조국의 독립을 위해 헌신한 독립운동가들의 활동을 찾아내고 역사적으로 평가하는 일에는 상당한 성과를 거두었다. 반면 일제 식민침탈의 구체적인 실상을 규명하는 일에는 충분한 노력을 기울이지 못했다. 제국주의가 식민지를 침탈했다는 것은 너무나 당연한 사실로 여겨졌기 때문에, 굳이 식민 지배에서 비롯된 수탈과 억압, 인권유린을 낱낱이 확인할 필요가 없었는지도 모른다. 그러는 사이 일본은 식민 지배가 오히려 한국에 은혜를 베푼 것이라고 미화하고, 참혹한 인권유린을 부인하는 역사부정의 인식을 보이는 데까지 이르고 있다. 일제의 통치와 침탈, 그리고 그 피해를 종합적으로 조사하고 편찬할 필요성이 여기에 있다.

　일제침탈사를 체계적으로 정리하는 일은 개인이 감당하기 어렵다. 이에 우리 재단은 한국학계의 힘을 모아 일제침탈사 편찬위원회를 꾸렸다. 편찬위원회가 중심이 되어 일제의 식민지 침탈사를 정치·경제·사회·문화 모든 방면에 걸쳐 체계적으로 집대성하기로 했다. 일제 식민침탈의 실체를 파악하기 위해 2020년부터 세 가지 방면으로 사업을 추진하고 있다. 하나는 일제침탈의 실상을 구체적이고 생생한 자료를 통해서 제공하는 일로서 〈일제침탈사 자료총서〉로 편찬한다. 다른 하나는 이들 자료들을 바탕으로 연구한 결과물을 〈일제침탈사 연구총서〉로 간행한다. 그리고 연구의 결과를 대중들이 이해하기 쉽게 〈일제침탈사 교양총서〉를 바로알기 시리즈로 간행한다. 자료총서 100권, 연구총서 50권, 교양총서 70권을 기본목표로 삼아 진행하고 있다.

〈일제침탈사 자료총서〉에서는 정치·경제·사회·문화 모든 방면에 걸쳐 침탈의 역사를 자료적 차원에서 종합했다. 침략과 수탈의 역사를 또렷하게 직시할 수 있도록 생생한 자료를 제공하는데 목표를 두었다. 그동안 관련 자료집도 여러 방면에서 편찬되었지만 원자료를 그대로 간행한 경우가 많았다. 이번에 발간되는 자료총서는 해당 주제에 대한 침탈의 실상을 체계적으로 이해할 수 있는 구성방식을 취했으며, 지배자의 언어로 기록되어 있는 자료들을 독자들이 쉽게 읽을 수 있도록 모두 번역했다. 자료총서를 통해 일제 식민 지배의 실체와 침탈의 실상을 있는 그대로 이해할 수 있게 되기를 기대한다.

2021년
동북아역사재단 이사장

| 편찬사

    1945년 한국이 일제 지배로부터 해방된 지 76년의 세월이 지났다. 그럼에도 불구하고 일본 사회 일각에서는 여전히 일제의 한국 지배를 합리화하고 미화하는 주장이 나오고 있으며, 최근에는 한국 사회 일각에서도 일제 지배를 왜곡하고 옹호하는 주장이 나오고 있다. 이는 한국과 일본 사회, 한일 관계와 동아시아 국제관계의 미래를 위해서도 결코 바람직하지 않은 일이다.

    이에 동북아역사재단은 일제의 한국 침략과 식민 지배에 대한 학계의 연구 성과를 총정리한 〈일제침탈사 연구총서〉를 발간하기로 하였다. 이에 따라 2019년 9월 학계의 전문가를 중심으로 편찬위원회를 구성하였으며, 편찬위원회는 학계의 연구 성과를 토대로 정치·경제·사회·문화 부문에서 일제의 침탈이 어떻게 이루어졌는지 정리하여 연구총서 50권을 발간하기로 하였다.

    주지하듯이 1905년 일제는 러일전쟁에서 승리한 뒤, 한국에 군대를 주둔시키면서 한국의 외교권을 빼앗고 통감부를 두어 내정에 간섭하였다. 1910년 일제는 군사력으로 한국 정부를 강압하여 마침내 한국을 강제 병합하였다. 이후 35년간 한국은 일제의 식민 통치를 받았다.

    일제는 한국의 영토와 주권을 침탈하였을 뿐만 아니라, 군사력과 경찰력으로 한국을 지배하면서, 정치·경제·사회·문화의 모든 부문에서 한국인의 권리와 자유, 기회와 이익을 박탈하거나 제한하였다. 정치적으로는 군사력과 경찰력, 각종 악법을 동원하여 독립운동을 탄압하고, 한국인의 정치활동을 억압하고 참정권을 박탈하였으며, 집회와 결사의 자유를 억압하였다. 경제적으로는 일본자본이 경제의 주도권을 장악하고, 일본인 위주의 경제정책을 수행했으며, 식량과 공업원료, 지하자원 등을 헐값으로 빼앗아 갔고, 농민과 노동자 등 대다수 한국인의 경제생활을 어렵게 하였다. 사회적으로는 한국인들을 차별적으로 대우하고, 한국인의 교육의 기회를 제한하고, 한국인으로서의 정체성을 박탈하여 결국은 일본의 2등 국민으로 만들고자 하였다. 문화적으로는 표현과 창작의 자유, 종교와 사상의 자유를 억압하고,

한글 대신 일본어를 주로 가르치고, 언론과 대중문화를 통제하였다. 중일전쟁, 아시아태평양전쟁을 도발한 뒤에는 인적·물적 자원을 전쟁에 강제동원하고, 많은 이들을 전장에 징집하여 생명까지 희생시켰다.

〈일제침탈사 연구총서〉는 침탈, 억압, 차별, 동화, 수탈, 통제, 동원 등의 단어로 요약되는 일제의 침략과 식민 지배의 실상과 그 기제를 명확히 밝히고자 하였다. 이를 통해 일제의 강제 병합을 정당화하거나 식민 지배를 미화하는 논리들을 비판 극복하고, 더 나아가 일제 식민 지배의 특성이 무엇이었는지, 식민 통치의 부정적 유산이 해방 이후에 어떤 영향을 미쳤는지를 밝히고자 하였다.

편찬위원회는 연구총서와 함께 침탈사와 관련된 중요한 주제들에 관하여 각종 법령과 신문·잡지 기사 등 자료들을 정리하여 〈일제침탈사 자료총서〉도 발간하기로 하였다. 아울러 일반인과 학생들이 보다 쉽게 읽을 수 있는 〈일제침탈사 교양총서〉를 바로알기 시리즈로 발간하기로 하였다.

일제의 한국 침략과 식민 지배의 역사는 광복 후 서둘러 정리해냈어야 했지만, 학계의 연구가 미흡하여 엄두를 내기 어려웠다. 이제 학계의 연구가 어느 정도 축적되어 광복 80주년을 맞기 전에 이와 같은 작업을 할 수 있게 된 것을 다행으로 생각한다. 한일 양국 국민이 과거사에 대한 올바른 역사인식을 갖고 성찰을 통해 미래를 향해 함께 나아갈 수 있기를 기대하면서 삼가 이 책들을 펴낸다.

2021년
동북아역사재단 일제침탈사 편찬위원회

차례

발간사	4
편찬사	6
편역자 서문	11

I 일제강점기 염업 관련 신문 기사

	<해제>	16
1	개항기의 염업 개혁과 천일제염 시도	18
2	1910~1920년대 조선총독부의 염업 정책과 천일염전 확장 사업	39
3	1930년대 이후 조선총독부의 염업 통제와 제염업의 공업화	68

II 염업 조사 사업

	<해제>	104
1	일본영사관의 한국염업 조사	108
2	전매국의 천일염전 예정지 조사	179

III 「염세규정」 반포와 천일제염의 관영화(官營化)

	<해제>	202
1	염세규정 반포와 염세 징수	205
2	통감부의 한국염업 관습조사	248
3	수입염의 밀수입 상황	274
4	천일제염의 시험	303
5	관영 천일염전체제의 구축	312

IV   염세 및 염 전매 관련 법령

       <해제> 352
1. 염세규정(鹽稅規程) 354
2. 염수이입관리령(鹽輸移入管理令) 356
3. 염 전매법(鹽專賣法) 363

V   일제의 천일염전 확장과 제염업의 공업화

       <해제> 408
1. 조선 천일제염사업 개관 412
2. 천일염전 시찰 및 회고 465
3. 염부들의 노동과 일상 525
4. 제염법 개량 방안 545
5. 염의 밀수출과 수이입 대책 583
6. 제염의 공업화 및 고즙공업 612
7. 기타 소금 상식(강연록, 칼럼 등) 650

VI   조선 염업의 회고

       <해제> 668
1. 조선에서의 천일염전 축조에 대하여 672
2. 조선에서의 천일염전의 축조와 일본에서의 염의 수급방책 715

       자료 목록 750
       참고문헌 761
       찾아보기 767

일러두기

1. 일제침탈사 자료총서는 가급적 일반 시민들이 읽고 이해할 수 있는 현대적인 문장과 내용으로 구성했다.
2. 인명 및 지명 등 고유명사는 처음 등장할 때 원어를 병기하고 이후에는 한글만 표기했다. 한글 표기는 국립국어원 외래어표기법에 따랐다.
3. 연도는 서력 표기를 원칙으로 하고 관련 연호는 병기했다. 날짜는 원문 그대로 하고 음력과 양력 여부를 알 수 있는 경우에만 '(음)', 또는 '(양)'으로 기재했다.
4. 숫자는 천 단위까지 아라비아 숫자로 표기하고 만 단위 이상은 '만'자를 넣어 표기했다. 도표 안의 숫자는 가급적 그대로 표기했다.
5. 국한문혼용체와 같이 탈초만으로 문장을 이해하기 힘든 경우는 현대어로 윤문한 번역문을 따로 갖추었다. 또한 풀어쓰기 어려운 낱말이나 문구는 원문을 병기하거나 편역자주를 이용했다.
6. 낱말이나 문구에 대한 설명이 필요한 경우, 또는 편찬사업의 취지에 따라 자료 해설이 필요한 경우 편역자주를 적극 활용했다.
7. 판독이 불가한 글자의 경우 ■로 표기했다.

편역자 서문

　이 책에서 소개하고 있는 자료들은 주로 과거에 편역자가 박사학위논문을 준비하면서 수집한 염업 관계 자료들 중에서 취사선택하여 번역한 것이다. 편역자는 오랫동안 천일제염법의 도입 과정과 그로 인해 변화된 근대염업체제의 영향에 대해서 여러 가지 고민을 해왔다. 그리고 수집된 자료를 하나하나 일독해 가면서 근대 시기 한국 염업과 연결된 수많은 끈들을 찾을 수가 있었다. 물론 그 수많은 끈들 중에서도 가장 유력한 변화의 원동력으로 작용한 것이 일제의 침략주의 정책에 있었다는 것은 의심할 여지없는 사실이었다. 하지만 역사는 결코 일제가 계획하고 의도한 대로만 흘러가지 않았고, 이는 염업에 있어서도 마찬가지였다.

　주지하듯이 러일전쟁 이후 일제는 한국을 식민지로 삼으려는 제반정책을 본격적으로 추진하면서 한국의 재정개혁 방안 중의 하나로 염업의 전매제도(專賣制度) 도입을 고려하게 되었다. 아울러 제염의 생산방식에서도 종래의 자염(煮鹽) 생산법이 아닌 천일제염법(天日製鹽法)을 도입하여 서해안 간석지에 대규모 천일염전을 조성하였다. 1945년 해방 전까지 관영 및 민간자본으로 조성된 천일염전이 무려 7,000여 정보(町步)에 이른다. 이는 식민지기 당대에도 조선총독부의 대표적인 업적으로 선전되었을 뿐 아니라, 해방 이후에도 한동안 별다른 이의 제기 없이 사람들의 입에서 회자되기도 하였다. 여기에는 생산비를 극적으로 낮추고, 또 염 순도를 끌어올린 천일제염법을 오랫동안 근대적 제염 생산방식의 하나로 인식하는 분위기가 있었기 때문에 가능했던 일로 여겨진다. 반면에 이러한 식민지기 일제의 성과를 근본적으로 부정하는 입장도 있다. 천일염전의 건설로 인해 전통적인 자염이 자취를 감추게 되었으며, 또 천일염의 대량 생산으로 일본이 상당량의 원염을 수탈해 갈 수 있는 기반이 조성되었다는 주장이다. 하지만 이와 같이 천일제염의 '근대성'을 과도하게 높이 평가하는 견해나, 또 반대로 식민지기의 '수탈성'만을 강조하는 견해는 모두 식민지기의 염업사를 표피적으로만 해석한 오류이다. 일제가 40여 년간 수행한 염업 개혁에는 근대국가로의 성장 동력이 되는 재정(財政) 및 세제(稅制) 개혁, 그리고 근대제염법의 수용에 따른 염 수요의 확대 등이 모두 고려되고 있었다. 문제는 이러한 20세기 초의 체제변화기를 맞이하여 일제가 선택한 길이 어디에 있었는가를 확인하는 작업이다.

40여 년간의 일제의 염업 정책을 요약하자면 완전한 염 전매제의 시행과 관영 천일염전 체제 내에서의 자급자족 완성이 목표였다고 하겠다. 국내에서 소비되는 모든 소금에 대해 생산, 유통, 판매 전반을 정부가 독점하고 통제하겠다는 것이 그 골자이다. 전통적 자염 방식의 민간 염업 체제가 수이입염(輸移入鹽)의 급증으로 붕괴 직전에까지 처한 상태에서 일제의 이러한 정책 방향은 어쩌면 달리 선택할 길이 없었기 때문일지도 모르겠다. 그러나 염 전매제도로 들어서기까지에는 무려 35년이란 시간이 걸려야 했고, 천일염전 축조 사업 역시 숱한 실패의 과정을 겪어야 했다. 따라서 1920년대까지 한반도는 식염의 생산지라기보다는 오히려 관동주(關東州), 대만(臺灣) 등 일본의 다른 식민지로부터 그들의 잉여염(剩餘鹽)을 공급받는 소비지로서 유효했다는 생각마저 들게 한다. 이는 식민 통치의 효율성을 강조한 일제 당국의 기획된 의도일 수도 있고, 또 그만큼 한반도 내에서의 염업 개혁이 수많은 난관을 겪을 정도로 어려웠음을 증명하는 일이기도 하다.

결국 식민지기의 염업 발전은 전쟁이라는 비정상적 상황에서 급속히 이루어졌다. 1931년 만주사변, 그리고 1937년 중일전쟁의 발발로 빠르게 성장하는 화학공업 및 군수산업에 원료염(공업염)을 공급한다는 미명 하에 기설(既設) 천일염전의 두 배에 달하는 염전들이 1930년대 이후 건설되었다. 그리고 이러한 천일염전의 급속한 개발은 인력 부족과 관리 소홀 등으로 수많은 부작용을 발생시켰다. 식염의 자급자족도 완성시키지 못한 상태에서 공업염 개발을 독촉받고, 또 제염의 부산물로 얻어지는 '고즙(苦汁)'이 금속마그네슘 원료로 대량 반출되는 사태까지 벌어졌다. 따라서 소위 전시체제기에 이루어진 염업 발전은 마치 브레이크가 고장 난 자동차가 질주하는 것처럼 그 결과가 뻔히 보이는 길이었다. 아울러 1942년에 발포된 〈조선 염 전매령〉 역시 전매제도의 본의를 완전히 상실한 채, 전시통제경제의 강화책으로서만 기능하고 말았다. 식민지 피지배민으로서 조선인은 근대제염의 물질적 풍요를 제대로 향유하지도 못한 채, 생존필수품으로서의 소금만을 배급제로 구입해야 하는 어려움을 한동안 겪게 된 것이다.

식민지기의 한국 염업을 올바로 이해하기 위해서는 이와 같이 식민지 염업에 내재된 '근대성'과 '식민성'을 적확하게 파악하는 작업이 반드시 필요하다. 그리고 이러한 작업은 식민지기에 편찬된 사료를 통찰하는 작업에서부터 시작되어야 할 것이다. 통감부 시기부터 일제는 식민지 경영을 위한 재원 창출의 일환으로 염업에 많은 관심을 표명하였고, 이에 관한 자료 역시 상당한 양이 남아 있다.

이 책은 이러한 일제강점기 염업 전반에 걸친 자료들을 수집하고 정리한 결과물이다. 주제별로 구분한 자료들을 총 6장으로 나누고, 이를 다시 시기별로 정리하였다. 아울러 『조선전매사』(1936)와 같이 조선총독부 당국이 정리한 관찬사료보다는 1차 사료로서의 의미가 더 높은 자료들을 우선하여 선별하였음을 밝힌다. 《황성신문》, 《매일신보》, 《동아일보》와 같은 신문 기사는 물론, 외무성, 농상무성, 탁지부, 전매국 등에서 생산한 다량의 보고서, 논문, 기타 팸플릿 등이 그것이다. 편찬자가 번역하여 정리한 이들 자료들을 통해 일제강점기 염업에서 펼쳐진 다양한 면모들을 확인할 수 있기를 바란다.

마지막으로 책이 출간하기까지 편찬자는 많은 분들의 도움을 받았음을 밝히는 바이다. 가장 먼저 편찬자를 지도하며 연구자의 길로 인도해 주신 인하대학교 사학과의 여러 선생님들께 감사의 말씀을 전한다. 특히 편찬자의 지도교수이시기도 한 이영호 선생님의 가르침과 격려가 없었으면 지금의 결과물은 불가능했을 것이란 생각이 든다. 아울러 때로는 형님과 같은 따뜻함으로, 때로는 스승의 엄격함으로 맞아 주시는 윤승준, 임학성 두 분 선생님께도 특별히 감사의 마음을 전하고 싶다. 이 밖에도 고마움을 표해야 할 분들이 너무도 많지만 지면 관계상 일일이 거론할 수 없는 점 죄송스럽게 생각한다. 다만 번역 작업에서 편찬자를 도와주신 두 분 선생님께는 감사 인사를 빠트려서는 안 될 듯싶다. 고신문의 번역과 윤문에는 전 인천문화재단 대표이신 김윤식 선생님의 도움을 받았고, 편찬자의 어눌한 일본어 번역은 후배인 윤현명 선생이 교정해 주었다. 두 분 선생님께 지면으로나마 감사의 인사를 전한다. 이 밖에도 본서의 기획과 출판에 애써 주신 동북아역사재단의 이사장 및 관계자 여러분께도 깊은 감사를 드린다.

편역자 류창호

I

일제강점기 염업 관련 신문 기사

해제

국립중앙도서관의 '대한민국 신문 아카이브'(https://nl.go.kr/newspaper)에서 1945년 8월 15일 이전까지의 기간 동안에 '염업'을 키워드로 검색해 보면 총 686건의 검색 결과가 나온다. '제염(製鹽)'이나 '소금(鹽)', '염전' 등의 검색어까지 활용하면 이보다 훨씬 많은 검색 결과가 나올 것이고, 또《동아일보》,《조선일보》및 기타 일본어 신문까지 포함한다면 수천, 수만 건의 기사까지도 찾아질 것이다. 이 모든 신문 기사를 다 소개할 수는 없는 노릇이어서, 우선 시기를 개항기와 일제강점기의 전·후기로 구분하였고, 이를 다시 사건 및 정책 등으로 구분하여 총 106건의 신문 기사를 선별하였다. 검색 방법은 위의 '대한민국 신문 아카이브' 외에, 네이버의 '뉴스 라이브러리'(https://newslibrary.naver.com), 국사편찬위원회의 '한국사 데이터베이스'(http://db.history.go.kr), 그리고 고베대학 도서관의 '신문기사문고'(http://www.lib.kobe-u.ac.jp/sinbun) 등을 이용하였다.

먼저 개항기(1899~1910년)의 신문 기사들을 보면 염업이 그다지 비중 있게 다루어지지는 않은 것 같다. 소개되고 있는 사건이나 정책 설명을 보아도 단편적인 사실을 나열하고 있는 정도이다. 하지만 한국 근대 염업사에서 빠질 수 없는 중요한 사건들은 대부분 보도하고 있다. 한국 최초의 염업 기사(技師)라고 할 수 있는 변국선(卞國璇)이 일본 염업 시찰을 다녀온 후, 인천에 농상공부(農商工部)의 제염시험장을 만든 일이나, 1907년 주안(朱安)에 최초의 천일염전이 건설되어 제염 시험에 성공함으로써 관영 천일염전이 경기도와 평안도 일대로 확장되는 일 등이 그것이다. 특히 주목해 볼 만한 기사는 1906년 「염세규정」 반포 후, 통감부의 염세 증수에 저항하는 경기도 염민(鹽民)들의 동향이다. 이들은 탁지부(度支部) 등에 지속적으로 염세 인하 청원서를 올리는 한편, 염업회사를 설립하며 조직적인 역량을 키우는 데 힘을 썼다. 이는 기존 연구에서도 잘 다뤄지지 않아 향후 정밀한 자료 조사와 연구가 요망된다고 하겠다.

1910년 경술국치 이후는 조선총독부의 염업 정책이 1930년 전후로 나눠진다고 판단하여 두 시기로 구분하였다. 먼저 일제강점기 전기에 해당하는 1910~1920년대는 천일제염 시험에 성공한 조선총독부가 인천과 광량만을 중심으로 대규모의 천일염전 확장에 나선 시기이다. 1920년대 중반까지 약 2,500여 정보의 천일염전이 세워졌다. 그러나 1923년 대홍수와 관동대지진(關東大地震)의 영향으로 염전 확장은 예상만큼의 성과를 거두지 못하였으며, 또 생산력도 기대에 미치지 못해 이후 10여 년간 천일염전 확장이 중지되는 실패를 맛보게 되었다. 이러한 상황에서 관동주(關東州)와 산동반도에서 들어오는 수이입염(輸移入鹽)의 압박이 더욱 커지자, 조선총독부는 염 전매제(鹽專賣制) 시행 카드를 만지작거리게 된다. 하지만 염 전매제 시행 논의도 조선총독부의 입장이 수시로 변화하여 시장의 혼란만 가중시킬 뿐이었다. 1920년대 중반 이후의 신문 기사는 조선총독부의 염 전매제 시행과 철회 입장이 계속해서 반복되는 모습을 잘 보여 주고 있다.

마지막으로 1930년대 이후는 조선총독부가 중단된 천일염전 확장 사업을 다시 일으키고, 또 본격적인 통제 정책에 나서는 시기이다. 아울러 폭발하는 일본의 화학공업 성장으로 소다류와 마그네슘공업의 원료염, 즉 공업염(工業鹽) 확보에 나서는 시기이기도 하다. 이에 따라 관영 염전뿐 아니라 민간기업인 일본의 독점자본들까지 조선 염업에 진출하여 천일염전을 건설하였다. 1945년 해방 이전까지 일제가 건설한 7,000여 정보의 천일염전 중, 3분의 2가 1930년대 이후 만들어진 것이다. 갑자기 증가하는 천일염전 공사로 인해 각지 염전에서 인부들의 부족을 호소하는 기사까지 보인다. 하지만 무엇보다 당시 신문 기사에서 주목해 볼 점은 한글로 간행되는 신문보다 《경성일보(京城日報)》, 《조선신문(朝鮮新聞)》 등 일본어로 간행되는 신문들이 공업염과 화학공업 등에 더욱 상세한 특집기사들을 많이 내고 있다는 사실이다. 조선 염업의 공업화가 조선인보다는 일본인 독자들이 더욱 관심을 갖는 일이었음은 분명한 사실일 것이다.

1. 개항기의 염업 개혁과 천일제염 시도

1) 농상공부의 인천제염시험장 설치

〈자료 01〉 변씨 찾음
- 출처: 《독립신문》, 1899.2.16, 2면
- 원제목: 변씨심방

경상도 고성군 사는 변국선[1] 씨가 소금을 구울 뜻으로 중추원에 헌의서를 바쳤는데 그 헌의서에 대하야 중추원에서 물어볼 말이 있으니 변씨는 곧 중추원으로 갈지어다.

〈자료 02〉 조염기계 매입
- 출처: 《황성신문》, 1899.6.28, 3면
- 원제목: 買械造鹽

농상공부(農商工部) 기사(技師) 변국선(卞國璿), 이학승(李學承) 양씨(兩氏)가 조염기계(造鹽器械)를 사들이기 위해 일본에 간다더라.[2]

---

1 한국 최초의 염업기술자인 변국선(卞國璿)은 갑오개혁기에 일본 게이오기주쿠(慶應義塾)로 파견된 관비유학생 중 한 명이다. 본래 의사를 지망하여 1897년 도쿄지케이의원의학교(東京慈惠醫院醫學校)에 입학했으나, 정부로부터의 학비 보조금 중단으로 1년을 채 못 채우고 귀국하였다. 이후 중추원에 제염업에 대한 헌의서를 제출하고, 농상공부의 기수가 되었다. 천재 작가 이상(李箱)의 장인, 화가 구본웅(具本雄)의 의붓 외조부이며, 그의 막내딸 변동림(卞東琳)이 이상과의 사별 후 화가 김환기(金煥基)와 재혼하므로, 김환기의 장인이다.

2 1899년 7월, 변국선(당시 32세), 이학승(28세), 최현주(30세) 등 농상공부의 기수 3명이 2달이 넘는 여정으로 일본 시찰에 나섰다. 변국선이 염업 시찰을 맡았고, 이학승과 최현주는 농업 시찰을 담당하였다. 이때 변국선은 오카야마현 고지마군 아지노무라(味野村)로 가서 일본 최대의 염업가인 노자키 부키지로(野崎武吉郞)를 만났다. 변국선 일행의 일본 염업 시찰에 대해서는 류창호, 「근대전환기 동아시아 제염업의 교류와 네트워크」(『한국학연구』 54, 인하대학교 한국학연구소, 2019)를 참조.

〈자료 03〉 제염비 송부

- 출처:《황성신문》, 1900.8.27, 2면
- 원제목: 送費製鹽

    농상공부(農商工部) 소관(所管) 인천제염장(仁川製鹽場)[3]에서 근일(近日)에 염(鹽) 200석(石)을 제조하야 농부(農部)에 품질을 알아보기 위해 기석(幾石)을 상송(上送)하였기로 기실업(其實業)의 성취(成就)함을 가상(嘉尙)히 여기어 경비(經費) 금(金) 200원(元)을 위선(爲先) 하송(下送)하였다더라.

〈자료 04〉 제염 석수(石數)

- 출처:《황성신문》, 1901.8.31, 2면
- 원제목: 製鹽石數

    인천제염장(仁川港製鹽場) 기사(技師) 변국선(卞國璿) 씨의 공보(公報)를 거(據)한 즉, 8월 3일 위시(爲始)하야 제염(製鹽)한 수(數)가 212석(石) 8두(斗)요, 함수(鹹水) 저적(貯積)이 염(鹽) 2,000여 석(石)가량(假量)이라 하였다더라.

〈자료 05〉 염비(鹽費) 횡령

- 출처:《황성신문》, 1901.10.30, 2면
- 원제목: 鹽費犯逋

---

3 농상공부 소관의 인천제염시험장은 인천부 남촌면 염촌(볏말)에 위치한 것으로 추정된다.「제염장시험비명세서」(『起案』1, 지령 31호, 광무3년 5월 9일)에 의하면 20정보의 염전에 철부(鐵釜)를 설치하고, 연료를 석탄으로 바꾸며, 또 풍우계·섭씨한난계·지중한난계·풍력전기반·백엽상 등 과학적 계측도구를 사용하는 근대식 제염업을 실행할 계획을 갖고 있었음이 확인된다.

제염장(製鹽場) 기수(技手) 변국선(卞國璿) 씨의 공보(公報)를 거(據)한 즉, 본장(本場) 경비금(經費金) 1,250원(元)을 인항객주(仁港客主) 최성율(崔成律) 거처에 유치(留寘)하였더니 최한(崔漢)이 써버리고 개성부(開城府)로 도피해 있은 즉 엄히 다스려 잡아들인 후 속히 그 돈을 거둬들이게 하라 하였다더라.

〈자료 06〉 염비 분실

- 출처:《황성신문》, 1901.12.9, 2면
- 원제목: 鹽費見失

제염기수(製鹽技手) 변국선(卞國璿) 씨가 농부(農部)에 보고하되 해당 제염비(製鹽費) 중 개성인(開城人) 최성율(崔成律)의 거처에 임치(任置)하였다가 분실한 금액을 돌려받으라 함은 기보(已報)하였거니와 이제 개성부윤(開城府尹)의 보고(報告)에 의하면 변국선(卞國璿)·최성율(崔成律)을 대질재판(對質裁判)한 즉, 최가(崔哥) 소고내(所告內)에 제염비(製鹽費) 1,250원(元)을 본인가(本人家)에 임치(任寘)하였다가 불행히 실화(失火)로 가옥 전체가 다 타버려 해당 금액을 변통해 납부할 길이 없어 변기수(卞技手)에게 미루어 그로 하여금 체납(替納)케 한 일로서 엄히 곤장을 치고 받아들이라 하였으나 최한(崔漢)이 맨몸이어서 한 푼도 갚지 못하였다더라.

〈자료 07〉 염비 대질

- 출처:《황성신문》, 1902.4.29, 2면
- 원제목: 對質鹽費

제염비(製鹽費) 1,000여 원(元)을 인항거(仁港居) 최성율(崔成律)이 써버린 고(故)로 현금(現今) 한재(漢裁: 한성재판소)에 압수(押囚)하고 작일(昨日)에 제염기수(製鹽技手) 변국선(卞國璿) 씨와 대질심판(對質審判) 하였다더라.

〈자료 08〉 서임과 사령
- 출처: 《황성신문》, 1902.12.15, 1면
- 원제목: 敍任及辭令

농상공부(農商工部) 기수(技手) 변국선(卞國璿)을 그 직에서 면직함.[4]
우(右)는 해당 직원이 제염장(製鹽場) 공전(公錢)을 상당한 금액을 축내고 기계 등등의 물품을 또한 분실하였기 위선 그 직에서 면직 조치함.

2) 염세 개혁과 염업회사 설립

〈자료 09〉 일본인 제염 개업
- 출처: 《황성신문》, 1902.5.17, 2면
- 원제목: 日人製鹽開業

《조선시보(朝鮮時報)》를 거(據)한 즉, 부산(釜山)에 거류(居留)하는 일본인(日本人) 등(等)이 자본금(資本金) 4,000여 원(元)으로 절영도(絕影島)에서 제염업(製鹽業)을 개시(開始)하려고 준비(準備) 중이더니 이미 제반 준비(諸般準備)가 정돈(整頓)되어 본월(本月)에는 사업(事業)을 개시(開始)하겠다 하였다더라.

〈자료 10〉 염업 전매
- 출처: 《대한매일신보》, 1904.9.8, 2면

---

[4] 농상공부 기수에서 물러난 변국선은 이후로 제염업과는 완전히 동떨어진 활동을 하게 된다. 1906년 9월에는 신설된 농림학교(農林學校)의 교수보(敎授補)가 되며, 1907년에는 수원 동성원(東晟園) 농무사(農務社)의 사장이 되었다. 또한 1910년에는 전 농무대신 이근호와 함께 농무조합 설립에 힘쓰기도 하였다.

일본·대만에서 소금 전매 영업을 하는 소율부차랑 씨가 일간 한국 식염의 제조와 판매하는 특권을 획득하기 위해 대관 간으로 운동하는 일방 일본 외무성에도 요청하는바 외무성에서도 그 계획을 도와주기를 합당히 여긴다더라.

〈자료 11〉 염업회사

- 출처: 《제국신문》, 1906.4.23, 3면
- 원제목: 鹽業會社

목포항(木浦港)에 유력한 자들이 자본금 5만 원을 모집하여 식염주식회사[5]를 설시(設施)하는데, 목적은 그 근처에 제조하는 한국인의 소금을 도매하여 각 지방에 발매하게 하되 각처 염밭을 전당하고 그 주인에게 자본 선전(先錢)을 주고 그 이익으로 소금을 걷어 오기로 한다더라.

〈자료 12〉 염세규정

- 출처: 《황성신문》, 1906.11.6, 2면
- 원제목: 鹽稅規正

탁지부(度支部)에서 염세규정을 의정(議定)하여 정부에 청의(請議)한 조항이 여좌(如左)하니, 염(鹽)을 제조코자 하는 자는 좌개(左開) 사항을 소할(所轄) 세무관을 경(經)하여 탁지부에 제출 면허를 승(承)함.

1. 채염 지명(採鹽地名), 2. 염전 면적, 3. 제조장 급(及) 저장장(貯藏場)의 위지(位地) 급(及) 개수(個數), 4. 염정(鹽井) 우(又) 염부수(鹽釜數), 5. 제조 방법, 6. 1년의 제조 측량, 7. 제조자의 거주(居住) 성명, 본령(本令) 시행 전부터 염제조에 종사하고 금후 제조를 계속코자 하는 자

---

5 1905년에 설립된 '목포염업주식회사'를 말한다(『목포부사』, 1930, 616쪽).

는 전항(前項)의 면허를 요(要)치 아니함. 전항 각호의 사항을 기재한 염 제조신고서를 광무(光武) 11년 1월 내로 세무감을 경유하여 제출하고 염을 제조자가 기근량(其斤量) 100근(百斤)에 대하여 세금 6전을 봉수(捧受)하고 1개년 내에 4기(四期)로 정하되 제조자가 규칙을 위배하면 3원 이상 300환(圜) 이하의 벌금을 수납하며 채염지, 제조장, 저장장 기염(其鹽)의 관한 출입장부(出入帳簿)를 사(詐)하거나 세무관리의 직무 집행함을 거절하거나 기피하는 자에게 3환 이상 50환의 벌금을 징수한다더라.

〈자료 13〉 칙령 제69호 염세규정
- 출처: 《황성신문》, 1906.11.21, 1면
- 원제목: 勅令第六十九號 鹽稅規程

제6조 염 제조자는 장부를 조제(調製)하여 세무관리(稅務官吏)의 지시에 종(從)하여 영업에 관한 요건을 기재함이 가함.

제7조 세무관리(稅務官吏)는 채염지, 제조장, 저장장, 기타 염의 제조 출입에 관하여 필요한 기구, 기계, 장부, 서류를 검사하고 우(又)는 감독상 필요한 처분을 위함을 득(得)함.

제8조 염 제조장이 원격(遠隔)한 지(地)에 재(在)함으로 일상 검사 감독을 행치 못할 경우에는 세무관리(稅務官吏)는 기(其) 측량 제조 근량(斤量)으로써 염세 부과함을 득함.

제9조 제1조 급(及) 제2조의 신청(申請) 우(又)는 신고를 아니하고 염을 제조한 자는 3환 이상 300환 이하의 벌금에 처함.

제10조 제3조 제6조 제7조의 경우에 재(在)하여 장부의 기재 우(又)는 사실의 신고를 사(詐)하거나 태(怠)한 자는 3환(圜) 이상 50환 이하의 벌금에 처함.

제11조 염 제조자가 세무관리(稅務官吏)의 직무 집행을 거절하거나 우(又)는 차(此)를 기피(忌避)하거나 우차(又此)에 지장(支障)을 가한 시(時)는 3환 이상 30환 이하의 벌금에 처함.

부칙(附則)

제12조 본령(本令)은 1907년(광무 11) 1월 1일부터 시행함.

제13조 본령(本令) 저촉한 종전 법령은 병(幷) 폐지함.

1906년(광무 10) 11월 13일

〈자료 14〉 광고[6]

- 출처:《황성신문》, 1907.1.7, 3면

　삼가 말씀드리는 본인은 염업(鹽業)을 경영하고 있는바, 염세(鹽稅)를 금년부터 매 염부(鹽釜)당 5환(圜)씩 수납(收納)하라는 탁지부(度支部) 훈령(訓令)[7]이 있어 염민(鹽民) 등이 탁지부에 호소함에 본 군수(本郡守) 이성직(李性稙) 씨가 민정(民情)을 특히 유념하여 여러 차례 보고하였으나, 끝내 감해지지 않는 까닭에 한 가지로 탁지부 훈령에 따라 매부(每釜) 5환(圜)씩 수납(收納)해 오고 있는데, 오늘날 일진회(一進會) 사람들이 본인(本人)을 일러 본군수주(本郡守主)에게 빼앗긴 돈이 당평(當坪) 6,600여 냥(兩)이라 하고 내부(內部)에 무소(誣訴)하여 마침내는 명사관(明査官)이 내려오니 세상에 어찌 이런 변괴가 있을 수 있겠습니까. 본군수주의 청렴(淸廉)함은 세상에 분명하여 한 가지로 함송(咸頌)하여 그 많은 사람들의 칭찬하는 소리가 송덕비를 세우는 것과 같으며, 이웃 마을에서도 칭송(稱頌)하는데, 이와 같은 무근지설(無

---

[6] 〈자료 14〉의 원문임.
　敬啓者는 本人이 鹽業資生인 바 鹽稅을 今年爲始하야 每釜 五圜式 收納하라 하고 度支部訓令이 有하기로 鹽民 等이 等訴于度支部하고 本郡守 李性稙氏가 民情을 特念하야 屢有擧報하오되 竟未蒙減 故로 一依度支訓令하야 每釜 五圜式 收納이거늘 今에 一進會民이 言稱本人이 本郡守主에게 見奪젼이 當坪六千六百餘兩이라 하고 內部에 誣訴하야 至於 明査官이 下來하오니 世豈有如許變恠乎잇가 本郡守主 明白淸廉온 一境이 咸頌하야 萬口成碑는 鄰境이 稱頌者이옵거늘 以此無根之說노 誣錄不當人之姓名하야 搆陷呈訴이 是何無據이온지 明査官査實之場에도 郡守가橫被誣陷之由을 詳細告白하얏거니와 本人이 爲其民人하야 明廉하신 郡守政治之下에 豈無嫌碍之端乎잇가 本人則 初無一分見奪於郡守하고 亦無借名於一進會民이오니 以此揭載新報上하야 使本人으로 免致橫厄케 홈
　光武十一年一月三日
　京畿金浦郡黔丹面峰火村居 朴富陽 字永雲

[7] 염세규정에 의하면 염세는 제조근수 100근당 6전(錢)의 비율로 3개월마다 납부하는 것이다. 그러나 지역별로 도량형이 통일되지 않았고, 번잡한 수속 과정과 납세 기일의 불편 등으로 이러한 규정은 잘 지켜지지 않았다. 위의 김포군 사례는 염세규정 시행 이후에도 여전히 종전과 같이 생산수단인 염부(鹽釜) 등에 과세하는 일이 많았음을 잘 보여 주고 있다.

根之說)로 무고하여 그 이름을 기록되게 함은 부당하며, 터무니없는 말로 모함하여 고발함은 전혀 근거가 없는 일입니다. 명사관(明査官)이 현장을 조사하는 자리에서 군수주(郡守主)가 난데없이 모함을 받은 사유를 상세고백(詳細告白)하였거니와 본인(本人)이 일진회 사람들을 위하는 바인데 명렴(明廉)하신 군수정치지하(郡守政治之下)에 무슨 싫은 일이나 거리낄 일이 있겠습니까. 본인(本人)으로서는 애초 단 한 푼도 군수에게 빼앗긴 돈이 없으며, 또한 일진회 사람들로부터 이름을 빌어 사용한 적도 없음을 이 신문에 게재하여 밝히는 바는 제 자신이 뜻밖의 횡액(橫厄) 당하지 않으려는 뜻입니다.

1907년(광무 12) 1월 3일

경기도 김포군 검단면 봉화촌 거주 박부양(朴富陽) 자(字) 영운(永雲)

〈자료 15〉 제염 검사법

- 출처:《황성신문》, 1907.1.15, 3면
- 원제목: 製鹽檢査法

탁지부에서 염 제조 검사 방법을 규정하여 13도 세무감 급(及) 세무관에게 훈령한 조건이 여좌(如左)하니,

제1조 세무관리(稅務官吏)는 염세규정 제6조를 의하여 염 제조자로서 장부를 조제(調製)케 하여 매일 좌개(左開) 사항을 기입케 함을 요(要)함.

1일의 제조 근량

1일의 판매 근량 우(又) 단(但) 기(其) 가격 급(及) 매주(買主)의 주소 성명을 첨기(添記)케 함이 가함.

전항의 장부를 전래(前來)의 관례를 의하여 근량(斤量)으로써 기입하기 곤란한 시(時)는 용량으로써 기입하는 사(事)를 득(得)함. 단(但) 차(此) 경우에는 광무 9년 3월 법률 제1호 도량형법을 의한 1승(升)의 중량은 30량(兩)으로 간주함.

전항의 규정에 의하여 중량으로써 기입한 경우에는 양기(量器)가 광무 9년 3월 법률 제1호 도량형법을 의하지 아니하는 시(時)는 각 제조자가 매매(每每) 사용하는

양기에 대한 염(鹽)의 중량을 계산(計算)함을 요함.

제2조 수개(數個) 포장염이 유(有)한 경우에 세무관리가 각 포장염의 근량을 동일(同一)로 인(認)한 시(時)는 기중(其中)의 적의(適宜)한 1부를 조검(照檢)하여 전부 근량 추정(推定)할 사(事)를 득(得)함.

제3조 세무관리(稅務官吏)는 전조(前條)의 장부를 검사하여 기입사항이 사실에 부합 여부를 검사함을 요함.

제4조 세무관리(稅務官吏)는 염세규정 제7조를 의하여 검사를 시행함에 당(當)하여는 채염지, 제조장, 저장장, 기타 염 제조 출입에 관한 필요한 기구 기계 급(及) 장부 서류 등의 호상부합(互相符合)을 인(認)할 사(事)를 요함.

전항의 검사를 당하여 약혹(若或) 부합을 인(認)하기 불능하는 시(時)는 정밀(精密)히 의견을 구기(具記)하여 즉시 기(其) 상급관에게 보고하며 차(且) 유범죄(有犯罪)로 지득(知得)한 시(時)는 필요한 물건을 적당케 봉인(封印)을 시(施)하여 상급관의 지휘를 대(待)할 사(事)를 요함.

제5조 세무관리(稅務官吏)는 염세규정 제8조 경우에 재(在)하여 염 제조자의 청원 혹 보고에 인한 측량 제조 근량을 검사한 후 소액에 실(失)함을 인(認)할 시(時)는 기(其) 사유를 정밀히 구설(具說)하여 상급관의 지휘를 대(待)할 사(事)를 요(要)함.

〈자료 16〉 염업 훈시[8]

- 출처: 《황성신문》, 1907.5.11, 2면
- 원제목: 訓施鹽業

---

[8] 〈자료 16〉의 원문임.
度支部에서 各道에 訓令하되 我國이 三面還海에 沿岸灣入이 甚多하고 氣候調和하야 最是適宜於鹽業인데 自來로 食鹽을 逐年輸入於日本及淸國하야 生業上 困境이 頗多하니 此係鹽業의 未及擴張이라 寧不慨歎哉아 從玆以後는 製鹽法을 以日本式으로 改良하기 爲하야 訓飭하니 管下沿邊各郡民人에게 到卽翻飭하야 咸各知悉케 하되 或 以諺書翻謄하야 期圖實施케 하라 하얏더라

탁지부에서 각 도에 훈령하되, 우리나라는 삼면이 바다에 둘러싸여 연안(沿岸)과 만(灣)이 매우 많고 기후가 조화로워 제염업에는 최적인데, 오래전부터 식염을 매년 일본과 청국으로부터 수입하여 생업상 곤경이 자못 적지 않으나, 이에 관해 염업의 확장은 아직 미치지 못하고 있으니, 어찌 개탄스럽지 않으랴. 이후에는 제염법을 일본식으로 개량하기 위하여 훈칙(訓飭)하니 관하(管下) 연변의 각 군민에게 전해지는 대로 잘 설명하여 각각 모두가 자세히 알게 하되, 혹 한글로 번역하고 그림으로도 그려 실시토록 하라 하였더라.

〈자료 17〉 염민(鹽民)의 호원(呼冤)[9]
- 출처:《황성신문》, 1907.5.28, 2면
- 원제목: 鹽民呼冤

남양군에 사는 김영근(金永根) 등이 탁지부에 청원하기를, "본군(本郡)은 바닷가 구석에 처해 있어서 애초부터 농토는 없었고, 단지 염농(鹽農)으로 생활을 꾸리며 겨우 명맥을 보존하였으나, 해를 마치도록 근무하여도 부모를 섬기고 처자를 보살피는 일(仰事俯育)이 불섬(不瞻)할까를 걱정합니다. 염정세납(鹽井稅納)은 예부터 있어서 매년 봄·가을로 합하여 균세(均稅)를 마련한 것이 1정(井)마다 동화(銅貨) 40냥씩 징납(徵納)하는데, 이것도 경세(輕稅)가 아니기에 부채(負債)의 어려움이 있었습니다. 그런데 뜻밖에 지금, 염(鹽) 1석두(石頭)마다 세전(稅錢)을 동화(銅貨) 3냥씩 가납(加納)하라는 뜻의 본도(本道) 세무관(稅務官) 고시(告示)가 있어서 독촉이 성화와 같이 급합니다. 이 세금을 여러 균세와 비교하자면 몇십 배가 더

---

9 〈자료 17〉의 원문임.
南陽郡居 金永根氏 等이 度支部에 請願하되 本郡이 處在海隅하야 初無農土하고 只是鹽農資活로 僅保命脈而終歲勤務하야도 仰事俯育을 惟恐不瞻인데 鹽井稅納은 自古有之而每年春秋幷하야 均稅磨鍊이 每一井에 銅貨 四十兩式 徵納도 尙非輕稅이기로 有負債之難이더니 不意今者에 鹽每石頭에 稅錢은 銅貨 三兩式을 加納할 意로 本道稅務官告示가 有하야 督促이 急如星火한 則 此稅를 比諸均稅하면 幾十倍가 加한지라 以其所出로 計其前均稅라도 惟有負債이거날 忽地에 稅納이 夥多하면 保命은 姑捨하고 煮鹽末由에 哀此數千生靈이 將至渙散乃已 故로 呼訴本郡及本道이되 一向推題인 바 控告無處하야 請願하니 卽爲嚴訓本道稅務所하야 每石頭 三兩式 加捧條은 勿施하고 依前均稅케 하라 하얏다더라

해진 것입니다. 그 소출로서 예전 균세를 계산하더라도 부채가 있게 되는데, 갑자기 세납(稅納)이 과다해지면 보명(保命)은 고사하고 자염(煮鹽)할 도리조차 없어져, 슬프게도 이 수천의 생령들이 장차 환산(渙散)에 이를 뿐입니다. 고로 본군과 본도에 호소하였으나, 한결같이 물음을 미룰 뿐 마땅히 공고(控告)할 곳이 없습니다. 청원하나니 본도 세무소(稅務所)에 엄훈(嚴訓)하시어 1석두마다 3냥씩 가봉(加捧)하라는 조항은 물시(勿施)하시고, 예전 균세에 의거케 하여 주십시오"라고 하였다더라.

〈자료 18〉 염민의 호소[10]

- 출처:《대한매일신보》, 1907.6.6, 2면
- 원제목: 鹽民訴部

남양군 전곡동(前谷洞)에 사는 홍언후(洪彦厚) 등이 탁지부에 청원하기를 "본군(本郡) 염세(鹽稅)를 매년 봄·가을 두 차례 분배(分排)하여 20냥(兩)씩 계산하여 상납(上納)한 것이 이미 여러 해 지나 오래된 일이었는데, 본월 21일에 세무주사(稅務主事)가 고시(告示)하기를 지금 이후로 100근(斤)마다 신화(新貨) 6전(錢)씩 납세(納稅)하라 하십니다. 본인(本人) 등이 영업에 어려움이 생겨 전에 이미 호소하였다고 하였더니, 제지(題旨) 안에 이미 염세규정의 반포 시행이 있고, 각 군(郡) 각 포(浦)에 염민(鹽民) 영업이 일체 똑같이 그러하니 이를 거행토록 준비하라 하십니다. 그러나 본인 등이 신규(新規)에 어둡거니와 거행키 어려움이 있다고 이를 다시 호소하였더니, 또다시 이를 제칙(題飭)하시되 이미 전지(前旨)가 있었거니와 신식(新式) 반포 후 식외(式外)의 남징(濫徵)은 이미 신칙하여 해서(該署)에서 금단하니 불필요한 번

---

[10] 〈자료 18〉의 원문임.
南陽郡前곡동居洪彦厚等이 度支部에 請願하되 本郡鹽稅을 每年에 春秋二次分排하야 當計二十兩式上納이 已爲年久이압는데 本月二十一日에 稅務主事가 告示하되 自今以後로 每百斤에 新貨六전式納稅하라하옵기 本人等이 難爲營業하와 前已呼訴이압더니 題旨內에 旣有鹽稅規程頒布施行而各郡각浦에 鹽民營業이 一切同然이니 準此擧行하라하오시나 本人等이 昧於新規하와 有難擧行이압기 玆에 更訴라하얏는데 又是題飭하되 已有前旨이견과 新式頒布後式外濫徵은 已飭該署禁斷이니 不必煩訴요 測量一欵은 將有經紀之日이니 須悉退俟하라하얏더라

소(煩訴)요, 측량(測量) 일관은 장차 경륜(徑輪)하여 처리할 날이 있으니 마땅히 모두 물러나 기다리라"고 하였다더라.

〈자료 19〉 염업회사 인가 청원
- 출처:《황성신문》, 1907.6.18, 1면
- 원제목: 鹽會請認

북서(北署) 계동(桂洞) 거(居) 정3품(正三品) 최석창(崔錫彰), 전참봉(前參奉) 홍순양(洪淳陽), 전주사(前主事) 이승원(李升遠) 제씨(諸氏)가 남양군(南陽郡)에 염업회사(鹽業會社)를 설(設)하고 각 연해변(各沿海邊) 염업(鹽業)을 일절(一切) 맡아하며 염주(鹽主)가 회사인가(會社認可)가 무(無)하면 영업을 중단하기로 하고 해(該) 회사(會社)에서 매년(每年) 100여(百餘) 환(圜)씩 농상공부(農商工部)에 수납(納稅)하기로 농상공부(農商工部)에 청원(請願)하였다더라.

〈자료 20〉 염업회사 설립
- 출처:《대한매일신보》, 1907.7.10, 3면
- 원제목: 鹽會設立

남래인(南來人)에 전설(傳說)을 거(據)한 즉, 남양(南陽) 서여제면(西如堤面) 칠곡동에서 면회(面會)를 개(開)하고 면상(面長) 최성대(崔成大) 씨와 면내(面內) 각 동(洞) 동징(洞長)과 지사인(知事人) 수십여 명이 출석(出席)하야 염업회사(鹽業會社)를 조직(組織)하기로 적정(的定)하고 취지서(趣旨書)를 각 포(浦)에 게시(揭示)하며 오는 음(陰) 15일 개회(開會)할 터인데, 해회(該會) 절목(節目)을 모든 사람들이 회동(會同)하여 농상공부(農商工部)에 청원(請願)한다더라.

〈자료 21〉 남양군 염업회의소 취지서[11]

- 출처: 《대한매일신보》, 1907.7.24, 3면
- 원제목: 南陽郡鹽業會議所趣旨書

나라에는 네 가지 백성이 있으니 사농공상(士農工商)이 그것이라. 사족(士族)은 정법(政法)으로 국가의 기강을 바로잡고, 농민은 곡식농사로 의식(衣食)을 제공하고, 공장(工匠)은 기물을 제조(製造)하여 용기의 수요를 담당하고, 상인은 운수(運輸)로 생필품을 유통시키니, 각자 그 본업(本業)에 종사하매 혹 노심(勞心)하며, 혹 노력(勞力)하야 생업을 이루는 것이라. 이 4자(四者)에는 폐지할 수 없는 한 가지 원칙이 있으니 마땅히 피차에 존비(尊卑)의 구별로 신분을 나눌 수 없는 것인데 우리 대한의 제도에 선비는 귀하고 농상공(農商工)은 천하다 하니 본말이 제대로 드러나기는 어렵다는 뜻이라. 그러나 기울어 가는 폐단이 계급과 소임 구별이 엄격하여 마음을 수고로이 하는 자는 흠모와 공경을 흡사 천신(天神)에게 하듯 하고, 몸을 수고로이 하는 자는 하대하고 학대하기가 가축과 다름없을 만큼 온 나라의 관습이 사족에 대해서는 귀하게 여기지 않음이 없으나, 농상공(農商工)은 욕되게 여기는 까닭에 이것을 피하려는 것이 인지상정이라. 마침내 마구 문자를 읽어대고는 하는 일없이 먹고 노는 교활

---

11 〈자료 21〉의 원문임.
國有四民하니 士農工商이 是也라 士以政法으로 經其網紀하고 農以稼穡으로 供其衣食하고 工以製造로 需其器用하고 商以運輸로 通其有無하니 각其本業하야 或以勞心하며 或以勞力흐야 資其生活이라 於此四者에 不可廢一則宜無彼此에 尊卑區別之分이어날 我韓制度에 貴士而賤農商工은 難出於內本外末之意나 然未流禍弊가 階役이 太嚴하야 勞心者流欽慕恭敬을 恰如天神하고 勞力者流는 下遇虐待를 無異蓄類하야 全國習慣이 莫不以士爲영하되 以農商工爲辱하니 避영而趨辱은 人之常情이라 遂至粗解文字하고 遊衣遊食之奸巧결點者一皆稱爲士하야 漸致壓制成風하며 懶怠成俗하야 智識이 日卑하고 産業이 日耗하니 國之所以貧弱莫振者 職此之由라 自通商以來로 輸出이 不足以配輸入而況復政治也産業이 諸般權利가 盡歸外人之掌握者乎아 元氣耗損하고 血脉이 枯竭하야 雖無兵革疾役之患이라도 難免減種殄族之慘矣이니 豈非心寒膽者哉아
本郡이 處在海濱하야 滷地가 居多故로 居民資生이 太牛는 賣鹽爲業而此亦農者之一流也 但拘於習慣하고 昧於知識하야 器機耕具는 未知何代之創造而不思하고 製造方法은 未知何人之研究而不務精巧하니 其在盡地利實國力之道에 誠是欠事오 重以租稅는 乃國民之義務라 及期納入이 亦古今之常理나 然每多奸細輩■ 因緣爲市하야 正供之外에 誅求無厭하야 中間消融이 殆過其半이라 理今柴薪이 翔貴하■ 鹽業이 無利하야 窮苟生涯가 去益凋殘하니 哀我同胞여 將向何處而呼訴哉아 居此土營此業者■ 守之亦難이오 廢之亦難이라
今爲計之컨대 莫如組織社會하야 講究方便하야 一以導人民之開明하고 一以增實業之 僉位는 幸須携貳하고 一體聯合하야 各陳竟見하야 似圖生活之方을 千萬幸甚
發起人 崔成大

한 자들이 일개 선비라 칭하면서 점차 세간 풍습을 억누르고 나태해지며, 지식은 나날이 비속해지고, 산업(産業)은 날로 소모되니 나라가 빈곤과 나약함을 떨쳐내지 못하는 이유가 여기에 기인하는 것이라. 통상을 시작한 이래로 수출이 수입과 균형을 이루어야 하는데 그것이 부족할 뿐 아니라, 하물며 정치와 산업에서도 그러하니 모든 권리가 모조리 외국인의 손아귀에 장악되어 있도다. 이로써 국가와 국민의 원기(元氣)는 다 닳아 소모되고 혈맥은 고갈되어 전쟁이나 질병이 아니라 해도 민족이 멸종의 참화를 면하기 어려울 지경이니, 어찌 심화가 일고 속이 쓰라리지 않으리오.

우리 군(郡)은 바닷가에 위치해 소금밭이 많은 까닭에 주민 태반이 자염업(煮鹽業)으로 생활을 꾸려 나가고 있으니, 이 역시 농사짓는 일로서 으뜸이라. 다만 오랜 습관에 매어 있고 지식이 없어, 그 기기나 도구가 조상 어느 대(代)에 만들어진 것인지 생각조차 할 수 없고, 제조 방법은 어느 사람이 연구해 내었는지도 모를 뿐만 아니라 정교하지도 못하니, 지리적 이점과 국력을 다하여도 부족할 수밖에 없다. 조세(租稅)는 중요한 것으로 이것이 국민의 의무이니, 그 기한에 바쳐야 하는 것이 고금의 당연한 이치이다. 그러나 곳곳의 많은 간교한 무리들은 연고를 내세워 공정하게 바치는 것 외에 염치없이 요구하여 중간에 녹아 없어지는 것이 반을 넘을 지경이다. 따져 보건대 오늘날 땔감이 값이 오르니, 염업이 이득이 없어 가난한 살림이 더욱 메마르다. 슬픈 우리 백성들이여, 장차 어디에 이를 호소하리오. 여기 살면서 이 업에 매달린 사람들은 이것을 부지할 수도 없앨 수도 없는 어려움이 아니겠는가.

이제 그 대책을 세워 보건대 사회적인 조직체를 꾸려 그 방법을 강구하지 않으면 안 되며, 그리하여 한 가지로 주민을 깨우치고, 한 가지로 사업을 늘려 나가는 일이니, 여러분들은 바라건대 필히 두 마음을 하나로 연합하여 모든 것을 두루 보아 그를 닮아 생활방편으로 꾀한다면 천 번 만 번 다행한 일이리라.

발기인(發起人) 최성대(崔成大), 홍은후(洪恩厚)

3) 천일제염의 개시

〈자료 22〉 제염 장래 개시
- 출처:《황성신문》, 1907.5.11, 2면
- 원제목: 製鹽將始

탁지부(度支部)에서 인천(仁川) 주안면(朱安面) 십정리(十井里)와 동래(東萊) 석남면(石南面) 용동리(龍洞里)에 일본식(日本式) 염전(鹽田)을 위선(爲先) 개시(開始)한다더라.

〈자료 23〉 염전 시찰
- 출처:《황성신문》, 1907.9.22, 2면
- 원제목: 鹽田視察

탁지부(度支部) 재정고문부(財政顧問部)에서 경영하던 인천군(仁川郡) 주안면(朱安面) 천일제(天日製) 시험염전(試驗鹽田)이 준공되어 목하 제염 중인데 재정감사장(財政監査長) 목하전(目賀田)[12] 씨가 총상(總相) 이완용(李完用), 내대(內大) 임선준(任善準), 탁대(度大) 고영희(高永喜), 농대(農大) 송병준(宋秉畯) 사씨(四氏)를 청요(請邀)하여 본월 23일 상오 12시에 해지(該地)를 시찰하기 위하여 남대문역에서 특별차를 탑승하고 발향(發向)한다더라.

〈자료 24〉 천일염 양호
- 출처:《황성신문》, 1907.11.05, 2면
- 원제목: 天日鹽良好

---

12 1904년 10월에 대한제국 재정고문으로 부임한 메가타 다네타로(目賀田種太郎: 1853~1926)이다.

만조보(萬朝報)를 거(據)한 즉 한국의 제염업은 일본 내지염(內地鹽)과 대만 관동염 등에 압도되어 위미(萎靡) 부진하더니 낭자(曩者)에 재정고문부에서 인천 부근의 주안 지방에 약 1정보의 염전을 설(設)하고 천일제염을 시험하였더니 기(其) 결과가 양호하여 약 250근을 제조한 고로 본년도에는 경(更)히 9정보를 증가하여 경제상 희망이 유(有)하면 십분(十分) 장려하여 한국 제염의 면목을 일신케 할 계획이라더라.

〈자료 25〉 남포(南浦) 제염
- 출처:《황성신문》, 1908.3.4, 1면
- 원제목: 南浦製鹽

농상공부(農商工部)에서 증남포(甑南浦) 부근 광량만(廣梁灣)에 천일제염장(天日製鹽場)을 신설(新設)한다더라.

〈자료 26〉 염전 확장
- 출처:《황성신문》, 1908.9.5, 2면
- 원제목: 鹽田擴張

주안(朱安) 천일제염장(天日製鹽場)은 2정보여(二町步餘) 염전(鹽田)을 개척(開拓)하여 시험 중이러니 금년은 10여만 근을 제조하여 상래 희망이 유(有)한 고로 정부에서 경(更)히 20정보의 대염전을 확장하기로 결정하고 현금(現今) 공역중(工役中)이라더라.

〈자료 27〉 광량만염전
- 출처:《황성신문》, 1908.10.22, 2면
- 원제목: 廣梁鹽田

임시재원조사국(臨時財源調査局)에서 조사하던 증남포(甑南浦) 부근 광량만(廣梁灣)에 천일제염시험장(天日製鹽試驗場)을 설치하기로 결정하고 위선(爲先) 50정보(町步)의 염전을 설(設)할 터인데 본년도(本年度)에 약 1만 원(元)을 지출하기로 하고 목하(目下) 농상공부(農商工部)에서 실지조사(實地調査) 중이라더라.

〈자료 28〉 염업장 폐지
- 출처: 《대한매일신보》, 1909.2.24, 2면
- 원제목: 鹽業場廢止

작일(昨日) 관보(官報)에 염업시험장 폐지한 건을 발포(發布)하였는데 기(其) 이유는 기보(旣報)와 여(如)히 신차관(新借款)한 금액으로 천일제염업은 관영(官營)함으로 차(此)를 탁지부 임시 재원조사국(財源調査局) 사무(事務)에 이전하고 해(該) 시험장 직원은 기(旣)히 동국(同局)에 전임(轉任)되고 해소(該所)는 조사국 출장소가 되게 하였다더라.

〈자료 29〉 광량만 제염
- 출처: 《황성신문》, 1909.5.14, 2면
- 원제목: 廣梁灣製鹽

정부(政府)에서는 광량만(廣梁灣)의 간심지(干深地)를 이용하여 3개년을 한(限)하고 수천 정보(町步)의 천일염전(天日鹽田)을 설치한다는 사(事)는 기보(旣報)하였거니와 금(今)에 차(此)에 대한 제반(諸般) 준비(準備)를 필(畢)하고 금월 말(今月末)부터 150정보(町步)에 염전(鹽田) 축조에 착수하여 8월에 필역(畢役)한 후, 9월부터 제염(製鹽)을 개시할 터인데, 동(仝) 공사의 총경비(總經費)는 160만 환(圜)이며, 금년도의 사무소(事務所) 건축비는 합계 25만 환(圜)이라더라.

〈자료 30〉 천일제염 호성적
- 출처:《황성신문》, 1909.5.14, 2면
- 원제목: 天日製鹽 好成績

재작년 9월 4일 관립 주안 천일제염장의 제염 개시 이래로 본월 11일까지 제조한 염(鹽) 총액은 16만 2,311근에 달하였다는데 만일 여차(如此)한 호성적으로 진행하면 광량만 천일염전이 완성된 후에는 매년에 1억만 근의 염(鹽)을 득(得)하리라더라.

〈자료 31〉 염전 증설
- 출처:《황성신문》, 1909.5.18, 2면
- 원제목: 鹽田增設

정부에서는 아국(我國)에 천일제염의 성부(成否)를 실험키 위하여 작년 3월에 인천에서 2리를 거(距)한 주안 건심지(乾深地)를 이용하여 천일염전 1정보를 신설하였더니 기후(其後)에 성적이 파호(頗好)하므로 66정보의 염전을 증설하기로 결정하는 중 16정보는 내월(來月)에 준공케 하고 잔여는 내 9월경에 완성한다더라.

〈자료 32〉 역부(役夫) 사용의 협의
- 출처:《황성신문》, 1909.7.2, 2면
- 원제목: 役夫使用의 協議

광량만(廣梁灣)에 재(在)한 탁지부(度支部) 염전공사(鹽田工事)에 사용하는 지나인(支那人) 역부(役夫)가 도거(逃去)하였는데, 탁지부에서 이 역부 사용건(役夫使用件)에 대하여 협의(協議)

중이라더라.¹³

⟨자료 33⟩ 불공평하다고

- 출처: 《대한매일신보》, 1910.4.14, 3면

광량만에서 햇빛으로 소금을 제조하는 역소에서 청국 노동자 400명이 고가의 불공평함으로 인하여 파업·퇴거하였다더라.¹⁴

⟨자료 34⟩ 염공(鹽工) 파업 후문(後聞)

- 출처: 《대한매일신보》, 1910.5.17, 2면
- 원제목: 鹽工罷業後聞

---

13 1909년 1월, 3개년 사업으로 광량만 일대에 약 1,000정보의 천일염전을 축조하는 계획이 확정되고, 동년 5월부터 제5구, 제7구 약 150정보의 천일염전 축조가 개시되었다. 당시 탁지부는 임시재원조사국 광량만출장소를 설치하고 노동자들의 작업지도 및 감독을 시행하였으나, 노동자 모집은 경성의 니시야마구미(西山組)에게 청부를 맡기었다. 이때 니시야마구미 측은 염전 축조 공사의 노동자를 한국인도 일본인도 아닌 중국 쿨리(苦力)를 고용하는 것으로 하였는데, 그 이유는 무엇보다도 1일 31전에 불과한 싼 임금(한국인 55전, 일본인 70전) 때문이었다. 1909년 3월, 대련에서 중국 측 대공두(大工頭)인 장소향(張少鄕)과 계약을 맺고 쿨리 모집에 나서, 4월 15일 488명의 쿨리들이 처음으로 진남포항에 도착하였으나, 이튿날 곧바로 278명이 도주하는 사건이 발생하였다. 이후 23일에 도착한 2진 320명 중에서도 역시 100여 명이 도주하는 등 쿨리들의 도주는 끊이지 않았다. 그 이유는 일방적으로 쿨리들에게 불리한 계약(교통비, 여비 및 식대의 자기부담), 열악한 거주환경, 일본인 감독의 삼엄한 감시와 구타 등에 있었다. 이에 진남포 청국 총영사관이 쿨리 대우 개선과 도주 문제를 처리하기 위해 통감부 측과 교섭이 진행되면서, 외교 문제로까지 비화되었다. 광량만염전 축조 공사에서의 쿨리 문제에 대해서는 李正熙의 「朝鮮開港期における中國人勞働者問題-'大韓帝國'末期広梁灣鹽田築造工事의 苦力을 中心に-」(『朝鮮史研究會論文集』 47, 朝鮮史研究會, 2009)를 참조.

14 1910년 1월, 전년도보다 약 3배 이상 늘어난 광량만 제4구 및 제6구 염전의 축조를 위해 약 2,500명의 쿨리를 고용하게 되었다. 야간수당을 지급하고 숙박시설을 제공하는 등 전년보다 완화된 계약조건으로 청부업체인 시키쿠미(志岐組)가 청국 총영사관의 협조를 받아 지부(芝罘)·천진·봉천 등에서 쿨리 2,150명을 모집하였다. 그러나 1진으로 광량만에 들어온 762명 중 400명이 도착한 지 얼마 안 되는 2월 26일 밤에 집단적으로 도주하는 사건이 발생하였다. 공두(工頭)의 보고에 의하면 위의 기사와 같은 임금 문제나 청부업자의 학대 문제 등이 아니고, 일시적인 식량 부족과 갯벌에서의 혹독한 작업이 원인이었다고 한다.

향일(向日) 광량만염전(廣梁灣鹽田) 공사장에서 임금(賃金)의 상관(相關)으로 동맹파업(同盟罷業)하였던 청국 노동자(淸國勞働者) 900명 중 850명은 이미 지부(芝罘)를 향하여 귀항(歸航)하였고, 잔류(殘留) 기명(幾名)은 진남포(鎭南浦)에 머물며 농업(農業)에 뜻을 둔 자도 있다 하더라.[15]

〈자료 35〉 한·청인 간 쟁투(爭鬪)

- 출처:《황성신문》, 1910.6.5, 2면
- 원제목: 韓淸人爭鬪

광량만(廣梁灣)에서 거일(去日) 밤에 아국 노동자(我國勞働者)와 청국 노동자(淸國勞働者) 간에 쟁투(爭鬪)를 시(始)한 바 상호(相互) 부화뇌동(附和雷同)하여 종필(終畢)에 한인(韓人)은 700인에 달하고 청인(淸人)은 300인에 이르러서 형세(形勢)가 잠시 위험하였다더라.[16]

〈자료 36〉 천일제염 실패

- 출처:《황성신문》, 1910.8.27, 2면
- 원제목: 天日製鹽失敗

탁지부(度支部)는 주·염·연초(酒鹽烟草) 등을 전매(專賣)하여 재정(財政)을 유족(裕足)케

---

15 1910년 3월 3일과 5일에 걸쳐 천진으로부터 들어온 1,015명의 쿨리와 청부업체 시키쿠미 간에 벌어진 갈등이다. 시키쿠미는 천진에서 온 쿨리들이 작업에 서투르다는 이유로 계약된 임금을 성과급으로 전환하려 하였고, 이에 반발하여 쿨리들이 파업을 일으켰다. 진남포 청국영사관의 개입으로 환송을 요구하는 쿨리들의 운임을 시키쿠미가 부담하고, 임금은 가불금의 변제에 충당하는 것으로 하여, 4월 4일 901명의 쿨리들이 진남포항에서 귀국길에 올랐다.

16 1910년 5월 6일 밤부터 8일 오전까지 쿨리 300명과 한국인 노동자 700명 사이에 투석전을 벌이는 격렬한 충돌이 일어났다. 원인은 작업 중에 생겨난 한·청 양국의 노동자 사이의 갈등 때문이었다. 이로 인해 싸움에 적극적으로 가담한 쿨리 19명이 해고되었고, 공사장에 주재하던 청국 순사도 철수하게 되었다.

한다 하고 임시재원조사국(臨時財源調査局)으로 차(此)를 연구(硏究)케 한 바, 아국(我國) 내에 소비(消費)하는 염(鹽)이 매년 3억 5,000만 근(斤)인데, 아국(我國)에서 산출(産出)하는 것은 2억 5,000만 근(斤)에 불과하여 1억 근(斤)의 부족이 있으므로 차(此)를 경영(經營)함이 유리하다고 하여 160만 환(圜)의 거액(巨額)으로 작년부터 착수(着手)하여 평남(平南) 광량만(廣梁灣)에 1,000여 정보(町步) 염전(鹽田)을 개설(開設)하고 이래로 시험(試驗)한 바, 성적(成績)이 불량(不良)하여 주효(奏效)의 희망이 없음으로 당국자(當局者) 등은 호도미봉(糊塗彌縫)에 고심(苦心) 중인데, 그 투자액(投資額)은 작년에 22만 9,587환(圜)에 합(合)이 54만 47환(圜)이라더라.

2. 1910~1920년대 조선총독부의 염업 정책과 천일염전 확장 사업

1) 조선총독부의 천일염전 확장 사업

〈자료 37〉 광량만 염업 확장
- 출처:《경남일보》, 1910.11.23, 2면
- 원제목: 廣梁灣 鹽業擴張

광량제염업은 작금 대확장이 되었는데 동서 20리 남북 10리에 급(及)하고 주위 70리 외곽의 제방 연장이 100리니 차(此) 총 평수가 445만 평이오, 전부 염계(鹽界) 면적이 300만 평에 달하였다는데 근경(近頃)에 경(更)히 염계(鹽界)의 확장을 기도(企圖)하여 목하 기(其) 공사 중인데 본년 말에는 약 480정보를 확장할 계획이오, 해지(該地) 토산품은 농염(農鹽)에 적요(適要)하므로 명년에는 경(更)히 1,000정보를 완성할 계획인데 우(右) 염전을 준공하면 종래로 생산액 1억 2,000만 근에 경(更)히 산액(産額)을 증가할 터이오, 차(且) 조선 각지에 염전을 점점 확장함으로써 수입을 압도(壓倒)할 터이라더라.

제염(製鹽) 분쇄기(粉碎機)

인천 주안면에 재(在)한 염전매국출장소 염전에서는 객추(客秋)부터 설비에 착수하였던 천일염분쇄공장(天日鹽粉碎工場)[17]이 일전에 낙성되었으므로 거(去) 16일에 분쇄기계 시운전을 행하였는데 차(此)는 시험적(試驗的)에 불과하여 기(其) 규모(規模)의 완비(完備)지 못한 혐(嫌)이 불무(不無)하나 기(其) 결과인즉 양호한지라, 현금(現今) 분쇄기 2대(일본제)를 설치(設置)하고 1일 1대에 원염(原鹽) 약 2만 근을 분쇄하며 차(且) 일후(日後)에 어류염장업자(魚類鹽

---

17 천일염은 전오염에 비해 결정 입자가 크고, 또 색깔이 흰색이 아닌 회색을 띄고 있어서 일반 가정용이나 어업용으로의 사용이 기피되었다. 이를 해결하고자 1910년 주안염전에 롤러식 분쇄기 2대를 도입하여 분쇄공장을 열었다.

藏業者)의 환영을 수(修)할지라. 개(盖) 천일염의 원염도 일반 수요자에게 환영을 수(受)하나 그러나 수요자의 기호와 용도의 성질을 의하여 부득불 분쇄할 필요가 유(有)하도다. 전기(前記) 분쇄기의 원동력은 10마(馬)의 와사기(瓦斯機)라더라.

〈자료 38〉 주안염전 공사 개시
- 출처:《매일신보》, 1911.3.15, 2면
- 원제목: 朱安鹽田工事開始

공사 중 결빙으로 인하여 작년 12월 초순에 일시 중지하였던 주안염전 공사는 본월부터 계속 개시하였다는데 본년 5월 말경에 준공을 할 예정이라 하며 기(其) 염전의 면적은 60정보이오, 상차(尙且) 광량만(廣梁灣) 공사도 동일한 사정으로 일시 중지하였거니와 동지(同地)도 해빙되는 동시에 즉시 개공(開工)한다더라.

〈자료 39〉 광량만염전 사업 축소
- 출처:《매일신보》, 1911.9.19, 2면
- 원제목: 廣梁灣鹽田事業縮少

평안남도 광량만 탁지부 소관 염전장에는 우금(于今) 제염사업에 종사하는 인부가 1,600여 명이더니 본월 초순부터 사업 축소 급(及) 노역 절감으로 인하여 점차 기수(其數)가 감소하여 현금(現今)은 지나(支那) 노동자를 제(除)한 외에 조선 인부가 약 8천 인(人) 이내에 불과한 고로 객주(客主) 주상(酒商) 기타 일용잡화상 등은 비상한 타격을 수(受)하고 시장도 극히 한산하다더라.

〈자료 40〉 경기 연안과 제염

- 출처:《매일신보》, 1911.9.29, 2면
- 원제목: 京畿沿岸과 製鹽

인천부(仁川府) 주안면(朱安面) 상정리(上井里)[18]의 천일제염전은 명치(明治) 40년 재정고문부(財政顧問部)에서 염업의 개량 지도를 위하여 설립한 자(者)인데 기(其) 규모는 부대(不大)하되 성적 중에 가관(可觀)할 자(者)이 불소(不少)한지라. 원래 경기도의 연안은 기(其) 해안선의 곡절이 심하여 간석(干潟)이 일망무제함으로써 자연 염전 개척에 적지(適地)가 다(多)하고 특히 인천부 급 통진(通津), 김포(金浦), 부평(富平), 안산(安山) 4군(四郡)의 연안과 여(如)한 지(地)는 기(其) 토성(土性)도 역(亦) 염전에 적의(適宜)하여 기위(旣爲) 척성(拓成)한 염전 외에 경(更)히 개척할 적지가 무려(無慮)히 5,000정보에 불하(不下)하다는데 작년 주안 천일제염전에서 제염한 총액이 43만 7,980근이오, 본년은 천후가 불량하여 작년에 비하면 감소할는지도 미지(未知)하되 9월 12일까지 지(至)하는 간(間)의 제염액은 14만 5,391근이라더라.

〈자료 41〉 광량만염전 수축

- 출처:《매일신보》, 1912.7.21, 2면
- 원제목: 廣梁鹽田 修築

낭일(曩日) 해일(海溢)로 인하여 파손된 광량만염전의 수축은 예비비에서 지출케 되어 기(旣)히 척식국(拓殖局)을 경(經)하여 대장성(大藏省)으로 회부하였는데 개(皆) 일간(日間) 추밀원(樞密院) 회의에 상(上)하여 어재가(御裁可)를 득할 운(運)에 지(至)할 터이오. 기후(其後)는 즉시 공사에 착(着)할 터인데 공비(工費)는 약 10만 원이라 하며 차(且) 금(今) 파손(破損)한 바는 낭일(曩日) 응급수리를 시(施)한 부분의 파손에 불과하였은즉 즉시 수리를 종료하리라더라.

---

18 십정리(十井里)의 오기이다.

〈자료 42〉 광량만의 염전 완축(完築)

- 출처:《매일신보》, 1913.5.11, 1면
- 원제목: 廣梁灣의 鹽田 完築

광량만 여면의 제방공사는 이래자자(爾來藉藉) 진보(進捗)한 바 종래 제방 상부에 후(厚)가 6척인데 차(此)에 개수(改修)를 가하여 9척이오, 외부의 석원(石垣)도 21척인데 경(更)히 24척을 상(上)로 증축한 결과 금후는 여하한 대만조시(大滿潮時)를 조(遭)하여도 제방의 파괴 우(又)는 침수 등의 피해는 무(無)할 터이오. 염전의 총면적은 1,000여 정보, 구획은 8구로 하였는데 최소한 자(者)는 40정보, 최대한 자(者)는 200정보에 급(及)하는지라 목하 10정보여를 구분하여 관전식(管田式) 제염방(製鹽方)에 의한 천일염은 종래에 비하여 1회에 3배여(三倍餘)의 채염을 득(得)하며 기(旣) 제품은 백색 결정으로 이익이 불선(不尠)한 고로 점차 차등(此等)을 증가할 예정이라더라.

〈자료 43〉 신염전의 개설

- 출처:《매일신보》, 1916.8.9, 2면
- 원제목: 新鹽田의 開設

조선에 염(鹽)의 수요는 연간 2억 근에 달하나 총독부 광량만 주안 양 염전의 제염전은 현재 6,000~7,000만 근에 불과하고 약 3분의 2는 산동염(山東鹽) 급(及) 관동주염(關東州鹽)을 수용(需用)하는데 조선에 산염(産鹽)의 소지(素地)가 유(有)함을 불구하고 여사(如斯)함은 대외 무역 병(並) 선내(鮮內) 산업상 유감이오 차(且) 가지(可之)에 염 전매제(鹽專賣制)도 조만(早晩) 실시되겠으므로 총독부에서는 숙(夙)이 염전을 증설하여 기(其) 제염의 증가를 기도(企圖)할 필요가 유(有)하다 하여 제종(諸種) 조사의 결과 현재 양 염전의 면적을 확장할 사(事)는 관리상 불편하고 특히 현금(現今)에 행하는 집약적 제염법에 불호(不好)한 영향을 급

(及)하는 우(處)가 유(有)하므로 탁지부 전매과[19]는 적당한 신염전의 후보지를 선정하야 차(此)에 상당한 설비를 가(加)하기로 하였으나 재정상의 관계로 아직 실현치 못하였고 명년의 총독부 예산에는 약간 액(若干額)의 계상을 견(見)할 것이오. 차(且) 후보지는 기(旣)히 내정하였으나 매수(買收) 지가(地價)에 지대한 영향이 유(有)하겠으므로 예산 확정하기까지 발표치 아니 한다더라.

〈자료 44〉 주안염전 확장
- 출처: 《매일신보》, 1916.12.22, 2면
- 원제목: 朱安鹽田擴張

대정(大正) 6년도 세출예산 중 신시설(新施設) 사항 중 주안(朱安) 천일염전 조축(造築) 공사비도 37만 4,210원을 계상하였는데 우(右)는 200정보의 확장 예산이오. 전항(前項) 총공비 중 30만 6,936원은 염전 축조비요, 기여(其餘) 2만 7,295원은 건설물의 신영(新營) 급(及) 설비비(設備費)이라더라.

〈자료 45〉 주안염전 확장
- 출처: 《매일신보》, 1917.6.21, 2면
- 원제목: 朱安鹽田擴張

총독부(總督府)에서는 관제염(官製鹽) 증수의 필요를 인(認)하고 대정(大正) 6년도 추가예

---

19 1910년 한일합병과 더불어 총독부 직속기관인 전매국(專賣局)이 창설되어 제염 관련 업무 및 연초와 홍삼에 관한 모든 행정을 관장하였다. 하지만 전매국은 행정기구 간소화를 이유로 신설된 지 겨우 2년 만인 1912년 3월 31일에 탁지부 사세국으로 이관되었다. 1915년 사세국이 폐지되고 새롭게 탁지부 내에 전매과가 신설되었고, 1919년 탁지부 폐지에 따라 재무국 전매과로 업무가 이관되었다. 그리고 1921년 연초전매제의 시행과 동시에 전매국이 다시 부활하였다.

산에 37만 4,220원의 경비를 계상 요구하여 주안 천일제염전 확장의 계획이 유(有)한 사(事)는 과일(過日) 발표된 총독부 추가 예산 중에 명기하였거니와 기(其) 확장 지역은 목하 측량 중이므로 염전 면적과 여(如)함은 아직 확정치 못 하였으나 6년도의 확장 계획은 별로 대규모는 아니오, 종래의 약 100정보를 200정보 우(又)는 250정보에 증가케 하려 함에 지(止)한 듯하고, 연이(然而) 선내(鮮內)의 염 소비액은 약 3억 5,000만 근을 산(算)하나 관제염고는 광량만(廣梁灣) 급(及) 주안(朱安)을 합하여 근(僅)히 7,000여만 근에 불과할 뿐 아니라 민간 제염량과 여(如)함도 역시 다대치 못하여 기 대부분은 차(此)를 관동주(關東洲) 기타 지나(支那) 방면에서 수입하는 상황이므로 관(關)써 가령 주안염전으로 본년의 확장을 견(見)할지라도 차(此)를 선내(鮮內)의 수급상황에 감(鑑)할 시(時)는 기(其) 산액(産額)은 소위 구우(九牛)의 일모(一毛)[20]에 불과하고 종(從)하여 관제염 사업은 금후 경(更)히 대대적 확장을 요함은 물론인데 당국에서도 차(此)에 취(就)하여는 숙(夙)히 계량이 유(有)하여 기설(旣設) 관제염전 이외의 적지를 복(卜)하야 신(新)히 일대 염전을 설(設)하고 대규모의 제염을 개시코자 함과 여(如)한 즉 본년도는 예산의 관계상 전기(前記)의 확장에 지(止)할지나 장래에 반드시 대대적 확장을 견(見)할 기(機)가 유(有)하겠고 또 당국의 조사 계획은 자자진보(藉藉進捗)하여 기(旣)히 구체적 성안을 견(見)하리라는 설이 유(有)한 즉 혹은 대정(大正) 7년도 예산에 계상하여 동년도부터 공사 착수의 운(運)에 지(至)하는지 미가지야(未可知也)로다.

⟨자료 46⟩ 염전 확장 기공

- 출처: 《동아일보》, 1920.8.20, 2면
- 원제목: 鹽田擴張起工

총독부에서 본년도부터 7개년간 계속 사업으로써 계획하는 2,600정보의 염전 확장 중 본년도 할(割)의 400정보는 최근 임시의회의 예산 통과와 공(共) 직시 기공할 사(事)로 되었는

20　구우일모(九牛一毛)란 '아홉 마리 소 가운데서 뽑은 터럭 하나'라는 뜻으로, 사마천이 궁형을 당한 후에 자신의 목숨이 이처럼 보잘것없다고 말한 것에서 유래되었다. 이후 대단히 하찮은 것을 빗대는 말로 쓰인다.

데 본년도의 공비는 95만 원인데 주안염전의 접■(接■)지역에 195정보 광량만염전의 배면(背面) ■■에 약 200정보를 신설할 터인데 될 수 있는 대로 본년도 내에 준공할 터이나 예산 관계로 착수기(着手期)가 지연되어 혹은 내년도까지 다소 과월(過越)될지도 미지(未知)하다더라.

〈자료 47〉 조선천일염전 확장 착수, 확장비 약 650만 원

- 출처: 《동아일보》, 1920.9.8, 2면
- 원제목: 朝鮮天日鹽田擴張着手, 擴張費約六百五十萬圓

조선 천일염전 확장에 취(就)하여 저간(這間) 임시의회에서 협찬을 경(經)한 조선사업공채법(朝鮮事業公債法)[21] 중 개정법에 의하여 천일염전 확장비로 약 650만 원의 사업비를 득하였음으로써 총독부에서는 7개년의 계속 사업으로 염전 2,600정보를 확장할 계획을 입(立)하여 본년도에는 우중(右中) 경비 약 95만 원으로써 인천 부근의 남촌(南村) 급(及) 평안북도 용강의 2개소에 약 400정보의 염전 확장을 위할 예정으로 착착 조사 진행 중인 사(事)는 기보(旣報)와 여(如)하거니와 우(右)의 조사가 완료하였으므로 수(遂)히 해(該) 공사에 착수하기로 하여 10월까지의 입찰하기로 하여 즉시 기공(起工)케 할 계획이라더라.

〈자료 48〉 주안염전 확장

- 출처: 《매일신보》, 1921.10.15, 2면
- 원제목: 朱安鹽田擴張

---

21 조선사업공채는 일본이 조선 지배를 원활히 하기 위해 조달한 자금으로 1911년에 제정된 〈조선사업공채법〉을 근거법으로 활용하였다. 동법은 발행기한과 한도 등만 3개조로 간단히 규정된 법으로, 수억 엔에 달하는 사업공채가 식민지배 전 기간에 걸쳐 발행되었다. 초기에는 주로 철도, 도로, 항만 등 기간산업에 활용되었지만, 1920년 〈조선사업공채법〉 개정 이후로는 연초전매사업과 천일염전 확장 사업 등으로 공채지불사업의 범위가 크게 늘어났다. 조선사업공채에 대해서는 박우현의 「1920년대 조선사업공채 정책 변화와 재원조달의 부실화」(『한국사연구』 185, 2019)와 「1910년대 조선사업공채 정책의 전개와 난맥상」(『한국근대사연구』 93, 2020)을 참조.

경기도 주안 전중(田中) 남촌(南村) 염전 제6구인 시흥군 남촌만(南村灣)의 간석지(干潟地) 내에서 일대 확장공사는 작(昨) 13일 오전 12시 주안 전매국출장소에서 공사 입찰을 시행하였는데 낙찰자수(落札者手) 91만 8,000원으로 호천조(戶川造)로 결정하였는데, 동 입찰은 근래의 대공사(大工事)라 하여 각조(各造)가 공히 경쟁한 듯하며 2번찰(二番札)은 92만 8,000원 간조(間造), 93만 3,600원 오도조(五島造), 95만 3,000원 북륙토목회사(北陸土木會社)의 순서이었고, 확장 염전 총면적은 918정보여(餘), 유효(有效) 염전 면적 575만 정보, 언제(堰堤) 총 연장 7리(里) 12정(丁)여, 준공기(竣工期) 대정(大正) 13년 3월 31일이 규정인데 근일 공사에 착(着)하기로 금 14일 계약하였다더라.

⟨자료 49⟩ 주안염전 근황
- 출처:《매일신보》, 1922.11.13, 2면
- 원제목: 朱安鹽田近況

경성전매지국(京城專賣支局) 주안출장소(朱安出張所) 관할의 남촌염전(南村鹽田)도 대정(大正) 9년 이래 부천군(富川郡) 시흥(始興) 양군(兩郡)의 서해안 간석지(干潟地)에 축조 중이던바 근일 준공하였는데 기(其) 면적은 300정보로 상타(尙他)에 600정보의 공사 중인 것도 유(有)하여 13년도까지에는 전부 완성될 예정인데 기(其) 결과 동 염전으로부터 산출하는 생품(生品)은 1억 근(斤)에 달한다 하며 산출품의 1등 분쇄염(粉碎鹽)은 품질 가량(佳良)하여 각 방면의 사용에 적당하고 상(尙) 식탁염(食卓鹽)도 제출(提出)하여 비교적 저렴하게 판매할 터인데 경성 부전상회(富田商會)에서 매출(賣出)하기로 되었다더라.

⟨자료 50⟩ 용강염전(龍岡鹽田) 확장
- 출처:《동아일보》, 1923.10.14, 4면
- 원제목: 龍岡鹽田擴張

광량만출장소의 관할인 용강군(龍岡郡) 신녕면(新寧面) 수일리(水日里) 지내(地內)에 염전 약 50정보를 증설코자 진남포 토목청부업(土木請負業) 후등조(後藤造)에게 37만 원으로 낙찰되어 불일간 기공식을 거행하고 내년 춘(春)부터 공사에 착수할 터이라더라.

<자료 51> 광량만의 염전 신계획, 장래 3억 근을 생산
- 출처:《시대일보》, 1924.10.12, 4면
- 원제목: 廣梁灣의 鹽田新計劃 將來三億斤을 生産

총독부 직영에 속한 광량만염전의 1개년 총생산액이 아직 1억 근도 불과하여 조선 내 총소비량에 비하면 그 태반은 중국제염을 수입하게 되므로 차(此)에 대하여 총독부에서는 장래(將來)이 염전을 확대하여 3억 근의 생산을 계획하는 중인데 이것이 금후 기년(幾年) 후에 실현될는지 미지(未知)하나 좌우간 수년 내로 실현될 가망이 있다고.

<자료 52> 염전 예정지 각도(各道) 9천 정보
- 출처:《동아일보》, 1926.5.16, 1면
- 원제목: 鹽田豫定地 各道九千町步

전매국은 대정 16년에도 금년도와 같이 신염전(新鹽田)의 축조를 행치 않고 기성 염전의 충실 개선을 하기로 예산 방침을 정하고 있으며 또 종래의 관영(官營) 본위(本位)를 민업(民業)에 양(讓)할 방침을 결정하기 위하여 3월 상순부터 4월 상순에 궁(亘)하여 염전 예정지 최후의 조사를 행한바 기(其) 성적은 여좌(如左)하더라.[22]

---

22 1923년 9월에 발생한 관동대지진의 여파로 조선사업공채의 발행이 중지됨에 따라 1925년 이후의 천일염전 축조사업은 사실상 중단되고 말았다. 하지만 전매국은 향후 재개될 천일염전 확장에 대비하여 압록강 하구부터 목포 압해도까지 이르는 서해 연안에서 총 9,000정보의 천일염전 축조 예정지(보류지)를 확정하고 1926년에 조사를 완료하였다.

- 평안북도 남시(南市) 260정보
- 평안남도 평원(平原), 강서(江西), 용강(龍岡) 3,000정보
- 경기도 수원(水原), 진위(振威), 부천(富川) 각군(各郡) 4,600정보
- 전라북도 옥구군(沃溝郡) 800정보
- 전라남도 무안군(務安郡), 압해도(押海島) 640정보

〈자료 53〉 관염(官鹽) 생산고 작년보다 7천만 근 증가, 전매국 신기록
- 출처:《동아일보》, 1926.10.5, 6면
- 원제목: 官鹽生産高 昨年보담 七千萬斤增, 專賣局新記錄

전매국 금년도 천일염 채취는 광량만염전 급(及) 남방염전은 10월 10일 주안염전은 동 20일로 채취를 종료할 예정인바 금년도는 7월 중순경부터 8월 중까지의 강우로 인하여 당시 소기(所期)의 수량(收量)을 염려하였음에도 불구하고 춘기(春期) 염(鹽) 최성기(最盛期)에 있어서 미증유의 성적이었기 때문에 실수(實收)에 있어서 9월 말 현계(現計) 1억 5,229만 2,000근을 산출(産出)하였고 또 금후 200만 근의 채취가 예상되어 결국 1억 5,450만 근의 실수(實收)를 보리라고 하는바 차(此)를 금년도 예정 1억 4,617만 9,000근에 비하면 약 800만 근의 증수(增水)로 작년의 실수(實收) 8,456만 5,000근보다 7,000만 근이 증수될 터인바 전매국 창설 이래의 신기록을 시(示)할 호성적을 시(示)하리라더라.

2) 조선총독부의 염업 정책

〈자료 54〉 염(鹽) 전매의 장래
- 출처:《매일신보》, 1911.10.1, 2면

조선의 연초 전매는 관세를 10개년간을 현상(現狀)으로 존치(存置)하기로 성명(聲明)한 고

로 외국품의 수입이 다수하여 도저히 일간(日間)에 실시하기는 불능하나 염(鹽)을 외국으로부터 수입하는 자(者)는 근(僅)히 데-부루손뿐이오, 기타(其他)는 청국으로부터 수입하는 자(者)가 대부분을 점하였으나 총국은 원래 염의 수출을 금지하였으므로 가령 전매법을 실시하는 경우에 재(在)하여도 외국으로부터 관세현상존치(關稅現狀存置) 기간 내라 칭하여 기(其) 불편을 신청(申請)할 우려가 무(無)한 고로 반드시 전매법 시행에 곤란이 무(無)하되 금일에 재(在)하여는 천일제염의 제산액(製産額)이 도저히 전매를 행할 다액(多額)에는 부지(不至)한 고로 장래에 기(其) 제산액으로써 전반(全般)을 공급함에 지(至)하면 점차 기(其) 전매법을 실시함을 견(見)하리라더라.

〈자료 55〉 염세규정 기초(起草)
- 출처:《매일신보》, 1911.10.10, 2면
- 원제목: 鹽稅規程起草

　염무(鹽務)에 관한 제 규정은 종래 한국정부시대에 제정 발포(發布)한 자(者)를 현금(現今) 적용 중인데 불편의 점(点)이 다(多)함으로 당국자는 규칙을 개정하기로 목하 기안 중(起案中)이라더라.

〈자료 56〉 관염과 수입염
- 출처:《매일신보》, 1911.12.17, 1면
- 원제목: 官鹽과 輸入鹽

　본년도 염(鹽)의 제조액은 주안염전에서 150만 근, 광량만염전에서 298만 근, 총산액 448만 근이라. 본년은 강우가 다(多)하고 차(且) 광량만의 공사가 완성치 아니하여 일부분에서 제염함에 불과한 고로 예기(豫期)한 성적을 부득(不得)한지라 종래로 시험염전이던 주안의 천일제염전도 5월에 완성하고 광량만의 천일제염전 933정보 1반(反) 8묘(畝) 25보(步)

도 금년도 중에 기(其) 공사가 완성하였은즉, 도합 1,030정 6반 9묘 25보의 천일제염전이 본 년도 중에 준공하여 자(兹)에 제1기의 계획되는 42년도부터 44년도까지의 계속 사업도 전혀 성취할 터이라. 억(抑) 조선 전도(全道)에 대란 연액(年額) 소비액은 약 3억 근을 불하(不下)하는데 기중(其中) 2억 근은 지나(支那)로부터 수입하고 내지(內地)로부터 이입(移入)하는 자(者)는 극히 근소하여 명치 41년의 수입액은 7,400만 근, 42년에는 5,700만 근, 43년에는 9,300만 근이오, 차(且) 본년도의 수입액은 약 1억 1,700만 근인데 기중(其中) 약 1할이 내지(內地)로부터 이입(移入)하고 기여(其餘)는 개(皆) 지나(支那)에서 수입한 자(者)인데 지나의 염상(鹽商)이 매년 조선에 방매(放賣)함이 연년 증가하여 현금(現今) 평안남북도와 여(如)한 지(地)에는 태(殆)히 지나염에게 압도된 모양이라. 조선염이 1원 45전인데 지나염은 근(僅)히 45전으로 방매하는 고로 도저히 경쟁키 난(難)하며 조선의 염전은 전체 3,700정보로 종업자(從業者)가 8,000인(人)이오, 기(其) 생산력이 2억 80만 근이라 칭(稱)하되 실은 매년 2억 근에 불과한지라. 연즉(然則) 연년(年年) 1억 근식(斤式) 지나(支那)로부터 수입함을 방(防)하여 선인(鮮人)의 제염을 조(助)함은 각하(刻下)의 급무(急務)라. 금일까지 시험염전의 성적에 의한즉 1정보로부터 12만 근을 산(産)하니 약(若) 명년도에 주안 광량만염전이 준공하면 종래의 염전에서 1,000여 정보를 증가하는 고로 차(此) 시험염전 1정보로 추산하면 정(正)히 1억 2,000여만 근의 염을 증가할지로되 물론 시험전(試驗田)과 여(如)히 노비(勞費)를 불석(不惜)하고 자력(資力)을 투(投)하여야 모범적으로 행할 터인즉 금후 지나염의 수입을 방(防)하기는 무의(無疑)하다고 모 당국자는 어(語)하더라.

〈자료 57〉 관염 판매 계약
- 출처: 《매일신보》, 1912.8.9, 2면
- 원제목: 官鹽販賣契約

주안(朱安) 급(及) 광량만(廣梁灣)의 천일제관염(天日製官鹽)을 공익사(共益社)[23]로 판매케 함

---

23 공익사(公益社)는 1905년 박승직(朴承稷), 니시하라 가메조(西原龜三)의 주도로 경성에 설립된 면포 수입회사이

에 관하여는 본지(本紙)의 과반래(過般來)로 누누(屢屢) 보도한 바이어니와 판매는 본년도의 생산품에 한하기로 하고 식염(食鹽)의 수급 상태에 관하여 판로의 지정 급(及) 판매 가격의 제한 등을 조건으로 하여 금(今) 팔일(八日) 우(右) 판매의 계약을 조제(調製)하여 탁지부(度支部)에서 공익사 대표자 서원구길(西原龜吉) 씨에게 교부하였다는데 본 판매 계약에 의하면 단(單)히 본년도에 한하였으되 경우에 의하여 장래 계속할 것은 물론이오, 타(他)에 동양(同樣)의 판매 출원자에게 허가치 아니하는 시(時)는 태(殆)히 관염 일수(一手) 판매와 무이(無異)한 상황을 견(見)하리라더라.

〈자료 58〉 조선의 제염업
- 출처: 《매일신보》, 1912.8.27, 1면
- 원제목: 朝鮮의 製鹽業

조선의 관제 염업은 천일염법으로 하고 기(其) 염전은 경기도 주안만(朱安灣)에 97정보, 황해도[24] 광량만에 970정보, 합계 1,067정보의 규모로 하여 금년도부터 1년에 1억 3,000만 근을 산출할 예정이나 본년은 우량(雨量)이 다(多)하고 차(且) 제방 파괴 등의 지장(支障)이 생(生)하여 아마 예정의 산액(産額)을 득(得)하기 난(難)하고 1월부터 6월 중순까지에 주안만은 173만 근, 광량만은 315만 근, 합계가 근(僅)히 449만 근을 수(收)함에 불과하였은즉 반기간(半期間)의 산출액이 근근(僅僅) 500만 근이라. 최초 예정액의 24분의 1에도 족(足)치 못한 소액인즉 본년도 중에 2,500만 근의 채염(採鹽)을 위(爲)한다 하나 과연 소기(所期)의 성적을 거

다. 초대 사장은 박승직이었으나, 니시하라가 전무이사에 취임하여 실질적인 경영권을 가지고 있었다. 1910년 거래 관계에 있던 오사카(大阪) 소재 이토추(伊藤忠)합명회사의 자본 참가로 자본금을 4만 6,600원으로 증자했고, 1914년에는 다시 자본금을 50만 원(12만 5,000원 불입)으로 대폭 증자하는 한편, 주식회사 체제로 재편하였다. 이후 국내와 일본은 물론, 만주에도 지점과 출장소를 설치하여 조선과 일본, 만주를 아우르는 국제무역 유통망을 구축하였다. 1920년에는 제1차 세계대전의 전후 불황에 대응하여 자본금을 100만 원으로 증자(25만 원 불입)하였고, 주력 사업인 무역업 외에도 운송업·수산업·광산업·제조업, 그리고 관계된 회사의 주식 및 사채 인수 등 다양한 영역으로 사업을 확장하였다.

24 평안남도의 오기이다.

(擧)할지 부(否)할지 파(頗)히 의문이라. 연(然)이나 일면(一面)으로 수입 지나염(支那鹽) 상태를 견(見)하면 본년 상반계(上半季) 중에 조선 수입 총액은 7,142만 근으로 하고 재제공급고(再製供給高)는 인천에서만 약 2,000만 근의 거액에 달하는 진남포와 기타(其他)를 합하는 시(時)는 3,000만 근에 달하리라더라.

〈자료 59〉 조선제염의 장래, 탁지부 장관 담(談)
- 출처:《매일신보》, 1912.9.11, 1면
- 원제목: 天日製鹽將來 度支部長官 談

조선염(朝鮮鹽)의 수용(需用)은 3억 근을 산(算)할지나 연(然)이나 재래 선인(鮮人)의 수(手)로 성(成)한 전오염(煎熬鹽)은 1억 5,000~6,000만 근을 산(産)하되 근(僅)히 기반(其半)을 충(充)함에 불과하고 타(他)는 실개(悉皆) 수입염(輸入鹽)에 의(依)치 아니치 못하는 불행한 상태에 재(在)하였으므로 위선(爲先) 일기(一期)의 전매 계획으로 주안의 염전을 기(起)한 후 광량만에 천 정보의 염전을 축조하였으니 주안은 연산(年産) 500만 근이오, 광량만은 1억 2,000만 근의 소망(所望), 합계 1억 2,500만 근을 득(得)하여 위선(爲先) 외염(外鹽)의 수입을 방알(防遏)함에 비(備)하였거니와 본춘(本春)에 점차 제1기 계획을 완성하였더니 미기(未幾)에 풍파(風波)의 해(害)를 수(受)하여 재차 대수축(大修築)을 가(加)치 아니치 못함에 지(至)한 고로 본년의 예상은 실(實) 2,500만 근 내외에 하(下)하는 유감(遺憾)을 생(生)하였으나 금후 3년을 경과하면 비상(非常)한 천재(天災)가 유(有)하기 외에는 염전의 축제(築堤)은 일(日)에 고결(固結)하여 전중(田中)에 잔존한 패충수(貝虫數)도 역(亦) 사멸(死滅)할지라. 고로 예정한 실수(實收)을 거(擧)하기 불난(不難)할지니 연(然)하면 수입염(輸入鹽)을 방알(防遏)하기는 불원(不遠)한 사(事)이라. 유래(由來)로 주(酒) 연초(煙草) 급(及) 염(鹽)은 정부의 3대 재원(三大財源)으로 장래 유망한 자에 기(寄)하여 자(玆)에 일기(一期) 계획을 완성하여 외염을 방알하면 제2기의 계획으로 재래 전오(煎熬)의 개량 여부라. 천일제염에 대부(代付)할지로다. 기(旣) 정한 방침에 기(基)하고 경(更)히 대염전(大鹽田)의 축조를 위(爲)치 아니치 못함에 지(至)할지나 일면(一面)은 전혀 민업(民業)을 탈(奪)함은 정책이 아닌 고로 민도(民度)에 적응하여 내지(乃至) 필요한 시기[가령 관염으로써 외염에 비(備)하여도 재래의 전오염이 외염에 비하여 조악(粗惡)하고 차(且) 고가(高價)인즉 자연 재래염은 외염의 압박을 수(受)하여 자멸할 자(者)임과 여(如)함.]에 행(行)치 아니치 못할 자(者)인즉 제2기 계획의 방침은 유(有)하되 전술(前述)의 이유에 의하여 기(其) 시기를 예언키는 난(難)하도다.

〈자료 60〉 조선과 관동주·대만 염업

- 출처:《福岡日日新聞》, 1913.3.23.
- 원제목: 朝鮮と關灣兩鹽

【조선의 제염업】

조선에서의 관염은 작년 광량만염전 제방 파괴로 인해 사업에 일대 차질을 초래하여 예정과 같은 진행을 보는 일을 할 수 없을 뿐만 아니라, 그것 때문에 18만여 엔의 수리비를 지출할 수밖에 없는 상태이다. 그러나 1913년도(大正 2)에는 3,000만 근을 산출할 예정으로 심각한 지장이 없는 한 장래에는 매년 그 산출액이 증가하여 머지않아 예정인 1억 2,000만 근을 산출하기에 이르는 날도 멀지 않을 것이다. 한편 2억 8,000만 근의 생산력을 가진 3,700여 정보의 이 염전은 매년 연료의 등귀로 인해 생산비가 싸지 않게 되어 생업으로 할 수 없는 데에까지 이르게 됨에 따라 대부분이 이 일을 버리고 다른 사람의 노동으로 전업하는 것이 점차 증가하여 해마다 더욱 쇠퇴를 보고 있다. 만일 현재 그대로 돌아가는 때에 관염이 예정의 도정(道程)에 도달하는 때에는 민염(民鹽)은 거의 전멸에 가까운 운명에 빠지는 현상을 보이게 되는 것을 보장하기 어렵다. 다만 남양염(南陽鹽, 경기도), 나주염(羅州鹽, 전라남도) 등 아직도 조선인 사이에서 약간의 세력을 가지고 있음을 인정하면 비록 수요는 관습과 마찬가지인 바라서 외염(外鹽)과의 비교 연구의 결과에 지나지 않음은 물론이다. 그러나 조선에서의 염의 수요액을 아무리 보아도 생활의 정도가 일치하지 않는 지방 풍습으로는 물론 적확한 숫자를 얻는 것은 가능하지 않더라도 연액(年額)+ 약 3억만 근이라는 예상은 대부분 각자 일치하는 것 같다. 그런데 작년 중 지나(支那) 산동성(山東省)으로부터 수입된 지나염(支那鹽)은 총계 1억 2,300여 근이라 하고, 여기에 관동주(關東州), 대만염(臺灣鹽) 등의 이입염(移入鹽)을 더할 때에는 2억만 근에 달한다면 결국 조선산 염은 관민(官民) 양염을 합해도 1억만 근 내외라고 볼 수 있다.

【지나염의 세력】

조선 제염업의 현상이 이상과 같다면 인구 증가에 수반하는 소비량의 증가와 함께 당분간 외염(外鹽)의 공급에 의존하지 않을 수 없는 것이다. 그런데 종래 지나(支那) 산동염(山東鹽)이 조선 시장의 염가(鹽價)를 좌우하는 듯한 대 세력을 가지게 된 것은 거의 전부가 동(同) 지방의 사염(私鹽)이었다.[25] 즉 동양 제일의 염가인 노은(勞銀)과 천혜(天惠)가 많은 풍토에 의한 매우 저렴한 생산비로써 생산해 내는 것 위에 염세(鹽稅)의 부과를 벗어나 소위 공공연하게 밀제조를 하는 것에 기인한 것이다. 저들 대만염(臺灣鹽)이 풍부하게 공급력을 갖고 또 생산비가 저렴함에도 불구하고 간신히 부산(釜山) 지방 한 구석에서 꼼짝 않고 먼 타 지방에 손을 뻗지 못하는 것은 전혀 여기에서 유래하지 않았다고 할 수 없다. 다만 최근 관동주염(關東州鹽)이 점차 세력을 확대하는 추세에 있지만, 도저히 산동염(山東鹽)과의 경쟁은 불가능한 일이라고 해서 단지 산동염의 이익의 일부에 균점하고 있다고 하는 것에 지나지 않는다.

【차관(借款)과 지나염】

그러나 민국(民國)의 6국(國) 차관(借款)은 목하 진행에 고민의 상태에 있다고 전해진다.[26]

---

25 산동반도의 염산지는 석도(石島)·이도(俚島) 등 교주만(膠州灣)부터 지부(芝罘)에 이르는 연안 지역에 위치하고 있었다. 이곳은 토지가 척박하여 토산이라 할 것이 없었고, 지역민들은 간석지를 이용한 제염으로 겨우 생활을 유지할 수 있었다. 따라서 청국 정부도 지역민의 생계를 보호한다는 의미에서 과거부터 민염(民鹽) 구역으로 취급해 왔다. 즉, 민염 구역에서 생산된 소금(山東民鹽)을 관염 구역에 이입되지 못하도록 철저히 금지한 반면에, 조선·일본 등지로의 수출은 사실상 묵인해 준 것이다(김희신, 2018, 「재조선 화교 염상과 조선총독부의 외염 관리」, 『중국근현대사연구』 77, 중국근현대사학회, 95쪽 참조).

26 쑨원으로부터 대총통직을 받고 북양정부 수립을 완료한 위안스카이(袁世凱)는 중국의 붕괴된 재정 시스템을 복구시키고, 또 다른 한편으로 자신의 권력을 강화시키기 위해서 외국 차관이 절실하였다. 이에 1913년 영국, 프랑스, 독일, 미국, 러시아, 일본 등 6개국과 차관협정을 맺고 외환 6,000만 파운드라는 대규모 차관을 도입하는 데 성공했으나, 그 대가로 염정원(鹽政院)의 전매염 수입을 담보물로 제공하는 것에 합의해야만 했다. 이후 차관을 제공한 5개 은행가 그룹은 아일랜드인 리처드 데인(Sir Richard Henry Dane)을 수석 감사(chief inspector)로 임명하고, 그로 하여금 부패와 밀수가 만연한 중국 염정(鹽政)을 개혁하게 하였다.

이 차관이 염세(鹽稅)를 담보할 수 있음은 거의 기정사실이 되어 그 결과는 나아가서 그 염정(鹽政)의 이혁정리(釐革整理)를 어쩔 수 없이 승낙하는 데 이르도록 한다면 당연히 사염(私鹽)과 같은 것은 전부 금지시키고 동시에 관염(官鹽)과 같이 염가(鹽價)의 통일을 보기에 이를 것이다. 그 어떠한 방법으로 정리를 행하여 어느 정도로 염가가 등귀할지는 미지수에 속한다 할지라도 어쨌든 사염(私鹽)의 금지를 전제로 한다면 다소 수입염가(輸入鹽價)는 등귀할 것으로 단정할 수 있을 것이다.

【관만(關灣) 양염(兩鹽)의 활동】

민국 염정의 정리는 조선 시장에서의 수입 산동염에 일대 타격을 가했기 때문에 이익을 입는 것은 관동주염, 대만염이 되었다. 관동주의 제염업자 같은 경우는 최근 현저히 그 규모를 확장하고 생산력을 증가시킬 계획이고, 대만 제염업자의 경우도 모지(門司)[27]에 대규모의 재제염 공장을 건설할 계획이라고 전해진다. 아울러 그들은 조선 시장으로의 공급을 주된 목적으로 할 것은 명료하다.

【양염(兩鹽)의 경쟁】

요컨대 6국 차관 성립 후에 있어서 조선 시장은 관동주염과 대만염과의 경쟁무대가 되었고 산동성의 경우는 혹은 마침내 시장으로부터의 영향을 내려앉는 데 이르게 되지는 않았다. 다만 이때에 있어서 조선 염업의 부진은 매우 유감이었던 바이고 덧붙여서 조선관염의 생산비는 100근당 17전 남짓이라고 해도 이것은 예정인 1억 2,000만 근을 산출하는 경우의 생산비였다. 또한 염전 건조비 116만 4,287엔[별도로 전기(前記)한 광량만염전 수리비 18만여 엔이 있음], 경상비 20만 4,354엔, 운전자금 6만 8,000엔의 금리 및 전기(前記) 운전자금은 이것을 포함한 것으로 안다.

---

27 일본 야마구치현(山口縣) 기타큐슈시(北九州市) 동쪽 끝에 위치한 항구 이름이다.

〈자료 61〉 수이입염(輸移入鹽) 격증

• 출처:《매일신보》, 1916.6.23, 2면
• 원제목: 輸移入鹽 激增

본년으로 관제염고(官製鹽高)는 광량만 급(及) 주안의 양 염전을 합하여 약 7,000만 근 예정인데 광량만은 강우(降雨)가 선(鮮)하여 금일까지 성적이 의외에 양호하여 작년 급(及) 일작년(一昨年)에 비하여도 약간의 증수(增收)를 견(見)하였는데 주안은 차(此)에 반(反)하여 성적이 불호(不好)하므로 결국 본년의 채염액은 예정의 수량에 달하기 혹은 곤란하리라고 관측하겠으며 연이(然而) 관동주 급(及) 청도(靑島) 방면에 대하여는 본년의 채염 성적이 파(頗)히 양호하여 선내(鮮內)에 향하여 속속 수입하는데 본년 1월 이강(以降) 5월 말까지의 수이입염(輸移入鹽)은 일체를 합하여 8,000만 근을 월(越)하여 근래 희구(稀口)의 현상을 정(呈)하였으므로 염가도 종(從)하여 저락(低落)을 고(告)하여 거월(去月) 래(來) 각지의 시세(市勢)가 일일(日日) 붕락(崩落)을 시(示)하여 상(尙) 저지(底止)할 바를 지(知)치 못함과 여(如)하다더라.

〈자료 62〉 천일염전 장래-조선의 자급을 최소한도로 함, 모(某) 당국자 담(談)

• 출처:《매일신보》, 1918.1.24, 2면
• 원제목: 天日鹽田 將來-朝鮮의 自給을 最小限度로 함, 某 當局者 談

주지하는 바와 여(如)히 조선에 재(在)한 식염의 수요고(需要高)는 일개년(一個年) 약 3억 근이오, 기(其) 3분의 2약(弱)은 수이입염(輸移入鹽)에 의하여 차(此)를 충용(充用)하는 중인데, 총독부의 경영에 계(係)한 주안염전은 현금(現今) 제2기의 확장공사 중에 재(在)하고 광량만의 측(側)도 불원(不遠)에 기공의 운(運)에 지(至)하리로다. 여사(如斯)히 진행함은 조선에 재(在)한 식염(食鹽)의 수요를 자급(自給)하는 것을 최소한도로 하여 염전의 확장을 행하는 터이라, 본년도의 일염산액(日鹽産額)은 작년 10월 말까지에 약 9,000만 근, 연도 내(年度內)에 1억 근에 달(達)케 할 예정인데 차(此)는 아마 곤란한 터이로다. 관염의 외(外)에 소허

(少許)의 민영 염전의 소산(所産)을 소집(搔集)하여도 물론 수용고(需用高)의 반에도 달(達)치 못하는 고로 부족의 보전(補塡)은 예(例) 의하여 차(此)를 수이입(輸移入)에 앙(仰)하는 외에 무타(無他)이나 내지(內地)도 금년도는 비상히 부족되는 줄 사(思)하노라. 속(俗) 염(鹽) 일근(一斤)에 석탄(石炭) 일근(一斤)이라 하는 가량(可量)이니 제염에는 다량의 연료를 요하는 것임으로 탄가(炭價) 폭등으로 인하여 생산비가 고(高)함으로 기중(其中)에는 작업을 중지하는 자도 유(有)한 등(等) 정부에서도 상응(相應) 구제(救濟)의 수단을 강(講)하는 중이나 그래도 산염(産鹽)의 감소를 방지할 사(事)이 불능함은 부득이한 사(事)라 연료의 풍부한 내지(內地)서도 차(此)와 여(如)하거든 연료의 핍(乏)하다 함보다 태(殆)히 연료를 산(産)치 못함에 근(近)한 조선에서 천일염을 제조함을 득(得)은 영묘(靈妙)한 천(天)의 배제(配劑)라고 운(云)할 지니 사민(斯民)의 행복이 차(此)에 과(過)한 자는 무(無)할 것이라. 혹은 천일염은 선인(鮮人)의 기호에 부적(不適)하다고 창(唱)하는 자도 유(有)하니 참 천일염은 기(其) 결정(結晶)이 대(大)하여 사용에 순치(馴致)치 못한 자(者)에는 약제(藥劑)의 모양으로 견(見)하여 다소 이감(異感)을 기(起)할지도 못하겠으나 기(其) 효과는 보통의 염(鹽)과 하등의 차가 없고 내지에서도 만일 천후(天候)가 천일제염에 적(適)하면 전매국은 반다시 차법(此法)을 채용(採用)함에 무위(無違)하나 요컨대 내지의 풍토는 차(此)에 적(適)치 아니함을 감(憾)하리로다. 여하간 총독부에서는 예정과 여(如)히 식염 자작자급(自作自給)의 계획을 수행하기 위하여 염진도 현재의 광량만, 주안의 2개소만으로 아니하고 타(他)에 십분(十分) 용지(用地)를 선정하는 중이라. 그리하여 자급(自給) 이상의 염(鹽)을 산(産)함에 지(至)하면 그것을 여하히 할까 함은 연구에 가치가 유(有)한 문제가 아닌가. 조선의 산염(産鹽)으로써 내지에 공급할 계획을 입(立)함은 여하한가 하는 의견에 대하여 내지의 경세가(經世家)가 제염업을 국방과 결착(結着)하여 만일 본국에 인롱(引籠)하여 적(敵)을 인수(引受)함과 여(如)한 경우에 국내에 염(鹽)을 산(産)치 아니하는 사(事)는 곤란하다는 설(說)이 부사의(不思議)이나 가장 의견(意見)으로 수취(受取)된 양(樣)인데 기처(其處)까지 전증(詮證)하면 미(米)도 부족 두(豆)도 부족 면(綿)은 개■(皆■)라 운(云)하기로 될 터이니 조선의 천일제염은 양양한 전도를 공(控)하였다 함이 상당하리로다.

〈자료 63〉 염 전매 이관(移管) 문제

- 출처:《매일신보》, 1921.2.22, 2면
- 원제목: 鹽專賣 移管問題

    염류(鹽類) 수급 상태는 구란(歐亂) 이래 화학공업 발달에 반(伴)하여 공업용 염의 소비가 격증하고 수출 식료품 생산용 염 증가에 의하여 연액(年額) 약 120만 톤 내외의 원료염을 요함에 불구하고 공급은 내지 염전이 연료 등귀와 생산비 앙상(昂上)에 인하여 수지 불합(不合)을 불면(不免)한 바 점차 산액이 감소하고 연액 약 60만 톤이 되어 대정 7, 8년의 실 산액은 근(僅)히 30만 톤 내외로 감소하니 시(是) 대만의 6만 톤, 관동주의 10만 톤, 청도의 15만 톤을 가산(加算)하나 상(尙) 50여만 톤의 공급 부족을 고(告)하고 시(是) 보급은 해외 수입에 거(據)치 아니치 못할지나 각국도 기(其) 수출을 방지(防止)한 고로 정부도 파(頗)히 곤란하여 시가(市價)와 수입가격의 차는 거액에 상(上)하며 기(其) 손실은 다대(多大)한지라 본년도 예상에 거(據)한 즉 재계 동요(動搖) 후 화학공업이 돈좌(頓挫)하고 작년도에 공업용 염 수요는 격감한 고로 본년도의 전매국 지월염(持越鹽)은 약 30만 톤이 유(有)하고 시(是)에 내지(內地) 제염도 연료 하락에 반(伴)하여 본년은 증산을 예상할 수 있는 고로 시(是)에 서상(敍上) 삼방면(三方面)의 수입을 합산한즉 금년의 수급 관계는 선(先)히 낙관할 수 있으나 일본이 염에 대하여 전매제(專賣制)를 실행한 소이는 공업의 조성(助成) 병(並)히 국고 수입을 득(得)하기 위함이었으나 우(右)와 여(如)히 수요 연액(年額)에 100여 만 톤에 대하여 내지 산액(産額)은 근(僅)히 최고 60만 톤에 불과한 고로 공업의 조성(助成)은 기(其) 목적을 달(達)키 난(難)하고 수입에서도 대정 8년도에 지(至)하여는 반대로 500여만 환의 손실을 생(生)하며 일반회계로부터 보조를 수(受)한 형편이니 현재로는 양목적(兩目的)이 기(旣)히 소감(消減)하고 상등(上等) 공업 조성에는 금후 사업(斯業) 소장(消長)에 건(件)하여 여하한 대책을 필요로 할는지도 부지(不知)하니 영(寧)히 대장성(大藏省)으로부터 농상무성(農商務省)에 이(移)하고 목하 정부 부내(部內)에서 비밀에 연구 중이라 한즉 혹 내(來) 11년도부터 실현됨에 지(至)할는지도 부지(不知)하겠더라.

〈자료 64〉 염 전매 문제, 내년도 실현 관측

- 출처:《동아일보》, 1923.6.28, 4면
- 원제목: 鹽專賣問題, 來年度實現觀測

조선 내에서 연년(年年)히 소비되는 염(鹽)의 수량은 4억만 근을 산(算)하는 바 조선 내에서 생산되는 염의 수량은 근(僅)히 2억만 근에 불과하고 기여(其餘)는 전부 중국염의 수이입(輸移入)으로써 보충되는 상태이며 따라서 염가와 여(如)함도 태(殆)히 중국 염가에 의하여 좌우되는 현상이므로 염가는 항상 고가됨을 면치 못하며 더욱이 교통이 불편한 산간벽지에서는 비상한 고가를 지출치 아니치 못하는 형편이오, 또 그 반면으로는 공급의 불충분을 내(來)케 하는바 원래 조선의 천일염과 여(如)한 것은 현대 이상의 충분한 생산을 득(得)할 가능성이 유(有)한 것이므로 총독부의 계획은 금후 3, 4년간에는 조선에서 소비되는 수량의 염은 충분 생산케 하기로 하여 즉 대정 15년을 차(此)의 완성기로 한 것인데 금반 경비 축소의 결과 대정 17년까지 차(此)가 지연될지도 미지(未知)이라 하며 또 경비 긴축의 결과는 총독부에서 차(此)를 신재원(新財源)의 일(一)로 염전매(鹽專賣)의 제(制)를 실시할 계획으로 명년도 예산편성기(豫算編成期)인 차제(此際)에 당국에서는 차(此)에 관한 제반 조사를 행하는 중이라는데 또 일방으로 중국염의 매수는 극히 용이함으로 염 전매제(鹽專賣制)의 실현은 13년도부터 시행될 듯하다더라. (朱安)

〈자료 65〉 염 전매는 전도 요원, 염전 확장은 전매와 무관계

- 출처:《매일신보》, 1924.3.4, 2면
- 원제목: 鹽專賣는 前途遼遠, 염전 확장은 전매와 무관계

조선염의 전매설(專賣說)[28]은 연초 전매가 실시된 지 미구(未久)에 각 방면으로 선전되어

---

28 1920년대 중반부터 조선총독부가 곧 전면적인 '염 전매제'를 실시할 것이라는 소문이 퍼지기 시작하였다. 1923년 8월, 서해안에 몰아닥친 대폭우로 신설 및 기설 염전에 막대한 피해를 입었고, 또 같은 해 9월에 일어

각 지방의 간상배(奸商輩)는 차(此)의 원매팔(元賣捌)을 획득하려고 암중비약(暗中飛躍)이 우심(尤甚)하며 기(其) 타지방 재주민(在住民)으로도 차(此)의 운동에는 다소의 이해를 불구하고 호기를 물실(勿失)하려는 의기(意氣)이라는데 차(此)에 대하여 모 당국자는 어(語)하되 조선염은 매년 수용에 부족하여 지나(支那)로부터 대정 5년 이래 100만 원대의 수입을 앙(仰)하기 시작하여 대정 8년과 여(如)함은 340만 원을 돌파하였고 차(此)를 평균적으로 견(見)하더라도 매년 130만 원에 상(上)하며 부산의 모 상인과 여(如)함은 대만염의 이입을 시(試)하여 기(其) 성적도 양호한 모양이며 우(又) 최근에 지(至)하여는 스페인으로부터 수입을 시(試)하는 경향이 유(有)하여 전매국에서는 차(此)의 현상에 감(鑑)하여 연년(年年)히 염전을 확장하여 오는 바이나 차(此)는 조선 내의 수요에 충당하려는 계획으로 세간에서 운위하는 바와 여(如)히 염 전매(鹽專賣)를 실시하려고 함은 아니며 사실상 조선염의 전매는 일부 민간의 반대도 유(有)함과 여(如)히 전매를 실시하여 반(返)히 염(鹽)이 등귀할 염려도 유(有)하여 기(其) 실현은 상(尙) 요원한 바이라고 하며 우(又) 근자(近者)에 지나염(支那鹽)의 수입을 방지한다는 설이 유(有)하나 차(此)는 조선염의 생산 부족으로 태(怠)키 난(難)한 사실이오, 염(鹽)은 원래 금지품이 아니므로 역시 무근(無根)의 설(說)에 불과한 바이라 하더라.(모 당국자 談)

⟨자료 66⟩ 식염 전매설은 사실무근, 사기적 수단에 미혹치 말라
• 출처:《매일신보》, 1926.2.9, 1면
• 원제목: 食鹽專賣說은 事實無根 詐欺的手段에 迷惑치 말나

근래 염(鹽)이 전매로 될 터인즉 일수판매(一手販賣)를 인수한다 혹은 관염(官鹽)의 일수판매를 한다 칭하고 회사를 설립하고 혹은 조합과 여(如)한 것을 조직하여 세인을 만착(瞞着)하고 주금(株金)을 모집하며 증거금(證據金)을 취하며 우(又)는 지방 일수판매의 권리를 여

난 일본 간토지방에서의 대지진으로 관영 염전의 축조사업이 전면 중단되는 상황 속에서 이러한 '염 전매제 시행설'은 대중들의 염가 상승에 대한 불안감을 촉발시켰음은 물론, 중국 염장(鹽場)과의 독점 계약을 노리는 염업회사들의 대형 사기사건까지 일어나게 만들었다.

(與)한다 하는 부정배(不正輩)가 다(多)하여 지방민의 금전을 사취하는 자가 유(有)하나 차등(此等)은 교묘한 수단을 용(用)하여 금일까지 기(其) 간수단(奸手段)에 실패한 양민이 불소(不少)한 모양이며 수(殊)히 향촌(鄕村)에 거(居)한 인(人)은 사정을 불해(不解)하고 흔히 편취(騙取)되는 듯하다. 물론 염의 전매 등은 전연 사실무근의 선전(宣傳)으로 당국에서는 목하 여사(如斯)한 계획은 소호(小毫)도 무(無)할 뿐 아니라 장래라도 여사한 의사(意思)는 전무하다. 우(又) 관염의 판매는 목하 40여 명의 특약 판매인이 유(有)하여 각각 판매에 종사하는 중이다. 차등인(此等人)은 대저(大抵) 10수년 전부터의 특약으로 근년(近年)은 보결(補缺) 외 신계약은 태무(殆無)하다. 그리고 이상과 여(如)한 포말회사(泡沫會社)며 의심되는 조합 등은 절대로 허가치 아니하고 우(于) 금후(今後)의 신계약도 당분간 체결치 아니할 방침인즉 일반은 특히 주의하여 간수단(奸手段)에 함(陷)치 말기를 바라는 바이다.(본부 당국자 談)

⟨자료 67⟩ 조선염업 영업 범위 확장, 지나염도 관계코자 교섭위원을 파견해

- 출처:《매일신보》, 1926.2.21, 2면
- 원제목: 朝鮮鹽業 營業範圍擴張, 지나염도 관계코자 교섭위원을 파견해

우리 조선에서 해마다 소비하는 소금(鹽)의 분량은 관염(官鹽) 1억 8,000만 근, 지나염(支那鹽) 1억 7,000만 근, 재래염(在來鹽) 6,000만 근으로 합계 4억 1,000만 근에 달하는 바 관염에 대하여는 지금까지 총독부 전매국에서 전선에 지정 판매인 사십 인을 두고 그의 손을 거치어 각처로 산매하게 되어 있는데 요사이에는 큰 회사를 조직하여 가지고 당국에 양해를 얻어 관염에 대한 일수판매(一手販賣) 같은 것을 하여 보겠다는 목적을 가지고 염업주식회사(鹽業株式會社)를 창립하려고 하는 사람이 많이 있는 모양인데 부내에도 공평동(公平洞)에 고려(高麗)염업주식회사 창립 사무소라는 간판을 붙이고 주(株)를 모집하는 중이며 일변으로 장곡천정(長谷川町)에 조선(朝鮮)염업주식회사 창립 사무소라는 간판을 붙이고 역시 주를 공모하여 양방에서 경쟁적으로 맹렬히 주금 모집에 대분망 중이라는 바 조선염업주식회사 창립 사무소에서는 염업의 범위를 유독 관염만 받아 파는 데 한할 것이 아니라 중국염까지 원매(元賣)를 하려는 계획을 가지고 중국염의 산지를 시찰한 후 중국 염업공서(鹽業公署)와 직

접 교섭을 하기 위하여 일간 위원을 파견한다더라.

⟨자료 68⟩ 수이입염 압도로 관염 매출 부진
- 출처:《중외일보》, 1926.11.25, 4면
- 원제목: 輸移入鹽壓倒로 官鹽賣出不振

   본년 중 관염의 채수(採收)는 천후의 순조로 성적이 파(頗)히 양호하여 10월 말까지의 채염고는 1억 5,487만 6,400근에 달하였고 상차(尙且) 수이입염(輸移入鹽)도 예년에 없는 순조로 9월 말까지에 2억 2,135만 9,700근이며 10, 11, 12월의 3개월 동안에는 5,000만 근가량의 수이입은 되므로 결국 2억 7,135만여 근이 될지며 경(更)히 이상 외 재래염도 7,500만 근가량에는 달할 터이므로 금년의 공급은 5억 근에 달하게 될지며 일방(一方) 수요는 대체로 예년과 동양(同樣)으로 4억 근가량에 지(止)할 터이므로 수급은 파(頗)히 윤택(潤澤)할지라, 상술(上述)과 여(如)히 금년은 수이입염이 3억 근에 달하였으므로 관염 시세를 좌우하여 관염은 수요기(需要期)를 예상하는 2회(二回)에 긍(亘)하여 증가를 단행하였으나 매출 성적은 수이입염에 압도되어 예상 이상으로 부진하여 10월 말 최수요기에도 관염의 매출고는 9,500만 근에 불과하여 예명 동기의 약 6할 매출에 불과하였다. 그러나 목하에 형세로는 수이입염의 배급이 원활하여 수요가(需要家)는 심(甚)이 만복(滿腹)의 상태이므로 이 현상으로 나가면 내년도에 지월(持越)될 관염은 약 7,000만 근 달할 상태일지라나 전매국으로서는 채염 성적의 양호에 감(鑑)하여 당초는 낙관하였었으나 현재에 있어서는 기(其) 매출이 파(頗)히 부진하므로 불소(不少)히 우려(憂慮)하는 중이라더라.

⟨자료 69⟩ 염 전매제도 목하 연구 중
- 출처:《매일신보》, 1927.5.27, 1면
- 원제목: 鹽專賣制度 目下考究中

현재 조선 내의 생산 염 수량은 작년도의 총계에 의한즉 관염(官鹽) 1억 6,000만 근, 민염(民鹽) 6,000만 근 합계 2억 2,000만 근으로 선내(鮮內)의 수요 수량은 4억 1,000만 근인바 기(其) 부족한 부분은 대체(大體) 중국 방면의 수입에 의하는 상태이오, 염의 수요 조절은 생활 필수품으로 가장 중요한 사(事)인 고로 전매국에서는 목하 차(此)의 전매제도의 확립에 취(就)하여 조사 입안 중인데 당국에서는 내년도 예산에는 필히 차(此) 시설에 반(伴)한 예산을 계상하려 한다더라.

〈자료 70〉 조선의 염 전매, 실현 불가능?
- 출처: 《중외일보》, 1927.6.2, 1면
- 원제목: 朝鮮의 鹽專賣 實施不可能?

조선총독부의 염 전매제도 실시는 실현 불가능의 정세이니 기(其) 이유는 일본 내지의 염 전매제도도 재정 정책으로서 성적 불량이오, 사회 정책상으로 지속하는 터이므로 조선총독부 재정 정책을 목적으로 하면 일본 내지와 같은 결과가 되리라더라.

〈자료 71〉 내년도부터 염 전매 단행, 각 방면으로 조사한 결과 총독부 방침 결정
- 출처: 《동아일보》, 1929.3.3, 2면
- 원제목: 明年度부터 鹽專賣 斷行, 각 방면으로 조사한 결과 總督府 方針決定

조선총독부에서는 이전부터 소금 전매를 실시하고자 각 방면으로 연구 조사 중이던 바 필경 소화(昭和) 5년도부터 전매국에서 전매를 단행하리라는데 지금 조선에서 소비되는 식염은 매년 2억 9,004만여 근의 수입염과 1억 5,509만여 근의 조선산 염으로 그 가액은 400여만 원인데 전매가 되면 그 가액이 다소 높아지리라 하며 판매 방업은 지금 연초(煙草) 판매와 같은 형식으로 하리라더라.

〈자료 72〉 염 전매제도 내년도에 실시, 우선 그 준비로 철도운송규칙 일부를 개정

• 출처:《매일신보》, 1929.7.12, 1면
• 원제목: 鹽專賣制度 明年度에 實施乎 爲先 其 準備로 鐵道運送規則 一部를 改正

염 전매제는 명(明) 5년부터 실시할 모양인데 이에 따라 조선 내 염가(鹽價)는 대체로 균일하게 될 터이며 따라서 염가(廉價)로 일반 세민(細民)에게 공급하는 동시에 수입염을 배제키 위하여 위선(爲先) 조선 내 염산지(鹽産地) 부근 철도역 급(及) 각 연락(聯絡) 역까지 일체로 운반임(運搬賃)을 종전보다 대대적으로 감액하기로 결정되어 12일 총독부 고시 제250호로 소화 2년 조선총독부 고시 제128호(조선국유철도화물운송규칙) 중 좌(左)와 여(如)히 개정하게 되었더라.

주요 산지인 주안, 남시, 진남포에서 운송하는 염에 대하여 200마일 이상 1할 2푼 감(減), 250마일 이상 1할 4푼, 300마일 이상 1할 7푼, 400마일 이상 2할 5푼, 500마일 이상 3할을 각각 감액.

우(又) 실시 기일은 별(別)로히 발포(發布)하기로 되었더라.

〈자료 73〉 내년도 예산에 계상(計上)하여 염 전매를 실시하기로 결정,
각 관계 국(局)과 양해가 성립되었으므로 전매국에서 그 방법을 목하 연구 중

• 출처:《중외일보》, 1929.10.24, 4면
• 원제목: 來年度豫算에 計上하야 鹽專賣實施키를 決定
　　　　각 關係局과 諒解가 成立되엇슴으로 專賣局에서 그 方法을 目下 研究中

내년 4월 1일부터 실시하려 하는 수입염의 관세 철폐[29]와 관련하여 하등의 대책을 강(講)

29　1910년대까지는 모든 수이입염에 대해 7.5%의 수입관세가 부과되었지만, 1920년 8월 관세제도 개편에 따라 철폐하게 되었다. 그러나 조선은 관염에 대한 최소한의 보호를 위해 100근당 10전의 관세를 부과하는 특례를 1930년까지 적용하였다(田中正敬, 1997, 「植民地期朝鮮の塩需給と民間塩業 - 1930年代までを中心に」, 『朝鮮史研究会論文集』 35, 156쪽).

하지 않을 수 없는 염정(鹽政) 문제는 전매국에서 연구 중이든 바 관계 관청인 재무국, ■무국 방면과도 양해가 성립되어 내년도부터 조선에 염 전매제도를 시행하기로 결정하고 소요 경비를 내년도 예산에 계상하기로 하였다는바 그 방법은 상세히 알 수 없으나 될 수 있는 대로 관염(官鹽)의 증산을 도(圖)하는 동시에 일면 현재 민간, 국인(國人)이 수입하는 식염은 전부 이를 총독부에서 직수입하고 종래 민간 전오염(煎熬鹽)은 당분간 현재대로 하여 장래는 이를 정부에서 매상(買上)하거나 우(又)는 폐지할 모양이라 한다. 이 염 전매제도의 실시로 가급적 염가를 통일하게 되는 결과 경성(京城)은 지금까지 100근에 7, 80전 하던 식염이 상당히 앙등되겠고 그 대신 벽지(僻地) 방면에는 현저히 저하될 모양이다. 원래 조선의 염 전매제는 세입(歲入)이 본위(本位)가 아니오, 정책적 견지에 입각한 것은 물론이나 그러나 이것으로 다소 염업 수입도 증가될 모양이라더라.

〈자료 74〉 관염 특약판매를 엄중히 한다, 전매국의 신방침
- 출처:《동아일보》, 1929.12.17, 8면
- 원제목: 官鹽特約販賣를 嚴重한다, 專賣局의 新方針

근래 관염의 특약 판매인이 자력(資力) 결핍 등으로 자기가 실제 취인(取引)을 않고 다만 명의(名義)만 빌려주고 명의료(名義料)를 받고 심한 경우에는 관염 특약 판매인을 이권(利權)과 같이 생각하여 차(此)를 타처(他處)에 양도하려는 사람이 있는데, 혹은 차(此) 명의를 출자(出資)의 대신으로 제공하여 회사 설립을 기획하는 일이 있다. 원래 관염 특약 판매인은 전매국에서 적당한 사람을 선정하여 차(此)를 지정하는 까닭에 이권으로 취급함은 절대 불허하며 판매와 실력이 상반(相伴)되지 못하는 판매인은 지정을 취소하겠다고 전매국 당국자는 말하더라.

〈자료 75〉 염 전매 후에는 소매가격을 인하, 민간염업자의 정리는 고려 중, 송본(松本) 전매국장 담(談)

- 출처: 《매일신보》, 1930.04.16, 8면
- 원제목: 鹽專賣後에는 小賣價格을 引下 民間鹽業者의 整理는 考慮中 松本專賣局長談

전매국의 염 전매에 반(伴)하여 염가가 상당히 앙등하지 않을까 하는 기우(杞憂)를 가진 자가 많은 모양인데 이에 대하여 송본(松本) 전매국장은 말하되 금회 염의 건치(建値)는 역도(驛渡)로 대체 통일하기로 되었다. 우(又) 도상인(都商人)으로부터 소매상에게 염을 불하(拂下)하는 때의 가격도 모혹(某惑) 정도까지 제한하기로 되었으며 따라서 소매인의 매가(賣價)도 다소 인하할 여지가 생(生)하게 되었다. 우(又) 벽지(僻地) 방면이 배급에 원활을 기하기 위하여 행할 시설은 아직 고려도 하지 않았으나 종래보다 원활히 행하고 우(又) 가격도 저렴하여질 줄 안다. 그리고 총독부의 염정(鹽政) 확립에 관련하여 종래의 민간 전오염(煎熬鹽) 업자의 처분 문제에 대하여도 관계 방면에서 상당히 고려하였으나 전매당국에서는 당분(當分) 현상 유지로 하고 모(某) 시기(時期)에 지(至)하면 차(此)를 폐지하고자 한다. 즉 자가용(自家用) 연초(煙草) 금지 후에 민간 황각(荒刻) 업자를 당분 인정한 예도 있으므로 적당한 시기까지 차(此)를 존치(存置)하고 될 수 있는 대로 업자가 급격히 실업(失業)하지 않도록 방법을 강구한다.

〈자료 76〉 염 전매지국(專賣支局) 관할구역 결정

- 출처: 《중외일보》, 1930.5.10, 4면
- 원제목: 鹽專賣支局 管轄區域決定

10일부 총독부령 제50조로써 전매국 관제 제2조에 의한 관할구역이 좌(左)와 여(如)히 결정되었더라.

관할구역

▲ 경성전매지국 경기도, 충청북도, 충청남도[공주군, 논산군, 부여군, 서천군, 보령군 급(及) 청

양군을 除], 전라북도 중 금산군 급(及) 무주군, 경상북고 중 안동군, 김천군, 선산군, 상주군

동일부(同日附) 부령(府令) 제49호로써 좌(左)와 여(如)히 개정하였더라.

1. 별표 비고(備考) 중 '염의 판매', '염'으로 개(改)함.

우(右) 2령(二令)은 모두 발포일로부터 차(此)를 시행한다더라.

3. 1930년대 이후 조선총독부의 염업 통제와 제염업의 공업화

1) 조선총독부의 제4기 염전 확장 계획

〈자료 77〉 광량만염전 확장 기공식 11일 현장에서 거행
- 출처:《매일신보》, 1933.6.14, 5면
- 원제목: 廣梁灣鹽田 擴張起工式 十一日 現場에서 擧行

【진남포】조선 내의 염(鹽)의 자급자족을 목표로 본부(本府)가 본년도부터 5개년 계속사업으로 기공하게 된 염전 확장공사의 제1보(第一步) 광량만염전 제3구 확장공사[30] 기공식을 지난 11일 정오부터 전매국장 대리 전하(田下) 기사, 청부자(請負者) 장문조(長門組) 왕(王) 오도영장(五島榮藏) 씨 급(及) 중■(中■) 부윤(府尹) 이하 진남포 유지 기타 지원민(地元民) 대표 등 다수 참렬(參列)하여 공사 현장인 용강군 귀성면 노적(蘆荻) 소조(蕭條)한 해안에서 장엄히 거행되었다. 현재 조선 내 2억 5,000만 근의 부족 염(鹽)은 이 5개년 계획의 확장공사 완성에 의하여 대체(大體)에서 자급자족에 달(達)하게 될 터로 광량만염전은 그 반수 이상을 점하는 것인데 동 염전 제3구로 특히 지리적 관계로부터 면적은 500정보에 불과하나 가장 다량의 산출이 기대된다. 따라서 장문조(長門組)로서도 조(組)의 명예상 기한 내에 공사를 완성하고자 제반 준비를 진행 중인바 완성은 소화 10년으로 잔여 제4구 확장은 제3구가 완성되는 대로 인속(引續) 기공할 예정이다.

---

30 광량만염전 제3구가 아니라 귀성염전 제3구 염전(507정보)이다. 귀성염전은 확장공사를 모두 마치기 전까지는 광량만출장소에 소속된 귀성파출소로 있었다. 귀성염전의 제2구 염전(149정보)이 가장 먼저 1921년에 준공되었고, 제3구 염전은 1935년에, 제4구 염전(532정보)은 1937년에 준공되었다. 마지막으로 제1구 염전(347정보)이 1940년에 준공되었다.

〈자료 78〉 염전 공사 진척

- 출처:《매일신보》, 1933.9.12, 8면
- 원제목: 鹽田工事進捗

　　남시염전(南市鹽田) 제1기 확장공사[31]는 공비(工費) 4만 8,200원, 확장 염전 면적 184정보(준공기 12월 말일) 외 추가 공사비 4만 9,500원, 면적 82정보(준공기 명년 3월 30일)는 기보(旣報)와 같이 경성 삼택조(三宅組)에서 전자는 5월 24일, 후자는 8월 5일부터 착수하여 예정 준공 기일을 목표로 1일 평균 2,000여 인의 인부를 독려하여 공정 예기(豫期)의 진행을 수(遂)하여 기(旣)히 5할가량 진보(進捗)하였다. 공사 준공시(竣工時)는 동소의 염전 총면적은 500정보, 채염수 5,000만 근을 생산할 수 있어서 넉넉히 평도(平道) 내에 재(在)한 수요를 다할 뿐 아니라 외염(外鹽) 수입을 방알(防遏)할 수 있다. 동 공사 사용의 노동자는 1일 임은(賃銀) 평균 70전으로 공정불(工程拂)은 2원50전에 급(及)하는 고율(高率)의 임은(賃銀)이 지불되어 동 지방에 재(在)한 노동자의 경제는 윤택하다.

〈자료 79〉 광량만염전 대확장 계획, 인부 3천 명을 모집 중

- 출처:《매일신보》, 1934.4.15, 4면
- 원제목: 廣梁灣鹽田 大擴張計劃 人夫三千名을 募集中

　　【평양】광양만염전에서는 염전 확장을 하기 위하여 금 4월부터 내 11월 말까지 매일 3천 인(三千人)의 토공인부(土工人夫)가 필요하게 되어 현재 인부의 모집을 행하는 중인데 우(右) 3천 명 내(內) 500명은 염전지방에서 모집하고 우(又) 500명은 평남도 내에서, 외(外) 2천 명은 일반 각 도로부터 모집하기로 결정되었는데 여비는 일체 지급치 않고 각양(各樣)의 조건은 좌(左)와 여(如)하다.

31　남시염전 제2구 염전(266정보) 공사를 말한다. 제1구 염전(217정보)은 1924년에 준공되었고, 제2구 염전은 1937년에 준공되었다.

- 희망자는 농촌 우(又)는 도시에서 실업자에 한하여 차(此)를 알선할 것.
- 노동자 일 고용조건은 좌(左)와 여(如)하다.

    ① 노동자의 종별: 토공인부.

    ② 연령: 20세 이상 40세까지(노동을 할 정도).

    ③ 임금: 1일 70전 내지 1원 20전.

    ④ 숙식 급(及) 식사: 숙옥(宿屋)의 설비가 유(有)하여 1일에 25전으로 조석(朝夕) 속반(粟飯) 주식(晝食) 백반(白飯).

    ⑤ 고용기간: 현재로부터 본년 11월 30일까지로 하되 준공 후 우수한 자로 약 500명은 염부로서 영구 사용할 것.

    ⑥ 노금(勞金)의 종류 급(及) 종업 방법: 작업은 도로 압석토(押潟土) 서취(鋤取)로 일정(一定)의 구역을 인수하여 청부식(請負式)으로 노역에 종사할 것.

    ⑦ 공사장: 용강군(龍岡郡) 귀성면(貴城面) 귀성염전 공사장.

〈자료 80〉 소래염전 축조의 기공

- 출처:《동아일보》, 1934.7.4, 4면
- 원제목: 蘇萊鹽田築造의 起工

조선의 기상(氣象) 급(及) 토질(土質)은 천일염전에 적(適)하고 또한 적지가 상당히 많음에도 불구하고 아직 그 수요를 충당함에 부족하여 연년(年年) 2억 수천만 근의 부족을 초래하여 관동주(關東州) 청도(青島) 등에서 수입하고 있는데 작년래(昨年來) 염전 축조의 제1차 계획이 착수되어 평남(平南) 귀성(貴城) 507정보 평북 남시(南市) 266정보는 이미 착착 준공하고 있다. 또다시 경기도 부천군(富川郡) 소래(蘇萊)에 356정보를 축조하기로 하고 지난 26일 현지에서 성대히 기공식이 거행되었다. 이것은 주식회사 간사(間社)의 청부(請負)에 맡겨 소화 11년에 완성할 예정이다. 우(右)에 술(述)한 남시, 귀성, 소래의 염전 계 1,100여 정보가 완성할 시(時)에는 1억(一億) 근 이상의 염(鹽)을 증산하게 되어 현재 부족량의 반(半)을 공급할 수 있다. 그리고 축조 중 다수의 인부(人夫)를 사용하게 되어 실업구제(失業救濟)의 효과도 얻어 일거양득(一擧兩得)의 사업이 될 듯하다.

〈자료 81〉 광량만의 염전 5백 정보 확장, 내년도에 착수
- 출처: 《조선중앙일보》, 1935.6.20, 3면
- 원제목: 廣梁灣의 鹽田五百町步擴張 明年度에 着手

【진남포】총독부에서는 전조선의 염전(鹽田)을 확장키 위하여 소화 8년도로부터 7개년 계속 사업으로 2,200정보의 염전을 계획하여 사업을 진행 중 광량만(廣梁灣)에도 일찍이 500정보의 염전을 확장 착수하여 이래 공사를 진행 중 금년에 와서는 거의 완성을 보게 되었으므로 명년도부터는 다시 500정보의 확장공사에 착수하기로 되었다 한다.

〈자료 82〉 광량만염전 공사에 사용인부 대부족, 전매국에서는 인부 모집에 진력, 직업난시대의 기현상
- 출처: 《동아일보》, 1935.8.7, 3면
- 원제목: 廣梁灣鹽田工事에 使用人夫大不足, 전매국에선 인부 모집에 전력, 職業難時代의 奇現狀

【진남포】용강군 귀성면(龍岡郡貴城面) 광량만염전(廣梁灣鹽田) 500여 정보의 공사는 이제껏 전부 끝이 났으나 다시 8월부터 2개년간 예정으로 537정보 염전 확장공사를 시작하였는 바 그 공사에 쓸 인부는 매일 1,500여 명쯤은 있어야 할 터인데 그 반면으로 인부가 대부족이므로 전매당국에서는 노동에 경험이 있고 신체 건강한 사람을 대대적으로 모집한다는바 채용 중에는 의료비는 당국에서 부담하고 식료품 등은 공동구입으로 임금은 매인 1일 60전으로부터 1원까지 준다는바 실업자가 많은 조선에 있어서 이와 같이 인부가 부족하여 당국자가 모집에 전력하는 것은 참으로 기이한 현상이라고 한다.

〈자료 83〉 해남(海南)에 염전 확장
- 출처: 《조선중앙일보》, 1935.9.29, 3면
- 원제목: 海南에 鹽田擴張

【목포】조선총독부 전매국(專賣局)에서는 염전(鹽田)을 확장하기 위하여 금년 3월 중에 관계 역원이 남선지방(南鮮地方)에 출장하여 순회한 일이 있었는데 해남(海南), 군산(群山) 2면(二面)에서 유력한 후보지만은 발견하였으나 예산 관계로 인하여 그동안 실현할 방침이 없었던바 지난 25일 전매국 삼륜(三輪) 기사 일행이 다시 현장에 출장하여 본격적(本格的)으로 실지를 조사 중이라는데 늦어도 명년부터는 염전 시설이 실현되리라고 한다.

〈자료 84〉 남시(南市) 제2염전 18일 준공식,
총경비 34만원을 투입하여 3년의 시일을 요한 것
- 출처: 《매일신보》, 1935.11.22, 4면
- 원제목: 南市第二鹽田 十八日竣工式 總經費卅四萬圓을 投하야 三年의 時日을 要한 것

【신의주】평북 용천군 남시에 있는 전매국 소유의 염전 제2구 준공식은 현장에서 18일 오후 1시 성대히 거행하였다. 본국(本局)에서는 안정(安井) 전매국장 대리로 산본(山本) 염산과장(鹽産課長)이 출석하고 평북 삼산(杉山) 토목과장 이하 다수 내빈의 참석이 있었다. 준공된 염전은 그 면적 266정보로 1933년 5월에 기공한 것인데 경비는 약 34만 원이었다고 한다.

〈자료 85〉 쇼와18년부터는 5억근 수확 가능,
광량만 제2기 염전 확장 후, 산본(山本) 염삼과장(鹽蔘課長)
- 출처: 《매일신보》, 1936.5.20, 5면
- 원제목: 昭和十八年부터는 五億斤 收穫可能 廣梁灣 第二期 鹽田 擴張後 山本鹽蔘課長

【평양】 평남 광량만의 제2기 염전 확장공사 준공식에 참석하고 18일 귀성(歸城) 도중에 입장한 전매국 산본(山本) 염삼과장(鹽蔘課長)은 다음과 같이 말한다.

광량만염전은 금회(수回)의 제2기 확장공사의 준공으로 2,181정보가 되어 평북(平北)의 남시염전(南市鹽田) 483정보, 경기도의 소래염전도 확장 중에 있으므로 이것에 주안을 가(加)하면 염전 총면적이 4,428정보가 된다.

또 이것이 소화 18년경에는 숙전화(熟田化)하여 약 5억 근의 수염고(收鹽高)에 달할 타임으로 대체 식료염(食料鹽)만은 자급자족할 수 있으나 소비의 자연 증가도 있고 염전 확장도 금회로 끝을 맞출 수도 없으므로 수요 증가에 응하여 염전의 확장 계획을 세울 필요가 있다고 생각한다. 전매국의 염전 부용(敷用) '타일' 제조를 목적하는 요업회사를 평양(平壤)에서 계획하고 있는 모양인데 값이 싸고 좋은 '타일'이 생기면 필요 있는 데까지는 전매국으로서는 주저하지 않겠다. 그러나 '타일' 회사의 내용에 대하여서는 아직까지 한 번도 들어본 일이 없어 알 수 없다. 또 대일본염업(大日本鹽業)에서도 본도(本道) 연안에 염전 계획이 있다는 말은 들었으나 아직 나로서는 하등의 의견을 발표할 시기가 도달되지 못하였다. 운운.

〈자료 86〉 1,200정보의 대염전 계획, 경비 340만 원
- 출처: 《동아일보》, 1938.3.26, 2면
- 원제목: 千二百町步의 大鹽田 計劃 經費 三百四十萬圓

전매국에서는 금년도 예산 중 염전 준공 기타에 관한 예산 344만 9,557원으로 염전축장(鹽田築場)의 제3차 확장 계획을 수립, 황해도 연백군에 1,250정보의 축장이 계획되어 근간 착공할 타이라 한다. 이것이 실시되는 날에는 식료염(食料鹽) 소비고의 유입(流入)도 방지될 것으로 광범위의 근해염(近海鹽) 3,000정보의 염전 계획도 획책되어 종래 지중해 '소마리-란드'[32]에서 수입해 오던 공업염도 보급되어 자급자족의 목적을 달할 수 있으리라 한다.

---

32 적도와 아덴만 사이 아프리카 동부에 위치한 소말릴란드(Somaliland)를 말한다.

⟨자료 87⟩ 연백 해성(海城) 염전 내년도에 일부 채염 예정
- 출처: 《동아일보》, 1939.11.18, 6면
- 원제목: 延白海城鹽田 明年度에 一部採鹽豫定

 황해도 연백군 해성염전(海城鹽田)은 전매국서 5개년 계획으로 작년부터 공사에 착공한바 연장(延長) 3리 반(三里半)에 이르는 제방 공사는 본년도 중으로 공사를 완료하고 명년도에는 일부 채염에 착수할 예정이다. 그리고 염전 총면적에 1,670정보에 달한 반도(半島) 최대의 큰 염전이고 동 17년 염전 완성 후에는 총면적을 6,000정보로 확충할 것이라고 한다.

⟨자료 88⟩ 염전 축조에 근로대 출동
- 출처: 《매일신보》, 1942.8.27, 4면
- 원제목: 鹽田築造에 勤勞隊出動

 【연백】치남초북(馳南超北)의 성전(聖戰) 개발 이래 무적(無敵) 황군(皇軍)의 혁혁한 전첩(戰捷)은 그야말로 질풍적(疾風的)인 이때 국가의 생산력은 일익 진전되고 있는 터인데 연백군(延白郡) 해성면(海城面) 해남리(海南里) 염전 축조 공사장의 노무력(勞務力)이 다소 부족함을 느낀 연백군(延白郡)서는 솔선하여 관하 19면 1읍에 긍(亘)하여 특별 노동보국대를 출동시키어 호적(好績)을 내고 있다는바 근로 기간은 1개월로 하여 신구를 교대하도록 하고 있는데 1개월 평균 400명 이상에 노무자를 수송하고 있어 불일성지(不日成之)의 공사를 진보(進捗)시키고 있다.

2) 일본 독점자본의 조선 염업 진출

〈자료 89〉 진남포-광량 간 철도 부설 구체화, 염업철도주식회사 창립

- 출처:《朝鮮新聞》, 1931.4.14, 3면
- 원제목: 鎭南浦廣梁間鐵道敷設具體化, 鹽業鐵道株式會社創立

【진남포】진남포(鎭南浦) 다년간의 현안이 되어 공사 착수의 날을 기대하고 있던 진남포-광량만 사이 철도 부설 문제는 최근 조선염업철도주식회사(朝鮮鹽業鐵道株式會社)를 창립하고, 발기인으로서 구니사와 신베에(國澤新兵衛),[33] 야마우치 이헤이(山內伊平),[34] 아키모토 도요노신(秋本豊之進),[35] 니시자키 쓰루타로(西崎鶴太郎), 다가와 쓰네지로(田川常次郎), 고토 에이조(五島榮藏) 등 재계(財界) 유력자 제씨(諸氏)들이 자본금 350만 엔(7만 주)으로 해서 이미 본부(本府)의 양해를 얻어 9일 출원하였다고 한다. 그 내용을 문지(聞知)한 바에 의하면, 용강군(龍岡郡) 귀성면(貴城面)에 1정보의 고지식(高地式)의 광대한 염전을 축조하고, 채염(採鹽)은 전매국에 전부 납입하는 것으로 해서 관염(官鹽) 4,000만 근의 철도수송을 내약(內約)했다고 한다. 서해안선 일대의 물자를 진남포로 반출하여 지리지편(至利至便)한 유망선(有望線)이라는 것은 지난해 철도 당국에서 실지조사(實地調査)를 완료하였기 때문에, 이것이 인가되는 뒤에는 곧바로 공사 착수의 준비가 밟아질 것이다. 덧붙여서 동소(同所) 간 철도 선로는 약 20마일이라고 한다.

---

33 구니사와 신베에(國澤新兵衛, 1864~1953)는 도쿄제국대학 토목학과를 졸업한 철도 관료, 실업가, 정치가이다. 1917년 남만주철도주식회사(만철) 이사장, 1920년 중의원 의원, 1926년 제국철도협회 회장 등을 역임하였다. 또한 1928년에는 조선의 사철(私鐵)인 조선경남철도의 회장이 되었고, 1936년에는 일본통운(日本通運)의 초대 사장이 되기도 하였다.

34 야마우치 이헤이(山內伊平)는 1880년생으로 도쿠시마현(德島縣) 출신이다. 1903년 삿포로농학교(札幌農學校)를 졸업하고 미국에서 4년간 유학하였으며, 1909년에 조선으로 들어와 수력전기사업에 종사하였다. 이후 금강산전기철도회사 전무이사 등을 지냈다.

35 아키모토 도요노신(秋本豊之進, 1873~1934)은 야마구치현(山口縣) 출신으로 도쿄법학원(東京法學院)을 졸업하고 고등문관시험에 합격하여 나라현(奈良縣) 참사관, 오이타현(大分縣) 사무관 등을 거친 후, 조선으로 들어와 진남포 이사관, 평양부윤 등을 지냈다. 또한 1912년에는 총선거에 출마하여 중의원 의원에 당선되기도 하였다. 그 후 조선경남철도 상무취체역과 사장, 조선중앙광업 대표 등을 역임하였다.

〈자료 90〉 광량만 천일염전 소수 재벌이 독점,
추본(秋本) 씨 등 일본인 자본가 조선염업철도주식회사 창립, 장래 관영의 전제로

- 출처:《동아일보》, 1931.4.28, 2면
- 원제목: 廣梁灣天日鹽田 少數資閥이 獨占,
  秋本氏 等 日本人 資本家 朝鮮鹽業鐵道株式會社 創立 將來 官營의 前提로

천혜의 보고라는 조선의 각종 이권(利權)이 하나둘씩 대재벌에 농단된다 함은 그때마다 보도되는 바이어니와 최근에는 가장 유망한 염전(鹽田)이 또 유력한 자본벌의 투자장으로 되려고 한다.

평남 용강군 광량만(龍岡郡 廣梁灣)은 천일염전으로 조선과 일본은 물론, 동양에서 유수하여 전매국에서도 여기다 염전을 두고 제염하는 중이다. 그러나 전매국 경영은 일소 부분에 지나지 못하고 광범한 수면(水面)이 그대로 남아 있어 새로이 사업만 시작하면 1억 근 이상의 소금을 만들어 낼 수 있다. 그러므로 벌써부터 유리함에 착목한 사람이 많아 각종 수단으로 활약을 하여 보았으나 모두 인허를 얻지 못하여 오늘까지 각종 기업가의 수연(垂涎)하는 바로 되어 있을 뿐이었다.

그러다가 필경은 최근에 이르러 경남(京南)철도[36] 부사장 추본(秋本) 씨가 중심이 되고 기타 유력한 실업가가 망라되어 350만 원의 자본으로 조선염업철도주식회사(朝鮮鹽業鐵道株式會社)를 창립하기로 되어서 이미 전매국장의 양해를 얻고 철도국에 대하여 광량만에서 평남철도(平南鐵道)까지 접속하는 철도부설에 관한 인가와 보조금에 대하여 교섭한 바 있었는데 이 철도는 그 회사에서 제작할 소금과 지금 전매국에서 만드는 소금 약 9만 톤을 운반하기 위하여 부설하는 것이므로 물론 허가되리라 하며 식산은행에서 그 유리함에 찬동하여 저리자금을 융통키로 내약되었다고 한다.[37] 이와 같이 사업에 착수만 하면 이익이 있을 것은 의

---

36 조선경남철도주식회사는 1920년 2월, 자본금 1,000만 원으로 설립된 사설철도회사이다. 1920년 12월 착공에 들어가 1차 천안-장호원(68.8km) 노선을 1927년 9월 개통하였고, 천안-장항(144.2km) 노선은 1931년에 개통하였다. 철도 사업 외에도 자동차 운수, 창고업, 온천 경영, 연락선(장항-군산 간) 사업 등 다양한 부대사업을 운영하였다.

37 실제로 광량만염전과 귀성염전의 천일염을 운반하기 위해 만들어진 철도는 조선염업철도주식회사가 아니라 1938년 조선평안철도주식회사에 의해 이루어졌다. 진남포와 용강온천 사이를 잇는 총길이 34.7km의 평안선(平安線) 완공으로 기존의 평남선(平南線) 구간과 연결되어 평양까지의 소금 수송이 가능해졌다.

심 없는 것이므로 주(株)는 공모(公募)치 않고 발기인끼리 나누어 가지기로 하였다.

**땅 집고 헤엄치는 유리(有利)한 조건(條件), 다섯 가지 조건이 모두 유리,
시작(始作)하면 당장(當場) 이익(利益)**

이 회사가 유망하다 함은 그 염전이 전매국의 보류 염전이었음과 철도국으로부터 사철보조(私鐵補助)가 있을 것과 식산은행이 저리자금을 융통하여 준다는 세 가지뿐만 아니라 소금은 장차 전매국에서 전매하기로 결정된 것으로 수년래에 실현될 것이니 다액의 보상금(補償金)을 받을 수 있다는 것과 사철도 철도국에서 매수 중에 있으니 장차 철도국에 팔 가망이 많다는 것이다. 이와 같이 땅 집고 헤엄치는 것 같은 안전한 이식(利殖) 사업이 유력한 자본가의 수중에 떨어지고 만다.

전매(專賣)되면 매수(買收), 송본(松本) 전매국장(專賣局長) 담(談)

이에 대하여 송본(松本) 전매국장은 "그 염전은 전매국에서 경영할 의향을 가지고 지금까지 남겨 둔 것이나 예산이 없어 착수치 못한 것인데 유력한 사업가들이 사업에 착수코자 하여 양해를 구하므로 나는 찬동하였소이다. 지금 조선의 제염량이 부족하여 약 3억 근이나 수이입되는 현상이므로 광량만에서 1억 근의 증산이 있다면 조선산 장려를 위하여도 경하할 일뿐외라. 실직자에게 직업을 주는 데도 큰 도움이 있을까 합니다. 거기서 산출하는 소금은 전부 전매국에서 매입할 터이며 장차 전매하게 되면 매수할 수밖에 없겠지요. 철도 부설에 대하여는 나의 소관이 아님으로 알 수 없으나 이것도 아마 잘 되겠지요"라고 한다.

〈자료 91〉 경비 6백만 원으로 염전을 확장·관영, 내년도에 사업공채를 발행, 총면적은 2천 정보

- 출처:《동아일보》, 1931.11.7, 2면
- 원제목: 經費六百萬圓으로 鹽田을 擴張官營,
  來年度에 事業公債를 發行 總面積은 二千町步

조선에서 소비되는 소금은 4억 5,000만 근 평균으로 그중 약 반분은 외국에서 수입하여 그 금액이 150만 원 이상에 달한다.

그러므로 조선에 제염사업 확장은 수입품 방지로도 필요하려니와 염전 제작과 제염 사업에 거액의 공전을 산포할 수가 있어 염전 확장의 필요를 느껴 오던 터이다. 염전 확장은 유력한 후보지가 많은 중 그중에도 평남 광량만 천일염전 부근은 매우 유망하여 총독부에서 장차 확장할 계획을 가지고 있었으나 사업 공채 삭감으로 작업에 착수하지 못하고 내버려 두었던 것을 일부 자벌에서 이에 착수하고 식은의 후원 아래 조선염업철도주식회사라는 기업 기간을 조직하여 철도도 부설하고 염전사업도 행할 예정으로 주식회사 발기까지 하는 중이라 함은 기보한 바어니와 총독부에서는 염전 설치는 궁민 구제 사업으로도 유망하다고 이것을 관영으로 행하기로 결정되어 내년도 예산에 사업 공채를 발행하여 사업에 착수하기로 되었다.

염전 확장 사업은 전기 광량만 외에 몇몇 유망한 곳에도 행하게 되어 그 총면적이 약 3,000정보에 달하리라고 한다. 이 사업은 명년도부터 5개년 계속 사업으로 행할 터인데 경비는 1단보에 200원가량이므로 총 경비 약 600만 원에 달하리라고 한다.

〈자료 92〉 일본염업회사의 평원(平原) 진출

- 출처: 《매일신보》, 1936.5.3, 4면
- 원제목: 日本鹽業會社의 平原進出

【평양】동경(東京)에 본사(本社)를 둔 대일본염업주식회사(大日本鹽業株式會社)[38]에서는 평

---

38 대일본염업주식회사는 1903년에 설립된 일본식염코크스를 모체로 한다. 원래 고베에서 대만염을 재생하는 재제염(再製鹽) 회사로 있다가, 러일전쟁 당시 관동주(關東洲)로 진출하여 관동주염의 독점적 판매권을 획득하였다. 1915년에는 대재벌 스즈키쇼텐(鈴木商店)을 이끄는 가네코 나오키치(金子直吉)에게 인수되었고, 1917년에는 대만염업과 합병하여 대만염과 관동주염 모두를 취급하는 거대 기업으로 성장하였다. 1927년 모기업인 스즈키쇼텐의 파산으로 존망의 위기를 맞기도 했지만, 대만은행 등의 도움으로 채무를 모두 변제하고, 이후로 염전 경영이나 염의 수이입은 오히려 더욱 확장되었다. 1930년대 후반에는 관동주, 대만뿐 아니라 만주국과 조선으로도 진출하였다. 또한 구 스즈키계 기업과의 연대도 깊어져 스즈키쇼텐의 후계회사인 태양산업(太陽産業), 일상산업(日商産業), 고베제강소(神戶製鋼所) 등과 함께 관동주와 조선 등에 금속마그네슘 공장을 설립하기도 하였다.

남 평원군(平原郡) 일대의 해안 약 3,000정보를 매수하야 일대 염전을 만들 계획으로 평남도(平南道)를 통하야 총독부 당국에 그 인가를 신청 중인데 매립공사 비용만도 400만 원을 요하는 대규모의 것으로 완성되는 시(時)에는 3억 근의 염을 산출하리라 한다.

〈자료 93〉 대일본염업에 보류염전 불하, 공업염 문제 귀결
- 출처:《매일신보》, 1937.3.6, 4면
- 원제목: 大日本鹽業에 保留鹽田拂下 工業鹽問題歸結

공업염(工業鹽) 문제(問題)는 일즉이 대일본염업(大日本鹽業)과의 사이에 교섭(交涉)이 진행(進行)되고 잇든 중(中) 드듸여 저간(這間) 정식(正式)으로 결정(決定)되엿다. 동사(同社) 공업염(工業鹽)의 계획(計劃)은 여좌(如左)하다.

1. 청천강(淸川江) 유역(流域) 신리면(新里面)의 보류염전(保留鹽田) 1,200정보(町步)를 대일본염업(大日本鹽業)에 불하(拂下)하고,
1. 3기(三期)에 분(分)하야 5개년(五個年) 계획(計劃)으로 개발(開發)하야 25만 톤의 생산(生産)을 하고,
1. 우(右) 투자액(投資額)은 약(約) 450만 원(圓)의 예정(豫定)

〈자료 94〉 광량만염전 내년 봄에 증조(增造)
- 출처:《매일신보》, 1937.11.11, 6면
- 원제목: 廣梁灣鹽田 明春에 增造

대일본염업(大日本鹽業)에서 계획한 광량만 보류 염전 1,700정보는 본부(本府)의 승인을 득(得)하여 금하(今夏)이래 실측 중이든 바 드듸여 종료되어 목하 설계를 진행 중이다. 금(今) 결빙기(結氷期) 중에 설계를 종료하고 명춘(明春)에 착공할 예정인데 총 공비(工費) 300여만 원을 요한다.

〈자료 95〉 옹진에 대염전 시설, 간만(干灣) 매립 1천여 정보, 옹진선(甕津線) 용호도까지 연장
- 출처:《동아일보》, 1938.2.9, 8면
- 원제목: 甕津에 大鹽田施設 干灣埋立千餘町步 甕津線龍湖島까지 延長

서해 연안에 문호요 발전도상에 입각한 옹진에 염전이 시설된다 함은 연래 숙제에 붙어 있었는데 이번 본부 방침에 의하여 금년 4월부터 실시하게 되었다는 바, 장소는 옹진군 북면 초일리(甕津郡北面蕉日里), 동남면 거답리(東南面巨畓里), 안산리(安山里) 3개소라 하며, 중앙지대는 거답리(巨畓里)라 하며, 따라서 그와 동시에 황해선[39] 옹진역에서 기점하여 염전을 경유하여 용호도까지 연장하다는데 이 앞으로 옹진에 발전이 자못 기대된다고 한다.

〈자료 96〉 대일본염업이 공업염에 진출
- 출처:《매일신보》, 1938.1.28, 6면
- 원제목: 大日本鹽業이 工業鹽에 進出

대일본염업주식회사(大日本鹽業株式會社)에서는 드듸여 조선(朝鮮) 내(內) 공업염(工業鹽) 산출(産出)에 진출(進出)하게 되어 5개년(五個年) 계획(計劃)으로 서선(西鮮) 성천강(成川江)[40] 하류(下流)에 1,200정보(町步)의 염전(鹽田)을 축조(築造)하기로 되어 기(旣)히 설계(設計)를 맛치고 해빙기(解氷期)를 대(待)하야 착공(着工)할 모양(模樣)이다.

---

39 황해도 해주와 옹진 사이(40.3km)에 부설된 협궤철도로 사철(私鐵)인 조선철도주식회사가 1920년 6월에 착공하여, 1937년 1월 21일 완공하였다. 연백·재령 등의 곡창지대를 통과하므로 쌀 수송에 커다란 역할을 하였으며, 1941년에 국가에서 매수하였다.
40 청천강(淸川江)의 오기이다.

〈자료 97〉 청천강 하류 지역에 공업용 염전을 건설, 3천 정보 공사에 착수
- 출처: 《동아일보》, 1938.6.22, 4면
- 원제목: 淸川江下流地域에 工業用鹽田을 建設 三千町步工事에 着手

【평양】 평남도 내에 염전을 설치하기로 이미 그 결정을 보았던 대일본염업(大日本鹽業)은 마침내 그 설치 장소를 청천강 하류로 결정하고 부지(敷地) 3,000정보를 선택하였는데 제1기(第一期) 공사로 1,113정보를 서본조(西本組)에게 맡겨 불일 착공하리라 하며 이와 같은 대규모의 염전은 조선에서는 이것이 처음이라 한다. 나머지 1,800정보도 곧 공사입찰(工事入札)을 행할 모양으로 그 기대가 매우 크다 한다.

〈자료 98〉 대일본염업의 평남염전 1기 공사 종료
- 출처: 《매일신보》, 1940.2.8, 4면
- 원제목: 大日本鹽業의 平南鹽田一期工事終了

대일본염업(大日本鹽業)이 공업염(工業鹽) 획득(獲得)을 위하야 일작년(一昨年) 평남(平南) 평원군(平原郡) 용호면(龍湖面)에 1,200정보(町步)의 천일염전(天日鹽田) 축조(築造)에 착수(着手)하엿는데 최근(最近) 외곽공사(外廓工事)는 대체(大體) 종료(終了)하야 내부(內部) 정지공사(整地工事)를 잔(殘)할 뿐으로 동사(同社)에서는 경(更)히 계속(繼續)하야 1,800정보(町步)와 염전축조(鹽田築造)를 행(行)하기로 되엇다. 그리고 차(此) 염전공사(鹽田工事)와 관련(關聯)된 신의주(新義州)의 염화(鹽化)막네슘공장(工場)은 기(旣)히 작년(昨年) 용지(用地)를 매수(買收)하엿는데 드듸여 금년(今年) 해빙기(解氷期)를 대(待)하야 공장건설(工場建設)에 착수(着手)하기로 되엇다.[41]

---

[41] 일본염업의 마그네슘 공장은 1941년에 완공되어 조선신강금속(朝鮮神鋼金屬)주식회사가 그 경영을 위탁받았다. 이 공장에서는 농축 고즙(苦汁)에 염소(鹽素)를 불어넣어 브롬을 분리하고, 염화석회를 첨가하여 유산기(硫酸基)를 제거해서 섭씨 180℃까지 가열·농축한 후, 전기분해하는 방식으로 금속마그네슘을 생산하였다.

3) 공업염 생산과 화학공업의 발전

〈자료 99〉 조선의 화학공업③: 조질(朝窒) 계획의 소다공업

- 출처:《京城日報》, 1936.11.13~1936.11.17
- 원제목:朝鮮の化学工業③: 朝窒計画の曹達工業

【조질 별(別) 회사 창립의 계획】

다음으로 소다공업[42]이 있는데 조선은 이 방면에 있어서도 중소공업적 존재를 제외하면 완전히 낙후되었다. 최근 점차로 성립의 실마리가 닿은 것에 불과함에도 불구하고 그것은 조질(朝窒: 조선질소비료)의 독점에 맡겨지었던 것이다. 즉, 지난번 조질(朝窒) 노구치 시타가우(野口遵)[43]씨는 진작부터 우리나라 소다회사에서 판매를 책임지고 있던 오스트리아 츠안법(法), 소다회제법(曹達灰製法)의 분권을 금회 20만 엔으로 매수하게 되어, 이것으로써 소다회[44] 및 가성소다[45] 제법에 진출하였다고 전해지고 있다. 노구치 씨는 이것을 위해 자본금 1,000만 엔 전후의 별도 회사를 창립하고, 공장은 조질(朝窒)에 인접한 흥남(興南)으로 하여, 제1기 계획으로서 소다회 일산(日産) 300톤 외, 가성화에 의한 가성소다를 제조하고, 이것의 완성과 동시에 제2기 계획으로 해서 배액(倍額)을 증산하며, 다시 제3기 1,200톤의 제조를 실현하는 것으로 하였다. 아울러 제1기 계획은 명년(明年) 가을에 공장 건설을 하고 조업을

---

42 소금을 주원료로 하여 알칼리(수산화나트륨·탄산나트륨)와 염소 등을 생산하는 화학공업이다. 소다제품으로 염료·화학비료·합성수지 등에 중간원료를 제공하는 역할로서 이용되고 있다.

43 노구치 시타가우(野口遵, 1873~1944)는 가나자와(金澤) 출신으로 도쿄제국대학 전기공학과를 졸업하고 일본질소비료회사의 전무 등을 역임하였다. 1924년 일본질소비료의 한반도 진출을 결정하고, 1926년 조선수전(朝鮮水電), 조선질소비료(朝鮮窒素肥料), 일본뱀베르크견사 등의 회사를 설립하였다. 이후 흥남질소비료공장과 장진·부전·수풍 수력발전소 건설에 일익을 담당하였다.

44 소다회(soda ash)는 탄산나트륨 무수물의 공업명으로 수산화나트륨(가성소다)과 함께 소다공업의 2대 제품 중 하나이다. 판유리·유리제품의 제조, 탄산나트륨·물유리 등의 나트륨염 제조, 탄산마그네슘 등의 탄산염 제조, 글루탐산나트륨 등의 조미료 제조, 염료·향료·의약품·농약 등 유기 화합물 합성용, 양모 등의 세척, 비누의 제조, 세제(洗劑)의 배합용, 종이·펄프 제조, 고무의 재생 등 용도가 대단히 넓다.

45 수산화나트륨(NaOH, sodium hydroxide)의 관용명이다. 가장 강한 알칼리의 일종으로, 탄산나트륨에 수산화칼슘(석회유)을 반응시키거나 식염을 전해(電解)해서 만든다. 레이온·비누·펄프의 제조, 표백, 석유의 정제 등에 널리 이용된다.

할 예정으로 알려졌다.

일산(日産) 300톤이라면 현재의 도쿠야마소다(德山曹達), 아사히글라스(旭硝子) 다음으로 제3위의 대규모의 것이다. 금후 각 사의 증산, 신설 계획으로 보아도 또한 도요소다(東洋曹達)와 함께 제3위를 획득하게 되어, 내지(內地) 업계에 미치는 영향은 심대하다고 본다. 물론 이것이 조선시장의 수요를 충족시키는 데에서 멈춘다면, 그 영향은 적지 않게 완화될 것이다. 그러나 조선에서의 소다회 및 가성소다의 연간 이입고(移入高)는 아래 표와 같이 전자는 탄산소다를 포함하여 약 2,000톤, 후자는 약 4,000톤으로, 이것을 소다회 1본(本)으로 다시 그어도 8,000톤에 불과하다. 제1기 계획인 일산(日産) 300톤의 계획이 실현되면 연간 8~9만 톤의 과잉이 생기게 되며, 조선 내에서의 밸브사업, 제지사업, 알루미늄사업, 기타 사업의 발흥과 발전에 의해 소다 수요가 증대한다고 해도, 결국 내지업자와의 대립을 야기할 수밖에 없을 것으로 보인다. 만일 제2, 제3의 계획이 실현된다면 더욱더 그 우려는 농후화될 것이다.

조선의 소다류 이입액(移入額)

연도	소다회 및 탄산소다		가성소다	
	금액(千円)	수량(톤)	금액(千円)	수량(톤)
1933년(昭和 8)	164	1,315	835	3,858
1934년(昭和 9)	217	1,643	963	4,053
1935년(昭和 10)	550	2,085	935	4,042

【내지(內地) 업계의 상태】

그런데 문제는 내지 업계의 정세 여하에 있다. 우선 해당 소다회에 대해 보면 이미 종래 연간 4~6만 톤의 수입을 보고 있던 것이 작년 10년도(1935)에는 1만 7,000톤으로 감소하였고, 3만 톤을 수출하는 상태여서 이미 국내 자급에서 수출산업으로 전환하고 있었던 것이다. 게다가 각 사는 경쟁적으로 증산 계획을 수립함과 동시에 신설회사의 조업을 개시한 것도 있어서, 내년 말 현재의 능력은 다음 표와 같이 격증을 예상하고 있다.

소다회(曹達灰) 각 사(各社)별 일산능력(日産能力)

회사명	현재 능력(톤)	이듬해 말(明年末) 능력(톤)
덕산소다(德山曹達)	800	1,000
아사히유리(旭硝子)	600	600
대일본인비(大日本人肥)	50	100
동양소다(東洋曹達)	100	300
규슈소다(九州曹達)	100	200
만주소다(滿洲曹達)	-	200
우베소다(宇部曹達)	-	100
조선질소(朝鮮窒素)	-	300
합계	1,650	2,800

즉, 내년 말 능력은 연 환산으로 84만 톤으로 거의 배증(倍增)을 예상하여 수급 기조가 아마도 불안하지 않을까 추측된다. 그 안에 가장 만성화된 수량이 있어서, 이것을 작년의 예처럼 추측해서 약 5할로 보면 소다회로 하여 시판되는 것은 어림잡아 17만 톤이 증가될 것이다. 그러나 그래도 작년도에 있어서 시장으로 향한 소다회의 생산에 필적할 답으로 공급과잉의 불안은 그 증산 계획이 그렇게 순조롭게 이루어지지 않더라도 농후했던 것은 부정할 수 없다.

물론, 소다회의 거의 5할이 전용되었다고 보아 가성소다의 수급기조에 여유가 있으면 좋겠지만 다음의 표와 같이 이미 국산 자급을 달성하여 수출로 전환하고 있는 가성화의 증대를 쉽게 소화할 수 없는 사정이 있다. 일부 논자들은 금후의 수급 숫자를 낙관적으로 보고 있지만, 전해가성(電解苛性)과 달리 가성화법(苛性化法)에 의한 것은 시황이 호전되었다고 하면 일전하여 일거에 큰 증산을 할 수 있다는 것이다. 어쨌든 가성소다의 장래도 거연히 낙관을 허가하지 않는 것이 있다고 할 수 있다.

가성소다 수급통(苛性曹達 需給統)

연도	생산(톤)	수입(톤)	수출(톤)
1930(昭和 5)	32,864	37,589	18
1931(昭和 6)	44,576	41,595	11
1932(昭和 7)	71,674	28,193	2,229
1933(昭和 8)	106,893	12,477	5,116
1934(昭和 9)	165,418	9,928	12,193
1935(昭和 10)	213,000	19,545	15,380

【내지 업계와의 대립 불가능】

어느 쪽이든, 이러한 상황에 있는 바에서 조선질소의 진출이 있다고 한다면, 금후에 전해지는 내지 소다계(界) 통제의 열매를 거둘 수 있다고 해도, 조질로 하여금 여기에 참가하게 하지 않으면 내지 업계의 위협은 의연히 제거할 수 없는 것이다. 또한 조질로서도 조선 시장에서 두려워하지 않는다는 것이 전술한 바와 같다면 적어도 조업 당초 상당한 난관에 봉착할 것으로 보인다.

특히 소다공업은 주지하는 바와 같이 식염을 원료로 하는 것인데, 조선에서의 제염고(製鹽高)는 1934년(昭和 9) 현재에 관염 및 민간염을 합하여 3억 근으로, 전 수요 6억 근의 절반에 불과하다. 다음 표와 같이 목하 실행될 것이 또한 계획되고 있으나, 증산계획은 1935년(昭和 10)에 끝나고, 여기에 의해 점차 6억 근이 된다고 해도 공업염으로 해서 얼마만큼 할애 받을지는 의문이다. 따라서 조선에서의 소다공업은 원료 자원에 있어서는 내지처럼 수이입염(輸移入鹽)에 기대할 수밖에 없다. 이 점에 있어서 하등의 특수성은 없다. 조질의 소다사업도 그 특허분권인 츠안법조차 인비(人肥), 기타에서도 매수한다고 하여 전해지고 있는데, 그렇다면 더욱더 그 특질을 잃게 되는 셈이다. 어쨌든 조선의 소다공업은 새로운 출발점에 있어서 이미 내지 업계와 대립해야 할 운명이다. 이 추이는 심심한 흥미가 기울여지게 된다.

조선 염류(鹽類) 증산계획(제4기 계획)

	염전명	완성기	면적(町步)
제1차	경기도 소래	1936년(昭和 11) 9월 기공	356
	평안남도 귀성	1935년(昭和 10) / 1933년(昭和 8)	507
	평안북도 남시	1934년(昭和 9) / 1933년(昭和 8)	266
	계		1,129
제2차	평안남도 귀성	1940년(昭和 15) / 1934년(昭和 9) 기공	532
	경기도 소래	1940년(昭和 15) / 1934년(昭和 9) 기공	193
	미정		

〈자료 100〉 염전의 폐물 '고즙'에서 대발견

- 출처:《朝鮮新聞》, 1937.3.19
- 원제목: 鹽田の廢物苦汁から大發見: マグネシユ-ムと臭素製造明朗な快ニユ-ス

■ 전매국의 사이토(齋藤) 염삼과장(鹽蔘課長)의 말에 의하면 오사카(大阪)의 다케다초베이상점(武田長兵衛商店)[46]에서는 주안염전의 고즙에 착안하여 대체로 전매국으로부터 고즙을 받기로 양해를 얻었고 2개월 전부터 기사(技師)가 들어가 주안출장소의 시설 대여를 받아 고즙의 연구에 착수하였으며, 시험공장의 부지, 고즙류(苦汁溜) 등도 결정하여 4월 채염기(採鹽期)에 들어가면 본격적으로 고즙에서 취소(臭素: 브롬)[47]를 생산할 모양이다. 이 취소는 의약(醫藥)으로 해서는 진정제, 지한제, 해열제, 수면제 등의 여러 약용이 있고, 염료에도 사용하는 외에, 화학병기 중의 백미인 독가스(毒瓦斯)의 원료로, 현재 연 450톤의 수요가 있다. 우리나라는 연산액 230~240톤 정도로 반분(半分)을 수입에

---

46 1781년 다케다 초베이(武田長兵衛)가 창업한 약종상에서 출발한 약품회사이다. 1918년 오사카에서 다케다제약(武田製藥)주식회사가 창립되고, 1925년에 다케다초베이상점과 다케다제약이 합병하여 주식회사 다케다초베이상점이 되었다가, 1943년에 다케다약품공업(武田藥品工業)주식회사로 상호가 바뀌었다. 2019년 현재 전 세계 제약회사 매출액의 9위를 차지하는 거대 기업으로 성장하였다.

47 브롬(bromine)은 할로겐족에 속하는 비금속 원소로, 상온에서 적갈색이고, 휘발하기 쉬우며 자극적인 액체이다. 해수에서 얻어진 고즙 또는 암염에서 식염을 채취하고 남은 모액 등에 염소 가스를 작용시켜 만든다.

의존하기 때문에 주안의 고즙공업(苦汁工業)이 성공한다면 수입을 방알(防遏)할 수 있으므로 국방(國防), 국책상(國策上)으로도 중대시되고 있다.

■ 한편으로는 일만(日滿)마그네슘회사에 원료 공급을 하고 있는 일본고즙회사(日本苦汁會社)가 광량만(廣梁灣) 관내에서 전매국의 고즙(苦汁)으로부터 취소(臭素) 외에 금속마그네슘을 채취하려고 하는 출원이 있었는데, 이것도 이화학연구소(理化學研究所)[48]의 패턴트(특허)여서 오코치 마사토시(大河內正敏)[49] 씨도 와서 상당히 확실한 맛이 있는 것이 되었다. 이것도 계원(係員)이 내선(來鮮)하여 고즙(苦汁)의 각종 시험을 하고 있는데, 확실히 성공한다면 일만(日滿)마그네슘회사가 나설 것이다. 이 금속마그네슘은 알루미늄의 3분의 1 무게인 귀중한 경금속으로, 국방상 상당히 중요한 것이 되어 일단 완급이 있는 경우와 같이 얼마 있어도 남지 않는 것이다. 다만 이들 고즙공업(苦汁工業)이 천일염의 채염에 지장이 없을까 하고, 책상에서는 1정보의 채염에서 1년에 고즙 150석(石)이 나오게 되어 있는데, 과연 어느 정도 거두어질 것인지 혹은 또 내지(內地) 전오염(煎熬鹽)의 고즙도 천일염의 고즙과 그 성분에서 차이가 있을까 하는 문제뿐이다. 지금까지 두부 제조에만 썼던 조선의 고즙이 취소와 금속마그네슘이 된다고 하는 지극히 흥미 깊은 산업 뉴스다.

---

48 물리학·공학·화학·생물학·의과학 등 자연과학 전반을 연구하는 일본의 종합연구소로, 줄여서 '리켄(理研: RIKEN)'이라고도 한다. 1913년 디아스타아제를 발명한 다카미네 조키치(高峰讓吉)가 국민과학연구소의 필요성을 주창한 후, 1917년 3월 일본 왕실의 하사금과 정부보조금, 민간기부금 등을 모아 도쿄 분쿄구 고마고메에 재단법인 이화학연구소를 설립하였다. 초대 이사장은 일본에 근대 수학을 도입한 기쿠치 다이로쿠(菊池大麓)가 맡았다.

49 오코치 마사토시(大河內正敏, 1878~1952)는 도쿄제국대학 공학부를 수석 졸업한 후, 동 대학 교수와 귀족원 의원으로 활동하였다. 1921년 이화학연구소의 소장으로 취임하였고, 도쿄물리학교(東京物理學校)의 교장과 이사장으로도 근무하였다. 군수산업과 내각고문 등으로 활동한 전력으로 전후 A급 전범으로 지명되어 수감되었다.

〈자료 101〉 주안과 광량만에 '간수' 뽑는 대공장, 대판의 대재벌에서 진출 결정, 군수공업으로도 중시

- 출처: 《매일신보》, 1937.3.20, 2면
- 원제목: 朱安과 廣梁灣에 '간수' 뽑는 大工場, 대판의 대재벌에서 진출 결정, 軍需工業으로도 重視

【전매국발표】

 조선에서는 자래로 소곰(鹽)을 만들 때는 간수를 빼내서 두부를 든든히 하는 데나 쓰게 되엇스나 내지에서는 그것으로 약품(藥品)과 '마구네슘' 등을 만들기도 한다는바 이것에 자극을 바든 대판(大阪)에서 큰 약방을 하는 무전장병위(武田長兵衛) 씨는 금 번에 주안(朱安)에다 1,800만 원의 거대한 투자를 하야 소곰에서 취소(臭素)를 뽑아내기로 되엇다는데 오는 4월 경부터 공장을 설치하고 개업을 하게 될 터이라고 한다. 그런데 그 간수를 가지고 진정제(鎭靜劑)와 하열제(下熱劑), 지한제(止汗劑), 염료(染料), 독와사(毒瓦斯) 등을 제도하게 됨으로 군수공업(軍需工業)에 자못 큰 기대를 가지고 잇다 하며 한편 일본고집공업회사(日本苦汁工業會社)에서도 광량만(廣梁灣)에다 40만 원을 던저 대대적으로 간수를 뽑는 공업을 개시할 터이라는데 현재 일본에서는 450돈(頓)가량의 간수가 필요한 터로 그 반가량은 조선에서 장차 이출(移出)하게 될 터이라고 한다.

〈자료 102〉 조선에서 '고즙' 생산, 마그네슘도 장래에는 제조

- 출처: 《매일신보》, 1937.3.24, 2면
- 원제목: 朝鮮에서 '苦汁' 生産 마구네슘도 將來는 製造

 전매국(專賣局)에서는 22일 오전 10시 동거(棟居) 국장이 기자단(記者團)에게 전매사업(專賣事業)에 관한 계획을 다음과 같이 발표하였다.
 지난번에 발표한 고즙(苦汁)=간수=공업은 제1기 계획으로 주안(朱安)과 광량만(廣梁灣)에다 각각 300석씩 간수를 뽑도록 할 계획인데, 제2기 계획은 50만 석으로 확장하여 산구현(山

口縣) 우부(宇部)에다 고형고즙(固形苦汁)을 수송하여 그곳에서 '마구네슘'을 제조하게 할 터이며, 그다음 제3기 계획으로는 대대적 확장을 하여 조선에서 '마구네슘'을 제조하게 될 터이라는 바, 현재 내지 전부의 생산고(生産高)는 약 1,000톤(噸)가량으로 이것을 조선에서 생산하도록 계획이 되는 데 따라 장래는 인천(仁川) 지방의 대규모 공장이 실현될 모양이다.

- 工業鹽: 경성에다 축성본부(築城本部)를 두고 오는 4월 1일부터 착수하게 될 터인데 5개년 계획으로 완성할 예정이었으나 실제는 3개년간에 완성하도록 하여 소화 15년(1940)부터 공업염(工業鹽)의 채취를 개시할 터인 바, 그것이 완성된 후 5개년이 지나지 아니하면 수요(需要)를 할 수 없는 터이므로 소화 19년(1944)부터는 공급(供給)하게 될 터이다. 그런데 최초에는 1,200정보에 생산고(生産高)는 약 7만 톤가량 될 터인데, 조선의 현재 수요고(需要高)는 약 12만 톤으로 현하 약진도상에 있어 그 수요는 년년 증가될 추세이므로 장래는 3,000정보(町步)로 확장하여 12만 톤의 생산을 하도록 할 터이며, 그리고 소다(曹達)공업과 같은 사업으로 할 계획이다.
- 食料鹽의 補充計劃: 염전(鹽田) 제2기 계획은 소화 12년(1937)에 완성하여 전염산 1,600정보가 될 터인데 생산고는 약 2억 6,000만 근(斤)이 되나 아직도 8,000만 근이 부족한 형편이므로 1938, 1939년도부터 또 증산계획(增産計劃)을 세울 예정이다.

〈자료 103〉【특집】식염과 공업염
- 출처:《매일신보》, 1938.9.17, 5면
- 원제목:【特輯】食鹽과 工業鹽

우리네가 쓰는 소금은 어떻게 만들어지나: 천일염전의 구조와 그 제조법

제염(製鹽)의 2방법
제염방법(製鹽方法)은 전오법(煎熬法)과 천일제염(天日製鹽)의 두 가지가 있다. 전오방식(煎熬方式)으로서 연료(燃料) 급(及) 노력(勞力)의 과대(過大)와 규모(規模)의 수공업적(手工業的)인

점(點)이 생산능률(生産能率)의 증진(增進)에 부적(不適)함에 비(比)하여 천일제염(天日製鹽)은 태양(太陽)의 열(熱)을 이용(利用)하는 것만으로도 경제적(經濟的)인 생산(生産)에 적합(適合)한 것이다. 그러므로 전매국(專賣局) 소속(所屬)의 관영제염(官營製鹽)은 전부(全部) 천일제염(天日鹽田)에 의(依)하는 것이다. 천일제염(天日製鹽)은 현재(現在) 경기도(京畿道)의 주안염전(朱安鹽田)과 평남(平南)의 광량염전(廣梁鹽田), 평북(平北)의 남시염전(南市鹽田) 등(等) 삼개소(三個所)가 있으며 또 하나 전남(全南)의 해남염전(海南鹽田)[50]이 축조(築造) 중(中)에 있다.

그러면 천일염전(天日鹽田)은 어떠한 구조(構造)로 되어 있으며 그 제염방법(製鹽方法)은 어떠한가?

천일염전의 구조

천일염전(天日鹽田)의 구조(構造)는 저수지(貯水池), 증발지(蒸發池), 결정지(結晶池)의 삼부(三部)로 되어 있다. 저수지(貯水池)는 제염(製鹽)의 요소(要素)인 해수(海水)를 저류(貯溜)하는 연못으로서 증발지(蒸發池) 급(及) 결정지(結晶池)에 비(比)하여 높게 만들었으며 그보다 좀 얕게 증발지(蒸發池)를 만들고 또 그보다도 얕게 결정지(結晶池)를 만들었다. 저수지(貯水池)로부터 증발지(蒸發池)로 흘러들어간 해수(海水)가 다시 증발지(蒸發池) 내(內)의 9단(段) 내지(乃至) 10단(段)으로 된 계단(階段)을 1촌(寸) 내지(乃至) 1촌寸 5분(分)의 낙차(落差)로서 차례(次例)로 내려가는 동안에 일광(日光)으로 증발(蒸發)되어 점점(漸漸) 염분(鹽分)만이 농후(濃厚)하게 된 염수(鹽水)가 최후(最後)로 결정지(結晶池)에서 결정(結晶)되어 채염(採鹽)을 하게 되는 것이다.

그리고 증발지(蒸發池)의 지저(地底)를 극(極)히 평탄(平坦)하게 하기 위하여 1년 1차 '루라(로울러)'로서 다져 견고(堅固)하게 하며, 그리고 결정지(結晶池)는 그 저면(底面)의 토반(土盤)을 그대로 두면 채염(採鹽)할 때에 토사(土砂)가 혼입(混入)하여 품질저하(品質低下)를 초래(招來)하게 되므로 옹편(甕片) 혹은 '타일'을 깔아 놓아서 정수(精粹)한 채염(採鹽)을 하도록 만들었다. 염전(鹽田)에 적당(適當)한 토질(土質)은 사(砂) 3분(分), 점토(粘土) 7분(分)이여야 하니 토사(土砂)가 많으면 해수(海水)가 지하(地下)로 누설(漏洩)되기 쉽고 점토(粘土)가 이보다 더 많으면 요철(凹

---

50 해남염전은 전라남도에 건설된 것이 아니라 황해도 연백군 해남리에 건설되었다.

凸)이 생겨서 협잡물(挾雜物)이 섞이게 되는 것이다.

제염방법

제염방법(製鹽方法)은 다음과 같다.

매일(每日) 대조 시(大潮時)에 소요(所要)의 해수(海水)를 저수지(貯水池)에 설비(設備)한 수갑(水閘)으로부터 도입(導入) 저류(貯溜)한 후(後)에 증발지(蒸發池)와 저수지(貯水池) 사이에 있는 도입구(導入口)를 열기만 하면 자연(自然)히 유하(流下)하여 증발지(蒸發池)로 들어가게 된다. 증발지(蒸發池)의 수심(水深)은 1촌(寸) 내지(乃至) 1촌(寸) 5분(分) 내외(內外)로서 천연(天然)의 일사(日射)와 풍력(風力)에 의(依)하여 증발(蒸發) 농축(濃縮)케 한다. 이와 같이 증발지(蒸發池) 상단(上段)으로부터 하단(下段)으로 순차(順次) 이주(移注)되는데 이 함수(鹹水)의 농도(濃度)가 '보-메-'씨(氏) 비중계(比重計)[51]를 넣어 보아서 20도(度) 내지(乃至) 25도(度)가 될 때에 이것을 결정지(結晶池)로 이주(移住)하여 다시 증발(蒸發) 농축(濃縮)케 하여 25도(度)에 도달(到達)하면 포화함수(飽和鹹水)가 되는 것이니 여기서 비로소 염(鹽)의 결정(結晶)이 시작(始作)되어 수시간(數時間) 후(後)에는 결정지(結晶池) 전면(全面)이 그대로 소금밭이 되는 것이다. 이것을 긁어모아서 창고(倉庫)에 수장(收藏)하였다가 수분(水分) 적하(滴下)를 기다려서 섬에 넣고 포장(包裝)을 하여 반출(搬出) 판매(販賣)케 되는 것이다.

원래(元來) 해수(海水)는 '보-메-'씨(氏) 비중계(比重計)로 보면 그 비중(比重)이 2도(度) 내지(乃至) 2도(度) 반(半)인데 이것이 제1증발지(第一蒸發池)의 하단(下段)에서 8도(度)나 9도(度)가 되어 가지고 다시 제2증발지(第二蒸發池) 하단(下段)에서 23도(度)가 되는 것을 기다려서 결정지(結晶池)로 옮겨 놓는 것이다. 그러므로 증발지(蒸發池)에서 농도(濃度)가 짙어가며 한창 증발(蒸發)이 되는 중(中)에 만일(萬一) 비가 오든지 하면 낭패(狼狽)가 되는 것이다. 그러나 결정지(結晶池) 근처(近處)에 와서 농도(濃度)가 20도(度) 내외(內外)에 이른 함수(鹹水)를 그대로 우수(雨水)와 함께 섞어서 다시 그만큼 농축(濃縮)시키려면 시일(時日)과 노력(勞力)의 도비(徒費)가 많을 것이므로 따로히 함수류(鹹水溜)를 만들어 놓았다가 강우시(降雨時)에는

---

51 물을 기준으로 어떠한 용액의 비중을 눈금으로 나타내는 비중계이다. 발명자인 앙투안 보메(Antoine Baum)의 이름을 딴 것으로 °Be로 표시한다.

이 속에 흘러 넣어 두었다가 청천(晴天)을 기다려 다시 지어내는 것이니 물론(勿論) 이 함수류(鹹水溜)는 지붕이 있어 빗물이 새어들지 못하게 만들었다. 결정지(結晶池)에서 채염(採鹽)된 것을 원염(原鹽)이라고 하여 순수(純粹)한 결정체(結晶體)인데 이것을 다시 진공식(眞空式) 제염기(製鹽機)로 노과(爐過) 가공(加工)하여 세밀(細密)한 분말(粉末)로 만들어서 이것을 정제염(精製鹽)이라고 하며 다시 방온제(防溫劑)로서 탄산고토(炭酸苦土)를 혼화(混和)하여 식탁염(食卓鹽)으로 판매(販賣)하는 것이다. 식탁염(食卓鹽), 정제염(精製鹽)이 되기 전(前)의 다소(多少) 정일(整一)되지 못한 것을 재제염(再製鹽)이라고 한다.

제염기(製鹽期)

천일염전(天日鹽田)은 해수(海水)의 증발(蒸發)이 피는 시기(時期)라야 가능(可能)한 것은 췌언(贅言)을 불요(不要)하거니와 조선(朝鮮)의 기후(氣候)는 4월이 되어야 춘기(春期)에 들어서므로 4월부터 염전(鹽田)의 제염작업(製鹽作業)이 시작(始作)되는 것이다. 그리하여 5~6월이 최성기(最盛期)이며 7~8월은 매양(每樣) 우기(雨期)에 들게 되므로 천일염전(天日鹽田) 수난기(受難期)이며, 9~10월은 추풍(秋風)이 일어남과 동시(同時)에 햇살이 박사(薄紗) 같으므로 생산고(生産高)가 높지는 못하다. 11, 12, 1, 2월은 사실(事實)에 있어 천일염전(天日鹽田)은 휴업(休業)할 수밖에 없으며 이 동안에는 염전(鹽田)의 휴반(畦畔), 배수(排水) 등(等)의 감시(監視), 조정(操整), 함수(鹹水)의 저류(貯溜) 등(等)에 힘쓰고 있다가 3월(月)이 되면 아연(俄然) 활기(活氣)를 띄이고 지반공작(地盤工作)에 착수(着手)하게 되니 이 시기(時期)는 즉 준비기(準備期)가 되는 것이다. 그러므로 1년 생산고(生産高)의 6할이 4, 5, 6의 3개월간(個月間)에 나며 7, 8 2개월간(個月間)의 우기(雨期)에는 1할(割)밖에 아니 나며 8, 9, 10월간(月間)에 약(約) 3할고(割高)가 생산(生産)하는 것이 통례(通例)라 하겠으나 금년(今年)과 같이 5, 6월간(月間)에 장마가 지는 때에는 생산고(生産高)에 막대(莫大)한 영향(影響)이 예측(豫測)되므로 염전(鹽田) 당사자(當事者)는 전긍(戰兢)하는 것이다[그러나 금년(今年)에는 다행(多幸)히 7, 8월간(月間)에 청천(晴天)이 계속(繼續)되어 예정고(豫定高)의 그다지 큰 변조(變調)는 없으리라 한다].

염의 품질

천일염전(天日鹽田)은 일광(日光) 풍력(風力) 등(等) 자연(自然)의 힘을 빌려서 제염(製鹽)이 되는 만큼 생산(生産)과 품질(品質) 여하(如何)는 전(全)혀 자연(自然)의 지배하(支配下)에 있다고도 할 수 있으나 염전(鹽田)의 구조(構造) 급(及) 제염기술(製鹽技術)과 노력(勞力)의 우열(優劣)은 또한 그의 가치(價値)를 좌우(左右)하고 있다. 그럼으로 우량(雨量)이 비교적(比較的) 많고 빈번(頻繁)한 조선(朝鮮)의 천일염전(天日鹽田)은 다른 데에 비(比)하여 기술(技術)이 월등(越等) 진보(進步)되 있는 것이다.

품질(品質)은 색택(色澤)이 순백(純白)하고 염화조달(鹽化曹達)의 함유량(含有量)이 많은 것이 우량(優良)한 것이니 이것을 일등염(一等鹽)이라 하고 그 보다 못한 것은 이등염(二等鹽)이라고 한다. 매년(每年) 수입(輸入)되는 지나염(支那鹽)은 이등염(二等鹽)보다도 아랫길이니 그럼으로 이 지나염[支那鹽, 항간(巷間)에서는 호염(胡鹽)이라고 함]을 다시 전오(煎熬)해야 판매(販賣)하는 데가 있으며 그것을 재염(再鹽)이라고 하는 것이다. 품질(品質)의 향양(向上)을 도(圖)키 위(爲)하야 천일염전(天日鹽田)의 지반공작(地盤工作), 작업방법(作業方法)의 개선(改善) 연찬(硏鑽)을 힘쓴 결과(結果)로 근년(近年)에는 일등염(一等鹽)의 생산고(生産高)가 전체(全體)의 9할(割)을 점(占)하게 되었다. 일등염(一等鹽)은 순백(純白)일 뿐 아니라 반투명(半透明)이어야 하니 백색염(白色鹽)의 불투명(不透明)한 것은 염화(鹽化)마그네슘이 섞여 있는 증거(證據)이며 염화(鹽化)마그네슘이 섞이면 짠맛 이외(以外)에 쓴맛까지 지니게 되므로 이등염(二等鹽) 이하(以下)가 되는 것이다.

1년 생산고

소화(昭和) 12년도(年度) 말(末)의 현재를 보면 식염(食鹽)의 전선(全鮮) 소비량(消費量)은 1년에 3억 4,800만 톤(瓲)으로서 생산량(生産量)은 주안(朱安), 광량(廣梁), 남시(南市) 등 전선(全鮮)의 천일염전(天日鹽田)에서 1억 8,000만 톤(瓲)과 재래(在來)의 전오법(煎熬法)에 의(依)한 것이 3,600만 톤(瓲)으로서 총계(總計) 2억 1,600만 톤(瓲)이므로 결국 1년간 소비량(消費量)에 부족(不足)되는 것이 1억 3,200만 톤(瓲) 내외(內外)가 되는 것이다. 그리하여 이 부족량(不足量)은 종래(從來)로 관동주(關東州) 급(及) 청도(靑島)에서 수입(輸入) 보충(補充)하여 온 것이다. 전매국(專賣局)에서는 조선(朝鮮) 내(內) 식염(食鹽)의 자급자족(自給自足)을 목표(目標)로 하야 현재 전남(全南)에 해남염전(海南鹽田)을 약(約) 1,000정보(町步) 축조(築造)하고 있으나 이것이 완성(完成)함에는 상당(相當)한 시일(時日)이 걸릴 것이며 또 염전(鹽田)은 축조(築

造) 후 6~7년은 경과(經過)하여야 비로소 완전(完全)한 염전(鹽田)이 되는 것일 뿐 아니라 해남(海南)의 1,000정보(町步) 완성 후에 경(更)히 1,000정보(町步)가량(假量) 증축(增築)하여야 자급(自給)이 충족(充足)되리라 한다.

[전매국 주안출장소 하시마 히사오(羽島久雄)씨 담(談)]
시급한 염의 자작자급, 일반가정에서는 남용치 말라

식염(食鹽)은 일상생활(日常生活)의 필수품(必需品)일 뿐이 아니라 공업염(工業鹽)은 금일(今日)과 여(如)한 국가비상시(國家非常時)에 있어서는 국책상(國策上) 긴밀(緊密) 불가결(不可缺)의 원동력(原動力)이 되는 것이다. 공업염(工業鹽)은 말할 것도 없고 식염(食鹽)의 조선내(朝鮮內) 생산고(生産高)는 소비고(消費高)를 따르지 못하여 매년 지나(支那) 방면(方面)으로부터 수입(輸入)하고 있는 형편(形便)으로서 외국과 여(如)히 암염[巖鹽, 석탄(石炭)과 같이 그대로 채굴(採掘) 사용(使用)하는 것으로 독일(獨逸)에 많다]이 있어서나 또는 상항(桑港, 샌프란시스코)과 같이 기후(氣候)의 절호(絶好)와 경비(經費)의 풍족(豐足)이 있지도 못한 조선(朝鮮)의 천일염전(天日鹽田)은 지금도 그렇거니와 앞으로도 기술(技術)의 연찬(研鑽)이 최선급무(最先急務)라 생각한다.

지나사변(支那事變) 이후로 수입식염(輸入食鹽)이 두절(杜絶)되어 일시(一時)는 우려(憂慮)되었으나 근일(近日)에 와서는 다소(多少) 완화(緩和)되는 모양(模樣)이기는 하는 여하간(如何間) 기어(期於)코 선내(鮮內)의 자급자족(自給自足)의 도(途)를 시급(時急)히 해결(解決)하여야 하겠다.

그리함에는 현재 축조(築造) 중(中)의 해남염전(海南鹽田)의 완성(完城)을 촉진(促進)하며 본(本) 주안(朱安)은 물론 광량(廣梁), 남시(南市)의 염전(鹽田)에서의 생산능률(生産能率)을 증진(增進)시키도록 노력(努力)할 필요(必要)를 절실(切實)히 느끼는 바인데 그보다도 일반(一般) 소비가(消費家)인 각 가정 내지 개인에 있어서 식염(食鹽)은 양(量)에 비(比)하여 가격(價格)이 저렴(低廉)하다는 생각으로 남비(濫費)하는 경향(傾向)이 있다면 이것은 인식부족(認識不足)의 심(甚)한 자(者)이라 하겠다.

〈자료 104〉 비상시와 식염 자원

- 출처:《매일신보》, 1938.9.17, 5면
- 원제목: 非常時와 食鹽資源

공업염(工業鹽)의 중요성과 그 대책[경성고등공업학교 교수 안동혁(安東赫)]

　비상시(非常時)와 식염(食鹽) 자원 간(資源間)에는 고래(古來)부터 중대(重大)한 관계(關係)가 있다. 전쟁 시(戰爭時)에 적(敵)의 식염(食鹽) 공급로(供給路)를 차단(遮斷)하여서 기승(奇勝)을 박(搏)함과 여(如)함은 사상(史上)에 산견(散見)하는 상투수단(常套手段)에 불과(不過)하나 세계에서 가장 장구(長久)히 그리고 교묘(巧妙)히 차(此) 식염계략(食鹽計略)을 수행(遂行)하야 이민족(異民族)에 대하야 최대(最大)의 성과(成果)를 획득(獲得)하고 차(此)를 자국(自國)에 시(試)하야 인민(人民)의 고혈(膏血)을 착취(搾取)한 자(者)는 지나인(支那人)이다.

　금일(今日)의 식염문제(食鹽問題)는 왕시(往時)와 여(如)히 보건문제(保健問題)로 중요(重要)한 것과는 기(其) 사정(事情)이 매우 다르다. 직접간접(直接間接)의 전시자원(戰時資源)의 중요(重要)한 일분자(一分子)로 식용염(食用鹽) 이상(以上)의 막대(莫大)한 수량(數量)의 공업염(工業鹽)을 반드시 소비(消費)하여야 하는 까닭이며 또 전시(戰時) 물자조정(物資調整) 실시(實施)에 반(伴)하야 식염(食鹽)의 수요(需要)는 일층(一層) 가중(加重)됨으로써 즉(卽) 광범(廣汎)한 범위(範圍)의 공업(工業)과의 관련성(關聯性)이 크므로 그 중요성(重要性)은 더욱 복잡(複雜) 중대(重大)할 것이다.

　본방(本邦)의 식염정책(食鹽政策)은 최근(最近)까지는 국민의 생활상 필수품인(必需品)인 식용염(食用鹽)을 저렴(低廉) 차(且) 균가(均價)로 공급(供給)하여서 직접(直接) 민중(民衆)의 생활안정(生活安定)의 치중(置重)되었었고 차점(此點)에 막대(莫大)한 공적(功績)을 수립(樹立)하였다. 내지(內地)에서는 전매(專賣)를 실시(實施)하고 있고 염업(鹽業)이 초기(初期)에는 국가재정상(國家財政上) 일조(一助)가 된 일도 있었으나 현재에는 국가적(國家的) 부담(負擔)에 있음을 보아도 차(此)는 명백(明白)한 사실이다. 그러나 제국(帝國) 판도내(版圖內)의 식염생산(食鹽生産)은 매우 빈약(貧弱)하야 식용염(食用鹽)을 근근(僅僅)히 공급(供給)하는 정도(程度)에 불과(不過)하고 공업염(工業鹽)은 기(其) 대부분(大部分)을 외국에서 수입(輸入)하는 상태(狀態)

이다. 따라서 공업염(工業鹽)의 확립(確立) 자체(自體)가 현하(現下) 물자정책(物資政策)의 중대(重大)한 일면(一面)이 되었으며 장기전(長期戰) 결의(決意)를 계기(契期)로 제국(帝國)의 신세력(新勢力) 범위(範圍) 내(內)의 지역(地域)을 일관(一貫)하여 정부(政府)에서는 제1차(第一次) 급(及) 제2차(第二次) 근해염(近海鹽) 계획(計劃)을 수립(樹立)하였다.

조선(朝鮮)의 식염사정(食鹽事情)은 근년(近年)에 지(至)하기까지는 선내(鮮內) 식용염(食用鹽) 소비(消費)에도 충족(充足)치 못하는 빈약(貧弱)한 생산(生産) 상태(狀態)이었다. 그리하여 연년(年年) 관동주(關東州) 급(及) 지나염(支那鹽)을 수입(輸入)하였다. 다행히 본부(本府) 급(及) 관계업자(關係業者)는 염자원(鹽資源)의 중대(重大)함을 통감(痛感)하야 인천(仁川) 근해(近海) 군자면(君子面)에 제염사업(製鹽事業)의 확충(擴充)을 단행(斷行)하여서 일거(一擧)에 선내(鮮內) 자급(自給)에 완전(完全)히 성공(成功)하였다. 일방(一方) 조선산업계(朝鮮産業界)의 약진(躍進) 특히 화학공업(化學工業)의 비약(飛躍)은 공업염(工業鹽)의 수요(需要)를 급증(急增)하였고 경(更)히 사변(事變)에 입(入)하야 선내(鮮內) 수입염(輸入鹽) 보급(補給)의 책임(責任)을 감(感)하는 동시(同時)에 제국(帝國) 식염정책(食鹽政策) 확립(確立)의 일환(一環)으로 기(其) 임무(任務) 수행(遂行)을 위하야 일층(一層) 적극적(積極的) 활약(活躍)을 대망(待望)하는 바이다.

공업염(工業鹽)의 현황(現況)에 대하야 차(次)에 간략(簡略)히 설명(說明)하고자 한다. 본방(本邦)의 식염(食鹽) 소요량(所要量)은 연액(年額) 약 200만 톤(瓲)가량인데. 국내소산(國內所産)은 약 60만 톤(瓲)에 불과하여 겨우 식용(食用)으로 소모(消耗)되며 공업염(工業鹽)의 수요(需要)는 약 116만 톤(瓲)으로 내지(內地) 자체(自體)로는 전연(全然) 수이입염(輸移入鹽) 118만 톤(瓲)에 의존(依存)하고 있다.

공업염(工業鹽)의 지위 (단위: 1,000톤)

연차(年次)	전소비(全消費)	공업염(工業鹽)	비율(%)
1930(昭和 5)	951	209	22
1934(昭和 9)	1,639	855	52
1936(昭和 11)	1,892	1,096	58

공업염(工業鹽)의 수입(輸入) 상황 (단위: 1,000톤)

연차	근해염(近海鹽)	원해염(遠海鹽)	합계
1934(昭和 9)	333.5	693.0	1,026.5
1935(昭和 10)	315.7	667.9	983.6
1936(昭和 11)	567.0	519.6	1,086.6

식염(食鹽) 전반(全般) 수입(輸入) 상황(狀況)은 축년(逐年) 격증(激增)의 세(勢)로 기(其) 수입(輸入) 지방별(地方別) 18개소(個所), 금액(金額)은 1,800만 원(圓)에 달(達)한다.

식염(食鹽) 수입 상황 (단위: 1,000톤, 1,000원)

연차	수량	가격
1930(昭和 5)	307.1	3,985
1934(昭和 9)	1,076.4	14,540
1935(昭和 10)	1,053.4	14,839
1936(昭和 11)	1,322.3	17,761

차(此) 양표(兩表)를 대조(對照)하여 보면 공업염(工業鹽)의 수입(輸入) 의존(依存) 상황(狀況)을 명확(明確)히 짐작할 수 있을 것이다.

작년도(昨年度)에 공업염(工業鹽) 소비고(消費高)는 133만 6,000톤(瓲)의 거량(巨量)에 달(達)하였으며 금년도(今年度)에는 기(其) 수요(需要)의 격증(激增)으로 당업자(當業者)는 242만 6,000톤(瓲)의 수입신청(輸入申請)을 제출(提出)하였으나 대장성(大藏省) 사정액(査定額)은 145만 톤(瓲)으로 약 100만 톤(瓲)의 제한(制限)을 수(受)하였다. 따라서 금년도(今年度)의 자급율(自給率)은 재고품(在庫品) 기타(其他)를 합산(合算)하야 169만 3,000톤(瓲)가량이므로 기(其) 공급률(供給率)은 신청액(申請額)의 약 7할(割)이다.

식염(食鹽)의 용도(用途)는 차(此) 물질(物質)이 인류(人類) 진화(進化)와 동시(同時)에 애용(愛用)을 받고 있는 것이니만큼 상당(相當)히 광범(廣汎) 다기(多岐)이다. 차(此)를 일일(一一)히 열거(列擧)하기는 지면(紙面)이 허락(許諾)하지 않으나 비상(非常)히 광범(廣汎)하다.

본국(本邦)에서 사용(使用)되는 공업염(工業鹽)의 대부분(大部分, 90% 이상)은 조달공업(曹達工業)에 제공(提供)되는 것이다. 차(此) 조달(曹達)은 이용도(利用圖)에 지시(指示)된 바와 같이 실(實)로 거대(巨大)한 수요(需要)가 있는 것이다. 본방(本邦)의 공업(工業)으로 세계일(世界一)을 과시(誇示)하고 있는 것은 주지(周知)와 여(如)히 인조견사(人造絹絲), 인조섬유(人造纖維) 즉(卽) '스파'와 판초자공업(板硝子工業)이다. 차등(此等) 공업(工業)은 국내(國內)의 소비(消費) 보급(補給)은 물론(勿論) 세계시장(世界市場)에 활보(闊步)하고 있으며 기(其) 삽상(颯爽)한 위자(威姿)는 시대(時代)의 총애(寵愛)를 독점(獨占)하고 있다. 차(此) 화려(華麗)한 무대(舞臺)의 배후(背後)에서 점점(點點)히 혈투(血鬪)를 계속(繼續)하고 있는 대입물(大立物)이 차(此) 조달공업(曹達工業)이오 차(此) 공업(工業)의 식량(食糧)이 공업염(工業鹽)이다. 수년(數年) 전(前) 본방(本邦)의 조달공업(曹達工業)이 아직도 유년기(幼年期)를 탈(脫)치 못하고 외국품(外國品)의 질곡하(桎梏下)에서 신음(呻吟)하였을 시(時) 본방(本邦)의 화학공업(化學工業)은 미약(微弱)하였었다. 기후(其後) 조달공업(曹達工業)이 맹약(猛躍)하여 영국(英國)의 거벽(巨擘) '뿌라나 몬드' 회사(會社)[52]를 제압(制壓)함에 이르러 전기(前記) 각종(各種)의 공업(工業)이 찬란(燦爛)하게 개화(開化)된 것이다.

공업염 소비 상황표 (단위: 1,000톤)

연차	약품용(藥品用)	인조염료용(人造染料用)	석함용(石鹹用)	기타	계
1934(昭和 9)	821.5	26.9	4.2	2.2	854.8
1935(昭和 10)	1,040.0	20.5	4.5	2.8	1,067.8
1936(昭和 11)	1,065.7	22.0	4.8	3.0	1,095.5

비고: 약품용의 95% 이상은 조달공업용이다.

근년(近年) 전쟁(戰爭)에 직접(直接) 필요(必要)한 폭탄(爆彈), 독와사(毒瓦斯), 연막(煙幕)이

---

52 1873년 존 브루너(John Tomlinson Brunner)와 루트비히 몬트(Ludwig Mond)가 르블랑법으로 탄산나트륨을 제조할 때 폐기되는 황을 회수하는 방법을 공업화하여 영국 체셔에서 설립한 브루너 몬트社(Brunner, Mond Co., Ltd.)를 말한다. 1874년 최초로 소다회를 생산하였고, 이후 암모니아-소다법에 의한 소다공업을 개발하면서 유럽 최대의 무기화학기업이 되었다.

직접간접(直接間接)으로 식염(食鹽)을 원료(原料)로 제조(製造)할 수 있을 뿐만 아니라 일반(一般) 군수자재(軍需資材)에 응용(應用)되는 수량(數量)은 비상(非常)히 거대(巨大)한 것이며 일반(一般) 산업상(産業上)으로 보더라도 차(此) 식염자원(食鹽資源)의 확보(確保)는 당국(當局)의 긴급(緊急)한 문제(問題)이다.

식염자원(食鹽資源)의 확보(確保)를 도(圖)함에 최량책(最良策)은 국내(國內) 생산력(生産力) 확충(擴充)이나 차(此)는 목하(目下)의 경제상(經濟上) 급(及) 기술상(技術上) 형편(形便)으로 조급(早急)한 실현(實現)을 기대(期待)하기 어렵다. 현재(現在) 공업염(工業鹽) 수입량(輸入量)의 약(約) 5할(割)은 원해염(遠海鹽)으로 기(其) 주요(主要)한 지역(地域)은 지중해(地中海) 급(及) 홍해지방(紅海地方) 즉(卽) 이(伊, 이태리)령(領) '소마리랜드', 토이기(土耳其, 터키) '에리트리아', 애급(埃及, 이집트) 등(等) 원격(遠隔)의 지(地)이다. 그러므로 최근(最近)과 여(如)히 선복(船腹) 부족(不足)한 시(時)에는 상당(相當)한 고통(苦痛)을 감(感)하게 되고 또 일단(一旦) 변사(變事)가 유(有)할 시(時)에도 불편(不便)하므로 본년(本年) 춘(春) 관동군(關東軍) 대장(大藏), 상공(商工), 척무(拓務)의 삼성(三省) 급(及) 주요(主要) 생산자(生産者) 대일본염업(大日本鹽業), 동척(東拓), 흥중공사(興中公司), 만주염업(滿洲鹽業), 산동염업(山東鹽業), 소비자(消費者) 각(各) 조달회사(曹達會社) 등(等)이 공업염(工業鹽) 수급(需給)에 관(關)하야 협의(協議)한 결과(結果), 제국(帝國) 세력(勢力) 범위(範圍) 내(內)의 근해(近海)에서 연산(年産) 180만 톤(瓲)을 목표(目標)로 제1차(第一次) 5개년(五個年) 계획(計劃)이 수립(樹立)되었다.[53]

제일차(第1次) 5개년(五個年) 계획(計劃)의 내용(內容)은 만주국(滿洲國)은 현재(現在) 생산(生産) 75만 톤(瓲)을 110만 톤(瓲)으로 5개년(五個年) 후(後) 증산(增産)하여 기(其) 수출능력(輸出能力)을 50만 톤(瓲)에 증대(增大)한다. 관동주(關東州)는 현재(現在)의 24만 톤(瓲)을 60만 톤(瓲)으로 하여서 수출능력(輸出能力)을 45만 톤(瓲)으로 하며, 장로염(長蘆鹽)은 현재(現在) 35만 톤(瓲)을 100만 톤(瓲)으로 확장(擴張)하여 수출(輸出) 50만 톤(瓲), 청도(靑島)는

---

53 1936년 10월에 제1회 내외지염무관계관회의(內外地鹽務關係官會議)가 개최되어 '근해염증산5개년계획'이 수립되었다. 이후 내외지염무관계관회의는 대장성 전매국을 중심으로 척무성, 외무성, 육군성, 상공성과 조선총독부, 대만총독부, 관동주청, 만주국 등이 매년 참가하면서 근해염증산계획과 수입 할당량 등을 결정하였다. 자세한 것은 田中正敬의「日本における工業用塩需要の拡大と朝鮮塩業: 內外地塩務主任官会議を中心に」(『人文科学年報』 36, 専修大學 人文科學硏究所, 2006)을 참조.

연산(年産) 30만 톤(瓲)으로 작업(作業)하여서 수출능력(輸出能力)을 20만 톤(瓲)에 각각(各各) 달(達)케 하고자 하는 것이다.

그러나 차(此) 정도(程度)의 증산(增産)만으로는 수요(需要)의 격증(激增)을 만족(滿足)할 수 없으므로 정부(政府)는 계속(繼續)하여 제2차(第二次) 5개년(五個年) 자급계획(自給計劃)을 결정(決定)하였다. 즉(卽) 소화(昭和) 6년 말(末)까지에 대만(臺灣) 25만 톤(瓲), 관동주(關東州) 60만 톤(瓲), 만주국(滿洲國) 45만 톤(瓲), 북지(北支) 40만 톤(瓲), 산동(山東) 40만 톤(瓲), 합계(合計) 210만 톤(瓲)의 증산(增産)을 실시(實施)하기로 결정(決定)하였다. 차(此) 계획(計劃) 완성(完成)까지는 수급(需給)의 완벽(完璧)을 기(期)하기 난(難)하나 원염(原鹽)의 배급(配給) 급(及) 제품(製品)의 가격통제(價格統制)에 의(依)하여 점차(漸次) 원활(圓滑)히 운행(運行)될 것으로 생각한다.

제염공업(製鹽工業)의 기술적(技術的) 문제(問題)로 필자(筆者)는 해수공업(海水工業)의 발전(發展)을 대망(待望)하는 자(者)이다. 해수(海水)는 요(要)컨대 육지(陸地) 각종(各種) 용해성(溶解性) 유용물질(有用物質)의 혼합체(混合體)로 식염(食鹽) 외(外)에 '마그네슘', 가리염(加里鹽), 취소(臭素) 등(等) 긴요(緊要)한 자원(資源)이 포함(包含)되었다. 또 해류(海流), 조석(潮汐), 풍력(風力) 등(等)의 열(熱) 우(又)는 동력(動力) '에너지'를 가진 것이다. 차등(此等)을 청사(廳使)하여서 해수(海水)를 기(其) 원료(原料)로 한 신흥공업(新興工業)이 극동(極東) 특(特)히 조선(朝鮮) 서해안(西海岸)에 흥기(興起)할 것임은 실험실(實驗室)의 환상(幻想)이 아니오 미국(米國) 가주(加州, 캘리포니아 주)에 실재(實在)한 것이다.

〈자료 105〉 염전도 국책(國策)에 일역: 경금속에 불가결할 고즙 증산에 총력
• 출처:《매일신보》, 1943.8.6, 2면
• 원제목: 鹽田도 國策에 一役: 輕金屬에 不可缺할 苦汁增産에 總力

5일 이토(伊藤) 전매국장은 출입기자단과 회견하고 경금속(輕金屬)공업에 절대로 필요한 간수(苦汁)를 조선 내 각 염전(鹽田)에서도 적극적으로 생산하기로 되어 이미 이에 필요한 공장건설 작업에 착수하였다는 획기적인 사실을 비롯하여 금년 각 염전의 소금생산 상황 등도 대체로 순조롭다고 다음과 같이 이야기하였다.

- 경금속공업에 절대로 필요한 간수를 적극적으로 생산하기로 되어 이미 그 사업에 착수하였다. 종래에는 주안(朱安)과 광량만(廣梁灣) 등 두 곳 염전에서만 조금씩 생산하여 온 것인데, 금후에는 좀 더 적극적으로 생산할 방침으로 나가게 된 것이다. 결전하 간수의 쓰임새가 급격히 증가된 터이므로 이에 대처하려는 것이다. 종내 이 간수를 쓰려는 조선 내 공장에서는 그 전부를 조선 외의 다른 곳으로부터 가져왔던 것이다. 그런데 조선에도 염전이 있는 터이므로 조선 내에서 자작자급하기는 절대로 불가능하지만 생산할 수 있는 대로는 생산하려는 것이다. 중앙정부와 절충한 결과 정부가 직영하는 주안의 남동(南洞), 군자(君子)와 신의주(新義州) 근처의 남시(南市) 등 세 곳에 건설하기로 된 것이다. 이 공장에서는 액체간수를 덩이간수로 만드는 것인데, 이미 공장을 세울 기지를 정리하기 시작한 것으로 조선염전에서도 새로운 봉공의 길을 얻게 된 것이다. 그런데 염전 가운데서도 신설된 곳에서는 간수를 생산할 수 없으므로 차츰 확장되어 나갈 것이다.
- 금년의 소금은 지난 4, 5월경의 천후 관계로 처음에는 성적이 좋지 못했으나 최근 매우 순조롭게 되었다. 금후의 천후만 순조로우면 예정 계획대로 생산될 자신이 서게 된 것이다.
- 입담배 역시 대체로 순조롭다. 금후 잘 가꾸기만 하면 작년만큼은 될 수 있을 것이다.

〈자료 106〉 간수 공장을 증설, 전매국에서 남동, 군자, 남시염전에
- 출처:《매일신보》, 1943.10.9, 3면
- 원제목: 간수 工場을 增設, 專賣局에서 南洞, 君子, 南市鹽田에

소금에서 나오는 간수(苦汁)는 비행기 제작에 사용하는 금속 '마그네슘'의 원료가 되는 것으로 결전 아래 중대한 역할을 띄우고 잇는데 이번에 전매국(專賣局)에서는 경기도의 남동(南洞)염전, 군자(君子)염전, 평안북도의 남시(南市)염전 등에 간수공장을 세우기로 되엿다. 즉 현재는 광량만(廣梁灣)염전과 주안(朱安)염전, 소래(蘇萊)염전 등 세 군데에 간수를 만드는 공장이 잇는데 광량만에서 만드는 것은 이연금속공업회사(理研金屬工業會社)에, 주안 것은 다

케다(武田長兵衛)제약공장에, 소래 것은 조선염업회사(朝鮮鹽業)에 각각 수급하여 오고 또 이 박게 북지 산동성(山東省)으로부터도 대량의 수입을 하여 왔다. 그런데 최근 서선지방에 아사히(旭) 경금속회사, 미쓰비시(三菱) '마그네슘'회사, 소화전기공업(昭和電氣工業), 동양금속(東洋金屬)회사 등의 경금속 공장이 속속 서게 되어 간수의 수급이 대량으로 필요하게 된 데 비추어 그 원만한 수급을 꾀하기 위하야 전매국에서 남동, 군자, 남시의 세 군데에 새로히 공장을 세우기로 한 것이다. 그리하야 명년 초부터 제업에 착수하야 조선 안에서 쓰는 것은 전부 자작자급하기로 되는 것인데 이에 따라 산동성으로부터 수송력의 곤란을 무릅쓰고 드려오는 것을 의뢰하지 안허도 충분히 조선 내의 생산으로 수급하여 가리라고 한다.

Ⅱ 염업 조사 사업

해제

　제2장은 일본 외무성과 조선총독부 전매국에서 시행한 염업 조사 사업 관련 문서들을 정리하였다. 일제의 염업 조사 사업은 염세 징수를 위한 전국 염전의 기초자료 조사와 천일제염 예정지에 대한 조사가 있었는데, 여기서는 후자에 관련된 문서들이다. 다시 말하면 한반도 연안에서 천일제염이 가능한 간석지(干潟地)를 조사한 문서들인 것이다.

　삼면을 바다와 접하고 있는 한반도는 고대로부터 해수(海水)를 이용한 소금 생산이 전 연안에서 활발히 이루어져 왔다. 특히 해안 만입이 깊고 조수간만의 차가 큰 서해안에는 수많은 도서들이 해류의 흐름을 교란·완화시키며 완만한 경사의 거대한 간석지를 만들어 내고 있을 뿐 아니라, 높은 일조량과 적은 강수량 등 천일염전이 입지하기에 최적의 자연적 환경을 제공해 주고 있었다. 하지만 모든 해안선이 바다와 접해 있다고 해서 제염지가 될 수는 없는 법이다. 무엇보다도 갯벌의 토질이 제염에 적합한 토성(土性)을 갖추고 있어야 한다. 개흙의 입자가 너무 미세해서도 안 되지만 너무 굵거나 찰져서도 안 된다. 이는 생산량뿐만 아니라 소금의 맛과 품질에도 영향을 미치는 요소이기 때문이다.[54] 또한 소금 운송이 편리하도록 교통이 발달한 곳, 소비시장이 가까운 곳, 노동력의 원활한 공급이 가능한 곳이어야 했다.[55] 한반도의 식민화가 본격화되는 러일전쟁기부터 일제는 서해안에서의 이러한 천일제염 예정지를 조사하기 시작하였다.

　제1절은 일본 국립공문서관 외무성외교사료관에 소장되어 있는 『한국염업관계잡찬(韓國鹽業關係雜纂)』(검색번호 B11091868100)[56]을 중심으로 1904년 7월부터 1906년 2월까지 목

54　김일기, 1991, 「전오염 제조 방법에 관한 연구」, 『문화역사지리』 3, 한국문화역사지리학회, 3~4쪽.
55　유승훈, 2008, 『우리나라 제염업과 소금민속』, 민속원, 49쪽.
56　『韓國鹽業關係雜纂』은 국사편찬위원회에서 2003년에 간행한 『한국근대사료집성』 7권(한일경제관계 2)에도 수록되어 있다. 본고는 위의 일본 외무성 문서를 탈초하여 원문을 공개하고 있는 국사편찬위원회의 한국사 데이터베이스(http://db.history.go.kr) 자료를 기준으로 작성하였다.

포·원산 주재 일본영사와 일본 외무성 사이에서 오고간 총 28건의 외교전문을 번역한 것이다. 여기서 주목되는 사실은 목포영사 와카마쓰 도사부로(若松兎三郞)[57]의 주도로 목포 인근에 천일제염시험장을 설치하고 이를 관업(官業)으로 운영하자는 주장이 나온다는 것이다. 이는 1905년 3월, 일본 외무대신으로부터 지시를 받고 한국에서의 염 전매제에 대한 구체적인 방안을 마련한 것으로 알려진 재정고문 메가타 다네타로(目賀田種太郞)[58]의 계획보다 1년을 앞선 일이다. 실제로 와카마쓰 영사는 목포 외곽에 20여 정보의 시험염전 부지를 마련하고, 또 천일제염 시험의 가능성을 확인하기 위해 세 차례에 걸친 염업 조사를 실시하기도 하였다.

와카마쓰 영사가 의뢰한 세 차례의 염업 조사 보고서는 제2절에 수록하였다. 첫 번째는 1904년 8월에 실시한 후쿠오카현(福岡縣) 요하라(與原) 염업조합장인 야마나카 마스지로(山中益二郞)의 고하도(高下島)염전 조사였고, 두 번째는 1905년 1월에 실시한 일본 농상무성 기사 시모 게이스케(下啓助)[59]의 고하도 및 옥도(玉島)의 조사였다. 마지막 세 번째는 1905년

---

57 와카마쓰 도사부로(若松兎三郞, 1869~1953)는 일본 오이타현 출신의 외교관이다. 도시샤 대학을 졸업하고, 1896년 도쿄제국대학 법학부 재학 중에 고등문관시험 외교과에 수석으로 합격하여 한국주재 공사관보로 첫 외교관의 길을 시작하였다. 미국 뉴욕과 중국의 항저우, 사스(沙市) 등의 영사로 근무하다가, 1902년 목포영사가 되어 한국으로 다시 돌아왔다. 이후 목포이사관(1906년), 원산이사관(1908년), 평양이사관(1909년), 부산부윤(1910년) 등을 거쳤고, 1919년에는 인천미두취인소 사장에 취임하여 同 취인소가 경성주식시장과 합병되어 해체되는 1927년까지 근무하였다. 목포영사 재직 시 고하도에 처음으로 미국종 육지면 시험재배에 성공하였고, 천일염전 개발에도 힘을 쓴 것으로 유명하다.
58 메가타 다네타로(目賀田種太郞, 1853~1926)는 도쿄(江戶) 출신으로 1870년 미국으로 유학하여 1872년 일본 최초로 하버드대 법과대학을 졸업하였다. 귀국 후 변호사와 판사 생활을 하다가, 1883년 대장성(大藏省)으로 들어가 주세국장(主稅局長) 등을 역임하며 세제(稅制)와 재정 제도의 정비에 힘썼다. 그리고 1904년에는 한국 탁지부 재정고문에 임명되어 대한제국의 재정과 경제적 예속작업에 착수하였다. 1905년 화폐개혁을 단행하여 새 화폐를 발행하였고, 금융조합을 설치하였으며, 통감부의 침략정책 수행에 적극 앞장섰다.
59 시모 게이스케(下啓助, 1857~1937)는 도쿄 출신으로 소학교 교원을 거친 후, 1884년에 농상무성으로 들어가 수산 행정을 담당하는 기사(技師)가 되었다. 1894년에는 수산업의 전국적 실태조사서인 『수산업특별조사(水産業

7월부터 9월까지 진도·자은도·압해도·지도 등 목포 인근의 도서는 물론, 나주와 해남 연근해 도서까지 광범위하게 조사한 야마우치 이치타로(山內一太郎)의 조사이다. 이들 염업 기사들에 의한 염업 조사 보고서는 일본 외무성 통상국에서 편찬한 『통상휘찬(通商彙纂)』 등에 모두 게재되어 현재까지 전해진다. 하지만 그 조사 결과는 와카마쓰 영사의 기대와 달리 전라남도의 여러 가지 기후조건과 지질상의 문제로 그 성공을 장담하지 못한다는 것이었다. 이러한 사정 등으로 전라남도에서의 천일염전 시험 계획은 이루어지지 못하고, 이후의 염업 조사는 메가타의 재정고문부에 의한 한반도 북부 지역의 염업 조사로 이어지게 되었다.

1906년 5월부터 실시된 재정고문부의 염업 조사는 메가타의 지시로 일본 대장성 기사인 오쿠 겐조(奧健藏)[60]가 초빙되어 실시되었다. 당시 오쿠 기사는 신의주, 인천, 목포, 용호, 울산 등을 순검하고 인천과 용호에 제염시험장을 설치할 것을 제안했다고 하는데,[61] 이에 대한 조사 보고서는 아직까지 발견되지 않는다. 다만 이시카와 다케요시(石川武吉)의 『조선염업사료(朝鮮鹽業史料)』 중에 「오쿠(奧) 기사(技師) 복명서(復命書)」라는 문건이 보이는데, 이는 1920년 6월에 오쿠 기사가 주안과 광량만출장소 인근의 천일염전 예정지(남동·군자 및 귀성염전)를 시찰하고 그 결과를 보고한 것이어서 이를 3절에 수록하였다. 또한 『조선염업사료』

特別調査)』를 완성하기도 하였으며, 이후 수산과장과 수산강습소장 등을 역임하였다.
60 오쿠 겐조(奧健藏, 1864~1923)는 일본염업의 근대화를 이끈 염업기술자이다. 사가현(佐賀縣) 출신으로, 1885년 고마바(駒場) 농학교를 졸업하고 농상무성에 들어갔다. 이듬해 농상무성 대신 다니 다테키(谷干城)와 함께 유럽 순찰을 수행하였고, 1895년 관동주(關東州)와 1897년 대만의 염업을 조사하였다. 1898년 염업 조사회 위원이 되어서는 제염업의 비용 절감과 품질 향상을 위해서 염 전매제 실시가 시급함을 주창하였다. 1899년 유럽염업 시찰 후에는 염업시험장 개설, 진공식 및 카나와식 제염법 연구에 매진하였고, 1905년 염 전매제 실시 후에는 주세국 전매기술과장 등을 역임하였다.
61 目賀田男爵傳記編纂會, 1938, 『男爵目賀田種太郎』, 505~506쪽.

에는 일본 전매국 기사 다나카 신고(田中新吾)가 1926년 7월에 광량만, 귀성, 주안, 남동, 군자염전을 시찰하고 쓴 또 다른 복명서도 실려 있어서 이를 같이 수록하였다. 와카마쓰 영사 시대부터 일본 본국의 염업 기사들을 초빙하여 한국 천일염전 예정지를 조사하던 관습이 1920년대까지 이어졌던 것이다.

1. 일본영사관의 한국염업 조사

1) 『한국염업관계잡찬(韓國鹽業關係雜纂)』

〈자료 107〉 한국 염업을 우리 관업(官業)으로 하는 뜻에 대한 조사 방법 상신(上申)의 건

- 원문서명: 韓國鹽業ヲ我官業トナス義二付調査方上申ノ件
- 문서번호: 기밀수(機密受) 제8991호
- 발신일: 1904년(明治 37) 7월 7일
- 발신자: 재목포영사 와카마쓰 도사부로(若松兎三郎)
- 수신자: 외무대신 남작 고무라 주타로(小村壽太郎)[62]

우리 정부의 재정상에 관한 뜻은 본관(本官) 등이 감히 참견할 일이 아님은 물론입니다만, 시세의 추이에 따라 우리 정부의 한국 영역 내에서 필요한 경비가 점차 많이 요구되고 있는 금일에 있어서, 약간 당국의 주의를 촉구하는 정도는 당 지방의 염업을 우리 정부에서 경영한다고 하는 한 가지 일에 있습니다.

한국에서의 제염사업을 통계에 비추어 본 것은 없지만, 정확하게 알 수 있는 것은 전국 산출의 식염(食鹽)이 전라남도에서 대략 그 반액을 생산하고 있다는 것이 어느 정도 믿을 만한 사실이라는 점입니다. 대륙의 해빈(海濱)과 더불어 연안의 군도(群島)에서 계획한 바의 염업이 행해지고 있는 것을 보면 결국은 기후의 온난으로 건조된다는 것이고, 해수의 조차(潮差)가 자못 크다지만 과대하지는 않다는 점, 연중으로 서풍이 많지만 염분(鹽分)이 다량인 점 등, 이 업(염업)의 발달상에 필요한 여러 가지 요소를 갖추고 있기 때문입니다. 그러나 이와

---

[62] 고무라 주타로(小村壽太郎, 1855~1911)는 미야자키현(宮崎縣) 출신으로 하버드대학 졸업 후 1884년에 외무성으로 들어가 정무국장 등을 거쳐 주미공사(1898), 주러공사(1900)를 역임하였다. 1901년에 제1차 가쓰라 타로(桂太郎) 내각의 외상으로 취임하여 7년간 그 직위에 있으면서, 러일전쟁 당시 개전 외교와 강화협상에 있어서의 주석 전권을 맡았다. 또한 제2차 가쓰라 내각에도 외상으로서 입각, 조선 강제합병에 주도적으로 관여하였다.

같이 천연상의 커다란 이익과 편리를 가진 땅이 지가(地價) 역시 저렴하고, 또 염전을 축성할 수 있는 유지(遺地)가 많음에도 불구하고, 청국염(淸國鹽)의 밀수입을 근절하지 못하는 까닭은 해관(海關)의 용의주도하지 못함과 염업이 유치하여서 비교적 커다란 제조비를 소요한다는 데에 있음이 명료합니다. 이러한 사정에서 생각해 볼 때 한국의 염업은 당 지방에서 가장 주목할 만한 사업이라고 할 것입니다. 그러나 한국에서 지출하는 우리나라(일본) 국비(國費)의 여러 부분을 한국에서 회수할 필요가 있다고 하는 것은 어떤 방법으로, 또는 어느 정도로 한국의 염업을 우리의 관업(官業)으로 할 것인지 강구할 가치가 있느냐의 문제로 남아 있습니다. 상술한 바와 같이 당 지방(전라남도)에서의 이 업은 자못 유망함에도 불구하고, 현재 유기되고 있는 토지에서 염전에 적당한 곳이 자못 많이 있습니다. 전라남도의 큰 곶(串) 및 도서연안 전부에서 염전을 개척할 수 있는 토지는 수 만 정보, 즉 우리나라 현재 염전 면적의 수 배에 달합니다. 단지 당항(當港)의 항구(목포), 즉 화원반도(花源半島)와 달리도(達里島) 사이의 좁은 해역 안에서도 대만(臺灣)을 제외한 우리나라(일본)에 있는 염전과 동일한 대면적의 토지를 얻는 것도 결코 곤란하지 않다고 보지만, 일본인이 현재 염업에 종사하는 것은 거의 절무하다고 하는 것은 말할 필요도 없습니다. 한인들이 염전을 개척하고 있는 것 또한 그 작은 부분에 지나지 않습니다. 상술한 당항 항구 이내의 구역과 같이 현재의 염전 수는 호젓하기가 손꼽힐 만한 모양이어서, 당국의 경제상 실황에서 말하자면 금일은 이상의 계획을 수행하기에 가장 적당한 시기라고 생각합니다. 만일 우리 정부에서 이와 같은 계획을 수행할 필요가 없다 해도, 당 지방에서 상술한 천연의 형승(形勝)을 이용하여 염업이 크게 발달하기에 이른다면 우리나라(일본)의 염업, 또는 대만에서의 제염관업(製鹽官業)은 커다란 영향을 받을 시기가 있을 것으로 생각됩니다. 어쨌든 본 건은 지금 우리 정부의 조사 착수를 희망합니다. 위와 같은 저의 졸견(拙見)이 다행히 대신 각하에게 승인받는다면, 대장대신(大藏大臣)에게 이첩하여 이에 상당하는 기사(技師)를 파견토록 해서 본 건의 조사에 착수하고자 합니다. 이에 상신(上申)합니다. 경구(敬具).

〈자료 108〉 한국 염업을 우리 관업(官業)으로 하는 건에 대한 회답

- 원문서명: 韓國鹽業ヲ我官業トナスノ件ニ付回答
- 문서번호: 기밀송(機密送) 제21호
- 발신일: 1904년(明治 37) 7월 26일
- 발신자: 외무대신 고무라 주타로(小村壽太郎)
- 수신자: 재목포영사 와카마쓰 도사부로(若松兎三郎)

한국 염업을 우리 관업으로 하는 것에 관해서 본월 7일부 기밀 제31호로써 자세히 품신(稟申)한 말을 들었다. 본 건에 관해서는 정부에서도 이전부터 고량(考量)하던 바가 있었고, 이어서 혹은 조사의 일도 하고자 한다. 이상과 같이 양지하기 바라며, 이 점 회답하는 바이다.

〈자료 109〉 제염업 시험장에 관한 건

- 원문서명: 製鹽業試驗場ニ關スル件
- 문서번호: 기밀 제35호
- 발신일: 1904년(明治 37) 8월 31일
- 발신자: 재목포영사 와카마쓰 도사부로(若松兎三郎)
- 수신자: 외무대신 남작 고무라 주타로(小村壽太郎)

이전부터 한국 제염업을 우리 정부의 관업(官業)으로 하려는 것에 대해 조사 방법을 말씀드리었던 바, 지난달 26일부로 기밀송 제21호를 보내시어 정부에서도 고려하고 있고, 이어서 혹은 조사하는 일도 있을 것이라고 회신하셨습니다. 그런데 한국 염업에 관한 조사의 요점은 천일제법(天日製法)이 성공하느냐 아니냐에 있는 것이어서, 이에 대한 실험의 필요가 있습니다. 다행히 당 거류지로부터 1리 이내의 땅[63]에 새로 용이한 염전 20여 정보를 만들

---

[63] 1리는 일본 리(里)로 한국의 10리에 해당한다. 1883년 조영수호통상조약에 근거하여 모든 개항장의 '조계 밖

수 있는 적당한 토지가 있습니다. 이곳에서 시험을 하는 데에는 자못 안성맞춤입니다. 그리고 이 장소는 1리 이내에 속하기 때문에 원소유주가 있어도 그로부터 매수한다면 소유권 취득상 하등의 문제도 없을 것이고, 아직 누군가의 사유에 속하지 않는 것에 대해서도 한국정부에게 개간권 부여를 청구하는 일은 지당할 것으로 여겨집니다. 따라서 염의 관업 문제에 관해 아직 고안(考案)이 나오지 않아서, 이전에 본방인(本邦人) 아무개의 출원으로 당항 감리(監理)를 거쳐 중앙정부에게 개간 허가 방안을 요구한 바가 있었지만, 선례가 아니라는 이유로써 승낙을 받지 못한 채로 있습니다. 다만 뒤집어서 생각할 때, 한국인에 의해 이 장소를 개간하는 일은 관례상 성공했기 때문에 한국인의 명의로 개척하고, 그 성공 후에 해당 한인으로부터 정식으로 매수한다면, 소유권 취득에 관해서는 별단의 곤란은 없을 것으로 생각합니다. 그렇지만 이 땅에서 정부 스스로 시험을 행하는 일을 일시적이라도 한인의 명의를 사용하는 일로 한다면 웃음거리가 된다는 말도 있으므로, 본방인 중에 희망자가 나오도록 하여 시험을 준비토록 하는 일로 조처할 생각입니다. 이에 대해 만일 정부의 계획에 장해를 받는 것과 같은 결과가 된다면 유감이므로, 우선 지장(支障)의 유무(有無)를 알고자 합니다. 수고스럽겠지만 회시(回示)해 주시기 바랍니다. 이에 말씀드립니다. 경구(敬具).

〈자료 110〉 제염시험장에 관한 건

- 원문서명: 製鹽試驗場ニ關スル件
- 문서번호: 기밀송 제25호
- 발신일: 1904년(明治 37) 9월 9일
- 발신자: 외무대신 고무라 주타로(小村壽太郎)
- 수신자: 재목포영사 와카마쓰 도사부로(若松兎三郎)

10리' 이내에서는 외국인의 토지 및 가옥의 매입 또는 임차 거주가 허용되었다. 이 공간은 외국인과 조선인이 함께 거주할 수 있는 곳이라고 하여 소위 '잡거지(雜居地)'로도 불렸다.

목포 각국 거류지 1리 이내의 장소에서의 염전 개척의 건에 관해서 지난달 31일부 기밀 제35호로써 품신한 내용은 잘 알았다. 위의 희망하는 본방인으로 하여금 한인의 명의로 개척시키려는 일은 하등의 지장이 없으므로 그와 같이 이해하기 바라며, 이에 따라 적절히 조치하기 바란다. 이상으로 회훈(回訓)한다.

〈자료 111〉 시모 수산기사 한국 출장에 즈음하여 목포 지방의 염업을 조사시키려 하는 건

- 원문서명: 下水産技師韓國出張ニ際シ木浦地方ノ鹽業ヲ調査セシメラレ度キ件
- 문서번호: 기밀 제49호
- 발신일: 1904년(明治 37) 12월 13일
- 발신자: 재목포영사 와카마쓰 도사부로(若松兎三郎)
- 수신자: 외무대신 고무라 주타로(小村壽太郎)

당 지방 염업을 조사하기 위해 전문기사를 파견해 달라고 하는 본년 7월 7일부 기밀 제31호의 상신(上申)에 대해서는 지난달 26일부 기밀송 제21호로써 회답을 받은 바가 있었습니다. 들은 바로는 시모 게이스케(下啓助) 수산국 기사가 머지않아 출발하여 한국 출장을 나간다는 전문(傳聞)이 있습니다. 이는 좋은 기회로 여겨집니다. 시급히 당국과 교섭하여 특별히 동관(同官)의 체재 기간을 연장하여 전라남도 제염업의 정황을 충분히 조사하도록 조처해 주시기 바랍니다. 이상으로 상신합니다. 경구(敬具).

〈자료 112〉 한국 전라남도 제염 조사에 관한 건

- 원문서명: 韓國全羅南道製鹽調査ニ關スル件
- 문서번호: 기밀송 제36호
- 발신일: 1904년(明治 37) 12월 21일

- 발신자: 외무대신 고무라 주타로(小村壽太郞)
- 수신자: 농상무대신 기요우라 게이고(淸浦奎吾)

재한국 목포영사 와카마쓰로부터 금번 귀성(貴省: 농상무성)의 시모 게이스케(下啓助) 기사가 한국으로 출장을 명받았다는 전문이 있었으므로 체재 기간을 연장하여 동국(同國) 전라남도 지방 제염사업을 충분히 조사할 수 있도록 조치해 달라는 품신(稟申)이 있었습니다. 아무쪼록 번거롭더라도 회보(回報) 바랍니다. 이상으로 알려드립니다.

〈자료 113〉 일본 농상무성의 시모 기사 전라남도 염업 조사 명령의 건

- 원문서명: 農商務省下技師全羅南道鹽業調査命令之件
- 문서번호: 비잡(秘雜) 제771호
- 발신일: 1904년(明治 37) 12월 24일
- 발신자: 농상무대신 남작 기요우라 게이고(淸浦奎吾)
- 수신자: 외무대신 남작 고무라 주타로(小村壽太郞)

한국 출장 중인 본성(本省) 기사 시모 게이스케로 하여금 동국(同國) 전라남도 지방의 제염업 조사를 하게 하는 것에 대해 본월 21일부 기밀송 제36호로써 말씀한 취지는 잘 알았습니다. 단소(短小)한 시일 안에 충분한 조사에는 어려움이 있겠지만, 예정 기일 안에서 틈을 내어 하는 범위로 가급적 조사를 수행하게끔 명령해 두겠습니다. 이상으로 답합니다.

〈자료 114〉 시모 농상무성 기사 전라남도 제염 조사의 건

- 원문서명: 下農商務技師全羅南道鹽業調査之件
- 문서번호: 기밀송 제37호

- 발신일: 1904년(明治 37) 12월 28일
- 발신자: 외무대신 남작 고무라 주타로(小村壽太郎)
- 수신자: 재목포영사 와카마쓰 도사부로(若松兎三郎)

한국 출장 중인 본성(本省) 기사 시모 게이스케(下啓助)로 하여금 전라남도에서의 제염업을 조사하려는 것에 관해 본월 13일부 기밀 제49호로써 품신한 취지를 알았다. 이를 농상무성에 조회한 바, 조사에는 어려움이 있겠지만 예정기일 안에서 틈을 내는 범위 안에서 가급적 조사를 수행하는 식으로 동(同) 기사에게 훈령을 내렸다는 회답이 있었다.

〈자료 115〉 한국 제염업 조사를 위한 기사 파견 방안을 재차 품청(稟請)한 건

- 원문서명: 韓國製鹽業調査ノ爲〆技師派遣方再應稟請ノ件
- 문서번호: 기밀 제15호
- 발신일: 1905년(明治 38) 3월 1일
- 발신자: 재목포영사 와카마쓰 도사부로(若松兎三郎)
- 수신자: 외무대신 남작 고무라 주타로(小村壽太郎)

한국 제염업 조사를 위해 기사를 파견해 달라고 한 일은 이미 본관으로부터 진언드린 바가 있었습니다. 지난번 한국의 광산·농업·수산·토목·산림 등을 조사하는 일이 결정되었고, 수산에 관해서는 시모(下) 기사가 출장 오는 것을 기회로 하여, 지난 1월 중 그 출장 예정일수에서 허락하는 범위 안에서 당지(當地) 부근의 염업 조사를 청했습니다. 동(同) 기사는 여기에 응해 고하도(高下島) 및 옥도(玉島)의 염전을 순시하고 여러 종의 재료를 수집하여 귀국하면서 이어서 유익한 보고를 보내주셨습니다. 그러나 아무래도 동 기사의 체재 시일이 근소하여 그 시찰 구역은 위의 두 섬 외에는 건너가는 것을 허락받지 못했습니다. 게다가 또한 때마침 염업의 계절이 아니었기 때문에 한인 염업법의 실제를 시찰할 수 없었습니다. 따라서 생각해 보면 이 조사는 충분하지 않았을 것으로 추지(推知)될 뿐 아니라, 동 기사 자신도 이를 인정했습니다. 그러나 한국 제염업은 지난해 7월 7일부 기밀 제31호의 졸신(拙信)에서도 누차 말씀드렸듯이, 당 지방에서 가장 유망한 사업의 하나이고, 특히 종래까지 본방인(本邦人)에게서 착수되지 않았기 때문에 남겨진 이익이 매우 많다고 인정하지 않을 수 없습니다. 금회 정부에서 각종의 사업을 조사하는 데에 맞추어 단지 해업(該業)의 조사가 전술한 시모(下) 기사가 수일간 조사한 것밖에 나오지 않았다는 것은 대단히 유감이라고 생각합니다. 차제에 특별히 전의(詮議)하시어 해업 조사를 위한 전문기사를 파견해 주시고, 되도록 이면 본년 염업이 종결하는 때까지, 즉 12월경까지 전국 제염산액의 약 반액이 나오는 전라남도를 중심으로 위의 조사를 행하는 것으로 조처해 주시기 바랍니다. 이상으로 거듭 품청합니다. 경구(敬具).

〈자료 116〉 전라남도 연안 간석지 및 영산강 수로 정황 조사를 위한 기사 파견 방안 상신의 건

- 원문서명: 全羅南道沿岸干潟地及榮山江水路情況調查ノ爲メ技師派遣方上申ノ件
- 문서번호: 기밀송 제21호
- 발신일: 1905년(明治 38) 5월 8일
- 발신자: 재목포영사 와카마쓰 도사부로(若松兎三郎)
- 수신자: 외무대신 남작 고무라 주타로(小村壽太郎)

이전에 본성(本省)으로부터 한국 도로 정황의 시찰을 위해 파견된 토목기사 나카하라 데이사부로(中原貞三郎) 일행과 난자이 고키치(南齊孝吉) 일행이 앞서 경성(京城)을 출발하여 지난달 30일 당항(當港)에 도착하였고, 지난 3일 육로로 부산을 향해 출발하였습니다. 그러나 아시는 바와 같이 당 지방의 지세는 다수의 반도 곶(串)들이 해중에 돌출하고 무수한 섬들이 나열하여 강 입구를 에워싸며, 또 조수 간만의 차가 커 대조 시(大潮時)에는 14척(呎)에 달하기 때문에 간석지(干潟地)의 면적이 자못 큽니다. 이러한 간석지를 이용하여 수전(水田) 및 축성(築成)하는 것은 당 지방에서 가장 유망한 사업으로 인정받고 있습니다. 그리고 본방(本邦)의 자본가에게 해당 사업 착수를 권유하기에 앞서 각 간석지의 기초적인 높낮이, 언지제방

(堰止堤防)의 연장, 개펄의 면적 등의 사실을 자세히 알릴 필요가 있기에 양 기사에 대해 가급적이면 약간의 시일을 당 지방에 체재(滯在)시켜 가장 유망한 간석지 두세 곳을 조사하는 일을 맡겨 주시길 바랐습니다. 그러나 본성(本省)으로부터 지급되는 경비의 범주 안에서 체재비용을 지불하는 일이 곤란하다는 이유로 해서 승낙되지 않고, 다만 경비만 지급할 수 있게 된다면 예정된 조사를 끝마친 후, 다시 당항에 와서 위의 조사를 하는 것으로 말씀하셨습니다. 이번 회에 본성에서 한국의 각종 사정을 조사하면 본방인의 기업에 편익을 부여하는 취의(趣意)도 포함되는 것이라고 생각됩니다. 앞에서 말씀드린 바와 같이 유망한 간석지의 사업이 조사에서 빠진다면 몹시 유감스런 일입니다. 특별히 전의(詮議)하시어 기사(技師) 1명, 기수(技手) 2명, 통변(通辯) 1명을 3개월간 체재시킬 수 있도록 비용을 지출하여 위의 조사에 종사할 수 있도록 조치해 주시기 바랍니다.

또한 위의 허가가 되는 것에 대해서는 앞에서 말한 기일 내에 영산강(榮山江) 유역의 천소(淺所)[64] 준설과 아울러 동강(同江)의 영산포(榮山浦)·남평(南平) 간 하신(河身)[65] 개량의 일을 동시에 조사하도록 승인해 주시기 바랍니다. 이상으로 상신합니다. 경구(敬具).

〈자료 117〉 목포항 1리 이내 간석지 사용에 관한 건

- 원문서명: 木浦港一里以內干瀉地使用ニ關スル件
- 문서번호: 기밀 제24호
- 발신일: 1905년(明治 38) 5월 17일
- 발신자: 재목포영사 와카마쓰 도사부로(若松兎三郎)
- 수신자: 외무대신 남작 고무라 주타로(小村壽太郎)

64　천소(淺所; shallow water area)는 주변 해역과 비교하여 상대적으로 구별되어 나타나는 얕은 수심구역을 말한다.
65　하신(河身; center of a stream in the river)은 하천의 유로 중에서 흐름이 빠른 곳 또는 깊은 곳의 중심을 잇는 선을 말한다.

목포항 1리 이내 간석지에서 제염사업을 행하는 일을 허가해 달라는 구리츠카 세이고(栗塚省吾)의 출원(出願)[66]에 의한 무안감리(務安監理)와의 교섭의 전말과 더불어, 위와 관련한 본관(本官)의 조치를 시인하여 구리츠카 세이고의 권리가 인정되도록 별지와 같이 하기와라 모리카즈(萩原守一) 임시대리공사에게 상신(上申)하게 되었으므로, 그 사본을 올리오니 사열(査閱)해 주시기 바랍니다.

본 건에 관해서 개항장 감리는 토지 사용과 같은 중요한 권리를 중앙정부의 훈령을 거치지 않고 독단으로 승인하는 것은 불온당하다고 하며, 그 승인에 의한 정당한 권리를 얻는 것으로 인정할 수 없다는 말도 있었습니다. 본관의 소견으로는 원래 한국에서의 토지 이용은 인민의 자유로 방임되어, 개척 등 정당한 점유의 사실에 의해 권리의 존재를 인정하는 것을 원칙으로 하는 것이었습니다. 현재 실제로 인민이 임의로 미간지(未墾地)를 개척하여 수익 처분하는 일이 있는 것은 도처에서 목격되는 사실입니다. 따라서 토지의 개척에 관해 일일이 먼저 정부의 허가를 거쳐야 착수할 수 있다는 말은 결코 인정할 수 없는 것으로 믿습니다. 따라서 본 건의 경우 출원인(出願人)에 대해 외국인이 토지 소유권을 획득할 수 있는 범위 안의 땅에서 타인의 기득권을 해치지 않는 제염장을 개설하는 것을 한국정부는 그 권리를 인정해 주어야 한다고 생각합니다. 다만 대체로 간석지에 제염장을 개설한다는 것은 제방을 축성할 필요가 있기에, 그 착수계획으로 완전한 점유의 사실을 보기까지는 다수의 시일이 필요하므로 사업의 성공상 먼저 권리를 확정할 필요가 있습니다. 그래서 출원에 있는 내용에 주의하여 한국 측으로부터 이 점을 고려해서 점유의 사실이 아니라 먼저 사용의 윤허를 받는 특별한 경우에 속하므로 점유의 사실에 가까운 점유의 준비 유무를 직접 사정(査定)할 수 있는 위치에 있는 지방관에게서 그 거부를 결정하는 것은 자연의 상태라고 확인하였습니다. 따라서 본 건에 관해서 직접 그 땅을 관할하는 무안감리의 승인을 거친 이상은 정당한 권리를 얻은 것이라 말할 수 있을 겁니다. 귀 대신에게 구리츠카 세이고는 무안감리가 본관에게서 가져온 회답에 따라 1리 내 간석지를 이용하는 권리를 얻은 것과 본관의 의견을 시인한다고 했던 취지를 주한공사(駐韓公使)에게 훈달(訓達)해 주셨으면 합니다. 당항

---

66 구리츠카 세이고(栗塚省吾)가 간석지 사용허가를 출원한 곳은 무안군 이로면 산정리 전방의 24정보이다(목포부, 1930, 『목포부사』, 616쪽).

(當港) 1리 이내에서 제염업 개시 방법에 대해서는 이미 본관의 상신에 대해 지난해 9월 9일부 기밀송 제25호로 귀신(貴信)이 회훈(回訓)하신 바도 있어, 본관으로부터 권유의 결과로 출원하고자 하는 뜻에 더해 특별히 사정을 갖추어 이 점 품신(稟申)합니다. 경구(敬具).

〈자료 118〉 목포항 1리 이내 간석지 사용에 관한 건

- 원문서명: 木浦港一里以內干瀉地使用ニ關スル件
- 문서번호: 기밀 제4호 사본
- 발신일: 1905년(明治 38) 5월 17일
- 발신자: 재목포영사 와카마쓰 도사부로(若松兎三郎)
- 수신자: 임시대리공사 하기와라 슈이치(萩原守一)

　당 지방의 제염업을 정부의 관업(官業)으로 하자는 의견은 작년 중에 본관으로부터 본성(本省) 대신(大臣)에게 제출되어졌고, 나아가 조사를 위해 기사(技師)를 파견하는 일이 있을 것이라는 회훈(回訓)을 접했을 뿐, 위와 같은 채용의 경향을 보지 못하였습니다. 그러나 해당 사업의 진흥은 당항(當港) 무역의 장래에 중대한 관계를 가지고 있는 것으로, 다행히 거류지 1리 안에 제염장을 개설하기 적당한 장소가 있었습니다. 본방인(本邦人)으로써 희망자가 있어 그곳에서 시험을 행하고 싶다고 작년 8월 31일 본성 대신에게 상신(上申)하였는 바, 다음 달 9월 9일부로 희망하는 본방인을 한인의 명의로 개척하겠다는 뜻은 하등의 장애가 없다는 회훈이 있었습니다. 따라서 위 시험장 개설에 관해 에노모토(榎本) 자작에게 권유하기에 이르렀던 바, 자작께서는 금번 구리츠카 세이고(栗塚省吾)를 당항에 파견하여 동인의 명의로 제염사업을 개설하기 위해 위 간석지 사용의 허가를 한국정부로부터 얻을 수 있도록 출원하셨고, 본월 12일 본관에 의한 공문으로서 무안감리(務安監理) 한영원(韓永源)에 대하여 10한리(韓里) 이내의 해안 간석지에서 종전의 어떠한 국민도 매축권(埋築權), 또는 지선권(地先權)을 정식으로 부여받을 수 없는 바에 대해 구리츠카 세이고가 자유롭게 제염사업의 시험을 행할 수 있도록 승낙할 수 있는지 조회(照會)했던 바, 다음날인 13일에 별지의 사본과 같은 동(同) 감리로부터의 회답이 있었습니다.

　다음으로 알아두셔야 할 것은 구리츠카 세이고가 사용허가를 출원한 한국리 10리 이내의 간석지 1개소입니다. 더불어 다른 간석지 1개소의 사용 허가를 얻고 싶어서 일전에 미에현(三重縣) 시마군(志摩郡) 고시카촌(越賀村)의 마쓰모토 고로우에몬(松本五郞右衛門)에 의한 출원이 있었습니다. 다음으로 본월 12일 오카베(岡部) 자작이 당관(當館) 관내의 염전에 관해서 전부의 우선권을 얻으려는 신청이 있었습니다. 위의 신청은 전문(電文)이 간략하여 의의(意義)가 명확하지 않지만, 당항 10한리 간석지 사용을 의미하는 것으로 살펴지는 바, 토지사용 허가의 일은 현재의 경우에서는 감리로 하여 중앙정부의 훈령(訓令)을 요청하는 때에는 요구의 목적을 달성하기 어렵다고 생각됩니다. 그러나 감리로 하여금 독단으로 그것을 승낙 받기에는 용이한 일입니다. 따라서 동종(同種) 출원에 대해 따로따로 수차례 요구하는 것은 불편하므로, 전술한 것처럼 본관이 감리 앞으로 보내는 공문에 특정한 1개소를 지적하여 개괄적으로 10한리 이내로 기록하면 됩니다. 즉, 구리츠카 세이고의 출원을 기초로, 동인 출원 이외의 장소 사용 방안을 요구하는 것입니다. 그런데 감리는 그 회답으로 역시 10한리 이내의 창탄(漲灘) 사용을 승낙하였습니다. 본관에게 마쓰모토 고로우에몬 및 오카베 자작이 정말로 제염사업을 할 의사가 있는 것으로 인정한 것은 위 공문의 범주 안으로 하여 구리츠카 세이고의 명의로써 마쓰모토 고로우에몬에게는 그 신청의 개소(個所), 오카베 자작에게는 선원자(先願者) 지정 이외의 간석지에서 희망하는 장소를 사용하는 것을 승인하였다고 생각합니다. 다음으로 10한리 구역에 대해서 종래 감리 및 관계 군수(郡守)는 해상(海上)을 격(隔)하는 장소는 규정 외로 해석하는 경향이 있습니다. 따라서 전술한 감리 회답의 범위에 대해서 후일 의론(議論)이 생길 수가 있을 것으로 생각합니다. 본관의 의견으로는 해상을 격해도 10한리 이내는 규정의 범위 안이 됨은 물론, 해상을 격하는 경우는 해상의 거리는 계산에 더하지 않고, 육상 및 간석지의 리 수(里數)만으로써 10한리의 구역을 정할 수 있습니다.[67]

67　"해상을 격하는 경우에도 해상의 거리는 계산에 더하지 않고, 육상 및 간석지의 리 수만으로 10리의 구역을 정할 수 있다"고 해석한 와카마쓰 영사의 해석은 당시 한국법으로 명백한 불법이다. 19세기 말 이후 한국정부는 지속적으로 10리 밖의 토지는 물론, 10리 안의 토지라도 '격해지(隔海地)'인 도서지역의 경우는 외국인의 소유를 허락하지 않았다(최성환, 「목포 고하도 일제강점기 역사유적의 내력과 그 성격에 대한 고찰」, 『한국학연구』 61, 고려대학교 한국학연구소, 298쪽).

따라서 고하도(高下島)의 간석지, 영암반도(靈巖半島) 및 압해도(押海島) 간석지의 일부는 감리 승낙의 범위 안에 있는 것으로 생각됩니다.

이상 본관의 조치 및 의견으로 인하여 만일 우리 정부의 의사에 반하고 후일에 이르러 인정을 받지 못하는 일이 있다면 사업가들이 받는 손해는 적지 않을 것으로 생각됩니다. 차제에 구리츠카 세이고의 이름으로 앞에서 말한 해석에 의해 당항 10한리 이내의 간석지를 사용하여 제염사업을 행하는 일은 정당하게 권리 행사를 해야 하는 사실이니 공사(公使)의 승인을 얻고자 합니다. 다소간의 뜻을 시급히 회훈하여 처리할 수 있도록 별지 사본을 첨부하여 전합니다. 이상 보고를 겸하여 청훈(請訓)합니다. 경구(敬具).

[별지] 일본의 목포 간석지 사용에 대한 건

조복(照覆) 제10호

대한(大韓) 무한감리(務安監理) 한영원(韓永源)에게 조복(照覆)합니다. 살펴보니 귀(貴) 조회(照會) 제23호 안에 식염(食鹽)의 제조는 전라남도에서의 귀국인(貴國人)의 중요한 산업으로서, 여기에 의지해 의식(衣食)하는 인민의 수는 매우 과다함이 있습니다. 그 제조의 법을 보니 매우 유치한 정태(情態)를 벗어나지 못했습니다. 지금 만일 그 법에 가량(加良)을 더하고 노력을 덜어 용비(冗費)를 절약해 여력으로써 해업(該業)의 확장을 도모한다면 다수 당업자의 부유(富裕)를 기대하여 기다림은 물론, 나아가서는 당항의 번영도 되어 귀아(貴我)의 통상무역(通商貿易) 진흥에 일조할 것이라고 의심하지 않습니다. 그러나 해업의 개량을 촉진하는 데에는 진보된 방법을 실지(實地)에서 행하여 당업자에게 모범을 보여 주는 것보다 시급한 것이 없다고 믿어, 전번부터 뜻이 있는 자에 대해 염업시험장(鹽業試驗場)을 당항 부근에 설치할 것을 엄선해 권고하였습니다. 금번 폐국인(弊國人) 구리츠카 세이고(栗塚省吾)가 실지에 대한 계획을 세우기 위해 도래(渡來)한 것에 대해서는 당항 부근에서 폐국인이 조약상 공연토지(公然土地) 소유권을 설정할 수 있게 구역 내, 즉 10한리(韓里) 안의 해안 간석지에서 종전 귀국인(貴國人)을 시작으로 하여 어떠한 국민도 매축권(埋築權) 또는 지선권(地先權) 등을 정식으로 부여받을 수 있는 바로 하여 자유롭게 제염사업(製鹽事業)의 시험을 할 수 있게 승낙한 것입니다. 이때 조회(照會) 등 절사(窃査)로 인해 토지개간의 권리를 외국인에게 불허하는 것이 상헌(常憲)이 되었습니다. 제염을 일관해서 말하자면, 이것은 바닷물을 끓여 바다를 개발시키는 것으로 토지 개간과는 달리 그 권리는 두텁고, 그 이익이란 것은 크다는 차이가 있습니다. 지금 이런 창탄(漲灘)이 조계(租界) 10리 안에 둘러싸여 있는데, 10리 이외의 곳과 동일시 하는 본 감리의 전망은 불가합니다.

귀(貴) 영사(領事)께서는 백성들에게 권업(勸業)을 장려하고, 바닷물을 끓여 식산주의(殖産主義)를 균속(均屬)하며, 일한의정서(日韓議定書)의 충고의 일단을 흠송(欽誦)하는데 그침이 없으십니다. 이 자염시험(煮鹽試驗)을 열어 민농(民農)을 깨우치면, 반드시 타일(他日)의 부원(富源)이 될 것입니다. 이 사업은 귀아(貴我)의 공익(公益)을 배열하는 것과도 같아, 시험장 개설 일관(一款)만 하여도 이론(異論)을 창출(唱出)하지는 않을 것입니다. 다만 그 범위 이내에 만일 민지(民地)가 있으면 침입 등의 부분에는 반드시 설법(設法)하여 매매하고, 또 창탄 등을 차용(借用)하는 등의 부분에는 합유(合有)된 의의(擬議)로 서로 상당하는 세금을 정해야 하며, 마땅히 개업(開業)을 기다려 해마다 납세하는 것이 옳습니다. 이에 조복(照覆)합니다.

〈자료 119〉 일본의 목포 간석지 사용에 관한 회답 여부 조회 건

- 문서번호: 내요(來要) 제127호
- 발신일: 1905년(明治 38) 6월 8일
- 발신자: 외무대신 고무라 주타로(小村壽太郞)
- 수신자: 재한공사 하야시 곤스케(林權助)

5월 17일부 와카마쓰 영사로부터 하기와라 대리(代理) 앞으로 보낸 기밀 4호 「간석지 사용의 건」에 관해서는 이미 회답(回答)되었는가? 아직 회답 전이라면, 이쪽으로부터 어떤 뜻을 전달하기까지 처분을 보류하라. 또 이미 회답이 끝났으면 그 요령(要領)을 품보(稟報)하기 바란다.

〈자료 120〉 내전(來電) 제127호에 대한 회신

- 문서번호: 왕전(往電) 제209호
- 발신일: 1905년(明治 38) 6월 9일
- 발신자: 재한공사 하야시 곤스케(林權助)
- 수신자: 외무대신 고무라 주타로(小村壽太郎)

귀전(貴電) 제127호에 관해 본관은 목포영사에 대해 5월 31일부 서면(書面)으로서, 간단히 거류지 10한리 내에서 해상을 격하는 장소의 문제에 관련해서(다른 유례는 없지만 일단 귀관의 해석에 따라도 지장 없다고 인정)만 회답하였습니다.

〈자료 121〉 목포 간석지 사용에 관한 건

- 원문서명: 木浦干潟地使用ニ關スル件
- 문서번호: 기밀송 제74호
- 발신일: 1905년(明治 38) 6월 16일
- 발신자: 외무대신 고무라 주타로(小村壽太郎)
- 수신자: 재한공사 하야시 곤스케(林權助)

목포항 1리 이내 간석지 사용에 관한 의견에 대해 동지(同地)에 있는 와카마쓰 영사로부터 하기와라 임시대리공사 앞으로 보낸 청훈서(請訓書) 사본을 첨부한 품신(稟申)의 사안이 있으니 별지 사본과 같이 회훈(回訓)하여 승인해 주도록 이에 말씀드린다. 경구(敬具).

〈자료 122〉 간석지 사용의 건

- 원문서명: 干瀉地使用之件
- 문서번호: 기밀송 제17호
- 발신일: 1905년(明治 38) 6월 16일
- 발신자: 외부대신 고무라 주타로(小村壽太郎)
- 수신자: 재목포영사 와카마쓰 도사부로(若松兎三郎)

목포항 10리 이내의 간석지 사용의 건에 관해 5월 17일 자 기밀 제24호로써 하기와라 임시대리공사 앞으로 청훈서(請訓書) 사본을 첨부하여 품신한 취지를 잘 알았다. 외국인 거류지로부터 10한리 이내의 토지 사용에 관하여 개항장 감리가 어떤 권리의 승인을 부여한 경우에는 중앙정부의 훈령을 받았는지 아닌지 여부를 불문하고 승인으로써 유효한 것으로 인정된다. 따라서 권리를 얻은 자가 즉시 그 권리의 실행에 착수하게 해도 지장이 없으므로 위와 같이 양지하기 바란다. 또한 해면을 사이에 둔 장소에 관해 10한리의 구역을 계산하는 데에 해면의 거리를 그 계산 속에 더하지 않는 일에 대해서는 이미 한국 주재 제국공사로부터 회답한 내용으로 알고 있다. 다만 위는 너무나도 무리한 해석으로 인정되어 승인하기 어렵다. 단, 10한리 이내 운운이라는 규정은 해수를 사이에 두어도 유효함은 물론이라는 뜻이다. 또 귀관으로부터 하기와라 임시대리공사에 보낸 청훈서에 따르면 귀관은 5월 12일 오카베(岡部) 자작으로부터 전신을 받고 위 전문의 의의가 명확함을 결여하였음에도 불구하고 즉시 이에 입각하여 조처를 취한 내용인 바, 위와 같은 권리의 득실에 관한 일에 대해 사인(私人)으로부터의 명확하지 않은 전신(電信) 의뢰로 처분할 때에는 의외의 착오가 생길 염려도 있으므로, 이런 종류의 건에 관해서는 서면으로써 공공연하게 출원의 절차를 밟게 한 뒤에 비로소 처분에 착수하도록 해야 한다. 또 제국정부가 어떤 한 개인으로 하여금 실제로 그 권리를 실행할 가망이 없는 범위의 권리를 획득케 하여 그 사인(私人)을 헛되이 독점권을 손에 쥐고 실지 사업에는 착수할 수 없는 것 같은 지위에 서게 하는 일은 될 수 있는 대로 배제하고자 하는 바이다. 영사관 관할 구역의 전체에 걸치는 곳의 우선권과 같은 것은 앞으로 어떤 사람으로부터 출원이 있더라도 특히 당성(當省)의 훈령을 받은 바가 아니면 절대로 이에 대해 조처를 취하지 않도록 하기 바란다. 또한 본건 간석지 사용의 건에 관해서는 귀관으로부터 당성 및 한국 주재 제국공사관의 쌍방에 품의하기 바라며 동일 사건에 대해 양쪽에 청훈할 때에는 피차간에 차이가 생길 우려가 없다고 보장하기 어려우므로 향후 동일 사건에 관해서는 모두 당성 또는 한국 주재 제국공사관의 어느 한 곳에만 훈령을 청하도록 다짐해 두기 위해 덧붙여 말한다. 위와 같이 말씀드리는 바이다.

〈자료 123〉 간석지 조사를 위한 기사 파견의 건

- 원문서명: 干瀉地調査ノ爲技師派遣ノ件
- 문서번호: 기밀송 제197호
- 발신일: 1905년(明治 38) 6월 27일
- 발신자: 외무대신 고무라 주타로(小村壽太郎)
- 수신자: 재목포영사 와카마쓰 도사부로(若松兎三郎)

전라남도 연안 간석지 및 영산강 수로 정황 조사를 위해 기사 파견 방안에 대해서 5월 8일부 기밀 제23호로써 전한 뜻을 잘 알았다. 그 안의 간석지 조사는 필요하다고 인정되므로 근일(近日) 중 공학사(工學士) 야마우치 이치타로(山內一太郎) 씨를 파견하여 조사에 종사토록 하겠다. 동(同) 기사의 체재 기한은 일단 대략 2개월로 정해 놓았지만, 만일 약간 연기하는 것이 필요하다면 그때 다시 전의(詮議)할 수 있으니, 그렇게 알아주기 바란다. 아울러 영산강에 관한 조사는 그것을 후일로 미루고자 하는데, 이 또한 알아주기 바란다. 위와 같이 말씀드리는 바이다.

〈자료 124〉 염전 및 굴 양식장(蠣田)에 관한 건

- 원문서명: 鹽田及蠣田ニ關スル件
- 문서번호: 기밀 제10호

- 발신일: 1905년(明治 38) 7월 15일
- 발신자: 재원산부영사 오키 야스노스케(大木安之助)
- 수신자: 임시외무대신 백작 가쓰라 다로(桂太郎)

    당 지방에서의 본방인(本邦人)의 시설 발전은 해상교통의 안전으로 나가는 데에 따라, 특히 봄철 내항(來港)하는 본방인의 격증에 따라, 여러 방면에서 즉 농업에서, 해산업(海産業)에서, 상업에서의 그 시설의 경영에 볼 만한 것이 적지 않습니다. 그리하여 금일은 실로 그 발전의 시기로 하여 적어도 기회를 탈 만한 시일을 잡은 것으로, 실수 없기를 기대하는 것은 물론이라고 생각합니다. 원래 이곳 원산만(元山灣) 내의 영흥(永興)·문천(文川) 양군(兩郡)의 해빈[海濱, 유도(柳嶋) 및 그 대안(對岸)인 문천(文川) 일대의 저지(低地)]은 당 지방의 저명한 제염장으로써 면적은 양군을 합쳐 대략 7~8정보(町步)로 그리 커다란 것은 아닙니다.[68] 이곳을 본방인의 손으로 개량·경영하는 때에는 당 지방에서의 하나의 사업으로 불리게 될 것입니다. 그리고 동(同) 지방 일대 연해에서의 굴(牡蠣) 배양사업도 역시 같은 상태에 있습니다. 특히 굴 사업과 같이 이미 십수 년 전에 온 재류 본방인의 부지런한 경영으로 금일 당항 수출품의 1, 2위를 차지하게 된 것은 그 공로가 마땅한 것이라 하겠습니다. 그리고 십수 년 상거래의 결과 금일은 영흥만 내, 특히 대소제도(大小諸島) 부근부터 서해연안의 각 촌락은 거의 본방의 굴 상인과 관계없는 사람이 없습니다. 그 촌수(村數)는 23개 곳, 인원은 405명, 대부금(貸付金)은 1만 1,127여 원이 되었는데, 이들 대부금 회수 방법에 대해 수 년 동안 당관(當館)도 고심되어 한국 당해관(當該官)에게도 수차례 진력해 달라고 했습니다만, 원래 여빈(蠣濱)으로 생업하는 한인 등의 일이었으므로 타인의 재산이어서 허송세월하다가 금일에 이르게 되는 사정이 있었습니다. 그런데 금회의 사국(事局) 이래, 이 모려업(牡蠣業) 및 제염업은 그 관계인 안에서만 운동하였는 바, 소유자는 물론, 한국 당해관에서도 이것을 방조하였습니다. 염전에 있어서는 거의 매도(賣渡)하는 계약이 이루어졌고, 모려업에서도 이 사업을 본방

---

68 함경남도의 호도반도와 송전반도가 감싸고 있는 송전만 일대에는 용흥강 하구를 경계로 영흥의 유도염전(柳島鹽田)과 문천의 구산사염전(龜山社鹽田)이 서로 마주하고 있다. 1897년 원산영사관의 조사에 의하면 유도에 40좌(40정보), 구산사에 60좌(60정보)의 염전가마가 개장 중에 있었다고 하며, 함경도·강원도 일대 최대의 염전으로 명성이 높았다.

인 경영 아래에 맡기는 것으로 예측되고 있습니다. 그런데 이 지방은 일찍이 대본영(大本營)으로 인해 그 매매나 저당 등이 금지되고 있는 구역 안에 있습니다. 지난번 하세가와(長谷川) 대장의 군령(軍令)에 의거하여 당 영흥항(永興港) 요새사령관(要塞司令官)[69]이 발포한 군율 및 해군방비대가 발포한 제 규정에는 저촉되는 바가 추호도 없을 뿐만 아니라, 안에서 협의를 끝낸 건에 있어서도 또한 확실히 착수의 시간은 직접 관계인 당지 육해군 관헌(官憲)의 인가를 받는 일에 있습니다. 위의 취지를 육해(陸海) 양성(兩省)으로 이첩한 뒤, 어떻게 할지 회시(回示)해 주시기 바랍니다. 이들 사업은 자연시기가 있는 것으로써, 현재 그 시기로 인정되니 될 수 있는 대로 시급히 당국의 확답에 접하도록 해주시기 바랍니다. 경구(敬具).

〈자료 125〉 원산만 내 염전 및 굴 양식장에 관한 건

- 원문서명: 元山灣內鹽田及蠣田ニ關スル件
- 문서번호: 기밀송 제84호
- 발신일: 1905년(明治 38) 7월 26일
- 발신자: 임시외무대신 가쓰라 다로(桂太郎)
- 수신자: 육해군 대신(연명)

한국 원산만 내 영흥·문천 양군(兩郡) 일대의 연안에서의 염전 및 여전(蠣田)의 경영은 장래에 매우 유리한 사업으로 있어서, 이미 모려(牡蠣) 배양법(培養業)과 같은 것은 십수 년 전에 동지(同地)로 온 재류 본방인의 부지런한 경영의 결과로 금일에는 동항의 중요 수출품의 1, 2위를 헤아려지기에 이른다고 하였습니다. 따라서 금회의 사국 이래, 그 모려 및 제염업 모두 관계인에게서 되도록 그것을 우리 기업에게 되돌리려는 운동이 일어났기에, 토지 소

---

[69] 러일전쟁 때 원산은 러시아군과 일본군이 몇 차례 국지전을 벌이기도 한 곳이다. 1905년 2월에 일본 해군이 원산방비대를 편성하였고, 동년 5월에는 일본 육군이 영흥만요새사령부를 설치하였다(심헌용, 2004, 「러일전쟁 시기 러·일 양국군의 한반도 내 군사활동」, 『아시아문화』 21, 한림대학교 아시아문화연구소 참조).

유자는 물론 한국 당해관에 있어서도 그것을 방조하는 염전에 있어서는 대개 매매의 계약을 하도록 하고, 모려업에 있어서도 그것을 본방인의 경영에 맡기는 것이 충분해 보입니다. 그러나 이 지방은 일찍이 대본영으로 인해 그 매매나 저당 등이 금지되고 있는 구역 안에 있고, 지난번 하세가와 대장의 군령에 의거하여 영흥항 요새사령관이 발포한 군율 및 해군방비대가 발포한 제 규정과 추호도 저촉되는 바가 없을 뿐만 아니라, 은밀히 그 방면으로도 끝나 있어서, 결국 착수의 날에는 직접 관계된 그 지역 육해군헌(陸海軍憲)의 인가를 받는 일만 있습니다. 그렇지만 위 기업에 대한 귀 양상(兩相)의 의견을 미리 알고 싶다는 재원산(在元山) 오키 야스노스케(大木安之助) 부영사로부터의 말이 있었으니 아무쪼록 회시(回示)해 주시기 바랍니다. 이상 조회(照會)합니다.

〈자료 126〉 각도기 송부 방법 상신의 건

- 원문서명: 分度器送付方上申ノ件
- 문서번호: 기밀 제30호
- 발신일: 1905년(明治 38) 7월 17일
- 발신자: 재목포영사 와카마쓰 도사부로(若松兎三郞)
- 수신자: 임시외무대신 가쓰라 다로(桂太郞)

전라남도 연안 간석지 등 조사를 위한 기사(技師) 파견을 청구하여 두었던 바, 지난달 27일부 기밀송 제19호로써 야마우치 공학사를 파견한다고 회훈(回訓)하셨고, 동(同) 기사는 본월 11일 도착하여 곧바로 조사에 착수하였습니다. 그러나 간석지 측량에 관해서 각도기(分度器)가 필요하다는 뜻을 동(同) 기사로부터 요청받은 바, 연전에 천진(天津) 거류지 경영 때의 사용분이 본성(本省)에 보존되어 있는지를 살펴보시어 위의 송부 건에 대해 조처해 주시기 바랍니다. 이에 품청(稟請)합니다. 경구(敬具).

〈자료 127〉 각도기 송부의 건

- 원문서명: 分度器送付ノ件
- 문서번호: 기밀송 제22호
- 발신일: 1905년(明治 38) 8월 3일
- 발신자: 임시외무대신 가쓰라 다로(桂太郎)
- 수신자: 재목포영사 와카마쓰 도사부로(若松兎三郎)

전라남도 연안 간석지 등의 조사를 위해 파견된 야마우치 공학사의 청구에 관계된 각도기(分度器)의 건에 관해서는 지난달 17일부 기밀 제30호로써 품청(稟請)의 뜻을 알았다. 이에 송부하니 잘 검수하기 바란다. 이상으로 회답한다.

[추신] 각도기는 별도 소포우편(小包郵便)으로 발송했으니 양지하기 바란다.

〈자료 128〉 원산만 내 영흥·문천 양군(兩郡) 연안의 염전·여전 토지 매매 건

- 원문서명: 元山灣內永興文川兩郡沿岸ノ土地賣買件
- 문서번호: 육군성(陸軍省) 송달(送達) 밀(密) 제41호
- 발신일: 1905년(明治 38) 8월 11일
- 발신자: 육군대신 데라우치 마사타케(寺內正毅), 해군대신 남작 야마모토 곤노효에(山本權兵衛)
- 수신자: 임시외무대신 가쓰라 다로(桂太郎)

한국 원산만 내 영흥(永興)·문천(文川) 양군(兩郡) 일대의 연안에 있는 염전 및 여전(蠣田)의 경영을 본방인(本邦人)의 손으로 돌아가게 하려는 일에 대해 기밀송 제84호로써 조회(照會)한 뜻을 알았습니다. 위는 요새방어(要塞防禦) 건축물 부지(敷地) 및 그 인충토지(引充土地)입니다. 아울러 원산방비대에서 현재 사용하거나 또는 해군에서 사용할 예정인 해면(海面)

을 제외하고는 한국주차군(韓國駐箚軍) 사령관의 인가를 받은 것에 한하여 토지의 매매를 허가하여도 지장이 없을 것입니다. 이상으로 회답합니다.

〈자료 129〉 염전 및 굴 양식장 경영의 건

- 원문서명: 鹽田及蠣田經營ノ件
- 문서번호: 기밀송 제25호
- 발신일: 1905년(明治 38) 8월 15일
- 발신자: 임시외무대신 가쓰라 다로(桂太郞)
- 수신자: 재원산 부영사 오키 야스노스케(大木安之助)

염전 및 굴 양식장(蠣田) 경영의 건에 관하여 지난달 15일부 기밀 제10호로써 전한 말의 뜻은 당국에 조회한 바, 위는 요새방어 건축물의 부지 및 그 인충토지(引充土地)이고, 더불어 원산방비대에서 현재 사용하거나 또는 해군에서 사용할 예정인 해면을 제외하고는 한국주차군 사령관의 인가를 받은 것에 한하여 토지의 매매를 허가하여도 지장이 없을 것이란 뜻의 회답이 있었다. 그렇게 알기 바라며 이상으로 회훈(回訓)한다.

〈자료 130〉 야마우치 공학사 출장 연기와 조사비 송부 방법 품청의 건

- 원문서명: 山內工學士出張延期倂テ調査費送付方稟請ノ件
- 문서번호: 기밀 제31호
- 발신일: 1905년(明治 38) 8월 18일
- 발신자: 재목포영사 와카마쓰 도사부로(若松兎三郞)
- 수신자: 외무대신 백작 가쓰라 다로(桂太郞)

지난번 간석지 조사를 위해 야마우치 공학사를 출장보내려 한다고 하시며, 6월 27일부 기밀송 제19호에 귀신(貴信)으로써 동(同) 기사의 당지 체재 기한은 우선 대략 2개월로 정해 두지만, 만일 약간의 연기를 필요로 한다면 다시 전의(詮議)해야 한다는 말을 전하셨습니다. 이미 보고한 바와 같이 동 공학사는 지난달 11일 도착하여 전부터 조사를 희망한 해남군(海南郡)·무안군(務安郡) 양군(兩郡) 내의 일부 및 진도(珍島)·자은도(慈恩島) 양 섬 일부의 간석지를 보고, 우선 해남반도의 극단에 있는 간석지 조사를 촉탁하여 착수하였습니다. 이후 강우(降雨)의 날이 많고, 또 조사상 종종 있는 곤란이 있어서, 겨우 그저께인 16일에 이르러 동지(同地)의 실지조사(實地調査)만을 완결하는 형편이었던 바, 본관으로서는 전술한 제 지방 내에 적어도 진도·자은도 간석지 조사를 완료시키고픈 희망이지만, 종래의 경험으로 짐작컨대 예정의 기일 안으로 완결시킨다는 것은 도저히 바랄 수 없는 차제에 있습니다. 만일 강하게 예정기한 안으로 끝을 맺는다면 해남반도 내 1개소의 분뿐이고, 또 그 이상 조사를 위해 약간의 시일을 요하여 기타로 대략 1개소 이상의 조사를 할 수 있을 가망이 없으므로 이와 같은 유감이 적잖이 여기에 반합니다. 더욱이 1개월간의 연기를 얻는 데 있어서 계절의 관계상, 이곳의 형편에 따라 비교적 많은 결과를 얻을 것으로 생각됩니다. 아무쪼록 동 공학사 출장 기일을 1개월간 연기하는 일을 처리해 주시기 바랍니다.

다음으로 동 공학사의 조사를 위해 본성(本省)에서 지급될 비용 안에서 약간은 귀지(貴地)에서 수령하여도 잔액은 당지에서 수령하고 싶다고 동 기사로부터 말이 있었으므로 송금할 수 있도록 조처해 주시기 바랍니다.

〈자료 131〉 야마우치 공학사 출장 기간 연장의 건

- 원문서명: 山內工學士出張期間延長ノ件
- 문서번호: 기밀송 제23호
- 발신일: 1905년(明治 38) 8월 25일
- 발신자: 외무대신 백작 가쓰라 다로(桂太郞)
- 수신자: 재목포영사 와카마쓰 도사부로(若松兎三郞)

지난번 간석지 조사를 위해 귀지(貴地)로 출장시킨 야마우치 공학사 체재 기한 연기의 건에 관해서 본월 18일부 기밀송 제31호로써 누누이 품신(稟申)한 뜻을 잘 알았다. 위는 부득이하다고 인정되므로 1개월간 출장 기간을 연장하는 것을 허가한다. 이상과 같은 사정을 알기 바라며 이에 회답한다.

[추신] 송금의 뜻에 대해서는 별신(別信)으로써 말할 것이니 알아두기 바란다. 이상으로 첨언한다.

〈자료 132〉 간석지 조사에 관한 기밀금 송부의 건

- 원문서명: 干潟調査二關スル機密金送付之件
- 문서번호: 기밀송 제24호
- 발신일: 1905년(明治 38) 8월 26일
- 발신자: 외무대신 백작 가쓰라 다로(桂太郎)
- 수신자: 재목포영사 와카마쓰 도사부로(若松兎三郎)

별신(別信)으로써 기간 연장의 뜻을 허가한다. 간석지 조사비는 이에 1천원을 별지의 환권(換券)으로써 송부하니 야마우치 공학사에게 교부하고 영수증을 송부하기 바란다. 그러나 위의 1천원은 어림셈(槪算)으로 송부한 것이니, 동(同) 공학사에게 심부름한 값으로 만일 부족하다면 다시 청구할 수 있도록 조치하여 주기 바란다. 이상으로 말씀드리는 바이다.

〈자료 133〉 야마우치 기사의 간석지 조사에 관한 건

- 원문서명: 山內技師干潟調査二關スル件
- 문서번호: 기밀 제3호
- 발신일: 1906년(明治 39) 1월 31일

- 발신자: 재목포영사 와카마쓰 도사부로(若松兎三郞)
- 수신자: 외무대신 가토 다카아키(加藤高明)

당 지방 간석지 조사를 위한 기사 파견에 대해서는 전부터 상신(上申)했던 바이고, 지난번 야마우치 기사가 파견된 것은 간석지 이용의 개념을 부여하기 위한 조사를 하게 함을 가장 유효하다고 인정하여 본관이 실지(實地) 시찰한 간석지 안에서 유망하다고 생각되는 해남반도(海南半島)·진도(珍島)·자은도(慈恩島) 및 당항(當港) 부근의 간석지 각 1개소를 들어 조사를 촉탁한 바로, 지난날 완결한 복명서(復命書)를 제출하게 되었습니다. 그런데 복명서 1통은 직접 동(同) 기사가 본성(本省)으로 제출하여 끝마치었다고 하므로, 별도로 당관(當館)에서 진달(進達)하지 않겠으니, 그와 같이 알아두시기 바랍니다. 아울러 동(同) 보고의 뜻은 널리 이것을 일반에게 보여서 기업가의 참고로 제공하는 데에 있습니다. 이에 대해 당관에서 편의보고(便宜報告) 안에 전재(轉載)하여 공시(公示)하여도 어긋남이 없는지 알아보시고 회시(回示)해 주시기 바랍니다. 이상으로 말씀드립니다. 경구(敬具).

[추신] 지난해 8월 26일부 기밀송 제24호로써 송부한 조사비 1,000원은 당시 동 기사에게 전달하였고, 별지의 영수증을 받았으니 이에 송부합니다.

〈자료 134〉 야마우치 기사 간석지 조사 복명서에 관한 건

- 원문서명: 山內技師干瀉地調查復命書ニ關スル件
- 문서번호: 기밀송 제24호
- 발신일: 1906년(明治 39) 2월 17일
- 발신자: 진다(珍田) 차관
- 수신자: 쓰루하라(鶴原) 총무장관

야마우치 기사의 제출에 관계된 해남반도·진도·자은도 및 목포항 부근의 간석지 조사 복명서 공표의 건으로 재목포(在木浦) 와카마쓰 전(前) 영사가 지난달 31일부 기밀 제3호로써 품신(稟申)한 일이 있었습니다. 위는 본성(本省)에서 인쇄 준비 중에 있고, 목포이사청에서는 별도로 공시하겠다고 하오니, 이 뜻을 와카마쓰 이사관(理事官)에게 전보(轉報)하여 주셨으면 합니다. 이상으로 말씀드립니다.

2) 『통상휘찬(通商彙纂)』

〈자료 135〉 한국 목포 지방 제염업 정황

- 원문서명: 木浦地方ニ於ケル製鹽業ニ關シ在同地領事ヨリ報告ノ件
- 수록지: 일본 외무성 통상국, 『통상휘찬』 51호(1904.8.25.)
- 작성일: 1904년(明治 37) 8월 25일
- 작성자: 재목포영사 와카마쓰 도사부로(若松兎三郎)

한국에서 소비하는 식염의 대부분은 자국산으로, 그 산출지의 주된 곳은 전라남도이다. 한국의 연간 소비액은 약 150만 석(石)이다.
후쿠오카현(福岡縣) 요하라(與原) 염업조합장의 동(同) 지방 시찰 의견의 개요
[1904년(明治 37) 8월 25일부 재목포 제국영사관 보고]

한국에서 소비하는 염은 대부분 국내에서 생산하고, 일부분 외국 수입품에 관계되는 수입 외국염은 일본산과 청국산의 두 종이다. 지금 세관 통계에 의한 과거 3개년간에 있어서의 수입고(輸入高)를 나타내면 다음과 같다.

식염 수입	1900년	1901년	1902년
수량(擔)	150,536	216,339	131,188
가액(円)	99,204	135,994	78,353

청국산은 산동성(山東省) 지방에서 지나(支那) '정크선(Junk)'[70]으로 밀수입하는 것은 물론 전기(前記)의 통계에 포함되지 않는다. 따라서 그 수입고는 주로 일본산인 것으로 보이며, 청국품 수입고는 확실히 알 길이 없다. 혹 당업자가 보는 바에 의하면 일본품 수입고보다 크다고도 하지만, 그렇다 하더라도 한국 내에서 소비하는 식염의 대부분은 한국 내의 산출(産出)에 관계되어 있고, 그 산출지의 주된 곳이 전라남도라는 것은 명백하다.

전기의 당업자는 한국염의 소비 연액을 150만 석으로 추정하고, 그 안에 청국염 13만 5,000석, 일본염 8만 7,800석, 한국 생산액을 127만 7,200석이라 하였다. 한국 각 도의 산액 비례는 전라남도 50%, 전라북도 4%, 경상남도 12%, 충청남도 10%, 경기도 10%, 황해도 6%, 평안도 6%, 함경도 2%로 추정한다.[71] 원래 한국은 우량(雨量)이 적기 때문에 제염업의 발달에는 편리한데, 전라남도는 특히 기후가 온난하고, 해안이 현저하게 굴곡지며, 간만(干滿)이 매우 크면서도 과대하지 않다는 각종의 사정이 염업의 발달에 적합하여, 장래 염전을 만들 수 있는 토지가 대략 수만 정보(町步)에 달할 것으로 전망된다. 따라서 기성 염전의 지가(地價)만 하여도 중등 수전(水田)의 시가, 즉 1정보에 200원 이상에 이르는 것은 드문 일이 아니다. 지금 후쿠오카현(福岡縣) 요하라(與原)의 염업조합장이 야마나카 마스지로(山中益二郎)에게 촉탁하여 당항(목포) 대안(對岸)의 고하도(高下島)염전을 시찰하고 그 개량에 관한 의견을 구한 것을 참고하기 위해 이것을 아래에 게재하여 당국 염업의 일부를 추지(推知)하는 재료로 제공한다.

한국 염전은 그 축조의 방법에서 유제염전(有堤鹽田)과 무제염전(無堤鹽田)의 2종으로 구별하고, 채함(採鹹)의 방법에서 종별을 다고식(多庫式)과 과고식(寡庫式)의 2종으로 대별(大

---

70 중국어로는 '戎克船'이며, 영어로는 'junk ship'이라고 한다. 전통적으로 중국에서 사용되었던 목조 선박을 말하며, 영어권에서는 동아시아계 배를 모두 정크선으로 통칭하는 경우도 있다. 정크선의 어원은 중국 원나라 때로 거슬러 올라간다. 당시 아랍인 여행가 이븐 바투타의 기록에 원나라에서 가장 큰 배를 '진극(眞克)', 중간 것을 '조(曹)', 작은 것을 '객극(喀克)'이라 나누었다는 기록이 있는데, 이 중 진극의 중국 발음인 '전커'가 중동을 거쳐 서양으로 전래되면서 정크가 되었다고 보고 있다. 혹은 배를 가리키는 중국어 '船(병음: chuán)'이 말레이어를 거쳐 서양인들에게 알려지면서 음운변화를 겪으면서 '정크'가 되었다는 설도 있다.

71 1907년 이후 임시재원조사국의 염업 조사에 의한 각 도별 제염 산액의 비율은 위의 추정 비율과 약간 다르다. 즉, 1909년에 간행된 『한국염무행정요령』에는 전남 28.7%, 경남 16.1%, 경기 13.8%, 함남 12.5%, 평남 6.6%의 순이며, 1907~1911년간의 염업 조사 성적이라고 제시한 『조선전매사』(1936년)에는 전남 37.2%, 경기 18.8%, 충남 11.1%, 경남 9.3%, 함남 7.6%의 순으로 기재되어 있다. 연간 생산액은 대략 2억 근(12만 톤)으로 추정되었다.

別)할 수 있다. 그리고 유제염전은 조수간만 차가 적은 남해안에, 무제염전은 그와 반대인 서해안에 많다. 그것을 보아 고하도염전은 전자에 속하는 유제염전으로 다고식이 된다. 그 위치는 영산강 하구에 있고, 조업법은 비교적 구식에 속하는 것 같다. 지금 이것을 개량하기 위한 항목을 열거하면 대략 아래의 여러 점에 귀착하는 것으로 생각된다.

①현재의 개흙(撒土)에 약 3분의 1의 세사립(細沙粒)을 혼화할 것

[이유] 개흙의 성분 여하는 채함(採鹹)의 다소 및 노은(勞銀)에 비상한 관계를 가지고 있는 것이다. 현재 사용하고 있는 개흙은 강점토질(强粘土質)이어서 해수(海水)의 흡수 및 증발작용을 더디게 하기 때문에 건조에 5~10일을 경과하지 않으면 채함을 할 수 없다. 또한 그 기간 소개(疎開)에 필요한 노력 역시 적지 않다. 만일 거기에 세사립(細沙粒)을 혼화시켜 위의 결점을 보충하고 모세관 작용을 민활하게 한다면, 다량의 염분을 개흙에 결정·부착(結品附着)시킬 수 있을 것이다.

②개흙의 분량을 줄여서 3분의 1로 할 것

현재에 있어서의 개흙의 분량을 보면 1평에 약 1석(두께 2촌)으로, 일본의 염전에 비교하면 11배가 되는 것이다. 이러한 다대한 차이를 만드는 원인은 일본에서는 비교적 대기가 습윤(濕潤)하여 건조력(乾燥力)이 적기 때문인데, 한국은 그것과 반대일지라도 그 차이는 여지가 없는 것과 같다. 만일 위와 같은 개량을 한다면 소개(疏開) 외에 개흙의 운반을 쉽게 하는 노력을 줄이는 이익 역시 적지 않을 것이다.

③증발지(蒸發池)를 만들어 해수를 저류(貯溜)하고, 농후한 모액(母液)을 만들 것

해수의 농박(濃薄)은 채함(採鹹)상 중대한 관계를 가지고 있다. 증발지는 천신력(天神力)을 이용하므로 그것 때문에 하등의 비용을 필요로 하지 않는다. 따라서 그 유익한 설비라는 것을 논할 필요가 없다. 특히 강우량이 적어서 건조가 충분한 한국에서는 일층 유효하므로 그 설계는 마땅한 일이고, 혹은 천일염전에 성공할지도 역시 모르는 일이다. 만일 대체로 증발지를 설치하여 농후한 모액을 얻고, 그것을 개흙에 산주(散注)하거나, 혹은 여과수(濾過水)로 사용하는 데에 이른다면, 2할 이상의 제염량을 늘리는 일은 아마도 어려운 일이 아닐 것이다.

그러나 증발지를 구조하기에는 하기(下記)의 요령으로 주의를 기울일 필요가 있다.

(1) 증발면(蒸發面)을 전 염전 반별(反別)의 5분의 1 정도로 할 것
(2) 가성수심(可成水深)을 얕게 하여 충분한 온도를 보지(保持)할 것
(3) 주위는 제방을 쌓아 해수 또는 우수의 침입을 막을 것
(4) 통문(樋門)을 만들어 해수의 출입을 자유자재로 할 것
(5) 입통(立樋)을 만들어 강우 시에 우수(雨水)를 배출 할 것

④ 삼고제(三庫制)를 줄여 일고제(一庫制)로 할 것
[이유] 개흙의 감량으로 인해 오는 자연의 결과로써, 이것으로 인한 조업 상의 편익은 적지 않을 것이다.

⑤ 염전면(鹽田面)을 평균하여 요철(凹凸)이 없게 할 것
[이유] 지반(地盤)에 높낮이가 있으면 조업상 수고로움이 필요하다. 뿐만 아니라, 높은 곳에 있는 것은 지나치게 건조되고, 낮은 곳에 있는 것은 지나치게 습윤하여 염분의 부착을 불충분하게 하는 폐해가 있기 때문에, 이것을 바로잡는 방법으로써 이러한 개량이 필요하다.

⑥ 함수류(鹹水溜)와 각 고(庫)[72], 즉 여과대(濾過台)와의 사이에 죽관(竹管)을 통하게 할 것
[이유] 현재의 장치는 함수를 사람 어깨로 부옥(釜屋) 안의 함수류(鹹水溜)로 운반하는데, 그 양이 다액이어서 노은(勞銀)을 필요로 함이 적지 않다. 이 비용을 줄이기 위해서는 이러한 설비를 하는 수밖에 없다.

⑦ 개흙(撒砂)의 소개(疏開)에 쓰는 써래(萬架)를 1칸 정도 연장할 것
[이유] 현재의 것은 그 길이가 3척(尺) 정도여서 1회의 소개는 겨우 3척 폭의 지면을 일구는 데에 불과하다. 이러한 개흙이 다량이 되게끔 하기 위해 나가려 해도 개흙을 3분의 1로 줄인

---

72 '고(庫)'라고 하는 것은 전오식 염전의 염정[鹽井, 또는 소정(沼井)이라고도 함]을 말하는 것으로 보인다. 염정은 우리말로 '섯', '섯등', '간통', '간수통' 등으로 불렸다.

필연의 결과로 인한 것이 된다.

⑧ 함염(含鹽)의 증발을 주야(晝夜) 겸행으로 할 것
[이유] 주간만의 증발은 그 전후에 있어서 무익하게 방산(放散)하는 열도(熱度)의 다량을 손실하기 때문에, 주야 겸행으로 하여 그 손실을 막아야 한다.

⑨ 가마(釜)의 면적을 크게 할 것
[이유] 가마의 면적의 대소는 증발과 관련 있기 때문에 상당히 얕고 넓어야 이익이 된다. 증발지를 만드는 것과 같은 식의 이유로써 연료에 어떠한 장해 및 불이익을 미치는 것이 없어야 한다. 물의 증발에 필요한 적당한 화력은 아직 발견되지 않았지만, 강한 화력이 요구되지 않으면 다대한 증발을 하는 것이 아니기에, 아궁이(竈)의 구조에서 온 열도의 보급이냐 아니냐는 열의 이용상 관계하는 일이 적지 않다.

⑩ 식염저장장(食鹽貯藏場)을 만들 것
식염은 공기 중의 습분(濕分)을 흡수하여 용해하는 것이기 때문에, 상당히 밀폐된 저장처(貯藏處)를 만들어야 거기서 생기는 손실을 막을 수가 있다. 그러나 현재의 저장은 옥외(屋外)에 방치하거나, 또 가마니(俵)에 포장하지 않는 것도 있어서, 공기에 접촉하는 면적이 커 감량이 많다. 이로 인해 가액(價額)에 영향을 주는 것이 적지 않다.

〈자료 136〉 한국 염업

- 원문서명: 韓國鹽業
- 발간연도: 1906년(明治 39)
- 간행처: 일본 농상무성 수산국
- 보고자: 농상무성 기사 시모 게이스케(下啓助)

한국염업에 관해서는 목포 제국영사의 청구에 따른 편의로 팔구포(八口浦)[73], 옥도(玉島), 고하도(高下島) 및 목포거류지 수원지(水源地)의 염전 예정지를 답사하였다. 당시 염업이 휴지기간(休止期間)에 속해, 그곳에 존재하는 화덕가마(竈釜) 및 염전구획 등에 대해 겨우 한두 명 한인의 설화(說話)를 듣는 데 그쳐 작업의 실제를 볼 수가 없었으므로, 불완전한 조사를 면하기 어려웠다는 점을 양해 바란다.

한국에서 소비하는 염은 자국산 및 일·청 양국에서 수입하는 것으로 한다. 그러나 그 소비의 총계는 알 길이 없다고 하는데,『한국해관연보(韓國海關年報)』에 의하면 1894년부터 1903년까지 10개년의 수입총계의 평균은 약 20만 6,900담(擔)으로, 이것을 1담=6두(斗)로 하여 환산하면, 1개년 12만 석(石)을 수입하는 것이 된다. 그 안에서 일본으로부터 수입하는 것은 일본의『해관연보(海關年報)』에 의하면, 1894년(明治 27)부터 1903년(明治 36)까지 10개년의 평균 16만 2,877담, 즉 9만 7,000석으로써, 차인(差引) 3만 석은 일본 이외로부터 수입하는 것으로 추산할 수 있다. 즉, 이 수량은 대체로 청국산(淸國産)을 주로 하는 것이지만, 청국산은 단지 이 숫자에 그치지 않고, 청국 어선(漁船)이 황해, 평안, 경기 및 충청의 각 도로 와서 그 국산염을 밀수입하는 것 역시 적지 않다. 지금 아래에 한국 수입염의 양가(量價)를 나타내 보겠다.

한국수입외국산염 (1904,『韓國稅關報』)

연차	수량(擔)	가액(元)
1894년(明治 27)	137,227	66,276
1895년(明治 28)	191,936	91,951
1896년(明治 29)	198,100	101,176
1897년(明治 30)	277,203	272,385
1898년(明治 31)	237,383	193,120

---

[73] '팔구포(八口浦)'란 하나의 섬이나 포구를 의미하는 것이 아니다. 현 신안군 하의면에 속한 작은 섬 옥도(玉島)를 중심으로 그 주위를 둘러싸고 있는 비금도·도초도·자은도·암태도·안좌도·팔금도·하의도·신의도·장산도 등의 섬들과 주변 해역을 충칭하는 말이다(최성환, 2011,「러일전쟁기 일본해군의 玉島·八口浦防備隊 설치와 활용」,『도서문화』38, 목포대학교 도서문화연구원, 210쪽).

1899년(明治 32)	199,766	138,500
1900년(明治 33)	150,536	99,204
1901년(明治 34)	216,339	135,954
1902년(明治 35)	131,188	78,353
1903년(明治 36)	307,222	151,998
계	2,046,900	1,328,917
평균	204,690	132,891.7

각개항장 순수입염 (1903)

지명	수량(擔)	가격(元)
인천	97,803.92	26,645
진남포	122,911.54	50,354
군산	4,388.22	1,333
목포	0.50	1
부산	54,244.00	39,369
마산포	4.00	?
원산	31,018.00	29,167
성진	5,853.00	5,756
계	316,223.18	152,625

비고: 인천·진남포 및 군산은 대체로 지나염(支那鹽)이고, 부산·원산은 일본산(日本産)으로 되어 있음.

일본에서 한국으로 수출되는 염의 가격은 아래와 같다.

연차	수량(斤)	가액(円)
1894년(明治 27)	12,770,096	53,828
1895년(明治 28)	20,003,872	71,658
1896년(明治 29)	19,604,809	81,721
1897년(明治 30)	27,644,073	157,971

1898년(明治 31)	20,553,601	123,321
1899년(明治 32)	15,687,503	99,346
1900년(明治 33)	13,722,254	103,258
1901년(明治 34)	15,551,521	110,807
1902년(明治 35)	7,113,481	49,871
1903년(明治 36)	10,226,197	87,504
계	162,877,407	939,285
평균	16,287,740	93,928

한국의 산염지(産鹽地)는 전라, 경상, 함경, 황해, 제도(諸道) 내에 산재하고 있고, 중·한국 서해안은 해안이 원천(遠淺)하여 조석(潮汐)의 간만(干滿)이 특히 심하며, 전라남도와 같은 곳은 지세요철(地勢凹凸)이 최다여서, 그 난바다로 들어가는 간석(干潟)에는 염전에 적합한 땅이 지극히 많다. 따라서 기설 염전이 있는 땅은 물론, 새로이 염전을 설치할 수 있는 지역은 헤아릴 수 없을 정도이다.

청국에서 수입하는 염은 대체로 밀수입(密輸入)에 의한 것이므로 그 총수량을 알 수는 없지만, 금회에 시찰한 평양·해주 등의 시장에는 청국 천일제염(天日製鹽)과 한국산 염이 아우러져 판매되는 것을 보았다. 그리고 충청도 죽도(竹島) 근처까지의 염어(鹽魚)에는 청국염을 사용하는 것과 같이, 대체로 황해, 평안은 물론 지나어선(支那漁船)이 가는 곳마다 반드시 지나염을 탑재하고 오는 것에 좌우되었다.

청국염은 조립(粗粒)하여 천일염이란 것을 언 듯 봐도 알 수 있지만, 한국염은 모두 세립(細粒)하여 전오염(煎熬鹽)인 것으로 볼 수 있다. 그러나 한국은 전부 신료(薪料)를 사용할 뿐만 아니라, 그 신료는 그들의 '온돌'을 위해 소비하여 민둥산을 만들어 신료의 결핍을 가져왔기 때문에 염업의 경제는 몹시 곤란을 느끼고 있음을 알 수 있다.

그러나 인천 부근과 같이 공기가 건조하고, 그 토양이 많은 점토질을 가진 곳은 천일제염에 적합한 감이 있고, 목포 부근은 최고의 염전에 적합한 땅이라도 약간은 습윤(濕潤)하다. 따라서 건조한 점에 있어서 어떻게 해야 할지는 각별히 강구할 필요가 있으므로, 아래에 기상 및 토양을 개기(槪記)하고 다음에 염업경제의 개략(槪略)을 기술하겠다.

【기상】

한국에서 현재 염전이 있는 지방으로 장래에 유망한 곳은 대체로 서해안이 되겠는데, 지금 아래에 인천 및 목포 부근 팔구포(八口浦)의 기상관측의 결과를 표시한다.

월	기압	기온	최고기온	최저기온	풍속도	우량	증발량	쾌청일수	담천일수	우천일수
5월	759.4	14.2	23.8	8.8	3.5	50.5	62.2	9	6	14
6월	756.3	19.7	30.3	12.6	3.7	34.6	124.3	6	12	7
7월	755.8	23.5	32.8	17.0	3.2	293.7	100.7	4	18	21
8월	756.5	25.5	33.3	17.5	3.5	117.4	134.0	11	6	9
9월	760.3	20.8	30.1	11.1	2.7	17.1	120.6	11	5	5
10월	765.1	13.7	27.5	1.3	2.6	25.6	91.5	10	6	8
11월	766.5	5.9	16.6	-4.1	3.1	16.9	70.9	13	3	6
12월	768.7	0.4	13.3	-9.6	3.1	11.5	71.5	12	2	5

범례: 기압은 해면 및 중력의 갱정을 세워 모(mm, 粍)로써 표시함.
　　　기온은 섭씨의 도로 표시함.
　　　우중 및 증발량은 모(mm, 粍)로써 표시함.
　　　풍속도는 1초간 m로써 표시함.
　　　쾌청이란 것은 구름이 만천의 2분 이하, 담천이란 것은 8분 이상을 덮은 것으로 하고, 우천이란 것은 우설이 0.1mm 이상 내렸을 때를 말함.

1904년(明治 37) 목포 부근 팔구포 · 옥도 기상표

월	기온	습도	우중	우천일수
4월	10.5	83	134.6	16
5월	13.8	82	174.3	13
6월	19.3	88	118.7	6
7월	23.9	90	83.2	13
8월	24.9	87	84.3	6
9월	21.0	80	59.6	7
10월	15.5	78	38.0	8
11월	10.1	77	38.3	12
12월	5.7	78	11.4	11

또한 팔구포에서 기상이 연속으로 맑은 날이 10일 이상에 걸쳤던 것을 들면 다음과 같다.

- 7월 24일부터 8월 6일까지 14일간: 단 0.1mm보다 이하는 24일, 28일, 8월 4일
- 8월 21일부터 9월 2일까지 13일간: 단 0.1mm보다 이하는 24일, 29일
- 9월 13일부터 23일까지 11일간: 단 0.6mm보다 이하는 22일, 0.0mm 23일
- 9월 25일부터 10월 12일까지 18일간: 단 0.3mm보다 이하는 10월 2일
- 11월 20일부터 12월 9일까지 20일간: 단 0.0mm 22일, 26일

동지(同地) 1개년 강수량은 상세하지는 않지만, 4월부터 12월까지 742mm로써, 그전 3개월치는 150mm로 간주하면, 약 900mm가 된다.

대체로 한국은 3면이 바다로 둘러싸인 반도이지만, 그 기후는 현저하게 청국 및 만주와 같은 대륙적 성질을 지니고 있다. 그러나 남부인 전라·경상 및 충청도의 기후는 중부 및 북부보다 훨씬 해양적이어서, 부산의 기후는 특히 해양적 성질을 가진 습기를 품었고, 온도는 비교적 평등하다. 인천 및 원산의 기후는 대륙적이어서 동기(冬期)에는 심한 한냉 공기와 건조 청랑풍이 부는 날이 많다.

습도 및 증발량에 대해서는 만한(滿韓) 지방의 작년 중의 조사를 들어 연구 재료로 제공한다.

만한(滿韓)지방 습도표 (백분율)

지명	1월	2월	3월	4월	5월	6월	7월	8월	9월	10월	11월	12월
부산	-	-	-	77	73	78	84	73	75	64	54	51
팔구포	86	68	73	-	82	88	90	87	80	78	77	78
인천	76	63	57	78	80	80	83	82	72	72	68	65
원산	66	58	64	-	61	68	85	81	91	67	51	55
대련	75	60	61	-	-	-	-	-	-	60	58	62
영구	77	61	-	-	-	-	-	-	-	67	57	67

만한 지방 증발표 (일평균: mm)

지명	1월	2월	3월	4월	5월	6월	7월	8월	9월	10월	11월	12월
부산	-	-	-	-	5.6	5.9	4.4	6.1	5.8	4.1	3.7	1.5
팔구포	-	2.2	2.9	-	-	-	-	-	-	-	-	2.2
인천	1.9	2.3	4.1	-	-	4.1	3.2	5.1	4.0	2.9	2.9	2.4
원산	1.6	2.1	2.6	-	-	-	3.2	4.6	4.5	2.7	2.6	2.0
대련	1.1	2.1	3.1	-	-	-	-	-	-	5.2	3.3	2.0
영구	0.8	1.3	-	-	-	-	-	-	-	2.2	1.9	0.7

【토양】

한국의 토양은 『지학잡지(地學雜誌)』 제12집, 제134권의 니시와다(西和田), 이시이 미쓰(石井三) 씨의 답사에 기초한 「조선지질개도(朝鮮地質槪圖)」에 의하면, 인천 및 목포 부근은 결정편암(結品片巖) 및 화강석 층이다. 염전에 존재하는 토양은 요동(遼東) 및 지나(支那) 회북변(淮北邊)의 토양과 서로 닮았는데, 지금 여기에 확론할 수 있는 재료를 갖고 있지는 않지만, 천일염전을 구조할 수 있다는 것을 상상할 수 있다. 다만 그 점토질층의 심천(深淺)과 같은 것은 특히 조사를 기다린 후에 결정할 수 있는 문제이다. 육안의 감정에 의하면 금주반도(金州半島)에서 번성하는 천일제염을 행하는 곳인 왕가둔(王家屯), 이도구(二道溝) 등의 염전토양과 거의 동일하게 점토가 풍부한 토양인 것 같고, 대만(臺灣) 염전 토양에 비해 갑을(甲乙)이 없는 것 같다.

【제염의 경제】

제염의 경제는 제염 계절에 실지로 조사를 하는 작업의 실황을 상세하게 하고 있지 않으면, 외람되게 피아(彼我) 제염자의 교졸(巧拙)의 득실을 상론하기 어려운 일이다. 신재(薪材)의 부족·결핍을 고하는 한국에서는 신재를 석탄으로 바꾸든지, 또는 천일(天日)로 건조할 수 있는 지방은 그것을 이용하는 것으로 힘쓰지 않으면 안 된다. 아래에 금회 시찰한 지방에 관하여 조사의 결과를 드러내 보이겠다.

- 옥도염전(玉島鹽田): 2개소 중 하나는 부옥(釜屋) 2개가 있는데, 그 하나는 부뚜막(竈)이 훼

손되었고, 하나는 존재하는데, 제법 커다란 굴껍질횟가마(蠣灰釜)이다. 1일에 3가마[1釜는 5俵, 1俵는 5斗], 즉 7석(石) 5두(斗)를 제조하는데, 땔나무(薪) 150파(把, 1把는 40文 내지 50文, 또는 7전 2리 내지 9전으로, 즉 1일에 10원 80전 내지 13원 50전)를 필요로 한다고 하니, 즉 1석에 72전 내지 1원 20전인 꼴이다. 가마(釜)는 길이 1장(丈) 5척(尺), 폭 1장(丈) 정도이고, 제산고(製産高)는 3정보(町步) 정도에 1개년 1,000표(俵), 즉 500석이라고 한다.

- 고하도(高下島): 염전은 3정보 남짓이고, 부옥(釜屋)은 5개소이다.

작업기는 음력 2, 3, 4월이다. 5, 6, 7월을 농업기(農業期)로 하고, 다시 8, 9, 10월을 제염의 작업기로 한다.

제산고(製産高)는 1기(期) 300표(俵), 2기 600표. 1표는 7두(斗) 5승(升)으로 하여 450석이 된다(1俵 700文 내지 750文). 가마(釜)는 4.8 철판(鐵板)으로 하여 100근의 것을 쓴다. 그 가격은 20원이다. 한인은 16관문(貫文, 24원. 다만 15할)의 것 2개를 사용하여, 1부옥에 2매를 쓴다.

동도(同島) 일본인이 작업하는 것에 관해서 이것을 물으면, 1주야 6가마이다. 1가마에 1표, 즉 7두 5승을 얻는 땔감(薪)은 1부에 20파이다. 1파를 2전 5리로 하면 1석에는 약 66전이 필요하다.

작업 1주간 정도로 하여 1소정(沼井)에 45짐(荷)의 함수(鹹水)를 얻는다(1荷는 2斗). 그 함수 13짐에서 1표를 만들 수 있다고 한다.

염 1표는 1관문(貫文) 1원 60전으로, 1석은 2원 10전에 해당한다.

목포상업회의소(木浦商業會議所)의 조사에 근거하면, 다음과 같다.

一. 연료는 송엽(松葉)뿐만이 아니라 보통의 신재(薪材)도 사용함.

一. 1가마에서 4표(俵)를 제염하면 연료를 절약하고, 기타의 작업상에도 편리한 것임.

一. 4표를 제염하는데 450문(文)의 연료를 필요로 함.

一. 송엽(松葉)의 값은 산지의 원근에 의해 동일하지 않지만, 인부 1원(員)은 약 10관목(貫目) 200문(文) 정도임.

一. 염의 작금의 시가는 대표(大俵, 약 6斗 5升)에 820문(文)임.

一. 최고가는 1관(貫) 200문(文) 정도로 올라간 것이 있고, 최저가는 550문(文)부터 600문 할 때도 있는데, 작금의 시가는 그 중간 정도가 되는 것임.

一. 생산지의 다름으로 인해 표(俵)에 부동(不同)이 있음. 지금 산지를 자세히 알 수 없어도, 나의 4두(斗) 정도의 것이 또는 5두 정도의 것으로도 됨.

울산에서 들은 바에 의하면, 1주야 1가마 150배(杯, 1杯는 4升入), 즉 6석을 제조하는데, 여기에 쓰는 신재(薪材)는 120파(把, 1把에 20文)로, 즉 2관(貫) 400문(文), 즉 19할(割)로 하여 3원 80전을 필요로 함.

1호(戶)에 30 '도라쿠(トラク)' 또는 40 '도라쿠(トラク)'의 염전을 가짐.

1호의 산염 1천표(俵)로 하여 대표(大俵) 5두(斗), 소표(小俵)는 3두(斗) 5승입(升入)으로 함. 소표(小俵)는 바로 지금 700문(文), 19할(割)로 하여 1원 34전. 1석으로 환산하면 3원 82진에 해당함.

【결론】

한국 염업의 개선을 도모한다고 하는 것에는 아래의 시험을 행하여 근저(根底)를 정하는 것이 필요하다.

1. 천일제염법을 행할 수 있느냐 아니냐를 시험할 것
   (1) 그 장소는 목포 부근 및 인천 부근 등으로 할 것
   (2) 그 시험은 증발지(蒸發池) · 결정지(結晶池)를 설치하여 해수로부터 직접 쇄건(曬乾)하는 방법 및 결정지(結晶池)만을 설치하여 종래의 채함법(採鹹法)으로 함수(鹹水)를 사용하는 방법을 병행하여 시행할 것
2. 일본 제염법과 한국 제염법을 비교 · 시험하여 경제상의 득실을 연구할 것
   (1) 그 장소는 목포 부근 및 울산만(蔚山灣) 등에서 할 것
   (2) 그 시험은 살사(撒砂) 방법, 소정(沼井) 구조 및 부조(釜竈) 구조와 더불어 석탄, 신료(薪料) 사용의 비교를 할 것
3. 앞의 2항의 시험을 행하는 데에는 정부에서 스스로 그것을 행하지 않는다면 시험 담당자를 정하여 적어도 아래의 예비조사를 하고, 또 상당한 기술자를 두어 이것을 감독시킬 필요가 있음.
   (1) 토지의 선정

(2) 시험 시행의 순서

(3) 경비예산

〈자료 137〉 한국 염전 상황

- 원문서명: 韓國鹽田狀況
- 수록지: 일본 외무성 통상국, 『통상휘찬』 27호(1906.5)
- 작성일: 1906년(明治 39) 5월
- 작성자: 야마우치 이치타로(山內一太郎)

【한국 염전의 상황】

부옥(釜屋)[74], 즉 제염장의 구조는 대략 2종으로 나누어진다. 하나는 일본의 부옥과 같이 지붕(屋根)을 가지고 있는 것이고, 다른 것은 그것과 모양을 달리한다. 그 구조는 보통의 것처럼 지붕을 설치하지 않고, 내부로 향해 경사진 원을 사방 둘레에 설치한 것이다. 그 재료에는 대나무 지주(支柱)와 서곡(黍穀)을 사용해서 매우 간단하며, 보통 지붕의 5분의 1의 경비만 필요하다고 한다. 그 결점은 첫째, 강우 시(降雨時)에 있어서 전오(煎熬)를 중지하지 않으면 안 된다는 것이고, 식염을 저장할 수 없으며, 또 하나는 동계(冬季) 한냉(寒冷)의 때를 맞아 가마(釜) 안에서 전오된 함수(鹹水)의 열을 방산(放散)·냉각시켜 연료의 손실을 이룬다는 것이다. 따라서 이 부옥에서는 주위의 아래에 있어서 우로(雨露)에 노출되지 않는 것은 단지 함수류(鹹水溜)뿐이고, 가마의 위쪽에는 하늘로 피어오른다. 식염은 잠깐 동안 곧바로 포장되어 부옥 밖의 고지(高地)에 병치(倂置)시킨다. 멍석으로 위를 덮은 것만으로 비가 올 시에는 다량의 수분을 빨아들이는 것이 많지 않겠지만, 맑은 날이 많은 한국에서는 전오 당시 어느 정도의 천일(天日)을 이용할 수 있다. 경상·충청·경기·황해·전라 5도의 각지에서 전자

---

74 '염막(鹽幕)'이라고도 불리는 부옥(釜屋)은 채함 작업으로 만들어진 함수를 가공하여 완성된 결정염을 만드는 공간이다.

의 법식(法式)을 사용하는 것은 경상도의 명호(鳴湖)·신도(新島)·창원(昌原)·덕산(德山), 충청도의 고사리(高沙里), 경기도의 한강 연안 및 도장리(道章里), 황해도 봉현(鳳峴)의 각 염전에서이고, 후자에 속하는 곳은 경상도의 울산(蔚山), 전라도의 목포(木浦) 및 황해도의 순리도(淳里島) 부근의 각 염전에서이다. 그 배치를 보면 우량의 다소에 의한 것이 아니라, 모두 자본의 다소에 기인하는 것으로 판단된다. 이 양자의 우열을 논하자면 자본을 필요로 하는 것이 많음에도 전자, 즉 지붕을 가지는 방법이 경제상 유리하다고 판단된다.

【부조(釜竈)의 구조】

가마(釜)는 철부(鐵釜)·석부(石釜)·토부(土釜)의 3종으로 나뉘는데, 모두 대소(大小)의 차가 있고, 모두 송엽(松葉)을 태워 중앙에 불을 붙인다. 그러나 그 화력의 분배상의 관계에 의해 모두 정방형(正方形)으로 만들어졌다. 철부(鐵釜)는 두께 5리(厘)의 선철판(銑鐵板) 3매를 못(鋲釘)으로 철하고, 사방을 구부러뜨린 테두리로 하였다. 이런 종류의 가마는 경상도 사하면(沙下面), 전라도 목포(木浦), 경기도 인천(仁川) 부근의 일부에서 행해졌다. 거류지에서 공급하는 것으로써 가액(價額)은 2간각(間角) 정도의 것이 40원 정도였다. 목포에서는 4척으로 8척의 가마를 2매 합쳐 이음으로써 비용을 절약하는 취향에 나오는 것으로 하여 그 값은 2개에 20원 정도로 되었다. 내구력은 약 1개년이다.

석부(石釜)는 황해도 순리도(淳里島)에서만 행해지고 다른 곳에서는 그 유례를 볼 수 없다. 한국 연안은 흔히 굴토(堀土) 혹은 경질(硬質)의 석재로만 해서 내화석질(耐火石質)이 부족하고, 대리석질(大理石質)의 것은 간혹 보아도 아직 이용 방법을 발견하지 못했는데, 홀로 순리도에서 석부를 만든 것은 이 섬에 내화석질이 풍부하기 때문이다. 그 석질은 요바루(與原) 땅에서 채용하고 있는 냇돌(川石)의 질과 매우 비슷하다. 그 크기는 세로 2촌(寸) 정도의 세석(細石)으로 부근 해안에서 습득한다. 이 돌과 돌 사이를 점토(粘土)와 굴회(蠣灰)로 접철(接綴)하여 구어 낸 가마는 타원형을 이루는 가로 2칸, 세로 8~9척의 것으로, 250개의 쇠갈고리(鐵鉤)로 지지된다. 가마 1개의 용량은 함수 약 30짐(荷)으로 하여 수분의 증발에 따라 주입하며, 주간(晝間)에 가마 4개를 불 지른다. 이 축조비용은 4원 80전 정도이고, 내구력은 갈고리가 150일, 가마가 37일 정도이다. 그 축조법이 불완전하기 때문에 많은 일수를 경과하게 되면, 50짐을 들어가기에 이르러서는 이들 가마가 깊게 만들어지지 않아 누수(漏水) 때문에

20짐 정도를 잃어버린다.

가마 중에서 가장 넓게 행해지는 것은 토부(土釜)이다. 토부라고 말하지만 점토만으로 만드는 것이 아니라 약간의 굴회를 혼합한다. 가마의 넓이는 장소에 따라 각기 달라 사방 10척, 혹은 12척의 것이 있다. 내구력은 약 30일로써 일본의 것과 동일하다. 그 축조에 필요한 비용은 한화(韓貨) 6관문(貫文) 정도로, 즉 일본의 것과 거의 서로 백중이다.

부뚜막(竈)은 석탄분(石炭焚)이 전무하고 모두 송엽분(松葉焚)이다. 송엽분인 부뚜막은 일본에서도 석탄의 결핍, 혹은 송엽분이 염질이 양호하다는 이유로 지금도 존재한다. 시모사(下總)의 교토쿠(行德) 해변, 이세(伊勢)의 연안, 혹은 우타츠(歌津)의 해변에도 이것이 있다. 피아(彼我)가 함께 같은 모양의 장치이지만, 약간의 모양을 달리하고 있음이 보인다. 일본에서 행하고 있는 것은 분구(焚口) 혹은 배기구(排氣口)가 넓지 않아 화기(火氣)의 둔일(遁逸)이 심하여 연료를 손망(損亡)시키는데, 이 점에 있어서는 한국의 것이 자못 좋다. 양구(兩口)가 함께 비교적 좁고, 또 화기의 분포를 좋게 하기 위해 네 모퉁이에 소혈(小穴)을 뚫었다. 그 안에는 화분구(火焚口)의 전면을 부뚜막 바닥과 동일하게 낮추어 파내었고, 이것들을 파내어 지평선 아래부터 부뚜막 바닥까지 3척 정도 뚫었다. 분구는 그 지평선 이상(부뚜막 바닥과의 사이 1척 5촌)과 부뚜막 바닥에 가까운 곳까지 폐구(閉口)하여 연료를 투입하는 식으로 만든다고 하는 2종으로 나뉜다. 그 양자의 연분(燃焚)의 상황을 실현하면 후자가 우등한 장치라고 생각된다. 그것은 분구 및 도화구(逃火口)가 넓은 것이라면 공기의 공급이 많아 연료를 빨리, 또 일시에 연소시키기 때문에 다량의 연료를 요구한다. 후자는 이러한 결점을 보방(補防)시킨 것이다.

【전오법(煎熬法)】

전오법(煎熬法)은 연료로 송엽(松葉) 혹은 갈대(蘆幹)를 사용하여 손쉽게 쓰기도 하지만, 특별히 석탄을 태우는 것과 같이 숙련과 기술을 요하는 일도 있다. 따라서 특별히 가마에 불을 놓는 몇 사람을 고용하는 제염소에서는 교대로 가마 불붙이는 일을 맡기고, 단지 1인이 맡는 경우에만 화부를 사용한다. 그러나 주야 전오를 겸행하는 것은 희유(稀有)하여 경기도 주안면 제염장 외에는 그것을 보지 못했다. 따라서 가마 불붙이는 일은 대부분 1인을 고용하는 것에 불과하다. 이 법은 계속법에 비해 연료를 필요로 하는 경우가 많고, 전체의 점에 있어서 열악하다. 또한 불 때는 방법도 일본과 같이 가마 하나를 매번 결정(結晶)시키는 것이 아니라 1일 1회, 또는 4회로 잘라서 결정시킨다. 즉, 가마 속 함수가 수분을 발산하여 그 분량을 줄임에 따라, 냉함수(冷鹹水)를 주입하여 결정시킨 염으로 가마에 채워지기까지 속행하는 것이다. 송엽분은 화력이 약해 겨우 가마 전부에 분배하는 것에 불과하다. 여열(餘熱)이 둔찬(遁竄)하는 것으로, 데우는 설비가 아니기 때문에 항시 냉함수를 주입하여 농축시킨다. 함수도 몇 번 아니어도 희박해지고, 또 그때마다 온도를 감퇴시키기 때문에 한 번 불 붙인 것에 비한 손실이 자못 크다는 것이 분명하다. 이처럼 가마 하나를 매번 하는 때는 염의 채수(採收)에 수고를 필요로 한다. 다른 이유는 볼 만한 것이 없다.

【연료】

그런데 한국 팔도에 이르는 곳의 현재의 염전에서 사용하고 있는 연료는 송엽·갈대 내지 소나무장작(松割木)과 건초(乾草) 4종이고, 석탄을 태우는 것은 절무하다. 부산 지방 명호염전(鳴湖鹽田)에서 석탄분(石炭焚)이 유리함을 알고 일본인을 고용하여 시험했지만, 부뚜막(竈)의 구조를 석탄분으로 개축하지 않고 그대로 석탄을 사용하였기 때문에, 조금밖에 연소되지 않는 석탄분을 폐지하였다는 이야기가 있다. 송엽과 기타의 연료는 제염 1석(石)에 얼마큼 소비하고 있는가를 심구(尋究)해 보니, 연료품이 윤택한 곳에서는 비용이 적었고, 원방(遠方)에서 공급받는 지역은 매우 싸지 않다. 각 도에서 조사한 바로는 충청도 거사리염전(巨沙里鹽田)은 송엽과 건초를 지펴서 1석의 식염을 제조하는 데 71전 4리가 필요하고, 황해도 순리도염전(淳里島鹽田)은 송엽을 사용하는 데 1원이 되며, 경기도 주안면염전(朱安面鹽田)은 송엽을 지피는 데 93전 7리가 필요하다. 전라도 목포에서는 60전, 경상도 울산에서는 1원 27전 7리, 동(同) 명호에서는 1원 15전 4리를 필요로 한다. 어느 것이나 송엽을 지피는 이것을 우리 석탄분인 마쓰나가(松永)의 50전, 무야(撫養)의 54전 6리, 아지노(味野)의 45전 4리, 요바루(與原)의 28전 2리에 비교하면, 양자의 최고에서 73전 1리, 최저에서 31전 8리의 차이가 있다. 이 때문에 석탄분은 송엽에 비해 커다란 이익이 있는 것을 알 수 있다.

【기구】

먼저 전오용(煎熬用)의 것을 서술하면, 국자(柄杓, 이것은 함수류에서 가마 속으로 함수를 길어 넣는 것 외에 염전에서도 사용함)는 박(瓢)을 가른 것에 자루를 붙인 것이다. 박은 물에 매우 강해 테두리를 들이는 것에 필요하고, 파괴되는 것이 두렵지 않다. 1작(酌)의 용량은 대체로 커다란 것은 2되(升)에서 3되 정도이다. 이 국자는 멀리 일본인의 고안(考案) 이상으로 나온 것으로 팔도의 어느 곳에서도 이것을 사용한다.

소금 떠내는 기구는 길이가 1척, 폭이 5촌 정도인 판(板)으로, 한편으로 넓이 1촌, 두께 1촌 정도의 테두리를 붙여 구부러트리고, 길이 7~8촌의 자루(柄)를 붙인 것이다. 가마(釜) 테두리에 붙은 염을 건져 내어 염상(鹽床)으로 운반한다. 요바루(與原) 지방의 것과 비교하면 크게 뒤떨어진다고 생각된다. 한국어로 '주걱'이라고 한다.

염기구(鹽寄器) 제작은 일본 것과 같은 모양으로, 한국어로 '고무래'라고 한다.

염전자(鹽田子)는 일본과 같이 통(桶)을 만드는 곳도 있지만, 순리도(淳里島)에서는 통과 유사한 수병(水甁)의 입을 묶어 끈으로 맨다. 그 용량은 1말(斗)에서 2말 1~2되 정도로, 일본의 것과 대동소이하다.

부젓가락(火箸)은 하나는 나무를 깎아 길이 1칸 반 정도로 해서 송엽을 깎아 걸어 부뚜막 안에 삽입하고, 다른 하나는 같은 길이의 것이나 깎지 않은 것으로 하여 화력 분배를 조절하며 사용한다. 어느 것이나 생목(生木)을 쓰면 그 연소를 피할 수 있기 때문에 부뚜막에서 5척 정도를 떨어트려 가늘고 길게 수류(水溜)를 만들어 사용할 때마다 물 속에 담근다.

염을 올리는 소쿠리(笊)는 대부분의 염전이 아니라 오직 울산염전(蔚山鹽田)에서만 그것을 볼 수 있다. 대체로는 쑥가지(萩條)로 만든다. 저경(底經) 5~6촌, 구경(口經) 1척, 깊이 5촌 내외로써, 고봉으로 담으면 5~6되 정도를 담는다.

부옥(釜屋) 안에서의 기구는 위에 서술한 것과 같은 것이다. 다음으로 염전에 필요한 기구·기계를 열거하자면 그 거듭되는 것은 만가(萬架)와 괭이(鍬)로서, 다른 조목은 설 것이 없다.

만가(萬架: 한국명 써레)는 일본의 것과 같은 모양은 사가면(沙加面) 구창일(具昌一) 소유의 염전에서 볼 수 있다. 기타는 3촌 폭 정도의 함자(檻子)를 붙인다. 명호염전(鳴湖鹽田)의 것은 길이가 1칸 반 정도이고, 기타는 4척 정도로써, 함자가 4본(本) 또는 5~6본 있을 뿐이다. 이런 장단(長短)의 차이가 있는 것은 개흙(撒沙)의 후박(厚薄)에 의해 산출되는 것으로서, 명호에서는 개흙이 자못 적어 일본의 것과 같은 모양이 되지만, 기타에 이르러서는 2촌 내지 3촌에 미치는 바가 있다. 이와 같이 두터운 개흙은 도저히 인력으로써 소개(疏開)하는 것이 불가능하기 때문에 일반적으로 소(牛)를 사역시킨다.

모음판[75]은 개흙의 내림과 흐트림에도 사용한다. 소네(曾根)염전에 쓰이는 것과 대동소이하다. 길이 2척 5촌, 폭 6촌의 판(板)의 상부에 대(竹)를 엮어 만들어 소(牛)로 끌게 해서 흙을 운반하는 매우 간편한 기구이다.

토철기(土撒器)는 목재를 뚫은 괭이(鍬)[76]로서, 전술한 모음판으로 운반된 흙을 염전면에 과부족(過不足)하지 않게 분배하기 위해 사용한다.

연정토(沿井土)를 꺼내는 괭이(鍬)[77]는 형태는 일본의 보통 농업에서 사용하는 것과 똑같은 곡괭이(突鍬)이다. 긴 자루를 붙여 초선(鍬先)의 양단에 환(環)을 만들고, 환에 길게 1칸쯤의 줄(繩) 1조씩을 결부한다. 이것을 사용하는 데에 3인이 담당한다. 1인이 자루(柄)로 괭이의 돌두(突頭)를 흙 안에 뚫어 넣으면, 다른 2인은 양측에 있는 줄을 잡아 당겨 5근(斤) 또는 8근의 흙을 반출한다.

【부물용해장치(釜物溶解裝置)】

부옥(釜屋)의 좌벽(左壁)에 점토로 높이 수 척의 장방형의 항아리(壺)를 만들어 그 안에 부물(釜物)의 황괴(荒塊)를 채우고, 매일 채수(採收)한 함수(鹹水)를 주입하면 함수는 그 부물 안에 함유된 염분을 용해시켜 저부(底部)의 세공(細孔)에서 여과되어 자연히 그 하저(下底)에 설치된 함수류(鹹水溜)로 누출된다. 이것이 부물을 이용하고, 아울러 교잡물(交雜物)을 여과하는 일거양득의 좋은 장치라고 말할 수 있다[단 항아리 속의 하부에는 세사(細沙)를 충전함]. 그러나 대부분의 장소에는 이러한 신안(新案)의 장치를 만들지 않았고, 단지 인천 부근의 주안면염전에서만 이것을 볼 수 있다. 이 장치는 자못 호안(好案)으로, 크게 당업자에게 참고할 가치가 있다.

---

75 모음판(寄せ板)은 개흙을 긁어모으는 '나레'를 말하는 것으로 보인다.
76 염전을 파 일구는 '쟁기'를 뜻하는 것으로 보인다.
77 염정(鹽井)을 팔 때 쓰는 '가레'를 말하는 것으로 보인다.

【급조장치(給潮裝置)】

무제염전(無堤鹽田)의 급조(給潮)는 자연에 맡긴다. 대조 시(大潮時)에는 염전 전부에 아침부터 계속하여 개흙을 흡집(吸集)시킨다. 다만 소조 시(小潮時)에 개흙을 소개(疏開)하여 작업을 시작하는 것부터 그 시간이 걸리는데, 조수(潮水)만큼 넓은 유지(溜池)를 준비하여 두고, 필요에 따라 소구(小溝)를 파서 이곳으로 끌어들여 사용한다. 따라서 1개월에 2회의 채함(採鹹)을 하는 것에 불과하지만, 연정(沿井)의 구역이 넓고, 노력의 공급이 충분한 때에는 채함의 양이 많다. 거사리염전(巨沙里鹽田)에서는 1반보(反步) 정도를 취하고 있는 연정(沿井)을 50개 또는 100개를 갖춘 염막(鹽幕)이 있다. 유제염전(有堤鹽田)에 있어서는 2무보(畝步) 정도의 구획으로 그 사위(四圍)에 조구(潮溝)를 통하고 있는 것은 1반보 정도로 구분이 있고, 또 1호전(戶前), 즉 1정보(町步) 내지 2~3정보의 사위(四圍)에 지장(地場)보다 1단이 높고 폭이 3~4척인 조구(潮溝)를 통한다. 지장(地場) 안에는 1조로 갖추어진 장치도 있고, 또 몇 조의 구(溝)를 파서 급조(給潮)하고 있는 곳도 있는데, 지질과 염전의 위치 및 관습 등에 의하여 각기 다르다. 구창일(具昌一)의 소유와 관계된 사하면염전(沙下面鹽田)은 그 넓이가 2정부(町部)에 걸쳐 1조의 급조구(給潮溝)가 없음에도 불구하고, 4면을 위요(圍繞)하는 조구(潮溝)로 인해 전면에 과부족이 없이 공급하고 있다. 이 지질 중 점토와 모래로 하여 충분한 침투력을 가졌고, 또 염전이 약간 가운데가 낮게 만들어져 조수가 높은 곳에 있는 것에 의한 물의 성질을 이용하는 것으로 교묘하게 고안되었다고 말할 수 있다. 한국의 염전 작업에는 소(牛)를 사용하여 대부분의 구(溝)를 만든 것은 작업상 불편이 크다고 하는 것에서, 이 장치는 자못 그 마땅함을 얻은 것이라고 하겠다.

【연정(沿井)의 구조】

연정(沿井)은 '고(庫)'라고 칭한다. 이것을 만드는 것을 '작고(作庫)'라고 하며, 이를 반출하는 것을 '퇴고(退庫)'라고 칭한다. 구조는 곳에 따라 다른데, 그 보통의 것은 사하면(沙下面)·명호(鳴湖)·신도(新島)·덕산(德山)·창원(昌原)에 있는 것으로, 길이 20척, 폭 14척, 깊이 1척 남짓이다. 저부(底部) 및 사면(四面)은 점토로 만들고, 하저(下低)에는 볏짚(藁菰)을 깔며, 적하(滴下)하는 함수(鹹水)는 그 전면에 있는 넓고 야트막한 요지(凹地)에 유체(溜滯)시킨다. 이런 종류의 장치는 대체로 진보한 것으로, 그 괘수(掛水)는 사면의 구거(溝渠)로부터 인도하여 연정(沿井)에 접근시켜 운반의 수고를 덜게 한다. 연정의 면적이 커짐에 따라 1개의 수지장(受旨場)은 1반(反) 5무보(畝步)에 해당하게 되었다. 목포 부근의 염전은 약 1반(反)에 ■개의 원형 연정이 있었고, 그 크기는 직경 2칸이다. 울산의 것은 직경 1칸으로 1반보(反步)에 5개를 지녔다. 그것과 비교하여 모양이 다른 것은 주안면의 반원형의 것으로, 측면 7칸 반, 지름 4칸의 것이 2개를 갖추었고, 그 지장(地場)의 면적은 6반(反)부터 생겼다. 개흙을 여과하여 적출된 함수(鹹水)는 도쿠리(德利)형으로 깊게 땅속에 구조된 함수류(鹹水溜)에 저장한다. 도장리(道章里) 및 순리도(淳里島)의 연정은 타원형의 중앙을 절단하여 통행로로 만들고, 그 중앙에 깊게 함수류를 만든다. 양 반원에서 적하(滴下)된 함수는 연정 바닥 경사면을 유하(流下)하여 그 함수류로 유실(流失)한다. 이곳 거사리(巨沙里)의 사방형 및 장방형의 연정은 방(方) 7칸에 걸친 대장치를 이루고, 작은 것이라고 할지라도 4간각(間角) 16평의 면적을 가진 수십 개를 갖추어, 교대로 이것이 채함에 종사한다. 이와 같이 여러 가지의 방식으로 분기되었어도, 작고(作庫)·퇴고(退庫) 모두 우력(牛力)으로 살사를 집산(集散)한다. 여과장치는 어느 것이나 건초를 하저(下底)에 두께 5촌 정도로 깔고, 그 위에 흙을 덮고 해수(海水)를 주입하여 채함한다. 그러나 이런 함수류는 연정의 상단에서 깊이 2칸 정도 천입(穿入)시키기 때문에 담수삼출(淡水滲出)로 인해 함수를 희박하게 만들 위험이 있다. 이 외에 황해도 봉현염전(鳳峴鹽田)은 갯벌(干潟)의 중앙에 간사면보다 2칸 높은 길이 30칸, 폭 15칸, 약 1반무보(反畝步) 정도의 고지(高地)를 만들고, 여기에 제조장 및 소정(沼井)을 설치하였는데, 길이 6칸, 폭 1칸, 깊이 3척의 연정 5개를 갖추었다. 연사(沿沙)는 지장(地場)에서 담상(擔上)에 의해 그 높은 곳에 운반·저장하고, 점차 채함시켰는데, 그 노력을 소비하는 것은 다른 것에 비해 많았다. 이 땅은 해수간만의 차가 30척 이상이 되었기 때문에 이러한 특종의 설비를 만든다는 것은 작업하기가 불가능한 것이었다. 연정은 지반을 조금 높이고, 적출되는 함수는 자연스럽게 장치한 곳 안의 함수류로 유입하고 있으면 호안(好案)이 된다고 할 수 있다.

【개흙(撒沙)의 건조 및 채함 계절】

유제염전은 어느 것이나 5일 건조를 보통으로 한다. 지금 그 지리적 관계에 의해 이것을 보면, 사하면·명호·신도와 같은 낙동강 유역은 상시 수량이 과다하고, 해수의 농도는 그것 때문에 희박하여 모씨(母氏) 0.5도에 미치지 못한다. 이에 반해 목포 부근과 같은 곳은 영산강 유역에 있어도 해수가 깊게 만입하여 수심이 몇 길(尋)에 달한다. 따라서 해수의 농도는 약 모씨(母氏) 2도 내지 3도를 시험해도 구애되지 않는다. 일건시수(日乾時數)가 같으면, 이것이 전자에 있어서는 지질이 양호하여 해수 희박의 결점을 보충하고, 후자에 있어서는 지질이 점토여서 침투 및 증발의 작용이 충분하다는 데 기인하는 것이라 할 수 있다. 무제염전에 있어서는 1개월 2회의 소조 시(小潮時)에 작업을 하는 것에 불과하다면, 그 일건(日乾)과 같이 일정하게 준거해야 할 것이 없다. 따라서 건조시간의 다소는 문제될 가치가 없다. 채함 계절은 기후의 이동(異同)이 심하기 때문에 서로 다른 것이 많다. 순리도(淳里島)에서는 한력(韓曆) 2월에 시작하여 4월에 끝마치고, 다시 7월에 시작하여 8월에 마친다. 전후 통하여 5개월 10회이다. 5~6월은 우량이 많고 농업이 다망한 계절이기 때문에 휴업한다. 봉현염전(鳳峴鹽田)에서는 2월부터 4월에 이르는 3개월로 하여 채함 6개월에 불과하다. 주안면에서는 2월부터 5월에 이르고, 다시 7월부터 10월에 이르는, 통틀어 8개월 16회로 한다. 우량이 많은 해에는 6개월 12회 정도로 한다. 목포 부근은 2월에 시작하여 6월에 마치고, 다시 8월에 시작하여 10월에 마친다. 전후 8개월로써, 이 지방은 유제염전이기 때문에 날씨가 양호한 때에는 여러 번도 채함할 수 있다. 도장리(道章里)는 2월·3월·4월·7월·8월의 5개월로써, 6월은 비(雨), 10월~1월 간은 결빙(結氷)으로 인해 작업을 휴지한다. 명호·신도·사하면은 모두 유제염전이기 때문에, 날씨가 좋다면 연중 채함을 해도, 1월·2월·3월·7월·8월·9월의 6개월이 최적이 된다. 이곳의 4월·5월·6월은 우량이 많고, 10월·11월·12월은 결빙한다고 한다. 목포는 한국 중의 극남지로 기후의 평균을 얻고 있기 때문에 가장 우승(優勝)한 땅으로 안다.

【함수저장장치(鹹水貯藏裝置)】

함수 저류(貯溜)를 위하여 대호(大壺)를 갖춘 것은 사하면·명호 근변에서만 보일 뿐이다. 기타는 대호의 설치가 없다. 이 지방의 대호의 구조는 일본의 것과 같은 모양으로 점토로써 장방형으로 만들었다. 지붕(屋根) 역시 일본과 같은 모양이다. 송함(送鹹) 설비는 전무하여 먼 지장(地場)에서 인견(人肩)으로 운반된다. 염막(鹽幕) 안의 저장호(貯藏壺)는 장방형의 것으로 만들어졌는데, 홀로 다른 모습이 된 것은 경기·황해도에서 행해지고 있다. 저함(貯鹹) 장치에 대해서는 이미 앞의 연정(沿井) 부분에서 대략 서술했지만, 여기에서 그 상세한 것을 서술하자면, 이 저함 장치를 만들고 있는 염전은 모두 무제염전으로써, 연정호(沿井壺)는 비교적 연구가 잘 되었다고 본다. 즉 연정은 지장면(地場面)에서 점차 경사면을 이루고, 또 대조(大潮)에 잠기지 않기 위하여 높이 1칸 반 내지 2칸의 높은 곳에 있다. 원형을 통행로로 하여 가운데를 잘라 그 양측에 2개의 반원형의 연정이 있다. 이 두 연정의 중간 지하에 저장호를 만들었다. 그리고 상구(上口)는 방(方) 3척으로 했고, 우천에는 덮개를 하여 일견 우물(井戸)과도 같이 보이지만, 하저(下底)에 이르면서 점차 넓어져 방(方) 1칸 반에서 2칸에 이른다. 또한 점토의 이락(離落)을 막기 위해 탄갱(炭坑)에서의 입갱(立坑)과 똑같이 통나무(丸太木), 혹은 판(板)을 써서 겹쳐 놓고 있다. 연정에서 분출하는 함수는 상구에서 4~5척 정도의 곳에서 호내(壺內)로 넣어 저류시키고, 또 염막 안의 함수류로 보내는 것은 그 상구의 박(瓢)을 쪼갠 두레박(釣瓶)으로써 참작하여 위로 송조구(送潮溝)에 의해서 보낸다. 이것을 연정에서 먼 대호(大壺)로 운반하는 것이 필요한데, 명호·사하면의 것과 비교하면 노력을 감소시킨 것은 사실로써, 본식(本式)의 특징으로 볼 수 있다. 그렇지만 이 저함정(貯鹹井)은 깊이 지평선 아래에 있고, 대조 시에는 아득히 만조면(滿潮面) 아래에 있으므로, 다수의 수분을 삼출(滲出)하고 함수를 희박하게 만들기 때문에 커다란 손실이 생긴다. 그렇지만 이것을 구제하기 위해 부물용해장치(釜物溶解裝置) 및 청국염혼합용해(淸國鹽混合溶解) 등의 제법(諸法)을 쓰면 충분히 결점을 보완할 수 있어, 대체로 선량한 방식이라고 말할 수 있다. 유제염전에 있어서는 대호(大壺)를 장치하는 곳이 있고, 또 상위(上圍)하는 법을 써서 전오(煎熬)에 따라 채함하고, 염막 안의 용기로 보내 약간의 분량을 저류하고 있다.

【함수(鹹水)의 농도 및 비중법】

한국 염전에서 전오(煎熬)에 제공되는 함수는 모두 20도 이상으로 일본 염전의 것에 비해 크게 농후하다. 이것의 하나는 화력이 적은 송엽분(松葉焚)으로 연료를 절약하는 뜻이 있고, 토부(土釜)·석부(石釜)에 있어서는 희박함(稀薄鹹)으로는 다량이 누설하여 함수를 손실하기 때문에 농후한 함수를 사용하기에 이른 것이다. 대다수의 지방에서는 비중계(比重計)를 사용하지 않고 밥알(飯粒)로써 검사한다. 다만 부산의 전면에 있는 모(某) 염전에서는 점토를 총알(銃丸) 모양으로 뭉치어 송진(松脂)으로 그 외위(外圍)를 두르고, 실을 붙여 함수 중에 띄운다. 이것을 표준으로 하여 농담(濃淡)을 검정한다.

【생산액과 수지계산(收支計算)】

순리도염전(淳里島鹽田): 약 9반보(反步)

수입	지출
일금 408원 85전 - 1년산액: 192석 4구표 480표 - 단가: 2원 12전 5리	일금 190원(1부 1석분에 송엽 40포, 단가 2전 5리) 일금 19원 20전(부분임 1인 1일 30전, 64일분) 일금 9원 60전(1부 축조비 4원 80전, 2부분) 일금 129원 60전(작업고우 1필, 인부 2인; 퇴고우 1필, 인부 3인; 채함 및 함수운반 인부 2인을 요함. 소와 함께 9인으로써 1고의 채함량을 120짐(荷)으로 함. 1부는 30짐(荷)이 되기 때문에 4부를 태우는 원료를 얻음. 1염전이 6고를 가지고 1회의 채함은 24일분 8회 채함비로 연인원 432인. 1인임 30전) 일금 15원 75전(염막 80원, 잡비 5원, 부도구 20원, 계 105원. 고정자본에 대한 년 1할 5푼의 이자) 일금 16원 30전(승표 480표대, 1표에 3전 5리) 일금 10원(수선비) 일금 10원 20전(염세 년 1고에 2표 6개, 12표대)
계: 408원 85전	계: 401원 15전 차인: 7원 70전

거사리염전(巨沙里鹽田): 2정보

수입	지출
일금 1,128원 96전 - 1년 제염: 504석 - 단가: 2원 24전	일금 119원 95전 2리(채함비) 일금 53원 92전 8리(부용잡비) 일금 359원 85전 6리(연료) 일금 269원 64전(고인료)
	일금 26원 88전(공과금) 일금 20원 16전(고정자본 이자)
계: 1,128원 96전	계: 850원 41전 6리 차인: 278원 54전 4리

주안면염전(朱安面鹽田): 약 5반보

수입	지출
일금 280원(염 140석, 단가 2원)	일금 92원 40전(채함비. 작고인부 7인 2원 10전. 1일 30전. 년 4필임 1원 20전 계 3원 30전. 퇴고 동상. 계 1회 6원 60전. 14일분) 일금 21원(부분 2인 35일. 연인원 70인. 1일 30전) 일금 131원 18전(연료 1石에 93전 7리 140석분)

	일금 10원(부 2매 축조비. 1매 5원)
	일금 4원 40전(공과금 1년 춘추 2계납)
	일금 15원(자금 100원에 대한 이자)
	일금 11원 65전(승고 233표대. 1표 5전)
계: 280원	계: 285원 63전
	차인: -5원 63전

목포 고하도염전(高下島鹽田): 1정보(日本人)

수입	지출
일금 856원 (식염 428석. 단가 2원)	일금 256원 80전(연료 1석에 60전) 일금 180원(상고 2인) 일금 9원(세금) 일금 67원 50전(고정자본 이자) 일금 30원(수선비) 일금 46원 80전(임시고 1인 156일. 1일 30전) 일금 47원 76전(승표 597표대. 1표 8전)
계: 856원	계: 637원 86전(1石에 1원 45전 강) 차인: 218원 14전(순이익: 1石에 55전 약)

사하면(沙下面) 및 명호염전(鳴湖鹽田): 2정보

수입	지출
일금 2,860원 - 1개년 제염고 1,430석대 - 단가 2원	일금 130원 80전 - 800원 염전축조비, 72원 년 4필대 - 계 872원의 자금에 대한 년 1할 5푼의 이자
	일금 198원 - 상고인 2人. 년급 1인 24관문 - 소아 7인 84관문, 1인 12관문 일금 245원 70전 5리 - 고인 9인. 도비 1인 1일 70문. 단 주연초공(酒煙草共) 일금 1,650원 - 연료 1부 11석 7두에 대해 9관문. 송업 1파 45푼 비율 일금 37원 50전(1개년 세금) 일금 157원 81전 5리(승고 2,338표대) 일금 67원 50전(철부 1개대. 단 내구력 1년) 일금 43원 80전(년 4필의 식료. 1일 3전. 4두분 12전) 일금 72전(기구대대 및 가옥수선비)

수입	지출
계: 2,860원	계: 2,603원 12전 차인: 256원 88전

울산염전(蔚山鹽田): 2정보

수입	지출
일금 1,212원(염 607석대, 단가 2원)	일금 801원 24전(연료 1석에 1원 32전) 일금 202원 50전(노동임은 5인. 1인 1일 6원 75전. 6개월분) 일금 72원 84전(승고 1,213표대. 1표 6전) 일금 15원(자본금 100원의 이자. 년 1할 5푼) 일금 30원(부축비 및 수선비) 일금 18원75전(공과비금)
계: 1,212원	계: 1,140원 33전 차인: 73원 67전(순익금)

지금 한국에서의 염전의 수지계산을 마치고서, 일본에서의 1~2 염전의 수지계산을 실어 비교점검을 하려 한다.

히로시마현(廣島縣) 마쓰나가(松永)염전

수입	지출
일금 3,403원 41전	일금 1,078원 49전(석탄 421,430근) 일금 88원 10전 2리(제기계비) 일금 190원 92전 7리(승고비) 일금 772원 79전 4리(인부임)
	일금 103원 41전 1리(수선비) 일금 230원 1전 8리(잡비·공비) 일금 700원(소작료)
계: 3,403원 41전	계: 3,163원 74전 2리 차인: 239원 66전 8리(순익금)

후쿠오카현(福岡縣) 요바루(與原)염전

수입	지출
일금 1,800원 - 1년 1,200석, 단가 1원 50전	일금 185원 04진(채함비) 일금 57원 80전(연정사체출임. 1연정 5차 4,624개분. 1차 2리 5모) 일금 23원 12전(사토체산임. 23,120차. 1차 1리) 일금 96원(빈인임 빈지 24회. 1회 8인. 연192인. 1인 50전) 일금 96원(준비빈인임 1년 1,000회로 하여 192인. 1인 50전) 일금 260원(빈지임 1회 남16인, 여 12인. 24회분 임금 남 1인 50전, 여 25전) 일금 24원(토위점대 400매. 1매 6전) 일금 50원(부축임 1일 16부. 30日分 5매분) 일금 150원(부분임 150일분. 2인. 1인 50전) 일금 336원(석탄대. 1부 70근. 2,400부 16만 8천 근. 1만 근에 20원) 일금 94원 27전 5리(승고 3,771표대. 단가 2전 5리) 일금 49원 02전 3리(3,771표대. 단가 1전 3리) 일금 37원 71전(적장까지의 운송비. 1표 1전) 일금 105원(소작료 200표. 단가 52전 5리) 일금 30원(공과금 6원. 조합비 24원) 일금 60원(수선비, 가옥기구) 일금 180원(소작매수대금 1,200원의 1할 5푼의 이자) 일금 50원(잡비)
계: 1,800원	계: 1,897원 96전 8리 차인: -97원 96전 8리(손금)

이상 열기(列記)한 곳의 계수(計數)는 비교적 정곡을 얻을 수 있는 것이라고 믿는다. 그러나 그 사이 여러 가지 차이가 있는 것은 기후의 적부, 노은(勞銀)의 고저, 교통의 편부(便否), 작업의 선악(善惡), 자본의 다소(多少), 염질의 양부(良否) 및 연료·기타원료의 염귀(廉貴)에 커다란 관계를 가지고 있기 때문이다.

이상 표시한 곳에 의하면 손금(損金)이 최대인 곳은 주안면의 11원 26전이고, 요바루(與原)의 4원 89전 8리가 그다음이다. 그리고 순익이 상위에 있는 곳은 목포의 21원 81전 4리를 시작으로 마쓰나가(松永)의 15원 97전 7리, 사하면의 12원 84전 4리, 거사리의 11원 26전, 순리도의 13원 15전, 울산의 3원 68전 4리가 된다. 따라서 한국이 어떻게 염전에 적당하고, 일본 염전에 비해 우승(優勝)의 지위에 있을까를 살펴봐야 할 것이다. 그러면 상당의 자본을 내려 극도까지 개량하는 데 있어서는 예상 외의 좋은 결과를 얻을 수 있을 것이다.

【식염 수요공급의 상황】

한국에서의 식염의 수용 및 생산고와 같은 것은 하등의 통계로 비추어 볼 것이 없다고 해도, 명확한 숫자를 나타내는 것이 있다. 따라서 이것의 대체를 타산하는 것으로는 인구에 기초를 취할 수밖에 없을 것 같다. 만일 인구를 1,000만 명으로 보고, 1인의 수용액(需用額)을 1년 2말(斗)로 할 때 총 수용고는 약 200만 석(石)이 된다. 일본에서 수입하는 것 약 8만 5000 석, 청국 산동성(山東省)에서 수입하는 것 5,400만 근, 100근을 4말로 하여 21만 6,000석, 합계 30만 1,000석으로써, 그 잔액 179만 9,000석은 한국 전체의 생산고가 된다고 상상할 수 있다. 지금 이 생산총액을 8도에 할당할 때는 대체로 전라도 40%, 경상도 20%, 충청도 20%, 경기도 10%, 황해도 5%, 평안도 4%, 강원·함경 양도는 1%의 비례가 된다. 그런데 이렇게 산액에 커다란 우열이 있는 최요인(最要因)은 (1) 조류(潮流) 및 그 간만 차(干滿差)의 다소, (2) 기후, (3) 수용(需用)의 다소에 있다. 한국 연안의 간만의 차는 함경도를 최소로 하여 원산은 겨우 3척을 보이는 것부터, 남진하면서 점차 차이가 증가하여, 울산 3척 5촌, 부산 4척 5촌, 목포 13척, 군산 20척, 인천 33척, 진남포 28척의 최대한을 보인다. 따라서 일본해(동해) 방면, 즉 북한의 연해는 갯벌이 없기 때문에 염전 축조는 전혀 불가능하다. 단지 영흥만(永興灣) 내 파랑(波浪)이 잔잔한 곳에 적은 분량의 염전뿐이고, 식염의 공급이 전무한 송화강(松花江)·성진(城津) 부근에서는 각 연안의 주민은 각자 연안으로 나와 납작한 냄비(平鍋)에서 해수를 자비(煮沸)하여 약간의 식염을 얻거나, 또는 지물(漬物) 계절에 이르러서는 채소를 해안으로 운반하여 해수로써 세척하고, 그대로 지물로 한다고 한다. 보통 이 지방은 인구가 극히 희박하다. 따라서 수용액도 적어 일본염 및 지나염(支那鹽)의 수입으로 공급의 결핍을 채운다. 서해안에서는 완전히 이것과 정황을 달리하여, 썰물(落潮) 때에는 상당히 간사면(干瀉面)을 노출하고, 밀물(滿潮) 때에는 해수로 인해 덮인다. 그런데 이 지방의 간만의 차는 과대하기 때문에 유제염전을 만들면 제방의 높이가 15척 내지 40척을 필요로 하여 매우 곤란한 일에 속했다. 따라서 재래의 염전은 거의 모두 무제염전으로 작업 시간이 단소(短小)하였고, 이것이 그 면적을 크게 하여 산액이 요다(饒多)해지는 이유가 되었다. 이 지방은 북한에 비해 인구가 조밀하여 식염의 수요가 큰데, 그 부족분은 남서해안의 산염(産鹽) 및 청국 산동성의 천일염(天日鹽)으로 이를 보충한다. 부산·목포 간 및 목포·전라남도의 연안은 간만 차가 4척 5촌 내지 14척 정도여서, 그 연안은 썰물 때에 막대한 갯벌을 현출(現出)한다. 지질은 경상도에 있어서는 세사점(細砂粘)이 풍부한 땅이 많고, 전라남도는 대체로 점토질이어도 세사(細砂) 역시 적지 않다. 기후는 혹한·극열에 치우치지 않고, 중화(中和)를 잘 유지하여 연중 대부분이 작업에 적합하며, 현재 생산액은 전국의 반액 이상에 달한다. 이 지방은 인구가 요다(饒多)하여 수용이 많다. 부산에는 다소 일본염의 수입이 있지만, 전라남도의 산염은 이 지방의 수용을 채우고, 그 잉여로써 전라북도 및 충청도 지방의 공급을 보충하고 있다. 부산 부근은 목포 지방에 비해 우량이 많다는 점에 있어서 제염지로서 하위에 있게 되었다.

【염의 배급 상태】

식염의 생산지에서 수용지로 배급되는 것은 주로 재래의 한선(韓船)과 인배(人背)에 의해서이다. 그러나 대부분의 하천은 동기(冬期)에 얼음 때문에 교통이 두절된다. 따라서 동기에는 염의 운반이 곤란하다. 또한 세만(歲晚) 전에는 지물용(漬物用) 등 식염의 수용이 번성한 시기여서, 연중 결빙(結氷)의 근심이 없는 낙동강 유역에서의 염가(鹽價)는 일시에 크게 등귀하는 것이 관례가 되었다. 다른 지방에 있어서는 결빙 전에 수개월의 식염을 준비하지 않으면 안 되었기 때문에, 가액이 일층 등귀하는 것은 자연의 도리였다. 결국 현시(現時) 교통의 불편함과 자금의 여유롭지 못함 때문에 염가의 1년 내에 있어서의 고저(高低)의 차이가 현저하며, 염의 상업은 자못 유리하다고 인정되고 있다고 한다.

전라남도 산출의 염은 영산강을 따라 영산포(榮山浦), 기타의 지점으로 육양(陸揚)된다. 남평(南平)을 시작으로 기타의 시장에 수송되고, 다시 각 지방에 배급하는 외에 금강을 따라 강경(江景)·논산(論山)·공주(公州)·부강(芙江) 등의 각지로 육양된다. 각 주요 시장으로 배급하는 그 고(高)는 대략 금강 28만 석, 영산강 10만 석 정도라고 한다.

【외국염 수입 상황 및 수입지(輸入地)】

한국 식염의 부족은 일본염 및 청국 천일제염의 수입으로 보충되었다는 것은 앞에서 서술한 바인데, 일본염은 부산 및 원산으로, 대만염(臺灣鹽)은 부산으로 수입하였고, 청국산염(淸國産鹽)의 수입은 압록강, 대동강, 한강 유역을 주로 하여 그 가격의 저렴함으로 인해 점차 판로를 확장하였다. 근래는 금강 유역에도 청국염의 수입을 보기에 이르렀다고 한다. 그러나 그 수입은 동국(同國) 민선(民船)에 의한 것으로, 밀수입(密輸入)에 속하기 때문에 그 수액

(數額)을 알 수 없지만, 밀수입선의 수가 수백 척에 이를 만큼 많다고 하는 것을 보면, 그 수입액도 매우 적다고 할 수 없을 것이 분명하다. 한국 해관 통계에 보이는 염의 수입고는 다음과 같다.

연도	수량(단위: 담 擔)	가격(단위: 원)
1899년(明治 32)	199,766	138,500
1900년(明治 33)	150,536	99,204
1901년(明治 34)	216,339	135,954
1902년(明治 35)	131,188	78,353
1903년(明治 36)	307,222	151,998
1904년(明治 37)	265,572	142,913

【한국 염업 개량의 요점】

한국은 제염지로서 우량이 적고, 공기가 건조한 점에서 일본에 비해 뛰어나지만, 조업법은 낙동강 부근의 일부를 제하면 모두 유치한 상태에 있다. 대만염 및 청국염의 수입에 대해 경쟁하려면 현재의 방법을 개량하여 생산비의 감소를 계획하지 않으면 안 된다. 지금 개량의 요점을 말하자면 다음과 같다.

(1) 개흙(撒砂)을 개량하고, 또 그 분량을 감소하여 3분의 1 내지 4분의 1로 하여 격일 채업(採業)으로 할 것
(2) 현재의 고(庫), 즉 연정(沿井)을 개량하고, 지반을 평균하여 요철이 없도록 하며, 개흙의 건조를 균일하게 시킬 것
(3) 넓게 증발지(蒸發池)를 만들고, 해수의 수분을 증발시켜 농후한 모액을 만들어 여과(濾過)에 제공할 것
(4) 가마(釜)를 개량하여 선철(銑鐵) 또는 석부(石釜)로 하고, 비교적 고가인 송엽(松葉)을 석탄을 태우는 것으로 바꿀 것
(5) 일건식(日乾式) 염전을 만들어 천일염을 제조할 것

【청국염(淸國鹽)을 원료로 하는 재제(再製)에 채용할 수 있는 용해액(溶解液)】

원래 식염의 생산비 중 노은(勞銀) 및 연료는 그 주요한 것으로써 손익의 분기인 바이다. 이 양자로 나오는 보통 염전에서 이미 그러한데, 하물며 고가인 원료를 사용하여 재제(再製)하는 것에 있어서랴. 연료의 다소(多少)는 용해 시에 있어서 수분의 다소와 밀접한 관계를 가진 것이기 때문에, 연료를 절약하고 아울러 결정 시간을 단축시키려면 힘써서 농후한 모액을 제출(製出)하는 것이 필요하다. 식염의 결정점은 모씨(母氏) 26도가 되면서부터이다. 22도 정도로 용해하는 때는 식염 1석에 대한 물(水)의 분량을 약 1석 6두가 되게 하면 크게 과오가 없을 것이다.

용호도(龍湖島)에서의 해수 시험의 결과를 표준으로 하는 때는 1석의 해수 중에 함유된 식염은 1관(貫) 333돈(匁)으로, 4승(升) 4합(合) 4작강(勺强)에 해당한다. 따라서 해수 용해는 담수 용해에 비해 1석 6두, 즉 청국염 1석의 용해량에서의 그 중량 2관(貫) 132문(文) 8푼(分)이다. 용량 7근(斤) 1합강(合强)에서 1근의 값을 우리 2전(錢)으로 가정하면 14전 2리이다. 1일 30석의 용해를 하기에 필요한 해수량은 48석으로, 여기에서 얻어지는 바의 돈은 일화(日貨) 6원 81전 6리의 다액으로 올라간다. 여기에 사역되는 노은 30전을 공제하고도 6원 51전 6리의 이익을 거둘 수가 있다(10석에 2원 17전 3리). 그렇다면, 해수 용해와 경사염전(傾斜鹽田)[78]에서 채취되는 희박모액(稀薄母液)으로서 용해되는 것과의 비교는 어떠한가? 그 이해(利害)를 대조하는 것은 매우 긴밀한 주의가 필요하다. 왜냐하면 경사염전은 그 설비가 비교적 복잡하여 상응하는 고정자본을 필요로 한다. 본래의 성질에서 말하자면 경사염전은 포취법(布取法)·옥상증발법(屋上蒸發法)·기조가법(技條架法) 내지 일건식(日乾式) 제염법의 변체(變體)이고, 게다가 그 법식의 결점을 보수(補修)·진보시킨 방법이다. 따라서 건조가 심하고 우량이 적은 한국에서 가장 적합한 양식(良式)이라고 생각되지만, 고정자본을 필요로 하기 때문에

---

78 경사염전(傾斜鹽田)은 '유하식(流下式)' 염전으로도 불린다. 1880년대 일본의 제염 실태를 조사한 독일인 오스카 코르쉘트(Oskar Korschelt)가 제안한 제염법으로, 유하반(流下盤) 등의 채함시설을 이용하여 해수를 자연 유하시키는 사이에 해수 중의 수분을 태양열과 풍력으로 증발시키는 방식이다. 하지만 채함(採鹹) 과정에서만 천일제염법일 뿐, 이후 채취된 함수를 전오(煎熬)시켜 결정염으로 만드는 과정은 기존의 방식과 똑같은 전오제염법이었다. 이러한 경사염전은 19세기 말 일본의 일부 지역에서 실용화되기도 했지만, 대량의 해수를 길어 올리는 펌프 시설이 당시로서는 미성숙하여 1910년대에 대부분 폐지되었다(小澤利雄, 2000, 『近代日本塩業史—塩專賣制度下の日本塩業』, 大明堂, 20~21쪽).

널리 그것이 설비되는 것은 매우 복잡한 일이 된다. 그렇지만 하나의 작은 부분에 특설(特設)하고 보조장치로 하는 것이 어쩌면 합당한 것이라고 할 수 있을 것이다. 이 염전의 성적을 명시하기 전에 아래에 1일 10석의 모액을 얻기에 필요한 면적 및 그에 수반하는 공비(工費)와 작업상에 지출해야 하는 노은을 계상하겠다.

완연한 설비를 이루려면 연와(煉瓦)·시멘트, 혹은 금속판(金屬板) 등을 갖추어야 하겠지만, 이것들은 다대한 비용을 필요로 하기 때문에, 간편한 방법을 잡는다면 그 원료는 점토로 만드는 것이 적당하다. 점토는 한국 어느 곳에서도 윤택하게 채취할 수 있고, 또 그 질이 치밀하여 해수 삼출(滲出)의 걱정이 없을 뿐만 아니라, 그 색깔이 회흑색으로 능히 일광(日光)을 흡수하고 증발을 신속하게 하는 기능을 가지고 있다. 그렇지만 건조되는 지면에 있어서는 수분의 방산(放散)으로 간간이 균열을 생기게 할 위험이 있으므로 상당히 습윤한 땅을 선택할 필요가 있다.

재제(再製)에 제공되는 용액의 농도는 보메-씨(氏) 비중계(比重計)로 8도 내지 10도의 것을 상자(上者)로 인정한다. 왜냐하면 농후한 모액은 포화상 몹시 장기간을 필요로 하기 때문에 8도 내지 10도의 모액은 경사염전면 1평에서 대략 1일 3승(升)을 얻을 수 있다. 이 계산에 의한 때는 330보(步)의 증발면을 가진 염전을 구조한다면 충분하다. 그러나 그 경사(傾斜)의 적합은 1칸에 1촌(寸) 2푼(分) 정도로써 적당하고, 그 두께는 평균 1척이면 충분하다. 이 입적(立積)을 기초로 하여 전 면적에 필요한 점토는 55평을 필요로 하는 비율이 된다. 지금 본 설비에 대해 계산을 해보자면 다음과 같다.

【경사염전(傾斜鹽田) 설계서】

길이 22칸, 폭 3칸의 것 5개를 병렬한 총면적 330보(步)

- 일금 30원: 토지 2반보(反步) 매입대. 1반보에 15원
- 일금 110원: 점토 55평대. 1평에 2원
- 일금 82원 50전: 점토돌견(粘土突堅) 인부(人足) 1평에 5인. 1일 임금 30전. 연인원 275인분
- 일금 40원: 족답기계(足踏機械) 매입대
- 일금 5원: 목통(目通) 1척 순환하는 죽(竹) 5본 대금. 1본에 1원
- 일금 10원: 수양기계(水揚機械) 설치(据付) 공비

- 일금 3원: 물내리기(水下)에 필요한 면건(綿巾) 혹은 주려피(株梠皮) 대금
- 일금 10원: 공사에 필요한 잡비
- 일금 40원: 예비비
- 일금 50원: 100석을 저류할 수 있는 대호(大壺). 길이 3칸, 폭 2칸, 깊이 8합(合). 입적(立積) 40평 8합
- 합계: 380원 50전

이상의 설비로 청천(晴天) 8개월간 영업을 한다. 그리고 1개월 중 취업일수를 25일로 한다면 200일로 하여 1일 8도 내지 10도의 희박함수를 10석씩 채수(採收)하는 때에는 200일에 있어서는 2,000석을 얻는다. 이 함수 중에 3할의 식염을 함유하고 있다면 600석이다. 1석에 금 2원으로 매각한다면 1,200원의 수익을 얻는다.

- 일금 57원 75전: 고정자본의 이자. 1할 5푼
- 일금 3원: 흡수포 신조 대금
- 일금 30원: 수선비
- 일금 144원: 토인(土人) 2인 일급 30전. 240일분
- 합계: 234원 75전

이상의 생산비를 공제한다면 965원 25전을 계출(計出)한다. 이것을 200일로 나눈다면 1일 10석의 함수에서 얻는 바는 4원 82전 6리강(强)이다. 해수 중에 함축된 식염에서 얻는 2원 17전 3리보다 많이 얻는 것이 실로 2원 65전 3리가 된다. 이것은 담수 용해는 해수 용해에 미치지 못하고, 해수 용해는 경사염전(傾斜鹽田) 모액채수(母液採收)에 미치지 못한다는 것을 증명하기에 충분할 것이다.

【온천전오(溫泉煎熬)와 송엽분(松葉焚)의 우열】

이 우열을 비교해 보면, 송엽은 연료의 운반에 하등의 불편이 없지만, 온천은 해안을 떠나 어느 정도의 거리가 있다. 이 점에서 전오장치(煎熬裝置)를 하는 것으로는 원료, 즉 청국염을

운반하지 않으면 안 된다. 이것이 운반에 필요한 비용과 보통 재제(再製)하는 연료와의 비교가 어떠한 숫자에 의해 형태를 가질까? 또 보통의 재제는 해수 용해를 하는 데 반해 온천전오(溫泉煎熬)에서는 지세(地勢)상 담수 용해를 하지 않으면 안 된다. 그러나 이것으로 생기는 손익을 인정하고 있는 마산온천(馬山溫泉)은 황해도 용호만(龍湖灣)의 동북안(東北岸)에 있다. 선박의 계박지(繫泊地)인 용호도(龍湖島)에서 육로로 4리이다. 만(灣)은 깊게 육지로 만입하고 온천은 만안(灣岸) 반리의 땅에 있다. 용호도는 청국선(淸國船)의 정박지로서, 원료염 적재선은 마산온천에서 반리의 앞바다(沖合)에 계박할 수 있다. 따라서 본선(本船)에서 포장을 한 뒤, 하선(荷船)에 의해 육안(陸岸)까지 운반시킨다면, 소선(小船) 1일의 고용임금(雇用賃金)은 보통 2원이다. 만일 1회의 운반량을 3,000근으로 하면 육안까지의 거리가 6~7정(町)이므로, 6회의 왕복을 하여 1만 8,000근을 운반할 수 있다. 이것으로 계상되는 임금은 1만 근에 1원 11전 1리에 해당한다. 또한 육안에서 마산온천까지는 한리(韓里) 5리(우리의 반리)로 가정하여, 우차(牛車)를 써서 운반하는 것은 1차에 1,000근을 적재한다. 1회 40전으로 한다면 이것으로 계상한 염 1만 근에 필요한 운임은 4원에 상당한다. 합계 5원 11전 1리로서, 여기에 인부임(仲仕賃)·포장(俵裝)·기타 잡비 1원을 견적해도 6원 11전 1리에 불과하다. 그리고 재제 후 다시 동액의 비용을 투하하여 반출한다고 해도 12원 22전 2리의 비용으로써 족하다. 그리고 송엽분(松葉焚)은 어떠한지의 예를 순리도염전(淳里島鹽田)에서 취한다. 이를 설명하자면, 동도(同島) 염전에 있어서 연료는 시송엽(柴松葉)의 혼합된 것으로 하였다. 조사 결과에 의하면 1석의 식염을 제조하는 데 드는 연료는 단가 2전 5리의 것 40파(把)로써 1원이 된다. 지금 만일 1석의 중량을 175근으로 한다면, 100근에 대해 60전약(弱)의 신가(薪價)를 지불하지 않으면 안 된다. 이 단가를 표준으로 하여 산출 식염 1만 근에 대해서는 실로 60원이라는 다액으로 오르는 것을 본다.

이상 온천전오에 필요한 운임과 송엽분에 쓰는 연료를 비교하여 보면, 1만 근에 12원 22전 2리와 60원으로서, 온천전오의 이익은 실로 47원 77전 8리가 된다. 그리하여 1석의 중량을 180근으로 하면 1만 근의 용량은 우리 55석(石) 5두(斗) 5승(升)으로써, 1년에 1,000석의 전오(煎熬)에 이용하는 바는 일화(日貨) 418원 60전이 되므로 천연력(天然力)의 이용이 깜짝 놀랄 수밖에 없다. 이 안에 송엽분의 이익으로 하는 해수 용해에서 얻는 바의 이익금 1,000석에 대한 71석 142원(용해해수 10石에 포함된 식염 7斗 1升, 1원 42전 前揭)을 감해도, 다시

276원 60전의 순익을 얻을 수 있다(1石에 2전 7리 6毛 6).

【송엽분(松葉焚)과 석탄분(石炭焚)과의 우열】

　　제염용의 석탄은 특별한 성질을 가진 혼합탄(混合炭)으로, 보통 와카마쓰(若松) 출하 13원(1만 근)의 것으로 충분하다. 그리고 여기에 필요한 관세(關稅)는 65전, 와카마쓰(若松)-인천 간의 운임을 1톤 2원 50전, 수양임(水揚賃) 3원(1만 근)으로 하면 합계 31원 50전이 된다. 식염 1석을 만드는 데 140근으로 하면 44전 1리, 부분임(釜焚賃) 20전을 더하여 전오비(煎熬費)는 64전이 된다. 송엽분(松葉焚)은 예를 순리도염진(淳里島鹽田)에서 취하면, 동(同) 염전이 1석을 만드는 데 필요한 송엽은 일화(日貨) 2전 5리의 것 40파(把)를 필요로 하여, 그 총가(總價) 1원, 부분임(釜焚賃) 7전 5리를 더한 1원 7전 5리로써, 석탄전오(石炭煎熬) 쪽 이익이 되는 것이 실로 43전 5리나 된다.

【염전(鹽田)과 재제(再製)의 우열】

　　한국염전에서 채함비(採鹹費)와 청국염의 대가(代價)와 비교하여 염전과 재제(再製)의 우열을 판단하고자 한다. 한국염전은 황해도 순리도염전(淳里島鹽田)을 표준으로 할 수 있다면, 이하 재제 제조에 필요한 설비 및 그 비용을 정산하여 1석의 재제로 염전의 비용과 비교하여 얼마나 손익이 있는가를 점검해 보겠다. 쇼도시마(小豆島) 코크스(骸炭) 여열식(餘熱式)에 있어서 대만염 재제, 기타는 금물용해(金物溶解)에 의한 재제의 실례(實例)에서 추측되는 100근의 원료염을 2도 내지 10도의 해수 또는 함수로 용해한다. 재제하는 때는 100근(용량 4斗)의 원료는 100여 근이 되고, 그 용량에서는 거의 6두(斗) 내지 7두가 되는 것에 이른다. 이들 원료의 당시는 결정(結晶)이 조밀해도 재제 후는 분자(分子)가 증가하여 공극(孔隙)이 발생한다. 지금 5할의 증량을 견적하는 때는 1석의 재제염을 얻으려면 그 원료염은 6두 7승(升)이 되어야 한다. 설비 중에 있는 제조처는 양자와 똑같은 것을 쓴다. 가마는 철부(鐵釜)를 사용해도, 그 비용은 설비 당시에 많은 비용이 필요하지만 내구력이 있기 때문에 석부(石釜)와 큰 차이가 없다. 용해조(溶解槽)는 연정(沿井)의 제작비와 백중이라 할지라도 이 또한 양자의 사이에서 심하게 차이가 있음을 인정한다. 그 차이점은 다음과 같다.

염전(1석당)	재제(1석당)
일금 1원(연료) 일금 7전 5리(부분임) 일금 1전 4리(토부축조비) 일금 67전 5리(채함비) 일금 8전 2리(고정자본 이자) 일금 8전 8리(승입 2표반대. 1표 2전 5리) 일금 5리(염세) 일금 2전 6리(수선비)	일금 80전(염액이 농후하기 때문에 2할이 감해지는 것을 예상하여 32파) 일금 7전 5리(부분임) 일금 1전 6리(철금을 60원으로 하여 1년 2천부를 때는 1석의 손금) 일금 6전(용해표장상고 1인. 1일 30전을 5 제한 것) 일금 9전 4리(부옥·기구·기타 고정자본을 250원으로 하여 1부당 이자) 일금 83전 8리(청염 6두 7승 167근 5합되. 1근에 5리) 일금 8전 8리(동상) 일금 5리(동상) 일금 5리(수선비를 20원으로 하여 3,000부로 할당한 것)
계: 1원 96전 5리	계: 1원 98전 1리

앞의 표에 의해 이것을 보면, 1석에 재제는 염전에 떨어지는 것이 1전 6리이다. 1석의 매가(賣價)를 2원으로 할 때는 염전의 수익은 3전 5리이고, 재제는 1전 9리가 된다. 만일 기후를 완전히 이용하여 한국 염전에 충분한 개량을 하는 경우에 이르면, 대체로 커다란 이익을 볼 수 있을 것이다.

【해수 분석상에서 얻어진 결과】

구마모토(熊本) 세무관독국(稅務管督局) 감정부장(鑑定部長) 사토 야스키치(佐藤保吉) 씨는 1904년(明治 37) 8월 한국 시찰 도중, 목포 영산강 하류 및 진도해협의 해수를 채취하여 귀국한 뒤 화학적 분석을 하였는데, 그 성적은 다음의 표와 같다.

한국 전라남도 해수 분석표 (단위: g)

장소	반응	비중	온도	크롤나트륨	황산칼륨	황산칼슘	황산마그네슘	크롤화마그네슘
진도해협	약알칼리성	1.02421	섭씨 21	2.56525	0.1420	0.1365	0.39927	0.39929
영산강	동상	1.02360	섭씨 19	1.6330	0.19568	0.052	0.1553	-

전기 분석의 교차(較差)는 비중(比重)에서 0.0006, 온도에서 3도, 크롤나트륨 양에서 0.93225이다. 진도에서 우수한 바가 있는 것은 하나는 유역 수십 리의 하구(河口)에 위치하고 있기 때문에, 어느 정도의 하수(河水)가 혼재하고, 또 잡물(雜物)이 많아도 대륙을 쇄류(洒

流)하는 우수(雨水)가 여러 가지 잡물을 수반하는 것에 의한 것과 같다. 그리고 진도해협에 이르러서는 조류가 급격해져서 공기와의 마찰을 세차게 일으켜 다량의 증발을 촉진하고, 강구(江口)와 멀어 담수의 혼효가 없는 것에 의한 것임을 알 수 있다. 지금 이것이 일본의 주요 염산지의 해수에 비해 어떤 것이 우승(優勝)한 것인가를 시험해 보겠다.

내지 해수 분석표 (단위: g)

채취장소	염화조달 (鹽化曹達)	염화가리 (鹽化加里)	염화고토 (鹽化苦土)	유산석화 (硫酸石灰)	유산고토 (硫酸苦土)	온도	고형물합계 (固形物合計)	비중
아와 다카시마무라 (阿波 高島村)	2.59	0.143	0.313	0.290	0.088	22.4	3.424	1.0235
아와 미나미사이타 (阿波 南齋田)	1.825	0.114	0.247	0.099	0.158	22.2	2.442	1.0175
무사장국 다이시카와라 (武藏國 大師川原)	0.989	0.058	0.132	0.054	0.086	8.7	1.319	1.0120

앞의 표 다카시마(高島)에서의 해수는 드문 우수의 혼화를 보는 데 불과하지만, 미나미사이타(南齋田)의 해안은 유명한 요시노가와(吉野川)의 말류(末流)를 지나 2리를 나오지 않고, 또 다이시카와라(大師川原)와 같은 곳은 로쿠고가와(六鄕川)의 하구(河口)를 지나 1리에 미치지 않아서 하수의 혼입을 면하기 어렵다. 이 때문에 그 비(比)는 다카시마(高島)에 대해 3분의 1을 보인다. 이곳의 해수의 농담이 채함량에 중대한 관계를 가지고 있음을 보이는 적절한 입증으로써, 대륙에 접속된 염전이 어떻게 불리한지, 도서(島嶼)의 염전이 어떻게 유망한지를 엿볼 수 있다. 이 역시 염전 위치 선정상 고핵(考覈)할 만한 사항이다.

【한국과 천일염전】

현재 한국의 염전은 모두 전오염(煎熬鹽)이고, 또 불완전한 구조로 조업을 하고 있는 것은 앞의 각 항에서 그 대요(大要)를 다하였다. 또한 개량의 요점도 기술하자면, 즉 현재의 염전을 어느 정도까지 개량하는 것 외에 다른 방책을 세울 수는 없는가? 그리고 현재 및 장래에 있어서 청국 및 대만염에 대해 승산이 있겠는가? 이것들은 장래에 있어서 한국염전의 사활

문제로서 쉽게 논단할 수는 없겠지만, 어느 정도까지 생산비를 줄이지 않는다면 도저히 패열(敗劣)의 위치에 설 수밖에 없을 것이다. 천일염전은 천연의 많은 것을 이용하는 것이기 때문에, 시종 인공과 인공적 화력에 의한 염전제(鹽田制)가 우승의 지위에 설 수 없는 것은 누구라도 인정하는 바이다. 먼 미래는 어떨지 모르겠지만, 가까운 장래에 있어서 한인의 기호·습관에 극변(劇變)을 주어 비교적 가액(價額)이 저렴한 청국염이 독점하는 데 이르는 것이 어렵다는 것은 일본 내지(內地)에서의 대만염 역사로 보아 명료하다 할지라도, 점차 청국염으로 인해 그 판로를 침식당할 것이라는 생각이 미치기에 어렵지 않을 것이다. 천일염전이 한국에서 성효(成效)할 수 있다는 것은 세계 각국에서 현재 행해지는 제염법에 따라 그 단점을 버리고, 가장 장점을 이용하는 형편에 있을 뿐이다. 그 기상(氣象)은 세계의 천일염전지에 방불하고, 그 지질과 같은 것도 서안(西岸) 일대에서는 강점토질(强粘土質)이며, 또한 갯벌의 광활함은 어떠한 대규모의 제염장을 구조하여도 하등의 지장이 느껴지지 않는다. 대체로 제염 조업의 주요 목적은 물(水)과 염분을 분리하는 것에 있는 것으로써, 천일염전은 우설량이 적고 증발이 극심한 토지라면 어떠한 곳이라도 응용할 수 있는 것이다. 일광(日光)의 열력은 절체한 필수조건이 아니고, 온도는 비교적 저위(低位)라도 부단히 건조한 공기의 공급으로 충분한 목적을 달성할 수 있다. 대만, 인도와 같은 열대지방은 공기 중에 다량의 습도를 함유하여, 일광력(日光力)에 의한 것 외에는 수분 증발을 촉진하는 것이 없다. 그 공기의 습분(濕分)의 어느 정도는 북방 한대지에서 보낸 건조한 공기의 유동에 의해 그 정도를 줄이는 것과 관계가 있어, 이런 건조한 공기의 증발력이 태양열 이상으로 있음을 알 수 있다. 그 통증(通證)은 청국 산동성과 발해만 안에 있는 무수한 천일염전의 존재에 있다. 청국 천일염전이 특장(特長)으로 하는 바는 만주 평원에서 남부를 관통하는 상당히 건조한 공기를 이용하는 것이다. 또한 산악이 이 공기를 가릴 수 없는 곳에 위치한 한국에 천일염전을 구조하는 것의 이익은 (1) 청국 수입염에 비해 운임의 다액이 필요하지 않다는 것, (2) 청국염전지는 동계에 결빙하지만 한국의 어느 부분에서는 동계라도 그 방법을 적절히 하는 조업을 계속할 수 있다는 것, 이 양자에 의해 그 우열은 각기 상쇄할 수 있다. 이에 비로소 대항의 여지가 있다고 하겠다.

 대만염의 수입에 관해 세상 혹은 상당한 희망을 거는 종관철도(縱貫鐵道) 연도(沿道) 수백만 명의 수용을 채우기 위해 장래 막대한 수량에 달할 것이라고 해도, 여기서는 단지 대만염의 가격을 현재의 한국염 및 일본 수입염의 가격과 비교하여, 특히 일본에 비해 100근에 40전 이상의 차이가 있다는 사실에 기반하는 것으로 한다. 그런데 이 타산은 매우 박약한 것으로 그 이유는 현재 황해·평안도 및 경기·충청의 일부는 청국제 천일제염의 단골 거래처(得意先)로써, 거의 6,000만 근을 공급하고 있다. 만약 대만염 및 청국염의 원가가 모두 천일염전이어서 마찬가지라고 해도, 한편으로 청국염은 산동성의 제품이기 때문에 압록강 또는 대동강까지는 200해리 내외에 불과하다. 그 운임도 지나(支那)의 '정크선'이어서 싼 값에 수송할 수 있다. 여기에 반해 대만의 산지 타이난(臺南)에서 부산까지는 700해리 이상이고, 더하여 기선(汽船) 편에 의하지 않으면 안 된다. 그 운임의 차이는 현저한 것임을 알아야 한다. 종관철도 개통 후는 청국 천일염이 점점 더 한국염 시장으로 침입할 것은 의심을 품지 않을 수 없다. 이에 대해서 대만염은 결국 열패의 위치에 서지 않으면 안 된다. 또한 한국염전의 경쟁자는 대만염이 아니라 일위대수(一葦帶水)의 피안(彼岸)에서 무한의 생산력을 가진 청국염이라는 것은 이 또한 의심 없는 바이다. 따라서 내지(內地)의 경험 있는 염업자가 잇따라 도한(渡韓)하여 상응하는 자본을 투자하고, 기성 염전의 개량을 실행하며, 한국 천여(天與)의 편익을 이용하여 천일염의 제조를 창시하는 것 외에는 다른 방법은 없을 것이다.

【나주군도(羅州群島)의 염업: 1905년(明治 38) 5월 조사】

나주열도(羅州列島)는 목포의 서북 6리의 해상에 있다. 그 형상은 타원형으로 배치되었고, 내해(內海)를 팔구포(八口浦)라고 칭한다. 열도 중의 주도(主島)는 자은도(慈恩島), 암태도(巖泰島), 팔금도(八禽島), 기좌도(其佐島), 안창도(安昌島), 장산도(長山島), 상태도(上苔島), 하태도(下苔島), 하의도(河衣島), 도초도(都草島), 비금도(飛禽島)의 11개 섬으로, 무수한 소서(小嶼)가 그 사이에 점철한다. 한국의 산염지(產鹽地)로 뛰어난 각 섬의 염막(鹽幕) 수는 기좌도 22개, 안창도 9개, 장산도 15개, 청라도 4개, 상태도 12개, 하태도 8개, 하의도 30개, 팔금도 31개, 암태도 25개, 옥도(玉島) 3, 합계 159개 염막이고, 기타의 각 섬을 합하면 300개 염막에 이른다. 그리고 각 염막 소속의 반별(反別)은 물론, 광협(廣狹)이 있는 것을 면하기 어렵지만, 평균 2정(町)으로써, 그 합계 반별은 600정보를 내려가지 않는다. 생산액은 지질의 여하에 따라, 혹은 위치의 적부(適否)에 따라 차이가 있음을 면하기 어렵지만, 매년 1개 염막의 생산고를 300석으로 하면 합계 6만 석을 계상할 수 있다.

(1) 기후

최근 1년간에 있어서 기후의 상태는 우량(雨量) 882.4mm로써, 인천에 비해 71.9mm가 많고, 일본의 최소량인 오카야마현(岡山縣)의 아지노(味野)에 비해 172.7mm가 소량임을 볼 수 있다. 온도의 백분율은 80강(强)에 해당한다. 이곳은 4면이 바다로 둘러져 있고, 그 최다 풍향은 북풍 또는 서북풍이다. 광대한 해면에서 증발하는 습기를 흡수시키는 것에 의하면 지금 하나는 대륙과 같이 온도의 승등(昇騰)에 중대한 관계를 가진 방사열이 적고, 기온이 늘 낮아서 증발량이 비교적 과소하다는 것에 있다. 이것이 도지(島地)에서의 기상상의 결점이다.

(2) 해수의 비중(比重)

해수는 하구(河口)와의 거리가 멀고, 또 우량이 적기 때문에 비교적 농후하여 비중이 1.02431을 보인다. 이것은 대륙에 접속된 염전에 비해 특수한 장점이다.

(3) 지질(地質)

지질은 각 섬을 통해 점토질로써, ① 해수의 침투작용이 느려 해수를 함축하는 공극(空隙)이 없고, 함수의 침출(浸出)에 다수의 시간을 필요로 한다. ② 토양의 소개(疏開)에 다대한 노력을 필요로 한다. ③ 살조(撒潮)에 의한 것 외에 염분을 흡수하는 방법이 없다. 따라서 함사(鹹砂)를 만드는 데 다수의 일자를 필요로 한다. 이것이 지질의 불량에 수반하는 결점이 된다. 이것을 구치(救治)하여 완전한 염전으로 만드는 것은 등분(等分)의 세사립(細砂粒)을 혼합하는 것에 있다. 그리고 현재에 있어서의 구치책(救治策)이라는 보릿짚(麥稈) 또는 참깨줄기(胡麻柄)를 토양 안에 섞어 여과작용을 빠르게 하는 방법을 시행하지만, 이들은 고식(姑息)의 구치책인 것에 불과하다.

(4) 염전의 구조

염전은 모두 유제(有堤)로써, 외면(外面)을 석원(石垣)으로 하고, 내부는 점토로써 구조하였다. 그리고 그 구획은 매우 불규칙하다고 하더라도 폭 7칸 내지 10칸마다 구거(溝渠)를 통해 해수를 저류하여 살수(撒水) 또는 여과수(濾過水)로 제공한다. 조류(潮溜)는 광대한 면적을 가질 필요에 따라 이것을 구거 내로 길어 올리는데, 간조(干潮) 때마다 유실하여 다시 만드는 것은 애석한 일이다. 지금 작은 통문(樋門)을 완전하게 하여 동일의 조수(潮水)를 오래 저류시켜 농도를 증가시키면 이로운 바가 많을 것이다.

(5) 연정(沿井)의 배치와 구성 및 제염기(製鹽期)

연정(沿井), 즉 한인이 '고(庫)'라고 부르는 것은 목포 부근 대륙 연안에 있는 것과 동형(同形)이지만, 그 면적은 넓고, 직경은 4칸으로써 보통이다. 그리고 그 저면(底面)은 점토의 견반(堅盤)에 의해 배형(盃形)으로 가운데를 움푹 파이게 만들어, 작고(作庫)의 당시 함수의 유하삼출(流下滲出)을 용이하게 만들었다. 나뭇가지(枝條) 혹은 짚(藁)을 두께 12촌(寸)으로 깔고, 그 위에 함사(鹹砂)를 퇴집(堆集)하여 가장자리를 만들었다. 임시 신구(新溝)를 개천(開穿)하여 장구(長溝)에서 해수를 연정의 측변으로 이끌어 방형(方形)을 취한 통(桶)에 의해 해수를 연정으로 주류(注溜)한다. 이리하여 수 시간이 지나면 침출된 함수는 연정 밖에 낮게 설치한 함수류(鹹水溜)로 유실되어, 1일 내지 2일로써 채함(採鹹)을 수료한다. 그 유출된 함수는 인견(人肩)에 의해 염막(鹽幕)의 주위에 있는 점토 또는 석원(石垣)으로 만든 함수류로 보내어 저장한다. 고(庫) 1개에 부속하는 염전 면적은 27보(步) 내지 48보로써, 일본의 십주지방(十州地方)[79]에서 행해지고 있는 60보에 대한 1개의 비율에 비하면 그 면적은 매우 협소한 것 같지만, 한국 염전은 일종의 변태(變態)가 되는 상빈식(上濱式)으로써, 거의 일본 염전의 살사(撒砂)에 십수 배가 되는 점토를 가지고 있다는 직유(職由: 주요 원인)로 개흙(撒土)을 소개(疏開)하여 해수를 주관(注灌)한다. 채함(採鹹)에 이르는 기간은 대략 15일의 일자를 필요로 한다. 청천(晴天)이 연속한다면 사시채함(四時採鹹)을 하지만, 그 안에서 가장 적량(適良)한 것은 1월, 2월, 8월, 9월의 4개월로써, 1년에 겨우 4차의 작고(作庫)를 하는 데 불과하다. 혹시 대체로 기후가 불량인 해를 맞으면 1~2차로써 종업(終業)한다고 한다.

---

79 십주지방(十州地方)이란 일본 세토나이카이(瀬戸内海) 연안에 위치한 하리마(播磨)·비젠(備前)·빗추(備中)·빈고(備後)·아키(安芸)·스오(周防)·나가토(長門)·아와(阿波)·사누키(讚岐)·이요(伊予) 지역을 말한다. 일본 염업의 중추를 차지하는 곳이다.

(6) 전오법(煎熬法)

① 염막(鹽幕)의 구조

제염소(製鹽所) 토인(土人)의 소위 염막은 길이 7칸, 폭 5칸의 타원형을 이루고, 그 사위(四圍)는 토벽(土壁)으로 만들었으며 높이는 5~6척이다. 중앙의 부뚜막(竈) 사방에 4개의 지주(支柱)를 세웠고, 그 도리(桁)는 지붕(屋根) 아래의 준목(樽木)을 지지한다. 부뚜막의 상부는 전부 타원형으로 개방시켜 수분의 증발에 편리하다. 지붕(屋蓋)은 모두 초가(藁葺)로 하였다. 출입구는 표리(表裏) 2문(門)을 갖춘 것도 있지만, 대부분은 1문을 가진 것에 불과하다.

② 부조(釜竈)의 구조

가마(釜)는 염막과 똑같은 타원형으로써, 길이 2칸 반, 폭 2칸에 굴껍질(蠣殼)을 태운 것을 분쇄하여 이것을 만들었다. 무수한 조금(釣金)을 소지목(小持木)에 매달아 가마면(釜面)을 평균으로 지지한다. 그리고 그 내구력은 약 30일간을 보통으로 한다고 한다. 부뚜막(竈)은 돌(石)과 점토로써 구조한다. 지평면보다 낮은 것은 4척, 위벽(圍壁)의 지면보다 돌기한 것은 약 2척이고, 가마 아래의 높이는 약 6척이다. 화분구(火焚口)는 높이 3척, 폭 2척 정도이고, 연기 및 여열(餘熱)은 후부(後部)의 혈구(穴口)에서 배출한다.

③ 연료 및 1일의 전오고(煎熬高)

연료는 송엽(松葉) 또는 장작(割木)을 쓴다. 1석을 전오하는 데 필요한 땔감은 1파(把) 10문(文)의 것으로 400파(把)로써, 그 값은 4냥(18割로 함)이고 우리의 72전에 해당된다. 1일, 즉 24시간의 생산고는 약 12석이다. 부분임금(釜焚賃金)은 1인 1일 100문, 2인 200문으로써, 우리의 36전에 상당하고, 제염 1석에 대해 3전에 해당하여, 일본 염전의 비용에 비교하면 겨우 5분의 1에 불과하다.

④ 염의 품질

품질의 양부(良否)는 정량 분석에 의하지 않는다면 그 진상을 알기 어렵다고 하지만, 전오법(煎熬法) 및 육안 감정으로 이것을 구별하는 것도 그리 어려운 일은 아니다. 송엽분(松葉焚)은 석탄분(石炭焚)에 비해 화력이 박약하여, 수분의 증발 비율에 많은 시간을 필요로 한다. 따라서 어떤 종의 교잡물(交雜物)은 가마 밑으로 침전하여 고형물이 되는데, 식염 중에 혼교(混交)하는 분량을 줄임으로써 어느 정도 그 품질을 양호하게 한다. 그뿐만 아니라, 열도(列島)에서는 진염분(眞鹽焚)을 습관으로 하는 것에 의해 고즙(苦汁)을 포함하는 분량이 작다고 하지만, 염전 개흙(撒土) 중에 혼교하거나, 또는 연정(沿井) 안에 있는 속각(粟殼) 또는 보리짚(麥稈) 등으로 갖가지 성분을 석출한다. 그것 때문에 함수는 짙은 갈색을 띤다. 또 색깔에 해를 끼칠 뿐만 아니라 불꽃과 함께 비산(飛散)하는 목탄(木炭)은 자연스럽게 가마 속으로 낙하하여 와서 식염 안에 혼재하기 때문에 식염은 약간 회백색(灰白色)을 띤다. 또한 모래와 기타의 불용해분은 확실하게 육안으로 영사(映射)되어 온다. 전오(煎熬)의 방식에 의한 품질은 양호하다고 하지만, 조업상의 부주의 때문에 그 품질을 조악(粗惡)에 빠트릴 수 있는 것이라고 할 수 있다.

⑤ 1가마(俵)의 용량 및 염가(鹽價)
1가마(俵)의 용량은 각 섬에서 균일하게 나오지 않는다. 한승(韓枡: 우리의 약 4升)으로 20두(斗)짜리가 있고, 12두짜리가 있으며, 17두짜리가 있고, 18두짜리가 있다. 또한 산액(産額)이 적은 때는 12두를 채우고, 다액인 시기에 미치면 20두로 하는 바가 있다. 모두 짚가마(藁俵)로써 포장한다. 1가마의 가격은 6~7냥(우리의 1원 8전 내지 1원 26전)의 사이에 있다. 연내 가장 값이 쌀 때는 구력(舊曆) 8월로써, 당월은 생산액이 다량이기 때문이다.

⑥ 세금 및 소작료
세금은 군수(郡守)가 수납하는 바로 하여, 1막(幕)에 50~60냥이다. 소작료와 같은 것은 그 염막의 산액에 따라 약 1할로 하여, 100석을 산출하는 염막은 10석의 소작료를 납부하는 것이 관례가 되었다고 한다. 염막의 매매가는 그 지질의 양부(良否), 면적의 광협(廣狹)에 의해 등차가 있다고는 하나, 보통의 해에서는 상(上) 300석, 중(中) 250석, 하(下) 140석을 생산하는 것을 표준으로 하여, 1막에 300냥 내지 1,000냥이라고 한다.

이상은 한인에게 들어 취한 것으로, 그 진상을 전색(詮索)하여 얻은 것은 아니다. 따라서 어느 정도의 오류가 있을 수 있다. 만일 이것을 표준으로 하는 때에는 기후의 적당함과 면적의 충분함에 비해 생산염의 과소한 것에 놀라지 않을 수 없다. 여기서 일본 십주지방(十州地方)의 생산고에 비하면 8분의 1에 불과하다. 이것은 자본의 후박(厚薄)에 수반한 자연적인 결과라지만, 또한 지질이 불량한 것이 그 주인(主因)이 된다고 판단하지 않을 수 없다. 그리고 지질 개량에 필요한 비용은 순전히 원료채취지(原料採取地)와의 거리와 밀접한 관계를 가지고 있다. 따라서 1반보(反步)에 대해서 어느 정도의 비용으로써 개조할 수 있을까를 명언할 수는 없어도, 현재의 한국 염전은 영구히 유지할 수 있는 것이 아니라는 것은 앞에서 기술(旣述)한 바와 같다. 장래 염전을 경영하고, 신축하는 것은 이것이 개조에 필요한 원료의 소재지 부근에서 경영에 착수하는 것을 필수로 하는 조건으로 기억하지 않으면 안 된다. 지질 개량에 의한 이익은 하나로 하여 충분치는 않겠지만, 대체에 대해 말하자면, 채함도수(採鹹度數)를 1년 4회 내지 6회에서 늘리어 20회 내지 30회로 하는 것, 상빈식(上濱式)을 편리하게 입빈식(入濱式)으로 바꾸어 해수 관주(灌注)에 필요한 노은(勞銀)을 줄이는 것, 일반염전의 조업을 용이하게 하는 것, 보리짚(麥稈) 또는 속각(粟殼)을 개흙에 혼효시키는 것으로 함수의 착색을 희박하게 하고 교잡물을 감소시키는 것 등이 있다. 그리하여 연안 특유의 기후를 충분히 이용하기에 이른다면, 좋은 성적을 얻을 수 있을 것이라고 단언하기에 꺼릴 바가 없을 것이다.

【지도(智島) 근해의 염업: 1905년(明治 38) 6월 조사】

지도(智島) 근해의 도서는 그 연도(沿道) 및 사위(四圍)에 산재하고 있는 것으로써 압해도(押海島), 고이도(古耳島), 선도(蟬島), 매화도(梅花島), 사왕도(沙王島), 전증도(前鐺島), 후증도(後鐺島), 편풍제도(便風諸島), 임자도(荏子島) 및 임유지각(臨溜地角)과 함께 지도(智島)가 있다. 그리고 이곳 제도(諸島)에서의 염전의 구조·지질은 대동소이하며, 전기(前記) 나주군도와 다른 바는 무제염전(無堤鹽田)이 혼재하고, 함평만(咸平灣) 및 대륙 연안은 많은 화강석의 조립(粗粒)으로 이루어져서 점토 안에 어느 정도의 사질을 가지고 있다는 것이다. 각 섬에서의 염막(鹽幕) 수는 압해가 40개 막, 고이가 5개 막, 편풍이 3개 막, 지도가 20개 막, 임자도가 7개 막, 사왕·전증·후증 3도를 합쳐 11개 막, 임유가 11개 막, 매화도가 5개 막, 합계 102개 막이 된다. 염전 면적은 유제(有堤)에 있어서는 나주열도의 것에 비해 비교적 협소한 감이 있고, 가마(釜)는 압해도를 제외한 대부분은 2매를 세운 철부(鐵釜)를 사용하고 있다. 특수한 가마는 지도의 유제염전에 장용(裝用)된 1개이다. 이 가마는 지름 6척, 깊이 6촌, 두께 7~8분의 원형 주철부(鑄鐵釜)로서, 원형의 부뚜막(竈) 위에 둔 장작을 연료로 제공하는데, 그 용량은 가마 1개당 7짐(荷: 1石 4斗)이고, 주야 2회의 채염(採鹽)을 한(우리 12石) 것을 전오(煎熬)한다고 한다. 이 가마는 오사카(大阪)에서 주조된 것으로, 다른 데에서 이런 종류를 보지 못했다. 그리고 그 대가(代價)는 전(錢) 11관문(貫文: 당시의 전價를 18割로 하여 우리의 198원 운임 포함)이다. 전오자(煎熬者)에게 들으니 이 가마는 종래의 굴껍질 가마(蠣殼釜)에 비해 연료의 절약을 할 수 있는 이익이 있다고 한다. 지금 동도(同島)염전의 조사 사항을 열거하자면 하기(下記)와 같다. 그 생산액이 나주열도의 염전에 비해 과다한 것은 지질의 호량(好良)함에 의한 것인데, 고(庫)는 대소(大小)의 2가지 모양이 있다. 큰 것은 지름 5칸의 원형으로, 그 높이는 지평상(地平上) 대체로 6척이다. 여과에 필요한 조수(潮水)는 고(庫)에 접하여 폭 1칸 반, 길이 5~6칸에 미치는 유지(溜地)를 설치하고, 이곳에 저류한다. 함수류(鹹水溜)는 인천 부근의 것과 똑같은 모양으로, 고(庫)의 일각에 우물(井戶) 모양의 것을 파서 여기에 적하(滴下)시킨다. 작은 것은 대고(大庫)의 중간 정도로, 그 크기는 지름 3칸 정도이고, 나주 지방의 것과 같은 모양이다. 염업자의 말에 따르면, 대고는 함사(鹹砂)를 다량으로 하여 다수의 노력을 필요로 하고, 작은 것은 이것에 반해 조업이 용이하다고 한다. 대고 14개, 소고(小庫) 10개를 갖춘 동지(同地)는 기후가 양호한 해에는 사시(四時) 채함(採鹹)을 한다. 조고(造庫)에서 퇴고(退庫)에 이르는 기간은 약 7일간이고, 증발이 왕성한 때에는 5일간이 된다. 대고 1개의 채함량은 약 40짐(荷, 8石)으로, 4가마(俵, 2石 2斗 4升)의 식염을 얻는다. 1막의 1년 생산고는 약 1,000가마(1俵는 14斗로써 우리의 5斗 6升. 560石)이고, 1가마의 시가는 500문(文)이다. 소작료는 일정하게 생산고에 응하여 이것을 정한다. 그리고 그 1석에 대한 소작료는 전(錢) 100문(文, 우리의 18錢), 즉 1,000가마에 대해서는 100관문(貫文, 우리의 180圓)이다. 군수(郡守)의 공세(貢稅)는 1막에 연 5관문(貫文)이라고 한다. 이 염전 1막의 매가(賣價)는 약 전(錢) 50관문(우리의 90圓)에 상당한다. 노동 임금은 모두 염으로 정해져 소(牛) 1두에 염 2두(1일 우리의 8升), 인부(人夫) 동(同) 1두(또는 1飯을 제공하고 전 30文)로 하여 소작료에 부치었다. 지주의 말에 따르면 소작료는 생산고의 2할로 하여, 1,000석의 생산고액에 대해서는 200석을 얻는 비율이라고 한다. 무제염전은 간석의 소조 시(小潮時)에 침수되지 않는 장소를 선택하여 고(庫)와 전오소(煎熬所)를 만든다. 대조 시(大潮時)에 살사(撒砂)를 소개(疏開)·건조시키기 위해 조고(造庫)하고 채함하는 장치로 10개 내지 15개의 고(庫)를 부속한다. 1년의 생산고는 800석이고, 그 가격은 1석에 5냥 3전이다. 사역인부(使役人夫)는 5인으로, 1인 임금은 65문(文)씩이다. 전오가마(煎熬釜)는 두께 1푼의 철부(鐵釜) 2매를 함께 쓴다. 그 내구력은 약 2년이고, 그 가격은 2개에 250냥(日貨 환산 45圓)이다. 1일의 생산고는 4석이다. 이 염전은 무제(無堤)인 만큼 고정자본은 적고, 따라서 매매가격에 있어서도 염막을 합쳐야 300냥(우리 54圓)이라고 한다.

만일 전술한 조사가 사실이라고 한다면, 이 지방은 그 생산력에 있어서는 나주군도의 염전에 비해 크게 우월한 바가 있다. 따라서 연안의 광막한 간석(干潟)을 이용하고, 크게 이것이 발달할 수 있음은 당연하다. 그 실제를 보아도 주위 5~6리에 있는 이들 섬은 겨우 20개 가마를 가지고 있는 것에 지나지 않는다. 이것과 반대로 수전(水田)은 잇따라 매축(埋築)·개작(開作)되고 있다. 염전이 수전에 비해 수확상 다대함은 이야기하지 않아도 알 수 있는 바이다. 이곳에서 이처럼 다른 모양의 현상이 있는 것은 매우 의문이 생기는 바이다. 이것은 혹, 동지(同地)가 호수(戶數)가 많고 곡물 생산이 비교적 적어 매년 타 도(他島)에서 수입을 하는 상황이 있어서, 동도(同島)의 주민은 수전에 연연하는 것이 아닐까?

함평만 연안 및 임유지협(臨溜地峽) 육안(陸岸)은 지질이 화강석이 파쇄된 것으로써, 그 해안 간석은 자못 사질(砂質)이 풍부하다. 보통의 염전으로서는 적당한 지질인 것에 구애되어 염전을 축조한 것이 아니다. 지질이 점토질로써 자못 부적당한 도지연안(島地沿岸)에 염전이 발달된 것은 이 역시 커다란 의문에 속한다. 이 대륙지방은 해수의 농도가 도지(島地)에 비해 어느 정도 희박하여 채함상에 수고를 필요로 한다. 제염 경제상 불이익이 있다는 것에서도 역시 해수 간만의 차가 커서 축제(築堤)상 다액의 비용이 필요하다. 그러나 주민이 소수여서 경작의 여업(餘業)으로 제염을 하기 때문에 여가가 없다. 세 가지 중에 그 하나인 사질(砂質)의 땅은 점토반(粘土盤)에 비해 제염상 수많은 장점을 가지고 있다. 따라서 좋은 해수의 농도가 어느 정도 희박해야 하느냐는 것은 물을 필요가 없다. 낙동강 하류의 명호염전(鳴湖鹽田)은 적합한 사례이다. 이 염전이 다수(多水)인 강류(江流)에 포위되어, 거의 0도에 가까운 희박 함수를 상용하며, 더구나 또 다액의 제염을 하고 있다는 것은 지질이 양호하고 조수(潮水)의 후박(厚薄)의 비교 이상으로 좋은 결과를 얻을 수 있다는 것이다. 함평만 부근의 사질지(砂質地)는 장래 염전의 발전지로써, 장차 남도 연안의 일생산지(一生産地)로서 장래에 유망하게 될 것이다.

2. 전매국(專賣局)의 천일염전 예정지 조사

〈자료 138〉 오쿠(奧) 기사의 염전예정지 조사(1920년)

- 문서명: 奧技師復命書
- 수록처: 『朝鮮の天日製塩に関する資料』(友邦文庫 M4-159-1; 국가기록원 CTA0002790)
- 보고자: 전매국 촉탁기사(囑託技師) 농학박사 오쿠겐조(奧健藏)

소관(小官)은 이번에 경기도, 평안남도로의 출장을 명 받고 5월 31일 도쿄를 출발해 경기도 주안출장소 및 평안남도 광량만출장소에서의 염전 상황 및 염전 예정지의 실제를 시찰하고 6월 21일 귀경(歸京)하기에 이르렀으므로 시안(視案)의 개요(槪要)로써 복명(復命)합니다.

1920년(大正 9) 6월 22일
촉탁전매국기사(囑託專賣局技師) 농학박사 오쿠겐조(奧健藏)
조선총독 남작 사이토 마코토(齊藤實) 전(殿)

1. 염전의 상황에 관한 일

광량만에서 천일염전의 축조를 개시한 것은 1909년(明治 42)이었고, 더구나 그 면적은 1,000정보에 이르는 광대한 것이었다. 조선에서 천일염전의 축조는 아직 경험하지 못한 사업이었지만, 여기에 관계한 당국자의 노력으로써 이곳에 종사한 결과, 매년 준공된 염전은 오늘날 견실한 내부의 증발지, 결정지, 기타 수로(水路)·휴반(畦畔) 등에 이르기까지 잘 정돈되고 순연(純然)한 염전이 되었다. 그렇지만 자세한 연구를 수행하는 데 있어서는 수많은 개량을 필요로 하는 사항이 없지 않아 당해(當該) 종사자는 언제나 커다란 주의를 기울여 그것의 완성을 기약하는 데 힘쓰는 것이 필요하다.

염전의 상태. 금일에 있어 이와 같이 비록 수 리(數里)에 걸친 제방은 염전의 생명을 유지하는 것이라고 하나, 일조파랑(一朝波浪)이 일어 그것이 파괴되는 것을 보면, 노숙한 염전도 눈 깜짝할 사이에 다시 해면이 되고, 다년간의 고생도 하루아침에 수포로 돌아가고 만다. 따라서 수시로 제방의 유지·보존에 주의가 필요하다. 지금의 제방 중에는 다소의 수리를 필요로 하는 장소가 있다고 인식되는데, 이것들을 부분적으로 대처한다면 상당한 경비를 투자하게 되고, 또 급하게 수선한다면 전술한 것과 같은 손실을 초래하게 된다.

이처럼 수선이 필요한 곳은 수 리의 제방 중에 여러 곳에 존재하기 때문에, 1년으로 하여 일시에 이것을 수선하는 것이 경비를 필요로 하는 일이 적을 것이다. 혹은 연도를 나누어 상당 시간에 완전히 수선을 하는 것이 가장 긴급한 사항이라고 생각된다. 또한 염전 내부의 증발지, 결정지의 고저(高低)·요철(凹凸)을 정리하여 완전하게 생산능률을 발휘하게 하는 일 또한 긴급한 일이라고 생각된다. 아울러 염전 토양 안에 담수(淡水)가 용출(湧出)하는 곳이 있고, 잡초가 무성한 곳 등이 있어 소금의 생산이 잘 안 되는 곳이 있는데, 이곳들은 개량을 하던지 또는 폐기를 하여 다르게 이용하는 방법이 있지만, 오히려 유리한 방법은 이것들을 실지조작(實地操作)을 하여 상당한 조치를 강구할 것을 희망한다. 또한 제방의 유지를 도모하기 위해서는 제방의 해면에 접하는 부분에 갈대(蘆草) 등을 시식(試植)하여 해수가 직접적으로 제방에 충돌하는 일을 피하게 하는 등, 제방의 보호 수단에 대한 연구가 필요한 사항이라고 믿는다. 그리고 금후 주안(朱安)에 신설하기로 한 염전에 대해서는 약간의 일시적인 공비(工費)가 요구된다고 하더라도 상시노은(常時勞銀)을 절약할 수 있도록 유하식(流下式)을 채용하여 축조하는 것이 적당할 것이라고 믿는다.

2. 제염의 상황에 관한 일

염의 생산은 염전의 노숙(老熟)과 함께 그 양을 증가시키는 것으로 만들어지는데, 염전 개시 이래 이미 십수 년을 경과한 염전이 있다. 천일염전 전부가 노숙한 것은 아니지만, 그 노숙한 염전 중에는 이미 예정 생산량에 도달한 염전이 있다. 최근의 통계를 보면 1917년(大正 6)에 염전 1정보에 대해 10만 6,000근에서 10만 5,000근을 생산하는 곳이 있고, 기타 10만 근에 달하고 있는 곳도 여러 곳을 볼 수 있다. 만약 이 밖의 염전에서 이들 염전과 똑같은 상태를 가지고 있다면 제염 종사원도 동일한 정도의 기능을 가지고 있다는 것과 마찬가지로

10만 근 이상의 생산을 얻는 일은 어려운 일이 아닐 것으로 믿는다.

주안(朱安)에서의 1919년(大正 8) 실적을 보면 평균 10만 근 이상을 달성한 사실이 있다는 것, 또 본년에서의 생산이 대단히 양호하다는 것은 이미 소관(小官)이 출장 당시까지 1정보에 대해 생산량이 평균(광량만에서는 3만 7,000근, 주안에서는 4만 6,000근)에 달하고 있어서, 제염 종료기에 이른다면 광량만에서도 예정의 수량을 초과할 것이고, 그렇지 않으면 여기에 접근하는 수량을 얻을 것이라고 믿어진다. 또한 1정보당에 대한 염의 생산을 확인하는 것은 필수인데 염전 면적은 아직 확정할 수 없는 것처럼 생각한다. 따라서 실지측량(實地測量)하여 각 구(區)의 면적을 확인해 두는 것이 필요하다. 그러나 그 면적의 구분 등은 총독부에서 일정하게 정해서 양쪽으로 하여금 동일순서로 이것을 측량하는 것이 필요할 것이다.

3. 생산비에 관한 일

천일염전 계획 당시의 예정 생산비는 염 100근당 17전(錢) 3모(毛)로서, 전오염(煎熬鹽)에 비교하면 매우 저렴하였다.

염전 개시 이래 매년 생산을 증가함과 동시에 여기에 필요한 노은(勞銀) 및 기타의 절약을 계획하였다. 작년인 1919년(大正 8)의 생산을 보면 100근당 직접생산비는 광량만에서는 22전, 주안에서는 20전이었다. 여기에 관리비, 고정자본 이자를 더하는 때에는 광량만이 41전(錢) 2리(厘), 주안이 33전 3리가 되어 염전 계획 당시의 물가와 지금의 물가가 상당히 차이가 있다. 이것의 등귀(騰貴) 비율로 계산하는 때에는 결코 고가(高價)의 것이라고는 생각되지 않는데, 광량만과 주안 양 출장소에서는 생산비의 절약에 대해 커다란 노력을 하고 있기 때문에 본년에 있어서는 한층 생산비가 저렴하게 되었다고 믿는다.

생산비 절약의 방법으로는 풍차(風車)를 이용하여 노동력을 절약하는 것같이 매우 유효한 사항으로 생산력을 증가시키는 것과 함께 커다란 노력을 필요로 하는 것이다.

4. 염질(鹽質)에 관한 일

염에 대한 기호(嗜好)가 점차 향상하는 것은 요사이 조선에 있어서의 두드러진 현상이라고 말해지고 있다. 따라서 염을 생산하는 것에도 상급염의 생산을 증가시키는 것 역시 급요(急要)한 일이기 때문에, 당사자는 여기에 맞추지 않으면 안 된다. 주안에서의 상급염은 상당한 다액의 생산을 보고 있지만, 광량만에서 여기에 반하는 상황이다. 따라서 상급염의 생산을 장려하는 것 역시 필요한 사항에 속한다.

그 근본적인 방법은 염전의 개조를 필요로 하지만, 이것을 실행에 옮기는 데에는 많은 경비를 필요로 하기 때문에, 우선 소액의 비용으로 수단을 삼아 이것의 실행을 기하는 것으로 충당해야 한다. 매일 생산하는 염의 일부를 세척하여 그것을 채수(採收)하는 것도 양법(良法)이다. 그렇지만 영원한 방법은 염전을 개조해야만 한다. 혹은 일부 염전을 분할하여 주안에서의 결정지(結晶池)와 같이 옹파편(甕破片), 또는 옥석(玉石) 등을 부설하여 효과를 시험해 보고, 그 가부(可否)를 결정하는 것도 득책(得策)이다.

5. 염전 예정지에 관한 일

용강군(龍岡郡)에서의 염전 예정지를 답사하니 동소(同所)는 광량만처럼 만입(灣入)된 곳이 있어 외해(外海)에 직면한 연안이었다.

동소는 매우 광활한 평지로서, 간조 시(干潮時)에 이르면 먼바다 수십 정(町)에 걸쳐 지반(地盤)이 노출되는 고지(高地)가 되며, 바다 또한 평온하다. 광량만출장소에서 가제방(假堤防)을 축조하여 파랑(波浪)의 피해 정도를 시험하였는데, 그 피해 상황이 매우 근소하였다. 어떻게 해야 바다가 평온할지 알아내는 것은 당연한 일이다.

다만 점토질의 토양이 상당히 깊다는 것은 염전의 증축상 바람직하지만, 이와 같이 깊다는 것은 강한 지장이 되는 것이라고 판단된다. 또한 부근에 산악이나 하천도 없어 통풍이 매우 양호한 것은 천일염전의 축조 장소로서는 지장이 없다고 생각된다.

그렇지만 고지식(高地式) 제염법[80]은 조선에서 처음인 방법이어서, 이론과 실제가 정말로

---

80 평안남도 용강군에 건설된 귀성염전은 최초로 고지식(高地式) 염전으로 설계된 염전이다. 기존의 천일염전은 해수면보다 지반(地盤)이 낮은 저지식(低地式)으로 설계된 염전이었다. 즉, 저지식 염전은 수문(水門)의 개폐를 통해 자연스럽게 해수를 저수지로부터 증발지, 결정지로 도입할 수 있지만, 외곽제방 구축에 많은 경비가 들고 또 건설 후에도 태풍 등으로 자주 무너지고 마는 결점이 있었다. 반면에 고지식 염전은 해수면보다 지반이

일치하느냐 아니냐가 명확하려면 우선은 예정지의 제1구 또는 제2구에 실제의 실험을 하여 그 성적으로 고지식의 실행을 결정하는 것이 적당하다고 믿는다. 만약에 이 지방에서 고지식의 염전을 개축하게 된다면 그 면적 수천 정보의 넓이를 얻는 것도 어려운 일이 아닐 것으로 믿는다. 또한 그 예정지는 도로로부터 멀리 떨어져 있어 부근에는 촌락이 없기 때문에 왕래나 물품을 운반하는 것도 불편하다. 따라서 도로를 상당히 개수하여 편리를 얻어야 한다. 동시에 담당자가 거주하는 가옥도 매우 편리하게 설비하여, 담당자로 하여금 권태로운 마음이 생기지 않도록 노력하는 것도 필요하다고 생각된다.

또한 남촌(南村) 등 기타 남양(南陽) 방면에서는 종래식(從來式) 염전의 축조지로 하는 것은 적당할 것이라고 믿는다.

6. 기술원(技術員)의 양성에 관한 일

염전을 축조하는 데에도, 제염을 행하는 데에도 각기 거기에 관한 기술을 필요로 한다. 즉, 염전에 대해서는 염전 토목의 지식을 갖는 것이 필요하고, 제염에 대해서는 제염 기술을 갖는 것이 필요하다. 현재의 학생에게는 어떠한 전문학교(專門學校), 또는 고등학부(高等學部)에서도 이것들의 학예기술(學藝技術)을 교양(敎養)하는 것을 보지 못했다. 따라서 총독부에서도 금일의 광량만이나 주안에서의 제염사업에 관해서는 물론, 장래 확장하려고 하는 염전 축조에 대해서 상술한 학식을 가진 기술자를 필요로 하는 것이 가장 급하고 필요한 일이 되었음을 의심치 않는다. 따라서 총독부에서 이것들에 대한 기술원 양성을 수행하는 것이 지금의 급무라고 생각한다.

높기 때문에 제방 구축 비용을 절감할 수 있는 장점이 있지만, 풍차(風車)나 전기펌프로 해수를 끌어 올려야 하는 번거로움이 있었다. 이후 1930년대부터 전기 이용이 보편화되기 시작하면서 귀성염전과 소래염전 등을 시작으로 전기펌프를 이용하는 고지식 염전이 점차 늘어나기 시작하였다.

7. 염전 및 제염상 발명·고안에 관한 일

염전의 축조, 염지(鹽池)의 구조, 제염의 방법, 부산물 이용 등에는 제염 이익 증진상에 대하여 가장 중요한 관계를 가지고 있는 것이다. 제방의 축조 및 유지, 염지의 구조 개선, 염질(鹽質)의 향상, 생산의 증가, 부산물의 취득 등은 크게 고찰할 필요가 있다. 다수의 기술자 중에는 왕왕 고안(考案)을 가진 것이 없다고 하더라도 고안을 가지지 못한 자가 공부하는 것은 결코 어려운 일이 아닐 것이다. 이것들의 고안을 유출(誘出)하도록 하는 것 또한 사업 발달에 필요한 일이니, 이에 관해 발명 공부의 장려 방법을 설정하는 일을 희망한다.

8. 수입염(輸入鹽)에 관한 일

해외로부터 수입하는 염은 아직 감소하지 않은 상황이다. 조선의 천일염이 계속 증가한다면 자연스럽게 외염(外鹽)의 수입은 두절되기에 이를 것이다. 목적을 수행하는 것이 하루라도 빠르길 희망한다.

9. 출장소장타합회(出張所長打合會)에 관한 일

광량만 및 주안의 소장을 본부(本府)에 소집하여 매년 1회 여러 가지의 타합(打合)을 하고, 염무(鹽務)에 관한 본부의 참고자료를 얻는 일 외에, 양소(兩所) 사업의 상태를 서로서로 양해하여 상호 간 사업의 진보를 도모하기를 희망한다.

10. 목판제염(木板製鹽)에 관한 일

근시(近時)에 해외 수출을 목적으로 하는 염장어류(鹽藏魚類)에 관해서는 여기에 사용할 염의 품질은 최우량염으로 하여 해외 수요자의 기호에 맞는 것을 사용하는 일이 중요하다. 그러나 종래 사용한 염의 품질은 여기에 반하여 왕왕 비난의 소리가 심하다. 따라서 미국(米國)으로부터 여기에 적당한 염을 수입하는데 점차 그 수량이 증가하여 최근에는 1년에 약

1,000만 근에 달하는 상황이다. 그리고 수입 가격도 매우 고가여서 100근당 약 5원이나 되는 상태이다.

만일 조선에서 이것을 대용할 수 있는 염을 생산할 수 있다면 가장 유리한 일이라고 생각된다. 덧붙여서 이것의 설비라고 하는 목판결정조(木板結品槽) 시설을 희망한다. 다행히 주안에서 1~2년 내로 이것의 시제(試製)를 행하고 점차 순황(順況)하려 한다고 하니 크게 기쁜 바이다. 따라서 여기에는 상당한 주의를 기울여 제조에 노력해야 한다. 전기(前記)한 목적을 달성할 것을 희망한다.

〈자료 139〉 다나카(田中) 기사의 조선 염업 시찰(1926년)

- 문서명: 大正十五年七月, 田中技師朝鮮鹽業視察復命書
- 수록처: 『朝鮮の天日製塩に関する資料』(友邦文庫 M4-159-1; 국가기록원 CTA0002790)
- 보고자: 일본 전매국 기사 다나카 신고(田中新吾)

【조선 염업에 대한 사견(私見)】

금회는 ■■의 허가를 받은 관계로 천일염전 중에 광량만, 귀성, 주안, 남동, 군자염전을 시찰하는 데에 그치고 다른 곳은 다른 날로 미루었다. 게다가 그 사이 전부는 우천(雨天)으로 천일염전 시찰에 적합하지 못한 관계로 뜻과 같이 시찰을 이루지는 못하였다.

조선에서 염의 제산(製產)은 천일제염 1억 4,600만 근(8만 7,600톤), 재래전오염 5,640만 근(33,840톤), 재제염 4,600만 근(2만 7,600톤), 식탁염 10만 근(60톤)으로 이루어져, 그 집계는 약 2억 5,000만 근(15만 톤)이 된다. 그러나 재래전오염은 물론 재제염 같은 것은 천일염전에 의한 제염법의 발달로부터 자연도태의 원칙에 기반하여 조만간 소멸할 운명을 가진 것임이 분명하다.

원래 조선은 기후 및 기타 천연·자연의 조건에서 고찰할 때에는 천일제염지로서는 다른 곳에 비교하여 매우 뒤떨어진 곳이라 말하지 않을 수 없다. 그러나 이제는 염전 면적 2,450정보, 총산액 1억 4,000만 근, 유효면적 1정보당 8만 근 이상에 달하며, 그 생산비만 해도 약 30전이고, 관리비와 금리를 더하면 약 68전에 상당하여, 조선 염업도 잘 성립되었음을 확증하기에 이르렀음은 진실로 일대성공이라고 하겠다. 종래에 이 업을 위해 봉공(奉公)의 성의(誠意)를 드린 각위(各位)에 대하여 심심한 경의를 표하는 바이다.

그렇지만 그 품질 및 제염지의 상황을 볼 때에 이것을 다른 천일제염지와 비교 연구하는 때에는 수많은 개선을 필요로 하는 사항이 적지 않다.

조선은 제염상 볼 때 다우다습(多雨多濕)한 일본에 비해 유리한 지위에 있다고 할지라도, 기후 및 기타의 관계에서 구미(歐美)에서의 제염 지방은 물론, 가까운 지나(支那)의 직예(直隸), 산동(山東), 관동주(關東州)와 비교하여도 매우 뒤떨어져 있다고 말할 수 있다.

그러므로 조선 천일제염으로서 이들과 비견대립(比肩對立)하고자 한다면 그 제염법은 물론, 경영법과 같은 것에서도 가능한 한 합리적으로 하지 않으면 안 될 것이다. 이에 조선 염업에 대한 사견(私見)의 일단(一端)을 기술하여 복명(復命)에 대신한다.

1. 조선의 염업 정책은 천일제염으로 한 자급자족을 주안(主眼)으로 삼고, 이것을 달성하기 위해서는 염전의 개설을 개방하여 민간기업가로 하여금 이를 담당하게 할 것

조선은 그 염 소비고 4억만 근에 비해 조선 내의 생산은 겨우 2억 근이다. 즉, 약 50%의 수입염에 기대를 걸지 않으면 안 된다. 그리고 그 관염(官鹽)의 시가(時價)와 같은 경우도 수입염에 지배되어 염가의 변동이 심하다.

그렇지만 종종 실적에 비추어 천일제염의 실행이 곤란하지 않다는 점이 확인되고 있다. 오늘날에 있어서는 조속히 천일염전을 개설하여 적어도 소위 자급자족을 기할 필요가 있다. 그리하여 최초에 조선에서의 천일제염의 유행이 분명치 않았던 당시에서는 관영(官營)이 필요했다고 하더라도, 이미 2,450정보의 염전을 축조한 것은 경영이 가능하다는 확증이다. 또한 국가의 재정상 염전 개설의 실행이 곤란한 상황인 오늘날, 정부 스스로 이것을 축조할 필요가 없다고 믿는다. 적절히 염전 예정지를 개방하여 민간기업가로 하여금 이것을 맡도록 하는 것이 가장 적책(適策)이라고 믿는다. 다만 관동주 및 청도(靑島)의 실례를 볼 때, 다수의 소자본가(小資本家)에게 허가를 내주는 것은 장래 염업의 원활한 발달과 염가(鹽價)의 저감(低減), 염질

(鹽質)의 통일, 기타 각종의 점에 있어서 불리함이 있기 때문에 대자본가(大資本家)에게 이것을 맡기는 것이 필요하다고 믿는다.

아울러 성숙(成熟)에 도달하지 않은 기간, 즉 최초 3년간의 생산 감소에 상당하는 금액의 보조금을 지급할 필요가 있음은 물론이다.

2. 전매법(專賣法)보다는 수입염관리제도(輸入鹽管理制度)를 마련하여, 염의 공급, 염가의 안정, 염업의 개선·발달을 기할 것

조선도 역시 제염상 불리한 지위에 있다는 것은 이미 기술한 바와 같아서, 이것을 원만하게 발달시키고자 한다면 상당한 보호·장려가 필요하다. 오늘날과 같이 염가(鹽價)의 불통일(不統一), 불안정(不安定)한 것이 있는 데에서는 기업가라 할지라도 아마 여기에 투자하는 일이 없을 것이다. 그러므로 조선에서의 염의 자급자족을 속히 이루고자 한다면 하루라도 빨리 전매법(수입염, 장래 사업을 일으킬 민간천일제염에 대해)을 실시하거나, 혹은 관리제도를 두어 정부 스스로 염의 수입을 행하고, 지정가격으로써 각 염상(鹽商)에게 불하하는 것도 맞을 것이다. 이것은 현재 염의 수입을 하고 있는 것으로 조직된 조합보다는 회사를 통해 염 수입을 취급하게 한다면 하등의 지장 없이 실행할 수 있는 한편, 지극히 원만하게 기업가의 위구(危懼)의 걱정을 제거하여 안전하게 염전의 개설을 실행하게 될 것이며, 따라서 염전의 충실한 수급과 조절, 염가의 안정, 기타의 실행을 기할 수 있게 될 것이다.

3. 조선에서는 당분간 수입주의(收入主義)를 채택하여, 거기서 얻어지는 자금을 기설염전의 개량과 신규염전의 개설을 장려하는 자원으로 삼을 것

기설염전의 개량에는 적지 않은 자본이 필요할 뿐 아니라 염전 개설에도 역시 상당한 보조 자금을 요하는 것은 분명하다. 그리하여 현시(現時)에 있어서는 지나 내지(支那內地), 관동주(關東州), 일본 등이 상당한 고율을 과세함에도 불구하고, 조선에서는 선내(鮮內) 생산염에 대해서는 과세하지 않고 겨우 수입염에 대해 10전(錢)을 과세할 뿐이다. 염가에 있어서도 지나 내지와 일본에 비교해서 매우 저렴하다. 따라서 금일 수입염세(輸入鹽稅)를 인상하고, 조선 내 생산염에 상당한 과세를 하여도 소비자에게는 크게 고통이 느껴지지 않을 것이라고 믿는다. 따라서 전매법 및 기타 실행에 곤란한 사정이 있다면 수입세율을 인상함으로써 기설염전의 완성과 자급자족의 달성을 속히 이루는 것이 가능할 것이다.

다만 재래전오염에 과세하면 취체(取締)상 상당한 지장이 있을 것이므로 이것은 모두 자유방임(自由放任)으로 하는 방법이 가할 것이다.

4. 제염개량에 대해서는 다음의 방침을 채택하는 것이 필요함

1) 염전 구조상의 개량에 관한 사항

①염전 외부 및 염전 내에 우수(雨水)의 배출에 빈틈없는 주의를 기울일 것

조선은 다른 천일제염 소재지에 비해 강우(降雨) 횟수가 많고, 또 비교적 산악에 접하는 하천의 면적이 크기 때문에 우수의 영향을 받는 결과, 조수(潮水)가 희박하고 염전 지반(地盤)이 연약하다는 것이 진실로 일대(一大)의 결점이라고 말해진다. 장래에 축조하는 때에는 일층 이 점에 유의할 필요가 있다고 생각된다.

②염전 구조를 개수(改修)하여 해수의 공급을 풍부하게 할 것

천일제염법에서 해수의 공급을 윤택하게 하는 것은 가장 필요한 일에 속한다. 그런데도 각 소(各所)의 염전 구조상 그 공급의 불충분한 바는 아직도 적지 않다. 조속히 개수(改修)를 하여 해수의 공급을 충분하게 하는 것이 필요하다.

③고즙류(苦汁溜)를 설치할 것

조선 천일제염법에서 함수류(鹹水溜)를 설치하여 함수의 운용에 알맞도록 한 것은 가장 진보적인 방법으로 일컬어지지만, 한층 더 합리적(소위 과학적)인 제염을 행하고자 한다면 고즙(苦汁)의 응용을 적절히 깨우쳐야 한다. 고즙류(苦汁溜)를 결정지 하단에 신설하여 염전에서 생산된 고즙만이 아니라 저염고(貯鹽庫)에서 배출되는 고즙을 저장·이용하는 것이 필요하다.

④염전의 경화(硬化)를 도모할 것

기술한 것처럼 염전 지반이 연약하게 되는 것은 염전의 생산력을 감쇄시킬 뿐만 아니라 마침내 염전 낙차의 적순(適順)을 어그러트릴 것이라는 우려가 있다. 따라서 염전의 상당한 모래나 기타의 혼합물을 혼합하여 가공적(加工的)으로 염전의 경화를 도모하는 것이 필요하다.

⑤ 제1증발지에도 급수로(給水路)를 부설하여 염전의 경화 및 해충을 구제(驅除)함으로써 염전 생산력의 증가에 노력할 것

광량만염전과 같은 경우 갯지렁이, 게(蟹), 기타 해충으로 인한 피해가 크고, 염전 지반, 그중에도 염전 증발지의 지반이 연약해 해수의 누실(漏失)이 클 뿐만 아니라, 증발률도 극히 불량하여 이것으로 인해 생산력이 감퇴되고 있다. 그렇지만 담배가루(粉煙草), 혹은 사토(佐藤) 기수(技手)가 고안한 것과 관계되는 게 채취기(採取器)와 같이 좋은 결과를 가져온 것도 있다. 이것을 철저히 실행하는 것이 급무라고 하겠지만, 더욱더 염전 증발지의 구조에 개선을 가하여 각 결정지처럼 여기에 배해수(配海水)에 필적하는 함수로(鹹水路)를 부설하고, 각 증발지를 독립시킴과 동시에 전항의 방법으로 얻어진 고즙을 적당히 구획하여 주입해야 한다. 이것을 수일 동안 방치하여 구조적으로 함수·고즙으로 충해(蟲害)를 제거하고 동시에 염전을 경화하는 한편, 증발지의 수준(水準)을 얻음으로써 증발률을 높이고 생산을 증가시키는 것이 필요하다.

⑥ 염전의 낙차가 적순(適順)하지 않는 것이 있으면 이것을 수복할 것

염전의 낙차를 적순하게 하기 위해서 중간에 칸막이(中仕切)를 설치하는 동시에 증발지의 정지(整地)를 완전하게 하여 ■■유하법(流下法)으로 증발력을 왕성하게 하면 농후한 함수의 생산을 다량으로 얻을 수 있다.

⑦ 결정지에 적당한 구덩이(凹所)를 설치하여 세척채수(洗滌採收) 및 우수용실(雨水溶失)의 예방에 편리하도록 할 것

조선에서의 결정지는 기후의 관계상 대만식으로 납작기와(敷瓦) 등을 설비할 수 있다. 그러므로 평부전오법(平釜煎熬法)에서의 ST식 제염법[81]과 동일한 원리에 기초한 제염법을 천일제

---

[81] ST식 평부전오법이란 1913년 일본 미타지리 시험장에서 개발한 '개량 카나와식' 염부를 시험장장인 다나카 신고(田中新吾)가 소규모 염전에 알맞게 개량한 것이다. 발명가의 영문 이니셜을 따서 ST식이라고 하였다(村上正祥, 1982,「明治期における製塩技術」,『日本塩業大系』近代, 日本専売公社). ST식 평부의 특징은 평부 1단에 웅덩이를 설치하여 석출된 함수를 그 속에 모아 전열(傳熱) 효율을 높임과 동시에 그곳에 있는 석고(石膏)를 제기하여 소금의 품질을 높인다는 것이었다. 이후에는 카나와식보다도 더 원형으로 생각되는 유럽의 밀폐식 염부도 참고하여 1925년에 증기이용 ST식 제염장치도 만들었다(村上正祥, 1982,「わが国における製塩法の発達: 明治以降の製塩法の発展」,『日本海水学会』36-2, 67~68쪽).

염에 행하여 결정지의 한쪽만이 아니라 양측에 구덩이(凹所)를 설치할 필요에 응해 결정염을 여기에 수용하기 적당하고, 세척채염(洗滌採鹽)하려면 이것으로 제염을 다산(多産)시키는 것과 동시에 품질을 향상시키는 데 상당한 효과가 있을 것으로 확신한다[이미 오야마(大山) 기사(技師)는 이 시험을 계획하고 있다고 한다. 조속히 그 실행을 희망한다].

⑧ 결정지와 증발지 사이에 라임 폰드(lime pond: 石灰池)를 설치할 것
구미(歐美)에서의 천일제염법에 있어서는 결정지의 상단에 깊게 석회분리지(石灰分離池)를 설치하여 석회의 분리에 완전을 기하고 있다. 조선에서도 역시 이를 설치하는 것이 아마도 합리적일 것이다.

⑨ 결정지는 염의 반출에 아주 편리한 위치에 수집되게 할 것
함수의 수송은 염의 수송에 비해 편리하기 때문에 결정지를 반출에 편리한 지점에 집축(集築)한다. 여기에 함수를 수집하여 제염하는 일은 경제상 유리할 것이다.

⑩ 결정지의 주위를 상당히 깊게 하여 함수의 회전 또는 고즙의 반출에 편리하도록 하는 동시에 그 채염하는 때에도 세척하기에 용이하도록 할 것

⑪ 외제(外堤)의 구조에 관해 빈틈없는 연구를 하여 이상적 구조를 밝힐 것
조선에서는 조수간만(潮水干滿)의 차가 크고 강우(降雨)에 의해 외제(外堤)의 이면(裏面)이 씻기는 일이 심하다. 조속히 이에 대한 방지책은 물론, 외제 구조의 연구도 하지 않으면 안 되는데, 해마다 적지 않은 수리비를 필요로 하여 불리함이 크다.

⑫ 조선은 고지식(高地式) 염전이 유리함
간만(干滿)의 차가 크고 강우의 피해가 크기 때문에 조선에서는 고지염전(高地鹽田)이 유리하다. 저지식(低地式) 염전에서는 항상 외제(外堤)의 수리에 다액의 경비가 필요하여 염전의 경영이 곤란하다고 한다. 그러므로 야마기시(山岸) 기사(技師)의 의견과 같이 장래 조선에서 개설되려고 하는 경우에는 고지식 염전을 주안으로 해야 할 것이다.

2) 제염법의 개량에 관한 사항

①고즙응용(苦汁應用) 제염법을 채용하고, 고즙 이용, 결정촉진법(結晶促進法)을 합리적으로 할 것

종래의 제염법을 자세히 조사하면 맑은 날이 연속하는 경우에도 고즙의 폐출(廢出)을 하지 않아 결정지 및 함수의 농도가 많게는 30도 이상, 심하게는 32~33도에 달하는 것도 있었다. 또한 농도가 희박한 경우에도 고즙분(苦汁分)이 다량으로 나와 제염능력을 감소시켰고 수분의 증발을 감쇄하는 것도 다대하였다. 또한 증발지에 폐액을 주입함으로써 함수의 조성을 악화시켰다. 이것은 실로 제염상 극히 불리한 방법이라고 말할 수 있을 것이다. 따라서 장래에는 결정지의 모액(母液)이 31도 내외에 달하면 그 일부분을 배제(排除)하여 고즙류(苦汁溜)에 저장하고, 신선한 함수인 결정염을 용실(溶失)하지 않을 정도로 결정지에 주입해야 한다. 보통과 같은 상황에서 제염을 계속하기 위해 종래와 같이 결정지의 모액의 농도 여하에 관계없이 추차(追次)로 함수를 보급하여 주가(注加) 제염하는 일은 매우 불합리하다. 그러나 만일 날씨가 불량하고 강우의 우려가 있는 경우, 또는 비온 후 정지(整地)를 끝마친 때, 혹은 봄 가을 채염(採鹽) 개시의 때를 맞아서는 고즙류에 저장된 고즙을 희박함수에 혼가(混加)하여 이것을 결정지에 주입시켜 결정을 촉진함으로써 생산증가를 가능한다. 그러나 고즙 주가를 통해 모액의 농도를 상승시키거나, 고즙류에 배제·저장하는 것은 전과 같은 식으로 한다. 본 방법에 의하면 함수의 증발을 저감시키지 않고 또 정지(整地) 후, 기타의 경우에 있어서의 채염을 촉진시킬 수 있다. 결국 종래보다는 양염(良鹽)을 다량으로 생산할 수 있을 것이다. 본 방법은 함수 조성과 증발률과의 관계 및 각 조성(組成)의 용해도를 이용하였으므로 조선처럼 비교적 다우(多雨)인 지방에 적합한 합리적인 제염법이 되리라고 확신한다. 관동주 지방에서도 이것을 역설하여 이미 그 시험적 실행에 착수한 것이 있다.

②함수분할(鹹水分割) 제염법을 시행할 것

구미에서의 천일제염법에서는 라임 폰드(lime pond: 石灰池)에서 석회를 분리하고 모액이 농후해지면 이것을 결정지로부터 배출하여 모액지(母液池)에서 열등염(劣等鹽)을 채수(採收)하고 있다. 그러나 조선 및 기타에서는 이렇게 하면 더욱더 제염부분의 품질을 열등하게 하는 것이고, 구미염(歐美鹽)에 미치는 것은 멀어져 간다. 4단(가정)의 결정지에서 제1결정지(최상

단)에 석회염류(石灰鹽類)를 침전·분리하여 그 정량(精良) 함수를 제2, 제3의 결정지로 옮겨 식염(食鹽)을 분리하고 그 농도를 상승시켜 30도 내외(地方的으로 適度의 연구가 필요)가 되면 이것을 제4로 이동시켜 비교적 열등염을 채수한다. 다시 그 농도가 상승하여 식염의 분리가 어려워지기에 이르면 고즙류로 옮긴다. 비가 온 후에 이것을 이용하는 것은 전항(前項)의 고즙 응용제염법에서 기재한 것과 같은 식으로 한다. 본 법에 의하면 제염을 품질에 따라 분리(分離) 채수(採收)하고 용도에 맞게 적당한 식염을 공급하게 된다.

③ 염전의 전화(電化)를 도모할 것
근래 내지(內地) 제염업에서도 염전에서의 우수의 배출이나 농후(濃厚) 함수의 급양(汲揚)에 전력을 사용하여 모두 상당한 효과를 거두고 있다. 관동주에서도 이미 이것을 시험하여 대단한 노은(勞銀)을 절약하고 있는 바이다(야마토식 펌프를 사용함). 그러므로 조선염전에서도 각 염전에서 가능한 한 이것을 응용한다면 반드시 노은을 절약할 뿐만 아니라 생산을 증가시킴으로써 생산비를 절약할 수 있을 것이다.

④ 자기발전(自己發電)을 병행할 것
대규모 염전인 경우라도 궁벽한 곳이기 때문에 전력의 공급을 얻는 것이 곤란한 지방이 있다. 이러한 염전에서는 미국에서와 같이 염전 내에 자기발전소(自己發電所)를 두어 전력으로 해수의 급양, 우수 및 기타의 배제, 함수·해수의 처리를 함과 동시에 그 폐기(廢氣)로부터 진공관(眞空罐) 제염 또는 결정조(結晶槽) 제염을 하는 전오염(煎熬鹽)을 생산하는 것은 조선에서의 염의 수급 및 기타의 관계로 보아 유리하고도 적절한 일이라고 믿는다(일본에서도 현재 공사 중).

⑤ 추기(秋期) 또는 춘기(春期)에 염전 수리를 완전하게 할 것
기술한 것처럼 조선의 염전 지반은 연약하기 때문에 이것을 춘계(春季) 또는 추계(秋季)에 완전하게 손질하지 않으면 생산력에 상당한 차이를 발생시킨다. 따라서 여기에 대해 상당한 경비를 필요하게 만들었다. 장래에는 완전하게 시행하여 함수 누실(漏失)의 싫어하는 바에 소위 '개어 굳히기'를 행하여 생산의 증가와 품질의 향상을 도모할 것.

⑥제염 품질을 향상하기 위해 결정지 내에 세취(洗取) 설비 또는 간이세척법(簡易洗滌法)을 행할 것

⑦염전에서 세척법을 병행할 것
구미에서는 천일염전에 간이(簡易)로 된 분쇄세척법(粉碎洗滌法)을 병행하고 있다. 조선에서도 장래에 적당한 시기에 이를 시도하는 것이 지당하다고 생각한다.

⑧증발력 촉진 방법을 병행하여 함수의 제성(製成)을 성공할 것
    a. 기술한 바와 같이 증발지도 가능한 한 수리하여 수평(水平)을 잡고 완전히 굳힘과 동시에 수심(水深)을 얕게 할 것
    b. 증발지에 돌을 제거할 것
    c. 끈을 펼쳐 등급(等級) 수성(水性)의 물질을 매달아 수분의 증발을 촉진할 것
    d. 납작기와(敷瓦)는 제법 흑색이 되는 것을 선정할 것
    e. 흑주식(黑柱式) 증발법을 시험해 볼 것
       흑색의 콘크리트제 기둥을 만들어 물을 위에서 유하(流下)시켜 농축하는 법

⑨추기(秋期) 및 동기(冬期)에도 가능한 한 함수의 생성에 노력하여 춘기(春期) 제염 개시의 때에 함수의 공급을 원만하게 할 것
춘계 제염개시기에 있어서 해수·함수 공급의 다소는 생산에 지대한 관계를 가지고 있음은 기왕의 실적으로 볼 때 명백하다. 따라서 가을·겨울철에 있어서 저수(貯水)의 누실을 예방하고 동시에 또 다시 진행되는 함수의 생성에 노력하여 생산의 증가를 도모할 것.

⑩고즙제약사업(苦汁製藥事業)을 병행하여 제염가(製鹽家)의 이익을 증진하고 간접적으로 염의 생산비를 저감할 것
종래 고즙을 채수하여 이를 원료로 하는 제약공업(製藥工業)을 병행한다는 것이다. 여기에 대해 조속히 충분한 시험·연구를 하고, 제염업의 이익을 증진할 필요가 있다. 조선에서는 결정지에 납작기와(敷瓦)를 깔아 놓은 관계상 황산나트륨(芒硝) 제조와 같은 것은 가장 안성맞춤이

다. 이제는 판유리(硝子) 제조가(製造家)의 염전망초(鹽田芒硝)에 대한 수요가 큰 것이 있는 것 같다. 이것의 제출(製出)을 실행한다면 상당히 유리할 것이라고 생각된다. 또한 더욱더 진보하는 탄산마그네슘, 염화칼륨(鹽化加里), 황산마그네슘, 염화마그네슘, 브롬(臭素), 금속마그네슘 및 이것의 합금 등의 제조는 장래 커다란 연구 실행해야 할 사항이라고 확신한다.

⑪농후 고즙(34-35도)이 생산되는 경우에는 여기에 포화함수를 혼합하여 미립염(微粒鹽)의 채수(採收)를 할 것

고즙과 함수와의 혼합법에 의해 전부를 미립염으로 제염채수(製鹽採收)한다는 것은 불리하다고 할지라도, 염전망초를 채수하는 것같이 부업적으로 미립염을 채수하는 것은 유리할 것 같다. 본 방법은 먼 이전부터 이미 조선에서 다나베(田邊) 기수(技手)의 시험이 있었던 바, 상당히 넓게 실행된다면 재제염(再製鹽) 및 기타의 대용품으로 저렴하게 공급할 수 있을 것이다. 다만 본 방법은 다소의 개량을 더한 것에 대해 시바(芝) 공학사(大日本鹽業會社 普蘭店 出張所長)가 전매특허를 가진 것으로 기억한다. 여기에 관계된 것에 우선 조사하는 것이 필요하다.

⑫천일염전에서 농후함수를 채수하여 전오제염(煎熬製鹽)을 행해서 백염(白鹽)을 비교적 저렴하게 생산·공급할 것

천일염전에서 생산한 함수를 원료로 하여 전오제염하는 소위 백염(白鹽)을 생산하는 일은 백염의 수요가 있는 지방에서는 반드시 유리한 일일 것이다. 관동주·여순염전에서 이것을 실행하였고, 이것을 일본에서 수입한 액이 약 300만 근이다(때때로 천일염을 혼합하여 함수의 농도를 높이는 경우가 있다). 조선에서는 일찍이 주안에서 이것을 시험한 일이 있었지만, 도중에 중단되고 말았다. 그러나 재제염 및 재래식 전오염이 존재하는 현재에 있어서는 조선에서도 이를 실행하면 상당한 이익을 거둘 수 있을 것임이 명백하다. 생각건대 야마구치 시게미치(山口重道) 씨가 인천항 밖에서 제염 기업(起業) 계획을 세우고 있는 까닭이 이것이다.[82] 그러

---

82 1927년 조선 염업주식회사가 오사카에서 설립되어, 1929년 인천 장의리 일대 간석지를 매립한 3정보의 개량 염전을 준공하였다. 그 개량제염의 공정은 염전 내에 해수를 끌어들여 천일식(天日式) 증발 방법으로 60퍼센트 농도의 함수(鹹水)를 만들고, 개량 카나와식 가마를 사용하여 전숙법으로 결정염을 만드는 방법이었다(仁川府廳, 1933, 『仁川府史』, 1118쪽).

나 이것이 실행방법으로 하는 것이 평부법(平釜法)이어서 ST식 제염법을 이용하거나, 거듭 일보 전진한 증기이용 ST식, 또는 대규모로 하는 결정조식(結晶槽式), 진공식, 아니면 가압식 제염법 같은 것도 적당하다.

⑬ **농후함수를 채수하고 여기에 '아세톤(acetone)'을 혼가(混加)하여 미립염을 채수할 것**
전항에서 기술한 야마구치 씨의 기업 계획과 같이 농후함수를 채수하고, 그것을 전오제염으로서 어업용염 및 기타 일반용도 염으로 공급하는 일은 재래식 및 재제염에 비해 유리하다는 것은 명백하겠지만, 소요되는 연료는 오히려 염 100근에 대해 적어도 50~60근 내지 70~80근이 필요하다. 그러므로 일본 전매국에서 스즈키(鈴木) 농학사(專賣局 技師)가 최근 연구 개발한 '아세톤' 식염분리법을 응용한다면 상당한 효과가 있을 것이다. 다만 현금(現今)에서는 '아세톤'이 고가(高價)인 관계로 인해 공업적 실행상에 있어서 사용된 '아세톤'의 회수이용법에 대해서 연구를 필요로 한다. 이것 또한 조선에 있어서도 연구해야 할 사항이다.

⑭ **목반결정법(木盤結晶法)의 연구·이용을 할 것**
농후함수를 채수하고 이를 목반(木盤) 결정지에 옮겨 양질의 식염을 채수하는 것은 관동주에서도 이미 영업적으로 실행을 하고 있는 것이다. 조선과 같이 비교적 천일제염에 불충분한 지반(地盤) 및 기상 상태를 갖고 있는 곳에서는 이를 병행하여 순백의 양염을 채수하고 여기에 상당한 가공을 하여 판매하는 것도 유리할 것이다. 그 실행 방법에 대해서는 계단식으로 하여 강우의 때에 이것을 그 아래의 '탱크' 안에 저장하는 것과 같은 방법에 의한 것이 가능할 것이다. 그 재료에 '포플러(poplar)'를 사용하는 것이 좋다.

⑮ **가열분쇄세척법(加熱粉碎洗滌法)을 실행할 것**
종래 천일염전을 일반 용도에 적합하게 하기 위하여 이를 분쇄·세척하는 일에 대해 연구·노력하였을지라도 본래 원료염의 색깔과 품질이 불량한 관계로 제품의 품질 역시 불량하였으며 보통의 전오염에 미치지 못하였다. 또한 저장 중에 염의 고결(固結)이 심해 아직 충분히 목적을 달성하는 데 이르지 못하였다. 근래 관동주에서 시바(芝) 공학사는 가열가공세척법(加熱加工洗滌法), 즉 분쇄세척염을 전오부(煎熬釜)에 투입하여 가열하는 법을 시험하여 상당한 성과를 거

두었다. 조선에서도 역시 이를 시행한다면 가능할 것이다.

⑯ 순백·순량의 천일염을 채수하여 이를 건조시킨 뒤, 분쇄절별(粉碎節別)
천일염의 가공법은 여러 가지가 있지만 각 생산비의 관계와 더불어 구미에서의 염 생산 상황의 추이로부터 고찰하여야 한다. 장래 공업용, 기타 각 원료염 이외에는 천일염전에서 순백(純白)·순량(純良)의 식염을 제조하여 이를 충분히 건조시켜 분쇄절별(粉碎節別)함으로써 일반 용도의 염을 제출(製出)하는 일은 가장 경제적이고도 합리적인 방법이라고 확신한다. 조선에서는 기상이나 지세(地勢)상 등의 관계에 의해 결정지에 납작기와(敷瓦)를 쓰고, 또 염고(鹽庫)를 갖추고 있어서 이것의 실행에 편리하다. 따라서 이것을 응용하여 재제염 및 기타에 대신함으로써 결정지 및 염고에 소요되는 자금경비의 활용을 도모할 필요가 있는 사항이라고 확신한다.

⑰ 천일제염에서 직접 식탁염(食卓鹽)을 제조할 것
식염의 흡습성(吸濕性)은 결정 상태와 심대한 관계가 있다. 그리고 천일제염의 결정은 식탁염의 원료가 되기에 꽤 알맞다. 따라서 순량한 함수를 원료로 하여 목반(木盤) 결정지에서 극도로 순량한 천일염을 채수하고 이를 건조·분쇄시킨 식탁염을 제조하는 일은 매우 심오한 계책을 얻은 것이라고 확신한다. 내가 주안출장소로 출장갔을 때에 다나베(田邊) 기수(技手)는 시제(試製)로 제작한 식탁염을 보여 주었으니, 역시 이것은 실행 가능하다고 생각된다.

5. 제염의 운수방법에 관한 사항

원래 보통의 천일제염은 직접생산비가 극히 저렴하고 이것의 반출운송에도 적지 않은 경비를 요구하는 것은 예외적이다. 그런데 조선에서는 생산비 비율이 고가(高價)인 관계상 반출운임의 생산비에 대한 비율이 비교적 작다고는 하지만, 그 운임이 반드시 저렴하다고 말하기에는 곤란한 것 같다.

따라서 조선의 관영염을 수입염과 대항시키고 더욱더 염업의 이익을 증가시키려 한다면 운수방법에 있어서도 역시 빈틈없는 주의를 기울여야 그 소요비를 저감시킬 수 있을 것이다.

조선의 천일제염과 그 수출항과의 관계를 보면, 광량만 지방의 염전에는 진남포(鎭南浦)가 있고, 주안 지방 염전에는 인천(仁川)이 있어서 조선 염전으로서 매우 유리한 상세(狀勢)에 있다고 할 수 있을 것이다.

그렇지만 원래 조선의 생산염은 다른 곳으로 수출하는 것이 아니라 모조리 조선 내에서 소비하는 것이므로, 이들 진남포, 인천 등도 기선적(汽船積) 수출의 경우가 아니면 탁각(拆角)의 항만도 그 효용을 참기에 어려웠다. 게다가 염전에서 이들 부두 내지 기차역으로의 반출에 필요한 경비는 관동주 지방에 비해 비율이 고가여서 이러한 수송상의 연구를 필요로 하는 점이 되었다. 따라서 염전의 적소에 저염장(貯鹽場)을 설치하고, 여기에 적재에 편리한 설비를 구작(構作)하며, 상당히 염전으로부터의 직접 판매(鹽田直接賣)를 하는 방침으로 나갈 필요가 있을 것이다(다만 현상에 있어서도 상당히 직접 판매를 하는 방침을 채택할 필요가 있음).

즉, 기술한 바와 같이 조선 내 소비를 하면서, 게다가 많은 것이 기차 수송으로 된다면, 염전 부근에서도 또한 기계적 설비를 갖춘 대염고(大鹽庫)에 인입선(引込線)을 끌어들여 염전 직접 판매를 하는 방침으로 하여 염전의 축조의 때에 미리 이 설비의 설계를 하는 것도 필요할 것이다. 그러나 염전 내 궤도(軌道)에 의한 수송 역시 상당한 소형 기관차 또는 '로프'식으로 수송하는 것도 가능할 것이다. 또한 상술한 목적을 달성하려면 이미 기술한 바와 같이 결정지를 수집(蒐集)하는 것도 하나의 방책이 될 것이다.

6. 시험부(試驗部)를 설치하여 제염 개량, 고즙의 이용, 외제(外堤) 축조법, 운수설비의 개량에 대한 근본적 연구를 하여 조선 염업의 기초를 확립할 것

조선 천일제염은 다행히 그 성립 가능성이 있는 것으로 입증되기에 이르렀지만, 원래 천일제염지로서는 매우 불리한 땅에 있었고, 소요되는 직접생산비도 관동주에 비해 배증(倍增)된 것으로 보아도 명백하다. 따라서 조선의 염업은 직접 제염법의 개량과 합리화는 물론 고즙 이용으로 인한 이익 증진 등을 기도할 필요가 특히 절실하다. 아울러 이들 ■■하기에 용이한 사업이 아니다. 따라서 시험부(試驗部)를 특설하여 기초적 연구를 하는 것도 긴요한 일이다.

천일제염법에 관한 연구·발명은 천일제염지로서는 가장 불리한 상태에 있는 조선에서 특히 필요할 뿐만 아니라 또 이 땅에서 처음으로 출현한 것이라고 확신하는 것이다.

7. 구미에서의 염업의 시찰·조사를 하도록 할 것

미국, 프랑스, 이탈리아, 스페인 등에서의 천일염전의 상황은 배워야 할 점이 적지 않다. 따라서 조속히 이를 견학하여 조선 염업의 개선에 이바지하는 일을 절실히 희망한다.

8. 경영법에 대한 연구를 요함.

단시간의 시찰로 경솔하게 단정하는 것일지 모르겠으나 조선 천일제염의 경영방법을 살펴 관동주에서의 것과 대비하자면, 조선의 것이 우수하고 이상적인 것이라고 말하기에는 어려운 감이 있다. 가능하다면 염부장(鹽夫長)에게 위임하는 형식 등으로부터 소작적(小作的) 경영을 하는 것으로 한다면 상당한 효과를 거둘 수 있을 것으로 생각된다. 회계법, 기타의 관계로 지장받느냐 아니냐, 또는 과연 어떠한 효과가 있겠느냐가 연구되기를 절실히 희망한다. 그 방법으로는 선량한 1~2명의 염부장에 대해서 이것을 시험해 본다면 가능할 것이다.

9. 종사하는 염부(鹽夫)의 수를 증가시킬 것

조선염전은 다른 지방에 비해 채염에 많은 인력을 요구하는 동시에 염전의 정지(整地), 외제(外堤)·도로·기타의 수리 등에 많은 노력을 필요로 한다. 현재의 배치 인원은 너무도 과소하여 충분히 염전의 능력을 발휘하기에 어려움이 있으므로, 적어도 10정보당 9인의 염부를 배치하는 것이 필요할 것이다.

10. 염전 소재지에 상당의 의사(醫師)를 배치할 것

각 염전에는 상당 다수의 직원 및 종업자가 있음에도 불구하고 의사의 배치가 없는 곳이 있다. 예를 들어 군자(君子), 남촌(南村) 등과 같은 지방에서의 각원(各員)은 상당히 곤란한 감이 있다고 하겠다. 여기에 대하여 상당의 의사를 배치하는 일은 반드시 필요하여 빠트릴 수 없는 일일 것이다.

요컨대 조선은 천일제염을 기초로 하여 염의 자급자족을 도모하는 것이 긴요하다는 것은 논할 필요도 없는 바이다. 그렇지만 천일제염지로서는 비교적 불리한 지위에 있기 때문에 이러한 목적 달성에 상당한 보호를 더해 줄 필요가 있고, 동시에 그 제염방법 및 경영법을 합리적으로 하지 않으면 안 된다. 따라서 조속히 전매법(專賣法) 또는 수입염의 관리제도를 두고, 또 염전 개설에 대해 보호■■함과 동시에 제염법의 개량, 고즙이용공업(苦汁利用工業) 등 기술적 연구를 행함으로써 염업의 발달, 염가(鹽價)의 안정, 생산비의 저감을 도모하는 일은 현하(現下)의 상세(狀勢)상 가장 급무라고 말할 수 있을 것이다.

천일제염법의 개량책으로는 우선 염전의 경화(硬化), 해충의 구제, 고즙의 채수, 고즙의 합리적 응용 및 고즙의 이용법으로 해서, 우선 망초(芒硝), 유마(硫麻), 탄산마그네슘 제조 등에 대해 연구하고 실행하는 일을 필요로 한다. 또한 재제염 및 재래 전오염에 대해서는 천일염전에서 생산되는 함수를 전오제염(煎熬製鹽)하거나 또는 천일원염(天日原鹽)의 가공 등으로 점차 이것들에 대용하는 식으로 유도하는 것이 가장 경제적인 방법이라고 확신한다.

Ⅲ

「염세규정」 반포와 천일제염의 관영화

해제

러일전쟁 이후 일제는 한국을 식민지로 삼기 위한 제반 정책을 본격화하기 시작하면서 여러 재정개혁 방안 중 하나로 소금에 대한 전매제 도입을 검토하기 시작하였다. 이는 한국보다 먼저 식민화에 성공한 대만에서의 염 전매제(1899년 시행)가 제염업의 진흥은 물론, 식민지 경영에 필요한 재정 수입의 증가를 가져온 사실, 또 일본의 염 전매제(1905년 시행) 역시 러일전쟁의 전비(戰費) 조달이라는 재정상의 목적을 효과적으로 수행했다는 사실에 고무된 영향이 크다.

그러나 염 전매제의 배경에는 이러한 재정적 측면뿐 아니라 염업 전반에 걸친 개량론, 보호론, 공익론의 관점이라는 다양한 흐름이 존재하고 있었다.[83] 마찬가지로 한국에서도 염 전매제를 실시하고자 한다면 이에 따른 수익적 측면뿐만 아니라 제염기술의 개량부터 수입염에 대한 보호책 등과 같은 구체적인 염업 개혁 정책들이 마련되지 않으면 안 되었다. 하지만 한국의 경우는 일본이나 대만과 달리, 식염 생산의 자급은커녕 매년 수요액의 3분의 1 이상을 수입염에 의존해야 하고, 제염기술 역시 낙후되어 있다고 판단되어 전면적인 전매제로 돌입하기에는 통감부의 부담이 컸다. 따라서 당초 한국에서 전매제 시행의 임무를 받고 통감부 재정고문으로 부임한 메가타 다네타로(目賀田種太郎)는 염 전매제 시행 계획을 일단 보류하는 입장을 취할 수밖에 없었고, 대신에 종래의 불완전하고 불공평한 염세(鹽稅) 징수의 방법을 개선하여 세입을 확장하는 방법으로 전환하였다.[84] 염세는 생산자와 수입자 모두에게 과세하되 수입품은 세관에서 과세하는 것으로 하였다. 그리고 염세 부과를 위한 사전

---

83 三和良一, 1982, 「塩専売法の制定」, 『日本塩業史大系』 近代(稿), 日本専売公社.
84 메가타의 전기에 "장래 전매제도를 행할 목적을 가지고 현행 염세법을 확장토록 하였다"고 밝히고 있는 것으로 보아 염세제도 개정은 향후 염 전매제 실현을 위한 준비 과정이었음을 알 수 있다(目賀田男爵傳記編纂會, 1938, 『男爵目賀田種太郎』, 535쪽).

작업으로 1906년 5월부터 염업 조사가 시작되었다.[85]

　제3장은 이러한 염세 개혁에 대한 재정고문부의 염업 조사 보고서를 선별하여 수록하였다. 앞서 제2장이 천일제염 시험을 위한 염업 조사였다면, 제3장의 염업 조사 보고서는 염세 징수를 위한 기존 염업의 제염량과 생산 방법, 소작 관계, 판매 방법 등 종합적인 관습조사까지 포함되어 있다는 차이가 있다. 아울러 1907년 3월에 기존의 재정고문부가 재정감사청(財政監査廳)으로 개편된 이후로는 기존의 세무감(각 도 관찰사가 겸임), 세무관, 세무주사 등으로 이어지는 한국인 관리 중심의 조사에서 일본인 관리가 직접 조사·감독하는 체제로 변경됨에 따라 더욱 강제성을 띠게 되었음은 물론이고, 「염세규정」 시행 이후의 민심 동향까지도 자세히 살펴서 보고하고 있다.

　제1절과 제2절은 당시 재정감사청에서 발행한 『재무주보(財務週報)』에 수록된 자료들을 선별하여 정리한 것이다. 하지만 「염세규정」에 근거한 까다로운 신고 절차와 엄격한 처벌 규정은 오히려 역효과를 보아서 효과적인 염세 징수에 도움이 되지는 못했다. 복잡한 수속과 장부 작성을 번거롭게 여기는 염민(鹽民)들의 비협조로 생산량을 정확히 파악하기도 힘들었고, 또 을사늑약 이후의 반일감정 고조로 일부 지역에서는 염세 납부를 거부하는 운동이 일어나기도 하였다. 가장 격렬하게 저항한 곳은 함흥군 연포(連浦)와 경기도 남양의 염민들이었다. 함흥의 염민들은 '연포사(連浦社)'라는 조직을 중심으로 총칼로 무장한 일본군과 맞섰고, 남양군 염민 또한 조직적인 염세거부운동으로 저항하였다.[86]

　한편 제3절에서는 한반도의 서북해안에서 산동반도와의 사이에 거의 일상적으로 행해지

---

[85] 1906년 11월에 제정된 「염세규정」과 염 전매제에 대한 조선총독부의 제반 법령은 뒤의 제4장에서 정리하였다.
[86] 연포사 염민의 분규와 남양군 염민의 염세거부운동에 대해서는 김승태의 「한말 캐나다장로회 선교사들의 선교활동과 일제와의 갈등, 1898~1910」(『한국 기독교의 역사』 12호, 한국기독교연구소, 2000)과 박민웅의 「1905~1910년 일제의 염업 정책」(『지배문화와 민중의식』, 한신대학교 출판부, 2008)을 참조.

는 밀수입염의 유통 상황을 조사한 보고서 두 편을 수록하였다. 19세기 이후 생산량이 급격히 증가한 청국 천일염이 지리적 이점을 이용하여 서북해안으로 밀수출되는 상황을 자세히 보고하고 있는 자료로서 그 사료적 가치가 매우 크다고 하겠다. 이후 통감부는 생산원가의 측면에서 기존의 자염(煮鹽) 생산 방식으로는 청국 천일염의 유입을 도저히 방어할 수 없다고 판단하고, 한국의 염업을 청국과 동일한 천일제염 방식으로 개편할 것을 결정하게 되었다.

 제4절과 제5절은 이러한 통감부의 염업 정책 전환에 따라 최초의 천일염전으로 건설된 주안천일제염시험장의 시험 성적과 이후 관영 천일염전체제가 수립되는 과정을 다룬 보고서들을 정리한 것이다. 그리고 통감부의 마지막 시기, 탁지부 임시재원조사국에서 간행한 『한국염무행정요령』은 천일제염을 관영 염전으로 개발하여 육성함으로써 이후에 시행될 염 전매제에 대비하겠다는 뜻을 밝힌 것으로, 이는 이후 총독부의 정책으로 그대로 계승되었다. 즉, 관영 천일염전체제는 천일제염을 민간이 아닌 정부 주도의 관영으로 개발하여 빠른 시기에 소금 수급의 자급화를 이루겠다는 것인데, 흥미로운 점은 이러한 통감부의 정책을 같은 기관의 기수로 활동하던 이하라 분이치(庵原文一)[87]가 강력하게 반대하고 있다는 점이다. 이하라 기수는 관업이 아닌 민업으로 천일염전을 경영할 것, 그리고 만일 염 전매제도 도입이 불가피할 경우라 할지라도 '제조전매제'가 아닌 '판매전매제'를 실시할 것 등을 주장하였다.

---

87 이하라 분이치(庵原文一)는 도쿠시마현(德島縣) 출신으로 1890년 수산전습소 1기로 졸업하고 이시카와현(石川縣)과 도쿠시마현의 수산과 기수, 수산시험장장, 농상무성 수산조사소장 등을 역임하였다. 또한 1906년 통감부 기수로 한국에 들어와서는 농공상부 수산사무촉탁(1907년), 수산과장(1908년) 등을 역임하였고, 1908년 12월에 간행된 『한국수산지』 제1집의 조사 편집의 총무를 맡기도 하였다.

1. 염세규정 반포와 염세 징수

〈자료 140〉 염무(鹽務)에 관한 건

- 원제목: 鹽務ニ關スル件
- 출전호수: 《財務週報》제1호, 執務參考
- 작성일: 1907년 1월 7일
- 간행일: 1907년 4월 15일

염세규정(鹽稅規程) 시행[88]에 대한 그 효과는 일본인을 비롯하여 기타 외국인에게도 미칠 수 있기 때문에 일본인과 기타 외국인으로 하여금 염 제조에 종사하는 자는 주소·성명 및 그 1년간의 제조근량(製造斤量)을 보고하게 해야 한다. 아울러 본 건은 종래의 관례로 하는 것이 아니기 때문에 저들 제조자에게 과세하는 때에는 아래의 건건(件件)으로 심히 유의하는 일이 필요하다.

1907년(明治 40) 1월 7일
정부 재정고문 메가타 다네타로(目賀田種太郎)

1. 각 제조자에 대하여 미리 염세규정 시행의 뜻을 알리어 간절히 그 취지를 이해시키고, 법률 시행의 직권을 남용하여 돌연 검사·감독하는 것과 같은 일이 없도록 삼가함.
2. 전항의 예고에 대해 만일 불복을 제기하는 일이 있을 때에는 무리하게 논의(論議)를 쓰지 말고, 이사청(理事廳)에 교섭하는 것으로 취급해야 함.
3. 거류지 및 거류지 밖 10한리(韓里) 이내의 땅에 있는 염 제조자에 대해서는 지금 그 당국자와 협의 중에 있으므로 당분간 규정의 시행을 보류해야 함.

---

[88] 「염세규정」은 1906년 11월 칙령 제69호로 반포되어 이듬해 1월 1일부터 염세 징수가 시행되었다.

4. 본문의 취지에 대해 이사청과 미리 협의를 끝내어 염세규정의 원활한 시행을 기해야 함.

5. 제2항의 불복자가 있는 때에는 그들을 본부(本部)에 보고해야 함.

6. 관하(管下)의 각 세무관(稅務官) 및 각 재무관보(財務官補)에게도 본문의 주지(主旨)를 통해 분의(紛議)를 일으키지 않도록 주의를 더해야 함.

【염 제조 검사 방법 심득(心得)】

제1조. 세무관리(稅務官吏)는 염세규정 제6조에 의거하여 염 제조자로 하여금 장부를 조제(調製)하게 하여 날마다 아래의 사항을 기입시키는 것이 필요함.

① 1일의 제조 근량(斤兩)

② 1일의 판매 근량. 단 그 가격 및 매주(買主)의 주소·성명을 첨기할 것

전항의 장부가 종래의 관례에 의거한 근량으로써 기입하는 것이 곤란한 때는 용량(容量)으로 기입할 수 있음. 다만 그 경우에는 1905년(광무 9) 3월 법률 제1호 도량형법(度量衡法)에 의거하여 1승(升)의 중량은 17량(兩)으로 간주함.[89]

전항의 규정에 의거하여 중량(重量)으로써 기입하는 경우에 양기(量器)가 1905년(광무 9) 3월 법률 제1호 도량형법에 의거한 것이 아닐 때에는 각 제조자마다 그 사용하는 양기에 대한 염의 중량을 계산해 두는 것이 필요함.

제2조. 수 개의 포장염이 있을 경우에 세무관리가 각 포장염 근량의 근량을 동일하다고 인정하는 때에는 적절히 그중 일부를 점검하여 전부의 근량을 추정할 수 있음.

제3조. 세무관리는 전조(前條)의 장부를 검사하여 기입한 사항이 사실에 부합하는지 아닌지를 검사할 필요가 있음.

제4조. 세무관리는 염세규정 제7조에 의거하여 검사를 시행함에 있어서는 채염지(採鹽地), 제조장(製造場), 저장장(貯藏場), 기타 염의 제조출입(製造出入)에 관해 필요한 기계·장부·서류 등의 상호 부합을 확인하는 것이 필요함.

전항의 검사에서 만일 그 부합을 인정할 수 없는 때에는 정세(精細)하게 의견을 구

---

[89] 1905년에 제정된 도량형법으로 소금의 종래 부피 단위인 '斗'나 '石'이 아닌 중량 단위로서의 '斤'을 써야만 했다. 하지만 당시 이러한 법정 도량형을 사용하는 제염업자는 일부 일본인을 제외하고는 거의 없었다.

신(具申)하여 곧바로 그 상급관에게 보고하고, 이에 범죄가 있다고 사료되는 때에는 필요한 물건은 적절히 봉인하여 상급관의 지휘를 기다리는 것이 필요함.

제5조. 세무관리가 염세규정 제8조의 경우에서 염 제조자의 신청 또는 신고에 관계된 측량제조근량(測量製造斤量)이 검사상 소액으로 잃어버렸다고 인정되는 때에는 그 사유를 정세하게 구신(具申)하고 상급관의 지휘를 기다리는 것이 필요함.

〈자료 141〉 염세 및 수산세 실시 경과 보고

- 원제목: 鹽稅及水産稅實施經過報
- 출전호수: 《財務週報》 제8호, 報告及通計
- 작성일: 1907년 4월 25일
- 간행일: 1907년 6월 3일
- 작성자: 광주(光州) 재무관 이노우에(井上)

아래와 같이 나주분서(羅州分署) 및 영암(靈巖)·나주(羅州) 각 분서(分署)에서 보고한 것으로 본월 10일부 세제(稅第)186호의 취지에 기초하여 보고합니다.

【나주분서 보고】(1907.5.10)

1. 염세(鹽稅)는 종래 염부(鹽釜)에만 과세하고 제염의 다과(多寡)에 관계되지 않았기 때문에 징세(徵稅)에 이르러도 간단했고, 따라서 제염자의 번잡을 줄일 수 있었다. 그러나 염세 반포와 더불어 여러 가지 번잡한 수속이 필요해지고, 더하여 장부를 만들어야 했기 때문에, 제염업자의 번누(煩累)를 감하지 못하고 다대해지는 데에 이르렀다. 그러나 실제에 있어서는 아무리 발훈(發訓)을 내려도 제염 기장자(記帳者)는 10명 중에 겨우 1~2명에 불과하였기 때문에, 부득이 전년도에서의 제염고(製鹽高)의 비례로 하고, 현재 제1기 부과(賦課) 중에 있다.

2. 종래 어세(漁稅) 및 곽세(藿稅)[90]의 과세물건(課稅物件)은 어기(漁器) 혹은 채집장(採集場)으로 하여 모두 단순한 것이었지만, 수산세(水産稅) 규정 반포와 동시에 어세 및 곽세가 폐지되었고, 따라서 과세물건도 채집장의 가격을 기준으로 하기에 이르렀다. 그 결과는 복잡한 기장법칙(記帳法則)으로 인해 채집물 및 매매가격의 기장(記帳)을 필요로 하게 되었는데, 원래 한인의 머릿속에 규칙이란 개념은 없었고, 특히 한 글자의 문자도 모르는 어부 등에게 기장의 제도를 여행(勵行)한다는 것은 지난한 일에 속했다. 더하여 지금 어업의 최성기(最盛期)를 맞아 지도군(智島郡)·고군산(古群山) 및 위도(蝟島) 부근은 어선(漁船)의 위집(蝟集)이 실로 5,000을 남짓 한다. 그리고 경기, 평안, 충청 제도(諸道)에서 위집하는 어주(漁舟)와 같은 것은 어기(漁期) 종료와 함께 각자 귀향하기 때문에, 이들 어주의 채집된 것의 가격은 실지에서 그것이 측정되어 소속 세무소(稅務所)로 통지하는 방법을 강구하지 않으면 안된다. 어떤 쪽으로 몇 해리(海里)에 산포된 수천백의 어주에 대해 뒤섞인 채집물의 가격을 조사한다는 것은 지난한 일에 속하기 때문에, 도저히 세무주사(稅務主事) 및 징세원(徵稅員) 등에게 일임하는 것은 실로 저들에게 부정행위를 명하는 것과 똑같은 일이다. 지금도 여전히 결세(結稅)의 최성시기(最盛時期), 특히 경비(經費)에 한하고 있기 때문에, 부득이 세무주사 및 임원, 징세원 등에게 발훈(發訓)하여 제1기 징세의 준비가 한창이다.

【영암 및 나주분서 보고】(1907.4.23)

1. 수산세(水産稅) 반포 이래 실시의 경과

① 각 면의 면장(面長)으로 하여금 매월 그 면 내에서의 채취물의 가격을 보고하도록 한 일은 하나도 없고, 또 채취업자에 대한 법적인 장부 작성 등도 도저히 맡길 수가 없다. 저들의 대부분은 한 글자도 알지 못하는 자들이다.

② 당국 관리는 한국의 누습(陋習)으로 어촌 등에 출장하여 수산물 채취액의 조사 등을 하

---

90 곽세는 미역(藿)이나 김(海苔) 등 해조류에 부과되던 세금이다. 영조대 곽세는 경상도가 가장 많아서 3,000냥, 강원도와 전라도가 그다음이고 충청도는 겨우 50냥에 불과했다 한다(『승정원일기』, 1068책, 영조 27년 5월 23일). 어세(漁稅)·염세(鹽稅)·곽세(藿稅)·선세(船稅)가 함께 해세(海稅)에 포함되었으며, 일반적으로 어염세(漁鹽稅)로 통칭되었다. 조선 후기의 어장이나 염전은 대부분 궁방 및 아문에 절수(折受)되어 면세의 혜택을 받고 있었으므로 국가재정에 큰 도움이 되지 못했다.

는 것을 관리의 체면을 상하게 하는 일이라 하여 이를 기피하는 감정이 있다. 따라서 정세한 조사를 이루고, 허위 신고를 각하하는 재료를 얻을 수가 없다. 또한 지금의 세무관리에게는 주도하는 조사를 할 만한 능력이 결여되어 있기도 하다. 이러한 조사방법에 대해서 당구(當區)는 부임 후 겨우 수 일이 되었기 때문에 아직 할 수가 없었지만, 순천(順天)에서는 1~2회 당국 관리의 실지 지도하는 연구가 이루어졌다.

③ 상술한 바와 같은 정황이라면 면장 등의 신고는 그것이 이루어지지 않았을 것이라고 생각되기 때문에, 종래의 어세·곽세로서 징세되는 시대보다 그 세액의 감소를 보지 않을까 하는 두려움이 있다.

2. 염세(鹽稅) 반포 이래 실시의 경과

① 제염 조업자가 법정 도량형을 사용하는 자가 없고, 겨우 일본인에게서 이것을 사용하는 것을 볼 뿐이다.

② 염 제조자가 법정의 장부 등을 조제(調製)하는 일은 전혀 없다. 그 제조를 마치면 곧바로 제조장에서 반출되기 때문에 염세 전세관리(專稅官吏)의 파견이 없다는 것은 대부분 탈세로 끝마쳐진다.

③ 당국 관리의 대부분은 또한 그 제조액 등의 조사를 하지 않기 때문에 비천(鄙賤)한 행위로 하여 기쁘게 한다. 또한 정확한 조사를 한다고 하여도 그 능력이 모자라다. 이것으로 인해 그 제조액도 제조업자가 신고를 하는 것에 맡기지 않을 수 없다. 그리고 그 1개년 제조근량을 신고하는 데에는 법정 형량(衡量)이 아니기 때문에 승량(桝量)으로써 편의 신고된다. 그 승(桝)은 지방에 따라 달라서, 그 지방에 의한 1두(斗)의 근량을 조사하여 그것을 환산하는 방법을 채택하는 상황에 있다.

④ 염전의 면적은 물론, 농상공부령(農商工部令)에 의한 장량(丈量)을 하는 일도 없다. 혹은 두량(斗量)으로써 계산하거나 혹은 어느 정도로서 계산하고 있다. 게다가 각 단위는 대소가 부동하다. 따라서 그 면적의 광협을 알기 어렵다.

〈자료 142〉 염세·수산세 실시행(實施行)의 상황

- 원제목: 鹽稅水產稅實施行ノ狀況
- 출전호수: 《財務週報》제14호, 報告及統計
- 간행일: 1907년 7월 15일
- 작성자: 개성 재무관보 후지모토(藤本), 광주 재무관 이노우에(井上), 영암 재무관보 오노(尾野)

(1) 염세·수산세 실시행의 상황: 5월 4일 개성(開城) 후지모토(藤本) 재무관보

염세규정 및 수산세 발포 이래 실시 경과에 대해 조사한 것은 아래와 같다.

【수산세】

① 본년 1월 중, 강화파주주사(江華派駐主事)와 개성에서 회동하면서, 염세규정과 더불어 이것의 연구를 한 후에 해당 규칙을 각 소영(所營) 연안 각 면(面)에 게시하고, 또 면장 등에게 해당 규칙의 주지를 설시(說示)하여 실행 준비를 하도록 하였다.

② 그 후에도 본부로부터의 통달(通達) 또는 참고사항이 있으면 그때마다 이를 이해할 수 있도록 설명을 더해서 통첩(通牒)하였다.

③ 그러나 동기(冬期)에는 해산물의 채취를 하는 일이 전무하고, 겨우 4월 중순경부터 개성군 연안 및 강화도 부근에서 조기(石魚)의 채취를 시작할 뿐이다. 따라서 수산세의 제1기 세액은 4월 후반 그들의 채취고(採取高)에 대한 것에 불과한 것이다.

④ 수산물의 채취 영업자 중에는 한 글자도 모르는 사람들이 많다. 특히 염 제조와 같이 고착된 물건이 없고, 당연히 유동적인 휴업이 있기 때문에, 규정 제12조의 기장 신고를 지금 즉시 실시하도록 여행(勵行)하는 것은 자못 어려운 일임을 알겠다.

⑤ 처음 결호세(結戶稅)[91]의 징수를 목적으로 하여 선정한 면장(面長) 임원(任員) 중에는 수

---

91 토지에 부과하는 지세(地稅)와 호에 부과하는 호세(戶稅)를 합친 말이다. 통감부 설치 이후 조세정책의 기본적인 방향은 기왕의 조세를 증수하는 방안과 새로운 세원을 포착하는 방안을 통해 조세를 증가하는 것에 있었다. 지

산물의 사정에 정통하지 않은 사람이 많기 때문에, 수산물 채취 영업자와 연락을 놓쳐 징세상의 불편이 많을 우려가 있다. 연해(沿海)에 있어서는 될 수 있는 대로 수산의 사정에 통하는 자를 면장으로 추천하여 그를 임원으로 선정하고, 주로 수산세규칙 제5조의 사무를 맡도록 해야 할 것이다. 또한 관세(管稅) 관리[92]는 위 임원의 평정(評定)에 대해서는 충분한 감독을 더하여 부정과오, 탈루 등이 없도록 주의해야 한다.

[부기] 아직 실제 문제의 보고에는 접하지 못했지만, 채취물 가격 평정(評定)에 대한 고정(苦情)을 부르짖는 일, 풍조(風潮)와 기타의 형편에 의해 일정의 포구(浦口) 또는 해안에서 채취물을 가지고 귀환하기 위해 그 채취고(採取高)를 밝히지 않고 돌아가는 일, 오랫동안 걸쳐 다른 해면(海面)에서 채취·판매하기 때문에 당해 세구(稅區)인 면(面)에서 그 채취고를 확인할 수 없는 일, 채취 중 바다에서 판매를 완료하여 그 채취확수(採取確數)의 증적(證跡)이 없는 일, 기타 밀매매(密賣買) 등과 같은 것은 기왕의 상황에 비추어, 장래 다다하게 있을 것이다. 지금부터 취급상 및 취체상 곤란을 사유(思惟)하는 바이다.

【염세】

① 염세(鹽稅)는 다른 세목과 달리 세무관리 스스로 피세자(被稅者)에 대해 실지검사(實地檢査)를 해서 과세(課稅)의 기초를 확립해야 한다. 징세상 결호세(結戶稅)의 경우와 같이 면장·임원 등과 같은 보조기관이 없기 때문에 일층 열심히 일해야 하는 것임에 깊이 주의해야 한다.

② 파주주사(派駐主事)는 우선 염 제조자에 대해 제1조 제2항 단서의 신고서(申告書)를 제출받아야 한다. 제조장 수 및 1년 제조량 근량 등은 아래와 같다.

세와 호세가 기존의 소유관계와 파악방식을 그대로 두고 수취기구의 정비와 세원의 정확한 파악을 통한 증수를 계획한 것이라면, 염세나 연초세는 새로운 과세 방법으로 모색된 것이라 하겠다. 당시 조세수입의 압도적인 다수를 차지하는 것은 지세(80% 이상)와 호세에 있었으므로 은결(隱結) 색출과 징세대장 정비, 경찰관헌을 이용한 개략적인 호구조사 등이 이루어졌다. 장기적인 측면에서 조속한 토지조사와 호구조사의 실시가 요청되기도 했으나, 아직 한국의 국권이 남아 있고 또 재정상의 어려움으로 곧바로 시행되지는 못했다. 자세한 내용은 이영호의 「통감부시기 조세증가정책의 실현과정과 그 성격」(『한국문화』 18, 규장각 한국학연구소, 1996)을 참조.

92 관세(管稅) 관리란 조세 징수의 감독을 맡은 관리를 말한다.

군명	제주장 수	1년 제조 측정 근량
강화	46	350,000근
김포	29	190,000근
통진	58	480,000근
계	133	1,020,000근

비고: (1) 이상 모두 강화파주소 관내로서, 개성세구 내에는 제조장이 없음
(2) 외국인 제염자 없음

③ 3월 하순부터 4월 초순에 걸쳐 파주주사(派駐主事)는 김포·통진 2군(郡)의 제조장 전부와 강화군 제조장의 일부를 실지임검(實地臨檢)하였다. 그런데 이 지방의 제염은 매년 이르면 4월 중순경, 대부분은 5월에 이르러 착수하는 것을 선례로 한다. 따라서 주사의 실지검사의 때까지에는 아직 한 사람도 제조에 착수한 자가 없고, 겨우 그 일부분의 사람이 제조의 준비를 시작하는 데 불과했다. 강화군은 이도원근(離島遠近)에 산재하여 멀리 검사를 집행하지 못한 경우가 있었다. 또한 그 측량·근량(測量斤量)을 산정할 수 없는 일도 있었다. 이것들에 대해서는 다소 시일을 지연하여 납입고지서를 발부하지 않으면 안 될 것이고, 혹은 제1기 중 제조에 착수한 자가 전무한지라 측량할 수 없었다.

(2) 염세·수산세 실시 후의 상황: 4월 25일 광주(光州) 이노우에(井上) 재무관

【염세】

염세는 종래 염부(鹽釜)에 과세하고 제염의 다과에 관계하지 않았기 때문에 징세도 매우 간단하였다. 따라서 제염업자의 번잡을 느낄 수 없었는데, 염세 반포와 함께 여러 가지 번잡한 수속을 필요로 하였고, 거기에 더하여 기장(記帳)의 제도가 행해지게 됨으로써 제염업자가 번루(煩累)를 느끼는 일이 다대하기에 이르렀다. 그러나 실제에서는 아무리 엄훈(嚴訓)을 내려도 제염 기장자는 10명 중에 겨우 1~2명에 불과하여서, 부득이 전년도에서의 제염고의 비례로써 지금 제1기 부과(賦課) 중에 있다.

【수산세】

 종래 어세 및 곽세의 과세물건은 어기(漁器) 혹은 채집장(採集場)으로 하여, 모두 단순한 것이 되어 있었지만, 수산세규칙 반포와 함께 어세 및 곽세가 폐지됨에 따라 과세물건도 채집장의 가격을 기준으로 하는 것에 이르렀다. 그 결과는 복잡한 기장법칙(記帳法則)으로 채집물 및 매매가격의 기장(記帳)을 요구하기에 이르렀는데, 원래 한인의 머릿속에는 규칙이라는 개념이 없고, 특히 낫 놓고 기역자도 모르는 어부 등에게 기장의 제도를 여행(勵行)하게 한다는 것은 지난한 일에 속한다. 더하여 지금 어업의 최성기를 맞이하여 지도군(智島郡)·고군산(古群山) 및 위도(蝟島) 부근은 어주(漁舟)의 위집(蝟集)이 실로 5,000여 척이다. 그리고 경기·평안·충청 제도(諸道)에서 위집한 어주와 같은 것은 어기(漁期) 종료와 함께 각자 귀향하기 때문에, 이들 어주에서 채수(採收)된 것의 가격은 실지(實地)에서 평정(評定)을 할 수 없고, 소속 세무소(稅務所)에 통지하는 방법을 강구하는 수밖에 없다. 어떤 쪽이든 몇 해리(海里) 간에 산재하는 수천백의 어주에 대해 서로의 채수물(採收物)의 가격을 조사하는 것은 이것 또한 지난한 일에 속하기 때문에 도저히 세무주사 및 징세원 등에 일임한다는 것은 실로 저들에게 부정행위를 명하는 것과 똑같다. 지금 역시 결세(結稅)의 최성시기이고, 특히 경비(經費)에 한정이 있기 때문에, 부득이 세무주사 및 임원·징세원 등에 엄훈하여 제1기 징세의 준비에 한창이다.

(3) 염세·수산세 실시 후의 상황: 4월 23일 영암(靈巖) 오노(尾野) 재무관보

【수산세】

 각 면 면장(面長)으로 하여금 매월 그 면내에서의 채취물 가격을 보고하게 한 것이 하나도 없고, 또 채취업자에 대한 법정의 장부 작성 등은 도저히 감당하지 못한다. 저들 대부분은 일자무식한 자들뿐이다. 당국 관리는 한국의 누습(陋習)으로서 어촌 등에 출장하여 수산물 채취액의 조사 등을 한다는 이유로 관리의 체면을 상하는 것으로 여기고 이를 기피하는 감이 있다. 따라서 정세한 조사를 이루고, 허위의 신고를 각하하는 재료를 얻지 못한다. 또한 현재의 세무관리에게는 주도면밀한 조사를 할 능력이 결여된 바도 있다. 이들 조사방법에 대해서는 당구(當區)는 부임 후 겨우 수 일이었기 때문에 아직 하지 못하였지만, 순천(順

天)에서는 한두 번 당국 관리에게 실지 지도하여 연구하였다. 상술한 정풍이라면 면장 등의 신고는 그것 그대로 인정할 수 없기 때문에, 종래의 어세·곽세로서 징수한 시대보다 그 세액의 감소를 보지 않을까 하는 두려움이 있다.

【염세】

염 제조자는 법정(法定) 도량형을 사용하는 자가 없고, 단지 겨우 일본인에게서 그것이 사용되는 것을 볼 뿐이다. 염 제조자는 법정의 장부 등을 조제(調製)하는 것 역시 없다. 제조를 마치면 곧바로 제조장에서 반출하기 때문에, 염세 전무관리(專務官吏)의 파견이 없다는 것은 대부분은 탈세로 마친다는 것이다. 당국 관리의 대부분은 또한 이 제조액고(製造額高)의 조사를 하는 것을 비천한 행위로 여겨 좋아하지 않으며, 역시 정확한 조사를 하려고 해도 그 능력이 부족하다. 이 때문에 그 제조액도 제조업자가 신고하도록 맡겨둘 수밖에 없다. 그리고 그 1개년 제조근량(製造斤量)을 신고하는 데 있어서는 법정 칭기(秤器)가 아니라서 승량(桝量)으로써 편의신고되는데, 그 승(桝)은 지방마다 다르기 때문에 그 지방에서의 1두(斗)의 근량(斤量)을 조사하고, 그것을 환산하는 방법을 채택하는 상황에 있다. 염전의 면적은 물론 농상공부령(農商工部令)에 의해 장량(丈量)을 하는 일도 없다. 혹은 두락(斗落)으로써 계산하거나, 혹은 기해(幾海)로써 계산하기도 한다. 그리고 각 단위는 대소(大小)가 부동(不同)하기 때문에 그 면적의 광협(廣狹)을 알기도 어렵다.

〈자료 143〉 수산세·염세 실시 후의 상황

- 원제목: 水産稅鹽稅實施後ノ狀況
- 출전호수: 《財務週報》 제15호, 報告及通計
- 작성일: 1907년 6월 12일
- 간행일: 1907년 7월 22일
- 작성자: 강릉 재무관보 테이(亭)

지난 3월 소관(小官)의 도임(到任) 이전에는 어떠한 수산세·염세에 관한 세무관(稅務官)도 처음에 이러한 신규정(新規程)이 제정되었는지 알지 못하는 상태였다. 착임 후 곧바로 조사 실시를 서둘렀지만, 근년 희유의 대설(大雪) 때문에 4월 상순에 이르기까지 어떠한 착수도 할 수 없었다. 따라서 어업·제염업을 하는 것도 없었다. 점차 4월 중순경부터 이것이 시업(始業)을 보기에 이르렀고, 아울러 각 관세관(管稅官)으로 하여금 실지조사(實地調査)를 겸하여 이들이 주지(主旨) 및 기장납세(記帳納稅)에 관해 직접 인민에게 지시·설명하게 하였다. 염전 조사와 같은 경우 겨우 4월 24일에야 완료되었기 때문에, 그 후 가능한 기회를 이용하여 소관보다도 일반적으로 알려진 촌법(寸法)을 취했다. 또한 관하 세관에 대해서 이것이 주지를 오해하여 실시를 그르치지 않도록 간절하게 지시하였다. 금일까지 이들이 신규정에 대한 불평의 소리를 들려주었다. 게다가 수산세와 같은 경우는 이미 일반 어민으로 하여금 거의 알려진 것이 없는 것에 이르게 한 것 같다. 다만 종래 각자의 장부를 가지고 기장하는 관습이 없고, 또는 어촌과 같이 단순히 동장의 손에서만 각 어민의 성명을 모두 쓰고 날마다 채수물을 각 종류 가격을 한 조각 기억만으로 기록하는 것이었다. 그것은 관습이 존재하지 않는 일이어서 하루아침에 그 위법(違法)을 책임지는 것으로 한다면, 도리어 세정(稅政)의 실시를 지연시키는 것이 아니라고 보장하기 어려울 것이다. 이들 사실이 발견되는 때는 언제나 한걸음씩 완전에 가깝게 할 수 있도록 지시하고 있다. 이미 강릉(江陵)·양양(襄陽)·울진(蔚珍)의 3군은 납세를 마쳤고, 고성(高城)·간성(杆城)·삼척(三陟)·평해(平海)의 4군도 바로 납세를 마칠 것 같다. 4월 상순 이래부터 실시에 착수한 것에 대해 금일에서의 상황으로 추찰하면, 그 결과는 어느 정도는 허사(虛事)의 기재가 없겠냐는 의심이 있지만 대체로 양호한 것 같다. 장래 또한 이것이 실행되는 데에 현념(懸念)이 필요하지 않을 것이다. 염세도 염전 조사의 기회에 있어서 각 세무주사로 하여금 일일이 간절하게 주지시키고, 실행에 관해 설명하여 두었다. 이래로 실행을 독촉하기도 했지만, 이 역시 제염자로 하여금 하등의 악의에서 나온 것은 아니었고, 구관(舊慣)이 없기 때문에 단지 기장(記帳)과 기타의 수속을 지연할 뿐이었다. 형식상으로는 아직 그 본 궤도에 오른 것은 아니었지만, 그 주지를 이해하는 것 같았다. 따라서 실질적으로는 어느 정도 실행되고 있는 것 같기 때문에, 지금 염 제조 신고서 정리 중에 있으면, 거듭 지시할 수 있는 한에서 완전에 가깝게 실행되도록 통달해 두었다. 나만 울진군만은 염세규정 제8조에 의해 이미 납세되있다는 보고를 접했는데, 그 징세되는 방법에 대해서는 현재 조회(照會) 중이다. 이상과 같은 상황이라면 장래에 완전한 실행은 그다지 어려운 일이 아닐 것이다. 다만 종래의 제염자로서는 근량(斤量)을 사용해 오지 않았기 때문에 양형(量衡)이 소유되어야 하는 근량 기입은 제염자에게 가장 지난한 일일 것 같다. 이것의 실행을 과급(過急)하게 엄독(嚴督)한다면 조금 가혹하게 진행되는 느낌이 있을 것이기에, 천천히 교정하면서 당분간 두수(斗數)를 기입하여 두어도 괜찮다는 뜻을 각 세무주사에게 통첩하였다. 한편 시험적 검사를 한 결과 1두(斗)가 13근(斤)이어도, 이 또한 1두의 양이다. 각 군에 있어서 승(舛)이 똑같지 않다면, 일반적으로 정확한 것으로 인정하기 어렵지만, 당 분서는 물론 각 군에서도 양형의 기구가 없이 실지에서 검근(檢斤)하기 어렵기 때문에, 대체로 당 강릉에서의 승(舛)을 참작하고 근수로 환산납세(換算納稅)시킬 수 있다고 각 세무주사에게 통지하여 두었다. 본 세에 관한 정세한 상황은 염 제조 신고서를 정리한 후에 하려고 별표 〈수산세납입제액(水産稅納入濟額)〉을 첨가하여 실시 경과 및 보고를 마친다.

수산세납입제액

군명	납미납액	우편관서납입액	미납액
강릉		150,000	0
양양		93,225	0
울진		61,725	0

군명	납미납액	우편관서납입액	미납액
울진		15,185	0

〈자료 144〉 염세 및 수산세 실시 후의 상황

- 원제목: 鹽稅及水産稅實施後ノ狀況
- 출전호수: 《財務週報》제16호, 報告及統計
- 작성일: 1907년 6월 24일
- 간행일: 1907년 7월 29일
- 작성자: 경주 재무관보 사이토(齊藤)

관내 각 군에서의 조사 개요는 다음과 같다.

1. 수산세

종래 연해의 어민에 대해서는 부당한 중세(重稅)를 부과하고 주구(誅求)를 더했던 것으로서, 이때의 상황을 알려면 일일이 어민에 대해 조사를 하지 않을 수 없는데, 이것을 이루려면 실로 많은 날짜를 필요로 함과 더불어 그 효과는 적절하지 않다고 생각된다. 왜냐하면 종래 폭렴(暴斂)의 흔적을 연구하는 것에 불과하고, 과세(課稅)의 기초가 되는 수산물의 가격 등을 조금이라도 알려고 한다면 신제(新制) 시행에 즈음하여 뽑아서 참고의 자료로 할 것만 얻어야 할 것이다. 따라서 이것은 타일을 기대하고, 당장은 각 군에 존재하는 문부(文簿)로 조사한 결과에 따라 지금 장기(長鬐) 1군에서의 이들 과징(課徵)의 흔적을 보았다.

【1904년도(광무 8) 황실비(皇室費)】104만 6,250리(厘). 그 내역 90만 리는 관찰부(觀察府)로 수납, 7만 5,000리는 군수(郡守) 소득, 7만 1,250리는 수송비 및 서기(書記) 수수료임. 어(魚)·곽(藿)에 과징한 것으로서 그 부담의 비율은 63만리가 연해 각 면의 어민 부담, 41만 6,250리가 동(同) 곽암(藿巖) 소유자의 부담으로 함.

【기로소(耆老所) 태세(馱稅)】67만 8,000리. 내역은 56만 2,500리가 관찰부로 수납, 7만 5,000리는 군수 소득, 1만 5,000리는 주인(主人) 수수료, 2만 5,500리는 수송비 및 서기 수수료임. 이상은 어곽(魚藿)에 대한 과세이고, 그 부담액은 24만 3,750리가 연해 어민들의 부담,

43만 4,250리가 동 곽암 소유자의 부담으로 함.

【원균역세(元均役稅)】 22만 4,460리. 내역은 19만 6,710리가 탁지부(度支部)로 수납되고, 2만 7,750리가 수납비 및 수수료임. 그 세액으로는 곽·어 및 선세(船稅)를 포함함. 부담의 비율은 14만 3,550리가 곽세(藿稅), 5만 1,600리가 선세, 2만 9,310리가 어세임.

이상의 합계는 194만 8,710리이다.

이와 같은 중세(重稅)에 대해 용케 그 부담을 참아온 것은 전부 전제억압(專制抑壓)의 결과밖에 없다. 다른 각 군에 이르러서는 일일이 그 문부(文簿)를 숨기었기 때문에(혹은 숨기고 은폐하여 그것을 보여 주지 않음) 용이하게 그것을 알 수는 없지만, 고르게 폭렴(暴斂)을 다했다는 것은 추지(推知)하고도 남음이 있다. 그런데 때마침 이용익(李容翊)이 관찰사가 되자 각 군에서 위원(委員)을 선정하여 진정(陳情)한 바가 있다. 그 결과로서 1905년(광무 9) 2월, 기로소(耆老所)의 태세(駄稅)에 대해서는 아래의 세액으로 개정되었고, 동시에 다른 세액에 있어서도 힘써서 이것을 경감하였다.

- 경주군 15만리 • 연일군 25만 5,000리 • 흥해군 15만리 • 영덕군 12만리
- 청하군 7만 5,000리 • 영해군 7만 5,000리 • 장기군 7만 5,000리

이러한 감액이 이루어진 결과, 1905년(광무 9)도에 비로소 태세는 7만 9,500리가 되었다. 내역은 7만 5,000리가 관찰부로 수납되고, 4,500리가 수송비이다.

원균역세는 30만 리이고, 영친왕궁세(英親王宮稅)는 18만 리이다.

이상은 상세하고 분명하지는 않지만 대체로 어곽(魚藿)에 과세되어진 것 같다. 합계는 55만 9,500리이다.

【1906년도(광무 10) 기로소(耆老所) 태세(駄稅)】 9만 리. 내역은 7만 5,000리가 관찰부로 수납되고, 1만 5,000리가 수납 수수료임. 위는 곽암에 대해 과징하는 것으로 됨.

【원균역세(元均役稅)】 29만 1,154리이다. 내역은 23만 2,054리가 탁지부로 수납되고, 3만 8,100리가 수송비 및 서기 수수료이며, 2만 1,000리가 부(府) 및 면주인(面主人) 수수료로서,

모두 어민이 부담하는 것으로 됨.

이상 합계는 38만 1,154리이다.

이상 2개년에서는 많은 감액을 본 것 같은데, 이것은 문부(文簿) 상에 나타나는 것에 불과하여 실제에 있어서는 여전히 많은 주구(誅求)를 하고 있었을 것이지만, 그 액수는 명료하지 않다. 그리고 종래 연해 각 군에서 수산세, 즉 어기(漁機)와 함께 곽암(藿巖)에 대해서 정해진 과세의 율(率)을 보면 아래와 같다.

군명	관세물건	세율
연일	어기 1고	상 45,000리, 중 37,500리, 하 18,000리
	곽암 1고	상 8,250리, 중 5,400리, 하 4,050리
경주	곽암	상 30,000리, 중 27,750리, 하 23,250리
장기	곽암	16,650리, 9,750리, 6,150리, 4,650리
흥해	곽암	4,500리
	어기	22,500리
청하	곽암	5,750리
영덕	곽암	상 45,000리, 중 30,000리, 하 21,750리
영해	곽암	상 19,500리, 중 7,500리, 하 4,500리

이상의 과세율은 그것을 정한 연대를 알지 못하여, 혹은 그것에 의해 과징한 때도 있고, 그것에 의하지 않은 때도 있었던 것 같다. 요컨대, 과세자인 지방 관헌에서도 생산력의 여하와 같은 것은 조금도 염두에 두지 않았고, 납민(納民)에서도 어느 정도까지는 후난(後難)을 두려워하여 그 억압하에서 그저 순종하는 것 같은 실정으로 정말로 불쌍해할 만한 것이었다. 이와 같이 종래의 징세는 과세 물건의 함양에 대해 조금도 주의를 기울이지 않아서, 그 결과는 어구(漁具)의 개량 등 자본 증가의 방법을 강구할 여유를 갖지 못했기 때문에, 마침내 지금과 같은 상태로 빠지지 않을 수 없었고, 연구의 가치가 없는 것이 되었다. 실재의 상황이 이와 같이 견아착종(犬牙錯綜)하여 극히 혼돈포착(混沌捕捉)할 수밖에 없는 상태여서, 지방 관청으로

서는 종래의 횡렴(橫斂)을 은폐하고 사실을 고하지 않았다. 납민(納民)에 있어서도 역시 주구(誅求)를 받는 것을 두려워하여 사실대로 고하지 않은 상태였기 때문에, 여기에 대해서 신제(新制)를 시행함으로써 원만을 기한다고 하는 것은 지난할 것으로 생각된다. 각 군에 대해서는 수차례 훈령을 발포하는 등, 그 주지(周知)에 힘을 썼음에도, 그 효과는 하나도 볼 수가 없는 것이었다. 요컨대 오늘날 어민에 대해서 면밀한 기장(記帳)의 제도를 정하여 수입(收入)의 전부를 밝히는 등, 법규를 가지고 좌우하는 것 같은 일은 현하(現下)의 상태에서는 기대할 수 없다. 왜냐하면 종래의 적폐로 인해 안중에 법규가 없다. 따라서 그 효력은 군수의 일창(一唱)과 마찬가지가 된다. 따라서 금기(今期)의 징세는 종래의 징세의 상황과 각 군 시찰의 결과를 감안하여 아래와 같이 세액을 정했고, 또 공연히 징세기(徵稅期)를 지키지 않을 우려가 있기 때문에 춘계(春季)의 징세를 하기로 하였다.

군명	종래의 징수액	금기(今期) 조정액
장기	1,450,000	870,000
연일	140,090	84,000
흥해	112,220	67,330
청하	449,250	269,550
영덕	569,880	341,930
영해	212,950	127,770
계	2,934,390	1,760,580

위의 표 중 종래의 징수액인 것은 요컨대 곽세(藿稅) 및 원균역세(元均役稅)로서, 이 양자는 수산세로 적합한 것으로 생각된다. 그러나 해당 세액은 해마다 모두 징세되는 것이냐 아니냐, 과세율의 실제에 적합한 것이냐 아니냐에 이르러서도 분명하지 않지만, 신제(新制)와 비교하여 그것이 중세(重稅)인 것은 의심의 여지가 없다. 따라서 금기(今期)의 조정은 이들의 이유를 참작하여 종래의 액(額)에 비해 6분(分)의 비율로 정한다면, 진짜의 예상이 나오더라도 달리 적절한 조사의 방법이 존재하지 않는 한, 역시 터무니없는 망단(妄斷)이 아닐 것으로 믿는다.

2. 염세(鹽稅)

염세에 대해서도 종래 중세(重稅)를 부과한 것으로, 관내 각 군에서의 세율을 조사한 것이 아래와 같다.

군명	과세물건	세율
장기	염부 매좌	
연일	염부 매좌	상 22,500리, 중 15,000리, 하 8,250리
	염전 매고	4,500리
	염 매석	75리
청하	염부 매좌	3,750리
	염부 매곡지	1,185리
	염 매석	75리
영덕	염부 매좌	상 18,750리, 중 15,000리, 하 8,250리
	염부 매고	6,000리
	염 매석	75리
영해	염부 매좌	상 15,000리, 중 10,500리, 하 7,500리
	염전 매고	3,000리
	염 매석	75리

비고: 위의 표 중, 염전에 대한 '1곡지' '1고'라는 것은 보통 1두락을 지칭하는 것 같다.

이상과 같이 세율을 정하였지만, 그 비율에 따라 실제의 징수를 하는 것은 아니었다. 대체로 종래 중앙부(中央府)에서는 단지 소정의 액(額)을 징수하는 것으로 만족하고 실제 과정(課徵)의 공평(公平)을 생각하지 않았다. 따라서 지방에서의 징세의 방만함이 극해져서 적어도 과세(課稅)의 평계를 가진 것은 그것을 남기지 않았기 때문에, 염세와 같은 것도 그 부담이 과중하여졌다는 말을 기다리지 않았다. 현재 연일군(延日郡)에서의 제염사업은 경상도 중에 있어서도 유명한 1지구로서, 종래 70여 개의 부수(釜數)를 가지고 있었지만, 지금은 겨우

33좌(坐)에 불과하다. 염전의 대부분은 갈대와 억새(蘆荻)가 무성한 채로 내버려 둔 비경(悲境)이 되었는데, 침륜(沈淪)된 이유로는 자연의 변천에도 따랐지만, 역시 가렴주구(苛斂誅求)로 인해 만회를 강구할 여자(餘資)를 갖지 못한 것을 하나의 증좌(證左)로 볼 수가 있다. 따라서 종래 납민(納民)들은 은폐하는 것을 일로 하고, 관리들은 감히 그 실(實)을 얻는 것에 힘썼다. 가찰(苛察)함으로써 만연한 세액을 정하여 어쩔 수 없이 이르게 하는 것으로서, 시비(是非)도 없는 차제라고 하겠다.

사정이 이와 같아서, 신제(新制)에 의해 기장(記帳) 혹은 신고를 하는 것 같은 일은 시행의 당초를 맞아서는 기대할 수가 없었다. 따라서 부득이 수산세와 마찬가지로 경험 있는 상인과 기타 견문(見聞)의 상황에 따라 상당한 가찰을 피하고, 다음과 같은 제염고를 예상함으로써 세액을 산정하여 춘계(春季)의 징세를 하는 것으로 한다.

군명	제염예상고	세액
장기	35,000	21,000
연일	380,000	228,000
청하	100,000	60,000
영덕	115,000	69,000
영해	130,000	78,000
계	760,000	456,000

이상 수산세 및 염세의 세액은 1개년의 예상액으로서, 춘계분으로 하여 그 반액을 징수할 예정이다. 신제(新制)에 따르면 연 3기로 징수할 수 있는 규정이 있지만, 종래 이들의 제세(諸稅)는 춘추 2계에서 징수하는 것을 예(例)로 하였고, 덧붙여서 징세기관의 불완비[당관(當管) 내 연해(沿海) 세무주사(稅務主事)는 2명이 결원]된 현상에서는 사무정리상 불편이 적지 않기 때문에, 당분간 종래의 관례를 답습한다. 그리고 추계(秋季) 징세의 시기까지는 기관의 완비와 더불어 실제의 조사를 이루어, 순서대로 과징의 형평을 얻는 신제 시행의 원만을 기대한다.

〈자료 145〉 제염지 조사 내규

- 원제목: 製鹽地調査內規
- 출전호수: 《財務週報》 제19호, 令達
- 작성일: 1907년 8월 5일
- 간행일: 1907년 8월 19일

제1조. 염세의 집행상, 제염지 조사를 위해 출장하는 때에는 한 부락(部落)에서 아래의 사항을 조사하고, 조사를 종료할 때마다 상세하고 명료하게 복명(復命)해야 한다.

① 염의 산액(産額) 및 월별 산액

② 염의 거래 상태 및 집산(集散)의 계통

③ 지세(地勢), 염전의 토질, ■적(■積) 구조, 염정(鹽井)의 구조·총수마다 1개소 소속수, 해수(海水) 및 함수(鹹水) 비중(比重), 살사량(撒砂量) 및 채함량(採鹹量), 채함(採鹹)의 작업시기·일수 및 작업법, 함수수송장치(鹹水輸送裝置), 부수(釜數) 및 부(釜)의 구조, 제염방법 및 전오일수(煎熬日數), 제조에 필요한 기계 품명 및 시설의 대요(大要), 연료의 종류·가격 및 소비고(消費高), 제조장 수, 제조인원, 종업자의 종류·인원, 1호전(戶前) 종업자의 수, 제조자와 종업자의 상태, 염전 및 제조장의 매매가격 및 임대가격, 소작료 및 소작관계, 기타 제염 및 거래에 관한 관습

④ 염의 판매방법, 발송지별 수량, 운반방법 및 운반비

⑤ 염의 생산비·판매가격(濱相場) 및 제염수지계산(製鹽收支計算)

⑥ 염의 포장의 종류·방법·포장비 및 1포장량

⑦ 염의 계량방법·정조(精粗) 및 감모가량(減耗加量)의 관습 유무

⑧ 제염장에서의 염 저장·분상후(焚上後)의 처리방법 및 그 기간마다 분상후 제조장에서 이출까지의 염의 감량 비율

⑨ 염의 도매·중매·소매인원 및 그 업태

⑩ 도매·중매·소매업자의 수지계산

⑪ 조매·소매·중매인 등의 판매가격

⑫ 신구세액(新舊稅額)의 비교

⑬ 외국염 수입의 유무 및 수입염의 산지명(産地名)·수입고(輸入高)·수입방법

⑭ 염세규정 시행에 관한 인민의 의향 및 과세의 균불균(均不均)

⑮ 염 수용의 개황

⑯ 염무행정청(鹽務行政廳)의 위치·관할구역 및 청사에 충분한 건물의 유무

제2조. 출장원(出張員)은 언제나 아래 사항에 주의하고, 요령(要領)을 그때마다 보고해야 한다.

① 제염지와 근방 관청 및 주요 시장과의 관계·거리·교통기관의 편부(便否)

② 통신기관의 유무 및 통신 방법

③ 지방의 중요 물산·노은(勞銀)·물가·금리·일반상황(一般商況) 및 경제상태

④ 금융기관의 유무 및 금융 상황

⑤ 신구화폐(新舊貨幣)의 융통 상황

⑥ 지방 직업별 호수·인구 개수(槪數) 및 외국인 국별 인구

⑦ 수산물의 종류·수량 및 염과의 관계

⑧ 수산세·기타 징수에 관한 인민의 의향 및 과세(課稅)의 상황

⑨ 법령의 규정에 의한 무명부정(無名不正)의 강징(强徵) 유무 및 실황

제3조. 출장원은 염세규정, 수산세규칙 제정을 주지(主旨)시킬 목적으로 하여 각 당해자(當該者)에 대해 간절하고 정중하게 설시(說示)해야 한다.

제4조. 출장원은 염업에 관한 개량이 필요하다는 점에 주의하고, 그 시설을 필요로 하는 것은 실황 및 개량의 방법을 상세히 갖추어 보고해야 한다. 다만 자기의 임의로써 의견을 발표하거나 또는 지시해서는 안 된다.

제5조. 출장원은 염업 개량에 관하여 종래 지시하였던 사항이 실시되고 있는지 아닌지에 주의하고, 간독하게 개량이 이익됨을 설명하여 실적을 거두는 일에 주의해야 한다.

제6조. 출장원은 조사의 실적을 제1호 서식에 의해, 또 체재지 및 예정 일수를 출발 전에 제2호 서식으로 보고해야 한다. 체재지 및 예정 일수를 변경해야 하는 때는 그때마다 보고하는 것이 필요하다.

〈자료 146〉 함흥군 연포 폭민 처형의 건

- 원제목: 咸興郡連浦暴民處刑ノ件(咸支發第609號)
- 출전호수: 《財務週報》제22호, 執務參考
- 작성일: 1907년 8월 17일
- 간행일: 1907년 9월 9일
- 작성자: 함흥 재무관 카미야 타쿠오(神谷卓男)

염세에 관하여 함흥군(咸興郡) 연포(連浦)에서 일어난 분요(紛擾)에 관해서는 이미 재삼 보고하여 그 상세함을 다했다. 그 후, 폭행자의 수범(首犯)·종범(從犯) 24명을 기소(起訴)하였는데, 그중 11명은 일가(一家) 모두 둔망(遁亡)하여 행방불명이어서 아직 체포하지 못했다. 13명은 6월 24일 이래, 함경남도재판소에서 심사규문(審査糾問)하고, 8월 15일 별지 등본과 같이 판결하여 선고되었다. 분요 이래, 염민(鹽民)에게 향하여는 반복 설명하였던 결과, 염민도 모두 납득하여 불평이 없는 것 같다. 염세의 조사는 이미 완료하여 지금 납입고지서를 발송하였고, 징수(徵收)에 착수하고 있다. 고장(故障) 없이 원만히 징수할 수 있을 것으로 믿어진다.

(사본)【판결선고서(判決宣告書) 제2호】함경남도 함흥군 연포 거주 염민

- 피고: 최달록(崔達祿: 年 50)

상동 유업(儒業) 김두하(金斗河: 年 42), 상동 신훈철(申勳哲), 상동 김봉석(金奉石: 年 50), 상동 최민제(崔敏齊: 年 48), 상동 신상구(申商龜: 年 41), 상동 문진방(文鎭邦: 年 46), 상동 김지영(金芝永: 年 54), 상동 김여성(金汝成: 年 49), 상동 신우섭(申雨燮: 年 31), 상동 고명성(高明星: 年 55), 상동 신상호(申相浩: 年 51), 상동 이재운(李在運: 年 45), 상동 박원갑(朴元甲: 年 49), 재도미제(在逃未提) 상동 정기종(鄭基從), 재도미제 상동 문면운(文冕運), 재도미제 상동 정시중(鄭始重), 재도미제 상동 한사형(韓士亨), 재도미제 상동 송병인(宋炳仁), 재도미제 상동 문장섭(文長涉), 재도미제 상동 문계달(文啓達), 재도미제 상동 한경익(韓京翕), 재도미제 상동 박원장(朴元辰), 재도미제 김두점(金斗点)

위에 기록한 피고 등에 대한 안건을 검사공소(檢事公訴)에 따라 심사하니, 피고 최달록, 김두하, 신훈철은 연포사(連浦社) 염민계(鹽民契)의 유사(有司)로 있었고, 기타 피고는 해당 염민(鹽民)으로 염세 징수에 대하여 불만족한 자들이다. 관리의 출장을 몰래 듣고, 1907년(광무 11) 7월 22일에 피고 최, 김, 신 3인이 기타 피고 등을 소집(招集)했는데, 함흥에서 관리가 출장하여 염민을 초거(招去)하는 등의 일이 있을지라도 결코 초거되지 말 것이며, 만일 초거되는 경우에는 그들에게 반항하라는 뜻이 있었고, 기타 피고인 등은 여기에 동의하였다. 이튿날 23일 함흥경무서(咸興警務署)에서 총순(摠巡)·순검(巡檢) 및 보조원 등이 동사(同社)로 출장하여 위의 염민 중에 수두자(首頭者)를 인치(引致)하려고 하자, 피고 등이 동사(同社) 신덕리(新德里), 거리가 약 2정(丁)인 곳에서 순검·보조원 등이 귀로를 잠복하고 있다가, 총순(摠巡) 성건영(成健永)과 순검 이민섭(李敏燮) 및 보조원 쓰쓰미 게이다(提計太), 이시자와 세이조(石澤精藏)를 구타하여, 각각 그 신체의 수개 처에 창상(創傷)을 입히었다. 여러 사람이 섞이어 때렸기 때문에, 주범과 종범을 알기 어려운 일이어서, 위의 사실을 피고의 청취서(聽取書)에 증거하여 명백하게 하였다. 법률에 비추어 보면, 피고 최달록, 김두하, 신훈철은 원모자(原謀者)이므로 형법대전(刑法大全) 제525조로, 동(同) 제512조에 기타 피고 등에게는 각각 그 동조(同條)로 적용하여 1등(等)을 감할 수가 있지만, 원모자 이외의 피고자에 대해서는 정상을 참작할 수 있는 자라면 2등을 감하여 처단할 수 있는 것으로 하였다. 이에 공소를 제기한 사건에 의해 피고 최달록, 김두하, 신훈철은 형법대전 제525조에 "민인(民人)이 해지방관(該地方官) 혹은 상사관(上司官)을 구타한 자는 징역 3년으로 하고, 상해를 입힌 자는 징역 10년에 처한다"고 하였으니, 법률에 비추어 위 징역 10년에 처하고, 김봉석, 최민제, 신상구, 문진방, 김지영, 김여성, 신우섭, 고명성, 신상호, 이재운, 박원갑, 정기종, 문면운, 정시중, 한사형, 송병인, 문장섭, 문계달, 한경익, 박원진, 김두점은 동(同) 제512조에 "혼타(混打)하여 수종(首從)을 알기 어려운 경우에는 원모자를 주범으로 하고 나머지 사람은 1등을 감한다"고 한 법률에 비추어, 특별히 2등으로 감하여 각각 징역 3년에 처한다. 이에 선고(宣告)할지어다.[93]

---

93 위의 판결문에는 분규 사건 이후에 발생한 일본군의 무자비한 체포 과정이 나타나지 않는다. 일제는 이튿날 곧바로 총칼로 무장한 일본군을 출동시켜 마을을 포위하고 습격하였다. 그 과정에서 수많은 사람들이 다치고,

1907년(융희 원년) 8월 15일

함경남도재판소 판사서리 참서관 박종용(朴從龍)

주사 채흥주(蔡興周)

서기 강계항(姜啓恒)

〈자료 147〉 수산세·염세 시행 정황 보고

- 원제목: 水産稅鹽稅施行情況報告
- 출전호수: 《財務週報》제23호, 報告及統計
- 작성일: 1907년 8월 20일
- 간행일: 1907년 9월 16일
- 작성자: 광주(光州) 재무관 이노우에(井上)

별지에 제주분청(濟州分廳) 미쓰(光) 재무관보의 출장 복명서(復命書)를 진달(進達)하니 살펴주시기 바랍니다.

아울러 농상공업(農商工業)에 관한 조사·보고는 후일 상세하게 보고드리겠습니다.

【복명서】

수산세·염세 시행 정황 시찰을 위해 6월 23일 일본서(日本署)를 출발하여 7월 10일 귀서(歸署)하였다. 그 일정과 순회지명(巡廻地名)은 아래와 같다.

30여 명이 체포되었으며, 수십 명이 가족과 함께 도주하였다. 이러한 일제의 만행은 당시 함흥에 있던 캐나다 장로회 선교사 맥래(D. M. McRae)에게 전해졌고, 맥래 목사는 때마침 한국을 방문하여 원산에 머물고 있던 캐나다장로회 해외선교부 총무 맥케이(R. P. MaKay)에게 보고하여 함께 함흥 지역을 조사하게 되었다. 그리고 맥케이는 사건의 진상을 《대한매일신보》의 영자신문인 《The Korea Daily News》에 〈함흥에서의 무서운 대량학살(Terrible Massacre at Hamheung)〉이라는 제목으로 폭로하였다. 자세한 사항은 김승태의 「한말 캐나다장로회 선교사들의 선교활동과 일제와의 갈등, 1898~1910」(『한국 기독교의 역사』 12호, 한국기독교연구소, 2000)을 참조.

연월일	발지명	착지명	체재지
6월 23일	제주	김녕	
6월 24일	김녕	평대	
6월 25일	평대	연평	
6월 26일	연평	종달	
6월 27일			종달(염세조사를 위해 체재함)
6월 28일			〃
6월 29일	종달	성산	
6월 30일	성산	선의	
7월 1일			선의
7월 2일	선의	동보	
7월 3일	동보	서귀	
7월 4일	서귀	대정	
7월 5일			대정
7월 6일	대정	두모	
7월 7일	두모	곽지	
7월 8일	곽지	조천	
7월 9일			조천
7월 10일	조천	제주	

【염세】

염세에 관해서는 염세 신규정(新規程) 시행 후 급히 세무관 및 세무주사를 각 제염지로 출장시켜 염전면적·염정(鹽井)·염부(鹽釜) 수 및 1년 제출측량(製出測量) 근수액(斤數額) 등을 조사하였지만, 그 성적은 매우 불완전하였고, 또 조사를 끝내지 못한 촌락이 많았다. 게다가 인민에게도 새로운 염세규정의 취지를 널리 알리지 않았기 때문에 아직 염제조신고서(鹽製造申告書)를 제출하지 않기에 이르렀다. 염세 납기는 1기(期)가 이미 지나갔고, 바야흐로 2기에 임박한 금일, 허송세월로 한가로이 있을 수가 없었다. 앞서 훈달(訓達)의 차제도 있었음에 따라, 관세소(管稅所) 서기 1명을 데리고 각 제염지에 대한 실지조사를 하였고, 당업자에게도 제대로 신규정(新規程)의 취지를 부연(敷衍)하였다. 제출측량근수(製出測量斤數)·세액 등, 한 자도 모르기 때문에 각자로부터 염제조신고서를 모아 제2기까지의 분(分)을 조정(調定)하고, 각자의 납입고지서를 발행해 주었다.

본도(本島)는 그 형태가 원형으로서, 만곡(灣曲)이 적고, 연안에는 단애절벽(斷崖絶壁)이 많다. 따라서 항만(港灣)이 완전한 것이 원래부터 없고, 염전 같은 것도 고양이 이마 같이 좁은 것이 여기저기에 산재한다. 전도(全島)를 통해 22개소가 있지만 다소 소규모로서, 본육(本陸)에서의 염전과 동일(同一)한 논리가 아니다.

제염법은 다른 지방과 대동소이하여, 유제식(有堤式) 입빈염전(入濱鹽田)이다. 염전의 주위에는 1조(條)의 구거(溝渠, 폭 3척, 깊이 1척)가 있어 자연스럽게 해수의 유통에 임하지만, 제방의 설비가 완전하지 않다. 또한 수문(水門)을 설치한 것이 단지 간신히 석원(石垣)을 쌓은 것이어서, 만조 때 조수가 침입하면 1면으로 바다가 되고, 건조(乾潮) 때는 바로 간석(干潟)이 된다. 따라서 대조(大潮) 때에는 작업할 수 없고, 소조 시(小潮時, 음력 5~10일까지, 20~24일까지)를 기다려 그 사이에 종사해야 한다. 천연적 염전이라면 고지(高地)에 있는 곳의 염전이 저지(低地)에 있는 곳의 염전보다는 비율로 작업일수가 많은 것이 사실이다. 그렇지만 기후 때문에 이 기간이 저해되거나, 혹은 장마철 혹은 동기(冬期) 한상(寒霜) 때문에 중지되기도 한다. 따라서 실제 작업에 종사할 수 있는 것은 4, 5, 6, 7, 8, 9, 10월의 7개월이지만, 6, 7월은 우기(雨期)와 농번기이기 때문에 4, 5, 8, 9, 10월의 5개월이라고 한다.

모래(砂)를 살포하고 조수를 관개(灌漑)하여 정전(井田)으로 함수를 누하(漏下)시키고 부(釜)에서 증류(蒸溜)·석출(析出)하는 방법 등은 본육(本陸)과 똑같다. 단지 다른 바는 써래(馬鍬)로서 모래를 휘저어 섞는 것(攪伴)으로, 본육과 같이 소(牛)를 사용하기도 한다. 인력에 의해 종횡으로 끌고 다니는 것은 염전의 규모가 작은 것이기 때문이다. 부(釜)는 세로 3척 내지 2척 5촌, 깊이 4촌의 철부(鐵釜)를 사용하고, 2개의 부(釜)를 1조(竈)로 한다. 1조(竈)마다 납옥(納屋)이 있다. 연료는 잡목 가지(小柴), 밤껍질(栗殼), 보리짚(麥藁) 종류로 하며, 부(釜)마다 석출하기에 이르도록 연속적으로 증류(蒸溜)한다. 때에 따라서는 주야겸행하는 일도 있다. 1부(釜)의 제염고는 20근 내지 25근을 제출(製出)한다.

판매법은 매수자가 있으면 즉시 그것을 판매하지만, 매수자가 없으면 각자의 집에 저장하거나, 시장으로 팔러 가거나, 배에 적재하여 각소(各所)에서 판매한다.

이와 같이 최초에 모래를 뿌리는 시기부터 판매 때까지, 전부 자기의 소(牛)에 의지해 행하고, 조금도 분업법(分業法)을 행하지 않는다. 세간에서는 농사를 짓고 있고 어업을 경영하고 있는 자가용과(自家用科)만 만드는데 만족하는 자가 전문 제염업자에 있지 않고, 겸업적(兼業的) 영업인 것에 따라 제염업자의 수가 매우 많다. 22개소를 통해 제염업에 종사하는 사람은 실로 구국(九國) 38명의 많음에 달하고 있다. 이들은 각자 손바닥만 한 염전을 가지고 있고, 또 가지고 있지 못한 자는 소작(小作)을 하면서 농한(農閑)의 시기는 늘 제염에 종사한다. 부(釜)를 8개로 설비할 수 없기 때문에, 7~8인이 함께 공동으로 하나의 부(釜)를 구입하여 교대순번으로 전오(煎熬)한다. 부(釜)의 소유권이 없는 자는 1일에 10전 내지 15전의 사용료를 내는 것이 관례이다. 부(釜)의 가격은 1개에 13~14원으로, 대정군(大靜郡) 덕수리(德修里)에서 주조(鑄造)한다. 납옥(納屋)[94]의 건축비는 약 20원이다. 그리고 납옥주(納屋主)는 보통 염전을 소유하지 않고, 단순히 납옥의 사용료로써 염전주(鹽田主)·부주(釜主)와 동일한 권리를 가지는 자이다.

염전의 가격에 이르러서는 대부분 가격으로 칭할 수 없는 가치이다. 암석을 제거하고, 모래를 운반시키는 노은(勞銀)에 상당할 뿐이다.

이 밖에 다른 지방에 비할 것이 없는 제염법이 있다. 대체로 제주의 독특한 신법(新法)인데, 그것은 사전(砂田)이 아니라 암전(巖田)이다. 평반(平盤)인 암석 위에 조수(潮水)를 살포하면, 태양의 열을 받아 수증기가 증발한다. 재삼재사하여 함수(鹹水)를 농후하게 만들면, 이 함수를 부(釜)에 넣어 증류시킨다. 이 법은 대조·소조의 구별이 없고, 또 건조도 신속하며, 교반(攪拌)하거나 또 모래를 집산(集散)하는 번거로움이 필요하지 않아, 자못 간편한 방법이다. 구엄(舊嚴), 외도(外都), 하귀(下貴) 지방은 오로지 이 방법으로 제염한다.[95] 따라서 염전면

---

94 사전적 의미의 납옥(納屋)은 '헛간'의 의미이지만, 여기서는 소금가마를 비치하여 전오작업을 하는 부옥(釜屋)을 가리키는 말로 보인다.
95 구엄리 등의 염전은 오직 제주에서만 볼 수 있는 돌염전으로 '소금빌레'라고도 불린다. 모래를 구할 수 없는 해안환경으로 인해 태양열이라는 천연에너지를 이용하여 함수를 증발시키고 제염하는 방법을 선택하였고, 그 결과 돌소금이 탄생하게 되었다. 제주도 지역의 소금 생산에 대해서는 정광중·강만익의 「제주도 염전의 성립과정과 소금생산의 전개-종달, 일과, 구엄 염전을 중심으로-」(『탐라문화』 18, 제주대학교 탐라문화연구원, 1997)를 참조.

적이 협소한 것에 비하여 제염액이 비교적 많고 큰 이유이다.

표미리(表美里)·신천리(新川里)는 새로이 염전을 개척하여, 이제 막 착수되었다고 한다. 때가 되면 염제조면허신청서만을 제출하고, 실제 제조하기에 이르러 측량근수(測量斤數)를 조정할 예정이기 때문에 제3기분부터 징수될 것이다.

본도(本島) 염제(鹽製) 연혁은 고기록(古記錄)이 없기 때문에 조사할 수는 없지만, 『탐라지(耽羅誌)』를 펴니 염한[鹽漢, 한(漢)은 노(奴)의 의미와 통하고, 석시(昔時)에 제염업자로서 관노(官奴)와 동일하게 천시됨]을 두고 관부(官釜)를 지급하고, 관사(官舍)를 지급하였으며, 관부에서는 염 2두(斗), 사부(私釜)에서는 염 1두를 거두었다고 한다. 그때부터 추고(推考)된다는 것은 멀리 본도 개벽 이래, 이미 제염의 법이 있었다고 믿어진다. 당초는 종원리(終遠里)의 1개소만 되었지만, 인근 리(里)인 시흥리(始興里)로 그것이 전습되고, 일과(日果)·두모(頭毛)·보한리(保閑里)가 여기 다음으로 점차 각소(各所)에 전파되었다.

염부세(鹽釜稅)라는 것은 염한(鹽漢)에게 관부(官釜)를 대여하고 염을 징수하는 것에서 시작된 것으로, 근년까지는 염부세는 염으로써 목청(牧廳)에 상납하여 온 것이지만, 을미년부터 대전(代錢)으로써 상납하는 것에 이름에 따라 염납(鹽納)을 폐지하였다. 부(釜) 1좌(坐)에 연액은 3냥씩 징수되었다. 이런 염에 대해 정세(正稅)로서 목부(牧府)에 상납되었고, 별도로 각 군수(郡守)가 군아(郡衙)의 일용으로 사용되어야 할 포주료(庖廚料)로서 염전세가 된 것을 부과징수시켰던 것이다. 이는 인민의 부담은 하나지만, 하나는 국고(國庫)의 세입이 되고, 하나는 국고의 세입이 되지 않아, 공연히 군수의 배를 살찌울 뿐이었다.

지금 아래에 신구(新舊) 염세 비교표 및 이전에 관세소(官稅所)의 조사에 관계된 1년 측량근수와 이번에 다시 조사·조정한 것과의 비교를 나타낸다.

제1호 표는 신구 염세 비교표이고, 제2호 표는 관세소 조사와 금번 조사 성적의 비교표이다.

<제1호> 염세 신구세금 비교표

군명	리명	염부수(개)	염부세(엔)	염전세(엔)	합계(엔)	조정액 1년 제출측량근수	세액(엔)	신구세 비교증(엔)
제주군	종달	34	15.300	12.000	27.300	88,550	53.350	26.050
	조천	2	0.900	0.150	1.050	3,300	1.980	0.930
	신촌	2	0.900	0.280	1.180	5,280	3.160	1.980
	외도	3	1.350	2.000	3.350	16,720	10.030	6.680
	하귀	2	0.900	3.000	3.900	14,600	8.760	4.860
	구엄	3	1.350	10.000	2.350	28,800	17.280	5.930
	애월	1	0.450	0.150	0.600	1,670	1.000	0.400
	귀경	4	1.800	1.500	3.300	26,420	15.830	12.530
	협재	-	-	0.500	0.500	1,320	0.790	0.290
	옹포	-	-	0.900	0.900	4,140	2.480	0.580
	금절	1	0.450	1.120	1.570	12,670	7.590	6.020
	두모	3	1.350	10.370	11.720	38,920	23.330	11.610
	용수	1	0.450	0.150	0.600	1,960	1.170	0.570
계		56	25.200	42.120	67.310	244,350	146.750	79.430
대정군	하모	1	0.450	930	1.380	3,960	2.360	0.980
	동일과	2	1.350	5.100	6.450	20,450	12.260	5.810
	서일과	3	-	0.930	0.930	3,080	1.840	0.910
계		6	2.700	12.220	14.930	54,240	32.500	17.580
정의군	시흥	10	4.500	10.500	15.000	52,339	31.350	16.350
	동보	4	1.800	1.330	3.130	7,260	4.340	1.210
	서보	1	0.450	0.150	0.600	660	0.390	0.210
	서의	3	1.350	0.800	2.150	2,940	1.750	0.400
	동강	1	0.450	0.150	0.600	500	0.300	0.300
계		19	8.550	12.930	21.480	63,699	38.130	16.650
3군합계		81	36.450	67.270	103.720	362,289	217.380	113.660

<제2호> 관세소 조사성적과 재조사 비교표

군명	리명	전조사근수	조사근수	차액
제주군	종달	40,380	88,550	48,170
	외도	7,800	16,720	8,920
	구엄	21,330	28,800	7,470
	하귀	-	14,600	14,600
	애월	-	1,670	1,670
	귀경	26,420	26,420	0
	신촌	5,275	5,280	5
	조천	-	3,300	3,300
	애방	1,053	1,320	267
	옹포	3,049	4,140	1,091
	금슬	4,300	12,670	8,370
	용수	-	1,960	1,960
	두모	14,850	38,920	24,070
계		124,457	244,350	119,893
	동일과	26,750	26,750	0
	서일과	20,450	20,450	0
	하모	3,375	3,960	585
	도원	-	3,080	3,080
계		50,575	54,240	3,665
대정군	시흥	52,000	52,339	339
	동미	500	500	0
	서의	3,000	2,940	60
	동보	4,000	7,260	3,260
	서보	1,000	660	340
계		60,500	63,699	3,199
3군합계		235,532	362,289	126,757

즉 〈제1호〉 표 〈염세 신구세금 비교표〉에 의하면 염부세(鹽釜稅) 36원 47전은 정세(正稅)이고, 염전세(鹽田稅) 67원 27전은 군수(郡守) 징수의 불법세여서 합계 103원 72전의 부담이지만, 신세(新稅) 시행의 결과 217원 38전의 조정액이 되어, 차인(差引) 113원 66전의 증가를 가져왔다. 납세자로서는 다소 불평의 목소리를 내었지만, 본육(本陸)에서의 염부세의 고율(高率) 불법세의 가혹에 비해서는 종전의 염부세는 거의 그 10분의 1에도 도달하지 않았다. 군수의 불법세와 같은 것도 역시 20분의 1에도 채워지지 않는 것이었기 때문에, 종래의 부담액이라는 것은 너무 가벼운 것에 지나지 않았고, 실제 세금으로서의 명목에 붙일 만한 것이 아니었다. 13도(道) 중, 다른 곳에서 일찍이 그 비례를 볼 수 없는 것이며, 또 100근에 대한 6전의 세율은 결코 고세(高稅)가 아니라는 것 등을 간곡하게 변명하며 이해시켰다. 이것으로 보면 본도민(本島民)이 어떻게 납세관념이 결핍된 국민이었는가를 알 수 있다.

〈제2호〉 표는 관세소(管稅所)의 조사에 관한 것과 새로 재조사된 것과의 비교로서, 하귀(下貴), 애월(涯月), 조천(朝天), 용수(龍水), 도원(桃源)의 5개소는 모두 탈루되고, 측량근수에서도 12만 6,750근의 증가를 가져왔다는 것은 이미 앞에서도 서술한 바와 같다. 본도 염업자는 전업적이 아니고 어농겸업(漁農兼業)의 실황이라면, 신세법(新稅法)에 의한 장부 기재의 의무는 도저히 말할 수 없는 것이다. 다만 그 번거로움에 참을 수 없을 뿐만 아니라, 저들 10명 중에 8~9명은 일자무식의 무리여서, 매우 만족할 만한 효과를 거둔다는 바람은 불가능하다. 여기에 더하여 관세소의 현금(現今)에서의 정원 및 사무원 능력의 점에서 추고(推考)하여도, 검사·감독 방법 등의 실시는 모두 불가능에 속하기 때문에, 규정 제8조를 적용하여 1개년 제출측량근수(製出測量斤數)로써 조정하는 것으로 부득이하게 나간 것이다.

가격은 1석(韓 15斗)에 대해 2원으로 하여, 전도(全島) 각지에서 행상판매(行商販賣)된다. 성내(城內)는 인구가 많다. 따라서 수용(需用)도 매우 크다. 건입포(健入浦)에는 연중 종달리(終達里) 염선(鹽船)이 끊이질 않는다.

본도는 인구 15만 명을 가지고 있다. 된장·장유(醬油)의 원료로 해마다 수용(需用)되는 것이 그 양이 적지 않아, 도저히 본도 제염고로써 수용을 공급할 수가 없다. 늘 본육(本陸)의 진도(珍島)·해남(海南)·나주(羅州)에서 다액의 수입을 기대는데, 그 총 수용액 및 수입액은 조사 중이어서 후일에 보고토록 하겠다.

본도산염(本島産鹽)은 본육의 염에 비해 상당히 뒤떨어졌다. 첫째로 순백색이 아니라 암흑색을 띠고 있다. 둘째로 고즙(苦汁)이 많고, 우천시(雨天時) 등에는 용해되어 사용에 견디지 못하는 것이 있다. 따라서 가격 등에 이르러서도 본육산염(本陸産鹽)과 1할 이상의 차이가 있다.

본업에 관해서 제품 개량의 여지가 있지만, 염전에 충분한 장소가 부족하기 때문에 장래에 대대적인 발전을 예상할 수 없다.

이하【수산세】생략

〈자료 148〉 염세 실시에 관한 건

- 원제목: 鹽稅實施ニ關スル件
- 출전호수:《財務週報》제25호, 執務參考
- 작성일: 1907년 8월 30일
- 간행일: 1907년 9월 30일
- 작성자: 함흥지부 재무관 카미야(神谷)

【염세에 관한 보고】

염세규칙의 실시에 관해서는 완민불령(頑民不逞)의 무리에 선동되어 이전에 연포(連浦)에서 작은 분요(紛擾)가 있었다. 그 도처에서 신규칙(新規則)에 기뻐하는 움직임도 있었지만 반항하는 기색도 있었는데, 요약하자면 국세(國稅) 이외 혹은 경리원(經理院)[96]에서, 혹은 사직단(社稷壇)에서 잡세(雜稅)를 과세하여, 그 잡세와 신규칙에 따른 염세를 합계하면 종래보다도 크게 증가하기 때문에 감히 반항하고자 한 것이다. 즉 잡세는 납입하는 것에 미치지 못하도록 인도하고, 오히려 신규칙을 설명·훈유(訓諭)하기에 힘써서 마침내 이해하였고, 모두 다 신규칙에 준하여 납입할 것을 승낙하였다.

원래 당 지방에서는 4월 말, 5월 초순부터 제염을 개시하고, 10월 중경에는 폐부(閉釜)하

---

96 황실 재산을 총괄하던 궁내부 소속 관청으로 1905년 3월에 일본이 황실재산을 침탈하기 위해 내장원(內藏院)을 내장사(內藏司)와 경리원으로 분리, 독립시길 때 실치되었다가 1907년 12월에 폐지되었다.

는 것을 일상으로 하였기 때문에, 3기 분납하는 신법은 적실하지 않았다. 인민으로부터는 2기로 납입 받는 일을 청원함으로써 편의상 그것을 허락받았다. 그리고 함흥세무서 관내의 제염고를 조사하였는데, 대략 아래와 같다.

- 함흥군(咸興郡)　　　40만 9,000근
- 정평군(定平郡)　　　8만 7,000근
- 영흥군(永興郡)　　　32만 3,500근
- 문천군(文川郡)　　　48만 2,000근
- 합계　　　　　　　　130만 1,500근

이상은 제염신고서 기재의 제염고이다. 신규칙에 따르면 세기의 익월 해당 기간의 제조고에 따라 세액을 조정하고 납입시킨다는 규정이지만, 이와 같이 무리하게 하면, 징수기관의 불비하고, 완민(頑民)이 공연스레 옛 것을 고수하여 새로 옮기는 것을 좋아하지 않기 때문에, 공연히 분요(紛擾)를 빚어내어 징수를 할 수 없게 되는 우려가 있다. 즉, 금년은 과세표준을 부(釜)에서 근(斤)으로 고치는 것으로써 만족하여 신고서 기재의 제조근수에 따라서 조정액을 작성하였다. 그것을 2기 분납시킨 것은 시의에 적절한 것으로 믿는다. 이 조정액에 따라 납입시키는 것으로 하였다.

염세규칙의 개정은 반드시 수입(收入)을 증가시키려는 목적에 있는 것이 아니라, 공정(公正)을 기하기 위해서라고 사료된다. 따라서 인민의 의사를 참작하여 만연히 분요(紛擾)하게 하지 않는 것이 가하다고 생각한다. 이상과 같이 완민을 겨우 납득시킨다면 금년의 염세는 금후 고장 없이 납입되게 될 것이다. 현재 영흥군과 같은 곳에서 제1기의 납세를 완료하였고, 기타의 군도 역시 내달 중에는 필납이 예정된다고 한다.

【세무부장(稅務部長) 주기(朱記)】

염세의 실시는 차제에 염 행정의 기초를 놓는 것을 주지로 한다. 즉, 염부수(鹽釜數), 염전, 염 제조 방법, 제조고(製造高)를 정사(精査)하고, 또 염 제조업자가 행정상의 조치를 받는 것을 익숙하게 하는 것에 있다. 따라서 위의 취급은 지극히 적당하다고 인정된다.

〈자료 149〉 수산물 및 염업 상의 조사의 건

- 원제목: 水産物及鹽業上ノ調査ノ件(水支604)
- 출전호수: 《財務週報》 제37호, 執務參考
- 작성일: 1907년 12월 2일
- 간행일: 1907년 12월 23일
- 작성자: 수원지부 재무관 오가사와라(小笠原)

염세과장(鹽稅課長) 앞

안산(安山), 남양(南陽) 양 군에 속하는 제도(諸島) 및 연안지방 어민에게서 채수(採收)·어획(漁獲)되는 수산물과 인천시장(仁川市場)과의 관계는 자못 박약하다. 옛날부터 인천항 해면에서의 어업자는 강화군(江華郡)에 속하는 자가 많고, 이 밖에는 영종도(永宗島) 및 부근 제도(諸島), 인천부(仁川府)에 속하는 자들이 그다음이다. 그리고 그 어장(漁場) 구역은 멀리 남양군 소속의 제도(諸島)에 미친다. 어획물은 어장 부근의 각지로 판매되고 있는 상황이고, 늘 인천의 시장으로 올라오는 것은 한인이 설립한 어상회사(漁商會社)[97]에 속한 어선(漁船)의 어획물 및 일본어민의 어획물로 한정된 것이다. 이따금 기후·풍향의 관계에 의해, 전기 이외의 것은 기항판매(寄港販賣)하는 것이 없지는 않지만, 계수(計數)하기에 충분치 않다고 한다.

인천에서의 어시장은 일본인의 설립에 관계된 것이 두 개였지만, 근래 합동하여 1개 회사가 되었고,[98] 오로지 한해수산조합(韓海水産組合)에 속한 일본어민의 어획물을 판매하고 그

---

[97] 인천에서의 어업상권은 기존 객주(客主)들의 영업망 때문에 일본인들의 진출은 쉽지 않았다. 1899년에는 당시 유일한 조선인 어시장인 인항어상회사(仁港魚商會社)가 자본금 2,680원으로 설립되었고, 1906년에는 서울 출신 정흥택(鄭興澤)이 내리 부근에서 상설 공설어시장을 경영하기도 했다.

[98] 인천에서의 일본인들은 1898년 이나다 가쓰히코(稻田勝彦)의 발기로 최초로 청국조계지에서 어시장을 개설하였고, 1900년에는 모리나가(守永安三郞)의 발기로 인천공동어시장조합(仁川共同魚市場組合)을 설립하였다. 1905년 어획고가 증가하자 와타나베(渡邊與三郞)의 발기로 기존어시장(동어시장)과 경쟁하는 서어시장이 설립되었고, 1907년에는 두 어시장을 통합하여 자본금 30만 원의 인천수산주식회사(仁川水産株式會社)를 설립하여 인천에서의 단일 어시장을 경영하게 된다(仁川府廳, 1933, 『仁川府史』, 1933, 1144쪽).

수수료를 받는다. 한인 유지(有志)의 공동출자로 이루어진 어상회사(漁商會社)가 있다. 이 회사는 어민에게 어선(漁船)·어구(漁具)를 조제(調製)·대여(貸與)하는데, 그들의 어획물은 회사가 이것을 판매하여 그 수수료를 거두고, 대여품은 그 사용료를 징수하는 조직이다. 이 조직은 작은 어업조합이라고 인정될 수 있다. 자본이 부족한 자도 어선·어구에 생각을 번거롭게 할 필요가 없고, 따라서 이것을 시장에 맡긴다면 어업자 스스로 판로를 구하는 것이 필요하지 않다. 이것을 징세(徵稅)의 방면에서 보면, 회사로서는 각자에 대하여 판매수수료를 거두기 때문에 어업자마다 구좌(口座)를 설치하여 가격을 기장(記帳)한다. 따라서 결코 허위의 근심이 없게 된다.

남양 부근은 헛되이 타 군민의 어장이 되었다. 이 부근의 어획물을 바라보며 안심하는 현상은 결코 지방 산업을 위해 축하할 일이 아니다. 필경 자본에 궁핍하여 뜻대로 어선·어구를 얻을 수 없고, 스스로 판로를 구해야 하는 번거로움 때문에 크게 발달할 수 없었던 것이었다고 믿어진다. 전기의 어상회사의 조직이나 또는 다른 데에서 자금을 공급받아 이것을 보호·장려시킨다면, 크게 면목을 일신할 수 있을 것이다.

안산군 염세조정원부(鹽稅調定原簿)는 인천 세무주사로부터 안산 세무주사에게 인계를 완료하였다. 현재 인천에 있는 것은 본년 1월의 조정에 관계되는 것이라고 한다. 즉, 안산 주사의 주장과 반대되는 것이 아니다. 이것을 11월의 조사에 관계되는 안산 주사 제출의 원부(原簿)와 비교하면 필수(筆數)에서 10필(筆)의 차이가 있는 것이 보이는데, 여기에 대하여 폐업(廢業)의 신고를 결하였다. 요약하면, 실지(實地)에 대해 조사하지 않은 것은 정확을 기하기가 어려울 것이다.

인천에 수입되고 있는 외국염은 지나염(支那鹽)을 주로 하고, 일본염은 거의 계수에 들어가지 않는데, 본년도에서 갑자기 격증되는 것이 보인다. 세관(稅關)의 통계에 생산지를 결여하고 있기에 용이하게 그 원인을 알기 어렵지만, 생각해 보면 인천장유회사(仁川醬油會社)[99]

---

[99] 일본장유주식회사(日本醬油株式會社)는 러일전쟁 후 조선에 온 시부사와 에이이치(澁澤榮一), 모기 케이자부로(茂木啓三郎) 등이 창립된 회사이다. 1905년 11월 인천부 송림리에 일본장유주식회사 인천공장을 설립하였다. 일본장유주식회사는 8대를 걸친 '노다장유'의 역사성을 강조하기 위해 1917년 노다장유주식회사(野田醬油株式會社)로 명칭을 바꾸고 된장, 간장, 조미료, 향료, 청주, 소주 등을 생산하는 종합식료품 제조회사로 변신하였다.

가 원료로 하여 수입하는 것이 있는 것 같다. 수입염이 한국 염업의 대적(大敵)이란 것을 논할 필요도 없는데, 이들은 직접 관내산염(管內産鹽)의 판로를 빼앗고 있어, 특별히 강구해야 할 가치가 있을 것이다.

별표에 보이는 것은 수입염의 통계로서, 그 본년에 속하는 것은 10월 말일로 한정되었다. 게다가 역시 상당한 증액을 보이는 것은 전기 일본산염의 수입액 격증하는 것과 종래 인천 부근은 물론 한국 연안 여기저기에서 지나(支那) '정크선'에 의해 밀수입되는 것이 본년도부터 황해도 해주(海州)에 인천세관(仁川稅關) 감시서(監視署)가 설립되었기 때문에 이 지방에 수입되고 있던 액(額)을 포함하였다. 아직 인천 항만에서는 수원군과 일위수(一葦水)를 격(隔)하는 둔포(屯浦) 부근으로 밀수입되는 것이 근소하지 않아서 다시 취조(取調)한 뒤 보고하는 것으로 하겠다.

한인 설립의 인천어상회사에 관계되는 조사는 본년도로 함.

위에 보고하였습니다.

<별표> 인천항에서의 외국염 외국염 수입통계

연도	일본염			지나염		
	수량(근)	가격(엔)	적요	수량(근)	가격(엔)	적요
1902년	24,035	202		142,850	3,528	
1903년	17,087	143		11,327,800	34,215	
1904년	62,700	574		8,234,300	25,143	
1905년	22,880	380		6,258,200	19,382	
1906년	1,000	5		5,443,860	16,331	
1907년	4,328,300	12,985	11월까지의 누계	5,329,340	21,000	10월까지의 누계. 해주감시서의 보고를 포함

비고: 일본염은 시장에서 판매되는 것을 보지 못했지만, 지나염의 판매가격은 100근에 60전 내지 1원이었다. 본표의 가격은 통관신청가격으로 시가가 아니다.

인천어상회사 매상고 및 수수료

월별	매상가격(엔)	수수료(엔)	적요
1월	716.900	35.845	
2월	1,577.300	78.865	
3월	2,889.300	144.465	
4월	5,685.800	284.290	
5월	6,367.000	318.350	
6월	2,232.000	111.600	
7월	1,489.600	74.480	
8월	2,644.800	132.240	
9월	1,847.300	92.365	
합계	25,450.000	1,272.500	

비고: 본표의 월별은 음력에 의함. 수수료는 매상고의 100분의 5로 함. 삼성암의 복명에 의하면 음력 1월부터 9월까지의 수수료는 2,225원이었음.

〈자료 150〉 수산세·염세에 관한 건

- 원제목: 水産稅鹽稅ニ關スル件(水支644)
- 출전호수: 《財務週報》 제38호, 執務參考
- 작성일: 1907년 12월 4일
- 간행일: 1908년 1월 13일
- 작성자: 수원지부 재무관 오가사와라(小笠原)

염세과장(鹽稅課長) 앞

종래 수원세무서 관내의 수산세는 1기간의 판매고가 200원에 달하는 것으로 보고되었지만, 안산군(安山郡)·남양군(南陽郡) 소속의 제도서(諸島嶼) 및 남양군 일부 쌍부반도(雙阜半島)

와 같은 곳은 어업을 전업으로 하는 자가 적지 않다. 따라서 어업 수입이 과연 보고와 다른 것인지 아닌지를 자못 의심하지 않을 수 없다. 여기에 더해 「수산세규칙(水産稅規則)」 제12조 및 「시행세칙」 제1조의 신고서·보고서 모두 세무서로 제출된 것이 없어, 아무런 조사재료를 얻을 수가 없다. 어째서 이들의 서류를 구하지 못하는지를 힐책당하여, 금년 봄 세무주사 등이 출장할 때 서식기장(書式記帳) 방법 등을 내려주었지만, 지금에 이르기까지도 하나도 진달(進達)된 것이 없다. 대체로 어민들은 문필(文筆)에 소홀한 바가 있는 것 같다는 답에 불과하였다. 따라서 해당 신고서와 보고서는 판매가격의 다소 여하에 관계없이 보고할 수 있는 것으로 하였다. 이러한 수속을 이행하지 않고 영업하는 자는 벌금을 부과한다는 규정이 있었다. 면세인지 아닌지는 보고서에 의거하여 관세관(管稅官)에게서 평정가격(評定價格)의 적부를 판결 받은 후에 결정되는 것으로 하였기 때문에, 단순히 판매가격 200원에 채워졌다는 것을 이유로 규정수속(規程手續)을 등한시할 수 없었다. 이때 신속히 해당 서류를 취합·정리한 것을 수원, 안산, 남양 각 군 파주(派駐) 세무주사에게 유고(諭告)하였다.

염세는 징세 성적이 자못 불량하여, 안산군을 제외하고는 수원군이 제1기를 납부하였을 뿐이며, 남양군과 같은 곳은 전부 미납한 모습이다. 대체로 춘기(春期)에서 과세액에 불복을 부르짖으며 소요를 일으키기를 계속하는 시국이기 때문에 각지가 불온하다. 자연 연체하는 자도 있을 수 있지만, 그러고도 역시 다소 등한시하는 경향이 없지 않다. 그리고 그 징세액도 1년도를 1기로 납부하는 것, 춘추(春秋) 2기로 분납하는 것, 4기로 분납하는 것 등 자못 통일을 결여한 것이라고 하지 않을 수 없다. 따라서 납세미필액은 상당히 다액을 보인다. 이전에 「염(鹽)제208호」에 대해서 보고한 바와 같이, 지금 추기(秋期) 제조가 점차 동기(終期)에 가까워지고 있으므로, 이 시기를 놓치지 않고 미필의 완납을 기해야 한다는 뜻을 수원, 안산, 남양 각 세무주사에게 유고(諭告)하였다.

안산군 세무주사의 최근 조사된 「염전원부별책(鹽田原簿別冊)」은 다음과 같다.

각 군 현재의 조사원부(調査原簿)에서 보이는 측량근량(測量斤量)은 실제 제조액에 비해 상당한 차이가 있을 것으로 의심된다. 각 군 주사(主事)와 더불어 각 면장(面長)에게 취조(取調)한 실제의 제조고는 측량근량의 약 3배에 이를 것이라고 한다. 다만 「염세규정」 시행 초에 조사한 세액은 종전의 과세에 비해 자못 고액(高額)이 되었다는 이유 때문에 인민의 반항을 초래했다고 품의를 올리고, 편의대로 종전의 세액으로 권형(權衡)을 유지하는 정도로 측량근량을 정정하게 되었다고 한다.

염세는 현재는 납세자가 직접 국고금 취급 관서, 또는 금고에 납부하는 것이 규정으로, 5리 내지 10리의 지역을 소액의 납부를 위해 왕복하는 것은 자못 고통이 될 것으로 보인다. 따라서 납부자의 의향을 탐색하여 각 군과 함께 면마다 제염업자의 공동비용으로써 염주인(鹽主人)을 두고, 각자의 세금은 그에게 맡기어 납부시키는 것을 예로써 한다면 그다지 불편을 느끼지 않을 것 같다. 그렇지만 다른 제세(諸稅)는 모두 공전영수원(公錢領收員) 또는 임원(任員)이 있기 때문에 납세할 수 있음에도 불구하고, 홀로 본세(本稅)만 납세자가 세금 이외에 비용을 부담하여 납부할 수밖에 없는 것은 필경 그 규정에는 단지 세율과 납세기(納稅期)만을 보이고 있을 뿐이라서 자연의 결속으로 하여 여기에 이른 것이 되었을 것이다. 다른 세금과 마찬가지로 공전영수원으로 하여금 수세시키는 법을 강구해야 할 필요가 있을 것이다.

연안 도처에서 염전에 접근된 광막한 간석지를 포기하고 돌아보지 않는 것이 있음을 볼 수 있다. 이들이 새로 염업에 종사하는 자가 아닌 예증으로서 환언하자면, 유망한 생산자로서 주목받을 만하지 않느냐 때문이 아니다. 요사이 염업가의 대부분은 자금의 결핍에 고통받아 멀리 그것을 수용지(需用地)의 문옥업자(問屋業者)에게 의존하기 때문에, 고통의 결과로 산출된 제품은 고율의 이자가 더해진 대여금(貸與金)과 상쇄되어 자본가의 손에 넣어져, 겨우 일부의 잔여품으로서 자기의 소득이 되는 것에 불과하다.[100] 이것을 시장에 팔 때에는 수입염의 압박이 있는 외에 각자 마음대로 산출되는 것이어서, 포장의 대소(大小) 용량의 많고 적음은 원래 통일된 것이 아니었다. 현재 시장에서 판매되는 때에 있어서는 승염고(桝鹽考)인 자에게 맡기고, 그것을 승량(升量)시키는 가격은 그에 좌우하는 것에 맡긴다. 또한 그 수수료로서 20한승(韓桝: 한국 1石)마다 5승(桝)을 교부하는 것이었다. 대체로 시장의 제도로서 원래 각지 도량형의 불통일은 자연히 그 조직을 만드는 것이 될 수 있다고 하더라도, 포장용량의 불통일도 역시 스스로 원인을 만들지 않는다고 한다. 안 되는 것을 더하면, 교통기관이 갖추어

---

100 염전의 소유주가 직접 염전을 경영하든, 소작인이 염전을 영영하든 자본이 필요하였다. 그들은 부호나 상인에게 자본을 빌렸는데, 그 이자율이 월 3~5%의 고율이었다고 한다. 즉, 지출액의 10% 내외가 자본에 대한 이자로 지불되었다는 것이다(이영학, 1991, 「개항기 제염업에 대한 연구-자본제적 경영을 중심으로-」, 『한국문화』 12, 서울대 규장각 한국학연구원, 572쪽).

지지 않았기 때문에 시장으로 반출되는 데 3리 내지 10리의 도정(道程)이고, 게다가 험한 언덕이 많은 경로(徑路)를 우배(牛背)에 맡기어 운수하지 않으면 안 된다. 마침 그 수송기관은 저들의 사양(飼養)에 관계되는 것이 많기 때문에 특별히 임금을 지불하더라도 그것을 임차하는 것으로 가정하면 산지에서 시장으로 반출하여 이익을 얻는 1원 내지 1원 50전의 액수는 과반을 그것으로 인해 빼앗긴다. 게다가 숙박·음식의 비용이 가산되고, 또 승염고(椊鹽考)에게 교부하는 수수료도 병산되면 진실로 그들의 주머니 속에 남은 바를 찾기 어렵다. 참으로 동정을 참기 어려운 점이 있다고 하겠다.

생각하기에 그것을 구제하는 길이 다단(多端)할 것이라도, 그들로 하여금 각 군 또는 편의 지방마다 산업조합을 조직시키고 생산품의 통일을 계획함과 동시에, 지방금융조합을 병치하거나 혹은 남에게 자금을 대여받아 박리(薄利)로 자금을 얻는 길을 강구하는 것은 각하(刻下)의 급무일 것이다. 그리고 그 조합을 이용하여 생산품의 포장마다 낙인(烙印)하는 등의 제도를 만들 수 있으면 실제 생산액의 확실한 수량을 조사할 수 있다. 생산비의 큰 부분을 차지하는 금리의 차이를 돌아보면, 실제의 생산액에 현재의 세율을 부과하여도 심한 고통을 느끼지 못할 것이다. 다음으로 제기하는 문제는 교통기관인데, 가장 간단한 해결은 태송(駄送)을 차송(車送)으로 전환할 수 있는 정도로 도로를 개수하는 데 있을 것이다.

안산군 염전 조사부

소재	면적(보)	염정·염부수	1개년 제산측량 근수	제염자
성곶면	길이 30보 너비 40보	정(井): 대(大)1, 소(小)1 부(釜): 1	2,200근	김춘화
	길이 35보 너비 30보	정: 소2 부: 1	1,600근	정순화
	길이 50보 너비 30보	정: 소2 부: 1	1,600근	김천쇠
	길이 50보 너비 50보	정: 소2 부: 1	1,600근	최여강
	길이 35보 너비 40보	정: 소3 부: 1	2,400근	이홍인
	길이 40보 너비 35보	정: 대1, 소1 부: 1	2,200근	김치운
	길이 50보 너비 30보	정: 대1, 소1 부: 1	2,200근	이치경
	길이 50보 너비 30보	정: 대1, 소2 부: 1	3,000근	홍평여
	길이 50보 너비 30보	정: 대1, 소3 부: 1	3,800근	녹순근
	길이 50보 너비 30보	정: 대1, 소1 부: 1	2,200근	김연근
	길이 50보 너비 30보	정: 대1, 소2 부: 1	3,000근	김교흥
	길이 50보 너비 30보	정: 대1, 소2 부: 1	3,000근	이윤오
	길이 50보 너비 30보	정: 대1, 소2 부: 1	3,000근	이경서
	길이 40보 너비 30보	정: 대1, 소1 부: 1	2,200근	박성호
	길이 35보 너비 25보	정: 대1, 소2 부: 1	3,000근	홍경삼
	길이 50보 너비 30보	정: 대1, 소2 부: 1	3,000근	유경삼
	길이 50보 너비 30보	정: 대1 부: 1	1,400근	윤명준

인화면	길이 40보 너비 30보	정: 대1, 소2 부: 1	3,000근	유경일
	길이 50보 너비 30보	정: 대1, 소1 부: 1	2,200근	이성회
	길이 50보 너비 30보	정: 대1, 소1 부: 1	2,200근	유공준
	길이 50보 너비 20보	정: 대1, 소1 부: 1	2,200근	장연순
	길이 50보 너비 30보	정: 대1, 소1 부: 1	2,200근	이성우
	길이 50보 너비 30보	정: 대1, 소2 부: 1	3,000근	윤경준
	길이 50보 너비 30보	정: 대1, 소1 부: 1	2,200근	이화월
	길이 50보 너비 30보	정: 대1, 소1 부: 1	2,200근	허남연
와리면	길이 68보 너비 23보	정: 대1, 소2 부: 1	3,000근	윤원근
	길이 68보 너비 22보	정: 대1, 소1 부: 1	2,200근	김경홍
	길이 68보 너비 22보	정: 대1, 소1 부: 1	2,200근	박윤민
	길이 68보 너비 22보	정: 대1, 소1 부: 1	2,200근	인운선
	길이 68보 너비 22보	정: 대1, 소1 부: 1	3,000근	이치상
	길이 68보 너비 22보	정: 대1 부: 1	1,400근	장경원
	길이 68보 너비 22보	정: 대1, 소1 부: 1	2,200근	장경실
	길이 68보 너비 22보	정: 대1, 소1 부: 1	2,200근	윤화서
	길이 68보 너비 28보	정: 대2, 소1 부: 1	2,600근	정형백
	길이 68보 너비 25보	정: 대1, 소1 부: 1	3,000근	홍인기

	길이 68보 너비 22보	정: 대1, 소2 부: 1	3,000근	민중필
	길이 68보 너비 20보	정: 소4 부: 1	3,200근	최도경
	길이 68보 너비 24보	정: 대1, 소1 부: 1	2,200근	박의교
	길이 68보 너비 22보	정: 소3 부: 1	2,400근	민원익
	길이 68보 너비 24보	정: 대1, 소2 부: 1	3,000근	민승보
	길이 68보 너비 23보	정: 대1, 소1 부: 1	2,200근	최석보
	길이 68보 너비 23보	정: 대1, 소1 부: 1	2,200근	홍경모
	길이 50보 너비 30보	정: 대1, 소1 부: 1	2,200근	박광윤
	길이 68보 너비 23보	정: 대1, 소1 부: 1	2,200근	예연호
	길이 68보 너비 23보	정: 대1, 소1 부: 1	2,200근	김호여
	길이 68보 너비 23보	정: 대1, 소1 부: 1	2,200근	안광신
	길이 68보 너비 23보	정: 대1, 소1 부: 1	2,200근	이청여
	길이 68보 너비 22보	정: 대1, 소1 부: 1	2,200근	박원서
	길이 68보 너비 23보	정: 대1, 소1 부: 1	2,200근	천원명
마유면	길이 68보 너비 23보	정: 대1, 소1 부: 1	2,200근	원낙서
	길이 68보 너비 28보	정: 대2, 소4 부: 1	6,000근	안장은
	길이 68보 너비 29보	정: 대1, 소4 부: 1	4,600근	심춘근
	길이 68보 너비 28보	정: 대1, 소6 부: 1	6,200근	윤영선

	길이 68보 너비 26보	정: 대1, 소5 부: 1	5,400근	최경국
	길이 68보 너비 29보	정: 대2, 소7 부: 1	8,400근	이성수
	길이 68보 너비 27보	정: 대1, 소6 부: 1	6,200근	장선경
	길이 68보 너비 26보	정: 대1, 소5 부: 1	5,400근	이공미
	길이 68보 너비 26보	정: 대1, 소4 부: 1	4,600근	한춘명
	길이 68보 너비 28보	정: 대2, 소5 부: 1	6,800근	이홍여
	길이 68보 너비 26보	정: 대1, 소8 부: 1	7,800근	전치근
	길이 68보 너비 25보	정: 대1, 소4 부: 1	4,600근	윤여공
	길이 68보 너비 26보	정: 대2, 소3 부: 1	5,200근	정성환
초산면	길이 68보 너비 26보	정: 대2, 소4 부: 1	6,000근	강기연
	길이 68보 너비 25보	정: 대1, 소3 부: 1	3,800근	박근서
	길이 68보 너비 27보	정: 대1, 소6 부: 1	6,200근	권사원
	길이 68보 너비 25보	정: 대1, 소3 부: 1	3,800근	김경선
	길이 68보 너비 25보	정: 대1, 소3 부: 1	3,800근	장춘흥
	길이 68보 너비 25보	정: 대1, 소3 부: 1	3,800근	김일선

2. 통감부의 한국염업 관습조사

〈자료 151〉 한국 남부 제염업 시찰 보고

- 원제목: 韓國南部製鹽業視察報告
- 출전호수: 《財務週報》 제3호, 보고급통계(報告及通計)
- 작성일: 1907년 4월 18일
- 간행일: 1907년 4월 29일
- 작성자: 감사관(監査官) 아카쿠라(赤倉)

부산, 마산, 목포 지방에서의 염 제조 및 그 거래 상태 시찰의 결과, 그 대강을 아래에 보고함.

1. 제염 방법

한인의 제염 방법은 소위 입빈염전(入濱鹽田)[101] 제조 방법에 의한 것으로서, 즉 해안 간석지에 해수의 침입을 차단한 곳에서 조수(潮水)로 침윤시킨 세사(細砂)를 건조시키고, 그것을 긁어모아 해수를 주가(注加)하여 그중에 포함된 염분을 여과시켜서 농후한 함수(鹹水)를 얻는다. 그것을 부(釜) 안에 넣고, 송엽(松葉) 혹은 송신(松薪)으로 전오(煎熬)하여 제출(製出)한다. 그리고 그 염전의 구조·조작 및 제염설비는 그것을 일본 내지(內地)의 제염 지방과 비교

---

101 입빈식(入濱式) 염전은 우리나라 전통적 자염(煮鹽) 방식의 염전에서 가장 보편적으로 활용된 방식이다. 조수 간만 차가 큰 평안남북도, 경기도, 충청남도, 전라북도 등에서는 제방이 없는 무제염전이, 전라남도와 경상남북도, 함경남북도에서는 제방을 쌓고 도랑을 설치한 유제염전이 만들어졌다. 유제염전은 매월 상현과 하현을 전후로 하는 조금(小潮) 때(음력 8일에서 12일, 23일에서 27일)에만 채함 작업을 할 수 있는 무제염전과 달리, 날씨만 좋으면 작업 시기의 제약을 받지 않는 이점이 있었다. 한편 해수를 자연스럽게 염전 안으로 흘러들어오게 하는 입빈식과 달리 해안선으로부터 약간 떨어진 곳에 인공적으로 염전을 조성하는 양빈식(揚濱式) 염전도 있었다. 이러한 양빈식 염전은 해면보다 높은 염전 지반에서부터 해변에 이르는 곳까지 도랑을 설치하여 바가지로 해수를 퍼 올린다. 조수 간만의 차가 적은 강원도와 함경남북도에서 일부 존재하였다(農商工部 水產局, 1908, 『韓國水產誌』 1, 564~565쪽).

하면, 심히 유치·졸렬하여 거의 원시시대의 상태에 있다. 따라서 그 자본을 필요로 하는 설비라고는 겨우 소옥[小屋, 소위 염부(鹽釜) 1좌(座)라고 칭하는 것으로, 소옥으로 칭하는 지붕을 붙인 것이 대부분을 차지한다. 건설비는 120원 내지 200원], 부[釜, 석부(石釜), 토부(土釜), 철부(鐵釜)의 각종이 있다. 철부는 저들의 가장 진보된 것으로서 그 가격은 80원 정도], 괭이(鍬), 기타 2~3개의 소기구(기구 일체의 매입가격은 약 20~30원 정도)를 가지고 있는 것에 불과하다.

염전 1좌(座)라고 칭하는 것은 지방에 따라 1반보(反步) 내외인 것이 있고, 1정보(町步) 정도의 커다란 것도 있다. 염전 1좌마다 반드시 염부를 갖추고 있는 것은 아니고, 보통 4~5좌에 대해 부 1기를 가지고 있는 것 같다. 또한 소옥은 대부분 4~5명의 공유하고 있는 공동제조장이다.

현재 일본인이 일본 내지식(內地式)으로 이 업(業)을 경영하는 자는 부산 부근 좌수영(左水營, 일본식 제염시험장 설정지]에 시토(佐藤), 마산포(馬山浦) 부근 구산진(龜山鎭)에 히카시 마사오(東正男), 목포 앞바다 도서에 목포염업주식회사(木浦鹽業株式會社: 자본금 10만 원) 등인데, 이들은 모두 작년 초에 영업에 착수한 자들이다.

2. 제염 시기 및 제출고(製出高)

전남 및 경남에서의 제염고(製鹽高)는 종래 주창하였던 예상 산액의 반수로, 이에 40만석에 달했는지 아닌지에 대해서는 아직 커다란 의문이 아닐 수 없다. 그 제염기는 음력 1, 2, 3, 8, 9, 10월의 6개월에 한하는 것과 같다. 거의 전년(全年) 제산량(製産量)의 90%는 이 기간에 제출되고, 다른 기간에서는 그 10%를 제조할 뿐이다. 목포 부근 고하도(高下島)와 같은 곳의 부 1좌 1일(일출부터 일몰까지) 제산액은 2가마(俵)에서 4가마로서, 약 30일 내외의 전오(煎熬)를 하는 것에 불과하다면, 1년간 동도(同島)에서의 산염 총액은 300가마 내외라고 한다. 동도의 염전 1좌는 약 1반(反) 2무보(畝步)로서, 30좌에 부 4기가 있다. 가장 좋은 시기에서도 역시 함수(鹹水)를 얻을 수 있는 데에는 10일간이 걸린다고 한다. 그 지질(地質)·함사(鹹砂) 모두 언 듯 보기에 이토(泥土) 같아서 심히 악질(惡質)이고, 또 저 유명한 부산 부근의 명호도(鳴湖島)의 산액(産額)이라 할지라도 3만 석 내외가 된다고 하는 것에 비추어 보면 여전히 실제 제량(製量)은 의외로 과소하지 않은가 생각된다.

한인의 제조 시기가 음력 1, 2, 3, 8, 9, 10월의 6개월로 한정된다는 것은 단순히 계절의 적절함 뿐 만 아니라, 연료[송엽(松葉), 시초(柴草) 등] 및 염 수용기(需用期)와의 관계에도 있는 것 같다. 일본인의 경영에 관계하는 것은 석탄을 연료로 하기 때문에 1, 2월의 결빙기를 제외하고 1년을 통해 채함제염(採鹹製鹽)에 적합하다고 한다.

3. 제염비, 제염자의 판매가격 및 그 소득

정확한 조사는 아니지만, 어림셈(槪算)하면 다음과 같다.

- 생산비: 한국 1석 당 3원 20전, 100근 당 1원 33전 3리
- 판매가격: 한국 1석 당 3원 60전, 100근 당 1원 50전
  비고: 한국 1석은 지방에 따라 다르지만 여기서는 240근[斤, 일본승(日本枡) 1석(石) 3두(斗) 정도]으로 하여 계산함.
- 제조자 소득: 150원에서 400원
  비고: 순익이 아니라 자가노동의 보수를 포함함.

4. 거래의 상태

일반적으로 제염은 수용기절에 맞추기 때문에, 제출 후 2~3일 내지 10일 후에 모두 판매되어 정체의 걱정이 없다고 한다. 대체로 제염은 대개 자산이 박약한 무리가 많기 때문에 연료에 필요한 자금을 대판매자(大販賣者: 閣主)에게 기대고, 그 제염을 인도하여 변제하는 일이 많다. 따라서 인수인에 대하여 일종의 특별 관계가 만들어져, 해마다 일정한 판매업자에게 예약 제조를 하는 것 같은 모습이 관찰된다고 한다. 그리고 주산지인 명호도염(鳴湖島鹽)과 같은 것은 하단(낙동강의 미곡 교역지)의 각주(閣主)[102]의 손을 거치거나, 혹은 직접 모두 낙동강 유역에서 수용되어진다. 지금 경남·전남에 있어서 염 집산지의 상황을 보면 다음과 같다.

---

102 객주(客主)의 오기로 보인다.

(1) 경상남도 낙동강 하단은 한염(韓鹽)의 대집산지로서, 객주 3인이 있다. 그 취인고(取引高)는 3만 석에 달한다. 낙동강 유역을 거슬러 조선배(舟)에 적재한 염은 6만 석 내외로서, 그 제산지별(製産地別)은 다음과 같다.

명호도 3만 석	신도 1만 석	웅주 4천 석
영산 2천 석	전라도 6천 석	일본 8천 석

아울러 낙동강 유역의 주요 집산지는 다음과 같다.

상주 2만 석	선산 1만 석	고령 1만 석
대구 1만 석	영산 2천 석	창녕 3천 석
의령 1천 석	성주 2천 석	기타각소 2천 석

(2) 마산포(馬山浦) 부근의 산액 약 1만 석 내외는 주로 구(舊) 마산포에서의 어류 염장용으로 소비되고, 또 동 지방의 수용을 채우는 것에 그친다.

(3) 통영(統營)은 집산지라고 하지만 그 상황을 살피지 못했다.

(4) 전남의 주된 집산지는 영산포(榮山浦, 목포의 상류)로, 집산고는 3만 가마(俵), 강진(康津)은 2만 가마, 낙안(樂安)은 2만 가마 등이다.

5. 운반방법

한염(韓鹽)은 대체로 수로의 조선배로 집산지에 보내진 후, '지게'로 소비자에게 분배된다. 그 운임의 표준은 다음과 같다.

(1) 낙동강 유역

명호도에서 하단까지	한염 1석(2표)	40전
하단에서 상주까지(70리)	〃	2원 내지 3원
하단에서 영산까지(20리)	〃	60전 내지 1원 20전

(2) 영산강 유역

목포에서 영산포까지(10리)	한염 1석(2표)	20전
팔금도에서 영산포까지	〃	20전

6. 한염(韓鹽)의 운명 여하

한염은 해마다 점차 부진한 경향에 있다. 얘기를 들으니, 낙동강을 오르는 염은 1년에 10만 석 이상이라는데, 경부철도(京釜鐵道) 개통의 결과 작년 같은 경우는 6만 석으로 감퇴되었다고 한다. 그리고 그 감소고(減少高) 4만 석은 즉, 대만염(臺灣鹽) 및 일본 내지염(內地鹽) 4만 석이 기차로 낙동강 유역에 분배되고 있다는 것도 볼 수 있었다. 이와 같이 교통기관의 발달과 더불어 대만 및 내지염은 갑절로 그 수용고를 증가시키는 것은 자연스런 추세인 것 같다. 금후 한염은 자연히 정체를 보는 것과 더불어 제산고는 점차 감축되어질 수밖에 없는 정세에 있다. 한염 제조업자는 생산이 적고 지식이 얕은 무리만이 아니라, 대다수는 농가의 부업으로 하여 종사하기 때문에 그 대세(大勢)의 영향을 느끼는 것이 지완(遲緩)한 것 같다. 이러한 경우 점차 비경(悲境)으로 향하고 있음에도 불구하고, 저들은 여전히 염가(鹽價)가 고등할 시기가 있을 것이라는 꿈에서 벗어나지 못하고 있다.

현재 한국에서의 대만염 및 내지염 이입업자 혹은 판매업자는 그 가격이 한염 가격보다 저하된 것으로 있어서, 다대한 이익을 거두고 있지 않기 때문에, 한인의 한염 기호력(嗜好力)은 쉽게 감퇴되지 않는다. 따라서 한염 제조의 성쇠에 급극(急劇)한 악영향을 미치고 있는 것 같은데, 금후의 추세는 관동주염(關東州鹽), 대만염(臺灣鹽)의 산액 증가에 따라 일변할 수 있는지 논의할 필요가 있을 것이다.

〈자료 152〉 경성 한인 시장에서의 식염 집산 상황

- 원제목: 京城韓人市場ニ於ケル食鹽集散狀況
- 출전호수: 《財務週報》 제10호, 보고급통계(報告及統計)

- 간행일: 1907년 6월 17일
- 작성자: 기수(技手) 마무로 요시노리(間室義章)

【경성(京城)에서 판매되는 식염의 원산지】

경성에서 판매되는 식염의 원산지는 경기도 남양(南陽), 인천(仁川), 부평(富平), 강화(江華), 통진(通津)의 제군(諸郡)으로서, 그중 남양군이 주이고, 인천, 부평의 양 군이 다음이다. 그리고 그 판매되는 식염은 선편(船便)으로 이것을 용산방(龍山坊) 마포(麻浦)로 운반한다. 그 운임은 1가마(俵)에 남양에서 26전, 인천에서 18전, 통진에서 20전을 요구한다.

【경성에서 판매되는 식염의 공급지】

경성 엽 상인이 판매하는 염은 모두 용산방 마포에서 도매상인이 구매한다. 그리고 그 도매가격은 상등품 1두(斗)에 34전이고, 중등품에 이르러서는 32전, 하등품에 이르러서는 30전 이하가 된다. 그리고 그 도매업에 종사하는 주된 자는 용산방 마포의 전규환(田圭煥), 노상건(盧相健) 양씨(兩氏)이다.

【1개년간 경성 및 그 부근에서 수요되는 식염의 수량】

1개년간에 경성 엽 상인이 마포에서 염 도매업자에게 구구(購求)되는 수량은 그 수요액(需要額)에 있어서 약 5만 가마(俵) 내외이다. 지금 1가마를 평균 7두(斗) 5승(桝)으로 한다면 3만 7,500석이고, 1승(桝)의 중량 평균을 328돈쭝(匁)으로 하면 768만 7,500근(斤)의 중량이 된다. 이것은 경성 시가에서만 수요되는 수량이 아니고, 부근 촌락의 수요액도 포함된다. 왜냐하면 경성 부근 촌락의 주민은 그 염의 공급을 모두 경성에 의지하기 때문이다.

【소매(小賣) 시세】

소매 시세는 1개년을 통해 심한 변동을 보인다. 1두(斗)에 금 50전을 보통으로 한다지만, 상점에 따라서는 40전 내지 52전으로 판매되는 것이 있음을 볼 수 있다. 그리고 마포에서 경성까지의 운임은 상점 소재의 원근에 따라 차이가 있지만, 평균 1가마에 금 20전이고, 수요가 가장 번성한 때는 춘추(春秋) 두 계절이다.

【경성에서 중요한 염 판매자】

다음과 같다.

동서(東署) 어의동(於義洞) 제62통 7호	배홍일(裴興一)
중서(中署) 수진동(壽進洞) 제30통 10호	피희경(皮熙敬)
중서(中署) 수진동(壽進洞) 제30통 8호	황재현(黃在鉉)
서서(西署) 내사전동(內司前洞)	최문원(崔文源)
서서(西署) 야주현(夜珠峴) 제24통 11호	최순홍(崔淳弘)
동서(東署) 동학동(東學洞) 제33통 2호	유치순(劉致淳)
동서(東署) 동학동(東學洞) 제33통 7호	전경근(田慶根)
동서(東署) 동학동(東學洞) 제29통 1호	이장규(李壯圭)
동서(東署) 어의동(於義洞) 제60통 2호	김춘식(金春植)
동서(東署) 어의동(於義洞) 제22통 8호	김영근(金永根)
동서(東署) 어의동(於義洞) 제23통 1호	박성손(朴聖孫)
동서(東署) 어의동(於義洞) 제61통 5호	송계달(宋桂達)
동서(東署) 어의동(於義洞)	김치찬(金致瓚)

〈자료 153〉 염과 수산물의 생산·집산 상황과 시가(時價)

- 원제목: 鹽及水產物ノ生產集散狀況時價(五月分其一)
- 출전호수: 《財務週報》 제13호, 報告及統計
- 간행일: 1907년 7월 8일
- 작성자: 세무부(稅務部) 조사과(調査課)

정부 재정고문(財政顧問) 각 지부·분서·출장소의 보고를 일괄하여 아래에 집록(集錄)한다.

1. 평양(平壤)

지금은 제염 및 수산물 채취의 초기로서 정밀한 생산액을 알 수 없지만, 지나염(支那鹽)의 수입은 현저하여 생산액을 감소시키고 있다. 제염을 가마니에 넣지 않고 수로로 평안남북도 각부 시장으로 반출하는 것과 시(市) 부근 개시장(開市場)에서 소매하는 것 모두 근래 일반적으로 부진한 상태이다. 수산물의 채취는 어구(漁具)의 불안전과 어획 방법의 유치함 때문에 풍부한 어족을 허무하게 놓치는 것은 기가 막힐 따름이다.

당지 근해에서의 수산물의 주된 것은 넙치와 가자미(鰈)이고, 기타는 잡어가 특히 많다. 산지에서 천일건조(天日乾燥)한 후, 각 시장으로 반출한다. 염은 1가마에 시가(時價) 1원을 유지한다. 넙치는 2척(尺)자리 큰 것이 12전으로 싼값이다.

2. 성천(成川)

당 순천군(順川郡) 신창(新倉)에서 수산물을 생산한다.

당일은 명절(節句)이 가까웠기 때문에 매행(賣行)이 좋았다고 생각된다. 그 시가는 아래와 같다.

- 안주(肴) 20마리(一聯) 0.200
- 북어(北魚) 20마리(一聯) 0.250
- 조기(石魚) 10마리(一聯) 0.425
- 향염(鄕鹽) 한승(韓枡) 1두(斗) 0.350
- 호염(胡鹽) 한승(韓枡) 1두(斗) 0.275 [한승 1두는 일본 승(升)으로 8합(合) 2작(勺)에 상당]

3. 제천(堤川)

종래 보고된 바와 같이 당 지방에서는 수산물이 생산되지 않는다. 또한 일반 농가 생활의 정도가 낮기 때문에 수용·집산이 번성하지 않았다. 강릉(江陵)에서 들어오기는 하지만, 안으로는 겨우 지방 인민에게 수용되는 것 뿐이고, 밖으로는 충주(忠州) 방면으로 판출(販出)된다. 매시(每市)의 거래 가격이 200~300원 내외인 염 … 말린 정어리(干鰮) 100돈쭝(匁)에 12전, 명태(明太) 1연(聯)에 23전, 다시마(昆布) 1반(反)에 5원이다.

* 비고: 명태 1연은 20미(尾), 다시마 1반은 10관(貫)이다.

4. 함흥(咸興)

함흥은 성저장(城底場)에서 4월 초순부터 지나인(支那人)이 1헌(軒)의 점포를 열어 싸게 염가(廉價)로 판매하기 때문에, 한인 상인은 적지 않게 공황(恐慌)이다. 처음과 같이 종래 함흥의 상인은 상당히 배타주의여서, 원산(元山)의 상인조차도 용납하지 않는 정도였는데, 일본군 주둔 이래 배타주의를 장닉(藏匿)하는 것에 그치지 않을 수 없었다. 그 빈틈에 올라서 지나인이 들어오게 된 것이다. 지나 상인과 일·한 상인과의 관계는 주의해야 할 만하다.

대만염(臺灣鹽)은 상당히 매행(賣行)되고 있어 거의 독보적이다. 명태는 하락하여 상품이 남는 것이 있다. 미역류(藿類)의 매행도 양호한 편이다. 어류는 정어리(鰮)만이 넘치고, 도미(鯛)는 아직 많이 나오지 않는다.

5. 충주(忠州)

당도(當道)는 염 및 수산물의 산출이 없어 한강 수운(水運)에 의해 수어(收魚), 북창(北倉), 반천(盤川), 서창(西倉), 황강(黃江), 한천(寒泉), 조둔(早遯), 천포(泉浦) 등의 포구(浦口)를 경유하여 각지로 분배된다. 청주(淸州) 방면은 철도 또는 육로에 의해 이입된다. 염 1근(斤) 10전, 해태(海苔) 20매 12전, 명태어(明太魚) 20미(尾) 26전, 다시마(昆布)는 대(大) 1매 16전, 소(小) 1매 10전, 조기(石魚)는 대(大) 1미 12전, 중(中) 1미 9전, 소(小) 1미 6전이다.

6. 전주(全州)

염의 매매는 계절에 따라 상위하여 본월과 같은 경우는 매우 적다. 기타의 수산물로서는 말린 생선(干魚)과 오징어 등이 가장 많이 매매된다. 생어(生魚)는 극히 소량으로 일본인 사이의 식료에 제공되는 것뿐이다. 가격은 염 1석에 2원, 오징어 10관에 60전, 조기(干魚의 이름) 10마리에 20전이다.

7. 안동(安東)

당 지방에서 사용되는 염은 종래 모두 조선염으로서, 당지를 떠나 15리인 영해(寧海), 영덕(盈德)의 연안지방에서 왔는데, 작금에는 때때로 대만염(臺灣鹽)의 수송이 있다. 조선염 매시(每市) 매매액은 20가마[俵, 1가마에 5두입(斗入)] 전후라고 한다. 시가는 1가마에 3관(貫) 500문(文)으로서, 현재의 엽전(葉錢) 시세[23할(割)]로는 1가마가 8원 남짓 된다. 더욱이 당지의 1두량(斗量)은 일본두(日本斗)로 1두(斗) 2승(升) 정도에 상당한다. 그리고 지난달 왜관(倭館) 지방에서 당 시장으로 들어온 대만염은 400~500가마(叺) 정도인데, 시가는 1가마(2두 5승)에 450문(文)이라고 한다. 어류도 또한 영해·영덕 지방에서 오는 것으로서, 그 가격은 아래와 같다.

명태(明太) 1태[馱, 1태는 50대(隊)이고, 1대는 20미(尾)]에 6관문(貫文), 고등어(鯖) 1대(隊, 1대에 10미)에 400문, 도미(鯛) 1대(1대에 20미)에 1관(貫) 600문이다.

8. 청주(淸州)

당 관내에서는 염 및 수산물의 산출이 없다.

명태어(明太魚)를 제외하고 충청남도 및 경기도에서 수입한다.

염의 원산지는 남도(南道) 지방에서 오는데, 운임은 부강역(芙江驛)까지 선편(船便)에 의한다. 그 임전(賃錢)은 1석에 25전이다. 동소(同所)에서 청주까지의 짐말(馱馬)은 1석에 40전을 요구한다.

기타의 수산물도 위 방법으로 수입한다. 다만 명태어는 원산 지방산인데, 경성의 도매업자로부터 사입을 한다. 그 가격은 아래와 같다.

염은 시기에 따라 커다란 차이가 있는 것 같다. 현재 1석에 3원 80전이고, 소매는 1승(升)에 4전 5리이다.

명태어[10속(束) 2천 필(疋)] 값은 20원이고, 소매로 1마리에 1전 3리이다. 해태는 1속[20파(把)]에 1원 20전, 소매로 1원 50전이다. 염청어(鹽青魚)는 1연(20필)에 36전이고, 소매로 50전이다. 조기(石魚)는 20마리에 32전이다.

9. 용인(龍仁)

염의 집산 및 가격은 전월과 이동(異動)이 없다. 원산지는 역시 남양군산(南陽郡産)이 대부분을 차지한다.

수산 안에서 전월과 가격의 이동이 생긴 것은 명태 1속(20필)에 21전, 생조기(半鹽物) 10마리에 28전, 염청어(鹽青魚) 1속(20필)에 42전, 해태 1속[40매(枚)]에 8전, 미역 1속(20매)에 1원 40전 내지 1원으로 등귀된 것이다. 기타는 전월과 똑같다.

10. 온양(溫陽)

당 온양 부근에서는 수산물 생산이 없다.

수산물의 매행은 점차 불량한데, 그 시가는 아래와 같다.

염 1두(日本桝)에 57전 1리이다. 염장조기(鹽石魚) 20미에 대 65전, 중 40전, 소 25전이다. 오징어(生) 1미에 대 10전, 소 7전 5리이다. 숭어(生) 1미에 대 30전, 소 12전 5리이다.

11. 광주(光州)

염의 집산고는 60부(負) 정도로서, 1부는 6원, 도합 360원이 된다[당군(當郡)만].

수산물은 5일 이후 거의 수입되는 것으로, 겨우 염어(鹽魚)의 소수(小數)를 보는 것에 불과하다.

12. 영암(靈巖)

염의 제조는 점차 감소하고 있고, 번성한 집산을 보지 못한다.

수산물은 연안 각면(各面)에서 도미·잔고기(小魚) 등을 어획하는 것이 번성한데, 모두 부근의 수용을 채우고, 다시 또 각 군으로 공급한다. 건명태어(乾明太魚)는 근시(近時) 대단한 집산이 없다.

도미 1미 240, 잔고기 600, 염 1석 4,000

13. 송화(松禾)

염은 간신히 제조에 착수하는 것에 불과하다. 수산물은 도미, 넙치(比良目), 작은 오징어(小烏賊) 등이다. 생어(生魚)의 매가는 때에 따라 차이가 있어 일정한 시세가 아니다. 기타의 가격은 전보(前報)와 큰 차이가 없다.

14. 영변(寧邊)

염은 정주군(定州郡)에서 제조하여 박천 지방을 거쳐 당 지방 부근으로 들어온다. 그리고 압록강 연안구역은 청국염을 사용하기도 하는데, 당지 부근은 정주(定州)·박천(博川)에서의 한국염을 바라보고, 외지(外地)에는 외국염을 사용한다.

수산물로서 산간벽읍(山間僻邑)인 것과 또 교통기관이 부족하기 때문에 염간물(鹽干物) 이외의 어류는 도저히 볼 수가 없다. 지금 현재 존재하는 수산물로서는 명태 20매에 30전, 염청어(鹽靑魚) 30전, 해태 단책형(短冊形) 50매에 10전이다.

〈자료 154〉 제염 및 수산물에 관한 보고

- 원제목: 製鹽及水産物ニ關スル報告
- 출전호수:《財務週報》제14호, 報告及通計
- 작성일: 1907년 5월 27일
- 간행일: 1907년 7월 15일

• 작성자: 송화분서(松禾分署) 재무관보 하타(奏)

관내 6군(郡) 중, 바다를 면하고 있는 곳은 장연(長淵)·풍천(豊川)·은율(殷栗)·장연(長連) 4군으로, 장연·은율 2군은 대동강구에 위치하고, 황해를 면하고 있는 곳은 풍천·장연의 2군뿐이다. 춘기(春期)는 단지 꼴뚜기(骨獨魚) 류의 어획이 있는 것에 불과하지만, 진짜 어기는 5월부터 9월에 이르는 5개월간이다. 어류는 갈치(長刀魚)·민어(鮸魚)·병어(瓶魚)·해삼(海蔘)이고, 다시마류(昆布)는 그 액(額)이 많지 않다. 동기(冬季)는 어곽(魚藿) 모두 전무하다고 하여도 과언이 아니다. 지금 수산물의 채취장소 수(數)와 액(額)을 들어보면 아래와 같다.

	채취장소 수	채수물 가격
중전(中箭)	20개 고	5천 600원
소전(小箭)	30개 고	5천 760원
곽전(藿田)	2좌	140원
기타(어구가 있지 않은 어선 등의 채수물)		300원

비고: 중전 1고의 1년 평균 280원, 소전 180원의 비율

- 채염지(採鹽地, 4郡 15面): 20개소
- 염전면적: 671평(坪)
- 제조장(製造場) 및 저조장(貯造場): 20개소
- 염정수(鹽井數): 106좌(坐)
- 염부수(鹽釜數): 32좌
- 제조고(製造高): 2천 260석(朝鮮桝)

제염은 흑갈색으로 여러 가지 협잡물(挾雜物)을 포함하여 그 질이 조악(粗惡)하고, 더불어 그 가격도 비교적 높기 때문에 지나염과 대만염의 수입에 압도되어 제조 석수(石數)가 높게 감소하는 경향이 있다. 제염에 종사하는 사람은 무학배(無學輩)가 많다. 장부(帳簿)의 설비기입(設備記入)처럼, 제조신고(製造申告)처럼, 또는 임원(任員)으로 하여금 수산물 채취 가격을

평정(評定)하게 하는 것과 같은 금일의 인지풍속(人智風俗)의 정태(情態)에서는 실행에 실로 곤란이 있다. 아직 실지조사 상 보고에 미칠 수가 없어, 우선 개황만을 보고한다.

〈자료 155〉 주안면 염업 조사 보고

- 원제목: 朱安面鹽業調査報告
- 출전호수: 《財務週報》 제25호, 報告及通計
- 작성일: 1907년 9월 14일
- 간행일: 1907년 9월 30일
- 작성자: 세무부(稅務部) 염세과(鹽稅課) 나카시마 쿠마키(中島熊記) 외 7명

【복명서】

염업 조사를 위해 부평군(富平郡) 주안면(朱安面)으로 출장을 명받아 조사한 바, 대요(大要)를 별지와 같이 갖추어 복명(復命)합니다.

【별지】

■ 제염자 주소·씨명

부평군(富平郡) 주안면(朱安面) 십정리(十井里) 성낙현(成洛賢)

■ 염의 산액(産額)

1개년 산액 180석

■ 염 거래 상태 및 집산(集散)의 계통

당면(當面)에서의 염은 특별한 경우를 제외하고 현금으로써 중매인 선두(船頭) 등에 의해 거래된다. 염 인도(引渡)의 때는 '승취(桝取)'라고 일컫는 주안면 거주의 천배원(千倍元)이란 자가 칭량(稱量)의 임무를 맡아(1가마에 3전의 수수료가 필요), 쌍방 입회하에 인도를 마친다. 대체로 선편(船便)으로 경성(京城), 파주(坡州), 문산포(文山浦), 금천(金川) 등의 각지로 반출된다.

- ■ 면적

  1반(反) 6무보(畝步)

- ■ 염전의 구조

  매우 졸렬하여 간석지(干潟地)에 겨우 인공(人工)을 더한 것에 지나지 않는다. 부옥(釜屋)을 중심으로 하여 반원형으로 외방(外方)에 경사면을 만들어 확연하게 염전 구역이 되었다. 단지 겨우 작업 흔적으로 그것을 알 수 있을 뿐이다.

- ■ 염정(鹽井)의 구조

  염정[103]은 염전의 중앙 부산(釜山)의 옆에 있는데, 염전 1좌(坐)에 2개의 염정이며, 그 중간에 함수 항아리(垂壺) 1개가 있다. 염정은 지하 3척 정도의 원혈(圓穴)을 팠다. 상방(上方)은 폭 5칸, 길이 8칸의 타원형이 되었고, 내부는 점토로써 두드리고 굳히어 함수(鹹水)의 누출을 막았다. 깊이 2척 정도 되는 곳에는 환목(丸木)을 종횡(縱橫)으로 조합시키고, 그 위에 짚(藁)으로 엮은 거적(菰)을 폈다. 여기에 함사(鹹砂)를 수용(收容)한 후, 해수(海水)를 부으면 여과된 함수는 혈중(穴中)에 채워진다. 그럴 때는 구멍의 바닥에서 위쪽 1척 정도의 곳에 함수 항아리로 통하는 1개의 관(管)에 의해 수호로 유입된다. 그리고 함수 항아리는 함수류(鹹水溜)를 겸용한다.

- ■ 해수 및 수(水)의 비중(比重)

  함수(鹹水) 온도가 24도인 때 비중은 19도

  해수(海水) 온도가 30도인 때 비중은 2도

- ■ 살사량(撒砂量) 및 함고(鹹高)

  살사량을 정확히 계산하여 드러낼 수는 없지만, 염전 1반(反) 6무보(畝步)의 지반면(地盤面)에 두께 7촌(寸) 정도를 살사(撒砂)한 것으로 하면 1회에 약 45석의 함수를 채취하는데, 단지 1회 채함량(採鹹量)에서 제염 15석을 얻는다고 한다. 따라서 비중(比重) 10도의 함수 1석당 제염료(製鹽料) 29근(斤)으로 견적하면 19도일 때의 제염 15석에 대한 함수를 산출하는 것이 된다.

---

[103] 염정은 '소정(沼井)'이라고도 하며, 지역별로 '섯', '섯등', '간통', '간수통' 등으로도 불리었다. 특별히 인천에서는 이를 '갈판(渴板)'이라고 하였다(度支部 臨時財源調査局, 『韓國鹽業照査報告』, 1908).

■ 채함(採鹹) 작업 시기

음력 2, 3, 4, 7, 8, 9월의 6개월로 하며, 1개월간 대체로 두 번 함수를 채취한다. 함수 채취를 하는 데에는 7~8일이 필요하다.

■ 작업법

염전 지반에 살포한 세사(細砂, 바다에서 채취한 모래)를 대조(大潮)일 때 해수에 침윤시켜 1일간 그대로 방치하고, 2일부터 소(牛)를 사역하여 '써레'로 모아 염정(鹽井)에 넣어서 해수류(海水溜, 대조 때에 저장하여 둠)에서 해수를 부어 여과시킨 함수를 얻는다. 그런데 여과에는 2일간이 필요하다.

■ 함수 수송 장치

함수 항아리(垂壺)는 함수류(鹹水溜) 겸용으로 하고, 부옥(釜屋) 내의 항아리와의 거리를 1칸 반 정도로 한다. 그 사이에 점토로 만든 구(溝)를 통하게 하여 함수류에서 급상(汲上)된 함수를 부옥 내의 항아리로 수송한다.

■ 부(釜)의 구조

당면(當面)에서는 전부 철부(鐵釜)를 사용한다. 길이 11척, 폭 9척 5촌, 깊이 4촌의 장방형(長方形)이다. 7~8년간은 사용할 수 있다고 한다.

■ 제염 방법 및 전오일수(煎熬日數)

함수 항아리에서 부옥 안의 항아리로 수송된 함수를 퍼 넣어 부(釜)에 가득 넘치기를 기다렸다가 전오(煎熬)를 시작한다. 수분이 점차 증발되어 부중(釜中)에 함수가 감소하는 것에 따라 서서히 함수를 붓는 것을 마친다. 이러한 일을 5회로 하여 수분을 증발시켜 염분이 결정(結晶)하기에 이르면, 그것을 '고무레'로 휘저어 모아 '삼태기(梥)'에 넣고, 이것을 거출장(居出場)으로 옮긴다. 전오(煎熬)는 오전 6시경부터 오후 4시 반경까지 하고, 특별한 경우 외에는 야간 전오에 종사하는 일은 없다. 1일에 간신히 1부(釜)의 분양(焚揚)을 한다.

■ 기구·기계 등의 이름

- 가레: 염정(鹽井)에서 모래를 파내는 것
- 쪽박: 해수를 퍼 올리는 것(염정에 해수를 부을 때 사용)
- 써레: 살사(撒砂)를 휘저어 고르게 하는 것

- 바가지: 함수 항아리(鹹水壺)에서 함수를 길어 올릴 때 사용하는 것
- 삼태기: 염을 넣는 소쿠리
- 주걱
- 고무레: 염을 휘저어 모으는 것
- 프리몬디(フリモンヅイ)[104]
- 말: 승(桝)
- 나레: 모래(砂)를 모으는 것

■ 연료의 종류

송엽(松葉) 및 송수(松樹)로 하는데, 송엽은 1파(把) 10전, 송수(松樹)는 높이 5촌, 가로 5척으로 적중(積重)한 것이 3원 20전이다. 송엽은 1부(釜)를 전오하는 데 20파가 필요하고, 송수는 2적(積)으로 3부(釜)를 전오한다고 한다.

■ 제조자 및 종업자의 상태

제염을 전업으로 종사하는 사람은 없고, 농업의 부업으로 하여 경영하는 사람이다. 종업자도 역시 평상시에는 농업에 종사하며, 제염시기에 임시로 고입(雇入)되는 사람으로, 상시 고용되는 것은 아니다.

■ 염전 및 제조장의 매매가격 및 소작료와 소작관계

염전과 제조장을 각기 구별하여 매매하는 것이 아니어서 염전 및 제염장 기구 일절의 제염에 필요한 것을 모아 정리하여 145칸의 매매가격으로 한다. 당면(當面)은 현재 모두 자작(自作)이지만, 이전에 행해지던 소작 관습은 매매의 때에도 똑같은 식으로 제염에 필요한 일절을 대차(貸借)하는 것이었다. 소작료는 토부(土釜)와 철부(鐵釜)에 따라 차이가 있는데, 토부는 월 2회의 채함량을 전오하여 2부분(釜分)한 함수를 소작인의 소득으로 하고, 철부는 3개월에 2부분(釜分)한 것을 소작인의 소득으로 하였다. 기타는 대주(貸主)의 소득으로 한다.

■ 염의 생산비, 판매가격 및 제염 수지계산(收支計算)

〈생산비〉

---

104 정확한 한국명이 파악되지 않는다.

- 함수 생산고: 45석

- 염 생산고: 15석

- 노동가(勞動價): 9원 80전[노은(勞銀) 1일 1인 70전, 2인분 7일간]

- 연료: 19원 20전[1부(釜) 연료 2원 13전 3/9부분(釜分)]

- 부분가(釜焚價): 12원 60전(1일 1인 70전, 9일분 2인분)

- 포장비: 1원 36전(1가마니 8전, 17가마 분)

합계: 42원 96전

〈수입〉 44원 25전[1석(石) 2원 95전]

〈순익〉 1원 29전

이상은 염전 1반(反) 6무보(畝步)에서의 1회 채함량으로 계산하였다.

■ 염의 포장의 종류·포장비 및 1포장량

짚(藁)으로 엮은 조잡한 가마니(叺)이다. 1가마니에 8전의 포장비가 든다. 용량은 한승(韓桝)으로 17승(升)이다. 이것을 일본승(日本桝)으로 환산하면 8두(斗) 5승(升)이다.

■ 제염장에서의 염 저장·분상(焚上) 후의 처리방법 및 그 기간

수용에 따라 전오하는 것이라서 오랫동안 저장하지 않는다. 분상후(焚上後) 24시간 내지 26~27시간을 경과한 후, 포장하는 것으로 한다.

〈자료 156〉 식염 집산 상황 조사 보고

- 원제목: 食鹽集散狀況調査報告
- 출전호수: 《財務週報》 제60호, 보고급통계(報告及統計)
- 작성일: 1908년 5월 27일
- 간행일: 1908년 6월 22일
- 작성자: 임시재원조사국 함흥출장소 주사 도요타(豊田衣俵)

함경남도 함흥(咸興)·정평(定平)·장진(長津)의 각 군에서의 식염의 공급은 종래 영흥·

정평·함흥군의 연안에서 제출되는 적은 분량의 식염과 원산을 거쳐 수입되는 일본염으로써 일반의 수용에 응하여 왔다. 근년에 이르러 일기불순으로 지염(地鹽)의 제출이 크게 감소되고, 또 지난해 징세 문제로 기인하여 염업자는 대부분 휴업의 모습이었기 때문에 수용을 채우기에 충분치 않았다. 갑자기 염가(鹽價)가 고등함에 따라 원산 거류 상인 기모토 요시스케(木本芳助)란 자가 당 함흥지점에서 이것의 거래를 개시하기 위해, 작년 12월 처음으로 값싼 대만염(臺灣鹽)의 수입을 기도하여 소량의 대만염을 시매(試賣)한 결과, 한인 측에서 가격이 저렴하고 또 염분이 다량이라는 점 때문에 잇따라 그 수용자가 증가하였다. 이에 대만염의 성망(聲望)을 얻기에 이른 이래로, 오로지 이것이 대수입을 행하는 데에 이르렀다.

一. 당지 수입의 대만염은 1등 분쇄염(粉碎鹽)으로써, 결정편(結晶片)은 한국염과 큰 차이가 없고, 일본염에 비하여 약간 과대한 것 같다. 그 색깔은 단백색(單白色)으로써, 한국염보다도 약간 희고, 일본염에 비해서 손색이 없지만, 광택을 가지고 있지는 않다. 중량은 대만염이 가장 무겁고, 한염과 일본염이 다음이다. 그 비중(比重)을 나타내면 다음과 같다.

<표 1>

염 종류	100근에 대한 승량(合)	1관문에 대한 승량(合)	1승에 대한 중량	적요
한국염	318	198	503	중량은 고봉(山盛)으로 함
일본염	338	211	475	〃
대만염	300	187	533	〃

一. 1개년의 수입액은 대만염이 가장 다량으로서, 당지를 거쳐 군내(郡內) 일원 및 정평·장진 등 각 군으로 이입되어 소비되는 현황이다. 그 액수는 월별로 계상하면 대략 아래 표와 같다. 다만 한국염은 각 제출장(製出場)에서 직접 또는 당지 상인의 손을 거쳐 각 군으로 반출되는 것이기 때문에 그 예상액을 올리겠다.

<표 2>

염 종류	1월~3월(근)	4월~6월(근)	7월~9월(근)	10월~12월(근)	계(근)
한국염	170,500	223,850	330,600	66,550	761,500
일본염	26,000	33,200	39,600	17,200	106,000
대만염	208,000	293,500	407,800	89,200	998,500
계	404,500	550,550	748,000	172,950	1,786,000

비고: 본표에 따르면 7월부터 9월에 이르는 기간이 가장 많은 것은 한인이 상식으로 하는 무(大根) 및 백채 등의 염지용에 공급되고, 4월부터 6월에 이르는 기간 역시 춘기 지특용과 더불어 연안에서 어획하는 어류의 염어용에 공급하는 것이며, 1월부터 3월의 기간은 간장(醬油) 혹은 된장(味噌)의 제조용에 공급된다.

一. 가격의 고저(高低)는 연중 차이 나게 변동하지 않지만, 소매 시세에 이르러서는 등락하는 일이 있다. 또한 엽진 시세의 고저에 따라 고하(高下)하는 것도 역시 한 원인이 된다. 염종별(鹽種別) 가격을 표시하면 다음과 같다.

<표 3>

염종	100근당 도매시세(엔)	100근당 소매시세(엔)	1승당소매시세(엔)
한국염	1,930	2,120	0.066
일본염	1,850	2,040	0.060
대만염	1,630	1,850	0.061

一. 전술한 수입염은 모두 당부(當府) 본정(本町) 1정목(丁目) 기모토(木木)지점에서 독점 수입 판매에 관여하여 읍내 일·한인 10여 명에게 도매되는 것에 의해 소매인의 손에 인도된다. 또한 한염은 대부분 천원사(川原社) 외 교항리(橋項里) 거주[읍으로부터 3정(町) 거리]하는 중매자(仲買者) 김인백(金寅珀)의 손으로 각지에 판매되고 있다. 혹은 제염지에서 직접 판매가 이루어지기도 하지만, 극히 소량이다. 장진군에서는 작년 가격 고등의 결과, 동지(同地) 상인이 청국 안동현(安東縣)에서 싼값의 청국염을 구입하여 압록강을 거슬러 올라가 수입한 것이 있다. 이후 이 지방으로의 이출액은 감소의 경향을 보인다.

一. 한인 1개년의 염 소비량을 조사하니 대략 아래와 같은 액수를 나타내었다.

<표 4>

용도	수량		동상에 대한 가격(엔)	비고
	양목(匁)	승량(合)		
치약용	352	7	0.044	1승당 가격 6전 3리 1승당 양목 504돈(匁)
춘계 지물용	202	4	0.025	
추계 지물용	1,411	28	0.176	
된장·장유용	1,512	30	0.189	
염어용	302	6	0.038	
계	3,780	75	0.472	

一. 전게(前揭) 각 조사의 계수(計數)를 근거로 하여 1개년간 함흥, 정평, 장진의 3군에서의 소비액을 산출하면 아래와 같다.

<표 5>

군명	소비인구(人)	1인 1개년 소비액			총소비액			적요
		양목(匁)	승량(合)	금액(厘)	양목(貫/匁)	승량(合)	금액(厘)	
함흥군	56,111	3,780	75	472	212,099.580	4,208,325	26,484,392	소비인구는 총인구의 5분의 3으로 가정하여 산출·계상함
정평군	21,528	〃	〃	〃	81,375.840	1,614,600	10,161,216	
장진군	14,199	〃	〃	〃	53,672.220	1,064,925	6,702,028	
계	91,838	〃	〃	〃	347,147.640 (2,169,673斤)	6,887,850	43,347,636	

비고: 본표 소비액(×인) 2,169,673근에 대해서 <표 2> 각군으로의 수이입액계 187만 6,000근과 대조·비교하면 부족액 293,673근은 장진군의 안동현에서 수입·보충된 것 같다.

〈자료 157〉 한국총람(韓國總覽)

- 전거: 도쿠나가 군비(德永勳美), 1907, 『韓國總覽』, 博文館.
- 편명: 제13장 수산업, 제7절 제염업

1. 개설

한국은 지세 상 우량(雨量)이 적고 해수가 농후하여 제염에 가장 적합하다. 그 산염지(産鹽地)는 전라·경상·충청·경기·황해·평안 제도(諸道)에 산재한다. 특히 서해안은 원천(遠淺)하고 조석(潮汐)의 간만(干滿)이 심하며, 전라남도와 같은 곳은 지세요철(地勢凹凸)이 많아 그 오입(澳入)하는 간식(干潟)에는 염전에 적합한 땅이 매우 많다. 따라서 기설염전이 많음은 물론, 새로이 염전을 건설할 수 있는 지역은 너무 많아서 일일이 셀 수가 없다. 전국에서의 1개년의 산액은 약 130만 석인데, 각 도 생산의 비율은 전라남도 50%, 전라북도 4%, 경상남도 12%, 충청남도 10%, 경기도 10%, 황해도 6%, 평안도 6%, 함경도 2%이다. 염전의 축조는 유제(有堤)와 무제(無堤) 2종이고, 채함(採鹹)의 종별은 다고식(多庫式)과 과고식(寡庫式) 2종으로 나뉜다. 그리고 유제염전은 조수의 간만이 적은 남해안에 가장 많고, 무제염전은 그것과 반대인 서해안에서 많이 보인다.

2. 전라도에서의 제염업

본도(本道)는 한국 각 도 중 가장 제염업이 번성한 지방으로, 전국 총산액의 약 50%를 산출하며, 더욱이 장래 염전을 만들 수 있는 지소(地所)도 거의 수만 정(町)에 달할 것으로 예상된다고 한다. 그리고 그 제염에 적합한 이유는 기온이 온난하고, 우량이 적으며, 조수간만의 차가 매우 큼에도 불구하고 극단으로 크지 않은 해안의 굴곡이 갖추어져 있고, 또한 도서가 허다하여 염전에 적합한 지소가 많다는 것에 더하여 조수(潮水)의 분량이 비교적 크다는 등 제염사업의 발달에 편리한 사정이 많다는 것이다. 다만 토질에서 점토가 많고 사지(砂地)가 적다는 것은 이 사업에 유일한 불편이라고 말할 수 있다. 제염의 방법은 우리 구래(舊來)의 방법과 유사한데, 역시 일층 유치함이 보인다.

3. 경상남도에서의 제염업

본도에서의 제염업은 그 방법이 매우 유치하지만, 울산만(蔚山灣) 삼도염전(三島鹽田)[105] 및 낙동강 하구의 명조염전(鳴潮鹽田)[106]은 그 명성이 전국에서 최고이다. 아래에 삼도염전의 개황을 기술한다.

(1) 염전의 위치 및 명칭

명칭	염전좌수	염전면적
합도	13좌	27정 7반 7무 23보
삼산도	27좌	34정 7반 2무 6보
대도	33좌	69정 4반 4무 13보

(2) 염전의 구조

염전의 구조는 방형(方形)이고, 넓이는 2반보(反步) 내지 5~6반보이다. 주위에 폭 3척, 깊이 1척의 소구(小溝)를 통하여 해수를 도입하는데, 염전면이 특히 평탄하다.

(3) 소정(沼井)의 구조

제염조(製鹽竈) 1좌의 면적은 대도(大島) 및 합도(蛤島)는 대략 2정보 남짓이고, 삼산도(三山島)는 1정(町) 5반보(反步) 남짓이다. 1좌의 소정(沼井)은 각 15개소 내지 20개소가 되어 있다.

소정은 사변(四邊)의 구측(溝側) 또는 소구(小溝)의 끝에 만드는 데, 높이는 4척 내지 5척이고, 점토를 써서 세운 원추형이 되게 하는 한편, 경사는 점차 완화시켜 자락에 지름 3척의 요

---

105 태화강 하구에 있는 '합도(蛤島: 조개섬)', '삼산(三山)', '대도(大島)'를 가리켜 '삼도(三島)'라 한다. 해방 후까지도 소금을 생산했지만, 울산공업단지에 편입되면서 1960년대 중반 이후 모두 사라졌다.
106 명조(鳴潮)는 명호(鳴湖)의 오자로 보인다. '명지도(鳴旨島)'라고도 불리는 명호도(鳴湖島)는 부산광역시 강서구 명지동에 위치한 하중도이다.

지(凹池)를 만든다. 정상은 넓이 4척 내지 5척, 중앙 지름 3척 내지 4척의 요혈(凹穴)을 뚫는데 깊이는 1척이다. 바닥은 목재 또는 노간(蘆幹)을 써서 종횡으로 조편(組編)하는데, 그 하부로부터 지름 1척의 수도(隧道)를 뚫어 다른 한편의 요지를 통해 내부로 노간을 밀착·병렬시켜 염토(鹽土)를 정상의 요소(凹所)에 담고, 해수를 급주(汲注)하는 때에는 여과시킨 함수(鹹水)를 만들어 수도를 유리(流離)하여 요지에 모이게 하는 조직이다.

(4) 제염장의 구조

제염장(製鹽場)은 짚(藁)이나 송재(松材)·송엽(松葉)을 써서 원형의 원벽(圓壁)을 건설하는데, 직경 5칸, 주위 15칸 남짓이다. 한편으로 높이 6척, 폭 5척의 입구를 만들고, 천장은 개방하여 중앙에 조(竈)를 세운다. 조(竈)의 좌측에 길이 1칸 반, 폭 4척, 깊이 2척의 유지(溜池)를 만들어 원벽 바깥에서부터 소구(小溝)를 통해 함수를 퍼서 옮기기에 편리하게 하였다. 유지의 후부(後部)에 염로(鹽滷) 여과기를 설치하고, 조(竈)의 우측 후부를 휴게소로 활용하며, 입구의 우측은 제염치장(製鹽置場)으로 하고, 연료는 입구의 좌측 및 원벽 바깥 입구의 양측에 적치하는 것으로 해서 일견 매우 간단하다.

(5) 조(竈)의 구조

조(竈)는 길이 2칸 반, 폭 1칸 반, 높이 2척 5촌 남짓이다. 사측(四側)은 점토로써 쌓는다. 자부(煮釜)는 점토와 조개껍질의 혼화물로 하여 마치 회반죽(漆喰)과 같은 것으로 만드는데, 두께는 2촌, 깊이는 5촌을 넘지 않는다. 상부 양측에 8촌각(寸角)의 목재 2본(本)을 세로로 놓고, 그 위에 5촌각의 것 10본을 가로로 이 목재부터 무수한 고승(藁繩)을 늘어뜨려 부저(釜底)에 빽빽하게 세워 ↑형(形)의 쇠갈고리(鐵鉤)를 매달아 부저(釜底)의 추락을 방지한다. 화구(火口)는 양측에 설치하는데 높이 2척, 폭 2척 5촌이며, 연료의 투입에 자유롭게 하기 위해서 별도의 굴뚝(煙突)은 설치하지 않는다.

(6) 제염법

매일 아침 일찍부터 작업에 착수한다. 그 순서는 염전을 일구고, 사변(四邊)의 소구(小溝)에서 해수를 살관(撒灌)하여 그것이 건조되기를 기다렸다가, 염토(鹽土)를 채집하여 소정(沼

井)에 넣고, 그것을 평평하게 해서 해수를 주입하고 유지(溜池)에서 함수를 여과시킨다. 그리하여 각 소정의 함수를 퍼내어 제염장의 유지로 옮기고, 함수 공급이 충분하게 되면 자부(煮釜)에 섞어 넣어 조화(竈火)의 준비를 한다. 대개 1좌(座)에 붙는 인원은 6인을 필요로 한다. 3인은 염전에서 작업하고, 3인은 제염장에 있는데, 불을 붙이고 함수를 긷는 일을 교대로 하는 조분(竈焚)을 이른 때는 오전 11시경부터 늦어도 오후 3시경까지 개시하여 연료를 끊임없이 조내(竈內)에 투입하고, 전면에 화력의 평균을 유지하여 부(釜) 안의 함수를 펄펄 끓인다. 그리고 1인은 원형의 표제(瓢製) 장병(長柄)의 급표(汲杓)를 써서 유지의 함수를 때때로 부상(釜上)의 목재로부터 관주(灌注)시켜 증발(蒸發) 감퇴의 양을 보충한다. 자비(煮沸) 시간은 약 24시간으로 한다. 분화(焚火)는 밤을 새고 이튿날 동 시각에 이르러 수분이 대략 증발을 마친 때 정도가 되면 연료의 투입을 마친다. 그것을 방치해 놓고 4~5시간 화기가 약해져 부중(釜中)이 점차 냉각되기에 이르면, 목제의 빗치개(篦)나 긁개(搔寄器)로 결정염괴(結晶鹽塊)를 채집하여 염로여과기(鹽滷濾過器)로 옮기고, 수 시간 방치한 후, 죽제(竹製)의 소쿠리(笊)에 채워서 제염치장(製鹽置場)으로 옮긴다. 소정(沼井)에 채웠던 염토(鹽土)는 긁어내서 염전에 살포한다. 해수를 살관(撒灌)하여 함수를 제출하는 것은 전과 같다.

(7) 연료

연료는 고송엽(枯松葉) 상태의 1파(把)의 시세가 80문[文, 일본의 12전(錢)]이다. 중량은 약 8~9관(貫)을 단위로 해서 1좌(座) 1회의 연료 소비고는 송엽 50파 내지 60파이다. 평균 50파를 단위로 해서 그 가격은 4관 400문(일본의 6원 60전)이 된다. 그것을 1개월 제염도수(製鹽度數) 12회 평균으로 간주하는 때는 1개년 소비고 594파의 가격은 475관 200문(일본의 712원 80전)이 되고, 아래의 삼도염전(三島鹽田) 73좌의 총 소비고는 실로 3만 4,689관 600문, 즉 일본의 5만 2,034원 40전이라는 거액에 도달하게 된다.

(8) 제염계절 및 제염고

제염의 계절은 매년 음력 10월부터 이듬해 3월까지의 6개월간을 성기(盛期)로 하고, 4월부터 9월까지는 반은 휴업의 상태이다. 매우 번성한 1좌의 제염 횟수는 1개월 청천(晴天)일 때는 14회를 최상으로 하고, 이하 기후에 의해 다소(多少)가 있다.

세 염전의 제염 총액에 대해서는 정확한 수를 알기 어렵지만, 아래 표는 실사(實査)로 추측하여 얻어진 것으로 큰 차이는 없을 것이라 믿는다.

<1개년 제염액표>

지명	부수(단위: 座)	제염석수(단위: 石)	가액(단위: 원)
합도	13	7,894	16,146
삼산도	27	16,394	33,534
대도	33	20,088	40,986
합계	73	44,376	90,666

3. 수입염의 밀수입 상황

〈자료 158〉 밀수입 및 밀어엽선에 관한 보고

- 원제목: 密輸入及密漁獵ニ關スル報告
- 출전호수: 《財務週報》 제35호, 報告及通計
- 작성일: 1907년 8월 7일
- 간행일: 1907년 12월 9일
- 작성자: 재정감사관 요시마쓰 노리오(吉松憲郎), 재정고문부 우에노 도이치로(上野登一郎)

    황해도의 지세(地勢)는 삼면이 바다에 직면하고, 항만(港灣)의 출입이 심하다. 따라서 해안선의 연장은 자못 거대하고, 다수의 도서(島嶼)는 해중(海中)에 바둑알처럼 늘어 놓여 있다. 연안의 항행이 매우 편리하기 때문에 고래(古來)로 해운업이 번성하였고, 수산에 관한 사업이 발달된 것을 전국에서 매우 드물게 보는 바이다.

    특히 근년에 이르러서는 앞에 인천항을 끼고 뒤에 진남포를 가졌기 때문에, 무역선박이 본도(本道) 연안에 왕래하는 것이 실로 빈번하게 되었는데, 이후 전국 각 개항장에 세관(稅關)을 설치하여 수입물에 과세하기에 이르자, 교활한 청국 상선 및 어선이 세관 감리원(監吏員)의 눈을 속이고 본도 연안무역이 허가되지 않은 토지에서 밀수입을 시도하거나, 또는 면허를 얻고서 방자하게 근해에 집합하여 어족을 포획하는 등, 한국의 법규·관헌을 무시하는 행동이 심해져서 금일에 미치고 있다.

    지금 이런 밀수출입 및 밀어엽(密漁獵)이 행해지는 지점을 열거하자면, 서부에 있어서는 쾌암포(快巖浦), 비연포(碑淵浦), 주수포(洲水浦), 고암포(古巖浦), 조혼포(助混浦), 몽금포(夢金浦), 계음포(鷄音浦), 오차포(吾叉浦), 의요포(蟻腰浦), 대진포(岱陳浦), 대동만(大東灣) 등이고, 남부에서는 백령도(白翎島), 대청도(大靑島), 소청도(小靑島), 옹진포(甕津浦), 강령포(康翎浦), 용당포(龍塘浦), 명천(鳴川), 석탄포(石灘浦), 도마포(渡馬浦), 증산도(甑山島), 소교(小橋), 대교(大橋), 소야포(蘇野浦), 나진포(羅津浦), 성천(星川), 교동도(喬桐島) 등이며, 동남부에 용도포(龍渡

浦), 광정포(光井浦), 벽란도(碧瀾渡), 토성(土城), 창릉포(昌陵浦) 등으로 하여 한결같이 지나선(支那船)으로 행해지는 것이었다.

1. 밀수입

이 밀수출입은 소위 '정크선'이라고 불리는 선저(船底)가 얕은 지나선(支那船)에 의해 행해졌다. 대부분은 5인 또는 6인의 승무원이 있고, 다년간 익숙해진 해로로 1개의 자석기(磁石器)와 1개의 수양등(手洋燈)이 그것을 조종하여 세관감시소가 없는 해만(海灣)으로 항행하고, 이곳에 정박하여 부선(艀船)으로 화물을 육상에 운반하고, 몰래 그것을 토민(土民)에게 판매하는 것으로서 영업을 하는 것이었다. 듣기에 다른 세관에서 수속을 마치고 오는 것은 4월부터 6월에 이르는 사이, 겨우 3척에 불과하다고 한다.

이와 같이 당해(當該) 리원(吏員)의 감시를 뚫고 이 지역에 수입되는 것이 거듭된 화물은 첫째가 지나제염(支那製鹽), 둘째가 마포(麻布), 셋째가 목면(木綿), 넷째가 병류(瓶類) 등이었다. 특히 병류 판매의 방법은 매우 유치하였고, 차라리 우스꽝스러운 기이한 풍습이었다고 할 수 있다. 예를 들면, 병이 클 때에는 거기에 쌀을 충실히 채워 넣고, 그 쌀과 병을 교환하는 것으로 하는 소위 바터(Barter), 즉 물물교환 방법에 의한 것이었다. 병의 크기 차이가 중소(中小)일 때도 모두 여기에 준하였다. 그리하여 저들의 수입화물은 약 1개월간을 지나 판매를 마쳤고, 그 매상고(賣上高)는 1척에 약 200원 이상에 달했다고 한다. 그리고 저들은 돌아가는 길에 자기의 선박에 신목(薪木), 쌀(米), 콩(大豆), 보리(麥) 등을 퇴적(堆積)하여 귀항(歸航)하는 것 같다.

밀수입품 중에 염이 제1위를 차지하는 것에 대해서는 그 원인이 하나가 아니다. 예로부터 본도(本道) 연안이 어류가 풍부하여 어업이 번성하였기 때문에, 어기(漁期, 4, 5, 6월경)에 이르러서는 석수어[石首魚, 한국명 석어(石魚)], 도미(鯛), 농어(鱸), 상어(鱶), 고등어(鯖) 등이 가장 많이 잡히고, 7월부터 감소하는 경향이 생기다가, 9월에 이르러서는 다시 어기에 들어가 숭어(鯔), 민어(鮸) 등이 특히 현저한 수확을 보기에 이른다. 공급과 수용이 서로 일치하지 않아, 다른 쪽으로 크게 수출되어 호황을 보았다. 그러나 이들 어류를 원격의 지역으로 수송하기 위해서는 그것을 염지(鹽漬)하여서 그 부패를 막을 필요가 있었다. 따라서 이때에 필요한 바인 염은 그 양이 실로 다대(多大)하여 도저히 그 지방의 산염(産鹽)만으로는 충족할 수 없었고, 오히려 반비례로 염의 공급이 불충분함에 따라 자연히 그것을 다른 곳에 기대지 않으면 안 되었다.

이에 따라 기회를 보아온 민첩한 지나 상인은 이 현상을 숙지하고 좋은 기회를 놓치지 않기 위해 수입에 급급하였다. 이런 것이 염이 이 시기에 있어서 번성하게 밀수입되어진 이유이다. 또한 이런 엽기(獵期)에 그치지 않고, 11월경에 이르면 지채(漬菜)가 번성하게 이루어지는데, 이것 역시 염의 수요를 갑자기 증가시키는 이유라고 한다.

당 지방의 염의 공급이 불충분한 이유는 다른 것이 아니라 지나 밀수입염과 일본제염이 마침내 당 지방 제염자를 압박하여 끝내었기 때문이다. 따라서 금일에 있어서 저들은 간신히 가느다란 연기를 올리는 데에 불과하다. 지금 여전히 제염업을 지속하고 있는 곳은 해주(海州), 연안(延安), 강령(康翎), 옹진(甕津), 장연(長淵), 장연(長連), 풍천(豊川), 은율(殷栗), 안악(安岳)의 9개 군(郡)으로서 오로지 사회분제(沙灰盆製)의 방법으로 4, 5, 6, 7, 8, 9, 10월경 제염하고 있다. 그중에서 가장 중요한 곳은 옹진군으로서, 제염자가 지금 43인을 가지고, 그 연산액이 약 5,375석에 이르는 본도 제염 중 제1위이다. 해주군은 42인의 제염자를 가지고 연산액 약 5,210석으로 제2위를 차지한다. 강령군은 22인의 제염자를 가지고 연산액 2,750석을 산출하여 제3위에 있다. 기타 6군은 대동소이에 불과하기 때문에, 도저히 전술과 같은 다액의 요구에 응할 수가 없다. 따라서 자연히 수입염에 기대하기에 이르렀다. 이제 와서 제염 상에 일대 개량을 더해 그 보호·장려를 하는 것이 있지 않다면, 점점 더 재염자를 쇠약하게 만드는 데에 이르고, 나아가 더욱 밀수입을 번성하게 만들 것이다. 또한 인민의 부원(富源)을 증진시킬 수도 없으니, 진실로 재정상 한심한 점이라고 하겠다.

2. 밀어엽

전기(前記)한 어기(漁期)가 오면, 한편으로 염의 밀수입이 번성하게 이루어지는 것과 동시에 다른 한편에서는 예를 들어 지나 '정크선'은 어류가 풍부한 지방, 즉 연안군(延安郡) 병산포(甁山浦) 부근, 몽금포(夢金浦) 주변 일체, 연평도(延平島) 부근에 군집하여 어엽(漁獵)에 종사한다. 수일을 나가서 자기가 적재하고 온 염을 가지고 그것을 염지(鹽漬)하여 만재되면 지나 본국 혹은 인천 등으로 향하는 것 같다. 이와 같이 하여 저들은 번성하게 어류를 밀엽하는데, 그 이익 역시 실로 크다고 한다. 그런데 한국 정부는 이것을 금제(禁制)하는 설비가 없기 때문에, 그 부원(富源)을 밀엽선에게 그대로 맡기는 것이 심하다. 저들 중에는 공연히 한국 해빈(海濱)에 출몰하여 어획을 맘대로 하고, 그것을 육상의 인민에게 판매하는 일이 있다고 들었다.

이런 밀수입 및 밀어업을 감시하기 위해서 본년 4월, 3명으로 구성된 용당포 세관감시소(龍塘浦稅關監視所)를 보기에 이르렀다. 해서(該署)는 오로지 종가세법(從價稅法)으로, 염은 100근에 30전, 술(酒)·마포(麻布)·목면(木綿) 등은 7푼 5리를 징수하고 있는데, 밀어엽선에 대해서는 종가에 의해 절정부과(折定賦課)한다. 그 출입선박은 4월부터 6월에 이르는 사이에 110척에 달하고, 징수금의 총액은 939원 87전 5리에 미친다고 한다. 지금 해당 감시소의 취급 실적을 살펴보면 다음과 같다.

월별 \ 구별	지나무역선 수입	지나무역선 수출	지나밀렵선 수입	지나밀렵선 수출	계	징세(벌)금
4월	4	-	-	-	4	26.50
5월	1	4	-	-	5	69.65
6월	3	4	1	-	8	60.16
계	8	8	1	-	17	156.31

위는 다만 '정크선'이 스스로 나가 납세 의무를 다한 것으로서, 지금도 여전히 감시소로 접근한다. 고의로 밀수출입을 하는 것이 많은 저들은 이 감시소에 납부를 완료하는 때는 공공연히 무역을 허가받은 것으로 자인하고 어느 지역에서도 자유로이 육상하여 매매를 영위한다.

용당포 세관감시소에서도 한국 개항장에서 일단 납세하였다는 증서를 가진 선박에 대해서는 가령 어떠한 해안에 육상하여도 이를 묵인하고 재차 관세를 징수하지 않는 것이 관례였다. 이와 같이 지나선(支那船)은 태연하게 마치 한국선(韓國船)과 같이 어느 토지에서도 마음대로 상륙하여 짐을 부린다고 한다. 이게 조금 편법이 되었다고 하지만, 역시 가끔은 밀수입을 간과하는 결과가 되었으니, 대체로 금일의 시설 상 혹은 피할 수 없는 현상이었을까?

용당포 감시서원(監視署員)이 출장·순시하여 다음과 같은 결과를 보았다.

월별 \ 종별	순시장소	무역선	밀어선	계	징세(벌)금		비고
4월 16일~ 4월 18일	연안군·석탄포 도마포 부근	8	-	8	입	64.71	8척 중 5척은 수출입양세를 납입함.
					출	11.75	
4월 20일~ 4월 27일	연안군·개성군 연안	7	-	7	입	40.57	7척 중 2척 동상(同上)
					출	18.80	
4월 29일 4월 29일	장연군 연안	5	25	30	입	303.61	5척 동상
					출	80.19	
5월 2일~ 5월 3일	연안군 석탄포 부근	3	-	3	입	18.73	3척 동상
					출	6.30	
5월 13일~ 5월 24일	강녕군·옹진군 연안	6	-	6	입	48.12	6척 중 5척 동상
					출	25.38	
6월 16일	해주군 남호포 부근	3	-	3	입	25.31	3척은 수입세만을 납입함
					출	-	
5월 28일~ 6월 6일	연안군·개성군· 풍덕군 연안	7	-	7	입	49.33	7척 중 4척은 수출입양세를 납입함.
					출	24.93	
6월 22일~ 6월 27일	연안군 증산포 부근	5	1	6	입	65.83	18척의 밀어선 중, 17척이 도주함.
					출	-	
계		44	26	70		783.565	

또한 이것을 월별(月別)로 하는 때에는,

월별 \ 구별	지나무역선		한국무역선		상품가격(단위: 원)		세금(단위: 원)	
	수입	수출	수입	수출	수입	수출	수입	수출
4월	17	9	-	-	1,753.09	611.08	131.785	30.55
5월	22	21	-	1	2,111.46	3,676.79	194.480	183.57
6월	8	5	-	-	939.61	690.10	70.480	34.44
계	47	35	-	1	4,804.16	4,977.97	396.745	248.56
합계	82		1		9,782.13		645.305	

이상의 두 표를 비교해 보면, 용당포로 출입하는 '정크선'은 극히 근소하였고, 다른 지방은 오히려 많음을 알 수 있다. 이는 저들이 관계없는 해만(海灣)을 바라고 화물을 육상하지는 않기 때문이다. 이러한 사태라면 용당포에서 한인 가옥 3헌(軒)으로 만들어진 감시서(監視署)와 3명으로 구성된 서원(署員)으로써 충분히 이 광대한 연안의 밀수출입 및 밀어업을 감시한다는 것은 어려울 뿐만 아니라, 연안을 순회할 수 있는 1척의 선박도 없이 단순히 육로로 해안선을 따라 도보하며 출장·순시하는 실황(實況)이라면 그 효과는 다대(多大)할 수도 없을 것이다. 예를 들면 연안군 증산포(甑山浦) 부근에서 18척의 밀선(密船)이 군집하였을 때와 같이, 겨우 1척을 포획했을 뿐이고 다른 17척은 만범(滿帆)에 바람을 가득 품고 도주하였다고 한다.

  본도 연안의 세무관은 때때로 몰래 관리를 파견하여 통역을 끼고 '정크선'으로부터 조세(가지각색의 명목 하에)를 징수한다. 때로 혹은 폭력으로써 납세를 강요하는 일도 있다고 한다. 최근에 송화군(松禾郡) 세무파원(稅務派員) 김창범(金昌範)이란 자가 납세통지서를 발행하여 '정크선' 1척으로부터 14원(元), 다른 1척으로부터 16원을 납세 받았는데, 후에 감시서가 아는 바가 되어 이것을 반환하였다고 한다. 이것은 겨우 한 가지 사례에 불과한데, 지나선이 소송하지 않는 곳은 감시서도 알지 못하는 바, 어떠한 부정의 주구(誅求)를 행하는지는 아직 헤아려 알지 못한다.

  금후 용당포 세관 감시서의 목적을 완전히 달성하기 위해서는 한편으로는 첫째로 감시서의 개축, 둘째로 주야로 보이는 감시서의 표기(表旗) 및 표등(表燈), 셋째로 연안을 순시할 수 있는 적당한 기선의 회항 및 부원의 증파, 감시에 이바지할 수 있는 분서(分署)의 건설, 다른 한편으로는 해만(海灣)의 머리에 게시장(揭示場)을 설치하여 수입어업에 관한 만반의 사항을 고시(告示)·주지(周知)시키고, 아울러 세무관을 훈도하는 동시에 재무관으로 하여금 그 감독의 책임을 맡긴다면 송화군에서와 같은 부당 징수는 이루어지지 않을 것이다. 때로 혹은 지나 '정크선'은 관세가 무엇인지를 알지 못하는 경우도 있으므로, 이러한 자에 대해서 게시법(揭示法)도 그 효과가 클 것으로 믿는다.

  현금의 상태에 있어서는 밀수출입선에 부과하는 것과 밀엽선에 과세하는 것을 때때로 동일시하는 경우가 있는데, 이 양자의 사이는 스스로 명확한 구별이 존재하는 것이다. 만일 이것을 동일시한다면 오히려 밀엽선을 장려한다는 혐의를 받을 것이다. 이와 같은 것은 국제적 문제를 야기할 뿐만 아니라, 국가 재원을 위해서도 일대타격이 된다. 내가 희망하는 바는 밀수출입 및 밀어엽선을 방지시키기 위해서 제염업 및 어업을 보호·장려하여 본도 연안 지방 중민(衆民)의 행복을 증진시키는 것에 있다.

〈자료 159〉 밀수입염 상황 조사

- 원제목: 密輸入鹽狀況調查
- 출전호수:《財務週報》제36호, 부록
- 간행일: 1907년 12월 16일
- 작성자: 재정고문부 농상무기사 와타나베 다메키치(渡邊爲吉)

경기도·황해도·평안남도·평안북도에서 청국 상선(商船)의 밀수입, 특히 염의 밀수입이 성한 것은 제종(諸種)의 보도에 의해서 분명하다. 지금 그 실황을 조사하기 위해서 황해도는 해로를 따라 광제호(光濟號)[107]에 편승하여 도서연안을 돌고, 또 평안남북도는 육로를 따라 연안하천 내지(內地)를 돌면서, 지나(支那) '정크선'의 수로(水路) 정박지를 검사하고, 내지에서는 청염(淸鹽)의 판로를 조사함으로써 대체적인 상황을 알 수 있었다. 그러나 끝내 경기도 지방을 조사하지 못한 것은 유감이었다. 원래 밀수입이란 것은 그 이름과 같이 내밀히 수입되는 것이어서 그 조사 역시도 심히 곤란하였지만, 아래에 기록한 각종의 자료에 따르면 단지 염만이 아니라 각종 상품의 밀수입 역시 자못 다대한 것을 알 수 있었다.

---

[107] 1902년 대한제국 정부의 해군 창설과 더불어 최초로 도입된 군함은 양무호(揚武號)였으나, 이 배는 화물선을 급조한 군함으로서 막대한 유지비로 인하여 운영에 곤란을 겪었다. 이에 정부에서는 다시 신조선을 발주하기로 계획하였는데, 이 계획에 의해 일본의 가와사키조선(川崎造船)에서 건조하여, 1904년 11월 대한제국 정부에 인도된 1,056톤급 선박이 광제호이다. 이 배에 3인치 함포 3문을 장착하고 해안 경비, 등대 순시 및 세관 감시 등으로 사용하였다. 그러나 1905년 을사조약으로 통감부가 설립된 이후, 광제호는 군부가 아닌 탁지부 관세국(關稅局) 소속의 연안세관 감시선이 됨에 따라 군함으로서 역할은 끝나게 되었다.

1. 궁내부(宮內府)의 징세(일종의 해관세)

한국의 해관(海關)으로는 경기도에 인천해관이 있고, 평안남도에 진남포해관이 있으며, 평안북도에는 신의주해관(진남포해관 출장소)이 작년 6월에 설립되었다. 이들 해관은 그 현장에 오는 수입품에 대해서만 과세할 뿐이고, 다른 연안도서로 밀수입되는 상품에 대해서는 취체(取締)가 불충분하기 때문에 징세할 수가 없었다. 잇속에 민첩한 지나 상인은 이것을 호기로 삼아 이르는 곳의 연안도서 내에서 염과 기타 상품을 밀수입하여 과세를 면하고 부당한 이익을 챙긴다. 이런 해관의 불취체(不取締)에 편승하여 한국 궁내부(宮內府)도 역시 일종의 해관과 같은 것을 각지에 설치하여 공연하게 청국 상선으로부터 징세한다고 들었다. 평안북도에서는 성천군수(成川郡守) 조정윤(趙鼎允)이 궁내부 경리원(經理院)의 명을 받아 평안남북도의 각광감리(各礦監理)라는 직(職)을 겸하여, 단지 광산세(礦山稅)만이 아니라 평안북도의 연안·도서, 대령강(大寧江), 청천강(淸川江), 압록강(鴨綠江)에서의 모든 수입품에 대해서 징세하였다. 평안남도에서는 조동원(趙東元)이란 자가 성천군수의 대리자로서 순안(順安)에 광무감리서(礦務監理署)라는 관아(官衙)를 설치하고 똑같이 연안 수입품에 대해서 징세하였다. 이 제도는 러일전쟁 때문에 일시 폐지되었지만, 이제는 복구되어 금일 여전히 각소에서 징세되어지고 있다. 그리고 그 증거는 별도로 기록하는 성천군수가 박천군수(博川郡守)에게 보낸 훈령(訓令) 및 관찰사(觀察使)가 박천군수에게 보낸 훈령에 의해 분명하다.

박천(博川)에 출장 갔을 때, 군수 양재만(梁在萬)에 대하여 궁내부 징세의 일을 조사하니, 청선(淸船)에 대해서는 세금을 걷지 않는다고 하지만 그 실부(實否)는 물론 알지 못한다. 실제로 박천에서 반 리 하류에 있는 대령강 구진(舊鎭)에 지나의 '정크선' 4척이 정박하고 있는 것을 보고 그것을 검사하니, 모두 염을 적재하고 온 것이었다.

【훈령】

본군(本郡) 내에 있는 곳의 강세(江稅)는 경리원과 관계가 있어 여러 해 전부터 탕수(帑需)로 수입(收入)시켰는데, 갑을(甲乙) 양년(兩年)은 사변으로 인해 일시 봉세(捧稅)를 정지시켰으나, 지금 경리원의 지령에 따라 구례(舊例)에 의해 수납하기 위해 박용수(朴龍洙)를 세감(稅監)으로 하여 차송(差送)한다. 이에 훈령(訓令)함.

무릇 세무(稅務)에 속하는 일은 모두 마땅히 세감장정(稅監章程)을 시행하고, 구례에 따라 납세하는 일로 각 포구상민(浦口商民) 및 청국상인(淸國商人)의 출입하는 곳에 훈유(訓諭)해야 할 것이다.

1906년(광무 10) 6월 28일
겸임 평안남북도 각광감리 성천군수(兼任平安南北道各鑛監理成川郡守) 조정윤(趙鼎允)
박천군수(博川郡守) 양재만(梁在萬) 좌하(座下)

【훈령 제23호】
　경리원 훈령 내용과 지금 본도(本道) 광감리(鑛監理) 조정윤(趙鼎允)의 보고를 접하자면, 안주(安州), 박천(博川) 두 곳의 강세(江稅)는 연래로 본원(本院)에서 감독·수세하여 탕수(帑需)를 보충하던 것이 1년에 수만 냥을 내려가지 않는다. 갑을(甲乙) 양사변(兩事變)의 때에 이르러 일시 봉세(捧稅)를 정지하였으나, 이에 보고한 발훈(發訓)을 조사하여 구례(舊例)에 따라 봉세를 다시 일으키게 하는 것을 복망(伏望)한다. 해당 양군(兩郡) 연강(沿江)은 외강(外江)과 서로 접해있어 청국 상선의 왕래에 스스로 그 세금이 있어 해관세(海關稅)와 다르지 않은 것을 연래로 미납한다는 것은 매우 효과 있는 것이 아니었다. 이에 훈령하여 도착 즉시 이 세금은 일일이 해당 감리(監理)의 지시를 준수하고 장정(章程)에 따라 폐단 없이 수세(收稅)하는 것으로 박천군에게 더욱 꾸미게 하는 것이 필요하다. 각광감리 조회(照會) 내용에 귀(貴) 관하(管下)인 박천군 소재 안의 강세(江稅)는 경리원에 관계가 있어 연래로 탕수(帑需)로 하여 수입(收入)시켰고, 갑을(甲乙) 양년(兩年)은 사변 때문에 일시 정봉(停捧)시켰는데, 금번 경리원의 지령에 따라 구례와 같이 수납하기로 한다. 박용수(朴龍洙)를 세감(稅監)으로 차정(差定)하고, 이에 조회한다. 박천군에 전령(轉令)하여 무릇 세무(稅務)에 속하는 일은 해당 감리의 장정에 따라 시행하고, 납세하는 일에는 각 포구상민 및 청국상 출입지에 훈유(訓諭)할 필요가 있다. 이에 등식(謄飾)한다.
　훈사(訓辭)에 따라 거시(擧施)하는 것이 마땅하다.

1906년(광무 10) 7월 7일

관찰사(觀察使) 이근풍(李根豐)

박천군수 양재만 좌하(座下)

훈령이 금년 6월 28일 및 7월 7일의 것이라면, 이 지방은 실제로 궁내부(宮內府) 징세구역이라고 생각할 수 있다. 청·한 국경인 압록강 연안은 가장 밀수입이 심한 지방으로, 이 지방은 성천군수가 궁내부의 명을 받아 연안 48개소에 도세국(都稅局)을 설치하고 1개소에 사무원 5명 내지 10명 가량을 두어서 징세에 종사시켰다. 의주부윤(義州府尹) 이민부(李民溥)가 말하는 바에 의하면, 의주 부근에서는 아래 10개소에 도세국이 미치는 별정(別定)이라고 하는 감시소(監視所)를 두었다.

청성(淸城), 옥강(玉江), 수구(水口), 구주포(九周浦), 청마랑(淸馬廊), 북하포(北下浦), 사하진(沙河鎭: 安東縣), 신의주(新義州), 하선포(下船浦), 흑암포(黑岩浦)

더구나 압록강 상류에는 수많은 장소가 있어도 그 이름을 밝힐 수 없다. 청마랑 도세국은 구(舊) 의주의 서쪽으로 가면 그곳을 볼 수 있는데, 징세리(徵稅吏)는 현재 부재하고 주번(主番) 한인 1명만이 남아 있다. 이곳 일대의 수로가 변경되어 청선(淸船)이 내박(來泊)할 수가 없기에 이르렀다.

들기로는 의주 서쪽의 용암포(龍巖浦)에 이르기까지의 도세국은 신의주해관 설립 때, 신의주주차(新義州駐箚) 일본헌병대(日本憲兵隊)가 모두 내쫓았다고 한다. 의주 동쪽의 38개소는 지금 아직도 현존하는 것으로 생각된다. 즉 수강(水江), 옥강(玉江), 청성(淸城), 기타에는 지금 징세되고 있다고 한다. 궁내부 경리원은 청국 국경에서의 수출입 화물에 대해 세율을 정해 그것을 도세국으로 돌리어서 징세를 챙기었다. 즉 아래에 기재한 내장원(內藏院)「연강세장정(沿江稅章程)」번초(翻抄)가 이런 것인데, 이것은 일종의 해관세였다(이상은 평안남북도에서의 궁내부의 징세방법이 되겠다).

부언하면, 들기로는 신미도(身彌島)의 지조(地租)는 지금 아직도 궁내부로 납부된다고 한다(선천군수의 증언).

【1905년(광무 9) 9월 내장원 연강세(沿江稅) 장정(章程) 번초(翻抄)】

쌀(大米) 매석(每石) 4량(兩), 벼(正租) 매석 1량 5전, 좁쌀(小米) 매석 1량 5전, 연(年) 매석 6전, 귀리(皮唐) 매석 1량, 콩(豆) 매석 1량 5전, 옥당(玉唐) 매석 1량, 흰콩(白太) 매석 1량 5전, 유하목(流下木) 11추(抽), 싸리나무(杻木) 매속(每束) 3푼(分), 단풍잎(楓葉) 매포(每包) 1량 5전, …(중략)… 당염(唐鹽) 매석 1량 …(중략)…

2. 황해도의 징세

황해도에서는 약간 그 형식을 달리하지만 역시 똑같은 궁내부의 징세에 속한다. 황해도의 연안에서 지나 '정크선'이 오는 곳의 군수는 궁내부의 명을 받들어 파원(派員)을 보내 각종의 세목을 붙여 징세시키는데, 그 명칭은 지세(地稅), 벌세(罰稅), 벌금(罰金)이라 하였고, 또 별도로 포주인(浦主人)인 자에게도 납부시켰다고 한다.

1906년(明治 39) 5월 6일, 진남포 헌병분견소장 나스 소이치(那須宗一)가 진남포해관장에게 보고하는 아래의 통보에 의하면, 몽금포(夢金浦)에서 본년 1월 30일부터 5월까지 사이에 징세선수(徵稅船數)가 150척에 달하여 몽금포는 입강(入江)하는 청국선의 정박처가 되었고, 기타 황해도의 만입(灣入)하는 곳, 부락이 있는 곳 모두 청선(淸船)의 왕래가 빈번하게 되었다고 한다.

듣기로 황해도의 징세는 궁내부의 명령에 따라 군수는 혹은 일정한 금액을 납입하기로 약속하여 수부적(受負的)으로 징세되며, 궁내부는 이것을 영친왕(英親王)의 경비에 충당한다고 한다.

【통보(通報)】

1906년(明治 39) 5월 6일

진남포 헌병분견소장 나스 소이치(那須宗一)

진남포해관장 아루가 미쓰도요(有賀光豊) 앞

장연군(長淵郡) 몽금포(夢金浦) 및 선원동(仙源洞) 부근에서 밀항선(密航船)으로부터 해관세(海關稅)를 징수한다는 것을 문지(聞知)하여 정탐한 바, 장연군 태탄포(苔灘浦)에 거주하는 정중회(鄭仲會)라는 자가 해주관찰부(海州觀察府) 및 장연군수에 대하여 진남포 및 인천해관소의 허가증 없이 지나선에 해관세라고 하여 본년 1월 30일부터 헌병 출장 당시까지 징수한 선수(船數)가 150여 척에 달했다. 그 세금 징수에 대해서는 각포(各浦)에 통역하는 사람을 배치하여 대선(大船)은 일화(日貨) 10원, 중선(中船)은 8원, 소선(小船)은 6원 단위의 비율로써 적하(積荷)의 물품을 징수하였고, 그 징수한 물품은 군수로부터 관세 징수의 허가를 받은 거인(居人) 정중회란 자에게 납부하였으며, 정중회는 이것을 매각하여 현금을 군수에게 납입하였다. 이것이 관세 징수에 관한 증거이다. 서류는 별지 4장과 같고, 각 포에 있는 통역의 성명은 아래와 같다.

남창포(南倉浦): 병(兵) 통역
고령포(古令浦): 안경화(安京化)
화미포(火味浦): 이(李) 통역
금두포(金斗浦)·자진포(呲津浦): 장홍구(張弘九)
읍포(邑浦): 김명기(金明基)·김낙현(金洛鉉)

진남포 소메타니(染谷) 이사관(理事官)의 담화에 따르면, 지나 '정크선'에 대해서는 선세(船稅)와 적재화물의 세금을 불입하는 세율을 일정하게 하였고, 또 세관 수속을 끝내고 한인 명의 아래에 내지(內地)의 미개항장에 출입하는 선박에 대해서도 때때로 징세를 강요하였다. 이것들은 2중으로 과세되는 불행을 보는 경우가 있다고 한다. 이사관은 위의 징세리(徵稅吏)는 4년 전까지는 일본 선박에 대해서도 과세하였고, 또 한인이 곡물 등을 수출하는 때에도 구전(口錢)과 같은 형식으로서 지금처럼 과세되고 있었다고 하였다.

3. 밀수입의 방향 및 장소

전술한 것과 같이 궁내부는 연안, 연강에서 징세하였음에도 밀수입자 다수는 상당히 면세되는 것을 궁리하여 곳곳의 도서(島嶼)·소포(小浦)에 정박함으로써 과세를 면했을 것으로 생각된다. 그리고 한편으로 해관의 취체가 없기 때문에 이들 청상(淸商)들은 황해도·평안남북도를 거의 자유무역지로 취급하는 상태였다.

지세 상의 관계에서 살펴보면, 또한 밀수입 지나 '정크선'이 자유로이 황해도에 오는 것은 청국 산동성 지부(芝罘), 등주(登州) 및 위해위(威海衛) 지방이 된다. 청선은 한국에 밀수입하는 것을 도모하기 위해 아울러 청국 해관도 속이는 것으로 하였다. 위해위에서 오는 것은 산동 각남(角南) 방면의 청선인데, 청국 세관에게 이 화물은 위해위로 가져가는 것이라고 사칭하기 때문에 수출세(輸出稅)를 면하고 곧바로 황해도로 왔다.[108] 또한 일단 위해위로 가서 동처(同處)에서 청국 세관의 과세를 면하고, 곧바로 한국으로 오는 것이라고 하겠다.

또한 등주에서 오는 자는 그 북방에 있는 묘도열도(廟島列島)로 가서 의장(艤裝)하고, 청국 세관의 과세를 면하고 곧바로 황해도로 직항하거나, 혹은 해양도(海洋島)에서 기박한 후에 평안도로 직항한다고 말한다. 지부에서는 세관이 있기 때문에, 동처에서 오는 자는 과세를 면할 수는 없었다.

평안북도의 연안, 도서, 대령강, 청천강, 압록강 등의 지방에 오는 자는 비자와(比子窩) 방면에서 대고산(大孤山)을 거쳐 두류포(斗流浦)로 온다. 압록강을 타고 용암포(龍巖浦), 안동현(安東縣), 북하포(北下浦), 신의주, 의주에 이르고, 한편으로는 철산반도(鐵山半島)를 돌아 가도(椵島), 신미도(身彌島)를 거쳐 연안 제항(諸港)으로 들어가고, 또는 평안남도로 오는 것이 일상적이다.

지부 앞바다에 석도(石島)라고 불리는 섬이 있는데, '정크선'의 집합소이다. 동처(同處)에서 한편으로는 황해도, 한편으로는 평안도로 간다. 대고산(大孤山) 앞바다의 석성도(石城島)도 역시 '정크선'의 정박소여서, 이곳에서 평안북도 연안 및 압록강으로 직항한다고 한다.

지나 '정크선'은 이상 기재한 것과 같은 방향을 취해 왕성히 한국으로 향하여 각종 상품을 수입하였다. 염은 그중 가장 주요한 것이다.

압록강 줄기의 기박 지점을 열거하면, 두류포(斗流浦), 용암포(龍巖浦). 백천포(白川浦: 용암포 상류 2리), 하선포(下船浦), 신의주(新義州), 북하포(北下浦: 압록강의 中島), 청마랑(淸馬廊), 구주포(九周浦: 의주), 수구(水口), 옥강(玉江), 청성(靑城) 등이다.

이상은 의주부윤(義州府尹)의 말인 바, 압록강은 거의 100리 사이를 주즙(舟楫)으로 통할

---

[108] 1898년부터 1930년까지 위해위(威海衛)는 영국의 조차지(租借地)였으므로 위해위로 가는 화물은 면세의 혜택을 받을 수 있었다.

수가 있고, 그 안에 주된 기항지는 청성(淸城) 동쪽에 있는 창성(昌城), 창주(昌州), 벽단(碧團), 벽장(碧章), 소파아보(小坡兒堡), 아이(阿耳), 안산리(安山里), 산양회(山羊會), 서창(西倉), 초산(楚山), 연대동(煙臺洞), 노화곡(蘆花谷), 상단(上端), 위원(渭源), 허인포(虛仁浦), 고산리(高山里), 대등포(代登浦), 만포진(滿浦鎭) 등이다.

평안북도 연안의 지나 '정크선' 기박 지점은 용천군(龍川郡)에서는 소호포(小湖浦), 이마포(耳馬浦), 주의포(做義浦), 봉황포(鳳凰浦), 잠두포(蠶頭浦), 삼도포(蔘島浦)이고, 철산군(鐵山郡)에서는 신포(新浦), 아강포(鵝江浦), 이화포(梨花浦), 등곶포(藤串浦), 송정포(松亭浦), 망동포(望東浦)이며, 선천(宣川)·곽산(郭山)·정주(定州)·가산(嘉山)·박천(博川)의 제군(諸郡)에서는 대변포(大邊浦), 해사동(海寺洞), 동뢰포(東瀨浦), 황포(黃浦), 이소포(利沼浦), 달영강(達靈江), 실세포(失世浦), 장포(長浦) 등이다.

대령강과 청천강이 회류하는 지방은 이 수로를 타고 청선의 출입이 가장 많은 평안북도 쪽에 있는 입구인 장포(長浦)를 시작으로 하여 당포(唐浦), 여도포(餘島浦), 삼리(三里), 하일리포(何日里浦) 등이 전부 '정크선'의 기항지이다. 대령강은 박천군·가산군의 사이를 흐르는 박천의 서방(西方) 반 리 쯤을 지나 한층 북방(北方) 내지(內地)로 도달한다. 이 수로는 만조에 오르면 박천의 상류 아득히 거슬러 올라갈 수 있다.

또한 청천강은 평안남북도의 경계를 흐르는데, 하나의 지류로 나뉘어 북도(北道)의 수부(首府) 영변(寧邊)을 통과하고, 본류는 희천(熙川)에 이른다. 이 강은 대령강보다 커서 멀리 내지로 거슬러 올라갈 수 있다.

지나 '정크선'은 가장 흔히 이 두 개의 수로를 이용하여 밀수입을 한다.

그 주된 정박소는 사오포(沙五浦), 서호리(西湖里), 병영동(兵營洞), 용암동(龍巖洞: 河中島), 소포동(小浦洞), 팔인동(八人洞), 문이포(文移浦), 중도(中島), 안주(安州), 서진(西津), 언무리(偃武里) 등이고, 안주로 향하는 쪽에 있는 차장도(差壯島)는 청천강 안의 도서로서 연안에 부락이 있으며, 안주로 가는 나루터는 청선의 기박소로서 거래가 번성하다. 우리들이 출장 때, '정크선' 10여 척이 한선(韓船)과 함께 정박하고 있는 것을 발견하였다. 이들은 안동현(安東縣), 비자와(比子窩) 방면에서 온 밀수입선이었다.

평안남도에서의 기박 지점은 사오포(沙五浦), 동오포(東五浦), 구동리(九洞里), 사근포(似近浦), 진방포(鎭防浦), 한천포(漢川浦), 애진포(艾津浦), 사마포(可馬浦), 탄포(炭浦), 재일포(財一

浦), 남포(南浦), 봉황포(鳳凰浦), 월랑포(月浪浦), 광량포(廣梁浦) 등이 된다.

황해도에서의 기박 지점은 어은동(漁隱洞), 은율(殷栗), 월포(月浦), 유포(乳浦), 마포(馬浦), 풍천군(豐川郡)의 해안 각지, 아랑포(阿郞浦)의 만내(灣內), 몽금포(夢金浦) 만내에 있는 속칭 '창창월(チャンチャン越)'이라고 부르는 장산곶(長山串) 갑두(岬頭)를 도는 소야동(所也洞), 창암동(蒼巖洞), 수파동(水波洞), 계음(鷄音), 오쌍진만(五雙鎭灣), 국촌(國村) '가친메기요(カチンメギョ)'강, 가전포(柯田浦), 목동(牧洞), 구미전(九味箭), 고금포(古今浦: 河口), 남창포(南倉浦), 대양동(大洋洞), 대동강(大東江), 여천포(茹川浦), 조포(潮浦), 흑두포(黑頭浦), 합포동(蛤布洞), 강교동(江橋洞), 옹포만(甕浦灣), 본영만(本營灣), 용호도(龍湖島), 강령만(康翎灣), 해주만(海州灣) 각 내지(內地), 연안군(延安郡) 연안, 금천강(金川江) 등이다.

경기도 방면에서는 금천강, 임진강역을 흘러 다소의 밀수입이 있을 것으로 생각된다. 개성(開城)과 같이 청염이 다수 판매되는 곳을 실견(實見)하면, 대체로 수로 및 육로의 관계에 의한 것으로 추측되는데, 개성에서 금천강구(金川江口) 벽란도(碧瀾渡)까지는 수 리에 불과한 인천해관을 경유하지 않고, 해주만 부근에서 직항하여 오는 밀수입선에게 청염을 공급받는 것 같다.

4. 밀수입의 종류

밀수입품도 역시 그 판로를 찾아오는 것이라면 사실상 공공연한 해관 수입품과 동일한 것이다. 진남포·인천해관에서 청염이 대다수 수입되는 것과 똑같이 해관이 아닌 전기(前記) 열거한 장소에서도 염이 대다수 밀수입되고 있다.

밀수입품의 종류는 황해도 지방에서는 염을 주로 하여 얼음설탕(氷砂糖), 견주(絹紬), 옥양목(金巾), 또는 말굽은(馬蹄銀) 등이 있고, 귀로(歸路)에는 신탄(薪炭), 쌀(米), 보리(麥), 콩(大豆), 어류(魚類) 등을 매입하여 밀수출되었다.

평안도에서 밀수입의 주된 것은 염, 삼(サム)주(중국소주), 모포(毛布), 히가나킨(緋金巾), 염장갈치(鹽藏大刀魚) 등이다.

밀수입염은 모두 다 청국 천일제염으로 결정(結晶)된 것이지만, 또 때로는 재제(再製)된 것도 있었다. 이것은 재안동현(在安東縣) 일본인이 방인(邦人)에게 공급하기 위해 재제한 것으로서, 직접 한국으로 수입되는 것은 재제된 것을 본다.

청염은 산동염(山東鹽)과 만주염(滿州鹽)의 2종이 있고, 외형·중량이 대부분 구별되지 않는다. 각지에서 표본을 채취하여 중량, 시세를 산정하여도 종류는 모두 똑같기 때문에 그 다수는 기각(棄却)된다.

5. 현상(現狀)에서의 밀수입(密輸入) 방법

황해도에서의 밀수입 방법은 청국 산동성의 산염(産鹽)을 산동각(山東角), 지부(芝罘), 등주(登州) 부근에서 직항 수입하여 2일 내지 3일의 항로를 취하는 것 같다. 청국에서는 묘도열도(廟島列島)에서 기항하고, 한국에서도 초도(椒島), 석도(席島), 백령도(白翎島), 연평열도(延平列島) 등에서 기항하는데, 이들 도서는 수용(需用)이 적기 때문에 억지로 방매(放賣)하고 즉각 내지 연안으로 오는 것 같다.

광제호(光濟號)가 해주만에 들어섰을 때, 소증기선(小蒸汽船)으로 용당포(龍塘浦)에 도착하니, 인근 포구인 결성포(結城浦)에 지나의 '정크선' 1척이 있는 것을 발견하였다. 광제함장(光濟艦長)은 그것을 검사하니 염을 만재(滿載)하고 있었고, 그 외에 쌀도 실려 있었다. 선명(船名)은 '유태성(裕泰成)'이라고 하였고, 약 35톤 가량의 배였다. 그곳 선장 마청풍(馬淸風)에 대해 취조하니, 선주(船主)는 인천 동순잔(東順棧)과 마주하는 건너편의 복천잔(福川棧) 쪽에서 동거(同居)하는 양씨(梁氏)였고, 산동성 등주 앞 석도(石島)에서 왔다. 5일 전, 이곳으로 입항하여 결성포의 한인 조선달(趙先達) 집에서 묵으며 매일 염을 소매하니, 한인 부녀 등이 모여 들어 구매를 요구하고 있었다. 그 가격은 지나승(支那枡) 1배(杯)에 한화(韓貨) 15전, 즉 일화(日貨) 7전 5리가 된다. 지나승(支那枡)은 끝이 넓은 사다리꼴(梯形)이고, 깊이 6인치, 중앙의 폭은 9.75인치이다. 배의 적재용량은 길이 28척 5푼, 폭 17척 1푼, 깊이 7척으로, 3,411.45입방척이다. 이것을 일본 척(尺)으로 환산하면 약 3,472입방척이 된다. 이것을 석수(石數)로 다시 환산하면, 1석은 6.4827입방척이 되므로, 위의 배는 염을 만재하면 약 530석을 실을 수 있는 것으로 계산된다.

결성포의 한인이 말하길, 청국 염선은 일시에 5~6척이 본포(本浦)에 입선(入船)하는 일이 있고, 금년은 추기(秋期)에만 4척 째이다. 이 배는 염을 수입하고, 봄은 어류, 가을은 쌀·보리

(米麥)·콩(大豆)을 싣고 귀로한다고 하는데, 이것은 밀수입과 동시에 밀수출을 하는 것이다.

'정크선'의 선장이 말하길, 우리들은 선주의 의뢰로 왔고, 지금 이 염을 묵고 있는 주인(主人) 조씨(趙氏)에게 위탁하여 1명의 청국인을 남기고, 우리들은 조속히 등주로 돌아가 다시 염을 수송해야 한다고 하였듯이, 저들은 태연히 이것을 자유무역과 같이 사유(思惟)하여 조금도 밀수입의 부정의 사실을 인지하지 못하고 있다.

한인의 말에 따르면, 이 부근에는 염의 공급이 부족하기 때문에 청염을 매입하지 않으면 안 되는데, 게다가 청염은 한염에 비해 반값이라고 하고, 또 청국 상선이 오는 것은 옛날부터 관습화되어, 만일 오지 않는다면 염의 수급에 고통 받는 일을 일과로 할 것이라고 하였다.

용당포(龍塘浦)의 동린(東鄰)인 동애포(東艾浦)에서도 연내 2~3척의 염선이 내박한다. 이미 본년에도 2척에 이르며, 아울러 동기(冬期)에 가까워짐에 따라 지물(漬物)을 빚는 시기에서는 다시 다수가 내박할 것이라고 한다. 이곳 만내(灣內) 각소에서 배가 닿는 곳과 부락이 있는 곳에는 반드시 밀수입선이 올 것이라고 생각된다. 광제호는 해주를 떠나 순위도(巡威島)의 서쪽 해협을 지나 용호도[龍湖島, 해도(海圖)에는 용위도(龍威島)]로 갔다. 이 섬은 자그마한 소도서(小島嶼)로서 간만(干滿)의 때에는 무도(茂島)와 연결된다.

이 섬은 만내(灣內)에 위치한 물가의 수심이 좋은 정박지로서, 연안무역 상 중추적인 장소이다. 당시 장두(檣頭)에 적기(赤旗)를 단 4척의 '정크선'을 발견하였다. 이들은 모두 염선으로, 이제 염을 팔고 귀로에 오르려고 신탄(薪炭)을 만재하였다. 그 이전에 왔을 때 배에는 마제은(馬蹄銀)을 만재하였다고 한다. 이 섬에는 1년에 70~80척 내지 100척의 '정크선'이 내박하는 것을 일상으로 하였다고 한다. 그 부근 연안에 이르는 곳에 좋은 판로가 있고, 이와 같이 좋은 정박지가 있어, 청국 상선의 다수가 오는 것은 의심할 바가 없다.

광제호는 초도(椒島)에도 기박하였는데, 이때는 1척의 청선도 없고, 단지 한인의 배 7척이 있는 것을 보았다. 도인(島人)의 말에 의하면 청국선이 바람을 기다리며 기항하는 일은 있어도, 염을 판매하지 않으며, 이 지방의 용염(用鹽)은 대안인 풍천(豊川)에서 매입한다고 한다. 대체로 도내 인구가 적고, 또 도인은 굴(牡蠣)을 캐서 이것을 풍천으로 운반하여 쌀과 염을 매입하고 오기 때문에 청염을 매입할 필요가 없는 것 같다.

현상은 위와 같지만, 제종(諸種)의 보고는 황해도에 이르는 곳의 연안에 청염이 오는 것을 알린다. 전기 진남포 헌병대장은 몽금포 및 선동(仙洞) 부근에서 춘기(春期)에 150척의 '정크선'에 대해 정중회(鄭仲會) 같은 자가 징세하는 것을 보고하고 있기 때문에 밀수입선이 많은 것을 알 수 있다. 그 수입품의 주된 것이 또한 염이라는 것은 분명하다.

　진남포에는 해관이 있지만, 대동강 바깥, 상하류 안에는 밀수선이 있는지도 알 수 없다고 생각된다. 수색적인 조사를 해보니 진남포에는 가장 다수의 '정크선'이 정박하고 있었다. 이들은 마찬가지로 염, 염장갈치(鹽藏大刀魚), 배(梨) 등을 만재하고도 해관 부근에 내박하는 것은 물론, 밀수선이 없어야 하는 진남포 상류에서도 밀수입선을 발견할 수 있었다. 대동강의 하류에는 2~3척의 '정크선'이 보이고, 강외(江外) 석도(席島)로 오는 청선은 전면을 통과하여 가끔씩 기박하고 있지만 염을 싣고 오지는 않는다. 춘기(春期)에 청국선이 다수 이 지방에 온다고 도인은 말한다. 또한 청염은 진남포에서 매입하고, 한염은 풍천에서 매입한다고 말한다. 대동강의 유역에 오는 자는 밀수입선이 아니겠지만, 이들은 염을 싣고 와서 진남포·평양에서 방매하고, 귀로에 무연탄을 싣는다고 한다. 모두 해관세를 지불하는 자일 것이다.

　수입염이 있는 그 기항 지점은 전기한 바와 같다. 이 지방은 산동 및 만주의 두 방면에서 수입된다. 그러나 진남포해관은 대동강 상류에 있기 때문에 강외(江外)의 이 지방을 취체하기가 어려운 것 같다. 따라서 이 연안 일대의 지나 '정크선'은 밀수입선이라고 생각해도 좋다.

　전기한 평안도에서의 궁내부 파원(派員)의 징세도 그 밀수입염에 관계된 것임을 알 수 있다. 강을 따라 청천강으로 들어가면, 내지(內地) 공급의 목적으로 청국염이 수입되고 있는 것이 엄청난 것을 볼 수 있다. 이 연강(沿江) 각포(各浦)는 모두 염의 밀수입지라고 생각할 수 있다.

　안주(安州)의 대안(對岸)인 차장도(差莊島)는 밀수입선의 집합지이다. 지금 차장도에서 청국 '정크선' 10여 척을 발견하였다. 기타 전기한 밀수입 지점은 모두 '정크선'이 내집하는 곳이다.

　평안북도는 청국과의 거리가 가깝기 때문에 연안에 이르는 곳마다 청선이 내박한다. 청천강·대령강은 처음부터 논할 필요가 없고, 압록강에서는 전부 청국과 한 길로 수류(水流)를 격하여 경계를 접하고 있기 때문에, 그 밀수입이 엄청난 것은 추측하고도 남음이 있다.

전기한 궁내부의 징세소(徵稅所)인 도세국(都稅局)의 기사(記事)에 대해 보면 분명하다.

평안북도의 내지(內地)를 조사하기에 이르는 곳마다, 청국염을 볼 수 없는 곳이 없다. 강수(江水) 주즙(舟楫)의 편리를 이용하여 염을 공급하는데, 박천(博川), 가산(嘉山), 정주(定州), 철산(鐵山), 용천(龍川), 의주(義州) 등 제군(諸郡)과 같은 곳은 물론, 내지(內地)인 영변(寧邊), 태천(泰川), 희천(熙川), 구성(龜城)에 이르고, 또한 압록강의 수로에 의한 것은 멀리는 후창(厚昌)·자성(慈城)에 이른다고 한다.

대령강의 구진(舊鎭)에서 청국선 4척이 정박하고 있는 것을 보고 그것을 검사하니, '정크선'임에도 승조원은 한인이었다. 해당 선주는 진남포에 사는 한인으로, 안동현(安東縣)에서 염 1천 승(枡)을 싣고 왔다고 한다. 선내를 검사하니 청염을 만재하고 있어 이것이 밀수입선이었다. 또한 다른 1척을 검사하니 선주는 선천(宣川) 사람 이봉학(李鳳鶴)으로서, 배 1척을 지나인으로부터 700원에 매입하여 소유하였다. 선내에 무(大根)를 실은 이 배는 용암포 한인으로부터 염 30가마(俵)를 싣고 와서 이제 무(大根)를 정주(定州)로 가져가려 한다고 하였다. 또한 세금은 용암포의 한인이 지불하였다고 하였다. 대체로 우리들을 해관리(海關吏)가 아닐까하고 생각하여 안동현을 용암포로 거짓말하는 것을 살필 수 있었다. 또한 다른 2척 모두 염의 밀수입선이었다.

연안에는 신도(薪島), 반성열도(盤城列島), 가도(椵島), 대화도(大和島), 신미도(身彌島) 등 각 도서가 있다. 이들 제도(諸島)는 적당한 바람을 기다리며 기박하는 곳으로서, 그 사이의 수로를 따라 만조에 올라서 내항(內港)으로 가는데 1개월 정도 체재하며 염을 판매한다고 한다. 이 지방에 오는 자는 안동현에서 오고, 혹은 비자와에서 대고산을 경유하여 오는데, 그 사이 아무런 해관의 취체가 없기 때문에 저들은 자유로이 직항하여 오는 것이다.

압록강에서는 완전히 '정크선'의 횡행을 내버려 두고 있고, 간혹 한선(韓船)이 있지만 작은 낚시배(釣船)에 불과하다. '정크선'은 국경을 이용하여 번성하게 밀수출입을 하고 있다. 국경은 이르는 곳마다 밀수입의 도로로 보일 수가 있는데, 무릇 화물의 운송에는 시장, 운임과의 관계상, 일정한 코스가 존재하는 법이다. 즉,

① 용암포(龍巖浦)에서 용천군(龍川郡)에 이르는 도로
② 신의주(新義州)를 기점으로 하는 철도

③ 구운성(九連城)에서 신의주에 이르는 가도(街道)

④ 창성가도(昌城街道)

⑤ 초산가도(楚山街道)

이들 코스 중, 신의주에서 철도를 통해 밀수입하는 것은 어렵겠지만, 기타는 모두 밀수입의 도로이다.

신의주해관의 설치로 인해 다음 두 가지의 발로(拔路)를 취하는 밀수입이 있다.

⑥ 안동현(安東縣)에서 북하포[北下浦, 압록강의 중도(中島)]를 지나 경의선(京義線) 비현(枇峴)에 이름

⑦ 신의주에서 경의선 백미(白馬)에 이름

결빙기(結氷期)에는 압록강은 전부 결빙하기 때문에, 청국과의 왕복은 오히려 자유롭다. 이에 밀수입 및 밀수출이 격심하게 이루어진다고 한다.

종래 궁내부의 국경에서의 징세액은 약 10만 원 내지 20만 원에 달했다. 그 안에 실제 궁내부로 납입되는 액수는 겨우 2만 원이고, 그 잔액은 관아(官衙)의 비용, 군수·관찰사·징세리원(徵稅吏員)의 뱃속을 살찌우는 데 불과했다. 그리고 위의 2만 원은 엄상궁(嚴尙宮)[109]에게 납입되는 것이라고 한다. 압록강 줄기 150리 사이의 징세액이 10만 원 또는 20만 원에 달한다는 것은 그 밀수출입이 거다(巨多)하다는 것을 미루어 알 만하다. 지나소주(支那燒酒)의 밀수입액만 해도 약 200만 원 이상에 달한다고 한다.

6. 수입의 시기

염의 수입 시기는 봄과 가을 2회이다. 봄은 어류 염장 및 장유 양조로 인해 음력 3월부터 5월까지를 수입의 최성기로 한다. 가을은 음력 8월 15일부터 10월까지 지물(漬物) 제조로 인

---

109 고종의 후궁인 순헌황귀비(純獻皇貴妃) 엄씨(嚴氏, 1854~1911)를 말한다.

해 가장 많이 수입된다. 그러나 음력 6월과 7월, 즉 7~8월은 우계(雨季)에 상당하여, 젖거나 용해될 것이 두렵기 때문에 수입되지 않는다. 또한 12월, 1월, 2월, 3월은 결빙기이기 때문에 수입되지 않는다.

7. 청염 수용고(需用高) 및 수용 방법

청염 수용고는 수입 및 밀수입의 양과 상관한다. 한인은 습관상 한염을 기호(嗜好)하지만, 유감스럽게도 한염의 공급이 적은데다 청염은 잇따라 밀수입되면서 과세를 면하기 때문에 가격이 상당히 싸다. 거의 한염의 반값으로 매매되기 때문에 생활의 정도가 낮은 한인의 다수는 형세가 청염을 매입하지 않으면 안 된다. 내지(內地)의 시장에서는 청염의 암페라(amparo: 遮陽)를 쌓은 것이 보이지 않으나, 장날(市日)에는 청염·한염 양자를 파는 것이 보인다. 대체로 상류의 한인은 아직은 한염을 사용하지만, 지방 농민의 대다수는 주로 청염을 사용한다고 한다. 어류를 염장할 때에는 청국 결정염(結晶鹽)은 어체(魚體)에 염분이 침입하는 것이 적기 때문에 사용하는 일이 적고, 다만 봄의 장유양조(醬油釀造), 봄·가을의 지물(漬物)에는 가장 많이 이것을 사용한다고 한다.

탁지부(度支部)의 보고에 따르면, 평안북도에는 염좌(鹽座)의 수가 71개, 평안남도에는 252개, 황해도에는 136개이다. 평안북도는 실제로 염좌의 수가 적어 도저히 도내의 수용에 응할 수가 없다. 평안남도는 그 실제를 조사하기가 어렵지만, 탁지부의 보고 및 해군 해도(海圖) 등을 조합하면 염전의 소재가 다수이다. 그럼에도 불구하고 진남포해관의 수입 청염이 다수인 것을 보면 이 지방의 염전의 산액만으로는 그 수용을 채우는 것이 불가능한 것 같다. 황해도도 역시 이와 마찬가지다.

8. 밀수입량 개수(槪數)

청염 밀수입의 개수(槪數)는 수용고의 구분이 명확하지 않기 때문에 정산(精算)하는 것이 불가능하다. 다만 지세·수로의 관계에 의해 평안북도의 청염은 모조리 밀수입에 속하고, 평안남도에서 평양·진남포 부근의 청염은 공식적인 수입에 속하지만, 다른 곳은 모두 밀수입에 속한다. 또한 황해도의 전부도 대동강 부근을 제외하고는 수로·지세의 관계상 소재하는 청염 모두 밀수입에 속하는 것을 알 수 있다.

밀수입 개수(槪數)는 전기 수용고로 계상할 수 있겠지만, 불충분하기 때문에 지나 '정크선'의 1년 동안의 기항수(寄港數)로 타산(打算)해 보는 수밖에 없을 것이다. 전기 각 도에서의 밀수입 지점에는 반드시 1년에 적어도 1척의 '정크선'이 기박 하는 것으로 보아도 틀리지 않을 것이다. 만내(灣內) 도서 등에는 기박의 편리함이 있기 때문에 여러 척도 집래(集來)하며, 그리고 각지로 분배된다.

대체적으로 계산하면, 황해도에서 용호도(龍湖島)에 1년 100척 내외의 '정크선'이 징박한다고 할 때, 이것을 춘추(春秋) 양기(兩期)로 나누어 각 기를 50척으로 한다. 해주만(海州灣) 내에 춘추 30척이 내박하고, 몽금포(夢金浦)에서 6월까지 150척이 내박한다고 하는 헌병대의 보고도 있다는 것은 이 3자를 합계하여 그것으로써 춘기(春期) 황해도 전부의 염의 밀수입선으로 판단할 수 있다.

평안남도에서는 청천강 유역에서 1기에 50척, 다른 소포(小浦)에서 50척이 내박하는 것으로 판단된다. 대체로 남도에는 세관도 있고, 또 염전도 있어서 밀수입의 수는 적을 것으로 예상된다.

평안북도에서는 대령강 유역에서 1기에 50척, 용천군에 전기한 6개소 정박소가 있어 3척씩 보면 18척, 즉 약 20척으로 하고, 또 철산군에서 30척, 나머지 선천·정주·곽산·가산의 4군(郡)에서 70척으로 볼 수 있을 것이다.

압록강 줄기에서는 48개소의 도세국(都稅局)이 있다. 이것을 50개소로 하여 접근하는 국경의 것이 된다면 1개소에 2척씩 내집(來集)하는 것으로 하여 그 총수는 약 100척이 된다.

이상은 모두 춘계(春季)에서의 밀수입선의 수로서, 추기(秋期) 결빙 전 지물(漬物)의 시기에서는 더욱 위의 이상의 수에 도달할 것이다. 그렇지만 지금 계산상의 편리를 위해, 추기(秋期)는 춘추(春秋) 2기 모두 똑같은 것으로 하면 아래의 계수(計數)를 얻을 수 있다.

청국 밀수입 선수

황해도	230척	해주만 30척	용호도 50척	몽금포 150척	
평안남도	100척	청천강 50척	연안 50척		

평안북도	170척	대녕강 50척	용천군 20척	철산군 30척	기타군 70척
압록강	100척				
합계	600척				

이상의 배는 반드시 염만을 가지고 있는 것은 아니지만 그 대다수는 염선일 것이어서, 한 계절에 600척이라는 것은 춘추(春秋) 두 계절의 총계는 이것을 배가한 1,200척이 되는 것이다.

1척의 지나 '정크선'에 실리는 염의 수량은 어느 만큼일까? 해주만(海州灣)에서 발견된 배는 대형이라면 여기에 만재되는 것이 실로 500석을 실을 수 있었다.

진남포 해안에 정박한 허다한 '정크선'은 그 대소(大小)의 차이가 있는데, 그 안에 중형의 1척은 길이가 8칸, 폭이 3칸의 배에 실린 염이 한승(韓桝)으로 1,000승(桝)에 상당하였다. 이것이 당시 팔고 남은 제품이라면, 여기에 만재되는 것이 넉넉히 2,500승(桝)을 실을 것이라고 한다.

한승(韓桝) 1배(杯)는 이 지방에서 5승(升) 5합(合)이 들어간다. 여기에 따라 1척의 적재 석수(石數)를 산출하면, 137석 5두가 되므로, 즉 약 140석이 된다고 하겠다.

이 수로써 '정크선' 1척의 평균 적재용량으로 한다면 1,200척에서 실로 16만 8,000석에 상당한다. 만일 해주만과 같이 500석을 싣는다고 하면, 총계는 60만 석이 될 수 있다. 이것은 크게 지나친 것이 아니다. 따라서 이 양자를 평균하여 1척이 능히 200석을 싣는다면, 총수는 24만 석이 된다. 이외에는 이전에 남한 지방에 출장·조사하여 얻은 자료로 밀수입의 양을 아래와 같이 산출하였다.

한국 전체의 염의 소비량을 200만 석으로 하고, 이 나라에서의 염산액(鹽産額)을 150만 석으로 하면, 해관 수입염이 25만 석이어서, 잔액 25만 석은 밀수입염에 의해 공급되는 것으로 예상된다. 그런데 전기 계산에서 표시한 24만 석은 마침 제대로 그것과 부합된다.

이외에는 춘기(春期)에 1회, 추기(秋期)에 1회, 600척의 '정크선'이 내박한다고 가정된다. 만일 봄이 4, 5, 6월의 사이이고, 가을이 9, 10, 11월의 사이에서 평균 2번 항해를 한다면, 밀수입 총액은 16만 8,000석의 두 배인 33만 6,000석이 된다. 즉 어느 쪽 방면으로 타산하여도 청국의 밀수입염액은 1개년 25만 석 이상, 30만 석을 내려가지 않을 것이다.

듣기로 근래 청염의 수입은 점점 빈번해져서, 경기도, 충청도를 넘어 군산(群山) 방면으로 미친다고 한다. 그 가격의 저렴함 때문에 한염은 대항하기가 불가능하다. 한국 염전은 점차 황폐로 돌아가게 되고, 그것 때문에 더욱더 수입이 기세를 떨칠 것이다.

9. 청국염 총수입량

인천, 진남포, 신의주 해관을 경유하는 수입염은 모두 청국염일 것이다.

인천해관의 작년도 수입염의 양은 아직 조사되지 않았지만, 1903년은 978만 400근, 1904년은 644만 4천 900근이다. 1904년은 메이지 37년으로 전란 때문에 이렇게 감소되었지만, 금년도는 복구·증가될 것으로 의심하지 않는다. 따라서 1903년도를 취하면 약 1,000만 근이 될 것이다.

진남포해관에 대해 조사하면 작년도(1905년)는 1,086만 3,000근, 가격은 4만 7,922원이었다. 금년도 8월까지의 수입액은 다음과 같다.

	수입량(근)	수입액(원)
3월	141,000	635
4월	556,696	2,610
5월	1,813,950	10,150
6월	2,409,000	14,444
7월	2,904,000	17,685
8월	158,500	959
계	8,053,156	46,483

5, 6, 7월 3개월에서 가장 다량으로 수입되고, 또한 추기(秋期)인 9, 10, 11월의 3개월에서 다수의 수입이 있을 것이라면, 금년은 위의 배수인 1,600만 근의 수입이 있을 것으로 믿어진다.

신의주해관은 본년 6월의 개청(開廳) 관계로, 이것을 조사하니 4~5회의 밀수입이 있을 뿐이고, 그 전체에 대해서는 200석이 된다고 한다.

[수입총량]

- 인천: 1,000만 근 *청국염 1석을 35관문(貫匁)으로 하여 환산하면 11만 8,857여 석
- 진남포: 1,500만 근
- 신의주: 200석
- 합계: 11만 9,057여 석

여기에 밀수입의 양을 더하면,

- 수입: 11만 9,057석
- 밀수입: 30만 석
- 총계: 41만 9,057석

이것을 인천 이북 각지에서의 청염의 총수입량으로 한다.

10. 결론

이상의 서술로 청국 밀수입의 상황을 대략 알 수 있었으리라 믿는다.

원래 일국의 산업보호책에서 논하고, 또 일국의 재원을 증식하는 주의에서 말하자면, 외국 수입품에 대하여 과세하는 것은 당연하며, 특히 한국의 현상은 엄하게 해관세를 징수하는 것이 지금의 급무가 되었다. 돌이켜 보면, 황해도, 평안남북도는 청국과의 거리가 가깝고, 특히 압록강은 청국과 국경을 접하기 때문에 자연의 지세는 양국의 무역을 번성하게 만들기에 충분하였다. 그러나 이 지방에서는 해관이 설립되지 않아 연안 및 국경의 통상은 극히 불취체(不取締)하여 방임되고 있다. 기민한 지나 상인은 여기에 편승하여 밀수입 및 밀수출을 한다. 북한지방은 저들의 좋은 득의(得意)인 형세가 되었다. 이것을 염업에서 보면, 연안에 이르는 곳마다 좋은 염전을 가지고 있음에도, 한인의 작업 방법은 적절하지 않고, 연료가 비싼 것은 스스로 한염의 시세를 높인 것이다. 그리고 청국 천일제염은 원래 생산비의 저렴함에 더해 밀수입을 하기 때문에 그 가격의 경우 거의 한염의 2분의 1에 해당한다. 그 때문에 한민의 다수는 청염을 싫어하지 않고, 가격의 저렴함 때문에 이것을 매득한다. 여기서 청

염의 판로는 더욱 확장되었고, 지금 30만 석이라는 다액으로 올랐다. 금후 더욱더 수입의 기세를 떨치는 데에 이르게 된다면 한국 염전은 이 기세에 저항하는 것은 불가능하다. 한염의 판로는 더욱 축소될 것이고, 염업자는 염을 제조하여도 이익을 못 얻어 점차 한국염전은 황폐의 길로 돌아갈 것이다. 따라서 염업 진흥을 도모하기에 앞서 당연히 저들의 밀수입을 방어할 계책을 강구하지 않으면 안 된다. 잘 이것을 방어하는 하나로써 해관세의 수입을 증가시키는 것은 염업을 보호하는 방책이 되고, 이에 따라 한국정부의 재원도 증가된다.

【밀수입 방어의 방법】

밀수입은 절대적으로 방어할 수 있는 것은 아니라고 하더라도, 어느 정도까지는 그 효과를 거둘 수 있다. 무릇 외국에서 화물을 수입하는 데에는 스스로 수로 및 육로에서 일정한 대도(大道)가 있다. 이 대도에 관문(關門)을 설치하는 것은 그 조종(操縱)이 반드시 적절해야 한다. 저 궁내부의 징세와 같은 것은 오히려 밀수입을 장려하는 폐단이 있기 때문에 절대적으로 그것을 배척하지 않으면 안 된다.

현상에 있어서 밀수입 방어책은 아래의 3개조를 실행하는 데 있다.

① 중앙정부는 궁내부와 교섭하여 종래의 징세를 모두 폐지시킬 것
② 해관의 구역을 정해 필요하면 밀수입의 관문에 해관 감시소를 설치하고, 압록강의 국경에는 독립된 대해관(大海關)을 둘 것
③ 해관에 적당한 밀수입 감시선을 배치하고, 그 관할 내를 상시 순회하여 취체를 엄하게 할 것

첫째, 궁내부의 징세는 해관의 취체가 없는 것에 편승하여 종래의 악폐를 행하는 것이다. 해관을 추요(樞要)의 위치에 두는 것은 이런 것을 해야 할 여지가 없다고 할지라도, 이때에 중앙정부에서 이러한 악정(惡政)을 제거하는 방법을 강구한다면 밀수입 취체의 한 방책이 될 것이다. 궁내부 경리원은 금년 6월, 7월 경 박천군수(博川郡守) 등에게 훈령을 내리어 징세를 재촉하였다. 이러한 일은 금후 충분히 못하게 할 것을 희망한다.

둘째, 압록강에서도 본년 6월 신의주해관이 설치되어진 이래, 의주의 도세국(都稅局)도 자연히 철폐되었고, 구주포(九周浦), 청마랑(青馬廊), 북하포(北下浦), 사하진(沙河鎭: 安東縣), 신의

주, 하선포(下船浦), 흑암포(黑巖浦) 7개소는 '별정(別定)'을 철폐하기에 이르렀다. 그리고 수입품의 주된 것인 염, 주, 삼(サム)주, 맥주, 석유, 통조림(罐詰), 건축 재료, 수출품의 주된 것인 우피(牛皮), 콩(大豆), 종이(紙), 보리(大麥), 목재(木材), 신탄(薪炭), 토탄(土炭)과 같은 것은 점차 해관을 경과하기에 이르렀다. 그 결과 6월 6일부터 9월 14일까지 수입 합계는 3만 8,728원 85전이고, 수출 합계는 2만 9,893원 13전이 되었다. 수입세는 8월, 9월 두 달에 3,654원 96전이고, 수출세는 똑같은 두 달에 2,404원 6전, 합계 6,059원 2전이 되었다. 겨우 두 달 만에 이와 같았고, 금후 점차로 증가할 것은 의심할 바 없다. 해관을 설치하여 그 수입을 증가시킬 수 있다는 것은 이 신의주해관의 현상에서 능히 이것이 증명된다.

현재의 신의주해관은 진남포해관의 출장소이다. 이처럼 소규모의 해관이기 때문에 그 추요(樞要)의 지위에 서는 것은 불가능하다. 마땅히 그 부근에 독립된 대해관(大海關)을 설치하고, 추요의 장소에 출장소·감시소를 설치함으로써, 청국과의 무역을 감독할 수 있을 것이다. 이것이 지금의 최대 급무라고 믿는다. 과연 이와 같이 된다면, 종래의 궁내부(宮內府) 도세국(都稅局)은 철폐되고, 그 10~20만 원의 수입(收入)은 변경되어 해관세 수입이 될 수 있다.

사안(私案)에 따르면 신의주에 국경해관을 설치하고, 강 하류 두류포(斗流浦)가 청국 상선이 강을 오르는 입구가 된다면, 여기에 감시소를 설치할 수 있다. 용암포 육군 운수부에 근무하는 미우라(三浦) 소좌는 수로에 정통한 인물인데, 두류포에 감시소를 설치하는 것이 적당하다는 것을 논명하였다.

강의 중도(中島)인 북하포(北下浦)는 안동현(安東縣)의 대방(對方)에 있다. 이 땅에서 밀수입하여 경의선 비현(枇峴)으로 가거나, 또는 구의주(舊義州)에서 백마(白馬)로 빠지는 자가 있다고 한다. 따라서 북하포, 구 의주에는 감시소를 설치할 필요가 있다. 의주 이동(以東)의 창성가도(昌城街道)도 밀수입의 코스라면, 그 사이에 적당한 지점을 택하여 해관 출장소를 설치하고, 더 상류에도 감시소를 둠으로써 도세국을 전폐시킬 수 있다.

연안에서는 철산반도에 감시소를 설치하고, 역시 청천강과 대령강의 합류점에는 하일리포(何日里浦), 혹은 박천군의 돌출점, 혹은 청천강의 하류 이 3자의 안 '정크선'의 수로를 택하여 적당한 위치에 해관 출장소를 설치하는 것이 안전(眼前)의 급무라고 믿는다. 하일리포 부근은 물이 깊어 청천강·대령강에 들어가는 자는 모두 이곳을 통과한다고 한다. 하상(河上)

에 절벽의 아모산(我毛山)이 있다. 높이 90피트의 그 상부는 평탄하여 이 땅에 해관 출장소를 설치하기에 적당할 것이다. 청천강의 차장도(差壯島)에는 파출소를 설치할 필요가 있다. 또한 황해도에서는 용호도(龍湖島)에 해관 출장소를 두고, 기타의 장소에 감시소를 설치할 필요가 있다고 믿는다.

해관 출장소·감시소의 설치와 동시에 해관 관할구역을 정하여 각 해관으로 하여금 책임을 지게 하고, 엄하게 그 구역 내를 순시하게 함으로써 밀수입의 흔적을 끊을 수 있을 것이다.

비견에 따르면, 압록강은 처음부터 평안북도의 연안을 지나 청천강·대령강을 품고 증산군(甑山郡)까지를 신의주 해관의 구역으로 하고, 동도(同道)의 함종군(咸從郡)부터 대동강 유역을 지나 황해도 장산곶(長山串)까지를 진남포 해관의 구역으로 하며, 장산곶 이남 해주만(海州灣)을 지나 충청남도 태안반도까지를 인천해관의 구역으로 하는 것이 적당하다고 생각된다.

셋째, 해관 관할구역을 정하고, 그 출장소·감시소를 추요지에 두는 것만으로는 여전히 충분하지 않다. 적절히 각소에 적응하는 밀수출입 감시선(監視船)을 배치하고, 여기에 해관리(海關吏)를 태워 종시(終始) 연안 내하(內河)를 순시시켜야 할 것이다.

압록강 및 청천강에는 얕은 흘수(吃水)의 기선(汽船), 혹은 소형의 기선을 신조(新造)하여 배치하고, 각소에 상응하여 밀수입을 방어해야 한다.

【현재의 취체(取締)】

현재 해관의 밀수입 취체는 아직 완전을 결하고 있는 것 같다. 해관의 지위(地位)와 떨어져 있는 도서·연안·내하는 자유로이 방임되어 있는 것 같다. 만일 소형의 감시선(監視船)을 파견하여 순시토록 한다면 미개항장으로 왕래하는 밀수입선의 흔적을 끊을 수 있을 것이다.

외국선으로서 일단 해관을 거쳐 다시 내지(內地)의 미개항장으로 가려고 하는 경우에는 이름을 한인의 고선(雇船)으로 하여 감리(監理)로부터 달(月)을 한도로 미개항장으로 가는 것을 허락받는다. 이제 외교는 통감부의 대변(代辨)으로 돌아가 해관 소재의 지역에서도 일본 이사청(理事廳), 감리에게 처변(處辨)시킨다. 즉, 진남포 이사관(理事官)이 청국 이동성(李同盛)의 배를 한인 박치순(朴治順)의 고선(雇船)으로 하여 내지(內地)로 가는 것을 허락하는 '빙표(憑票)'를 보는데 그 기한은 2개월이다.

이 허가를 받은 배는 해관세를 지불한 후, 그대로 내지의 항해를 할 수 있는 것이다. 그렇지만 그 취체는 충분하지 않아, 2개월의 기한을 경과하여도 여전히 허가를 받았다고 말하며 미개항장으로 밀수입을 기도하는 것이다.

대령강 구진(舊鎭)에서 '정크선' 1척을 검사했을 때, 8월 27일부 진남포해관 및 감리(監理)가 하부(下附)한 문서에 의해 4개월간 미개항장으로 가는 허가를 받았다는 빙표를 보이었다. 이와 같이 일단 해관의 허가를 받은 자는 밀수입선이 아닌 것 같지만, 그 실제는 밀수입선이다. 최초의 항해는 반드시 해관에서 세금을 지불한 후, 미개항장 항해의 허가를 받는 것이지만, 두 번째의 항해에는 허가를 받았다고 말하며 그 적재의 화물에 대해서는 해관을 거치지 않고 밀수입을 하는 것이다. 그 '빙표'는 4개월간의 허가이지, 결코 그 기간의 무세수입(無稅輸入)을 허가한 것이 아니다. 저들은 진남포에서 4개월간의 허가를 받고, 그것을 방패삼아 진남포해관의 눈이 닿지 않는 대령강에서 밀수입을 하였다. 일본선(日本船)은 연안항로조약(沿岸航路條約)에 의해 집조(執照)를 건네고 미개항장으로 항해하는 것을 허락하고 있다. 이 집조는 일본 선박에 한해 건네는 것으로서, 청국선과 기타의 외국선은 여기에 균점하는 것으로 하면 안 된다.

4. 천일제염의 시험

〈자료 160〉 제염시험장에 관한 건

- 원제목: 製鹽試驗場ニ關スル件(度支部訓令譯文)
- 출전호수: 《財務週報》 제10호, 執務參考
- 간행일: 1907년 6월 17일

각 관찰사(충청북도 제외) 앞

아국(我國)은 3면이 바다를 두르고 있고, 연안의 만입이 많으며, 기후가 조화로워 가장 염업에 적합하다. 그러나 식염이 일본 및 청국으로부터 수입되는 것이 적지 않아 생업 상의 곤란이 자못 많다. 이로서 염업이 확장되는 것에 따라서 제염 방법을 개량시키지 않으면 안 된다. 그리고 동해안 일대는 연안에 사탄(沙灘)이 많기 때문에 일본 제법식을 취용(取用)하고, 서해안은 점토가 많기 때문에 청국법식을 취용한다. 우선 인천(仁川) 및 동래(東萊)의 양처에서 개시하여 실업(實業)의 발달을 기획하고자 한다. 따라서 연안 각 군민(郡民)에게 번칙(飜飭)하니 부지(不知)의 폐가 없도록 해야 할 것이다.

〈자료 161〉 한국 토양 분석 성적

- 원제목: 韓國土壤分析成績
- 출전호수: 《財務週報》 제10호, 彙報
- 간행일: 1907년 6월 17일

재정감사청(財政監査廳) 세무부(稅務部)의 의뢰에 따라 대장성(大藏省) 주세국(主稅局)에서 한국 토양의 분석을 시행한 성적은 다음과 같다.

한국 염전 토양 총계 11종에 대한 분석 성적은 다음 표와 같다.

본 분석으로 제공된 한국염전 토양을 관동주염전(關東州鹽田) 토양과 대비한 것에서 점토 100분의 20 이상을 함유하고 있는 것에서는 담수력(湛水力)이 강하기 때문에 천일염전에 적합한 것으로 추정될 수 있다. 지금 이와 같은 가정을 하면 이 11종 중에서 제1위에 있는 것은 진도(珍島)의 56.90이고, 청어포(靑魚浦)의 22.23, 주안(朱安)의 21.47 및 목포(木浦)의 20.09가 그것의 차위이다. 기타는 대부분 뒤떨어져 100분의 13 이하로 내려간다. 따라서 토양에서 천일염전에 적합한 것은 전기의 진도, 청어포, 주안 및 목포의 4곳이다.

염용토양문석표 (원토 100분 중의 함유량)

구분	주안	장전동	진도	울산	분포	제주도	신도 말포	(戶田鹽用)신도	청어포	간촌	목포
점토분	21.47	13.96	56.90	13.12	1.59	4.96	10.21	11.89	22.23	11.89	20.09
0.01~0.05mm	62.73	43.37	27.48	5.99	4.24	4.75	3.71	3.35	13.48	62.22	44.86
0.05~0.10mm	11.52	6.36	1.54	13.25	48.58	4.21	4.87	3.53	17.01	19.20	3.88
0.10~0.25mm	0.04	22.30	0.30	26.76	32.78	15.76	8.19	36.00	18.98	0.08	1.54
0.25~0.50mm	0.03	25.01	0.24	24.49	5.00	28.31	65.46	34.41	9.12	0.07	3.45
0.50~1.00mm	0.04	12.40	0.25	2.24	1.57	16.56	0.76	0.12	2.88	0.08	5.64
1.00~2.00mm	0.07	3.30	0.08	0.33	1.13	11.69	0	0.20	2.70	0.07	5.69
2.00~3.00mm	0.09	2.40	0	0.02	0.56	2.82	0	0	1.40	0.64	2.80
3.00~4.00mm	0	1.86	0	0	0.17	1.30	0	0	0.64	0	0.70
4.00mm 이상	0	2.53	0	0.67	0.54	1.07	0	0	1.32	0	5.00
온기	2.25	1.54	10.35	5.77	0.91	3.83	1.71	3.02	3.06	2.80	1.92
1m의 용해분	1.70	3.97	2.86	7.36	1.98	4.74	5.09	7.66	7.18	3.53	4.43

<자료 162> 한국염 분석 결과

- 원제목: 韓國鹽分析結果
- 출전호수: 《財務週報》 제13호, 彙報
- 간행일: 1907년 7월 8일

앞서 정부 재정고문본부(財政顧問本部) 세무부(稅務部)의 의뢰에 따라 대장성(大藏省) 주세국(主稅局)에서 한국염의 분석을 행한 성적은 아래와 같다.

분석표   (원염 백분중)

산지	채수지	채수 연월일	결정	색탁	수분	불용해분	황산 칼슘	황산 마그네슘	염화 마그네슘	염화 칼슘	염화 나트륨	감정 성적
제주도 도돌리 (한인염전)		1907.01.05	소	암갈색	12.040	0.157	1.538	6.171	1.767	9.089	66.770	等外
목포 고하도		1907.01.03	소	백색	6.540	0.037	1.388	1.844	1.701	9.522	79.377	4등
울산대도 (한인염전)		1907.01.06	소	암갈색	15.590	0.281	2.640	1.512	2.295	6.878	68.323	等外
남양			소	회백색	7.740	0.249	1.225	2.839	1.560	10.827	75.719	5등
충청도 태안			소	회색	5.400	0.316	2.464	1.438	0.903	3.317	84.987	3등
원산 청어도		1906.06.24	소	회색	12.640	0.166	0.837	1.935	2.662	1.817	77.753	4등
분포(A)	부산진 시장	1906.06.30	소	회색	6.330	0.150	1.892	0.759	1.923	1.197	86.100	3등
분포(B)	부산진 시장	1906.06.30	소	회백색	5.660	0.261	1.157	1.317	0.184	4.210	87.510	3등
분포 사토 염전		1906.12.21	소	백색	6.140	0.031	0.993	1.615	1.275	1.193	87.709	3등
영산포		1906.07.13	소	대갈백색	7.130	0.134	1.210	1.178	0.932	1.077	87.031	3등

울산		1906.06.19	소	대갈백색	12.740	0.139	1.183	1.469	0.981	0.831	81.555	4등
전라남도 지도		1906.07.08	소	대갈회색	7.000	0.233	2.081	1.648	1.056	0.923	85.840	3등
평안북도 곽산		1906.12.04	소	대갈회색	17.600	0.619	1.319	4.339	3.761	1.568	69.837	等外
함경남도 유도	원산 시장	1906.06.25	소	대갈회색	10.270	0.155	0.816	1.438	1.271	0.953	83.914	3등
문천염전		1906.12.14	소	대갈회색	15.100	0.225	1.224	2.876	2.882	1.195	74.009	5등
진도 만길리		1906.07.19	소	대갈회색	6.850	0.366	2.285	1.950	0.164	1.108	86.425	3등
강원도 장전동		1906.06.26	소	대갈백색	10.770	0.054	2.965	0.985	2.467	1.291	79.367	4등
목포 고하도		1906.07.09	소	대갈백색	8.440	0.011	0.734	2.035	1.767	2.183	83.508	3등
문천	원산 시장	1906.12.15	소	대갈백색	9.110	0.110	1.564	4.053	2.995	0.984	78.258	4등
경상남도 분포야적염		1906.07.02	소	회색	7.030	0.431	0.721	1.260	0.645	1.077	88.082	2등
분포 (한인염전)		1906.12.21	소	회색	7.440	0.160	0.721	2.195	2.170	1.261	83.840	3등
명호도 (호전염전)		1906.12.13	소	회색	8.160	0.211	0.898	2.074	1.408	0.984	84.657	3등
명호도 (한인염전)		1906.12.22	소	회색	7.000	0.177	1.301	2.204	1.556	0.984	85.170	3등
평안남도 함순	평양문옥 추효 선방	1906.11.28	소	회색	9.530	0.048	0.748	1.698	1.673	0.953	84.425	3등
평안남도 증산	평양문옥 추효 선방	1906.11.28	소	회색	10.210	0.721	1.140	2.133	1.705	1.199	80.843	4등

비고: 鑑定成績은 분석표에 의해 鹽稅를 부과하는 데에서 산출된 것이다.

또한 주안출장소(朱安出張所) 시험염(試驗鹽) 분석 결과는 다음과 같다.

천일제염	채수월일	결정	색탁	수분	협작물	염화나트륨	감정석적
제1회 시험	6월 8일	대	灰白色	17.50	2.59	79.91	4등
제2회 시험	6월 15일	입상	白色	7.50	7.66	84.84	3등

위는 대장성 소정의 염 감정 분석법에 따랐다.

【품질설명】

원래 한국염은 색깔이 옅은 흑색이고, 진개(塵芥)가 협잡(挾雜)된 것이 많아서, 그 외관이 심히 나쁠 뿐만 아니라, 그 제법 및 이것을 취급하는 등에서 모두 조잡하기 때문에, 세간에서는 때때로 그 품질에 대해서도 역시 열등하다고 믿는 사람도 많다. 그런데 이번 정부 재정 고문본부 세무부 염세과에서 전 한국의 각소로부터 채집된 염 25종을 대장성 주세국에 의촉하여 분석하여 보니, 그 결과 품질이 외관에 비해 자못 양호하다는 것을 알게 되었다. 그 염화나트륨(純食鹽分) 함량이 최다인 것은 경상남도 동래부(東萊府) 용호리(龍湖里: 盆浦)산의 88.082%, 최소인 것은 제주도 도돌도산(刀乭島産)의 66.77%로서, 이것을 염화나트륨 함량으로 유별(類別)하면 85% 이상의 것이 8종, 80% 이상의 것이 8종, 75% 이상의 것이 5종, 70% 이상의 것이 1종, 70% 이하의 것이 3종이 된다. 지금 일본 염 전매법의 감정 등급에 따라 분류하면 2등염 1종, 3등염 13종, 4등염 6종, 5등염 2종, 등급 외 3종으로서, 보통 일본에서 상품이 되는 염의 품질에 비교하면, 그 우량한 것이 분명하다고 하겠다.

〈자료 163〉 주안 모범염전의 순시

- 원제목: 朱安模範鹽田ノ巡視
- 출전호수: 《財務週報》 제25호, 彙報
- 간행일: 1907년 9월 30일

메가타(目賀田) 고문은 9월 23일에 주안면에 창설된 모범염전을 순시하는 것으로 하고, 동시에 한국 조정(朝廷)의 총리대신(總理大臣), 내부(內部), 탁지부(度支部), 농상공부(農商工部) 각 대신 및 일·한 실업가 중심이 되는 사람들에게 안내장을 발급하여 동행을 요구해서, 당일 시찰자 일행은 주객(主客)을 포함하여 138인에 달했다. 당일은 경부철도(京釜鐵道)에 교섭하여 주안(朱安)에 이르는 임시열차를 운전하는 것으로 했다. 오후 0시 25분, 남대문정거장을 출발하여 도중에 영등포(永登浦), 부평(富平)에 정차하는 외에 직통으로 주안출장소(朱安出張所)를 약 10여 정(町) 떨어진 지점에 정차하고,[110] 138인의 일행이 동(同) 지점에 하차해서 보행하여 염전에 도착한 것은 오후 1시 40분경이었다. 정부 재정고문부(財政顧問部) 주안출장소는 전답과 황무지(田蕪) 사이의 고조(高燥)한 위치를 차지하고 있고, 눈 아래로 염전 및 소지(沼地) 수 천 정보를 굽어볼 수 있어 자못 형승(形勝)을 이루고 있다. 주객과 함께 먼저 출장소에 들어가 아카쿠라(赤倉) 염세과장 및 야마다(山田) 주임으로부터 도면(圖面) 및 표본(標本)을 든 설명을 받았는데, 그 순서는 아래와 같은 것이다.

제1. 제염표본(製鹽標本) 및 제염법 개황(사진)

1) 염전 및 염전 사진, 제염법

2) 제염표본

3) 기상 및 관측 설명, 부(附) 관측기

제2. 시험염전 실지작업(實地作業)

1) 저수지에서 제1차 증발지로 해수 주하(注下)

2) 제1차 증발지의 제1구 이하 각 구 함수(鹹水) 이주(移注)

3) 제1차 증발지의 제5구에서 제2차 증발지의 제1구로 함수 급양(汲揚: 水車)

5) 결정지에서의 염 채취 및 함수 주입

제3. 채취염 및 염 저장창고

---

[110] 주안 모범염전(이후 주안 1구 염전이 됨)이 위치한 곳은 인천부 주안면 십정리이지만, 이곳에는 경인철도가 지나가지 않아 다소면 충훈부리에 임시정거장을 설치하였다. 1910년 5월, 임시정거장 부근에 청사 및 관사 등이 옮겨오면서 주안염전의 중심지가 되었고, 소금 운송을 위해 임시로 운행되던 주안역 역시 1910년 10월 21일에 정식 역(보통역)으로 영업을 시작하였다(인천사랑운동시민본부, 2020, 『미추홀은 물골이다』, 219~220쪽).

당일 각 대신을 비롯한 한국 관민은 모두 처음 보는 것에 속하는 것이 대부분이었다. 이런 천일제염의 작업 및 채취염의 양호함을 목격하고 감탄한 것이 제일로 컸던 것 같다. 특히 각 대신은 일일이 채취염을 입 속에 넣고 그 실험을 하는 등, 열심인 면이 드러났다. 모두 메가타(目賀田) 고문에 대하여 자못 감사의 뜻을 표하였고, 고문 역시 매번 간절한 설명을 받으며, 보행 도중 및 왕복 열차 안과 같은 곳에서도 촌시라도 설명을 끊지 않았다. 이리하여 염전의 작업을 본 후, 사무소에서 맥주·과자 등의 향응이 있었고, 일동 매우 만족하고 동소(同所)를 떠났다. 오후 3시 6분에 발차하여 동 4시에 남대문정거장에 도착하였다. 일행 중 각 대신은 곧바로 입궐하여 배알하는 것이 순서이기 때문에, 아카쿠라(赤倉) 염세과장으로부터 선사받은 제염의 항아리를 휴대하여 배알의 때에 친히 한황(韓皇) 폐하에게 봉정(奉呈)하고 염전의 설명도 아뢰었다.

〈자료 164〉 주안출장소 천일제염 분석 성적표

- 원제목: 朱安出張所天日製鹽分析成績表
- 출전호수: 《財務週報》 제27호, 參考
- 간행일: 1907년 10월 14일

비교에 도움이 되기 위해 동시에 지나 수입염도 분석

성분 산지	염화조달	염화가리	염화고토	염산석탄	염산고토	불용해분	수분	채수지 및 일월
주안출장소제염	96.316	1.459	0.639	0.498	0.171	0.105	0.900	산지 1907.9.5.
청국천일제염 (산동성 張門掌)	93.044	1.152	0.610	0.170	0.408	0.253	4.290	인천항 정박 정크선 영순증호 1906.12.12.
상동 (산지불명)	88.083	1.535	1.293	0.595	0.718	0.910	5.800	평양염문옥 추효선 1906.11.28.

【참고】

일본염 전매(專賣) 소정의 염 품질등급은 아래와 같다.

- 1등 함유 염화나트륨량　　100분의 90 이상
- 2등　〃　〃　　　　　　100분의 85 이상
- 3등　〃　〃　　　　　　100분의 80 이상
- 4등　〃　〃　　　　　　100분의 75 이상
- 5등　〃　〃　　　　　　100분의 70 이상

전항(前項) 염화나트륨(鹽化曹達)의 양은 가검물(可檢物)의 양에서 그 함유하는 수분 및 협잡물(挾雜物)의 양에 아래의 계수(係數)를 곱한 것을 공제하여 이를 정하였다.

① 물: 1.1
② 협잡물: 1.2

따라서 주안출장소제(朱安出張所製) 천일제염 및 청국 천일제염 산동성 장문장산(張門掌産)은 일본 전매 소정의 1등염에 해당하고, 다른 하나는 2등염에 상당한다.

〈자료 165〉 주안 천일제염 시험성적

- 원제목: 朱安天日製鹽試驗成績
- 출전호수: 《財務週報》 제31호, 參考
- 작성일: 1907년 10월 22일
- 간행일: 1907년 11월 11일
- 작성자: 전매국 수납부장 하마니치(濱日)

정부 재정고문본부 염세과장 앞

본년 9월 21일 「염(鹽) 제158호」로써, 주세국(主稅局) 전매기술과(專賣技術課) 앞으로 송부합니다. 주안천일제염시험장(朱安天日製鹽試驗場)의 산염(産鹽) 표본에 붙여 당국에서 분석·집행한 성적이 별지를 통해 있습니다. 참고하시고 송부해 주시기 바랍니다.

<별표> 천일제염 3종의 분석 시험성적

	제1호	제2호	제3호
수분	1.20	4.00	6.85
협잡분	2.23	7.28	6.73
염화조달	96.57	88.72	86.42
감정성적	96.00 (1등)	86.86 (2등)	84.39 (3등)

위의 표와 같이 본품은 성질 모두 양호하고, 제1호와 같은 것은 우등(優等)에 위치하고 있다. 무엇보다도 가장 제1호품은 결정(結晶)이 작고, 또 투명한 외관을 드러내고 있다. 제2호 및 제3호는 약간 크고 부정형인 것이 뒤섞였다. 따라서 불투명하고, 제1호에 비해서 하위(下位)의 외관을 드러낸다. 더구나 3종 모두 사진(砂塵)이 뒤섞여 있다.

동상 성적서

채수 연월일	분석 연월일	결정	색택	수분 (%)	협잡물 (%)	염화 조달 (%)	온실 성적 (%)	총염소 (%)	칼륨과 결합한 염소(%)	고즙·기타와 결합한 염소(%)
1907.09.05	1907.10.19	정방형과 부정형의 것이 혼합		1.20	2.23	96.57	96.00	58.930	0.311	0.093
1907.09.10	상동			4.00	7.28	88.72	86.86	54.741	0.755	0.216
1907.09.11	상동			6.85	6.73	86.42	84.39	53.392	0.799	0.216

5. 관영 천일염전체제의 구축

〈자료 166〉 한국염무개황(韓國鹽務槪況)

- 발간연도: 1910년(明治 43)
- 간행처: 탁지부 임시재원조사국

본서는 한국 최근의 염업 상태와 천일제염전의 축조, 제염 등의 상황을 수록한 것이다.

- 1910년(융희 4) 7월
- 탁지부 임시재원조사국

제1장 전오제염(煎熬製鹽)의 일반

제1절 전오제염 상황

한국의 염업은 충청북도를 제외한 전 연안에서 생산되지만, 가장 성대한 곳은 전라남도의 연안 및 그 부근에 산재한 도서라고 한다. 그러나 구래(舊來)로 실제 조사한 일이 없기 때문에 염업에 관한 성쇠흥망(盛衰興亡)의 상황을 볼 수 있는 자료는 없어서, 1907년(융희 원년)부터 염업의 조사에 착수했지만, 여러 가지 사정 때문에 아직 전국의 조사를 완료하는 데에는 이르지 못했다.[111] 그러나 이미 조사를 마친 것으로 성적을 열거해 보면 다음과 같다.

---

[111] 1907년부터 시작된 한국염업 조사는 예산상의 이유뿐만 아니라 당시의 염업 조사가 복잡한 신고절차, 도량형의 불일치, 염민(鹽民)들의 저항 등의 어려운 점이 있었기 때문에 끝내 미완성으로 끝났다. 무라카미 마사요시(村上正祥)의 연구에 따르면 당시 염업 조사의 완성도가 전국의 3분의 2 정도에 그치고 만 것으로 추정한다(村上正祥, 1991, 「朝鮮の在來製塩法について(1)」, 『日本塩業の研究』 20, 日本塩業研究会, 203~204쪽).

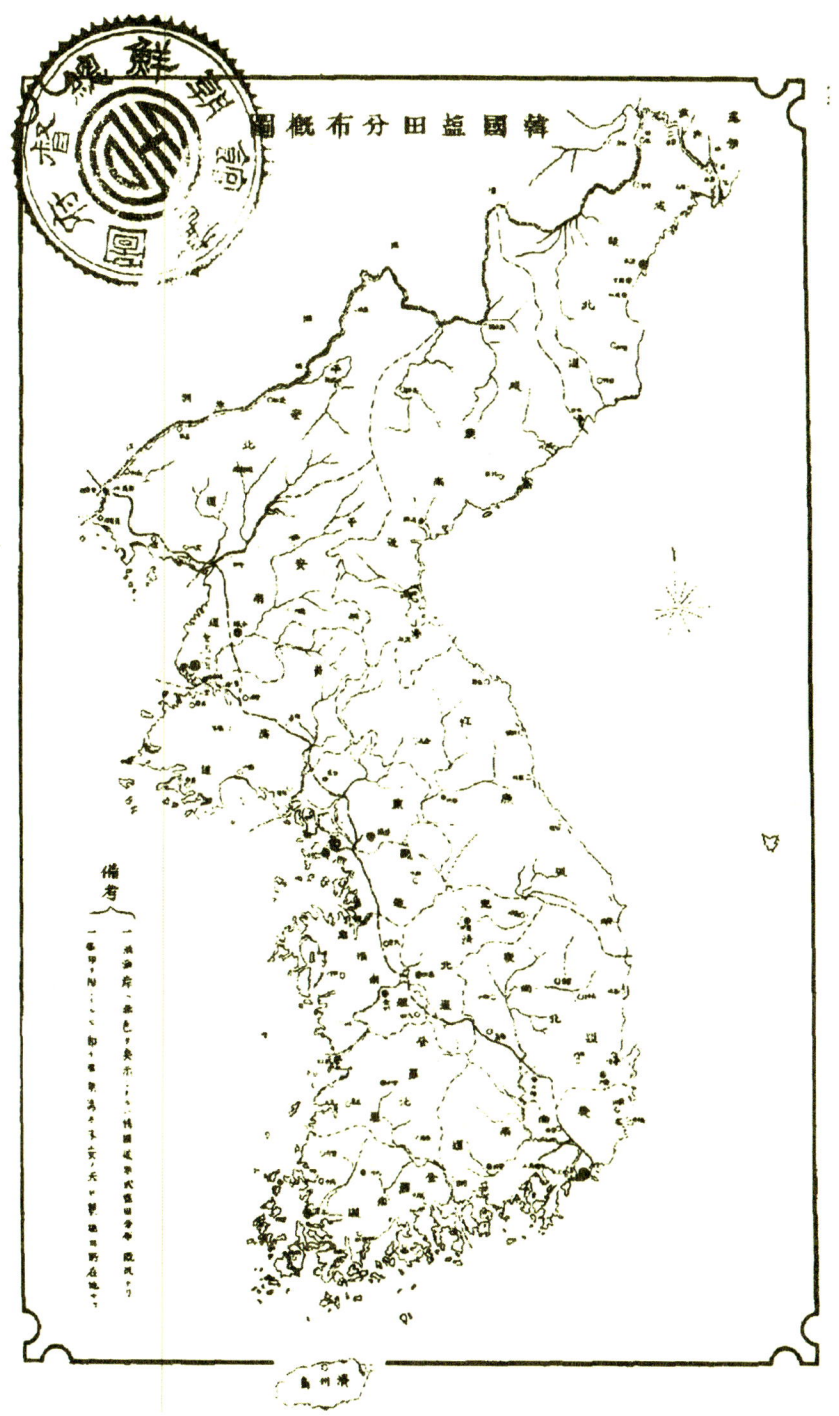

<그림 1> 한국 염전 분포도

염업 조사 성적표(1907년 조사)

도명	염업자 수 (인)	소작인 수 (인)	종업자 수 (인)	염전반별 (정)	제염 예상고 (근)	염정수 (개)	부옥 수	비고
경기도	1,648	625	5,248	477.3417	50,009,734	3,101	782	일부조사미완
충청남도	156	327	1,026	197.3314	8,592,026	2,816	156	〃
전라북도	76	18	294	129.0627	2,957,739	2,367	76	〃
전라남도	2,863	2,510	13,651	757.9009	103,733,170	23,247	954	〃
경상북도	222	67	681	79.1111	7,041,669	1,850	90	조사완료
경상남도	945	207	1,017	415.1522	26,124,811	8,647	455	〃
강원도	387	147	1,359	54.1624	7,785,237	2,337	178	〃
황해도	-	-	-	-	-	-	-	조사미착수
평안남도	258	-	-	427.2400	10,365,299	2,292	258	조사완료
평안북도	67	288	338	50.2003	984,753	296	67	〃
함경북도	359	-	538	52.5900	1,409,282	961	246	〃
함경남도	383	277	1,701	565.8323	21,139,031	6,033	355	〃
총계	7,364	4,416	25,853	3,205.9600	240,142,751	53,947	3,617	

　제염방법은 모두 일본풍의 입빈(入濱) 및 양빈식(揚濱式)과 유사한 전오제염법이지만, 채함(採鹹)과 전오(煎熬)가 동시에 매우 유치하고 졸렬하여 많은 노력(勞力)이 필요할 뿐만 아니라, 제염 지방에서의 임야 황폐가 심해 연료가 고가(高價)라는 점이 의외이다. 따라서 염의 생산비를 상승시키는 것이 달리 견줄 만한 예가 없다. 염의 생산비는 지방에 따라서 고저(高低)가 한결같지 않지만, 대략 평균하여 100근에 1원 30전이 필요하다. 그리고 시장가격은 교통이 불편하기 때문에, 이 역시 지방에 따라 고저가 한결같지 않지만, 각지의 평균은 다음과 같다.

- 한국염 현지시세(濱相場) 100근 각지 평균 1원 35전 8리
- 한국염 도매시세(卸賣相場) 100근 평균 1원 83전 1리
- 한국염 소매시세(小賣相場) 100근 평균 2원 52전 2리

그런데 청국(淸國)으로부터 수입하는 천일제염은 그 가격이 매우 싼값이기 때문에 수입염은 해마다 증가하여 점차 한염(韓鹽)을 압도하는 형세를 보이는데, 최근 수년간의 수입염의 통계를 들어보면 다음과 같다.

수입염	1905년(광무 9)	2,600만 근
	1906년(광무 10)	4,000만 근
	1907년(융희 원년)	5,400만 근
	1908년(융희 2)	7,400만 근
	1909년(융희 3)	5,700만 근

비고: 1909년(융희 3)의 수입 감소의 주 원인은 전년의 이월, 한염의 풍작 및 밀어 단속으로 인한 어선의 왕복 감소에 따라 수입을 줄이었던 것으로 생각됨.

그런데 수입 천일염의 시장시세(市場相場)를 조사하니 시기와 지방에 따라 한결같지 않았지만, 대요(大要)를 들자면 다음과 같았다.

청국 수입 천일제염 도매 100근당	최고 1원 25전 4리
	최저 81전 5리
	평균 1원
청국 수입 천일제염 소매 100근당	최고 1원 80전
	최저 1원 16전
	평균 1원 39전 9리

즉, 한국염을 청국 수입염과 비교하면 평균 도매가에서 8할 3푼, 소매가에서 8할 2푼의 고율을 보인다. 게다가 한국염은 청국염에 비해 그 품질에서 미치지 못하는 것이 있고, 그 밖에 서북 연안에 이르러서는 밀수입하는 청국염으로 그 가격이 매우 저렴한 것도 있다. 이와 같이 값싼 수입염 및 밀수입염은 해마다 증가하여 점차 한국염을 압도하는데, 그중에서도 평안남도·평안북도 및 황해도와 같은 곳이 가장 심하다. 동 지방의 염업자는 점차 그 업무를 방기하며 날마다 달마다 염전의 황폐를 본다.

제2절 전오제염의 제조 방법

한국 전오염의 제조 방법은 일본풍과 유사하여 입빈(入濱) 및 양빈(揚濱)의 2종이다. 즉, 세소(細小)한 모래를 염전면에 살포하고 거기에 해수(海水)를 침윤(浸潤)시키거나, 또는 해수를 길어올려 모래 위에 살포해서 태양열과 바람에 말릴 때는 가는 모래에 침윤된 해수의 수분은 증발·건조되고, 염분만이 모래에 부착된다. 이 염분이 부착된 가는 모래를 함사(鹹砂)라고 칭한다. 이 함사를 채수(採收)하여 소정(沼井, 점토로 염전 안에 장치한 상자 모양의 용기), 또는 통(桶) 등의 용기에 옮기고, 여기에 해수를 주입하는 때는 함사에 부착된 염분은 흘러들어간 해수로 인해서 용해되어 매우 농후한 해수가 된다. 이것을 함수(鹹水)라고 말한다. 함수는 다시 전오가마(煎熬釜)로 옮기어 화력을 사용해서 전오(煎熬)함으로써, 수분이 증발되어 결정(結晶)된 식염(食鹽)을 얻는 것이다.

제3절 염세(鹽稅)

염에 관한 세금은 원래 매우 조잡하고 통일되지 않아서, 탁지부(度支部)에 속한 것이 있고, 농상공부(農商工部)에 속한 것이 있으며, 혹은 궁내부(宮內府)에 속한 것이 있고, 친왕부(親王府)에 속한 것이 있다. 또한 과세(課稅) 방법도 염부(鹽釜)에 부과하는 것이 있고, 염정(鹽井)에 부과하는 것이 있다. 따라서 세액(稅額) 역시 높낮이가 한결같지 않고, 매우 불균형하다. 특히 여기에 대한 부가세라고 불리는 형식으로 지방 대·소 관리가 주구(誅求)하는 것도 매우 많아서 그 폐해는 하나로 충분치 않았다. 이에 1907년(광무 11, 明治 40)부터「염세규정(鹽稅規程)」을 제정하여 염의 제조고(製造高)에 대해 일정한 과세를 하는 것 외에는 별도로 어떠한 명목을 묻지 않았다. 염의 제조에 대해 징세하는 것으로 된「염세규정」의 조문은 다음과 같다.

염세규정(광무 10년 11월 13일 칙령 제69호)

제1조. 염을 제조하고자 하는 사람은 아래의 사항을 기재한 염제조면허신청서(鹽製造免許申請書)를 관할 세무감(稅務監)을 경유하여 탁지부대신(度支部大臣)에게 제출해 면허를 받아야 한다.

① 채함지명(採鹹地名)

② 염전의 면적

③ 제조장 및 저장장의 위치 및 개수

④ 염정(鹽井) 또는 염부(鹽釜)의 수

⑤ 제조 방법

⑥ 1년의 제조 예상 근수

⑦ 제조자의 주소씨명

본령을 시행하기 전부터 염 제조에 종사하고 이후에도 제조를 계속하고자 하는 사람은 전항의 면허가 필요하다.

단 전항 각호의 사항이 게재된 염 제조 신고서를 1907년 1월 31일 내에 세무감을 거쳐 탁지부대신에게 제출해야 한다.

만약 이 기일 내에 신고서를 제출하지 않았을 때는 다시 전항의 면허를 계승할 수 없으므로 염을 제조할 수 없다.

제2조. 염 제조자로서 전조(前條) 제1항 각호의 사항을 변경하고자 할 때는 그 취지를 즉시 관할 세무감을 경유하여 탁지부대신에게 신고해야 한다.

제3조. 염 제조자가 그 제조를 폐지하고자 할 때는 그 취지를 세무감을 경유하여 탁지부대신에게 신고해야 한다.

제4조. 염을 제조하는 사람은 그 제조근량(製造斤量) 100근에 대해 6전(錢)의 율(律)로써 염세를 부과한다. 염의 제조근수가 100근 미만의 끝수(端數)가 발생할 때는 전체 100근으로 가상(加上)하여 계산하는 것으로 한다.

제5조. 염세는 매 3개월의 제조근량에 따라 아래의 4기에 납부해야한다. 단 제1조 및 제2조의 신청, 또는 신고를 하지 않고 염을 제조한 자의 염세는 즉납(卽納)해야 한다.

 제1기 4월 중, 단 1월부터 3월까지의 제조근량에 대한 염세

 제2기 7월 중, 단 4월부터 6월까지의 제조근량에 대한 염세

 제3기 10월 중, 단 7월부터 9월까지의 제조근량에 대한 염세

 제4기 다음해 1월 중, 단 10월부터 12월까지의 제조근량에 대한 염세

제6조. 염 제조자는 장부를 만들고 세무관리(稅務官吏)의 지시에 따라 염업에 관한 요건을 기재해야 한다.

제7조. 세무관리는 채함지, 제조장, 저장장, 기타 염의 제조에 관해서 필요한 기구, 기계, 장

<그림 2> 경기도 인천부 주안천일제염전 축조지 및 부근 약도

주안천일제염전의 소재를 보여 주는 것으로서 구획 중 제 몇 구로 기재된 것은 즉 염전의 구역임

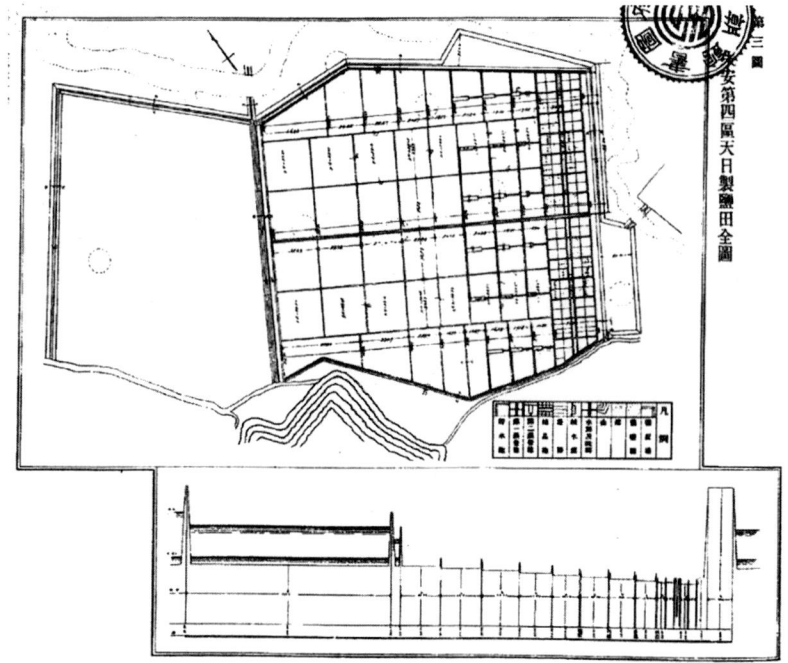

<그림 3> 주안 제4구 천일제염전 전도

① 1907년(융희 원년) 시험을 위해 설치한 주안천일제염전 제4구의 전면으로, 한국에서의 천일제염의 창시 염전임.
② 서북단의 최대 구역을 저수지, 그다음 구획을 제1증발지, 또 그다음을 제2증발지로 하여 최후의 소구획을 결정지로 함.
③ 제2증발지 가운데의 소구획 및 결정지 중앙으로 통하는 소구획은 함수류(鹹水溜)임.
④ 본 염전은 대만식을 모방하여 축조한 것으로 제1증발지면보다 제2증발지면이 높게 구조됨. 따라서 제1증발지에서 제2증발지로 함수를 옮기려면 수차(水車)로 길어 올려야 함.

부서류를 검사하거나 감독상 필요한 처분을 할 수 있다.

제8조. 염 제조장이 멀리 떨어진 지역에 있어서 일상 검사·감독을 행하기 어려운 경우에는 세무관리는 예상 제조근수로서 염세를 부과할 수 있다.

제9조. 제1조 및 제2조의 신청 또는 신고를 하지 않고 염을 제조하는 자는 3원 이상 300원 이하의 벌금에 처한다.

제10조. 제3조, 제6조, 제7조의 경우에 있어서 장부의 기재나 사실의 신고를 태만히 하는 자는 3원 이상 50원 이하의 벌금에 처한다.

제11조. 염 제조자로서 세무관리의 직무집행을 거절하거나, 또는 이를 기피하거나, 또는 그 것에 지장을 가하는 때는 3원 이상 30원 이하의 벌금에 처한다.

〈부칙〉

제12조. 본령은 1907년(광무 11) 1월 1일부터 시행한다.

제13조. 본령에 저촉하는 종전의 법령은 폐지한다.

제2장 천일제염

제1절 천일제염의 시험

많은 인력과 연료를 요구하는 전오식(煎熬式) 제염방법은 어떻게 개량하여도 도저히 그 가격에서, 그 품질에서 천일제염에 대항할 수 없다. 반면에 한국의 지형·지질 및 기후 등의 관계를 보면 서해안 일대 도처의 간석지(干潟地)에 풍부한 지질은 심층의 점토를 가지고 있고, 또 조수간만의 차이가 크며, 더욱이 기후가 양호해서 공기는 건조하고 우량은 적은 청국 및 대만 등에서의 천일제염전의 소재 지방과 매우 비슷함이 있다. 만일 한국에서 천일제염전이 성립한다면 충분히 외염(外鹽)에 대항할 수 있어 국리민복(國利民福)에 지대함이 있을 것이다. 이로서 땅을 경기도 인천 부근 주안면(朱安面)의 간석지로 하여서 천일제염의 시험염전을 개축하여 1907년(융희 원년, 明治 40) 9월에 준공함으로써 천일제염의 제조를 시험하였다. 그 결과에 따르면 1정보의 염전에서 1개년 약 12만 근의 염을 생산할 수 있었고, 또 그 품질 역시 양호하여 다른 데에 뒤지지 않는 성적을 얻었다. 주안시험염전에서 생산된 염의 분석 결과는 염화나트륨(鹽化曹達, 純鹽分)의 양이 100분의 88.720에서 96.570을 가졌다. 즉,

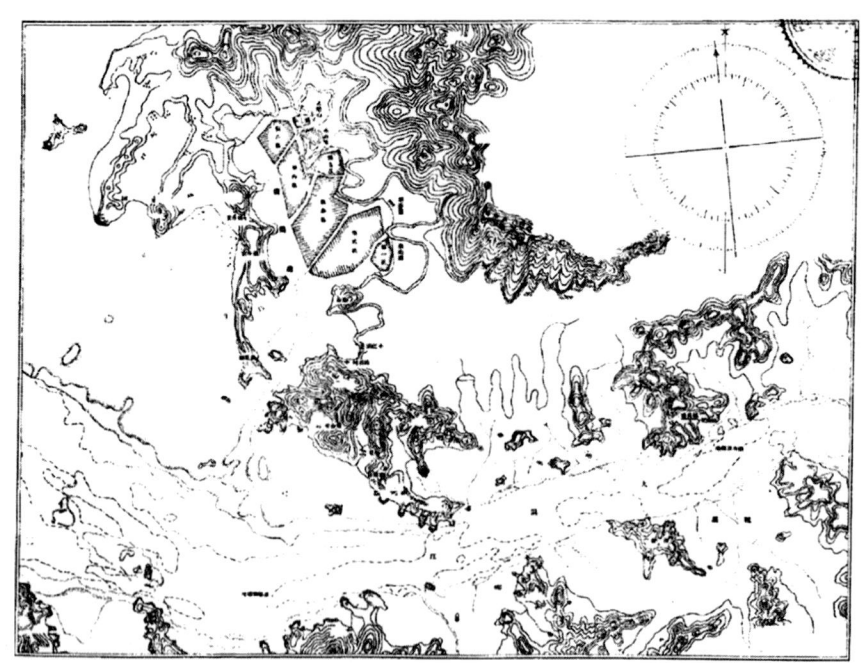

<그림 4> 평안남도 삼화부(三和府) 광량만 천일제염전 축조지 및 부근 약도
광량만 천일제염전의 소재를 보여 주는 것으로서 구획 중에 제 몇 구로 기재된 것이 곧 염전의 구획임.

전자는 일본 전매의 2등염에, 후자는 1등염에 상당하고, 청국 및 대만의 천일제염과 한국 종래의 산염(産鹽)에 비해서도 훨씬 양호한 것이었다.

제2절 천일제염의 관영 계획 및 염전 축조

한국에서의 천일제염은 실로 주안에서의 시험염전을 효시로 한다. 그리고 그 시험 성적이 우량한 결과를 얻음에 따라 이것을 관영(官營)으로 하여 제조의 이익을 국고의 재원으로 하고, 수용공급의 균형과 품질의 개량·통일을 계획하였다. 또한 종래의 가격에 비해 저렴한 염을 공급함으로써 국민에게 그 혜택을 나누고, 수입 외국염을 구축한다는 목적으로 1909년(융희 3, 明治 42) 천일제염 관영 제1기 계획을 확정하였다. 계획의 대요(大要)를 들자면 다음과 같다.

- 천일제염전 축조지: 평안남도 삼화부 광량만(진남포에서 약 4리)
- 염전 축조 면적: 1,000정보
- 염전축조비 예산(고정자본): 금백십육만사천이백팔십칠원(116만 4,287원)[112]
- 경상비 연액: 금이십만사천삼백육십사원(20만 4,364원)
- 운전자본: 금육만팔천원(6만 8,000원)
- 수입 연액: 금육십칠만이천원(67만 2,000원)(염 100근 1등 65전, 동 2등 50전 판매대금)
- 이익 연액: 금사십육만칠천육백삼십육원(46만 7,636원)(수입금에서 경상비를 뺀 이익금)
- 이익률: 연 3할 7푼 9리(고정자본 및 운전자본에 대한 이율)
- 염 생산 연액: 1억 2,000만 근
- 염 생산비: 100근당 17전(錢) 3모(毛)

  연산액 1억 2,000만 근, 경비 20만 4,364원으로 함.

  만일 총자본금(고정자본·운전자본 합계 123만 2,287원)에 대한 이자 연 6푼을 가산하면 생산비는 100근당 23전 1리 9모임.

- 염전 축조기: 1909년(융희 3)부터 1911년(융희 5)까지 3개년 계속
- 염전 축조 준공 예정: 1909년(융희 3, 明治 42) 115정보

  1910년(융희 4, 明治 43) 324정보

  1911년(융희 5, 明治 44) 561정보

위의 계획에 기반하여 1909년(융희 3, 明治 42) 5월 광량만에서 천일제염전의 축조에 착수하였다. 그 구별 및 면적은 다음과 같다.

구별	면적(단위: 평)			공사착수연월	공사준공연월	비고
	염전	저수지·부속제방·외곽제방	계			
제1구	163,309	69,691	233,000	1910.06		예정면적

---

112 116만 원에 달하는 광량만 천일염전의 축조 예산은 1909년도 한국 총세입 예산(공채·차입금 제외)의 7.6%에 해당한다.

제2구	880,496	136,604	1,017,100	미착수		동
제3구	634,971	77,729	712,700	동		동
제4구	386,394	43,891	430,285	1910.04		확정면적
제5구	171,431	59,967	231,398	1909.05		동
제6구	549,944	108,807	658,751	1910.04		동
제7구	120,142	61,811	181,953	1909.11		동
합계	2,906,687	558,500	3,465,187			

비고: 전기(前記) 제4구·제5구·제6구 및 제7구는 1910년(융희 4) 중 준공 예정. 제1구·제2구·제3구는 1910년 중 기공, 동(同) 1911년(융희 5) 준공 예정임.

주안 천일제염전은 1907년(융희 원년, 明治 40) 설치된 것을 확장·증축시켰다. 그 구별 및 면적은 다음과 같다.

구별	면적(단위: 평)			공사착수연월	공사준공연월	비고
	염전	저수지·부속제방·외곽제방	계			
제1구	3,000	3,000	6,000	1907.04	1907.09	
제2구	13,742	5,792	19,534	1908.07	1909.12	
제3구	30,535	7,079	37,614	1908.12	1910.05	
제4구	48,912	30,496	79,408	1909.07	1910.06	
합계	96,189	46,367	142,556			

제3절 천일제염의 제조 방법

천일제염은 화력을 사용하는 것이 아니라 해수를 태양열과 바람에 쐬어서 이를 증발·건조시켜 식염을 채취하는 방법이다. 천일제염전은 저수지, 증발지, 결정지 및 함수류 등으로 구성되어 있다. 증발지는 제1, 제2로 구분하고 다시 이것을 몇 구로 나눈다. 그리고 고조(高潮) 때에 해수를 저수지에 도입시켜 저류(貯溜)해 놓음으로써 제염의 재료로 공급한다[해수의 농도는 모씨(母氏) 비중 2도에서 3도를 갖는 것을 보통으로 한다]. 제염법은 우선 저수지 안의 해수를 제1증발지의 제1구에 깊이 2~3촌(寸)으로 주유(注溜)하여 1일간 방치하고 햇볕과 바람에 쬐이면 해수는 증발하여 점차 농후한 해수가 된다. 이 해수는 이튿날 제2구로 주하(注下)시켜 또 증발시킨다. 이런 식으로 제3구, 제4구를 점차 주하·증발시켜 제1증발지를 통과하고, 마지막에 가서 다시 제2증발지의 제1구로 유하(流下)하면 제1증발지와 똑같은 방법으로 각 구를 통과·증발시킨다. 이와 같이 제2증발지의 최종구에 이르러 모씨 비중 23~24도를 갖는 함수가 되면(증발지 안의 각 구에서 증발시키는 것은 보통 1일간으로서 다음 구로 주하하지만, 만일 기후 관계에 의해 증발량이 적을 때는 동일 구에서 2일 이상 방치·증발시켜야 적당한 농도에 도달되는 일이 있다. 또한 증발량이 많아서 제1, 제2증발지의 각 구에서 각각 1일간 증발시키는 것만으로 적당한 농도에 도달하는 때는 곧바로 결정지로 주입하는 일도 있다), 이것을 결정지로 주입하고, 다시 증발되면 점차 석출(析出)·결정(結晶)하여 염을 생산한다. 그리고 결정지 안에 주입된 함수가 대략 반감(半減)에 이를 때까지 결정될 무렵의 염을 파집(把集)하여 수분을 내려뜨린 후, 염고(鹽庫)로 반입하는 것으로 한다.

　염의 산출 기간은 기후 및 계절의 관계에 따라 차이가 있어서 항상 일정하지 않지만, 해수를 증발지에 주하하는 초부터 염을 채수(採收)하는데 이르기까지의 일수는 통상 빠를 때에 6~7일, 늦을 때에는 약 12일이 필요하다.

　함수류(鹹水溜)는 함수를 저장하는 경우를 위하여 준비하는 것으로서, 염전의 조직에 대해 순조로이 증발·제염시키는 경우는 대부분 함수류를 사용할 필요가 없지만, 증발 중에 강우(降雨)를 만나 함수를 희박하게 할 우려가 있는 때는 증발지 또는 결정지 안에 함수를 함수류로 옮기어 저장·보존하고, 날씨의 회복을 기다려 다시 증발지 또는 결정지로 환송한다. 또한 기후가 양호하고 증발량이 왕성하여서 결정지로 주입이 필요한 함수량으로부터도 과량의 함수를 얻는 경우(제조된 함수량에 비해서 결정지가 부족한 경우)에 있어서는 그 과량의 함수를 함수류에 주하·저장해 두어 점차 제조하는 것으로 한다.

제4절 천일제염의 생산

　천일제염의 생산은 금일까지 근소한 시험염전으로부터 채수되는 것뿐이기 때문에 그 생산액 역시 많지 않다. 축조 당초년부터 생산한 것을 연별로 들자면 다음과 같다.

<그림 5> 천일제염전 저수지
○ 주안 제1구 천일제염전의 저수지 일부로서 전면에 평행하는 제방이 있음. 제방 밖의 초가집[茅屋]은 한인의 제염 부옥(釜屋)임.
○ 매월 2회 고조(高潮) 때에 해수를 이 저수지로 도입하여 저류시켜서 제염의 재료로 공급함.

<그림 6> 천일제염전 제1증발지
○ 주안 제1구 천일제염전 제1증발지의 일부로서 외곽제방 밖에 있는 초가집은 한인의 제염부옥임.
○ 저수지의 해수를 이 증발지로 옮기어 증발시켜서 해수를 농축함.

<그림 7> 천일제염전 제2증발지
- 주안 제1구 천일제염전 제2증발지의 일부로서 좌측 일단의 낮은 구획을 제1증발지로 함. 좌단에 있는 것은 수차(水車)이고, 오른편에 특히 깊게 구조된 소구획은 함수류임.
- 제1증발지에서 농축시킨 해수는 수차로서 이 증발지로 급상(汲上)시키고, 다시 증발시켜 농후한 함수로 만듦.

<그림 8> 천일제염전 결정지
- 주안 제1구 천일제염전 결정지의 일부로서 결정지 가운데 하얀 형태로 되어 있는 것은 함수를 증발·결정시키기 위해 있는 것이고, 검은 비늘[鱗] 형상으로 된 것은 결정지 안에 깔아 논 옹기 파편임. 또한 왼쪽의 깊은 한 구획은 함수류로서 실제로 함수류의 함수를 길어서 결정지로 옮기고 있는 광경임.
- 제2증발지에서 농축된 모씨 비중 23~24도에 달하는 함수는 이 결정지에서 옮겨져 다시 증발·결정시키어 염을 채수함.

<그림 9> 천일제염 채수(採收) (1)
○ 주안 제1구 천일제염전의 결정지에서 결정되는 염을 파집(把集)하는 광경임.

<그림 10> 천일제염 채수 (2)
○ 주안 제1구 천일제염전의 결정지에서 결정되는 염을 파집(把集)하는 광경임.

<그림 11> 천일제염의 운반
○ 주안 제1구 천일제염전에서 채수된 염을 창고로 운반하는 광경임.

<그림 12> 천일제염의 저장
○ 채수·운반된 천일제염을 저울질하여 창고에 수납하는 광경임.

출장소	연별	염 생산액(단위: 근)			비고
		1등	2등	합계	
주안	1907년(융희 원년)	-	6,988	6,988	제1구 1정보 9월 이후 생산
〃	1908년(융희 2)	18,607	114,146	132,753	제1구 1정보 전년 생산
〃	1909년(융희 3)	24,580	179,033	203,613	제1구 1정보 생산: 126,559근 제2구 1정9반3무보(5월 이후 생산):75,490근
〃	1910년(융희 4) 6월까지	129,798	353,383	483,181	제1구 1정보 생산: 60,306근 제2구 4정5반8무2보 생산: 131,153근 제3구 10정1반7무25보 생산: 103,068근 제4구 16정3반12보 생산: 188,654근

1907년(융희 원년)은 9월 이후, 또 1909년(융희 3)분 제2구는 5월 이후이기 때문에 비교할 수는 없지만, 1908년(융희 2) 및 1909년(융희 3)의 채수고를 평균하면 1정보당 평균은 12만 9,656근이 된다.

기후에 의지하여 그 산액을 지배당하는 천일제염은 그 생산이 해마다 증감을 면하지 못하지만, 염전의 노숙(老熟)에 따라 그 산액이 증가한다. 또한 품질을 가량(加良)하게 함은 물론이다.

광량만염전 내 제5구는 1910년(융희 4, 明治 43) 5월 처음으로 채염에 착수하였다(결정지에 敷石을 하려고 예정했지만 재료가 아직 조성되지 않았기 때문에 일단 토판인 채로 채염함). 그 제1회는 5월 9일로서 채염량은 1,000근이었고, 제2회는 5월 12일로서 채염량은 3,500근이었다. 그리고 6월 말일까지의 채염량은 6만 3,066근으로서 토판임에도 불구하고 색깔은 순백이어서 매우 양호한 염을 얻었다.

제5절 천일제염의 분쇄

천일제염은 전오염에 비하여 그 결정 입자가 크기 때문에 일본·한국 등의 전오염을 사용하는 관습이 있는 곳에서는 조금 불편한 점이 있어서 시험적으로 주안에 천일제염 분쇄 설비의 계획을 세워 1910년(융희 4) 중에 준공할 예정으로 하였다. 그 계획의 대요는 다음과 같다.

【주안천일제염분쇄공장 요항(要項)】

① 원동력: 석선(suction) 가스기관(瓦斯機關) 10마력의 것

② 분쇄기: 로울러식 분쇄기

③ 1일 분쇄력: 염 2만 근

④ 1개년간(운전을 6개월간으로 함) 분쇄량: 360만 근

제6절 천일제염의 매도가격

천일제염의 매도가격은 1909년(융희 3, 明治 42) 3월 31일 임시재원조사국 고시 제1호 및 동년 6월 23일 고시 제2호, 1910년(융희 4) 2월 4일 고시 제1호로써 고시하였다. 그 가격 및 요항(要項)은 다음과 같다.

① 천일제염 1등염 100근당 65전(錢)
     2등염 100근당 55전

② 일시에 10만 근 이상의 매도를 청구하는 자에게는 각 등급 100근에 대해 5전을 저감함.

③ 매도염은 출장소에서 염으로 인도하는 것으로 함.

제7절 천일제염의 매도 수속 및 등급 감정

1909년(융희 3) 3월 23일 탁지부 훈령 제22호로써 염 수불(受拂)에 관한 사무 취급 수속을 정하였다. 그 취급 및 매불(賣拂)에 관한 요항은 다음과 같다.

① 출장소에 염 회계관리를 두어 염의 출납 및 보관의 사무를 관장하게 함.

② 염의 출납은 임시재원조사국장 또는 출장소장의 명령에 의함.

③ 염의 수불은 다음의 구분에 의함.
  - 천일제염 1등
  - 천일제염 2등
  - 분쇄염 1등
  - 분쇄염 2등

④ 염의 등급은 색상 및 협잡물 등을 사찰(査察)한 표본에 견주어서 이것들을 감정함.

⑤ 표본은 다음의 표준에 따라 이를 정함.

- 천일제염 1등: 염화나트륨량 90% 이상으로 색상이 순백인 것
- 천일제염 2등: 1등에 버금가는 것
- 분쇄염 1등: 천일염의 1등염을 분쇄한 것
- 분쇄염 2등: 천일염의 2등염을 분쇄한 것

⑥ 염의 매도를 받기로 한 자는 임시재원조사국 또는 출장소에 매도청구서(용지는 인쇄 준비에 있음)를 제출하는 것을 정칙(正則)으로 하지만, 구두로서 청구하는 것도 무방함.

⑦ 염 매도대금은 납입고지서에 의해서 금고로 납부하거나 또는 구두 고지로서 출장소의 수입관리(收入官吏)에게 즉납하는 것으로 함.

⑧ 매도한 염은 대금 납부를 완료한 후 출장소에서 인도하고, 매도청구서의 상당란에 매수인의 염 영수증 도장을 대조함.

⑨ 상시 염의 매도를 청구하는 자로서 담보를 제공하는 때는 염 대금을 3개월간 연납(延納)할 수 있음.

⑩ 담보물은 금전 또는 임시재원조사국장이 확실하다고 인정하는 토지 혹은 유가증권으로 함. 금전 및 유가증권은 즉시로, 토지는 공증을 거친 후 제공해야 함.

⑪ 연납에 관한 염 대금의 납부를 게을리 할 때는 담보물을 매각하여 염 대금에 충당함. 또한 기한이 아직 도래하지 않은 것이라도 아울러 징수하는 일이 있을 수 있음.

⑫ 지방의 상황에 따라 혹은 구역을 제한하여 특별히 염 중매인을 지정하는 일이 있을 수 있음.

⑬ 시의(時宜)에 따라 염의 회송(回送) 매도를 하는 일이 있음.

제3장 수입 외국염

수입 외국염의 누년(累年) 비교는 다음과 같다.

(단위: 근)

연도	세관별\산지별	원산	부산	인천	진남포	합계
1905년	일본	3,308,200	4,756,000	3,348	16,500	8,084,048
	대만	-	876,000	-	-	876,000
	청국	-	-	6,258,200	10,863,040	17,121,240
	합계	3,308,200	5,632,000	6,261,548	10,879,540	26,081,288
1906년	일본	4,258,500	8,529,218	1,064,930	53,421	13,906,069
	대만	-	9,131,560	-	-	9,131,560
	청국	-	-	5,444,900	11,632,156	17,077,056
	합계	4,258,500	17,660,778	6,509,830	11,685,577	40,114,685
1907년	일본	3,734,600	14,386,055	265,148	4,500	18,390,303
	대만	-	9,720,060	-	-	9,720,060
	청국	-	-	13,429,108	12,567,063	25,996,171
	합계	3,734,600	24,106,115	13,694,256	12,571,563	54,106,534
1908년	일본	3,385,776	999,478	268,550	-	4,653,804
	대만		15,232,500	-	-	15,232,500
	청국		1,000	19,316,968	35,387,885	54,705,853
	독일	4,300	-	-	-	4,300
	합계	3,390,076	16,232,978	19,585,518	35,387,885	74,596,457
1909년	일본	2,591,760	945,925	-	400	3,538,085
	대만		8,459,000	-	-	8,495,000
	청국		160	16,383,958	29,212,475	45,596,593
	러시아령	2,200	-	-	-	2,200
	미국		-	575	-	575
	합계	2,593,960	9,441,085	16,384,533	29,212,875	57,632,453

1908년(융희 2)에 비해 1909년(융희 3)의 수입이 감소한 주원인은 전년의 이월(持越), 한염(韓鹽)의 풍작 및 밀어(密漁) 단속으로 인한 어선 왕복의 감소 때문에, 그 결과 수입이 감소한 것임.

제4장 천일제염 사용의 이익

주안천일제염전 채수의 천일제염, 청국 및 대만의 천일제염 및 한국·일본의 전오제염을 분석한 것으로 백분 중에 함유하는 성적은 다음과 같다.

산지	종별	등급	채수지	품질(백분 중 함유량)			비고
				염화나트륨	수분	협잡물	
한국 주안	천일제염	1등		96.570	2.230	1.200	
	〃	2등		88.720	7.280	4.000	
청국 산동성	〃		인천정박 지나선	89.678	4.840	5.482	염화나트륨량 평균 88.141
	〃		평양	86.605	6.940	6.455	
대만	〃		부산	82.246	9.670	7.994	염화나트륨량 평균 81.430
	〃	상등		81.543	14.433	4.024	
	〃	중등		81.348	12.613	6.039	
	〃	하등		80.586	13.078	6.336	
한국 전라남도	전오염		목포	83.508	8.440	8.052	염화나트륨량 평균 78.861
경상남도	〃		분포	83.840	7.440	8.720	
함경남도	〃		원산	77.753	12.640	9.607	
평안북도	〃		곽산	69.838	17.600	12.562	
강원도	〃		장전동	79.367	10.770	9.863	
일본 효고현 아코	〃			74.080	12.712	13.204	염화나트륨량 평균 73.161
오카야마현 아지노	〃			73.725	12.575	13.700	
히로시마현 마쓰나가	〃			77.795	13.380	8.825	

야마구치현 미타지리	〃			68,779	15,466	15,755	
에히메현 다키하마	〃			78,427	13,181	8,392	
가가와현 사카이데	〃			67,320	16,399	16,287	
도쿠시마현 무야	〃			71,999	15,399	12,602	

비고: 위 주안 천일제염의 성적은 대장성(大藏省) 전매국에서의 분석 결과이고, 대만염의 상등·중등·하등과 일본염 각종은 염업 조사소의 조사보고에 의거함.

즉, 한국 주안에서의 천일제염의 백분 중에 함유된 염화나트륨, 즉 순염분(純鹽分)과 다른 각 염의 백분 중에 함유된 염화나트륨 양을 비교하니, 일본 및 한국의 전오염에 비해서는 물론이고, 청국과 대만의 천일제염에 비해서도 역시 훨씬 우량함 것임을 알게 되었다.

시험 삼아 주안 천일제염에 대해 전기(前記) 각종 염의 백분 중에 함유된 염화나트륨 양의 비율을 비례하여 그 동일 효력을 갖는 양을 열거하면 다음과 같다.

	한국 천일제염 1등(염화나트륨 양 96.570) 100근을 사용하는 경우에 비해	한국 천일제염 2등(염화나트륨 양 88.720) 100근을 사용하는 경우에 비해
청국염(염화나트륨 양 평균 88.141)을 사용하는 경우에 필요한 양	109근 5푼	100근 6푼
대만염(염화나트륨 양 평균 81.430)을 사용하는 경우에 필요한 양	118근 5푼	108근 9푼
한국전오염(염화나트륨 양 평균 78.861)을 사용하는 경우에 필요한 양	122근 4푼	112근 5푼
일본전오염(염화나트륨 양 평균 73.161)을 사용하는 경우에 필요한 양	131근 9푼	121근 2푼

즉, 주안 천일제염의 1등염에 대한 각 염의 효력 비교는 그 최상인 것이 9할 1푼, 그 최하인 것에 이르면 겨우 7할 5푼의 효력을 갖는 것에 불과하였다. 즉, 일본염 100근을 사용할 경우에 주안 천일제염 1등염 75근을 사용해도 충분한 비율이라는 것이다.

천일제염 사용에 익숙하지 않은 일본인 등이 한국에서 천일제염을 사용하여 지물(漬物)·

된장(味噌) 등을 제조한 결과, 함미(鹹味)가 강하여 입에 맞지 않는다고 해서 곧바로 죄를 염에 돌리어 천일제염을 불량하다고 단언하는 일이 있음은 이따금 듣는 바가 있다. 이것들은 그 사용 염의 성질과 염화나트륨 양, 즉 효험을 연구하여 사용의 양을 가감시키지 않고 단순히 일본염과 동일한 양을 사용한 결과이다. 헛되이 다량의 염분을 소비하였고, 짜고 쓴 맛(鹹苦)은 기호에 맞지 않기에 이른 것이다.

전술한 비례는 단순히 백분 중에 함유하는 염화나트륨 양, 즉 효험에 의해서 비교되는 것뿐만 아니라 소비자는 이런 품질 이외에 거듭 염의 가격에 의해서 더욱 이해의 관계를 가지는 일이 지대하다.

한국에서 소비되는 염의 종류는 한국 재래의 전오염, 청국 천일제염, 대만 천일제염 및 일본 전오염 등이 번갈아 착종되고, 특히 운반편이 완비되지 않았기 때문에 염가(鹽價)와 같은 경우에는 지방에 따라, 또는 계절에 따라 심한 차이가 있지만, 종래 조사한 바로 평균을 들자면 다음과 같다.

한국에서의 각 염의 시장가격 (단위: 円)

구별	도매 100근 가격			소매 100근 가격		
	최고	최저	평균	최고	최저	평균
한국염	2.055	1.384	1.831	4.370	1.440	2.522
청국염	1.255	0.815	1.000	1.800	1.160	1.399
대만염	1.110	0.923	1.017	-	-	-
일본염	1.390	1.280	1.335	4.370	1.500	2.935
천일제염 매도1등	0.650	10만 근 이상의 경우 0.600				
천일제염 매도2등	0.550	10만 근 이상의 경우 0.500				

이와 같이 각 염가에 커다란 차이가 있을 뿐만 아니라 품질에 차이가 있기 때문에 소비자는 가격과 품질 양 방면에 이해의 관계를 가진다. 즉, 천일제염과 각 염과의 가격 및 품질로써 소비자의 부담액을 비교하면 다음과 같다.

	한국 천일염 1등(염화나트륨 양 96.570%, 100근 가격 65전의 것) 1원 분을 사용하는 경우에 비해	한국 천일염 2등(염화나트륨 양 88.720%, 100근 가격 55전의 것) 1원 분을 사용하는 경우에 비해
청국 천일염 (염화나트륨 88.141%, 100근 가격 1원의 것)을 사용하는 것의 부담	1원 68전 4리	1원 83전 1리
대만 천일염(염화나트륨 양 81.430%, 100근 가격 1원 1전 7리의 것)을 사용하는 것의 부담	1원 89전 1리	2원 5전 6리
한국 전오염(염화나트륨 양 78.861%, 100근 가격 1원 83전 1리의 것)을 사용하는 것의 부담	3원 44전 8리	3원 74전 9리
일본 전오염(염화나트륨 양 73.161%, 100근 가격 1원 33전 5리의 것)을 사용하는 것의 부담	2원 71전	2원 94전 9리

즉, 가장 비율이 좋은 청국염도 한국 천일염 1등의 것과 동일한 효험을 갖는 분량을 사용하게 하면 6할 8푼 4리의 손실이 나며, 가장 불리한 한국 전오염에 이르러서는 한국 천일염에 비해서 바로 27할 4푼 9리의 손실을 보이는 비율이 되는 것이다.

〈자료 167〉 한국염무행정요령(韓國鹽務行政要領)

- 발간연도: 1910년 (明治 43)
- 간행처: 임시재원조사국

한국 천일제염을 관업전매(官業專賣)로 하여 현금(現今) 한국에서의 염의 소비가격에 영향을 미치게 한다면, 한층 넉넉히 600만 원 이상의 국고(國庫) 순수입을 얻기에 어렵지 않을 것이다. 그러나 전매제도를 펼치어 단순하게 천일제염 관업(官業) 계획에 의한 것으로만 해도 역시 122만 원의 국고 순수입을 얻을 수 있고, 현재 실행 중에 속하는 천일제염 관업 제1기 계획으로 얻어지는 국고의 순수입도 실로 46만 원을 내려가지 않는다. 따라서 한국 천일제염의 관업은 한국재정의 기초를 확립시키는 데 가장 좋은 일재원(一財源)으로, 이하 한국 현재의 염무행정요령(鹽務行政要領)을 서술하는 바이다.

제1장 한국의 염은 어떻게 해야 하는가?

제1절 염의 분배 및 공급 개황

한국에서의 염의 소비량은 약 3억 근으로, 그 안에 약 2억 근은 전오제염(煎熬製鹽)으로써 공급되는 것이고, 약 1억 근은 외국 수입염 및 밀수입염과 관계되는 것이다. 그 생산·소비 및 공급 산지별(産地別)은 아래 표와 같다.

염 생산고·소비고 및 공급산지별표 (단위: 근)

도명	생산예상고	소비예상고	공급산지별 예상			
			한염	대만염	청국염	일본염
경기도	27,500,000	32,000,000	15,000,000	-	17,000,000	-
충청북도	-	15,000,000	10,800,000	-	4,000,000	200,000
충청남도	7,900,000	20,000,000	15,000,000	-	5,000,000	-
전라북도	4,700,000	18,000,000	18,000,000	-	-	-
전라남도	57,400,000	26,000,000	26,000,000	-	-	-
경상북도	7,800,000	32,000,000	23,700,000	4,500,000	-	3,800,000
경상남도	32,100,000	38,000,000	28,700,000	5,200,000	-	4,100,000
강원도	9,000,000	19,000,000	17,900,000	-	-	1,100,000
황해도	12,300,000	28,000,000	8,000,000	-	20,000,000	-
평안남도	13,200,000	24,000,000	11,000,000	-	13,000,000	-
평안북도	1,200,000	19,000,000	900,000	-	18,100,000	-
함경남도	24,900,000	18,000,000	17,700,000	-	-	300,000
함경북도	2,000,000	11,000,000	7,300,000	-	-	3,700,000
계	200,000,000	300,000,000	200,000,000	9,700,000	77,100,000	13,200,000

(부) 한국종래 전오염 생산상황 조사표 [1909년(융희 3) 1월 조사]

도명	생산예상고(단위: 斤)	염전예상반별(단위: 정丁)	제조자인원(단위: 인)	종업자수(단위: 인)
경기도	27,500,000	292	382	1,372
충청북도	-	-	-	-
충청남도	7,900,000	158	71	213
전라북도	4,700,000	150	92	368
전라남도	57,400,000	880	887	4,122
경상북도	7,800,000	172	76	228
경상남도	32,100,000	381	359	1,027
강원도	9,000,000	193	129	387
황해도	12,300,000	258	147	441
평안남도	13,200,000	427	252	252
평안북도	1,200,000	50	69	539
함경남도	24,900,000	564	375	1,837
함경북도	2,000,000	53	191	124
계	200,000,000	3,578	3,030	10,910

제2절 천일제염과 전오염과의 생산비 비교 및 한국에서의 염의 가격

(단위: 100근당 리)

구별		현지시세			도매시세			소매시세		
		최고	최저	평균	최고	최저	평균	최고	최저	평균
한염	천일염	650	500	-	-	-	-	-	-	-
	전오염	5,517	775	1,358	2,055	1,384	1,831	4,370	1,440	2,522
청염	천일염	458	425	440	1,254	815	1,000	1,800	1,160	1,399
대만염	천일염	-	-	2등매하 320	1,220	923	1,017	-	-	-
일본염	전오염	3등염 1,360	1,150	5등수출매하 1,150	1,390	1,280	1,335	4,370	1,500	2,935

(참조) 한염시세 (단위: 리)

산지	100근당 현지시세	산지	100근당 현지시세	산지	100근당 빈상장	산지	100근당 빈상장
평안남도 용강군	1,279 1,369	경기도 부평군	1,185	전라남도 해남군	1,321	함경남도 영흥군	1,810
평안남도 장포	961	경기도 통진군	1,303	전라남도 진도	945	함경남도 문천군	2,602
평안남도 삼화	775	경기도 남양군	1,226	전라남도 완도	1,151	함경남도 정평군	2,861
평안남도 증산	948	경기도 수원군	1,401	전라북도 군산	1,470	함경남도 함흥군	3,117
평안남도 함종	1,030	전라남도 목포	1,280	전라북도 부안군	1,529	함경남도 홍원군	2,895
평안남도 안주군	1,000	전라남도 신도	1,050	경상남도 분포	1,600	함경남도 단천군	2,896
평안남도 잠두포	1,119	전라남도 무안부	1,149	경상남도 사천군	2,370	함경북도 경흥군	5,517
평안남도 안주군	1,606	전라남도 영광군	1,102	경상남도 곤양군	2,962	함경북도 부영군	4,571
평안남도 용천군	1,660	전라남도 지도부	1,019	경상남도 동래부	1,536		
경기도 인천부	1,363	전라남도 강진군	1,202	경상남도 명호	1,723		

비고: 현지시세 평균수 1원 35전 8리라고 하는 것은 함경남도 문천군 이하 7개 군을 제외한 것이 된다.

제3절 현재의 상황

한국 전오식(煎熬式) 염 생산고는 그 소비고의 3분의 2, 즉 2억 근으로써, 각 도 연해지에서 2,000의 제염자(製鹽者), 8,000의 종업자(從業者)가 3,500정보(町步)의 염전 규모의 협소한 전오법(煎熬法)으로 생산한다. 그리고 그 생산비는 100근당 평균 1원 30전이라는 다액을 필요로 한다. 따라서 수입염, 특히 천일제염이라는 가격이 저렴한 것과 경쟁해야 하기 때문에 점차 염전의 황폐, 산액의 감소를 보일 뿐만 아니라, 염업의 이익을 감쇄시키고 있는 상황이다.

제4절 현재대로의 추이라면 어떻게 되는가?

한국염업은 현재대로의 추이라면 반드시 10년이 지나면 수입염 때문에 매우 쇠퇴하기보다는 절멸을 면하기 어려울 것이다. 지금 세관(稅關) 통계에 의하면 수입염은 1905년(광무 9)에 2,600만여 근이었고, 이듬해 1906년(광무 10)은 4,000만여 근을 넘었다가, 다시 이듬해인 1907년(융희 원년)에는 5,400만여 근이 되고, 1908년(융희 2)에 7,400만여 근이 되었다가, 1909년(융희 3)에는 여러 가지의 원인에 의해 5,700만 근이 되었다. 요약하자면 매년 1,000만여 근이 증가하는 비례로 된 것이다. 따라서 이러한 경향으로 나간다면 수입염은 10년을 넘으면 2억 근으로 증가하게 될 것이다. 그리고 일면으로 한국염전이 황폐되는 현상이 가장 심한 평안·황해도 방면(수입염이 최다인 지방)의 현상을 비추어 볼 때, 더욱 걱정스러움을 견디기 어려운 것도 있다. 이는 필경 가격 상 저렴한 천일제염에 한국 종래식 전오염(煎熬鹽)은 도저히 경쟁할 수 없기 때문이라는 것으로, 이에 대한 하나의 방책으로는 일본에서의 전매제도와 같이 외국 수입염을 금지하거나 혹은 고율의 수입세를 부과하는 것으로써 한국 전오염의 가격과 균형을 유지하는 것이 필요하다. 그러나 이와 같은 정책은 인위적으로 염가(鹽價)를 높이기 때문에 일반 인민의 부담을 가중시켜 경제상 불이익을 주는 폐해의 하나라고 해도 충분하지 않으므로 한국염업을 유지시키고자 한다면 앞 다투어 천일제염을 관업(官業)으로 하는 수밖에 없다.

제5절 한국에서 천일제염을 자유롭게 제조시키는 것은 어떠한가?

(1) 종래식 제염업을 압도하여 공연히 영업자(營業者)를 비경(悲境)에 빠트린다

한국에서 천일제염을 자유로 제조하는 것을 허용하는 때에 있어서는 각자 경쟁하여 천일제염을 기업(企業)으로 할 수 있다(종래 제염업자인 한인은 천일제염과 같이 비교적 다액의 고정자본을 필요로 하는 것에는 즉시 착수할 수 있는 기업은 없다). 그러나 한국 종래식 전오염은 고가(高價)인 연료를 필요로 하기 때문에(생산비 100근당 평균 1원 30전 이상이 됨), 연료를 필요로 하지 않는 천일제염(생산비 100근에 20전 내외)에 대해서는 도저히 가격 상 경쟁할 수 없음은 물론이다. 또한 천일제염은 순염분(純鹽分) 함유상(천일염은 대개 80~90% 이상으로 전오염보다 우량함)에서도 우량한 데 더해, 채염(採鹽) 방법을 개량하여 색깔이 순백하고, 결정(結晶)이 조대(粗大)한 것은 그것을 분쇄한다면 외관·품질 어떠한 점에서도 전오염에 대항할 수 있다. 따라

서 오늘날 이상의 추세로써 종래식 전오염을 시장에서부터 구축하여 제거할 것이라는 것은 명료하며, 사인기업(私人企業)의 폐단인 영리(營利)에 급급하여 조금도 구(舊) 염전을 이용하는 종업자의 구조(救助)를 고량(考量)하는 데에 서두르지 않게 된다면 한국에서의 구 염전 수천 정보는 쓸모없게 황폐해질 것이다. 또한 유민(遊民)을 구제할 길도 없게 된다.

(2) 국내 염업 불통일(不統一)의 결과는 외염(外鹽)의 수입을 증진시켜 국내 염업의 쇠퇴를 초래할 것이다

오늘날 한국에서의 염은 한염(韓鹽), 일본염(日本鹽), 대만염(臺灣鹽), 지나염(支那鹽), 관동주염(關東州鹽) 및 지나(支那) 밀수입염(密輸入鹽) 등 분규착종(紛糾錯綜)하여 각 판로(販路)에서 경쟁하고, 불통일(不統一)이 극심한데, 여기에 더해 한국 천일제염을 더한다면 경쟁은 일층 격렬할 것이다. 그리고 그 경쟁의 결과는 한국 전오염의 쇠퇴·멸절을 초래함은 물론, 한국 천일제염도 함께 경쟁상 피비(疲憊)·쇠퇴하기에 이르게 되지 않는다고 보장하기 어렵다. 만약 정말로 한국염업이 쇠퇴·부진하기에 이른다면 여기에 올라탄 외국염은 다시 일층 세력을 정비하여 수입을 증진시킬 것이다.

(3) 정부의 재정을 돕지 못한다

전술과 같이 염업의 쇠퇴를 초래하면 정부의 재정을 돕지 못함은 물론 수입염과의 대항상 약간의 과세(課稅)도 할 수 없기에 이를지 모르게 된다.

제6절 결론

(1) 알맞은 재원(財源)으로 만들 것

한국에서 천일염전을 관영으로 하는 것은 단순하다. 관업(官業)으로 하면 충분히 120여만 원의 순익(純益)을 국고로 거둘 수 있고, 한국과 같이 재원이 부족한 나라에서는 만약의 경우 국고의 시급한 때에 판매가격을 상당한 정도로 올림으로써 그 수용(需用)에 응하는 것도 또한 용이하게 된다. 지금 한국 현시(現時)의 전오염과 대략 동일의 가격으로 판매하는 것으로 한다면 국고의 순수익은 넉넉잡아 600여만 원을 얻을 수 있다[이 경우에 있어서 국민의 부담은 1인 1년에 75전으로, 1일 1인의 염의 소비에 대해 지불하는 것이 겨우 2리(厘) 정도에 불과하다. 일본 현시

(現時)의 전매제도 하에서 염에 대한 1인 1년의 부담은 85전 6리로서, 1인이 1일에 지불하는 것이 2리 4모 정도 된다]. 따라서 천일제염의 관영은 아마도 가장 양호한 재원이라고 말할 수 있을 것이다.

(2) 수입염을 막는 것이 경제상 중대한 이익임

천일제염 관영의 시작에 있어서는 사실상 수입염을 두절시키는 것에 이를 수 있으므로 국가 경제상 중대한 이익이 된다.

(3) 타일(他日) 상당한 시기에 용이하게 제조전매(製造專賣)를 시행할 수 있음

천일제염을 관영으로 한 뒤에는 타일(他日) 상당한 시기(時機)에 국고의 필요에 따른 다대한 경비나 하등의 장애 없이 용이하게 제조전매제(製造專賣制)[113]를 실시할 수 있다.

일본 현시와 같은 판매전매(販賣專賣)는 지방 및 제염방법의 차이에 따라 생산비 및 염의 품질에 차이가 심하기 때문에 매상금액이 구구히 움직여 그것의 통일균형을 얻는 것이 어렵다. 이것이 늘 제조업자의 고정(苦情)을 만들어 내는 것이 많다. 또한 생산액의 과부족 등을 조정하기가 어렵기 때문에 이상적인 원만한 전매제라고 말할 수 없다. 여기에 반하여 제조전매제는 위와 같이 불편하지 않게 민도(民度)를 헤아려 부담력에 따라 적당히 국고의 수입을 도모할 수 있는 최량(最良)의 전매제도라고 하겠다.

(4) 기타의 천일제염 관영(官營)의 이익

    1) 국고의 순수입은 소비세 또는 판매전매에 의한 것에 비해 상당히 거대하게 된다는 것

    2) 최대의 대기업이 되기 때문에 통일을 결하는 소조직(小組織) 기업에 비해 크게 염의 생산비를 절약·감소시킨다는 것

    3) 개인기업의 경우와 같이 생산 과부족 등 산액(産額)이 부동(不同)하지 않게끔 생산액을 적당히 안배·정리할 수 있다. 따라서 여기에 기반한 기업의 성쇠 없이 일정한 노

---

[113] '제조전매'란 정부가 염전의 축조부터 염의 제조 및 판매에 이르기까지의 모든 분야를 직접 수행한다는 점에서 가장 강력한 단계의 전매제도이다. 반면에 일본과 대만에서 시행한 '판매전매'는 생산비와 생산자의 이윤이 더해진 배상가격으로 정부가 염을 수매하고, 여기에 전매수입율을 가산한 매도가격으로 지정된 중매인에게 판매하는 제도이다.

력은 영구히 또는 안전히 수용될 수 있음.

4) 염은 소비에 있어 대부분 변화가 없는 필요품이기 때문에 이것을 정제개선(精製改善)할 수 있도록 소비자에게 일정의 가격으로 안전하게 공급할 수 있다. 종래와 같이 부당하게 일시적인 고가(高價)인 것을 수용시키는 것이 아니며, 또한 판매의 민업(民業)은 확실하게 안전한 가격의 보증을 받을 수 있음.

5) 산업정책상의 필요에 따라 선종(選種) 및 비료용염(肥料用鹽), 또는 외국수출염, 광업용염(鑛業用鹽), 해산물 염장용염(鹽藏用鹽), 피혁(皮革) 보존용염(保存用鹽), 기타 특수의 제조공업용염(製造工業用鹽)은 특별히 저렴한 가격으로 판매하고, 이를 보호·장려할 수 있음.

6) 천일제염과 같은 것은 적지(適地)에 한정되고, 특히 독점에 빠지기 쉬운 것이 됨과 동시에 천혜의 다대한 것이 되기 때문에, 개인기업으로 하여 소수자에게 이익을 독점시키는 것으로 만들 수 없다. 마땅히 국가사업으로 하여 일반국민에게 그 혜택을 나누는 것은 지극히 긴요한 일이 될 것임.

7) 염은 필요품으로써 인생에서 하루도 빠질 수 없다. 한국과 같이 교통이 불편하기 때문에 염가(鹽價)의 변동이 심하고, 또 각지각소 가격의 고저(高低)가 구구한 나라에서는 관영은 자연가격의 변동 및 구구함을 근절하는데 크게 효익(效益)이 있음.

제2장 천일제염 관영 계획

제1절 염업 시험

한국 현재의 염업은 전오식이기 때문에 그 생산비가 매우 높고, 국가의 불이익도 자못 크다는 것을 인식하여 1907년(융희 원년) 주안(朱安)에 천일제염의 시험염전을, 용호(龍湖)에 전오제염의 시험염전을 설치하였다. 그 시험에서 얻어진 성적에 의하면 전오염은 종래의 한국식 전오염에 비해 약 4할의 생산비를 감소시킬 수 있었지만, 그 생산비는 염 100근에 80전을 내려가지 않았다. 그러나 일면 천일제염의 시험성적은 자못 양호하여 면적 10정보의 염전에서 최저 120만 근(생산비 100근당 약 20전)을 채수(採收)할 수 있었을 뿐만 아니라, 그 품질은 다른 지나(支那)·대만(臺灣) 등의 천일제염에 비교하여도 우량한 것을 확인하였다.

제2절 관업 계획

천일제염 시험 결과에 따르면 국내의 소비염량(消費鹽量) 3억 근에 대해 천일제염전 2,500정보의 축조가 필요하다. 지금 이것의 축조를 마치어 국내에 염을 공급하는 때에는 최저가격 100근에 50전 내지 65전으로 매하(賣下)해도 아직 세입순익금(歲入純益金) 120여만 원을 얻는 것이 확실하다고 하였다. 그리고 종래의 염빈상장(鹽濱相場) 100근당 1원 55전 8리인 것에 비해 약 1원을 저하(低下)하여 공급할 수 있어, 현하(現下) 청국(淸國)에서 수입하는 천일제염을 구축하는 것도 용이하게 된다.

지금이야말로 당국 재정의 상황은 일본제국의 보조차입금도 금후 수년을 넘기면 그 기한을 다하기에 이르게 되고, 해를 거듭하여 국무(國務)의 발전에 따라 국비(國費)를 늘린다는 말을 기다린다. 마땅히 지금부터 재정의 기초를 세움으로써 타일(他日)의 수요에 응하는 것은 긴급한 일에 속하기 때문에 천일제염을 관업으로 한다는 것은 가장 기의(機宜)에 적합한 것으로 생각된다. 염의 소비상태에 따라 그 분배방법, 염전축조작업의 진척을 도모하고, 또 국고에서의 자금의 도합(都合)에 따라 다음과 같이 2기(期)로 나누어 계획되었다.

제1기: 염전축조면적 1,000정보
평안남도 삼화부(三和府) 광량만(廣梁灣)에 1909년(융희 3)에 기공하여 1911년(융희 5)에 준성(竣成)하는 것으로 함
제2기: 동상(同上) 1,500정보
제1기 공사의 진척 및 제염상태를 보아 적당한 시기에 계획을 실행하는 것으로 함.

그리고 제1기 관영계획은 1909년(융희 3) 2월로써 각의(閣議) 및 통감(統監)의 인가를 거쳐 확정되었는데, 그 계획 요령(要領)은 다음과 같다.

<천일제염 관업 제1기 계획 요령>
1. 광량만 천일제염전 면적 1,000정보는 청사(廳舍), 관사(官舍), 기타 부속건물과 함께 1909년(융희 3)부터 1911년(융희 5)까지 3개년의 계속사업으로 완성하는 것으로 함.
2. 건축물은 1909(융희 3)~1910년(융희 4)의 2년간에 완성하는 것으로 함. 단 염고(鹽庫)는 염

전과 함께 3개년간에 건설함.

3. 염전의 준성(竣成)에 따라 1910년(융희 4)부터 염 제조 및 판매를 개시함.
4. 염전 축조, 건축, 기타 준비에 관한 비용 및 경상비의 할당액은 다음과 같음.

구분	1909년(단위: 원)	1910년(단위: 원)	1911년(단위: 원)	합계(단위: 원)
임시비	230,086.7	508,297	425,903	1,164,287
경상비	19,358	98,870	134,282	(1912년 이후 매년) 204,364
합계	249,445	607,167	560,185	-

5. 운전자본은 경상비의 약 3분의 1, 즉 6만 8,000원으로 함.
6. 수입금(收入金)의 할당액은 다음과 같음.

구분	1910년(단위: 원)	1911년(단위: 원)	1912년(단위: 원)
경상수입	77,280	295,680	672,000

7. 천일제염 100근당 생산비는 다음과 같음.

일금17전 3모 (100근당 생산비)

단 염전면적 1,000정보(100付)

1개년 제염고(製鹽高): 1억 2,000만 근

경비: 20만 4,364원 [사무비: 6만 7,364원 사업비: 13만 7000원(제염비 12만 5,100원, 기타 1만 1,900원)]

만약에 자본의 공채이자 6푼(分)(총자본금 123만 2,287원, 이자 연 7만 3,937원 22전)을 가산하는 때에는 100근당 생산비 23전 1리 9모로 됨

〈제염비 설명〉

일금1,251원: 10정보(1付)당 염 생산액 120만 근에 필요한 제염비

(內)

金896원: 작업인부임(作業人夫賃)

    인부장(人夫長) 반인(半人: 2付 1인)　　1개월 15원, 연액 180원

    인부부장(人夫副長) 1인　　　　　　　1개월 25원, 연액 300원

인부(人夫) 2인	2개월분(수선 등을 포함) 1인 1일 50전, 연액 200원
인부(人夫) 3인	180일분 1인 1일 40전, 연액 216원
金105원: 염전 및 기구 수선	
金50원: 제잡비(諸雜費)	

제3절 광량만(廣梁灣) 천일염전 축조의 경과 및 실적

1909년(융희 3) 2월 확정된 천일제염 관업 제1기 계획에 기반하여 동년 5월 평안남도 진남포 부근 광량만에 1,000정보에 걸친 천일염전 축조에 착수하였다. 이후 예정과 같이 착착 진행 중으로 1911년(융희 5)에 확실한 준공이 예정된다. 현재의 공사 진행 상황은 다음과 같다.

<광량만 천일염전 공사 진행 상황(6월 말)>

제5구 염전면적 56정보

결정지(結晶池) 마무리공사의 1소부분(小部分)을 제하고 나머지는 완성(전 공사에 대하여 공정 약 95% 완성. 본년 7월 완성 예정)

제7구 염전면적 48정보

내부(內部) 마무리공사에 착수 중. 7월 말까지는 대략 완성할 것임(전 공사에 대하여 공정 약 80% 완성. 본년 8월 완성 예정)

제4구 염전면적 150정보

제방(堤防) 연장 3,169칸[약 1리(里) 16정(町)] 내 200칸을 제하고 나머지는 모두 축조를 마치었음. 나머지 부분 200칸을 축조한다면 조수(潮水)의 침입을 차단하여 염전 내부공사에 착수할 수 있음(전 공사에 대하여 공정 약 40% 완성. 본년 12월 완성 예정).

제6구 염전면적 200정보

제방 연장 4,187칸(약 1리 33정) 내 200칸을 제하고 나머지는 모두 축조를 마치었음. 나머지 공사의 200칸을 축조한다면 조수의 침입을 차단하여 내부공사에 착수할 수 있음 (전 공사에 대하여 공정 약 40% 완성. 본년 12월 완성 예정).

제1구 염전면적 50정보

제방 연장 1,850칸(약 30정). 조수의 침입을 차단할 수 있는 공사를 준성(竣成)하여 내부

공사에 착수할 수 있음(전 공사에 대하여 공정 약 30% 완성. 본년 10월 완성 예정).

제2·3구 염전면적 496정보

본년 8월 착수. 1911년(융희 5) 11월 완성 예정

합계 염전면적 1,000정보

제4절 주안천일염전의 확장

1907년(융희 원년) 주안에 축조된 천일제염 시험염전은 이후 점차 확장하고 준공되어 현재 염전은 다음과 같다.

제1구 염전면적 1정보 완성

제2구 염전면적 4정(町) 6반보(反步) 완성

제3구 염전면적 10정 1반보 완성

제4구 염전면적 16정 3반보 완성

합계 염전면적 32정보

제5절 천일제염의 생산실적

천일염전은 바로 지금 공사 중에 속하는 것이 많기 때문에 염의 생산은 간신히 시험염전에서 채수(採收)하는 것, 공사 중인 염전에서 생산하는 것에 불과하다. 따라서 그 생산액도 역시 많지 않은데, 금일까지의 생산액을 들면 다음과 같다.

장소	연별	채염량(단위: 근)	비고
주안	1907년	6,988	1정보 9월 이후의 생산
	1908년	132,752	1정보 전년의 생산
	1909년	203,613	1정보 전년생산: 126,559근 4정 6반보의 공사중 생산: 77,054근
	1910년(6월까지)	483,181	완성염전 5정 6반보, 공사중 염전 26정 4반보의 생산
광량만	1910년(6월까지)	62,066	공사중인 염전 56정보의 일부분에서의 5월 9일부터 6월까지의 생산

앞의 표에 따르면 기후에 의존하여 그 생산액을 지배받을 수 있는 천일제염은 그 생산액이 해마다 증감을 면치 못하지만, 염전이 노숙(老熟)하는 것에 따라 그 생산액을 증가시키고, 또 품질을 가량(加良)할 수 있은 것은 물론이다. 따라서 관업계획에 있어서의 1정보의 생산도 평균 12만 근을 계상(計上)한 것은 이런 실적에 비추어 확실할 것이다.

〈자료 168〉 한국 염업을 관영(官營)으로 하는 계획에 반대하는 이유

- 원제목: 韓國鹽業ヲ官營ト爲スノ計劃ニ反對スル理由槪項
- 전거: 石橋雅威 編, 1983(覆刻本), 『朝鮮の鹽業』, 財團法人 友邦協會, 부록
- 작성일: 미상
- 작성자: 통감부 기수 이하라 분이치(庵原文一)

1. 한국의 수용염(需用鹽)은 1개년에 어림잡아 200만 석(石)으로써, 그 안에 대략 130만 석은 재래민업(在來民業)으로 이루어진 제염으로 공급되고, 나머지 70만 석 내외는 청국염(淸國鹽), 일본염(日本鹽), 대만염(臺灣鹽)으로 보충되고 있다.

2. 재래의 한국염은 그 제조 방법이 조졸(粗拙)하여 산액이 비교적 적고, 또 연료 및 인부임(人夫賃)이 고가(高價)인 점 등으로 생산비가 많이 요구된다. 〈그러나〉 현재의 수용에 충분할 뿐 아니라 그 경제 상황은 수지(收支)상 맞는 것 같고, 그 토지·기후의 적량(適良), 해수의 농후, 노동자의 많음 등 천연(天然)·인위(人爲) 양측에서 제염사업에 적당하다. 또한 염전으로 만들 수 있는 간석지·황무지의 이용해야 할 곳도 도처에 매우 많다. 현재의 방법으로 개량하고 아울러 개방적인 장려를 한다면 매우 저가인 식염(食鹽)을 만들고, 현재의 비경(悲境)을 구할 수 있을 뿐만 아니라 타국염의 보충을 기대하는 것과 같은 것이 아니라 자국염으로써 충분히 공급하고 남음이 있을 것이다.

3. 염업과 같이 다수의 노력과 염전 구역의 ■■■ 전업(專業) 또는 부업(副業)으로 하여 민

간경제를 돕는 유일한 사업이 되었고, 인생 필수의 식품이 되었으며, 공급 상의 분배를 알맞게 할 사업이 되었다. 비교적 확실한 사업일 뿐만 아니라 그 경영 같은 곳에도 자본에 따라 대소(大小) 여하와 같은 방법으로써 이것을 하는데 방해 없이 빈부호적(貧富好適)한 사업이 됨으로써 가장 민업(民業)으로 하기에 적당하다. 경국제민(經國濟民) 상에서 실로 소홀히 할 수 없는 것이 되었기에, 크게 개발적주의(開發的主義)를 채택하여 그 증진·발달을 도모해야 할 것이다.

4. 위의 주의(主義)를 채택한다면 홀로 한국의 생산업을 도울 뿐만 아니라 그 민업을 보호할 것이고, 게다가 일본 국민의 소재지에 이식한다면 이들에게 역시 그 이익의 은전(恩典)이 맡겨지며, 나아가 일한 양국의 국시(國是)에도 서로 더해지는 결과를 볼 수 있을 것이다.

5. 위와 같이 염의 생산력을 증진시켜 그 영업자의 ■■■에 이르게 한 후에는 나라의 재원(財源)으로서 이것으로부터 상당의 징세(徵稅)를 한다면 징세론자의 갈망을 만족시키는 기회를 얻을 수 있을 뿐 아니라 시의(時宜)에 따라서는 그 전매(專賣)를 ■■하는 독점으로 돌아간다고 하더라도 역시 가능하지 않아 소위 일거양득의 계책이 될 것이다.

※ 염의 제조를 관업(官營)으로 하는 것에 대한 반대의 이유

(1) 전기(前記) 제2항부터 제5항의 정신에 부합할 뿐만 아니라, 본업(本業)과 같은 생산업은 민업(民業)으로 본위(本位)를 해야 할 성질이기 때문에 관영(官營)은 그 취지에 반한다.

(2) 천일제염법에 의한 제조로 관영(官營)을 하는 것은 이 사업의 성질상 경기, 황해, 평안 3도 안에서 ■■하고 있다. 그러나 재래 한국염의 제조지는 주로 위의 3도 이외에 있다. 즉 전라, 경상 2도에서 중심으로 하고 있어 공급의 60% 이상은 이 지방의 산출에 기대고, 기타 타지(他地)에도 역시 다액·다대한 염 산지(産地)가 있다. 관영의 결과로 인해 하루아침에 이들 각 도의 염업을 폐지하거나 또는 제한한다면, 그 종사하는 수만 명의

인민과 수천 정보의 염전이 어떠한 처지에 놓이겠는가? 다만 일시적으로 염전 매상비(買上費)를 급여하면 충분하지 않겠냐는 생각 같은 것은 경국제민의 계략일 것이다.

(3) 더구나 천일제염법이 이 나라에서 과연 적당한 것인지 아닌지는 목하 시험하는 시대여서 확정된 시대가 아니다. 즉, 기술상으로의 적부(適否)의 감정(鑑定)을 표명하기 어려운 시대이다. 그럼에도 불구하고 마치 확실하게 움직일 수 없는 것같이 생각하고, 이 방법으로써 관영적(官營的) 사업의 기초로 하려는 것은 실로 경솔하기 짝이 없는 일이다. 특히 1~2년 기간에 이것을 실행하려는 계획이라던지, 이것을 위해 민심(民心)을 유혹하는 기업가를 주저하게 하며 심하게는 미간지이용법(未墾地利用法)의 운용을 저지하여 이 업(業)의 개발·증진을 방해하는 일도 적지 않다.

(4) 강력히 관영으로 하는 데에 있어서도 본업과 같이 복잡한 사업이고, 게다가 다방면의 수고를 요할 뿐만 아니라, 그 노력과 경비 등 많은 비용을 요구하는 사업에 있어서는 위정자는 ■■■ 수고에 비해 공이 적은 결과를 깨닫게 될 것이다. 물론 당국 정부와 같이 궁핍한 재정 아래에서 이것을 계획한다고 하는 것은 그 자본으로 해야 할 세출에 대하여 반드시 무리한 변통(無理算段)을 해서 국민을 괴롭히고, 또 나라의 재정상의 불이익을 숨기는 것과 같은 수단을 따르게 한다. 그리하여 그 세입의 결과 이렇게 무리한 변통을 시행하여 노비(勞費)에 상반(相伴)하는 불성적(不成績)을 보리라는 것은 지자(智者)를 기다리지 않아도 알 수 있는 것이다. 근간에 일본 염 전매법의 성적과 그 세입 세출이 예상과 같은 결과를 얻느냐 아니냐를 볼 필요가 있을 것이다. 이들 관영주의자는 단순히 책상머리에서 산측에만 의지하여 공중누각을 그리지 말고 그 실질적인 연찬(研鑽)을 하고 또 국민에게 미치는 영향 여하를 분별해야 할 것이다.

(5) 한인이 현재 생활정도가 낮다는 것은 누구라도 아는 바로서, 그 조세와 같은 부담력도 상당한 정도에 놓여있을 뿐 아니라, 현재의 염세(鹽稅)는 실제에 있어서 결코 가벼운 것이 아니다. 따라서 그 수용자(需用者)도 역시 간접적으로 높은 세금을 지불하고 있다. 아울러 위의 징세주의(徵稅主義)에 따라 관영(官營)으로 해서 비상한 중세(重稅)를

부담시키려는 것은 현재의 생활정도에 응하는 방법이 아닐 뿐만 아니라 인생필수(人生必須)의 식품에 대한 악세(惡稅)이다. 게다가 하층인민을 고통스럽게 하는 것에서 가장 심한 것이라고 생각된다.

(6) 제조사업으로써 관영으로 하는 것은 이미 불가하다는 것을 알 수 있지만, 또한 나라의 재정 상 멈출 수는 없다. 염의 판매만을 관영으로 하는 것이 필요하다는 것(좋은 염의 전매를 관영으로 하는 때에 있어서도)은 이들에게 공급하는 염의 개량·증진을 지금보다 일층 다대하게 장려하자는 것이다. 즉, 지금은 장려시대(獎勵時代)에 있으므로 극력으로 이를 다할 필요가 있다. 따라서 천일제염법이 되든지 재래염업의 개량법이 되든지 간에는 적어도 적당하다고 인정되는 토지로서 민간에게 이를 경영케 한다고 하는 자가 있는 경우에는 위정자는 대대적으로 개방주의(開放主義)를 채택하여 충분히 여기에 편의와 지도를 제공하고 이를 방조함으로써 그 목적을 달성하도록 도모해야 한다.

# 염세 및 염 전매 관련 법령

해제

일제강점기 조선총독부의 염업 정책을 한마디로 요약하자면, 염업의 효율적 통제와 염 생산·수급의 자급화라고 할 수 있을 것이다. 통감부 시기인 1909년에 확립된 관영 천일염전 체제는 조선총독부에도 그대로 이어져 염 생산부터 유통, 소비에 이르는 염업 전반에 걸친 국가의 통제, 즉 염 전매제의 완전한 실현이 그 목표가 된 것이다. 전매의 대상을 천일제염에만 한정한 점, 그리고 민간염업에 대한 별다른 보호 조치를 마련하지 못한 점이 비판을 받았지만, 이는 날로 증가하는 수입염 유입에 대한 방어와 민간기업이 발달되지 못한 당시 상황에서 정부 주도로 염업의 급속한 발전을 꾀했다는 점에서는 어느 정도 명분을 지니고 있었다. 하지만 이조차 염 전매체제를 제대로 정비하기까지는 국가 재정의 뒷받침은 물론이고, 그 제염기술과 생산력도 그에 걸맞게 성장된 후에야 가능한 일이어서 조선총독부는 수십 년간의 지난한 과정을 거치지 않을 수 없었다.

제4장에서는 조선총독부의 제령(制令)으로 반포된 염업 정책과 관련된 각종 법령들을 정리해 보았다. 단순히 『관보』를 통해 발표되는 법령 전문뿐 아니라, 관계 당국자들이 잡지 등의 매체를 통해 법령의 취지를 해설한 여러 논설들도 함께 수록하였다. 먼저 살펴볼 제1절은 「염세규정 폐지의 건」으로, 앞서 제3장에서 소개한 민간염업(재래식전오염, 재제염, 식탁염 등)에 대한 염세 징수를 1920년 이후로 폐지한다는 법령이다. 이는 앞서 살펴보았듯이 번거로운 신고 절차나 무거운 과세 등으로 조선 염민들의 강한 저항(납세거부운동 및 광범위한 탈세)에 부딪친 일도 있었거니와, 또 천일염에 압도되고 있는 전오염이 언젠가는 조선에서 사라질 운명을 지닌 것으로 파악한 일제 당국자의 정책적 판단이기도 하였다.

조선총독부가 염업 전반에 걸쳐 실질적인 통제권을 얻기 시작한 것은 제2절에서 소개하는 1930년 「염의 수입 또는 이입에 관한 건」(이하 「염수이입관리령」으로 약칭) 반포 이후였다. "염은 정부 또는 정부의 명령을 받은 자가 아니면 수입 또는 이입할 수 없다"라는 조항이 제1조로 나오는 것에서 알 수 있듯이 모든 수이입염을 조선총독부의 명령으로 수이입하고, 또 수이입된 염은 조선총독부가 수매하여 지정된 판매인에게 불하한다는 것이 그 핵심적인 내용이었다. 이로서 조선총독부는 관영 염전에서 생산되는 염을 포함하여 전 조선에서 유통되는 염의 90%에 달하는 천일염을 독점하는 위치에 올라섰다. 하지만 이러한 「염수이입관리령」 반포 이후 수이입염의 절대적 비중을 차지하던 산동염(山東鹽)의 수입이 급락하고, 이를 대체하는 관동주염(關東州鹽)의 이입이 급속히 증가한 것에서 알 수 있듯이, 조선총독부는 조선 내 화교 염상들이 주도하는 산동염 수입 상권을 억제하고, 같은 일본의 영역권 안에 있는 관동주염의 이입을 유도했다는 점에서 그 속셈은 다른 곳에 있었음을 확인할 수 있다.

마지막 제3절은 식민지기 조선 염업사의 대미를 장식한 염 전매법 관련 법령들을 정리하였다. 염 전매법은 1942년에 반포된 「조선 염 전매령」과 동법 「시행규칙」, 그리고 동법 「염매팔규칙」 등 3개의 법령이 그 중심을 이루고 있다. 하지만 1942년의 염 전매법 시행은 국민복리 증진, 근대적 국민경제와의 조응, 국내 산업 보호와 같은 전매제도 본래의 목표로 수행된 것이 아니라, 전시체제기 통제경제 확립에 그 목적을 우선하였다는 점에서 분명히 한계가 있는 법령이었다. 이는 1939년에 이미 반포된 국가총동원법, 즉 「가격등통제령」이 일종의 상위법으로 염 전매법을 규제한다는 사실에서 더욱 잘 알 수 있다.

1. 염세규정(鹽稅規程)

⟨자료 169⟩ 염세규정 폐지의 건 [『관보』 제2288호, 制令, 1920년(大正 9) 3월 30일]

어업세령(漁業稅令), 조선선세령(朝鮮船稅令), 염세규정(鹽稅規程) 및 인삼세법(人蔘稅法) 폐지의 건은 1911년(明治 44) 법률 제30호 제1조 및 제2조에 의해 칙재(勅裁)할 수 있으므로 이에 이를 공포함.

1920년(大正 9) 3월 30일
조선총독 남작(男爵) 사이토 마코토(齋藤實)

어업세령, 조선선세령, 염세규정 및 인삼세법은 1920년(大正 9) 3월 31일을 기한으로 이를 폐지함.

⟨참조⟩ 1906년(광무 10) 11월 칙령 제69호 염세규정
제1조. 염(鹽)을 제조하고자 하는 사람은 아래의 사항에 기재된 염제조면허신청서(鹽製造免許申請書)를 관할 세무감(稅務監)을 경유하여 탁지부대신에게 제출해 면허를 받는다.
　① 채함지명(採鹹地名)
　② 염전의 면적
　③ 제조장 및 저장장의 위치 및 개수
　④ 염정(鹽井) 또는 염부(鹽釜)의 수
　⑤ 제조 방법
　⑥ 1년의 제조 예상 근수
　⑦ 제조자의 주소씨명
본령을 시행하기 전부터 염 제조에 종사하고 이후에도 제조를 계속하고자 하는 사람은 전항의 면허를 받는다. 단 전항 각호의 사항이 게재된 염 제조신고서를

1907년 1월 31일 내에 세무감을 거쳐 탁지부대신에게 제출해야 하며, 만약 이 기일 내에 제출하지 않거나 전항의 면허를 받지 않았다면 염을 제조할 수 없다.

제2조. 염 제조자로서 전조(前條) 제1항 각호의 사항을 변경하고자 할 때는 그 취지를 즉시 관할 세무감을 경유하여 탁지부대신에게 신고한다.

제3조. 염 제조자가 그 제조를 폐지하고자 할 때는 그 취지를 세무감을 경유하여 탁지부대신에게 신고한다.

제4조. 염을 제조하는 사람은 그 제조근수 100근에 대해 6전(錢)의 율(律)로써 염세(鹽稅)를 부과한다. 염의 제조근수가 100근 미만일 경우에는 전체 100근으로 계산한다.

제5조. 염세는 매 3개월의 제조근수에 의해 아래의 4기에 납부해야한다.

　　　제1기 4월 중, 단 1월부터 3월까지의 제조근수에 대한 염세

　　　제2기 7월 중, 단 4월부터 6월까지의 제조근수에 대한 염세

　　　제3기 10월 중, 단 7월부터 9월까지의 제조근수에 대한 염세

　　　제4기 다음해 1월 중, 단 10월부터 12월까지의 제조근수에 대한 염세

제6조. 염 제조자는 장부를 만들고 세무관리의 지시에 따라 염업에 관한 요건을 기재한다.

제7조. 세무관리는 채함지, 제조장, 저장장, 기타 염의 제조에 관해서 필요한 기구, 기계, 장부서류를 검사하거나 감독상 필요한 처분을 할 수 있다.

제8조. 염 제조장이 멀리 떨어진 지역에 있어서 일상 검사·감독을 행하기 어려운 경우에는 세무관리는 예상 제조근수로서 염세를 부과할 수 있다.

제9조. 제1조 및 제2조의 신청 또는 신고를 하지 않고 염을 제조하는 자는 3원 이상 300원 이하의 벌금에 처한다.

제10조. 제3조, 제6조, 제7조의 경우에 있어서 장부의 기재나 사실의 신고를 태만히 하는 자는 3원 이상 50원 이하의 벌금에 처한다.

제11조. 염 제조자로서 세무관리의 직무집행을 거절하거나 기피해 그것에 지장을 주는 자는 30원 이하의 벌금에 처한다.

〈부칙〉

제12조. 본령은 1907년(광무 11) 1월 1일부터 시행한다.

제13조. 본령에 저촉하는 종전의 법령은 폐지한다.

2. 염수이입관리령(鹽輸移入管理令)

〈자료 170〉 염의 수입(輸入) 또는 이입(移入)에 관한 건
[『관보』제970호, 府令, 1930년(昭和 5) 3월 31일]

조선총독부령 제23호
1930년(昭和 5) 제령(制令) 제1호에 의한 염의 수입 또는 이입에 관한 건은 다음과 같이 정함.

1930년(昭和 5) 3월 31일
조선총독 자작(子爵) 사이토 마코토(齋藤實)

제1조. 염은 정부 또는 정부의 명을 받은 자가 아니면 이를 수입 또는 이입할 수 없다. 다만 정부가 필요하다고 인정하는 때는 이것의 수입 또는 이입을 허가할 수 있다.
　　　정부의 명을 받아 수입하거나 또는 이입한 염은 정부가 이를 매수한다.
제2조. 본령에서 염이라고 칭하는 것은 100분의 40 이상의 염화나트륨(鹽化曹達)을 함유한 광물을 일컫는다.
제3조. 정부는 염 제조업자 및 판매업자에 대해 조사상 필요한 사항의 보고를 명할 수 있다.
제4조. 해당 관리는 염의 제조업자, 판매업자, 창고업자, 기타 점유자의 제조장, 저장장(貯藏場), 영업소, 창고 등 필요한 장소에 들어가 염 또는 장부·서류를 검사할 수 있다.
제5조. 다음 각 호의 하나에 해당하는 자는 500원 이하의 벌금, 또는 과료(科料)에 처한다. 단 그 과료의 액수는 5원을 내려갈 수 없다.
　　① 제1조의 규정에 위반하여 염을 수입하거나 또는 이입한 자
　　② 정부의 명을 받아 염을 수입하거나 또는 이입한 자로서, 이것을 정부 이외의 자에게 양도하거나 또는 소비시킨 자
　　③ 사정을 알고서 앞의 2항에 규정된 범죄에 관계된 염을 양도하거나 또는 양수한 자
　　전항의 규정된 범죄에 관계된 염으로서 범인이 소유하거나 또는 소지한 것은 이를

몰수한다. 이미 양도하였거나 또는 소비했을 때에는 그 가격에 상당하는 금액을 추징한다.

제6조. 다음 각 호의 하나에 해당하는 자는 100원 이하의 벌금 또는 과료에 처한다.

① 제3조의 규정에 의해 보고를 명받은 경우에 있어서 그 보고를 게을리 하거나 또는 허위의 보고를 한 자

② 해당 관리의 직무 집행을 거부, 방해, 또는 기피한 자

⟨부칙⟩

- 본령 시행의 기일은 조선총독이 이를 정한다. 다만 제2조에서 제4조, 그리고 제6조의 규정은 1930년(昭和 5) 4월 1일부터 이를 시행한다.
- 1930년(昭和 5) 4월 1일부터 제1조 및 제5조의 규정 시행일까지 염은 정부의 허가를 받은 자가 아니면 이를 수입하거나 또는 이입할 수 없다.
- 전항의 허가를 받지 않은 염을 수입하거나 이입한 자, 또는 사정을 알고서 그 염을 양도하거나 양수한 자는 500원 이하의 벌금, 또는 과료에 처한다. 단 그 과료의 액수는 5원을 내려갈 수 없다.
- 제5조 제2항의 규정은 전항의 경우에 이를 준용한다.

⟨자료 171⟩ 염 수이입(輸移入) 관리 시행에 대하여

- 원제목: 鹽輸移入管理施行に就て
- 작성자: 松本誠
- 출전호수: 《朝鮮》 제180호
- 간행연월: 1930년 5월
- 발행처: 조선총독부

조선에서의 염의 수요는 해에 따라 증감이 있지만 약 4억 3,000만 근으로서, 조선 내의 생

산은 천일염 1억 9,000만 근, 재래전오염 5,700만 근, 합계 2억 5,000만 근 내외이다. 부족액 1억 8,000만 근은 관동주(關東州)·대만(臺灣)·산동성(山東省) 등으로부터 이것을 공급받아야 하는데, 조선 내 염업 보호를 조장시킬 필요상, 1920년(大正 9) 8월 관세제도 통일의 때와 동시에 내지(內地)에서는 가라후토(樺太)[114]에서의 어업염(漁業鹽)의 수입에 편리하도록 염의 수입을 무세(無稅)로 하였음에도 불구하고, 조선에서는 특례를 두어 천일염을 100근당 10전, 기타는 종가(從價) 3할로 증징(增徵)하는 것이 되었다. 그리고 정부는 조선 내의 수요 염의 자작자급 방침 아래에서 천일염전의 경영을 정부의 독점으로 하고, 염전 적지(適地)를 보류하는 것과 함께, 우선 1920년도(大正 9)부터 7개년을 계속하여 공채 지불에 의한 염전 2,600정보를 축조하는 계획을 수립하여 1924년도(大正 13)까지 1,241정보를 완성하였다. 그러나 간토(關東) 지방에서의 대진재(大震災)의 영향을 받아, 1925년도(大正 14) 이후는 공채 지불 사업의 소멸 방침에 따라 염전의 축조는 일단 이것을 중지하지 않을 수 없는 데에 이르렀다. 정부의 염전은 기설(旣設)과 합해서 2,446정보에 달했다.

이후 이들 염전은 거의 숙전(熟田)의 경지에 도달하였고, 생산고가 증가하는 것과 함께 생산비도 저감되어 관세의 보호가 필요치 않는 데에 이르렀다. 그러나 조선 내의 염 수요의 현황에 따르면, 장래의 수요 증가를 예상하는 것이 약 3억 근이고, 염전 면적은 약 3,000정보가 부족하게 된다. 이것의 축조를 용이하게 하기 위해서는 성숙할 때까지 상당한 보호의 제도를 존속하는 것이 필요하다.

조선 재래의 전오염(煎熬鹽)은 1920년(大正 9)에는 제조자 수 6,454명, 면적 4,637정보, 생산고 7,290만 근이었지만, 관동주 등에서의 천일염 생산 과잉에 따른 값싼 외염(外鹽)의 수입 증가로 인해 압도되어, 1928년(昭和 3)에는 제조자 수 6,722명, 면적 2,172정보, 생산고 5,774만 근으로 감소하며 매우 부진한 상태에 있다.

재제염(再製鹽)은 1920년(大正 9) 이후 종가 3할의 관세의 보호를 받아서 천일염과 재래전

---

114 러시아연방 극동에 위치한 사할린 섬을 말한다. 19세기 러시아와 일본 간에 영유권 다툼을 벌이다가 1875년 일본이 쿠릴열도와의 교환을 조건으로 러시아에 이양하였으나, 러일전쟁 이후 포츠머스 조약(1905년)으로 다시 일본이 북위 50도 이남을 차지하였다. 1945년 얄타협정에서 러일전쟁으로 침몰된 러시아제국의 구 권리 회복의 하나로서 남사할린을 소련에 반환한다는 방침이 미·영·소 3국 간에 합의되었고, 1945년 8월 11일에 소련군이 남사할린을 완전히 점거하였다. 1951년 샌프란시스코강화회의에서의 일본과의 평화조약 2조(c)에 의해 일본은 남사할린에 대한 일체의 권리·권원·청구권을 포기하였고, 현재 완전한 러시아의 영토가 되었다.

오염이 수입염으로 인한 위협을 받고 있을 때에도 거의 재제염의 수입은 보지 못했다. 따라서 일견 직접적으로 사업에 현저한 영향 없이 경과된 것 같지만, 실제로는 값싼 천일염에 견제되었고, 특히 최근에는 천일염의 폭락에 따라 그 염가도 폭락을 보았다. 게다가 동업자의 격쟁이 격심하기 때문에, 이윤 없이 제조를 계속하고 있는 상태여서 점차 경영난에 빠져가고 있다. 그리하여 그 제조업자 및 부(釜)의 수는 1921년(大正 10)을 최고로 하였다가 점차 그 수가 줄어들어, 제조고는 9년(1920) 이후 늘 5,000만 근 전후를 왔다 갔다 한다. 1928년(昭和 3)에서의 제조자 수는 50명, 부수(釜數)는 146개, 제조고는 5,633만 근을 헤아린다.

그런데 염의 관세 특례는 관세제도 통일의 방침하에, 1929년(昭和 4) 법률 제35호에 의해 목재·말(馬)·광유(鑛油)·코크스(cokes)의 관세 특례와 함께 1929년(昭和 4) 3월 말을 기한으로 폐지된다고 하였지만, 염에 대해서는 염업에 대한 영향의 중대함에 비추어 1년간 그 폐지를 연기하고, 이에 대한 대책을 강구하기로 하였다.[115] 그리고 특례를 폐지한 채 자연의 성행(成行)에 방임하게 된다면 조선 내 염가는 생산 과잉으로 신음하는 관동주 등의 수입염의 쇄도로 영향을 받아 상당한 저락(低落)을 가져오게 된다. 또한 자유수입의 결과는 시장에서의 경쟁을 격심하게 하여 염가가 항상 등락을 일으켜 생활의 필수품으로 하여금 투기의 목적물이 되게 하고, 나아가서 수급의 원활치 못함을 초래할 뿐만 아니라, 수입염의 압박으로 이미 고경(苦境)에 처해 있는 조선 내 염업에 미치는 영향이 매우 크다고 하겠다. 즉, 재래전오염업은 최근에 있어서 경영 상태가 겨우 수지(收支)를 메우는 정도이고, 이미 결손을 보이는 것도 있다. 수입 관세의 철폐는 바야흐로 치명적인 타격을 입히고, 마침내 염전은 폐멸로 돌아갈 수밖에 없을 것이다. 게다가 이들 염전 소재 지방은 대개 달리 전업(轉業)할 수 있는 일이 없기 때문에, 다수의 종업자는 결국 실업의 비경에 빠지게 된다. 재제염업은 관세 철폐의 때, 그 원료염이 수입염을 주로 하는 관계 상, 100근당 10전만큼의 저락을 보겠지만, 종가 3할의 관세 폐지로 인해 값싼 외국 가공염의 수입에 압박되어 도리어 고경에 빠질 것이다. 또한 식탁염 등의 제조업자도 재제염업자와 동일한 결과에 빠질 것이란 것은 설명할 필

---

115 1910년대까지는 모든 수이입염에 대해 7.5%의 수입관세가 부과되었지만, 1920년 8월 관세제도 개편에 따라 이를 철폐하게 되었다. 그러나 조선은 관염에 대한 최소한의 보호를 위해 100근 당 10전의 관세를 부과하는 특례를 1930년까지 적용하였다(田中正敬, 1997, 「植民地期朝鮮の塩需給と民間塩業 - 1930年代までを中心に」, 『朝鮮史研究会論文集』35, 156쪽).

요도 없을 것이다. 천일염업은 주로 정부의 경영과 관계되어서 직접생산비는 관동주와 비교해서 약간 뒤떨어지지만, 조선에 공급하는 것으로서 그 회송비를 가산해서 이를 비교하면, 관세 철폐 후라도 관동주염보다 저렴하게 된다. 따라서 특례의 폐지는 대부분 숙전(熟田)의 경지에 달한 정부 염전의 존립을 위태롭게 할 우려는 없다고 믿지만, 장래 신규의 염전 축조 및 경영을 곤란하게 하고, 또 세입의 감소를 초래할 것이다.

상술한 것 중에 가장 중대사라고 할 것은 염업에 미치는 영향이다. 산업의 종류가 극히 부족한 조선에서, 게다가 요사이 실업 문제가 점차 중대화하고 있는 이때에, 특히나 민심 악화의 원인으로도 된다는 것은 힘을 모아서 이를 피하지 않으면 안 된다. 조선에서 염업을 폐멸시키고 이렇게 다수의 실업자를 나오게 한다는 것은 통치 상 중대한 문제라고 말하지 않을 수 없다. 따라서 다소의 지장이 있다고 해도, 이것의 선후책(先後策)을 강구해야 하는 긴급함은 구태여 말할 필요도 없는 바이다. 그리고 그 선후책으로서는 염업조성금(鹽業助成金)의 교부, 염의 전매(專賣) 등도 있지만, 이러한 때 염의 수입을 정부에서 관리하는 것이 가장 첩경이라고 하겠다. 생각건대 염업조성금의 교부는 다액의 경비를 필요로 할 뿐만 아니라, 목적이 관철되지 않을 우려도 있다. 염의 전매는 목적의 관철 및 사회정책의 수행 등에서 보면 가장 완전하여 일찍이 이것의 달성을 기대하고 있던 차제이지만, 비교적 경비를 요하여 재정긴축으로 사업을 미루는 정부의 방침에 비춰보면 이것의 수행은 타당함이 부족한 경향이 있다. 염 수입의 정부 관리에 의해 정부 또는 정부가 임명한 자 외에는 수입을 할 수 없다면, 현재 조선 정부는 사실상 천일염 생산의 전부를 관리하기 때문에 수입과 생산이 맞물려 공급 및 가격의 통제권을 파악하게 되므로 전술한 폐해를 완전히 베어버릴 수 있다. 또한 현재의 염가를 앙등(昂騰)시키지 못하게 하여 세입 감소를 면할 수 있다.

이상과 같이 수입 관리는 그 운용의 여하에 따라 완전히 전매와 똑같은 효과를 거둘 수 있다. 게다가 비교적 소액의 경비로서 간단하게 목적을 달성할 수 있기 때문에, 관세 특례 폐지의 대책으로서 금일의 경우 본 방법이 가장 양책(良策)이 될 것이다. 이에 염의 수이입 관리에 관한 제령(制令)의 공포·실시를 보기에 이르렀다. 그 중요한 사항을 들자면 아래와 같다.

1. 염은 정부 또는 정부가 임명한 자로 하여금 수이입(輸移入)을 시킨다는 것

본령 시행 후 조선 내의 수입염은 정부 스스로 수이입하고, 민간이 직접 수이입하는 것은 이를 인정하지 않는 것으로 하여 수이입허가제도와는 다른 것으로 하였다. 허가제도는 수이입염의 통제 상 간단하게 목적을 달성할 수 있을 것 같지만, 염가의 통제가 곤란하다면 조선 내 각종 염업의 보호는 바랄 수 없을 뿐만 아니라, 수급의 조절이나 배급의 원활에서도 정부가 직접 수이입하는 것에 비해 훨씬 뒤떨어지며, 또한 허부(許否)의 결정에서도 여러 가지 곤란을 수반할 우려가 있기 때문에 이를 채용하지 않게 되었다.

위와 같이 염은 정부 스스로 수입할 수 있지만, 관동주염의 일부와 산동성염과 같이 지나(支那)의 정크선(戎克船)으로 거래를 할 필요가 있는 경우, 또는 인원 및 경비의 관계 상 수입염 생산자와 정부가 직접 거래하는 것이 불리·불편할 경우가 있을 터여서, 이와 같은 경우에는 정부가 임명한 수입업자로 하여금 중개시키어 대신 수입시키는 것으로 하였다.[116] 그리고 이런 경우에 있어서도 수입염은 정부 스스로 판매하는 것으로 하였다. 단 공업용염과 같이 장려상 필요한 경우는 수입을 허가하여 직접 사용케 하거나 또는 특정 가격으로 판매하는 방법을 맡기는 것으로 하였다.[117]

---

[116] '염수이입관리령'의 시행으로 가장 큰 타격을 입은 쪽은 재조선 화교 염상(鹽商)들이었다. 기존에 조선에서 수이입염을 전문으로 취급한 곳은 인천, 군산, 진남포, 목포 등에 소재한 화상(華商)의 상점들로서, 1930년까지 총 16~18개의 상점이 있었다고 한다. 이들 화교 염상들은 주로 산동 등지에서 오는 정크선을 대리하여 위탁 판매를 하거나, 해당 상점이 직접 선박을 구입하여 직접 중국을 왕래하며 소금을 운송, 판매하는 방식을 취했다. 그러나 1930년 '염수이입관리령'의 시행으로 이들은 존재 기반을 잃어버리고 말았다. 이들의 다수가 수입상 또는 판매상으로 지정받지 못했을 뿐더러, 겨우 지정을 받더라도 전매국에 의해 수입량의 제한과 낮은 염가를 요구받았다. 아울러 기존과 달라진 판매 방식 등에도 적응하지 못한 채, 이들은 막대한 손해를 입으며 수이입염 사업에서 손을 떼어야만 하였다(김희신, 2018, 「재조선 화교 염상과 조선총독부의 외염 관리」, 『중국근현대사연구』 77, 중국근현대사학회, 97쪽).

[117] 1917년 일본 정부는 염 수요의 급격한 변화에 대응하기 위해 일본 내 소다제조기업으로 하여금 공업염에 대한 '자기수입제도(自己輸入制度)'를 허용하기 시작하였다. 이러한 자기수입제도는 기업 스스로 공업염의 수입취급인이 되어 그 수입을 요청하면 전매국이 이를 매입하고, 다시 수입요청 기업에게 같은 금액이나 일정금액을 더한 특별가격으로 되파는 제도였다. 1929년 조선에서도 일본과 똑같이 기업의 공업염 수입을 자기수입으로 인정하는 방침이 세워졌고, 1930년 「염수이입관리령」 시행으로 그 법적인 근거가 마련되었다(田中正敬, 2003, 「1930年代以後の朝鮮における塩需給と塩業政策」, 『姜德相先生古稀·退職記念日朝關係史論集』, 313쪽).

2. 적용해야 할 염의 범위

본령을 적용해야 할 염의 범위에 대해서는 내지(內地)·대만(臺灣)의 전매법규와 똑같이 100분의 40 이상의 염화나트륨을 함유한 것으로 하여, 천일염·전오염·재제염·기타 가공염 등 모두를 포함하는 것으로 했지만, 함수(鹹水)는 사실상 통제의 목적에 영향이 확인되지 않기 때문에 제외되었다.

3. 재고염(在庫鹽)의 보고를 요구한 일

본령 시행에 맞아서는 물론, 장래에 있어서도 수급의 통제·배급의 원활을 기도하는 상에서 당시 각지의 재염량을 알아야 할 필요가 있기 때문에, 필요에 따라 이것의 보고를 요구하는 것으로 하였다.

4. 벌칙

본령 시행 상의 벌칙은 체형(體刑)을 필요로 하지 않기 때문에 벌금형만으로 하고, 범죄에 관계된 염은 이것을 자유로이 방임하는 것에 있어서는 본령의 목적에 도달할 수 없기 때문에 이를 몰수하는 것으로 하였다.

5. 잠정적으로 허가제도를 인정한 일

본령 시행의 요점은 정부 또는 정부가 임명한 자에 한하여 염을 수이입시킨다고 하는 데에 있다. 그러나 제57회 제국의회는 본년 1월에 해산을 명받아 1930년도(昭和 5) 예산은 불행히 성립을 보는 데에 이르지 못했기 때문에, 오는 임시의회에서의 추가예산의 성립을 기다려 해당 제령의 주요 규정을 시행하는 것으로 하고, 그때까지 일시적으로 허가제도에 의해 염의 수급 조절과 염가의 통제를 행하기로 하였다.

3. 염 전매법(鹽專賣法)

〈자료 172〉 조선 염 전매령(朝鮮鹽專賣令) 『관보』 제4590호, 制令, 1942년(昭和 17) 5월 20일

조선 염 전매령(朝鮮鹽專賣令)을 1911년(明治 44) 법률 제30호 제1조 및 제2조에 따른 칙재(勅裁)를 얻어 이에 이를 공포함.

1942년(昭和 17) 5월 20일
조선총독 미나미 지로(南次朗)

제령(制令) 제26호
조선 염 전매령

제1조. 정부는 염의 전매권을 갖는다.
제2조. 본령에서 염이란 것은 100분의 40 이상의 염화나트륨(鹽化曹達)을 함유하는 광물을 일컫는다.
   본령에서 함수(鹹水)라는 것은 염화나트륨을 함유한 물로서 조선총독이 정한 것을 일컫는다.
제3조. 염과 함수는 정부 또는 정부의 허가를 받은 자가 아니면 이것을 제조할 수가 없다.
   염의 재제(再製) 또는 가공은 조선총독이 정한 경우를 제외하고는 이것을 제조로 간주한다.
   본령에서 규정한 것을 제외하고 염과 함수의 제조 및 제조자에 관한 규정은 조선총독이 이를 정한다.
제4조. 정부는 수요공급의 정황에 따라 염 또는 함수의 제조 수량을 지정할 수 있다.
제5조. 염 제조자가 염을 제조할 때에는 정부가 정한 장소 및 기일에 있어서 이를 정부에 납부해야 한다. 다만 염 제조자의 자가용으로 공급하는 염으로 하여서 정부의 허가

를 받은 것은 그러하지 아니한다.

정부는 염 제조자로 하여금 전 항의 규정에 따라 납부해야 할 염을 그 종류 및 수량을 정해서 정부가 지정한 자에게 인도할 것을 명할 수가 있다. 이 경우에 있어서 인도한 염은 염 제조자가 이를 정부에 납부한 것으로 간주한다.

제6조. 염 제조자가 염을 납부할 때에는 정부는 그 품질을 감정하여 배상금을 교부한다.

염의 배상가격은 정부가 이를 정하여 공시한다.

제7조. 염 제조자가 전조(前條) 1항의 감정에 불복하는 때는 재감정을 요구할 수 있다. 다만 배상금의 청구를 하는 때는 그러하지 아니한다.

재감정에 관한 규정은 조선총독이 이를 정한다.

제8조. 염 제조자가 납부한 염으로서 그 품질이 매우 조악한 것에 대해서는 정부는 기일을 정하여 다시 상당하는 처리를 한 뒤에 납부할 것을 명할 수가 있다.

제9조. 염은 정부 또는 정부가 지정한 자가 아니면 이것을 수입하거나 수출할 수가 없다. 다만 정부가 필요하다고 인정하는 때는 수입 또는 수출을 허가할 수 있다.

정부가 지정한 자가 수입한 염은 정부가 이를 매수한다.

제10조. 염은 정부 또는 정부가 지정한 염 매팔인(鹽賣捌人)이 아니면 이를 판매할 수 없다.

본령에 규정한 것을 제외한 염의 판매 및 염 매팔인에 관한 규정은 조선총독이 이를 정한다.

제11조. 정부는 그 매도하는 염의 가격을 정하고 이를 공시한다.

조선총독이 정한 용도로 공급하는 경우에 있어서는 정부는 전 항의 가격에 관계없이 특별히 정한 가격으로써 염을 매도할 수 있다.

제12조. 정부는 염의 판매 수량을 제한하거나 또는 염의 판매 방법을 지정할 수 있다.

제13조. 염 매팔인은 정부가 정한 가격을 넘어서 염을 판매할 수가 없다.

제14조. 염 매팔인은 염에 다른 물질을 혼화하여 판매할 수 없다.

제15조. 제11조 2항의 가격으로써 정부로부터 매수된 염은 조선총독이 정한 경우를 제외하고 이를 양도하거나 저당잡거나 또는 다른 용도로 소비할 수 없다.

제16조. 염은 정부 또는 염 매팔인으로부터 매수한 것이 아니면 이를 소유하거나 소지하거나 양도하거나 저당잡거나 또는 소비할 수 없다. 다만 본령 또는 조선총독에서

별도로 정한 경우는 그러하지 아니한다.

제17조. 해당 관리(官吏)는 염 또는 함수의 제조자, 염 매팔인, 제11조 제2항의 가격으로써 염을 정부로부터 매수한 자, 또는 염 수입자, 또는 수출자에 대해서 질문을 하고, 혹은 염 또는 함수의 제조장, 또는 저장장, 또는 염 매팔인의 영업장, 기타 필요한 장소에 들어가서 염·함수·장부서류·기타 물건을 검사하거나 또는 취체(取締)상 필요한 처분을 할 수가 있다.

해당 관리는 운반 중인 염 또는 함수의 출처, 또는 도착선을 질문하거나 해당 물건을 검사할 필요가 있다고 인정되는 때에는 그 운반의 정지, 기타 취체상 필요한 처분을 할 수 있다.

앞의 2항의 경우에 있어서 해당 관리는 관계인으로 하여금 입회시킬 수 있다.

제18조. 염 또는 함수의 제조자, 혹은 염 매팔인이 본령 또는 본령에 기초하여 발포한 명령을 위반한 때에는 정부는 제조의 허가, 또는 판매의 지정을 취소하거나 제조 또는 판매의 정지를 명할 수가 있다.

제19조. 염 제조자의 제조 허가를 취소시키는 경우 및 염 매팔인의 지정을 취소시키는 경우에 있어서 필요한 규정은 조선총독이 이를 정한다.

제20조. 아래 각 호의 하나에 해당하는 자는 1천 원 이하의 벌금에 처한다.
 (1) 제3조 제1항의 규정에 위반하여 염 또는 함수를 제조한 자
 (2) 제9조 제1항의 규정에 위반하여 염을 수입하거나 또는 수출한 자
 (3) 제10조 제1항의 규정에 위반하여 염을 판매한 자
 (4) 제16조의 규정에 위반하여 염을 소유하거나 소지하거나 양도하거나 저당잡거나 또는 소비한 자

제21조. 아래 각 호의 하나에 해당하는 자는 500원 이하의 벌금 또는 과료(科料)에 처한다.
 (1) 제4조의 규정에 의한 제조 수량의 지정을 위반한 자
 (2) 제5조 제1항의 규정에 의해 염을 정부에 납부하지 않은 자
 (3) 제5조 제2항의 규정에 의한 명령을 위반한 자
 (4) 제8조의 규정에 의한 명령을 위반한 자
 (5) 제12조의 규정에 의한 판매 수량의 제한 또는 판매 방법의 지정을 위반한 자

(6) 제13조의 규정에 위반하여 염을 판매한 자

(7) 제14조의 규정에 위반하여 염에 다른 물질을 혼화하여 판매한 자

(8) 제15조의 규정에 위반하여 염을 양도하거나 저당잡거나 또는 다른 용도로 소비한 자

(9) 제18조의 규정에 의한 제조 또는 판매의 정지 명령을 위반한 자

제22조. 제20조 혹은 전조 제2호, 제3호, 또는 제7호 내지 제9호의 죄를 범한 자가 있을 때에는 그 범죄에 관계된 물건은 이를 몰수한다. 이미 사정을 알지 못하는 자에게 양도했거나 또는 소비했거나 또는 기타의 사유로 인해 몰수할 수 없는 데에 이르렀을 때는 그 가격에 상당하는 금액을 추징한다.

제23조. 제17조 제1항 또는 제2항의 규정에 의해 해당 관리의 질문에 대해 답변을 하지 않거나 또는 허위의 진술을 하거나 혹은 그 직무의 집행을 거부·방해하거나 또는 기피한 자는 1백 원 이하의 벌금 또는 과료에 처한다.

제24조. 조선형사령에서 의거한 것을 정한 형법 제38조 제3항 단서, 제39조 제2항, 제40조, 제41조, 제48조 제2항, 제63조 및 제66조의 규정은 본령 또는 본령에 기초하여 발포한 명령을 위반한 자에게는 이를 적용시키지 않는다. 다만 전조의 죄를 범한 자에 대해서는 그러하지 아니한다.

제25조. 염 또는 함수의 제조자, 염 매팔인, 제11조 제2항의 가격으로써 염을 정부로부터 매수한 자, 혹은 염의 수입자나 수출자는 그 대리인, 호주, 가족, 동거자, 고용인, 기타의 종업자가 그 업무에 관해 본령 또는 본령에 기초하여 발포한 명령을 위반했을 때는 자기의 지휘로 나온 것이 아니라고 할지라도 처벌을 면할 수가 없다.

제26조. 조선 간접국세 범칙자 처분령 및 1912년(大正 원년) 제령 제4호 제3조의 규정은 본령 또는 본령에 기초하여 발포한 명령의 범죄사건에 이를 준용한다.

제27조. 본령 중 수입 또는 수출, 혹은 수입자 또는 수출자에 관한 규정은 이입(移入) 또는 이출(移出), 혹은 이입자 또는 이출자에게 이를 준용한다.

제28조. 본령은 1942년(昭和 17) 8월 1일부터 이를 시행한다. 단 제30조의 규정은 공포한 날로부터 이를 시행한다.

제29조. 1930년(昭和 5) 제령 제1호는 이를 폐지한다. 단 1942년(昭和 17) 7월 31일 이전에

이루어진 행위에 관한 벌칙의 적용에 대해서는 따라서 그 효력을 가진다.

구령에 의한 염의 수입 또는 이입에 있어서 정부의 명령 또는 허가를 받은 자는 각 본령에 의해 염의 수입 또는 이입에 있어서 정부의 지정 또는 허가를 받은 자로 간주한다.

제30조. 본령 공포에 즈음한 현재 염 또는 함수의 제조를 하거나 혹은 염의 판매를 하는 자로서 1942년(昭和 17) 8월 1일 이후로 계속 그 제조 혹은 판매를 하려고 하는 자는 동년 6월 30일까지 제조의 허가 또는 염 매팔인의 지정 신청을 해야 한다.

제31조. 본령은 제29조 제1항의 규정을 제외하고 조선총독이 지정하는 지역에서는 이를 시행치 아니한다.

〈참조〉

1912년(大正 원년) 제령 제4호는 조세에 관한 사범(事犯)이 있을 때의 처벌에 관한 건임.

1930년(昭和 5) 3월 1일 제령 제1호는 염의 수입 또는 이입에 관한 건임.

〈자료 173〉 조선 염 전매령 시행규칙 [『관보』 제4604호, 制令, 1942년(昭和 17) 6월 5일]

조선총독부령 제157호

조선 염 전매(朝鮮鹽專賣令) 시행규칙(施行規則)을 다음과 같이 정함.

1942년(昭和 17) 6월 5일

조선총독 고이소 구니아키(小磯國昭)

조선 염 전매령 시행규칙

제1조. 조선 염 전매령 및 본령에서의 함수(鹹水)라는 것은 해수를 농축한 물로서, 그 함유 고형분이 100분의 50 이상인 염화나트륨을 함유하고, 섭씨 15도에서 '보메' 5도 이

상의 비중을 가진 것을 일컫는다.

제2조. 염 또는 함수를 제조하려는 자는 아래에 게시한 사항을 기재한 신청서를 조선총독부 전매국장(專賣局長: 이하 간단히 전매국장으로 칭함)에게 제출하고, 그 허가를 받아야 한다.

    (1) 주소 및 성명(법인으로 있으면 그 명칭, 사무소의 소재지, 대표자의 주소 및 성명)

    (2) 염전의 위치, 면적 및 설비

    (3) 제염장의 위치 및 설비

    (4) 저장장의 위치 및 설비

    (5) 제조 방법

    (6) 1년간의 제조 예상고

    (7) 염을 원료로 하는 것이 있으면 그 사용 예상고

    (8) 사업계획서

    (9) 염전, 제염장 및 저장장의 준공 예정 연월일

전 항의 신청서에는 법인으로 있으면 정관을 첨부해야 한다.

전매국장은 앞의 2항에 정해진 것을 제외하고 필요하다고 인정되는 서류의 첨부를 명할 수가 있다.

제3조. 아래에 게시한 염의 재제(再製) 또는 가공은 이를 제조로 간주하지 않는다.

    (1) 자가용(自家用)으로 제공하기 위해 1년의 제조 수량 100kg을 초과하지 않는 한도로 하는 염의 가공

    (2) 정부의 위탁을 받아서 하는 염의 재제 또는 가공

제4조. 전매국장은 아래 각 호의 하나에 해당하는 경우에 있어서는 염 또는 함수의 제조를 허가하지 않는다.

    (1) 염전 또는 제염장의 위치, 또는 설비가 부적당하다고 인정될 때

    (2) 제조 방법이 부적당하다고 인정될 때

    (3) 염 전매에 관한 법률을 위반하고 처벌을 받은 지 2년을 경과하지 않은 자일 때

    (4) 염의 수요공급의 정황에 의해 허가가 부적당하다고 인정될 때

전 항 제3호의 사실의 유무는 법인으로 있을 때는 그 대표자에 대해서, 미성년자

또는 금치산자로 있을 때는 그 법정대리인에게 역시 이를 정한다. 단 그 영업에 관하여 성년자와 동일한 능력을 가진 미성년자에 대해서는 그러하지 아니한다.

제5조. 염 혹은 함수의 제조자는 아래 각 호의 하나에 해당하는 경우에 있어서는 그 사유를 갖추어 전매국장의 허가를 받아야 한다.

(1) 염전의 신설, 변경 또는 폐지하려고 할 때
(2) 제염장 또는 그 설비, 또는 저장장을 신설, 변경하거나 또는 폐지하려고 할 때
(3) 제조 방법을 변경하려고 할 때
(4) 1년의 제조 예상고를 변경하려고 할 때
(5) 염전, 제염장 혹은 저장장의 준공예정 연월일을 변경하려고 할 때

전 항의 허가를 받으려고 하는 자는 신청서에 제2조 제1항의 규정에 준하여 필요한 사항을 기재해야 한다.

제6조. 염 혹은 함수의 제조자는 아래 각 호의 하나에 해당하는 경우에 있어서는 전매국장에게 신고해야 한다.

(1) 제조를 개시하려고 할 때
(2) 염전의 설비를 신설 또는 변경하려고 할 때
(3) 재해에 의해 염전 혹은 제염장에 이동이 생겼을 때
(4) 주소, 성명, 명칭 혹은 법인의 대표자에 이동이 생겼을 때

제7조. 염 또는 함수의 제조자가 제조장 소재지에 현주(現住)하지 않을 때는 조선전매령 및 본령에 관한 사무를 처리하기 위해서 관리인을 정해 연서(連署)하고 관할 전매관서장에게 신고해야 한다. 관리인을 변경할 때도 역시 마찬가지이다.

제8조. 염 또는 함수의 제조자가 염 또는 함수의 제조를 폐지하려고 할 때는 1개월 전까지 전매국장에게 신고해야 한다.

제9조. 상속으로 인해 염 또는 함수의 제조를 승계할 때는 호적 사무를 취급하는 관리(官吏) 혹은 공리(公吏)에게 신고한 날부터 1개월 안으로 상속인으로부터의 그 취지를 전매국장에게 신고해야 한다.

전 항의 경우를 제외하고 염 또는 함수의 제조를 승계하려고 하는 자는 제조자와 연서하여 전매국장의 허가를 받아야 한다. 단 전매국장이 정당한 사유가 있다고

인정하는 때는 연서가 필요하지 않다.

제10조. 염 또는 함수의 제조자는 염전 또는 제염장에 허가번호, 허가연월일, 주소 및 성명 또는 명칭을 기재한 표찰을 달아야 한다.

제11조. 조선전매령 제4조의 규정에 의한 지정은 전매국장이 염 또는 함수의 제조 수량을 정하고 염 또는 함수의 제조자에게 통지하여 이를 행한다.

제12조. 염의 배상가격은 전매국장이 염의 품질의 등급별로 이를 정해 공시하여야 한다.

제13조. 지방 전매국장이 필요하다고 인정하는 때에는 염 또는 함수의 제조자를 지정하여 일정한 기간마다 그 제조한 염 또는 함수의 수량을 신고하게 할 수 있다.

제14조. 염의 납부 장소 및 기일은 지방 전매국장이 이를 정하고 미리 염 제조자에게 통지해야 한다.

염 제조자는 전 항의 장소 또는 기일에 염을 납부할 수 없을 때에는 그 사유를 갖추어 관할 지방 전매국장의 허가를 받아야 한다.

제15조. 조선 염 전매령 제5조 제2항의 명령은 지방 전매국장이 아래에 게시한 사항을 지정하고 염 제조자에게 통지시켜 이를 행한다.

(1) 인도해야 할 염의 종류 및 수량

(2) 인도해야 할 상대방의 주소 및 성명(법인으로 있을 때는 그 명칭 및 사무소의 소재지)

(3) 인도해야 할 장소 및 기일

제16조. 염 제조자가 납부해야 할 염에는 일정한 포장을 입혀야 한다. 단 지방 전매국장의 허가를 받았을 때에는 그러하지 아니한다.

포장의 방법, 중량 및 1포장의 염의 수량은 전매국장이 이를 정한다.

제17조. 염 제조자는 대리인으로 하여금 염의 납부를 할 수가 있다.

운송업자가 염 제조자 또는 그 대리인으로부터 납부하는 염의 운송을 위탁받았을 때는 운송 중에는 그 대리인이 된 자라고 간주한다.

제18조. 염 제조자가 염을 납부한 때에는 지방 전매국장은 그 품질을 감정하고 배상금을 교부해야 한다.

제19조. 염 제조자가 재감정을 요구한다고 하는 때는 그 요령을 갖추어 즉시 지방 전매국장에게 신청해야 한다.

재감정의 신청이 있을 때에는 지방 전매국장은 2인 이상의 감정인으로 하여금 분석 감정을 행하도록 하고, 이를 결정한 결정서를 재감정 신청인에게 교부해야 한다.

재감정에 의한 품질의 등급이 당초 감정의 등급보다 향상되지 않았을 때에는 재감정에 필요한 비용은 신청인의 부담으로 한다.

제20조. 염 제조자의 납부된 염으로서 최하급 품질의 등급에 도달하지 못했을 때는 지방 전매국장이 기일을 정하여 상당하는 처리를 한 뒤 납부할 것을 명해야 한다.

제21조. 염 제조자가 그 제조한 염을 자가용으로 공급하려고 할 때는 미리 그 용도, 수량 및 사용기간을 정해 지방 전매국장의 허가를 받아야 한다.

제22조. 전매국장은 염 또는 함수의 제조자에 대하여 염전, 제염장, 저장장 또는 제조용 기구·기계의 도면 또는 목록, 기타 필요하다고 인정되는 서류의 제출을 명할 수가 있다.

제23조. 염 또는 함수의 제조자는 장부를 갖추고 이를 아래에 게시한 사항을 기재해야 한다.

(1) 제조한 염 또는 함수의 종류, 수량 및 제조 연월일
(2) 정부에 납부한 염의 종류, 수량 및 납부 연월일
(3) 자가용으로서 허가를 받은 염의 종류 및 수량
(4) 양도한 함수의 수량, 양도선 및 양도 연월일
(5) 원료로서 매입한 염의 종류, 수량, 가격, 수입(受入) 연월일 및 구입선
(6) 원료로서 사용한 염의 종류, 수량 및 사용 연월일

전매관서장이 필요하다고 인정하는 때는 전 항 각 호에 게시한 것 외에 기재 사항을 지시할 수 있다.

제24조. 아래의 경우에 있어서는 전매국장은 염 또는 함수의 제조 허가를 취소하거나 또는 제조의 정지를 명할 수가 있다.

(1) 조선 염 전매령 또는 본령에 위반될 때
(2) 본령에 기초하는 지시를 위반하여 해당 관리의 주의를 받았음에도 여전히 이를 따르지 않을 때

염 또는 함수의 제조자가 법인, 미성년자, 또는 금치산자인 경우에는 전 항 각 호의 사실의 유무에 대해서는 제4조 제2항의 규정을 준용한다.

제25조. 조선 염 전매령 제9조의 규정에 의해 지정된 자가 아닌데 염의 수입 또는 수출을 하려고 하는 자는 아래에 게시된 사항을 기재한 신청서를 전매국장에게 제출하고 그 허가를 받아야 한다.

    (1) 수입 또는 수출하려고 하는 염의 종류별 수량(수입의 경우에 있어서는 품위별 수량도 기재해야 함)

    (2) 용도(수입의 경우에 한함)

    (3) 매입 가격, 장소 및 기일(수입의 경우에 한함)

    (4) 수입지 또는 수출지

    (5) 수입선 또는 수출선

    (6) 수입 또는 수출의 기일

    (7) 사용 장소 및 방법(수입의 경우에 한함)

염의 수입 허가를 받은 자가 염의 수입을 하려고 하는 때는 곧바로 관할 전매관서장에게 신고해야 한다.

제26조. 아래 각 호의 하나에 해당하는 염은 전조의 규정에 관계없이 세관장의 허가를 받고 이를 수입 또는 수출할 수 있다.

    (1) 의약용 식염

    (2) 소포 우편에 의한 1회 2kg 이내의 견본용 염

    (3) 여객휴대용품 또는 이사 화물 중에 포장한 10kg 이내의 천일염, 3kg 이내의 재제 또는 가공염

    (4) 여객열차의 식당에서 소비하는 염으로서 1열차에 대해 20kg 이내의 것

    (5) 선박의 선용품인 염으로서 1선박에 대해 120kg 이내의 염

    (6) 염장물품의 포장염으로서 그 운반 또는 저장에 필요한 것

제27조. 아래 각 호의 하나에 해당하는 자는 50원 이하의 벌금 또는 과료에 처한다.

    (1) 제5조 제1항의 규정에 위반되게 동항(同項) 각 호에 게시된 사항을 행한 자

    (2) 제16조 제1항의 규정에 위반되게 일정한 포장을 입히지 않는 자

    (3) 제23조의 규정에 위반되게 장부를 갖추지 않거나 또는 기재를 소홀히 하거나 또는 부정한 기재를 행한 자

제28조. 아래 각 호의 하나에 해당하는 자는 과료에 처한다.

(1) 제6조 내지 제8조, 제13조 또는 제25조 제2항의 규정에 위반되게 신고를 행하지 않은 자

(2) 제10조의 규정에 위반되게 표찰을 게시하지 않은 자

(3) 제22조의 규정에 의한 명령에 위반되게 도면, 목록 또는 서류를 제출하지 않은 자

제29조. 염 제조자가 사망하여 제조를 승계한 자가 아닐 때, 제조의 허가를 취소시키려 할 때, 또한 제조를 폐지하려고 할 때에 있어서 현존하고 아직 납부되지 않은 염에 대해서는 상속인 또는 염 제조자인 자를 염 제조자로 간주하고 조선 염 전매령 및 본령을 적용한다.

제30조. 조선간접국세범칙자처분령(朝鮮間接國稅犯則者處分令)에서 정한 수세관리(收稅官吏)에 속한 직무는 전매국 관리, 수세 관리, 세관 관리 또는 도경찰(道警察) 관리, 세무서장에 속한 직무는 전매 관리 또는 도경찰 관리의 발견에 관련된 범죄사건에 있어서는 범죄사건 발견지를 관할하는 지방 전매국장 또는 지방 전매국 출장소장, 수세 관리의 발견에 관련된 범죄사건에 있어서는 범죄사건 발견지를 관할하는 세무서장, 세관 관리의 발견에 관련된 범죄사건에 있어서는 범죄사건 발견지를 관할하는 세관장이 이를 행한다.

조선 염 전매령 및 동령에 기초하여 발포한 명령의 범죄사건에 관해서는 조선간접국세범칙자처분령 시행규칙을 준용한다.

제31조. 본령 중 수입 또는 수출 또는 수입자 또는 수출자에 관한 규정은 이입 또는 이출 또는 이입자 또는 이출자에 이를 준용한다.

제32조. 본령에 의한 전매국장 또는 지방 전매국장에 제출해야 할 서류는 제25조의 규정에 따라 염의 수입허가 신청서 외에는 관할 전매관서를 경유해야 한다.

〈부칙〉

제33조. 본령은 1942년(昭和 17) 8월 1일부터 이를 시행한다. 단 제35조의 규정은 발포일로부터 이를 시행한다.

제34조. 1930년(昭和 5) 조선총독부령 제23호 및 청도염(靑島鹽) 수입 수속은 이를 폐지한다.

제35조. 조선 염 전매령 제30조의 규정에 의해 제조의 허가 신청을 하려고 하는 자는 제2조 및 제32조의 규정에 준하여 신청서를 제출해야 한다.

제36조. 본령 시행의 때에 현재 소지한 염에 있어서는 조선 염 전매령 제16조의 규정을 적용하지 않는다.

〈자료 174〉 조선 염 전매령 염매팔규칙(鹽賣捌規則)
[『관보』제4604호, 制令, 1942년(昭和 17) 6월 5일]

조선총독부령 제158호
염매팔규칙(鹽賣捌規則)을 다음과 같이 정함.

1942년(昭和 17) 6월 5일
조선총독 고이소 구니아키(小磯國昭)

염매팔규칙

제1조. 염 매팔인(鹽賣捌人)을 구분하여 염 원매팔인(鹽元賣捌人: 이하 간단히 '원매팔인'으로 칭함), 염 중매인(鹽仲卸人: 이하 간단히 '중매인'으로 칭함) 및 염 소매인(鹽小賣人: 이하 간단히 '소매인'으로 칭함)으로 한다.

제2조. 원매팔인은 정부로부터 염을 매수하고 그것을 중매인에게 매도하는 일을 한다. 단 특별한 사정이 있을 때는 전매국장의 허가를 받고 직접 소비자에게 매도할 수 있다.

중매인은 원매팔인으로부터 염을 매수하고 그것을 소매인에게 매도하는 일을 한다. 단 지방 전매국장의 허가를 받고 직접 소비자에게 매도할 수 있다.

소매인은 중매인으로부터 염을 매수하고 그것을 소비자에게 매도하는 일을 한다.

중매인 또는 소매인은 앞의 2항의 규정에도 불구하고 조선 염 전매령 시행규칙(이하 간단히 시행규칙으로 칭한다) 제15조의 규정에 따라 염 제조자가 인도한 염은 직접 정부로부터 그것을 매수할 수가 있다.

염 매팔인은 정부로부터 염을 매수하거나, 경락(競落)에 의해 염을 취득하거나, 또는 제21조의 규정에 따라 매도한 염을 양수(讓受)하는 경우 외에는 염 매팔인이 아닌 자로부터 염을 양수하여 그것을 매도할 수 없다.

제3조. 원매팔인은 전매국장, 중매인 및 소매인은 지방 전매국장이 필요에 응하여 3년 내의 기간으로써 이를 지정한다.

제4조. 염 매팔인의 지정을 받게 된 자는 아래의 사항을 기재한 신청서를 원매팔인의 경우에는 전매국장에게, 중매인 또는 소매인의 경우에는 지방 전매국장에게 제출해야 한다.

(1) 주소 및 성명(법인의 경우에는 그 명칭, 사무소의 소재지와 대표자의 주소 및 성명)

(2) 현재 영업의 종류

(3) 지정을 받게 된 매팔인별(賣捌人別)

(4) 영업소 예정 위치

지정을 받게 된 자가 미성년자 또는 금치산자일 때는 신청서에 법정대리인의 연서(連署)를 요한다. 단 그 영업에 관해 성년자와 동일한 능력을 가진 미성년자의 경우에는 그러하지 아니한다.

지정을 받게 된 자가 법인일 때는 정관을 첨부해야 한다.

제5조. 아래에 걸리는 자는 염 매팔인으로 지정될 수 없다.

(1) 조선 염 전매령 제20조, 제21조, 제23조 또는 제26조 제1항의 규정에 의해 처벌 또는 처분을 받고 2년이 경과되지 않은 자.

(2) 폭리행위 등 취체규칙 제6조의 규정에 의해 처벌을 받고 2년이 경과되지 않은 자.

(3) 염 매팔인의 지정이 취소되어 2년이 경과되지 않은 자.

(4) 파산자로서 아직 복권되지 않은 자.

(5) 국세체납 처분 또는 여기에 준하는 처분을 받고 1년이 경과되지 않은 자.

(6) 금고 이상의 형에 처해져 그 집행을 끝마쳤을 때부터 2년이 경과되지 않은 자, 또는 집행유예 중인 자

전항 각호의 사실의 유무는 법인인 경우에는 그 대표자에 대해, 미성년자 및 금치

산자인 경우에는 그 법정대리인에 대해서도 역시 이를 정한다. 단 그 영업에 관해 성년자와 동일한 능력을 가진 미성년자에 대해서는 그러하지 아니한다.

제6조. 염 매팔인의 주소, 성명, 또는 명칭을 변경하는 때에는 원매팔인의 경우에는 전매국장에게, 중매인 또는 소매인의 경우에는 지방 전매국장에게 신고해야 한다. 법인인 염 매팔인이 그 정관 또는 대표자를 변경하는 때 역시 마찬가지이다.

제7조. 원매팔인이 그 영업을 폐지시키려할 때에는 1개월 전에 전매국장에게 신고해야 한다. 중매인 또는 소매인이 그 영업을 폐지시키려고 할 때에는 미리 지방 전매국장에게 신고해야 한다.

제8조. 염 매팔인이 사망하거나 또는 은거(隱居)하는 경우에는 그 상속인이 사망 또는 은거한 날로부터 2개월 내로 원매팔인의 경우에는 전매국장에게, 중매인 또는 소매인의 경우에는 지방 전매국장에게 신고하고 잔여기간의 영업을 승계할 수 있다. 단 제5조의 규정에 의해 염 매팔인으로 지정될 수 없는 자는 그러하지 아니한다.

전항의 규정에 의한 신고서에는 은거의 경우에 있어서는 은거자의 연서(連署)가 필요하다.

제1항의 규정은 염 매팔인인 법인의 합병으로 인해 소멸되는 경우에 그것을 준용한다. 이 경우에 있어서는 합병을 증명하는 서류를 첨부해야 한다.

제9조. 염 매팔인과 동일한 집에 있는 자가 상속에 의한 경우 외에 잔여기간 동안 그 영업을 승계하려고 할 때에는 염 매팔인의 연서를 원매팔인의 경우에는 전매국장에게, 중매인 또는 소매인의 경우에는 지방 전매국장에게 신청하여 허가를 받아야 한다.

제10조. 전매국장은 원매팔인의 판매 구역 또는 그 판매하는 염의 종류를 지정할 수 있다.

지방 전매국장은 중매인의 판매 구역 또는 중매인 및 소매인의 판매하는 염의 종류를 지정할 수 있다.

판매 구역을 지정하는 경우에 있어서는 원매팔인은 전매국장의 허가를 받지 않았으면 지정구역 외의 중매인에게, 중매인은 지방 전매국장의 허가를 받지 않았으면 지정구역 외의 소매인에게 염을 매도할 수 없다.

제11조. 조선 염 전매령 제12조의 규정에 의한 염의 판매 수량의 제한 또는 염의 판매 방법의 지정은 전매국장이 이를 해야 한다.

제12조. 원매팔인이 영업소 또는 염 저장소를 신설, 이전 또는 폐지하려고 하는 때는 전매국장의 허가를 받아야 한다.

제13조. 전매국장은 원매팔인에 대한 영업소 또는 염 저장소의 설비, 비치해 둘 염의 종류 및 수량, 염의 보존 방법, 기타 염의 매도에 관한 사항과 원매팔인이 조직한 조합의 사업에 대해 필요한 지시를 할 수 있다.

제14조. 염 매팔인 조합을 조직하려고 하는 때는 조합 규약 및 업무집행자를 정하고 전매국장의 승인을 받아야 한다. 그것을 변경하려고 하는 때 역시 마찬가지이다.

제15조. 중매인과 소매인의 영업소는 1인 1개소로 한다. 단 지방 전매국장이 필요하다고 인정하는 때는 동일인에 대해 2개소 이상의 영업소의 설치를 허가할 수 있다.

중매인과 소매인은 지방 전매국장의 허가를 받지 아니하면 영업소를 이전할 수 없다.

제16조. 지방 전매국장은 중매인 또는 소매인에 대한 영업소 또는 염 저장소의 설비, 비치해 둘 염의 종류 및 수량, 염의 보존방법, 기타 매도에 관한 사항 또는 중매인·소매인이 조직한 조합의 사업에 대해 필요한 지시를 할 수 있다.

제17조. 염 매팔인이 정부로부터 염의 매도를 받으려고 하는 때에는 종류, 등급, 포장 구분, 수량 및 인수 장소를 기재한 염 매도 청구서를 전매관서장에게 제출해야 한다.

제18조. 염 매팔인이 염의 매도의 통지를 받았을 때는 지체하지 말고 대금을 납부하여 현품을 인수해야 한다. 10일 내로 이것을 인수하지 않을 때는 전매국장이 정한 바에 따라 상당하는 보관료를 징수한다. 단 전매관서장이 교통 두절, 기타의 부득이한 사유가 있다고 인정하는 때는 보관료를 감면할 수 있다.

시행규칙 제15조의 규정에 의해 염 제조자가 인도하는 염을 매수한 염 매팔인은 곧바로 대금을 납부하여 현품을 인수해야 한다.

전매관서장은 염 매팔인이 대금 납부의 담보로 하여 국채(國債)를 제공하는 때에는 1회의 매수대금 300원 이상인 경우에 한하여 3개월 내로 대금의 연납(延納)을 허가할 수 있다.

제19조. 염 매팔인이 전조 3항의 담보를 제공하는 경우에 있어서 염 매수대금을 그 납부 기일까지 납부하지 못할 때에는 전매관서장은 100원에 대한 일변(日邊) 3전(錢)의 비율로써 연체이자를 징수할 수 있다.

제20조. 정부로부터 매도하는 염은 전매관서장이 지정하는 장소에서 그것을 인도하는 것으로 한다.

원매팔인으로부터 중매인에게 매도하는 염은 중매인의 영업소 또는 저장소에서 인도하는 것으로 한다. 단 전매관서장의 허가를 받아 별도의 인도 장소를 정할 수 있다.

제21조. 염 매팔인이 사망하여 그 영업을 승계할 자가 없을 때, 지정 기간이 만료되고 계속해서 지정되지 않았을 때, 지정이 취소되었을 때, 또는 영업을 폐지한 때에 있어서 현재하는 염은 사실 발생일로부터 30일 내로 전매관서장의 허가를 받아 가장 가까운 염 매팔인에게 매도해야 한다.

제22조. 염 매팔인은 아래에 게재한 금액을 넘어서 염을 매도할 수 없다.

(1) 원매팔인은 정부의 매도한 가격에 영업이익 및 인수 장소부터 인도 장소에 이르는 염 운임을 가산한 금액.

(2) 중매인은 전호(前號)의 규정에 따라 원매팔인이 매도할 가격에 영업이익 및 인수 장소부터 인도 장소에 이르는 염 운임을 더한 금액. 단 제2조 제4항의 규정에 따라 직접 정부로부터 매수한 염에 대해서는 정부가 매도한 가격에 영업이익 및 염 운임을 더한 금액.

(3) 소매인은 전호의 규정에 따라 중매인이 매도할 가격에 영업이익 및 인수 장소부터 영업소에 이르는 염 운임을 더한 금액. 단 제2조 제4항의 규정에 따라 직접 정부로부터 매수한 염에 대해서는 정부가 매도한 가격에 영업이익 및 염 운임을 더한 금액.

전항 각호의 영업이익의 산정 방법은 전매국장이 이를 정하고, 염 운임은 지방 전매국장이 이를 인정하여 염 매팔인에게 통지한다.

제23조. 전매국장은 정부가 매도하는 염의 가격을 정하고 이를 공시해야 한다.

제24조. 원매팔인 및 중매인은 영업소마다 장부를 비치하고, 여기에 아래에 게재한 사항을 기재해야 한다.

(1) 매수하는 염의 종류, 등급, 포장 구분, 수량, 가격, 운임, 수입(受入) 연월일 및 매입선.

(2) 매도할 염의 종류, 등급, 포장 구분, 수량, 가격, 매도 연월일 및 매도선

소매인은 장부를 비치하고, 여기에 매수하는 염의 종류, 등급, 포장 구분, 수량, 가격, 운임, 수입 연월일 및 매입선과 함께 매월 말에 있어서는 현재고(現在高)를 기재해야 한다.

전매관서장은 앞의 2항에 게재된 것 외에 필요하다고 인정되는 기재 사항을 지시할 수 있다.

제25조. 염 매팔인은 염업소의 보기 편한 장소에 표찰 및 염 매팔 가격표를 달아야 한다.

제26조. 원매팔인 및 중매인이 저장소를 설치하려고 할 때는 보기 편한 장소에 표찰을 달아야 한다.

제27조. 아래의 경우에 있어서는 원매팔인의 경우에는 전매국장, 중매인 및 소매인의 경우에는 지방 전매국장이 판매의 지정을 취소하거나 또는 판매의 정지를 명할 수가 있다.

(1) 제5조 제1호, 제2호 또는 제4호부터 제6호의 하나에 해당하기에 이르렀을 때.

(2) 조선 염 전매령 또는 본령에 위반했을 때.

(3) 원매팔인 또는 중매인이 정당한 사유 없이 1개월 이상 계속하여 영업을 하지 않을 때.

(4) 소매인이 정당한 사유 없이 2개월 이상 계속하여 그 영업을 하지 않을 때.

(5) 본령에 기초해서 한 지시를 위반하여 해당 관리의 주의를 받았음에도 여전히 이에 따르지 않을 때.

염 매팔인이 법인, 미성년자 또는 금치산자인 경우에 있어서는 전항 각호의 사실의 유무에 대해서는 제5조 제2항의 규정을 준용한다.

제28조. 전매관서장은 아래에 게재한 용도로 사용하는 염(이하 '특별용 염'이라고 칭함)으로서 1회의 매수 수량 6천kg 이상인 경우는 특정가격으로 매도할 수 있다.

(1) 재제염용(再製鹽用), 전오염용(煎熬鹽用)

(2) 장유양조용(醬油釀造用), 된장제조용(味噌製造用)

(3) 어류 및 해수류(海獸類) 염장용, 수피(獸皮) 및 어피(魚皮) 보존용

(4) 비료용, 선종용(選種用), 가축용

(5) 화학공업용, 비누(石鹼) 제조용

(6) 광업용, 요업용

전항의 특정가격은 전매국장이 이를 정하여 공시한다.

특별용 염의 매도를 받으려고 하는 자는 염의 종류, 수량, 용도 및 사용 장소를 기재한 특별용 염 매도원서(賣渡願書)를 전매관서장에게 제출해야 한다.

제18조 제1항, 동조 제3항, 제19조 및 제20조 제1항의 규정은 전항의 염 매수인에게 이를 준용한다.

제29조. 특별용 염을 매수한 자가 염을 그 용도로 사용할 수 없는 데에 이르렀을 때는 현존하는 염은 사실 발생일로부터 1개월 내로 전매관서장의 허가를 받아 동일한 용도의 사용자 또는 정부가 동일 가격으로써 매도하고, 다른 용도의 염 사용자에게 매도하거나 또는 전매관서장에게 그 환매를 청구해야 한다.

전항의 경우에 있어서 매도 또는 환매 가격은 그 용도에서 정해진 현행의 매도가격에 의한다. 그 경우에 있어서 염의 품질 악변(惡變), 기타 특별한 사유가 있을 때는 전매관서장이 별도로 매도 또는 환매가격을 정하는 것이 필요하다.

제30조. 아래 각호의 하나에 해당하는 자는 50원 이하의 벌금 또는 과료에 처한다.

(1) 제10조 제3항의 규정에 위반하여 염을 매도한 자

(2) 제12조의 규정에 위반하여 영업소 또는 염 저장소를 신설, 이전, 또는 폐지한 자

(3) 제13조 또는 제16조의 규정에 의한 지시를 받고 이를 위반한 자

(4) 제14조의 규정에 위반하여 조합을 조직하거나 또는 조합 규약 혹은 업무집행자를 변경한 자

(5) 제15조 제1항 단서(但書)의 규정에 위반하여 2개소 이상의 영업소를 설치하거나 또는 동조 제2항의 규정에 위반하여 영업소를 이전한 자

(6) 제24조의 규정에 위반하여 장부를 비치하지 않거나 또는 기재를 게을리 하거나 혹은 부정의 기재를 행한 자

제31조. 아래 각호의 하나에 해당하는 자는 과료에 처한다.

(1) 제6조 또는 제7조의 규정에 위반하여 신고를 하지 않은 자

(2) 제25조 또는 제26조의 규정에 위반하여 표찰 또는 염 매팔 가격표를 게재하지 않은 자.

제32조. 본령에 의해 전매국장 또는 지방 전매국장에게 제출해야 할 서류는 관할 전매관

서를 경유해야 한다.
〈부칙〉
제33조. 본령은 1942년(昭和 17) 8월 1일부터 이를 시행한다. 단 제34조의 규정은 발포일로부터 이를 시행한다.
제34조. 조선 염 전매령 제30조의 규정에 의해 염 매팔인의 지정 신청을 하려고 하는 자는 제4조 및 제32조의 규정에 준해 신청서를 제출해야 한다.

◎ 조선총독부령 제159호
조선 염 전매령 제31조의 규정에 의해 아래의 지역을 지정함.
1942년(昭和 17) 6월 5일
조선총독 고이소 구니아키(小磯國昭)

전라남도 무안군(務安郡) 흑산면(黑山面), 동군(同郡) 임자면(荏子面), 진도군(珍島郡) 오도면(鳥島面)

〈자료 175〉 조선 염 전매령 개정의 건 [『관보』 제5218호, 制令, 1909년(昭和 19) 6월 8일]

조선 염 전매령 중 개정의 건을 1911년(明治 44) 법률 제30호 제1조 및 제2조에 따른 칙재를 얻어 이에 이를 공포함.

1909년(昭和 19) 5월 16일
조선총독 고이소 구니아키(小磯國昭)

제령 제22호
조선 염 전매령 중 다음과 같이 개정한다.

제8조의 2항. 정부는 염 또는 함수의 제조자가 조직하는 조합에 대해 전매사무 집행 상 필요한 시설을 하거나 혹은 그 보조를 할 것을 명할 수 있다.

전 항의 조합에 대해서는 예산의 범위 내에서 교부금을 교부할 수가 있다.

〈부칙〉 본령은 공포일로부터 이를 시행한다.

〈자료 176〉 염 전매령, 동 시행규칙과 매팔(賣捌)규칙의 해석 및 그 운용에 대하여

- 원제목: 鹽專賣令同施行規則竝に賣捌規則の解釋及其の運用に就て
- 작성자: (全州)KS生
- 출전호수: 《專賣の朝鮮》 제214호
- 간행연월: 1942년 9월
- 발행처: 朝鮮專賣協會

드디어 8월 1일부터 염의 전매도 실시되어 전매령(專賣令)과 기타 관계 법령의 발포를 보게 됨에 따라, 이것이 운용의 묘미를 발휘하여 최대의 효과를 거두지 않으면 안 되게 되었다.

원래 법(法)은 사물(死物)이지만 그 운용에 의해 이것을 살리는 효과를 발양하기도 한다. 따라서 이것의 운용의 중임을 맡고 있는 우리들은 입법자의 의사가 어느 곳에 있는지, 법의 정신이 어디에 있는지를 탐구해야 한다. 동시에 한층 더 나가, 이것을 현실의 상황에 적용시킬 때 합리적인지, 모순되는 점은 없는지, 주위에 미치는 영향은 어떠한지, 과연 이것을 해석하고 총괄하는 데 있어서 원활한 운용이 가능하고, 민중으로 하여금 정말로 수긍시키고 신뢰받을 수 있겠는지 말하는 것에 생각을 품지 않으면 안 된다고 생각한다. 특히 염 전매령 관계에 있어서는 처음이어서 제1보를 내딛는 정도이므로, 더 한층 그 필요를 통감하는 것이다. 뿐만 아니라 새로운 만큼이나 또 그 만큼 의문도 많은 법이다. 따라서 이하 조항을 쫓아 의문스러운 우견(愚見)을 기술하여 제현(諸賢)과 함께 연구를 이루고, 운용상의 완벽을 기하려는 것이다. 따라서 본지(本誌)를 통해 충분한 교시를 부탁하는 바이다.

1. 전매령(專賣令)

(1) 제16조

"염은 정부 또는 염 매팔인(鹽賣捌人)으로부터 매수한 것이 아니면 … "의 의미는 소지자 또는 소유자가 직접 그 염을 정부 혹은 매팔인으로부터 매수한 경우에 한정한다는 의미가 아니다. 그 염의 출처가 정부 혹은 매팔인인 경우, 즉 정당품(正當品)이라면 정부 또는 매팔인 이외의 자로부터 양수(讓受)받은 것에서도 소지·소유·양도·질입(質入)·소비 모두 지장이 없지만, 만일 반대로 염의 출처가 정부 이외의 부정품인 경우는 소지·소유·양도·질입·소비 모두 할 수 없다고 말하는 의미로 해석해야 할 것으로 사료된다(연초의 경우도 그러하다).

그런데 제10조에서 염은 정부 또는 매팔인이 아니면 판매할 수 없다고 규정하여 판매업자를 한정하고 있는 것이다. 그러므로 여기서 말하는 판매와 제16조의 양도와는 의미가 다르다는 것은 분명하다. 그 결과 염이 정당품(專賣局出)이라면 유상·무상을 가리지 않고 양도도 가능하고, 또 질입도 소비도 가능하다는 것이 된다. 따라서 전전하며 양도되는 염이 부정품이냐 정당품이냐는 양수인은 물론 취체관리도 식별이 불가능한 경우가 많지 않을까 생각한다. 과연 그렇다면 제16조의 정부 또는 매팔인 이외의 자로부터 매수한 부정품을 소지·소유·양도·질입·소비한다거나 아니면 분명치 않아서 완전한 취체가 가능한지 아닌지에 대해 불안해할 것이다.

(2) 제22조

㉮ 형법총칙은 동 제8조에 의해 염 전매령에도 당연히 적용되는 것이다. 그러므로 형법 제19조의 몰수에 관한 규정도 당연히 적용되어야 할 것이라고 생각한다. 따라서 보통이라면 본조(本條) 전단(前段)의 규정은 필요 없는 모습으로 사료됨에도 불구하고 특별히 그 규정을 둔 것은 특수한 사유가 존재한다고 사료된다. 그 사유를 어떻게 보아야 할 것인가?

㉯ 후단(後端)의 "이미 사정을 알지 못하는 자에게 양도하고 … 몰수할 수 없는 데에 이르렀을 때에는 그 가격에 상당하는 금액을 추징한다"고 규정되어 있는 점에서 고찰하자

면, 반대로 사정을 아는 자에게 양도시킨 경우는 추징하지 않는다는 의미로 해석된다. 사정을 아는 자에게 양도시킨 경우 추징하는 것이 불합리한 특수한 사유를 어떻게 해석해야 할까? 더구나 이런 추징은 범죄의 상대방인 양수인이 사정을 알거나 알지 못함에 따라 결정할 필요가 없이 모두 행위자인 범칙자에 기초를 두고 결정해야 되는 것이 아닐까 생각한다. 이 점을 어떻게 해석해야 할까?

2. 염 전매령(鹽專賣令) 시행규칙(施行規則)

(1) 제17조

염의 납부를 하는 경우 운송업자가 본인 또는 그 대리인으로부터 운송의 위탁을 받아 그 염을 운송하는 도중은 그 대리인으로 간주한다고 규정되어 있다. 이는 그 위탁이 본인에 의한 직접적인 것인지 그 대리인에 의한 간접적인 것인지를 묻는 게 아닌 것이다. 따라서 대리인에 의한 위탁을 받은 경우 염 제조업자인 본인과는 의사 연락 없이 단지 대리인의 자유의사로서 위탁한 경우에 있어서도 민법 제107조의 규정에 기초해 복대리인(復代理人)은 대리인의 대리인이 아니라 본인의 대리인이 되는 것이어서, 전매령 제25조의 적용을 받는 범칙인 경우는 제조업자를 처벌한다는 의미로 해석할 수 있을 것이다. 이밖에 다른 견해가 있는가?

(2) 제29조

"상속인 또는 염 제조자인 자를 염 제조자로 간주하고 조선 염 전매령 및 본령(本令)을 적용한다"는 것은 우선 총체적으로 염 제조업자가 아니라 제3자를 목표로 하고 있는 점이 수긍된다. 따라서 "염 제조자인 자"라는 것은 지정을 받은 제조자가 아니라 제조에 종사하고 있던 자로 해석할 수밖에 없다고 생각한다. 그러므로 상속인 또는 염의 제조에 종사하고 있던 자(가족 혹은 雇人의 경우가 있을 것임)를 염 제조업자로 간주하여 미납부한 염의 처분상의 책임을 지게 한다는 의미로 해석해야 할 것이라고 사료되는데, 달리하는 견해가 있는가?

3. 염매팔규칙(鹽賣捌規則)

(1) 제2조

제4항 말미의 "염 매팔인이 아닌 자로부터 염을 양수하여 그것을 매도할 수 없다"는 것은 염 매팔인 이외의 자로부터, 즉 부정품을 양수하여 그것을 매도하는 일의 금지라고 생각한다. 물론 이 조항에 의해서라면 정당염(正當鹽)·부정염(不正鹽: 密製造) 양자를 가리키고 있는 것처럼 일단은 생각해 보지 않을 수 없지만, 정당염의 양도·질입·소비에 대해서는 전매령 제16조에서 인정하고 있는 바이기 때문에, 여기서는 부정염만을 가리킨다고 해석하는 것이 타당할 것 같은 생각이다. 본항(本項)은 전매령 제16조와 표리(表裏)의 관계에 있다. 동조(同條)에서 이미 기술한 바가 있기 때문에 다시 상술할 필요도 없다고 생각한다. 이 이외에 조금 의문스러운 바는 "염을 양수하여 그것을 매도할 수 없다"고 하는 것인데, 따라서 ① 양수했을 뿐이고 매도되지 않았다면 지장이 없을 것 같은 느낌이 드는 것이고, 또 ② 절도죄의 경우 가택침입죄는 절도의 수단인 것과 같이 양수는 매도의 수단에 지나지 않는 경우도 있기 때문에, 이 양수도 매도의 수단으로 봐야 되지 않느냐는 의문도 있는 것이다. 실제 문제로서 생각할 경우 양수도 매도도 별개의 독립된 행위여서 양자 모두 금지하고 있는 것이라고 해석해야 되지 않을까 하고 생각한다(근본이 부정염의 경우이기 때문). 다른 견해가 있는가?

(2) 제5조

제1호 중에 전매령 제20조, 제21조, 제23조의 규정은 모두 벌칙 규정임에 의문이 없다. 그러나 제26조 1항의 규정은 "조선 간접국세 범칙자 처분령 및 1912년(大正 원년) 제령 제4호 제3조의 규정은 본령 또는 본령에 기초하여 발포한 명령의 범죄사건에 이를 준용한다"고 말한 것이 있기 때문에 직접적인 벌칙 규정은 아니고, 단지 총체적으로 간접국세 범칙자 처분령(처분수속규정) 및 1912년 제령 제4호 제3조의 "법인(法人)의 대표자 또는 그 고인(雇人), 기타 종업자가 법인의 업무에 관해 조세(租稅)에 관련한 법령을 위반한 경우에 있어서는 1900년(明治 33) 법률 제52호에 따른다"고 하는 법인의 처벌 방법 규정을 준용하여 염 전매령 위반자도 이 규정으로 취급한다고 말한 것에 지나지 않은 것이다. 어째서 이 제26조 제

1항의 규정을 제5조 안에 규정시켰는지 의문이다. 그 사유에 대해 교시를 청하는 까닭이다.

(3) 제14조

"염 매팔인조합을 조직하려고 할 때는 조합규약 및 업무집행자를 정해 전매국장의 승인을 받아야 한다"고 규정되어 있는 점에서 볼 때 조합원이 되는 자격은 매팔인으로서 지정을 받고 있는 자가 아니면 안 된다. 이것이 필요조건이다. 그러므로 조합원이 될 수 있는 자는 인물, 영업소 설비 등도 적당하고, 이미 지정을 받아 영업에 종사 중인 자가 아니면 안 된다고 봐야 한다. 더구나 그 유자격자를 망라하여 조합을 조직해도 국장의 승인이 없으면 염 전매령에서 볼 때 적법한 조합이 아니라고 말하게 된다. 그러나 국장의 승인이 있음으로써 이 조합은 법인은 아닌 모양새이다. 그렇다면 ① 민법 제667조에 해당하는 조합인 걸까? 또한 ② 동업자가 단순한 조합원 상호 간의 친목과 업무상의 연락을 도모함을 주된 목적으로 하고, 아울러 공동의 이익을 도모하는 정도의 편의상에서의 가벼운 의미의 것일까? 본인 등의 임의(任意)라고 해야 할지 의문이 있는데, 이 문제는 조합규약의 내용에 의해 자연히 해결될 것이다. 그렇지만 취급상에 의한다면 본인 등의 임의에 맡기는 것보다도 어딘가에 일정하게 통일시키는 것이 편리하다고 생각한다. 즉, 규약준칙을 정해 여기에 의거하는 것이 좋다고 생각하는 것이다.

그러나 제14조의 규정에서 볼 경우 업무집행자를 정하고 있는 점에서 고찰하면 민법에 의한 조합의 조직을 의미하는 모습으로 생각된다. 확연하게 그 의미까지는 아니지만 대체로 가까운 것 같은 느낌이 든다. 어째서 이와 같은 식으로 조합의 형태를 천착했느냐고 말한다면, ① 민법에 의한 조합이라고 하면 조합원은 각 개인별로 볼 경우 매팔인이라고 하는 자격을 필요로 하지 않는다. 다만 출자를 필요조건으로 하고, 그 때문에 1명 혹은 수명의 업무집행자를 필요로 하기 때문에 조합원 전부가 업무집행을 맡지 않아도 괜찮다는 것이다. 이 점은 현재의 염원매팔인(鹽元賣捌人) 및 중매인이 조직한 조합에 적합하지만, 소매인은 각자 그 영업소에서 소매에 종사하지 않으면 안 되기 때문에 당연히 업무집행자가 되고, 따라서 조합원 전부가 업무집행자가 된다는 것이다. 그러므로 이 경우 특별히 업무집행자를 정할 필요가 없고, 당초부터 업무집행자는 소매인 전부로 정해져 있는 것이기 때문에 이 점은 소매인 조합에는 적당치 않은 감이 있다. 다만 전매 실시 전, 소매인의 배치 등을 전혀 염두에 두지 않고 집을 늘어놓아 소매인을 설치하였고, 전매 실시의 때에는 곧바로 이를 정리하는 것을 차마 하지 못해 그대로 전부를 지정하는 것으로 했지만, 이들 전부의 소매인에게 염의 소매를 시킬 필요가 없는 것이었기 때문에 이 경우는 위의 조합 조직에 적당한 것이었다. 그렇지만 이들은 과도기의 부득이한 예외적인 것이고, 장래 소매인이 난립하는 식으로 지정되어서는 안 되기 때문에 이로써 일반을 다루는 것으로 행하지 않았다고 생각한다. 만일 조합을 조직하고 업무집행자를 정해서 1~2명의 사람이 업무에 종사하고(원매팔인, 중매인 조합과 같이), 다른 조합원이 직접 업무에 종사하지 않는다면 각 개인별로 지정할 필요 없이 업무집행자를 조합 대표자로서 하여 그 명의(1명)로 지정하면 충분했을 것 같은 생각이다. 혹은 조합이 법인이 아니기 때문에 이것은 불가하다고 말할지도 모르겠지만, 그러나 업무집행자로서의 지위와 책임을 이미 법적으로 인정하고 있는 이상 전혀 지장이 없는 것이 아닐까 생각하는 것이다. 이것을 현재의 원매팔인·중매인 조합에 관해 밖에서부터 거꾸로 볼 경우, 단순히 조합원이 되는 자격을 부여하기 위해서 지정한 것 같은 감이 없지는 않다. 그것은 전매 실시 전부터 매팔에 종사하고 있던 자를 실각시키지 않기 위해 구제상으로 행한 편법에 불과하다고 생각되는 것인데, 이것은 일시적인 것인 조합을 영구적인 것으로 함과 동시에 장래 조합원의 이동(異動)도 고려해 둘 필요가 있던 것이 아닐까 생각한다. 어쨌든 이미 지정을 받아 업무에 종사하고 있는 자를 그대로 망라하여 조합을 조직한다고 하는 법의 정신과는 딱 맞지 않을 뿐만 아니라, 현재의 영업에 종사하고 있는 자가 조합을 조직함과 동시에 업무에 종사할 필요가 없게 되는 성질로 변화를 가져온다는 불합리가 있는 것 같다는 생각이다. 또한 이것을 책임상에서 볼 경우, 업무집행자는 민법상 다른 조합원에 대해서 당연히 책임을 지지 않으면 안 되는데, 전매국에 대해서 책임자도 성질상 당연히 업무집행자로 있지 않으면 안 된다. 그렇지 않으면 미리 업무집행자를 정하고 여기에 기초하여 승인을 받았다는 의미를 행하지 않은 것이 된다. 처지가 소매인 조합인 경우는 상술한 것과 같이 보통의 경우 조합원 전부가 업무집행자가 되지 않으면 안 된다. 그러므로 각자의 영업소에서 업무를 집행하는 범위 안에서 다른 조합원에 대해 서로 간에 책임을 지게 된다면, 전매국에 대한 책임은 독립된 매팔인, 즉 일개 소매인으로서의 자격에서 책임을 져야할 것이라고 생각한다. 만일 조합원인 한 소매인이 전매령 위반 행위를 하였을 경우, 조합원 전부의 공동 책임이 되어 전 조합원을 처벌하는 것으로 할 수는 없다. 결국 행위자 한 사람밖에 처분이 가능하지 않겠는가? 다만 규약 등에 기초한 공동 책임 아래에서 조합원 전부에 대해 지정의 취소(본인부터 폐업계를 제출한 뒤) 등을 하는 것은 가능하겠지만, 이것은 행정처분이고 저절로 구별된다. 그러므로 소매인은 조합을 조직하여도 조합 조직 전의 경우와 마찬가지로 자기의 영업소에서 일개 소매인의 자격으로서 소매에 종사하는 것은 전매령에서 볼 경우 아무런 변화가 오지 않은 것이라고 생각한다(본인의 수익에서는 차이가 있지만). 다음 ②의 경우, 즉 단순히 동업자가 친목이나 연락을 도모하기 위해 조직한 경우이라면 출자의 필요도 없고, 각자에게 지정된 장소에서 자기의 경제 내에서 영업에 종사하면 되는 것이기 때문에 업무집행자를 정할 필요도 없어서, 조합 조직 전과 큰 차이가 없고 특별히 의문도 생기지 않는 것이지만, 조문에 업무집행자를 정하고 있는 점에서 본다면, ①의 민법에 의한 조합을 가리키고 있는 모양으로 생각된다. 그렇지만 만일 민법에 의한 조합이라고 하여도, ①항에서 기술된 것같이 결국 소매인 각자가 업무집행자가 되고, 책임도 조합 조직 전과 동일하게 취급되는 것이라면 무리하게 복잡화하여 민법에 의한 조합을 조직시킬 필요는 없다고 생각하는 것이다.

또한 여기서 한마디 부언해 두고 싶은 것은 ①에 의해 소매인 조합을 조직하여 두면 배급상 필요한 개소(個所)에 조합의 출점(出店)으로 하여 배급소와 같은 것을 자유롭게 설치할 수 있어서 운용상에 지극히 편리하고, 현재와 같은 과도기에 있어서는 유효하지 않을까도 생각할 수밖에 없는데, 조합으로서 지정을 받고 있는 것이 아니기 때문에 만일 배급소로 하여도 지정을 받고 있는 소매인 이름의 배급소가 아니면 안 된다. 이러면 제2 영업소로 취급상의 구분이 전혀 안 될 뿐만 아니라 반드시 배급상 그곳에 출점을 둘 필요가 있다면 신규로 소매인을 지정해야 하지 않을까라고 생각한다.

(4) 제27조

제3호의 "정당한 사유 없이 1개월 이상 계속하여 영업을 하지 않을 때"라는 것은 1개월 이내의 휴업은 신고(屆出) 혹은 허가 등의 수속을 요하지 않아 자유롭지만, 1개월을 넘는 경우는 미리 신고 혹은 허가의 수속을 하지 않는 자에 대해서는 정당한 사유가 없다고 인식하고 필요에 따라서는 규정의 제재를 가한다는 의미로 해석된다. 동(同) 제4호도 마찬가지이다.

(5) 제29조

  1개월 이내로 허가의 수속을 받지 않은 자는 타인에게 매도, 또는 전매관서에 환매의 청구가 가능하지 않다는 의미로 해석된다. 만일 그렇다고 한다면 본인이 소지한 염은 임의로 타인에게 양도 혹은 처분하는데 지장이 없다고 한 법의 정신이겠는가? 참으로 그렇게 해석되었던 것이다. 원래 이 염은 본인의 출원에 기초해 정부가 매도할 때 용도를 제한하는 조건부 매도였기 때문에, 여기에 위반한 경우 제재를 가해도 지장이 없는 성질의 것이지만, 제재 규정은 아니다. 그렇지만 1개월 이내에 허가의 수속을 행하지 않은 자에 대해서는 장래 타계(他戒)의 의미에 있어서 무언가의 제재를 가하고, 염은 조문(條文)에 지정된 자에게 매도의 허가 혹은 정부의 환매를 인정하여 취급하는 것이 취체상에 적당하다고 사료된다. 실제 문제로 하여 그 1개월 이내라고 하는 기산점(起算點)이 사용될 수 없는 데에 이르렀을 때가 되어 있어도, 이것은 본인이 아니면 판단할 수 없는 문제여서, 타인으로부터 이를 파악하는 일은 곤란하기 때문에, 본인에게 의무의 이행(履行)을 강요하는 의미에서 상술한 취급이 적당하지 않을까 생각한 것이다.

〈자료 177〉 조선 염 전매법규 해설(1)

- 원제목: 朝鮮鹽專賣法規解說(一)
- 작성자: 藤邱 軾
- 출전호수: 《專賣の朝鮮》 제216호
- 간행일: 1942년 11월
- 발행처: 朝鮮專賣協會

머리말

  본년 8월 1일부터 조선에서도 염의 전매제도가 실시되었다. 이것은 우리 전매사상(專賣史上) 정말로 획기적인 사업으로서, 재정상은 물론 산업상, 혹은 국민생활상 영향을 미치는 바가 크다. 이 제도의 실시는 1930년(昭和 5) 염 수이입의 국가 관리를 실시한 이래 서서히 그 기운이 양성되었던 것이지만, 1937년도(昭和 12) 중일전쟁 발발 이래 우리 국민경제에 대변혁이 더해짐과 더불어 사변의 진전에 따라, 염의 국민경제상 또는 국민생활상에서 차지하는 위치도 점차 현저해져서, 그 생산·판매 및 소비에 더욱더 일단(一段)의 통제방식을 써서 임하지 않으면 능히 국가적 요청에 응할 수 없다는 사태에 이르렀기에 염의 전매제도 실시가 등장했던 것이다. 다른 여러 물자에 대한 통제 방식과 달리, 특별히 염에 대해서 전매제도에 의한 통제 방식이 취해진 것은 연혁적(沿革的) 사정에 의한 것이 많다고 보아야 한다.

그리하여 본년에 이르러 염의 전매제도 실시의 기회가 점차 무르익어서 1942년(昭和 17) 8월 1일부터 단행되는 것으로 결정되었고, 그보다 앞서 1942년 5월 20일에 「조선 염 전매령(朝鮮鹽專賣令)」이 제령(制令) 제26호로서 제정·공포되었으며, 잇달아 1942년 6월 5일에 「조선 염 전매령시행규칙(朝鮮鹽專賣令施行規則)」(조선총독부령 제157호) 및 「염매팔규칙(鹽賣捌規則)」(조선총독부령 제 158호)의 공포를 보기에 이르렀다. 그래서 우리 전매국에서도 전매사상 일신(一新)의 기원(紀元)을 긋게 된 것이다.

바로 지금의 염 전매제도는 전기(前記)한 3개의 법령을 중심으로 하고, 여기에 관련하는 여러 가지 고시(告示), 훈시(訓示) 및 예규(例規) 등으로 운영되고 있는 것이다. 그러나 아직 제도 실시 후 일천하고, 이들 여러 법규의 운용 해석에 대해서도 염 전매법 및 염 전매법 시행규칙 등에 관한 판례를 원용하는 이외에는 하등의 공권위적(公權威的)인 것이 종잡을 수 없으며, 그 운영에 대해서도 허다한 사례가 없어 여러 가지의 곤란한 문제가 가로놓여 있다고 생각된다. 특히 지방 제일선(第一線)에서 염 전매 실시의 초창기에 분투를 계속하고 있는 제일선 전매인(專賣人)의 곤란도 역시 적지 않은 것이라고 상상된다. 나는 전매국에서 봉직한지 아직 1년도 안 되었고, 또 염업 사무를 직접 관장하는 것도 아니지만, 문외한으로서 이상의 제 법령에 어느 정도의 해설을 가하는 것만으로, 혹은 해당 법규의 해석·운용에 대해서 타산지석이 되는 것만으로 한정하겠다. 만일 본 소고(小稿)가 지방 당사자에게 직접·간접의 참고가 된다면 망외(望外)의 기쁨이라고 생각하며 감히 독필(禿筆)을 잡는 까닭이다. 따라서 이하에서 논하는 바는 모두 우필(愚筆)의 시론(試論)에 불과하여 아무런 의미도 권위도 갖는 것이 아니고, 그냥 단순한 문제의 제출에 지나지 않는 부분이 많을 것으로 생각한다. 전매인 제형(諸兄)의 질정(叱正)을 기다림이 간절하다.

또한 본지 9월호에서 전주(全州) S생씨(生氏)의 제출되어진 여러 가지 의문도, 지방 제일선에서 직접 염업 사무에서 갖게 된 실제적 의문일 것으로 생각하여, 가능한 범위에서 일단의 우견(愚見)을 소고에서 말하려는 바이다. 따라서 아울러 읽어주신다면 더없는 행복일 것이다. 천학비재(淺學菲才)한 내가 전매인 제형의 기대에 부응할 수 있을지 두려운 마음이 진하지만, 감히 독필을 진전시킨다.

1. 염 전매제도 실시의 취지

옛날부터 조선에서 염은 자급자족의 경지에 도달하지 못해서, 염에 대한 정책은 당시 정부의 중요한 일의 하나였다. 조선 내에서는 재래전오염(在來煎熬鹽)이 주요한 것이었고, 이조 말기(李朝末期)에서 점차 천일염전을 보기에 이르렀지만, 도저히 자급자족은 기대하기 어려워 중국으로부터의 수입염에 기댈 뿐이어서, 염의 수급관계는 상당히 불안정한 상태에 놓였다. 당시 정부의 염정책의 양부(良否)가 인민의 정부에 대한 신뢰의 정도를 나타내는 바로미터였다고 말해도 과언은 아니었다.

한일합병 이래 조선총독부에서는 종래의 수입염 의존주의를 떨쳐버리고, 조선 내에서의 염의 자급자족 확보를 목표로 염전의 창설·확장에 예의 노력을 경주하여 왔다. 관영 염전의 창설·확장은 착착 이상의 목적 달성을 위해 커다란 역할을 다하였고, 더욱이 수이입염의 정부 관리에 의해, 염의 수급관계는 국가권력에 의해 어느 정도의 안정적인 경지에 있었다고 할 수 있다. 그렇지만 1937년(昭和 12) 7월 중일전쟁 발발 이래, 국민경제에서의 자유에서 통제로, 통제에서 계획으로의 이행은 염의 생산, 배급 및 소비에서도 중대한 변혁을 가져오기에 이르렀던 것은 의심할 여지가 없는 바이다. 생각건대 고도국방국가(高度國防國家) 건설 요청이 역사적 현실이 되어 국민경제가 총력경제로서 등장해 왔고, 총력경제에서는 여러 가지의 경제적 목적이 중점적 생산력 확충과 국민생활의 안정이라는 2대 목표에 집중됨으로써 경제 변혁이 필연적이었던 것이다.

근대에서 염은 화학공업용 원료로서 생산력 확충에, 식량용으로서 국민생활의 안정에 각각 중대한 역할을 행하였다는 것은 간과할 수 없는 바이다.

어떠한 국가에서도 자유자본주의 단계가 그 자신의 발전 단계로서 일단 고도자본주의의 단계로 이행하여 감에 따라서, 그 경제 체제는 좋든 싫든 관계없이 통제경제기구, 그리고 다시 계획경제체제로까지 발전되지 않으면 안 되었다. 이러한 단계에서는 소위 국민경제의 자동적 균형 작용, 즉 경제 자율성의 상실이 수반하여 그 대신에 경제생활의 조정적 역할을 다하는 것으로서 '국가'가 전면에 등장하여 나온다. 이리하여 한 번 국민경제 전반에 걸쳐 국가가 조정자라든지 지도자의 역할을 수행할 수밖에 없는 단계에서는 단지 군수품에 그치지 않고 모든 민수(民需)의 제재(諸財), 즉 경제사회에서의 모든 경제재(經濟財)의 조달이 개개의 경제주체의 단순한, 그리고 순연한 자주적 활동에 대비하는 것 같은 방식에서는 이루어질 수 없게 되어, 자본 및 노동력과 더불어 모든 것이 국가의 계획적 배분에 의하지 않으면 안 되었다. 그래서 국민경제사회에서 중요한 경제재인 염도 그 생산·배급 및 소비의 모든 경제과정을 통해, 국가의 손이 내밀어지는 데에 이르렀다는 것은 당연하다고 말하지 않으면 안 된다.

일본 및 대만 등에서는 일찍부터 염 전매제도가 실시되어 국가에 의해 염의 통제가 행해지고 있었지만, 우리 조선에서는 앞에서 말한 바와 같이 수입염의 국가관리제도 정도에 불과하였고, 경제사회의 요청으로 국가에 의해 모종의 통제가 역사적 현실이 됨에 따라, 염의 전매제도가 실시되는 단계에 이르렀던 것이다. 그렇다면 왜 염에 대한 통제 방식은 다른 여러 가지의 물자와는 달리 특별히 '전매'라고 하는 방식이 찾아졌던 것일까? 그것은 염은 다른 물자와 달리 연혁적으로 볼 때, 전매의 대상으로서 호적(好適)한 화물이었기 때문이다. 즉, ①조선에서의 염의 주된 생산자는 정부였다는 점, ②일본 등에서의 염 전매제도의 성공, ③다른 생산 공업과 같이 경제세력의 착종이 있지 않다는 점, ④국민생활 필수품이라는 점. 종래부터 염에 관한 사무, 즉 염전 및 수이입염의 사무를 전부 전매국에서 관장하여 왔다는 점 등 여러 종류의 원인에 의해 전매 대상으로서 등장해 온 것이다.

이상의 서술에서 대체로 염 전매제도 실시의 취지를 밝혔다고 생각하지만, 더욱 사족을 첨가하여 이하에서는 계통적으로 염 전매의 목적을 그 재정적, 경제적, 사회적 목적에 대해서 조금 말하고 본항을 끝맺으려고 생각한다.

전매는 재정권(財政權)에 기초를 둔 국가에 의한 기업독점이다. 따라서 우선, 수입을 목적으로 하는 국가재정 현상이다. 한편으로 전매에서는 기업성(企業性)도 하나의 중대한 특성이다. 따라서 그것은 국민경제에 있어서 여러 다양한 기업과 상교(相交)하는 현상, 즉 국민경제

현상이다. 전매는 또한 한편으로 독점성을 특성으로 하는 것이다. 따라서 어떤 형태로든 국민의 사회생활 바로 그것에 관여하는 것이 없으면 안 된다. 그 의미에 있어서 전매는 사회현상이라고 말할 수 있다. 그래서 전매는 재정현상이고 동시에 경제현상이며, 사회현상이다. 이 점은 지금 현재 어떤 종류의 전매에 대해서도 말할 수 있다. 전매를 재정 현상, 경제 현상, 사회 현상으로 볼 때에 전매의 목적도 그것을 재정 목적, 경제 목적, 사회 목적으로 나누어 고찰해야 한다. 염 전매의 목적에 대해서도 상술한 것과 같이 세 가지의 주요 목적에 대해서 고찰의 걸음을 나가게 하겠다.

1) 재정 목적

염 전매의 재정 목적은 주로 국가의 수입을 꾀하는 것에 있다. 재정학(財政學)상 전매에 의한 수입은 국가가 사인(私人)의 자격에 있어서, 사인과 똑같은 사경제적(私經濟的) 원칙에 따라 행동하는 것으로 인해 생기는 소위 사경제적 수입(收入)이다.

전매는 그 기원을 찾으면 재정 수입을 목적으로 하여 발생한 것이다. 그리고 지금에 있어서까지도 전매라고 하면 소비세 부과의 한 형식이라고 생각하는 사람이 있는 정도이다. 따라서 아무리 하여도 재정 수입의 목적을 부정할 수는 없다. 학자들에 따르면 전매는 단순히 재정 수입만으로 한정되지 않고, 다른 여러 가지의 목적을 함께 가졌다고 해서, 재정전매(財政專賣)와 비재정전매(非財政專賣)를 구별하는 경향도 있지만, 비재정전매도 재정 수입을 부정하는 것은 아니다. 때때로 재정 목적에 비해서 다른 목적이 보다 강조되는 것에 지나지 않는다. 또한 단순히 국민후생적(國民厚生的) 입장만으로 하여 전매를 거론하는 사례가 없다고 할 수 없지만, 그렇다 치더라도 우리들은 여기서 그것을 전매의 본질로 할 수는 없어서 예외적 현상이라고 하겠다. 전매는 어디까지나 재정권에 기초를 둔 것이고, 그 목적을 재정 수입에서 떨어트려 생각하는 것은 불가능하다.

염 전매의 목적도 재정 수입의 목적이 주요한 것이다. 염은 지금 현재, 중요 산업의 하나에 속하는 것이고, 그 통계적 숫자는 모두 극비로 취급한다. 따라서 여기서 계수적(計數的) 설명은 할 수 없지만, 어쨌든 염의 전매 수입은 국고(國庫) 수입에서 플러스이다. 그러나 염은 다른 전매 화물과 같은 기호품이 아니고 생활필수품이다. 따라서 소비세 부과의 한 형식이라고 하는 역할로써 다액의 수입을 얻는 것은 기대할 수 없다. 그것은 직접 국민생활에 영향을 가지기 때문이다. 재정 목적의 적극적 의미는 이것을 수입(收入)에서 구하는 것이 가능하다. 즉, 수익성(收益性)이다. 재정 목적의 소극적 의미는 이것을 비용에서 구하는 것이 가능하다. 즉, 수익을 얻기 위한 경비(經費)이다. 경제학적으로 말하자면 생산비이다. 제도 및 인적, 물적 기구에 기초한 제(諸) 비용, 즉 경영적 총비용이다. 이 수익성과 경영적 총비용을 감안하여야 비로소 전매의 재정 목적이 달성되느냐 마느냐를 알 수 있는 것이다. 따라서 전매의 대상으로서 선택되어진 화물은 우선 처음에 수익성을 큰 것으로 하고, 경영적 비용이 적은 것이 선택된다. 염은 이런 의미에서 충분히 재정적 목적을 짊어지고 있다고는 말할 수 없지만, 그 재정적 목적을 부정하는 것은 가능치 않을 것이다.

2) 경제 목적

나는 전매를 국가기업의 하나라고 하는 입장에 서 있는 사람이다. 기업이 근대적 자본주의 경제사회의 현상이고, 또 국가경제 상의 개념인 한, 전매도 근대적 의미에서 국민경제 내에서의 경제현상이다. 따라서 전매도 모든 경제과정에서 국민경제와 관계를 가진 것이 있어야만 한다. 이 점은 근대국가경제(국가재정)와 국민경제가 긴밀한 관계에 서 있다는 점에 조응하는 것이다.

① 생산력 확충과 생산자 보호 및 조성

지금에 있어서 염의 국내에서의 자급자족은 지상명령이다. 고도국방국가체제의 요청하는 바는 광역경제와 생산력 확충·증가이다. 광역경제는 바꿔 말하면 자급경제를 의미한다. 생산력 확충·증강은 자급경제 하에서 즉, 제약적 조건에서의 증산(增産)이다. 우리나라에서의 염의 자급자족은 아직 완성의 경지에 도달했다고는 말할 수 없다. 이에 염의 제조에 관하여 국가에 의한 보호 조장이 요청된다. 염의 생산은 아직까지 원시적 생산이다. 그러나 그 근대화는 현저하게 지체되고 있다기보다, 어느 의미에서 기술적으로 불가능하다고도 한다. 천일제염은 현저히 자연적 조건에 제약되고, 천일제염 이외의 생산방법은 경영적 비용, 즉 생산비가 높은 표준을 보이고 있다. 따라서 자연히 민간에서의 염의 생산은 재래의 고식(姑息)한 방법에 의하지 않으면 안 되고, 생산력 확충에 관해서는 많은 것을 기대하기 어렵다. 종래 국가에 의한 염전의 축조·경영이 행해져온 이유도 여기에 있다. 그리하여 염의 생산을 국가의 보호·감독 아래에 두고 자급경제하에서 생산력 확충이라는 경제 목적을 달성할 수 있도록 염의 전매가 등장한 것이다. 다른 한편, 생산을 국가의 감독 또는 허가제로 하는 것은 반대로 생산력 확충에 불편을 초래할 우려가 있다. 마땅히 생산에 관해서는 자유방임주의가 좋다고 말하는 사람도 있지만, 그것은 위와 같은 연혁적 또는 경제적 사정을 알지 못한 것이라고 말하겠다. 또한 그것은 전매의 효과를 완전하게 달성하는 것이 불가능하다. 이를 정면에서 다룰 정도의 문제는 아닐 것이다.

② 수급조정(需給調整)

전시경제 하에서의 물자 수급조정은 매우 중요한 문제이다. 즉, (1) 물자의 수급계획 및 그 통제, (2) 물자의 배급통제, (3) 물가공정(物價公定)이라는 세 가지는 전시계획경제의 근본적 요청이다. 물자의 수급계획 및 그 통제의 각도에서 보면, 국가 및 국민경제가 절대로 또는 긴급히 필요로 하는 물자의 품질·수량을 확정하고, 계속해서 이것과 적대시하는 필요 적절한 공급을 확보하려면 일정의 수급계획을 수립하지 않으면 안 된다. 전시경제에서는 전쟁에 기초한 군수적(軍需的) 소비의 격증과 여기에 기인한 민수적(民需的) 소비의 과잉화로부터 수급조정-특히 소비규정(消費規正)이 필요하다. 이에 수급조정은 수급계획에 기초한 물자의 배급통제가 필연적으로 요청된다. 한편으로 수급이 계획적으로 조정되어 다른 쪽에 배급통제가 이루어진 이상에는 일견 이미 그 이상의 통제는 불필요하지 않을까라고 할 수도 있지만, 아무리 수급 및 배급이 통제되었다고 해서 그것이 무한무수(無限無數)의 수요자와 공급자와의 관계를 그물코에서 빠져나오지 못하게 할 때까지 철저하게 조리적합(調理適合)한 것은 불가능하다. 즉, 통제의 필요 과정인 물자의 결핍에 의한 물가의 폭등은 어찌할 수가 없다. 하루아침에 물가 폭등이 되면, 예산 수행, 생산 확충, 국민생활의 안정과 같은 전시경제의 기본조건이 당연히 파괴된다. 이에 물가의 공정(公定)이 물자의 수급계획 및 그 통제와 상보(相補)되는 것이 필요하다. 이렇게 해야 비로소 수급조정은 완전하게 수행될 수 있다.

전시경제하에서 이하의 여러 통제가 요청된다고 하지만, 평시경제에서 전시경제로의 전환은 이것을 급격하게 할 수는 없다. 게다가 그 전환에는 수많은 마찰과 혼란이 야기되기 때문에 통제가 먼저 와해되므로, 서서히 평시경제를 향하게 하는 것이 아니면 안 된다. 따라서 전시경제로의 진행에 따라 통제 방식이 미온적이고 신을 신고 발바닥을 긁는 듯(隔靴搔痒) 한 느낌은 누구든지 품고 있는 바이다. 그것과 동시에 통제의 효과는 책상 위에서 계산하는 정도로 발휘되는 것이 아님이 통상적이다. 그리하여 자유경제에서 조건적 통제경제로, 다시 전면적 통제경제로, 종합적 계획경제로 이행함에 따라 경제에 대한 국가의 지도, 지배가 전면에 내세워졌던 것이다. 그리하여 경영기업 그 아래의 허가 혹은 정리 등 통제는 근본에까지 미친다. 그렇다 하더라도 경제사회에 대한 국가의 통제는 어디까지나 경제사회의 자주성을 부정하는 것은 아니다. 국가가 전면에 내세워졌다고 하지만 국가가 경제사회, 즉 주로 기업을 밀어내는 것은 아니고, 국가가 기업을 지도한다는 것만의 의미를 갖는다. 그렇지만 전매는 국가가 기업을 부정하는 것은 아니라는 것에 있어서 국가통제와 동일하지만, 이것은 기업의 지도가 아니라 국가의 기업독점이다. 즉, 국가권력에 기초한 기업경영이다. 여기서 다시 계획경제에 올라 다시 전진한다. 그래서 전매에 의한 경우 비로소 기업에 대한 국가(國家) 의사(意思)가 아주 완전하게 발휘될 수 있는 것이다. 그래서 한계 개념적으로 말하면, 모든 기업이 전매된다면 국가의 경제통제는 완전하게 이루어진다고 하는 것이 가능하다. 그러나 그것은 어디까지나 현실과 유리된 한계 개념적인 것이고, 근대자본주의 경제사회의 형식과정은 그렇게 규범논리적인 논리로써 하는 것처럼 단순하게 딱 잘라 결론지을 수 있는 것이 아니라는 이론이어서 수긍하기 어렵다. 전매의 제도는 연혁적으로 보아 특수한 역사적 사정을 배경으로 가졌다는 사실을 보면, 모든 경제를 전매로써 다루어 조치해 버린다고 하는 이상형적 사고방식은 곧바로 존재의의를 상실하는 것이다.

그리하여 조선에서의 염의 전매제도는 위와 같은 전시경제적(戰時經濟的) 요청을 충분히 담고 있다고 하겠다. 생산자의 허가제, 수요조정을 위한 수량의 지정, 배급업자에 대한 국가의 감독, 가격의 공정 등은 틀림없이 전매로만 허락되는 국가권력의 충분한 발휘의 독무대라고 할 수 있다.

3) 사회 목적

염의 전매가 직접적으로 국민생활에 영향을 미친다는 것은 앞에서 말한 바와 같다. 전쟁경제에서 국민생활의 안정이라고 하는 것이 어떻게 중요한 의미를 갖는 것인가에 대해서는 논할 필요도 없다. 국민생활의 안정이라고 하는 것은 평시에서는 경기진흥책-주로 임금살

포정책으로 이루어지는 것이지만, 전시에서는 생활필수물자라고 하는 형식에서 행해진다. 앞에서 전쟁경제의 2대 목표가 생산력 확충과 국민생활의 안정이라고 말했는데, 이 두 가지의 명제는 서로 반발하는 성격이 있다. 즉, 생산력 확충의 요청은 현실에 있어서 국민생활 필수품의 절약, 다시 말해 군수생산(軍需生産)은 민수생산(民需生産)의 후퇴로 행해진다는 것이다. 그래서 국민생활에서는 마찰과 혼란이라는 것이 야기된다. 그래서 생산력 확충을 완수하기 위해서 아무래도 국민생활을 안정시키지 않으면 안 된다는 것이다. 이 의미에 있어서 여기서 말하는 국민생활의 안정이란 것은 국민생활을 풍요롭게 하는 것이 아니라, 실로 국민의 최저생활의 확보에 있다. 국민생활의 최저 표준을 확보한다고 하는 의미에 있어서, 염의 확보가 어떻게 중대한 의미를 갖는 것이냐는 논할 필요도 없다.

염을 생활필수물자로서 확보한다고 하는 것은 염을 국민생활에 풍부하게 보내는 것이 아니라 그 소비를 바로잡는 것이다. 최저한도를 최대 효율로 확보하여 국민생활을 안정시킨다는 것이 소비를 바로잡는 목적이라면 염은 생활필수품이고, 각인(各人)의 수요를 균일하게 해서 개인적 차이가 전무하거나 또는 근소하다. 또한 규칙적·계속적으로 수요되는 것이기 때문에 배급제(切符制)와 같은 제도가 취해졌다. 그러나 배급제는 배급기구의 정비라고 하는 뒷받침으로 비로소 원만하게 운영되는 것이다. 이처럼 염의 전매제도에 의한 배급기구의 국가적 운영에 따라 그 배급 및 소비는 원만하게 행해졌다고 하는 것이 가능하다. 게다가 또한 염 전매의 사회적 목적은 중소상공업자의 구제라고 하는 의미에서도 일고의 가치가 있다. 즉, 전시경제는 자연히 대기업이 유리하게 됨에 따라 중소기업자는 점차 몰락의 과정에 있다는 것은 역사적 필연이라고 할 것이다. 그래서 중소기업자의 보호라고 하는 것은 경제정책이라고 하는 입장 보다 이상으로 사회정책적 의미에서 중대한 것이 있다. 이것은 중소기업자가 국민의 대부분을 차지하고, 또 소위 중산계급을 구성하고 있기 때문이다. 염의 전매제도가 이들 중소기업자에게 미치는 영향은 그다지 직접적인 것은 아니지만, 그러나 염의 생산자로서의 중소기업자의 생산 상의 보호조장정책 및 염의 판매업자로서의 중소상업자의 정기적·확정적인 수수료의 성격으로서 판매이익의 확보는 결코 놓쳐서는 안 되는 것이다(연초 소매인의 경우를 생각해 보라).

이상으로 염 전매의 목적의 고찰을 일단 끝마쳤는데, 이들의 제 목적은 서로 대립하는 것이 있을까? 또한 주된 목적은 어디에 있을까? 염 전매는 다른 전매와는 달리 제다(諸多)의 목적은 대립하는 것이 아니라고 생각해야 한다. 즉, 재정 목적은 경제 목적을 배척하는 것이 아니고, 사회 목적 역시 경제 목적을 떼어 내고 생각할 수 없다. 이들 여러 가지 목적은 각각 상호 보정하는 것으로 때때로 고차(高次)의 목적을 달성하는 것이 가능하다. 따라서 주된 목적이랄까 부차적 목적이랄까 하는 것은 생각할 수 없다. 그렇다면 고차의 목적은 무엇일까? 그것은 국가 목적이라고 하는 것이 가능하다. 국가 목적은 공공의 이익, 즉 공익적 목적을 말한다. 염 전매의 재정 목적은 국가재정의 수입이라고 하는 점에서, 경제 목적은 국민경제의 원만한 운행의 기여라고 하는 점에서, 아울러 사회 목적은 국민생활의 안정이라고 하는 점에서, 각각 국가 목적이라고 하는 보다 고차원적인 개념으로 통합된다. 이것은 또한 기업의 근대적 경영의식에도 조응한다. 즉, 자본적 자유경제 또는 독점경제에서의 기업의 존재는 영리의 추구라고 하는 점에 있었지만, 오늘날의 자본적 계획경제에 있어서는 기업은 국가 목적을 짊어진 경영체이다. 이윤의 자극으로 움직이는 것이 아니라, 국가 목적을 위해 운영되는 것이 되었다. 이와 같은 국법적(國法的) 표현은 실로 1940년(昭和 15) 10월의 칙령 680호 「회사경리통제령(會社經理統制令)」 제2조에서 단적으로 엿볼 수 있다. 즉, "회사(會社)는 국가목적(國家目的) 달성을 위해 국민경제에 부과되는 책임을 분담하는 것으로써 경영의 본의(本義)로" 해야 한다는 것이다. 그래서 기업은 국가 목적을 부하(負荷)하는 것이다. 사기업에 이미 그러하다.[118] 하물며 국가기업이라고 하는 전매에 있어서야. 전매에 있어서도 모든 목적이 국가 목적으로 종합 귀일한다고 말할 수 있다. [계속]

---

[118] 1938년 「국가총동원법」 발포 이후 조선총독부의 기업 통제는 설비, 자금, 경리, 노무 등 기업 활동 전반에 걸쳐 이루어졌다. 먼저 「공장사업장관리령」(1938년), 「공장사업장사용수용령」(1939년), 「토지공작물관리사용수용령」(1939년)으로 군수품을 생산하는 공장, 사업장 및 이와 관련되는 토지, 공작물은 총독부에 의한 관리, 사용, 수용이 가능하게 되었다. 또한 「회사경리통제령」(1940년)으로 자금 조달, 경비 지출, 직원의 급여, 이익 배당, 적립금 등 기업 경영에 대한 내부적 통제가 가능하게 되었으며, 기업의 자금 조달과 관련하여 사업설비자금, 유동자금 대부 등 은행의 자금 운용을 통제하기 위한 「은행등자금운용령」(1940년)이 시행되었다. 노무 부문에서는 「학교졸업자사용제한령」(1938년), 「종업자고입제한령」(1939년), 「청소년고입제한령」(1940년)으로 군수산업에 현직자, 전력자, 학교졸업자, 숙련공 등을 배치하였다(배성준, 「일제말기 통제경제법과 기업통제」, 『한국문화』 27, 규장각한국학연구소, 372쪽).

〈자료 178〉 전매령과 가격등통제령(價格等統制令)

- 원제목: 專賣令と價格等統制令
- 작성자: 藤邱 軾
- 출전호수: 《專賣の朝鮮》 제226호
- 간행연월: 1943년 10월
- 발행처: 朝鮮專賣協會

甲: 우리 지방의 제일선에서 취체(取締)의 실제를 맡고 있는 자가 여러 가지 사안에서 실제로 부딪치고 있고, 전매령(專賣令)을 운용하는 데에서 여러 가지 의문이 발생하고 있는데, 특히 현재는 소위 '경제통제법령'과 '전매령' 사이에 상당히 곤란한 문제가 일어납니다. 그래서 오늘은 전매령과 '가격등통제령(價格等統制令)'[119]과의 사이에 일어나는 두세 가지 의문으로 된 문제에 대해서 여쭤보려고 생각하는데요.

乙: 예. 좋습니다. 저같이 실제로 서름한 자가 만족스러울 만한 답을 내놓을지 의문입니다만, 지금 수중에 있는 자료의 범위 안에서 답변 드리겠습니다.

甲: 그러면 먼저 여쭤보겠는데요, 제조연초(製造煙草)를 매팔인(賣捌人)이 정가 외로 판매한 경우에 가격등통제령에 걸리는 건가요?

乙: 예예. 걸립니다. 여기에는 명문(明文)이 있습니다. 즉, 가격등통제령 제6조에 "가격 등은 제2조부터 제3조의 규정에도 불구하고 다른 법령에서 정해진 금액을 넘어 계약하거나, 지불 또는 수령할 수 없다"고 되어 있고, 그 2항에 "전항의 다른 법령은 각령(閣令)으로서 이를 정한다"고 하였습니다. 조선에서는 각령에 상당하는 1939년(昭和 14)

---

[119] 전시체제기(1937~1945) 일제는 조선에서의 제한된 자원을 활용하여 막대한 군수물자를 조달하고, 후방의 생필품을 수급하기 위해 국가가 생산·유통·소비를 통제하는 통제경제체제를 도입하였다. 따라서 생산자원을 군수품에 우선 배분하는 생산통제는 물론이고, 유통과 소비통제를 위해 각종 물품의 가격통제와 배급통제가 병행되었다. 「가격등통제령」은 1939년 10월, 「국가총동원법」 제19조에 근거하여 칙령 703호로 만들어진 가격통제법령이다. 이 법령에 근거하여 토지·건물·채소·과실 등 일부 품목을 제외한 모든 물품의 가격과 운송임, 보관료, 임대료 등 가격구성요소 전반이 모두 1939년 9월 18일자 가격(소위 '9·18 판매가격')으로 고정되었다(김혜숙, 2010, 「전시체제기 '가격통제' 제도와 조선의 상거래 관행」, 『숭실사학』 24, 숭실대학교사학회, 225쪽).

조선총독부령 제183호 '가격등통제 시행규칙' 제11조에 통제령 제6조의 '다른 법령'을 지정하고 있는데요, 그 안에 분명하게 홍삼전매령, 조선연초전매령, 연초매팔규칙, 조선마약취체령, 염 전매령 등이 모두 게재되어 있습니다. 그렇기 때문에, 이들 전매법령 또는 거기에 기초해서 정해진 금액을 넘어서 전매물품의 매매가 이루어지면 당연히 통제령 위반이 되는 것입니다.

甲: 그러면 어째서 가격등통제령은 소위 '다른 법령'의 가격을 특별 취급하고 있는 걸까요?

乙: '9·18 가격'에도 불구하고, 그 법령에서 정해져 있는 금액을 넘어 거래하는 것이 가능하지 않은 것은 이것들의 소위 '다른 법령'은 이미 평시부터 가격통제라고 하는 것을 염두에 두고 나온 법령이고, 따라서 통제령에 특별히 옮겨 탈 필요가 없기 때문입니다. 다만 문제가 된 것은 이들 법령은 대체로 평시에 입법된 것이어서 벌칙이 가볍습니다. 그렇지만 이와 같이 평시부터 가격통제를 하고 있던 쪽이 벌칙이 가볍고, 총동원체제가 되고서부터 비로소 가격통제를 했던 쪽은 처분이 무겁다고 하여 불균형이 되었기 때문에, 적어도 벌칙에 관한 한 평시의 입법에 의해 규정된 것과 새로운 입법에 의해 지배되는 것과의 사이의 권형(權衡)을 도모해야 하는 식의 의미도 있었습니다. 그 벌을 적용하는 의미에서 통제령 제6조의 규정이 만들어졌던 것입니다. 따라서 '가격등통제령 시행규칙'의 제11조에서 규정한 여러 가지 법령에는 각각 가격의 규정이 있는 것입니다만, 여기에 위반한 경우는 즉 가격등통제령 위반이 되고, 국가총동원법의 벌칙이 적용된다고 하는 것입니다.

甲: 그렇다면 매팔인이 제조연초를 정가 외로 판매한 경우에는 전매령 제19조 위반이 되어 전매령으로도 처벌된다고 생각되는데, 이 경우 가격등통제령 하나로 행해지는 것인가요? 그렇지 않으면 전매령으로도 역시 처벌이 가능한 것인가요?

乙: 그런 경우는 전매령은 미치지 않는다고 되어 있습니다. 대심원(大審院) 판례에서는 그러한 경우는 벌칙이 무거운 쪽에 따라 처벌한다는 식으로 얼핏 들었습니다만, 지금 수중에 자료가 없기 때문에 확답은 못 드리겠네요. 우리 조선의 고등법원 판례에서는 전매령의 경우는 없고, 똑같은 제령(制令)인 '조선미곡배급조정령'과의 문제가 있습니다. 1940년(昭和 15) 형사상고(刑事上告) 127호, 1941년(昭和 16) 4월 4일 판결에서 "'조선미곡배급조정령'에 기초하여 행정관청이 지정한 최고판매가격을 넘는 액수로써 미곡을 판매하였을 때는 … 미곡의 거래업자이냐 아니냐를 묻지 않고 똑같이 가격등통제령 제6조, 국가총동원법 제19조를 위반한 자로 하여 동법(同法) 제33조 제6호로서 처단하는 것이 당연하고, 여기에 …조정령…을 적용할 여지가 없는 것으로 한다"고 되어 있고, 역시 1941년(昭和 16) 9월 11일 같은 고등법원의 판례에 "'조선임시비료배급통제령' … 중 가격통제에 관한 규정은 국가총동원법 및 여기에 기초한 가격등통제령의 시행에 따라 스스로 폐지시키는 것으로 한다"고 하였으며, 역시 1941년(昭和 16) 5월 2일의 동 법원의 판례에는 "행정관청의 지정 가격을 넘는 판매행위는 가격등통제령 및 동령 시행규칙의 실시에 의해 … 조선임시비료배급통제령 … 중 판매에 관한 부분에 한해 스스로 폐지시키는 것으로 한다고 해석함을 상당으로 한다"고 되어 있듯이, 어떻게 해도 조선에서는 전매령이 작용할 여지가 없었다고 하지 않으면 안 되겠네요.

甲: 그렇다면 가격 위반 행위가 있는 경우, 전매령으로는 어떻게도 안 됩니까?

乙: 지금으로서는 어찌할 방법이 없습니다.

甲: 그렇다고 한다면 가격등통제령의 운용의 상태에서 보면 경미한 사업은 기소하지 않습니다. 따라서 여기에 대해서 아무런 벌을 가하지 않는 식의 일이 종종 보일 텐데요. 이러한 경우는 평시에서는 전매령으로 당연히 처벌되었던 것이지만, 전시에 가격등통제령을 행하는 경우에 오히려 처벌되지 않고 끝난다고 하는 불합리한 일이 될 것이라 생각되지 않나요?

乙: 그런 일은 생각해보지 않았어요.

甲: 그렇다면 그와 같은 검사국(檢事局)이어서 기소하지 않았다고 하는 경우에는, 계속해서 전매령으로는 처벌할 수 없는 것은 아니지 않나요?

乙: 그럴 수는 없습니다. 그렇다고 하는 것은 고등법원에서 "스스로 폐지시키는 것으로 한다"고 하는 태도인 한에서는 전매령이 묵묵히 되살아나 작용한다고 하는 것은 생각되지 않습니다. 가격등통제령 하나로 결국 갈 수밖에 방법이 없습니다.

甲: 그렇다면 전매국으로서는 잠자코 볼 수만은 없을 것입니다.

乙: 그렇지만 그렇게 할 것도 아니에요. 사전에 관계 당국과 연락을 잘 갖고, 종전에 전매국에서 처분하고 있던 정도의 것은 모두 처분하여 받을 수 있는 정도로 하면 만사를 해결할 수 있을 겁니다.

甲: 그러나 기소할지 안할지는 검사의 직권에 의해 정해진다고 생각하는데요.

乙: 그래서 법무국이라든지 고등법원의 검사국이든지, 혹은 당신처럼 지방에 사는 분은 그 지역의 검사국과 미리 연락을 잘 해서, 전시가 되어 거꾸로 처벌이 풀린다고 하는 것 같은 불합리한 사태가 없도록 해야 합니다.

甲: 그렇다면 우리 취체(取締) 관리가 제조연초의 정가 외 판매를 하는 것을 발견할 경우에는 검사국에 고발하지 않으면 안 되는 겁니까?

乙: 그렇습니다. 그것은 형사소송법 제269조 제2항에 "관리 또는 공리(公吏)가 그 직무를 행함에 따라 범죄가 있다고 사료되는 때는 고발을 해야 한다"고 규정되어 있는 것에서도 분명한 것처럼, 이 경우는 반드시 고발해야만 합니다. 그리고 그 고발을 할 때는 관계 당국과 잘 연락을 가지는 것이 바람직한 일입니다.

甲: 고발은 검사가 하지 않으면 안 되는 겁니까?

乙: 원칙적으로는 검사가 하는 쪽이 좋지요. 다만 토지의 상황, 사안(事案)의 내용, 기타의 여러 사정을 감안해서 검사가 하는 것이 가능하지 않다고 인정되는 때는 사법경찰관으로 해도 좋다고 생각합니다.

甲: 그러면 다른 것을 여쭤보겠습니다. 매팔인이 아닌 사람이 정가 외로 판매하는 경우도 똑같은 식으로 취급해도 좋은가요?

乙: 그 경우는 그리 간단하게 생각할 수 없는 문제가 있습니다. 그러면 이번에는 제 쪽에서 여쭈어 보겠는데요. 전매령 제18조에 의하면, "제조연초는 정부 또는 정부가 지정한 ⋯ 연초 소매인이 아니면 이것을 판매할 수 없다"고 되어 있는데, 여기에 의하면 소위 '비매팔인(非賣捌人)'은 제조연초를 타인에게 매도하는 일이 가능하지 않다는 것입니다. 판매하는 것이 가능하지 않은 물건에 과연 가격의 관념이 생길 수 있을까요?

甲: 그것은 생깁니다. 확실한 정가가 쓰여 있지 않으니까.

乙: 그렇다면 포장을 뜯어서 낱개로 만들었으면 가격을 쓸 수 없으니까 알지 못한다는 건가요?

甲: 아뇨. 그래도 가격이 있다고 생각하죠.

乙: 그러나 제조연초는 상품시장에서 유통성이 없다고 생각되는 것인데, 유통성이 없는 것에 가격이 있다고는 생각할 수도 없을 것 같은데요.

甲: 그러나 그래도요, 저희들은 제조연초에는 가격이 있다고 생각하는데요.

乙: 제조연초의 정가라고 하는 것은 연초 소매인이 소비자에게 판매하는 가격이에요. 팔지 못하는 것이 파는 가격은 아니라고 생각하는데요.

甲: 그렇다고 한다면 매팔인이 아닌 자가 정가 외로 팔면 가격등통제령에는 걸리지 않나요?

乙: 일단 그렇게 생각됩니다만, 그렇다고 한다면 매팔인이 정가 외로 팔 때와 상당히 균형을 잃어버리는 것으로 생각되겠네요.

甲: 저도 그렇게 생각합니다.

乙: 그러면 매매금지품을 판 경우에 과연 가격이라고 하는 관념이 들어갈지 어떨지, 만일 들어갔다고 하면 결국 가격등통제령 위반이 된다고 하지 않을 수 없습니다. 지금 제 수중에 있는 판례로, 1941년(昭和 16) 12월 24일 대심원의 (れ)1,626호에 "주무대신(主務大臣)이 특별히 정한 때는 지방 장관의 허가를 받은 경우에 한해 그 판매를 할 수 있다면, 매도를 금지한 물품을 이유로 하여 법률상 정당한 가격으로 한다는 논지는 이유가 없다. 이미 가격이 존재하는 이상은 그 가격을 초과하여 해당 물품을 판매하는 행위는 가령 법률로 판매를 금지시키는 경우라도 초과 가격으로 판매한 책임을 면할 수 없는 것으로 본다"고 하는 것이 있습니다. 비매팔인이 연초를 정가 외로 판 경우도 대체로 이 논지를 준거로 합니다. 비매팔인일지라도 정부의 허가를 받은 경우는 이것을 판매할 수 있는 상태에 놓여있는 것이기 때문에, 이미 그 제조연초가 통상 생각되는 상태에서 가격이 있다고 생각되는 경우, 여기에 가격이 없다고 하는 생각은 이유가 없습니다. 결국 법률상 정당한 가격이라고 생각하지 않으면 안 된다고 생각합니다. 그러므로 이런 경우의 가격은 결국 정부가 정한 가격을 그 제조연초의 가격으로 하지 않으면 안 됩니다.

甲: 그렇다면 비매팔인의 경우에도 가격등통제령으로 가겠네요.

乙: 통제령 위반으로 됩니다.

甲: 이 경우 비매팔인이 연초를 판 것은 전매령 제18조 위반으로 무지정(無指定) 판매가 됩니다. 가격등통제령 위반과는 그 죄질(罪質)에 있어서 다르고, 병합죄(倂合罪)가 되는 것은 아닐까요? 그렇다면 무지정 판매라고 하는 한, 전매령으로도 처분이 가능하다고 생각하는데, 도대체 어떠한 것일까요?

乙: 아니에요. 이 경우는 병합죄로는 안 된다고 생각합니다. 당신이 말한 것처럼, 무지정 판매라고 하는 것과 초과가격 판매라고 하는 것은 그 죄질이 달라 적용하는 법조가 다릅니다. 일견 병합죄가 아닐까 하는 식으로도 봅니다만, 이 경우는 상상적 경합이죠. 즉, 형법 제54조 제1항 전단(前段)의 일개 행위가 몇 개의 죄명으로 언급되는 경우입니다. 마치 무면허자가 자동차를 운전하다 잘못으로 통행인을 다치게 하는 경우와 마찬가지로 상상적 경합범(競合犯)이어서, 일개의 행위는 법률상 몇 개의 결과로 결합하고, 그 전체가 동시에 몇 개의 범죄 유형에 해당하는 경우입니다. 이 경우 형법의 원칙은 유형 중에 가장 무거운 형으로써 벌하는 것이기 때문에 전매령이 작용할 여지는 없고, 결국 가격등통제령 하나로 가야겠지요.

甲: 그렇다면 엽연초(葉煙草)를 절취하는 것과 엽연초의 부정소지(不正所持)하는 것도 상상적 경합인가요?

乙: 절취한 순간의 부정소지는 상상적으로 경합합니다만, 그 부정소지가 유속(維續)한다면 그것은 실질적으로 경합한 병합죄가 된다고 생각합니다.

甲: 그렇다면 비매팔인의 소위 '정가 외 판매'도 가격통제령 하나로 가야겠네요.

乙: 정가 외 판매가 아니라 초과가격 판매입니다. 그리고 또 만약 정가 이내로 판매한 경우는 가격등통제령 위반 문제는 일어나지 않아, 전매령 위반, 즉 무지정 판매로 처리하지 않으면 안 됩니다.

甲: 그렇다면 또 다른 문제를 여쭤보겠는데요. 예를 들어 경작자가 엽연초를 양도한 경우에 가격등통제령의 문제가 일어나지 않을까요?

乙: 이것은 상당히 어려운 문제입니다. 저도 확신할 자신은 없습니다만, 저의 생각으로는 가격등통제령의 문제는 일어나지 않는다고 생각합니다.

甲: 그것은 어찌된 영문입니까? 조금 전에는 비매팔인이 판매가 불가능한 제조연초를 판 경우는 통제령 위반이 된다고 말씀하시고, 똑같이 판매가 불가능한 물건인 엽연초의 경우는 통제령 위반이 되지 않는다고 하는 것은 조금 모순인 것 같은데요.

乙: 그렇게 생각하시는 것은 당연합니다. 그렇지만 제가 생각하는 바에 의한다면 경작자의 엽연초에는 가격이란 관념이 들어있지 않은 것이 아닐까 생각합니다. 그 이유의 첫째는 엽연초는 정부에 수납되는 상태로 놓여 있어, 정부가 수납하는 경우에는 납부자인 경작자에게 배상가격을 지불하는 것인데, 이것은 행정법상의 성질은 일견 매매행위인 것 같기는 하나, 순연한 거래행위로 볼 근거가 박약하다는 점. 둘째로는 경작자는 이 엽연초를 정부의 허가를 얻어, 정부 이외의 자에게 판매할 지위에 놓여있지 않기 때문에, 법률상 정당한 가격의 관념이 들어갈 여지가 없다는 점. 셋째로 배상가격으로 본다고 해도, 수납 전의 엽연초는 감정 등의 기술적 조작을 해야 비로소 배상가격이 정해지는 것이어서, 그 자체가 가격 이전의 상태에 있다는 점. 넷째로 제조연초처럼 명확한 가격 표시가 되어 있지 않고, 또 곤란하다는 점. 이 네 가지 이유에서 엽연초의 경우에는 가격의 관념이 들어갈 여지가 없다고 생각되기 때문에, 가격등통제령은 작용되지 않는 것이 아닐까 생각합니다.

甲: 그렇게 본다면 뭔가 엽연초에는 가격이 없다고 볼 수 있겠네요.

乙: 배상가격으로서, 바꿔 말하면 엽연초의 가격으로 하는 것은 기술적으로도 곤란하고 무의미하다고 생각합니다. 어쨌든 엽연초는 정부에게만 수납되는 것이고, 결코 거래 대상이 되는 것이 아니라고 생각되는 것이기 때문에, 실제의 거래시장에서도 가격 상에서 시장을 교란하고 경제 질서를 문란케 하는 것이라고 생각되지 않습니다. 또한 전매국으로서도 실제적 이유에서 엽연초를 가격등통제령 위반으로 취급해 주지 않는 것이 바람직하다고 생각합니다.

甲: 잘 알았습니다. 그렇다면 염 전매령의 경우도 대체로 동일하게 생각해도 좋다고 생각하는데, 하나의 문제가 되는 것은 민간제염업자가 납부 전의 염을 판 경우는 어떻게 되는 걸까요? 경작자가 엽연초를 판 경우와 동일하게 생각해서, 결국 전매령 위반으로 처벌하는 게 좋지 않을까요?

乙: 이 경우는 엽연초의 경우와는 조금 다르다고 생각합니다. 그 이유는 첫째로는 민간제염업자는 정부의 허가를 받지만, 수중의 염을 정당한 염으로서 소비자에게 매도하는 상태에 놓여있다는 점. 같은 경우지만 엽연초는 그와 같은 상태에는 놓여있지 않다는 것입니다. 둘째로는 수납 전의 염이 가격 이전의 상태에 놓여있다는 점은 엽연초의 경우와 차이가 없습니다만, 그러나 염은 가격 이전의 상태와 매팔인이 판매할 수 있는 상태-즉, 가격 이후의 상태에서도 그 형태에서는 차이가 없다는 점. 셋째로 엽연초와 달리 수납 전의 염과 수납 후의 염이라 할지라도 그 가격 표시의 곤란성에는 차이가 없다는 점. 넷째로는 엽연초와 같이 종류가 많지 않고, 통상의 관념에서 가격이 어느 정도 각지(覺知)될 수 있다는 점. 다섯째는 실제적 고려에서 수납 전의 염과 수납 후의 염과는 구별이 어렵기 때문에, 결국 구별하지 않고 취급하는 것이 요구에 들어맞는 것이라고 생각합니다.

甲: 잘 알았습니다. 그 밖에 여러 가지 여쭙고 싶은 것도 있지만, 우선은 가격등통제령과의 문제 두세 가지를 여쭈었던 것입니다. 여러 가지로 감사합니다.

乙: 아니에요. 천만의 말씀입니다. 과연 만족하실 만한 대답이 되었는지 어떤지 의문입니다. 지금 저의 대답은 완전히 사견에 불과합니다. 어떠한 의미에서도 유권적(有權的)인 것이 아니기 때문에, 부디 그 의미에서 양해를 부탁드립니다.

Ⅴ

일제의 천일염전 확장과 제염업의 공업화

해제

　제5장은 1910년 강제병합 이후 1945년까지 35년간 일제에 의해 실행된 염업 정책과 천일염전 확장 사업에 대해서 자료를 정리했다. 주로 조선총독부에서 발간한 《조선휘보》, 《조선》 그리고 전매국의 기관지라고 할 수 있는 《전매통보》, 《전매의 조선》 등에 실린 논고들을 이용하였다. 이들 논고의 저자들은 식민지 염무기관의 관료나 제염기술자들이 대부분이어서, 자신들이 펼치는 염업 정책의 정당성이나 제염 기술의 진보를 과장되게 홍보하는 측면이 있다. 하지만 천일제염업을 한반도의 자연환경에 맞게 응용·발전시키려 한 나름대로의 고민 또한 엿볼 수 있었다.

　먼저 제1절은 식민지 염업사의 개관이다. 통감부의 관영 천일염전체제를 그대로 계승한 조선총독부는 1945년까지 총 5,925정보의 관영 천일염전을 완성하고, 연간 30만 톤 이상의 천일염 생산량을 달성하였다. 비록 자신들이 애초에 목표로 한 1만 정보의 천일염전 건설과 식염의 자급자족에는 미치지 못한 성과이지만, 일제의 중요 정책 과제를 어느 정도는 완수한 셈이다. 하지만 식민지 염업이 이러한 계량적 성과를 얻기까지는 결코 순탄한 여정을 밟은 것이 아니었다. 여러 가지의 기술적 착오로 1920년대까지의 제염 성과는 보잘 것이 없었고, 특히 1923년에 발생한 두 차례의 재난(서해안의 대해일과 일본의 관동대지진)은 조선의 천일염업사업을 실패로 귀결시키는 위기 상황으로 몰고 갈 뻔하였다.

　역설적이게도 1920년대 이러한 조선 염업의 위기를 구해 낸 것이 1931년 만주사변 이후에 벌어진 동아시아의 전시 상황이었다. 일본 화학공업과 군수산업의 급속한 발전으로 원료염 확보가 시급해진 일제는 1930년대 이후 다시 조선에서의 천일염전 확장 사업을 재개하였고, 이는 1945년 일본 패망 때까지 지속적으로 이루어졌다. 이에 대한 기록으로 이시카와 다케요시(石川武吉)[120]의 『조선의 천일제염에 관한 자료 총설』이 주목된다. 비록 염전 현

120　이시카와는 일본에서 약(藥)학교를 졸업하고, 1922년 주안출장소 고원(雇員)으로 조선에 들어왔다. 1928년 남

장의 제염기술자가 정리한 자료여서 글의 두서가 없고 논리가 정돈되지 못한 한계점이 있다고 하더라도, 1945년 전매국이 최후로 건설하고 있던 서산염전의 상황까지, 그리고 그동안 잘 알려지지 않은 일본 민간기업의 천일염전 건설 상황까지 소개하고 있는 글이어서 그 사료적 가치는 매우 높다고 하겠다.

다음으로 제2절에서는 일제 초기의 관영 염전 축조사업에 참여하였던 제염기술자들의 회고담과 광량만, 주안 등 각 지역 염전의 시찰기들을 모아 보았다. 특히 원로 기술자들의 회고담에서는 천일염전의 적지(適地)를 발견하게 된 경위나 중국의 제염기술이 어떻게 수용되고 또 어떻게 응용·변화시켰는가에 대한 구체적인 증언이 나오고 있어서 매우 흥미로운 자료라고 하겠다. 수원군 염전의 시찰기는 전통 자염(煮鹽) 생산지로 유명한 남양만 인근의 전오식 염전에 대한 현황과 그 개발 가능성을 가늠해 본 글로서, 필자는 이곳의 생산염을 정부가 수매하는 식으로 해서 민간염업에 대해서까지 염 전매제도를 확장할 것을 주장하고 있다.

제3절은 천일염전 현장에서 작업하는 염부(鹽夫) 및 기타 종업원들의 일상생활과 노동을 소개하는 글들이다. 〈염부사(鹽夫舍)의 창에서〉란 제목의 글은 작자가 광량만염전의 어느 염부로 소개되어 있지만, 이시카와의 증언에 따르면 다나카 가메지(田中龜治)라는 광량만염전 감독이 《전매통보》에 기고한 글이었다. 따라서 이 글은 천일염전의 관리자 시선으로 바라본 염부들의 작업과 일상이라는 한계가 있지만, 세밀히 묘사된 염부들의 일상사를 통해 당시

동(南洞)파출소의 현장감독이 되었고, 1929년 전매본국 분석실에서 근무하다가, 1932년 광량만출장소로 이동하여 1935년 귀성염전을 조성하였다. 1939년 덕동파출소장, 1941년 남동파출소장, 1942년 군자파출소장을 잇달아 지냈고, 1944년 전매국을 퇴직한 후, 전라북도 줄포(茁浦)로 가서 민간 기업인 남선화학공업(南鮮化學工業)주식회사의 염전 축조에 관여하다가 전국이 악화되자 일본으로 돌아갔다. 일본으로 돌아간 이후 염업조합 중앙회에서 근무하였고, 1945년 일본 지바현 후나바시(船橋)에 5정보의 천일염 시험염전 조성에 착수하다가 패전으로 그만두게 된 특이한 이력도 가지고 있다.

의 과중한 노동 강도나 엄격한 규율을 간접적으로나마 충분히 공감할 수 있게끔 서술하고 있다. 또한 〈염전제와 염부위안회〉는 1920년대 이후 전국 각 염전에 조성된 '염전신사'와 그곳에서 매년 10월에 행해지는 제례 행위와 축제(마쓰리)들을 소개하고 있다.

제4절과 5절에서는 1920년대 후반 이후 행해진 천일염전의 개량 사업과 수이입염·밀수출염 등의 대책에 관한 글들을 모아보았다. 1923년 대해일로 인해 파괴된 다수의 관영 염전을 복구하면서 천일제염 기술자들은 염전의 구조와 제염방식에 대한 대대적인 개량을 진행하였다. 제방 구조의 보완, 증발지 비율의 조정, 결정지 지반의 개량 등이 주요 사업이었는데, 이에 대한 기술적 문제들을 매우 전문적이고 구체적인 실행 방법을 통해 해결하고자 하는 제염기술자들의 노력이 엿보인다. 한편, 1930년대 이후로는 과거 산동반도 등으로부터의 밀수염이 문제되던 것과 달리, 만주로의 조선염 밀수출이 현안 문제로 대두되기도 하였다. 이는 신생 만주국이 염업제도를 정비하지 못한 것이나 만주염전의 개발이 아직 본격적으로 추진되지 못한 상황에서 벌어진 일이었다. 아울러 조선 염업과 긴밀한 관계를 유지하고 있는 중국 염업의 제도와 생산법 등을 소개하는 자료들도 같이 정리해 보았다.

제6절은 1930년대 후반부터 본격화되는 제염업의 공업화 과정을 이해할 수 있는 자료들을 모아보았다. 일본 화학공업의 급속한 발전으로 소다공업, 섬유공업, 마그네슘공업 등의 원료로 쓰이는 대량의 공업염이 필요하게 되었고, 이는 조선의 염업에서도 피해갈 수 없는 현안이 되었다. 특히 금속마그네슘과 제약품, 독가스 등의 원료가 되는 소금 생산의 부산물 '고즙(苦汁)'이 중요한 자원이 되었다. 1940년대 이후 일제는 이러한 고즙을 가공하는 공장들을 각 천일염전마다 건설하여 일본으로 반출하기 시작하였다. 하지만 고즙은 화학공업의 주요 원료임과 동시에 천일제염에서도 그 생산을 증가시키는 데 반드시 필요한 촉진제였다. 기후 및 자연환경에서 천일제염이 타국에 비해 불리한 조선에서는 그 효용성이 더욱 높았다. 따라서 고즙을 언제 어떻게 효과적으로 빼내는가는 제염기술자에게 매우 중요한 문

제로 대두되었다.

　마지막으로 제7절은 염업 관계자들의 강연록과 칼럼들을 정리하였다. 천일제염과 염 전매제를 대중에게 소개하는 글들이 대부분이다.

1. 조선 천일제염사업 개관

〈자료 179〉 조선의 소금

- 원제목: 朝鮮の鹽
- 작성자: 平井三男(度支部 專賣課長)
- 출전호수:《朝鮮彙報》, 1918년(大正 7) 2월호
- 간행연월: 1918년 2월
- 발행처: 朝鮮總督府

1. 조선 염업의 개황(槪況)

조선에서의 염의 수요액(需要額)은 현재 약 3억 5,000만 근 내외라고 알려져 있다. 그리고 이것을 연혁에 비추어 보면, 1901~1902년(明治 34~35)까지는 오로지 조선 연해 각 지방에서 제조하는 전오염(煎熬鹽)으로써 수요에 충당해 왔는데, 원래 조선의 전오염 제조는 그 방법이 조잡하고 또 연료·노력을 요구하는 것이 많았다. 따라서 가격이 높았기 때문에 1902~1903년(明治 35~36)경부터 점차 값싼 지나(支那) 천일제염의 수입을 불러일으켜서 해마다 그 수량이 증가되었고, 마침내 현저하게 조선의 염업을 압박하여 조선 전오염이 절멸되지 않으면 끝나지 않을 것 같은 상황을 드러내었다. 이때 지나 천일염에 대항하기 충분한 값싼 염을 조선 스스로 생산하는 방책을 강구하지 않으면, 외래염의 침식·도량(侵蝕跳梁)을 억압하고 정화(正貨)의 유출을 저지하여 국민경제의 불리를 바로잡는 일을 할 수 없었기 때문에, 한국 정부는 1907년(明治 40) 통감(統監) 지도 아래 천일제염시험염전을 경기도 주안(朱安)에 개설하였다. 시험하여 얻은 바로는 조선의 기후·풍토는 천일제염에 적당하여 해당 사업의 성립은 확실하다는 것이었다. 또한 그 생산량과 품질에서도 우량한 성적을 보였다. 그리고 천혜(天惠)는 이미 넉넉하고, 조선 염정(鹽政)의 장래는 지극히 중요하고 또 다망(多望)할 뿐만 아니라, 국민경제상 긴급 사항이 되었음을 볼 때, 이것의 경영을 관업(官業)으로

하는 것으로 결정하였다. 먼저 제1기 공사계획으로 하여 1909년(明治 42)부터 천일염전의 축조를 개시하고, 1912년(大正 원년)에 이 공사를 완성시켰다. 따라서 지금 정부의 직영에 속하는 천일염전은 평안남도 광량만(廣梁灣)에 약 933정보(町步), 경기도 주안에 약 97정보, 합계 1천 30여 정보에 달한다. 그리고 1916년(大正 5)에서의 개황을 보면 관영 천일제염의 생산액이 7천 137만 근이고, 수입염의 총량은 2억 4,300만 근에 달하며, 조선재래전오염의 생산액은 약 3,500만 근이 되었다고 한다. 이하 각 사항에 대해 그 개황을 관찰하겠다.

2. 수입염의 수황(收況)

1902~1903년(明治 35~36)경부터 지나(支那) 밀어선(密漁船) 및 밀무역선이 천일염을 적재하고 평안남북도 및 황해도 연안 도처의 해빈(海濱)·하안(河岸)에 정박하였다. 그 적재된 염과 그 지방 농가에서 생산된 콩(大豆)·조(粟) 등의 잡곡과의 교환을 행하면서, 수십 일을 경과해도 이것을 개의치 않고 적재된 염이 교환을 다할 때까지는 정박지를 떠나지 않았다. 그런데 지방 농가는 염가(鹽價)의 저렴함과 현재의 지출이 필요치 않다는 것을 편하게 여기어 이것을 수요하는 일이 점차 증가하였다. 1907년(明治 40) 전후에 이르러서는 동(同) 지방 농가의 수요염(需要鹽)이 대체로 이런 종류의 지나 천일염으로써 충당되는 상황을 보이기에 이르렀다. 그러나 이후 정부가 연안 밀어 및 밀무역의 취체(取締)를 엄중히 이행함에 이르렀던 결과, 전술(前述)과 같이 염을 적재한 지나 정크선(戎克船)은 인천·진남포 등의 개항장에 거류하는 지나인 경영의 문옥(問屋)[121]과 연락을 취해 염의 수입을 개시하고, 점차 내지인(內地人) 또는 조선인 당업자와도 거래를 개시하기에 이르렀다. 그런데 이 수입 천일염의 산지(産地)는 지나 산동성(山東省)을 으뜸으로 하고, 다음으로 관동주(關東州) 및 청도(靑島)에서 수입하는 것을 나오게 하여 오늘에 미치고 있다.[122] 수입염에 관한 통계에 의하

---

121 일본어로 '돈야'라고 하며, 주로 항구 등지에서 화물의 수송·보관·중개 및 매매를 담당하는 상품 유통의 매개자이다. 조선시대 '객주'와 비슷한 일을 하였다
122 중국산 수입염은 주요 산지인 산동 연해와 가까운 진남포, 인천, 군산 등의 통상 항구에서 주로 수입되었다. 조선에서의 중국염 수요가 늘어나자 수이입을 전문으로 하는 화상(華商)들이 생겨나기 시작했는데, 1930년까지 총 16개(인천 6, 군산 5, 목포 1, 진남포 3, 신의주 1)의 화교 염상(鹽商)이 있었다고 한다. 인천에서는 원화잔(元和棧), 홍성화(興盛和), 덕취창(德聚昌), 동화잔(同和棧), 복성잔(復成棧), 천합잔(天合棧) 등의 화상이 산동 석도의 원염을

면, 1905년(明治 38)에는 수입염 총량이 겨우 2,600만 근에 불과하였던 것이 점차 상당한 세력으로 증가하여, 43년(1910) 병합 당시에 이르러서는 9,300만 근을 헤아리고, 그 가격은 39만 4,000여 원 위로 오르내리다가, 1916년(大正 5)에 이르러서는 총량 2억 4,300여만 근, 그 가격은 109만여 원에 달했다. 1917년(大正 6)은 9월까지에 이미 1억 6,100여만 근, 가격은 72만여 원에 달하였다. 지금 1916년의 수입염에 대한 그 수출지별 수량의 비율을 보면, 지나 산동성 천일염이 5할 1푼 정도, 관동주 천일염이 2할 7푼 정도, 청도 천일염이 2할을 차지하고, 기타의 1푼 6리는 일본 내지의 전오염, 대만 천일염 및 여러 외국으로부터 수입하는 근소한 식탁염(食卓鹽) 등이다.

3. 관영 천일제염의 상황

수입염의 상황이 위와 같이 되었기 때문에 조선에서 해외로 유출되는 정화(正貨)는 해가 갈수록 점차 늘어나, 거의 정지하는 바를 알지 못하는 것 같은 상세를 보였다. 이러한 국민경제상의 불이익을 방지하고, 그 이익의 보호·증진을 계획하는 것은 당면 급무가 되었다. 이로써 정부는 1907년(明治 40) 경기도 주안(朱安)으로 상지(相地)하여 천일제염의 시험을 하였더니, 그 성적이 매우 우량하여 충분히 천일제염사업을 성립시킬 수 있다는 확신을 갖게 되었다. 이에 정부는 조선 염정의 진전을 획책하여 염의 수요·공급의 균형을 헤아리고, 품질을 개량·통일시키며, 재래의 조선 전오염에 비해 월등히 저렴한 가격으로써 천일염을 공급하여 그 천혜(天惠)를 널리 국민에게 나눈다고 하는 계획을 수립하였다. 그리고 이와 함께 일체의 수입염을 구축함으로써 정화의 유출을 방알(防遏)하고, 관영에 의한 제조 이익으로써 국고의 일개 재원으로 하는 것이 국민경제상, 그리고 재정상 가장 이익이 된다고 하여, 1909년(明治 42) 천일제염 관영의 뜻을 결의하게 되었다. 이후 한걸음씩 염전의 축조를 행하고, 염정의 정비를 기하였다. 제1기 사업으로서 이미 전술한 것과 같이 1,030여 정보

수입하였고, 군산에서는 동화잔, 인태항(仁太恒), 동화창(東和昌), 홍성잔(鴻成棧), 복성잔 등의 화상이 마찬가지로 산동염을 주로 수입하였다. 진남포에서는 삼합성(三合盛), 신합성(新合盛), 경순덕(慶順德) 등의 화상이 산동염과 관동주염을 수입하였다(김희신, 2018, 「재조선 화교 염상과 조선총독부의 외염 관리」, 『중국근현대사연구』 77, 중국근현대사학회, 96~97쪽).

의 축조 공사를 완료하였지만, 기정(既定) 계획과 같이 관영 천일제염으로써 조선 수요염의 전부를 충당시키기 위해서는 다시 걸음을 내딛어 제2기의 염전 축조 공사에 착수할 필요가 있다. 이로써 정부는 1917년(大正 6)에 경기도 주안에 약 140정보의 염전을 축조하기로 결정하고, 목하 그 공사가 진행 중에 있다. 그리고 장래에 계속해서 점차로 염전을 증축하여 전 조선에 공급하기에 충분할 천일염을 생산하고, 이로써 관영 소기의 목적을 달성시키는 것으로 하였다.

관영 염전의 축조 공사가 준공되면서 차차 염의 제조를 개시하여 1913년(大正 2)부터는 현재 염전 전 면적에 걸쳐 상당한 염량(鹽量)을 생산하기에 이르렀고, 이후 세월을 거쳐 가며 점차 염전이 노숙해지면서 매년 그 생산량을 증가시키고 있다. 즉, 현재 1,032정보의 염전에서 1913년도 생산량은 4,150만여 근이었지만, 1916년(大正 5)에 이르러서는 7,137만여 근을 생산하였고, 1917년도(大正 6)는 10월 말일까지 이미 8,838만여 근을 생산하는 호황을 보이기에 이르렀다.

근년 화학공업의 발흥에 따라 여기에 필요한 염의 공급이 매우 중요한 문제가 되고 있다. 그리고 전오염에 비해 생산비를 필요로 하는 것이 훨씬 소액인 천일제염은 화학공업용의 원료로서 더욱 중요시되었다. 그 결과 조선 자체는 물론이고, 널리 아국(我國:일본) 화학공업의 장래와 조선 천일제염의 장래는 가장 긴절(緊切)한 관계를 가졌다고 할 수 있을 것이다. 뿐만 아니라 근년 세계의 변국(變局)에 따른 어류염장(魚類鹽藏)과 기타의 용도로 공급하기 위한 해외에서의 천일제염의 수요는 현저히 그 범위를 확장하고 있으므로, 장래 각종의 용도에 걸친 그 수요의 지반을 확립해 나가야 할 것이다.

4. 재제염(再製鹽)의 상황

조선에서의 재제염은 지나 천일제염을 일단 용해하고 다시 이것을 전오하여 제조한 것으로서, 그 형상은 보통의 전오염과 유사한 것이다. 원래 천일제염은 그 결정 입자가 전오염에 비해 크기 때문에, 조선 또는 내지(內地) 등 전오염 사용에 익숙한 곳에서는 가정의 식용염으로서 충당하기에 약간의 불편을 감수하지 않으면 안 되는 점이 있었다. 그렇지만 천일제염은 그 가격에 있어서의 저렴함으로 인해, 이에 상당하는 재제(再製) 비용을 투입하여도 여전히 그 생산비는 조선 재래의 전오염보다도 소액이 된다. 따라서 지나 천일염의 수입에 수반하여 점차 재제염업 발흥의 기운을 촉진하여, 1904~1905년(明治 37~38) 교체기에 부산에 1개소의 재제염 공장이 생겨나고, 이로써 종래의 전오염 수요 방면 쪽에서 그 판로를 확장하기에 이르렀다.[123] 그리고 그 발달의 추세를 보면, 1905년(明治 38)에 있어서는 생산 재제염량이 겨우 80만 근에 불과하였지만, 40년(1907)에 이르러서는 부산 및 인천의 공장 총수로 3개소가 되어 그 생산고는 2,600~2,700만 근에 달하였다. 이후 점차 발전하여 1912년부터 1913년에 이르는 때에는 매우 왕성한 기운을 드러냈고, 인천·부산·군산 등의 여러 개항지에 공장을 개설하는 일이 배출되었다. 1913년(大正 2)에는 공장 수가 31개소, 그 생산고가 3,500~3,600만 근에 달하였다. 이후 각 공장의 경쟁이 극심함을 더함에 따라 소자본의 경영자는 유지 곤란에 빠지어 점차 공장을 병합하거나 또는 폐지하는 일이 생겨났지만, 일면으로 상당한 자본을 거느린 우세한 공장은 점차 그 산액을 증가시키는 경향을 낳았다. 1917년(大正 6)에서의 상황을 보면, 부산·인천·군산 및 진남포 각지를 합한 재제공장 수는 모두 22개소이고, 그 산액은 약 6,000만 근에 이르렀다. 그렇지만 재제염은 천일제염에 비해 고가이기 때문에, 싼값인 천일제염이 점차 벽지(僻地)로 그 수요를 차지하기에 이를 수 있는 것은 필연의 추세였다. 뿐만 아니라 관염의 출현에 자극되었던 결과 품질·색상에서 극히 열등했던 지나 천일염도 현저한 개량의 결실을 거둔 것과 함께, 관염의 생산액은 염전의 노숙(老熟)과 면적의 확장으로 인하여 매년 체증(遞增)되고 그 노력을 신장시키고 있는 결과, 추세로서는 전오염 또는 재제염에 대한 수요는 점차 천일제염 쪽으로 이동하고 있다. 따라서 현상에 있어서 재제염은 주로 도회지, 특히 내지인(內地人) 사이에 수요가 있는 외에는 주로 어류 염장용으로서 조선 내에서 사용되거나, 또는 내지(內地)·러시아령 아시아, 기타 해외의 수요에 응하여 수이출되고 있는 현황이다.

---

[123] 천일염은 염화나트륨 성분이 높아 짠맛이 강하였음으로 오랫동안 자염에 익숙해진 조선인들의 입맛에는 맞지 않았다. 특히 염전의 지반을 갯벌 그대로 이용하였기 때문에 소금 색깔이 검게 보여 그 거부감이 더하였다. 따라서 자염의 품질과 비슷하게 재차 가공시켜 만든 재제염이 생산되었는데, 그 생산 방식은 값싼 수입 천일염을 들여와 해수에 용해시키고, 그것을 다시 전오(煎熬)시키는 방식이었다. 1904년 부산 남포동에서 처음으로 시작하여 인천, 군산 등 통상 항구를 중심으로 그 판로가 전국적으로 확대되었다. 1910년대 초반에는 자염을 능가하는 생산량까지 갖추며 1920년대까지 호황을 누리었으나, 1930년대부터 수입염 가격의 등귀로 쇠퇴하고 말았다(유승훈, 2008, 『우리나라 제염법과 소금민속』, 민속원, 202~203쪽).

5. 조선 재래전오염(在來煎熬鹽)의 상황

　조선 재래의 전오염 제법은 일본 내지에서의 제염 방법과 유사하지만, 그 방법이 소잡(疎雜)할 뿐만 아니라 이것을 천일염에 비교하자면 생산비를 요구하는 것이 많기 때문에 점차 수입 천일염의 압박을 받게 되었다. 1908~1909년(明治 41~42)의 교체기에는 이미 평안남북도, 황해도 등의 연해 제염지는 점차 폐멸 상황에 이르렀고, 이후 수입염 증가와 더불어 이러한 상세(狀勢)는 각 지방으로 파급되고 있다. 단지 조선에 고래(古來)로 천일염이 존재하지 않았던 결과, 전오염을 사용하는 영년(永年)의 습관·인습으로 인해 전오염을 기호(嗜好)하는 자가 금일 아직도 적지 않기 때문에 겨우 명맥을 유지한다는 것이 실황이다. 이것을 연혁에 비추어 보면, 구래(舊來) 제염에 대한 정부의 조치는 매우 공평을 결여하였다. 그 정부에 납부하는 염세(鹽稅)와 같은 것은 염정(鹽井)에 과세하고 있고, 염부(鹽釜)에 과세하고 있다. 그 염세율과 같은 것도 지방에 따라 매우 차이가 있으며, 정세(正稅) 이외에 무명부정(無名不止)한 잡세(雜稅)·잡비(雜費)를 과세한다. 이들 무명부정한 잡세·잡비는 정세에 비해 15할 이상, 30할에 달한다고 하는 것과 같이, 사실상 제염자의 부담은 극히 과중해서 이들 염민(鹽民)이 피폐해지는 한 원인이 되었다. 따라서 1907년(明治 40) 「염세규정(鹽稅規程)」을 제정하여 과세는 염의 제조근량에 따라 100근에 대해 6전(錢)을 징수하고, 어떠한 명의로써도 별도로 징수할 수 없도록 하여 금일에 이르고 있다. 그리고 1916년(大正 5)의 상황을 보면, 전 조선을 통해 면허를 가진 염 제조에 종사하는 자가 약 5,000명이고, 제염 부수(釜數)는 약 3,500을 헤아린다. 염전 면적은 약 900만 평이고, 염 제조 근수(斤數)는 약 3,500만 근이 된다. 그렇지만 오늘날 상황으로 보면, 전오염은 그 생산비의 관계상 도저히 영속(永續)될 가망이 없다. 연료 절약, 염부(鹽釜) 개량, 기타 여러 가지 현상의 진전을 꾀했음에도 불구하고, 마침내 현저하게 그 효과를 발휘할 수 없었다. 그렇지만 조선에서는 염의 제조자가 거의 전부 농업자나 어업자의 겸업(兼業)에 속하고, 한편으로는 수입염이 점증하는 상황에 있으므로 급격한 영향을 받을 일이 없다. 또한 여러 해 각종 산업의 개발 진척의 현저함과 더불어 서서히 겸업을 폐하거나 혹은 다른 유리한 업무로 전환하는 등 각기 그 추구하는 바를 얻어가고 있다.[124]

124　위의 글에서 나타나듯이 일제의 관영 천일염전체제나 염 전매제 추진 과정에서는 기존의 재래 염업자에 대한

〈자료 180〉 주안천일제염사업 성적

- 원제목: 朱安天日製鹽事業成績
- 작성자: 長田義彦(專賣課 朱安出張所)
- 출전호수:《朝鮮彙報》1920년(大正 9) 3월호
- 간행연월: 1920년 3월
- 발행처: 朝鮮總督府

1. 염전 축조

조선의 재래염은 내지산염(內地産鹽)과 마찬가지로 다액의 생산비를 요구하는 전오법(煎熬法)으로 제조되고 있음에 따라, 그 가격이 저렴하지 않다. 특히 연료가 부족한 조선에서는 사업(斯業)이 경영 곤란에 빠졌고, 해가 갈수록 그 생산고가 감소되기에 이르렀다. 한편 지나(支那)에서 산출되는 천일염은 가격이 저렴함으로 인해서 수요자의 기호(嗜好)는 점차 동염(同鹽)에 경주되었고, 매년 그 수입이 증가하여 조선의 재래염은 이것으로 인해 압도되고 있는 상세(狀勢)를 보이고 있다. 그러나 조선의 서해안은 도처에 광막한 간석지가 있고, 또 이 지방은 강우(降雨)가 적고 증발이 다량이기 때문에, 1907년(明治 40) 경기도 주안(朱安)의 간석지 내에 면적 1정보의 천일염전을 축조하여 조선에서의 천일제염의 적부(適否)를 시험케 하였더니, 그 성적이 양호하였다. 조선의 서해안은 천일염의 제조에 적합하다는 것을 실제로 증명되자, 1909년(明治 42)부터 염전의 확장공사를 착수하여, 1911년(明治 44)까지 면적 90여 정보의 염전을 완성시켰다. 이어서 1917년(大正 6)에 다시 주안염전의 확장을 계획하여, 동년 11월부터 축조 공사에 착수하였고, 1919년(大正 8) 3월까지 면적 139정보의 완성

보호책이나 보상 등이 전혀 고려되고 있지 않았다. 조선의 재래 염업을 열등한 기술력과 과도한 생산비로 조만간 업계에서 퇴출될 업종으로만 파악하였다. 따라서 일제의 염업개혁이 그 실상에 있어서는 종래의 생산관계를 해체시키고 노동자로서의 종업원만을 천일제염이라는 새로운 생산관계 속으로 포섭시키려 하였다는 비판을 받기도 하였다(이영호, 1991, 「통감부시기 조세증가정책의 실험과정과 그 성격」,『한국문화』12, 서울대 규장각 한국학연구원, 370~371쪽).

시키어, 기성염전을 합하여 총면적 238정(町) 8단보(段步)가 되었다. 이 밖에 주안 부근에는 500여 정보의 천일염전을 축조할 수 있는 양호한 간석지가 있고, 그 대부분은 이미 실측을 완료하였다. 점차 축조에 착수할 계획인데, 가까운 장래에는 주안 및 그 부근의 천일염전은 약 8백 정보의 대면적에 달할 것이다.

2. 염 생산

염전의 개선 및 제염기술의 진보에 따라 점차 그 생산고를 증가시켰다는 것은 말할 필요도 없는 바이지만, 기후의 관계로 매년 생산율에 약간의 증감이 있는 것은 면하기 어려운 바이다. 지금 1911년(明治 44)까지에 완성된 주안염전 90여 정보에 대해서 축조 완성 후의 산염(産鹽) 성적을 보니, 1912년도(大正 원년) 염전 1정보당 생산고는 겨우 4만 1,000여 근에 그쳤지만, 이듬해는 6만 2,000여 근으로 증가하였고, 1914년(大正 3)은 7만 9,000여 근에 달하였다. 이어서 1915년(大正 4)은 제염기 중 불량한 기후가 연속하고, 큰 비로 인해 염전이 침수된 것이 두 차례 있어서, 그로 인해 저류 함수(鹹水)가 희박하게 되는 한편, 염전의 복구·수리에 많은 시일과 수고를 요하여 제염 작업은 뜻대로 진행될 수 없었다. 그 결과 동년(同年)은 전년에 비해 2할(割) 7보약(步弱)의 감수(減收)를 보이었다. 따라서 동년의 염전 1정보당 생산고는 3만여 근으로 감소되었다. 대체로 1915, 1916년 두 해의 제염기(3월부터 10월까지) 중의 강수량은 각각 1,400mm 이상(매년 평균 강수량은 900mm 내외임)이었고, 이러한 다량의 강수는 이전의 40년 사이에서 그 예를 보지 못한 바였다. 위 두 해는 희유의 흉작으로 부를 수 있을 것이다. 1917년(大正 6)은 좋은 날씨가 연속하여 작업은 순조롭게 진척되었다. 염전 1정보당 생산고는 9만 2,000여 근에 달하여 예상 이상의 호성적을 보이었다. 1918년(大正 7)은 기후가 불량하여 작업상의 곤란이 실로 적지 않았지만, 염전의 지반(地盤) 등은 이미 결점이 없을 정도로 개수되고, 한편으로 현업원은 제염의 기술에 숙련되었다. 특히 제염상의 강적인 강우(降雨)에 대한 작업의 경험이 쌓여졌다. 동년은 시종 기후 불량이었음에도 불구하고, 염전 1정보에 7만 8,000여 근을 채수하였다. 1919년(大正 8)은 제염의 최성기인 5, 6월 양월에 비오는 날이 많아 거의 우기(雨期)와 같은 기후가 연속되었는데, 동월까지는 예상된 성적을 거두지 못했지만, 7월에 들어서 기후가 회복되면서 8월 중순까지의 사이는 희유의 호

천기(好天氣)가 연속되었다. 이 사이에서의 산염고는 급격히 증가하여 10월 하순의 제염 종료기까지 염전 1정보당 10만 5,000여 근을 생산하였다. 주안천일제염사업 개시 이래 미증유의 호성적을 거둔 것이다.

전술한 바와 같이 염의 생산율은 기후의 관계에 따라 매년 약간의 증감이 생기는 것은 면하기 어려운 바이다. 그러나 주안 구(舊) 염전 90여 정보는 지반 등의 수리가 빈틈이 없어 거의 흠잡을 데가 없을 정도로 개선되었고, 또 한 가지는 현업원이 작업에 숙련되고 일치협력하여 작업에 힘씀에 따라, 금후 불량한 기후와 만나는 일이 있어도 생산율이 심하게 저하되는 일을 보지 않을 것이라고 믿어진다. 염전의 현황 및 현업원의 작업 활동을 보고 장래의 생산력을 예상하자면, 구 염전은 1정보에 9만 근 이상은 확실히 생산할 수 있을 것으로 생각된다. 아래에 1912년도(大正 원년) 이후의 제염고를 게재함으로써 생산 상황을 살펴보겠다. 다만 1912년부터 1916년(大正 5)까지의 산염고에는 시제(試製) 전오염(煎熬鹽)을 가산하였다.

연도	염전면적(정보)	산염고(근)	염전 1정보당 산염고(근)
1912년(大正 원년)	98.03	4,024,448	41,053
1913(大正 2)	98.17	6,147,941	62,625
1914(大正 3)	98.17	7,784,878	79,300
1915(大正 4)	98.17	5,682,171	57,881
1916(大正 5)	98.17	2,955,293	30,104
1917(大正 6)	99.17	9,055,155	92,240
1918(大正 7)	99.17	7,662,504	77,266
1919(大正 8) 1월까지	99.17	10,451,370	105,389

위는 1911년(明治 44)까지에 완성된 구 염전의 산염 성적으로, 1916년(大正 8) 3월에 완성된 신 염전 139정보에서의 산염은 공제되었다. 이 신 염전 숙성의 때에는 신·구 염전 238정보에서 생산하는 염은 1개년에 2,000만 근에서 2,500만 근에 달할 것이다.

3. 염 품질

조선 및 내지에 수입되고 있는 지나(支那) 천일염의 품질이 매우 조악하고, 특히 외견이 불량하기 때문에 순백한 전오염을 사용해온 내지인은 그 사용을 싫어하여서, 천일염은 이것을 정제하지 않으면 사용하기 어려운 것으로 생각하는 사람들이 많았다. 조선에서도 1902~1903년(明治 35~36)부터 지나 및 대만의 천일염이 수입되었는데, 그 당시는 일반의 수요를 환기하는 데에는 이르지 못했지만, 수입 천일염의 가격이 저렴함에 따라 자연히 그 수요가 증가하였고, 오늘날에는 조선 재래의 전오염은 그로 인해 압도되어서, 조선에서의 총소비고의 1할(割) 5보(步) 내외의 생산에 지나지 않는다. 이와 같이 천일염의 수요를 증가시키는 한편으로 그 색깔이 순백한 것을 환영하는 경향을 보였고, 또한 가격이 비쌈에도 불구하고 순백한 천일염은 그 매행(賣行)이 신속하다는 것도 분명한 사실이었다. 이런 생활의 향상에 따라 수요자의 기호(嗜好)가 양질의 염에 경주하는 것은 자연적인 추세라고 할 수 있을 것이다.

전술한 바처럼 내지인의 다수는 지나염의 색깔이 불량하기 때문에 천일염을 배척하고, 또 동염(同鹽)의 사용에 익숙한 조선의 수요자는 양질의 순백염을 기호하기에 이르렀기 때문에, 이것에 비추어 순백하고도 양질인 천일염을 다량으로 생산하여 그 진가를 주지시키는 일이 필요하게 되었다. 수년 전부터 염전 지반의 손질과 작업 방법의 개선에 관해 한결같은 강구(講究)를 거듭한 각 염전의 현업원은 서로 일치하여 품질의 개량에 힘을 다하였는데, 점차 그 효과가 나타나 1919년도(大正 8)에는 1등염의 생산고가 총생산고의 8할 8보를 차지하고, 2등염은 겨우 1할 2보의 생산에 그치었다. 게다가 그 2등염에서도 이것을 현재 수입되고 있는 지나염과 비교하면 그 품질이 훨씬 우월하였다. 아래에 1912년도(大正 원년) 이후 등급별 산염고를 나타내어, 품질 개량의 실적을 밝힌다.

연도별	생산고(단위: 근)				생산비율(할/리)	
	1등염	2등염	전오염	계	1등염	2등염
1912년(大正 원년)	885,315	2,988,316	150,817	4,024,448	2.29	7.71
1913년(大正 2)	584,375	4,698,936	873,630	6,147,941	1.11	8.89

1914년(大正 3)	2,997,640	3,826,130	961,108	7,784,878	4.39	5.61
1915년(大正 4)	2,328,960	2,504,680	848,531	5,682,171	4.82	5.18
1916년(大正 5)	1,145,620	1,344,200	465,473	2,955,293	4.60	5.40
1917년(大正 6)	5,445,875	3,609,280	-	9,055,155	6.01	3.99
1918년(大正 7)	5,658,089	2,004,415	-	7,662,504	7.38	2.62
[신염전 분]	4,730	-	-	4,730	-	-
1919년(大正 8) 1월까지	9,220,150	1,231,220	-	10,451,370	8.82	1.18
[신염전 분]	1,481,090	467,760	-	1,948,850	-	-

1등염의 품질은 조선산의 전오염, 관동주·청도산의 천일염 및 다액의 비용을 들여 지나 천일염을 정제한 인천 재제염(염 100근에 재제비 1원 20전이 필요) 등에 비해 훨씬 우량하다. 이와 같이 주안 천일염은 양질이기는 하지만, 어류염장용 염과 같은 것은 한층 더 양질의 염을 요구하고, 보통 용도의 염도 역시 점차 그 품질이 선택되어지고 있기에 이르는 것은 자연적인 추세라 할 것이다. 금후라도 제염에 관해 더욱 강구를 거듭할 필요를 느낀다.

아래에 조선총독부 중앙시험소에서 분석한 각종 염의 분석 성적을 게재하여 품질의 우열을 비교하였다.

종별	염화나트륨	염화칼륨	황산석회	황산마그네슘	염화마그네슘	불용해물	수분
주안1등천일염	91.894	0.000	0.316	1.035	1.390	0.172	4.994
인천재제염	91.001	0.000	0.873	0.667	0.701	0.030	6.627
관동주천일염	90.919	0.114	0.883	1.124	1.046	1.194	4.720
청도천일염	87.006	0.305	0.815	1.560	1.660	1.454	7.200
조선재래염 (남양산)	80.068	0.343	3.642	1.801	2.511	0.144	11.000
주안세척천일염	94.501	0.000	0.194	0.385	0.779	0.062	3.997

비고: 주안 세척천일염은 미국으로 수출하는 어류염장용으로서, 1등 천일염을 함수로 세척한 것임

4. 현업원

염전의 1구역마다 내지인인 사업수(事業手) 또는 염부장(鹽夫長) 1인씩을 배치하여, 제염 작업, 염전의 보호수리, 염·기타 물품의 출납, 제염 인부의 지도·감독, 기타 담당 염전 내에서의 제반 사무를 처리하도록 하였는데, 1919년(大正 8)부터는 인물이 우수하고, 제염의 기술에 숙련된 조선인을 염부장으로 채용해서 내지인에 대신하게 하는 경우가 있다.[125] 이들 조선인 염부장은 그 부하인 제염 인부가 모두 조선인이므로, 상호 간에 의사소통하고 일치협력하며 작업에 분려(奮勵)하는 실황이라면 내지인에 못지않은 성적을 거둘 수 있을 것이다.

제염 인부는 모두 조선인으로서 염전 부근에 거주하며, 매년 동일한 염전으로 출동함에 따라 작업에 숙련되었을 뿐만 아니라, 염전 애호의 마음도 깊어 그 정근(精勤)한 태도는 달리 많은 유례를 보기 힘든 바이다. 그리고 이들 인부는 동시에 농작을 한다. 모내기, 제초, 추수 등의 농번기에는 제염작업 쪽이 한산기이기 때문에, 인부의 다수는 가업에 종사하는 일이 보통이다. 이와 같이 주안 지방에서는 염업과 농업은 그 번망기(繁忙期)를 달리 하기 때문에 노력(勞力)의 사역 상 편리하도록, 그리고 인부도 역시 가업을 방해받는 일 없이 상당하는 수입이 있으므로 스스로 나서서 염전에 출근하는 것이 습관이 되어서 가계(家計)는 대체로 풍부하다.

인부의 사역 수는 염전 10정보에 1일 7.5인으로 하고, 이것을 3월부터 10월에 이르기까지의 사이에서 작업의 번한(繁閑)을 고려해 적당하게 분배 사역하는 것이 되었다. 그 임금은 평균 일급 75전으로 하고, 별도로 작업의 성적에 따라 장려상여금을 급여한다.

협업원의 부상·질병을 구조하고, 사망의 경우에 조위(弔慰)하는 등의 목적으로써, 현업원공제조합(現業員共濟組合)을 조직하여, 1918년(大正 7) 1월부터 이것을 실행하였다. 1918년(大正 7)의 가을, 악성 감기의 유행·창궐이 극심하여 다수의 사망자가 나왔을 때, 규정된 조

---

125 천일염전 현장에는 각 구(區) 염전마다 총 책임자 격인 염전감독이 있고, 그 아래 염전감독을 보좌하고 또 염부들을 직접 지휘하는 염부장(鹽夫長)이 있었다. 초기에는 중국어 '바터우(把頭)'를 그대로 따라 부르다가 이후 염전담당원, 또는 염부장으로 불리게 되었다. 염부장이 관할하는 염전은 보통 10~20여 정보였다고 한다. 염부들은 이들 염부장이 직접 채용하기 때문에 염부의 작업조직은 염부장을 중심으로 한 조직이라고 말할 수 있다.

위금을 급여하였더니, 그 유족은 조합에 대해 심후한 사의를 표해 왔다. 본 조합은 실행 후 일이 오래되지 않아 아직 예기의 성적을 거두는 데에는 이르지 못했지만, 타일 본 조합에 대한 정부의 보급이 허락되기에 이른다면, 그 기초는 공고해지고 조합원은 영구히 그 직에 있으면서 안심하고 일에 종사할 수 있다. 여기에 비로소 조합 조직의 목적은 달성되는 것이다.

5. 염 판매

염의 판매는 한때 원매팔인(元賣捌人)을 지정하여 각지의 염 상인은 원매팔인으로부터 매수하도록 했지만, 지금은 지방의 추요지(樞要地)에 특약 판매인을 설치하고, 여기서 불하를 하는 것으로 하였다. 어업용 염과 기타 특별용도 염은 수급 관계를 조사하여 소비자에게 직접 불하를 하는 것이다.

염은 포장한 뒤에 이것을 판매한다. 종래 조선에서 판매되는 염의 포장은 지방에 따라 포장의 재료가 다르고, 용량 같은 것은 작으면 27근이 들어가는 것부터, 큰 것은 200근이 들어가는 것까지 있었다. 개개별별로 포장되는 것이 관습이 되어 버렸기 때문에, 관염(官鹽)도 역시 이를 닮아 지방 상인의 희망에 따라 각기 다른 포장을 하여왔는데, 이러한 것은 판매 상 많은 품이 필요했다. 그 불편함이 적지 않음에 따라, 1918년(大正 7) 이후 100근(4斗)짜리 가마니 포장으로 일정하게 하였다. 관염의 진가(眞價)가 주지된 오늘날에 있어서는 판매상에 터럭만큼도 영향을 미치는 일이 없고, 취급 상인은 도리어 거래상의 편리를 느끼는 것 같다.

가격은 언제나 각지의 시황을 조사하여 적당하다고 생각되는 시가를 표준해서 이를 정한다. 최근 3개년간의 각월 말에 있어서의 불하 가격은 아래와 같다. 다만 주안 도착 1등 천일염(撒鹽)의 100근당 가격으로 한다. 2등 천일염은 15전이 싸고, 분쇄염은 각등에 20전이 비싼 것으로 판매된다.

주안 천일 1등염 100근당 매도가격 (단위: 리)

월별	1917(大正 6)	1918(大正 7)	1919(大正 8)
1월	520	820	1,500
2월	520	820	1,700
3월	520	1,020	1,700
4월	520	1,020	1,700
5월	520	780	1,050
6월	550	780	1,350
7월	550	780	1,550
8월	550	780	1,750
9월	550	880	1,550
10월	600	1,300	1,550
11월	630	1,300	1,300
12월	680	1,500	1,300
평균	559	981	1,500

판로는 철도연선에 있어서는 경부선은 대전 이북, 경의선은 남천(南川) 이남, 경원선은 세포(洗浦) 이남의 각지로 하였고, 해안선에 있어서는 경기, 황해, 충남 3도 관내를 판매구역으로 하였다. 그 외에 어업용 염으로서 재부산(在釜山)의 어업가에게 불하하는 것이 적지 않다.

6. 천일염 분쇄

천일염은 이것을 전오염과 비교하면 결정(結晶)이 크다. 그러므로 용도에 따라서는 분쇄가 필요한 것이다. 따라서 1910년(明治 43) 11월, 분쇄기계(흡입가스기관 10마력) 1대를 설치하고, 여기에 로울러식 분쇄기 2대를 부속시켜 천일염을 분쇄하여왔다. 이 기계의 1일(10시간) 분쇄력은 약 3만 근이다. 분쇄된 천일염은 그 입자가 가늘어서 전오염과 구별이 어렵다. 분쇄 후 1개월 이상을 경과한 것은 충분히 건조된 양질염이 된다. 이것을 된장, 장유에 넣거나 또는 지물(漬物)에 사용하는 경우는 전오염 1승(升)과 분쇄염 7합(合) 5작(勺)과의 효력이 동일하게 되기 때문에, 그 비율로써 사용되면 전오염을 사용하는 것에 비해 맛이 좋을 것이다.

〈자료 181〉 조선의 천일제염에 관한 자료 총설

- 원제목: 朝鮮の天日製鹽に關する資料總說編
- 작성연도: 1973년
- 작성자: 전 조선총독부 전매국 기수 이시카와 다케요시(石川武吉)
- 전거: 石橋雅威 編, 1983(覆刻本), 『朝鮮の鹽業』, 財團法人 友邦協會, 부록 편에 수록

1. 머리말

조선의 천일제염사업은 한국 재정의 회복을 위해 1907년(明治 40) 한국정부의 사업으로 발족하였고, 그 후 일한병합(日韓倂合)과 함께 조선총독부 소관이 되었다. 조선총독부는 본 사업 달성을 위해 식량염의 자작자급(自作自給) 방침을 확립하고, 1910년(明治 43) 이후 제1기 공사로 하여 경기도 인천 연안 및 평안남도 광량만 연안에 1,200정보의 천일염전 축조에 착수하였다. 이후로 조선 통치 36년간에 각지에 염전 확장공사가 진행되어, 연산(年産) 약 30만 톤의 천일염을 생산하게 되기까지 되었다. 그러나 이런 빛나는 업적을 수립한 총독부의 제염사업도 이번 대동아전쟁(大東亞戰爭) 패전의 결과, 포기하지 않으면 안 되게 되었다.

나는 1922년(大正 11)부터 22년간 총독부 직영의 천일염전에 근무한 적이 있는데, 이 기성(旣成)의 염전이 의연하게 그 땅에 건재하고 있다는 점을 생각하고, 세월의 경과와 함께 염전의 축조사(築造史)적인 기록이 차제에 사라져 가는 것을 애석히 여겼다. 이에 당시의 자료를 정리하고 나의 체험이나 기억을 기반으로 하여, 천일염전의 축조경과로 그 제염사업의 개황을 정리해 보았다. 먼 훗날 참고 자료가 된다면 망외(望外)의 행복이겠다.

2. 조선의 천일제염 사업 개발에 관한 연혁

일한병합 이전의 조선에서 염의 수급관계는 동국(同國)의 중요 산업이었다. 재래 전오제염업(煎熬製鹽業)이 쇠미하여 염의 생산량은 수요를 채우기에 이르지 못하고, 해마다 수입염이 증가하여 마침내 동국의 경제 재정을 악화시키는 원인이 되었다. 이 때문에 정부는 수입염 방지의 결의를 굳히고, 쇠미해진 재래 염업 진흥과 함께 연료를 필요로 하지 않는 천일제염법(天日製鹽法)의 개발에 착수하게 되었다.

한국정부는 1906년(광무 10) 염업 개발을 위해 일본정부에 대해 제염기술자의 파견을 요구하고, 천일제염의 적지(適地)를 조사하였다. 그러나 당시 일본에서는 천일제염에 관한 기술자는 전무한 상황이었다. 그것을 위해 정부는 대만(臺灣)에서 천일제염에 종사하였던 야마다 나오지로(山田直次郎) 및 미키 케요시로(三木毛吉郎), 두 사람을 조선의 관리로 하여 초빙, 조선 내의 천일제염에 적합한 간석지(干潟地)를 조사시켰다.[126] 그 결과, 조선의 서해안 인천항 연안의 주안(朱安) 간석지 및 진남포항의 광량만(廣梁灣) 연안이 유망한 적지로 발견되었다. 그리하여 두 사람은 1907년(明治 40) 9월, 대만식의 천일염전 1정보를 축조, 완성하고 제염시험에 착수하였다.

한편 일본정부에서는 서둘러 동경수산강습소(東京水産講習所)[127]에서 천일제염에 관한 기술자 양성소를 개설, 넓게 인재를 모아 양성을 개시하였다. 그 후, 동교(同校) 졸업자는 조선의 관리가 되어, 주안제염시험장(朱安製鹽試驗場)에서 야마다(山田), 미키(三木) 양씨에 의해

---

[126] 『조선전매사』에 의하면 통감부는 천일제염의 시험을 위해 1906년 일본 대장성 기사인 오쿠 겐조(奧建藏)를 초빙하여 실지를 조사하였고, 오쿠 기사의 의견을 따라 이듬해 인천부 주안면 십정리에 1정보의 천일제염 시험장과 동래부 용호리에 2.3정보의 일본식 전오제염 시험장을 각각 설치하였다고 하였다(朝鮮總督府 專賣局, 『朝鮮專賣史』 제3권, 1936, 297쪽). 그러나 위의 이시카와 다케요시(石川武吉)의 기록에 따르면 천일제염의 적지(適地)를 조사하고 직접 주안의 천일제염시험장을 축조한 사람은 대만 전매국에서 파견된 야마다 나오지로(山田直次郎), 미키 케요시로(三木毛吉郎) 두 기수(技手)였다.

[127] 수산강습소의 전신은 1888년 대일본수산회에서 설립한 수산전습소(水産傳習所)이다. 수산전습소는 세계 최초의 수산 전문 교육기관이자 근대 일본의 수산교육의 출발점이 되었다. 설립 초기 반관반민적인 성격을 가진 수산전습소는 1897년 농상무성으로 이관되어 수산강습소로 개편됨으로써, 명실상부한 국가교육기관으로 거듭나게 되었다. 수산강습소는 이후 동경수산대학이 되었고, 동경상선대학과의 통합을 거쳐 현재는 동경해양대학이 되었다. 수산전습소의 설립과 교과과정에 대해서는 이근우의 「수산전습소의 설립과 수산교육」(『인문사회과학연구』 11-2, 부경대학교 인문사회과학연구소, 2010)을 참조.

천일제염 기술의 지도를 받고, 1909년(明治 42)부터 착공한 주안, 광량만염전에서 곤란한 창업기의 제염사업에 종사, 오늘날의 기초를 쌓게 된 것이다. 아래에 본교 출신자로서 창업기 이후, 각지 제염사업소 소장으로서 활약한 사람들의 성명을 적기하였다.

<記>

주안출장소장	기사	하시마 히사오(羽島久雄)
	기사	노구치 쇼지(野口莊次)
광량만출장소장	기사	사나다 기키노스케(眞田吉之助)
	기사	오오사와 쿠니스케(大澤國介)
남시출장소장	기사	이치가와 신지(市川信次)

다음은 일본 전매국의 『조선 염업사』[128]에 기재된 연혁이다.

조선에서의 염의 소비량은 조선 내의 생산량을 초과하기 때문에 해마다 내지(內地), 대만(臺灣), 산동성(山東省) 및 관동주(關東州)로부터 수이입(輸移入)하는 것이 적지 않다. 그중 산동성, 관동주의 천일제염(天日製鹽)은 가격이 매우 저렴하기 때문에, 그 수입이 해마다 증가하고, 조선 재래의 염업은 나날이 다달이 쇠퇴해져서 마침내 조선 전토(全土)에서 지나염(支那鹽)을 수입하게 만드는 경향이고, 실제로 조선의 경제 재정상 중대한 문제가 되었다.

조선 염업이 지나염의 압박을 받아, 점차 쇠퇴해져 가는 것은 주로 생산비의 저렴화 때문이다. 그렇다면 그것을 구제하고, 그것을 보호하려고 한다면, 생산비를 저감하지 않으면 안 된다. 생산비 저하의 방법으로서, 종래의 염업을 개조하여 연료를 섶나무(粗朶), 마른풀(枯草)에 대신하여 석탄을 사용하고, 염전을 내지식(內地式)으로 개조하는 것도 한 방법이 될 것이다. 하지만 그러한 방법으로도 도저히 천일제염의 저렴함에 미치지 못한 것은 용호(龍湖)에 있는 시험염전에서 이미 실험했던 바로, 전오(煎熬) 방식의 존속은 곤란하게 되었다.

---

[128] 1936년 조선총독부 전매국에서 편찬한 『조선전매사』의 3권 중 염업 부분을 말한다. 이하 '염업사'로 지칭하고 있는 책도 마찬가지다.

천일제염법이 생산비가 저렴한 것은 연료를 필요로 하지 않고 노동력을 절감할 수 있다는 것이다. 따라서 조선에서도 천일제염을 민업(民業)으로 하여 허가하기에 이른다면, 다음으로 외염(外鹽)의 침입 방지와 재래염업자를 보호할 수 있을 것이다. 재래염업자 역시 고래(古來)의 염전을 개조하여 천일염전을 실행하는 것도 상상해 볼 수 있을 것이다. 그러나 그들의 다수는 농가(農家)·어호(漁戶)로서 부업으로 제염을 경영하고 있다. 설사 천일제염의 유리함을 안다고 해도 스스로 그것을 경영하지는 못한다. 따라서 조선에 있어서 염무행정(鹽務行政)의 당면한 문제는 매년 증가하는 외염을 어떻게 하느냐에 있다.

현시(現時)의 추세로 본다면, 재래염으로써 그것에 대항(對向)한다는 것은 도저히 불가능한 일이다. 따라서 본 문제를 해결하는 것은 정부 스스로 생산비가 저렴한 천일염을 제조하여, 그것으로써 외염의 침입을 방지하는 길 밖에는 해결책이 없다고 생각한다. 더욱이 천일제염은 그것을 전오식 제염과 비교한다면 생산비를 절감하는 것이 적지 않을 것이다. 조선과 산동성, 관동주, 또는 대만과는 기후와 풍토 및 노은(勞銀)이 현격하여, 동일(同日)로 논할 수 없다. 따라서 그들의 생산염과 시장에서 그 존재를 겨룬다는 것은 민업(民業)이 차마 할 수 있는 바가 아니다. 그러나 그것을 정부사업으로 한다면, 국가의 영원한 대계(大計)로 한다면, 일시의 이해득실은 논하지 말고, 외염의 구축을 위해 용왕매진(勇往邁進)하여 목적을 달성하지 않으면 안 되니 과단(果斷)을 감행하여야 한다. 이것이 천일제염을 민업으로 허가하지 말고 관영(官營)으로써 개시하는 까닭이다.[129]

3. 천일제염 시험장의 설치와 시험성적

조선의 천일제염사업 개발은 우선, 천일제염의 시험장 설치부터 출발하였다. 시험 방법은 앞서 보았던 미키(三木) 씨가 건조한 대만식 천일염전에서 천일염의 생산 작업을 행하고, 다른 한편에서는 재래 전오염전의 제염기술 개량을 하는 것으로, 부산시 교외의 용호(龍湖)에서 내지(內地) 입빈식(入濱式) 염전 2정(町) 4단보(反步)를 축조하여, 양자의 생산 비교 시험에 착수한 것이었다. 시험기간은 1908년(明治 41) 4월부터 개시하였고, 그 결과, 천일염전에서

---

129 朝鮮總督府 專賣局, 『朝鮮鹽業史』 제3권, 294~296쪽.

는 염전 1정보당 연산 72톤의 천일염의 생산을 확신하게 되었다.

여기에 반해 내지(內地) 입빈식 염전의 성적은 좋지 않아, 2~3년을 더 해야 되었다고 전해진다.[130] 다음은 『조선 염업사』에 기재된 제염시험장 설치에 관한 것으로, 일본정부의 의지와 시험성적은 아래와 같다.

천일제염의 증진은 염업계의 일대혁신으로서, 일본 내지와 같이 이것이 염 전매를 속진하게 하는 한 원인이 되었다는 것과 같다. 따라서 조선 염무행정의 방침을 수립한다고 한다면 우선 조선에서 천일제염을 성립해야 하는지 안해야 하는지를 시험하지 않으면 안 된다. 왜 그러냐면 조선의 재래 전오염업은 조직이 극히 유치하고, 게다가 연료 부족으로 고가(高價)이며, 운반 불편으로 현저하게 생산비를 높이게 되어 염가(鹽價)는 지나(支那), 대만(臺灣) 등에서 수입하는 천일제염에 비해, 두 배 또는 그 이상이 올라간다. 그리하여 외국 천일염의 수입은 해마다 증가함으로써 그 기세로 나가면 멀지 않아 조선의 염업은 자연히 쇠퇴해지는데 이를 것이 분명하였다. 따라서 현상(現狀)으로서 억지로 조선의 염업을 보지(保持)하는 것으로 한다면, 형세는 일본 내지에서 현재 시행하고 있는 인위적 정책으로 전매제를 집행하지 않을 수 없을 것이고, 만일 조선에서 천일제염을 이룬다면 스스로 그 생산비를 저렴하게 할 것이니, 강제로 인위적인 정책으로 전매제를 집행하는 것과 같이 조선에서 천일제염을 하느냐 안 하느냐를 결정하지 않으면 조선의 염무 행정의 방침을 얻을 수 없다. 원래 조선의 지형·지질·기후 등의 관계로 보아 지나·대만 등에서의 천일염전 소재지와 꼭 닮은 것이 있기 때문에, 천일제염 등의 시험을 위해 1906년(明治 39), 오쿠(奧) 대장성(大藏省) 기사(技師)의 출장을 요구하였고, 실지조사 뒤, 동(同) 기사의 의견에 기반하여, 천일제염 및 전오제염의 시험염전을 아래와 같이 설치, 1907년(明治 40) 9월 준공하였다.

---

130 사실 동래부 용호리에 설치된 일본식 전오제염시험장의 성적 또한 나쁘지 않았다. 특히 생산비에 있어서는 종전보다 무려 1석당 1원을 감소시켜 중국산 천일염에도 대항할 수 있을 것이라는 전망까지 나왔다. 1석당 생산비가 주안 천일염이 1원 10전인 것에 비해 용호리 전오염은 1원 50전으로 크게 차이가 나지 않았던 것이다(田中正敬, 1996, 「統監府の塩業政策について」, 『一橋論叢』 115-2, 一橋大學 一橋學會, 482~483쪽). 그러나 『조선전매사』가 전하는 통감부 당국의 견해에서 보듯이 전오제염의 개량을 통한 염 증산 계획은 처음부터 고려의 대상이 아니었음을 알 수 있다.

시험염전 소재지	시험구분	시험염전 면적
경기도 인천부 주안 간석지	천일제염법	1정 1반보
경상북도 동래부 용호 간석지	전오제염법	2정 3보 7무

위의 시험염전에서 시험한 결과는 천일제염법은 좋은 성적을 거두어, 조선에서도 확실히 성립될 것을 확인하였다. 그 성적은 아래 표와 같이 면적 1정보의 염전에 대해, 1개년 12만 근(72톤) 내외의 염을 채수(採收)할 수 있었고, 그 품질은 내지 전매염의 1등 내지 2등염에 상당하며, 채수량, 품질, 색깔과 동시에 청국, 대만 등의 천일제염에 비교해도 결코 손색이 없는 좋은 성적을 거둔 것이었다. 그러나 전오제염법은 생산비의 절약이 곤란하여 도저히 천일염에 대항하는 것이 곤란하다고 확인할 수 있었다.[131]

주안시험염전 월별 천일염 채염 성적 [1908년(융희 2, 明治 41) 시행]

월별	채염량(근)	채염일수(일)	1일평균채염량(근)	1일당 최고(근)	1일당 최저(근)
4월	25,352	22	1,150	2,128	40
5월	25,850	15	1,720	2,408	642
6월	25,141	14	1,800	2,862	246
7월	15,634	11	1,420	2,018	617
8월	11,417	11	1,040	1,800	337
9월	14,883	17	870	1,799	198
10월	12,941	18	720	1,822	213
계	131,218	108	1,215		

비고: 일본의 염 전매법 시행에 의해서, 본 제도는 1905년(明治 38) 6월 1일, 일러전쟁의 재원의 일부(언 약 1,000만 엔)를 얻는 동시에, 염업의 보호·개선을 도모하는 목적으로서 제정되었다고 전해진다.

---

131 朝鮮總督府 專賣局, 『朝鮮鹽業史』 제3권, 296~299쪽.

염전면적 비율 (단위: 평)

증발지	2,388
결정지	320
함수류	100
휴반·수로	192
계	3,000
저수지	1,350
제방부지	1,650
계	3,000

증발량, 강수량 [1908년(明治 41)] (단위: 톤)

월별	증발량	강수량	월별	증발량	강수량
1	44.3	15.0	8	174.7	128.4
2	62.4	19.0	9	182.0	47.2
3	101.4	5.3	10	137.5	34.9
4	154.0	3.7	11	84.5	25.5
5	159.0	91.0	12	71.9	6.4
6	163.5	99.3			
7	164.3	465.0	계	1,499.5	998.5

4. 천일염전의 축조 착수와 염의 수급 상황

한국정부에서는 주안시험염전의 제염성적으로 자신감을 얻어, 1909년(明治 42)부터 제1기 공사로 하여, 경기도 주안 및 평안남도 광량만 간석지에 858.5정보의 축조에 착수하였다. 그리고 5년 후인 1914년(大正 3)에는 이것을 완성하고, 계속해서 제2기 공사로 하여 동소(同所) 관내(管內)에 346.9정보의 추가 공사가 이루어졌는데, 이것도 1920년(大正 9)에는 완성되어, 창업 이래 11년 만에 합계 1,205정보의 천일염전이 완성되어졌다. 위에 대하여『조선

염업사』에는 당시의 모양으로 다음과 같이 기재하고 있다.

> 천일제염을 관업(官業)으로 하여 경영하는 것으로 된 결과, 천일염전을 축조하는 것이 필요하였다. 그러나 현재 조선에서 부족한 염을 천일염으로서 충당한다고 한다면 거대한 천일염전을 축조하지 않으면 안 된다. 그리고 일시에 이것을 축조한다는 일은 예산 등의 관계로서 실행에 곤란하므로, 점차 이것을 축조하는 것으로 방침을 세워, 1909년(明治 42)부터 제1기, 1918년(大正 7)부터 제2기의 천일염전 축조 계획을 수립하여, 1920년(大正 9) 12월까지, 아래와 같은 천일염전을 축조하였다.[132]

제1기공사	경기도 주안염전	88.5정보	1908년 착공, 1911년 완성
	평안남도 광량만염전	770.0정보	1909년 착공, 1914년 완성
	계	858.5정보	
제2기공사	경기도 주안염전	123.9정보	1918년 착공, 1919년 완성
	평안남도 덕동염전	223.0정보	1918년 착공, 1920년 완성
	계	346.9정보	
	합계	1,205.4정보	

염의 수급상황

조선에서 염의 자작자급 계획은 관영 염전인 천일제염을 주체로 하고, 여기에 민간염업인 재래 전오제염을 더한 것을 기초로 하여 계획되어진 것이었다. 조선총독부는 천일염전 축조 착수 이래 11년의 세월을 보내고, 대망의 1,200정보의 염전을 완성하였는데, 이 업적에 대해서 조선 내의 염 수급 방침을 『염업사』는 아래와 같이 전하고 있다.

> 전기(前記) 제1기, 제2기에서 축조된 염전이 전부 숙전(熟田)이 되는 날에는 그 1개년의 생산액은 1억 근(6만톤) 남짓이 된다. 한편 재래 전오염의 1개년 생산 예상치는 약 7,500만 근(4만

---

132 朝鮮總督府 專賣局, 『朝鮮鹽業史』 제3권, 301~302쪽.

5,000톤)이 되므로, 양자를 합하면 조선에서의 염의 생산량은 1억 7,500만 근(10만 5,000톤)이다. 그러나 그 후에 있어서 예상 수요수량은 약 4억 근(24만톤) 이상이어서, 생산 수량은 소비 수량에 비해 약 2억 3,000만 근(13만 8,000톤)이 부족을 말한다. 이 부족액은 수이입염(輸移入鹽)으로서 충당하지 않으면 안 된다. 따라서 일상의 필수품을 선외(鮮外)의 공급에 바라는 일이 되었으니, 국책상(國策上) 간과하면 안 될 것이다. 조선의 서해안에서 기상 등은 대만, 관동주, 청도(靑島) 등의 천일제염지와 꼭 닮았다. 게다가 토질에 있어서는 심층(深層)에 이르기까지 치밀한 점토로 되어 있어서, 천일제염에 적합하다는 말을 듣는 바이다. 그리고 사업이 유망하다는 종래의 실험에 비추어 보아도 분명하다. 따라서 제3기의 천일염전 축조 계획을 수립하여, 1920년(大正 9) 이후, 7개년 계속사업으로서 천일염전 2,600정보를 축조하는 것으로 천일염전 2,600정보를 축조하게 되었다. 이 계획이 완성되는 때에 있어서는 기성의 분과 합하여, 천일염전의 총면적은 4,000정보가 된다. 그 생산량도 재래 전오염의 생산량과 합하면, 대략 조선에서의 식량염의 수요를 충당할 것으로 예상된다.[133]

5. 제3기 천일염전 2,600정보 확장계획에 대하여

염전축조 예정지는 경기도에서는 인천항 동부 연안의 남동(南洞), 군자면(君子面) 간석지, 또 평안남도에서는 광량만염전을 중심으로 해서 대동강 하구의 덕동(德洞) 및 서부 귀성면(貴城面)의 대간석지, 이밖에 선만(鮮滿) 국경의 남시(南市) 연안에 미치는 것으로 하여, 축조 면적의 광대한 사업은 창업 이래 획기적인 계획이었다. 게다가 염전축조 방법에 있어서도, 종래의 소규모적인 대만식 천일염전의 모방에서 탈피하여, 대규모의 유하식(流下式) 천일염전의 축조가 실시되게 되었다. 그리하여 본 사업은 제염 당국자의 기대 하에 1920년(大正 9)부터 7개년의 계속사업으로 하여, 각지에 축조가 착수되어졌던 것인데, 아쉽게도 착공 이래 3년 후인 1923년(大正 12) 9월, 관동대진재(關東大震災)가 일어나, 정부에서는 조선의 염전 축조 예산을 대폭 축소하였다. 그 결과, 계획을 변경하여 우선 이미 공사에 착수하여 1924년(大正 13)경까지 준공이 예정된 아래의 염전 1,241정보만을 시공하고, 나머지는 중지하여 당

---

133 朝鮮總督府 專賣局, 『朝鮮鹽業史』 제3권, 303~304쪽.

국자를 실망시키게 하였다고 전해지고 있다.

제3기 염전축조 계획 변경에 기반한 축조 염전

소재지	염전명	염전면적(町步)	축조공사기간
경기도 부천군 남동면	남동염전	300	1920~1922
경기도 시흥군 군자면	군자염전	575	1921~1925
평안남도 용강군 귀성면	귀성제2구염전	149	1919~1920
평안북도 용천군 남시	남시제1구염전	217	1921~1924
계		1,241	

천일염전 축조계획 제1기부터 제3기까지 18년간에 완성된 염전면적 및 축조비, 염의 생산액에 대하여

염의 자작자급계획은 제3기 염전축조 계획의 변경으로 이처럼 한 차례 꺾여 버렸지만, 창업 이래 18년으로, 아래와 같이 총계 2,446정보의 염전이 축조되어, 연산 약 15만 톤의 천일염을 생산하는 예정이 수립된 것은 대성공이었다. 더욱이 염전의 축조계획은 그 후, 약 9년간은 재정긴축의 영향을 받아 중지되었지만, 1931년(昭和 6)부터 다시 염전 확장의 기운이 높아진 것이다. 아래에 본 기간에 투자된 염전 축조비, 천일염전의 생산액 등의 자료를 게재하였다.

(1) 천일염전 축조비

염전별	면적(정)	축조비(엔)	1정보당 축조비(엔)	공사기공	공사완성
주안염전	212.4	616,782	2,909	1908.7	1919
남동염전	300.0	800,348	2,668	1920	1922
군자염전	575.0	1,517,899	2,640	1921.11	1925.3
광량만염전	770.0	1,248,705	1,662	1909	1914
덕동염전	223.0	778,115	3,489	大正 年	1920
귀성염전	149.0	310,562	2,085	1919	1920

남시염전	217.0	553,378	2,550	1921.	1924.
계	2,446.4	5,825,789	2,340		

(2) 천일염전 축조연대와 염 생산액의 기록 자료

연차	염전축조연대	염전명	면적(정)	면적누계(정)	염생산액(톤)	1정보당(톤)
0	1907.9	주안1구	1.1	1.1	4	4
1	1908		-	1.1	79	78
2	1909.11	주안2구(6.6정보) 광량만7구(36정보)	42.6	43.7	121	28
3	1910.5	주안3, 4구(23정보) 광량만5구(52정보)	75.5	119.2	598	50
4	1911.7	주안5구(57.3정보)	57.3	176.5	2,708	15
5	1912.9	광량만1구(46정보) 광량만3구(142정보) 광량만6구(160정보)	348.0	524.5	8,899	17
6	1913.3	광량만2구(173정보)	173.0	697.5	24,948	36
7	1914.3	광량만4구(93정보) 광량만8구(63정보)	161.0	858.5	28,769	34
8	1915		-	858.5	30,421	35
9	1916		-	858.5	42,593	50
10	1917		-	858.5	53,148	62
11	1918		-	858.5		
12	1919.3	주안6, 7, 8구(123.9정보) 덕동1구(105정보)	228.9	1,087.4		
13	1920.9	덕동2,3구(118정보)	118.0	1,205.4		
14	1921.5	남동(300정보) 귀성2구(149정보)	449.0	1,654.4		
15	1922		-	1,654.4	43,450	27
16	1923		-	1,654.4	40,282	24
17	1924.9	남시1구(217정보)	217.0	1,871.4	65,046	27

| 18 | 1925.3 | 군자1, 2, 3, 4구(575정보) | 575.0 | 2,446.4 | 50,996 | 21 |
| 19 | 1926 | | | 2,446.4 | 93,057 | 38 |

(3) 1926년(大正 15) 7월, 내지(內地) 전매국 기사 다나카 신고(田中新吾) 씨가 본 조선관영 염전 시찰기(視察記) 자료[134]

조선에서의 염의 생산은 천일염 8만 7,600톤, 재래전오염 3만 3,840톤, 재제염 2만 7,600톤, 식탁염 60톤으로 이루어져, 그 집계는 약 15만톤이 된다. 그러나 재래전오염은 물론, 재제염과 같은 것은 천일제염법의 발달로 인한 자연도태의 원칙에 의해 조만간 소멸할 운명을 지니고 있음이 분명하다.

원래 조선은 기후 및 기타 자연조건에서 고찰할 때에는 천일제염지로서는 다른 곳에 비교하여 매우 뒤떨어진 곳이라고 말하지 않을 수 없다. 그러나 지금에 염전면적 2,450정보, 염 생산액 8만 7,600톤, 염전 1정보당 48톤 이상에 달하고, 그 생산비가 68전(錢)에 상당하여, 조선 염업도 역시 성립된 것으로 확증하기에 이른 것은 실로 대성공으로 나라에 널리 퍼지게 되었다. 이 사업을 위해 봉공(奉公)의 성의(誠意)를 드린 각위(各位)에 대하여 심심한 경의를 표하지 않을 수 없다. 그러나 그 품질 및 제염의 실황(實況)을 보면, 이것을 다른 천일제염지와 비교할 때에는 무수히 개선이 필요한 사항이 있다.

첫째, 조선의 염업 정책은 천일제염에 의해 자급자족을 주안(主眼)으로 하고, 이것을 달성하기 위해, 염전의 개설을 개방하여 민간기업가로 하여금 이를 담당하게 할 것. 조선은 그 소비고(消費高) 24만 톤에 대하여, 선내(鮮內) 생산 12만 톤이 된다. 즉, 50%를 수입염에 의지하지 않을 수 없고, 그 관염(官鹽) 시가의 경우도 수입염에 지배되어, 염가의 변동이 심하다. 그러나 기왕의 실적이 미미한 천일제염의 실행이 곤란하지 않다는 점이 확인되고 있다. 오늘날에 있어서는 조속히 천일제염을 개설하여 염의 자급자족을 기할 필요가 있다. 그러나 최초, 조선에서 천일제염의 수행이 불명한 당시에서는 관영이 필요했다고 하더라도, 이미 2,400정보의 염전을 축조한 것은 경영이 가능하다는 확증이다. 오늘날 국가재정상 염전개설이 곤란한 현상을 볼 때, 정부 스스로 이것을 축조하는 것이 필요 없다고 믿어진다. 적절

---

[134] 본서 2장 2절 〈자료139〉에 실린 다나카 기사의 조선 염업 시찰서를 요약한 글이다.

히 염전 예정지를 민간기업에 개방하고, 여기에 담당하게 하는 것이 가장 적합한 방책이라고 믿는다. 다만, 관동주 및 청도의 실례를 비추어 볼 때, 다수의 소자본가(小資本家)에게 허가하는 것은 장래 염업의 원만한 발달 및 염가(鹽價)의 저감(低減), 염질(鹽質)의 통일, 기타 각종의 사항에서 불리하다고 보이므로, 대자본가(大資本家)로 하여, 여기에 담당하게 할 필요가 있다고 믿는다. 더욱이 염전이 성숙되는 기간, 즉 최초 3년간의 생산 감소에 대해 보조금을 지급할 필요가 있는 것은 물론이다.

둘째, 전매법 또는 수입관리제도를 만들어 염 공급과 염가(鹽價)의 안정, 염업의 개선, 발달을 기해야 한다. 조선도 역시 제염상 불리한 지위에 있는 것은 이미 기술한 바와 같아서, 이것을 원만하게 발달시키고자 한다면 상당한 보호 장려가 필요하다. 오늘날과 같이 염질의 불통일, 불안정한 것이 있는 것에 대해서는 기업가라고 해도 필시 여기에 투자하는 것이 없을 것이다. 그러므로 조선에서 염의 자급자족을 속히 이루려고 한다면, 하루라도 빨리 전매법을 실시하거나, 혹은 수입염의 관리제도를 만들어 정부 스스로 염의 수입을 행하고, 지정가격으로써 각 염상(鹽商)에게 불하해야 한다. 이것은 현재 염의 수입을 하고 있는 것으로 조직된 조합보다는 회사로 하여, 염 수입을 취급하게 한다면 하등 지장 없이 실행할 수 있다.

셋째, 조선에서는 당분간 수입주의(收入主義)를 채택하여, 그 자본을 기설 염전의 개량, 신염전 개설, 장려의 자원으로 해야 한다. 기설 염전의 개량에는 적지 않은 자본이 필요할 뿐 아니라, 염전의 개설에도 또한 상당한 보조자금이 필요할 것이 분명하다. 그러나 현시(現時)에 있어서는 지나, 관동주, 내지 등에서 상당한 고율의 과세(課稅)가 있음에도 불구하고, 조선에서는 선내(鮮內) 생산염에 대해서는 과세하지 않는다. 겨우 수입염에 대해 10전(5%)을 부과할 뿐이다. 따라서 판매 염가의 경우에도, 지나 및 내지에 비해 매우 저렴하다. 그러므로 이 수입염세를 인상하고, 아울러 선내(鮮內) 생산염에도 과세해야 한다. 다만 재래전오염에 과세한다면 취체(取締) 상 상당한 지장이 있을 것이므로, 자유방임을 하는 편이 나을 것이다. (이하 생략)

(4) 다나카(田中) 기사 조선염전 시찰 후, 관영 염전의 발걸음

다나카(田中) 기사는 조선총독부의 제염사업에 대해 많은 희망을 말하고 있었는데, 제2항의 염의 공급, 염가의 안정책에서, 수입염 관리제도는 5년 후인 1930년(昭和 5) 4월 1일, 수입염 관리제도가 제정되었다. 다음으로 천일염전의 축조와 민간기업자에게 의존하는 안도 실

현하게 되었는데, 이는 대동아전쟁의 전국(戰局) 확대로 인해 1942년(昭和 17)경부터 일본에 부족한 공업용 염 제조를 위해 민간기업에게 천일염전 축조가 허가되어지는 시대를 맞이하게 되었기 때문이다.

비고: 〈염의 수입 또는 이입에 관한 제령〉: 1930년(昭和 5) 4월 1일 시행

제1조. 염은 정부 또는 정부의 명을 받은 것이 아니면, 그것을 수입 또는 이입하는 일을 할 수 없다. 다만 정부가 필요하다고 인정하는 때는 그것을 수입 또는 이입을 허가한다. 정부의 명을 받아서 수입하거나 또는 이입한 염은 정부가 이를 매수한다.

제2조. 본령에서 염이라고 칭하는 것은 100분의 40 이상의 염화나트륨을 함유하는 광물을 말한다.

(5) 1927년(昭和 2) 이후 종전까지의 조선 천일염전 축조 연대와 염 생산액의 기록

연차	염전축조연대	염전명	면적(정)	면적누계(정)	염생산액(톤)	1정보당(톤)
20	1927(昭和 2)		-	2,446.4	109,770	45
21	1928(昭和 3)		-	2,446.4	152,249	62
22	1929(昭和 4)		-	2,446.4	185,783	76
23	1930(昭和 5)	군자 2구염전 공지축조	13.0	2,459.4	145,300	59
24	1931(昭和 6)	군자 2구염전 공지축조	15.0	2,474.4	146,322	60
25	1932(昭和 7)		-	2,474.4	211,029	86
26	1933(昭和 8)		-	2,474.4	199,640	82
27	1934(昭和 9)		-	2,474.4	131,336	54
28	1935(昭和 10)		-	2,474.4	243,069	99
29	1936(昭和 11)		-	2,474.4		
30	1937(昭和 12)	귀성 3구(507정보) 남시 2구(266정보)	773.0	3,247.4		
31	1938(昭和 13)	귀성 4구염전 준공	532.0	3,779.4		
32	1939(昭和 14)	소래염전 1,2,3구 준공	549.0	4,328.4		

33	1940(昭和 15)	귀성 1구염전	347.0	4,675.4		
34	1941(昭和 16)	해남염전(303정보)완성	303.0	4,978.4		
35	1942(昭和 17)	해남염전(169정보)완성	169.0	5,147.4	264,380	51
36	1943(昭和 18)	해남염전(272정보)완성	272.0	5,419.4		
37	1944(昭和 19)	해남염전(481정보)완성	481.0	5,900.4		
38	1945(昭和 20)	서산염전(530정보)미완성	-	5,900.4		

비고: 조선의 천일염전은 1907년(明治 40) 9월 주안 제1구 염전, 1정보 1반의 축조 착수 이래, 패전에 이르는 1945년(昭和 20) 8월까지, 38년간에 5천 9백 정보의 염전을 축조하였던 것이다.

주안출장소 관내	1,664.4정보	경기도 부천군	주안 212.4정보 남동 320정보 군자 603정보
광량만출장소 관내	993.0정보	평안남도 용강군	광량만 770정보 덕동 223정보
귀성출장소 관내	1,535.0정보	평안남도 용강군	귀성1구 347정보 귀성2구 149정보 귀성3구 507정보 귀성4구 532정보
남시출장소 관내	483.0정보	평안북도 용천군	남시1구 217정보 남시2구 266정보
해남출장소 관내	1,225.0정보	황해도 연백군	해남
계	5,900.4정보		

6. 군자염전(君子鹽田)의 축조에 대하여(난공사의 기록)

군자염전은 제3기 염전 2,600정보 축조 계획으로 축조되어진 염전인데, 조선의 천일염전 축조사상 최대의 난공사로 완성된 염전으로 알려져 있다.

아래에 군자염전의 개요를 기록한다.

위치	조선 경기도 시흥군 군자면 정왕리 지선 간석지
공사면적	946정보(염전면적 575정보)
방조제방의 총연장	2리 28정(11km)
공사기간	1921년(大正 10) 11월 기공, 1925년(大正 14) 3월 완성(3년 5개월)
공사비	140만 8,000엔
천일염의 생산예정	5,000만 근(약 3만 톤)
공사 청부자	경성부 요시노쵸 토가와 긴조 및 아키야마
공사 소요 인원	연 60만 명
공사 담당자	전매국 주안출장소 소장 미야다 다이조, 노구치 쇼지 기수, 오오즈미 히로시 기수
조선총독부 전매국	아오키 국장, 이마무라 서무과장, 야마기시 기사, 사나다 기수

【염전축조 계획과 난공사의 기록】

군자염전의 축조계획은 군자면의 앞바다 5km에 점재하는 옥구도(玉鉤島) 및 오이도(烏耳島) 두 섬을 이용하여, 대안(對岸)의 군자면과 두 개의 제방으로 연결, 1,000정보의 염전을 축조하려는 것이었다. 그러나 이 축제공사(築堤工事)는 조선 서해안에서도 간만(干滿)의 차가 9m에 이르는 대해빈(大海濱)의 축제(築堤) 공사여서 1921년(大正 10) 11월 공사 착공 이래, 3회에 걸친 폭풍우, 해일 등의 피해를 받아 제방 결괴(決壞)를 연속하여, 공사 중에 재공사로 5회를 하게 되었던 것이다. 즉, 폭풍우에 의한 것은 첫 번째는 1922년(大正 11) 7월 20일, 두 번째는 같은 해 8월 2일, 모두 고조시(高潮時)에 일어났다. 해일에 의한 것은 그 이듬해(1923) 8월 13일이었는데, 피해의 심대함으로 사람들의 기억에 남은 것이었다. 이 수차례에 걸친 재해로 인해, 매일 수천 명의 인부를 동원하여 축제(築堤)하였다. 물을 빼는 제방은 모두 못쓰게 되어 무참히도 결괴되었고, 필사의 복전(復田) 작업도 더욱 곤란을 다하는 상황이 되었다.

본 염전의 공사 청부인(請負人)은 경성부(京城府) 요시노쵸(吉野町)의 토가와 긴조(戶川金蔵) 씨, 보증인은 아키야마(秋山硏亮) 씨, 청부금액은 91만 엔이었다. 전매국에서는 공사의 곤란한 점을 예견하여 신용 있는 개인 지명을 채용, 동씨(同氏)로 하여 공사를 시행하게 하였지만, 난공사 때문에 인부임(人夫賃)을 낭비하여서 자금을 탕진, 재기불능 사태가 되어 버렸다. 또한 공사감독 측에서도 피로, 곤비(困憊)로 병·사자가 나오기 시작하게 되었다. 전매국에서는 사태를 우려하여 비상조치로서 설계변경을 행하여, 최초 계약하였던 공사 청부금 91만 엔을 141만 엔으로 증액, 공사의 진척을 계획한 결과, 1923년(大正 12) 12월에는 염전 축조공사로 하여서는 최대의 난관이었던 많은 곳의 대수로 최종 마감 공사를 진행하는 단계에 이른 것이었다. 더욱이 상기(上記) 대수로 최종 마감 공사에는 경성에서 아오키(青木) 전매국장을 비롯하여, 이마무라(今村) 서무과장, 야마기시(山岸) 기사, 사나다(眞田) 기수 등 전매국 수뇌진이 작업화와 각반을 차고, 마감 현장에 서서, 출장소 직원과 인부 등을 독려하여 단숨에 마감공사를 완성시켰다는 비화도 전해지고 있다. 그래서 동(同) 염전의 축조공사는 그 후 순조롭게 진행되어, 1924년(大正 13)부터 염전 내부의 마무리 공사로 이행하였고, 공사 착공 이래 3년 5개월의 세월과 연 60만 명의 노력으로 1925년(大正 14) 3월, 군자염전은 준공되었던 것이다. 염전 준공식은 같은 해 5월 6일, 옥구도의 현장에서 성대하게 집행되었는데, 당일 참석한 공사 청부인 아키야마 씨가 읽었던 축사의 일부는 조선 천일염전 축조의 고난스런 일을 후세에 전하는 것으로, 귀중한 자료이다.

[축사]

때는 바야흐로 양춘(陽春)의 가절(佳節), 오늘 이곳에서 군자염전 축조공사의 낙성식을 거행합니다. 망망한 1,000정보의 염전이 눈앞에 놓여있으니 이 행사를 꾸며줍니다. 아아, 얼마나 통쾌합니까. 되돌아보면 1921년(大正 10) 11월, 이 공사에 착수하고부터 오늘에 이르기까지 실로 3년 5개월의 긴 시간이 필요했습니다. 당초 망막한 해빈(海濱)의 진흙(泥土), 무릎이 빠지는 속으로 들어가, 물새와 같이 전신(全身)이 진흙투성이가 되어 축조에 종사하고, 밀려왔다가 돌아가는 파도에 들어가면서도, 여전히 힘을 다해 그 공정을 진행하였으며, 혹은 해일에, 혹은 폭풍우에 허다한 재액(災厄)을 입으면서, 어느새 그 완성도 위태롭게 여겼지만, 전매(專賣) 당국을 시작으로 하여, 여러분의 심심한 동정(同情)에 의해 겨우 이 난관을 돌파하고, 이후 곤고결핍(困苦缺乏)을 참으면서, 모든 괴로움을 다 태우고서, 오늘의 축전(祝典)을 거행하기에 이르렀습니다. 한번 지팡이를 끌고 외제(外堤)를 일주하면, 일찍이 신명(身命)을 울타리로 하여 싸우는 지점인 외곽은 외해(外海)로부터 밀려오는 진흙에 가리어져 그 당시의 상황을 그리워하는데 만족하다고 할지라도, 내부에 담담한 벽수(碧水)를 찬사하니, 매몰이 가능하지 않는 것이 있음을 본다면, 겨우 석일(昔日)의 면영(面影)을 추상(推想)하는 실마리를 잃지 않았습니다. 이 지점에 서서 당시를 추회(追懷)한다면, 감개가 무량하여 거닐면서 떠나지 못합니다. 오호라. 이 괴로움을 지나서 이 기쁨을 맞습니다. 이미 심중(心中)에 떠오르는 상쾌한 생각은 도저히 필설(筆舌)로 다할 수 있는 것이 아니니, 느낌은 더할 나위 없이 서희(瑞喜)에 목이 메일 뿐입니다.

공사 설계자 오스미(大住) 기수는 이 땅에서 영원히 잠들었고, 청부인 토가와 긴조(戶川金藏) 씨는 실각하여 이 땅을 떠났으며, 현장주임 요시키(吉城興四郎) 씨는 이 사업의 책임을 이기지 못하고 쓰러졌습니다. 우리들도 보증 책임을 위해 소봉(素封)을 탕진하고, 다액의 부채를 짊어지고 본 사업을 같이하였고, 박락(剝落)의 경우 신음하였습니다. 저승에서 이것을 보는 부조(父祖)의 심령(心靈)은, 참으로 눈을 감지 못할 것입니다. 그렇기는 하지만 사람이 모두 무엇인가의 사명을 띠고 이 세상에 태어난 것이라면, 각각 그 사명을 다하여 천의(天意)에 따르는 것을 본분으로 해야만 하는 것이 되어야 할 것이니, 불초(不肖)의 사명은 이 사업을 위해 목숨 바쳐 쓰러질 수 있다는 것을 느낀다면, 집안이 쓰러지고 몸이 순직한다고 하여도, 본 사업의 완성되어짐을 보아 스스로 위안 받는 바가 있는 동시에, 인생의 의의를 영구히 이 땅에 남기고 싶습니다. 천신지기(天神地祇) 또한 다행히 이것을 이해하셨습니다. 군자염전 준공의 가절(佳節)에 임하여 약간의 축의(祝意)를 말합니다.

1925년(大正 14) 5월 6일
공사 시행인(工事 施行人) 야키야마(秋山研亮)

<記>

염전축조면적의 내역	정보
염전내부면적	603
저수지 면적	267
외곽제방부지	16
저수지제방부지	18
제용지	42
계	946

염전면적	정보
1구	180
2구	95
3구	150
4구	150
계	575

염전 구조물

저수지 철근 수문	4
배수부용 철근	10
■결출■■ 수조	44
염고 59, 염부사 29	

방조제방 연장 2리 28보(10.8km)
제방 상폭 9척(2.73m)
하폭 60척(18.2m)
높이 17척(5.2m)

7. 1938년(昭和 13) 이후, 패전에 이르기까지의 염전 축조의 추이

나는 1937년(昭和 12) 11월 30일부로 광량만출장소의 사업주임으로서, 다시 전근하게 되었다. 귀성염전에서의 근무는 약 3년간이었지만, 그 사이 중일전쟁의 발생을 계기로 총독부의 천일염전 확장계획은 의외의 진도로 나아갔다. 즉, 1938년(昭和 13)에는 평안북도의 남시에 새롭게 266정보가 확장되어졌고, 다시 14년(1939)에는 주안출장소 관내의 소래염전 549정보 및 귀성 제1구 347정보, 또 황해도의 해남(海南)에 1,250정보의 대염전이 계속하여 확장공사가 진행되어진 것이었다. 다음으로 1942년(昭和 17) 경에 이르러서 일본 내지의 염수급상황은 유럽전란의 확대 및 대동아전쟁의 발발로 의해 전쟁에 필요한 공업염의 수입이 끊어져 화학공업의 위기가 닥쳤다. 이것을 위해 조선의 천일제염이 중시되어 선내(鮮內) 식량염의 자급만이 아니라, 공업용 염의 제조에도 힘을 쏟는 시대가 되었고, 민간기업에 의한 공업염의 제조회사가 각지에 설립되는 기운이 되었다. 아래에 1942년(昭和 17) 현재, 관영 및 민영에 의한 염전 축조의 현황을 나타낸다.

구분	염전별	면적(정보)	천일염생산예정(톤)	同 1정보당(톤)	적요
관영 염전	주안출장소	1,661	149,996	90	
	광량만출장소	993	90,308	91	
	귀성출장소	1,535	94,587	62	
	남시출장소	483	30,483	63	
	해남출장소	470	5,232	11	해남염전 공사중 780정보
	계	5,142	370,606	71	
민영 염전	대일본염업주식회사	1,250	공사중		평안북도 청천강(공업염)
	가네가후치해수이용공업주식회사	-	계획중		평안남도 용강군(공업염)
	동양척식주식회사	300	〃		황해도 옹진(공업염)
	제염공업주식회사	-	〃		경기도 부천군
	계	1,550			

비고(備考):
◎ 대일본염업주식회사(大日本鹽業株式會社)
당사의 사업 계획은 평안남도 청천강(淸川江) 연안의 간석지에 1,250정보의 천일염전을 축조하여 공업염(工業鹽)을 생산할 예정이었다. 전매국의 야마기시(山岸) 기사 및 三■重秀, 히가시야마 기이치(東山義一) 두 기수가 입사하여 염전 축조를 담당하였다. 염전의 구조는 유하식(流下式)이 채용되었고, 1909년(昭和 19)경, 조업을 개시한 모양이다. 아울러 당사는 전전(戰前)부터 관동주, 대만 등에 진출, 천일염전 사업을 경영한 회사인데, 1938년(昭和 13)에는 당사의 계획이었던 타이난(台南) 천일염전 1,000정보 축조 때, 조선전매국에서 사나다(眞田) 기사가 파견되어 동(同) 염전을 완성시키었던 사적(事蹟)이 있다.

◎ 가네가후치해수이용공업주식회사(鐘淵海水利用工業株式會社)
당사의 사업계획은 광량만염전 관내에서 생산하는 염전 고즙(苦汁)을 이용, 금속마그네슘 등의 고즙공업을 경영할 예정이었다. 자본금 2,000만 엔. 사장은 쓰다 신고(津田信吾) 씨이고, 전매국에서 광량만출장소장인 스즈키 타마오(鈴木球雄) 씨가 입사하였다. 그리고 공장의 완성, 조업은 불상(不詳)이다.

◎ 세염공입주식회사(製鹽工業株式會社)
당사의 사업계획은 전매국의 기설 염전으로 있는 소래염전(蘇萊鹽田) 549정보에서 생산하는 천일함수(天日鹹水)를 원료로 하여 식량염을 생산하고, 아울러 고즙공업(苦汁工業)을 경영할 예정이었다. 자본금 500만 엔, 사장에는 전(前) 전매국장인 다카하시 사토시(高橋敏) 씨가 취임하였고, 기술자로는 본국(本局)의 사토 요이치(佐藤與市) 씨가 입사하였다. 공장 건설은 1943년(昭和 18)경 착수하였는데, 조업 개시에 대해서는 불상(不詳)이다.

다음으로 1943년(昭和 18) 이후에서의 관영 염전의 축조계획은 전국(戰局)이 확대되는 전시하(戰時下)여서, 황해도 연안의 해남염전(海南鹽田) 1,250정보의 완성에 전력을 쏟고 있었다. 또 그 당시, 충청남도의 연안 서산(瑞山)에 530정보의 축조가 발표되어, 이듬해인 19년(1944)부터 공사에 착수하였다. 공사 담당자는 도미야마 아쓰시(富山篤志) 기수였다. 그러나 동(同) 염전은 공사 도중에 패전이 되어 미완성이 되었다고 전해진다. 따라서 1938년도(昭和 13) 이후 패전에 이르기까지의 7년간에 완성되어진 염전은 합계 2,412정보가 되어, 기설 염전을 합하면 종전시(終戰時)까지 관영 염전의 축조면적은 약 5,900정보, 천일염의 생산액은 약 37만 톤에 달하였던 것이다. 아울러 나의 1938년(昭和 13) 이후의 염전 경력은 다음과 같다.

나는 광량만염전에서 2년을 근무하였고, 1939년(昭和 14) 12월 덕동파출소, 16년(1941) 10월 남동파출소, 다시 17년(1942) 군자파출소로 전전하며 전근의 여정을 이어갔다. 이 여정 속에서 나의 생각에 남겨진 것이 전시하의 군자염전 생활이다. 650명의 염전 종사원과 함께 '제염보국(製鹽報國)'의 구호를 기초로 하여 일하였던 일, 또 마침 그때 부족한 식량 확보를 위해 염전협회(鹽田協會)로부터 자금을 빌려 염전농장(鹽田農場)을 개설하였던 일 등, 지금도 마음속에 남아 있다. 그리고 18년(1943)에는 5년 전, 마무리 공사에 열의를 불태운 귀성염전으로 전근하였던 것이다.

5년을 지나고 본 귀성염전은 과거 5개년간 1,535정보의 대염전으로 성장하여 청사(廳舍)를 둘러싼 염전관사, 남선이민촌(南鮮移民村)의 숙사군(宿舍群) 등, 광량만염전을 훨씬 능가하는 대출장소(大出張所)로 변모하였다. 또한 청사 앞의 원읍리(元邑里)에는 계획 중이었던 평남철도(平南鐵道)가 개도(開道)하여 천일염을 만재(滿載)한 화차(貨車)가 폭주하는 모습은 격세지감을 느끼게 하는 것이었다. 이리하여 나는 소장(所長)인 야마다(山田) 기사 아래에서 1년 간 사업주임을 근무하고, 1909년(昭和 19) 3월, 22년간의 염전생활에 작별을 고하게 되었다.

[추기(追記)] 이상으로 일단, 나의 염전 체험 기록을 마친다. 조선의 천일염전 사업을 조회(照會)하는 자료로서는 심히 변변치 않은 것이지만, 누군가의 참고가 된다면 다행이겠다. 아울러 본 자료의 뒷받침이 되는 염무행정문서(鹽務行政文書) 또는 염전 도면, 역사적 사진 등은 각 제염출장소별로 분류하여 첨부하는 바이다.

1973년(昭和 48) 3월 이시카와 다케요시(石川武吉)

<조선총독부 전매국 관내 각 제염출장소 관계 자료>

① 本局 鹽務係 관계:『第四次鹽田 2,200町步築造計劃案』,『昭和十六年度製鹽所長會議錄』,『昭和十七・十八年度採鹽豫定高』,『割當通牒』,『昭和十七年度天日鹽生産費照査書』,『朝鮮天日鹽田操業』,『田中信吾氏の朝鮮天日鹽田視察復命書』,『蘇萊鹽田機械製鹽併用計劃』,『本局鹽務統計書』

② 朱安出張所 관계:『朱安鹽田槪要』,『昭和二年度所長會議錄』,『昭和十四年製鹽加給金支拂調書』,『昭和十七年度採鹽豫定及鹽夫給豫算通牒』,『鹽田現業員必携書』,『仁川沿岸五萬分地圖』,『寫眞集: 朱安出張所廳舍, 天日鹽粉碎工場, 食卓鹽工場, 南洞第二區鹽田, 製鹽優勝記念, 松本局長寫眞』,『南洞鹽田事業年報』,『南洞鹽田圖面』,『君子鹽田竣工記念記錄文』2편,『君子國民學校學級增設申請』,『君子農場設置申請』,『君子鹽田製鹽加給金支拂』,『鈴木球雄氏の鹽田紋について』,『蘇萊及君子鹽田平面圖』2매

③ 廣梁灣出張所 관계:『廣梁灣鹽田槪要』,『昭和十四年度採鹽豫定高』,『鹽夫給了算配付』,『製鹽加給金支拂調書』,『昭和六年, 平顯大郎氏の鹽田監査報告』,『田中龜治氏の鹽夫舍の窓より(寄稿文)』,『寫眞集』(昭和 8, 12, 15년도 優良從業員表彰記念 사진 3매),『廣梁灣鹽田沿岸五萬分地圖』1매,『廣梁灣鹽田平面圖』1매,『廳舍・官舍配置圖』,『宿舍・鹽庫・排水伏樋設計圖』,『昭和 7년부터 9년까지의 제4구, 5구 염전감독(石川)이 시행한 염전수리 관계 문서류』

④ 貴城出張所 관계:『貴城第四區鹽田築造設計書』,『貴城第三區A鹽田仕上工事記錄』,『貴城第四區鹽田仕上工事作業書類』,『南鮮移民鹽夫指導方策』,『貴城第一區・二區・三區・四區 各鹽田平面圖』4매,『第三區海水取入水門及內部土工工事寫眞』3매

⑤ 南市・海南出張所 관계:『南市鹽田所長, 市川信次氏の南市發動機鹽田(專賣通報 投稿文)』,『南市鹽田沿岸五萬分地圖』1매,『海南鹽田沿岸五萬分地圖及二萬分地圖』2매

⑥ 民間企業에 의한 天日鹽田 築造 관계 서류:『昭和 18년, 全羅南道 木浦에 天日鹽田 築造를 계획한 朝鮮鹽業社의 事業計劃書』,『昭和 19년, 全羅北道 茁浦에 天日鹽田 築造를 계획한 南鮮化學工業會社의 事業計劃書』,『昭和 15년, 平安南道 德洞에 天日鹽田을 축조한 白川基亨氏의 鹽田築造許可 申請書』 以上

⑦ 其他, 專賣通報 등에 揭載된 鹽業關係 資料 및 調査書類:

〈昭和 3년경, 本局 技師 大山淸氏의 投稿文〉 (1)「西班牙로부터 鹽이 온다」, (2)「海水天日 蒸發에 관한 硏究」, (3)「우리들은 바다에 있다」, (4)「松本式 高架製鹽法」

〈大正 15년경, 廣梁灣鹽田의 佐藤興市氏의 投稿文〉「天日鹽田의 有害物」및 본문에 대한 반대 의견(朱安의 田邊隆平氏)

〈昭和 13년경, 廣梁灣出張所長인 眞田吉之助 技師의 발표〉「官鹽이 再製鹽 原料로서 煎 熬中 ■■하는 이유」라는 제목의 답신서

8. 조선 천일염전의 축조 연표(年表)

조선총독부의 천일염전 사업은 이번 대동아전쟁의 패배로 인해 아쉽게도 1945년(昭和 20) 8월, 총독부의 해체와 함께 소멸되었다. 그러나 총독부의 조선 통치 36년간에, 땀 흘려 축조한 천일염전은 1945년(昭和 20) 현재, 총면적은 5,925정보에 달하고, 연산 약 37만 톤의 천일염을 생산하기까지 되었다. 이하 여기까지 조사한 천일염전의 축조 연표 자료를 게재 하여, 본 자료의 설명을 총괄하도록 하겠다.

1) 전매국 관내, 제염출장소의 염전 소재지 및 제염사업장, 직원(判任官)의 배치
2) 각 연도에 준공된 염전 축조 면적과 역년(歷年) 누가(累加)된 총면적 및 천일염 생산액
3) 대동아전쟁 전시하(戰時下)이던 1941년(昭和 16), 17년(1942), 18년도(1943)에서의 전매본국으로부터 각 제염출장소에 지명(指命)한 천일염 채염 예정 수량에 관한 자료
4) 비고: 동년도 경에서의 염무통계자료(鹽務統計資料)의 숫자에 대하여

1) 1944년도(昭和 19) 현재, 전매국 관내 염전의 소재지와 염전 면적 및 염 생산 예정, 제염직원 배치

제염출장소	염전면적 (정보)	■■면적 (정보)	제염예정고 (톤)	동,1정보당 (톤)	제염직원수 (명)	소재지
주안출장소	1,664	1,115	104,417	93.648	15	경기도 부천군 주안
광량만출장소	993	993	90,240	90.876	9	평안남도 용강군 금곡면
귀성출장소	1,535	1,535	101,676	66.236	9	평안남도 용강군 귀성면

남시출장소	483	483	30,579	63,311	4	평안북도 용천군 외상면
해남출장소	1,250	1,250	36,509	29,207	9	황해도 연백군 해남리
계	5,925	5,376	363,421	67,600	46	
전매본국					29	제염직원합계 75명

비고: 주안출장소의 염전 축조 면적은 총계 1,664정보인 바, 주안 제4구 14정보 중 3정보는 1922년(大正 11) 설치된 식탁염 제조공장용의 채함염전이 되어, 염무 통계상 천일염 채염 확인에서 제외되고 있다. 또한 동 출장소 관내 소래 염전 549정보는 1909년(昭和 19) ■■■의 동소에 설립된 고즙공업의 제염공업주식회사에게 전매국으로부터 대여되었다. 따라서 축조면적에서 제외되었다.

2) 각 연도에 준공된 염전 축조 면적과 역년 누가된 총면적 및 염 생산액

연차	축조계획	연도	각년도별로 준공하여 제염작업에 착수한 염전명 및 면적	각 연도 누가 면적(정보)	염 생산액 (톤)	염전 1정 보당(톤)
0		1907	주안1구 1정 제염 착수	1	4	4
1		1908		1	80	80
2	제1기 계획 858정보 ·주안 88정보 ·광량만 770정보	1909	주안2구 7정 광량만7구 36정, 계 43정	44	121	3
3		1910	주안3구 9정, 동4구 14정, 계 23정	67	598	9
4		1911	주안5구 57정, 광량만5구 52정, 계 109정	176	2,706	15
5		1912	광량만1구 48정, 동6구 160정, 동3구 142정, 계 350정	526	8,898	17
6		1913	광량만2구 171정	697	24,968	36
7		1914	광량만4구 93정, 광량만8구 68정, 계 161정	858	29,352	34
8	제2기 계획 347정보 ·주안 124정보 ·덕동 223정보	1915		858	30,592	36
9		1916		858	42,539	50
10		1917		858	53,152	62
11		1918		858	46,445	54
12		1919	주안6구 32정, 동7구 47정, 동8구 45정, 계 124정	982	50,814	52
13		1920	덕동1구 105정	1,087	54,921	51
14		1921	덕동2구 78정, 동3구 40정, 계 118정	1,205	55,874	47

15	제3기 계획 1,269정보 ·남동 300정보 ·군자 603정보 ·귀2구 149정보 ·남시 217정보	1922	남동 300정, 귀성2구 149정, 계 449정	1,654	44,450	27
16		1923	남시1구 217정	1,871	40,284	22
17		1924		1,871	65,046	35
18		1925	군자 575정	2,446	50,996	21
19		1926		2,446	93,057	38
20		1927		2,446	109,770	45
21		1928		2,446	152,249	62
22		1929		2,446	185,783	75
23		1930		2,446	145,300	59
24		1931		2,446	146,322	60
25		1932	군자 28정	2,474	213,445	86
26	제4기 계획 1,854정보 ·소래 549정보 ·귀성 1,039정보 ·남시 266정보	1933		2,474	210,925	85
27		1934		2,474	142,718	58
27		1935		2,474	273,781	111
29		1936	귀성3구 507정	2,981	175,446	59
30		1937	남시2구 266정	3,247	240,954	76
31		1938	소래 549정, 귀성4구 532정, 계 1,081정	4,328	264,946	61
32		1939		4,328	431,355	100
33		1940		4,328	281,055	65
34	전시확장 1,597정보 ·귀1구 347정보 ·해남 1,250정보	1941	귀성1구 347정, 해남 303정, 계 650정	4,978	284,391	57
35		1942	해남 167정	5,145	264,380	51
36		1943	해남 272정	5,417	(392,338)	72
37		1944	해남 508정, 서산염전 530정보는 1944년 4월 공사 착수. 1945년은 공사 중	5,925	(363,418)	68
38		1945		5,925	不明	

비고: 본 표의 각 연도 축조면적은 모두 전년 또는 본년 3월경, 염전이 완성된 채염 개시 면적을 계상하였다. 본 표의 각 연도 염 생산량의 숫자에 대해서는 1907년(明治 40)부터 1909년(明治 42)까지 3년간은 1915년(大正 4)『總督府統計年報』, 1910년(明治 43)부터 1939년(昭和 14)까지 29년간은 昭和 14년도 『專賣局 第19回 年報』, 1940년(昭和 15), 1941년(昭和 16)은 石橋雅威씨 자료, 17년도(1942)『專賣局 天日鹽生產費調査書』, 1943년(昭和 18), 19(1944) 양 연도는 자료가 없어 염 생산 예정 수량을 계상하였다. 1909년(昭和 19) 4월, 공사에 착수한 충청남도의 서산염전 530정보는 종전시 미완성인 채, 공사 중지되었다. 공사 담당자는 富山篤志 기사 외 17명의 토목기술자였다.

3) 전시하(戰時下) 1941~1943년도(昭和 16~18), 전매국 염삼과장(鹽蔘課長) 지령의 천일염 채염(採鹽) 예정량

1941년도(昭和 16) 이후의 천일염전 축조계획은 전시체제의 강화와 함께 증강되어, 귀성(貴城) 제1구의 347정보, 해남염전(海南鹽田) 1,250정보, 서산염전(瑞山鹽田) 530정보 등 2,127정보가 집중적으로 발표된 시대였다. 또한 이 상황에 대응하여 현장에서의 제염작업 방침도 전시색(戰時色)을 강화하는 시세(時世)가 되었다. 당시를 회고해 보면, 조선반도의 천일제염사업이 국책상 중요한 지위였던 것을 새삼스레 통감하는 바이다. 이하, 당시의 상황을 전하는 자료로서, 전매국 염삼과장 지령의 통첩문서(通牒文書)를 게재한다.

전(專), 염(鹽) 제9호 1941년(昭和 16) 2월 19일, 전매국 염삼과장 각 제염관서장 전(殿)

〈1941년도(昭和 16) 채염예정수량의 건〉

1941년도(昭和 16)의 채염(採鹽) 예정량은 과거의 실적에서 산정하여 별지를 통해 결정한다. 전년도 내·외지(內外地)에서의 염의 수급은 유럽전쟁(歐洲戰亂)의 격화와 제3국 염의 수입 곤란에 빠져 미증유의 궁추상태(窮追狀態)에 직면함으로써, 각 산염지(産鹽地)에서는 이에 대한 대응책, 타개를 위해 전 능력을 발휘하여 증산에 힘써야 할 차제인데, 조선에서는 7월 초순 이래, 기후 불량으로 인해 성적이 오르지 못하고 있는 실정이다. 주안염전 같은 경우는 두 차례에 걸친 염전 내부의 침수로 다수의 산염(産鹽)이 유출을 보는 등, 이것으로 예상량의 1할 이상이 감산(減産)되었다. 관동주·청도 방면에서 내지(內地)로 향하는 공업염으로 이 부족을 채울 수밖에 길이 없는 상태에 이르는 한편, 국제정세는 날로 함께 긴박의 도를 더해, 금후 제3국 염의 수입은 절대 불가능할 것으로 보인다. 따라서 본년도의 염 수급 관계는 일층 긴박상태에 봉착할 것으로 예상되기 때문에, 제염관서에서는 별지의 채염 방침을 참고하여, 전원 총력을 발휘하여 만난(萬難)을 물리치고 수량의 확보에 노력하여 이 난국을 타개하는 중대 사명을 완수하는데 유감이 없기를 기대한다.

〈1941년도(昭和 16) 채염 실행방침〉

1. 1941년(昭和 16)부터 다년의 요망된 상비염부(常備鹽夫)의 연간 취역제(就役制)가 확립된 것을 기회로, 이것을 활용하여 염부(鹽夫)의 모집 안정을 도모하고, 제염노력(製鹽勞力)의 확

보에 노력할 것.
2. 염부는 상비제도의 확립과 더불어 현업원공제조합(現業員共濟組合) 가입에 따라 생활의 안정을 얻게 되기 위해 종래의 폐단을 일소하고, 전원 총력을 발휘, 능률의 증진에 노력할 것.
3. 종업원의 훈육(訓育)을 게을리 하지 말고, 일층 시국의 중대성을 인식시키기 위해 직역봉공(職域奉公), 총력발휘(總力發揮)의 실천에 노력할 것.
4. 특별히 언행을 조심하고, 종업원의 사상을 선도, 유언비어를 단속하여, 방공방첩(防共防諜) 상 유감이 없기를 기할 것.
5. 염부의 족부질환(足部疾患)과 더불어 하기(夏期)에 가장 많이 걸리는 이질(下痢症)의 예방·치료에 주의하여 능률의 저감을 방지할 것.
6. 상비염부의 동기(冬期) 작업 취역(就役)에 덧붙여 만전을 기할 것.
7. 채염 성적이 우수한 감독원(監督員), 담당원(擔當員)에 대해서는 제염작업을 마친 후, 조선신궁(朝鮮神宮) 참배를 하게 할 예정이므로, 연도 초두에 이것을 성명(聲明)하여 증산(增産) 독려(督勵)할 것.

비고:
1. 1941년도(昭和 16), 각소(各所) 기설염전(既設鹽田) 2,474정보 내, 정제염(精製鹽) 제조용 염전 3정보를 제한 2,471정보의 예정고(豫定高)는 1932년(昭和 7)부터 15년(1940)에 이르는 9개년 중, 평년작 대개의 연간 채염 실적을 근거로 하여 20만 9,781톤으로 정한다.
2. 신설염전(新設鹽田) 2,504정보의 채염 예정고는 13만 4,705톤으로 정한다. 이것의 내역 근거는 아래와 같다.

소래염전 549정보의 1정보당 예정고는 인접 군자염전의 결정지, 미개량의 경우의 평균 생산고의 10할이다.
귀성 제1구 염전 347정보의 1정보당 예정고는 인접 제2구 염전의 결정지, 미개량의 경우의 평균 생산고의 4할 1푼이다. 귀성 3, 4구 염전 1,039정보의 1정보당 채염 예정고는 전기(前記) 제2구, 미개량의 경우의 평균 생산고의 10할이다. 남시 제2구 염전 266정보의 1정보 채염 예정고는 인접 제1구 염전의 결정지, 미개량의 경우 평균 생산고의 10할이다. 해남염전 303정보의 1정보당 채염 예정고는 같은 염전 1년째의 생산 예정고의 1할이다. 따라서 1941년(昭和 16)의 전 관내(管內) 채염 예정고는 아래와 같다.

1941년도(昭和 16) 채염 예정고

관서별	염전면적 (정보)	채염예정고 (톤)	염전1정보당 (톤)	예정고 내역				
				성숙염전(정보/톤)			신염전(정보/톤)	
주안출장소	1,661	141,742	85.335	주안	209	17,187	소래 549	43,366
				남동	300	28,485		
				군자	603	52,704		
광량만출장소	993	86,444	87.053	광량만	770	66,138		
				덕동	223	20,306		
귀성출장소	1,535	86,349	56.253	2구	149	11,338	1구 347	9,227
							3,4구 1,039	65,784
남시출장소	483	29,283	60.627	1구	217	13,623	2구 266	15,660
해남출장소	303	668	2.205				303	668
계	4,975	344,486	69.243		2,471	209,781	2,504	134,705
비고	1등염	247,981		성숙염전이란 축조 후 수십 년에 걸쳐 채염작업을 계속한 결과, 토질이나 함도가 증가한 훌륭한 염전이 되었다고 전해지는 것이다.				
	2등염	96,505						

[專秘 제20호] 1942년도(昭和 17) 1월 29일, 전매국 염삼과장 각 제염관서장 전(殿)

〈1942년도 채염 예정수량 결정의 건 의명통첩(依命通牒)〉

1942년도(昭和 17) 채염 예정수량은 별지를 통해 결정하였고, 여기에 대하여 채염 방침 및 각 염전 월별 채염 실행 계획을 수립하여 보고하였다. 채염 예정수량은 세입예산(歲入豫算) 기준 수량에 기반하여 결정한 것인데, 각 염전별 수량은 기왕의 실적과 더불어 염전 현황에 의해 산정되는 것이지만, 예산 기준 면의 채염량은 제염의 현황에 비해 상당히 과대한 수량이었다. 즉 해남염전의 공사 부진에 따른 제염 면적의 감소, 숙전화(熟田化)의 지연, 귀성염전에서의 제염현상의 불량 및 결정지 개량 자재의 입수 곤란에 따른 개량 면적의 감소 등에 기인하여 생산 혹은 세(勢)가 각 염전에 할당이 부가되는 일이 되어, 각 염전에서의 본년도 채염 예정수량은 과거의 실적에 비교하여 아래와 같이 약 3만 7,000톤 과중한 실수(實收)로 되었다.

- 채염예정수량: 37만 406톤
- 과거의 실적: 33만 3,420톤
- 차인과중(差引過重): 3만 6,986톤

전년도, 내외지(內外地)에서의 염의 수급은 유럽전란(歐洲戰亂)의 확대로 인한 제3국 염의 수입 두절에 더해, 국제 정세의 긴박화에 따른 미증유의 궁박상태(窮迫狀態)에 직면함으로써, 이것이 당면의 대상은 오로지 근해염(近海鹽)의 증산을 도모하는 것밖에 전혀 방도가 없는 실정에 이르렀다. 조선에서도 이것의 대응책, 타개를 위해 전 능력을 발휘하여 증산에 노력하는 차제이지만, 기상 불량의 화(禍)를 만나 성적이 오르지 않고, 예정 수량의 1할 7푼이 감산되어 허다한 차질을 초래하였으며, 관동주·청도 방면에서 내지(內地)로 향하는 공업염으로써 이 부족분을 보전하여 겨우 고비를 넘길 수 있었던 실상이었다. 이후로도 식량용 염은 그 생활필수품이라는 특질상, 익년도(翌年度) 춘궁기까지의 일정 보유량은 절대 보유를 필요로 함에도 불구하고 위와 같은 사정은 보유 수량의 감소를 피할 수 없어, 약 2만 톤 남짓을 감량한 사정이다. 더욱이 본년도는 대동아전쟁의 발발에 따라 제3국 염의 수입은 물론 근해염의 수이입도 많은 기대를 하지 못하는 실정으로, 수급 관계는 일층 궁박 상태에 봉착하였다고 생각된다. 본년도의 예정 수량은 절대로 확보가 필요한 것은 말할 필요도 없다. 곤란의 타개는 생산의 증산에 있다고 마음의 준비를 일층 굳건히 하고, 전원 총력을 발휘하여 만난(萬難)을 물리쳐 수량(收量)의 확보에 노력하도록 별지의 채염 방침을 참작하여 난국 타개의 중대 사명 완수에 만사 유감이 없을 것을 기대한다.

〈1942년도(昭和 17) 채염 실행 방침〉

본년도부터 특등염(特等鹽)을 제조하는 것으로 되었기 때문에 이것의 제조 방법 및 취급에 대해서는 아래와 같이 만사 유감이 없도록 기할 것. 특등염은 세립(細粒)·경질(硬質)로 제조하여 특종의 용도에 사용하는 목적이므로, 성분 및 색상이 우량 됨은 물론, 특히 결정립(結晶粒)을 작게 만드는 교반법(攪拌法)으로 입자의 성장을 방지할 것. 채염을 맞아서는 잔염(殘鹽)

의 절무(絶無)를 기할 것. 이것을 위해서는 필요할 때마다 채염 후, 잔염을 다시 퍼 올려 결정지 안으로 청소할 필요가 있다. 여기에 필요한 경비는 별도로 배부한다.

특등은 우량 개량 결정지에서 제조할 것. 특등염은 별도로 저장설비를 만들 예정이고, 이것이 실시될 때까지는 기설(旣設) 염고(鹽庫)를 이용할 것. 조기준비작업(早期準備作業), 조기채함(早期採鹹), 조기채염(早期採鹽)을 목표로 하는 동시에 동결채함(凍結採鹹) 및 지월함수(持越鹹水)의 이용에 충분한 공부를 하여 춘계 제염 증산을 도모함으로써, 춘궁기에서의 염 부족을 완화하도록 노력할 것. 상비염부제도의 운용에 만전을 기하고, 제염노동력 확보에 노력할 것.

염전애국반(鹽田愛國班), 기타의 기관을 이용하여 염전 종업원을 지도·훈도하고, 시국을 인식하도록 근로(勤勞)의 증진을 북돋아 직역봉공(職域奉公)에 매진토록 할 것. 사정이 허락하는 한, ■시채함법(■時採鹹法)의 실시, 염전반입반(鹽田搬入班)의 설치에 힘써, 염의 증산에 노력할 것. 특등염, 일등염의 예정 수량 채집 이후의 채염에 대해서는 특등염, 일등염의 채수율(採收率)이 저하해도 지장 없이 염업현업상인가급금(鹽業現業傷人加給金)을 지급하고, 내규(內規) 제10조 제1항의 염 생산의 다과(多寡)에 의해, 증감률의 확대에 의해, 염 생산 독려를 할 것. 조선신궁 참배 등을 할 예정이므로, 연도 초두에 이것을 발표하여 염 증산을 독려할 것.

비고:

본년도에서의 기설염전(成熟鹽田) 및 신염전(新鹽田)에 대하여 채염 예정수량의 산출 기초는 전년도와 동일하므로 생략한다. 다만 본년도는 전시하(戰時下)가 되어 작업 면에서 전년에 비해 상당한 변화가 나타날 수 있다. 그 하나는 특등염의 채염이 명령되었다는 것이다. 특등염은 종래의 일등염에 비해 색깔이 양호하고, 염분의 순도가 높은 것이다. 용도는 무엇인지 분명치 않지만, 시국에 관계있는 것으로 되었던 것이다. 나는 당시, 남동파출소의 소장 시대였는데, 이러한 발표에 놀랐던 차제였다. 아래에 본년도 결정의 등급별 채염 비율을 보여 준다.

1. 토상염전(土床鹽田)에 있어서는 1등염 5할 2푼, 2등염 4할 8푼으로 한다. 단 광량만 제7구, 남시 제1구는 토질(土質) 불량으로 1등염 4할 2푼, 2등염 5할 8푼으로 한다.
2. 결정시 개량염전에서는 개량면적 1정보당 120면평(面坪) 이상에 대해 특등염을 생산한다. 채염 비율은 결정지 지반의 양부(良否)에 의해 1할 내지 3할 5푼으로 한다(채염 예정고에 대해).

1942년도(昭和 17) 채염 예정고

관서별	염전면적 (정보)	채염예정고 (톤)	염전1정보당 (톤)	예정고 내역					
				성숙염전(정보/톤)			신염전(정보/톤)		
주안출장소	1,661	149,996	90.303	주안	209	18,302	소래	549	45,749
				남동	300	30,030			
				군자	603	55,870			
광량만출장소	993	90,308	90.945	광량만	770	69,274			
				덕동	223	21,034			
귀성출장소	1,535	94,587	61.620	2구	149	11,566	1구	347	15,688
							3구	507	32,972
							4구	532	34,360
남시출장소	483	30,483	63.112	1구	217	14,260	2구	266	16,223
해남출장소	470	5,032	10.707				해남	470	5,031
계	5,142	370,406	72.033		2,471	220,336		2,671	150,070
비고	등급별 생산고　1등염 231,822톤　특등염 31,986톤　2등염 106,598톤　계 370,406톤								

⟨1943년도(昭和 18) 채염 예정고 및 이것의 확보에 관한 건⟩

본년도의 채염은 대동아전쟁의 귀추를 결정할 대결전이 가을에 있어서, 염 수급의 ■度에 긴박(緊迫)한 상세(狀勢)로 보아, 자산자급(自産自給)의 心■으로써 철저하게 대증산(大增産)을 결행하여, 전시 하 국민생활의 안정을 기하는데 노력하고, 특히 아래의 사항을 유의하여 생활 확보에 만사 유감이 없도록 기해야 한다.

⟨지시사항⟩

1. 고즙(苦汁) 생산에 관한 건: 브롬(臭素) 및 금속마그네슘, 그리고 철(鐵)의 제련(製鍊) 상 어디까지나 확보해야하는 중요한 자원으로서, 본년도에서는 이 생산을 전 염전에서 실시할 것으로 결정되었음. 종래의 염의 본의주의(本意主義)는 염 및 고즙의 병진주의(倂進主義)로

전환, 이 생산 확보에 만전을 기해야 함.

2. 결정지 개량에 관한 건: 본년도부터 10개년 계획으로 매년 염전 면적 240정보의 결정지를 개량할 예정임. 과거의 개량 실적은 자재 입수난으로 예정 계획에 대해 기설염전 69%, 신염전 5%를 하지 못함. 내년도부터는 이를 촉진하도록 본국(本局)에서 극력 노력할 것으로, 시공의 속진화(速進化) 및 자재의 확보에 관해서는 출장소에서 만전을 기할 것.

3. 1943년도(昭和 18) 각 제염관서별 채염예정고

소별	면적(정보)	특등염(톤)	일등염(톤)	이등염(톤)	계(톤)	1정보당(톤)
주안출장소	1,664	20,973	99,291	31,404	151,668	91.147
광량만출장소	993	7,990	59,005	24,869	91,864	92.512
귀성출장소	1,535	3,597	55,853	41,759	101,209	65.934
남시출장소	483	613	18,351	12,138	31,102	64.392
해남출장소	742	-	8,066	8,429	16,495	22.230
계	5,417	33,173	240,566	118,599	392,338	72.427

4) 염무통계자료

(1) 1942년도(昭和 17) 관영 염전의 천일염 100kg 당 생산비

조선총독부가 해체하기 3년 전, 즉 1942년도(昭和 17)의 천일염 생산비는 다음과 같다.

전매국의 염전 경영은 제염 현장에서 직접 제염에 종사하는 염전소장의 작업 방침에도 ■력(■力), 생산비를 저하시키기 위한 노력을 떨친 것은 사실이다. 그 결과, 전시하에서도 염 100kg 당 생산비는 아래와 같이 평균 1엔 68전이 되었다.

비목	숙성염전(4,328정보)		미숙염전(817정보)		합계(5,145정보)	
	지불금액	100kg당 생산비	지불금액	100kg당 생산비	지불금액	100kg당 생산비
제염비(엔)	2,148,041	0.857	433,658	3.160	2,581,670	0.977
관리비(엔)	865,776	0.345	210,790	1.536	1,076,606	0.407
계(엔)	3,013,817	1.202	644,488	4.696	3,658,305	1.384
자본이자(엔)	711,898	0.284	72,488	0.528	784,386	0.297

합계(엔)	3,725,715	1.486	716,976	5.224	4,442,691	1.681
	자본이자는 자본액에 대해 년 5푼					
염실수고(톤)	250,655톤		13,725톤		264,380톤	
자본액(엔)	14,237,959엔(염전축조비)		1,449,758엔(염전축조비)		15,687,717엔(염전축조비)	
염전면적(정보)	주안염전 1,664정보 광량만염전 993정보 귀성염전 1,188정보 남시염전 483정보 계 4,328정보		귀성1구염전 347정보 해남염전 470정보 계 817정보		계 5,145정보	

(2) 관영 천일염(官營天日鹽)의 시판가격(市販價格)

각 제염관서에서 생산된 천일염은 염전창고에서 일단 각지의 정부염(政府鹽) 판매출장소(販賣出張所)로 반출되었다. 그때, 창고도(倉庫渡)의 가격이 정해졌다. 1939년(昭和 14) 1월 현재, 2등염, 산염(散鹽) 100kg당 가격은 각 염전 모두 1엔 78전 아래였다. 그리고 각지 주요항의 정부염 판매출장소부터 민간의 염 판매회사로 불하된 가격은 다음과 같다.

- 인천항: 1.83엔
- 군산항: 2.05엔
- 목포항: 2.05엔
- 부산항: 1.90엔
- 진남항: 1.82엔
- 원산항: 2.01엔

1907년(明治 40) 이후 1945년(昭和 20)까지의 38년간 축조된 천일염전의 총면적(5,925정보)

축조연도	축조면적(정보)	누가면적(정보)	축조연도	축조면적(정보)	누가면적(정보)
1907	1	1	1923	217	1,871
1909	43	44	1925	575	2,446
1910	23	67	1932	28	2,474

1911	109	176	1936	507	2,981
1912	350	526	1937	266	3,247
1913	171	697	1938	1,081	4,328
1914	161	858	1941	650	4,978
1919	124	982	1942	167	5,145
1920	105	1,087	1943	272	5,417
1921	118	1,205	1944	508	5,925
1922	449	1,654	1945	0	5,925

1907년(明治 40) 이후 1945년(昭和 20)까지의 38년간 축조된 천일염전의 총생산액(5,925정보)

연도	생산액(톤)	연도	생산액(톤)	연도	생산액(톤)
1907	4	1920	54,921	1933	210,925
1908	80	1921	55,874	1934	142,718
1909	121	1922	44,450	1935	273,781
1910	598	1923	40,282	1936	175,446
1911	2,706	1924	65,046	1937	240,950
1912	8,898	1925	50,996	1938	264,946
1913	24,968	1926	93,057	1939	(최고)431,355
1914	29,352	1927	109,770	1940	281,055
1915	30,592	1928	152,249	1941	284,391
1916	42,539	1929	185,783	1942	264,380
1917	53,152	1930	145,300	1943	(392,338)
1918	46,445	1931	146,322	1944	(363,418)
1919	50,814	1932	213,445	1945	불명

비고: 1943, 1944년 양년도의 생산액은 자료가 없어서 채염 생산예징량을 계상함

9. 1942년경(昭和 17)의 본국(本局) 제염수뇌자(製鹽首腦者)들의 동향

쇼와(昭和) 초기부터 1940년경(昭和 15)까지, 본국(本局)에 근무하며 천일제염 사업의 지도자로서 공적이 있는 야마기시(山岸) 기사(東大 出身)는 그 후, 본국을 퇴관하고, 일본에서 부족한 공업염 생산을 위해 대일본염업(大日本鹽業)주식회사에 입사하여, 동사(同社)에서 계획한 평안남도 청천강 천일염전 1,250정보의 축조에 종사하였다. 그 때문에 동씨(同氏)의 후계자로, 남시출장소장인 사토 요이치(佐藤與市) 씨가 본국의 기사가 되었다.

전시색(戰時色)이 농후해진 1942년(昭和 17) 3월, 본국에서 관내 염전의 소장회의(所長會議)가 개최되었다. 의제(議題)는 조선천일염전의 제염방식의 개선에 관한 것이었다. 즉, 천일염전은 기후에 좌우되고, 생산액에 확실성이 부족하다고 하여, 금후의 제염방식은 천일증발식(天日蒸發式)으로 생산된 함수(鹹水)는 자연결정을 멈추고, 공장에서 전오방식(煎熬方式)으로 개선해야 한다는 것으로 방침이 제시되었다. 그러나 그때에 이미 본국에서는 천일함수전오방식(天日鹹水煎熬方式)을 유리하다고 인식하고, 시험적으로 천일함수의 전오공장(煎熬工場) 건설이 구체화하고 있었다.

본국이 설립한 시험공장은 민간기업으로 하여 전매국의 기설염전인 소래염전(蘇萊鹽田) 549정보를 회사에서 사용하도록 하고, 회사에서 공장을 설치, 식량염(白鹽)의 제조와 함께, 인접한 남동(南洞), 군자(君子)의 염전에서 생산한 고즙을 이용 고즙공업을 경영하는 것이었다. 자본금 5백만 엔, 회사명은 제염공업(製鹽工業)주식회사, 사장에는 전(前) 전매국장인 다카하시 사토시(高橋敏)씨가 취임하였다. 그리고 본 사업 달성을 위해, 본국의 사토(佐藤) 기사가 동사(同社)의 기술자로 하여 입사되는 단계에 이르렀다.

1942년(昭和 17) 7월 1일 현재의 조선전매국(朝鮮專賣局) 직원록(職員錄)을 보면, 본국의 사토 기사의 후임으로서, 내지전매국(內地專賣局)으로부터 후쿠나가 한이치(福永範一) 씨가 전근, 조선천일염전의 지도자가 되었다. 후쿠나가 씨는 당시, 고즙공업의 권위자로 인정받던 기사였다. 전시 하 조선 염업의 행위를 나타내는 인사의 교대였다. 더불어 후쿠나가 씨의 차석(次席)으로 시험염전의 호프, 후쿠시마 마사오(福島正男) 기사가 본국의 기술지도자로서 활약하는 시대가 되었다. 이리하여 이 인사의 교대를 계기로 하여, 염전은 전시색(戰時色)이 강화되는 염 증산과 함께 각지에 염전 축조가 진행되어 간 것이다. 또한 1943년(昭和 18)경부터 본국의 방침도 민간기업에 의한 공업염의 생산 및 염전고즙을 원료로 하는 화학공업회사의 설립이 허가되었다. 회사명은 앞에서 기재하였으므로 생략한다.

10. 조선의 천일염전 축조에 공헌한 토목기술자

천일염전의 축조가 아마도 곤란한 일이라는 것을 알았던 것은 1925년(大正 14) 3월에 준공된 군자염전(君子鹽田) 때였다. 군자염전은 조선천일염전 축조사상(築造史上), 최대의 난공사로 완성되었다. 염전에서 있던 이 공사 완공을 위해 지불된 많은 희생 속에 공사 담당자 오스미 히로시(大住弘) 기수의 순직이 있다.

아울러 동(同) 염전 난공사의 모양에 대해서는 앞에서 기술한 바와 같다. 천일염전의 축조는 아무튼 대해(大海)의 해수를 제방으로 보를 막고, 그 안에 염전을 조성한다고 하는 것이다. 외곽제방의 축조에는 연(延) 수만 명의 노력비(勞力費)가 필요하다. 따라서 축제공사(築堤工事) 중 폭풍우 등으로 축제가 결괴하는 경우, 이것의 복구 작업에는 다시 막대한 노력비가 지출되어, 공사청부업자는 파산에 이르는 상황이 되는 것이다.

금일에 이르러 생각해 보면, 군자염전의 축조 위치는 다른 염전에 비해 앞바다의 저지반대(低地盤帶)에 설계되었던 것으로 생각된다. 이리하여 군자염전의 축조공사는 공사착수 이래, 몇 번에 걸친 폭풍우를 만났고, 제방이 결괴하는 일이 세 차례가 되어, 마침내 공사는 난공사가 되었다. 여기서 복구 작업에 종사하였던 오스미(大住) 기수는 과로로 인해 병몰(病歿)하였던 것이다.

제염관서에서의 토목계(土木係) 인원

1922년(大正 11)경에서의 염전 축조공사의 설계 및 공사감독은 총독부의 토목계(土木係)에 의해 시행되는 모양이었지만, 쇼와 초기에는 이미 제염관서에 토목계가 배치되고 있었다. 정원은 염전면적에 비례하여 1명 내지 3명의 판임관(判任官)이 근무하고 있었다. 업무는 주로 기설염전의 외곽제방 및 해수취입수문(海水取入水門), 배수복통(排水伏樋), 교량 등의 건조물의 보전에 종사하고 있었다. 그것이 1929~1930년(昭和 4~5)의 제3기 염전 확장기 경부터 증원이 이루어져 귀성 제3구 및 제4구 염전과 같은 대염전이 설계되어지게 되었다.

염전축조공사의 설계작업

조선의 천일염전은 주로 반도의 서해안에 흘러드는 한강, 대동강 등의 대하천(大河川) 하구 연안에 형성된 간석지대에 축조되고 있다. 간석지의 토질은 일반적으로 사질(砂質)■토이지만, 갯골은 무릎이 빠지는 점토(粘土)이다.

또한 간석지의 표면은 평탄하게 보이지만 조위(潮位)의 작용(간만의 차가 9m 내외)으로 무수한 갯골이 형성되어 있어 측량작업은 처음 사이는 갯골의 골짜기부터 골짜기로 진흙투성이가 되어 작업하는 것이었다. 측량대(測量隊)의 편성은 500정보 정도 되면, 토목기수 3명 및 숙련된 공부(工夫) 3명, 여기에 측쇄인(測鎖引), 말뚝박기(杭打) 등 인부 5~6명으로 편성되었다. 더욱이 측량작업에 종사하는 토목기술자들의 가장 고생인 점은 관사의 가족과 떨어져 현장에서 자취하며 램프 생활을 오래하는 것이다. 그리고 종일 대원을 지휘하다 한겨울 혹은 혹서 중에 측량기를 망가트리는 일이었다.

아래에 1943년(昭和 18)부터 1944년(昭和 19)에 걸쳐 시행된 서산염전(瑞山鹽田) 530정보의 염전축조 설계를 요약한 기록을 제시한다. 공사담당자는 도미야마 아쓰시(富山篤志) 기사, 설계기간은 1943년(昭和 18) 8월부터 1944년(昭和 19) 2월까지의 7개월이다. 그 사이 측량기간은 1943년(昭和 18) 4월부터 7월까지의 4개월로 되어 있다.

영평염전(永平鹽田) 축조에 종사한 도미야마 아쓰시(富山篤志) 기사(技師)

1932년(昭和 7) 이후 1945년(昭和 20) 8월에 이르기까지 13년간, 조선에서의 축조, 또는 축조에 착수한 관영 염전 면적은 3,981정보에 달하고 있다. 이 숫자는 전 염전면적 5,925정보의 약 6할 8푼이었다. 그런데 도미야마 기사는 동년 간에 있어 귀성염전 1,039정보, 해남염전 1,250정보, 서산염전 530정보, 합계 2,819정보의 염전축조 설계와 공사감독에 종사했던 것이다. 당시는 전시 하라고 말해지므로, 그 노고의 정도를 살펴보는데 충분한 것이라고 사료된다. 아울러 동년대에 있어서 기타의 염전축조에 종사하였던 토목직원의 제씨(諸氏) 및 대강의 공사를 마무리했던 신염전의 마무리공사에 종사한 염전소장, 혹은 염전감독원의 씨명을 게재한다.

염전명	축조기간	면적(정보)	염생산고(톤)	축조비(円)	공사청부자	축조공사 담당자
군자염전	1921.11~1925.3(3.5년)	603	30,000	1,408,000	戶川金藏 秋山研亮	野口莊次 (소장) 大住弘 河崎泰次
귀성제3구	1933.6~1935.9(2.5년)	507	40,560	569,220	長門組 五島榮三	眞田吉之助 (소장) 三輪重秀 富山篤志 木吉一郎
귀성제4구	1935.9~1937.12(2.5년)	532	42,560	773,471	西本組 周綏?	眞田吉之助 (소장) 富山篤志 木吉一郎
남시제2구	1933.5~1935.3(2년)	266	21,280	470,942		
소래염전	1934.6~1937.6(3년)	549	38,675			鈴木球雄 (소장) 河崎泰次
귀성제1구	1938.11~1940.4(2.5년)	347	27,760			
해남염전	1938.9~1944.3(5년)	1,250	87,500			柳田萬吉 (소장) 富山篤志
서산염전	1944.4~1945.8중지	530	37,100			富山篤志 (소장)

비고: 상기 조사 사항 중, 남시2구, 소래, 귀성1구, 해남, 서산의 각 염전 축조비, 공사청부자, 공사담당자 등의 항목은 불명이지만, 후일의 조사로 기입할 예정임. 또한 염전마무리공사에 종사하였던 염전소장 및 염전감독원 안에, 1935년(昭和 10) 이후 1945년(明治 20)에 이르기까지 약 10년간, 연속작업에 종사하였던 직원은 해남의 소장 야나기다 만키치(柳田萬吉) 및 염전감독 다나카 가메하루(田中龜治) 기수 두 명이었다.

11. 관영 염전 최후의 서산염전 축조계획

1909년(昭和 19) 4월, 기공되었던 충청남도 서산의 서산염전 530정보는 슬프게도 조선에서의 관영 염전 최후의 염전이 되었다. 즉, 본 염전은 전시 하 부족을 고하는 공업염 확보를 위해, 만난(萬難)을 물리치고 축조를 결행한 것이었다. 그러나 유감스럽게도 1945년(昭和 20) 8월, 패전의 결과, 공사는 중지되었다. 공사 기공 이래, 약 1년 반 경이었다. 아울러 동(同) 염전 공사 중지기에서의 축조 상황은 금일 불명(不明)이고, 참고를 위해 동(同) 염전의 축조계획서의 일부를 게재한다.

서산염전은 1943년(昭和 18) 4월부터 도미야마 아쓰시 기사 외, 토목기수 6명, 고원(雇員) 11명, 합계 18명의 직원이 측량에 착수하였다. 그리고 19년(1944) 2월, 약 9개월간 설계서를 작성하였다. 본 자료는 그 일부로, 외곽제방 축조비 및 해수취입수문(海水取入水門), 배수복통(排水伏樋), 교량 등의 구조물에 필요한 경비뿐이고, 염전내부(鹽田內部) 경비의 자료는 아니다. 아래에 상기(上記), 공사비를 제시한다.

전매국 서산염전 축조공사 계획서

공종	수량	공사비(엔)	공사내역
제방성토	17,675m	695,283	절토 474,316m^3, 성토 467,718m^3
제방장석	7,900m	978,585	장석 3,732,983m
영체절공		313,980	
제방■선토류		2,941	사속석 4,500m
최종체절공	8개소	13,788	
계		2,004,578	
해수취입수문	3개소	90,007	수문 폭, 내현 1.8m, 고 2.5m
제내 배수복통	7개소	129,501	복통 내현 1.8m, 고 1.8m
제외 배수복통	6개소	85,537	
연락용 교량		48,031	폭 3m, 장 100m
통로용 교량		3,699	
계		356,775	
합계		2,361,353	

2. 천일염전 시찰 및 회고

<자료 182> 광량만 별견

- 원제목: 廣梁灣瞥見
- 작성자: 杉木生
- 출전호수: 《朝鮮彙報》 1920년(大正 9) 5월호
- 간행연월: 1920년 5월
- 발행처: 朝鮮總督府

너희는 땅의 소금이로되 소금이 만일 그 맛을 잃으면 무엇으로 그것을 짜게 하리요? 그 뒤에는 그것이 아무 쓸모없으므로 버려져서 사람들에게 밟힐뿐이니라.

광량만(廣梁灣) 행 자동차는 보통이면 오후 4시에 진남포(鎭南浦)를 출발하지만, 오늘은 시운전이라서 운 좋게 정오에 출발하였다. 이 자동차는 특발(特發)이라면 만원(滿員) 운임의 2배 이상을 요구한다고 들었다. 인력거도 좀처럼 싸지 않을 것 같은데, 나는 다행히 진남포에서 무료한 시간을 많이 쓸 일도 없이 행편(幸便)을 요행히 얻어 이른 봄의 시골길을 시운전하는-말하자면 뭐랄까 생기발랄한 느낌이 들었지만, 타고 보니 차체는 꼭 그다지 새 것이라고는 할 수 없는-자동차를 몰았다. 남포(南浦)에서 삼화공원(三和公園) 속, 산기슭을 돌아 갯벌의 둑과 삼화교(三和橋)를 건너 몇 부락을 지나면, 얼마 안 가서 황량한 해안의 작은 언덕 위에 있는 2층 백악관(白堊館)이 어른거린다. 여기가 즉, 광량만염전의 사무소, 정확하게 말하면 조선총독부 재무국(財務局) 전매과(專賣課) 광량만출장소(廣梁灣出張所)이다. 약 1,000정보의 염전에서 천일(天日)로 해마다 약 8,000~9,000만 근의 식염을 생산하는데, 그 생산 사무를 관장하는 관서(官署)이다.

대체로 광량만은 평안남도 용강군(龍岡郡) 연안 후미에 있어서, 지극히 대동강구(大同江口)에 근접하고 있다. 만구(灣口)는 매우 좁지만 만내(灣內)는 약 13평방마일에 달하고 있다. 만

구를 누르는 동쪽은 연대산(煙臺山: 225m)부터 동방 일대의 고지(高地)로 북으로 뻗어 가면 진남포 수도(水道)의 수원(水源) 지방인 우산(牛山: 507m)이 있다. 인도의 성지(聖地)와 닮았다고 칭해지는 황해도의 구월산(九月山)이 아득히 남쪽 산 사이에 보인다. 서쪽에 돌출한 광량리(廣梁里)에는 고성(古城)의 흔적이 있다. 약간 여순(旅順)의 광경을 방불케 하는 듯한 산수(山水)의 배치라고 생각된다. 염전은 그 북쪽 연안에 있는데, 제1구부터 제8구에 이르는 8개 사업구로 구분된다. 총면적이 1,113정보이고, 그 안에 저수지 151정보, 증발지 647정보, 결정지 76정보, 기타는 외제(外堤), 휴빈(畦畔), 함수뉴(鹹水溜), 저염장(貯鹽場), 운반로(運搬路) 등의 잡지(雜地)이다. 그런데 총면적에서 저수지와 외제 면적을 뺀 것이 내부면적이라고 칭하며, 조선에서는 보통 염전의 면적 계산을 그 내부면적으로 쓰고 있다. 광량만에서는 내부면적은 916정보이다. 1909년(明治 42) 제5구의 축조를 착수하여, 1912(大正 원년) 제8구를 최후로 준공하였다. 지금 정확한 각 제염 지방의 숫자를 가지고 있지 않지만, 이만큼의 실력이면 동양에서도 상당한 제염 지방이라고 말할 수 있다고 생각된다. 적어도 조선에서는 천일염에 있어서는 제1위에 위치하고 있다. 다만 조선의 제염사상(製鹽史上)에서 말하자면 천일염의 역사적 가치는 어쩌면 주안(朱安)에 있을 것이다. 여기에 대해서는 스즈키(鈴木) 전 장관 등도 여러 번 자세하게 이야기가 있었지만, 무심결에 대부분 잊어버렸다. 그럼에도 불구하고 광량만은 현재는 주안의 약 6~7배의 생산능력이 있다. 그리고 산 하나를 사이에 둔 임우산(霖雨山: 239m)의 동측 덕동(德洞)에 다시 300~400정보의 증축 공사 중이다. 더구나 근방에는 장래에 있어서 크게 확장시킬 수 있는 염전 적지(適地)를 가지고 있다.

사무소는 대체적으로 염전의 중앙부에 있다. 그 2층에서 보면 산 북쪽은 보이지 않지만 염전 전체라고 생각되는 정도의 광활한 지역이 한눈에 바라보여서 매우 기분이 상쾌하다. 최성기에는 여기로 무수한 종사원이 출동한다는 것이기 때문에 그 성황을 상상해 볼 수 있다.

천일염은 간석지를 이용하는 한 방법이다. 조선의 서해안에는 간석지가 매우 많다. 이것을 수전(水田)으로 하기에는 용수(用水)의 공급이 곤란하다. 그리고 또 우량(雨量)도 비교적 적다. 그래서 해수를 적당히 증발시켜 염분이 포화점 이상에 도달하면 식염이 자연히 결정되어 나온다는 프로세스를 간석지에 응용해서, 내지(內地)처럼 해수를 끓이지 않고 만드는 일로 한 것이다. 그 결과로 된 염은 눈과 같은 분말이 아니고 육면체의 결정체이다. 맛에 다소의 차이가 있지만 분쇄하여 쓰면 큰 차이는 없다. 순염분(純鹽分)[135]에서 말하면 이쪽의 퍼센트가 많다고 한다. 연료가 고가인 금일에는 물론 생산비도 이쪽이 저렴하다. 서해안은 조석(潮汐)의 간만(干滿) 차가 매우 현저하여, 인천과 같은 곳은 최고 34척에 달하고, 진남포도 24~25척, 광량만도 20척을 내려가지 않는다. 원천(遠淺)인 해안은 그 때문에 매우 커다란 간석지를 노출하여, 광량만만 하여도 만내(灣內)에는 겨우 몇 개의 항적이 남을 뿐이고, 다른 곳은 전부 육지로 되어 버린다고 한다. 이 간석지에 외제(外堤)를 축조하여 조수를 차단하고, 제방 내부를 정지(整地)하면, 여기로 만조시의 조수가 자연스럽게 유입된다고 하는 것이 소위 자연유하식(自然流下式) 염전의 대개요(大槪要)이다. 광량만에서는 대조(大潮) 때 최고조 때의 해수를 도입시켜 이것을 저수지에 가득 담고, 순차로 염전에 주출(注出)시키고 있다. 이렇게 하면 저수지에 광대한 면적이 필요한 대신에 저수(貯水) 중에 다소 농도는 증가하는 것이다. 염전의 일부는 증발지이고, 일부는 결정지이다. 증발지는 증발을 용이하게 하기 위하여 대체로 약 10단위(段位)로 낙차를 만들어 배열하고, 저수지로부터 주출시킨 함수가 증발함에 따라 차츰차츰 갑(甲)에서 을(乙), 을에서 병(丙)으로 결정지에 가깝게 옮겨져 가서, 최후의 증발지에서 농도는 모씨(母氏) 비중 20도 내외가 된다. 이것을 결정지로 옮긴다. 결정지는 저부(低部)에 특수한 장치를 하여 증발을 용이하게 하는 식으로 해서, 여기서 수분의 증발에 의해 수중에 용해되어 있던 염분이 과포화(過飽和) 상태에 도달해 결정되어 나오기 때문에 이것을 좌르르 긁어모으면 되는 것이다. 제염의 성황을 묘사한 사진은 곧 이 결정지에서의 채염 상황, 또는 그 운반 상황 바로 그것이다.

제방은 천일염전의 생명이다. 조수가 오고 가고, 낮과 밤을 가리지 않으며 해수에 씻기고 있는데, 만일 하루아침에 이 제방의 일부에 금이 가면 염전은 순식간에 간석지로 되어 버린다. 따라서 어떤 사람은 염전의 생명은 네덜란드(和蘭) 해안 지방의 생활과도 같다고 하였다. 또한 어떤 사람은 염전 경영은 염부(鹽夫)로 하여금 애전(愛田) 사상을 함양시키는 일에서 출발하지 않으면 안 되며, 애전 사상은 곧 애제(愛堤) 사상이라고 하고 있다. 따라서 제방 공사에는 갑·을·병 등의 구별이 있는 외에, 조수에 씻기는 부분은 크고도 굵게, 또 돌붙임(石張)으로 하여 견고하게 만들고 있다.

---

135 순염분(純鹽分)이란 염화나트륨의 함유량을 말한다.

다음으로 염전의 생산량은 어떠한가? 이것을 알기 위해서는 아래 1919년(大正 8)의 제염표(製鹽表)를 게재하는 것이 가장 간명할 것으로 생각된다.

1919년(大正 8) 광량만 제염표

염전구분	면적(町步)	제염총액(斤)	1정보당 제염액(斤)		
			최고	최저	평균
제1구	52	4,525,000	-	-	87,019
제2구	215	17,293,000	102,600	66,609	80,433
제3구	156	12,616,000	91,000	64,000	80,782
제4구	116	8,533,000	94,285	52,526	73,560
제5구	57	5,035,000	-	-	88,333
제6구	202	15,456,000	90,500	67,222	76,515
제7구	40	2,880,000	-	-	72,000
제8구	78	5,786,000	82,750	65,333	74,179
합계	916	72,144,000	102,600	52,526	78,760

이것에 의해 보니 염전 역시 수전(水田)에 지방마다 차이가 있는 것처럼, 동일 면적에서 반드시 동일한 수확이 있다고는 할 수 없다. 오히려 현저한 차이가 있다고 생각된다. 그런 차이점을 가져오는 원인의 하나는 지질의 관계도 있고, 지위(地位)의 관계도 있다. 예를 들어 풍력·일광 등에 관한 이불리(利不利)의 구별에 의해 상당한 차이점을 가져오는 것이다. 어떤 사람이 술의 명소인 나다(灘)[136]에서 겨울철 어느 날 상당히 추웠기 때문에 인사할 요량으로 "오늘은 몹시도 춥네요"라고 말했더니, 그 지방 사람이 춥다는 말이 어찌나 기뻤던지, "네, 덕분에 무척이나 차네요."라고 대답하여 당황했다고 하는데, 염전에서 바람(風)은 가장 좋아하는 것이다. 염전에서 모자를 불어 날려버린 바람을 저주하는 자라면 도리어 거꾸로 염전 경영자로부터 저주를 받지 않으면 안 된다. 증발량은 일광(日光)에 의하기보다는 풍력에 의

---

136 나다(灘)는 효고현 고베시 부근 해안 지방에 있는 술의 명산지이다.

한 쪽이 훨씬 많다. 따라서 제염의 최성기는 한여름의 시절이 아니라 늦봄에 바람이 강할 때이다. 그러므로 염전의 적지(適地)는 풍위(風位)를 조건으로 하지 않으면 안 된다. 다음으로 생산 공정은 조수의 농도에 관계한다. 이 점 때문에 하구(河口)로부터 상류에 있는 염전은 염분이 희박해서 산출량이 좋지 않게 된다. 염전 감리(監理)의 교졸(巧拙)도 역시 고구(考究)되어야 한다. 주안에서는 결정지에 옹기 파편을 부설해 놓고 있다. 광량만에서는 돌을 부설하는 일이 있지만 성적이 좋지 않았다. 8~9도 이하의 농도에서는 증발지에 일종의 수초가 덮이어 증발을 방해하는 일이 있다. 게나 갯지렁이가 저부(底部)를 망쳐놓고, 함수를 누설시키는 일도 있다. 갑 증발지로부터 을 증발지로 옮기는 가감(加減)도 역시 손대중으로 하는 것이다. 미국 주변의 천일염전은 1척 내외의 수심(水深)으로, 그것으로 증발한다고 하는데, 비교적 청천(晴天)이 지속되지 않는 조선에서는 그와 같이 할 수 없어서, 각지(各池)는 1푼에서 1촌 5푼의 수심을 가지고 1일 1단에서 2단을 내려가 7일 정도에 결정지로 들어가는 것이다. 애써서 상당하게 증발시킨 것을 비를 맞아 희석되는 일도 있다. 이것들은 모두 감리의 문제이다.

　이상은 조망이 좋은 사무소의 2층에서 염전과 광량만을 굽어보면서 설명들은 줄거리의 일부이다. 사무소의 앞에는 사무소에 근무하는 사람들이 거주하는 관사(官舍)가 주임관사(奏任官舍) 3호, 판임관사(判任官舍)는 2호 건물이 십수 동 있고, 이밖에 독신자를 위한 합숙소, 고용인을 위한 용인숙사(傭人宿舍)가 있다. 소학교도 있고, 클럽도 있다. 이 정도를 일단(一團)으로 하여 그 지방 사람들은 신도시로 부른다. 건축 공사 중에는 더욱더 가지각색의 민가(民家)도 있었지만, 요사이에는 거의 민가는 2~3호밖에 없다. 구시가(舊市街)로도 불리는 우등리(牛登里)는 십수 정(丁)을 사이에 둔 제5구 염전의 안쪽에 있는데, 여기에 우편국이나 보통학교, 주재소 등이 있는 것이다. 염전부락으로서는 또한 이 밖에도 다수가 점재하고 있지만, 가장 염전부락다운 기분이 드는 것은 신시가에 있을 것이다. 다만 이 부락에는 "어부의 딸이 조염(藻鹽)을 태우는 연기"라고 하는 염전의 풍정(風情)은 도저히 찾으려고 해도 찾아지지 않는다. 따로 요사이 말하는 신촌(新村)이라고 하는 식의 기분이 있는 것 같은 생각이다.

　사무소 앞의 저수지에서 증발지로 내려가는 좁은 휴반(畦畔)을 나가고 나가서 현지(現地)에 내려가 보면, 2층에서 본 것보다 더욱 아득히 광활하다. 외제(外堤)까지는 상당히 용이하지 않다. 곳곳에 조선인 인부가 있는데 작업 준비를 하려는 것 같다. 본년은 봄의 추위가 늦었기 때문인지 작업에는 착수하지 못한 것 같다. 전반적으로 이 뿐인 염전에 몇 사람의 인부가 필요한가 하면, 요즈음에는 1정보에 약 1인, 1,000정보에는 900명에서 1천 명이라고 한다. 대부분은 조선인이다. 현장감독 아래에서 사업수(事業手)랄까 염부장(鹽夫長)이랄까 하는 담당이 있다. 그 아래에 파토(把頭)라고 부르는 지나(支那) 이름의 담당이 있어서, 이들이 직접 염부를 지휘하는 것이다. 파토와 염부는 9명, 또는 10명이 일단(一團)으로 하여 10정보 내외로 구획된 염전을 담당하고 있다. 염부는 그 지역 사람들도 있지만, 황해도 주변의 출가인(出稼人)도 적지 않다. 이들은 염전 근처에 세워진 염부소옥(鹽夫小屋)에서 몇 조씩 공동생활을 하며 봄부터 가을까지의 작업기를 보내는 깃이다.

 염전은 이렇게 몇 백 정보 계속된 바를 바라보면 어찌됐든 넓다. 곳곳에 염부소옥이 있고, 저염장(貯鹽場)이 있고, 수로는 종횡으로 통해 있다. 여기에 풍차라도 세워져 있으면 정말로 그림에서 본 네덜란드 같은 곳이라고 하고픈 기분이 들고, 가끔 오면 풍진(風塵)도 멀어 정말로 괜찮겠지만, 정작 이곳에서 생활한다면 어떠할까?

 염전 작업은 예년 3월 상순에 준비에 착수해서 4월 초에는 이미 염이 나온다. 비는 금물이기 때문에 작년과 같이 가뭄이었던 해는 염전에게는 심히 풍년이다. 실제로 우기(雨期)는 가장 나쁘다. 애써 채취한 염을 유실할 우려가 있다. 따라서 소나기가 내릴 때에는 불침번으로부터의 경보(警報)로 밤에도 한밤중에도 인부를 깨워 일으켜 각각의 조치를 취하지 않으면 안 된다. 최성기의 바쁜 중에도 역시 이루 말할 수 없을 정도로 노동시간 등은 염전 작업에서는 논하고 있을 수 있는 것이 아니다. 생산된 염은 일부는 현장에서 판매한다. 이것은 대동강을 거슬러 상류 지방에 판매된다. 기타는 진남포의 염고(鹽庫)에 저장하고, 이곳에서 기차로 각지(주안의 판매구역인 京城 부근은 제외)에 반출시키는 것이다. 겨울은 비교적 한산하다. 적어도 내업(內業)뿐이다. 서풍이 강한 신시가의 만목소조(滿目蕭條)한 겨울의 광경을 상상해 본다. 『겨울의 야화(夜話)』랄까, 『템페스트(The Tempest)』랄까 하는 표제의 책이 정말이지 읽혀지는 심정이다. "쓸쓸할 거야 겨울은"이라고 깨소금(胡麻鹽)을 섞은 턱수염을 1촌 정도로 길게 남겨둔 주름진 노인에게 물었더니, 노인은 "예예"하고 잠시 생각하더니, "그렇지만 저는 역시나 광량만이 조선에서는 제일 살기 좋다고 생각합니다"고 말하며 싱글벙글하면서 천천히 광량만 생활을 말한다.

 "겨울은 한적합니다만, 그리고 저는 대구에서도 살았지만, 대구보다도 이곳이 좋은 것 같아요. 땔감은 황해도에서 배로 가져오고, 할 일이 없기 때문에 어지간하면 온돌에 있습니다. 뭐 즐길 것은 사냥 같아요. 새는 많이 있습니다. 해마다 갑자기 추위지면, 저수지의 물고기가 동사(凍死)를 하는데요. 작년은 그렇지 않았지만, 재작년은 2척도 되는 듯한 농어나 숭어가 정말 많이 떠올랐어요. 지게로 운반했지요. 남포(南浦)로 가져간 것은 20원도 30원도 되었다고 합니다. 난리가 났지요. 눈만 오지 않으면 저수지의 얼음 위에서 살짝 아래를 내려다보고, 물고기가 얼음에 갇혀 죽어있기 때문에 얼음을 깨고 끌어냅니다. 작게 보이는 것도 잡아내면 상당히 큰 것이었어요. 에, 눈이 내리면 안 돼요. 얼음 위가 뿌예져 아래가 보이지 않게 되기 때문이죠."

"요사이 따뜻해지면서 더욱 좋습니다. 공원(사무소의 뒷산)의 벚꽃도 참 많이 컸어요. 조금 두껍기 때문에 뽑는 편이 좋은 것 같아요. 아카시아도 참 많이 컸습니다만, 이것들은 집게벌레(蠖蟲)가 많아서 안 되겠어요. 집게벌레라고 말하면, 이곳에 집게벌레가 많은 것은 입을 다뭅니다. 말라리아는 그리 많지도 않습니다만, 수교(藪蚊)는 왜 이처럼 아플까요? 벚꽃도 제법 붙어있는 것처럼 되었습니다. 능금·복숭아꽃도 좋지만 과실도 잘 익었어요. 차마 먹을 수 없을 정도입니다. 이곳의 토지는 상당히 과일을 〈심기에〉 좋아 보이고, 수박이나 참외도 좋습니다. 배추도 훌륭한 것을 얻을 수 있어요. 겨울 동안에 얼음을 잘라 놓으면 한여름에 아이스크림 정도로는 쓰입니다. 겨울은 아침 해에 빈 상자로 움막을 만들어 파나 우엉을 넣어두고요, 양계(養鷄)도 꽤 재미있는 일이에요."

노인은 조선·지나·시베리아로 동아시아 3천리를 방랑했다고 한다. 그 꾸미지 않는 말투와 간소한 태도는 내가 추억하는 사람들의 한 사람으로서 셈하기에 충분했다. 그 이야기는 지루함을 느끼지 못했다. 노인은 거듭 가을은 광량만의 연중 제일의 행락철이라고 말한다. 가을에는 염전제(鹽田祭)[137]를 한다. 이것도 공원에서 행하는 것이다. 그리고 일본 시바이(芝居: 연극)를 열고, 호넨오도리(豊年踊: 풍년춤)를 추며, 모기텐(摸擬店: 간이음식점)을 내고, 가장 행렬을 하기도 한다. 신시가의 사람들뿐만 아니라, 전 염전의 종사원, 그 가족과 근교 가까이 사는 선남선녀가 모두 그 언덕 위에 모이는 것이다. 남자는 진남포에서도 평양에서도 나

---

[137] '염부위안회(鹽夫慰安會)'라고도 하며 매년 10월 초, 한 해의 제염사업이 마무리 되는 시기에 열린다. 조선의 각 천일염전에는 아마테라스 오미카미(天照大神)와 시오가마 오오카미(鹽竈大神) 등 일본 신을 모시는 신사(神社)가 마련되어 있어서, 이곳에서 해마다 제염의 풍년과 염부들의 노고를 위로하는 염전제를 행하였다. 염전제에 대한 자세한 내용은 본서 5장 3절을 참조.

올 기회가 있지만, 여자는 좀처럼 나오기가 어렵다. 그렇게 말하는 사람들에게는 염전제라고 하는 행사는 당연히 1년 중의 기대임이 틀림없다. 노인이 여러 가지의 광경을 이야기하고 감에 따라, 나는 야마기시(山岸) 군이 언덕 위를 따라 걸을 때에 여기가 모기텐을 만든 곳이냐, 여기는 무엇을 하던 곳이냐는 등등 일일이 현장을 보여 준 것과 비교해서 생각하였다. 그리고 마치 고마바(駒場)의 가장행렬이 1년 중 당사자의 머리를 지배하는 것과 똑같은 식이라고 하면서, 이 부락에서의 염전제의 중요함을 어림잡아 보았다. 내지(內地) 촌의 진수제(鎭守祭) 등도 연상되었다. 맑게 갠 가을날에 고요한 염선에서 소수의 내지인과 다수의 조선인이 뒤섞여 흥겨워하는 모양이 눈앞에 상상되니 아무래도 염전업은 즐거운 일일 것이라 생각된다. 이러한 향락(享樂)과 노작(勞作)과의 조화를 얻은 사람들의 단란(團欒)을 뭔가 의의 있는 것으로 살펴보겠다고 생각하기도 했다. 이곳의 생활은 외견으로는 쓸쓸하여 어딘가 아쉽지 않을지도 모르겠지만, 그것은 외형일뿐이다. 그리스도가 '땅의 소금'이라고 한 식염의 제조는 그럴싸한 사업이 아닐지도 알 수 없지만, 적어도 진면목인 것임에 틀림없다. 그 사업 내부에는 반드시 모든 사람이 만족하고, 모든 사람이 즐거워할 뿐인 어떤 것이 있음에 틀림없다.

그럼에도 불구하고 광량만 생활은 해안에 있으면서도 물의 즐거움에는 인연이 멀어 보이는 것은 아쉬운 기분이 든다. 이것은 앞에서도 적은 것처럼 만내(灣內)가 갯벌이기 때문이기도 하지만, 저수지와 같은 곳도 이런 즐거움에는 거의 아무런 공헌이 없다고 한다. 나는 만만히 넘치는 만조 때에 제방 위를 소요(逍遙)하며 보니, 적어도 요트의 즐거움 정도는 누릴 만한 것이라고 생각했는데, 요트는 〈물론이고〉 미련한 거룻배조차 거의 없다고 하는 식이다. 요즘은 스미다 강(隅田川) 등에는 여러 가지 새로운 기계장치의 조종이 쉬운 플레저 보트(pleasure boat)가 있는 때인데, 광량만의 생활도 지금 더욱 물과 친해질 수는 없을까? 다만 간조시에는 잘 마른다. 생각보다 잘 말라서, 여울로 없어진다고 하는 것이 수상설비가 늦어지고 있는 이유인 것 같은데, 한강에 조차 쓸 만한 보트가 없는 조선의 현상에서는 지극히 당연한 일인지도 모르겠다. 그리고 만외(灣外)는 7마일의 수속(水速)으로, 조수간만(潮水干滿)이 있으므로 자칫하면 떠내려가 버린다. 염주(鹽舟)는 간조(干潮) 때 타서 만구(灣口)까지 나오고, 다시 만조(滿潮) 때 타서 남포로 향한다고 한다. 나도 돌아가는 길에는 발동기에 타서 만구로 나가 덕동(德洞) 제3구 염전 축조의 현장을 구경하고 진남포로 나갔는데, 정말로 마른 것은 잘 말랐다. 그러나 물 위는 역시 아무래도 유쾌하다. 만내도 좋고, 만구의 열린 조망도 좋다. 덕동의 신 염전에서 대동강을 거스를 때는 순풍의 상승세를 타서 화살과 같이 달렸다. 산하(山河)는 아련한데, 강수(江水)는 끝이 없고, 게다가 십 몇일인지의 달까지 걸쳐 있으니, 패강(浿江)의 정미(情味)는 참으로 넘칠 뿐이었다.

그럼에도 불구하고 광량만에는 물의 즐거움이 없으나, 광량만의 사람들은 특별히 복 받은 행락(行樂)이 하나 있다고 한다. 그것은 용강온천(龍岡溫泉)이다. 온천리까지는 가장 깊숙한 염전에서 1리 반이 걸리는데, 진남포와는 자동차가 통하고 있다. 내가 간 것은 구름이 낮게 드리웠던 으스스한 날의 오후였는데, 유감스럽게도 나에게는 그다지 많은 감흥을 일으키지 않았다. 첫째로 토지가 습윤하였고, 또 집의 구조가 임시적이었다. 온천은 함미(鹹味)가 있어서 의치(醫治)의 효능은 풍부하다지만, 조선의 온천은 어쨌든 속취(俗臭)도 있는 것이 동래(東萊)가 좋다. 해운대, 유성, 금강산, 수안보, 내가 떠올리는 온천 중에서 용강은 조선 제일이라고는 생각하지 않는다. 이 온천의 즐거움보다는 멀리 수상(水上)의 즐거움이 바람직한 일이다.

〈자료 183〉 수원군의 염전을 시찰하고 전오염의 대책을 논함

- 원제목: 水原郡の鹽田を視て煎熬鹽の對策を論ず
- 작성자: 石谷寅三
- 출전호수: 《專賣通報》 제98~100호
- 간행일: 1933년 1~3월
- 발행처: 朝鮮專賣協會

1. 서언

경기도 수원군(水原郡)에서의 전오염(煎熬鹽) 제조고는 제조업자가 1930년(昭和 5) 총독부령 제23호 제2조의 규정에 의해 전매국(專賣局)에 제출해야 하는 염 제조업자 보고에 의하면, 1931년(昭和 6)분 제염 상황은 부옥(釜屋)수 125개, 염전면적 22만 3,000여 평, 제염고

433만 4,000여 근, 제조능력 628만 4,000여 근으로 되어 있어, 전년분의 산액과 비교해서 138만 2,000여 근, 즉 약 3할 5푼이 증가하였다. 1932년(昭和 7)은 날씨의 혜택을 받고 있기 때문에, 어쩌면 그 산액은 600만 근을 초과할 수 있을지도 모르겠다.[138]

위와 같은 상태이기 때문에 천일염에 종사하는 나로서는 약간은 전오염에 대한 지식을 얻어 본무(本務)의 참고에 도움이 되고자 하는 생각에 10월 하순, 그 일부 지방을 시찰하였다. 계절이 성수기를 지났고, 체재기간도 실질적으로 2일간의 단기간이었으며, 게다가 이런 종류의 조선 서해안 재래시 염전외 답시기 금회가 처음이어서, 선혀 예비지식이 없었기 때문에 자료의 수집이 불충분했다. 따라서 조사가 두찬(杜撰)이라는 꺼림칙함이 있지만, 견문의 개황을 기술하고 아울러 거기에 대한 소감을 서술하여 보겠다고 생각하였다.

2. 염전 및 제조 작업 상황

수원군의 전오염전(煎熬鹽田)은 음덕(陰德), 마도(麻道), 송산(松山), 서신(西新), 우정(雨汀) 및 장안(長安)의 6개면 연안에 분포한다. 이 중 음덕, 마도 및 송산면이 포위 형성한 소위 남양만(南陽灣)에 면한 동리의 연안이 본장(本場)이다.[139] 마도면 석교리(石橋里) 및 송산면 사강리(沙江里)가 주산지에 가까운 시장이고, 또한 면사무소 소재지인 관계로 그 지방 거래의 대

---

138 1930년 조선총독부는 「수이입염관리령」을 반포하여 조선 내에서의 염 유통의 태반을 차지하는 천일염의 통제권을 확립했지만, 재래 전오염을 생산하는 민간염업에 대해서는 '자유방임'의 정책을 취함으로써 당초 지향한 염 전매제도로는 이행하지 못하였다. 민간 염업자들은 위의 상황 아래에서 생산을 계속 이어가기가 더욱 곤란해져서 생산자 수나 부옥 수도 감소하고, 생산지 역시 축소하는 경향이었다. 그럼에도 불구하고 기후 및 지리적 조건이 염의 생산에 적합한 지역, 또는 연료비 등의 생산조건이 상대적으로 우위에 있었던 염전에서는 생산자 수의 감소를 보완하는 형태로 생산을 계속하여, 1930년대 후반에 이르기까지 6,000만 근 내외의 생산을 유지할 수 있었다. 하지만 이러한 형태의 생산은 가족노동 중심의 부업적 경영이 대부분이어서 시기가 경과할수록 민간염 생산자가 감소하고 생산지역도 축소되는 경향은 거스를 수 없었다(田中正敬, 1997, 「植民地期朝鮮の塩需給と民間塩業-1930年代までを中心に」, 『朝鮮史研究会論文集』 第35集, 167쪽 참조).

139 전통시대 경기도의 제염지를 대표하는 곳은 경기도 남부에 위치한 남양만 일대의 염전이다. 현재의 화성시에 속하는 옛 남양도호부의 송산면, 마도면, 음덕리면, 우정면, 신리면 등 일대에 속한 염전들이다. 이곳에서 생산되는 소금은 통칭하여 '남양염'이라 불리며 전국적인 명성을 얻었다. 이는 남양만의 자연환경적 입지 조건뿐만 아니라 발달된 갯골과 하천을 통해 서울, 수원 등 전통적인 인구밀집지역으로의 수송이 편리하다는 지리적 이점이 제염지로서의 발달을 촉진시켰기 때문이다. 조선시대 남양염이 왕실의 진상품으로 공납되었음은 물론, 한말에는 둔포·부강·김천 등 멀리 삼남지방의 소금 집산지에까지 유통되었다(《『商彙纂』 제45호, 1905, 〈釜沿線ニ於ケル鹽ノ需要狀況〉)

부분은 여기서 이루어진다.

제염의 판로는 수원군내, 경성부내 및 그 근교를 주로하고, 용인·평택·성환·안성·천안 등의 각 시장에도 가을에는 상당한 출회(出廻)가 있다. 또한 경성·평택·안성·천안 방면으로의 수송은 선편(船便)으로 회송되는 식이다.

전오염의 생산이 천일제염의 매행(賣行)에 영향을 주는 가을철 김장(漬物) 시기에는 그것들로서 매년의 예로 삼는 것과 전오염의 용도가 이 지방 이외는 주로 중류계급 이상의 김장용이기 때문에, 그 생산의 풍흉은 천일염과 크게 문제가 없다. 뿐만 아니라, 이 지방의 전오염 제조는 농가의 부업으로서 이루어지고, 대체로 자금이 풍부해지는 일이 많기 때문에 이듬해까지 염전에 염을 이월하는 일이 전무하므로 가을철 천일염전의 판매에는 거의 영향을 미치지 않는다.

염전의 경영형태로는 전반적으로 통계를 결여하고 있지만 대부분이 자작(自作)이고, 소작인(小作人)은 겨우 일부에 남아 있는 것으로 추찰(推察)된다.

자작·소작을 묻지 않아도 대체로 자금력이 빈약한 자가 많다. 대부분은 지방 상인으로부터 금품의 전차(前借)를 받아 비교적 높은 금리를 물고 〈이들에게〉 제품이 독점으로 거래되는데, 이러한 악습관은 조선에서의 이런 종류의 유치한 산업의 부착물이다. 다만 제조자 중에는 제조와 상매(商賣)를 겸업하는 자가 있다. 이들은 상당한 재력을 가지고 있고, 또 스스로가 노동하지 않고 상용하인(常傭下人)에게 보통 경지경작(耕地耕作)의 여가 작업을 시키기 때문에 비교적 유리한 입장에 있다. 금일 면내(面內)에서 부자라고 칭해지는 계급자는 대체로 이런 방법으로 염가 1석(石)에 5~6원도 하는 시대에 재산을 만든 것이다.[140]

염전은 모두 공유수면(公有水面) 상의 간석지에 설치되어 있어, 지적도·임야도 등에 등록된 것은 전무하다. 그렇다고 해서 공유수면취체규칙(公有水面取締規則)에 의해 도지사(道知事)의 허가를 받아 경영하는 것도 하나도 없다. 일종의 모경지(冒耕地)[141]임에도 불구하고, 염전

---

140 식민지기 제염업의 경영과 상매를 통해 재산을 축적하고 성장한 지주들도 많았다. 경기도 화성군 남양의 박씨가, 충청남도 서산의 이씨가. 전라남도 서남해안의 섬지방인 암태도의 문씨가와 천씨가, 자은도의 허씨가, 비금도의 류씨가 등은 염전을 잘 경영함으로써 부를 축적하여 지주가(地主家)로 성장한 대표적인 예이다(박천우, 1990, 〈일제하의 천석꾼·만석꾼들〉, 《역사산책》 9월호).
141 모경지(冒耕地)란 개간 허가나 토지소유자의 승낙 없이 임의로 농지로 조성한 토지를 말한다.

경영자 등은 각각 사유권을 주장하고 있어 매매도 행해지고 있는 모양인데, 금회 조사한 바에서는 특별히 민유(民有)라는 것을 입증할 수 있는 문기(文記)나 기타 서면(書面) 증빙은 하나도 존재하지 않았다.

염전의 양식은 모두 무제방(無堤防)의 일종으로 들 수 있는 빈식(濱式)의 것으로, 염판(鹽板: 우리들이 칭하는 협의의 염전), 여과지(濾過池: 鹽井), 저수지와 부옥(釜屋: 鹽幕) 및 그 부속 물치장(物置場)으로 이루어졌다. 염판 및 저수지는 월 2회 삭망의 대조(大潮) 때에 그 표면이 물에 덮이는 것이 필요한 관계상 비교적 저지(低地)에 있고, 그 민석과 같아도 관수(冠水)될 때마다 다소의 변경이 있음을 보통으로 한다면, 여과지·부옥 및 그 부속 물치장 부지는 대조 때라 할지라도 절대 관수되지 않는 식으로 토성(土盛)된 고지(高地)에 있다.

염판은 함수를 채취하기 위해 염분을 흡수한 흙을 말리는 작업을 하는 곳이다. 작업의 편익(便益)상 부옥에 근접한 평탄지일 것과 매월 삭망의 대조 때 관수하는 것이 필요하지만, 관수가 단일(短日)일 때에 퇴조(退潮)하여 건조가 빠른 보통 때에는 지하로부터 조수(潮水)가 침윤하여 살사(撒砂)의 건조를 방해하지 않는 식으로 지반(地盤)을 굳히고 있을 것을 요건으로 한다. 최소 500평, 보통 800평, 최대 1000평을 넘는 것이 있다. 다만 이 면적은 관수할 때마다 다소의 증감이 있고, 또 기후가 쾌적한 때에는 건조가 양호하기 때문에 약간의 요건을 결여한 토지에서도 이용할 수 있어서 그 경계는 가능한 한 확대되어졌다. 따라서 1염판의 평균면적은 800평 내외로 개산(槪算)하는 것이 적당하다(금회 어느 염판을 개측한 바 772평이었다).

염판의 형상은 지세가 주로 수로에 소재하는 관계로 일정하지 않지만, 대체로 부채살형을 이루어 그 내측이 염막(鹽幕)의 동서남북 어느 한 쪽의 일변(一邊)에 해당한다. 따라서 1염막에는 4개의 염판이 부속하는 것을 원칙으로 하는데, 전술한 바와 같은 일정 요건을 갖춘 것이 없다면 염판일 수가 없는 관계상, 대체로 염막에는 2개 염판 또는 3개 염판이 부속하는 것이 많은 형태이다.

염판의 작업 순서는 다음과 같다. 관수(冠水)가 내조(來潮)하기 전날에 여과지의 옆에 퇴적되어 있는 살사(撒砂)를 파일구어 소괴(小塊)가 된 것을 염판 위의 적당한 개소(個所)로 운반하고, '써레'[길이 4척방(尺方) 4촌위(寸位)의 각재(角材)에 10여 개소의 목제치형(木製齒形)을 부착시켜서 흙을 긁어 평평하게 하는 용구]를 소(牛)에게 끌게 하여 그 모래를 염판 위 일면에 살포시켜 놓고, 하루 이틀 관수하면 살사는 충분히 조수(潮水)를 흡수한다. 관수가 퇴조(退潮)한 뒤, 이 살사가 햇볕으로 점차 건조될 쯤이 되면, '써레'를 소에게 끌게 하여 그것을 파일구어 햇빛에 비춘다. 살사의 작은 덩어리가 대략 굳어졌을 때, '번지'(길이 4척, 직경 4촌의 반원형 굵은 목재로 흙을 분쇄하는 용구)로 사람이 한쪽 다리를 디디고, 소에게 끌게 하여 살사 덩어리 위를 끌고 다녀 덩어리를 분쇄하여 욕사면(浴射面)을 많게 함으로써 내부에 함유하는 수분의 증발에 편리하게 한다. 살사가 건조되면 다시 상기(上記)한 '써레'와 '번지'로 연속작업을 반복하여 행한다. 살사가 더욱더 분말로 되어 수분이 전무에 가까울 정도까지 건조되기에 이르면, 비로소 본 작업을 그만두고 '나레'(길이 4척, 지름 4촌위의 통나무로 판을 만들어 맞추고, 수평으로 끌어 흙을 부수어 모으는 용구)를 사용하여 건조된 살사를 여과지까지 긁어모아 운반한다.

여과지는 여과장치장(濾過裝置場)과 함수류(鹹水溜)로 이루어졌다. 여과장치장은 폭 12척, 가로 7척이다. 사주(四周)에 흙으로 7~8촌 높이의 제방을 축조하고, 저부에 통나무를 '정(井)'자형으로 가로질러 논 것에 짚(筵)을 씌우고, 그 위에 모래진흙의 흙을 입혀 표면을 평평하게 한 장소이다. 염분이 부착하여 건조된 살사를 그 위에 얹고, 가장 가까운 저수지의 조수(潮水)를 길어 부우면, 살사 중에 섞인 염분은 조수에 용해되어 함수(鹹水)로 되고, 그 저부부터 여과되어 이 장치의 가로로 설치된 함수류의 우물로 흘러들어간다. 함수류 우물은 깊이 15~16척이다. 통나무를 조합한 것을 정측(井側)으로 하고, 상부에 2척 4촌 방위(方位)의 급취구(汲取口)가 있다. 우물 안에 함수가 저류하는 때에는 여기서부터 '바가지'(瓠類)로 만든 두레박으로 길어 올려 임시 흙으로 만든 도랑(溝)을 통해 부옥(釜屋) 안의 염정(鹽井)으로 유입·저장시켜서 충분히 끓여 원료로 공급시킨다. 이렇게 씻기이 끝난 살사는 여과지로부터 내려놓아져 그 부근에 퇴적해 두고, 다음의 관수일(冠水日) 전에 다시 파일구어 염판에 살포되어진다.

이상이 대체적으로 전오염의 끓이는 원료가 되는 함수의 제조 순서 과정이다. 즉, 이 함수 제조에 필요한 1회 조작기간은 삭망일을 중심으로 염판 위의 관수가 퇴조하고, 살사가 차차로 말라 경작에 적합한 때부터 시작되어, 다음의 관수하는 때 전에 종료하는 차제이기 때문에, 보통 6일에서 8일이 필요한 것을 원칙으로 하여-다만 조작은 흙의 건조를 전제로 이루어지는 것이기 때문에 1일의 종업시간은 비교적 적어도 좋다-1개월에 2회까지 반복하여 행할 수 있다. 여름 볕이 계속되는 경우는 3일 정도로 조작을 마칠 수 있지만, 다음 회의 작업은 살사가 일단 염판 위에 관수되지 않으면 하기 어렵기 때문에, 이 경우에도 1개월 2회의 작업에 그친다. 유제입빈식(有堤入濱式) 염전과 같이 조수를 길어 올려 모래에 살수하여 함수를 만든다. 조선의 동해안 염전에 비해 원시적이고, 이용가치도 들 수 없는 경제적이지 못한 것이다. 이런 염판 작업에는 제조업자의 가족 1~2인이 주로 노동하고, 별도로 소 1두와 함께하는 인부(人夫)를 고용하여 경작에 맡기는 것을 보통으로 한다. 이따금 넓은 면적의 염판에는 소 2두를 동시에 사역하는 경우도 있다.

고용자에 대한 보수는 청부제(請負制)로서, 1회 조작기간에 소 1두와 인부 1인 1조에 대해 보통 2원 정도이고, 종업일의 중식과 연초는 고용주가 지급한다. 이 경우 중식은 가족이 먹는 것과 같은 것이기 때문에 연초와 합하여 7일분을 시급한다고 가정하면, 금전으로 환산하여 70전 정도이고, 결국 1회 조작의 청부 환산금액은 2원 70~80전에 불과하다. 이 청부액은 일견 매우 저렴한 값이어서 완전히 우리들의 기대에 반하는 감이 있지만, 전오염의 제조는 대부분 농가의 부업으로 농업의 여가에 이루어졌다. 1일의 종업시간만 하여도 전답 경작의 때와 같이 아침 일찍부터 저녁때까지 노작(勞作)하는 것과는 내용이 다르다. 말하자면 점심 휴식 시간에 이루어지는 것이기 때문에 이 정도가 적당한 것일지도 모르겠다.

이런 청부제도를 곱씹어 보면 재미있는 일도 있다. 즉, 불볕더위가 계속하여 일찍 조작이 종료되는 경우, 또는 도중에 비가 오게 되어 고용주가 함수의 완성비율이 나빠진 것을 알게 되어 일찍 조작을 끝맺고 함수 채취에 착수한 경우는 현품급부고(現品給付高)는 적게 끝나지만, 종업일수는 비교적 적음에도 불구하고 오히려 임금은 소정 금액을 지불하지 않으면 안된다. 그 반면에 날씨가 생각지도 못하게 건조하여 지지부진하게 7~8일 이상에 걸쳐 조작되는 경우, 또는 가령 3일 조작을 했어도 함수 채취 착수 전에 비가 내려 건조가 전혀 되지 않은 경우는 조금도 고용자에게 지불하지 않는 관습이 있다. 이것이 혹은 상호부조와 합심 협동의 미덕일지도 모르겠는데, 이런 뼈를 삼켜버리지 않았던 우리들의 종전의 전오염 생산비 조사 성적은 거의 실패하였고, 또 그것으로부터의 생산비 조사에 즈음해서도 정확한 계산이 서기 어려운 감이 있다.

1개 염판의 1회 작업기간의 함수 제조 석수(石數)는 이용면적의 광협(廣狹), 토질의 적부(適否), 작업기간 중 기후의 양부(良否) 및 생산 함수의 염분 함유도수의 농담(濃淡) 여하에 따라 각기 다르지만, 나의 추정에서는 면적 800평의 보통 염판이라면 보메 비중계에서의 비중도수 19도 내외의 함수를 40석 내지 50석 생산하는 비율이다. 아울러 계절적으로 세분하면 4, 5, 6월 3개월이 50석, 9, 10월 2개월이 45석, 기타의 달이 40석을 표준으로 되는 식이라고 생각한다.

함수를 몇일 채취하면 좋은지는 살사의 건조 상태를 가늠하여 행하고, 또 함수 농도의 감별에는 별단의 비중계 등의 기계를 사용하지 않고도 가까운 도시락의 밥알을 띄워 그 부유(浮遊) 상태에 의해 양부를 판정하는데, 이와 같은 방법에 의한 것은 천재기술자이다.

염판·염정 및 저수지를 일괄하는 염전소유권은 기술한 바와 같이 공유수면 상의 간석지이기 때문에 토지대장이나 기타의 공부(公簿)에 등록되지 않아 민유(民有)로 인정할 확증이 없다. 따라서 성질상 국유이고, 이것이 사용되고 있어도 무허가로 행해지고 있기 때문에, 공식적으로 민간에게는 지상권이든 소작권이든 존재하지 않는다. 그러나 실제로는 민간에서 지주에 해당하는 것이 있어, 매매 또는 소작이 행해지고 있다. 최근에는 전오염의 제조가 부진하기 때문에 매매가 이루어지지 않아서 실례의 가액(價額)이 분명치 않지만, 소위 소유자들의 진술을 종합하면 1개 염판 약 800평에 상 70원, 중 50원, 하 30원 정도의 가액이고, 이 가액 중에는 후술하려는 것처럼 염막(鹽幕)의 사용공유권도 포함하고 있다. 또한 이것을 소작에 붙이는 경우의 소작료는 1개 염판에 연간 상 5석, 중 3석, 하 2석의 제염을 춘추(春秋) 2회에 분납하는 것이 관습이다.

부옥(釜屋)은 폭이 3칸, 내부 길이가 5칸인 초가집으로 출입구는 한쪽만 내었다. 네 벽도 볏집으로 둘러쳤는데, 오직 지붕 상방(上方)의 3~4척각(尺角)을 개방하여 들창 겸 연기 배출구로 하였다. 모옥(茅屋)의 지경을 지나 폐옥(廢屋)에 가까운 빈약하고 또 불결한 소옥(小屋)이지만, 골조인 목재는 상당히 견고한 것으로서, 신축하려면 상당한 경비가 필요할 것이다.

중앙에 부장(釜場)의 설비가 있다. 부장은 부뚜막(竈)과 철제평부(鐵製平釜)로 이루어졌다. 부뚜막은 높이 2척 5~6촌, 장방형에 흙으로 쌓아 올렸고, 가마(釜)를 얹을 수 있는 모양의 길이이다. 부옥 출입구의 정면이 불 아궁이, 그 반대측 가마와 부뚜막 사이에 연기의 배출구가 설치되었을 뿐, 별단의 연돌(煙突) 등의 장치는 없다.

가마는 가로 10척 내외, 세로 12척 내외, 깊이는 부연(釜緣) 4촌, 중앙 5~6촌, 두께 5~6분의 철판제로서, 조연(竈緣)만으로는 중앙부의 무게를 지탱할 수 없기 때문에 조연부터 '정(井)'자형이 되게 가마의 상부에 각재(角材)를 걸어 놓고, 가마 내부 10여 개소에 정착된 철봉 모양의 걸쇠를 새끼줄로 낚아 올려 긴박(緊縛)시키었다.

부장의 좌우에는 방(方) 2척 5촌의 상자를 놓고, 다 끓여진 전오염은 가마 안을 긁어모아

이 상자로 옮겨 몇 시간 방치하여 고염(苦鹽)을 적하(滴下)시키는 데 쓰도록 제공한다. 부옥(釜屋) 안에는 여과지의 부분에서 말한 것과 똑같은 식의 염정(鹽井)이 외부 여과염정(濾過鹽井)과 동수로 2개소 내지 4개소가 있고, 함수를 끓이는 때에는 이 우물에서 '바가지'제(製)의 두레박으로 함수를 길어 올려, 이것을 발판에 닿는 나무상자로 옮겨 넣으면, 물은 이 나무상자의 측면에 끼어있는 목제통(木製樋)을 통해 가마 안으로 흘러들어간다. 이밖에 부옥 안에는 아무런 설비가 없고, 대체로 출입에 가까운 좌우 한 쪽의 구석은 신송엽치장(薪松葉置場), 다른 한 구석은 돗자리를 깔아 작업 중 종사지의 잠자는 곳으로 한다. 기타의 공지(空地)에는 빈약한 약간의 기구·기계를 어지러이 장치하였다.

  1개 가마 당 함수를 끓이는 양은 최초 8석 내지 10석을 받아들여 1회에 전오하는 식과 함수가 반분(半分) 정도 끓어 찬 때에 다시 4석 내지 5석을 추가로 주입하여 전오하는 식의 두 가지 방식이 있다. 전자는 6시간 내외가 소요되어 신송엽(薪松葉) 2속(束)에서 3속을, 후자는 10시간 내외가 소요되어 신송엽 4속에서 6속을 써서 끓이기를 완료한다. 자상작업(煮上作業)은 진실로 진기한 광경이다. 부옥 내에는 연기와 증기의 혼효(混淆)가 실내에 충만하게 감돌아 보통사람은 눈도 뜨지 못하는 속을 종업자 등은 가을에도 반나체로 땀과 그을음에 새까맣게 되어 작업을 하고 있다. 적어도 연기만은 부옥의 외부까지 갱도로 유도하여 굴뚝을 설치해서 배출하는 식으로 한다면, 작업도 편하고 제품에 매연 등이 혼입하지 않아 품질을 향상시킬 수 있을 것으로 생각되지만, 염은 짜기 때문에 즐거운 작업은 금물이고, 또 너무 하얀 염은 효력이 적을 것으로 생각하여 개량시키지 않는지도 모르겠다.

  부옥에는 1명의 화공부(火工夫)가 전속(專屬)하고 있다. 제염기구·기계의 보관, 부옥의 작은 파손 유지 및 수선을 맡고, 또 자상(煮上)하는 때에는 제조자와 힘을 합해 작업한다. 그 보수로서는 가마 1개의 제염마다, 함수를 1회로 자상하는 식에서는 1두(斗), 자상 도중 함수를 추가로 자상하는 것에서는 1두(斗) 5승(升)의 제염을 현물로 급부받는다. 아울러 작업 중의 식사 및 연초는 고용주가 부담하는 것을 보통으로 한다.

  부옥 내의 제염은 2~3일의 가(假) 저장 후 선피(鮮皮)의 가마니(俵)에 채워 넣어 포장하고 장외(場外)로 반출한다. 소(牛)로 가장 가까운 시장이나 혹은 선편으로 지방에 회송한다. 이 경우 한 가마니는 정미(正味) 1석입(石入)을 보통으로 하지만, 도착지에 따라 5두입(斗入)으로도 포장된다. 포장은 염막 전속 화공(火工)의 담당으로 하고, 포장대(包裝代)는 선피 및 새끼줄(繩)의 원료와 품삯을 합하여 1석당 11전 정도를 지급한다.

염막에 부속하는 염판이 2인 이상 다른 소유인 경우는 염막 내의 염정의 이용에 붙이어서 도 며칠은 갑(甲), 며칠은 을(乙)로 사용 순번이 정해져 있다. 만약 순번일 내에 자상(煮上)을 끝내지 못할 때에는 함수가 남아 있어도 다음 순번일까지 자상을 중지하지 않으면 안 된다. 이러한 경우는 주야로 겸행하기 때문에 가마의 자상 횟수는 염판 면적 및 함수제조 석수(石數)에 정비례하지 않는다. 또한 이런 공동이용의 때에 무단으로 타인의 염정에서 함수를 실례하는 것과 같은 일은 절대로 안 되고, 염정급취구(鹽井汲取口)는 항시 개방한다. 이 점은 실로 우러러 볼 만 한 것이다.

연료인 신송엽(薪松葉)은 제조자 자기의 산림에서의 생산품을 쓰는데, 부족분을 매입하는 것이 많다. 이것의 매입가액은 계절에 따라 현저하게 고저(高低)하는데, 1속(束)에 최저 30전, 최고 60전이며, 보통은 50전이라서 자력(資力)이 있는 제조자는 겨울철이 운반의 편리함이 있는 농한기인 관계상, 땔감 값이 쌀 때 대량을 매입하여 저장하는 것이 관례이다. 그리고 이 지방의 땔감 값은 최근 점등하는 경향이 있다. 이는 부근의 산림이 송충이(松毛蟲)의 피해가 많아 전멸에 가까운 상태이기 때문으로, 장래는 석탄의 이용 방법을 연구할 필요가 있다고 생각한다.

1개 가마 당 전오염의 생산고는 함수의 염분도수의 고하, 가마 용적의 대소 및 원료함수량의 다과에 따라 스스로 결정하는 것인데, 이 지방의 제염방법과 같이 가마 용적에 규구(規矩)가 없고, 함수원료의 염분도수가 일정하지 않으며, 상동(上同)의 1개 가마에 대해서조차 준비하는 함수량이 매회 다소의 차이가 있는 것에 대해, 평균 1개 가마 당 제염량을 말하는 것은 매우 무의미한 모습이지만, 말의 순서상 어느 정도의 방법으로 그 가정 표준량을 정해 둘 필요가 있다고 생각된다.

함수 1석에서 어느 정도의 전오염이 생길까? 이는 어지간한 제조업자에 대한 조사로는 매우 어려운 일로서, 만일 입회하여 생산을 조사한다고 하면 먼저 함수의 도수(度數)를 재고 1개 가마마다 그 사입량(仕込量)을 정해 제염의 자상(煮上)을 기대하며 칭량(稱量)하지 않을 수 없다. 그것도 1회나 2회에서는 정확을 기대하기 어렵고 귀찮기도 하므로, 주안출장소의 스즈키(鈴木) 기수(技手)에게 수고를 끼쳐 학리(學理) 상 그 생산 비율을 산정해 받았다.

함수비중도수	이상제조근수	途中損耗斤數	差引製成步留斤數	同上換算石數
16	53.728	5.91	47.82	0.207
17	57.596	6.34	51.26	0.222
18	61.524	6.76	54.76	0.238
19	65.511	7.21	58.30	0.253
20	69.559	7.65	61.91	0.269
21	73.666	8.11	65.56	0.285
22	77.834	8.56	69.27	0.301
23	82.062	9.02	73.04	0.317
24	86.349	9.50	76.85	0.334
25	90.967	9.98	80.71	0.350

비고: 1석은 330근으로 가정하여 환산

내가 금회 출장했을 때 불찰로 비중계나 되(桝)나 저울(秤)을 휴대하지 못했다. 모처럼 마도면의 어느 부옥에서 가마에 함수를 주입하는 바를 목격하면서도, 그 도수 및 두량을 측정하지 못했고, 게다가 시간의 관계상 자상(煮上) 종료 때까지 입회하여 제염량을 확인하지 못한 것을 부끄럽게 여긴다. 그때 가마 8분목(分目)을 주입한 함수량을 바가지 수로 세고 제조자에게도 물어 함수량을 계산한 바에서는 '바가지' 수(數)가 170회였다. 한 바가지에 7승(升)을 예상하면 함수량은 8석 1두 9승이고, 여기에서 제조자가 진술한 예상 생산 염석수(鹽石數)는 약 2석이라는 것이었다. 즉, 이 경우의 생산 비율은 2할 4푼 4리로 되었다. 또한 송산면 사강리에서 오랫동안 폭넓게 염을 상매(商賣)하고, 염전 7개소를 소유하고 있는 김형세(金炯世) 씨가 진술한 바로는, 1개 가마의 원료함수량은 12석 내지 15석이고, 이것의 제염석수는 보통 3석 5두, 최고 4석, 최저 3석이라고 하였다(송산면에서는 최초 주입 함수가 반분으로 끓여졌을 때, 다시 함수를 보충하는 식이다). 즉, 이 경우의 평균 비율은 2할 5푼 9리가 된다. 이 두 가지의 진술은 다른 관련 계수로 조사하여 충분히 의심스러운 점을 물어 얻은 계수이고, 또한 이것을 전게(前揭) 스즈키(鈴木) 기수의 조사표와 비교해 보면 대체로 신빙성을 얻을 수 있는 상태라고 생각된다.

따라서 이상을 종합하여 함수 1석당 평균 제염표준비율을 가정한다면 그 비율은 2할 5푼이 적당하다. 또한 1개 가마 당 평균 제염표준 석수를 가정한다면, 1개 가마 함수를 한 번에 자상하는 식에서는 2석 2두 5승, 또 자상 도중 다시 반분의 함수를 추가하는 식에서는 3석 4두 정도로 감정하여도 큰 차이가 없을 것으로 생각한다.

부옥의 부지는 염판의 경우와 마찬가지로 본래는 국유이지만, 지상건조물과 대체로 그 사용권은 부속 염판의 소유권(민유로 가정하여)에 부수하고, 부속 염판이 2인 이상인 경우는 이들 소유자의 공유가 된다. 부옥의 건물은 조금 전에도 말한 것과 같이 신축한 것이라면 상당의 목재를 필요로 하는 경비도 들겠지만, 현존하는 것의 대부분은 20~30년의 세월이 경과하여 간신히 풍우를 피하기에 족한 모옥(茅屋)이고, 보통의 유지·수선은 전속 화공이 이를 맡는 차제이기 때문에, 만약 생산비 계산을 위한 경우에서도 자본가격을 견적하면 그 금리나 원가소각비(原價銷却費)를 계산할 필요는 없을 것으로 생각한다. 또한 가마는 새로 장만하려고 하면 30~40원의 가액이 된다지만, 이것의 소유권은 염판의 소유권에 부수하는 것이기 때문에, 염판가격에서 떼어 놓은 자본가격을 세울 필요는 없다. 만일 세우려한다면 년 5~6원을 유지수선비로 보면 좋다고 생각하지만, 현재의 실황으로서는 적은 정도의 누수(漏水) 개소는 점토를 채워 구멍을 막는 등의 수단을 쓰고, 가능한 한 사용하다 결국 안 된다고 하면 염막·염판 일절을 모두 폐허로 하는 상태이기 때문에, 이 유지수선비를 별단으로 견적하지 않는 게 좋을지도 모른다. (이상 전매통보 제98호)

3. 전오염(煎熬鹽) 수지계산(收支計算)

전오염 제조는 예상한 대로 수지 상 채우는 것이냐 아니냐는 몹시도 논란의 여지가 있다. 왜냐하면 전오염의 제법은 기술(旣述)한 것처럼 그 생산 노정이 각기 달라서, 함수나 제염의 생산 비율이 상당히 차이가 있고, 땔감 등의 매입가액이 통일되지 않았기 때문에 손익계산이 서는 쪽이 어디냐에 따라서 생산비의 상정에 상당한 고저(高低)가 생긴다. 이 점은 어쩌면 농업경영에서도 마찬가지여서, 현하(現下) 문제로 되어 있는 미가통제안(米價統制案)의 미가생산비(米價生産費) 계산에 즈음하여 어떠한 계산이 실제 문제에 닿는 경우 채용될지가 자못 흥미로울 것으로 생각되는데, 결국은 그 중임을 맡은 자의 주관적 판단으로 여러 가지의 현상을 종합·통일하는 것이 될 것이다. 나는 이런 견지에서 전장(前章)에서의 각 작업이든지 경비든지에 붙여 기술할 경우, 다소 불합리한 것이 있을 줄 알면서도 대체의 표준을 가정해 두었다. 따라서 여기에 수지계산(收支計算)을 짠 뒤에 있어서도 이것을 기초로 채용한다. 또한 여기서 끊어 두지 않으면 안 되는 것은 자가노동을 어느 정도로 환가(換價)할 수 있느냐는 것이다. 보통의 방법으로서는 우선 그 지방의 일용보통노은(日傭普通勞銀)을 기준으로 하여 노은율(勞銀率)을 정하고, 여기에 자가노동량(自家勞動量)을 보통노동(普通勞動)으로 환산한 것을 곱하여 자가노동환산노은(自家勞動換算勞銀)을 산정하는 방식을 따르는 것이 많은데, 동시에 이것은 모든 노동수용(勞動需用)에 대해 노동 참가의 기회균등성이 있는 경우에만 합리적이어서, 농가노동(農家勞動)과 같이 계절적, 지리적 관계에서 노동자유이동성(勞動自由移動性)이 없고, 그래서 노동여력이 비교적 다대한 것에 대해서 이 방식은 합당한 것이 아니라고 생각한다. 이런 방식의 산법(算法)으로는 농업과 같은 것이 늘 결손이 있고, 또 농가 부업과 같은 것은 도저히 장려의 여지가 없는 것이 된다. 따라서 나는 이런 종류의 자가노동의 노은환산은 생산물을 환가처분할 수 있는 금전에서 지출금전(支出金錢)-지출이 현품으로 이루어진 경우는 사입가격(仕入價格)에서의 금전으로 환산한다-을 공제한 잔액을 자가노동의 노은으로 해야 할 것이다. 다만 이 노은은 최저로 종업노동자 본인의 생명을 유지하기에 충분한 생활비를 내려가지 말고, 최고로 일용노은을 넘지 않는다는 조건을 붙여야 할 것이다. 만일 그 최저를 내려가는 액수라면 손실, 최고를 초과하는 액수라면 이익으로 계산하는 것이 지당하다고 생각한다.

   그런데 염전도(鹽田渡) 전오염의 본년 가액을 조사하니, 1석에 1원 50전인 때가 많았다. 봄·여름 수용(需用)이 한산한 계절에 1원 40전으로 거래되는 일도 있지만, 그것은 예외이다. 따라서 1석에 1원 50전으로서 석당(石當) 수지를 계산하면 아래와 같이 된다. 업자로서 이익은 없지만 상당한 소득으로는 된다.

명칭	내역명세	금액(엔)
포장비	• 재료, 새끼줄(藁繩)대 7전, 품삯 4전	0.110
전오비	• 1부 제염 3석 4두에 대한 연료 송엽 5속반 단가 50전, 이 가액 2원 75전을 석당으로 환산	0.808
	• 1부 제염 3석 4두의 화공 품삯염 1두 5승 단가 1원 50전, 식비·연초 등 환산 7전, 계 2원 32전을 석당으로 환산	0.068
함수제조 청부임금	• 함수 45석 제조청부임 2원, 기타 식비 등 환산 35전, 계 2원 35전을 염 1석당 원료함수 4석분으로 환산	0.208
자본이자 또는 소작료	• 염판 경작횟수 연간 17회, 이 산염액 173석으로 자작의 경우 염판 가격 30원의 년 1할 5푼, 즉 4원 40전으로 되고, 小作의 경우 연간 소작료 염 4석, 즉 6원으로 됨. 따라서 그 평균인 5원 25전을 173석으로 나눔.	0.030
소계		1.224
차인 자가노동보수	• 1석당 염가 1원 50전에서 전기소계금액을 공제함	0.276
합계		1.500

즉, 제조업자의 염 1석당 소득은 평균 27전 6리로서, 염판 경작 횟수를 4월 이후 9월까지는 월 2회, 기타 5회, 합계 17회로 가정하여 1회 3부분(釜分) 함수원료를 제조하는 것으로 하면 연간 제염 석수는 173석으로 되며, 그 연간소득은 47원 74전을 내려가지 않는 감정으로 되어 농가부업 수입으로서는 그다지 비율이 나쁜 것은 아니다. 더군다나 본 경비 중에서 최대를 차지하는 전오용 연료는 과반이 자가산림산(自家山林産)으로써 하는 차제이기 때문에, 연료의 반분(半分)을 자급하는 산림 소득을 가산한 염업소득은 연간 117원 64전이 된다. 농가로서 상당히 유리한 것이라 할 수 있다.

4. 전오염 대책론

조선에서 소비되는 염의 양을 개산하면 4억 7,000만 근이다. 이것의 공급은 전매국 염전산 천일염 2억 4,000만 근, 민간 전오염 생산 약 6,500만 근, 합계 3억 500만 근은 조선 내 생산으로써 하고, 남은 1억 6,500만 근, 전 소비량의 3할 5푼은 관동주(關東州)·대만(臺灣)·지나(支那) 및 기타 외국으로부터의 수이입염(輸移入鹽)으로써 하는 현상이다. 이 수이입고는 추정소비량에서 1931년(昭和 6) 통계면 상의 조선 내 산염량을 공제한 숫자로서, 실제의 수이입수량은 외염관리제(外鹽管理制)를 실시한 1930년(昭和 5)이 2억 300여만 근, 1931년(昭和 6)이 2억 7,800여만 근으로 되어 있다. 이 2억 정도의 수이입수량은 1933년도(昭和 8) 예산에 계상된 염전확장계획량이 승인·실시되는 것이 된다면 점차 줄어들 것으로 생각되지만, 신규 확장염전이 완전히 숙전화(熟田化)되어 이상적인 생산능력을 발휘하게 되기에는 8~9년이 필요하다. 따라서 비교적 대량의 수이입은 당분간 지속될 것으로 봐야 할 것이다. 그리고 이런 수이입이란 것이 종래와 같이 조선 각항(各港)으로 도착하는 가격이 조선 내 천일염의 생산비에 비해 2~3할 비싼 것이라면 혹 참을 수 있을지도 모르겠지만, 금재금(金再禁)[142] 이래 특히 최근 환율이 폭등하고 은(銀) 시세가 거의 배액(倍額)까지 고등(高騰)하여 전매국(專賣局)이 현재 수입가격을 깨고 매팔(賣捌)하는 상태에서는 가능한 한 조선 내 생산의 증가를 꾀하고, 조금이라도 수입의 방알(防遏)을 세울 필요가 있다고 생각한다.

그렇다면 차제에 조선 내 산염(産鹽) 증산의 여지가 과연 있느냐 없느냐를 말하자면, 지금의 전매국 염전은 내년도의 염전확장계획은 잠시 별도로 하고, 현상 그대로는 경비의 관계상 현재 이상 즉시 그 증산을 기대할 수는 없다. 하지만 민간 전오염의 생산은 현재의 설비로도, 1931년(昭和 6) 전매국 통계상 1개년의 제조능력이 8,600여만 근으로 되어 있어, 생산 6,500여만 근과 비교하여 2,100만 근의 여력이 있다. 또한 제법이 매우 유치하기 때문에 약간의 개량을 더하는 것으로 능력의 2할을 증산하는 것도 그다지 곤란하지 않다. 즉 이것들이 서로 힘을 합쳤을 때 2,500만 근의 증수(增收)는 기대할 수 있다고 생각된다. 더군다나 전오염전 기경가능(起耕可能) 면적은 현재에도 매우 풍부하여서, 지금이야 말로 염가(鹽價)에 비하여 채산(採算)이 비교적 유리하지 않고, 자금도 불충분하며, 판매의 즈음하여도 중간이

---

142 1931년에 시행된 금(金) 수출 재금지 조치를 말한다. 대공황의 여파로 미국과 영국 등이 잇달아 금본위제에서 이탈하면서, 자국의 금 보유고를 높이기 위한 국제경쟁은 점점 더 치열해져갔다. 금 보유고를 높이는 방법은 자국 내 금이 바깥으로 유출되지 않도록 '수출 금지'조치를 내리는 것과, 국민 개개인이 보유한 금을 국가로 집중시키는 방법, 그리고 땅속에 묻혀있는 금을 캐내는 금광 개발 등이 있다. 1932년 이후부터 일본은 금 보유고를 높이기 위해 이 세 가지 방법을 모두 동원하여 필사적인 노력을 기울였다. 당시 일본 경제에 종속되어 있던 조선의 사정은 일본과 맞물려 돌아갈 수밖에 없었고, 마침내 금을 확보하기 위한 일본의 정책인 금 수출 금지와 밀매매 단속, 산금 장려, 그리고 정부의 금 사들이기는 순식간에 조선 사회를 금 투기 열풍으로 빠지게 만들었다.

강구된다면 용이하게 신규염전이 확장될 것이고, 아울러 2~3,000만 근의 증산이 반드시 어려운 일은 아닐 것이다. 즉, 개량과 확장이 함께 어울려 적어도 5,000만 근을 조선 내에서 증산하고, 수입의 2할 이상을 방알할 수 있어서, 밖으로는 정화(正貨)의 해외 지불을 적게 하고, 안으로는 농가의 부업 소득을 증액시켜 구민구제(救民救濟) 시설에 일조할 수 있을 것으로 생각한다.

전매국 통계에 따라 조선 내 전오염 생산의 자취를 회고하면, 1919년(大正 8)의 1억 1,200여만 근이 최고였고, 1920년(大正 9)이 7,200여만 근, 이후 매년 5,000만 근 내지 6,500~6,600만 근의 사이를 왕래하고 있다. 1919~1920년은 유럽 대전쟁의 여파를 받아 이것의 호경기시대여서, 염가도 1석에 5~6원으로 등귀했다. 이것은 예외로 보지 않으면 안 된다. 그런데 1930년(昭和 5) 3월 제령 제1호 발표에 따라, 염이 정부 또는 정부의 명을 받은 자가 아니라면 이것을 수이입하지 못하고, 또 수이입되는 염은 정부가 일단 그것을 매수하여 관제(官製) 천일염과 함께 전매국에서 판매하는 소위 외염관리제도(外鹽管理制度)가 실시된 이래, 전오염의 생산이 상당히 쇠미해진 상태라고 하는 제조업자가 있는 모양인데, 이것은 잘못 안 관찰이다. 즉, 이것을 수이입 통계에서 보면, 관리 실시 전인 1928, 1929년 두 해의 평균 전오염 산액은 6,355만 근이고, 실시 후인 1930, 1931년 두 해의 평균 산액은 6,109만 근으로, 그 사이에 별로 차이가 없다.

생각건대 수입관리제 실시 전은 염가가 여러 번 폭넓게 오르내렸고, 기민한 업자인 상인은 등락 과정에서 이익을 보는 기회가 않았다. 또한 보통업자라도 높을 때의 가격이 뇌리에서 떠나지 못해 거래하지 않더라도 장래의 높은 가격을 불러 돌아올 희망을 품을 수 있었지만, 금일에 있어서는 천일염의 염가가 거의 변동되지 않고, 전오염가(煎熬鹽價)도 그것에 따라 급격하게 변동되지 않았다. 따라서 유일한 믿음이었던 장래의 높은 가격이라는 희망이 소산(消散)되었다. 이런 심리상태가 전오염 부진으로 느껴져서 최대 원인이 된 것으로 생각된다. 다만 전오염의 소득은 전게(前揭)의 수지계산에서도 밝혔듯이, 그다지 보답 받고 있지 않다는 것은 수긍되어진다. 거기서 작금의 물가등귀로 생활이 힘들게 되었다. 구입 연료만 하여도 앙등하여 왔음에도 불구하고 전오염의 가격이 올라가지 않은 것은 필경 자가노동에의 보수소득이 인하되었다는 것이다. 그러므로 모처럼 유일한 부업을 폐하는 것으로 가지 않고 참으며 생산을 계속하지 않으면 안 되는 업자들의 궁경(窮境)은 가령 농가의 다른 부업 전반과 똑같은 입장에 있었다고 하기에 크게 동정할 만하다.

전오염의 생산비는 아무리 개량하려고 해도 천일염의 생산비에 비교하여 훨씬 비싸게 먹힌다. 그렇지만 천일염 또는 거기에 약간의 가공을 한, 예를 들면 분쇄염(粉碎鹽)과 같은 것으로는 소비자의 기호(嗜好)가 만족하지 않는다. 따라서 장래 재제염(再製鹽)의 수용(需用)이 증대하는 것으로 되면, 금일 부산의 모(某) 전오염과 같이 재제염의 영역에 닿는 품질의 면에 있어서는 천일염을 원료로 한 재제염의 생산비와 비교하여 어떨지는 의문이지만, 이 문제는 타일 재제염을 논하는 기회로 양보하고, 오로지 결론으로서, 천일염 그 자체의 소비가 왕성한 현재의 상태에서 볼 때, 염의 원시생산(原始生産)은 국가경제상 장래 천일염으로써 조선 내 소비를 채울 수 있도록 시설되지 않으면 안 된다는 것은 일목요연(一目瞭然)하다. 그러나 조선 내에서 천일염의 자작자급이 당분간 불가능하여, 대량의 수입이 지속되지 않으면 안 된다고 하면, 전오염으로도 수입염의 가격과 큰 차이가 없게 할 수 있다면, 오히려 그 증산을 계획하는 것이 유리할 것이다. 뿐만 아니라 원래 정부의 전오염에 대한 방침은 외염관리제를 발포할 때, 전매국장이 성명(聲明)하였던 「염수이입관리시행(鹽輸移入管理施行)에 대해서」의 내용에도 다음과 같이 말하였다.

"염의 관세특례를 철폐하는 대로 자연의 성행에 방임하는 것에 있어서는 …(중략)… 수입염의 압박으로 인해 이미 고경(苦境)에 있는 조선 내 염업에 미치는 영향이 매우 큰 것이다. 즉, 재래전오염은 최근에 있어서 경영상태가 점차 수지(收支)를 메우는 정도여서, 이미 결손을 보이는 것까지 있고, 수입관세의 철폐는 장차 치명적인 타격이 되어 마침내 염전은 폐멸로 돌아갈 수밖에 없을 것이다. 그럼에도 불구하고 이들 염전 소재 지방은 대체로 다른 것으로 바꿀 일이 없기 때문에 다수의 종업자는 마침내 실업의 비경에 빠질 것이라고 운운. …(중략)… 상술의 내용에서 가장 중대한 일이라고 하는 것은 염업에 미치는 영향으로서, 산업의 종류가 극히 부족한 조선에서, 게다가 근시(近時) 실업문제가 점차 중대화되고 있는 때에, 특히 민심 악화의 소인(素因)으로도 될 수 있는 것은 가능한 한 그것을 피하지 않으면 안 되는 조선에서 염업을 폐멸시켜 이와 같이 다수의 실업자를 생기게 하는 것은 통치 상 중대한 문제라고 하지 않을 수 없어서, 그 결과 다소의 지장이 있다고 하여도, 이것이 선후책(先後策)을 강구해야 하는 긴급한 것은 구태여 말 할 필요도 없는 것이다. 그러나 이 선후책으로서는 염업조성금(鹽業助成金)의 교부, 염의 전매(專賣) 등이 있지만, 이때에 염의 수입을 정부에서 관리하는 것을 첩경으로 한다."

이상으로 분명해진 것처럼, 재래염전에 대해서는 천일염전을 확장하고 종래의 염업 노동을 여기에 전환하는 것 같은 경우는 또 몰라도, 외염의 수입에 비해 전오염의 제조가 경제적이지 않았음에도 가능한 한 보호해야 하는 방침으로 하였다. 그런데 금일로 되어서는 오히려 정부의 입장으로서 수입염의 가격 앙등에 고통당하고 있는 때이기 때문에, 전오염에 대해서는 종래의 소극적 옹호책에만 머물지 않고, 적극적 시설을 강구하여 현상의 타개를 세우고, 조금이라도 그 증산을 기하는 것이 급무라고 생각된다.

이러한 현상타개적 시설 타단(打段)은 여러 가지 안(案)이 있을 것이다. 천일염의 정부판매가격을 근소(僅少) 인상하는 것은 수입염의 가격이 갑자기 폭등하여 장래에도 저락(低落)할 예상이 보이지 않는 이상, 수입염의 매매가격을 인상하고, 동시에 균형상 관제 천일염의 매매가격도 인상하는 것은 당연한 것이다. 따라서 간접적으로 전오염의 생산을 유리하게 이끄는 것도 제일착으로 시도해 볼 만한 시설이라고 생각한다. 그러나 이 경우에도 소비자 측의 부담을 고려하지 않으면 안 되기 때문에, 도저히 전오염업자를 만족시킬 수 있는 정도의 인상은 곤란하며, 또 인상으로 증가된 차액이 현재 전오염 거래 기구 그것만으로는 역시나 그 몇 할이 제조업자의 품에 들어갈지 자못 의문이다. 따라서 한 걸음 내딛는 시설을 강구할 필요가 있다고 생각한다.

이 경우 첫째의 의제로 되는 것에는 염 전매제도가 있다. 여기에 관해서는 외염관리제도 실시의 때의 국장 성명서에도 있는 것처럼 일단 고려된 것이지만, 시기 또한 이르고 또 재정상의 형편에서 실현 불능으로 되었다. 그 이유는 금일에 있어서도 어쩌면 마찬가지일 뿐만 아니라, 사견으로서는 염의 재정 목적인 전매는 내지(內地)에서도 폐지될 정도로 문제가 되고, 그렇다고 해서 통제전매(統制專賣)하는 것도 실행 상 다대한 경비를 필요로 하기 때문이다. 오히려 조선의 현제(現制)와 같이 소비염의 대부분을 관염(官鹽)과 정부매상염(政府買上鹽)으로 공급하고, 배급 및 가격의 대세를 통제하는 방식이 가장 시기에 들어맞는 현명한 방책이라고 생각한다. (이상 전매통보 제99호)

다음으로 염업조성금의 교부도 마찬가지로 관리제도 실시의 때에 고려된 문제인데, 사업 관청인 전매국의 입장으로서는 물론, 조장행정(助長行政)[143]의 입장에서 보아도 우선 재정상의 부담을 증대시키는 것이 되기 때문에 실시하기가 쉽지 않을 것이다. 게다가 현재의 전오염 제조의 실제(實際)는 설비나 산량(産量)이 부동적이고, 제조업자 자체조차 변동이 항상적이지 않은 상태이기 때문에 이 실행은 상당히 곤란하다. 만약에 이런 곤란을 물리치고 실시하는 것으로 하여도, 업자의 대부분은 비교적 무식계급(無識階級)이기 때문에, 모처럼의 조성금(助成金)도 방법 여하에 따라서는 제조입자에게 유익하지 못하고 제삼자에게 농락당하기에 이르는 바가 있을 것이다.

군(郡)이나 면(面)과 같은 지방행정관청이 알선하여 모든 업자를 하나로 묶고, 산업조합적 단체를 조직하게 하여 저리자금 융통의 길을 열며, 이사(理事)를 두어 지도·개량토록 하는 것은 확실히 유효하고 실행 가능한 것으로 생각되는데, 지방행정관청이든지 기타 산업지도기관이 여기에 열심히 도와주는 친절이 있다고 해도, 확실한 판로에 대해 전망이 서지 않아 주저할 것이라는 것은 당연한 차제이다. 그렇다고 해도 전매국이 직접 이 조합에 즉시 매상보증(買上保證)하는 것도 곤란하다고 생각한다.

그래서 이것은 심히 철저하지 못한 것일지도 모르겠지만, 최초의 시도로서 전매국에서 외염을 매입하는 식으로 지정상인(指定商人)에게 입찰시키고, 당분간 적어도 전 조선 전오염 산량의 7~8할 이상을 매상 수납하여, 지정 매팔인(賣捌人)의 손을 통해 시장에서 판매하는 것은 어떨지 생각한다. 이것은 일종의 민염관리제(民鹽管理制)로서, 최근 문제로 되고 있는 미곡관리제도(米穀管理制度)와 유사한 안이다. 미곡관리안은 농민의 구제가 주이기 때문에 국가적 부담이 전제로 되어 있지만, 이 전오염 매상은 대체로 확실하고, 게다가 거액의 판로를 부여하는 것과 중간상인의 수를 적게 하는 등 제비용을 절약해서 그 만큼 업자의 소득을 늘리고, 또 마음 놓고 종업할 수 있도록 하는 것을 목적으로 하고 원칙으로 해서, 정부가 손해 보지 않는 명분을 취하게 하고 싶다. 이 방법을 따를 때에는 정부로서는 그다지 실행이

---

143 '조성행정(造成行政)'이라고도 한다. 정부의 행정기관이 개인 생활영역의 구조적 개선을 목적으로 행하는 행정으로, 예를 들어 농업·공업 등의 산업이나 개인의 기업운영, 학업 등을 보호·육성·조장하기 위해 기술적 원조, 보조금·융자금 지원 등의 재정적 원조를 펼치는 것이다.

곤란하지 않고, 또 전오염업자로서는 어느 정도 생산해도 매행(賣行)이 있으며, 기왕의 정부 매상가격을 미루어 보아 산지시세의 예상도 닿는 차제이기 때문에 대략의 수지예산도 세우고, 안심하고 생산에 종사하는 것이 가능하다. 또한 저리자금 융통의 길도 스스로 열고, 자연 산량도 증가하게 될 것은 분명하다.

단지 문제는 이 매상방법을 실시하려고 한다면, 그 사이 관민 쌍방이 다소의 불만족이 있을 경우 양자의 이해가 대체로 일치하는 식으로 매상가격이 성립할 가망이 있을까 하는 것이다. 이 점은 나의 금회 수원군에서의 견문만으로 전 조선을 미루어 아는 것은 어쩌면 유행하는 소위 인식부족에 빠지는 폐가 있을 지도 모르겠다. 조선 동해안 전오염전의 수좌(首座)를 차지하는 영흥만염전(永興灣鹽田)은 수원군의 그것에 비해 경영이 훨씬 진보하여 있고, 갈대(蘆葦)를 연료로 하는 관계상 매우 경제적이며, 또한 남선(南鮮) 방면의 전오염전도 거리의 관계상 천일염 가격에 위협을 느낄 여지가 비교적 적기 때문에 가격도 높게 팔리고, 수원군의 그것보다도 유리한 입장에 있는 것은 상상하기 어렵지 않다. 그래서 이에 수원군의 전오염을 표준으로 하여 고찰하여 보았다.

수원군 전오염 생산비는 기술한 것처럼 본년의 염막도(鹽幕渡) 석당 가격이 1원 50전이다. 이 가격으로는 제조업자는 그다지 풍족하다고 말할 수 없을 것인데, 아무튼 경영이 성립되어 있다. 전오염의 진짜 석당 환산근수는 제조자의 되(枡) 저울질 상태나, 경과일수의 여하에 따라 일정하지는 않지만, 대체로 230근으로 보아도 큰 차이가 없을 것으로 생각한다. 이 환산근수로써 하여 산지 전오염의 100근당 기준가격은 1원 50전에서 포장비를 뺀 액수의 230분의 100, 즉 60전 4리이다. 지금 만약에 이 전오염을 인천(仁川)까지 회송하여 관고(官庫)에 납입하는 것으로 하면, 어느 정도의 원가로 되는 지를 계산해 보겠다.

수원군 전오염 100근당 인천관고 납입가격 예상표

1	산지매입 원가	60전 4리
2	염전 적입 및 회송선 운임	8전 7리
3	인천 육양 및 관고 납입임	1전 5리
4	회송 도중 감모 5푼 원가환산액	3전
	소계	73전 6리

5	납입상인 이익상정액	5전
	합계	78전 6리

비고: (1) 적임회송임은 송산면 김형세씨의 진술에서는 염전부터 경성 마포까지 1석에 37전, 그 안에는 마포 체선 7일 간의 경비를 포함함. 따라서 인천까지 회송하여 곧바로 육양시키면 1석에 20전 이내에서 충분할 것임. 또한 남동·군자염전에서 인천 관고까지의 본년도 소정 반출임은 6전 5리임. 여기서는 김씨의 진술액을 환산한 것에 따름.
(2) 인천항에서의 관염 육양입고임 청부액은 100에 1전 3리 7모이지만, 전오염은 수량이 적다고 보아 여기서는 육양임 1전 5리로 계상함.
(3) 회송 감모는 군자 남동 쪽의 관염회송보감이 3푼이 되므로, 잠정적으로 5푼으로 계산함.
(4) 위의 표이 제비용이라면 충남 서산 쪽에서 인천으로 회송하여도 큰 차이는 없는 것으로 생각됨.

여기에서는 공개를 꺼리는 것이 위의 가격이라면, 인천의 입장에서는 조선 내 천일염의 자본가격에 비해서 상당히 비싼 것인데, 최근의 수입 2등염의 납입가격과 비교할 경우에는 품질이 매우 우량함에도 불구하고 가격은 그다지 편차가 없다. 이 정도의 가격이 된다면, 저장감모(貯藏減耗)야 말로 전오염 쪽이 비교적 커서 그 점이 어느 정도 불리함이 되었다 해도, 품질과 달리 가격이 싸기 때문에 수입염을 매상 판매하는 것 보다 어쩌면 상당한 수량을 살 수 있다면 전오염을 매상 판매하는 쪽이 정부로서는 득책이고, 선내산(鮮內産) 보호 장려도 된다고 생각한다. 또한 이 가격이라면 주안출장소 최근 제조의 특갑분쇄세척염(特甲粉碎洗滌鹽)의 창고도(庫渡) 가격 98전(주안역까지의 반출에는 다시 1전 5리가 필요하기 때문에 실제는 99전 5리가 됨)에 비교하여도 훨씬 싸다. 따라서 이런 사입가격(仕入價格)을 기반으로 하여 현재 수입염에 대하는 것과 마찬가지로 저장감모도 판매비까지도 가산하지 않은 가격을 설정할 수 있다면, 판매에는 결코 곤란한 일은 없을 것이다. 더 나은 전오염의 대부분이 정부의 손으로 돌아가 통제 관리되는 차제이기 때문에, 염가가 다소 높은 듯이 설정되었어도 실행은 충분하다고 생각한다.

전오염 매상을 실시할 경우, 종래 이런 종류의 전오염 소비자에게 어떠한 영향이 있을지, 그것을 이런 매입가격의 점에서 보면, 매상은 생산의 전부에 대하여 행하는 것이 아니기 때문에, 그 지방 및 근향(近鄕)에서는 이론상 정부가 매상가격으로 대접하여 매상되지 않는 한, 가격에 변동은 없을 것이다. 다만 실제문제로서는 거액의 수용이 발생하는 차제에 있기 때문에, 어느 정도 가격도 오르는 것으로 되겠지만, 그 대신 염가가 거의 변동되지 않기 때문에 특별한 불이익이란 것은 인지하기 어렵다. 인천에서 기차 편으로 전오염 산지로부터 직접 회송하는 방법은 수송비가 싼 지방, 예를 들어 수원, 평택과 같은 시장에서는 매상이 실시되어도 그 역시 이론상 염가에 변동되지 않는 지방의 경우와 마찬가지일 것이지만, 예를 들어 안성시장(安城市場)같이 양자의 수송비에 큰 차이가 없는 지방은 전오염 제조업자의 수입에 차이가 없기 때문에, 자연히 거액 매입의 납입상인(納入商人)의 쪽에 매도되고, 안성의 상인의 손에는 산지로부터 직접 회송을 받을 수 없기 때문에 인천의 지정 염 매팔인(鹽賣捌人)의 수수료만큼 비싼 염을 사지 않으면 안 되는 것이 될지 모르겠다. 그러나 이런 종류의 재래전오염 상권지역은 별로 많지 않다. 만약 그 때문에 전오염 가격이 현저하게 불리하게 된다면, 천일염으로 전환하면 된다. 또한 이런 지방은 보기에 따라서는 종래 전오염의 가격은 천일염 가격에 견제되어 저렴했던 차제이기 때문에, 약간 값이 올랐다고 하여도 이것들은 정당가격(正當價格)으로 복귀한 것으로도 말해진다. 그렇다면 그 외의 토지에서는 어떠한 영향이 있었는지, 사례를 경성(京城)에서 뽑아 보겠다.

작년 가을 경성에서의 전오염 지입(持入) 1석은 산지에서 계량한 것으로, 도중에 모감(耗減)이 있는 것은 물론이기 때문에 대체로 징미(正味) 207근으로 되어 있다고 상상된다. 따라서 이 포장한 해피(解皮)를 3전으로 처분하는 것으로 본 정미 100근당 사입(仕入) 가격은 1원이 된다. 여기에 대해 정부가 매수하여 전오염을 지정 매팔인의 손을 거쳐 사입하는 것으로 가정하면, 현재 관염 제비용의 예에 준하여 지입 가격을 계산하면 다음과 같다.

정부 취급 전오염 100근당 경성부 지입가격조

1	인천관고도 나염가	78전 6리
2	100근 입염용 합격 가마니(叺) 포장비	13전
3	기차 적입 및 기차 운임	8전 2리
4	경성역 사임 및 시내 배달비	5전
	소계	1원 4전 8리
5	지정 염 매팔인 제한이익	3전 5리
	합계	1원 8전 3리

이상과 같이 되었지만, 염용(鹽用) 합격가마니의 빈 가마니는 대체로 5전 정도로 처분되

기 때문에, 이 경우의 정미 100근 사입가격은 1원 3전 3리로 되어, 결국 현재 전오염 가격보다 3전 3리 비싸게 된다. 이 3전 3리의 격차는 정부 매상의 때의 제비용을 충분히 계산한 격차이기 때문에, 한층 더 어느 정도 줄어드는 것이 가능할지도 모르겠다. 또한 사실 이런 격차가 있다고 하여도 1석에 시가 2원 10전하는 민염은 정미가 관(官) 취급의 경우와 같이 정확한 것은 아니고, 마포(麻浦)에서의 사입은 늘 재고가 있는 것도 아니며, 거래되어도 민활하고 똑바로 행해진다고 한정되지 않기 때문에, 이런 위험율을 금전으로 견적 내어보면, 그다지 격차가 있다는 것도 단정하기 어렵다.

상기한 바이기 때문에, 전오염을 정부가 매상 판매 통제하는 것은 생산자에게 상당한 옹호를 주는 시설이고, 소비자 측으로서도 특별히 불이익을 입지 않으며, 정부로서도 수입염의 구매비의 일부를 여기로 돌리는 정도의 조치로 행할 수 있을 뿐만 아니라, 이것으로 조금이라도 염의 수입을 방알할 수 있는 것이 될 바이기 때문에, 아무쪼록 이것의 실현을 희망해 마지않는 바이다.

정부가 전오염을 매수하는 것은 현재의 정세로 보아 각 방면에서 모두 유익하고 또 적절한 시설로 하여도, 이와 같은 선례를 열게 되면 장래 수입염가가 종전과 같이 하락하는 경우에도 이 시설을 급히 중단하고 수입염으로 갈아타는 것이 어쩌면 곤란하게 되어, 창고 세계(歲計)상 낭비가 아닐까? 또한 이때 민간전오염을 이렇게 증가시키는 것은 보다 유리한 천일염전의 신설·확장에 누를 끼치고, 결국 이것이 실현의 기운을 저지하는 결과를 초래하여 대국(大局)에서 보아 불이익이 아닐까 하는 반대론이 나올지도 모르겠다.

이런 반대는 그 논거가 박약하여 완전히 기우에 불과한 추상론이라고 생각될 뿐만 아니라, 앞서 외염관리제 실시에 즈음하여 만들어진 전매국장의 성명에 비추어, 전오염 제조업자에 대한 불친절한 태도라고 말하지 않으면 안 된다.

즉, 반대사유의 전단(前斷)에 대해서는 아국(我國)의 금재해금(金再解禁)[144]이 당분간 가망이 없고, 만일 10년 후에 행해진다고 하여도 평가해금(平價解禁)은 도저히 가망이 없다는 의견이 유력한 때이므로, 머지않아 외환시장이 금재금(金再禁) 전과 같은 정도로 하락하는 것과 같은 일은 결코 있을 리 만무하다. 따라서 모처럼 매상을 개시한 전오염을 수입염으로 갈

---

144 금(金)수출의 재해금(再解禁), 즉 금본위제도로의 복귀를 말한다.

아타는 것이 유리하다고 하는 시기 등은 어지간해서 올 가망이 없다. 또한 만일 일찍 온다고 하여도, 그때는 내국의 물가도 여기에 따라 하락하고, 전오염가도 하락하기 때문에 현저하게 낭비를 만들 것이 없다고 생각한다. 또한 후단(後斷)의 천일염전 확장에 즈음하여, 전오염이 지장이 될 경우를 상상하는 것에는 세 가지가 있는 것 같다. 첫째, 산염의 부족이 전오염의 증산시설로 보완할 수 있다면, 굳이 국비가 다단(多端)한 때에 천일염전의 확장이 필요 없다는 주장이 나와 천일염전 확장 촉진의 저해 원인이 될 수도 있지만, 이것은 양자의 생산비 관계를 비교·설명한다면, 이러한 고식적 수단으로서는 부족을 충분히 채울 수 없을 뿐만 아니라, 그대로라면 국책 상 어떠한 불이익이 있을까가 이해되어, 반대는 곧바로 운산무소(雲散霧消)할 것이다. 둘째, 전오염을 매상을 장려하여 무턱대고 그 염전을 신설, 또는 확장시키는 때에는 천일염전 신설·확장에 맞는 용지(用地)의 자유선택을 불가능하게 만들고, 또 그 용지가 경합하는 경우 배보상(賠補償)의 번거로운 문제를 낳는 바가 있을 수 있는데, 천일염전 예정지로 된 것은 모두 공유수면의 간석지여서 순전한 민유염전(民有鹽田)과 경합하는 일은 있을 수 없다. 공유수면을 모경(冒耕)하여 전오염전으로 이용하는 것에 대해서는 필요에 맞게 어느 때라도 수용하여 천일염전 부지로 편입시킬 수 있다. 이 경우 전오염 제조자가 요청할 수 없다는 것은 법률상 물론이지만, 이러한 때 응분의 이전료인 위자료를 지급하는 정도의 아량은 기업가가 국가냐 민간이냐를 불문하고 마침 갖고 있는 것은 당연하다. 하물며 재래염전 수는 넓은 간석지 위에 보통 1~2만 평 이상의 지역에 1개소가 존재할까 말까 하는 모양이어서, 그 비용을 지급한다고 하여도 천일염의 정당(町當) 부담으로서 어느 정도도 맞지 않을 것이다. 셋째, 전오염의 매상을 행해 그 산액을 증가시키게 되면 천일염전 확장계획이 진행되어 생산과잉으로 되는 때, 급히 지금까지와 반대로 전오염 점감(漸減) 방책을 채택하지 않을 수 없을 것이다. 이때 제조업자에 대해 정부로서는 종래 상인을 개입시키는 간접관계에 지나지 않았다고 해도, 종래의 연고 상 전업자금(轉業資金)이라든지 뭔가를 주지 않으면 안 되는 처지에 빠져 성가실 수밖에 없는데, 이러한 문제가 일어나는 것은 가령 1933년(昭和 8) 염전확장계획이 실시된다고 해도, 그 완성까지에는 인구의 증가 및 화학공업의 발흥에 따라 염의 수용이 증가하기 때문에 빨라도 10년 후의 일일 것이다. 또한 현재대로 전오염을 매상하지 않으면, 천일염전의 확장으로 재래전오염업자가 타격을 입는 것이 비교적 다수에 오르고, 지방경제에 미치는 영향이 크다고 하면, 전업자금 지급을 하지 못할 때까지도 정부로서 상당히 돌봐주고, 선후조치를 강구하지 않으면 안 된다. 이 점은 어느 쪽이라도 오십보백보일 것이다. 적어도 정부로서의 전오염 매상이 수년 간 지속되는 것으로 되면, 그 사이 전매국으로서도 지방행정관청과 협조하여 전오염 주산지에 조합의 설립을 종용하고, 매상에 맞추어서도 진행하여 이 조합과 직접 거래하고, 조합에는 현재의 연초경작조합(煙草耕作組合)에 대한 것과 같이 보조금을 교부하여 조합으로 하여금 혹 이익을 적립하여 타일 전업을 필요로 할 때에는 이것을 조합원에게 분배·교부시키는 것으로 하면 좋을 것이다. 또한 동해안 영흥만염전과 같은 유제입빈식(有堤入濱式) 염전은 현행 토지개량사업보조규칙을 일부 개정하여 염전을 전담 경지(耕地)로 변환시키고, 거기에 대해 최대의 보조금 교부의 길을 열게 하는 것도 좋다. 또한 현재 무제거빈식(無堤擧濱式) 공유수면 상의 모경염전(冒耕鹽田)에서도 천일염전 축조에 방해되지 않는 것은 국유미간지이용법(國有未墾地利用法)이든지 공유수면매립회(公有水面埋立會)든지를 활용하여 사유권을 인정해 주고, 보조규칙에 따라 보조를 주는 방안을 베풀고, 염전으로서 장래 다시 전답경지로 개간을 장려하는 등의 방법을 취한다면, 아마도 평온 무사히 전오염전을 점감하는 정책전환을 행할 수 있다고 생각한다.

이와 같이 살펴보면, 이때 정부가 전오염 매상관리제(賣上管理制)를 개시하는 것은 관민상호(官民相互)에 있어 가장 유리한 효과를 가져 오는 것이고, 이로 인한 폐를 타일로 남기는 일 같은 것도 대체로 없을 것으로 생각한다. (이상 전매통보 제100호)

〈자료 184〉 소금의 인천

- 원제목: 鹽の仁川
- 작성자: 石谷寅三
- 출전호수:《朝鮮之水産》제105호
- 간행연월: 1934년 2월
- 발행처: 朝鮮水産會

1. 서언

인천(仁川)은 쌀의 항구인 동시에 소금의 항구이다. 쌀의 항구로서의 인천은 군산(群山), 진남포(鎭南浦) 등과 백중이려니와, 소금의 항구로서의 인천은 집산고(集散高)가 연간 약 12~13톤으로 전국 소비염(消費鹽)의 약 40%를 지위를 가지고 있어 단연 전 조선 제일의 항구이다. 인천 개항 50주년을 맞아 소금과 관련된 기술을 하고 아울러 소금의 인천을 소개하고자 한다.

2. 소금의 용도

소금의 용도는 매우 광범위하여 한사람의 식량용으로서 생활의 필수품일뿐더러, 공업상이나 국방상에도 빠질 수 없는 중요 원료품이다. 대체로 현대의 공업은 철(鐵)과 기타의 금속을 원료로 하는 기계공업, 면·양모·인견 등을 원료로 하는 섬유공업 및 온갖 천연의 물자를 원료로 하는 화학공업, 세 분야로 나눌 수 있는데, 이 가운데 화학공업은 첫째 석탄화학공업,[145] 둘째 질소공업,[146] 셋째 섬유공업,[147] 넷째 산·알칼리공업[148]이 대표적인 계통으로 있다. 또한 산·알칼리공업 중 가장 중요한 것은 식염을 원료로 하는 소다공업[149]이라 할 수 있는데 여기에 대해서는 자세한 설명이 필요할 것으로 생각된다. 어찌하여 화학공업 중 식염을 원료로 하는 소다공업이 중요하다고 말하는가 하면, 원래 식염은 염소와 나트륨의 화

---

[145] 석탄화학공업은 석탄에서 얻는 여러 제품을 많은 화학공업 원료로 사용하는 공업을 일컫는다. 석유화학공업의 발달과 더불어 자연적으로 발전된 것으로, 건류공업(乾溜工業), 가스화공업, 산화분해공업 등이 있다.

[146] 19세기 말경에 발명된 공중질소고정법에 의해 공기 중의 질소를 분리·고정하여 여러 가지 질소화합물을 만드는 화학공업이다. 질소 공업의 제품으로는 암모늄염(황안, 질안, 염안, 인안), 질산염, 석회질소, 요소, 질화물, 니트로 화합물 등이 있으며, 질산공업, 질소비료공업, 화약공업, 염료공업과도 깊은 관련이 있다.

[147] 생사(生絲), 면사(綿絲), 모사(毛絲), 화학섬유 등을 생산하거나 이것들을 원료로 하여 가공품을 생산하는 공업이다. 넓은 의미로는 제지, 셀룰로이드 등 섬유소공업도 포함된다.

[148] 산(酸)과 알칼리 반응을 이용하여 여러 가지 무기물질을 합성하는 공업이다. 대표적인 산(acid)인 황산은 화학공업의 가장 기초적인 원료로서 금속제련, 제강, 방직, 제지, 식품공업 등에 쓰이고, 알칼리를 대표하는 가성소다는 인조섬유, 화학약품, 석유정제, 펄프, 방직, 고무공업 등에서 광범위하게 사용된다.

[149] 소다공업(soda products industry)은 소금을 원료로 하여 알칼리(수산화나트륨·탄산나트륨)와 염소를 생산하는 화학공업으로서 이 분야를 통해 염료·화학비료·합성수지 등에 중간원료를 제공하는 부문으로 이용되고 있다.

합물로 이루어져서 그것을 분해, 가공하는 것이 소다공업의 사명이 되기 때문이다. 염소의 용도는 직접적으로 소독, 의료, 표백과 광석염화(鑛石鹽化) 및 군용 연막용(煙幕用) 등에 쓰거나, 또는 이것을 가공하여 독가스, 염료, 폭약, 성냥, 방부재 등 기타의 용도로 쓴다. 또한 나트륨은 탄산소다, 중탄산소다 및 가성소다로 제조하여 의약, 인조람(人造藍), 비누, 인조견사(人造絹絲), 판유리 등 기타 공업품의 제조 원료로 사용된다. 따라서 이 공업의 앞날은 점차 확대되는 추세에 있다. 일본에서도 장려금을 교부하여 그 산업의 조장을 계획하고 있거니와 1932년(昭和 7)에도 가성소다의 수입액이 638만 5,000엔에 달하고 있다. 즉 장래 일본에 있어서 화학공업을 발흥시키는 데에는 흡사 중공업에서 철과 석탄이 중요한 것처럼 반드시 안정된 가격과 풍부한 전력, 그리고 식염이 필요하다.

소금이 국방 상 중요한 요소가 된다는 것은 염소의 용도에서 보았듯이 명확한 일이다. 이번에 어떤 상인이 중국에 있는 관동주염(關東州鹽)을 밀수출하다가 발각되었을 때 이적죄로 문제시됐던 사실에서 극명하게 알 수 있다.[150] 소금은 현재 일본 군수자원국(軍需資源局)의 중요 자원품의 하나로 취급받고 있을 뿐 아니라, 생산조건이 불리한 내지에서는 염 전매제를 반포해 제염업을 보호하고 있는 것이 그 이유 중의 하나이다. 필경 유사시 국제간의 경제 봉쇄 등이 있을 경우를 고려하여 시설의 확장을 추진해야 한다.

3. 소금의 종류와 채염(採鹽) 방법

소금은 지중(地中) 도처에 산재되어 있다. 해수(海水)가 짠 것은 하수(河水)가 지중의 염분을 용해하여 흘러들어간 그곳에서 수분이 증발된 후에 소금이 남았기 때문이다. 바다의 소금은 미래에도 영원히 무한하다. 짜서 생물이 살지 못한다고 하는 소아시아의 사해(死海)나, 천연결정염이 채취된다고 하는 몽골 주변의 염호(鹽湖)도 바다에 접속하지 않았지만 증발이

---

150 1933년 3월에 발생한 '매염사건(賣鹽事件)'을 말한다. 교토의 상인 오쓰카 히사조(大塚久三) 등이 독가스 제조가 가능한 소금을 관동주에서 매입하여 중국 군벌 장쉐량(張學良)에게 판매하려다가 일본 헌병대에게 발각된 사건이다. 이때 이들에게 자금을 지원한 인물이 오사카의 재벌 시마 도쿠조(島德藏)로 알려져 사회의 큰 물의를 빚었다(《大阪每日新聞》, 1933.3.6, 〈島氏から出た資金は十數万円: 学良軍への岩塩売込みの怪事件進展〉; 《大阪時事新報》, 1933.3.7, 〈毒瓦斯原料密輸事件新展開〉 참조).

격렬한 땅에 있는 일종의 바다다. 따라서 이것들은 함수호(鹹水湖)라고 불린다. 또한 이들 호수가 지각변동으로 육지화된 곳이기 때문에 소금은 광물로서 발굴된다. 그러나 누가 뭐래도 소금은 해수를 증발·결정시켜 채취하는 방법이 가장 보통이다.

해수에서 소금을 채취하는 방법에는 두 가지가 있다. 전오염(煎熬鹽)과 천일염(天日鹽)이 그것이다. 전오염은 습도가 높은 지방에서 발달하였고, 천일염은 공기가 건조한 대륙이나 열대지방에서 발달하였다. 종래의 내지(內地)에서는 모두 전오염을 제조하였는데, 『백인일수(百人一首)』로 잘 알려진 후지와라노 사다이에(藤原定家)[151]의 와카(和歌)에 "오지 않는 사람을 기다리는, 바람 멎은 마쓰호(松帆) 포구의 쓸쓸한 해변가에서, 그을리는 해초 소금처럼, 이 몸도 타들어가네"라고 했듯이, 옛날에는 해초(海藻)에 조수(潮水)를 붓고 태양에 건조시켜 태운 재를 조수에 여과시켜 함수(鹹水)를 만들어낸 후, 그것을 소금가마에 끓여 소금을 만들어냈다. 그러나 지금에는 해초를 대신하여 모래를 염전에 뿌려 놓고 조수를 투입하여 건조시킨 것을 한곳에 모은 후 조수에 여과시켜 만들어낸 함수를 가마에 끓여 채염하는 방식으로 바뀌었다. 조선에서도 이러한 방식으로 만들어낸 전오염이 연간 약 6,000만 근(3만 6,000톤)에 달한다. 이밖에 조선은 아직 전매제도가 널리 퍼져있지 않기 때문에 민간의 자유기업에서는 내지와 비교할 때 매우 원시적인 제법과 유치할 정도의 경비로 이루어지고 있어서 매년 쇠미해지는 경향이 있다.

천일염은 조수를 태양과 풍력으로 수분을 증발시켜 자연결정을 이루도록 하는 방식인데, 중국 산동성(山東省)에서는 춘추전국시대부터 행해졌다. 이 방식은 연료가 조금도 필요치 않아 경제적이고, 세계 산염(産鹽)의 과반이 이 방식으로 생산을 한다.

해수에서 채취하는 소금의 종류로는 이상의 두 종류의 방법이 있다. 전오염은 그 자체로 식용으로 공급되지만, 천일염은 비교적 그 결정립(結晶粒)이 조대(粗大)하기 때문에 보통 공업용 원료로 사용되는 경우 외에는 일단 기계로 분쇄염(粉碎鹽)을 만들거나, 혹은 물에 용해하고 다시 구어서 불순물을 제거하는 재제염(再製鹽)을 만든다. 혹은 이 재제염을 다시 가공하는 정제염(精製鹽), 또는 식탁염(食卓鹽) 등으로 제조해야만 한다.

---

[151] 후지와라노 사다이에(藤原定家, 1162~1241)는 헤이안 시대 후기에서 가마쿠라 시대 전기에 활동한 가인이다. 중세 최고의 가인으로 평가받고 있으며, 대표 작품으로 『신고금화가집』, 『신칙선화가집』 등이 있다.

다만 조선에서는 종래에 중국으로부터 천일염이 수입되어 재래의 전오염보다 월등히 가격이 저렴해진 관계상, 그리고 오랫동안 사용된 관습상, 야채를 절일 때에도 내지식(內地式)의 방법으로 직접 소금을 뿌리는 대신, 일단 소금을 용해시켜 함수를 얻어 사용하기 때문에, 된장·간장 양조용을 막론하고 절임용으로 왕성하게 천일염을 사용하게 되었다. 결국 전 소비량의 6~7할이 천일염으로 사용되고, 전오염이나 재제염은 도회지의 중상류층 계급 중 일부만이 사용하게 되었다.

4. 조선 천일염의 제조 방법

전오염의 제조 방법은 소학교의 교과서에 기재될 정도로 일반에게 널리 알려진 사실이나, 천일염의 제조 방법은 내지에서는 존재하지도 않고, 조선에서도 비교적 최근에 기업으로 되었기 때문에 그 순서를 다음과 같이 약술하겠다.

천일염은 함수의 수분을 태양열로 증발시켜 습도를 농후하게 하고, 공기는 풍력에 의존하여 자연환기로 증발을 용이하게 하는 원리를 응용한 것이다. 3월 중 염전의 손질을 완성하여 두고, 4월부터 10월 상순까지 제염작업을 하는 구조이다. 염전은 저수지(貯水池)와 증발지(蒸發池) 및 결정지(結晶地), 세 부분으로 이루어졌는데, 저수지는 해수를 저장하는 연못이고, 증발지는 높이 10촌(寸), 너비 2척(尺) 내외의 작은 논둑으로 이루어진 수십 개의 방형(方形)으로 구획되어 있다. 1촌 내지 1촌 5분의 낙차로 9단 내지 10단의 계단을 붙이는데, 그것의 수심은 1촌 5분 내외로 저수지에서 끌어올린 함수를 주입하여 태양열과 풍력으로 지수(池水)를 증발농축시키고, 증발농축시킨 함수를 이주(移注)하여 결정(結晶)을 만들어 낸다. 기타 용수로, 함수류, 수로 및 배수구 등이 부속한다.

제조 순서는 삭망(朔望)의 대조(大潮) 때를 맞아 소요되는 해수를 저수지를 설비하여 수문에서 저수지까지 들어오게 하는데, 적당량을 도출구를 열어 자연스럽게 증발지로 흐르게끔 한다. 증발지의 함수는 순차적으로 상단에서 하단까지 농축 농도가 올라가도록 증발지에 옮겨 대는데, 함수의 농도가 비중 20도에서 25도에 이르면 결정지로 옮겨 댄다. 결정지 안의 농도가 25도에 이르도록 포화된 함수가 들어오면 이곳에 최초의 소금 결정이 만들어지고, 몇 시간 후에는 결정지 전체가 결정염으로 뒤덮이게 된다. 이것을 긁어모아 창고에 수장(收

藏)하여 수분을 빼어 낸 것이 식염이다.

그 제염 기간은 최초부터 약 10일간 이다. 당연히 성하기(盛夏期)의 폭염 때는 이 기간이 현저히 단축되어 진다. 자그마한 연료도 필요치 않다는 것이 이 제조 방법의 특색이어서 종래의 전오염에 비해 생산비가 매우 경제적이다. 조선에 이 염전이 있는 곳은 인천 근교의 주안, 군자, 남동과 진남포 근교의 광량만, 덕동, 귀성 및 평안북도의 남시 등 7개소 2,474정보로 모두 전매국의 관영으로 있다.

5. 일본의 염 소비 상황

소금의 용도는 앞에서 말한 바와 같이 매우 광범위하여 그 소비량도 인구의 증가와 정비례할 뿐만 아니라 공업의 진보·발달이 이루어짐에 따라 그 쓰임도 증가하였다. 즉 소금의 소비량은 문화의 바로미터(barometer)라고 칭해질 수 있다고 생각된다.

소금이 일체세계(一體世界)에서 누가 생산의 수위를 다투는 가는 다음의 내각 통계국의 통계를 통해 알 수 있다.

세계산염고표 (1930년, 단위 1,000톤)

일본 내지	629	이태리	850
조선	145	폴란드	533
대만	161	루마니아	307
관동주	250	캐나다	244
소계	1,185	샴(타이)	181
북미합중국	7,307	체코슬로바키아	178
소비에트연방	2,604	스페인	1,037
독일	2,957	오스트리아	158
지나	2,604	이집트	155
영국	2,101	튀니지	145
영국령 인도	1,739	기타	2,298
프랑스	1,589	합계	29,000

비고: 본 표 지나의 분에는 만주국 분이 포함된 것으로 생각된다. 만주국 소금 생산고는 26만 8,000톤으로 추정하고 있다.

일본에서 1년 동안 소비되는 소금은 내지와 대만, 가라후토(樺太), 조선 및 관동주를 일괄하면 대략 148만 8,000톤에 달하여 위의 표를 대조해 보면 약 30만 3,000톤이 부족하다. 일본의 소금 생산고는 3년 전에 비하여 많은 변화가 없지만 소비는 최근 급격히 증가하고 있고, 이 부족액은 최근 다시 증가하고 있는 것으로 생각된다. 이 부족분의 소금은 오로지 지나(支那)의 산동성, 청도, 프랑스령 인도, 이집트, 스페인 같은 곳으로부터의 수입에 의존하고 있다. 더욱이 일본국 안에서의 지역별 수급관계를 살펴보아도 생산과잉인 곳은 대만과 관동주뿐이어서, 가라후투와 같은 곳은 생산이 전혀 없고, 조선에서도 소비의 절반액, 즉 약 15만 톤이 부족하다. 내지는 약 40만 톤이 부족한 상태인데 특히 최근 소다(曹達)나 유리(硝子) 제조공업이 장족의 발전 과정에 있음으로 공업염(工業鹽)의 수용(需用)이 매우 커지고 있다. 현재 야마구치(山口)현 도쿠야마쵸(德山町)만 하여도 연간 약 10만 톤이 소비되는 상황이어서 공업자들은 안정적인 가격의 원료염 구입에 혈안이 되어 있다.

6. 일본에 있어서의 염 자급책

현재 일본에 있어서 소금의 부족 문제를 어떻게 조절할 것인가? 이는 산업상, 그리고 국방상 중대한 문제이다. 지난해에도 이를 위해 내지 및 각 식민지의 수뇌부들이 회합을 가져 여러 가지 토의 연구를 하였지만 결국 내지에서는 현재로서 더 이상의 생산 증가를 기대할 수 없다는 결론을 얻었다. 현재의 전오염 제조는 경제적이지 못한 면이 있어서, 외지(外地)로 안정된 가격의 소금을 증산하는 데에만 힘쓴다면 당업자에게 피해만 미치게 되어 결국 이 사업을 축소하려는 마음을 갖게 할 것이다. 대만은 현재 연간 약 9만 2,000톤의 생산과잉 분을 내지로 이출하고 있고, 현지의 생산비도 대략 조선의 경우와 동일하다. 그러나 염전이 비교적 불편한 지역에 위치하여 운반비가 많이 들고, 온도가 높아 채염기가 긴 장소가 있어도 강우량이 많아 폭풍우에 대비하기 위한 염전의 유지·수선비가 많이 든다는 단점이 있다. 또 현재 전매제도로 매수하는 일이 퍼져있어서 배상금이나 판매상 수속에 있어서 다툼이 일어나고 있음으로 급히 다른 확장을 기대할 수 없기 때문에, 장래 유망한 곳은 관동주나 조선뿐이라는 풍문이 일고 있다.

관동주 천일염의 연간 생산은 20만 톤으로, 1931년에는 23만 6,000톤을 내지와 조선에 수출하였다.[152] 염전 확장 예정지로서 상당량의 경제적 개발을 얻을 수 있을 것으로 보이는 곳도 약 5,000정보에 이른다. 생산비 역시 비교적 매우 저렴할 뿐만 아니라, 이미 설치된 염전 7,000정보의 개량 발달과 협조로 28만 5,000여 톤의 증산 여력을 갖추게 되었다. 올해부터는 동척(東拓)과 일본염업(日本鹽業) 등이 확장에 착수하여 유망한 장소가 되었지만, 일본 전체의 부족분 30만 3,000톤에는 부족하다. 만약 이 증산계획 전부가 실행될 가능성이 있다고 해도 장래에 다시 증가될 소비량의 증가를 만족시키기는 어렵다.

이곳에서는 작금에 유행하는 '일만(日滿)경제블록' 완성의 경우를 상상해 볼 수 있을 것이다. 만주국(滿洲國)에서 추정되는 염전의 면적은 9,184정보이고, 평균 산염고(産鹽高)는 26만 8,000톤이다. 국내 소비량을 추정하면 24만 4,000톤이어서 자급자족의 상태로 볼 수 있으나 장래에 치안이 확실히 유지되고, 산업개발이 이루어진다면 관동주의 예에서 보이듯이 약 10만 톤 이상이 지금보다 증산되어야 할 것으로 보인다.[153] 현재 만주국 사람들은 세금 등의 관계로 인해 소금이 비상식적인 고가(高價)가 되어 농민 1년 치 식비(食費)의 2할이 소금 값으로 치러지고 있는 상황이다. 현재 우리의 상상 밖으로 소금 소비를 절제하고 있어서 상기(上記) 소비량 계산도 1인당 17근(조선은 1인당 22근)으로 표준에 미치지 못하는데, 앞으로 왕도정치(王道政治)가 철저해지고 소금의 안정된 쓰임이 일층 증가되면, 도저히 그 이상의 소금 증산이 이루어진다 하여도 당분간 국외로의 수출은 불가능할 것으로 보인다.

---

152 1905년 러일전쟁 종료 후, 포츠머스조약에 따라 러시아로부터 요동반도의 조차권을 인계받은 일본은 이곳에서의 염업을 자신들의 산업상, 재정상 발전에 유망한 사업으로 파악하고 여러 기업들의 참여를 촉구하였다. 이에 1906년 일본식염코크스(대일본염업의 전신), 만한염업 등이 참여하였고, 1912년 이후로는 스즈키(鈴木)상점과 동양척식도 참여하였다. 종래 관동주염은 주변의 '동삼성(요녕·길림·흑룡강)'이 주요 판매처였지만, 외국염의 수입을 금지한 청국 정부의 방침에 따라 그 수출이 막히게 되었고, 그 대안으로서 주로 일본과 조선에 판매되었다(伊藤昭弘, 2011, 「日露戰後の遼東半島における日本人の製鹽經營-山口縣村井家を事例に」, 『文化交涉における画期と創造』Vol.3, 関西大学文化交渉学教育研究拠点, 27~28쪽).

153 1931년 9월 18일, 만주사변을 계기로 만주국을 건설하여 만주 전역을 지배하게 된 일본은 종전의 관동주 이외의 지역에서도 천일염전을 건설하여 일본으로의 염 공급 거점을 확대시켜 나갔다. 특히 만주의 염전은 조선이나 대만과 달리 염업 경영을 국가기관이 아닌 '일만(日滿)합작'의 기업에게 위임시키려 하였는데, 이는 일본에서의 공업염 부족에 대한 대응책으로서 만주국의 염업 행정을 만주국 단독이 아닌 '일만일체(日滿一體)'로 수행할 필요가 있었기 때문이다. 따라서 1936년 4월, 만주국과 만철(滿鐵), 이사히글라스(旭硝子), 대일본염업(大日本鹽業), 덕산조달(德山曹達), 동양척식(東洋拓殖) 등이 참여하는 일만 합작의 만주염업주식회사가 성립하게 되었다. 만주염업주식회사에 대해서는 兒玉州平, 2014, 「滿洲鹽業株式會社の設立意義: 過当競爭下日本ソーダ製造業との関連に注目して」, 『國民經濟雜誌』 210(6), 神戶大学経済経営学会 참조.

마지막으로 조선의 경우를 보면, 조선은 현재 소금 소비량이 연간 약 30만 톤에 달하고 있다. 생산은 민간에서 제조하는 전오염 3만 7,000톤과 전매국 관영(官營)의 천일염 15만 8,000톤, 합계 21만 5,000톤(1931, 1932년도 평균 통계이다. 재제염은 천일염을 원료로 가공한 것으로 여기에서는 가산하지 않았다)으로 그 차이인 8만 5,000톤이 부족하다. 더욱이 이 부족분은 1932년도(昭和 7)의 풍작 상황을 계산한 것이어서 조선에서는 매년 12~15만 톤의 천일염을 대만, 관동주, 청도 및 산동성 연안에서 수입하는 것이 보통이다. 그렇지만 조선에서 지금 이상의 소금 증산의 여지가 전혀 없는 것은 아니다. 이에 대해서는 앞으로 상세히 설명할 생각이다.

7. 다행스런 조선산염(朝鮮産鹽)의 미래

조선에서의 염업은 전오염만이 그 제조 방법으로 쓰여서 오래도록 폭압정치의 압박을 심하게 받으며 이루어졌다. 거의 그 개량발달을 볼 만한 것도 없이 해마다 쇠미한 상황으로 남다가 결국 안정된 가격의 지나 천일염 수입의 위협을 받게 되었으나, 염가의 등락이 일정하지 못하고, 지방으로의 배급도 원활히 이루어지지 못하였다. 그래서 이것을 어떻게든 하지 않으면 안 된다고 말하게 되어, 1907년(明治 40) 초에 인천 근교의 주안에 관영으로 소규모의 천일염전 제조시험장을 만들었다. 여기서 매우 좋은 성적을 올렸고, 장래 천일염 영업을 위한 경영 방침을 수립할 수 있게 되었다. 1909년(明治 42)부터 4년간 광량만 770정보, 주안에 84정보의 염전을 축조하고, 1917(大正 6)부터 4년간에는 주안에 124정보, 평안남도 덕동에 223정보를 준공하였고, 다시 1920년(大正 9)부터 1924년(大正 13) 말까지 인천 근교의 남동에 300정보, 군자에 575정보, 평안남도 귀성에 149정보, 평안남도 남시에 217정보를 완성하였다. 이후로도 다소의 증축이 이어져 오늘까지 이르고 있는데 그 현황을 살펴보면 다음의 표와 같다.

조선천일염 면적급채염고표
(면적 단위 정보, 채염고단위 천 근)

염전별		염전면적	1931년 채염고	1932년 채염고
주안 출장소	주안	212	18,303	29,190
	남동	300	34,400	53,829
	군자	603	51,436	89,018
	계	1,115	104,179	172,037
광량만출장소	광량만	700	82,814	109,351
	덕동	223	26,395	33,819
	귀성	149	12,791	18,407
	계	1,142	122,000	161,640
남시출장소 남시		217	17,691	22,065
합계		2,474	243,870	355,742
민간전오염		-	54,545	69,037
총계		-	298,415	424,779

위 표에서 보듯이 관영 천일염의 산액은 1931~1932년(昭和 6~7) 평균이 정보당 12만 1,000근에 달해 대만, 관동주의 염전 정보당 생산액 7~8만 근인 것에 비해 좋은 성적을 보이고 있음을 알 수 있다. 이러한 차이가 생기는 이유는 제염 방침이 대만은 품질을 우선시하고, 관동주는 생산비를 우선시 하는 데 비해, 조선은 생산량을 우선시하는 것이 아닌가 생각된다. 조선은 관영의 결과 염전의 손질이 충분히 이루어져 있을 뿐만 아니라, 종업자의 기술이라든지 분위기라든지가 크게 우월한 점이 있다고 생각된다.

산염상(産鹽上)의 상황에서 조선이 대만보다 우수한 점은 기술한 바에서 알 수 있는 것이고, 관동주에 비교하여 어떠한가는 전문적인 관점에서 보건대 강우량, 온도, 염전 축조비 및 노임비 같은 점에서는 관동주의 방법이 유리하고, 제염의 반출비나 판로에 있어서는 조선의 방법이 더 유리한 점이 있다고 하겠다. 이러한 점에서 지금 조선이 기술상 일보 우위를 차지한다고 하더라도 양자 간의 우열은 쉽게 결정하기 어려운 점이 있어서 다시금 온건히 생각해야 한다.

조선의 천일염전은 현재 어떠한 확장의 여지를 두고 있는가? 조선의 서해안은 황해와 면하고 있어서 간석지가 잘 발달되어 있다는 것은 잘 알려진 일이고, 따라서 염전의 적지(適地)도 대단히 많다. 이제 적지로 조사 보고서에 기록된 것만으로도 5,663정보의 염전 예정지가 있고, 이 중 1,100정보는 5개년 200만 엔의 계속사업으로 올해에도 공사가 실시 중이다. 계속하여 내년에도 다시 1,000정보의 염전 확장이 신규 사업으로 이루어지도록 총독부 예산이 계상될 모양이어서, 만일 이 양 계획이 실현된다면 조선에서 당면한 소금 부족은 면할 수 있고, 자급자족의 시대가 눈앞에 놓이게 되었다. 그러나 이것만으로는 상래의 인구 증가 및 공업 발흥으로 인한 소금의 필연적 수요 증가를 만족시킬 수는 없을 것이다. 하물며 내선만(內鮮滿)경제블록의 입장에서 본다면 매우 임시방편적인 면이 있어서 나머지 3,600정보의 적지도 어떠한 방법으로든 빨리 염전으로 만들어야 한다. 조선 천일염전 총면적을 8,000정보 이상으로 한다면 적어도 연간 50만 톤 이상의 소금을 생산할 수 있을 것이고, 그리하여 관동주와 함께 그 과잉의 소금을 내지의 부족분에 보충시킬 수 있는 방침을 세우는 것이 반드시 필요하다고 생각한다.[154] 감히 식자들의 비판을 기다리며 다음으로 이어가겠다.

8. 조선과 염 전매제도

조선에서의 소금은 민간제염의 전오염 3만 7,000톤, 전매국 관리의 염전에서 생산되는 천일염 17만 8,000톤 및 전매국이 지정한 상인에게 명령하여 수입되는 천일염 18만 7,000톤, 세 계통으로 나뉠 수 있다. 이 밖에도 천일염을 원료로 제조한 재제염이 약 3만 4,000톤이다(이상은 1931, 1932년도 평균 통계).

전오염의 제조와 판매는 모두 민간의 자유영업에 달려 있어서 전매국과는 하등의 관련이 없지만, 염전과 같은 공유수면 이용 같은 문제는 정부의 허가가 필요하다. 현재는 염전을 목

---

154 조선총독부의 당면한 염 증산 목표는 조선에서의 자급자족이 일차적 목표였으나, 차후에 그 계획이 실현되는 단계에 있어서는 일본으로의 공업염 이출 계획까지 세우는 것을 잊지 않았다. 즉, 1937년 12월에 열린 제2회 염무관계회의에서 조선총독부는 1943년까지 선내(鮮內)의 염 수요를 채우고, 1947년 이후로는 일본에 연액 16만 2,000톤의 공업염을 공급하겠다는 구체적 계획안을 내놓았다(田中正敬, 2006, 「日本における工業用塩需要の拡大と朝鮮塩業: 內外地塩務主任官会議を中心に」, 『人文科学年報』 36, 専修大學 人文科學研究所, 46쪽).

적으로 하는 새로운 사용의 허가는 다루어지지 않는다고 한다. 전오염의 생산은 전남 및 경남에서 최고로 많아 전 조선의 3할을 차지하고, 충남, 경기, 함남이 그다음이며, 기타 지역에서의 생산은 미미한 형편이다. 전오염은 그 생산도 적고 가격도 비교적 높아서 판로는 지극히 제한적이다. 목포, 부산, 인천, 경성, 원산 및 군산이 주요 집산지이다.

재제염은 천일염을 원료로 제조되는 것이어서 전오염과 같은 방식의 민간 자유영업으로 이루어지고, 수요는 고급용이어서 도회지나 내지로 향하는 어획물의 염장용으로 만들어진다. 부산이 본장(本場)으로 되어 있고, 경성, 진남포, 원산, 청진, 평양, 대구, 전주 등지가 주요 산지를 이룬다.

이상의 전오염도 재제염도 근년에 와서는 생산비가 높아져 천일염에 압도적으로 눌리어 쇠미해 져서 점차 감소되는 경향이 있다. 또 전오염은 산액도 적고, 판로도 극히 제한되어 있으며, 재제염은 전체적으로 천일염을 원료로 하는 것이기 때문에 조선에서 소금의 문제는 필경 천일염이 그 우위를 차지하고 있다고 본다.

천일염은 전매국에서 그 제조를 독점하고 있고, 또 수입염도 1930년(昭和 5) 3월 제령 제1호에 의거 일단 정부가 이를 매수 관리하고 있는데 조선에서는 생산과 함께 지정된 매팔인(賣捌人)에게 판매하고 이를 납부하게 하고 있다. 이처럼 천일염을 관영으로 하고 수입염을 정부가 관리하는 이유는 1930년 4월부터 관세(關稅)가 철폐되었기 때문이다. 만일 이를 맘대로 방치한다면 조선에서는 터무니없이 수입염이 발호하게 되고, 조선의 염업을 압박하는 염가의 변동이 일상적이지 않게 되며, 영세민의 생활을 위협하는 일들이 생기게 된다. 조선에서의 염업 보호와 염가 통제는 이러한 방침을 따르는 것이다. 조선에서는 현재 염 전매제도가 완전히 실시되고 있지는 않지만, 정부에서 천일염을 관장하는 결과로 양적으로 적은 전오염이나 천일염을 원료로 하는 재제염을 견제할 수 있어서, 전국적인 소금의 배급이나 염가의 통제가 이루어지고, 전매제도에 가까운 효과를 얻을 수 있게 되었다. 따라서 소금을 전매국에서 취급하는 주된 뜻은 연초(煙草) 전매의 경우처럼 전적으로 수익을 목적으로 하는 것은 아니고, 소위 통제경제정책의 일단으로 행해지는 것이다. 그 수익이라는 것도 종래 염세나 관세, 기타 기왕의 수입을 보전하는 정도를 목적으로 하여, 그 이상의 수익의 경우에는 염가를 인하하는 것이 당연한 방침으로 세워지고 있다. 내지에 있어서의 전매제도 역시 처음에는 수익을 목적으로 한 것일지는 모르지만 현재는 점차로 변경되어져 국내염업 보호

방침이 세워졌다. 소금은 허가를 받은 제염업자가 제조하게 하고, 이것을 영업자가 거래한 정도의 가격으로 매수하여, 지정된 소매인에게 정가를 정하여 불하시켜 일정한 가격으로 판매하게 하는 구조이지만, 이것으로 일반소비자는 염 제조업자 보호라는 희생을 안게 되어, 높은 가격의 소금을 구매하게 되었다. 이러한 불합리성으로 인해 생산비가 낮은 외지에서 소금을 증산하게 되고, 전매제도의 폐지를 주장하는 사람들까지 나오게 되었다.

조선에서 현재의 제도를 다시금 일보 전진시키기 위해 전매제도를 확장시켜야 하는가의 여부는 중대한 문제이다 아울러 관영 천일염전의 대 확장이 완성되어 조선 내의 소금이 자급자족이 이루어지게 된다면 막대한 자금이 투입되는 전매제도는 실현시킬 수 없다고 보는 것이 지당하지 않을까?

9. 전매국의 염 판매가격

조선 전매국에서 판매되고 있는 소금의 종류와 지정 매팔인에게 판매되는 가격은 다음의 표를 통해 알 수 있다. 이것을 지정 매팔인이 지방에 판매하는 경우를 보면, 포장염에는 관청에서 포장비를 정하고, 운반비가 필요한 경우에는 운임 실비를 가산하여 원가로 하는데, 대체적으로 원가의 3할을 판매수수료로 가상한 가격으로 판매하는 것이 지정되어 있다. 지방 염상인이 매팔인으로부터 매입한 소금을 판매하는 경우에는 전매제도가 퍼져있지 않고 있기 때문에 그 이익을 관(官)에서 제한하는 경우는 나타나고 있지 않으나, 100근에 2~5전의 이익을 더하는 것이 보통이다. 만약 그 이상의 폭리를 취한다면 그 누구라도 영업에서 나타나는 경쟁을 피할 수 없을 것이며, 경쟁자가 나타나지 않는 경우라도 관청에서 지시한 매팔인이 특약점을 설치하게 된다. 이밖에도 부정 상인과의 거래를 정지하는 경우처럼 단속을 당하게 될 수 있다. 민간의 전오염이나 재제염도 천일염의 가격에 의한 견제를 받기 때문에 오늘날 대체적으로 지방의 염가는 안정되어 있고, 배급 역시 순조롭게 이루어지고 있는 형태이다.

조선의 염가는 예사롭지 않은 혜택을 받고 있어서, 내지 전매국의 수입 2등염 100근 당 판매가격이 2원 59전 8리인데 비해, 조선에서는 90전에 불과하다. 또 이것을 만주국에서는 염세 6원 30전을 부담시키고, 다시 길림(吉林)·흑룡강성(黑龍江省)에서는 전매익금(轉賣益金)

3원 35전을 부담해야 하는 것과 비교할 때, 참으로 하늘과 땅 차이라고 말하지 않을 수 없다. 전매국은 소금으로 이익을 보지 않는다는 사실을 이것으로도 알 수 있다.

조선전매국 염 종류 및 가격표

종류 \ 가격	판매단위	인천 또는 진남포 염고도	주안역 염고도	주안 공장도	비고
특갑천일염	散百斤	1円15전	1円15전		
특을천일염	〃	1.05	1.05		
일등천일염	〃	1.00	1.00		신의주 3전, 부산 5전, 원산 13전, 군산·목포 15전, 청진 18전 비쌈
이등천일염	〃	0.90	0.90		
분쇄천일염	〃	-	각등 천일염보다 5전이 비쌈		
진공식 재제염	〃	-	-	1.40	
특갑분쇄세척염	〃	-	-	1.23	
일등분쇄세척염	〃	-	-	1.13	
정제염	〃	-	-	4.00	철도연선의 각 역도와 같은 가격으로 통함
정제염	1kg 병 40개들이 1상자	-	-	4.40	
정제염	2kg 병 20개들이 1상자	-	-	4.00	
식탁염	산백근	-	-	6.00	
식탁염	600g 병 24개들이 1상자	-	-	4.80	
식탁염	300g 병 48개들이 1상자	-	-	6.72	
식탁염	150g 병 72개들이 1상자	-	-	5.76	

10. 조선 제일의 인천염

전매국 관영 염전의 분포 상황은 경기, 평안남북도의 3개로 분포되어 있는데, 경기도의 주안, 군자 및 남동 염전은 주안출장소가 제염관서로 되어 관할하고, 그 제염은 인천출장소

가 판매관서로 되어 인천항에 수입되는 수입염과 함께 이를 판매하고 있다.[155]

주안출장소의 소관 염전은 기술한 바와 같이 현재 면적 1,115정보(목하 500정보가 확장공사 중에 있어서, 1934년 예산이 통과되면 다시 500정보가 증가된다)로, 면적 채염고(採鹽高)가 공히 전조선의 45%를 차지한다. 이들 염전은 모두 인천항 근교에 있어서 주안염전 분은 직접 상인천역 근처의 주안역에서 기차로 실어 나가고, 군자 및 남동염전 분 6만 8,000톤의 소금은 일단 해로로 인천항에 육양(陸揚)된 다음, 선차(船車)로 조선의 중부 및 남부 각 역과 각 항구로 배급되어진다.

원래 인천은 부근에 전매국 천일염과 수원군의 전오염전이 있고, 지나 무역의 중추지로 정크선의 왕래가 빈번하였기 때문에 소금에 있어서만큼은 옛날부터 역사를 가지고 있었다. 해륙(海陸) 모두 형승(形勝)의 지위를 가지고 있었기 때문에 소금의 판로는 전조선적으로 이루어졌지만, 근교에서 생산되어진 소금은 매우 부족하여 매년 약 7만 톤-전 조선에서 수입되는 소금의 37.4%(1931~1932년도 평균 통계)-의 소금을 수입하여야만 했다. 따라서 소금의 입하(入荷)는 회조염(回漕鹽)을 더하여 계산할 때 13만 8,000톤을 넘었다. 여기에 인접한 주안역에서 반출되는 1만 4,000톤을 가산한다면 총계는 실로 15만 2,000톤에 달하여 단연 전조선 제일의 소금의 항구가 되었다. 또 이를 인천항의 다른 화물량에 비교해 보면 수이출(輸移出) 화물 총 톤수 62만 5,000톤의 24%를 넘고, 수이출되는 현미(玄米)·정미(精米)·백미(白米) 24만 7,000톤의 60%를 넘어서(이상 인천세관 1932년 통계), 인천에 있어서는 진실로 쌀 다음의 중요 화물이 되었다.

참고로 전조선의 각 소금 판매관서별 소금의 매도고(賣渡高) 및 수불수량(受拂數量)은 다음의 표와 같다.

---

155 전매국 인천출장소는 1921년 7월, 옛 인천세관 검사소(항정 7가)에서 개청하였다. 1925년 9월부터 관염 판매를 개시하였고, 1928년부터는 관염만 판매하게 되었다. 아울러 「염수이입관리령」이 반포된 1930년부터는 수입염까지 직접 관리하게 된다(인천부청, 1933, 『인천부사』).

관서명	매도실적		수불수량			
	수량	금액	월(越)	수(受)	불(拂)	잔(殘)
인천	104,432	1,540,824	14,646	134,365	109,121	39,890
진남포	41,696	604,996	2,783	75,465	61,805	16,443
부산	34,320	546,038	1,810	58,951	31,220	29,541
신의주	34,332	411,539	-	20,903	20,903	-
원산	23,588	412,902	4,627	13,842	12,664	5,805
군산	22,971	394,994	363	21,771	18,036	4,098
청진	16,951	307,326	2,767	11,485	11,119	3,133
목포	5,633	95,693	1,917	5,095	5,556	1,420
계	283,924	4,313,312	28,913	341,841	270,424	100,330

11. 양양한 인천염의 판로

인천 해안의 소금 야적산은 월미도(月尾島)의 절경으로 세관(稅關), 갑문식(閘門式) 선거(船渠)와 함께 3대 명물로 칭해질 수 있다고 생각된다.

조선의 소금 수용기(需用期)는 된장과 간장의 담금용으로 쓰이는 춘기(春期) 3, 4월 두 달과 채소의 절임용으로 쓰이는 추기(秋期) 10, 11월 두 달간이 가장 큰 대목으로 누구라도 연간 소비량의 30% 내외를 사용한다. 40%는 어업용 등으로 쓰인다. 그렇지만 조선 소금의 생산은 5월부터 7월까지가 최성기(最盛期)로 이 기간에 인천항 부근 염전으로부터 회조(回漕)되어지는 소금이 매월 2만 톤 이상에 달한다. 또한 수입염도 산동성에서 오는 것은 이 기간이 소금을 실은 정크선의 운항기이고, 관동주·청도에서 오는 소금도 대체적으로 이 기간에 기선이 회조하기 때문에 하절기에는 인천 해안에 도착하는 소금이 홍수를 이룬다. 안벽(岸壁)에는 매일 거룻배나 정크선 40~50척이 집결하고, 육양하는 인부 수백 명이 마치 개미가 먹이를 지고 가듯이 모이어서 열을 맞추어 소금을 운반한다. 어느 때의 저염량(貯鹽量)은 최대 8만 톤에서 10만 톤에 달하기도 하여 2,000~3,000평의 창고로는 도저히 수용할 수가 없게 된다. 이때 소금을 공지(空地)에 야적하게 되면 비와 이슬을 맞고 표면이 고착되어 소금산

(鹽山)으로 만들어 지는데, 이러한 소금산도 좁은 장소에서는 소금을 수장하는 것이 대단히 높은 산이 되어, 1개 산에 보통 400만 근에 높이가 4~5칸이 되고, 커다란 것은 2,000만 근에 높이가 20칸을 넘는 경우도 생긴다. 이러한 소금산이 해안 일대에 긴 뱀이 늘어져 있는 것처럼 연속하여 서 있는 모양은 확실히 장관이 아닐 수 없다. 처음 만난 사람도 이런 소금산의 이야기를 들려주면 매우 놀란다.

이처럼 막대한 소금산도 10월 수용기(受用期)에 들어서면 순식간에 잇달아 그 웅장한 모습이 사라져 버린다. 여하튼 인천에서 출발한 소금은 해로를 통해 연안 각 시역으로 2만 4,000톤을, 육로로 기차를 통해 수송하는 것은 30톤 화차(貨車)로 환산했을 때 약 3,400차(車)이다. 이 철도 운임만으로도 연간 37만 2,000여 원을 지불해야 하기 때문에 최성기에는 하루에 30량 화차 두 열차 이상을 적출(積出)하는 경우가 드물지 않다. 이때 현장 작업은 소금 수입 성기(盛期) 때와 마찬가지로 흡사 전쟁터를 방불케 하는데, 소금산을 파서 무너뜨리는 사람, 저울에 달아 무게를 재는 사람, 줄을 묶어 포장하는 사람, 화차에 적재하는 사람 등 수백 명이 투입되어 각기 활약한다. 이 밖의 작업은 청부제도를 이용하는데, 요소에는 반드시 현장감독원을 파견하여 감독시킴으로써 각각의 작업에 정확한 기일을 맞추도록 하고 있다.

인천염은 인천출장소 관할인 경기도·충청북도 일원, 충청남도 8개 군, 전라북도 2개 군, 경상북도 8개 군, 강원도 10개 군 및 황해도 3개 군의 총 3부(府) 65군(郡), 즉 조선 중앙부 일대에 지정된 매팔인 18명의 손을 통해 판매되어지고 있다. 이들 지정 매팔인들에게 전매국에서는 판매구역을 각자 독점하도록 하지는 않고, 각자가 판매를 경쟁적으로 힘쓰게끔 하도록 유도하고 있어서 지방 염가가 함부로 폭등하는 일이 없도록 하고 있다. 따라서 인천에 주재하는 지정 매팔인들은 인천염공동판매조합(仁川鹽共同販賣組合)과 같은 이익단체를 조직하여 신용과 풍부한 자금력을 무기로 인천출장소 관할 밖의 지역으로 판로를 확장시키고 있다. 남쪽으로는 대구와 경주, 호남방면으로는 전주, 광주, 담양, 남원 방면을 지역 기반으로 삼고 있는 모양을 취하는데, 만일 전매국이 인천에서부터 평안남북도 및 함경남북도로의 소금 반출을 금지하는 것을 풀어 준다면 이 방면으로의 진출 가능성도 충분히 존재한다. 아마도 인천염은 전 조선을 풍미할 수 있는 미래를 지니고 있다고 하겠다.

12. 지방 경제를 윤택케 하는 인천염

인천염을 가격으로 환산하면 연간 2백만 원 내외이다. 전매국의 취급품으로 직접이익을 얻는 경우는 적을 뿐 아니라, 지방의 많은 소금 지정 상인들에게는 좁은 항구의 인천에서 십수 만 톤이나 되는 소금을 집산하는 것이 오히려 고맙기는 하나 귀찮은 일로 여기는 경향이 없지 않다. 이를 대변화로 인식하는 것은 실로 부족한 실정이다.

'쌀의 인천'은 인천에게 항만의 설비, 금융상(金融商) 취급 기관의 완비, 운송의 편리라는 선물을 가져다주었다. '소금의 인천'에서도 충남, 황해 각 도 연안에서 회착하는 쌀과 똑같은 이유가 있어서, 이들 연안선들은 대체로 귀항할 때 소금을 싣는다. 만일 '소금의 인천'이 불이익을 주는 것이 있다면, 이들 선박은 진남포나 군산으로 뱃머리를 돌릴 것이 불을 보듯 뻔한 일이다. 즉, 어느 정도로 '쌀의 인천'은 '소금의 인천'과 떨어질 수 없는 관계가 있다고 할 수 있다. 또 쌀은 가격에 비해 부피가 커서 부담스런 화물이지만, 이것의 운반이나 포장과 같은 곳에 투입되는 노동력과 경비가 발생함으로, 이와 같은 노력경비(勞力經費)는 당연히 인천 지역으로 떨어지게 된다. 따라서 노동수용의 입장에서 본다면 인천염은 무시할 수 없는 중요성을 가지고 있다.

소금의 작업은 전체적으로 볼 때 청부제도가 있어서 정확히 알 수는 없지만, 여기에 지불되는 노동임부임(勞動人夫賃)을 추산하면 다음과 같다.

<염 관계 인천 산포 임금액>
1. 염전 출하 운송 및 육양 인부임 83,512원
2. 수이입염 육양 인부임   26,179원
3. 염 포장 인부임   36,081원
4. 화차 및 선박 적재 인부임   25,413원
계   171,185원

다시 인천염이 인천의 인접한 농촌경제에 미치는 영향을 살펴보면, 둘째로는 주안출장소 관할 염전에서 사역하는 염부를 공급한다는데 있다. 그리고 인천출장소에서 사용되는 소금

의 포장재료가 있어서 이를 금액으로 환산해 보면 다음과 같다.

<염부 노은 및 포장재료비>

1. 염전 사역 염부 임금   136,204원
2. 포장용(包裝用) 가마니 180만 매(貫) 대금   171,000원
3. 포장용 끈 27만 매 대금   19,800원
계   327,004원

염부들은 우선적으로 지역인들을 채용하고, 포장재료와 가마니는 인천부에 인접한 부천군과 강화군의 농회(農會)와 직접 계약을 맺어 농가부업으로 제조되고 있다. 또 포장용 끈은 인천의 조선인 자선회와 특약을 맺어 매일 실업자 약 100명으로 하여금 작업시킨 물품을 납부 받고 있다.

이처럼 인천염이 지방경제에 미치는 영향은 매우 크다. 감히 '소금의 인천'이라고 소리 높여 말하는 이유가 여기 있는 것이다.

<자료 185> 광량만염전 창업 당시의 추억

- 원제목: 廣梁灣鹽田創業當時の思ひ出
- 작성자: S生(廣梁灣)
- 출전호수: 《專賣の朝鮮》 제131호
- 간행일: 1935년 10월
- 발행처: 朝鮮專賣協會

광량만의 개척자

한국정부시대에 재원을 목적으로 한 염전은 정부의 직영으로 한다는 것으로 방침의 결

정을 보았지만, 전오염전(煎熬鹽田)을 조성할지 천일염전(天日鹽田)으로 따를지 하는 기술적인 것은 결정하지 못하여, 결국 부산 부근의 용호(龍湖)에 전오식(煎熬式), 주안(朱安)의 지금 1구(區)에 천일식(天日式)의 시험전(試驗田)을 조성하여 1~2년 보낸 결과, 천일염전의 성적이 승리를 얻어 이에 관영 염전(官營鹽田)은 천일식에 의하는 것으로 대방침(大方針)이 확립된 것이다. 그러나 그것조차도 문제여서 천일염전의 축조에 경험 있는 기술자는 적고, 대부분은 내지(內地)의 염전에서 육성된 자뿐이라고 하는 상태였다. 거기에 토지조사가 이루어지지 않았기 때문에 정밀한 지도도 없어서 예정지의 조사에 상당히 난삽(難澁)했던 것 같다. 이와 같은 형편에 따라 빠르게 적지(適地)가 발견되지 않아 곤란해 있던 참에, 당시 진남포세관장(鎭南浦稅關長)이던 아루가 미쓰토요(有賀光豐)[156] 지금의 식은(조선식산은행) 총재(頭取)로부터 대동강구(大同江口)에 광대한 적지가 있으니 조사하여 볼 필요가 있다는 주의가 있었기 때문에, 당국도 때를 놓치지 않고 측량에 착수하여 확신을 얻었던 것이다. 이에 비로소 광량만염전(廣梁灣鹽田) 축조의 계획이 세워졌던 것으로, 이것은 1907년(明治 40)경이었다고 하는 이야기이다. 이 이야기는 재작년에 작고한 전(前) 경남철도(京南鐵道) 부사장, 당시는 진남포부윤(鎭南浦府尹)이었던 아키모토 토요노신(秋本豐之進)[157] 씨로부터 들었던 것인데, 어쨌든 아루가 씨가 소증기(小蒸汽)로 수로시찰(水路視察)하는 길에 광량만(廣梁灣)에 들어가 광대한 간석지를 보고 염전이 될 것이라고 직감했다고 하는 것이다. 당시의 추억담을 아리가 씨와 3인이 정좌(鼎座)하여 어느 저녁에 이야기하기로 약속하고 헤어진 뒤 얼마 안 되어 아키모토 씨가 타계하여 그 기회를 잃어버린 것은 유감스럽기 짝이 없다. 이 두 사람은 광량만염전 창업 당시 상당히 후원해 주신 것도 이전부터 이어오고 있었기 때문에 당지(當地)에서 봉직하고 있는 우리들로서는 이 분들을 가려진 공로자로서 명기(銘記)해야 할 것이다.

---

156 아루가 미쓰토요(有賀光豐)는 1873년 생으로 나가노현(長野縣) 출신이다. 1894년 도쿄법학원(현 주오대학)을 졸업하고, 1897년에 문관고등시험에 합격하였다. 이후 대장성(大藏省) 관리가 되어 각지의 세관(稅關)에서 근무하다가, 1906년 조선으로 건너가 진남포세관장, 통감부 재정감사관, 재정서기관, 조선총독부 관세과장, 경기도 내무부장, 탁지부 이재과장(理財課長) 등을 역임하였다. 1918년 7월에는 조선식산은행 창립과 동시에 이사로 추천되었고, 이듬해에 두취(頭取)로 선임되었다.

157 아키모토 토요노신(秋本豐之進, 1873~1934)은 야마구치현(山口縣) 출신으로, 1895년 도쿄법학원을 졸업하고 고등문관시험에 합격한 후, 회계검사관 등으로 일하다가 조선으로 들어와 진남포이사관, 조선총독부 평양부윤 등을 역임하였다. 1912년 중의원 의원에 당선되었고, 그 후로는 경남철도회사(京南鐵道會社)의 취체역과 부사장을 역임하는 등 조선의 실업계에서 활약하였다.

축조시대(築造時代)

　염전 축조의 관계자는 관동주 비자와(貔子窩) 염전 축조의 전력이 있는 니노미아 쯔네하치(二宮常八)[158] 기사 일행 4명이 주체가 되고, 거기에 토목기수·속(屬) 등을 더한 판임(判任) 이상 17명, 기타 고원·공부(雇員工夫)를 통산하면 내지인만도 50명을 내려가지 않았다. 이들의 현명(懸命)의 노력으로 측량설계를 진척시켜, 1909년(明治 42) 6월 시키쿠미(志岐組)의 손에 의해 제5구부터 준공된 것이었다. 이보다 앞서 설계 당시 만구(灣口) 300칸을 마감한다면 충분한 면적을 얻기에 유리하다고 하는 의견이 나오기도 하여 마감이 난공사였고, 또 배수(排水)가 때마침 잘 되지 않는다는 이유로 진척되지 않았다고 하는 이야기도 있었다. 나의 착임(着任)은 기공(起工) 이듬해였는데, 당시는 아직 평남선(平南線)도 없어서 겸이포(兼二浦)에서 기선으로 진남포로 갔다. 지금의 평남도로(平南道路)는 미완성이었기 때문에 우산산록(牛山山麓)의 좁은 길을 도보로 가다 보면 단도(短刀)를 품은 토역꾼(金筋土方)이나 권총을 찬 두목이 횡행하고 있었고, 역소(役所)로 가면 의론(議論)으로 다가오기보다 완력(腕力)으로 다가온다고 하는 호걸(豪傑) 패거리들이 얼굴을 늘어놓고 있어 적잖이 당황했던 일이 있었다. 그러나 이들 중에는 인물도 상당하다고 보는 토역꾼(土方)부터 국회의원(代議士)으로 정치무대(檜舞臺)로 나간 자도 있으며, 또 금일 중요한 지위에서 눈부신 미래를 약속받고 있는 자도 2~3명 있었다. 당시의 소장(所長)인 아카쿠라 기쓰사부로(赤倉吉三郞)[159] 서기관은 또한 역인(役人)으로는 희귀하게 대담한 배포로 두목기질을 가지고 있어서 부하들의 근무는 강행군의 연속이었다고 한다. 물론 일요일도 제일(祭日)도 무휴(無休)이어서 아침은 반종(半鐘) 신호로 일어나 등화(燈火) 아래에서 조식(朝食)을 먹고 공사장으로 뛰어나가 석식(夕食)은 또 등화 아래에서 먹는다고 하는 사정이었다. 그런데 그 종을 치는 것은 신참에게 시키는 일로 되어 있어서 풋내기인 내가 그 일을 하게 되었는데, 어느 아침에 단순히 노는 기분으로 경종(警鐘)을 난타해서 모두를 낭패시키게 되었다. 그중에는 나체로 옥외(屋外)로 뛰어 나간 자도 있

---

158 『승정원일기』, 순종 3년(1909) 3월 12일. "이궁상팔(二宮常八)을 임시재원조사국 기사로 임명하고, 임시 재원조사국 기사 이궁상팔에게 제2과 근무를 명하였다."
159 『승정원일기』, 순종 3년(1909) 12월 16일. "임시 재원조사국 서기관(臨時財源調査局書記官) 적창길삼랑(赤倉吉三郞)에게 광량만 출장소장(廣梁灣出張所長) 겸무(兼務)를 명하였다."

었다. 소란을 일으켰다는 이유로 눈알이 튀어나올 정도의 꾸지람을 받은 덕택에 소승(小僧)의 역할에서 면직되었던 일은 지금 생각만 해도 식은땀이 난다. 후에 동료들로부터 너의 작전이 계획대로 들어맞았다고 한잔을 사게 해서 처음으로 받은 봉급의 반을 털어버린 것도 웃지 못 할 난센스의 하나였다. 이와 같이 당시의 근무도 상당히 극렬했지만 공사장의 공기도 평온하지는 못했다. 내지인인 토역꾼도 지금과 같이 온순하지 않아 달구질하는 일을 각오하고 감독을 행하지 않으면 오히려 부상당하는 역인도 있었다. 반면에 인부는 조선 내에서 공사가 적은 관계상, 모집이 수월한 조선인·지나인을 합하여 5천명도 들어가 있어서 작은 다툼도 제법 많았다. 그중에서도 조선인과 지나인과의 민족적 다툼으로 수일간 섬뜩한 적대가 계속되어 우리들도 경계에 서게 되었다.[160] 최후는 헌병대의 탄압으로 해산되었고, 다행히도 사망자는 나오지 않았다. 이것은 전후를 통하여 제일 커다란 분쟁이었다. 물막이공사(湛止工事)에서 죽은 자는 내가 알고 있는 범위에서 5명이 있는데, 소위 희생양이 된 것이었다. 물막이공사도 어려운 장소는 2~3회 파괴된 것이 군자(君子)의 공사 정도-군자의 난공사는 청부자(請負者)의 자금난이 원인-의 일 밖에 없었다. 역소(役所) 측도 청부(請負) 측도 경험이 적었던 당시로서는 어느 위치에서 체절(締切)을 하느냐는 것이 가장 우선하는 성공의 방책이었다. 오로지 유감스러웠던 것은 공비(工費) 부족의 관계로 외제(外堤)의 장석(張石)을 전혀 하지 않은 것이다. 제방(堤防)의 유지에는 시달렸으면서도 또 쓸데없는 경비도 썼다. 이리하여 점차 윤곽이 잡혀진 각 구(區)에서 제염을 시작하려던 참에 1912년(明治 45) 5월 18일에 불행하게도 해일이 덮치어 제4구 염전을 시작으로 각소(各所)의 제방이 결궤(決潰)되는 심대한 손실을 입고 그것이 복구와 외제에 장석시공(張石施工)을 위한 예비금 지출을 받아 간신히 1914(大正 3) 3월로서 명실 공히 광량만염전을 완성을 본 것이었다. 만약 처음부터 장석을 시공했다면 이런 재해도 경미하게 마쳤거나, 혹은 전혀 재액(災厄)을 면했을지도 모른다. 장석 공비의 수배의 복구비를 써서 염전 면적을 축소할 수밖에 없게 되었고, 더욱이 그 사이 제염기가 늦어졌다고 하는 형편이 되어 이중 삼중의 손해를 받았던 것이다. 장래의 계획에서는 이러한 점을 충분히 주의해야만 할 것이라고 생각한다.

---

160 1910년 5월 6일 밤, 광량만염전 공사장에서 중국인 쿨리(苦力) 300명과 한국인 노동자 700명이 투석전을 벌이는 등 격렬한 충돌이 일어났다(《황성신문》1910.6.14).

제염으로 옮기면서부터

청부공사가 이루어진 부분부터 점차로 마무리되어 제염으로 옮겨진다고 하는 것은 지금도 변함이 없다. 광량만에서 최초로 완성된 염전은 제5구로서, 1910년(明治 43) 5월 23일 동구(同區)의 제2호 정(丁)염전의 일부에서 처음으로 채염(採鹽)했던 것이다. 아무래도 이 염전공사는 당시 전 조선에서의 3대 공사의 하나로 꼽히고 있던 만큼, 그 성적 여하에 대해서 관계 당국의 걱정도 보통이 아니어서 첫 채염의 보고를 받았던 기쁨은 한층 더했다고 본다.[161] 관계자들로부터의 축전(祝電)이 들끓었고 또 근교로부터의 구경꾼이 끊이지 않아 떠들썩하였다. 재미있던 일은 어느 날 내가 현장 대기소에서 점심을 먹고 있는데, 옥외에서 한창 논쟁하고 있는 조선인 한 무리가 있었던 것으로, 물어보니 삼화(三和)라고 하는 2리 떨어진 시골사람들이었다. 어느 날 밤 한담(閑談)에서 광량만에서는 내지인이 불을 피우지 않고 염을 채취하는 염전을 만들고 있다고 이야기하니, 고집불통인 이 노인이 그 따위 당치 않은 일이 있냐며 옛날부터 염은 불을 피워 채취하는 것이니 으레 있는 이런 이야기는 허튼 얘기라고 물러나지 않기에 금일 현지에서 해결을 보려고 나왔지만 노인은 아직 납득되지 않고 확실히 약(藥)을 사용하고 있다고 주장하고 있다는 이야기이다. 조속히 통역을 개입시켜 설명하자 겨우 납득했는지 입을 다문 채 돌아갔다. 이것도 진짜 이야기이다.

제염의 기술에 대해서는 관동주에서 보았던 4명의 기술자 외에 천일제염법을 알고 있던 자가 없었기 때문에 지나인(支那人)의 염부장(鹽夫長)·염부(鹽夫) 약 50명을 불렀고, 그들이 우리들의 선생 격으로 제염을 실지(實地)에서 보여 주었던 것이다. 그런데 보고 있던 중에 점점 지나식(支那式)의 결점이 눈에 띄게 되었다. 예를 들어 함수류(鹹水溜)의 설비가 있으면서도 강우(降雨) 때에 그것을 이용하지 못하고 함수(鹹水)를 수로(水路)에 흘러가게 두어 저수지를 넘치게 하는 것부터, 우해(雨害)가 많아 10mm 강우가 있으면 그 후에는 4~5일도 염을 못 본다고 하는 시말(始末), 또 저수지의 수심이 지나치게 깊다고 하는 등등, 좌우간 조선과 같은 기후의 장소에서는 그다지 이런 조작이 완만(緩慢)하게 넘긴다고 하는 것이었다. 이것

---

[161] 광량만염전 축조의 소요예산은 1909년도 한국 총세입 예산(공채·차입금 제외)의 7.6%에 달하는 약 116만 엔에 달했다.

을 지나인에게 말하면 그 대답이 재미있다. "너희들이 학교에서 무엇을 배워왔는지 알지 못하지만, 우리들은 조부(祖父)의 시대부터 염전에서 단련되었고, 수십 년 간 염으로 밥을 먹고 있는 것을 잠자코 보고 있었다"고 한다. 지나 일류의 완고함으로 입을 닫는 것은 방법이 아니기 때문에 우리들 젊은 사람들이 지나인과 별개로 조선인을 지도하며 일부의 염전을 담당하고, 자신의 의지에 따라 조작을 진행하여 개가를 올리는 일이 있어서, 그 이듬해부터 지나인을 들이지 않게 된 것으로 기억하고 있다. 염전 그 자체는 대체로 관동주식을 모범을 채용한 것이지만, 함수류의 설비만큼은 대만식을 본받은 것으로 하여서 지나인 염부가 습관상 사용하는 것을 싫어한 것도 혹은 당연하지 않을까 생각된다. 이와 같이 완성된 부분부터 순차로 제염을 개시하여 전 염전이 활동하게 된 때에, 앞서 서술한 바와 같이 해일 피해로 일시 중지하지 않을 수 없게 되었지만, 피해가 경미한 제5구 및 기타 일부의 염전은 이 사이에도 제염을 계속할 수 있었다. 파손된 염전은 신속하게 수리를 하여서 제4구·제8구를 후진(後陣)으로 하여 1914년(大正 3) 4월부터 전 염전이 다시 제염에 주력을 쏟는 것으로 되었다. 그러나 미숙기간(未熟期間)을 지나 성숙기(成熟期)에 들어갔어도 예정된 1정보당 12만 근의 채염은커녕 반절도 채취하지 못했다. 이에 결국 고난의 시대로 들어간 것이다. 이 예정고의 산출은 주안에서 1정보의 극히 집약적인 소규모의 염전을 공비를 아껴서 만들어 낸 당시로서는 이상적인 염전으로, 게다가 염부를 마음대로 사용하여 제염한 성적을 그대로 채택한 것이다. 대규모의 염전 축조에는 정지공비(整地工費)는 물론, 시험염전만큼 걸쳐있지 않기 때문에 가공(加工)의 점에서 보면 비교할 수 없는 정도의 실적이 떨어지고 있을 뿐만 아니라, 대면적이기 때문에 전부 이상적인 지점을 고를 수는 없고, 그중에는 상당히 나쁜 지반(地盤)의 장소도 포함되어 있었다. 또한 염전의 형태도 끼어든 관계상 대단히 못해 보이는 부분도 있고, 채염하는 염부는 경비의 관계상 충분히 쓸 수 없다고 하는 형편이어서, 1등 염전의 성적을 그대로 3등 염전에 할당한 것 같은 예정에서는 업무상 상당한 무리가 있었다. 따라서 염전은 늘지 않고 종업원은 속을 썩인다고 하는 식으로, 채염고의 경우에도 1등 염의 채수 비율에서도 실정을 무시하고 극단으로 목표를 높게 한 것은 도리어 폐해가 있다는 것은 옛날이나 지금에도 변함이 없다. 그 후의 예정은 일단 8만 근 정도로 절하되었지만, 일면 경영의 국(局)에 해당된 사람들의 지도를 적절하게 받고, 또 종업원의 변함없는 고심 노력으로 염전의 실질(實質)은 점차 향상되었고, 제염기술도 이상(異常)의 진보를 가져와 근년에 이르러 최초의 예정보다 이상의 호성적에 도달할 수 있었던 것이다. 여기에 도착하기까지 상당한 연월을 보낸 그 사이, 나는 9년 쯤 당지를 떠나 있었는데, 이 사이에도 서조선 일대를 습격한 대해일의 피해를 입어 경영상에 차질을 빚었다. 그 전말은 생략하기로 하고, 금일까지 조선 염업 개발을 위해 숭고한 정신으로써 다수의 사람들이 분투노력했던 노고에 대하여 마음으로부터의 경의를 표하는 바이다. 이제는 염전면적도 창업 당시의 3배에 달하고 있고, 조명설비도 완비되었으며, 교통기관도 더욱 발달한 현상을 보면 사뭇 격세지감을 느낀다. 나보다도 오래 전에 왔던 사람, 또는 전후하여 왔던 사람도 요소(僚所)에 아직 다수가 있는데, 이들 제군도 과거를 돌아보면 틀림없이 금석(今昔)의 감(感)을 금치 못할 것이다.

〈자료 186〉 천일염전의 회상

- 원제목: 天日鹽田の回想
- 작성자: 田邊降平
- 출전호수: 《專賣の朝鮮》제142호
- 간행일: 1936년 9월
- 발행처: 朝鮮專賣協會

내가 1905년(明治 38) 이래 관계를 갖고 있었던 내지(內地)의 전오제염(煎熬製鹽)의 염전에 이별을 고하고, 도쿠시마(德島)에서 평남(平南) 광량만(廣梁灣)의 천일제염(天日製鹽) 염전에 참여하게 된 것은 지금으로부터 16년 전인 1921년(大正 10) 1월 26일의 일로서, 마침 조선에 전매제도가 실시되기 조금 전의 일이었다. 부임할 때는 결빙이 한창이었다. 눈은 3~4촌(寸)밖에 쌓이지 않았지만 한기(寒氣)가 매우 심해서 매일 영하 17~18도였고, 한낮에도 영하 10도여서 눈은 표면에서만 증발했을 뿐 녹았다고 전혀 말할 수 없었다. 부임하자마자 1910년(明治 43) 광량만염전 개설 이래의 염전 경영에 관한 모든 서류를 보면서 공부를 시작하였다. 동(同) 10년(1921) 2월 11일의 기원절(紀元節)에 동지(同地)의 소학교(小學校)에서

배하식(拜賀式)에 참례 후, 스즈키 타마유(鈴木球雄)씨를 수행하며 평안염전(平安鹽田: 현재의 귀성염전, 1920년 10월 기공)을 둘러보았다. 그 지역의 광막함, 그 면(面)의 평탄함, 하천이 접근하는 것도 그다지 없고, 서남(西南) 황해 방면에서 불어 한 군데로 그러모으는 바람을 막는 것도 없어서, 언뜻 봐도 실로 규모가 웅대한 수 천 정보(町步)의 염전을 축조하기에는 진실로 호적(好適)한 땅이라고 느꼈다. 그러나 일면으로 눈이나 얼음으로 막히어 그 토질의 양부(良否)가 판단되지 않았기 때문에, 이것을 스즈키 씨에게 여쭈어보았더니, "토질은 매우 좋아 천일염전으로서는 실로 호적지(好適地)이다. 단 지반(地盤)이 높기 때문에 양수(揚水)하지 않으면 안 되는 불리함이 있다"고 하며, 현재의 149정보만으로 이런 식의 염전 축조는 중지한다고 하는 방침이란다. 이 염전도 전기양수식(電氣揚水式) 설계로 공사에 착수했는데, 지금 이것을 지나식(支那式)의 풍차양수식(風車揚水式)으로 설계 변경 중이라고 하는 것을 들었다. 이런 순역전도(順逆轉倒)를 헌언(獻言)드렸지만, 결국 받아들여지지 않았다. 그러나 이러한 풍차도 2~3년 후에는 자취를 감추었다. 그 후 여러 번의 변천을 거쳐 오늘날 드디어 별표에 보이는 것처럼, 이 땅에 1,200정보의 대 염전의 축조를 보기에 이르렀다. 아울러 주안(朱安) 관내 소래(蘇萊) 및 평북(平北) 남시(南市) 등에서도 전기양수식의 염전이 축조되어졌고, 동시에 염을 반출하기 위한 철도 부설이 계획되는 등, 조선총독부 전매사업의 획기적 약진의 모습을 바라보게 되어 실로 경하해마지않는 바이며, 본 사업이 더욱 융성해지기를 늘 기원하고 있는 차제이다. 1923년(大正 12) 귀성염전(貴城鹽田) 예정지에서 비행연대의 폭격연습장으로 1,000정보가 할양되어진 것은 국방상의 견지에서 어쩔 수 없는 바였다. 또한 선배 여러분의 지도 아래 천일제염에 관한 연구를 계속하여 천일제염에 대한 조사서를 써보았는데, 여기에 의하면 광량만염전에서는 평년작에서 1정보당 18만 근의 채염(당시 채염의 품질)이 만들어지지 않으면 안 된다고 하는 식으로 지수(指數)가 되어 있었다. 이것을 여러분께 보이어 의견을 물었더니 대부분은 웃어 넘겨버리고 있었다. 또한 염의 품질도 내지에서의 전오제염의 품질개량에 몰두하고 있었다. 나의 눈으로 보면 너무나도 조악하여 저것을 소비하고 있는 사람들의 입장에서 생각을 미치어 볼 때, 진실로 동정의 마음을 견디기 어려웠다. 그래서 나는 이것의 개량 방법에 대해 생각한 바를 써보았던 것이다. 그 후 이 조사서는 복명서(復命書)로서 전매국(專賣局)에 제출되어졌다. 당시의 염전의 상태를 오늘날과 비교하면 실로 격세지감이 있다. 즉, 당시 염전의 7할을 차지하고 있던 제1증발지는 손질이 미치지 않았기 때문에, 이끼나 해초가 번식하고 있는 지반을 방심하고 걸으면 뒤꿈치가 빠진다고 하는 사태가 벌어졌다. 오늘날은 그 어느 곳의 염전에서도 이끼나 해초류를 볼 수 없다. 지반에서 가장 방심하기 쉽다는 제1증발지의 최상단에서도 물을 빼내면 언제나 염전 안을 보행해도 거의 족적이 남지 않을 뿐만 아니라, 그 면은 무사히 낙차(落差)가 잘 붙어 있어 '시보리(絞り)'[162]가 합당하게 있는 등, 천일염전으로서 필요한 조건을 거의 구비하고 있다. '하늘과 땅의 차이(雲泥萬里)'라고 하는 것은 이 일을 가리키고 있는 것이 아닐까? 작년의 채염 성적(별표 기재)은 날씨의 덕분이었던 것은 물론이지만, 염전의 손질이 아주 잘되었던 것과 제염기술의 진보에 인한 바가 적지 않았다. 이 염전의 손질이라든지 염의 다량 생산이라든지에 대해 염부(鹽夫)의 인원이 증가하였기 때문일까 하면, 전혀 증가하지 않았다. 1921년(大正 10) 10정보당 9명의 염부라고 하는 것이 표준이었는데, 16년 후인 금일에 있어서도 똑같은 9명 내외여서 전혀 증가하지 않았다. 그럼에도 불구하고, 〈별표〉와 같이 큰 차이를 보기에 이르렀던 것은 전부 당사자의 열성적인 지도·장려로 노동능률의 증진을 도모하였던 결과 바로 그것이었다. 이 점은 조선의 천일염전사업을 대서특필하여 자랑해 볼 만한 대목이라고 생각한다. 금후 이 추세로 진행되어 나간다면 1정보당 18만 근은 물론, 20만 근 이상 채염하는 것도 그다지 곤란하지 않을 것으로 생각된다. 사실 작년은 20만 근을 돌파한 염전이 수백 정보에 달하고 있었다. 핑계를 대는 것은 아니지만, 한마디로 양해를 구하는 것은 그 이름 그대로 천일제염이기 때문에 기후가 나쁘면 1근도 채취하지 못한다 해도 어떻게 할 수가 없는 것이다. 다음으로 염의 품질개량에 대해서는 지금까지 여러 가지 연구되어온 결과, 결정지(結晶池)에 부설하는 '타일'의 제염방법이 어느 정

---

[162] 제1증발지, 제2증발지, 결정지로 나눠지는 천일염전의 증발면적에서 각 단의 면적이 축소되는 비율을 산출하면 공비(公比)가 약 0.1이 되는 등비급수(等比級數)를 얻는다. 이러한 공비를 염전의 '시보리(絞り)'라고 부른다. 천일염전의 증발면적을 시보리의 1할이 되도록 적당한 염전 면적을 구성해야 되지만, 휴반(畦畔)·수로(水路)·함수류(鹹水溜) 등까지 포함된 염전의 면적은 기하학적인 형상에 의해 상당히 변화하기 때문에 시보리 자체의 형상도 변화를 주어야 했다. 주안·광량만 등 초기에 건설된 구 염전은 관동주 등의 염전에서 사용되는 시보리의 비율을 그대로 차용하여 축조했지만, 덕동·귀성·남시 등의 염전에서는 기성염전의 시보리를 평균하고, 또 제염기술자의 경험을 참작하여 새롭게 시보리의 비율을 산출한 값을 사용하였다. 또한 남동·군자염전에서는 당시의 기술자가 기설염전에서 연구되어진 여러 가지의 기록을 표준으로 하여 그것에 따라 표준지할도(標準地割圖)를 만들었다. 그리고 이것과 완전히 동일한 형태, 즉 종연장(縱延長) 300칸, 횡연장(橫延長) 50칸이 되는 것을 병렬하는 것을 1구획으로 하여 축조를 행하는데 참고하도록 하였다. 천일염전의 면적 산출에 대해서는 金令木, 1935, 〈鹽業漫談〉,《專賣の朝鮮》제132호, 朝鮮專賣協會 참조.

도 진보되었기 때문이다. 최근 이것들의 부설이 진행되고 있기 때문에 그 확장에 따른 채염 방법의 개선을 수행하여 하루라도 빨리 종래와 같은 조악한 염을 조선 내로부터 자취를 끊게 하고, 반도 2천여 만 민중에게 순백의 우량염을 싼값으로 공급하는 것이 우리 국(局)에 있는 사람이라면 꿈속에서도 잊을 수 없는 염원이었다. 이상으로 써내려간 바를 아무 생각 없이 읽는다면 조선의 염전은 하등의 고통도 보지 않고 지금과 같은 진보·확장되었다고 생각할지도 모르겠지만, 사실은 결코 그 정도로 순조롭게 갔던 것은 아니어서, 오늘날에 이르기까지에는 여러 가지의 난관에 봉착하고 상당한 산고(酸苦)를 맛보아야만 했던 것이다. 1923년(大正 12) 8월 13일에는 서선일대(西鮮一帶)를 습격한 쓰나미 때문에 광량만염전의 대부분이 제방이 파괴되면서 어떤 염전의 경우에는 복구의 전망이 없다고까지 말할 정도였다. 이와 같은 상태에서 이것들의 복구에는 다대한 국폐(國幣)와 노력(勞力)을 사용했고, 마침내는 2~3명의 목숨을 잃어 버릴 정도였다. 또한 남시(南市) 및 군자(君子)염전에서는 축조 중에 이 재해와 조우하였고, 그 피해가 심한 남시에서는 소원(所員)의 다수가 하마터면 목숨을 잃을 뻔하였다. 군자염전의 경우도 그 피해가 다대해서 청부인은 파산하고 그 성립마저도 위태로울 정도였다. 당시를 기념하는 장소에 갔을 때, 당시의 고심(苦心)을 회상하니 감개무량하였다. 이런 대이재(大罹災) 때문에 복구비로서 다액의 지출이 필요하여 염전 확장의 전도(前途)에 어두운 그림자를 던지게 되었던 그때, 동년(同年) 9월 1일 관동대진재(關東大震災)에 직면하여 국가비상시기로서 복구비를 쓰는 데에 용이하지 않게 되었고, 말할 것도 없이 염전확장비 같은 것은 돌아 볼 여지도 없어서 염전확장계획은 일단 중단되는 비운(悲運)을 당했다. 전도의 광명을 잃고 암야(暗夜)에서 방황한 것이 여러 해, 그 사이 수많은 노력도 효과를 보지 못하였는데, 간신히 1933년(昭和 8)에 이르러 기운이 뜨거워져 염전 확장 실시를 보기에 이르렀던 것은 우리나라의 염 정책(鹽政策)상에서 말해도 경하하여 마지않는 바이다. 옛 시절을 추억하니 만감이 교차하여 글을 쓰고 싶은 것은 태산처럼 많지만, 이 정도에서 붓을 놓고 대가들의 질정을 비는 것으로 마치고자 한다.

1921년(大正 10)과 1935년(昭和 10)년의 염전면적 비교

1921년(大正 10) 염전 면적							
성숙염전	면적(정보)	미숙염전	면적(정보)	1921년 공사준공	면적(정보)	1921년 공사중	면적(정보)
광량만	770	덕동	223	귀성	149	군자	575
주안	212	-	-	남동	300	남시	217
계	982	-	223	-	449	-	792

1935년(昭和 10) 염전 면적							
성숙염전	면적(정보)	미숙염전	면적(정보)	1935년 공사준공	면적(정보)	1935년 공사중	면적(정보)
광량만	1,142	-	-	남시	266	소래	549
주안	1,115	-	-	귀성	507	귀성	532
남시	217	-	-	-	-	-	-
계	2,474	-	-	-	773	-	1,081

비고: 1933년(昭和 8) 주안에서 저수지 정리에 의해 면적 28정보의 염전이 확장됨
　　　염전 면적은 1921년(大正 10)에 비해 17할 4분강을 나타냄

1921년(大正 10)과 1935년(昭和 10)년의 실수량(實收量) 비교

1921년(大正 10) 실수 성적			1935년(昭和 10) 실수 성적			비고
면적(정보)	실수량(근)	1정보당(근)	면적(정보)	실수량(근)	1정보당(근)	
982	77,027,692	78,440	2,474	395,632,495	150,980	

비고: 실수량은 양자 모두 성숙염전에 대해서만 계상함
　　　채염 실수량은 1921년(大正 10)에 비해서 실로 19할 2분 4리를 나타냄

3. 염부들의 노동과 일상

〈자료 187〉 염전제(鹽田祭)와 염부위안회(鹽夫慰安會)

- 원제목: 鹽田祭並鹽夫慰安會
- 작성자: 近藤生(近藤壽太郎)
- 출전호수: 《專賣通報》호수 미상
- 간행연월: 1924년
- 발행처: 朝鮮專賣協會

1. 주안염전(朱安鹽田)

주안염전에는 옛날 사이토(齋藤) 총독 각하가 내유(來遊)하시어 쉬신 적이 있는 연고로 인해 명명되어지고, 또 자필의 편액을 하사받은 관람정(觀覽亭)이 있다.[163] 그리고 그 남쪽 3정(丁) 정도의 작은 언덕에 진좌(鎭座)되어진 곳에는 아마테라스 오미카미(天照皇大神)와 시오가마 오오카미(鹽竈大神)를 합사한 주안신사(朱安神社)가 있다.[164]

주안신사는 1920년(大正 9) 온바시라마쓰리(御柱祭)로 인해 10월 5일을 제일(祭日)로 정하고 매년 당일에는 인천신사(仁川神社)의 신관(神官)들을 초청하여 장엄한 제전(祭典)을 치르는데, 금년에는 전야제로 변장행렬(變裝行列)을 가졌다.

4일 오후 7시 반, 주안신사의 어전(御前)에 모여서 어떻게 출발하는가를 보면, 하오리(羽織)[165]를 뒤집어 입고, ■■■한 관(冠)도 없이 손에는 홀(笏)을 잡은 신주(神主) 모습의 노구

---

[163] 사이토 총독은 1920년 9월 12일 내무국장, 재무국장, 그리고 재무국 산하 전매과 직원들을 대동하고 주안염전을 시찰하였다(〈總督朱安鹽田視察〉,《동아일보》1920.9.14, 2면).

[164] 주안신사는 지금의 인천시 미추홀구 주안5동 용화선원 자리에 위치하였다. 1920년경에 세워진 것으로 보이고, 1938년 11월에 3천여 엔의 공사비를 들여 증축하였다(〈朱安神社 增築 祝賀會를 擧行〉,《매일신보》1938.11.20, 4면).

[165] 기모노의 일종으로 방한 및 예장의 목적으로 코소데 위에 걸쳐 입는다. 무로마치 시대 후기부터 입었지만 현재와 같은 모양이 일반화된 것은 근세부터이다.

치(野口) 소장, 번뜩이는 눈빛과 ■■고비(高鼻)의 가면을 쓰고 ■■하게 머리를 뒤집어쓰고 몸에는 일기예보할 때의 적기(赤旗)와 금지(金紙)를 길게 늘어뜨려 치장하고, 손에는 대신(大身)의 방울을 잡고 ■■■한 임산부로 분장한 우메바야시(梅林)씨, … 지나(支那) 옷에 지나 신을 신고 지나 모자를 써서 앞으로 보나 뒤로 보나 지나인과 똑같은 히라노(平野)씨, 그 외에 무사(武士), 승려, … 등의 모습이 있다. 처음에 변장하는 것은 성과가 좋아서 신전(神前)에 예배드리고 대오를 이루어 관사정(官舍町)을 걸어 나가 남쪽 마을로 간다. 도중에 민간 유지들이 변장을 더하고, 십정리(十井里)부터는 조선인 악대가 와서 퉁능거리며 대열을 이루고 경인가도(京仁街道)를 연속하여 걸어 충분히 축제의 기분을 낸 뒤에 오후 9시 반이 되면 무사히 마치었다.

5일 제례는 정각부터 시작하는데 이소노(磯野) 인천신사의 신관이 수발하는 의례로 봉주(奉奏)하고, 일동 예배는 정각에 맞추어 폐회된다.

염부위안회(鹽夫慰安會)는 오전 11시부터 개시되는데 먼저 운동회가 시작된다. 테니스 코트를 중심으로 염부들의 도보경쟁(徒步競爭), 운명경쟁(運命競爭), 나화경쟁(裸火競爭) 등 매우 떠들썩할 만한 프로그램을 수행하고 있다.

오후 1시부터 개최되는 연회는 염부들에게는 선술집(居酒屋)과도 같다. 내빈과 직원들이 자리에 좌정하고 나면, 노구치(野口) 소장은 일어나 인사말을 하고, 도시락(辨當)권, 과자(菓子)권, 에다마메(枝豆)권 등 가지각색의 상품권을 가지고 계원(係員)들은 땀을 흘린다. 확실하게 연회가 시작되는 것은 게이샤(紅裙)들이 들어오면서 음주가무가 시작되는 때이다. 취기가 돌기 시작할 때 … 먼저 미인들이 연이어 손춤을 추면 차례대로 각자의 숨은 끼를 십분 발휘하게 되고 오후 3시 반이 되면 염부들에게도 환성이 들려오게 된다.

2. 남동염전(南洞鹽田)

10월 6일 주안의 위안회 다음날, 이곳 역시 테니스코트를 중심으로 대운동회가 개최된다. 남동에서는 소학교가 있어서 이곳 학교 생도의 운동회와 동시에 거행된다. 한번은 검은색 눈의 '쿄로' 같은 귀신 모양의 염부들이 마라톤 경주를 하였던 것으로 기억된다. 다음으로는 아동들의 경기가 있었는데 강유상교(剛柔相交)한 감흥을 얻을 수 있었다.

운동회는 36회의 각종 경기, 경쟁을 순서대로 매우 잘 거행하여 예정된 시간인 오후 1시에는 전부 종료된다. 내빈과 직원, 염부 일동은 만세삼창을 하며 남동염전의 축복을 기원한다. 운동회가 마쳐지고 직접적으로 각기 분담된 임무에 대해 살펴보면, 안으로는 운동장을 말끔하게 치워 원래대로 정연한 테니스 코트가 되게 한다. 또 다른 계원들의 활동을 보면 산 위와 산 아래에 모기텐(模擬店)을 설치하는데, 그 동작이 매우 질서정연하다. 이는 하지마(羽島) 소장이 날마다 훈련시킨 당연한 결과이다.

　모기텐이 술 안 먹는 사람들에게나 주당(酒黨)들에게 분업(分業)되어지지 않은 것이 있지만 주점은 가장 먼저 커야 되고, 더군다나 걸상을 갖추고 있어야 한다. 또 연예장(演藝場)과 마딱드리도록 되어 있는 것은 역시 주당들을 우대하는 의미로 보인다. 이것은 직원들이나 내빈들이나 모두 주당이 많다는 것을 보여 준다. …(중략)…

3. 군자염전(君子鹽田)

　군자염전은 금년 5월에 성대한 준공식을 가진 신염전(新鹽田)으로 그 면적만도 575정보에 달하는 대염전이다.

　남동염전은 1921년(大正 10)에 준공되어서 신사를 조영할 기회가 중간에 없었지만 군자염전은 그 준공 당시에 신사를 조영하였다. 이는 염전의 수호신인 시오가마 오오카미(鹽竈大神)를 권청(勸請)하려고 준공식과 동시에 진좌제(鎭坐祭)를 거행하였기 때문이다. 이로써 올해에 최초의 제례를 준비하게 되었는데, 신관의 출장 같은 것들을 모두 10월 8일에 집행하기로 결정하였다. 당일은 염부들과 그 가족을 위한 위안회도 함께 거행하기로 하였다. 군자염전은 주안에서 육로로 6리 쯤 되는 시골로, 자동차를 이용할 수 없어 인천에서 해운(海運)을 이용하는 방법 밖에 없다. 인천에서 약 10리 쯤 되는 해운은 간조자가 있는 관계로 하루에 왕복하는 것이 불가능한 때가 있다. …(중략)… 주안이나 남동에서와 마찬가지로 이곳에서도 연 1회의 염전제가 유일한 오락일이다.

⟨자료 188⟩ 염부사(鹽夫舍)의 창(窓)에서

- 원제목: 鹽夫舍の窓から
- 작성자: 廣梁灣 鹽夫(田中龜治)
- 출전호수:《專賣通報》호수 미상
- 간행연월: 1928년
- 발행처: 朝鮮專賣協會

제1편

우리들의 별택(別宅)을 염부사(鹽夫舍)로 부른다. 광막한 염전 한 가운데에 세워져 있고, 지붕은 판자나 함석지붕이다. 새로웠던 때는 하얀 벽(白壁)도 보인 적이 있었지만, 지금에는 벽은 떨어지고 낡은 함석판이나 나무판자로 둘러져 있다. 그러나 외관만은 초가지붕에 낮은 흙벽(土壁塗)인 우리들의 본택(本宅)보다는 당당한 것이다. 이 당당한 별택 염부사의 다다미 6장 크기의 온돌방에서 10명이 한 곳에 뒤섞여 자며 빈대나 쥐를 만난다. 낮에는 하루 58전 5리(58전 5리는 연평균 1인당으로, 최고 67전, 최저 50전 정도임)를 받으며, 아침 7시부터 저녁 6시까지 땀과 기름에 덴푸라(天麩羅) 모양이 되어 혹사되는 염부(鹽夫)의 풍정(風情)이 여기《전매통보(專賣通報)》의 지상에서 판치는 등 참월이 지극한 처사였다. 그런데 마침내 2~3일 전쯤 우리들의 상관[염부장(鹽夫長)]이 일급 9십 몇 전으로 가족 5인을 부양하는 어려운 재정 중에서 매월 거금 10전을 지출하고 있는《전매통보》를 역소(役所)로부터 가지고 와 염부사에 놓아두었다. 4월호를 잠시 슬쩍하여 읽어 보았는데, 거의 전부가 연초(煙草) 제조나 연초 판매의 일을 쓴 것이어서, 우리들처럼 염전에서 일하는 자들은 읽어도 전혀 흥미가 없었고, 참고도 되지 않는 알지 못하는 내용들이었다. 염전의 일이나 소금 제조 및 판매의 일에 대해서는 일언반구(一言半句)도 쓰지 않아 실로 폭이 좁다는 생각을 하였다. 그리고 또 연초옥(煙草屋)이 홀로 무대에서 횡행하고 있는 것에 분개하였고, 염전옥(鹽田屋)이 너무나 온순하여 소극적인 것에 이가 시린 기분이 들었다. 왜 염전에서는 늘 판에 박힌 일을 대단한 듯이 써

내어 발표하는 오쵸시모노(御調子者)[166]는 없느냐고 패배의 애석해함을 말했다. 결국 거금 10전을 지출하고 있는 이상, 이것을 전부 연초옥에게 이용당하는 것이 맞다. 좋다. 자, 우리 홀로라도 좋다. 붓이 계속되는 한, 써내어서 이 통보(通報)를 전부 염전 기사로 채워놓자. 그리고서 염전 염부의 힘줄에 들어있는 흥부를 연초의 직공 제군들에게 보여 주자고 했던 바이다. 그러나 일부러 연초군(煙草君)을 적대시하는 것은 아니었다. 아무쪼록 이 점은 오해가 없길 바란다. 어차피 서로 한 솥밥을 먹고 있기 때문에 서로 도우며 가는 것이 인정(人情)이다.

거기서는 연초 직공 제군들의 일상의 일을 상세하게 들려주었다. 그리하여 제군들은 우리 염부의 일상생활 상태를 알아둘 필요가 있다. 또한 같은 염부 무리라지만 광량만(廣梁灣), 주안(朱安), 남시(南市)로, 이와 같이 멀리 떨어져 있어 서로 간에 의지(意志)의 소통을 결여할 우려가 없지 않기 때문에, 이 통보를 이용하여 서로 간의 연락을 취해서 기술상의 향상을 꾀하지 않을 수 없다. 그 첫 번째로서 다음에 우리들의 일지(日誌)를 공표하는 것으로 하겠다(특별한 기사가 없는 날은 제외함).

<3월 11일, 맑음>

오늘부터 염부로서 광량만 제 몇 구(區) 제 몇 호(號) 염전(면적 10정보)에 채용되었다. 근무시간은 오전 8시 30분부터 오후 5시 30분까지 9시간이다. 염부 정원은 6명, 1인당 하루 급료는 60전이다. 결정지에 겨울 동안 창수(漲水)시킨 해수를 제2증발지로 수차양수(水車揚水)하였다. 비중(比重)은 2도이다. 종일 수차를 밟아 발이 아프다. 제1증발지 및 제2증발지의 땅을 굳히는 롤러 끌기는 청부(請負)에게 맡겼다(청부 인부는 염부 이외의 사람임). 3월 9일에 착수하여 제2증발지 롤러 끌기는 어제로써 종료하였고, 오늘은 제1증발지 롤러 끌기를 1조에 3인으로 끌었다. 1일 1인의 공정은 600면평(面坪)에 걸쳐 2촌(寸) 이상을 열십자로 1회 끄는 것이다. 올해는 겨울 기간에 강설(降雪)이 많았기 때문에 건조가 불량하여 땅 굳히는 롤러 끌기 작업이 진척되지 않았다. 청부 인부들도 큰 벌이가 되지 못했을 것이다. 뭐 겨우 1일 60전 정도의 수입으로, 우리들 상용염부(常備鹽夫)와 그다지 차이는 없었을 것이다.

---

166 오쵸시모노(御調子者)란 경박하여 치살려 주면 우쭐하는 사람, 또는 적당히 남의 비위나 맞추는 미덥지 못한 사람을 말한다.

역소(役所)에서도 1924년(大正 13)까지는 제1증발지의 휴반(畦畔) 수리 및 롤러 끌기는 일시에 봄철 상용염부를 10정보 염전에서 1일당 13명을 채용·사역시키는 것이었지만, S기수(技手)[167]가 사업주임이 취임한 이후로 제1증발지의 휴반 수리는 가을철 제염작업 종료 후에 청부에 맡기어 시행하고, 또 봄철 롤러 끌기 같이 ■■한 일도 청부에 맡겼다. 이처럼 작업의 원활과 경비의 절약을 헤아린 것은 누가 뭐래도 S기수다. 맛난 곳을 알려주었으니, 덕택에 우리들도 이전처럼 농땡이를 부리지 않게 되었다.

아무튼 염부장에게도, 감독·주임·소장에게도, 똑같은 재주기 있던 것일까? 수완가였을까? 상관으로부터 칭찬받는 놈에 한해서는 반드시 우리들 염부를 혹사시킨다. 그리고나서 우리들의 땀과 피를 가지고 올린 성적을 자기 홀로 제 것인 양 영진(榮進)해 가니, 아주 견딜 수 없는 것은 우리들이다. 그러나 이번에 신임으로 온 소장은 매우 드문 인격자로서 피도 눈물도 있으며, 특히 작년에 유학을 다녀온 정통파이다.[168] 게다가 우리들 염부, 즉 하급노동자에 대한 이해를 가지고 있었다. 그리고 진짜로 우리들도 빙화(氷火)[169]를 싫어하지 않으며, 일하면서 어떻게 하든 성적을 올릴 결심과 각오는 충분히 갖고 있었다.

우리 패거리들은 모두 어릴 적부터 ■철(鐵)과 소파(小把)를 잡으며 성장한 사람들인지라, 학문이라고 하는 것은 가지고 있지 않아서 훌륭한 이치는 알지 못한다. 그렇다고 해도 그저 멋대로 채찍질당하며 일하는 사람은 아니다. 아무리 조밥(粟飯)과 ■■를 먹는 밑바닥 생활을 살면서, 서로 치고받으며 싸움하는 것을 세 번의 술보다도 좋아하는 만골막(蠻骨漢)이라도, 의리와 인정에 맞서는 방패는 가지고 있지 않다. 이러한 기성(氣性)은 홀로 우리 염부 등에 한정된 것이 아니라 일반 육체노동자, 혹은 기술가에도 통유(通有)된다. 이런 의리와 인정 앞에는 감히 자신도 바라지 않는다고 하는 사상은 우리나라 고래의 도덕미풍(道德美風)이요, 또

---

167 사토 요이치(佐藤與市) 기수를 말하는 것으로 보인다. 사토 기수는 1911년 임시고원으로 전매국에 들어온 이후, 1916년부터 1929년까지 계속 광량만출장소에서 근무하다가, 1929년 남시출장소장이 되었다.
168 1928년 2월에 광량만출장소장에 취임한 야마기시 무쓰조(山岸睦造) 기사를 말한다(조선총독부 관보 제344호). 야마기시 소장은 1911년 도쿄제국대학 농과대학을 졸업하고, 곧바로 조선총독부 전매국 기수가 되어 광량만출장소장, 주안출장소장 등을 역임하였다. 또한 1926년 9월부터 1927년 8월까지는 구미 각국의 염전을 시찰하기도 하였다. 1927년 고등관 3등에 서임되었다.
169 "겨울에는 얼음을 껴안고, 여름에는 불을 곁에 둔다"고 하는 '포빙악화(抱氷握火)'의 고사를 말하는 것으로 보인다. 즉, '절치부심', '와신상담'과도 같이 고된 각오를 다진다는 뜻이다.

진실로 인간의 마음으로부터 뿜어져 나오는 본래의 모습(本然)인 것이다. 그런데 근래의 소위 '문명인(文明人)'은 자아(自我)에게 몹시 가혹한 것을 '뉴맨(new man)'[170]이라고 하여 숭배하는 경향이 있는데, 자아로 강하게 태어났다고 하는 것은 곧 타인을 바라지 않는다고 하는 것이 된다. 그러한 '뉴맨' 유행 시대의 출현이야 말로 사회 파멸의 시대이다.

그리하여 진실의 인간으로서 우리 염부에게는 또 다른 일면이 있다. 그것은 따라서 괴로운 일이지만, 그것은 일기의 날을 추가하여 쓰겠다.

<4월 1일, 맑음>

결정지의 휴반(畦畔)·수로(水路) 수리 및 지반 만들기는 3월 26일에 80% 정도를 마치고, 이후 매일 제2증발지의 휴반·수로 수리 및 소파질(小把掛), 롤러 끌기, 지반 다지기(地固) 작업에 종사하였다. 제2증발지의 소파질, 이끼 제거(苔取), 롤러 끌기, 지반 다지기는 지금처럼 지수(池水) 조절이 낮아야 원만하고, 또 이끼 제거가 쉬운 때에 하지 않으면 나중에는 물 조절이 급해지기 때문이라며 염부장(鹽夫長)이 잔소리로 재촉한다. 제1증발지의 창수(漲水)는 3월 16일, 결정지에는 23도의 새로운 함수(鹹水)를 창수하였다. 올해는 준비작업 개시 이래로 기후가 순조로웠기 때문에 과외작업이 진척되어 작년과 비교하면 1주일 정도의 작업이 진전되고 있다. 그러나 아직 기온이 낮기 때문에 결정지 지반의 완성은 비율에 미치지 못했다. 올해 만든 새로운 함수만으로 현재 비중 20도의 것이 함수류(鹹水溜) 두 곳(약 400석)에 채워졌다. 작년에 이월된 함수량은 수장시(收藏時) 2,200석(비중 20도)이고, 올해 봄까지의 보류량(步留量)[171]은 56%이다.

최근 역소의 규정 근무시간은 오전 8시부터 오후 6시까지 10시간이란 소문을 들었는데, 염부장이나 감시(監視)나 감독은 아침 7시 반경부터 출근하고, 저녁 6시 반경이 되어 석양이 서해에 들어갈 때까지도 귀가하지 않기 때문에, 결국 우리들은 1시간어를 더 일하게 되었다. 특히 우리 염부장의 경우에는 조선인으로, 우리들과 같은 곳 염부사에서 숙박하고 있기 때

---

[170] 기독교에서 '뉴맨(new man)'이란 그리스도를 믿고 새롭게 변화된 사람, 즉 '새로운 피조물(new creation)', '새로 태어난 자', '거듭난 자'를 말한다. 이는 육체의 욕심, 사욕, 본성, 율법에 메인 삶을 사는 '옛 사람(the old self)'과 상반되는 개념이다.

[171] 보류(步留)란 가공했을 때의 원료에 대한 제품의 비율을 말한다.

문에 더 한층 사정이 나쁘다. 이 사이의 저녁은 달밤에 한 점 구름도 없다. 환한 빛을 내는 달은 왠지 기분 나쁠 정도로 하계(下界)를 비추며, 애처로울 정도로 한 집(一軒) 외따로 지어진 염부사를 ■■해 내고 있다. 염부장은 저녁밥을 먹고 아직 날이 밝은 중에 잠자리에 드는 것이 습관이다. 그 대신에 아침에 일어나는 때는 가장 먼저 눈을 떠서 우리들을 깨운다. 그 후에도 관례에 의해 염부장은 식사를 마치면 피곤해질까봐 곧바로 잠자리를 끝낸다. 우리들은 아직 자기에도 좀 이르다고 하지만, 밖은 추워서 아무래도 산보와 술에 빠져들 용기도 없다. 물론 공부한다고 말할 의지는 털끝만큼도 없다. 동료 7인(오늘 채용된 신참 1인이 너해졌음)이 서로 무료함을 탄식하고 있었는데, 그중 한 명이 어디에 숨겨둔 것인지 화투(花札)를 꺼내왔다. 광막한 사막 한가운데 오아시스에서 만난 기분으로 즉시 빙 둘러앉아 개장하였다. 돈은 걸지 않았다. 아니, 가지고 있지 않았다. 그저 지루한 나머지 위안거리로 시작한 것인데, 점차 흥미가 솟아나 열띤 상태가 되어 큰소리가 오고갔기에, 염부장이 마침내 눈을 뜨게 되었다. 그야말로 눈알이 튀어나올 정도로 야단을 맞았다. 아니, 해고하겠다며 우리들에게 생활의 위협을 가하였다. 엎드려 고개 숙여서 겨우 용서를 받았다. 마침 급료지급일 전이었기 때문에 야간 감시의 밀행도 없었기에 다행이다. 만일 급료일 후라면 야간 감시가 밀행하여 수사하였을 것이고, 만약 발견되었으면 우리들은 역소로부터 곧바로 해고되었을 것이다. 또한 그 해고에 이르러서는 실로 정성들여 죄상 및 용모파기(人相書), 성명, 연령, 주소 등을 기입하여야 하고, 곧바로 전 염전에 통달되는 것이었다. 따라서 만일 발견되었다면 최후에는 염전에서 일하지 못하는 것은 물론, 첫째로 주위 사람들 앞에 보기가 흉하고, 그 지방에서도 살기 어렵게 된다. 게다가 경찰로부터는 벌금을 받는다. 다음날부터는 여럿 가족을 데리고 길거리를 헤매게 되는 모습이 된다.

<4월 5일, 맑음>

드디어 기후도 일정해지고 결정지의 지반도 완성되어 준비가 갖추어졌기에, ■■수염의 염부장도 한층 근중(謹重)한 얼굴로 미소를 머금고 결정질(結晶挃)을 명령하였다. 그리고나서 염부장 스스로 비중계를 차고 이쪽저쪽을 바쁘게 돌아다녔다. 우리들 7명 모두는 소파(小把) 돌입을 개시하였다. 결정질이나 채염(採鹽)은 바쁘고도 몹시 힘든 일이다. 그리고 염전에서 길러진 자에게는 이런 결정질과 채염 과정이 유쾌한 일은 아니었다. 1분간을 다투는 일이었기 때문에, 결국 점심 먹을 시간도 없이 오후 1시까지 오로지 간신히 결정질을 마치었다. 평상시보다 일생현명(一生懸命)으로 노력하여 일했기 때문에 어쩐지 힘이 다 빠진 것 같았다. 오늘은 3월 하반기의 급료 지급일이었기 때문에 오후에 염부장이 쪽방(箱番)으로 가서 부재 중에 약간의 기름을 샀다.

그리고 염부장은 항상 있는 일이 아닌 매우 좋은 기분으로 종업(終業)도 시간대로 마치고서는 미리 준비해 둔 것 같은 조선 소주를 맥주병 4병에 담고, 지짐이와 설기떡(음력 2월 15일에 먹는 떡)을 서둘러 해 주었다. 염부장도 전답을 갖지 못했다. 단지 염전일을 전업으로 해서 약간의 급료로 여럿의 가족을 부양하지 않으면 안 된다. 어떻게든지 역소의 일이 필요하고, 역소의 성적을 올리지 않으면 안 되기에, 이와 같이 사재(私財)를 털어서까지 역소를 위하여 진력하는 모습은 어쩐지 불쌍한 것 같은 기분이 든다. 그래도 선량한 염부장은 올해도 우리들이 그렇게 일해 주어서 반드시 성적을 올리지 않으면 안 된다고 생각하여 진심으로 대접하기 때문에, 우리들도 번갈아 올해는 반드시 다른 호(號)보다는 성적을 올리지 않으면 안 된다고 생각하였다. 아니, 다른 호를 이길 충분한 자신감이 있다. 우리들은 염부장을 위해서라면 몸이 가루가 되더라도 일하겠다고 굳게 맹세하였다. 그리하여 염부장에게 조력한다.

제2편

매번 비루한 구실을 늘어놓아 마음에 안 드는 점이 있었다면 부디 사죄를 바란다. 이것도 본래 무골(武骨)이고 무지(無智)한 바라면, 오직 한 겹으로 제현(諸賢)의 정의(情誼)에 의해 어리석음을 깨우쳐주시길 바란다.

확실히 이번 달은 우리들 염전에서 돈벌이하는 사람에게는 1년 중에서 가장 대목인 시기이다. 아침은 날이 새기를 기다려 일을 시작하고, 저녁은 해가 신 후 어두워질 때까지 일하기 때문에 몸도 마음도 조금의 여유가 없다. 애당초 사상에 빠지어 소금의 짠 기염을 토할 겨를도 없다. 최초의 거친 의기(意氣)도 소나기 후의 뭉게구름처럼 어느 곳으론가 사라져서 그림자도 찾아볼 수 없다.

오늘은 음력 5월 5일의 명절날[172]이다. 조선의 관습으로 하루 일을 쉬면서 마시고 먹으며 노는 날이 되어 있다. 염소에서도 오늘은 결정수(結晶水)의 보급에 지장이 없을 정도로 10정보당 3인의 염부를 남기고, 다른 사람들은 하루의 휴식을 허락하고 있다. 당일 출근하는 사람은 5일 이내에 하루 휴가를 받는다. 이날은 매년 정해진 연중행사의 하나인지라, 1개월 전부터 즐겁게 기다리고 있었다. 그런데 무슨 짓궂은 장난인지, 날씨가 우리들의 휴업을 허락하지 않았다. 결정질(結晶挃) 작업 중에 약간의 불평을 늘어놓는 사람도 있었지만 어쩔 수 없었다. 햇님에게는 절대복종하지 않으면 안 되는 것이 염전의 가업(稼業)인 것이다.

그런데 오늘은 보통보다 조금 일찍 끝마쳐달라기에, 일동이 상담하여 담배도 피지 않고 일생현명으로 일했다. 그 때문에 결정질은 예상외로 빨리 마칠 수 있었다. 그러나 결정지 용수로 및 역구(逆溝)의 진흙과 제2증발지의 양수(揚水)로 인해서 결국 오후 7시 반까지 걸렸으니, 명절의 특점(特點)도 전혀 가진 것이 아니었다. 염부장도 그다지 융통성이 없었다. 제2증발지의 양수 등은 내일 하는 것으로 하고, 드물게는 몇 달에 한 번 정도 우리들에게도 태양의 빛으로 ■■ 얼굴이나 귀여운 아이들의 얼굴을 보게 해 주어도 좋은 것은 아닐까? 거창한 설론(說論)의 백만 마디 말보다도 그 방법이 상당한 공덕이 될 것이다.

제일 먼저 생각해 보게 한 것은 아마도 우리들은 세상에서 제일 최하등인 인종이고, 무지하며 야만스럽다는 등등, 대체로 모든 어리석은 자들의 대명사를 혼자서 떠맡고 있는 식의 가련한 인간이라는 것이다. 하지만 우리 역시 인간이다. 혹자는 본능적으로 살고 있는 것에 불과하다고 말할지도 모르겠지만, 때가 되면 봄도 찾아온다. 그리고 감미로운 ■■도 속삭이며 눈부신 결혼도 한다. 따라서 그곳에서는 만족스런 성생활도 준비하지 않으면 안 될 것이다. 또한 친자형제(親子兄弟)의 애정에 가득 찬 윤택한 생활의 인간미에도 잠길 것이다. 또 일가를 구성하여 가까운 이웃과 교제도 하고, 일본 국민으로서의 의무도 완수해 가야하며, 또 한 부인의 남편으로서의 임무를 하는 데에도 때로는 귀택(歸宅)하여 가정을 보지 않으면 안 되는 일도 상당하다.

그런데도 대부분의 염부는 전원이 염부사에 수용되어 있어(이것은 염소로부터 명령도 아니고, 강제되고 있지도 않다. 하지만 염부사에서 숙박하지 않으면 염부로서의 의무를 감당할 수 없기 때문에

---

172 음력 5월 5일 단오절을 말한다.

간접적으로 강제되는 것 같다), 24시간 중 들리는 것은 바람 소리와 염부장의 고함 소리요, 보이는 것은 새하얀 소금 산과 반짝반짝 빛나는 수면(水面), 그리고 개었다가 흐렸다가 하는 날씨이다. 그리하여 위로해 줄 것은 3도의 쌀밥 밖에는 달리 아무 것도 없다. 실로 살풍경이 극에 달한 무미건조한 생활이다.

그러나 어떤 일에 종사하고 있는 자라도 직업이 되고서는 그것을 취미로서 오락으로서 일한다고 하는 것은 이상에 불과하고, 실제는 반드시 고통을 수반하는 것이다. 그래서 자신의 시간으로서 자유로운 시간을 만들어 오락을 찾고, 수양도 하고 휴양도 해서, 직업에 의한 피로를 풀고, 그 밖에 채우지 못한 것을 채운다고 하는 의기투합이 강구되고 있다. 그러나 우리들 염부의 경우는 오전 4시 반부터 오후 8시까지 16시간은 육체는 피곤하지만 마음은 편안하고(아무 것도 생각할 여유가 없기 때문에), 8시 반부터 다음날 아침까지의 8시간은 육체는 편안하나 마음은 괴롭다. 이것은 모두 알겠지만 우리들 조선인의 악습으로서, 기혼 여성의 정조관념이 얇기 때문에 남편으로 하여금 안심하고 염부사에 숙박하며 염전 작업에 정려(精勵)하는 일을 허락하지 않는다. 이러한 사례는 많이 있다. 부재중에 처가 불의를 저질러 이혼하게 되거나, 또는 가정의 불화를 초래하는 일 등이다. 2개월 만에, 또는 3개월 만에 그리운 처의 곁에 돌아가 보면, 어떻게 알알이 신고(辛苦)한 수년에 걸쳐 근소하게 사 모은 가재(家財) 모두를 처와 정부(情夫)가 손에 손을 잡고 줄행랑을 친 후이다. 게다가 그들은 매달 밥만 먹었을 터이고, 땀 흘려 일한 급료의 나머지는 전부 처 쪽에 송금하고 있던 것이다.

이것도 결국 젊은 처에게 성적인 만족을 주지 못했던 결과에 따랐다는 것은 참으로 불쌍한 자가 염부가 아닐까 하고 탄식하지 않을 수 없다.

그러나 전부가 그렇다고 하는 것은 아니다. 또한 항상 그런 일만 염두에 두게 되면 일하는 것도 되지 않는다. 그중에는 염부사의 벽에 "독숙공방(獨宿空房)하는 내 마음을 믿고, 매일매일 그때그때 고향을 생각한다"고 하는 낙서를 하며 스스로를 위로하고 있는 고집 있는 사람도 있다. 실로 염전은 청춘기에 있는 젊은이의 타오르는 피를 매장해 두는 묘지와도 같은 감이 있다.

특히 근래는 염부장 서로 간의 성적 경쟁이 격렬하기 때문에 노인이나 아이들 같은 열등 염부을 쓰지 않는다. 한창 일할 나이의 젊은이만 모으고 있기 때문에, 염부의 평균연령은 26세이다. 최고령자가 49세, 최저자가 17세이다. 20대가 70%, 30대가 20%, 40세 이상 및 20세 이하가 10% 이내이다.

<염부가 1개월 중에 귀가하는 회수>
- 염전 소재지와 같은 면(面)인 자: 2~4회
- 염전 소재지와 다른 면인 자: 1~2회
- 염전 소재지와 다른 군(郡)인 자: 1년 중 귀가하지 못함

위에 보이는 것과 같이 20대인 자가 70%이지만, 1개월 중에 귀가 회수가 2회 정도면 참기가 가능하다는 것은 주간의 노동이 격하기 때문에 그 쪽으로 정력이 소비되어 잘 먹고 놀고먹는 사람(閑居人)과 같이 성욕이 왕성하게 되지 않는다는 것이다. 그 밖에는 귀가하면 새벽작업에 늦을 걱정이 있고, 동료 염부에게 잔소리를 듣기 때문에 서로 절제하고 있다는 것에 따른다.

결국에는 푸념이 나와 날뛰는 망신을 당하고 끝난다. '독을 먹었으면 그릇까지'란 말이 있듯이 이왕에 우리들이 품은 형편도 소개하겠다.

- 1개월 수입: 일금 17원 35전
    단 일급 58전 5리, 30일분 17원 55전 내 염전협회비 20전을 뺀 것
    평균 1개월의 생활비: 일금 8원 35전

〈내역〉
- 중국산 조(支那粟) 4승(枡, 2斗): 4.00원
- 팥(小豆) 1승(5升): 1.35원
- 건어(소) 90미: 0.90원
- 된장(味噌): 0.10원
- 연료(松葉代): 0.60원
- 연초 대금 ■煙 4개: 0.40원
- 떡(餠)이나 빵, 기타 잡비: 1.00원

합계: 8.35원

단 염부사에서의 공동 취사에 따른 1인당 차감 잔액은 9원(처자의 1개월분 생활비)임.

전업 염부로서 어떠한 딸린 식구도 없는 독신자라면 매월 9원이 남는 것을 본다. 제염기간 214일간에는 64원 20전이란 잔금이 된다. 기타 제염 가급금(加給金)[173]의 연액을 개산(概算)하여 8원으로 보면 합계 72원 20전의 잔금이 된다. 계산하면 겨울 기간의 생활비로서는 충분하지만, 이와 같이 딸린 식구도 없는 자는 거의 절무하다. 대개 부모처자 양육의 의무를 가지어 매월 급료 전부를 생활비로 충당하고, 아울러 부족한 자도 있다. 그중 사정이 허락되는 자는 자택에서 가족이 농업의 소작, 또는 농번기 제초(除草) 인부로 나가 생활비를 보조하고 있다. 겨울 기간은 빚을 내어(금액 25원에서 30원 정도) 먹으면서 해를 넘긴 다음 해, 또 염전에서 일하여 대개 6월경까지 빚을 갚는 일이 보통이다.

그래서 늘 우리들에게 가벼운 쓴웃음을 짓게 만드는 것은 내지인(內地人)의 생활이다. 남들에게서 들은 바로는 관사(官舍)에서 살고 있는 내지인들은 평균 연수입이 800~900원이라는 것으로, 우리들의 약 5배의 수입이다. 그러면서도 저금을 하고 있는 자는 극히 드문 일부 사람이다. 대부분은 먹어 없애버릴 만큼이 고작이고, 그중에는 잡화점의 지불에 막힘이 없는 사람도 있다는 것이다. 그래서 생활은 가장 문화적(?)으로 보내고 있음에 틀림이 없다. 뭐 비타민 A, B, C의 함유량이 많은지 적은지, 고기를 먹지 않으면 안 된다든지, 생선은 매일 빠지는 일이 없다든지, 야채는 반드시 첨가하지 않으면 안 된다는 등등, 몹시 영양학에 지식을 갖고 있는 식인데, 사실은 각기병(脚氣病)을 앓거나, 위장병을 앓거나 하는 여러 가지 어려운 질병을 지녔다. 그러나 우리들의 경우는 영양가치 등은 처음부터 문제가 되지 않는다. 제일로 값이 싸고 가장 양이 많다고 하는 것을 첫째 조건으로 하여 생활의 기초를 쌓고 있다. 따라서 조(粟)와 콩을 주식으로 하고, 부식물은 삶는 시간이나 연료나 간장(醬油)이나 설탕을 필요로 하는 것은 모두 없애어 절인 생선(鹽魚)을 주로 한다. 그러므로 야채와 같이 손이 많이 가는 고가품은 거의 먹지 못하지만, 조나 콩을 먹기 때문에 우리들 무리는 각기병을 앓는 자는 아직까지 한 사람도 없다. 그러므로 우리들이 본 일본인은 실로 낭비가 심한 사람들이다.

과언(過言)의 단평(段平)에 사과드린다.

---

173 기본 수당 외에 받는 각종 수당을 말한다.

제3편

일본어도 이해하지 못하고, 문자도 쓰지 못하는 염부의 풍정(風情)이 너무나 지나친 행위라는 것은 알지만, 우리 염부 동료 2,000여 명이 부르짖는 소리나 내정(內情)은 아직 일반에게는 전혀 알려져 있지 않다는 것이 유감이 아닐 수 없다.

특히 우리 무산당(無産黨) 대표의원이 중앙의회로 배출되게 된 신시대(新時代)에,[174] 결국 꾐에 빠져 흔들흔들 헤매기 시작하기까지, 그래서 상관으로부터 잔소리와 꾸지람을 듣던 그때까지 찍소리도 못 냈지만, 한번만 눈감아 달라고 ■■은 열(熱)을 토할 것이다.

<4월 8일, 비>

확실히 오전 5시경이면 아직 마음 편히 얕은 꿈을 꾸고 있을 때인데, 눈치 빠른 염부장의 외침에 깨어나보니 염부장은 벌써 코쿠라(小倉)[175]의 제복에 감색 각반의 몸차림을 하고 있다. 이것은 다른 일이 아니다. 기후의 악변(惡變) 때문에 채염하라고 하는 것이다. 그저께부터 바람의 방향이 나빴고, 특히 어젯밤은 으스름한 달밤이어서 혹시 날씨가 급변하지 않을까 걱정되었는데, 염부장의 주의로 어제 저녁때 소파(小把)와 대파(大把)를 하단의 함수류(鹹水溜)에 나란히 두었고, 소금 바구니(鹽籠), 소금 소쿠리(鹽笊), 염기소판(鹽寄小板)은 염고(鹽庫) 안에 모아서 가지런히 두었다. 또한 조명용 석유등(칸델라)은 꽃술을 들이어 창고(物置) 안에 석유통과 한곳에 두었고, 각등(角燈)[176]은 염부사에 두어 긴급사태라고 할 경우는 언제 어느 때라도 출동할 수 있게끔 전투준비는 전혀 게으름 피우지 않고 되어 있었다.

남쪽 창은 냄비 밑바닥같이 진한 흑색이 되었고, 우르르 천둥소리가 격렬히 울려 퍼졌다. 옷을 갈아입는다고 하는 낭비적인 일은 절대로 하지 않는 우리들, 작업복 겸 외출복인 단벌옷을 비에 적시면 큰일이라고 모두 바지를 벗고서 일에 임했다. 곧바로 비가 내리게 되고, 우

---

[174] 1926년 3월 5일 일본 최초의 무산정당인 노동농민당이 결성되었고, 1928년 최초의 보통선거에서 무산정당이 전국 28만 표를 획득하여 미즈타니 쵸사부로(水谷長三郎)와 야마모토 센지(山本宣治) 두 명의 당선자를 배출하였다.
[175] 면 방적사가 평직으로 성글게 짜여 있는 면직물로 주로 허리띠나 학생복 감으로 쓰였다.
[176] 손에 들고 다니는 네모진 등을 말한다.

리들은 새벽녘의 한기로 인해 괴상한 비명을 지르면서 최고한도의 마력을 걸어 대파를 끌었다. 염부장과 파두(把頭)는 제2증발지의 함수와 예비주가함수(豫備注加鹹水)를 수장(收藏)하기에 바쁘다. 이때야말로 58전 5리라고 일급(日給)의 일도 사람에게 쓰이고 있는 인간이라고 하는 것같이 비참하다는 생각은 추호도 일어나지 않는다. 요약하자면 우리들이 염전에서 돈 번다고 하는 일은 자연적으로 본능적으로 생겨나와 있던 것 같다.

예년이면 봄철 최초의 결정(結晶) 당시는 10정보당 1천 평 내외 밖에 결정평(結晶枰)이 없었지만, 작년 제염작업 종료 후 함수 만들기 작업을 하고부터 올해는 매우 함수가 풍부해져서 역소로부터 봄철 결정 개시는 1,000평 이상으로 하라는 지령이 나왔다. 어디에서든 최초에서 1,800평 및 2,500평 정도에 이르는 결정평수였기 때문에, 그 사이 채염에도 시간이 걸렸다. 마침내 최후로 4격 채염으로 해서 마쳤다고 하는 시간이 되자, 〈비는〉 더욱더 내리기 시작했다. 곧바로 채집한 소금은 거적자리(苫)로 덮고, 결정수는 함수류에 수장(收藏)시켰다. 최초에 수장된 것은 비중이 24~25도이지만, 끝날 무렵에는 20도에서 22도 정도로 내려갔다. 오전 8시 경에는 산염(殘鹽)도 대부분 용해되어, 끝내 백일의 고생이 일말의 물거품으로 돌아가고 만 것 같은 기분이다.

모두 물에 빠진 생쥐 꼴이 되어 염부사로 돌아갔는데, 아무도 말하는 자가 없이 추위에 떨고 있었다. 오늘의 강수량은 16.2mm였다.

염전 그것을 생명으로 하여 살아가고 있는 염부장은 눈앞에서 소금이 비 때문에 녹아가고 있는 것을 보면서, 마치 자기 몸의 수명(壽命)의 일부가 사라져 없어지는 것 같은 충동에 사로잡혔는지 안색이 창백해지었고, 다른 사람 눈에도 가엾을 정도로 생기가 없었다.

정말이지 우리 염부장은 어릴 때부터 풍족하지 못한 환경에서 자라 14~15세 때부터(그때가 광량만에 처음으로 염전이 축조되던 때임) 염전에서 밥 짓는 염부로 일하면서 알알이 신고(辛苦)의 20여 년 세월을 겪으며 겨우 오늘날의 지위를 얻었던 것이기에, 염전 이외의 일에 대해서는 거의 아무것도 모른다. 그야말로 염전이 자신의 생명이고, 또 자신의 분신이기 때문에 결코 염전을 함부로 하는 일은 절대로 없다. 정말이지 마음속으로부터 뿜어져 나오는 진정(眞情)으로서, 절대 무조건적으로 온몸의 사랑을 염전에 바치고 있다. 이러한 염부장이 있었기에 염전도 오늘날과 같이 건전하게 성장해 가는 일이 가능했던 것이다. 그런데 올해는 어찌 된 일인지, 기후 때문이라고는 하지만 첫 채염부터 비가 내려 황급히 채염을 하였기 때문에 염부장이 속상해한 것도 무리는 아니다.

오후에 이르러 날씨가 회복될 조짐이 있자, 제2증발지는 아침에 거두어들인 함수를 즉시 양수(揚水)하여 침수시켰고, 결정지에는 17~18도의 함수를 침수시켰다. 만일 내일 날씨가 쾌청해지면, 그 함수는 ■■하여 소파(小杷)를 걸고 롤러를 끄는 결정질을 할 것이다.

아무튼 염전에서 일하는 자는 우리 염부장뿐만 아니라 누구라도 기후가 순조롭다고만 한다면 기분 좋게 상쾌한 마음으로 일하겠지만, 기후가 악변하면 속상하기 쉬운 법이다. 그래서 술 좋아하는 동료들이 서로 모여 소주를 마시는 일도 비가 내려 결정질을 못하는 저녁에 많다. 이런 통유성(通有性)의 심리에 지배된 것인지 아닌지는 알지 못하나, 오늘은 일이 끝나고부터 이웃 호(號)인 O씨의 염전에서는 단팥죽을 만들어(물론 소주를 곁들임) 첫 채염 축하를 한 모양이고, 또 M씨의 염전에서는 개(犬)를 잡은 모양이다. O씨도 M씨도 일본인이라서 월급은 40원인지 50원인지 정도를 받고 있기 때문에, 우리들 염부장의 일급 90전과 비교하면 상당히 짤랑짤랑한[177] 일을 한다. 사업개시 축하, 첫 채염 축하, 피로(疲勞) 위무, 종무식 등, 적어도 1년간에 3~4회 정도는 부하 염부에게 술이나 떡, 혹은 단팥죽 등을 차려주어야 한다. 아무튼 우리들 같은 육체노동자에게는 먹고 마시는 일이 유일한 능사이고, 즐거움이다. 또한 취미인지라 어떠한 모진 일에도 술을 마시거나 떡을 먹는 것에는 완전히 무의식적으로 일하는 본능을 갖고 있다. 이런 진리를 분별하지 못하고서 소위 육체노동의 체험이 없는 노고를 알지 못한다. 염부장 등은 드디어 여기서 최상이라고 하는 가장 중요한 때에 이르러서 때때로 우리들에게 무리하지 말라며 울상이 되어 급히 우리들이 ■■하는 사이 실수도 없는 것이 아니다.

그러나 이러한 사상은 결코 건전한 사상이 아니며, 순도(順道)도 아니다. 부정한 사조(思潮)다. 그러나 근대사조가 가져온 선물로, 자본가 혹은 지주의 골칫거리도 원인이 여기에서 나왔으니, 뭐라고 해도 노동자의 시대다. 그런데 역소에서는 매년 한정된 똑같은 경비의 예산으로써, 적어도 이전보다 이상으로 염전은 수리해야 하고, 또 채염 성적을 올리기 위해서는 뭔가 머리를 쥐어짜서 명안(名案)을 생각해 내지 않으면 안 된다. 우리에게는 좋지 않은 법안

---

177 원문에 사용된 'しゃんしゃん'은 박수소리(짝짝짝)나 방울소리(짤랑짤랑)의 의성어이다. 여기서는 동전이 부딪치는 소리로 쓰인 것 같다. 즉, 푼돈 드는 일이라는 것이다..

인 것을 생각해 내어 제염성적을 올리고, 또 국가를 위해 진력하는 역소 간부들만이 완전한 관리이며, 충량(忠良)한 신민(臣民)이고, 수완가이다.

그래서 직접 이것에 영향이 큰 것은 우리들 염부라지만, 또한 우리들 염부를 직접 사역하는 염부장의 고생이야말로 절대적인 것이다. 역소와 우리들의 중간에 끼어서 고생하며 얼마 안 되는 급료 중에서 사재를 털어 완화조절(緩和調節)에 노력하고 있는 모양은 보기에도 딱한 감이 있다. 그래서 우리들도 염부장의 입장을 이해하여 이러한 습관을 타파하지 않으면 안 된다고 생각한다. 역소에는 매우 높은 지위를 가지고 있는 역인(役人)도 많이 있지만, 역소를 위해 사재를 털 정도로 애쓰는 분이 다만 한 사람이라도 있을까? 없을 것이 보통이겠고, 게다가 정당함이 지나칠 정도로 정당할 것이다. 만일 있다면 바보거나 혹은 ○○의 결함이다. 그런데도 박봉의 염부장이 ….

<5월 31일, 맑음>

평소 때와 같이 아침 4시 20분, 염부장의 고함소리에 일어났다. 수면시간은 하루 연시간으로 7시간 반 이상 자고 있기 때문에 그다지 수면 부족은 아니지만, 아무래도 아침 4시 반부터 저녁 8시경까지 일하는 것이어서, 몸이 녹초가 되어 뼈도 근육도 없이 완전히 힘이 빠지어 자기 자신의 몸이 자유롭게 움직이는 것도 불가능하다. 그래서 약간의 큰소리에도 곧바로는 일어나지 못했다.

반쯤 졸면서 어제 오후에 채염했던 결정지(結晶池)에 물을 부었다. 30분 정도 되어 물 붓기를 끝내고, 5시에 이르러 염부 전원이 결정지를 세척하였다. 소파 혹은 대파로 휘저어 개흙(泥土)을 부상시키고, 사방의 수구(水口)를 열어 함수와 함께 개흙을 수로로 흘려보내면, 역구(逆溝)로부터 수차(水車)로 결정지의 상단에 양수(揚水)시켜 개흙을 침전시킨다.

그리고 다시 결정지로 창수(漲水)시키는 것으로 하여 오전 6시에 세척 작업을 종료하였다. 개흙의 침전을 기다리는 데 2시간 반이나 3시간이 걸린다. 즉 결정지 창수는 8시 반이나 9시가 된다.

보통 채염은 격일로 하는데, 결정지가 30격(格)인 경우는 15격씩 채염하여 이틀이 걸리기 때문에, 결국 매일 채염이 계속되는 것이다. 따라서 결정지 세척도 매일이다. 만일 하루라도 세척을 게을리 한다면, 소금의 품질이 표준염(標準鹽) 이하로 낮아져 품질검사 때 불합격품이 되어, 용해하고 다시 결정을 하거나 혹은 세척되어진다. 더구나 소금 품질 불량 ■에 따라 제염가급금(製鹽加給金) 10% 이내로 감액(단 이것은 우리들 염부의 제염가급금 금액에는 아무 관련이 없고, 오직 염부장의 가급금만에 대하여 상벌됨)되어 그 염부장의 총괄 성적에 영향을 미친다.

그리고 용해하여 다시 결정하거나, 혹은 일단 염고(鹽庫)에 수장한 소금을 세척하는 일은 거의 불가능할 정도로 다대한 품일이 필요하다. 또한 수량에 막대한 손실을 초래하기 때문에 염부장이 늘 세심한 주의를 기울여서 표준염 이하로 저하되는 식의 일은 거의 없다. 그러나 날씨 불량으로 인해 1일 결정시킨 것을 채염한 경우는 결국에 불량염을 재집하는 일도 있는데, 전기(前記)한 것처럼 용해하여 다시 결정하거나, 혹은 일단 염고에 수장한 후 세척하는 것은 거의 불가능에 가깝기 때문에, 오로지 물을 부을 때 가능한 한에서 정성들여 씻어내는 것 외에는 다른 방법은 없다.

역소에서도 소금 품질에 대해서는 이전부터 매우 엄중하게 단속하여 상벌을 내려 왔다. 특히 작년에는 1등염의 증수(增收)와 함께 소금 품질 개량의 점에 대해서는 총수량에 대해 약 15% 정도의 감수를 희생으로 내놓기까지 단행시킨 결과, 올해도 1등염의 채수(採收) 비율 및 소금 품질의 점에 대해서는 작년과 아무런 차이가 없다. 다만 작년의 귀중한 체험에 따라 수량에 손실을 초래하지 않고 목적을 달성할 수 있도록 훈련된 것은 지극히 다행이다.

<6월 1일, 맑음>

날씨가 순조롭기 때문에 매일의 작업은 거의 똑같다. 오전 4시 30분부터 6시까지 결정지 세척, 6시부터 7시까지 조식(朝食), 오전 7시부터 오후 5시 반까지 결정지 물 붓기(差水)와 증발지 소파질, 기타 염전 수리 및 소금 창입(倉入)에 종사한다. 그 사이 점심과 휴게시간이 2시간이다. 오후 5시 반부터 7시 30분 내지 8시까지 채염 및 소금의 수양(水揚) 작업이다.

우리들의 노동은 1일 연시간이 16시간이다. 그 안에 실제 노동은 13시간이지만, 날씨가 불량할 경우는 또 게다가 무제한으로 작업이 정돈될 때까지 일을 한다. 그래도 우리들의 급료는 날씨가 보통인 경우에도 1시간에 3전 6리의 비율밖에 되지 않는 것이다. 세상의 고급 제현(諸賢)들이여! 능히 제군의 노동공정과 보수액과의 비율을 안다. 우리들 염부의 보수율과 견주어, 같은 인간이면서도 이처럼 차이가 있다고 하는 것을 알게 된다면, 제군과 동거하며 늘 제군의 마음을 좀먹고 있는 바의 불평도 잠시도 버티지 못하고 도망쳐 끝날 것이다. 이제부터 점차 더위도 심해지는 일도 있기 때문에 ■하법(夏法)의 하나로서도 충분한 효력을 가지고 있을 것이다.

현재의 결정평수는 1정보당 282면평(面坪)이고, 어제까지의 채염고(採鹽高)는 1정보당 41,194근이다. 올해의 채염예정고 89,158근에 대해서 46.2%의 채염 비율로 되었다. 5월 말일까지의 채염 비율 예정인 27%에 비해서 실로 19.2%의 증가를 보이고 있다. 하기야 올해는 4월·5월의 날씨가 순조로웠고, 특히 5월 중에는 강우량이 겨우 39.4mm, 증발량이 203.4mm였다. 이것을 과거 3개년에 비교하여 보면 다음과 같다.

연도별	5월 중의 증발량(mm)	5월 중의 강우량(mm)
1925년(大正 14)	154.1	94.1
1926년(大正 15)	176.6	76.8
1927년(昭和 2)	156.6	64.1
1928년(昭和 3)	203.4	39.4

위에서 보이는 것처럼 올해는 과거 3개년의 평균에 비해 5월 중의 증발량이 25% 증가하였고, 강우량은 50%의 감소를 보였다. 따라서 채염고도 염전 개설 이래의 레코드를 보이고 있다.

올해와 같이 강우량이 적고 쾌청한 날씨가 연속하는 해는 결정함수 중에 마그네슘염류의 함유량이 많아진다. 따라서 비중(比重)이 상승하여 소금의 결정·석출(結晶析出)을 방해하기 때문에, 차례대로 폐구(閉口)한다. 이것의 방지법으로서는 노후 함수, 즉 고즙(苦汁)은 구별(區別)하여 다른 함수류(鹹水溜)에 거두어들여서, 다른 날 증발지의 땅 굳히기(地固)나 혹은 부산물 제조용으로 제공한다. 결정수(結晶水)는 늘 신함수(新鹹水)만을 사용하여 염화나트륨량이 다량이 되게 하고, 협잡물(挾雜物)이 적은 소금을 제조하는 것을 이상적으로 한다. 그러나 이런 방법으로도 결정평수의 격감으로 인해 생산고에 감수를 초래할 수 있으므로, 현재와 같이 1정보당 9만 근에 가까운 채염예정고를 짊어지고 있는 것은 애초부터 실행이 곤란하다.

그래서 현재는 단지 노후함수와 신함수의 혼합으로 이것의 완화를 꾀하고 있다.

매일 아침 결정지 지반을 세척하는 것은 결정지의 부니(浮泥)를 배출하고 신·구 함수를 혼합하려는 목적 때문이다.

역소로부터의 지령은 결정지 지반 세척의 주가수(注加水)는 비중 20도를 최저한도로 하고 있지만, 이 주가수를 비중 20도부터 25도까지를 비중별로 혼합하여 결정의 상태를 보건대, 포화함수에 가까운 것을 다량으로 주가시킬 정도로 결정이 양호한 것은 말할 필요 없이 분명한 사실이다.

실제에 있어서 혼합 전의 결정수는 비중 31도이고, 혼합 후의 비중은 27이 되는 시으로 만들어지는 것을 보통으로 한다. 따라서 이것을 기준으로 하여 설명하자면, 주가수 비중 20도의 것을 사용하는 경우는 노후함수 1에 대해 0.57의 신함수가 필요하고, 주가수 비중 24도의 것을 사용하는 경우는 노후함수 1에 대하여 신함수 1.33이 필요하다. 전자의 경우는 비중이 낮은 것이 소량으로 들어가 27도로 강하되는 것이어서, 혼수 후 간신히 소금의 석출에 의해 곧바로 이전의 31도로 상승하여 이후에는 결정불량이 된다. 후자의 경우는 전자와 같이 용이하게 비중의 상승을 보지 못하지만, 결정이 양호해도 주가수의 양이 노후함수 1에 대해 1.33이 필요하기 때문에, 이렇게 함수의 여유를 만드는 일이 곤란하여 때때로 주가수의 양이 과한 최초부터 비중이 높다. 그 때문에 결정불량에 빠지는 일이 있다.

전기(前記)한 함수 혼합의 비율은 계산상의 숫자이고, 실제에 있어서는 결정지 지반에 고즙이 침입하고 있기 때문에 계산 이상 다량의 신함수가 필요한 것은 당연하다.

4. 제염법 개량 방안

〈자료 189〉 1923년(大正 12) 8월 13일, 광량만염전 이재(罹災)에 대하여

- 원제목: 大正十二年八月十三日, 廣梁灣鹽田罹災に就て
- 작성자: 田邊隆平
- 출전호수:《專賣通報》제105호
- 간행일: 1933년 8월
- 발행처: 朝鮮專賣協會

1일 다나베(田邊)씨 아래의 일문(一文)을 제시하여 설명하는 바는 광량만염전 이재(罹災)에 대해서이다. 1923년(大正 12)이라면 일석전(一昔前)에 발생한 일이지만, 온고지신(溫故知新)은 사물진보(事物進步)의 요체이다. 게다가 조선염전 상에서 때마침 실시된 천일염전 확장공사는 현재에도 이날 당시를 회고계람(回顧稽覽)하는 것이 반드시 무의미한 일은 아니라고 믿어지므로, 구태여 본문을 소개하는 것으로 한 이유이다.

광량만염전과 같은 저지식(低地式) 염전에 있어서 제방(堤防)은 그 염전의 생명을 지키는 철벽이 되기 때문에, 이 제방에 대해서는 개축에 수리에 또 그 보호에 언제나 세심한 주의를 기울이고 있다. 그런데 1923년(大正 12) 8월 13일 아침, 전대미문의 대 쓰나미는 서해안 일대에 내습하여 광량만 소원(所員)의 현명(懸命)의 노력도 결국 효과를 거두지 못하고, 염전제방은 각소(各所)에서 크고 작은 수십 개의 결궤(決潰) 개소를 만들어 순식간에 실로 참담한 광경을 드러내기에 이르렀다.[178] 지금 그 이재(罹災)의 흔적을 검토함으로써 선후책(善後策)의

---

[178] 1923년 8월 13일, 조선 서해안에 불어 닥친 대 해일로 기성 염전은 물론, 착공 중인 신설 염전에도 막대한 피해를 입었다. 그중에서도 광량만염전의 피해가 가장 심했는데, 총 1,500정보 중에서 채염이 가능한 염전이 600정보밖에 안 남았다고 한다. 피해를 입은 900정보는 그해 안에 복구가 불가능할 것으로 전망되었고, 그 복구비만도 70만 엔이 소요될 것으로 예상되었다(〈광량만염전 복구비 약 칠십만원〉,《동아일보》1923.8.29. 참조).

자료를 수집하는 것과 함께, 후일의 자료로 제공하는 것도 또한 무익한 일은 아니라고 생각하여, 10리로 칭해지는 이재제방(罹災堤防)을 샅샅이 상세하게 조사하고, 그 결궤의 원인을 조사하는 것이다. 물론 이러한 대 재해에 대해서는 막대한 경비를 투자하고 인력을 다해도, 혹은 그 피해를 방지하는 것은 지난(至難)할 것이지만, 대체로 다음의 세 가지 점으로 귀착하는 것을 확인할 수 있었다. 즉,

① 지반토질(地盤土質)이 불량인 점
② 수갑(水閘)·보통(洑樋) 등 건조물의 건설·개축·수리 및 제거 등의 경우에, 되메우기 흙을 충분히 융화시켜야만 하는 점
③ 건조물의 수리, 제방 둑 옆붙임, 둑마루붙임 및 장석(張石) 수리가 충분하지 않았던 점이 그 원인이 되었다는 것을 밝혔다.

따라서 금후는 한층 더 이들과 같이 여러 점에 주의하여 다시는 그 전철을 밟지 않는 것이 긴요하다고 하겠다. 그리하여 하루아침에 제방 결궤의 액을 만나는 데에 미쳐서는 가령 어떠한 희생을 지불한대도 차회(次回)의 고조시(高潮時)까지는 결궤의 장소는 임시물막이를 하고, 파손된 장소는 그것을 수리하여 완전하게 댐막이를 하는 것이 최선의 방책이라고 하겠다. 왜냐하면 해수는 4~5척 내지 7~8척의 낙차로써 그 단면부터 매일 수회 염전 안으로 출입하기 때문에 단면은 날마다 더욱더 확장되고, 염전은 여러 해의 신고(辛苦)에 의해 쌓아 올린 낙차가 면이 고르게 굳혀져서 기타의 여러 설비를 금세 근본적으로 파괴시키며, 그 성벽인 제방은 방비가 소홀한 내측부터 자유롭게 씻겨 나가버려 그 손해는 실로 헤아리지 못할 만큼까지 이르게 된다.

1. 1923년(大正 12) 8월 13일 피해 이전의 염전 상황

광량만에서는 3월 준비 작업으로서 염전의 손질을 하고, 우기(雨期)에 염부의 여가를 이용하여 약간의 수리를 하는 것에 불과하였기 때문에, 장석(張石)은 여러 가지 원인으로 함몰되는 경우가 많았다. 토제(土堤)는 우수(雨水) 및 파도 등으로 인해 붕괴 또는 유실되어 원형

을 유지시키는 바가 적었으며, 둑마루 폭 원형이 4척 내지 6척인 것이 거의 말등(馬背)과 똑같이 되어서 심한 것에 이르러서는 높이에서만 이미 한 척 남짓이 부족하다고 말하는 경우도 있는 상태였다. 이것들이 복구책은 제창되고 있었지만, 아직 그 실현에 이르지 못하여 앞서 이런 재액을 맞이하게 된 것은 유감이다.

  1923년(大正 12) 8월 13일은 날이 밝기 전부터 남동풍이 강하였으며 게다가 최고조일(最高潮日)이었기 때문에, 소원(所員) 및 비상 인부가 모두 나서 각구(各區)에 연락하여 경계망을 펼쳐서 충분한 방어로 근무하였다. 그럼에도 불구하고 애석하게도 20척 이상의 조위(潮位)에 대해서는 언제나 결궤를 두려워하고 있는 현상의 제방에 조위가 약 23척 높이의 풍랑이 내습하는 정도가 되었다. 주위 7여 리의 제방은 거의 폭포와 같은 광경을 보여서, 용의주도한 방어도 역시 방책을 세울 수 없었고, 마침내 각 구 모두 크고 작은 다수의 결궤 개소를 낳았다. 염전은 파도에 씻기고 경계(警戒) 종사원은 각소에서 조난당하면서, 한 시간 남짓 만에 염전은 실로 참담한 광경을 연출하였다. 그 후 해수는 매일 조시(潮時)마다 염전 안으로 출입하며 그것을 황폐시켰는데, 특히 제방의 내측을 침식하는 것이 심해서 그 직하(直下)의 배수로는 마치 염전 안의 집수로(集水路) 같았고, 그 침식력은 점점 더 강대해져 제방을 위험에 빠트리기에 이르렀다. 그리하여 11월 18일, 최종 물막이를 완료하기까지 이런 상태를 계속하는 장소가 있었을 것을 생각하면 그 참해가 얼마나 심했을까는 상상하기 어렵지 않을 것이다. 지금 이러한 재해로 체험된 교훈 한두 가지를 거론하여, 후일의 참고로 제공하려는 것은 무용한 일은 아닐 것이다.

제1. 예방

(1) 제방의 높이

  제방의 높이는 제방의 유지에 가장 중요한 것이다. 따라서 어떠한 고조파랑(高潮波浪)에 대해서도 특별한 결함이 없는 한에서는, 물이 제방을 넘지 않는 한에서는, 그 제방은 우선 안전함을 얻을 수 있다.

(2) 제방의 둑마루

  제방의 내구력은 둑마루(天端) 폭원(幅員)의 광협(廣狹)에 의해 결정되는 것으로, 가령 1촌

(寸)이라도 둑마루를 넓히는 것은 중요하고도 불가결한 사항일 것이다.

(3) 제방법

제방법(堤防法)의 대소(大小)는 제방의 수명의 장단을 결정하는 정규(定規)이다. 법이 충분한 제방은 우수파랑(雨水波浪) 등에 침식되어도 거기에 대해서 충분한 저항력을 발휘하여 능히 그 참해를 면할 수 있다.

(4) 제방의 토질(土質)

제방의 토질이 극히 양호하다면, 그 배경만 강고하다면, 겨우 1~2척의 두께에도 능히 물을 투과시키지 않고 그것들을 방어할 수 있지만, 소위 사토(砂土)라는 것은 물을 머금으면 자연히 붕해(崩解)되는 것이다. 만일 하루아침에 물이 거기로 침투되게 한다면, 가령 20~30척의 두께를 가진 제방이라고 하더라도 수압력이 강대하게 되는 것에 미쳐서는 결코 이를 방지할 수 없다는 것이 능히 입증되었다. 그렇기는 하지만 보통의 축제(築堤)의 경우에는 도처에서 양토(良土)를 얻는 것은 기대하기 어렵기 때문에, 때때로 어쩔 수 없이 불량토(不良土)를 사용하는 경우에는 능히 이 점에 주의하여 적당한 방법을 강구하는 것을 잊지 말아야 한다.

(5) 제방의 건축물

종래 제방의 결궤는 거의 건조물의 고장에서 기인하는 것처럼 생각되고 있었는데, 금회 결궤된 장소에 대해 정세하게 그 원인을 검토하니, 건조물의 파손으로 결궤된 것은 거의 없었다. 단지 건조물의 설치, 혹은 제거 때문에 이동된 흙이 능히 다른 부분의 흙, 또는 건조물과 융합되지 않았다는 것이 유일한 결궤의 원인이 되었던 것으로, 모두 그런 범주를 하나로 모아졌다. 따라서 금후 제방 축조, 건조물 설치, 또는 개수, 제방 수리 등의 경우에는 양토를 선택하여 되메우기 때에는 반드시 충분히 물을 혼합하여 흙을 융화시키는 것을 잊지 말아야 한다.

제2. 물막이의 시기 및 방법

(1) 시기

제방 결궤 당시에는 소위 대 결궤의 장소에 있어서라도 그 절구(切口)에서의 제방의 앞뒤에 겨우 수 척 내외 깊이의 못(淵)을 만들었다. 보통(洑樋)의 소재지의 절구에서는 그 항적이 점점 확장되는 것에 불과하였고, 그 이외는 모두 자연의 지반면을 보존하고 있는 현상이 되었다. 따라서 이 시기를 놓치지 말고, 이재(罹災)의 다음날부터 곧바로 강고한 지반(地盤) 위에 임시물막이를 만들고, 이후로 서서히 본제(本堤)의 축조를 하는 것이 가장 적당한 처치라고 하겠다. 그러한 것을 억지로 해서 본제를 수축한다고 하는 것은 실로 무모한 계획이라고 말하지 않을 수 없다. 만약에 본제를 수축하는 것으로 해서 이재 직후부터 공사에 착수한다면, 상당한 재료의 준비를 하지 않을 수 없다. 광량만염전과 같이 〈교통이〉 불편한 지역에서는 특히 그것을 하는 데에 많은 일수(日數)를 필요로 해서, 마침내 그 기회를 잃고 절구는 나날이 확대되어 커다란 수맥이 되어 물막이 공사는 더욱더 곤란하게 될 것이며, 마침내는 다대한 경비를 필요로 할 뿐만 아니라, 염전 내부 황폐의 손실까지도 실로 헤아릴 수 없을 정도가 된다. 여기에 더해 제방 내측의 잠식되는 것도 날로 더욱 심해져서, 마침내 전 제방에 위험을 느끼기에 이른다. 따라서 이러한 경우에는 전력을 다해 결궤 개소마다 책임자를 정하여 한시라도 유예하지 말고 곧바로 임시물막이를 만들어 물을 멈추게 하는 것이 급무 중의 급무이다. 이것이 경비상에서 보더라도, 공사의 난이(難易)에서 보더라도, 하등의 준비 등을 필요로 하지 않는 점에서 보더라도, 염전 황폐를 막는 것에서 보더라도, 극히 시의적절한 방법이라 하겠다.

제3. 염전 내부의 피해

제방의 결궤는 각 구(주로 6구, 4구, 3구, 2구)들 대소를 합치어 수백 칸에 걸쳤기 때문에, 결궤 후 1시간 후에는 염전 안은 이미 염고(鹽庫)의 반 이상, 심하면 처마가 가라앉는 데에 이르렀다. 게다가 풍랑도 강했기 때문에 그 피해는 실로 심했다.

(1) 즉시의 피해

① 제방 내측의 취약한 흙은 풍랑으로 인해 허술하게 씻겨 나감.

② 염고(鹽庫)와 그 밖의 염 및 함수 등은 모조리 유실됨.

③ 제염기구류는 전부 파손되거나 유실됨.
④ 염전 안의 교량과 통(樋) 등의 설비는 대부분 파손됨.

(2) 시일의 경과에 의한 피해
① 저수지, 제방, 도수로(導水路), 배수로 및 휴반(畦畔) 등은 유실, 혹은 결궤됨. 때문에 염전면은 무수한 세류(細流)를 만들어 점차 잠식되고, 더구나 그 범위는 시일의 경과에 따라 급속도로 확대됨.
② 염전은 그 절구부터 시작하는 해수의 낙차에 의해 절구의 전후는 점차 커다란 수맥을 만들고, 염전의 생명이 되는 지반의 낙차는 이런 수맥의 역류로 인해서 근본적으로 파괴됨(큰 결궤구는 전부 결정지 부근의 제방임). 또한 절구의 좌우에서 모아지는 제방 내측의 배수로도 역시 수맥이 되어 차제에 발달하고, 마침내는 제방을 내외 양측부터 위험에 빠트리기에 이름.

〈자료 190〉 해수 사용량에서 본 조선 천일염전의 채염 표준 예정량에 대하여

- 원제목: 海水使用量より見たる朝鮮天日鹽田の採鹽標準豫定量に就て
- 작성자: 田邊隆平
- 출전호수: 《專賣通報》 제107호
- 간행일: 1933년 10월
- 발행처: 朝鮮專賣協會

1932년(昭和 7) 광량만(廣梁灣) 관내 귀성(貴城) 양수식(揚水式) 염전에서의 해수 사용량에 대한 채염 성적을 보면, 사용해수(使用海水) 총 함염량(含鹽量) 5,626만 4,558근에 대하여 채염실수량(採鹽實收量)은 1,662만 6,100근이어서, 그 채염 비율이 겨우 3할에 지나지 않는다. 염전에서는 이미 개량을 필요로 하는 사항이 거의 여지가 없을 정도로 개선되었다고 믿고 있는 금일, 아직 이와 같이 과소한 채염 비율의 숫자에 대해서는 지금 말할 것도 없이 실로 의외의 감이 들지 않을 수 없다. 그렇지만 그 1년 전인 1931년(昭和 6)에는 사용해수 총 함염량 4,532만 7,031근에 대하여 채염 실수량은 1,135만 7,292근이어서, 그 채염 비율 2할 5푼에 대해서는 대체로 상당한 증수(增收)인 것을 놓치지는 않았다. 그리하여 이 양년에서의 그 사용해수량의 비교를 보면 1932년(昭和 7)의 681만 8,772석에 비하여 6년(1931)에는 675만 9,293석이어서 그 차이는 겨우 1푼에 지나지 않는데, 그 채염량에 있어서는 실로 3할 3푼 6리의 큰 차이를 보인다. 이것은 천일제염이란 것이 어떻게 기후에 지배되는 것이 큰 것인가를 여실히 말해주는 것이다. 그렇지만 여기서 별지 채염 비율표와 기상표 두 개를 비교·대조하니, 채염량과 기상표가 반드시 일치되지 않는 것을 볼 때, 제염작업이란 것이 자연력, 즉 기후를 이용하는 것에 즈음하여 그 이용이 아마도 곤란하며 결코 용이한 일이 아니라는 것을 알기 어렵지 않다. 즉, 별지 채염 비율표에 대해 이것을 상세하게 보면, 6월 55%, 5월 41%, 4월은 겨우 15%, 7월은 30%, 8월은 16%, 9월은 20%, 10월은 비율에 걸지도 못할 정도이다. 지금 이것을 기상표와 대조하여 검토할 때, 7, 8월 두 달은 강우(降雨) 비율이 높았고, 4월은 청천(晴天)이 계속됐지만 기온이 낮았으며, 9, 10월 두 달은 일조(日照) 시간이 적고 조석(朝夕)으로는 냉기가 더해졌지만 기온에 있어서는 5월에 못지않았다. 습도에 있어서는 6월과 큰 차이가 없음에도 불구하고 5, 6월 두 달 이외의 각 달의 채염량이 5, 6월의 채염량에 비해 그 비율이 상당히 근소한 것은 대체로 5, 6월 두 달의 기상상태가 이것을 채염 작업에 이용하는 상에서 다른 각 달의 기상상태에 비해 용이하였기 때문일 것이다. 원래 채염 작업이란 것은 염전의 조직상 보통 연속청천(連續晴天) 10일 내외를 요소로 하기 때문에, 10일을 지난 때의 이상은 1일을 더할 때마다 그 효과는 1일의 효과에 있는 것이 아니고, 10일에 더한 1일이라고 하는 것이 된다. 그런데 여기에 반하여 만일 청천이 연속 10일 이하이면서 강우 때문에 중단되고, 더구나 우량이 20~30mm 이상에도 미치는 경우에는 당일은 물론, 대체로 이전의 연속청천의 효과마저도 거의 전멸되는 것(10일 가까운 연속청천의 경우에는 그 피해의 2~3할이 이것을 구제할 수 있는 설비임)과 같은 경우도 있다. 따라서 제염지수(製鹽指數)가 때로 혹은 기상의 지수와 상반(相伴)하지 않는 결과를 낳는 것은 부득이한 일이다. 그렇지만 5, 6월 두 달과 같이 대기가 건조하고 청천이 연속하는 경우에는 연속청천의 효과를 충분히 이용하고, 기타 각 달에서 기온이 낮은 경우나 강우가 빈번한 경우 등 각각 이런 피해에 적응하는 방어시설의 완성과 거기에 대한 종업원의 노력과 함께 가급적 그 피해를 경감시킴으로써 금일의 최고기록인 1932년(昭和 7)의 채염량 이상, 채염량을 사용해수총함염량의 채염량의 지수에 다시 접근시킬 수 있는 것은 결코 불가능한 일이 아닐 것이라고 믿는다. 그렇다면 보통 기후에서의 그 경제적 한도 여하, 환언하자면 염전에서의 채염량은 그 사용해수총함염량에 대하여 그 몇 할을 목표로 하여 나아갈 것인가? 이것은 우리가 알지 않으면 안 되는 긴요 사항으로서, 더구나 금일과 같이 불문에 붙여지고 있는 것처럼 보이는 것은 진실로 유감이라고 하겠다. 이전 1921년(大正 10) 천일제염에 관한 조사서 중에서 증발량·기타에서 산출했던 1정보당 18만 5,000근을 목표로 할 것을 주장했는데, 당시는 8만 근을 표준으로 하고 있던 때였던 만큼 프로테스탄트(개신교)로서 모두 일소에 붙여졌다. 그렇지만 그 후 여러 가지 개선 노력의 결과, 채염량은 점차 증가에 증가를 거듭하였고, 작년 1932년(昭和 7)에는 기후와 더불어 별표에 보이는 것처럼 주안 관내 남동 제2구염전의 경우는 1정보당 실수(實收) 17만 3,000여 근을 나타내기에 이르렀다. 따라서 금일에서는 누구라도 8만 근이나 10만 근을 한도로 생각하는 일은 없을 것이다. 장래 역시 어느 정도 양으로서 표준을 삼을 것인가에 대해서는 이에 다시 1932년(昭和 7) 귀성염전에서의 사용해수 총 함염량에 대한 채염량을 검토하고, 이것을 기초로 하여 장래의 예상량을 산출(별표)하였다. 아울러 채염상에 중대한 영향을 가진 여러 현상을 예기(例記)하여 관계 당사지의 연구 결과에 의한 충분한 비판과 지도로 적당한 목표를 확정하고, 그 목표를 향해 매진함으로써 염정(鹽政)에 비익(神益)시킴을 기하고자 하는 것이다.

채염 상 중대 영향을 가진 사항

1. 4월 및 9, 10월 등에서 함수의 창수량(漲水量)이 최성(最盛)인 계절과 큰 차이가 없는 경우에도 그 채염량이 최성계절의 반분량(半分量)에도 달하지 않는 것은 창수시간(漲水時間)이 길기 때문에 창수 중에 함수의 삼투망실량이 많은 것에 따른 것은 아닐까?(1930년 전 관내 결정지 1평당 평균량을 보면 4월 2.3근, 5월 4.0근, 6월 4.7근, 7월 2.2근, 8월 4.1근, 9월 2.5근, 10월 1.4근을 보임)

2. 주안 관내 남동염전(결정지 2단 개량)과 군자염전 제3, 4구(결정지 미개량)와의 1932년(昭和 7)에서의 1정보당 실수량이 남동염전의 1정보당 15만 8,929근에 비해 군자 제3, 4구 염전이 14만 2,197근(1할 5푼 減)인 것은 결정지 설비의 차이에 의한 것이 많아서인 것은

아닐까?

3. 1932년(昭和 7) 주안 관내 주안염전 1정보당 12만 3,558근에 비하여 남동염전의 15만 8,929근(2할 6리 增收)을 나타내는 것은 염전 소재지의 위치, 토질, 주위의 상황, 기타 사용해수의 양부(良否) 등이 그 채염량에 영향을 준 것은 아닐까?

4. 1931년(昭和 6) 주안 및 광량만 두 관내의 채염 실수량 2억 3,885근이 1932년(昭和 7)의 실수량 3억 172만 1,751근에 비하여 6할 6푼 3리인 것은 기후의 양부가 그 주요한 원인인 것은 아닐까?

5. 각 계절마다 기후 및 기타의 사정에 따라 현재 이상의 종업자를 사용하는 방법은 오히려 유리한 경우가 있을 리는 없겠지만, 실상에 비추어 그것을 고려할 필요는 없을까?

채염표준예정량안(採鹽標準豫定量案)

1932년(昭和 7) 귀성염전 149정보에서의 1정보당 채염실수량 11만 3,282근은 그 사용해수 총 함염량에 대해서 3할이 된다. 지금 이 채염실수량을 시설 및 노력에 의해서 경제적으로 증수(增收)시킬 수 있는 정도를 3할로 하겠다. 그 산출은 아래와 같다.

<계산서>

1-0.3=0.7   1932년 총손실량
0.7×0.7=0.49 증발지에서의 손실량으로 함.
0.7×0.3=0.21 결정지에서의 손실량으로 함.
    0.30   1932년 실수량

이상 손실량 안에서 아래 3할을 증수하는 것으로 함.

    0.15   증발지
    0.15   결정지

따라서 손실량은

0.34 　　증발지 손실

0.06 　　결정지 손실

0.60 　　채염 실수량

따라서 총 채염 실수량은 사용해수 총 함염량 5,626만 4,558근×0.6=3,375만 8,735근으로 됨. 따라서 1정보당은

33,758,735÷149=226,568근

따라서 1정보당 증수량은 11만 3,284근으로 됨.

또한 참고를 위해 1932년(昭和 7)에서의 주안·광량만 두 관내의 평균 실수량 1정보당 13만 3,282근에 대하여, 1정보당 증수량을 산출하면,

133,282×149=19,859,108근

19,859,108÷56,264,558=0.353

0.6-0.353=0.247

56,264,558×0.247=13,897,346

13,897,346÷149=93,271근

또한 동년의 최고기록을 보인 남동 제2구염전의 실수량 1정보당 17만 3,415근에 대해, 1정보당 증수량을 산출하면,

173,415근×149=25,838,835근

25,838,835÷56,264,558=0.4592

0.6-0.4592=0.1408

56,264,558×0.1408=7,922,050

7,922,050÷149=53,168근이 되어 실수량에 대해

53,168÷173,415=0.306으로 됨

비고: 주안·광량만 두 관내 및 남동 제2구염전에서의 사용해수량 및 총 함염량 등은 귀성의 그것과 동일하지 않다는 것은 밝혀졌지만, 귀성 이외의 분에 대해서는 조사가 충분하게 이루어지지 않았기 때문에 잠정적으로 동일한 것으로 간주하여 산출했음.

실행방법안

전기(前記) 채염예정수량을 실현시키기 위해서는 증발지에서는 그 낙차붙임, 시보리(絞り), 면고르기, 지반굳히기 및 함수류(鹹水溜) 등의 설비를 완비한다. 결정지에서는 지반굳히기를 하여서 위로 양점토(良粘土) 펼치기를 하고, 그 위에 적당한 사토(砂土)를 펼치고 기와를 까는 등 완전하게 결정지의 개량을 한다. 또한 함수류에는 점토를 펼치거나 또는 연와(煉瓦)를 펼쳐서 기타함수가 삼투되지 않도록 설비를 하고, 또 그 안에 어떤 부분은 여기에 지붕을 설치하여 비온 후의 결정작업 개시에 편한 식으로 설비한다. 이들의 설비를 충분히 이용할 수 있을 정도로 노력(勞力)을 사용하는 것이 필요하다.

1932년(昭和 7) 귀성염전 실수 비율

종별 월별	비중(도)	해수1석 함염량(斤)	사용 해수량(석)	사용 해수함염량(근)	실수채염량(근)	차인부족량(斤)	실수비율
4월	3.5	10,575	1,309,271	13,845,541	2,022,824	11,822,717	0.146
5월	3.5	10,575	1,149,604	12,157,062	4,970,888	7,186,174	0.408
6월	3.0	8,994	1,009,892	9,082,969	5,026,272	4,056,697	0.554
7월	2.5	7,438	949,007	7,058,714	2,119,133	4,939,581	0.300
8월	2.0	5,881	1,367,153	8,040,042	1,304,264	6,735,778	0.162
9월	2.0	5,881	1,033,854	6,080,042	1,182,719	4,897,323	0.195
10월	-	-	-	-	-	-	-
계	-	-	6,818,772	56,264,558	16,626,100	39,638,458	0.2955

비고: 10월 분은 이것을 생략하였고, 사용해수량은 그 달의 재염에 사용된 것을 게상함

1931년(昭和 6) 귀성염전 실수 비율

종별 월별	비중(도)	해수1석 함염량(斤)	사용 해수량(석)	사용 해수함염량(근)	실수채염량(근)	차인부족량(斤)	실수비율
4월	3.0	8,994	997,628	8,972,666	955,728	8,016,938	0.106
5월	2.5	7,438	1,434,222	10,667,744	3,882,479	6,775,265	0.363
6월	2.5	7,438	1,265,490	9,412,715	3,344,690	6,068,025	0.353
7월	2.5	7,438	1,385,172	10,302,909	2,285,534	8,017,375	0.221
8월	1.5	4,381	665,118	2,913,882	312,606	2,601,276	0.107
9월	1.0	2,775	1,101,663	3,057,115	566,255	2,490,860	0.185
10월	-	-	-	-	-	-	-
계	-	-	6,759,293	45,327,031	11,357,292	33,969,739	0.2506

비고: 1932년(昭和 7)과 동량임

1932년(昭和 7) 귀성염전 기상표

| 종별
월별 | 쾌청 | 청 | 담 | 우 | 증발량 | 우량 | 연속 | | | | 평균기온 | 평균습도 |
							청	담	우	담		
4월	15	4	10	2	163.2	26.4	13 8	5 4	-	-	9.8	72
5월	17	5	8	1	237.1	48.1	6 19	- 6	-	-	18.0	61
6월	8	6	12	4	198.1	89.5	7 7 10	3 6	5	2	21.5	73
7월	3	11	12	6	192.7	195.0	4 7	- 3	10	4	26.5	85
8월	10	6	9	6	187.4	263.3	7 14	- 6	6	2	26.8	81
9월	13	7	6	5	169.4	73.9	4 20	- 5	6	-	21.1	73
10월	14	7	5	5	150.1	50.9	9 9	2 -	5	-	14.2	71

비고: 연속 청천 중에는 청 중의 담, 또는 담 중의 청 등의 1~2일을 끼는 경우도 그것을 연속일수 중에 계상시킴.

1931년(昭和 6) 귀성염전 기상표

종별 월별	쾌청	청	담	우	증발량	강우량	연속 청	연속 담	연속 우	연속 담	평균기온	평균습도
4월	12	5	8	5	133.4	45.6	6 4 4	2 -	3 4 4	2 2	9.6	65
5월	14	6	7	4	202.8	84.7	7 16	2 3	-	-	16.3	62
6월	8	6	12	4	165.1	100.8	9 7	3 3	4 3	-	20.8	78
7월	5	8	13	5	166.5	42.1	7 11	4 5	8	4	22.4	79
8월	3	3	14	11	137.2	321.7	-	-	20	8	25.4	84
9월	13	7	7	3	123.0	89.0	19	3	-	-	20.7	76
10월	3	1	2	1	25.4	16.9	5				13.0	66

비고: 1932년(昭和 7)과 동량임.

결정지 계량비 계산서

종별 결정지	1평당 단가(엔)	1정당 개량평수()	2천정보 개량비(円) 1정보당	2천정보 개량비(円) 총금액	2천정보 개량비(円) 이자	개량비 생산량(千斤)	개량비 100근당
토저	-	-	-	-	-	180,000	-
옹편	2,000	250	500	1,000,000	60,000	207,000	0.029
부와	4,000	200	800	1,600,000	96,000	216,000	0.044

비고: 옹편 재료 1평당 1원 부입 기타 1원, 부와 재료 1평당 2원 70전 부입 기타 1원 30전

1927년(昭和 2) 광량만 제4구 2호 염전 시험성적표

종별 결정지	면적(정)	생산실수량 특등	생산실수량 1등	생산실수량 2등	생산실수량 계	1정보당 수량	1정보당 비율	염100근당 인부임
부와	4.8	50,820	126,090	-	176,916	36,878	1.34	0.113
옹편	4.8	-	168,404	1,590	169,994	35,415	1.29	0.116

토저	10.4	-	84,730	201,024	285,754	27,476	1.00	0.126
계	20.0	50,820	379,230	202,614	632,664	31,632	-	0.120

비고: 시험기간은 4월 1일부터 6월 23일

1932년(昭和 7) 광량만 주안·광량만 최고최저 및 평균 1정보당 실수고표

종별소별	면적(정)	1정보당 평균(근)	최고			최저		
			소구	면적(정)	1정보당(근)	소구	면적(정)	1정보당(근)
주안	1,115	138,001	-	-	-	-	-	-
동	-	-	남동2구	105	173,415	군자2구	123	117,307
광량만	1,142	127,715	-	-	-	-	-	-
동	-	-	광량8구	68	143,268	광량4구	93	111,641
합계	2,257	133,282	-	-	-	-	-	-

비고: 귀성 1정보당 실수고는 11만 1,585근으로, 광량만·주안의 합계 평균 1정보당 13만 3,282근에 대해 8할 3푼 7리에 해당함.

〈자료 191〉 조선에서의 천일전오제염을 논하여 천일염전의 결정지 개량에 미침

- 원제목: 朝鮮に於ける天日煎熬製鹽を論じて天日鹽田の結晶池改良に及ぶ
- 작성자: 田邊隆平
- 출전호수: 《專賣通報》제108호
- 간행일: 1933년 11월
- 발행처: 朝鮮專賣協會

1.

현재 조선에서 실행되고 있는 제염법은 3종이 겹쳐지고 있다. 재래전오제염(在來煎熬製鹽), 천일제염(天日製鹽) 및 천일전오제염(天日煎熬製鹽)이 그것이다. 또한 다른 곳의 천일염을 원료로 하는 가공재제염(加工再製鹽) 등이 있다. 재래전오제염이라는 것은 고래(古來) 수백 천년 조선에서 염의 공급을 채워 왔던 것으로서, 그 제염구역이 극히 넓어 거의 전 조선의 해안에서 행해졌던 것이다. 따라서 염 공급상에서 보면 매우 편리하고 유익함이 있지만, 그 방법이 구구하여 생산비 같은 것도 때와 장소에 따라서 그 현격함이 심한 실상에 있다. 그런데 40~50년 이래 가격이 저렴한 천일염이 지나(支那)에서 수입되어 가격 경쟁이 되지 않는 전오염은 점차 그 판로를 침식당하고 있던 사이에, 조선에서도 역시 천일제염이 생산되기에 이르러 그 비경(悲境)이 더욱 심해졌고, 금일에 있어서는 특종(特種)의 용도와 종래의 사용 관습상 사용하는 자만을 고객으로 하여 판로를 유지하는 것에 불과한 모양이 되었다. 만일 천일염으로 하여 그 품질을 능히 각종의 용도 및 기호에 적응시켰다면, 그 판로는 급속히 확대되어 전오염 같은 것은 이미 오래전에 모두 그 그림자를 사라지게 했을 것이 분명하다. 천일염은 그 결정(結晶)이 조대(粗大)하고 또 진흙(泥土)의 혼입이 많으며, 색상이 나쁘다는 등의 결점이 있기 때문에 오래도록 전오염의 사용이 습관이 된 사람은 갑자기 관습을 바꾸기 어려웠다. 또한 용도에 따라서는 거의 그대로는 사용이 곤란한 점 등의 관계로 재래전오염의 가격이 싸지 않음에도 불구하고 오히려 금일 그 판매로를 지속하고 있다. 이에 있어서 천일염을 원료로 한 재제염이 그 품질의 우량과 가격의 저렴함을 표방함으로써 재래전오염에 대항하기에 이르렀다. 그 경쟁도 역시 상당히 뜨거워서, 때때로 서로 성쇠가 있던 것이 금일에 미친다. 그렇지만 양자 모두 그 가격에 있어서는 도저히 천일염에 추수(追隨)할 수는 없었다. 이러한 기호(嗜好)와 가격과의 상용(相容)에 어려운 관계를 조화시켜주는 목적으로써 계획된 것이 천일전오제염이다. 천일전오제염은 그 용도 및 기호에 있어서는 재제염 및 재래전오염의 장점을 취하고, 생산비에 있어서는 천일염의 보루를 육박하는 것으로 계획된 것이다. 관동주(關東州)에서는 이미 십수 년이래 그것을 실행해 왔던 것이지만 발전시키지 못하고, 1927년(昭和 2)에 이르러서야 마침내 그것을 폐지하고 분쇄세척염인 가공염으로 전환하여 금일 이미 연액 1억 수천만 근의 생산을 보기에 이르렀다.

그런데 대만(臺灣) 및 조선에서는 10년 전에 천일전오제염을 계획한 것이 많았다. 지금 대만의 안평(安平) 및 조선의 인천(仁川)에서 그것을 실행하고 있지만, 아직 그 소기의 목적인 단위면적에 대해서 천일제염의 2배 내지 3배의 우량전오염을 생산하지 못할 뿐만 아니라,

점차 다소의 증량(增量)을 보이는 정도에 불과하다고 들었다.[179] 따라서 그 생산비 체감 같은 것도 결코 뜻대로 되지 않을 것이 분명하다. 원래 천일염전의 함수를 결정지에서 결정시키는 대신에 그것을 전오부(煎熬釜)로 옮기어 전오(煎熬)한 결과, 과연 그 제염량을 천일염의 2배, 3배라고 하는 것 같은 수량으로 증가시킬 가능성이 있을까 없을까? 또한 천일염전의 결정지에서 함수의 손해가 과연 이렇게 심대한 것인가 아닌가? 물론 결정지에서의 제염은 포화함수란 것을 필요로 하지만, 전오제염에 있어서는 함수의 비중(比重)에 상당하는 전오비(煎熬費)의 증가(전오비는 그 설비의 여하에 따라 차이가 있음)를 고려하는 데에 있어서는 반드시 포화함수란 것을 필요로 하지 않기 때문에, 희박함수(稀薄鹹水)를 전오하면 생산량은 상당히 그것을 증가시키겠지만, 이렇게 해서는 그 주안이 되는 기호와 가격과의 조화를 파괴하는 것이 되어 완전히 그 주지(主旨)와 상반되는 결과를 초래하기에 이를 것이다. 그렇다면 천일전오제염의 가장 유리한 생산비에 있어서 생산염의 증수량은 과연 어느 정도인 것일까? 그것의 귀착점을 잘 강구하여 그 목표를 정한다면 결코 무용(無用)의 업(業)에만은 있지 않을 것이다.

2.

이에 1932년(昭和 7) 광량만 관내 귀성염전에서는 해수사용량을 기초로 하여 주안, 광량만 두 관내에서의 각소각월별(各所各月別) 채염 실수량으로부터 유추한 천일전오제염에 의한 단위면적에 대한 증수(增收)를 견적할 만한 수량을 산출하였다. 그리고 별지 기재와 같이 동년의 평균 실수량 1정보당 13만 3,437근에 대하여 그 증수할 수 있는 수량 7만 2,312근, 즉 5할 4푼 2리를 얻었다. 이것이 과연 목표로 하기에 충분한 숫자인지 아닌지를 기록함으로써 식자들의 가르침을 바라는 바이다.

---

[179] 조선에서는 1927년에 설립된 조선 염업주식회사가 인천의 장의리, 용정리 일대의 간석지를 매립하여, 1929년 4월에 총 168,824평의 염전(인천염전 제1구)을 완공하였다. 이곳의 제염법은 '해수직접농축법(海水直接濃縮法)' 또는 '천일함수전오법(天日鹹水煎熬法)'이라고 부르는 방식으로 천일법에 의해 직접 해수를 농축하여 함수를 만들고, 그 함수를 전오가마(煎熬釜)에서 끓여 소금을 생산하는 방식이었다. 조선 염업주식회사에 대해서는 류창호, 2016, 「낙섬 일대를 염전으로 개발한 조선 염업주식회사」, 『도시마을생활사(용현동·학익동)』, 인천광역시 남구 참조.

1932년도(昭和 7) 제염실수보합표

종별 월별	평균비중	해수1석당 함염량(근)	사용 해수량(석)	동 함염량(근)	실수량(斤)	실수 비율
4월	3.0	8.994	1,440,198	12,953,141	2,541,863	0.196
5월	3.0	8.994	1,264,564	11,373,489	5,001,514	0.440
6월	2.5	7.438	1,110,881	8,262,732	4,803,681	0.581
7월	2.0	5.881	1,043,908	6,139,223	2,613,721	0.426
8월	2.0	5.881	1,503,868	8,844,248	2,589,347	0.283
9월	2.0	5.881	1,137,230	6,688,050	2,108,596	0.315
10월	2.0	5.881	266,164	1,565,311	223,510	0.143
계			7,766,713	55,826,195	19,882,132	0.356

비고: ① 1정보당 실수량은 133,437근으로 함
② 계산면적기초는 귀성염전 149정보
③ 사용해수량은 귀성염전 양수사용 해수량에 1할을 가산시킨 숫자임
④ 월별실수량은 각월채염량에 연계 실수율을 곱한 숫자임
⑤ 평균비중은 각수를 평균하여 사사오입시킴
⑥ 주안·광량만 내 관내 전부에 대하여 산출함

천일전오제염 증수량표

1932년(昭和 7) 주안, 광량만 양 관내(管內) 평균 1정보당 실수량 13만 3,437근을 사용해수 함염량 55,82만 6,195근에 대조하면, 겨우 3할 5푼 6리가 된다. 따라서 잔액 6할 4푼 4리는 총손실량(總損失量)이 된다. 그렇다면 6할 4푼 4리 중 그 얼마만큼을 채집할 수 있을까? 지금 그것을 증발지 및 결정지의 두 가지로 구분하여 그 손실량을 보니, 가장 적당하다고 간주될 수 있는 비율이 아래와 같다.

(총손실량을 10으로 하고, 그것을 7과 3의 비율로 나눔)
- 증발지의 손실량: 4할 5푼 1리
- 결정지의 손실량: 1할 9푼 3리

이상의 손실량 내, 설비 및 노력으로 채집될 수 있는 비율은 다음과 같다.

- 증발지: 1할 4푼 1리(염전 수리, 기타)
- 결정지: 1할 3리(결정지 개량, 기타)
- 전오부(煎熬釜): 1할 9푼 3리(천일전오제염)

이상의 비율을 총 함염량에서 산출하면,

- 증발지: 5만 2,829근
- 결정지: 3만 8,591근
- 전오부: 7만 2,312근

이상을 1932년(昭和 7) 실수량 13만 3,437근에 대조하면 그 증율(增率)은 다음과 같다.

- 증발지: 3할 9푼 6리
- 결정지: 2할 8푼 9리
- 전오부: 5할 4푼 2리

즉, 5할 4푼 2리가 증수율(增收率)이 된다.

3.
이것을 요약하면, 천일제염과 재래전오제염과는 그 염전지반(鹽田地盤)의 근본성질을 달리한다. 즉, 전오제염은 사토지반면(砂土地盤面)에 산포(散布)되는 살사(撒砂)에 풍력과 일광으로 염분을 응결시키면, 그것을 용해하여 적도(適度)의 함수를 채집하고 전오결정시키는 제염법이라서, 함수의 제조에도 또한 그것을 전오하는 데에도 상당한 경비를 필요로 하는 제염법이다. 그런데 천일제염은 해수를 점토지반(粘土地盤)의 염전에 창수(漲水)시켜 일광 및 풍력에 쐬어 말려 농축시키고, 직접 그것을 결정지로 도입시켜 결정시키는 것이기 때문에,

그 경비를 필요로 하는 것이 극히 근소한 제염법이다. 그리하여 양자 모두 청천(晴天)을 필요로 하는 점에서는 동일하지만, 재래전오제염에서는 3일 내외의 연속 청천으로도 그것을 이용할 수 있는 경우에 비해, 천일제염에서는 보통 7일 이상의 연속 청천을 필요로 하는 차이가 있다. 천일전오제염은 이러한 연속 청천의 중단에 따른 불이익을 어느 정도 완화시키고, 또 결정지에 창수 중인 농후함수의 삼투 및 기타의 피해를 제거하여 채염량의 증가를 노린다고 하는 것이다. 따라서 그 경로에 있어서 전오염 및 재제염에 비하여 어느 정도의 생산비를 체감시킬 수 있고, 천일제염에 비교할 때 그 생산량은 혹 그것을 증가시킬 수 있지만, 그 생산비에 이르러서는 도저히 함께 논할 수는 없다. 즉, 천일염전에서 생산되는 함수를 그대로 결정지에 도입하여 결정시키면 총 생산비 중 4할 내외로 제염을 완료할 수 있지만, 만일 그것을 분리하여 함수를 전오부(煎熬釜)로 옮기면 그 전오비만 하여도 천일제염에서의 생산비의 총액, 혹은 그 이상을 필요로 하는 것이 된다. 그렇다면 금후 조선에서의 염 수급책 상 가장 적당한 제염방법은 무엇인가? 다른 게 아니다. 천일염전의 결정지를 완전히 개량하는 데에 있다. 지금 그 효과가 거듭되는 것을 들자면,

첫째, 각 용도에 적합한 양염(良鹽)을 자유로이 제조할 수 있는 점
둘째, 생산량을 증가시킬 수 있기 때문에 생산비를 체감시킬 수 있는 점
셋째, 각 용도에 적합한 양염을 공급할 수 있어서 국민보건 상의 이익이 심대하다는 점

등이다. 그 결정지 개량비와 같은 것은 수년을 지나기 전에 이것을 회수할 수 있어 구태여 문제로 하기에 부족하다. 그 뿐만 아니라 금일의 조선과 같이 정부가 염 공급상 책임의 위치에 있는 경우에는 특히 그 필요를 통감하는 바이다.[180]

---

[180] 실제로 조선총독부 전매국은 계속되는 민간제염업자들의 천일전오제염 도입 계획에 대해 줄곧 반대의 입장을 지니고 있었다. 1939년에 사업가 이세무라 호지(伊勢村鳳次)가 광량만염전의 천일함수를 불하받아 진남포까지 파이프라인으로 송수한 후, 전오제염을 실행하겠다는 사업신청서를 냈을 때도 전매국은 사나다 기노스케(眞田吉之助) 기사와 다나베 류헤이(田邊隆平) 기수의 의견서를 근거로 반대의 입장을 표명하였다. 그 이유는 천일전오제염법이 아직 성공한 사례가 없다는 점, 과도한 설비비와 생산비가 소요된다는 점, 경제적 효율성 면에서 천일염전의 결정지 개량만으로도 충분한 효과를 이룰 수 있다는 점 등이었다(류창호, 2020, 「한국 근대염업의 네트워크와 그 특성」, 인하대학교 박사학위논문, 210~212쪽).

염 종류별 판매수량·가격표 (100근당)

종별 연별	천일염		재제염		전오염	
	수량(근)	가격(엔)	수량(근)	가격(엔)	수량(근)	가격(엔)
1921년	114,502,328	0.985	60,011,621	1.893	68,218,375	2.528
1922년	76,936,118	1.171	58,455,633	1.829	64,457,296	2.245
1923년	43,509,672	1.407	66,260,594	2.265	66,976,041	2.360
1924년	89,415,179	1.125	45,847,177	2.085	56,381,621	2.407
1925년	82,047,215	1.441	46,734,303	2.134	50,600,826	2.489
1926년	117,206,244	1.118	54,343,638	1.900	67,155,827	2.000
1927년	137,477,400	0.888	63,109,810	1.734	57,884,672	2.136
1928년	196,827,881	0.780	56,334,165	1.611	57,742,690	1.836
1929년	203,310,967	0.804	55,050,492	1.578	69,358,822	1.702
1930년	405,019,104	0.842	64,927,649	1.403	56,922,740	1.448

〈자료 192〉 천일염전에서 양염(良鹽)을 제조하는 이야기

- 원제목: 天日鹽田で良鹽を製造する話
- 작성자: 田邊隆平
- 출전호수: 《專賣通報》 제116호
- 간행일: 1934년 7월
- 발행처: 朝鮮專賣協會

그저 단순히 양염(良鹽)을 제조하는 이야기라고 말해도 여러 가지가 있는데, 여기서는 우리 천일염을 만드는 일에 관계하는 것으로 자나 깨나 잊는 일이 없이 양염을 싸게 제조한다고 하는 일에 대해서 잠깐 말씀드려보고자 한다.

천일염전에서 염을 제조하는 쪽에서 본다면 현재의 천일염과 같이 진흙이나 모래가 섞인 때에는 잘못하면 이것이 흙인지 염인지 하는 생각이 드는 것 같아서, 염을 만들어 그것을 여러분에게 맛보게 한다는 일은 아무리 생각해도 미안한 기분이 들지 않을 수 없다. 또 한편으로 생명줄인 소중한 부엌일을 맡고 계시는 사모님들이 그 기려(綺麗)한 부엌에 흙색인 정체를 알 수 없는 천일염이 날아들어 오고, 게다가 이것 밖에 염이 없다고 말해진다면 어떠한 기분이 드실는지도 생각되는 때에는 한시도 가만히 있을 수 없는 기분이 들 것이다. 그러나 여러분들은 놀라시지 마시라. 오늘날 동양의 맹주로서 임하는 대일본제국 국민으로서 몇천만 명이 이런 흙이 섞인 천일염을 맛보고 있는 것이다. 아니 이웃의 대국 4억의 국민은 그 대부분이 이런 종류의 염에 상당한 고가의 세금을 지불하고 있는 것이다. 이것은 금일 사회에서의 인도(人道) 상의 대문제와 같다고 생각되지 않는가? 하지만 타국의 일이라고 하여 대일본제국의 국민인 자가 언제까지라도 이런 경우에 참지 않으면 안 된다고 하는 것은 아무래도 한심스러운 일은 아닐까? 그래서 어떻게든 이것을 개량하여 모든 부엌에 기려한 좋은 염을 보내고 싶어서 조선이나 대만의 당국자가 시종의 노력을 쏟고 있는 것이다. 원래가 천일염이란 것은 그 가격이 전오(煎熬) 등에 비해 싸다고 하는 것을 특징으로 한다. 기려한 전오염이나 재제염에 대항하여 금일도 여전히 기려한 부엌에서 흙색의 얼굴을 들어내고 태연히 있는 것이기 때문에, 이런 변변치 않은 흙색의 염을 모조리 부엌에서 구축하기 위해서는 아무래도 이런 변변치 않은 흙색의 염과 똑같은 가격으로써 기려한 좋은 염을 만들어 내지 않으면 안 된다고 하는 매우 어려운 문제가 그곳에 걸쳐 있는 것이다. 이런 어려운 문제를 해결하기 위해서 쓰인 조선 전매국의 노력은 결코 보통의 일은 아니었다. 다행히 그 노력이 보상받게 되어 기려한 염이 현재의 흙이 섞인 염과 똑같은 가격으로 나왔다고 하는 것이 대략 판명되어졌다. 따라서 전매국에서는 국민의 보건이랄까 국가 공업의 발전이랄까 하는 국가적으로 커다란 견지에 서서, 종래의 관습이랄까 내친걸음이랄까 하는 식의 사소한 문제는 일절 배제하여 하루라도 빨리 순백의 양염을 어떠한 부엌에도 또 이떠한 공장에도 공급하는 것이 국가사회의 행복을 증진하는 소이라고 하여 그 달성에 매진하고 있는 것이다. 아무쪼록 여러분들도 충분히 협력해 주실 것을 부탁드린다.

〈자료 193〉 천일염전의 결정지 개량이 일본의 염 정책상에 미치는 영향

- 원제목: 天日鹽田の結晶池改良が日本の鹽政策上に及ぼす影響
- 작성자: 田邊隆平
- 출전호수: 《專賣通報》 제119호
- 간행일: 1934년 10월
- 발행처: 朝鮮專賣協會

현재 일본의 염 수급상황은 내지(內地) 및 대만(臺灣)은 전매제(專賣制)로, 조선은 수이입관리제(輸移入管理制)를 펴는 동시에 천일염전을 직영으로 하여 염 공급의 원만을 기하고 있다. 따라서 염의 원가에서도 또한 품질에서도 충분한 주의 하에서 이것의 적당한 운영을 도모하고 있다. 그렇지만 어찌하겠는가? 염에 관해서는 천혜(天惠)가 극히 적은 아국에서는 도저히 소기의 목적을 달성할 수 없다. 따라서 혹자는 말하기를 이런 곤란한 정책을 버리고 이것을 자유제(自由制)로 하여서, 염가이고 게다가 품질도 우량한 외국염에 대한 공급책을 세우는 것이 훌륭한 상책이라고 한다. 또한 혹자는 말하기를 염은 필수품이어서 하루라도 빠트릴 수 없는데 국가의 유사시에 어찌하겠느냐며, 가령 어떠한 희생을 지불하더라도 자급하지 않으면 안 된다고 한다. 이는 대체로 부득이한 것 같다. 만일 과연 진짜로 그러한 것이라면, 전 영역 내를 통하여 가장 적당한 방책을 강구하는 것이 시의적절한 조치가 아니겠는가?

현재 내지에서는 전오제염을 기초로 하고, 조선 및 대만에서는 천일제염으로 공급책을 세우고 있는데, 이것이 과연 대책의 능사인 것일까? 단지 자연의 형편을 그대로 하고 있는 것에 불과한 것은 아닐까? 혹은 아국의 국정(國情)에서는 그렇게 하지 않으면 안 되는 것일까? 혹은 천일염을 주로 하는 방식에 적당한 시기가 오지 않은 것은 아닐까? 이런 중대한 문제에 관해서는 우리들이 참견할 수 있는 바가 아니라면, 여기서는 단지 평소 그 연구에 속하는 범위 내에서 양염을 싼값에 제조함으로써 자급책 확립의 자료로 공급하는 것을 기할 뿐이다. 현재 아국의 영역 내에서 제조 방법으로서 가장 싼값으로 염을 제조할 수 있는 것은 대만, 조선 및 조차지(租借地) 관동주(關東州) 등에서의 천일제염법이라고 하겠다. 이 방법에 의하면 내지 전오제염법의 5분의 1 내외의 생산비로서 용이하게 생산할 수 있다는 것이 특징이다. 그럼에도 불구하고 금일 여전히 그 방법이 충분하게 발전되지 않은 것은 그 원인이 하나에 그치지 않는다.

첫째, 현재의 천일염이 진흙의 혼입이 몹시 많아 품질이 조악하고, 색상 또한 극히 불량하여 그대로 사용하기에 견딜 수 없는 경우가 많다는 점.

둘째, 현재의 천일염이 결정(結晶)이 조대(粗大)하여 사용상에 불편이 적지 않다는 점 등이 그 거듭되는 문제점이라고 하겠다.

따라서 종래 이것들의 결점을 제거하기 위해서는 혹은 세척하고, 혹은 재제(再製)하는 등 다액의 경비를 투자하여 가공함으로써 공급을 모색하여 온 것이다. 따라서 지금 때맞춰 진실로 천일염의 명성을 발휘시키고자 하는 것에는 이들의 결점을 제거하기 위해 생산비를 증가시키는 것이 아니라 색깔이 순백(純白)하고, 우량한 품질의 세립염(細粒鹽)을 제조하는 수밖에 다른 길이 없다. 〈별표 5〉 제1호에 표시된 납작기와(甃) 개량 결정지는 충분히 이런 대목적(大目的)을 달성할 수 있는 개량 결정지라고 하겠다.

지금 이 결정지의 거듭된 특징을 열거하자면,

첫째, 제염에 진흙을 혼입시키지 않는 점.

둘째, 함수(鹹水) 및 고즙(苦汁)의 삼투·망실을 막아 염의 생산량을 증가시키고, 동시에 고즙의 이용 공업을 일으킬 수 있는 점.

셋째, 염의 품질 및 결정립을 각 그 용도에 적응시키는 식으로 자유롭게 제조할 수 있는 점.

넷째, 강우(降雨)에 즈음하여 근소한 결정염도 채염할 수 있는 점.

다섯째, 고즙을 이용하여 염의 결정을 촉진시키고, 또 그것을 이용하여 염의 세립결정(細粒結晶)을 할 수 있는 점 등이다.

그 염질의 개량 및 생산비 체감 등에 미치는 효과는 이것이 이용방법을 어떻게 하는냐에 따라서는 결코 〈표 5〉 제1호에 표시된 것같이 단순히 생산비의 비교 정도만으로 그치는 것이 아니다. 따라서 이것을 이용하여 품질·색상 모두 내지 2, 3등염, 혹은 그 이상의 염을 현재의 천일염과 동등하거나 혹은 그 이하의 생산비로서 생산하기에 이른다면, 대체로 일본의 염 정책 상에 미치는 영향은 결코 적은 것이 아닐 것이다. 이하 항목을 나누어 현재의 수급상황을 상술함으로써 세상 사람들의 비판을 청하는 바이다.

【부언】여기서 특히 주의가 필요한 것은 결정지의 완전한 개량과 이것의 운용을 틀리게 하지 말아야 한다.

1. 현재에서의 일본의 염 수급 상황

첫째, 현재 일본 영역 내와 관동주에서 생산되고 있는 염의 수량은 어느 정도일까? 〈표 1〉 제1호에 표시되어 있는 것과 같이 1932년(昭和 7)에 있어서의 합계는 20억 2,654만 2,000근을 생산하고 있다.

둘째, 현재 일본 영역 내와 관동주에서 사용되고 있는 염의 수량은 어느 정도일까? 〈표 3〉 제1호 및 〈표 3〉 제2호에 표시된 것과 같이 1932년도(昭和 7)에서는 합계 26억 7,426만 2,000근의 염이 매도되고 있다.

셋째, 현재 일본 영역 내와 관동주에서의 염의 수요고에 대한 생산부족액은 어느 정도로 하여 그것을 보급하고 있는가? 〈표 2〉 제1호에 표시된 것과 같이 내지 및 사할린(樺太)에서는 대만 및 관동주로부터의 3억 8,412만 4,000근의 이입염과 청도(青島)로부터의 2억 2,631만 2,000근, 구미(歐美)로부터 4억 3,557만 1,000근의 수입으로써 이것을 보충하고, 조선에서는 대만 및 관동주에서 1억 6,888만 9,000근과 청도 및 산동성에서의 수입염 1억 3,952만 8,000근으로써 이것을 보충하고 있기 때문에, 결국 일본 영역 내와 관동주에서 유무상통(有無相通)하여도 여전히 8억 141만 1,000근의 수입염으로써 생산염 20억 2,654만 1,000근과 합한 28억 2,795만 2,000근으로 26억 7,426만 2,000근의 매도를 하고 있다.

2. 생산염(生産鹽) 및 수입염(輸入鹽)의 종류·수량

첫째, 현재 일본의 영역 내와 관동주에서 생산되고 또 외국에서 수입되는 염의 종류·수량은 어느 정도인 것일까?

〈표 1〉 제1호에 표시된 것과 같이 영역 내의 생산염 20억 2,654만 1,000근 중 11억 5,670만 9,000근, 즉 57.1%는 전오염으로 하고, 8억 6,983만 2,000근, 즉 42.9%는 천일염인 것으로 하여서 그중 1억 4000만 근을 관동주에서 세척 및 분쇄세척하여 내지(內地)에 공

업용염으로서 발송하고 있다. 기타 8억여 근의 수입염, 즉 청도 및 산동성염 3억 6,583만 9,000근, 구미염(歐美鹽) 4억 3,557만 2,000근은 거의 천일염 그대로이다.

3. 용도별에 따른 염(鹽)의 수량

현재 일본의 영역내 및 관동주에서 사용되고 있는 염의 용도로 거듭되는 것은 어떠한 것이고 그 비율은 어떠한가?

〈표 3〉의 1에 표시된 것과 같이 내지에서는 일반식료용염으로서 12억 3,966만 4,000근, 즉 전량의 46.2%를 사용하고, 화학공업용과 기타에 7억 6,786만 2,000근, 즉 25.2%를 사용하고 있다.

4. 생산염 및 수입염의 성분

현재 일본의 영역내 및 관동주에서 생산되는 염의 성분 및 수입염의 성분은 어떠한 것일까?

〈표 4〉 제1호 내지 제3호에 표시된 것과 같이 영역 내 및 관동주의 생산염은 내지 전매법의 규정에 의해 1등염 이상의 성분을 가지고 있는 것은 극히 희소하다. 특히 조선염의 품질이 열악함을 본다. 이것을 〈표 4〉 제4호의 구미염의 우량한 것과 대조해 볼 때, 실로 그 성분이 어떻게 격절되고 있는가에 놀라지 않을 수 없다.

5. 천일염의 수량과 결정 및 색상

1932년(昭和 7)의 영역 내 및 관동주의 염 생산고 및 수입고 합계 28억 2,795만 2,000근 내에 품질이 우량한 구미염 4억 3,557만 1,000근은 별도로 하고, 기타 23억 9,238만 1,000근 중 11억 5,670만 9,000근은 전오염 및 재제염이고, 12억 3,567만 2,000근은 천일염이다. 그 안에 대만산의 상등염 1억 799만 3,000근 및 관동주의 분쇄세척염 1억 4000만 근, 합계 2억 4,799만 3,000근 이외의 9억 8,767만 9,000근의 대부분은 결정이 조대(粗大)하고 색상이 불량한 것이 많다. 그 거듭되는 원인은 결정 중에 진흙 등의 불용해분(不溶解分)의 혼입이 많기 때문이다.

지금 〈표 4〉 제1호에 표시된 것과 같이 조선·관동주 및 청도 등의 천일염은 이들 진흙 등의 불용해분을 함유하는 수가 극히 많다. 이것들을 내지의 전오 1등에 비교하자면 그 함유량은 6배에서 20배에도 미치는 것이다. 따라서 그 색상이 불량하여 소위 눈(雪)과 먹(墨)과의 차이가 있다고도 하는 상태이다. 이런 상태이기 때문에 가령 그 분석 성분이 동등하다고 하여도 입자 및 색상의 관계상, 용도에 따라서 그대로 둔다는 것은 전혀 사용할 수 없는 경우가 있다고 해도 또한 어쩔 수 없는 일이다.

6. 내지 전오염과 천일염과의 가격

〈표 2〉 제3호의 내지염 배상가격과 제1호의 내지 수이입염 가격, 제2호의 조선 수이입 가격과의 차이는 너무나도 심한 것이다. 예를 들어 〈표 2〉 제2호의 관동주 1등염을 취해 보면, 그 성분에 의해 내지 4등염과 동등한 것으로 간주하고 그 가격을 비교하니, 내지 4등염 배상금이 1원 82전 4리인 것에 대하여 관동주염 내지착(內地着)은 71전이 된다. 그러나 그 안에는 내지까지의 운임 100근당 25전 내외, 공과(公課) 10전 등을 필요로 하는 것이 실상이다(내지염도 납부까지의 운임·납부수수료 등 5전 내외를 필요로 함). 지금 이런 비교를 용이하게 하기 위하여 내지 4등염을 1원 82전 4리, 관동주염을 35전으로 하여 그 비율을 산출하면, 관동주염은 겨우 19.7%에 불과하다. 어느 정도로 천일염의 가격이 내지 전오염에 비해 싼 것인가를 알기에 충분하다. 더구나 천일염에서는 생산비를 증가시키지 않고 내지 2등염 정도까지 품질을 향상시킬 수 있는 것은 용이함에 반해, 전오염에서는 4등염을 2등염까지 향상시키는 것은 결코 용이한 일이 아니다. 따라서 생산비의 증가를 초래하는 것도 역시 다대하다(100근당 45전). 지금 2등염의 배상금 2원 27전4리와 35전을 비교하면 겨우 15.4%에 불과하여 어느 정도로 그 생산비가 저렴한지를 알기에 충분하다.

<표 1-1> 1932년(昭和 7) 각 품종별 실수고

(단위: 천 근)

산지\종류	전오염			재제염	천일염		합계
	1등	2등	3등		1등	2등	
내지	83,145	554,449	316,568	53,118	-	-	1,007,280
조선	-	-	68,099	48,677	-	-	116,776
	-	-	-	-	144,101	175,166	319,267
대만	-	-	28,465	-	-	-	28,465
	-	-	-	-	107,993	67,425	175,418
관동주	-	-	-	4,189	-	-	4,189
	-	-	-	-	75,000	300,147	375,147
합계	83,145	554,449	413,132	105,984	327,094	542,738	2,026,542

비고: 내지 3등염 중에는 4등 이하 664천 근을 포함함.
　　　내지 및 조선의 재제염은 수이입염을 원료로 함.

<표 1-2> 1932년(昭和 7) 각지 염 생산고

산지	종별	면적(정)	제조인원	수량(천 근)	1정보당(근)	비고
내지	전오염	4,575	3,398	954,162	208,560	이외에 수이입염을 원료로 하는 재제염
조선	천일염	2,474	-	319,267	129,049	105,984,000근임
	전오염	1,800	1,817	68,099	37,833	
	소계	4,274	-	387,366	-	
대만	천일염	1,660	-	175,418	105,673	
	전오염	-	-	28,465	-	
관동주	방인	6,060	-	272,460	44,960	
	지나인	960	-	102,687	106,966	
	소계	7,020	-	375,147	-	
합계		17,529	-	1,920,558	-	

<표 2-1> 1932년(昭和 7) 내지 수이입염고

산지\수량	정부수이입			자기수이입		
	수량(斤)	금액(리)	100근당(리)	수량(斤)	금액(리)	100근당(리)
대만	123,657,325	1,465,018,976	1,184	15,210,000	72,095,400	474
관동주	112,742,675	1,079,299,166	957	132,514,390	940,950,501	710
계	236,400,000	2,543,318,142	1,076	147,724,390	1,013,045,901	686
청도	92,991,577	697,328,698	750	133,319,990	711,928,736	534
합계	329,391,577	3,240,646,840	978	281,044,380	1,724,974,637	416
소말리란드	-	-	-	179,942,998	1,181,941,752	657
에르트레아	-	-	-	171,418,150	1,105,025,875	645
기타 5국	18,497	6,920,795	37,416	84,191,380	555,634,330	660
계	18,497	6,920,795	37,416	435,552,528	2,842,601,957	653
누계	329,410,074	3,247,567,635	999	716,596,908	4,567,576,594	637

<표 2-2> 1932년(昭和 7) 조선 수이입 수량표

산지\수량	등급	수량(斤)	금액(리)	100근당(리)	비고
대만	1	20,296,283	160,145,000	789	
관동주	1	20,507,360	143,611,000	700	
	2	128,084,887	828,851,000	647	
계	1	40,803,643	303,756,000	744	
	2	128,084,887	828,851,000	647	
청도	2	117,533,354	796,609,000	678	
산동성	2	21,994,530	143,211,000	651	
계	2	139,528,884	939,820,000	674	
합계	1	40,803,643	303,756,000	744	
	2	267,612,771	1,768,671,000	661	
총계	1, 2	308,416,414	2,072,424,000	672	

<표 2-3> 1932년(昭和 7) 내지 전매국 배상금

금액 등급	100kg-30kg입입 (리)	동산엽 (리)	100근당 산염 (리)	비고
1등염	4,310	4,110	2,466	본표는 제1구 갑지에 따름
2등염	3,990	3,790	2,274	제1구 을지는 100kg당 11전고
3등염	3,690	3,490	2,094	제2구는 38전고로 됨
4등염	3,240	3,040	1,824	
5등염	2,960	2,760	1,656	

<표 2-4> 1932년(昭和 7) 조선 각소별 매도가격   (천일염)

소별	수량(근)	금액(엔)	100근당(리)	비고
신의주	57,678,233	411,539	714	
진남포	70,048,524	604,997	864	
인천	175,447,847	1,540,823	878	
군산	38,590,927	394,994	1,024	
목포	9,462,841	95,693	1,011	
부산	57,658,190	545,038	945	
원산	39,628,272	412,903	1,042	
청진	28,478,399	307,326	1,079	
계	476,993,233	4,313,313	904	

<표 2-5> 조선 각지 염 도매가격 조사표(100근당)   (단위: 리)

| 소별 | 1934년(昭和 9) | | 1930년(昭和 5) | | 비고 |
	천일염	재제염	천일염	재제염	
신의주	980	3,000	1,100	3,000	
진남포	1,105	1,800	880	1,450	
인천	1,150	2,000	872	1,600	

군산	1,260	2,200	1,000	2,200	
목포	1,200	2,400	993	2,300	
부산	1,195	1,850	920	1,620	
원산	1,235	2,300	980	1,800	
청진	1,290	1,900	1,060	1,830	

<표 3-1> 1932년(昭和 7) 내지염 용도별 매도수량 (화태 포함)

수량 종별	매도량(kg)	매도량(근)	매도금액(리)	100근당(리)	백분율(%)
식염용	749,798,332	1,239,663,887	36,440,103	2,939	62.2
계	749,798,332	1,239,663,887	36,440,103	2,939	-
화학약품	423,994,533	706,657,555	4,532,720	641	-
인조색소	14,869,430	24,782,383	174,314	703	-
기타	15,852,954	26,421,590	295,578	1,130	-
계	454,716,917	757,861,528	5,002,612	660	37.8
합계	1,204,515,249	1,997,525,415	41,442,715	2,075	100.0

비고: 식용염은 전오염이고, 그 이외는 거의 천일염임

<표 3-2> 1932년(昭和 7) 외지 소요염 매도 수량

수량 산지	정부매도수량			자유판매분	수량 계 (천 근)
	수량(근)	금액(엔)	100근당(리)	수량(근)	
조선	476,993,000	4,313,312	904	78,099,000	545,092
대만	77,018,000	1,516,989	1,970	-	77,018
화태	-	-	-	30,000,000	30,000
관동주	-	-	-	24,627,000	24,627
계	554,011,000	-	-	122,726,000	676,737
내외지 합계	-	-	-	-	2,674,262

<표 3-3> 1932년(昭和 7) 내지 용도별 염 사용고 (단위: 천 근)

용도＼수량	내지용	대만염	관동주염	청도염	구미·기타	계
재제염	187	4,490	20,497	12,940	45	38,159
지물용	448,782	20	-	-	5	448,807
장유용	244,367	60,452	39,848	21,793	-	366,460
된장용	209,877	5,753	3,385	1,573	-	220,588
면류용	24,425	15	-	-	-	24,440
어염장염	86,675	2,923	437	-	-	90,035
가축용	7,568	858	437	1,743	-	10,606
공업용	5,305	18,392	138,897	143,692	354,275	660,561
기타	85,987	4,255	12,393	3,367	2,637	108,639
계	1,113,173	97,158	215,894	185,108	356,962	1,968,295

<표 3-4> 1932년(昭和 7) 조선 용도별 염 사용고 (단위: 천 근)

용도＼종류	천일관염	재래전오염	수이입염	제재염	계
재제염	3,965	-	40,484	-	44,440
지물용	51,319	37,289	44,584	15,229	185,421
장유용	60,212	37,984	62,536	14,393	175,125
된장용	21,459	10,560	15,792	5,301	53,112
면류용	1,296	743	553	1,276	3,868
어염장용	9,323	8,798	22,962	3,465	44,548
수피보존용	1,430	515	1,995	298	4,238
선종용	959	474	714	121	2,268
기타	5,926	4,536	6,995	7,362	24,813
계	155,880	100,893	196,615	47,445	500,833

<표 3-5> 1932년(昭和 7) 대만 도내 매도수량

용도	종별	수량(斤)	금액(리)	100근당(리)	비고
일반용도	전오염	2,897,934	95,277,520	3,288	
	상등염	50,752,208	1,102,045,890	2,171	
	병등염	12,137,448	249,250,690	2,054	
	계	65,787,590	1,446,574,100	2,199	
특별용도	전오염	65,000	1,665,300	2,562	
	상등염	1,852,333	19,068,960	1,030	
	병등염	9,312,883	49,680,530	533	
	계	11,230,216	70,414,790	627	
합계		77,017,806	1,516,988,890	1,970	

<표 4-1> 분석표

성분\산지	내지염			관동주염		청도염	조선염	
	1등	2등	3등	상등	병등	병등	1등	2등
수분	3.7087	7.1180	8.2980	6.276	7.100	8.752	10.752	7.896
불용해염	0.0500	0.0750	0.1380	0.373	0.990	0.918	0.316	0.467
유산석탄	1.0016	1.2891	1.3007	0.234	0.441	0.268	1.335	0.763
유산고토	1.0896	1.5515	1.7008	1.480	1.104	1.119	1.425	1.207
염화고토	0.0084	0.5540	1.3032	1.665	1.217	1.407	1.987	1.136
염화가리	0.3823	0.4441	0.5942	0.357	0.315	0.294	0.471	0.377
염화조달	93.4012	89.6097	85.2935	88.880	88.220	86.440	82.817	87.722
계	99.6418	100.6414	98.6214	99.265	99.387	99.198	99.103	99.567
분석연월	1929.10.	1929.10.	1929.10	1930.06	1930.06	1930.04	1929.02	1929.02

<표 4-2> 1932년(昭和 7) 내지 전매국 염 분석표

산지\종별	품종별 종별	등급	성분 수분	협잡물	염화조달	감정 성적
내지염	전오염	1등염	3.42	3.13	93.45	92.48
	〃	2등염	5.72	4.74	89.54	88.02
	〃	3등염	7.79	6.66	85.55	83.44
	재제염	1등염	2.63	1.75	95.62	95.01
대만염	천일염	상등염	4.86	4.25	90.89	89.55
	〃	병등염	6.65	3.45	89.90	88.55
	전오염	1등염	3.28	3.43	93.29	92.28
관동주염	천일염	상등염	4.00	2.56	93.44	92.53
	〃	병등염	6.35	4.55	89.10	87.56
	재제염	1등염	6.00	3.85	90.15	88.78

<표 4-3> 1928년(昭和 3) 조선 전매국 분석 성분표

산지\성분	품종별 종별	등급	성분 수분	협잡물	鹽化曹達	감정 성적
주안	천일세립염	2등	6.60	2.51	90.89	89.73
〃	특갑염	1등	5.10	2.53	92.37	91.35
남동	천일1등염	3등	10.50	5.60	83.90	81.73
광량만	〃	3등	9.00	6.52	84.47	82.26
군자	천일2등염	3등	6.90	6.56	86.54	83.54
덕동	〃	3등	8.30	6.38	85.32	83.21
전남	재래전오염	3등	10.42	7.07	81.51	80.05
경남	〃	4등	8.76	12.70	78.54	75.12

<표 4-4> 1932년(昭和 7) 내지 전매국 염 분석표

성분\산지	품종별		성분				비고
	종별	등급	수분	협잡물	염화조달	감정 성적	
청도염	천일염	상등염	6.25	3.93	89.82	88.41	1926년
	〃	병등염	7.90	5.74	86.36	84.42	1930년
이집트염	〃	상등염	3.34	3.33	93.33	92.33	
스페인염	〃	상등염	2.08	3.07	94.85	94.03	
독일염	암염	정제염	0.05	0.55	99.36	99.24	
	〃	조제염	0.35	1.45	98.20	97.88	
영국염	〃	정제염	0.10	0.79	99.11	98.94	
소말리란드염	천일염	상등염	3.97	1.95	94.08	93.29	
에르트레아염	〃	상등염	4.17	2.73	93.10	92.14	

<표 5-1> 결정지 개량비 계산표

경비\결정지	1정보당 결정평(평)	1평당 개량비(리)	1정보당 개량비(리)	이자 연6분(리)	1정보당 채염량(근)	1정보당 생산비(리)	100근당 생산비(리)	등급
토저	300	-	-	-	90,000	405,000	450	7할2등 3할1등
옹편	250	2,250	562,500	33,750	103,500	438,750	424	2할2등 8할1등
납작기와(甓)	225	4,000	900,000	54,000	108,000	459,000	425	특등
〃	250	4,000	1,000,000	60,000	108,000	465,000	430.5	특등
옹편	300	2,250	675,000	40,500	103,500	445,500	430.4	2할2등 8할1등

비고: 토저 결정지 채염량을 9만 근으로 하고, 일체의 경비를 405엔으로 가정하여 산출함.
　　　1정보당 결정평수에 차이가 있는 것은 그 소화력에 차이가 있는 것에 따름.
　　　〈표 5-2〉에 의하면 금후에는 옹편 300평, 납작기와 250평을 필요로 함.
　　　특등과 1등과는 품질 밀 색상에 현격한 차이가 있음. 특등염이 아니라면 소기의 목적을 달성하기 어려움.

<표 5-2> 1932년(昭和 7) 1정보당 결정지 창수 평수 (단위: 평)

월별\소별	주안				광량만				남시
	주안	남동	군자	평균	광량만	덕동	귀성	평균	
4월	359	316	325	274	331	320	268	275	242
5월	309	331	361	308	340	315	277	288	275
6월	330	317	359	301	349	316	296	29	251
7월	299	261	307	258	315	303	249	252	331
8월	255	260	324	257	309	301	215	243	191
9월	254	237	249	219	229	244	156	188	120
10월	-	-	-	-	-	-	-	-	-
평균	284	287	321	270	312	300	244	256	235

비고: 결정평수는 1개월을 상·중·하의 3순으로 구분하고, 각 열흘 중에서의 최고 결정평수를 평균하여 기입함.
평균은 그날에서의 관내 전부의 평균수를 기입함.

<표 5-3> 1932년(昭和 7) 해수 사용량 대 채염량 비율표 (귀성염전)

월별\수량	사용해수량(석)	사용해수량 대 채염량(근)	1석당 채염 비율		
			함염량(근)	채염량(근)	비율
4월	1,309,271	2,022,824	10.575	1.545	0.146
5월	1,149,604	4,970,888	10.575	4.324	0.409
6월	1,009,892	5,026,272	8.994	4.977	0.553
7월	949,007	2,119,133	7.438	2.233	0.300
8월	1,367,153	1,304,264	5.881	0.954	0.162
9월	1,033,845	1,182,719	5.881	1.144	0.195
10월	-	-	-	-	-
평균	6,818,772	16,626,100	8.251	2.438	2.955

비고: 함염량은 각 월의 평균 비중에 대한 함염량을 계상함.

<표 5-4> 제염 각지 기상 비교표

각지별 구분	히로시마	타이난	인천	평양	대련	청도
증발량(mm)	1,219	1,666	1,328	1,323	1,524	1,490
강수량(mm)	1,528	1,699	1,011	913	612	624
강수일수(日)	136	108	104	103	77	78
쾌청일수(日)	39	57	79	87	113	90
평균습도(%)	74	80	72	72	66	72
평균풍속(m)	1.9	3.1	4.0	2.5	4.7	5.1
평균연수(년)	38	29	24	17	24	13

비고: 기재 이외의 일수는 청, 담 등이다.

<표 5-5> 천일염전의 현재와 장래의 생산량

수량 산지	기성염전			미성염전	장래의 생산량		
	면적(정)	생산량(천 근)	1정보당(근)	면적(정)	면적(정)	1정보당(근)	생산량(천 근)
조선	2,474	319,000	128,537	2,200	4,674	130,000	607,620
관동주	7,020	415,000	59,117	5,000	11,020	90,000	991,800
대만	1,660	204,000	122,892	-	1,660	140,000	232,400
계	11,154	938,000	84,095	6,200	17,354	105,556	1,831,820

비고: 조선에서의 전오염은 생략됨.
　　　관동주의 기성염전 생산고는 1924년(大正 13)에서 1931년(昭和 6)의 8개년의 평균수를 게상함.

<자료 194> 염무공로자사적(鹽務功勞者事蹟)

- 원제목: 鹽務功勞者事蹟
- 작성자: 佐藤興市
- 출전호수: 《專賣の朝鮮》제153호

- 간행일: 1937년 8월
- 발행처: 朝鮮專賣協會

　지금 국장 대리로부터 말씀이 있으셨던 아가와(阿川) 기수(技手)와 이태선(李泰善) 염부장(鹽夫長)이 발명한 선회채염법(旋回採鹽法)에 대해서 설명 드려야할 것 같습니다.

　식염(食鹽)은 원래 하얀 결정체입니다. 그 하얀 것은 눈(雪)이나 설탕에도 못지않습니다. 주방에서는 때때로 설탕으로 착각할 정도의 순백한 것입니다만, 이 하얘야 할 소금이 거무스름하게 더럽혀진 것은 어떻게 말해야 할까요? 제염 도중 주로 소금의 결정 외부에 진흙이나 먼지가 부착하였기 때문입니다.

　조선의 관염(官鹽)은 내지(內地)와 같이 염수(鹽水)를 가마(釜)에 넣고 불을 피워서 만드는 전오염(煎熬鹽)과는 다른 천일법(天日法) 제염입니다. 쇠(金)로 만든 가마 대신에 진흙으로 굳힌 거대한 결정지(結晶池)로, 석탄을 불 피우는 대신에 태양열을 이용한다고 하는 매우 경제적인 제염법이고, 그중에서도 가장 생산비가 싼 천일염입니다. 그러나 원래 결정지는 흙으로 굳힌 것이기 때문에, 소금을 긁어모을 때에 지반(地盤)의 흙이 소금에 부착되어 색깔이 더럽혀집니다. 화창한 날이 계속하여 제염이 한창일수록 점점 지반이 물러져 진흙의 부착이 더욱 많아진다는 것 때문에, 마침내는 일견 소금인지 흙인지 분간할 수가 없게 될 정도로 진흙이 많은 검은 소금이 채취되는 것입니다. 부득이하게 물러진 지반을 굳히는 대신에, 검은 소금을 염수로 하여 진흙을 닦아내는 수밖에 방법이 없었던 것입니다. 이러한 사정으로 많은 노력이 듭니다. 또한 재래법으로는 다지기를 한 후 2~3회는 하얀 1등염이 채취되지만, 4회 이후는 진흙이 묻은 2등염이 될 수밖에 없는데, 그 비율은 1등염 3할 내외, 2등염 7할 내외라고 하는 실상이었던 것입니다.

　민도(民度)가 낮은 시대에는 진흙이 섞인 2등염으로도 이럭저럭 소금으로 통했던 것입니다만, 민중은 언제까지 이런 조악염(粗惡鹽)에 만족할리 없고, 또한 정부로서는 조악한 관제염(官製鹽)을 시장에 공급한다는 것은 유감으로 생각하기 때문에, 하루라도 빨리 총생산량의 7할 전후인 2등염의 전부를 적어도 1등염 정도까지는 향상시키지 않으면 안 된다고 하는 방침입니다. 그 뒤 작년부터 전 기술원을 독려하여 그 경제적 방법을 연구시킨 결과, 오늘 표창을 받은 아가와, 이태선 두 사람이 고안해 만든 선회채염 1등염 증산법이 발명된 것입니다.

선회채염법이란 것은

첫째, 고즙(苦汁)의 주성분인 염화마그네슘이 염수에 미치는 화학적 작용을 이용하여 미립염(微粒鹽)을 석출(析出)시키고, 석출된 미립염막(微粒鹽幕)을 토반면(土盤面)에 덧씌우면, 그 염막 위에서 보통염(普通鹽)을 결정(結晶)시키는 것입니다.

둘째, 결정염의 채집은 대파(大把)를 선회(旋回)하여 수세(水勢)를 이용하는 두 가지의 요소로부터 만들어지는 것입니다.

첫 번째 조작은 고즙이 식염의 용해도(溶解度)를 감소시킨다는 이론을 응용한 것입니다. 포화함수(飽和鹹水)에 고즙을 혼합하여 휘저으면, 단시간 내에 결정지의 토반면에 극미립(極微粒)의 식염이 석출됩니다. 이 석출된 미립염은 얇은 염층(鹽層)이 되어 결정지의 토면(土面)을 덮고, 그 염층 위에서 보통염을 결정시키기 때문에 보통염과 토면과는 이 염층으로 차단되는 것입니다. 따라서 흙이 부착하지 않는 것입니다.

두 번째 조작으로 결정된 소금은 함수로 씻겨내면서 취집(聚集)된 것이라서, 가령 소금에 흙이 부착되어도 세락(洗落)되는 것입니다.

그런데 이런 획기적인 선회채염법의 발명으로 종래 토저(土底) 결정지에서의 1등염 생산은 3할 내외에 불과했던 것이 작년의 실적에 따르면 7할 7푼이 되었고, 본년은 여기에 수차(水車) 세척을 병용하여 거의 2등염 전폐라는 목적을 도달할 수 있게 되었습니다.

그리고 선회채염법에 의한 1등염의 증산에는 경비를 필요로 하지 않습니다. 본년 2등염에서 1등염으로 상승한 양은 5,800만kg이고, 그 이익 즉 정부의 전매수입 증가는 약 12만 원이 되었습니다. 또한 종래 청도(青島)·관동주(關東州) 지방에서 구입하고 있던 1등염의 수량은 1936년(昭和 11)의 실적 1,700만kg이었던 것이 1937년(昭和 12)은 그 6분의 1인 288만kg 정도로 줄었고, 1938년도(昭和 13)부터는 1등염은 전부 조선 내에서 생산하여 조선 밖에서는 1근도 매입 안 해도 됩니다. 자산자급(自産自給)까지의 부족한 소금은 모두 2등염으로만 해도 충분하다고 하는 반도의 염정사상(鹽政史上) 획기적 방침을 수립할 수 있는 모양이 된 것은 전적으로 두 사람의 발명에 구애된 선회채염법의 덕분입니다. 두 사람의 효적(效績)에 대해 만강(滿腔)의 경의를 표하는 바입니다.

5. 염의 밀수출과 수이입 대책

〈자료 195〉 청도염의 조선 수입에 대하여

- 원제목: 靑島鹽の朝鮮輸入に就て
- 작성자: 水口隆三
- 출전호수: 《朝鮮》 제131호
- 간행일: 1926년 4월
- 발행처: 朝鮮總督府

1922년(大正 11) 12월부터 본년까지 3년, 거의 햇수로 5년의 현안(懸案)이었던 청도염(靑島鹽)의 조선 수입 문제가 금회 겨우 정식 조인을 완료하고, 그 협정문도 공포되기에 이른 것은 진실로 기쁠 따름이다. 외국으로부터 수입을 받는다고 하는 것, 즉 국민의 생명을 배양하는 주요 양식인 염의 보급을 다른 데에서 받는다고 하는 것은 바람직한 일은 아니지만, 우리 조선에서는 국내 생산만으로는 큰 부족함이 생겨서 기댈 수 없는 상태이기 때문에, 실로 어쩔 수 없는 형편이다.

이 3년 남짓 걸려 교섭한 흔적을 돌아보면 수많은 파란이 있었고, 오죽이나 착잡하고 곤란했을까가 엿보이지만 이것은 차치해 두고, 조선의 염업자가 아주 오랫동안 적잖은 고통을 잘 참아내면서 정부와 힘을 합하여 해결을 촉구해온 것은 감사하기 그지없는 일이다.

무릇 청도염 수출 문제의 최초 기원은 청도 환부의 때였다. 1922년(大正 11) 6월 조약으로 대강(大綱)을 정하고, 동년 12월 공동위원회에서 그 세목을 협정했던 것인데, 그 협정 중에 "청도염의 구매 등에 관한 것은 일・지(日支) 주무관청으로 하여금 협정시킨다"고 한 1항이 있던 것이다. 그 협정이 금일에 해결 성립한 것이다. 그 사이 조선행 수출에 대해 가장 어려운 문제가 있었던 것은 수출세율의 문제가 말할 것도 없이 그 하나였지만, 또 다른 하나는 조선 국경, 즉 동삼성(東三省)으로의 역 밀수출이라고 하는 것을 지나 측에서는 매우 중대시 하였다. 여기에 대해서 상당히 강경한 주장을 가지고 있는 듯하여, 교섭 때마다 여러 가지의 담의(談議)도 나왔던 것이어서, 한동안 조선의 문제는 분리시켜 타일의 협의로 미루자는 제안도 있었던 것이다. 실제로 이번의 임시수출변법에 있어서도 수입항을 4항(港)으로 제한하여 소비지를 문제 삼았고, 기타 귀찮은 수속을 요구하던 것을 보아도 알 수 있다. 물론 이 협정을 타일로 미루자는 것은 불가하였기 때문에, 일본 측에 있어서는 내지(內地)와 함께 협정하는 방안을 극력 주장한 결과, 마침내 쌍방의 타협교섭으로 금회의 이 협정의 성립을 보게된 것이다.

금회 성립된 협정은 내지의 분은 향후 11년간의 기간이지만, 조선으로 향하는 염온 내지의 공업염과 합하여 21만 톤, 즉 약 3억 5,000만 근을 수출하기까지의 소위 잠정적인 협정이다. 그중에서 조선으로 향하는 염은 10만 톤 이상이기 때문에, 우선 10만 톤으로 보아 약 1억 6,000만 근이다. 정부에서는 종래의 청도염 수입 실적 연액 평균 5,000만 근에 비추어 대체로 3개년에 걸쳐 수입하는 수량을 보지(保持)하도록 처리하고 있지만, 그 3년 후에는 본 변법(辨法)은 자연 소멸되어서, 또다시 다른 협정을 성립시키지 않으면 안 될 것이다.

임시수출변법에서 정해진 것과 같이, 수입에 있어서는 조선총독부의 승인을 얻지 않으면 안 되는 일이 있는데, 신청만 하면 누구라도 허가한다는 것으로는 할 수 없어서, 상술한 것처럼 수입 수량에 스스로 제한이 있고, 또 한편으로는 수급 조절을 도모하지 않으면 안 되었기 때문에, 정부는 우선 제일로 종래 청도염 수입의 경험·실적이 있는 사람에게 허가한다는 방침이었다. 그러나 그 경험 있는 사람들에게도 일일이 허가하는 일은 수입자가 다수인 상에서, 용도나 소비 상황의 감시 상에도 곤란할 것 같기도 하고, 수입 수량의 조절도 가능하지 않다. 또한 신용 정도도 여러 가지로 잡다하여, 그중에는 허가를 거부시키지 않으면 안 되는 경우도 있을 것이며, 거래의 원만을 기하지 못할 일도 일어날 것으로 생각되기 때문에, 이들 자격자에게 조합을 조직하게 하여 그 조합에게 허가하는 식으로 하는 것도 생각하고 있다. 종래 여러 번 전해진 2~3의 거상(巨商)에게만 특정하는 것과 같은 일은 단연코 이를 피할 작정이다.

청도염의 조선 수입에 대해서는 3월 11일의 총독부 고시 제66호의 임시수출변법에 의거하는 외에, 지금 또 총독부령(總督府令)으로 이를 시행수속(施行手續)으로 하여 청도염 수입 수속이 공포되어졌는데, 그 대체의 요령을 보면 다음과 같다.

수입자는 ①염의 종류, ②수량, ③수입항, ④소비지, ⑤용도(일반식료용, 어업용, 재제용 등의 구별), ⑥수입예정기일 등을 기재한 신청서를 전매국장에게 차출(差出)하고, 그 승인을 받아서 (승인서를 발행함) 이것을 청도주재(靑島駐在) 일본총영사에게 보이어 증명서를 하부 받고, 지나 측 수출상을 거쳐 청도주재 지나 염무관헌(鹽務官憲)에게 제출하여 매수하는 수속을 하면, 반드시 청도의 대항(大港) 또는 소항(小港)에서 기선(汽船)에 의해 수송할 것

여기서 특별히 주의해야 될 것은 전술한 것과 같이 장래 다시 협정을 진행시키지 않으면 안 된다는 것에 있다. 그때는 자연히 금회의 임시 수출의 실적을 참고로 해야 한다는 것은 말할 필요도 없기 때문에, 수입자에 있어서는 가장 지나 측의 우려하고 있는 동삼성으로의 역 밀수출 등이 되지 않도록 함은 물론, 적어도 그 의심이 가는 거래를 피하고, 또 거래상에서도 신용을 떨어트리는 일이 없는 식으로 기타의 수입 조건도 단단히 이행하여, 결코 금후 불리한 구실을 지나 측에게 부여하지 않도록 주의를 주고 싶은 것이다.

〈자료 196〉 조선 및 만주의 염제(鹽制)와 염의 밀수출 문제

- 원제목: 朝鮮及滿洲の鹽制と鹽の密輸出問題
- 작성자: 石谷寅三
- 출전호수:《專賣通報》제116호
- 간행일: 1934년 7월
- 발행처: 朝鮮專賣協會

조선 국경의 전매(專賣) 관계에서 특이한 것은 연초(煙草)의 밀수입과 염의 밀수출이다. 연초에 대해서는 타일로 미루고, 여기에서는 염의 밀수출이 무슨 까닭으로 최근 선만간(鮮滿間)에 문제화되는가를 조선 및 만주의 염제(鹽制) 상에서 검토해 보고자 한다.

1. 만주국(滿洲國)의 재정 상태와 염세(鹽稅) 관계

우리 일본제국의 절대적인 원호(援護) 하에 3,000만 민중의 여망을 짊어지고 성립한 신흥 만주제국은 건국 이래 착착 구(舊) 군벌정권 시대의 악정을 개혁하고, 제정(諸政)을 경장(更張)하여 한 길로 왕도낙토(王道樂土)의 실현에 매진하면서 해마다 건전한 발전을 이룩하여 온 것은 참으로 경축하기 마지않는 바이다.[181] 그러나 지금 그 정치의 신경이라고도 칭할 수 있는 동국(同國)의 재정(財政) 상태를 언뜻 보았더니, 1933년(大同 2) 국고세계예산(國庫歲計豫算)은 아래와 같았다. 이것은 구 군벌정권이 세계(歲計)의 8할을 군정비(軍政費)로 하고, 더구나 왕성히 불환지폐를 발행하여 권세를 펴고 사복(私腹)을 채우기에 급급했던 것에 비해, 신제국(新帝國)의 재정은 치안경비에 상당히 다대한 정비(政費)를 요구함에도 불구하고, 가급적 실업의 신흥과 교통의 완비에 무게를 두면서 예의(銳意) 경제의 개발공작에 속성으로 노력함과 더불어, 문교·사법의 행정을 진작하고 장래의 문화 향상을 기도하고 있는 것을 엿보아 알 수가 있다.

1933년(大同 2) 국고세계 (단위: 천원)

세입		세출		
과목	금액	과목	금액	총예산에 대한 비율
경상부	132,135	집정부	1,200	0.008
임시부	17,034	총무청	39,679	0.266
계	149,169	흥안총서	2,345	0.016
		민정부	24,281	0.163
		외교부	1,246	0.008

---

[181] 1931년 만주사변을 일으키어 만주의 전 영역을 차지하게 된 일본은 이듬해 3월 청의 마지막 황제였던 선통제를 황제로 내세우고 만주국의 성립을 선포하였다. 만주국이 내세운 건국이념은 '오족협화(五族協和)'와 '왕도낙토(王道樂土)'이다. 공화제 국가인 미국을 모델로 하고 있었지만 실상은 황제를 국가원수로 하는 입헌군주제 국가였다. '오족협화'란 만주족과 몽골족·한족·일본인·조선인의 다섯 민족이 협력해서 평화로운 국가를 만드는 것이다. '왕도낙토'란 서양의 패도에 반대되는 아시아의 이상적인 정치 체제를 '왕도'라고 해서 만주국 황제를 중심으로 이상 국가를 건설하는 것을 의미한다. 만주에는 오족 이외에도 러시아 혁명 이후에 소비에트 연방에서 피해 온 백계 러시아인 등도 거주하고 있었다.

		군정부	41,968	0.281
		재정부	26,344	0.177
		실업부	3,410	0.023
		교통부	2,170	0.015
		사법부	5,595	0.037
		문교부	931	0.006
		계	149,169	1.000

말할 것도 없이 동국(同國)의 재정은 건국일이 아직 오래되지 않아서 대외신용이 미지수이고, 민력이 비교적 위피부진(萎疲不振)한 상태에 있다. 따라서 그 재원만 같아도 관업 및 관유재산 수입이나 공채 발행에 의지하는 것이 적고, 세입의 8할까지는 조세세입으로써 하지 않으면 안 되는 상태에 있었다. 게다가 동국의 조세제도는 구 군벌시대 통제가 없는 세제(稅制) 하에서 가렴주구(苛斂誅求)를 일삼던 제도를 계승하였고, 아직 그것을 개혁할 여일(餘日)이 없었기 때문에 현재에서도 조세의 대부분은 부과징수(賦課徵收)하기에 가장 간편한 간접세이다. 그중에서도 대외세인 관세(關稅)가 4할 5푼강이고, 그것을 제외한 내국세 중에서는 염세(鹽稅)가 수위를 차지하는 조세수입의 1할 9푼강으로서, 내국세 수입의 3할 5푼강에 달하는 중요재원이 되어 있었다.

1933년(大同 2) 조세수입 예산 내역
(단위: 천 원)

과목	예산액	대조세수입계보합	비고
관세	49,617	0.452	
돈세	163	0.001	
염세	20,736	0.191	
전부	4,354	0.040	
계세	1,309	0.012	(부동산 등록세)
출산세	9,459	0.087	소위 이금으로서 성내의 생산품 또는 통과화물에 과세함.
광세	660	0.006	(광산세)

영업세	4,642	0.048	
목축 및 도재세	1,471	0.013	(가축매매세 및 도살세)
어주세	3,035	0.028	(연초·주 제조 및 판매세)
통세	11,047	0.102	국내생산 또는 수입제조 연초·면사포·밀가루·시멘트의 引取稅
인화세	1,619	0.015	
잡세	509	0.005	
계	108,629	1.000	

2. 만주국의 염제(鹽制)

만주국의 염제는 길림(吉林)·흑룡(黑龍) 양성(兩省)은 전매제도, 기타의 성은 제조과세제(製造課稅制)가 되어 있다. 염전 소재 성인 봉천성(奉天省)에서는 영구(營口)에 중앙재정부 관리 하의 염무서(鹽務署)를 두어 성내(省內)의 염세 징수와 염무행정(鹽務行政)을 관장시키고, 그 감독 하에 염전 소재지에는 장무국(場務局)을 두어 염세의 징수 및 산염(産鹽)의 감독을 맡게 하였다. 또한 추요지(樞要地)에 체험집사국(製驗緝私局)을 두어 염의 밀수·탈세를 검사·단속하고 있다. 길림·흑룡 양성의 전매관서로서는 신경(新京)에 길흑권운서(吉黑權運署)를 설치하여 염의 전매 및 밀수 단속 사무를 관장케 하고, 그 감독 하에 염의 구매 및 운송에 관한 사무를 맡은 채운국(採運局)을 영구(營口)에, 염의 판매 및 저염(貯鹽)에 관한 사무를 맡은 염창(鹽倉)을 양성 내 37개소에, 또 양성과 타성(他省)과의 경계 및 국경 각지에 밀수단속기관으로서 집사국(緝私局) 및 집사대(緝私隊)를 배치하고 있다.

염의 판매기관으로서는 조선의 지정염 매팔인(指定鹽賣捌人)에 상당하는 관(官)의 특허를 받은 염잔(鹽棧)이 있다. 염장(鹽場)에서 염을 매수하여 매 100근에 대해서 6원 3각(본년 3월부터 6원으로 저감됨)을 염세로서 납부하고, 염을 인수하여 그것을 각지의 염점(鹽店)에 판매한다.

이런 판매기관은 전매제를 반포한 길림·흑룡 양성에서도 대동소이하다. 다만 이 양성에서는 영구(營口)의 권운국(權運局)이 염 제조자로부터 직접 염을 매수하고, 관염으로서 관내(管內)의 염창에 회송하여 그것을 염의 매입원가에 운임, 제비용 및 염세와 전매이익금을 가산한 가격으로 염잔에게 매도하면, 염잔은 다시 그것을 염점에 판매하는 조직으로 되어 있다.

이런 관제 및 판매조직은 제도로서는 그다지 비난할 수 없지만, 제정(諸政)이 문란하고 치안이 확립되지 못한 후를 이어받은 만주국 현재의 정태(情態)에서 미루어 볼 때, 제도의 운용이 유감이면서도 아직 완비되지 못한 것이 있다. 치안의 유지가 정비되지 못한 상태를 벗어나지 못한 지방이 있기 때문에, 염세를 포탈하는 사염(私鹽) 또는 밀수입염이 도처에서 발호한다. 상정되기로 약 700만 원의 세수입을 침식당하고 있을 뿐만 아니라, 비적(匪賊)의 횡행은 도회지 이외 염의 소매영업을 영위하지 못하게 하여 염의 배급이 원활하지 못한 지방이 적지 않은 모양이다.

3. 만주국 염제 개혁안

원래 염과 같은 국민의 생활필수품에 만주국처럼 중세를 부과하는 것은 매우 고려를 요해야 하는 것이지만, 동국과 같이 유치한 조세제도의 영역에 있는 정권(國柄)으로서는 누구에게나 평등하게 조세를 부담시켜야하는 일이 생긴다. 또한 해마다 과세물건(課稅物件)이 증가하는 소위 보통 원칙과 탄력성을 갖추어야하는 재정 원칙에서 말하자면, 중과(重課)의 염세 역시 무조건 비난할 수는 없다. 이것을 재정의 견지에서 보고, 또 염세가 지금 오히려 외채차관 담보인 이상, 이것의 급격한 감폐는 곤란한 일이 된다. 그렇다고 해서 이것을 현상대로 방치한다는 것은 건국정신과 사회정책적 견지에서 허락하지 못하는 것이다. 이에 동국으로서는 세정의 근본적 개정을 기다릴 것까지도 없이 이 양자를 조화시킬 수 있는 방안을 찾았다. 즉, 염의 기왕 10개년간 평균 판소량(販銷量)이 4억 3,000만 근이라는 통계를 기초로 하여, 염세 수입을 당분간 2,500만 원으로 확보하여 세계(歲計) 재원으로 충당하고, 만약 이것을 초과하는 수입이 있을 때에는 모든 염세의 인하 및 염 배급의 정비 경비에 돌림으로써 세계의 수요와 사회정책 실시 양쪽 모두를 기도하는 방침을 수립한 것이다. 먼저 제정(帝政) 실시의 본년 3월, 염세 100근당 세율 6원 3각을 6원으로 감액하여 연간 약 130만 원의 감세를 단행하는 것과 더불어, 최근 아래와 같은 염제 개정의 구체안을 공표·실시하였다.

<염제 개정안>

① 염제 및 염무기관의 통일: 1935년(康德 2) 6월까지 구체안 작성

② 염가의 저감 및 염 배급의 원활: 전호(前號) 실시안(實施案) 결정을 기다려 실시함

③ 집사기관(緝私機構)의 정비: 1934년(康德 원년) 중에 구체안 실시

④ 몽염(蒙鹽), 초염(硝鹽), 코론바이얼염[182]의 통제 확립: 1934년(康德 원년) 7월부터 실시

⑤ 염업의 조장(助長), 생산비 저감: 1935년(康德 2) 중에 구체안 실시

⑥ 공업용염에 관한 건: 1935년(康德 2) 6월까지 결정

⑦ 정염(精鹽)에 관한 건: 1934년(康德 원년) 중에 결정

⑧ 염무기관의 정비 및 사무의 합리화: 1934년(康德 원년)에 결정

⑨ 염전의 정리: 1936년(康德 3)까지 구체적 방침 결정

⑩ 염무법규의 제정: 1936년(康德 3)까지 완료

⑪ 어염세(漁鹽稅)의 존폐 · 과세 · 취체 방법의 연구

⑫ 염 · 황산염(硫酸鹽)의 염세 및 수입품에 대한 취체 방법

4. 만주국 염제에 미치는 밀수출염의 영향

만주국의 염제 현황 및 장래의 개혁 방침은 대체로 전술한 바와 같다. 이것이 개혁이 실현되는 때에는 염의 소비량을 인구통계에서 추정하자면 동국의 인구 3,000만 명, 1인당 염 소비량 17근-조선은 1인당 22근임-으로 가정하여 염의 판매고는 5억 1,000만 근이 되며, 여기에 개정 세율 100근당 6원을 곱하면 염세 수입은 연간 3,060만 원이 된다. 적어도 560만 원은 염의 감세로 돌릴 수 있고, 염세율도 6원에서 다시 4원 9각, 즉 약 1할 2푼을 인하할 수 있게 될 것이다. 또한 염의 생산비 및 제 비용이 체감되는 결과는 필연적으로 지방의 염가를 저하시키는 것이 되고, 이에 수년이 되지 않아서 염세의 부담을 반감하는 정도의 것은 결코

---

182 코론바이얼(Kölün buyir)은 네이멍구 자치구 북동부에 위치한 도시이다. 중국명으로는 후룬베이얼(呼倫貝爾)이다. 유목에 매우 적합한 초원 지역으로 선비, 실위, 거란 등 여러 유목민이 이곳에서 흥망을 거듭했고, 북원의 중요 거점이기도 하였다. 17세기 청의 지배하에 들어간 후에는 모든 부족이 소론 팔기에 편입되었고, 18세기에는 흑룡강 장군의 지배를 받았다. 1931년 만주사변 후에는 일본의 세력 하에 들어가 만주국에 편입되었다.

어렵지 않을 것이다. 한편으로는 국내 치안의 유지가 확립되어 염의 배급기관의 분포도 완성시키는 것처럼 되기 때문에 민중은 어느 정도 도움이 될지도 모르겠다. 이웃 국가에서의 사정이 있지만 진실로 경하해 마지않는다.

다만 이에 본 염제 개혁 상의 암으로도 칭해질 수 있는 일대 장해가 있다. 그것은 피아의 염가가 현저하게 차이가 있는 것과 만주 측에 염의 배급이 원활하지 못하다는 것, 또 단속이 충실하지 않다는 것 등 때문에 사염(私鹽)이 횡행하고 있다. 그중에서도 조선 국경 측으로부터의 밀수입염이 있다. 동국의 추정에 따르면, 압록강안에서의 밀수가 2,200만 근, 두만강안에서의 밀수가 800만 근, 합계 3,000만 근에 달한다. 이것 때문에 입는 염세 수입의 침식은 약 180만 원 전후에 상당한다는 것이다. 이 밀수염의 상정량에 대해서는 인구에 따라 관찰을 달리해도 압록·두만 양강의 조선 내측 재주인구(在住人口)와 현재 염의 판매량에서 미루어 보아 반드시 터무니없는 계수라고 단정할 수 없는 모양이다. 따라서 이런 조선 측에서의 밀수염 단속의 성부(成否)는 진실로 만주국에서 맡은 염제 개혁 상의 중대 문제라고 이르지 않을 수 없다.[183]

동국으로서도 일찍이 이 점에 착안하여 최근 조선 국경에 집사대(緝私隊)를 증원하고, 혹은 그 내용의 소질을 개선하여 단속 기능을 충실하게 하며, 염의 배급기관의 보급 등에 대해서도 상당히 고려하고 있는 식이다. 하지만 건국일이 여전히 짧고 지세 교통의 관계상, 정치공작이 아직 완비되지 못한 동 지방에서의 밀수염 단속을 철저하게 하는 것은 만주국만으로는 자못 곤란하다. 이에 특별히 선린(善隣)·순치(脣齒)의 관계에 있는 조선 측에게 상기의 사정을 양찰(諒察)하여 국경 밀수염의 단속을 종전보다 일층 엄중히 하고, 만주 측 사염의 단속에 원조해 달라는 뜻을 요직의 대관(大官)을 파견하여 조선총독부에 의뢰하고 왔을 것이다.

이론적으로 말하자면, 밀수염 단속의 철저한 실시는 수동적 입장에 있는 만주 측에 있어서, 조선 측으로서는 이것의 협조를 위해 특별히 법령을 발포하거나 또는 단속 경비(經費)를 증대시키는 것과 같은 일은 필경 불가능하다고 짐작되지만, 특수 관계에 있는 만주국의 입장을 고려한다면 이것의 의뢰는 지당한 차제이다. 또한 이것을 수락하는 것은 필경 재만(在

---

183 1930년대 만주(간도) 지역과의 소금 밀매 상황은 강경애의 소설 『소금』(1934년)에도 잘 묘사되어 있다.

滿) 100만 명을 넘는 우리 동포 내선인(內鮮人)을 포용하는 만주국 3,000만 민중의 복지를 증진하고, 또 동국 재정의 기초를 공고히 하여 간접적으로 그 건전한 발전에 공헌하는 차제이기 때문에, 우리 총독부로서도 대체로 현행 제도를 활용하여 단속을 충실히 하는 것으로 하여 이것을 쾌히 승낙한 모양이다.

5. 조선의 염제

이상은 주로 만주 측 본위의 밀수염 단속의 필요 이유였지만, 이 문제는 조선 측에서도 등한시할 수만은 없다.

조선에서의 염의 소비량은 연간 약 5억 2,000만 근으로 상정되며, 주로 식량 및 어업용에 사용되고 있다. 장래 소다(曹達)나 판유리(硝子) 제조와 같은 화학공업이 발흥하면, 더욱 일층 그 수요는 증가할 것으로 보인다. 그런데 이것의 공급 방면을 관찰하면 현재 조선 내에서의 제염량은 전매국 관영 염전 2,474정보에서 생산되는 천일염 3억 3,000만 근 및 민간의 재래식 염전에서 생산되는 전오염 6,000만 근, 합계 3억 9,000만 근에 불과하다. 최소 1억 3,000만 근은 무슨 일이 있더라도 대만, 관동주 및 지나(支那) 산동성 방면에서 수이입되지 않으면 안 된다. 최근 3개년간의 수이입염은 매년 3억 근 이상이었는데, 이것은 종래 전매국의 허술한 이월고(持越高)를 충실하게 하기 위해서였다. 또한 최근 전매국 염전의 생산량이 개량·발달함에 따라, 또는 증가함에 따라 여기서는 최소 추정량으로 계산하였다.

그런데 조선의 염제는 내지(內地)와 같은 전매제가 아니고, 전오염 및 재제염의 제조는 지금도 역시 민간에서 무세(無稅)의 자유영업이다. 하지만 공급염의 9할 이상을 차지하는 천일염은 전매국에서 독점으로 이것을 관장하고 있다. 즉, 조선 내에서의 천일제염은 전매국에서 관영하고, 수이입 천일염은 전매국이 명령하여 수이입된 것을 수매하여 관염에 합쳐서 그것을 지정된 염 매팔인(鹽賣捌人)에게 판매하고, 이 지정매팔인이 지방의 염 소매인에게 염을 판매하는 소위 천일염관리제(天日鹽管理制)를 채택하고 있다. 지정매팔인 이외의 염 상인에게는 아직 지정제도로 하지 않고 자유영업으로 하며, 각자의 경쟁에 따라 염가 및 배급을 비교적 자연스럽게 조제(調制)시키는 작용에 맡기고 있는 것이다. 현재 전매국의 염정(鹽政) 방침은 상기의 판매제도 및 수지세계(收支歲計)의 현황에서 미루어 보아 천일염의 관리는 연초전매와 같은 수입본위를 목적으로 한 것이 아니라 오로지 생활필수품인 염의 안가(安價)와 원활한 배급을 목적으로 하고, 아울러 조선 재래전오염을 값싼 외국염의 수입 경쟁에서 보호한다는 명분에서 행해지고 있는 것이라고 생각하지 않으면 안 된다.

참고를 위해 1932년도(昭和 7) 전매국의 염에 관한 세계통계(歲計統計)를 적록(摘錄)하면 아래와 같다.

구분	과목	금액	비고
수입	염매불대	4,594,429	
지출	염업비	761,738	판임관 이상의 봉급·상여 등은 별도 과목이기 때문에 게상을 생략
	염 구매·회송 및 보관비	3,039,598	
	고정자본이자 가정액 년4푼	238,523	고정자본가격 5,963,096원에 대한 이자를 지불하는 것으로 가정함
	계	4,039,859	
차인		554,570	

전매국이 거두는 염의 차익금(差益金)은 위의 표와 같이 극히 소액이다. 연초전매의 차익금 1,500만 원 전후에 비할 때는 하늘과 땅의 차이가 있다. 뿐만 아니라 종전 조선에서는 1918년(大正 7)까지 조선 내 민간제조 전오염에는 100근당 6전의 염세가 부과되었고, 또 수이입염에 대해서는 수이입염을 전매국이 관리하는 것으로 된 1930년(昭和 5) 3월까지 100근에 대해 10전의 관세를 부과하고 있었다. 하지만 양세(兩稅)의 폐지는 물론 염의 부담을 경감시킬 목적에서 결행된 것으로 생각되지만, 일면 재정상의 수요(須要)에서 그 부족 재원은 이것을 전매국의 염 판매 차익금에서 보전시키는 것으로 하였던 연혁이 있던 것이다. 이에 전게(前揭) 염의 50만 원의 차익은 그 전부가 진짜의 차익금이 아니라, 대부분은 염세 및 수이입 관계세 철폐를 대신한 재원으로 보지 않으면 안 된다. 전매국으로서는 장래 염의 차익은 이를 대신한 재원을 초과하는 때는 당연히 이것은 염가의 절하로 돌려진다는 최고 방침으로 내정되어 있을 것으로 새어 듣고 있다. 조선의 염가가 만주국과 같이 중세(重稅)하는 것과 비교하는 것은 잠시 이것을 놓더라도, 내지의 염가에 비교하여 거의 반액 이하인 것도 이

런 연유에 따른 것이어서, 조선의 민중은 적어도 염에 대해서는 진실로 혜택 받고 있다고 하지 않을 수 없다.

6. 조선 염제에 미치는 밀수출염의 영향

조선에서의 염가가 저렴한 것은 전매국의 관영 염전의 생산이 당무자의 연찬노력(研鑽努力)에 의해 비약적으로 증진하여 멀리 대만·관동주를 능가하는 성적을 보이고, 생산비 비율도 상당히 유리하게 되었기 때문이다. 작년 이후 5개년 계획으로 남시, 광량만 및 주안 각 제염관서의 염전을 합계 1,000정보 확장하여, 수입염을 방알하는 단계가 되었던 것도 아마 이 때문이라고 하지 않을 수 없다.

이와 같이 조선 내 산염(產鹽)은 나날이 진보하여 염가의 인하에 공헌하고 있음에도 불구하고, 저반 염가를 인상시키지 않으면 안 되었던 이유는 순전히 수입염의 매입 가격이 환율이나 은 시세 등의 관계에서 근시 두드러지게 폭등한 것에 기인한다. 사실 전매국으로서는 수입염의 현행 판매가격은 거의 매입가격에 가까운 가격으로써 하고 있는 상태이고, 그 차익만으로 겨우 보관비·사무비의 일부를 보상받을 수 있도록 하여, 판매에 이르기까지의 저장감모비(貯藏減耗費)는 물론이고, 기술한 관세 폐지의 보상 재원인 100근당 10전까지도 이것의 희생에 바치고 있는 차제이다. 따라서 조선에서 만주국으로 염을 밀수출하는 것은 단지 만주 측의 불행으로 남지 않고 조선 측으로서도 불이익인 것이다. 환언하자면 만일 염이 조선에서 밀수출되지 않는다고 하면, 그 수량만큼 전매국의 염 판매가격을 저감시킬 수 있는 감정이기 때문에 밀수염의 단속은 조선 측 자체로서도 이것을 등한시할 수 없을 것이다.

하물며 이런 밀수출이 행해지는 것은 국경지대로의 염의 배급을 교란시키고, 염가의 통제를 파괴하여 때로는 부당하게 고가인 염을 지방민에게 구입시키는 원인을 만들기에 이르는 것이다. 이상 이것의 단속은 필요한 것이어서 법치선진국가의 체면상에서도, 또한 선린(善隣) 만주국에의 국제신의 상에서 말해도 만주 측이 제안한 밀수염의 단속 협조는 아무쪼록 어떠한 방법으로라도 이행해야 할 것이라고 생각한다.

〈자료 197〉 지나염(支那鹽)의 개요

- 원제목: 支那鹽のあらまし
- 작성자: 德安滿洲男(奉天)
- 출전호수: 《專賣の朝鮮》제169호
- 간행일: 1938년 12월
- 발행처: 朝鮮專賣協會

1. 지나(支那)의 기후·풍토와 제염과의 관계

　지나(支那)는 그 광막한 지역을 거느리며, 북방의 사막지대, 서부의 산악지대, 중부의 평원지대, 그리고 발해로부터 남지나해에 걸친 동부 해안지대로 복잡한 지형을 형성하고 있다. 산염(產鹽)에도 동부 해안지방에서 생산하는 해염(海鹽) 외에, 산서(山西)·몽골(蒙古) 일부 지방의 함호(鹹湖)에서 채수하는 호염[湖鹽, 또는 지염(池鹽)], 사천(四川) 지방의 우물(井戶)에서 염수를 길어 올려 제염하는 정염(井鹽), 운남(雲南) 지방에서 채굴하는 암염(巖鹽) 등이 있다. 이들 중, 호염·정염은 조선에서는 전혀 볼 수 없는 특수한 제염이다. 진기함은 있으나 그 산액도 근소할 뿐만 아니라, 지리적 관계에서 보아도 오직 일부 지방의 소비에 한정되는 것이기 때문에, 우리나라 소다공업(曹達工業) 원료에 대조해 볼 때는 공구(攻究)의 가치가 없다고 할 수밖에 없다.

　그러나 해염은 지나 대륙을 경계 짓는 몇 천리의 해안선과 무진장한 해수를 모체(母體)로 하고, 공업일본에 대한 반출의 편의는 말할 필요도 없는 바이기 때문에 대단히 연구할 가치가 있는 것이다. 따라서 세인(世人)의 지나염(支那鹽)에 대한 경제적 관심도 오로지 이 해염에 쏟고 있는 것이다. 그렇다면 어째서 지나의 해염이 그렇게 유망한 것일까? 이것은 단적으로 말해서 이들 지방이 염가(廉價)인 해수 천일제염의 자연적 조건에 혜택을 받고 있다는 것이고, 공임(工賃)이 염가라는 것에 의한 것이다. 지나의 연해 지방은 지리 및 기후 등의 관계로 보아 이를 북부와 남부로 대별하는 것이 가능하다. 즉, 황하의 영향을 받는 하북(河北)·산동(山東)·강소(江蘇)의 3성을 북부로 하고, 양자강 이남을 남부로 대별하는 것이다. 이 양 지역은 단지 지리적으로 남북을 구별할 뿐만 아니라 우량·토질·지형 등 천일제염의 생산조건을 크게 달리하는데, 북부지방이 단연 우위를 차지하고 있다. 즉,

① 토양의 결성 상태가 이상적인 점: 황하(黃河)의 흐름이 산동(山東)을 끼고 변덕스럽게 혹은 남으로, 혹은 북으로, 하상(河床)을 바꾸면서 수만 년 간 미립(微粒)한 점토성 이토(泥土)를 충적하여 형성된 것으로, 지하의 상당히 깊은 곳까지 동질의 토양이 있기 때문에 지반은 쉽게 뭉쳐져 함수(鹹水)의 누설이 적다. 따라서 천일염전 축조에는 이상적인 토양 견성이다.
② 해안에서 육안(陸岸)으로 향하는 경사(勾配)가 작은 점: 동(同) 지방은 일망천리(一望千里) 아득한 대평원지이다. 장로염장(長蘆鹽場)과 같은 곳은 대략 8km의 오지(奧地)에서도 겨우 7~8척 정도의 낙차밖에 없다. 따라서 1개 염호(鹽戶)의 단위면적을 넓히어 대집중식(大集中式) 경영으로 하는 것이 가능함과 동시에 외제(外堤)가 필요 없기 때문에 염전 축조비와 염 생산비가 지극히 저렴하다.
③ 강우량이 적고 증발량이 많은 점: 강우량이 적은 것과 증발량이 많다는 것이 천일제염의 생명이라는 것은 말할 필요도 없다. 이 지방의 기상은 건조기와 우기가 획연하고, 우량이 적으며, 게다가 건조기에는 '홍진풍(紅塵風)'이라고 불리는 열풍이 불어 증발을 촉진하기 때문에 동양의 염장 중에는 가장 좋은 조건을 누리고 있다.

2. 염의 산액(産額)

지나에서의 산염(産鹽)의 약 8할은 해수로부터 채취하는 해수천일염(海水天日鹽)이어서 기후의 지배를 받는 일이 매우 많다. 따라서 산액(産額)에도 변동이 많다.

매년 산염액은 그 수요 상황에 따라 정부에서 적절히 이를 제한할 수 있는 것으로 되어 있는데, 근년은 장로(長蘆), 산동(山東), 해주(海州), 기타의 염장(鹽場) 모두 그 생산 제한을 받아 상당한 면적의 염전이 작업을 휴지하고 있는 상태이다. 따라서 전 염장을 풀로 활동시키는 경우의 생산능력은 쉽게 알기 어렵다. 지금 1936년(民國 25) 『지나염무계핵총소연보(支那鹽務稽核總所年報)』를 통해 최근의 염 생산액을 뽑아보면 다음과 같다.

1936년(民國 25) 염 생산고 (단위: 톤)

구분		염 생산고	총생산고에 대한 생산비율(%)
해염	장로	418,800	17
	산동	376,000	16
	해주	350,000	15
	회남	108,300	4
	송강	29,400	1
	양절	233,600	10
	복건	90,900	4
	광동	262,000	11
	소계	1,869,000	78
기타염	하북	76,100	3
	진북	19,000	1
	서북	23,200	1
	천북 / 천남	371,800	15
	운남	46,700	1
	기타	7,200	-
	소계	544,000	22
합계		2,413,000	100
1935년(民國 24)		2,633,000	
최근 5개년 평균		2,315,000	

위와 같이 근년의 생산제한 하에서의 지나염의 연산액은 대체로 240~250만 톤으로 보는 것이 맞을 것이다. 그 안에 해염이 약 80%로 180~190만 톤을 차지하고, 그중에서도 우리나라와 가장 밀접한 관계에 있는 장로염이 41만 톤으로 전 산액의 17%, 산동염(청도염 외 산동성 각 연안 샌액을 포함)이 37만 톤으로 16%, 또 이번 황군(皇軍)의 연운항(連雲港) 점령으로 일약 유명해진 해주염이 35만 톤으로 15%를 차지하고 있다.

3. 제염 방법

현재 지나에서 행해지고 있는 제염 방법은 전기(前記) 해수로부터의 천일제염법을 주로 하여, 일부 지방에서 행해지는 호염(湖鹽), 정염(井鹽), 암염(巖鹽) 및 토염(土鹽) 등의 제법이 있다.

(1) 해수천일제염법

천일제염에는 염전을 이용하는 염전천일제염과 '판쇄(板曬)'라고 부르는 나무상자를 이용하는 것으로 두 방법이 있다. 후자는 강소성(江蘇省)의 회남(淮南)·송강(松江) 지방에서 행해지고 산액도 많지 않다. 따라서 대규모로 하여 산액이 많고, 또 가장 보통으로 행해지고 있는 염전천일제염에 대해서 조금 상술하는 것으로 한다.

염전천일제염은 해안의 평탄지를 이용하여 염전을 축조하고, 이것을 저수지, 증발지, 결정지로 구분한다. 해수구(海水溝)로 해수(비중 2도에서 3도)를 먼저 저수지로 도입하여 5도 내외로 농축시키고, 이것을 다시 몇 구획을 만들어 순차로 낙차를 따라 증발지로 주입해 유하(流下)시킨다. 그 사이 태양열 및 풍력으로 수분을 증발시켜 그 비중이 점점 농후해져서 거의 포화함수가 되면 결정지로 분주(分注)하여 결정된 염을 채취하는 것으로 조선의 제염과 큰 차이가 없는 것이다(내지는 연료에 의해 전오한다).

(2) 기타의 제염 방법

천일염 외에 전오염(또는 재제염), 호염, 정염, 암염이 있다.

전오염은 당고(塘沽) 및 청도(靑島) 등에서 지나 국내의 상급 식료용으로서 제조되는 것이다. 조선에서의 보통의 제염법과 같은 모양의 염전에서 채취된 함수(鹹水), 또는 천일원염을 일단 용해·여과하여 청징(淸澄)한 함수로 만든 뒤에 전오(煎熬)하여 염을 제조하는 방법이다.

호염(湖鹽)은 산서(山西)·몽골(蒙古) 지방의 함호(鹹湖)에서 채취하는 방법이다.[184] 암염(巖

---

[184] 호염(湖鹽)은 지질시대 지구의 지각변동으로 바다가 완전히 육지로 둘러싸이면서 생성된 염호(鹽湖)에서 만들어진 소금으로 '지염(池鹽)'이라고도 한다. 티베트고원에 위치한 칭하이호(靑海湖)와 산서성(山西省)에 위치한

鹽)은 운남(雲南) 방면에서 다른 광물과 마찬가지로 지중(地中)에서 채굴하여, 그대로 또는 가동해서 사용하는 것이다.[185]

정염(井鹽)은 사천성(四川省) 방면에서 지하 깊이 우물(井戶)을 파서 함염(含鹽) 지하수를 퍼 올려 염을 제조하는 방법이다.[186] 사천 지방은 동부 해염 산지와 격절(隔絶)하여 염가(鹽價)가 비쌀 뿐만 아니라 배급 등도 원활하게 이루어지지 않았기 때문에, 동(同) 지방 주민은 옛날부터 염에 대해서는 상당히 고심하였고, 우물을 파서 염수(鹽水)를 퍼 올리는 것을 공부한 것이다. 그런데 이 우물도 상당히 깊다. 얕은 것도 300척이고, 깊게 하려면 2,000~3,000척도 파내려가지 않으면 안 된다고 하는 것이다.[187] 이것이 철제(鐵製)의 추(錘)에 죽제(竹製)의 스프링과 대나무 로프(rope)를 붙여 지렛대 원리를 응용하여 손 누르기(手押) 또는 발 밟기(足踏)를 해서 파는 것이어서, 하나의 우물을 파는 데에 20년도 30년도 걸리어 친자(親子) 2대로 겨우 파서 찾아내는 것도 있다는 것이다. 이 우물에서 염수를 퍼 올리는 것 또한 상당히 진동이 있다. 어쨌든 3,000척의 지하로부터 퍼 올리는 것이기 때문에 보통의 급양(汲揚) 펌프는 쓸모도 없다. 몇 자루의 굵은 대나무를 잇댄 긴 죽통(竹筒: 500척도 있다고 함)을 만들어, 여기에 역시 죽제 로프를 붙여서 우물에 매달고, 수압으로 죽통의 하부에 설치한 판이 자연히 열리어 염수를 빨아들이면 이것을 끌어올려 전오(煎熬)하는 것이다. 따라서 몹시도 느긋한 지나다운 제염법이다.

토염(土鹽)은 알칼리 함유 토양에서 채취하는 것인데, 품질은 물론 열등함과 더불어 징세(徵稅)가 곤란하기 때문에 하남(河南), 하북(河北), 산동(山東)의 각 성에서는 이것의 제조를 금

해지(解池) 등이 대표적인 산지이다.
[185] 암염(巖鹽)은 중생대 조산(造山) 운동과 해수면 변화에 따라 과거 바다였던 곳이 육지가 되면서 해수의 염분이 시표면 아래 퇴적층에 농축되어 결정화된 소금이다. 북미나 유럽 지역과는 달리 암염 채굴은 동아시아에서 보편적인 제염법이 아니었고, 운남성(雲南省)과 사천성(四川省) 등 일부 지역에서 채굴되어 매우 제한적인 방법에 의해서만 생산되었다.
[186] 사천성과 운남성에서 생산되는 정염(井鹽)은 땅속 깊이 우물을 파서 농축된 천연함수를 길어 올리고, 이것을 가마에서 끓여 수분을 증발시켜 남은 염분을 결정염으로 채취한 것이다.
[187] 염정(鹽井)의 깊이는 송대에 100~300m였지만, 명대에는 400m가 되었고, 청대 도광연간(道光年間: 1821~1850년)의 사천성 쯔궁(自貢)에서는 1,000m가 넘는 것도 있었다고 한다(小澤利雄, 2000, 『近代日本塩業史―塩專売制度下の日本塩業』, 大明堂, 12쪽).

지하고 있는 것이다.[188] 유세(有稅) 해염을 매입할 자력(資力)이 없는 이들 지방의 빈민 사이에서는 상당한 밀제조(密製造)가 행해지고 있다고 한다.[189] 지나의 염무관헌(鹽務官憲)도 토염의 발호에는 옛날부터 상당히 애를 먹은 모양이다. 다만 산서(山西) 지방에서는 염의 수급상, 토염의 제조를 인정하여 저율의 염세를 부과하고 있었다고 한다.

4. 산염구(産鹽區) 및 염의 공급 구역

전 지나의 산염지는 다음의 14개의 산염구(産鹽區)로 나뉘고, 각 구의 산염은 각각 일정한 공급 구역이 정해져 있다.

	산구	공급 구역
해염	장로염장(하북성)	하북성, 하남성 일부, 차하르(察哈爾) 남부, 산서성 일부
	산동염장(산동성)	산동성, 강소·안휘·하남·호북 각 성의 각 일부
	회남염장(강소성 해주)	호남·호북·강서·안휘·하남 각 성의 각 일부, 강소성
	회남염장(강소성)	남경·양주 지방, 호남·호북·강서·안휘 각 성의 각 일부
	송강염장(강소성)	강소성의 양자강 남안지방의 대부분
	양절염장(절강성)	절강성, 강서·안휘 2성의 각 일부
	복건염장(복건성)	복건성, 절강·광동 2성의 각 일부
	광동염장(광동성)	광동성, 광서성, 강서·호남 2성의 각 일부

---

188 토염(土鹽)은 염분을 많이 함유하고 있는 토양, 즉 염토에서 추출되는 소금이다. 염토는 땅속에 있는 천연함수가 모세관 현상에 의해 지표로 상승하여 표토에 부착된 것으로, 그 수분이 증발되면 염분만 표토 입자 사이에 결정염으로 남는다. 이를 긁어모아 용출조(溶出槽)에 넣고 흙에 부착된 염분을 용탈(溶脫)시키면 농축된 함수를 채취할 수 있었다.

189 황하나 그 지류의 옛 하도(河道)에 쌓인 퇴적 토양에는 다량의 염분이 함유되어 있어서 이를 긁어모아 소금을 생산하였는데, 이를 '초염(硝鹽)'이라고 하였다. 이러한 초염은 품질이 조악하고 값도 싼 조염(粗鹽)이었음에도 결코 적지 않은 숫자의 사람들이 이 초염에 생계를 의존하고 있었다. 아울러 정부의 단속을 피하는 불법적 판매도 끊이지 않아 청대의 염 전매를 동요시키는 하나의 원인이 되기도 하였다(구범진, 2004, 「清末의 北洋新政 研究 -直隷省의 鹽政改革과 財政問題-」, 서울대학교 동양사학과 박사학위논문, 101~102쪽).

	하동염장(산서성)	산서·하남·섬서 각 성의 각 일부
	진북염장(산서성)	산서성의 일부
기타염	서북염장(감숙성)	감숙성, 영하성, 청해성
	천북염장(사천성)	사천성 북부, 서강부
	천남염장(사천성남)	사천성 남부, 호남·호북 2성의 각 일부
	운남염장	운남성

5. 염의 판매

각 염장에서 생산된 염은 전부 이것을 관설 저염장(官坨)로 반입하여 저상시키고, 매수의 신고가 있을 경우 염무관서에 소정의 염세(鹽稅)를 납입하도록 한다. 여기에 대하여 해당 염무관서로부터 운염집조운반호표(運鹽執照運搬護票) 및 방염준단(放鹽准單) 등의 서류를 발급받아, 염상(鹽商)이 이들 서류를 염장에 있는 관리국(管理局) 탄타처(灘坨處)로 제출하면 방염(放鹽) 수속을 집행한다. 염의 대금은 정부가 제염업자의 대표와 협의한 뒤, 공정한 가격으로 이를 제염자[또는 제염자가 조직한 염업공회(鹽業公會)]에게 지불하고, 관타(官坨)에서 각각 판매지로 운반한 뒤, 정부 소정의 가격 이내에서 판매하는 것으로 되어 있다.

본 제도는 일종의 매상전매(買上專賣)라고도 할 수 있겠지만, 염상과 제조자와의 매매가격을 정부에서 공평하게 할 뿐이고, 정부 자신에서 매상하는 것이 아니기 때문에 순전한 매상전매라고 할 수는 없다. 그러나 정부의 자금을 필요로 하지 않는 매상전매와 대략 똑같은 효과를 거둘 수 있는 제도라고는 할 수 있다고 생각한다. 또한 징세의 수단으로서도 염과 같이 다수의 생산자에 의해 광막한 토지에서 제조되는데도 제품은 노천에 저장되는 것이고, 아울러 상당한 고율의 세금을 확보하려는 식이라고 한다면, 다소의 저염(貯鹽) 설비의 비용이나 경비비가 들어도 관설의 저염장을 만들어 산염(産鹽)을 반드시 여기로 반입시켜 두고, 염상에게 매도할 때 과세하는 방법은 생산자의 고통이 없음과 동시에 탈세를 방지할 수 있는 것이라고 할 것이다.

지나에서의 염의 배급 및 판매는 실로 복잡함이 더없이 있지만, 여기서는 그 대략을 설명하는 것에서 멈추겠다.

(1) 염의 운반

먼저 염의 운반이 있는데, 염의 운반에는 관운(官運), 상운(商運), 민운(民運)의 종류가 있다. 관운은 문자 그대로 관비(官費)로써 염장부터 각 소비 지방에 있는 창고까지 운반하고, 동소(同所)에서 염상에게 매도하는 방법이었다. 만주국 건국 전 길림(吉林), 흑룡(黑龍)의 2성이 이 방법으로 하고 있었던 것인데, 현재는 이 방법을 사용하는 지방은 없다고 한다.

상운은 관(官)의 감독 하에 특허상(特許商)으로 하여금 제염자로부터 염을 매수시켜서 소정의 판매 구역으로 운송시키는 방법으로, 실시 지역은 호남, 호북, 강서, 안휘, 하북, 강소, 산동, 하남, 절강 등의 각 성에 미치고 있다[물론 한 성(省) 전부가 동일한 운염(運鹽) 방법에 의하고 있다고는 할 수 없기 때문에 이 점은 매우 각각이다].

민운은 자유판매를 하는 개방된 구역 내에서 누구라도 자유롭게 염의 운송·판매를 영위할 수 있는 방법으로, 산동성을 비롯한 각 성에 걸쳐 가장 많이 행해지고 있다고 한다.

(2) 염상(鹽商)

운염(運鹽)의 제도와 염상(鹽商) 제도는 밀접한 관계를 가지며, 역시 관소(官銷), 상소(商銷), 민소(民銷)의 구별이 있다. 관소는 관에서 소비 지방까지 염을 운반하고, 이것을 판매하는 방법이다.

상소는 관의 감독하에 특허상인이 제염자로부터 매수한 염을 판매구역으로 수송하고, 또 이것을 판매하는 방법이다. 또한 민소는 특허 등을 받는 것이 아니라 누구라도 염의 판매를 할 수 있는 제도이다. 민운(民運)이 허가된 지역은 동시에 민소도 허락되고 있다.

위에서 가장 특징 있는 것은 상소의 제도이다. 상운·상소는 보통 이것을 '인안제(引岸制)'라고 부르는데, 상당히 오래된 역사를 가지고 있는 것 같다. 이 특허상인을 '인상(引商)'이라고 하며, 또 그 판매 지역을 '인안(引岸)'이라고 한다.[190] 인상은 그 판매 지역에서 정부로부터 염의 판

---

[190] 염상이 정부로부터 소금을 매입하고 이를 운반해 가기 위해서는 관부(官府)에서 발행하는 허가증인 '염인(鹽引)'이 필요했다. 이 염인은 강책(綱冊)에 등재된 소수의 독점 상인에게만 그 수령할 수 있는 권리(窩本)가 부여되었고, 염상은 염인을 수령할 때 인과(引課)를 납부하였다. 염인에게는 해당 염포(鹽包, 보통 1引=1包)에 행선지가 명기되었는데, 이를 '인안(引岸)' 또는 '구안(口岸)'이라고 한다. 이처럼 특정 염상이 연안에 대하여 소금의 운송과 판매를 독점하는 제도를 '전상인안제도(專商引岸制度)'라고 부른다(구범진, 앞의 논문, 26~27쪽).

매독점권을 부여받고, 게다가 별도의 특허 기한이 없기 때문에 세습의 영업도 된다. 염의 배급 판매기관으로서 수급의 조절을 도모한다고 하는 본래의 사명을 잊어버리고, 부정 형기(衡器)의 사용과 기타 악랄한 수단에 의해 사리사욕을 왕성히 채우는 자가 적지 않았다고 한다.

옛날부터 지나의 염상이 부호(富豪)이고, 더없이 호화로움을 누렸다고 하는 것도 이 인상이 가장 많았던 때문이다.[191]

이들 인상운(引商運)이 혹은 군벌(軍閥)과 연결되고, 혹은 때때로 정권과 도모하여 민중 원한의 표적이 되어서 그 폐단을 알 수 없는 것이 되었기 때문에, 민국(民國)의 신염법은 이 인상의 폐를 타파시키는 것으로 하였다. 그 제1조에 "염은 산염지(産鹽地)에서 징세하고 인민의 자유판매에 맡기며 누구라도 농단(壟斷)할 수 없다"는 것과 동(同) 제38조에 "본법 시행일로부터 모든 인상(引商)·포상(包商)·관운(官運)·관소(官銷) 및 기타 유사한 제도에 기초를 둔 일체의 법령은 일률로 폐지한다"고 규정하고 있는데, 역시 여러 해의 인습(因襲)으로 견고한 뿌리를 내린 인상제를 이 한 편의 법률로 뿌리째 뽑아 변혁할 수 있을지 의문을 가지지 않을 수 없다.

(3) 염가(鹽價)

소비자에 대한 염의 판매가격은 염상의 염장에서의 매입가격에 염세, 하조비(荷造費), 운임·이자 및 영업제경비 등을 가산하여 결정되는 것이 이치이지만, 각 염장에서의 매입가격이 각각 다를 뿐만 아니라, 염세에서도 정세(正稅) 외에 중앙·지방의 각 부가세가 있다. 게다가 그 부가세는 각 성에 따라 상당한 차이가 있기 때문에, 염의 판매가격도 지방에 따라 실로 각기 달리되어 있는 식이다. 대체로 염의 원가는 매우 저렴하기 때문에, 염가의 대부분은 염세이다. 지금 장로염무관리국이 규정한 천진시(天津市)에서의 염 소매가격에 대해 살펴보면, 100시근(市斤)당 9,800원(元)으로 되어 있는데, 그 매입원가가 겨우 261원이고 염세가 8,133원이어서 염 판매가격의 약 8할 3푼에 상당한다.

---

191 중국의 염상은 정부의 비호 아래 소위 '정상(政商)'으로서 자본축적을 하여 그 부(富)가 왕후(王侯)에 비견될 정도였다. 염업 외에도 외국과의 은동(銀銅) 무역, 선박업, 인삼 무역, 미곡 유통 등에도 관여하였고, 청대 옹정·건륭시대에는 외몽골 원정에 다량의 군량을 조달함으로써 막대한 이익을 거두기도 하였다(佐伯 富, 1987, 『中國鹽政史の研究』, 法律文化社, 710~712쪽).

6. 염무기관(鹽務機關)

지나의 염무기관을 말하기 전에, 민국(民國) 당초부터 금일에 이르는 염무기관의 연혁을 대강 기술해 두는 것은 결코 무의미하지 않다고 생각한다. 왜냐하면 이 염무기관의 연혁을 통해 근대지나 정부의 염에 대한 정책의 움직임을 엿볼 수 있기 때문이다. 민국 당초 이래 지나염무관제는 3회에 걸쳐 중요한 개혁을 이루었다. 즉, 1913년(民國 2)의 계핵소(稽核所) 설치, 1929년(民國 18) 계핵소의 질적 개혁 및 1937년(民國 26) 염무기관의 통일이다.

(1) 1913년(民國 2) 염무계핵소(鹽務稽核所)의 설치

1913년(民國 2) 4월, 2,500만 파운드의 소위 '5국선후차관(五國善後借款)'이 성립하자 염세 수입으로써 그것의 담보로 하였는데, 5국 측의 요구로 그 채권 담보를 위한 수입 확보 조치를 강구하지 않으면 안 되게 되었다. 그 방법으로서 종래의 염무주비처(鹽務籌備處)를 폐지하고, 염무서(鹽務署)를 두어 재정총장(財政總長)의 관할로 하면서, 염무서 내에는 새로이 계핵총소(稽核總所)를 설치하여 지나인 총판(總辦) 1명, 외국인 회판(會辦) 1명을 두고, 산염(產鹽) 지방에는 계핵분소(稽核分所)를 설치하여 지나인 경리 1명, 외국인 협리(協理) 1명을 두었다.[192] 그리고 총판과 회판, 경리와 협리는 각 권한이 전부 동등하였다. 그러므로 염세의 수입, 계핵총소와 분소의 인사 등의 중요 사항에 대해서는 전부 염세 담보채권 보호의 책임이 있는 이들 외국인 회판 또는 협리의 서명이나 승인이 없으면 어떠한 것도 할 수가 없었던 것이다. 즉, 이 계핵소의 설치는 완전히 외채 담보를 위한 기관이었던 것이다. 독립국가로서의 체면은 물론이거니와 지나 측의 가장 큰 고통이 되었던 것은 염세 수입이 지정된

---

[192] 선후대차관(善後大借款)은 중화민국 임시대총통 위안 스카이(袁世凱)의 북양정권이 1913년 4월 26일에 영국, 프랑스, 독일, 러시아, 일본 등 5개국으로부터 2천 500만 파운드의 차관을 받은 것을 말한다. 중국의 붕괴된 재정 시스템을 복구시키고, 또 다른 한편으로 자신의 권력을 강화시키기 위해 외국 차관이 절실했던 위안 스카이는 이러한 대규모 차관을 받는 조건으로 염정원(鹽政院)의 전매염 수입을 담보물로 제공하는 것에 합의하였다. 이후 차관을 제공한 5개 은행가 그룹은 아일랜드인 리처드 데인(Sir Richard Henry Dane)을 수석 감사(chief inspector)로 임명하고, 그로 하여금 부패와 밀수가 만연한 중국 염정(鹽政)을 개혁하게 하였다. 리차드 데인의 중국 염정 개혁에 대해서는 Samuel Adrian Miles Adshead. 1970. *The Modernization of the Chinese Salt Administration, 1900-1920*. Cambridge, Mass.: Harvard University Press를 참조.

외국은행으로 예금되어져 우선적으로 염세 담보 차관의 원리금 지불로 공제되는 점이었을 것이다.

(2) 1929년(民國 18) 계핵소(稽核所)의 질적(質的) 개혁

국권회복운동의 치열함이 극에 이르자, 1929년(民國 18) 7월 계핵총소를 북경에서 남경으로 옮기고, 모든 외채 중 염무(鹽務)에 관계있는 것에 대해서는 재정부(財政部)가 직접 책임을 졌다. 그 대신 계핵소는 아무런 외채의 속박을 받지 않으며 지나 자국의 염세 징수 기관으로 바뀌었고, 염무 행정의 실체에서 외국인을 배제하게 되었다. 물론 그 후라고 하더라도 외국인 직원은 여전히 염무기관에 남아 있었지만, 그것은 어느새 종전의 염세 담보 채권의 이익을 대표하는 것이 아니라, 단순히 지나 정부에 고용된 관리에 불과한 것이다.

(3) 1937년(民國 26)의 기구 개혁

당시는 일반 염무행정 기관으로서 염정서(鹽政署) 및 소속 염무기관이 있고, 세수(稅收) 기관으로서 전기(前記)의 계핵총소 및 계핵분소가 있어서, 일반 염무행정기관과 염세징수기관이 각각 분리되어 있었다. 그러나 염의 생산, 운반, 판매, 염세 징수의 여러 사항은 모두 밀접한 연계를 가지고 있기 때문에 오히려 하나의 종합기관으로 통합할 필요를 인식하기에 이르렀다. 1937년(民國 26) 마침내 염무기관의 대개혁을 단행하여, 4월부터 실시되게 되었다. 새로운 염무기관은

① 심리감찰기관(審理監察機關)으로서 중앙에 염정사(鹽政司)를 두어 재정부에 직속시키었다.
② 염정서(鹽政署)와 염무계핵총소를 병합하고, 염무집행기관으로서 중앙에 염무총국(鹽務總局)을 두어 재정부에 직속시키었다.
③ 각 염구(鹽區)의 염운사서(鹽運使署), 운부공서(運副公署) 및 계핵분소를 병합하고, 염무관리국(鹽務管理局)을 두었다.
④ 종래의 계핵지소(稽核支所), 염장공서(鹽場公署) 등을 병합하여 염장공서로 하였다.
⑤ 무산염구(無産鹽區)의 계핵처 및 각운국(榷運局)을 병합하여 염무판사처(鹽務辦事處)로 하였다.

각 기관의 권한은 대체로 다음과 같다.

ⅰ) 염정사(鹽政司)

- 염무의 계획 및 개량 사항
- 제염 특허 및 산염(產鹽) 조절 사항
- 창타(倉坨)의 설치, 관리 및 기타 염무 공정 사항
- 염질(鹽質) 검사·개량의 고핵(考核) 사항
- 산염 수방(收放) 및 장가(場價)의 고핵 사항
- 염세 세율과 염무장정(鹽務章程)의 심핵(審核) 및 해석 사항
- 염세 수지(收支)의 고핵 사항
- 세경(稅警) 편성의 고핵 사항
- 세무 인원 임면(任免), 이동, 훈련고적(訓練考績)의 감독 사항
- 염정에 관한 기타 사항

ⅱ) 염무총국(鹽務總局)

염무총국은 전국의 염세 징수, 기타 일체의 염무를 변리(辨理)하고, 겸하여 초광(硝礦) 사무를 관리한다.

ⅲ) 염무관리국(鹽務管理局)

염무관리국은 각 산염구역에 설치되어 염무총국의 지휘·감독을 받고, 동(同) 구역 내의 염세 징수 및 기타의 염무를 담당한다.

ⅳ) 염장공서(鹽場公署)

염장공서는 각 염장에 설치되어 동(同) 염장의 염세 징수, 염질 검정, 세경(稅警)의 지휘 등의 사무를 담당한다.

7. 지나염의 대일(對日) 수출 관계

지나는 고래(古來)로 염의 국외 수출을 금지하는 쇄국정책을 채택하여 왔다. 그 이유인 바

는 식염과 같이 중요한 식료품의 국외 수출을 허용한다면 국내의 공급 원활이 결여되어 국민의 생활필수품에 일대 위협을 초래할 우려가 있다는 것과 다른 하나는 염세가 국고 수입의 대종이기 때문에 그 세수를 확보하려면 염의 수출입은 일체 금지하는 것이 득책이라고 생각했기 때문이다. 그러나 염정(鹽政)의 불비와 기타의 이유로 염의 배급 원활이 결여되고, 수급의 균형을 얻는 일이 상당히 어려웠다. 산염지에서 먼 지방에서는 여러 번 염 기근으로 고생하였고, 해염 산지에서는 거꾸로 생산 과잉의 경향을 드러내 정부의 한산정책(限産政策)에도 불구하고 각지의 염장에서는 체화(滯貨)가 증가하여 그 처분에 곤란한 모양이 있었던 것이다. 그 결과 근년에 이르러 점차 과잉염의 국외 수출을 오히려 장려하자고 주창하는 자가 나왔고, 이 시대의 흐름에 편승하여 등장한 것이 장로염(長蘆鹽)과 해주염(海州鹽)이다. 청도염(靑島鹽)은 1914년(大正 3) 우리 관리 이후 본방(本邦)으로의 수입을 개시하였고, 산동 반환 후에도 일·지(日支) 양국의 조약에 의해 해마다 상당한 다량의 염을 수입하고 있다. 이하 이들의 대일 수출염에 관하여 그 개요를 서술하여 보겠다.

(1) 청도염의 대일 수출

청도염은 교주만(膠州灣) 연안의 염전에서 생산되는 염의 명칭이다.

동(同) 염전은 1900년(明治 33) 독일이 교주만을 조차(租借)한 후에 개발된 것으로, 1914년(大正 3) 아국(我國)의 관리로 옮겨진 당시는 염전 면적 2,000정보, 염 생산고도 5만 톤 내외에 불과하였던 것이었는데, 그 후 조선으로의 수출과 1917년(大正 6) 이후 내지(內地) 식료염 및 공업염으로서의 수출이 개시되고서부터 그 수요가 증가하여 방인(邦人)에 의한 염전 개발이 촉진되었던 것이다. 1922년(大正 11) 2월, 워싱턴조약(華府條約)[193]으로 청도를 지나에게 환부한 당시에는 염전 면적이 6,000정보(방인 염전은 3,600정보)에 달하고 있었다. 동 조약으로 인해 방인 경영 염전 및 부속공장 일체를 지나정부에게 유상 이양하였고, 동시에 매년

---

[193] 워싱턴회의(The Washington Conference)는 1921년 11월 12일부터 이듬해 2월 6일까지 구미 열강과 일본이 군비 축소와 아시아·태평양 지역의 현안을 논의하기 위해 약 4개월 동안 미국의 수도 워싱턴에서 개최된 회의로서, '워싱턴군비축소회의', '워싱턴군축회의', 또는 '태평양회의', '태평양군축회의'로도 불린다. 이 회의에서 협의가 이뤄진 내용은 ①해군 군비 제한, ②잠수함 및 독가스 사용 금지, ③중국에 관한 9개국 조약, ④태평양 방면 도서(島嶼)의 속지(屬地)와 영지(領地)에 관한 4개국(미·영·불·일) 조약, ⑤중국 산동반도에 대한 독일의 권익을 중국에 반환할 것, 시베리아에 출동한 일본군의 철수 등이었다.

일정량의 염을 아국에서 수입하는 것으로 된 것이다. 다음으로 동년 12월에 성립한 '산동현 안세목협정(山東懸案細目協定)'으로 1923년(大正 12)부터 향후 15년간 연액 최고 3억 5,000만 근(21만 톤), 최저 1억 근(6만 톤)의 범위 내에서 동(同) 염을 수입하였다. 아울러 1926년(大正 15) 2월 '청도염 수출협정'이 체결되어 동년부터는 매년 조선으로 향하여 8만 톤, 일본 내지의 식료염(전매국납 염)으로서 약 6만 톤, 공업염으로서 10만 톤에서 15만 톤 내외를 수출하여 온 것이다.

(2) 장로염 대일 수출

1935년(昭和 10) 지둥(冀東) 자치정부[194] 및 기찰(冀察) 정권[195]의 성립과 함께 일만지(日滿支)의 경제 제휴가 점차 호전되기에 이르자, 일본 공업용염의 수요 격증의 정세와 더불어 다년간 과잉염의 정체에 고민하고 있던 장로염 대일 수출의 기운이 우리에게 양성되어졌다. 아울러 해주염(海州鹽) 및 복건염(福建鹽)에 대해서도 열심히 이것을 기도하는 자가 있었기 때문에, 마침내 남경정부도 이런 정세에 대항할 수 없어서, 1936년(昭和 11) 4월 일본 공업용염으로서 지나 과잉염 수출 변법(辨法)을 공포하고, 그 수출을 허가하는 방침을 채택하기에 이르렀던 것이다. 해주염 및 복건염은 여러 가지 사정으로 실제는 아직 수출 허가를 얻는 데에 이르지 못하는 속에서 이번 사변의 발발로 잠깐 정돈의 모습이 있었지만, 장로염에 대해서는 동년 5월 당시 내지 전매국 수납과장이 동지(同地)로 파견되어 현지에서 영사관 및 지나 주둔군 당국과 협의함과 동시에 기찰(冀察) 측 염무기관과의 교섭에 의해 동년 중 7만 톤, 이후 매년 20만 톤을 수출하는 것으로 계약된 것이다. 수출 취급인에 대해서는 실수요자인

---

[194] 지둥방공자치정부(冀東防共自治政府)는 1930년대 후반에 단명한 일본의 괴뢰국 중의 하나이다. 1933년 5월 탕구평화협정으로 일본의 만주 침략이 공식적으로 종료되자, 톈진과 베이징을 잇는 만리장성 남부지방이 비무장지대로서 중국 국민당의 영향력에서 벗어나게 되었다. 이에 1935년 11월, 허베이성 22군장인 인루경(殷汝耕)이 자신의 담당 지역을 자치 정부로 선포하고, 통저우를 수도로 하였다. 지둥정부는 중화민국 임수정부로 흡수되는 1938년 2월까지 존속하였다.

[195] 기찰정권(冀察政權)은 지둥정부와 함께 1935년 만주국과의 완충지역에 세워진 괴뢰정권으로, 정식 명칭은 기찰정무위원회(冀察政務委員會)이다. 기(冀)는 하북(河北)을, 찰(察)은 차하르(察哈爾)를 뜻한다. 위원장은 29군장인 쑹저위안(宋哲元)이 임명되었다. 일본은 그를 화북분리에 이용하려 했으나, 항일운동의 고양과 국민정부의 대일자세 강화로 쑹의 태도에도 변화가 생겨 실패하고 말았다. 기찰정권은 1937년 7월 중일전쟁의 발발로 해소되었다.

공업가에게 수입을 명하는 것으로 하였고, 또 현지 대리인으로서 당초 미쓰비시(三菱)상사, 이와이(岩井)상점을 지명하였다. 위 두 회사로서 수출업무를 취급하는 것을 되었던 것인데, 그 후 북지개발회사(北支開發會社)로서 흥중공사(興中公司)가 설립되었기 때문에, 1936년(昭和 11) 6월 외무성 대만사무국(對滿事務局), 육군성 천진주둔군 및 전매국의 관계 관청의 협의에 의해 동(同) 공사로 하여금 1937년도(昭和 12) 이후 장로염의 대일 수출 업무의 일체를 취급하도록 하였다. "작년 여름 북지사변(北支事變)에도 불구하고 동년도 중 22만여 톤의 수입 실적을 거두었고, 본년도는 당초 35만 톤이 수입 예정이었으나, 아국(我國) 내지에서의 염의 수급 관계를 감안해 다시 동(同) 염의 수입을 증가하여 약 40만 톤에 달할 예상"이라고 전매국 수납과장 담화도 발표되었다.

8. 내외지(內外地) 염무회의 합의에 의한 근해염(近海鹽) 증산 계획과 지나염과의 관계

요사이 아국(我國)에서 염을 원료로 하는 화학공업, 특히 소다공업은 인견(人絹) 및 인조섬유공업의 융창에 수반하여 수년 이래 획기적인 약진을 보였고, 이것이 원료염의 수요를 급속도로 증가시켰다. 1931년도(昭和 6)의 수요액이 29만 톤인 것에 대하여, 1937년도(昭和 12)의 수요액은 150만 톤(약 5배)의 거액에 도달했고, 장래 일층 증가의 추세에 있어 1941년도(昭和 16)에 있어서의 수요 추정고는 적어도 240~250만 톤을 내려가지 않을 정세라고 내지 전매국 수납부장의 담화가 발표되고 있다. 그리고 이들 공업염은 전부 이것을 외지(外地) 및 외국으로부터 공급에 기대고 있다. 게다가 종래 우리 세력권 내에 있는 소위 근해염(近海鹽) 산지에서의 공염업 공급고는 겨우 총공급고의 3할 정도에 불과하고, 그 나머지의 대부분은 아프리카와 기타 멀리 떨어진 국외염에 의존하는 실상에 있다. 본방(本邦)의 중요 산업상, 그리고 국방상의 견지에서 볼 때도 진실로 한심하기 그지없는 일이라고 하겠다. 따라서 가급적 빨리 이국 외지 및 인방(隣邦)에서 공업원료염의 공급을 확보해야 할 필요를 내지 전매국에서도 인식하여, 동국(同局) 주최 하에 1936년(昭和 11) 10월 내외지염무관계협의회(內外地鹽務關係協議會)가 개최되어 본방 공업염의 수급에 관한 근본 방침에 대해 협의를 거듭했고,[196] 아울러 작년 1937년(昭和 12) 12월에는 내외지염무관계관회의(內外地鹽務關係官會議)가 개최되었다. 이때 1941년도(昭和 16)에 있어서의 수요고를 250만 톤으로 추정하였는데, 그 안의 2할 정도는 무역 조정과 기타의 관계를 고려하여 준근해(準近海) 또는 원해염(遠海鹽) 수입의 여지를 남겨두고, 나머지 8할 즉, 200만 톤 내외는 이것을 근해에서의 공급을 확보하는 것으로 하였다. 이것이 증산 공급 계획에 관해 협의한 결과로 각지의 생산과 자연적 조건, 운수 관계, 기타의 사정을 고려하여 다음과 같이 실행하였던 것이다.[197]

구분	1941년도(昭和 16) 공급가능고	확장 염전의 성숙년도인 1945년(昭和 20)의 공급가능고
대만	250,000	450,000
관동주	600,000	700,000
만주국	450,000	700,000
북지(장로염)	400,000	700,000
산동방면(청도염 포함)	400,000	450,000
합계	2,100,000	3,000,000

비고: 위의 산지에서 현재 설비부터 한다면 공업염으로서의 공급능력은 약 70만 톤(정체염의 공급고 30만 톤을 더해 약 100만 톤의 공급이 가능하지만 정체염은 1~2년 중 처분을 완료할 것으로 예상)에 불과하기 때문에, 필요한 증산액은 1941(昭和 16)까지 약 140만 톤, 1945년(昭和 20)까지 약 230만 톤이 예상된다. 그리고 염전의 성숙은 축조 후 약 4년이 필요하기 때문에 본 증산 계획도 1941년(昭和 16)에 수기 예정 수량을 공급하는 것과 함께, 그때까지 각지 모두 대체로 염전의 축조를 완료하고, 1945년(昭和 20)에 이르러 성숙, 전 능력을 발휘시키는 식으로 한다는 것이다. 이와 같이 전매국 수납부장은 공보하고 있는 것이다.

---

[196] 1936년 10월 28일부터 3일간의 일정으로 열린 제1회 내외지염무관계관회의는 대장성 전매국이 주최관청이 되어 척무성의 식산국·자원국, 외무성의 통상국·동아국, 조선총독부 전매국, 대만총독부 전매국, 관동주청, 만주국 재정부, 육군성 군무국, 상공성 공무국 등이 참여한 대규모 회의로, 소다공업용염으로 하는 근해염 수요의 증가와 화북(華北)의 염전개발을 계기로 한 근해염 증산 계획이 부상한 것을 배경으로 개최되었다. 田中正敬, 2006, 「日本における工業用塩需要の拡大と朝鮮塩業: 內外地塩務主任官会議を中心に」, 『人文科学年報』 36, 專修大學 人文科學硏究所 참조.
[197] 위의 표에는 나타나지 않으나 1937년 12월에 열린 제2회 염무관계관회의에서는 "1943년(昭和 18) 이후는 조선 내 수요를 채우고, 또한 점차 여력이 생기기에 이른 1947년(昭和 22) 이후는 내지에 대해 연액(年額) 16만 2,000톤의 공급을 할 수 있는 것으로 하여"(大藏省 專賣局 收納部, 『鹽務參考資料』, 57쪽)라고 하여 6년 후 조선에서의 염 자급자족의 완성과 10년 후 일본으로의 공업염 이출 계획까지 확정하였다(田中正敬, 위의 논문, 46쪽).

위와 같이 아국(我國) 공업염의 '근주원종(近主遠從)' 방책 확립과 더불어, 지나염의 아국 소다공업에 대한 사명은 더욱더 중요성을 더하기에 이르러, 1941년(昭和 16)에 80만 톤, 1945년(昭和 20)에 115만 톤, 즉 공업용 근해염의 약 4할, 공업염 총공급액의 약 3할강(割强)을 차지하게 된다는 것이다. 게다가 위와 같은 증산 실행 계획에는 해주염(海州鹽)이 고려 대상에 들어가지 않았는데, 금일의 정세에서는 약 1만 4천 정보의 염전을 가지고 있으면서, 지나 정부의 생산 제한 때문에 연액 40만 톤이 못 되는 생산 밖에 거두지 못하는 해주염의 개발 문제도 전혀 도외시할 것은 아니다. 지나의 염을 아국에 수입하는 것은 결코 홀로 아국만을 위한 것은 아니라고 생각한다. 한산(限産) 때문에 염전을 황폐하게 하고, 다량의 정체염(停滯鹽)을 껴안으면서 처분이 되지 않아 궁핍에 빠져 있는 지나 염민(鹽民)과 관계 노동자에게 커다란 번영을 가져오게 하고, 지방 산업을 흥융(興隆)시키는 것이 되며, 이것이 또한 일지경제(日支經濟) 제휴의 열매를 거두는 것으로도 되는 것이다.

6. 제염법의 공업화와 고즙공업(苦汁工業)

〈자료 198〉 매염(賣鹽) 문제와 독가스에 대해서

- 원제목: 賣鹽問題と毒瓦斯に就て
- 작성자: 上田生
- 출전호수: 《專賣通報》 제102호
- 간행일: 1933년 5월
- 발행처: 朝鮮專賣協會

1. 서언

적에게 염을 주어 군사미담(軍事美談)이 된 것은 우에스기 겐신(上杉謙信)의 무사도(武士道)이지만,[198] 금일의 전쟁은 화학전쟁이어서 이것을 이용하여 화학병기를 제조하는 이상, 이것을 적국에게 보낸다고 하는 일은 이러한 시국에서 중대 문제라고 말하지 않을 수 없다.

지난 3월 6일 오사카아사히신문《大阪朝日新聞》외 여러 신문에 "독가스(毒瓦斯) 제조용의 염을 지나(支那)에 팔다"란 표제의 기사가 게재된 것이나, 만주사건 이후 계속해서 3개년에 이어진 군사 활동 중의 일로서, 국민의 전 시청은 급작스레 여기에 쏠렸고, 또 우리 전매국원, 특히 염에 관계있는 자에 있어서는 한층 더 느끼는 바가 있던 일이라고 생각되는 것이다. 나는 수제(首題) 아래에 주로 화학 상에서 본 염, 특히 염소(鹽素) 이용에 대해 서술하여 참고에 제공하고 싶은 생각 때문이지만, 본래 이쪽 방면에는 천학(淺學)이어서 충분히 썼다

---

[198] 우에스기 겐신(上杉謙信, 1530~1578)은 센고쿠시대(戰國時代)의 다이묘(大名)이다. 본명은 나가오 카게토라(長尾景虎)이며, 후에 우에스기 노리마사(上杉憲政)의 후견으로 우에스기의 성을 얻어서, 출가 한 뒤에 우에스기 겐신으로 불렸다. 전국 패권을 놓고 사활을 선 싸움을 벌이던 중에 최대의 라이벌인 다케다 신겐(武田信玄)이 소금 금수조치로 고통을 받게 되자, 겐신이 "내가 겨루는 것은 창과 칼이지 쌀과 소금이 아니다"고 말하며 소금을 보냈다는 이야기는 일본 무사도 정신의 표본을 전하는 미담으로 유명하다.

고 할 수는 없을 것이다. 다행히 판독한 후 얻는 바가 있다면 다행이다.

2. 식염의 이용

보통 해수는 담수보다 무거워 그 비율은 102 내지 103정도이고, 식염의 함량은 3~4%이며, 그 외의 염류(鹽類)도 상당히 포함되어 있다. 저 '사해(死海)'는 염류의 농도가 높은 것으로서 유명한데, 그 함량은 식염 8.8%, 염화마그네슘(苦汁) 9%라고 한다. 해수는 장소에 따라 염류의 함유량이 다른데, 다음의 표는 그 일부를 나타낸 것이다.

해수조성표

해수 %	염화나트륨	염화마그네슘	기타 염류	합계
태평양	2.590	0.285	0.595	3.470
대서양	2.773	0.343	0.439	3.555
지중해	2.940	0.322	0.503	3.765
카스피해(裏海)	2.550	0.562	0.489	3.601
인도양	2.783	0.353	0.416	3.552
홍해	3.109	0.389	0.478	3.976
사해	8.790	8.970	4.270	22.030
대만 부근	2.550	0.930		3.480
세토나이카이(瀨戶內海)	2.530	0.700		3.200
일본해	2.150	0.780		2.900

식염제조는 아국에서는 오로지 해수를 원료로 하여, 염전에 이것을 끌어들여서 천일로서 건조하는 소위 천일염이라든지, 또는 상당 농도의 높아진 것을 자오(煮熬)시켜 제조하는 것이 있지만, 대륙지방에서는 암염(巖鹽), 함호(鹹湖) 등이 있어 자연은 염을 인류에게 평등하게 나누어 주는 식으로 지중(地中), 수중(水中)에 포장되고 있는 것이다.

1) 직접 사용

식염의 직접 사용의 주된 것은 식료품으로서, 된장(味噌), 장유(醬油), 염지어채(鹽漬魚菜), 염매료(鹽梅料) 등이고, 비누(石鹼) 제조의 염석용(鹽析用), 제혁(製革)의 방부용(防腐用), 비중(比重)을 이용한 선종용(選種用), 선광용(選鑛用), 의약(醫藥) 등 일일이 셀 수 없는 정도이다.

인간은 하루에 약 5돈쭝(匁)의 식염을 필요로 하여, 지나(支那)와 같은 곳은 염의 소비량으로써 인구를 역산할 수 있다고 일컬어져, 인구조사에까지 사용되고 있는 정도로 생활과 밀접한 관계가 있는 것이다.

다음으로 공업원료로서의 식염이 있는데, 식염은 나트륨(曹達)과 크롤(鹽素)의 화합물로서, 공업용으로서는 이것을 그대로 사용하는 일은 거의 없고, 현재에서는 전기분해하여 소다와 염소로 나누어 이용하는 것이다.

2) 나트륨

(1) 가성소다(苛性曹達)

나트륨에 물을 첨가하면 가성소다가 된다. 공업상에서는 제지(製紙), 비누 제조, 인조견사(人造絹絲), 석유정제, 염료 제조[아닐린(Anilin)·알리자린(alizarine)염료·인조람 등], 기타 약품 제조, 물유리(水硝子) 제조, 세척 등 사용 용도는 상당히 많은 것이다. 아울러 나트륨에 물을 첨가하여 소다를 만들 때, 물이 분해되어 수소가스가 나오는데, 이것은 기름의 경화(硬化), 즉 유동사태의 기름을 고체로 하는 데에 주로 사용한다. 예를 들면 어유(魚油), 대두유(大豆油) 등을 비누의 원료로 할 때에 경화시키는 데에 사용하는 것이다.

(2) 탄산소다(炭酸曹達)

탄산소다의 사용 용도도 상당히 많은 것이 있는데, 거듭되는 것은 유리 제조, 도기(陶器), 비누, 제지, 염색, 소화제, 유약, 기타 소다화합물 제조의 중간물질로서 그 용도는 광범위하다.

(3) 중탄산소다(重炭酸曹達)

보통 중조(重曹: 중탄산소다의 줄임말)라고 하는 것은 의약에서는 거의 그것이 사용되지 않는 일이 없다고 할 정도라는 것은 중지(衆知)의 바일 것이다. 다음으로 청량음료(사이다, 레모네이드 등등), 빵 제조, 기타에 사용되는 것은 공업 상에서 그다지 이용되고 있지 않다.

(4) 금속나트륨

금속나트륨은 시안화소다(靑化曹達), 과산화소다(過酸化曹達) 및 여러 가지의 유기화합물의 제조, 또는 환원제(還元劑)로서 사용되며, 공업 상에서 이용되는 길은 적다.

3) 염소(鹽素)

염소는 황녹색을 띤 가스로 질식성의 냄새가 있고, 물에는 잘 녹아 염산이 된다. 또한 영하 15도 이하에서 6기압 정도 더하면 액체염소가 된다. 염소는 유기물, 무기물과 화합력이 매우 강하고, 여러 가지의 염화물을 만드는 성질이 있다.

(1) 직접 사용

염소는 살균, 표백력이 강하기 때문에 일반소독용·음료수살균, 하수처리 등에 사용되고, 표백을 이용한 섬유 및 종이의 표백, 기타 약품제조, 군사용으로서는 독가스·염막(鹽幕)의 원료가 되며, 야금(冶金) 방면에서는 광석의 염화제로서 사용하고 있다.

(2) 무기성염소화합물(無機性鹽素化合物)

무기성화합물의 대종(大宗)은 염산(鹽酸)인데, 그것은 황산(硫酸), 질산(硝酸)과 더불어 공업상 중요한 산(酸)으로, 염소산칼륨(鹽素酸加里), 클로랄수화물(chloral hydrate), 클로로포름(chloroform), 염화암모늄(sal ammoniac), 기타 염화물을 제조하는 데 사용된다. 표백산화제(漂白酸化劑)로시는 표백분(칼크, 石灰), 차아염소산나트륨(Sodium hypochlorite), 또한 염료·염색용으로서는 염화석류(鹽化錫類), 폭발물용으로서는 염소산화합물(鹽素酸化合物), 과염소산화합물(過鹽素酸化合物) 등이 있고, 성냥(燐寸)의 추약(抽藥)으로서는 염산칼륨(鹽酸加里), 방부제로서는 염화아연(鹽化亞鉛), 염화수은(鹽化水銀), 사진의 인화지에 염화은(鹽化銀) 등 기타 일일이 셀 수 없을 정도이다.

(3) 유기성염소화합물(有機性鹽素化合物)

유기성의 화합물로서는 클로로포름(chloroform), 클로랄(chloral) 등은 의약 또는 용제(溶劑)로 사용되고, 초산염(醋酸鹽: acetate)은 인조람(人造藍)에 사용된다. 기타 유기화합물의 장래는 실로 양양한 것이어서 이용의 길은 점점 더 깨우쳐질 것이다.

(4) 독가스(毒瓦斯) 및 염막

독가스(毒瓦斯)의 거의 모두는 염소와 직·간접으로 관계가 있다. 전문가의 설에 따르면 독가스의 종류는 실로 300여 종이라 칭해지고 있는 것이다. 독가스는 보통 질식제(窒息劑), 최루제(催淚劑), 최체제(催嚔劑), 미란제(糜爛劑) 등으로 대별되고, 또 염막제(煙幕劑)에도 2~3가지가 있는데, 그것들은 별항에 새로이 상술하겠다.

이상과 같이 식염의 이용은 모든 방면에 걸치고 있어서, 일국의 산업의 융성, 부진은 이것을 이용하는 정도가 어떠냐에 따라 결정된다고 해도 과언은 아닐 것이다.

3. 독가스의 화학

독가스가 전쟁에 사용된 것은 제1차 세계대전(歐洲大戰)으로서, 그 후 장족의 진보를 보았다. 제1차 세계대전 후 국제주의자나 인도주의자는 이것의 금지를 주장하여 1923년의 워싱턴조약에서 그 의견은 채택되었던 바이지만, 프랑스는 비준하지 않았을 뿐만 아니라 미국은 1일 수십 톤의 제조가 가능한 훌륭한 설비를 가지게 되었다. 전쟁의 요지(要旨)는 최후 승리의 획득에 있어서, 그 수단방법은 논하지 않은 것이다. 우리 육군에서는 육군과학연구소(陸軍科學硏究所)에서 이 방면에 부단한 연구를 하여 다른 병기와 마찬가지로, 아니 그 이상의 노력과 희생을 쏟아 붓고 있는 것이다.

전항에서 개략을 서술한 것과 같이 독가스에는 대체로 4종류가 있는데, 이들에 대해 설명하자면 다음과 같다.

1) 질식제(窒息劑)

질식제라는 것은 호흡에 의해 폐에 들어가면 기관과 폐를 손상시키는 것으로, 그 대표적인 것은 포스겐(Phosgen), 디포스겐(diphosgene)이다.

(1) 포스겐(Phosgen; $COCl_2$)

포스겐은 일산화탄소와 염소가스를 혼합하고, 활성탄소를 촉매로 하여 화합(化合)시켜 제조한 것이다. 이것은 질식성의 맹독인 가스로, 호흡기 점막을 세차게 침범하여 혈액을 응고시키기 때문에 혈압은 높아진다고 한다. 제1차 세계대전에서 다량이 사용되었다. 성상(性狀)은 무색(無色)이고, 산패된 사과 냄새가 있으며, 공기의 무게의 약 3배이기 때문에 고지에서 풍향을 고려하여 방출하는 때에는 자연히 확산되는 일이 생긴다. 그 독성은 공기 $1m^3$ 중에 0.3g으로 1분간에 사망에 이른다고 한다. 질식성 가스 중 가장 강력한 것이다.

(2) 디포스겐(diphosgene; $ClCOOCl_3$)

디포스겐은 포스겐과 대체로 같지만, 그 물체는 액체로서 상온에서 증발하면 가스가 된다. 그 독성은 전자에 비해 상당히 완화되어 있다.

2) 최루제(催淚劑)

최루제는 눈의 점막을 자극하여 눈물이 나와 시력에 장애를 입히는 것으로, 전사(戰事)뿐만 아니라 평상시 형사(刑事) 상에도 응용하면 상당한 효과가 있을 것으로 생각되는 것이다.

(1) 브롬화벤질(benzyl bromide; C_7H_7Br)

방향성(芳香性) 겨자 냄새가 있는 무색의 액체로서 상온에서 증발하여 가스가 되어 눈, 코, 목구멍의 점막을 자극시켜 최루(催淚)하게 하는 것인데, 독성은 적고 점차로 효력이 감퇴되는 것이다. 그 최루 작용은 공기 $1m^3$ 중에 4mg을 함유하여 일으키는 것이다.

(2) 클로로피크린(Chloropicrin, CCl_3NO_2)

클로로피크린은 자극성 특유의 냄새가 있는 무색의 액체로서 상온에서 증발하여 가스가 된다. 공기의 5배의 중량으로 목구멍, 눈 등을 자극하며, 다량을 흡입하면 중독증상을 일으키게 된다. 아울러 클로로피크린 4에 염화제이석(鹽化第二錫) 1을 혼합한 것은 한층 더 유효하게 된다. 클로로피크린은 물에 비해서 꽤나 안정적이기 때문에, 산포되고부터라도 5~6시간 방어마스크를 사용하지 않으면 안 된다.

클로로피크린은 산쿄(三共)제약회사에서 '코쿠졸'이라고 칭하여 발매하고 있다. 대체로 '코쿠졸'은 쌀의 해충 '코쿠조우(黑象)'의 구제제(驅除劑)라고 하는 의미 때문에 붙여진 명칭일 것이다. 전매국에서는 염초(煙草)의 해충구제, 특히 타바코 비틀(tabaco beetle), 적충(赤蟲) 등에 응용하고 있기 때문에, 다수의 사람이 이런 이름은 알고 있을 것이다. 참고 정도로 훈증(燻蒸)의 개략을 쓰자면 다음과 같은 식이다.

종래 훈증에는 이유화탄소(二硫化炭素)가 주로 사용되고 있었지만, 이 물질은 인화성이 강하여 폭발 또는 화재에 처하여 사용상 위험을 수반하기 쉬운 점이 있었다. 클로로피크린은 이런 걱정은 절대 없고, 사용법은 간단하며, 또 그 효력도 전자의 7배 정도 강력한 것이다. 훈증실(燻蒸室)은 공기의 출입을 차단하기 위해 문지방 틈을 막고, 넓적하고 얕은 접시에 약액(藥液)을 넣어 방치하면 좋을 것이다. 보통 1,000입방척에 대해 1파운드(450g으로 약 270cm^3)의 비율로 3주야(晝夜)를 방치시키면 충분할 것이다. 아울러 온도가 낮은 때, 즉 화씨 70도 이하의 때는 전기(前記)의 2~3할을 늘리거나 또는 1~2주야 길게 훈증해야 한다. 온도가 낮기 때문에 증발이 완만한 때는 용기의 아래부터 따뜻하게 하는 것도 한 방법이다. 훈증이 끝나면 환기하여 가스를 방출한다. 이 가스의 연초에 대한 해는 금일에서는 그다지 인정되지 않는다.

(3) 염화아세토페논(chloroacetophenone; $C_6H_5COCH_2Cl$)

이것은 최루제로서 일시적인 것이어서 시간이 경과하면 자연히 일상 상태로 돌아가는 것이다. 앞의 2개와 비교하면 그 힘은 약한 것이다. 본 품은 최루탄을 만들어 상시호신용, 경찰용, 기타에 사용되어 충분한 효과가 있었고, 장래 형사 상 등에는 상당히 응용되게 될 것이다.

3) 최체제(催嚔劑)

본제(本劑)는 코와 목구멍의 점막을 자극시켜 재채기 및 구토를 일으켜서 전투력에 장애를 입히는 것이다.

(1) 디페닐염화비소(dichlorophenylarsine; $C_6H_5Cl_2As$)

자극성 취기가 미미하게 있다. 그 효력은 공기 $1m^3$ 중 12mg으로, 1분 간 이상은 견딜 수 없다고 하는 것이다.

(2) 디페닐아민염화비소(diphenylchlorarsine; $C_{12}H_9AsClN$)

이것은 보통 애덤자이트(adamsite)라고 부르고 있다. 이 명칭은 미국의 애덤스(R. Adams) 박사가 발견했기 때문에 동씨(同氏)의 이름을 채택해 붙였던 것이다. 독성은 전자보다 약간 약하고, 공기 $1m^3$ 중 5mg으로 1분 간 이상은 견딜 수 없다고 하는 것이다.

4) 미란제(糜爛劑)

독가스 중에서 가장 무서운 것으로 피부를 진물게 하고 눈과 호흡기를 침해하는 것으로서, 그 독성은 강하며 지구성도 긴 것이 많다.

(1) 유화이염화(硫化二鹽化)디에틸(Mustard gas; $(C_2H_4Cl)_2S$)

이것은 통상 '이페리트(Yperit)'라고 불리고 있다. 이 명칭은 이퍼르(Ypres) 전선에서 1917년 9월에 독일군이 처음으로 사용하여 연합군은 다대한 손해를 입었던 것으로, 그 지명을 채택하여 '이페리트'라고 한 것이다.[199] 겨자 냄새가 나는 액체로서, 이것을 가스로 해서 사용하는 것인데, 피부에 접촉되면 수포를 발생시켜 진물게 하거나, 또 다른 한편 호흡기를 침해하여 폐부종증(肺浮腫症)을 일으킨다고 한다. 기화된 것은 공기의 중량의 약 5배가 되고, 그 효력은 $1m^3$ 중 70mg의 농도에서 30분이면 죽음에 이르게 한다는 것이다. 아울러 이

---

[199] 제1차 세계대전이 한창인 1914년 10월경부터 영국·프랑스 등 연합군과 독일군 양군은 알프스 북단 끝부터 북해에 이르기까지 각자 철조망을 설치하고 참호를 구축하였다. 전쟁의 양상이 기동전이 아닌 진지전으로 돌입하게 된 것이다. 이러한 상황 속에서 양군은 적진을 돌파할 수 있는 신무기 개발에 매진했고, 이때 등장한 대표적 신무기 중의 하나가 독가스였다. 놀랍게도 독가스를 처음으로 개발한 인물은 1918년 노벨 화학상 수상자이기도 한 독일의 과학자 프리츠 하버(Fritz Haber)였다. 벨기에 플랑드르 지역에 위치한 이퍼르(Ypres)는 당시 독일군이 처음으로 독가스를 사용한 곳이다. 1915년 4월 22일, 독일군은 프랑스와 캐나다 연합군 진영으로 염소가스(Chlorine Gas)를 살포했다. 이 한 번의 공격에 연합군 1만 5,000명이 중독됐고, 그 가운데 5,000명이 사망했다. 이후 연합국도 독가스를 전쟁에 사용했다. 이 도시의 이름을 딴 이페리트(Yperite)로 불리는 머스터드 가스(Mustard Gas)가 처음 사용된 곳도 이퍼르 인근이다.

가스가 지상에 산포되는 때는 수일 내지 십수 일 간 지구력이 있다는 것이다.

(2) 염화비닐염화비소(Dichloro(2-chlorovinyl)arsine; $C_2H_2AsCl_3$)

이것은 보통 '루이사이트(Lewisite)'로 불리고 있다. 그 명칭은 미국인 루이스(Winford Lee Lewis) 대위가 군용가치를 인정한 것에 따른 것이다. 이 물질은 특이한 자극성 악취가 있는 액체로, 그 효력은 전자보다 조금 강한 정도이다. 특히 호흡 후 비소(砒素) 중독을 일으킨다고 한다. 그 독성은 공기 $1m^3$ 중에 48mg의 함량으로 30분 만에 죽음에 이르게 한다는 것이다.

이상은 염소화합물에서 군용 독가스의 대표적 공지(公知)의 것인데, 군부 당국에서는 연구에 연구를 거듭하여 여러 종류의 독가스의 제조에 노력하고 있는 것이다. 대체로 공지의 독가스는 가령 독성은 강한 동시에 이미 예방방법, 즉 흡수제·중화제를 고안하였다. 실전에 당해서 효력을 감퇴시키거나 혹은 무효로 만들기 위함이다.

4. 독가스 이외의 군용 염화물

독가스 이외의 것으로는 연막제 및 화약이 있다. 연막은 실전에서는 상당히 도움이 된다는 것은 말할 필요도 없고, 항공기의 이상의 발달을 보이는 근대전에서 그 정찰의 방해, 기타 군사행동을 용이하게 하게 하는 점에서 필요불가결한 물질이란 것은 중지의 바일 것이다. 염화물의 연막제로서는 사염화티타늄($TiCl_4$), 사염화규소(四鹽化硅素: $SiCl_4$), 육염화에탄(C_2Cl_6)이 보통 사용되고 있다.

다음으로는 화약이다. 화약을 일반적으로 정의하면 불안정한 평형상태로 결합된 고체 또는 액체에서 경미한 교란작용으로 화학변화를 일으켜 원용적(原容積)에 비해 상당히 다량의 가스를 발생시키면, 이 가스는 화학 변화로 일어난 열에 의해 다시 팽창되는 것이다. 화약을 나누면 다음과 같은 모습이다. 본고의 목적은 염소 관계의 것을 기술하는 것이기 때문에, 아래 표의 혼합화약 중에서 염소를 사용하는 것에 대해 간단하게 기록하면 다음과 같다.

화약	혼합화약		초산염혼합화약
			염소산염 및 과염소산염폭약
			액체공기폭약
	화합화약 (나이트로화약)	초산화합화약	초산에스테르(nitrate ester)
			나이트로화합물(nitro compound)
			기타

염소산염(鹽素酸鹽)을 사용한 화약에는 코멧화약, 바소렛화약 등이 있는데, 이것들은 염소산칼륨(鹽素酸加里)에 송진 또는 설탕, 페로시안화칼륨, 모노나이트로나프탈렌, 피크린산(Picric acid) 등을 배합한 것이다. 과염소산염(過鹽素酸鹽) 폭약은 과염소산암모니아 또는 칼륨을 주체로 하여 초산(硝酸)암모니아, 규소철(硅素鐵), 니트로톨루올, 기타의 물질을 더한 것이다. 화약은 현금(現今)에서는 대부분 연구를 다하여 현재 이상의 발달을 바라는 것은 희박한 일이다.

5. 독가스와 방호(防護)

독가스는 전술한 바와 같이 대부분 염소화합물이어서 이것의 방어에도 역시 화학약품이 사용되고 있다.

방호제(防護劑)를 크게 나누면 중화제, 흡착제, 여과제로 하는 것이 가능한데, 이것들은 독단으로 사용하기보다도 함께 사용하는 방법이 유효하다. 중화제는 독가스를 중화시켜 무해하도록 사용하는 것이다. 가스의 성질에 따라 각각 달리하는 것이 있지만, 보통 사진현상에서 잘 알려진 차아황산소다(次亞硫酸曹達), 흔히 '하이포'라고 하는 것과 가성알칼리, 예를 들어 가성소다, 칼륨, 그리고 물이 사용되고 있다. 흡착제는 독가스를 흡수하여 그것을 무해하게 하는 것으로, 여기에는 활성탄소가 가장 많이 사용된다. 활성탄소의 흡착성 이용은 제당공업(製糖工業) 상 탈색과 기타 제약공업에, 의약으로서 '챠콜(charcoal)' 등으로 칭해지는 정장제(整腸劑)로서 상당히 응용의 폭이 넓은 것이다. 여과제로서는 약품이 아니라 주로 '펠트(felt)'류를 사용하여 공기를 여과시키고, 입자상(粒子狀) 유해물의 감소를 목적으로 하는 것이다.

다음으로 클로로피크린(chloropicrin)의 취급상 주의해야 할 점을 참고로 서술하자면 다음과 같다. 클로로피크린은 눈을 자극하기 때문에 수중안경을 끼고, 또 가스는 유해하기 때문에 입, 코에는 마스크를 사용해야 함은 물론, 마스크의 내측에 올리브유와 소량의 글리세린을 혼합한 거즈를 삽입해야 방어할 수 있다. 만일 이 증기를 흡입할 시에는 심호흡을 멈추고 탄산수를 마시면 좋다.

6. 결론

이상 서술한 바와 같이 식염의 국가적 사명이 확인된다. 공업상, 국방상 어떻게 중요한지를 충분히 이해했을 것으로 생각한다.

이번의 매염 문제(賣鹽問題)도 이러한 견지에서 국가적 중대사건이어서, 사회의 전 시청을 모은 커다란 쇼크를 주었던 일도 수긍할 수 있을 것이다. 대체로 현대의 전쟁은 전술한 것과 같이 과학전이어서 세계 각국이 그 연구에 평온한 날이 없다고 하는 모양이다. 독가스, 화약, 항공기, 정밀기계, 무전, 연료 등등, 기타 모든 과학의 종합연구는 실로 상상하고도 남음이 있는 바일 것이다.

독일이 제1차 세계대전에서 선전포고한 것은 화학병기의 완성에 따라 빌헬름 황제로 하여금 결의하게 된 결과라고도 칭할 수 있다는 것은 소식통이 말하는 바이다.

만주사변 발발 이후 바야흐로 1년 반, 제네바의 국제연맹회의도 의견의 차이에 따라 우리 제국은 부득이하게 그것과 헤어지는 데에 이르게 되었고,[200] 또한 세계적 불황은 날이 갈수록 심해져서 각국은 호시탐탐하는 폭풍 전의 침묵에 때를 맞이한 정세이다. 이번 가을을 맞

---

[200] 1931년 9월 남만주철도의 일부를 폭파한 류탸오후(柳條湖) 사건이 발발하자, 중국은 곧바로 국제연맹에 일본을 제소하였다. 뒤이어 미국은 만주사변의 책임은 일본에 있다고 선언했고, 1932년 1월 7일엔 만주 사태에 대한 불승인 방침을 천명한다. 국제연맹 역시 1931년 12월 10일 만주사변에 대한 실지조사단 구성을 결의해 영국의 리튼(Victor A. G. B. Lytton) 백작을 위원장에 임명하였다. 리튼 백작은 4개월간의 조사를 통해 '리튼 보고서(Lytton Report)'를 국제연맹에 제출한다. '리튼 보고서'에서 리튼은 일본이 '9개국 조약'을 위반했다고 말하며, 이에 따라 만주에 지방적 자치정부를 설치해 비무장지대로 할 것을 제안했다. '리튼 보고서'는 1933년 2월 24일 국제연맹 총회에서 42 대 1(1은 일본)로 채택됐다. 당시 전권대표였던 마쓰오카 요우스케(松岡洋右)는 마지막 연설에서 "만주 문제는 일본인의 생사가 달려있는 도저히 양보할 수 없는 사활적 문제"라고 말하며 회의장을 박차고 나왔다. 이후 일본은 1933년 3월 27일에 정식으로 국제연맹의 탈퇴를 통보한다.

아 국방에 마음을 기울이고, 화학공업의 발달에 노력함으로써 국가 유사의 때에 후방의 소임을 다하겠다는 결심과 준비를 갖추어야 한다.

〈자료 199〉 제염공업을 말하다

- 원제목: 製鹽工業を語る: 附朝鮮鹽工業の將來
- 작성자: 朝倉昇
- 출전호수: 《專賣の朝鮮》제145호
- 간행일: 1936년 12월
- 발행처: 조선전매협회(朝鮮專賣協會)

▲ 내지(內地), 외지(外地)를 통해서 우리나라는 식료염 조차 부족하다. 공업염의 내지 수입 수량은 대장성 전매국의 결정에서는 1936년도(昭和 11)에 14억 3,370만 톤이다. 작년에 비하여 2억 4,937만 톤이 증가하였다.

내지의 공업염 수이입 수량
(단위: 톤)

1932년(昭和 7)	440,739
1933년(昭和 8)	732,559
1934년(昭和 9)	1,026,000
1935년(昭和 10)	1,234,000

공업염 수입산지별 수량, 가격(1934년)

수입산지	수량(톤)	가격(단위: 千원)
관동주염	95,635	1,339
만주국염	111,182	1,397
청도염	126,657	1,588

소계	333,476(32.5%)	
이집트염	150,370	2,068
이탈리아령 소말릴란드	208,057	2,693
프랑스령 소말릴란드	14,299	193
에르트레아	174,495	2,267
소계	562,348(54.8%)	
에스파냐	54,498	741
네덜란드령 자바	46,883	597
샴	4,834	53
이라크	1,537	20
미국	21,772	309
독일	1,158	34
폴란드	19	1
총계	1,026,529	13,507

수이입염 산지별 수량 (단위: 톤)

수이입산지	1936년(昭和 11)	1935년(昭和 10)
대만염	89,000	15,000
관동주염	167,263	166,361
청도염	206,600	148,077
만주염	126,900	100,000
프랑스령 인도지나	57,000	-
에르트레아	111,530	260,640
이탈리아령 소말릴란드	196,114	151,897
이집트	134,363	178,650
스당	8,000	-
영국령 아덴	15,000	23,000

스페인	23,100	72,000
미국	36,000	36,000
독일	1,200	1,000
터키 및 기타	86,300	-
계	1,483,370	1,234,000

우리나라의 공업염 소다공업의 원료로서는 이상의 내지로의 수이입 수량 외에, 조선에서의 공업염의 수입은 노구치(野口)계의 표백비누용으로서 연고(年高) 약 2,500만 톤, 즉 약 4,000만 근의 수입이 있다.[201]

공업염의 수이입은 매년 100만 톤 내지 150만 톤, 즉 16억만 근 내지 24억만 근이다. 1,600만 원 내지 1,700만 원이다. 1934년(昭和 9)은 102만 6,000여 톤으로, 1,350만 7,000여 원이었다.

▲ 소다공업은 비상시 공업으로서 중요한 공업이다. 일조(一朝) 유사시에는 원료의 수입이 어려운 점도 생각하지 않으면 안 된다. 어쨌든 간에 공업염의 어느 정도의 자급책이 수립되지 않으면 안 된다. 소다공업이란 것은 염화나트륨, 즉 염을 원료로 하여 그 성분인 나트륨 및 염소를 이용하여 제종(諸種)의 화학약품을 제조하는 공업이다. 나트륨을 이용하는 제품은 소다회, 가성소다, 황산나트륨(芒硝), 황화나트륨, 중탄산나트륨 등이다. 염소를 이용하는 제품은 염산, 표백분, 차아염소산염(次亞鹽素酸鹽), 염소산염(鹽素酸鹽) 등이다. 그 주된 것은 인조섬유공업에 다량으로 사용되는 가성소다와 소다회이다. 이 양자는 황산과 더불어 화학공업의 기초를 이루는 것이다. 또한 비상시에 있어서는 화약제조용 원료로서 매우 중

---

[201] 노구치(野口)계는 1908년 노구치 시타가우(野口遵)가 규슈 지방에 설립한 일본질소비료(주)를 모체로 한 신흥재벌 '일본질소 콘체른'을 말한다. 도쿄제국대학 전기공학과를 졸업한 노구치는 1923년 일본에 암모니아 합성공장을 설립했다가 사업 기반을 조선으로 옮겼다. 1927년 조선질소비료(주)를 설립하고 흥남에 공장을 건설한 뒤, 이를 모기업으로 삼아 조선을 대륙침략의 병참기지로 삼으려는 일본 군부와 결탁하여 군수산업 전반으로 사업 영역을 확장했다. 장진강·부전강·수풍 발전소와 조선화학(주), 조선마그네슘금속(주), 조선석탄공업(주), 조선금속제련(주) 등이 '일본질소 콘체른'의 산하 기업이었다.

요한 공업이다. 가성소다의 제조 방법은 전해식(電解式)[202] 외에, 르블랑법,[203] 암모니아법[204]의 3법이 있다. 전력요금까지도 싸게 먹힌다면 전해식이 가장 생산비가 싸다. 결국은 전력비의 문제이다. 우리나라의 소다회사는 전해식이 많다. 또한 금후에 노리는 것도 전해식이다. 염에 물을 더하고, 이것을 전기조(電氣槽)에 넣어서 전기를 연결하면, 양극에서 염소가스, 음극에서 수소가스를 발생시킨다. 그리고 나면 가성소다가 남는 것이다. 현재의 소다회사 중에 전해식에 의한 것은 아래의 총 11사(社) 13공장이다.

- 대일본인조비료회사(大日本人造肥料會社) 오지(王子)공장
- 아사히전화공업회사(旭電化工業會社) 오쿠(尾久)공장
- 일본소다회사(日本曹達會社) 니혼기(二本木)공장, 다카오카(高岡)공장
- 북해소다회사(北海曹達會社) 후시기(伏木)공장
- 호도가야소다회사(保土ヶ谷曹達會社) 가나가와(神奈川)공장
- 동해소다회사(東海曹達會社) 나고야(名古屋)공장
- 오사카소다회사(大阪曹達會社) 오구라(小倉)공장, 아마가사키(尼崎)공장
- 남해쇄분(南海晒粉) 와카야마(和歌山)공장
- 쇼와소다회사(昭和曹達會社) 나고야(名古屋)공장
- 일본질소회사(日本窒素會社) 노베오카(延岡)공장
- 조선질소회사(朝鮮窒素會社) 흥남(興南)공장

---

[202] 전기산업의 성장을 배경으로 20세기에 등장한 소다 제조법이다. 미국의 공업화학자 해밀턴 캐스트너(Hamilton Young Castner, 1859~1899)가 발명했다. 당시 식염수 중에 전극을 넣어 전기를 통하면 양극에는 염소가, 음극에는 수산화나트륨과 수소가 생기는 것은 잘 알려져 있었다. 그러나 수산화나트륨(가성소다)만을 분리할 수는 없었다. 캐스트너는 수은을 넣은 전기분해법을 발명함으로써 이 문제를 해결하고 전기분해법을 완성시켰다. 오늘날 소다 제조는 거의 이러한 전기분해법으로 통일되었으나 수은중독이라는 새로운 공해 문제를 발생시켰다.

[203] 르블랑법(Leblanc process)은 식염에서 소다를 제조하는 방법으로, 상온에서 소금에 황산을 작용시키는 단계, 황산수소나트륨과 소금을 적열(赤熱) 상태에서 반응시키는 단계, 황산나트륨에 석회석과 석탄 또는 코크스를 섞어서 고온에서 반응시키는 단계의 3공정으로 이루어졌다. 프랑스 화학기술자 니콜라 르브랑(Nicolas Leblanc)이 발명하여 1791년에 특허를 받았고, 본격적인 공업화가 이루어진 것은 1823년 영국에서였다.

[204] 1866년 벨기에 화학자 E. 솔베이(Ernst Solvay)가 창시한 방법으로 '솔베이법'이라고도 한다. 암모니아를 흡수시킨 식염수에 석회석을 소성하여 얻은 이산화탄소를 흡수시켜 탄산수소나트륨을 석출시킨 후, 이를 여과·가소하여 소다회를 만든다. 이 방법의 특징은 황산 대신에 암모니아, 이산화탄소 등을 순환시켜 사용한다는 점에 있다.

1935년(昭和 10) 말의 생산능력은 소다회 약 30만 톤, 가성소다 약 17만 톤이다. 암모니아식은 총 생산설비의 6할 3푼에 달하고 있다.

금년에 들어서 아사히글라스(旭硝子)회사, 일본소다(日本曹達)회사, 기타에서 각각 증산계획을 가져서 이미 수급이 가득 찼기 때문에 인조섬유공업의 현격한 증산이 없는 한, 생산과잉의 정황이다. 암모니아법에 의한 공장은 아사히글라스회사, 도쿠야마소다(德山曹達)회사(전 일본소다공업)의 도쿠야마 두 공장 및 대일본인조비료(大日本人造肥料)회사 오노다(小野田) 공장이다. 제품의 품질은 좋다. 암모니아법은 소다회 1톤을 생산하는 데에 공업염이 1.8에서 2톤을 필요로 한다. 1929년(昭和 4) 말부터 1930년(昭和 5)의 장려보조시대에는 소다회 1톤의 생산비가 약 90원이었던 것이 현재에는 약 60원이다.

우리나라 소다회의 수급
(단위: 톤)

연도	생산고	수입고	수출고	공급고
1929년(昭和 4)	43,585	79,117	-	122,602
1930년(昭和 5)	57,235	65,206	-	122,441
1931년(昭和 6)	93,244	54,336	-	147,580
1932년(昭和 7)	134,802	46,434	-	181,236
1933년(昭和 8)	202,135	46,447	-	247,616
1934년(昭和 9)	202,291	37,159	15,402	224,028
1935년(昭和 10)	198,307	38,308	30,521	206,094

생산고는 상공성의 공장통계에 따랐다. 1934~1935년은 어림수(槪數)이다.

우리나라 가성소다의 수급
(단위: 톤)

연도	생산고	수입고	수출고	공급고
1929년(昭和 4)	57,382	42,387	22	99,549
1930년(昭和 5)	34,738	37,591	17	72,312
1931년(昭和 6)	48,536	41,595	10	90,121
1932년(昭和 7)	75,116	28,185	2,237	101,064

1933년(昭和 8)	131,709	12,477	5,116	139,070
1934년(昭和 9)	164,834	9,928	12,293	162,469
1935년(昭和 10)	213,319	19,936	17,495	215,739

상공성의 공장통계에 따랐다. 1934~1935년은 어림수이다.

우리나라 표백분(晒粉)의 수급

(단위: 톤)

연도	생산고	수입고	공급고
1929년(昭和 4)	50,756	3,109	57,647
1930년(昭和 5)	49,471	3,446	46,025
1931년(昭和 6)	45,005	3,514	41,461
1932년(昭和 7)	47,485	2,858	44,627
1933년(昭和 8)	61,142	3,392	57,750
1934년(昭和 9)	64,980	4,247	60,733
1935년(昭和 10)	74,254	6,489	67,765

상공성의 공장통계에 따랐다. 1934~1935년은 어림수이다.

소다공업은 1921년(大正 10)부터 100근당 1원 50전의 관세를 부과하여 생산을 보호하였다. 아울러 1929년(昭和 4) 11월 1일부터 4개년간 기설공장에 장려보조를 하여 사업을 보호하였다.

- 제1년도: 42만 7,000원
- 제2년도: 47만 0,000원
- 제3년도: 28만 8,000원
- 제4년도: 중지

우리나라의 소다공업은 상당히 발달하여 현재에는 공급과잉이 되었다고 하는 상황이다. 생산비가 싼 제품을 만들지 않으면 안 되는 시대이다.

표백분은 9년(1934) 봄에 4원 70전(45kg)이었던 것이 본년에 들어서 3원대로 떨어졌고, 작년은 2원 15전가량이었다. 실로 5할 4푼의 격락(激落)이다. 가성소다도 암모니아소다공업의 진출로 상당히 증산되어 생산과잉의 경향이 있다. 11원부터 12원 50전(100kg)의 시세이다. 암모니아법에 의한 제품은 1933년(昭和 8) 가을 27원대였다. 최근은 11원 80전이라고 하는 저가를 보인다. 5할 8푼의 하락이다. 전해법 제품도 1933년(昭和 8)경의 반값이 되어 11원대로 하락하였다. 이것은 브루너 몬드(Brunner Mond)[205]를 맹주로 하는 ICI(Imperial Chemical Industries)[206]의 일본 시장에의 덤핑도 있다. 동사(同社)는 유럽에서 20원대인 것을 12원 남짓으로 우리나라에게 덤핑하고 있다. 채산(採算)을 깨고 있는 것으로 추측된다. 이런 하락으로 생산비 인하의 경쟁이나 판매통제의 기운이 짙어지고 있다. 특히 표백분은 생산과잉이다. 표백분 제조 11사(社)는 표백분(晒粉)연합회(현재는 共販會社)를 조직히여 공동판매, 생산제한을 실행하고 있다. 가장 유력한 맹주사(盟主社)로서 조선질소(朝鮮窒素)회사 및 아사히벰베르크(旭ベンベルグ) 노베오카(延岡)공장이 있다. 여기에 노구치(野口)계에서 비교적 싸게 표백분을 시장에 내놓았기 때문에 업계는 놀라고 있다. 어느 쪽에 의해서도 공판(共販)조직이나 판매협정으로 업계의 명랑화(明朗化)를 꾀하고 있는 듯하다. 표백분은 유효 염소 32~38%를 포함하여 펄프의 표백, 면사포의 표백에 주로 쓰인다. 음료수의 살균, 수영장(pool)의 소비 등에도 사용되기에 이르렀다. 용도는 증가하지만 생산도 증가하였다. 생산 제한이 필요한 영역이다.

가성소다의 시장 (100kg 도매)(다이아몬드 24~28호에 의함)

연도	최고(円)	최저(円)	평균(円)
1933년(昭和 8)	27.78	22.00	25.98

---

[205] 존 브루너(John Brunner)와 루드빅 몬드(Ludwig Mond)가 1873년 영국에서 설립한 화학회사이다. 영국의 대표적인 소금 산지인 체셔(Cheshire)의 노스위치(Northwich)에서 1874년 처음으로 암모니아법에 의한 소다회를 생산했다.

[206] ICI는 1926년 12월, 영국의 4대 화학기업인 브루너 몬드(Brunner Mond), 노벨화약(Nobel Explosives), 유나이티드 알칼리(United Alkali Company), 브리티시 염료(British Dyestuffs Corporation)가 합병하여 출범한 영국 최대의 종합화학회사다.

1934년(昭和 9)	22.00	17.80	19.48
1935년(昭和 10)	17.80	15.80	16.80
1936년(昭和 11) 1월	15.80	15.30	15.56
1936년(昭和 11) 2월	15.30	15.30	15.30
1936년(昭和 11) 3월	15.30	14.20	14.52
1936년(昭和 11) 4월	14.20	14.20	14.20
1936년(昭和 11) 5월	14.20	12.80	13.72
1936년(昭和 11) 6월	12.80	11.80	12.03

▲ 조선에서는 장래 소다공업은 흥성하는 시대가 될 것이다.

요컨대 싼 값의 전력 공급 여하의 문제이다. 현재 조선질소회사에서는 표백분 연산이 약 3만 상자(1상자 45kg)이다. 노구치계 조질(朝窒)에서는 소다공업계의 호전에 의해서, 풍부하고 값싼 전력, 발전비 5리 내지 6리로 칭해지는 전력으로 적극적으로 진출할 것이다. 60만 kWh의 발전력을 가진 노구치계의 수력권리(水力權利)를 유효하게 활용하는 시대에는 아마도 소다공업, 공업염의 문제도 생각해야 할 것이다. 요점은 시가의 호전과 인조섬유공업의 진전이 사업 확장의 장래를 약속하는 문제이다.

<노구치계(野口系) 발전력>
- 장진강수전(長津江水電): 32만 5,000 킬로와트시(kWh)
    제1기 3만 6,000 킬로와트 발전기 3대, 기설 11만 9,000 킬로(k)
- 부전강수전(赴戰江水電): 15만 킬로와트시(kWh)
- 황수원강수전(黃水院江水電): 22만 킬로(k)
    약 60만 킬로와트시(kWh)

소다공업은 암모니아법도 있지만, 전해법이 발전하는 추세이다. 결국 싼 전력과 싼 원료염을 얻는 데에 있다. 이 두 가지 문제가 해결될 수 있다면 조선에서도 도모될 수 있을 것이다. 3만kWh의 전력을 써서 1톤의 생산이 가능한 알루미늄공업에 있어서는 저렴한 전력의 여하는 생산비의 대부분을 결정한다. 일본알루미늄회사의 만전(灣電)과의 계약 전력료는 1kWh 5리, 일만(日滿)알루미늄회사의 아이모토(愛本)발전소로부터의 매전(買電)은 1kWh 4리 5모, 덴코(電口)회사의 사용전력은 4리 내지 5리 남짓이다. 일본소다회사가 니가타(新潟)현 니혼기(二本木)공장에서 사용되고 있는 전력은 화력발전은 기설 설비 3,600kW로, 다시 900kW의 증설 중이다. 보일러는 최신식의 밥콕(Babcock)으로, 40기압으로 높은 것을 2.5로 내리는 장치이다. 최초의 증기를 발전에 이용하여, 여열(餘熱)을 소다액을 끓이는 데에 쓰고, 그 나머지의 폐열(廢熱)을 건조로 돌리는 구조이다. 수력(水力)은 야시로가와(矢代川)를 이용하고, 제1수력 1,300kW, 제2수력 2,700kW, 제3수력 4,000kW는 본년에 가득 완료하였다. 그 발전비는 10개년 상환으로, 1kWh 6리 남짓이다. 가네가후치(鐘淵)방적회시도 본격적으로 조선의 섬유공업에 올라타게 되었다. 신의주부(新義州府)에 인견(人絹)펄프공장, 평양에 인견공장(人絹工場) 설치 계획을 결정하였다. 오지(王子)제지회사계의 북선(北鮮) 길주(吉州)의 조선제지화학회사(朝鮮製紙化學會社)는 낙엽송으로써 원료로 하였고, 아울러 가네보(鐘紡)는 1년생 갈대(葦)로써 펄프를 제조하는 것으로 하고 있다. 압록강의 갈대는 약 1,000만 관(貫), 즉 약 1만 6,000톤 내지 1만 7,000톤의 펄프를 생산할 수 있다. 신의주의 제1기 공장은 1만 5,000톤이 생산목표라고 전해지고 있다. 인조섬유공업에서는 펄프원료와 거의 동량(同量)의 가성소다와 황산을 필요로 한다. 염을 원료로 한 소다공업이 종합적으로 고구(考究)되어야 한다고 생각한다. 종방이 인조섬유공업용 약품의 자급을 노리는 것 같다. 그러나 소다공업제품의 하락으로 일시 중지하였다고 전해지고 있다. 종방의 조선, 만주의 펄프 생산은 갈대를 원료로 하여 약 5만 톤으로 추산되어진다. 우리나라 펄프 수요인 약 30만 톤(1936)의 6분의 1이다. 물론 대규모로 평양공장에서 인조섬유공장을 계획하고 있을 것이다. 일산(日産) 10톤이 최소한이고 경제공상으로서 일산 30톤, 연산 1만 1,000톤이 제1기 계획인 것으로 전해지고 있다. 종방의 경우는 소다공업제품 가격의 여하에서는 장래 약품 자급을 기도하고 있을 것이다. 조선의 공업염도 원료로서 고구되어져야 할 것으로 생각한다. 이것은 종방으로 본 공업염 제조의 전망이지만, 현재 아사히벰베르크 노베오카공장은 약품 자급으로 1상자(100파운드)당 생산비를 10원으로도 인하하고 있는 예도 있다. 현재 인견(人絹) 각사(各社)의 1상자당 생산비는 55원 내지 56원이다.

▲ 조선의 식료염 수요는 약 5억 7,000만 근 내지 5억 8,000만 근이다. 1939년(昭和 14)까지에 염전 면적 4,676정보가 완성되고, 완전한 숙전(熟田)이 되면 약 5억 7,000만 근의 생산으로 자급자족이 가능하나 내지(內地)에 있어서는 장래 염전 확장의 여지가 없다. 현재 1935년(昭和 10)의 생산은 내지는 6억 432만kg, 조선은 2억 7,378만 1,000kg이었다. 조선에서는 1억 9,095만 8,000kg의 수이입이 있었다.

조선에서의 염의 수요 (단위 1,000kg)

연도	생산고	수이입고	공급고
1931년(昭和 6)	146,322	192,436	338,758
1932년(昭和 7)	213,445	185,049	398,495
1933년(昭和 8)	201,924	186,850	388,774
1934년(昭和 9)	142,717	170,363	313,081
1935년(昭和 10)	273,781	169,727	443,518

비고: 《專賣統計要覽》 참조

내지에서의 염의 수요 (단위 1,000kg) 《專賣統計要覽》 참조

연도	생산고	수이입고	수이출고
1926년(昭和 원년)	613,913	241,388	-
1927년(昭和 2)	618,941	240,120	-
1928년(昭和 3)	637,694	281,245	-
1929년(昭和 4)	643,948	335,497	-
1930년(昭和 5)	628,534	373,162	-
1931년(昭和 6)	521,125	454,170	-
1932년(昭和 7)	572,497	638,384	-
1933년(昭和 8)	630,705	925,642	-
1934년(昭和 9)	676,175	1,229,360	-
1935년(昭和 10)	604,320	1,183,589	-

비고: 공업염도 포함한 전체의 염의 공급고이다.
　　《專賣統計要覽》 참조

1935년(昭和 10)에 있어서는 내지에서 118만 3,000여 톤, 조선에서 16만 9,000여 톤의 수이입이 있었다. 그것은 약 1,700여만 원이다. 내지에서 200만 톤, 조선에서 50만 톤의 염의 수요에 대해, 조선·내지에서도 식료염의 자급을 세웠음에도 장래 공업염 130만 톤 내지 150만 톤을 어떻게 공급할 것인가가 문제이다. 대장성에서 내지, 외지, 만주국의 경제블록권 내의 관계자가 10월 27일부터 회동하여, 공업염의 자급책에 대해서 고구할 단계가 되었다. 내지의 수이입염 약 130만 톤, 가격 약 1,500만 원은 외지 및 북지(北支) 약 60만 톤, 홍해(紅海) 방면 약 65만 톤이다. 장래 홍해 방면의 수입을 가능한 한 적게 하고, 대만, 관동주 방면에서 공급을 받아 경제블록 내에서 자급책을 세울 방침인 것 같다.

  만주 및 관동주의 공업염은 통제회사인 만주염업주식회사(滿洲鹽業株式會社)가 생산과 공급을 맡는 것으로 되어 있다. 자본은 500만 원이고, 4분의 1 불입이다.

  주식 할당은 다음과 같다.

- 만주국 정부   125만 원
- 만철(滿鐵)   100만 원
- 일본염업(日本鹽業)   160만 원
- 아사히글라스(旭硝子)   30만 원
- 도쿠야마소다(德山曹達)   30만 원
- 만주화학공업(滿洲化學工業)   25만 원
- 동척(東拓)   10만 원
- 소다표백분동업회(曹達漂白粉同業會) 가맹 5사(표백분판매회사, 화학염업, 호도가야소다, 쇼와소다)
                                                      20만 원

  1933년(昭和 8)의 가을경부터 국방상 또는 소다공업의 발전을 기하는 상에서 원료염을 일만(日滿) 블록권 내에서의 자급자족으로 하는 계획이 관동군(關東軍) 특무부(特務部)를 중심으로 세워졌다. 이 계획이 진행되어 1934년(昭和 9) 1월의 성안(成案)에서는 15개년 계획에 따라 연산 60만 톤의 원료염을 생산하여 우리나라에 수출하고 우리나라 공업염의 자급을 도모하는 일이 되었다. 연구 결과 사업 개시 후의 출자자에게의 배당 가능을 예상하였고,

8개년 계획에 따라 3,600정보의 염전을 개설, 연간 약 17만 톤의 생산을 이루는 것으로 하였다. 제1기 4개년 계획으로 1,400정보, 생산비는 톤당 24만 원의 예상이다. 생산은 17만 톤, 사외(社外) 매상(買上) 11만 6,000톤이 더해져 28만 6,000톤을 우리나라에 수출할 예정이다. 이는 130만에서 140만 톤을 필요로 하는 우리나라 공업염의 일부에 불과하다. 북지(北支)의 염은 장래 공업염의 공급선으로서, 북지 경제의 원조, 일만·북지블록의 입장에서 중시해야만 한다. 그 생산량은 자세하지는 않지만 약 10억 근에 가깝다. 13억 근을 돌파하여 전 지나 산염(支那産鹽) 37억 5,000만 근의 3분의 1 이상이다. 북지의 산지(産地)는 하북성(河北省) 임유(臨楡: 山海關)에서 산동성(山東省) 해풍(海豐)에 이르는 장로염(長蘆鹽), 산동성 해풍에서 일조(日照)의 남부에 이르는 청도염(靑島鹽)이다. 현재는 춘계(春季)에만 제염한다. 그러나 춘·하·추를 통해 제염을 행하는 것으로 하면, 현재의 설비로 20억 근의 생산은 가능하다. 적극적 증산계획을 진척시킨다면 50만 톤에서 60만 톤의 생산이 가능한 것이다. 북지염(北支鹽)의 장래는 크게 유망하다. 현재 40만 톤의 체화(滯貨)가 있고, 북지 경제 원조의 의미에서 장로염이 8월부터 5~6만 톤을 만들어 수입하면 수입 채산은 충분할 것으로 예상할 만하다. 북지의 제염은 그 가격의 6할에서 7할은 세금이고, 염상인(鹽商人)의 독점이익이 2할, 생산자의 수령액이 1할이라고 하여 생산자가 가련한 실정에 있다. 적극적 생산에는 생산 조직의 문제도 고려해야만 한다. 현재와 같은 관리의 부정이나, 고리대나, 독점적 지위를 악용하는 염상인의 횡행을 고칠 필요가 있다.

　장로염은 원지(原地)의 생산비는 자세하지는 않지만 100근에 15전 정도라는 것이다. 수출세가 100근에 6전, 선적료가 톤당 2원 40전, 천진(天津)-모지(門司) 간의 운임이 톤당 3원이다. 그 품질은 염화나트륨 86~92%를 포함하여 공업염으로서는 상당히 양질의 것이다. 장로염을 공업염으로 이용하는 것은 특별히 싸게 얻어진다. 조선의 현재 염전의 생산비는 산지에서 100근에 약 50전으로, 내지의 식료염 100근에 약 3원에 비해서 비교적 싸다.

　일만북지(日滿北支) 경제블록권 내에서 공업염의 자급자족책을 수립하는 것은 조선의 공업염 생산이 중요한 역할을 하기 때문이다. 조선에서 50만에서 60만 톤의 자급이 가능하지 않다면 현재 수요고의 공급도 어렵다. 서조선(西朝鮮)에는 개척이 가능한 염전이 있다. 조선의 식료염 5억 7,000여만 근의 자급계획 완성 후에도 아직 9,000정보의 염전 가능지가 있다. 그중에 3,000정보를 식료염 제조에 남기면 6,000정보의 공업염 제조의 여지가 있다.

약 5,000 만 톤의 생산이 가능하다.

조선의 천일염 1정보당 생산량

연도	전 염전 평균(kg)	남시염전(斤)
1931년(昭和 6)	59,821	81,525
1932년(昭和 7)	86,275	101,682
1933년(昭和 8)	81,619	123,157
1934년(昭和 9)	53,694	55,691
1935년(昭和 10)	99,374	-

비고:《專賣統計要覽》참조

제염방법의 일대 혁신이 있어서 해수로부터 직접 싸게 채염이 가능해진다면 모를까, 현재의 염전 채염에서는 비교적 싼 북지염이나 외염에 비하여 사업 채산을 얻는 것은 용이하지 않다. 어떠한 방법이든 간에 이것 등의 외염에 대항하는 식으로 염전 경영 전 공정을 통해 채산적이게 하는 것이다. 이것이 기업적 연구 여하는 조선의 공업염 개척의 중대한 열쇠이다. 종방이 적극적으로 인조섬유공업을 조선에서 진척하는 이상, 장래 생산비의 인하를 위해 약품 자급을 계획할까? 소다공업이 조선에서 일으킨 공업염이 생각되는 시대는 가까이에 있다. 일면 소다공업 제품가격의 문제도 관련이 있다. 현 시가와 같이 싼값에서는 약품 자급의 필요도 없을까? 현재의 식료염의 채염에서도 천물(天物)의 이용이라도 단지 염 이외 고즙(苦汁)[207] 등의 부생산물의 유효 이용이 고려되지 않으면 안 된다. 물론 공업염 생산에는 염 이외 부산물의 공업화도 연구하여 사업 전체, 염전의 종합경영에서 채염 코스트를 고구해야만 한다. 1정보에서 몇만 kg 채취하는 것에서 100근의 생산비는 약 50전이라고 하는 공정에서는 만족할 수 없다. 부생산을 근대 화학적 처리로 기다려, 전체의 채산을 봐야만 한

---

[207] 고즙(苦汁, bittern)은 해수로부터 식염을 제조하는 데 있어 식염을 석출(晶出)시킨 후 남은 액을 말한다. 즉 제염의 부산물로서 얻어지는 것으로, 함수 1kg/당 고즙 0.08kg/가 생산된다. 또한 식염을 저장할 때 조해 작용에 의해 생기는 경우가 있다. 흔히 '간수'로도 불리며, 염화마그네슘($MgCl_2$)을 주성분으로 하고 있다.

다. 조선에서도 이런 종류의 공업은 현재의 관업염전의 부생품을 활용하여도 일어 날 수 있다. 요컨대 연료나 동력이 문제이다.

모든 종합적 경영에서 조선의 염전을 경제화하고, 채염 생산비를 싸게 하는 것을 공업염 기업 상 연구해야 한다. 고즙의 이용 등에 따라 내지의 100근당 생산비 약 3원, 조선의 천일염 100근당 생산비 약 50전은 더욱 인하의 여지가 있다는 것이다. 천물을 쓸모없이 만드는 것이 아니라 이것이 활용의 여하에서 코스트를 상당히 인하시키는 것이 가능하다.

▲ 해수는 보메 3도에서 3.4도의 염분을 포함하고 있다. 내지에서는 보메 15도 내지 19도의 염수(鹽水)를 염전에서 채취하는데, 그 생산비는 염수 1석당 16도의 염수가 45전에서 48전이며, 염 1톤을 제조하는 데에 종래의 방법으로는 석탄 1.2톤을 사용한다. 16도의 염수는 해수를 5분의 1로 증발시킨 염수이다. 3도의 염분을 함유한 해수 1석은 16도의 염수 1두(斗) 4승(升)이 된다. 이것을 전오(煎熬)하여 7근에서 7.3근의 식염을 얻는다. 개량된 제염법[개량 카나크식 진공식 병용 증기염염기(蒸氣鹽鹽機)]에서는 석탄이 0.85톤으로 충분하다. 이것으로 인해 상당한 생산비를 싸게 할 수 있다. 석탄은 톤당 6원 정도이고, 노임(勞賃)도 약 6원 정도이다. 1톤의 구매가격은 1등염 43원 90전, 2등염 40원 90전, 3등염 37원 80전이다. 대장성의 표준은 다음과 같다.

- 1등염: 염화나트륨 함유량 100분의 90 이상
- 2등염: 염화나트륨 함유량 100분의 85 이상
- 3등염: 염화나트륨 함유량 100분의 80 이상
- 4등염: 염화나트륨 함유량 100분의 75 이상
- 5등염: 염화나트륨 함유량 100분의 70 이상

염은 보통의 것에서도 고즙(苦汁)을 함유하고 있다. 100분 중에 0.3 내지 0.7의 고즙을 함유한다. 채염 중에 다량의 고즙을 폐기하는데, 이것을 적게 가진 것이 양질의 염이다. 고즙 공업(苦汁工業)을 구체화하여 채염 코스트를 인하하는 것을 생각해야 한다. 고즙의 활용으로 탄산마그네슘, 염화칼륨, 브롬(臭素), 금속마그네슘, 황산마그네슘 등의 제조가 가능하다.

이것을 적극적으로 하기 시작한 곳은 야마구치(山口)현의 우베(宇部)시와 니가카(新潟)현의 나오에쓰(直江津)에 고장을 가진 일만(日滿)마그네슘회사(만철계 자본을 포함)이다. 이화학연구소(里化學硏究所)의 제법을 채택하고 있다. 내지의 염전지(鹽田地)에서 고즙을 가져와 우베의 공장에서 화학공업화하고 있다. 기무라(木村)제약(만주), 치구사(千種)제약(공장 효고현 아코쵸), 후지사와장뇌(藤澤樟腦) 등도 고즙의 공업화를 하고 있다. 조선에서 현재라도 하고 있는 고즙의 화학공업화는 필요하지 않을까? 공업염의 적극적인 생산과 부산물인 고즙의 화학공업화는 잊어서는 안 된다. 1935년(昭和 10) 6월 1일의 《다이아몬드》지에 리켄(理硏)의 오오코치(大河內) 박사[208]가 〈화학공업의 우만식(芋蔓式) 경영법〉이란 제목으로 하여, 화학공업은 이런 경영이 아니면 경제적으로도, 기술적으로도 충분히 그 진가를 발휘할 수 없다고 하고 있다.[209] 조선에서도 공업염 생산-염, 고즙공업, 소다공업 여기까지는 화학공업의 범주-인조섬유공업과 같은 종류와 연관되는 기업으로, 평남북(平南北)의 서선(西鮮) 지역은 중요한 비약을 이루는 시절이 있을 것이라는 것은 가까운 장래이다. 요건은 저렴한 전력이 이런 종류의 기업의 열쇠를 쥐고 있다는 것이 아닐까? 값싼 전력, 값싼 석탄이 얻어진다면 가장 유망한 지역이다. 전기화학공업으로서 알루미늄과 더불어 중요한 군수공업(軍需工業), 신흥공업(新興工業)이다. 값싼 전력이 꼭 필요하다. 물론 마그네슘은 광석에서 채취하는 방법도 있지만, 장래 고즙의 이용이 가장 채산적이 되는 것은 아닐까?

알루미늄은 1톤 시가가 1,600원 정도이지만 마그네슘은 한층 더 경금속(輕金屬)으로서 가치가 있어 고가이다.

금(金) 및 금속 류비듐(rubidium)[210]을 제조하는 것이 공업화되지 않는 이외는 고즙공업으로서 실용화되고 있다.

---

208 오오코치 마사토시(大河內正敏, 1878~1952)는 일본의 물리학자이자 실업가이다. 1903년 동경제대를 수석으로 졸업하고, 유럽으로 유학을 다녀온 후, 동경제대의 교수가 되었다. 1921년 이화학연구소(理化學硏究所) 소장에 취임한 후에 25년간 소장직에 재임하였으며, 귀족원 의원, 내각 고문 등으로 활동하였다. 1945년 패전 후에는 군수산업에 종사하고, 또 원폭제조계획의 책임자였다는 죄명 등으로 A급 전범으로 지명되어 스가모(巢鴨)구치소에서 5개월간 수감 생활을 하였다.
209 '우만식' 경영법이란 화학공업은 마치 고구마 덩굴(芋蔓)처럼 전기, 기계산업 등 관련 산업이 함께 발전해야 한다는 논리이다. 즉, 금속마그네슘공업이 원료부터 완제품까지 일관산업으로 함께 발전해야 한다는 점을 강조한 것이다.
210 루비듐(Rubidium)은 원자번호 37번의 원소로, 리튬(Li), 소듐(Na), 포타슘(K), 세슘(Cs), 프랑슘(Fr)과 함께 1족(1A족)인 알칼리 금속 족에 속하는 무른 은백색 금속이다.

〈자료 200〉 제염공업 재론

- 원제목: 製鹽工業再論
- 작성자: 朝倉昇(평양지방전매국장)
- 출전호수: 《專賣の朝鮮》 제149호
- 간행일: 1937년 4월
- 발행처: 朝鮮專賣協會

　1937년도(昭和 12)의 내지(內地)의 수이입염은 140만 톤 정도이다. 관동주 24만 톤, 만주국 13만 톤, 청도염(靑島鹽) 14만 톤, 장로염(長蘆鹽) 20만 톤, 합계 71만 톤이고, 나머지 69만 톤은 소말릴란드(Somaliland), 에리트레아(Eritrea), 기타의 방면에서 수입할 전망이다. 1934년(昭和 9)은 우리나라 세력권에서의 수이입이 43만 톤으로 전체의 34%, 1935년(昭和 10)도 대략 마찬가지였지만, 일약 50% 이상의 공급 전망이 세워진 것은 참으로 다행스럽다. 13년(1938)에는 70% 공급을 목표로 하여 나가고 있다 하니, 기대가 크다.

　1937년(昭和 12) 말에는 일지청도염조약(日支靑島鹽條約)이 만기가 된다. 이것을 파기하여 내지(內地) 전매국의 10만 톤 수입을 중지하고, 공업염의 수입을 20만 톤 정도로 증가시키는 식으로 현지에서 일본업자가 관계하는 공판회사(共販會社)의 계획이 진행되고 있다. 지둥(冀東) 자치정부 관내 장로염의 내지 수출에 대해서는 장로염의 증산계획에 수반하여 흥중공사(興中公司)를 중심으로 한 탕구운수공사[塘沽運輸公司, 자본금 300만 원, 제1회 불입금 100만 원, 흥중공사·대련기선(大連汽船)·국제운수(國際運輸)·일만창고(日滿倉庫) 등이 참가]의 창립이 진척 중으로, 장로염 20만 톤의 수출을 주목적으로 하고 있다. 도착지는 아사히글래스(旭硝子), 도쿠야마소다(德山曹達), 도우카이소다(東海曹達) 등이다.

　어쨌든 우리나라 경제권 내에 있어서의 염 자급책은 착착 진척되고 있다. 해운계의 호황에 따라서 선상운임이 점점 높아지게 되어 지중해 방면으로부터 수입하는 공업염 가격도 상당히 높아졌다. 1톤에 12원 정도였던 것이 약 6할의 값이 올라 18~19원을 부르고 있다. 우리나라에 근접하는 세력권 내의 생산은 이 점에 있어서도 유리하다. 1톤에 12~13원 정도이다. 염 자급책을 수립하는 데에는 호기(好期)이다.

우리나라 내지에서의 염의 부족은 근년 공업염 수요의 증가에 따라 더욱더 증가하여 140만 톤에서 150만 톤이 되었다. 조선에서는 공업염의 수요가 2,600만kg 정도이다. 식료염과 기타의 부족은 18만 톤 남짓으로, 대체로 19만 톤에서 20만 톤이 부족하다. 현재 소다공업(曹達工業)은 조선질소계의 흥남공장뿐이지만, 장래 전력이 염가로 공급되어지면 반드시 발흥할 것이다. 어쨌든 우리나라의 염의 부족은 160만 톤에서 170만 톤이다.

관동주 내의 증산은 여력이 적다. 최근의 염 생산고는 6억 근, 약 36만 톤 정도이다.

관동주의 증산 추세

연도	염전면적(정보)	생산고(천 근)	연도	염전면적(정보)	생산고(천 근)
1926년	6,252	498,561	1932년	6,991	375,205
1927년	6,977	392,088	1933년	6,991	485,283
1928년	6,970	414,483	1934년	7,079	416,445
1929년	7,000	414,899	1935년	8,653	843,015
1930년	7,000	415,777	1936년	8,576	686,076
1931년	7,000	342,053			

주된 도착지는 내지, 조선, 가라후토(樺太)이다.

	1933년 (백만 근)	1934년 (백만 근)	1935년 (백만 근)		1933년 (백만 근)	1934년 (백만 근)	1935년 (백만 근)
내지전매국	119	92	80	홍콩	-	-	-
내지공업용	98	172	216	주내	38	33	39
합계	217	265	297	기타	1	0.8	1
조선	110	119	58	총계	386	449	436
화태	18	32	39				

주내(州內)의 미개척 염전 적지(適地)는 약 1,500정보이다. 기설염전을 더한 장래의 면적은 약 1만 정보가 될 수 있다. 평균 1정보당 7만 근으로 하여 7억 근의 생산이 된다. 기술의

개량, 추기(秋期) 채염 증산 등에 의하여 1정보 생산량이 8만 근이 된다면, 약 8억 근의 생산이다. 주내, 조선, 가라후토, 기타의 소비를 3억 근으로 가정한다면, 약 5억 근, 약 30만 톤을 공업염으로 공급할 수 있다.

만주국에서는 산염(産鹽)과 소비가 대략 비슷하다.

만주국의 증산 추세 (단위: 천 근)

연도	생산고	소비고	연도	생산고	소비고
1932년	370,085	400,781	1934년	380,446	539,721
1933년	527,321	482,067	1935년	660,515	504,162

1935년(康德 2) 말 현재의 염전 면적은 1만 4,642정(町) 남짓이고, 조방경영(粗放經營)하여 단위면적의 채염량은 상당히 적지만, 개량의 여지는 많다. 이것이 여하에 따라서는 해마다 대략 수급(需給)이 서로 같은 상황이므로 공업염으로서 활용이 가능하다. 1934년(昭和 9) 및 10년(1935)에 약 10만 톤의 일본 내지로의 수출을 본 것은 주로 재고염의 수출이었다.

만주염업회사(滿洲鹽業會社)의 손으로 제1기[이미 착수되어진 곳인 복현장(復縣場)으로 1,400정보], 제2기 4개년계획 2,300정보를 개발하였다. 이 염업회사의 증산계획 약 14만 3,000여 톤은 공업염으로서 만들 수 있을 것이다.

1935년(康德 2) 말 염전 면적 (단위: 정보)

영개장	5,964	홍수장	813
복현장	4,145	반산장	687
장하장	2,381		
금현장	650	합계	14,642

면적에 있어서 관동주의 약 1.8배 정도에 달하고 있지만, 생산은 도리어 적은 정도이다. 이것이 개량, 증산의 그 날에는 염가(鹽價)의 완화나 염의 배급 원활에 의한 국내 소비의 증가분을 공급하고, 아울러 일본에 공업염으로 하여 수출할 여유가 가능해질 것이다.

북지염전(北支鹽田)은 유망하다. 연간 100만 톤의 수출이 가능하다. 100근당 가격은 15~16전 정도이다. 현재 추정 염전 면적은 1만 6,300여 정보이다.

(단위: 정보)

당고장(백하 하구 좌안 일대)	4,202	한고장(당고 북방 약 10리)	7,889
신하장(당고의 서쪽)	657		
등고장(당고에서 남방 약 10리)	3,588	합계	16,338

이 밖에 조업이 휴지(休止) 중인 곳은 해풍장(海豊場), 엄진장(嚴鎭場), 제민장(濟民場), 월지장(越支場), 석비장(石碑場), 반화장(飯化場) 등 6개소이다. 그 면적은 2만 2,891정보이다. 조업염전과 휴지염전을 합하여 3만 9,229정보가 된다. 이것이 지둥자치정부 치하의 발해(渤海) 연안에서 한 덩어리가 되어 있다. 현재는 채염력(採鹽力)의 반절밖에 채취되고 있지 않다. 최근 5개년간 평균은 1만 6,338정보에서 5억 8,254만 근을 채취하고 있다. 1정보당 생산은 3만 5,600여 근에 불과하다. 적극적인 생산을 행하면 현재의 갑절 증산이 예견된다. 종래의 방침은 판매구역인 하북·하남·산서·차하르(察哈爾) 지역의 1개년 소비고를 생산의 한도로 하는 자급주의(自給主義)를 취하고 있었다. 그 이상의 자유 채염은 허가되지 않았다. 봄철 조업만 하고, 가을철 조업은 휴지(休止)하였다.

채염 추세

(단위: 천 근)

연도	생산고	연도	생산고
1930년(民國 19)	564,261	1933년	525,400
1931년	597,000	1934년	657,400
1932년	568,247	평균	582,546

그 생산 실력은 10억 근, 약 60만 톤 이상이다. 이것이 생산의 증가를 도모하고, 아울러 휴(休) 염전 2만 2,890여 정보를 활용한다면, 1정보에 6만 근이라고 하여도 24억만여 근으로, 약 144만 톤이 된다. 그 지방 소비가 5억 근(약 30만 톤)이라고 하여도 19억만 근, 약 114만

톤이 공업염으로 해서 우리나라에 수출할 수 있다. 염화나트륨이 86~92%이고, 100근에 15~16전이 원가라는 것은 상당히 유망하다. 만주국이나 관동주의 염전 개척비가 1정보당 약 1천 원, 조선은 약 1,500원, 대만은 1,500원에서 2,000원인 것에 비해, 북지(北支)에서는 비교적 싸게 개발이 가능하다. 북지 장로염(長蘆鹽)의 활용은 가장 유망하다. 1937년(昭和 12)에 있어서는 북지염 20만 톤의 수입 계획이 있다.

청도염(靑島鹽)의 수입은 연 20만 톤은 가능하다. 조선에서의 공업염의 생산은 최근 평안남도 연안 보류 염전을 개방하여서, 우선 1,200정보를 5개년 계획으로 해서 25만 톤[211] 생산의 계획이 전해지고 있다. 대일본염업(大日本鹽業)의 계획이라고 하는데, 면적 1,200정보에서는 기계제염(機械製鹽)을 가미한 채염사업일 것이다. 그 투자액은 450만 원이라는 것이다. 어찌되었든 서선(西鮮) 청천강구(淸川江口)를 중심으로 한 일대의 보류 염전 약 3,000정보의 공업염 생산으로의 개방은 유망하다.

우리 경제권 내의 염 생산 예상

		염전면적(단위: 정보)	생산 예상고	
			단위: 만 근	단위: 톤
조선	1939년(昭和 14) 완성	4,674	57,000	
	생산 부족 예비 개전	약 2,000		
	공업염	약 3,000	24,000	144,000
관동주		약 10,000	80,000	
	공업염		50,000	300,000
만주국	염업회사	2,300		143,000
북지	장로염	약 40,000	240,000	
	그 안의 공업염		190,000	1,140,000
청도 수입				200,000
공업염 공급 예상				1,927,000

---

211 원문에는 킬로톤(kt)으로 표기되어 있으나 이는 톤(ton)의 오기로 보인다.

대만에서도 제2차 염전확장계획이 3천 950갑보(甲步), 그 채염 약 48만 톤(1갑당 생산 12만 kg), 그 지역 생산 원비(原費)가 톤당 6원이라고 한다. 전오염은 2,893만kg으로, 도내(島內) 수요의 잉여는 내지, 조선으로 공급하고 있다.

우리나라의 경제 블록 권내인 일·만(日滿) 양국에서, 장래 인견공업(人絹工業)·유리공업(硝子工業)의 발달에 따라 소다공업도 상당하게 발달하고, 공업염의 수요도 증가하게 될 것이다. 대체로 200만 톤에서 250만 톤의 자급책이 수립된다면, 원료염 자원 문제는 해결될 것이다. 방책이 어떠한가에 따라서 일본, 만주, 북지의 경제블록에서 자급할 수 있다. 결코 비관할 일이 아니다.

▲ 제염공업의 장래

천일염 제조 공정은 상당히 유치한 공업이다. 과학적 연구로 언젠가는 생산비가 싸고, 진보한 제조 방법이 연구·실현될 것이다. 초심자이지만 진실로 원시적 생산방법이라고 생각한다. 특히 내지의 전오제염과 같은 것은 놀랄 만큼 유치한 것이다. 단순히 염전과 노동의 결정에 불과하다. 내지에 있어서도 종래 전오(煎熬) 공정을 8개년 계획으로 해서 기계제염으로 고쳐 생산비를 저하시키는 것으로 되고 있다. 그 정도 여하는 미지수이다. 만철계(滿鐵系)의 만주소다회사(滿洲曹達會社)에서는[1936년 6월 조업일산(操業日産) 100톤, 장래는 200톤. 투자액 460만 원] 보메 16도 정도의 농도로 된 것을 기차 수송하여 공장으로 가져와 해수로부터 소다를 채취할 계획이다. 염화나트륨 85~95%인 염을 원료로 하는 대신에, 농후함수(濃厚鹹水)에서 직접 소다를 채취하는 공정이다. 일본소다회사(日本曹達會社)는 자회사인 규슈소다(九州曹達)로 하여금 대만제염회사(臺灣製鹽會社)에 투자시켜 원료염을 자급하고, 부생산(副生産) 고즙은 도야마현(富山縣) 히가시이와세(東岩瀨)의 공장으로 가져와 마그네슘 생산 원료로 할 계획이다. 대일본염업회사(大日本鹽業會社)의 조선에서의 공업염 생산은 어느 정도까지 기계화할 계획이라고 한다. 결국은 공업원료로서의 생산원가의 문제이다.

결정염인가, 또 결정염에서도 천일염인가, 기계제염인가, 농후함수 이용인가, 어느 쪽이든 공업원료로서 이용의 근본은 생산원가의 문제이다. 이들 원료에 의한 생산원가의 여하에서는 천일채염을 기본으로 하는 광대한 염전은 축소되고, 원료 자급방책은 다시 용이해진다.

현재의 유치한 제염공업은 과학적 진보로 반드시 일대 혁신의 시대가 올 것이란 점은 예상되는 바이다.

〈참고〉鹽自給策から見た日滿·北支ブロック(滿洲日日 11,006號)

〈자료 201〉 염의 고즙(苦汁)에 대하여

- 원제목: 鹽の苦汁に就て
- 작성자: 田邊隆平
- 출전호수: 《專賣の朝鮮》제176호
- 간행일: 1939년 7월
- 발행처: 朝鮮專賣協會

고즙(苦汁)과 염과의 관계

별표에 보이는 것처럼 염의 원료인 해수 중에는 각종의 성분을 가지고 있기 때문에, 이 해수를 졸이어 염을 채취하는 데에는 이것들의 성분의 전부, 또는 일부분이 염에 혼입되는 것 또한 벗어나기 어려운 사정이 있다. 보통으로는 이런 염 이외의 성분이 염에 혼입되어 있는 양의 다소에 의해서 염의 양부(良否)를 판별하는 표준으로 하고 있다. 보통으로 고즙(苦汁)이라고 부르는 것은 이 염을 채취했던 그 잔액(殘液)의 총칭이다. 이상과 같은 관계에 있기 때문에 염과 고즙과는 아무리 하여도 떨어질 수 없는 관계인 것이다. 따라서 염에 전혀 고즙을 혼입시키지 않는 식으로 한다거나, 또한 고즙에 염을 남기지 않는 식으로 하는 것도 극히 곤란한 사정이 있다. 그래서 염을 제조하는 기술상의 난점이 있는 것이다. 즉, 일정량의 농축해수[이하 이것을 함수(鹹水)라고 호칭하겠음] 중에서 가급적 다량의 염을 채취하려면 동시에 다량의 고즙이 혼입되어 오고, 만일 고즙을 다량으로 혼입시키지 않는 식으로 한다면 염이 다량으로 고즙 안에 남는다고 하는 것이 되는 것이다. 이상의 사정은 어떠한 제염방식에 의하더라도 다소의 차이는 있겠지만, 완전히 그것을 피한다고 하는 것은 거의 가능하지 않은 일이다. 다만 여기에 다소 형편이 좋은 패는 이들 함수 중에 함유된 각종의 성분이 각기 용해도(溶解度)를 차이로 두고 있다는 것이다. 이런 특징은 이 함수 및 고즙을 처리하는 상에서 상당히 유효한 것이다. 천일염전법은 이런 특징을 이용하는 것이 가능한 방법이다. 즉, 천일염전법에 있어서는 해수를 천일로써 자연스럽게 농축시켜 가는 것이기 때문에, 그 석출물(析出物)은 용해도의 순으로 나오므로 적당한 때에 염을 채취한다면 적당한 염이 채취되는 것이다. 그러나 전오제염법(煎熬製鹽法)에 있어서는 그것과 달리 고열(高熱)로써 단시간에 함수를 농축·결정시키는 방법이기 때문에 제종(諸種)의 성분이 동시에 석출되는 것이어서 형편이 좋은 염을 채취하는 것이 곤란하다. 특히 염보다도 먼저 석출되는 황산칼슘(硫酸石灰)이 염에 혼합되어 함수를 끈적거리게 하는 것은 전오(煎熬) 상의 가장 커다란 장해이다. 이 석회(石灰)는 금일까지 여러 가지 방법이 강구되고 있지만, 아직 충분한 성공을 보기에는 이르지 않고 있다. 그런데 천일제염법에서는 염이 결정(結晶)을 시작하기 전에 황산칼슘의 대부분을 석출하기 때문에 그 염에 미치는 피해의 정보는 근소한 것이다. 황산칼슘 이외의 성분은 모두 염보다 늦게 석출되는 것이기 때문에 가급적 다량의 염을 석출시키고 이것을 채취하는 것이 가능한 것이다. 그러나 여기에도 스스로 한도가 있어서 염 이외의 성분이 아직 석출되지 않은 사이에 염을 채취하는 것이 필요하게 된 것이다. 이 한도에 있어서는 고즙이란 것은 세척하는 것보다도 그것을 제거하는 것이 가능하기 때문에, 이 방법에서는 염의 증산(增産)을 노리는 동시에 염의 품질의 향상도 노리는 것이 가능한 것이다. 다만 여기에 한 가지 주의가 필요한 것은 조선 등과 같이 계절에 의해서 온도의 승강(昇降)이 심한 곳에서는 온도 급강하 때문에 염 이외의 제성분(諸成分)이 일시에 석출되는 일이 있다는 것이다. 이 점을 충분히 주의를 하지 않으면 염이 아닌 것을 채취하게 된다.

천일염의 고즙과 전오염의 고즙과의 차이

전오제염법에 있어서는 함수를 가마(釜)에서 졸여 염을 채취하는 것이기 때문에 잔액, 즉 고즙은 그 전오의 정도 여하에 따라 혹은 짙거나 혹은 엷거나 하여 어느 쪽이든 그 전부가 채집될 수가 있는 것이다. 이렇게 채집된 고즙은 이것을 폐기하던지, 혹은 다른 곳에 이용하는 것 외에는 방법이 없다. 내지(內地) 십주지방(十州地方)에서의 염의 전오 상황은 다이쇼 초까지는 상급염은 고즙 30도, 하급염은 32도 정도를 한도로 하고 있던 식이었지만, 그 후 염을 씻어 채집하는 방법이 널리 행해지면서 금일에서는 보통 33도 이상까지도 졸이어 1, 2등 염까지도 만드는 식이 되었기 때문에 함수 중의 염은 가급적 많이 채취한 위에 품질도 향상시키는 것이 되었다. 따라서 고즙은 그 이용가치가 상당히 높아져 왔던 것이다. 왜냐하면 30도나 31도인 것 중에는 아직 염이 많이 남아 있기 때문에 이것을 공업용으로 이용하려면 우선 그 고즙을 졸이어 염이나 기타의 물질을 취해야, 비로소 이것을 적당한 원료라고 할 수 있기 때문이다. 그렇기 때문에 염의 전오법이나 고즙 이용의 공업이 금일과 같이 발달하여 왔다면, 소위 고즙과 함수와의 분계점(分界點)은 이것을 33도 근처에 두는 것이 적당하지 않을까 생각된다. 천일제염법에 있어서는 해수를 천일(天日)에 쐬어서 저절로 농축시키고, 최후로 그것을 천일로 결정시키는 것이다. 그리고 그 결정지(結晶池)란 것이 전오제염의 가마와는 달리 대부분은 단지 자연의 지반(地盤)을 어느 정도로 굳힌 것에 불과한 것이기 때문에, 고즙은 함수와 마찬가지로 창수(漲水) 중에 지반으로 침투되는 부분도 있고, 또는 지반면의 요철로 인해서 채집이 불가능한 부분도 있으며, 또 강우(降雨) 등으로 인해서 유실되는 것도 있다. 따라서 도저히 그 생산량의 전부를 채집한다고 하는 것은 절대로 불가능한 일이다. 천일염전에서는 해수를 농축시켜 그것을 포화점 가까이 되기까지 전부 자연의 지반에서 단속하고, 그 뒤에 창수하여 농축시켜서 그것을 전기(前記)의 결정지로 창수하는 것이기 때문에, 그 도정(道程)에서 침투되거나 유실되는 양이 상당히 많다. 또한 지반의 염분이 씻기어 나가거나, 또는 지반이 누그러지는 등, 그 피해가 막대한 것이 있다. 그렇기 때문에 천일염전에서는 이들 각종의 피해를 방지할 목적으로써 혹은 염전의 다지기를 하거나, 혹은 함수류(鹹水溜)를 설비하고, 혹은 결정지를 개량하는 등 여러 가지 방법이 강구되고 있는 것인데, 아직 용이하게 완비되기에는 이르지 않았다. 따라서 금일에 있어서는 이들 각종의 피해를 경감시키기 위해서 고즙을 이용하고 있는 것이다. 그러나 그 효과가 다대하다는 것은 새삼스럽게 말할 것도 없는 일이다. 특히 조선과 같이 기후가 불량한 지방에서는 그 효과가 일층 크다는 것이다. 금일까지 조선의 천일염전에서 고즙을 폐기하거나 그것을 다른 곳에 이용한다든지 하는 일이 없는 것은 이런 큰 사명이 있기 때문이다. 현재 천일염전의 고즙은 전기한 것처럼 제염에 이용하는 것과 결정지가 불완전한 것으로 31도 이상으로 올릴 경우는 극히 적은 것이다. 현재 천일염전에서 고즙을 이용하는 것으로 얻을 수 있는 효과가 거듭되는 것을 들어 보자면, 첫째로 고즙이 지반을 응축시키는 성질을 가지고 있기 때문에 천일염전에서 가장 중요한 지반 다지기에 이 성질을 이용하여 함수의 증산을 도모할 수 있다는 점, 둘째 사질(砂質)의 염전 또는 비온 뒤 염전의 염분이 씻겨 흘러간 지반에 고즙을 이용하여 함수의 망실을 감소시킬 수 있다는 점, 셋째 고즙을 적당한 때에 이용하여 염의 석출을 촉진시킨다는 점 등이 있다. 이와 같다면, 천일염전의 고즙은 이것을 다른 데 이용하는 것은 전혀 할 수 없는 일이라고 생각될지도 모르겠지만, 결코 위와 같은 것은 아니다. 관동주나 대만 등의 어떤 지방과 같이 청천(晴天)이 연속하는 지방은 말할 것도 없지만, 조선의 천일염전에서도 앞에서 말한 것과 같은 식으로 염전의 여러 설비가 완비되어서 염도 고즙도 다량으로 채취가 가능한 상태가 된다면, 이것을 고즙공업이나 기타 용도로 이용하는 것이 충분히 가능하다는 것이다. 다만 현재의 염전 상태에서 현재의 제염방법으로는 이것을 제염에 이용하는 것이 가장 유리한 방법이라고 생각하는 것이다.

고즙의 이용

먼저 내지의 전오제염의 고즙 이용에 대해서 말하자면, 다이쇼 초기까지는 고즙 이용이 공업이라고 하는 정도까지에는 발달하고 있지 않았다. 제염장에서 생긴 고즙의 대부분은 이것을 폐기시키는 것이었다. 곳에 따라서는 염전의 부근에 고즙을 버리면 이것이 염전에 되돌아와서 염전의 지반을 응축시키고 염착(鹽着)을 나쁘게 한다고 하여, 고즙을 배(船)로 앞바다까지 운반해서 이것을 버리는 일도 있었다는 것이다. 그러나 1914~1915년(大正 3~4)경부터 세계전쟁의 영향을 받아 고즙 이용의 길이 열려서(브롬이나 염화칼륨 등), 고즙을 이용하는 공장이 각소에 생겨 왕성히 이것을 이용하게 되었는데, 평화 극복 후에는 이것도 쇠운의 일도를 걷고 있었던 것이다. 그런데 최근 고즙 속에서 금속마그네슘을 채집하는 연구가 완성에 이른 결과, 고즙 이용의 가치는 이에 비약적 발전을 예상하는 사정이다. 전시 상태가 여기에 박차를 가하여 현재 각지에 그 이용 공장이 발흥하고 그 저지하는 바를 알지 못하는 모양이다.

다음은 천일염전의 고즙 이용이 되겠다. 이것은 앞에서 서술한 바와 같이 청천이 연속하는 지방이라면 몰라도, 조선처럼 기후가 불량한 지방에서, 게다가 한 움큼의 염이라도 많이 채취하지 않으면 안 되는 형편에 있는 곳에서는 금후 제 설비라도 완비하지 못한다면 염도 고즙도 그 생산량이 해에 따라 상당한 풍흉이 있을 뿐이다. 또한 고즙은 그 제염량과의 관계에 있어서도 염의 일정량에 대해서 고즙이 얼마냐고 하는 식으로 간단하게 그 생산량을 아는 것이 어려운 것은 그해의 기후 여하에 따라 이것을 제염에 이용하는 정도에 차이가 있기 때문이다. 그렇기 때문에 금일 곧바로 이러한 불확정의 고즙을 공업용 원료로 하는 것은 상당한 위험이 수반될 것은 분명하겠지만, 금후 적당한 시기에 도달하게 된다면 충분히 이것을 이용해야 한다. 그 경우에 있어서도 천일염전의 고즙은 전오제염의 고즙과는 그 모습을 달리하고 있기 때문에, 이것을 단독 공업으로 하기보다는 천일제염과 함께 공통으로 경영하는 것이 적당하다고 생각된다. 그 이유는 제 설비가 충실한 염전에 있어서는 고즙 처리의 공정 중에 연료를 절약하는 것이 가능하다면 고즙을 제염에 이용하는 것도 가능하고, 또한 노력(勞力) 사용상에도 유리한 경우가 많기 때문이다. 그뿐만 아니라 종래 고즙공업이란 것은 성질상 성쇠가 심하여 그 독립을 유지하기 어려울지도 모른다는 두려움이 있었기 때문이다. 참고하기 위하여 다음 5종의 표를 첨부하는 것으로 하겠다.

해수의 주성분 (화학공업전서)

종별 \ 분량	천분율
염화나트륨(NaCl)	26.70
염화마그네슘($MgCl_2$)	3.22
염화칼륨(KCl)	1.29
브로민화나트륨(NaBr)	0.42
황산마그네슘($MgSO_4$)	1.97
황산칼슘($CaSO_4$)	1.63
기타	0.04
합계	35.27

천일결정염 비중별 성분표 (화학공업전서)

성분 \ 종별	수분	불용해분	황산칼슘	황산마그네슘	염화마그네슘	염화칼륨	염화나트륨	용도
27도	1.400	0.050	1.115	0.221	0.100	-	97.100	식탁
29도	4.200	0.030	0.621	0.506	0.377	흔적	94.212	공업
32.5도	5.758	0.050	0.440	0.612	1.300	0.122	91.217	지물

비고: 원해수는 3도임

관동주염업시험장 시험성적

[1935년(昭和 10)]

종별 \ 비율	비중	채염 비율	순도 저하	채염 비율
제1호	25~28도	100		0.556
제2호	28~30도	50	3%	0.276
제3호	30~32도	30(0.166)	5%	0.166

비고: 시험염전 함수분할 시험성적표임

천일결정염 비중별 성분표

(화학공업전서)

성분 \ 비중	불용해분	황산마그네슘	염화마그네슘	염화칼륨	염화나트륨	합계
29도	0.0952	5.8720	9.0133	2.4979	11.0550	28.4787
30도	0.0568	6.0235	8.8841	2.7755	11.4737	29.2036
31도	0.0668	6.8074	10.8296	3.1224	8.5695	29.3957
32도	0.0608	8.3751	12.7023	3.9392	5.6310	30.7080

비고: 공시품은 광량만 제3구 2호 염전의 결정지에서 채집된 것임

주안출장소 시험장 성적표

[1936년(昭和 11)]

종별 \ 비중	염 생산량	고즙 폐기로 인한 감수 비율	기타의 손실
29도	49.693	33.412	16.895
30도	57.718	25.065	17.164
31도	68.866	16.310	14.824
32도	76.209	6.750	17.041

비고: 사용함수 22도 반인 것을 1평의 결정지(타일형)에 수심 30mm를 창수하고, 거기에 함수(23.4도)를 보급하였던 바, 일정한 비중이 되기까지 채염하고, 최종으로 사용함수 중에 함유되야 하는 염화나트륨량과 폐기 고즙 중의 염화나트륨량을 검정하고, 기타를 취급 중의 손실량으로서 산출시킨 것이다. 그러나 비중은 처정의 비중에 달하면 곧바로 폐기되는 것으로 한다.

7. 기타 소금 상식(강연록, 칼럼 등)

〈자료 202〉 소금 이야기

- 원제목: 鹽の話
- 작성자: 菊山嘉男
- 출전호수: 《專賣通報》 제106호
- 간행일: 1933년 9월
- 발행처: 朝鮮專賣協會

> 아래의 「소금 이야기」는 일찍이 키쿠야마(菊山) 국장이 강연하였던 그 요지의 대강인데, 조선 염정의 현재 및 장래의 계사(稽査) 규격 상 참고에 이바지할 바가 많음을 생각하여 지상(誌上)에 소개하는 것으로 이르렀다. 부디 애독(愛讀)바란다.

　염이 우리 인생에서 혹은 식용으로, 혹은 각종의 어류염장용(魚類鹽藏用)·냉동용(冷凍用) 또는 방부용(防腐用)으로서, 내지는 각종 공업용(工業用)으로서 어떻게 중요불가결의 재료인지는 새삼스럽게 말할 것까지는 없을 것이다.

　다행히도 이 염은 옛날부터 혹은 해수로부터, 혹은 암염(巖鹽)으로부터, 비교적 싼 값이면서도 다량으로 공급되는 길이 열려 있었기 때문에, 우리 일본인은 염 기근(鹽饑饉)이라고 하는 것 같은 일은 단지 옛이야기로서 들었던 것에 불과했었다. 그러나 이것을 자세히 검토하기에 이르면, 우리가 조선에서는 물론, 내지와 같은 곳에 이르러서도 그해의 풍흉 또는 세간의 경기 여하 등에 의해, 그 생산액 또는 그 가격에 현저한 변이(變異)를 만들었다. 이런 국민 생활의 필수품으로 하여금 등락(騰落)이 일정하지 않고, 심하면 소위 투기의 한 목적으로까지 보여, 일부 소수자의 예측 때문에 대다수 세민(細民)의 주머니 사정을 부당하게 흔드는 결과를 보이는 것을 어찌할 수도 없는 상태에 이르게 하고 있었던 것이다.

　염의 풍흉 또는 세간의 경기 등으로 염가(鹽價)의 등락만이라면 역시 참을 수 있겠지만,

아국의 생산염만으로는 염의 부족을 고하여 아무래도 외국에서 염의 수입을 바라지 않으면 안 된다고 하는 경우에는 필연 외환시장의 여하, 그리고 운임의 고저 여하라고 하는 것이 상당히 중요한 가격 결정의 일원인(一原因)이 되었다. 그 때문에 생각지 못한 가격변동의 큰 파도에 흔들리는 위험을 동반하는 것도 지금 다시 말할 필요는 없을 것이다. 지금 본년만 같아도 외환시장이 상당히 저락(低落)하고, 중일분쟁(中日紛爭) 문제에 얽매인 각종의 원인 때문에 일시 염가는 상당한 고등의 시세를 보이고 있는 것은 모두 아는 바와 같다.

단순히 가격의 등귀만이라면 또한 참을 수 있겠지만, 필요한 염의 수입이 원활히 이루어지지 않아 이런 국민생활의 중요한 필수품을 얻는 데 어려움을 느끼는 사태를 야기하는 것이 아니냐는 우려를, 가령 일시라고는 하지만 일부 식자들 사이에서 뜻을 품기에 이르렀던 것은 장래의 국민생활 안정의 상에서 보면 정말로 중대한 현상이었다고 말하지 않으면 안 된다.

이러한 이유에 기인하여 내지에서는 이미 1905년(明治 38) 6월 염 전매(鹽專賣)라는 것을 실시하였다. 생산·수입·판매 등이 모두 완전하게 정부의 힘으로 통제됨으로써, 널리 국민으로 하여금 염 기근의 위험에서 멀어지게 했을 뿐만 아니라, 염가의 난고하(亂高下)를 막고, 또 생산에 종사하는 측의 사람들로 하여금 가격의 급등락으로 생기는 투기적 위험에서 탈각시키었던 실정은 모두 아는 바와 같다.

조선에서 염은 현재 엄밀한 의미에서의 전매는 아니다. 민간의 재래전오염, 재제염, 식탁염, 정제염은 제조·판매 공히 자유이지만, 조선 내의 천일제염업(天日製鹽業)은 모두 관영(官營)이고, 수이입염(輸移入鹽)도 1930년(昭和 5) 이래 전부 정부에서의 수이입의 관리를 하고 있는 관계상, 사실은 거의 전매를 하고 있는 것과 동일한 효과를 거두고 있는 것이다.

즉, 조선에서의 염의 수요량 연액 약 5억 4,000만 근 중에, 민간재래의 전오염 약 6,000만 근을 제외하면은 전부 정부 제조의 천일염, 또는 정부의 관리에 둔 수이입염이고, 민간의 재제염·식탁염이라고 할지라도, 그 원료는 이것을 정부로부터 의존하고 있는 것이기 때문이다.

그렇다면 조선에서 현재 얼마만큼의 염이 채취되는지를 말해보겠는데, 재래민간의 전오염은 전술과 같이 연산 약 6,000만 근, 정부의 염전에서 채취하는 것이 연산 약 2억 근으로 합계 2억 6,000만 근이다. 소요량 5억 4,000만 근에 대해서 부족한 약 2억 8,000만 근은 해마다 대만(臺灣)·관동주(關東州)·청도(靑島)·산동성(山東省), 기타로부터 수입되지 않으면 안 되는 상황이다. 이것을 돈으로 견적하면 1년에 약 250만 원을 넘는 것이다.

즉, 우리가 조선은 염이라고 하는 국민의 필수품을 금일 여전히 조선 밖에서 약 250만 원 이상을 구입하지 않으면 안 된다고 하는 현상인 것이다.

게다가 조선 안에서 염은 생산에 적합하지 않다고 한다면 아래와 같이 그렇지 않다. 대만이나 관동주 등에 비한다면 다소 조건이 나쁜 점이 있겠지만, 조금 뜻을 쓴다면 우량한 천일염이 싼값에 얼마라도 증산할 수 있다는 예상이 확실한 것이다.

실제로 오늘날 정부 소유의 염전에서 생산하고 있는 천일염은 그 질에서도 그 생산비에서도 그다지 다른 것에 손색이 없다는 자신을 가지고 있는 것이다.

최근 내지의 그 방면의 권위자에게 염전의 시찰을 청했던 바, 조선의 천일염전의 발달이 현저하다는 것을 격찬 받았고, 특히 염전의 관리방법과 제염기술에 따르는 그 생산능력에서는 동양제일이라고 보증 받았다.

물론 여기에 다소의 경비를 투자하여 개량을 한다면, 모든 점에서 일본 제일의 식염을 산출할 수 있을 것이란 것은 그다지 어려운 일이 아니다.

이 점에 주목했던 결과, 총독부에서 소위 염전확장계획이란 것이 수립되어, 본년부터 향후 5개년의 계속사업으로서 약 200만 원의 거액을 들여 1,100정보(町步)의 신염전(新鹽田)을 축조하기로 된 것이다.

금일 조선에서의 정부 소유의 염전은 주안(朱安), 광량만(廣梁灣), 남시(南市) 등에 약 2,500정보를 가지고 있고, 거기에서 생산되는 것이 연산 약 2억 근이다. 이것과 이번에 신설되는 1,100정보를 더하고, 그 위에 염전의 개량, 제염기술의 진보 등을 고려하여, 앞으로 더 1,000정보의 염전 확장을 이룰 수만 있다면, 우리가 조선의 염의 문제도 거의 해결에 가까운 점에까지 도달할 수 있을 것으로 생각하는 것이다. 즉, 아래 표와 같은 계산이 되는 것이다.

기설염전 2,500정보	1정보 평균 8만 근으로 하여	200,000천 근
동 개량증산	동 3만 근	75,000천 근
신설염전 1,100정보	동 7만 근	77,000천 근
동 개량증산	동 4만 근	44,000천 근
민간전오		60,000천 근

계		456,000천 근
장래확장 1,100정보	동 7만 근	77,000천 근
동 개량증산	동 4만 근	44,000천 근
계		121,000천 근
합계		577,000천 근

다만 위는 최소한도의 수요량이다. 장래의 인구증가, 각종 공업의 발달, 또는 생산비가 비교적 고가인 내지 혹은 교통이 불편한 만주의 일부 등에서 수이입할 것을 고려한다면, 조선염 장래의 수요량의 증가는 아마도 가늠할 수 없는 것이라고 말해도 그리 과언은 아니라고 믿는 것이다.

이 점에서 말하자면, 지난번 의회를 통과하였던 염전 확장만으로는 아직 장래의 부족량의 약 절반밖에 충족 할 수 없는 것이어서, 우리들은 장래 하루라도 빨리 이 부족량이 충족되는 것을 희망하지 않을 수 없는 차제이다.

조선에서의 염의 생산의 분량적 방면에 따라 말하자면, 이상에서 말한 바와 같다. 그러나 다시 이것을 그 매매가격의 방면에서 관찰해 보면, 조선에서의 최근의 천일염 100근당 소매시세가 최저는 인천의 1원 16전 5리, 최고는 국경오지로 교통이 불편한 평북(平北) 후창(厚昌)에서의 4원 40전밖에 내지 않지만, 강 하나로 떨어진 간도(間島), 또는 압록강 대안(對岸)의 만주령에서는 10원, 심하면 20원도 하며, 게다가 필요한 염을 손에 넣기 위해서는 주민 각자 혈안이 되지 않으면 안 되는 상태이다. 이와 대비해서 우리들로서도 어떻게 우리가 조선이 행복한지를 통감하지 않을 수 없다.

이것 때문에 만주와의 국경방면에서, 작년 이래 염의 밀수출의 문제가 제기되고, 만주국은 물론 우리들까지도 그 단속에 상당한 고심을 없앨 필요가 생기었다. 당시의 신문 등에도 떠들썩했던 것도 실은 이런 가격 상에서의 양국의 차이가 너무나 현저했던 것에서 일어난 현상이었던 것이다.

만주국만의 소동이 아니다. 이것을 우리가 내지나 대만의 염의 소매시세와 대비하여 본다면, 내지의 3원 15전, 대만의 2원 53전 2리에 비해 우리 조선은 1원 32전 7리라고 되어 있어서, 금일 아직 조선이 부족염을 다른 곳에서 수이입해야 하는 현상임에도 불구하고, 어떻게 싼 값으로, 게다가 원활하게 이런 국민의 필수품을 공급하는 것에 열심일까라는 사실은 크게 이것을 인식할 만하다고 믿는다. 동시에 싼값으로 하여 우량한 조선염의 생산을 증진하고, 고가(高價)인 다른 곳에서의 수이입을 하루라도 신속히 근절하기에 이르게 되도록, 이 이상 함께 각위(各位)의 지도와 원조·편달을 바라는 차제이다.

〈자료 203〉 염에 바친다

- 원제목: 鹽にささぐ
- 작성자: 城東散人
- 출전호수: 《專賣通報》제112호
- 간행일: 1934년 3월
- 발행처: 조선전매협회(朝鮮專賣協會)

"소금이라고 하면"
  이 정도로 조금만 사도 비싸야 1되(升)에 6전(錢) 정도. 이것이 설탕과 같이 단 것도 아니고, 찻숟가락 가득해도 물이 없으면 목구멍을 넘기기 어려울 정도의 짠맛을 가지고 있기 때문에 1되를 사두면 잊을 정도로 값이 싸서 자칫 쉽게 얕보이기 쉽지만, 만일 세상에 소금이 없다고 하면 우리들은 어떻게 될까?
  모두 그런 것처럼, 인간에게 일일(一日) 일각(一刻)도 없으면 허락되지 않는 정진(正眞)·정명(正銘)의 필수품-열, 공기, 물 등-은 이와 같이 모두 싼 값으로 손에 넣을 수 있는 것이고, 가격이 비싼 것만큼 필수품에서 관계가 먼 것 … 등이라고 하는 것은 왜 그런지 그곳에 진리가 품어져 있는 것 같다.
  천지(天地) 선신(善神)의 은혜는 광대무변(廣大無邊)한 것이어서, 어느새 모르는 사이에 무언(無言), 무지도(無指導)의 사이에 저희들의 조상에게 '소금'을 주시었다. 바다를 가진 민족에게는 해수로부터, 바다를 갖지 못한 민족에게는 산으로부터, 그리고 몇 천, 몇 만 년의 옛날부터 우리 인간을, 아니 동물을, 식물을, 모든 살아있는 것의 생명을 지속하게 해 주시고,

아울러 미래까지도 지속하게 해 주시는 감사한 일이다.

그래서 금일 저희들이 바닷가에서 산에서 소금을 채집하는 것은 곧 천지의 은혜를 거스르지 않고 계승하는 의미에 있는 것이고, 더구나 채염사업(採鹽事業)은 완전히 신업(神業)이라고 할 수 있으며, 채염에 종사하는 사람들은 신의 뜻의 계승자라고도 할 수 있다고 생각한다.

'소금'이라고 한 것은 도대체 언제부터 발생한 것일까라고 묻는 사람도 없었지만, 만약 있었다고 한다면 나는 천지선신(天地善神)의 출현과 함께 출현하였다고 답하였을 것이다. 아무래도 '소금'이란 것은 해수에서 출현한 것[암염(巖鹽), 또는 산염(山鹽)도 있음]이 그 대표적인 것 같이 생각된다. 왜냐하면 일본에서는 소금이란 문자가 그 해수의 결정물(結晶物)로 박혀있지 않았던 때, '하얀 쭉정이(白穗)'라고 하는 글자를 사용했다고 하는 설도 있다. 정말로 해수가 말라 그 표면이 하얀 이삭과 같이 굳어버린 바를 형용한 것일까? 아무리 편견으로 보아도 저 암염의, 노백성(老百姓)의 누런 이빨 같은 것을 형용하는 단어라고는 생각되지 않는다.

소금의 효용은 엄청난 것이어서, "밥에 함미(鹹味)를 넣어주고, 고기와 채소 등을 저장하는 데에 사용하며, 또 불결한 것을 제거하는 효과가 있다"고 하였다. 그리고 인간이라도 염기(鹽氣)가 부족한 자를 '시오(シホ)없는 놈'이라고 하였는데, 아무래도 염기가 충분하지 않으면 싱거워지기 쉬운 감이 있다고 하는 것이었다.

> 소금은 무역상에서는 그다지 중요한 지위를 차지하지 않아, 산업으로서는 일반적으로 가볍게 여겨지고 있지만, 지금 세계의 주요 소금 산출국을 보면 다음과 같이 되고 있다.
> 아울러 그 산출 상황은 각국에 다음과 같은 특징이 있다.
> 예를 들어 미국 등에서는 대자본과 우수한 기술로 이것을 행하고 있지만, 지나(支那)에서는 원시적인 채취 방법을 가지고 있다.
>
> - 미합중국   700만 톤
> - 독일   300만 톤
> - 지나   300만 톤
> - 영국   200만 톤

- 프랑스   150만 톤
- 인도   150만 톤
- 이탈리아 100만 톤
- 일본   50만 톤

이상은 연산액 평균으로, 각 연도라도 그다지 증감은 없지만, 최근에는 약간의 증가의 경향이 있다. 세계 평균 1인의 1년간 소비량은 약 10kg이라고 하는데, 그중에서 식량용으로서 7.5kg, 나머지 2.5kg은 공업용에 사용되고 있는 것이다.

소금의 공업용 용도는 무수하지만, 주된 것은 육류·과실의 저장, 치즈·버터의 제조, 염색, 제도업(製陶業), 유리(硝子) 제조, 비누 제조, 제혁업(製革業) 등이고, 그 외에 화학공업용으로서 각종의 염류(鹽類), 소다(曹達) 등의 제조에 사용된다.

전쟁에서도 소금이 연고가 있는 것 같다. 첫째 우에스기 겐신(上杉謙信)이 무라카미 요시키요(村上義清)[212]에게 소금을 주었다는 것 등은 너무나도 유명한 미담인데, 근경에는 또 미국이 소련에게 다량의 소금을 팔아 넘겼다느니, 팔아넘기지 않았다느니 하고, 시마 도쿠(島德)가 남경정부(南京政府)에게 소금을 파는 데에 실패했다고도 하니 금일에서는 정말이지 일대(一代)의 강자였던 상인도 몰락한 것일까? 그것 등은 들리는 바로는, 소금을 독가스(毒瓦斯)의 원료에 사용했다고 하는 천벌(天罰)로서, 천혜물(天惠物)을 악용했다고 하는 천주(天誅)라고 볼 수가 있다. 그러나 우리들은 소금이 독가스의 원료가 되는지, 어떤지 알 필요가 없다. 소금은 신이 우리들에게 주신 천혜물로서 감사하고 있으면 좋은 것이다. 그래서 소금을 함부로 하면 '흰곰팡이병'이라고 부르는 병에 걸린다고 경계하여 왔다. 정말로 흰곰팡이병과 임질은 똑같은 병과 같다고 들었는데, 이 병은 여성에게 깃들면 흰곰팡이병이 되고, 남성에게 깃들면 임질이라고 부르는 게 어떤지? 이쪽에서는 확실히 판단되지 않지만, 어쨌든 소금은 소중히 여기는 것이다. 소금을 소중하다고 명심하는 것은 건강의 근원이라고 하는

---

212 무라카미 요시키요(村上義清, 1501~1573)는 일본 센코쿠시대(戰國時代)의 무장으로, 시나노(信濃) 지방의 카쓰라오성(葛尾城)의 성주였다. 무적의 기세를 자랑하던 다케다 신겐(武田信玄)의 공격을 세 번이나 물리친 것으로 유명하다. 후에 휘하 장수들이 다케다 신겐에게 투항하자 성을 버리고 우에스기 겐신(上杉謙信)에게 의탁하였다

것처럼 훈계 받아 왔다.

채염 종사자에게 건강하지 못한 사람이 아니라는 것은 하늘의 명리(冥利)에 딱 맞기 때문이라고 생각한다.

지금은 당당한 신흥의 만주국(滿洲國), 그 옛날이라고 해봤자 1916년(大正 5), 내가 그쪽에 있었을 때의 이야기이다. 열하성(熱河省)의 오지(奧地), 임서성(林西城)에서 그다지 멀지 않은 곳에 염호(鹽湖)로 불리고 있던 호수가 있었다. 듣자하니 그 주변의 암염이 호수에 용해되어 염수(鹽水)가 되었다는데, 토민(土民)들은 그 물을 없앴는지 어떤지 하여 소금을 얻는 것으로 하고 있었다. 그런데 그 주변에 있던 마적(馬賊)이 이 염호를 재원으로 하려고 점령하여 〈염수를〉 길으러 온 토민으로부터 세금을 징발하는 것으로 했다는 것이다.

이것은 내가 체험한 일도 아니고 들은 이야기니까, 진짜인지 어떤지, 만일 사실이라 하더라도 그 징세가 얼마나 지속되고 얼마만큼 수입이 있었는지는 판단할 수 없지만, 아무래도 있을 법한 이야기이다. 깊은 산속 토민에게도 소금은 생활의 원천이었기 때문이다. 그러나 이러한 짠물, 그게 아니라 단물을 마시는 마적의 벌이는 어차피 영속하지 못할 것은 당연하여, 천혜물의 잠용난망(潛用亂妄)은 그들에게 주죄(誅罪)에 맞지 않을 리가 없고, 어차피 임질에 시달리어 임서성(林西城) 밖의 들판의 주검으로 변해 간 것이리라.

소금이라고 하는 것은 식용만이 아니라 앞에서 말한 것처럼 용도가 많다. 씨름꾼이 씨름판에서 소금을 사용하는 것도 결제(潔齊)를 위해서이고, 몸 안 등에도 소금이 사용되며, 기타 염탕(鹽湯), 염회로(鹽燎爐) … 다방, 유곽의 소금을 커틀릿으로 만드는 것은 유명한 일이고, 신관(神官)도 또한 이것을 잘 사용한다.

인간 등도 싱거운 사람에게는 염기(鹽氣)가 옛날부터 입용(入用)했다는 것은 『우키요부로(浮世風呂)』[213]라는 책에도 보이고 있다.

국가에게도 염기가 다분한 나라는 번성하는 것 같고, 염기가 충분치 않고 사면이 산으로 둘러싸인 국가는 아무래도 약한 것 같다.

우리 일본제국은 사면이 바다를 두르고, 조수(潮水)의 꽃은 어느 곳에서도 피며, 청정결제

---

213 『우키요부로(浮世風呂)』는 1809년 시키테이 삼바(式亭三馬)가 쓴 곳케이본(滑稽本: 통속소설)이다. 사교장이었던 공중목욕탕을 무대로 쵸닌들의 생활을 소재로 인물의 유머러스한 대화를 생생히 그렸다.

(淸淨潔齊)한 소금으로 에워싸이고 있기 때문에 원(元)의 군선(軍船)도 쓰쿠시(筑紫) 갯벌에서 가미가제(神風)를 만났다. 또한 일본의 외해(外海)는 소위 팔중(八重)의 조로(潮路)로 연결되어 있기 때문에 발틱함대도 소금의 역린(逆鱗)에 마주치게 되었다. 미국 한대 등도 우카(ツカ) 소금의 신성(神聖)을 더럽힌다면 반드시 신의 뜻(神慮)에 닿는 일은 분명 있을 것이다.

〈자료 204〉 염의 이야기

- 원제목: 鹽の話: 主として朝鮮の鹽政に就いて
- 작성자: 齋藤岩藏(鹽蔘課長)
- 출전호수: 《專賣の朝鮮》 제147호
- 간행일: 1937년 2월
- 발행처: 朝鮮專賣協會

> 1월 21일 오후 2시 정동(貞洞) 방송국에서 상식 강좌「소금 이야기」를 방송한 것으로, 아래에 게재하여 일반인 여러분의 좋은 참고 자료로서 소개합니다.

우리들이 일상으로 사용하고 있는 염은 해수에서 채취한 것이지만, 염은 단지 해수뿐만 아니라 하수(河水)나 호소(湖沼) 등의 담수 안에도 있고, 또 동물·식물 등 안에도 다소간 존재하고 있습니다. 단지 해수 안에 비교적 다량으로 함유되어 있기 때문에 보통 제염에는 해수를 사용하고 있는 것입니다. 해수 안에는 대체로 2%에서 3%의 염을 함유하고 있습니다. 그렇다면 염이란 것은 무엇이라고 해야 할까요? 간단하게 크롤나트륨, 즉 염화소다(鹽化曹達)의 결정(結晶)이라고 말할 수 있다고 생각합니다. 이 결정은 해자형(骰子形)의 육각형 결정으로 있는데, 이것은 순수하게 염화소다만의 결정이 아니라 수분, 기타의 협잡물을 포함하고 있습니다. 염의 품질의 양부(良否)는 그 안에 포함된 염화소다의 다소에 따라 정해집니다. 내지(內地) 1등염은 90% 이상, 2등염은 85% 이상, 3등염은 80% 이상이 표준입니다. 조선 천일염도 1등염·2등염의 두 계급으로 나뉘어 있는데, 그 나누는 방법은 순분(純分) 보다도 주로 색상, 즉 색이 하얗냐 검으냐에 따라 구별하고 있습니다. 조선 2등염의 순분은 83% 정도로 내지의 3등염 정도의 것입니다. 다음으로 염이 어떤 방법으로 만들어지는가에 대해 말해 보고자 합니다. 그 전에 한마디 양해를 구하고 싶은 것은 현재 세계의 염의 산액(産額) 중, 4분의 3을 덮고 있는 해수로부터는 겨우 그 3분의 1을 생산하는데 불과하고, 나머지 약 3분의 2는 암염(巖鹽)·천염(泉鹽) 등 육지에서 채취된다고 하는 것입니다.

아울러 아국(我國) 및 그 세력권 내에서는 암염·천염 등은 발견되지 않고, 모두 해수로부터 염을 채취하고 있기 때문에, 따라서 나의 이야기도 오로지 이 해염(海鹽)에 대해서만 말씀드리는 것이 될 것입니다.

해수로부터 염을 채취하는 방법도 크게 구별하여 천일제염법(天日製鹽法)과 전오제염법(煎熬製鹽法)의 두 가지로 구분하는 것이 가능하다고 생각합니다.

천일제염법이라고 하는 것은 해수를 태양열로 증발시키고, 점차 농축, 즉 농후하게 하여서 염으로 결정시키는 방법으로, 이 염을 천일염이라고 칭하고 있습니다. 이 방법에 의한 해수 농축의 노정은 오로지 햇빛과 바람에 의할 뿐으로, 연료를 사용하지 않기 때문에 생산비는 상당히 저렴합니다. 다만 결정 입자가 커서 사용에 불편한 결점이 있습니다. 천일제염법이 성립할 수 있는 조건으로서는 우선 첫째로 기후가 건조하고, 강우량이 적으며, 넓은 간석지가 있고, 그 토양이 물의 침투 정도가 적어야 한다는 것 등입니다. 따라서 우리가 조선, 대만, 관동주, 만주국 등에서는 모두 이 방법에 의지하고 있는 것입니다.

천일염전 구조의 대체를 말씀드리겠습니다. 먼저 간석지를 외해(外海)로부터 차단하는 제방이 있고, 그 적당한 장소에 대조(大潮) 때 해수를 저수지로 집어넣기 위한 수갑(水閘)이 설치되어 있습니다. 저수지의 물은 다시 제1증발지, 제2증발지의 순으로 이동하고, 그 사이 햇빛과 바람으로 점차 증발·농축되어 농도 보메씨 비중 25도에 도달하면 결정지로 도입시킵니다. 거기서 비로소 염의 결정을 개시하여 결정지 전면이 염의 결정으로 덮이는 데에 이르게 되면, 이것을 긁어모아 바구니(籠)에 넣어 염고(鹽庫)로 옮겨 넣는 것입니다.

저수지의 물을 증발지에 도입하는 것부터 결정까지의 소요 일수는 대체로 8일에서 10일입니다. 전오제염법이라고 하는 것은 염전의 표면에 살포하는 모래로 해수를 침투시켜 태양과 풍력으로 모래에 해수 중의 염분을 부착시키고, 이 모래를 긁어모아 다시 해수에 용해시켜 농후한 함수(鹹水)를 만들어서, 이것을 가마(釜)에서 끓여서 염을 채취하는 방법입니다.

내지(內地)에서의 제염 방법이 이것입니다. 이것은 결정 입자가 작아 사용에 편리하지만, 많은 노력(勞力)과 염료비가 들어 천일염보다도 생산비가 높은 결점을 갖고 있습니다.

천일염·전오염 외에 재제염(再製鹽)이라고 하는 것이 있는데, 이것은 천일염을 용해시켜 포화함수를 만들고, 이를 가마에서 끓여서 다시 상등의 염을 재제(再製)하는 것입니다. 다음으로 염의 용도에 대해서 말해 보도록 하겠습니다. 염이 인체에게는 하루도 결여되어서는 안 되는 것이란 점은 물론입니다. 옛날 러시아의 어느 귀족이 절약의 취지에서 말하기를 그 영내(領內)의 주민에게 염의 사용을 금지한 일이 있었습니다만, 그 때문에 어떤 자는 수종병(水腫病)에 걸리고, 어떤 자는 기타 각종의 질병에 걸려서 다수의 사망자가 나왔다고 하는 것입니다.

식료용으로 해서는 염을 직접 그대로 쓰는 경우 외에, 지물용(漬物用), 장유·된장(醬油味噌) 제조용, 어획물 염장용 등 여러 가지 용도로 사용되고 있는 것은 말할 것까지도 없습니다만, 또한 근래 화학공업의 발흥에 수반하여 공업용 원료로서 중요한 역할을 맡고 있는 것입니다. 즉, 염에서 소다회·가성소다·표백분·염소 등이 생산되는 것 외에 펄프·인견(人絹)·스테이플 파이버(staple fiber) 등의 섬유공업, 비누·유리(石齡硝子)공업, 피혁공업, 염료공업, 독가스(毒瓦斯) 제조 등에 빠져서는 안 되는 원료가 된 것입니다. 이들 공업의 발전에 따라 장래 더욱더 수요가 증가할 추세에 있습니다.

아울러 다짐 때문에 말씀 올립니다만, 공업염이라고 불려도 보통의 염입니다. 공업용 원료로서 사용되어지기 때문에 공업염으로 칭해지고 있을 뿐이고, 보통 천일염을 사용하고 있습니다. 다만 순분(純分)이 높을 것을 필요로 하여 공업가로서는 보통 90% 이상을 요구하고 있는 모양입니다. 조선에서의 염의 용도별 소비량을 퍼센트로 표시하면, 지물용이 전 소비고의 약 33%, 장유·된장 제조용이 50%, 어획물 염장용이 10%, 이 밖에 면류(麵類) 제조용, 선종용(選種用), 수피(獸皮) 보존용, 기타 7%라고 하는 모습입니다. 그렇다면 우리들은 1년에 얼마만큼의 염을 먹고 있을까요? 말씀드리자면 1인당 식료염의 소비량이 26근(斤) 7분(分)이라고 하는 것이 조선의 실적입니다. 염의 용도는 이상으로 말씀드린 바와 같습니다만, 함수로부터 염의 채취를 마치고 남은 폐액(廢液), 즉 고즙(苦汁)도 역시 몹시 유용한 것입니다. 이전에는 겨우 두부 제조용으로서 이용되었던 것인데, 대부분은 폐기되어 돌아보지 않았던 것이었습니다만, 근래는 고즙의 이용이 훌륭히 공업화되어 내지(內地)에서는 50여 개소의 공장이 있습니다. 고무 제조용으로 공급되는 탄산마그네슘, 항공기의 재료로서 귀중한 금속마그네슘, 비료용인 염화칼륨, 약용인 브롬(臭素) 등의 여러 가지 의약용품, 공업용품이 만들어지고 있습니다.

조선에서도 고즙공업이 흥성하는 일은 그다지 먼 장래는 아니라고 생각합니다.

염은 인간 생활상의 필수품입니다. 그러므로 국가는 염의 제조·판매에 대해서 여러 가지의 제도를 만들었습니다. 우리 내지(內地)의 제도는 전매제도(專賣制度)입니다. 염의 제조는 정부의 허가가 필요하고, 제조한 염에 대해서는 배상금을 지불하여 자가용을 제외하고 전부 정부에서 수납합니다. 수납한 염은 정부가 결정한 가격으로 정부 지정의 원매팔인(元賣捌人), 소매인에 의해서 일반 소비대중에게 매도된다고 하는 구조입니다. 대만도 전매제도이고, 만주국도 같은 모양입니다.

우리 조선의 제도는 법제상에 있어서는 전매제도를 채택하고 있지 않습니다만, 사실상에 있어서는 전매와 다름없는 제도입니다. 즉, 선내(鮮內)의 천일제염업은 전부 관영(官營)이고, 수입염 및 이입염은 「염의 수이입 관리에 관한 법령」에 의하여 정부 또는 정부의 명을 받은 자가 아니면 가져올 수 없는 제도입니다(공업염은 수입허가제도).

조선에서의 1개년 염의 수요고(需要高)는 약 5억 8,000만 근(약 35만 톤)입니다. 여기에 대해서 전매국의 염전 생산고인 약 2억 8,000만 근(약 17만 톤) 및 수이입염 2억 3~4,000만 근(약 14만 톤), 합계 5억 1~2,000만 근(31만 톤 내외)이라고 하는 것은 전매국이 통제권을 쥐고 있습니다. 나머지인 6,000만 근(4만 톤) 정도는 재래 전오염과 재제염이 민간에서 만들어지는데, 그 판매는 민간에서 자유로 행해지고 있지만 재제염의 원료는 전부 정부 불하의 천일염을 원료로 하고 있습니다. 민간의 염의 가격은 정부의 염의 그것에 끌려 다니고 있다고 하는 모양으로, 정부는 사실상 염의 공급 및 가격의 통제권을 잡고 있다고 할 수 있는 것입니다.

이와 같이 염에 관하여 정부가 통제를 도모하는 까닭은 어디에 있을까 하면, 생활필수품인 염을 영리원칙(營利原則)과 떨어트려 될 수 있는 한 싸고, 또 좋은 물건을 소비대중에게 공급하는 것이 목적입니다.

우리 조선은 정부의 통제의 결과가 적지만 염의 가격의 면에서는 다른 종류의 사례가 없을 정도로 혜택을 받고 있었습니다. 정부가 지정 매팔인에게 불하한 가격이 100근당 1원 정도입니다. 대만의 2원 16전, 내지(內地)의 2원 66전, 만주국의 6원 이상에 비교해서 매우 저렴한 것입니다. 만주국의 염가(鹽價)가 높은 것은 염을 정부의 재원으로 한다는 의미가 강했기 때문입니다. 극히 최근까지 100근당 9원 이상일 때도 있었던 것입니다.

조선의 1원이라고 말한 것은 도매가격이라고 말해야 되는 것이고 소매가격은 아닙니다만, 정부 불하부터 소비자의 손에 넘겨받기까지의 운임, 기타가 50전 정도 드는 것으로 하여 소매가격을 1원 50전으로 하면, 1인당 1개년간 26근 7분의 소비로 해서 겨우 40전, 1가구 5인으로 해서 2원도 들지 않는 것입니다. 조선이 염에 대해서 어떻게 혜택 빋고 있는지를 알 수 있을 겁니다.

마지막으로 아국(我國)의 염의 수요관계에 대해서 말씀 올리겠습니다. 결론부터 말하자면 염은 매우 부족하여서 상당히 많은 것을 외국에 기대지 않으면 안 되는 현상에 있는 것입니다. 옛날 가와나카지마(川中島) 전투에서 유명한 우에스기 겐신(上杉謙信)과 다케다 신겐(武田信玄)이 오랫동안 전쟁을 하고 있었던 때였습니다. 다케다 신겐의 영지인 카이(甲斐)의 쿠니(國)는 바다를 면하고 있지 않았기 때문에 염을 동해 방면에 기대고 있던 것이었습니다만, 이마가와 우지자내(今川氏眞), 호죠 우지야스(北條氏康)와 같은 사람이 카이에 대하여 염의 공급을 끊어버렸기 때문에 카이의 쿠니는 상당히 곤란하였습니다. 이를 들은 우에스기 겐신은 적장 다케다 신겐에게 편지를 보내어 말하길, "우리들의 싸움은 궁전(弓箭)의 싸움이지 미염(米鹽)의 싸움이 아니다. 당신은 비겁한 이마가와, 호죠 등 때문에 염이 끊기어 어려운 처지에 있다고 하는데 심히 동정이 끊이질 않는다. 이쪽에는 염이 얼마든지 있으므로 필요한 만큼 가져가시라. 가격은 보통의 가격이어도 좋다."고 했다고 말했다는 것입니다. 아무래도 일본 무사도(武士道)의 진수를 알 수 있을 듯한 생각이 들어 유쾌한 감이 있습니다만, 오늘날 만일 우리나라가 타국과 전쟁을 할 경우, 그 나라가 "그대의 나라에서는 염이 부족하여 곤란하다고 하니 필요한 만큼 가져가시라. 서로 간의 전쟁은 비행기나 군함의 전쟁이지 염의 전쟁이 아니니 원려(遠慮)는 필요치 않다."고 말해준다는 것은 아무래도 생각할 수 없을 것입니다. 오히려 옛날 전국시대의 전쟁보다도 지금의 전쟁이 더욱 복잡하게 되었습니다. 단지 철포나 비행기의 전쟁에서 그치지 않고 경제전, 사상전, 과학전에까지 확대되고 있는 것입니다. 염과 같은 생활필수품은 광의(廣義)의 국방의 견지에서 보아도 아국(我國)의 소요량(所要量)만큼은 부디 아국과 함께 그 세력권 내에서 자급자족할 수 있는 상태가 되지 않으면 안 된다고 생각합니다.

그렇다면 우리나라에서는 얼마만큼의 염이 부족한 걸까요? 먼저 내지(內地)의 식료염 쪽부터 말씀드리겠습니다. 내지의 식료염 소비 연 75만 톤인 것에 생산이 60만 톤으로, 부족한 15만 톤은 대만, 관동주 등으로부터 이입해 오고 있습니다.

또한 내지의 공업용염의 수요는 연 130만 톤입니다만, 내지에서의 생산은 전무합니다. 주로 이집트, 스페인, 소말릴란드(Somaliland), 에리트레아(Eritrea) 방면에서 약 6할을 기대하고 있고, 대만, 관동주의 외지(外地)를 비롯하여, 만주국, 산동, 청도 근해 산지로부터는 소요량의 약 4할 정도를 공급받고 있는 것에 불과합니다. 심히 불안하게 생각되는 것입니다.

한편 우리 조선의 현상을 보건데, 식료염의 수요는 연 5억 8,000만 근(35만 톤)입니다만, 공급 쪽은 정부 염전에서의 생산 2억 8,000만 근(17만 톤), 민간 재래전오염 6,000만 근(4만 톤), 합계 3억 4,000만 근(21만 톤)입니다. 부족한 2억 4,000만 근(14만 톤) 정도는 관동주, 청도, 산동, 대만 방면에서 수이입하고 있습니다.

공업염의 수요는 현재 연 4,000만 근(2만 5,000~6,000톤) 정도의 것으로 주로 흥남의 조선질소계(朝鮮窒素系)의 공장에서 사용하고 있습니다만, 이것 역시 홍해와 지중해 방면에서 수입되고 있는 것입니다.

이상과 같이 내지, 조선 모두 공업염은 물론, 식료염에서조차 자급자족이 가능하지 않다고 하는 것은 특히 금일과 같은 국제정세 하에 있어서는 매우 우려할 만한 상태라고 생각하는 것입니다.

따라서 내지에서 깨우쳐서는 식료염의 자급자족을 계획하여, 1937년(昭和 12) 이후 8개년 계속사업으로서 2,000 수백만 원의 예금부(預金部) 저리자금을 융통하고, 현재의 소규모이고 또 원시적으로 하여서 생산비가 높은 재래식 전오제염법을 개량하며, 종래 개인이 하고 있던 것을 회사 조직, 또는 조합 조직으로 합동시키는 동시에 공장을 고도로 기계화함으로서 1등염의 증산을 도모하고, 또 생산비의 저하를 도모하고자 하고 있습니다. 이것이 완성되는 그 날에는 내지에서의 식료염도 대략 자급자족의 경지에 도달할 수 있을 것으로 예상합니다.

공업염의 생산은 내지의 지세(地勢), 토양, 기후 등의 관계에서 갑자기 생산의 목표가 세워지지 않아서, 현재 홍해, 지중해 방면에서 수입되고 있는 것 대부분을 아국(我國)의 영토 안과 아국과 가장 밀접한 관계를 가진 지방, 즉 대만, 관동주, 만주국, 청도, 북지(北支) 방면에 증산 계획을 수립시키고, 그들 지방에서 수이입하려고 모처럼의 노력 중입니다. 가까운 장래에 있어서 실현의 가능성이 있다고 믿습니다.

조선에서의 식료염의 자급자족에 대해서는 상당히 이전부터 문제여서 1933년(昭和 8)에 제1차 계획이 수립되어 5개년 계속사업, 공비(工費) 210만 원으로써 1,100정보를, 다음으로 1935년(昭和 10)에 제2차 자급자족 계획이 수립되어, 이것 역시 5개년 계속사업, 공비 226만 원으로써 다시 1,100정보의 염전을 축조하기 위해 현재 착착 진척 중에 있습니다. 1939년도(昭和 14)까지에는 예정과 같이 완성을 볼 것으로 생각됩니다.

이 제2차 계획의 완성으로 정부의 염전 면적은 기설염전을 포함해서 4,674정보가 되고, 연산 약 5억 근(30만 톤)의 생산이 기대되어 민간의 재래전오염 6,000만 근(약 4만 톤)과 합하면 조선 내 생산량은 5억 6,000만 근(34만 톤) 정도에 도달할 수 있다고 생각합니다. 그러나 한편으로 수요고를 보면, 조선에서의 인구증가율은 내지의 그것보다도 높습니다. 1930년(昭和 5)부터 1935년(昭和 10)까지 5년간 평균 인구증가율은 인구 1,000명에 대해 내지는 14명 4푼 7리인 것에 반해, 조선은 16명 9푼입니다. 또한 그 비율이 내지가 이전 5개년 평균에서 어느 정도 저하하고 있는 것에 반해, 조선은 상당한 증가를 보이고 있습니다. 그러한 인구 격증에 수반해서 염의 수요 증가로 대응할 것이어서 가까운 장래에 있어서는 다시 제3차 식료염의 자급자족 계획이 수립되지 않으면 안 될 것으로 믿는 바입니다.

조선에서의 공업염은 앞에서 말씀드렸던 것과 같이 현재에 주된 것으로서는 조질계(朝窒系)의 공장에서 4,000만 근(2만 5,000~6,000톤) 정도의 수요가 있을 뿐입니다만, 최근 조선의 자원에 대하여 세간의 인식이 깊어져 잇따라 선내(鮮內) 각지에 대공장(大工場)이 건설되어서 지금 조업 중인 곳, 근간 신설 예정인 곳이 있습니다. '농업조선'에서 '공업조선'으로의 비약을 보고 있는 것입니다. 그중에서 공업염을 필요로 하는 사업으로서는 가네보(鐘紡)·대일본방적(大日本紡績) 등의 인견(人絹)·스테이플 파이버 공업, 남선(南鮮) 지방의 명반석(明礬石)을 이용하는 알루미늄 공업, 함북(咸北)의 마그네사이트를 원료로 하는 마그네슘 공업, 석탄 액화, 어유(魚油)의 정제, 제지공업, 유리(硝子) 공업, 비누(石鹼) 제조 등이 있습니다. 이들 공업이 직접·간접으로 공업염을 소비하는 양은 연간 약 2억 5,000만 근(15만 톤) 이상으로 추정됩니다. 이것이 조선 내의 자급이 필요하고, 또 시급을 요하는 문제가 되었다는 것입니다.

그러면서도 공업염은 순분(純分)이 높아야함을 요구받고 있고, 또한 외국염과의 대항상 가격이 저렴하지 않으면 안 되기 때문에 경영에는 여러 가지의 곤란이 수반되는 것을 각오하지 않으면 안 되는 것입니다. 그러나 국책상 폐기되기 곤란한 문제에 있는 것이어서 전매국으로서는 이것의 실현을 기해야 하고, 목하 예의(銳意) 조사·연구 중으로 반드시 가까운 장래에 있어서 이것의 구체화를 볼 것으로 믿는 바입니다.

VI

조선 염업의 회고

해제

일본 가쿠슈인(學習院)대학 동양문화연구소에는 사단법인 중앙일한협회(中央日韓協會)가 기탁한 418권(총 486건)의 녹음테이프가 소장되어 있다. 이 녹음테이프는 중앙일한협회 부회장이자 전 조선총독부 식산국장인 호즈미 신로쿠로(穗積眞六郎)가 1952년 우방협회(友邦協會)를 별도로 설립하고, 자료집 편찬을 위하여 500회 이상 총독부 관계자들에 대한 청취조사를 한 것이다.[214] 1983년 우방협회로부터 녹음테이프를 기증받은 가쿠슈인대학의 동양문화연구소는 이후 2000년부터 이 녹음자료를 디지털 음성으로 변환하여 다시 활자로 옮기는 자료 보존 작업을 개시하였다. 그리고 이들 자료 중 매년 3~4건을 골라 '미공개자료 조선총독부관계자 녹음기록'이라는 제목 아래, 해설과 주석을 첨부하여 자신들의 학술지인 『동양문화연구』에 공개하고 있다.

2011년 동양문화연구소는 「식민지기 조선에서의 전매제도-염업을 중심으로」라는 제목으로 녹음기록 3건을 공개하였다.[215] 당시 청취 현장에 참석하였던 미야타 세쓰코(宮田節子)가 기억에 근거하여 발언자를 확정하는 등 자료의 감수를 맡았고, 조선 염업사 전공자인 다나카 마사타카(田中正敬)가 서두에 자세한 해설을 달았다. 3건의 녹음기록 일시와 내용은 아래의 표와 같다. 녹음기록의 제목은 오픈릴(open reel) 테이프에 붙여져 있는 그대로이다.

---

[214] 우방협회 자료에 대해서는 辻弘範의「韓國近代史 關係史料의 蒐集編纂現況과 展望-友邦文庫 朝鮮總督府 관계자료를 중심으로」, (『史學研究』70, 한국사학회, 2003과 「朝鮮總督府關係史料の整理と調査-學習院大學東洋文化研究所での事例-」, 『동북아시아문화학회 국제학술대회 발표자료집』, 2005)를 참조.

[215] 宮田節子 監修, 2011.3, 「未公開資料 朝鮮總督府關係者 錄音記錄(12)-植民地期朝鮮における專賣制度-鹽業を中心に-」, 『東洋文化研究』13, 學習院大學 東洋文化研究所.

<식민지기 조선에서의 전매제도> 녹음자료

번호	일시	강사	제목	녹음시간
8077(T138)	1963.5.23	菊山嘉男	조선총독부의 전매제도-특히 인삼정책을 중심으로	103분
8225(T268)	1967.4.20	羽島久雄, 石川武吉	조선에서의 천일염전 축조에 대하여	130분
8014(T381)	1970.11.24	石川武吉, 柳田万吉	조선에서의 천일염전 축조와 일본에서의 염 수급 방책	127분

먼저 녹음에 참여한 강사들의 면면을 살펴보겠다. 기쿠야마 요시오(菊山嘉男)는 1913년 도쿄제대 법과를 졸업한 후 총독부 사무관으로 조선에 부임하였고, 평안북도 내무부장 등을 거쳐, 1932년부터 1933년까지 전매국장을 지낸 인물이다. 기쿠야마는 여기서 연초·소금·인삼·아편 등 전매물품을 조선총독부 전체의 정책 방향과 운영이라는 큰 틀 속에서 설명하고 있다. 그러나 그 내용이 주로 인삼정책에 치중하고 있고, 염업에 대한 설명이 소략하여 본고에서는 번역을 생략하였다.

그 외 하시마 히사오(羽島久雄), 야나기다 만키치(柳田万吉), 이시카와 다케요시(石川武吉)는 정책 입안자라고 할 수 있는 기쿠야마와 달리 천일염전 현장에서 직접 활동한 제염기술자들이다. 하시마는 1911년 전매국의 임시고원으로 들어와 1914년 광량만출장소의 기수(技手)가 되었고, 1931년 주안출장소 군자파출소장이 되었다. 야나기다 역시 1911년 광량만출장소의 기수로 들어와 남시, 귀성, 덕동, 해남의 각 출장소에서 근무하였다. 특히 황해도 연안군 해남염전에서 7년간 근무하다가 패전을 맞이하여 3개월 반 이상 억류되며 소금 도난과 임금 미지급 건 등으로 고충을 겪은 이야기를 사실적으로 증언하고 있다. 마지막으로 이시카와는 일본에서 약(藥)학교를 졸업하고, 1922년에 주안출장소의 고원(雇員)으로 조선에 들어왔다. 1928년 남동파출소의 현장감독이 되었고, 1929년 전매본국 분석실에서 근무하다가 1932년 광량만출장소로 이동하여 1935년 귀성염전 축조에 참여하였다. 1939년 덕동파출소장, 1941년 남동파출소장, 1942년 군자파출소장을 잇달아 지냈고, 1944년 퇴직한 후에는 민간기업인 남선화학공업(南鮮化學工業)주식회사의 염전(줄포염전) 축조에 관여하다가 전국이 악화되자 일본으로 돌아갔다. 일본으로 돌아간 이후 염업조합중앙회에서 근무하였고, 1945년 일본 지바현 후나바시(船橋)에 5정보의 천일염 시험염전 조성에 착수하다가 패전으로 그만두게 된 특이한 이력도 가지고 있다. 이들 강사 외에 토론자 및 사회자로 참여하고 있는 인물들은 호즈미 신로쿠로, 고타기 모토이(上滝基; 전 식산국장), 기시 켄(岸謙; 전 경성전기 감리과장) 등 다수의 우방협회 관계자들이다.

해방 전까지 조선총독부는 총 7,000여 정보가 넘는 천일염전을 조성하고, 30만 톤 이상의 천일염을 생산하는 데 성공하였다. 이는 총 1만 정보의 천일염전을 조성하여 조선에서 소금의 완전 자급화를 이룩하겠다는 본래 목표에는 도달하지 못한 것이지만, 당시 총독부 당국자들은 이를 식민지 경영의 대표적인 업적으로 선전하였다. 마찬가지로 위의 녹음작업에 참석한 제염기술자들 역시, 자신들이 이룩한 조선에서의 천일제염사업 성과에 대해 무한한 자부심을 느끼고 있었다. 스스로 중국 및 대만의 염전과도 비교할 수 없는 '동양 최고의 천일염전'을 완성하였다고 생각하고 있던 것이다. 그러나 이러한 조선에서의 성과가 패전 후 일본 사회에서 제대로 인정을 받지 못하고 있는 점에 대해서는 상당히 아쉬워하고 있으며, 때로는 격하게 불만을 토로하고 있기도 하다.

한편, 이들의 조선 염업에 대한 회고는 그간 알려지지 않았던 새로운 사실들을 적지 않게 밝혀 주고 있다. 비록 30여 년 이상 지난 과거를 되짚는 일이어서, 종종 연도나 이름, 지명 등을 잘못 말하는 경우도 있었지만, 젊은 시절 자신들의 고생담은 대부분 또렷이 기억해 내고 있다. 인천 주안에 처음으로 천일염전이 만들어진 사정, 1923년 쓰나미로 목숨을 잃어버릴 뻔한 일, 군자염전 축조 당시에 희생된 동료들 이야기, 패전을 맞아 염전에 억류되어 고생한

일 등이 그것이다. 아울러 증발지의 비율, 결정지의 개량, 고즙(苦汁) 이용 등에 대해서는 매우 전문적인 제염기술을 상세히 설명하고 있기도 하다. 특히 1940년대 마그네슘공업의 발전으로 천일염전으로부터 무리한 고즙 반출이 이루어져 제염 생산에 큰 차질을 입었다는 증언은 전시체제기 조선에서의 염업 수탈이 소금이 아닌 그 부산물을 통해 이루어졌다는 사실을 증명해 주는 일로써 매우 주목할 만하다. 고즙은 비행기 제작 등의 원자재가 되는 금속마그네슘은 물론, 독가스 제조의 원료가 되기도 하여 군수산업에 절대적으로 필요한 재료였다.

　마지막으로 이들은 전매제에 대해 외국염 수입을 방어하는 것이 제일의 목표이며, 이것은 현재의 일본 실정에 있어서도 유효하다고 주장하고 있다. 그러면서도 "조선의 염전의 기원이라고 하는 것이 뭐냐고 하면, 조선의 그것을 보호하기 위해서가 아니라, 일본의 전매제도를 어떻게 해야 좋겠냐고 하는 것에서 출발하고 있다"고 하였다. 자신들이 그토록 자부심을 느끼는 조선에서의 천일제염사업이 결국 일본 본토의 염업자들을 보호하고 일본의 전매제도를 유지하는 데 목적이 있었음을 스스로 실토하고 있는 것이다.

1. 조선에서의 천일염전 축조에 대하여

〈자료 205〉

- 원제목: 朝鮮における天日鹽田の築造について
- 녹음기록번호: 8225(T268)
- 일시: 1967년 4월 20일
- 장소: 중앙일한협회(中央日韓協會) 회의실
- 강사: 하지마 히사오(羽島久雄), 이시카와 다케요시(石川武吉)
- 사회: 고타키 모토이(上瀧基)
- 출석자: 호즈미 신로쿠로(穗積眞六郞), 하기와라 히코조(萩原彦三), 구도 산지로(工藤三次郞), 기시 켄(岸謙)
- 녹음시간: 약 130분

〈조선문제연구회〉

【고타키】 오늘은 쇼와 42년(1967) 4월 20일로, 전매국의 염전 축조에 대해, 또 소금의 여러 가지 문제에 대해 애쓰신, 하지마 히사오(羽島久雄) 씨와 이시카와 다케요시(石川武吉) 씨의 이야기를 들어보겠습니다. 먼저 하지마 씨부터 말씀해 주시지요.

【하지마】 저는 메이지 44년(1911) 4월 6일에 경성(京城)에 도착해서 전매국으로부터 사령(辭令)을 받았습니다. 광량만출장소(廣梁灣出張所) 근무를 명하는 통지였기 때문에 하룻밤 경성에서 묵은 후 다음날 진남포(鎭南浦)에 부임했고, 그때부터 광량만으로 출근했습니다. 그리고 그때부터 염전의 축조, 그리고 제염(製鹽) 분야에 종사했습니다. 근속은 35년이고 전쟁이 끝난 후에는 내지(內地)로 돌아왔습니다.

지금 돌아보면, 조선의 염전 중에는 재래염전도 꽤 있어서 생산량도 상당했었던 것 같습니다. 하지만 제조법은 모두 천일염전과는 전혀 다른 양빈식(揚濱式) 염전이고, 게다가 제조법도 유치해서 품질도 별로 좋지 않았습니다. 이후에는 일의대수(一衣帶水)[216]의 관동주(關東州)로부터 천일염전이 도입되었습니다. 신의주라든지 인천이라든지 목포 방면으로 천일염이 꽤 들어왔던 것입니다.

그런데 그 천일염이란 것은 요컨대 인건비가 들뿐 연료비가 필요 없어서 비용이 상당히 쌉니다. 그래서 매년 관동주의 소금 즉, 천일염이 들어왔고 이에 따라 재래염전의 소금이 점점 쇠미해져 갔던 것입니다. 그런데 마침 그때 한국 정부의 재정고문 메가타 다네타로(目賀田種太郎) 남작이 소금은 인간에게 꼭 필요한 없어서는 안 되는 것인데, 그런 식으로 외부의 소금인 천일염이 들어오고 있고, 그 때문에 재래염전의 생산이 줄어들어서 점점 쇠미해진다면, 결국 재정적으로 상당한 영향을 주기 때문에, 그냥 들어오는 것이 아니고 결국 돈을 지불해야 하니까, 재정에 상당한 영향을 주니까, 건너편의 관동주에서 가능하다면, 조선의 서해안에서도 천일염전이 가능하지 않을까 하고 생각하게 되었습니다. 이때 탁지부에 '임시재원조사국'이란 것이 만들어지고, 한국으로 여러 용빙관리(傭聘官吏)가 들어오게 되었습니다. 그런데 천일염전의 경우, 내지인(內地人) 중에 이를 아는 경험자가 없었기 때문에 누가 좋을지가 문제가 되었습니다. 그래서 당시 대장성(大藏省)에서 칙임기사로 있던 오쿠 겐조(奧建藏)라는 분이 계셔서, 그분과 여러 차례 의논한 결과 대만에서 천일염전의 경험을 가진 사람을 부르는 게 어떠냐고 해서, 야마다 나오지로(山田直次郎) 씨와 미키 게요시로(三木毛吉郎) 씨 두 분을 한국의 용빙관리로 부르게 되었습니다.

그 후 천일염전에 적합한 땅이 없을까 하고 탐색한 곳이 부산의 명호도(鳴湖島)란 곳이었습니다. 이곳 명호도에 적합한 땅이 있기에 여기라면 좋다고 생각해서, 한국 정부 측에 이야기를 해보았는데, 그곳은 경성과 거리가 너무 멀어 연락이 불편하므로 좀 더 가까운 곳으로 해달라는 요청이 있었습니다. 그래서 이번에는 더욱 북쪽으로 올라갔는데, 목포에서 훨씬 위로 올라가 보니 한강 옆쪽에 주안(朱安)이라는 괜찮은 곳이 있어서 여기가 아주 좋다고 이야기를 해보았습니다. 그러자 여기는 매우 가깝고 좋다고 해서, 그곳에 대만식 천일염전의 염전 면적 1정보를 시험염전으로 만들었던 것입니다. 그때가 메

---

216 '일의대수(一衣帶水)'란 옷의 띠만큼 좁은 강이란 뜻으로 가까운 이웃국가를 표현하는 데 사용되는 말이다.

이지 40년(1907)이네요.

그리고 시험 결과, 거기서 만들어진 물품도 무척 훌륭하고, 비용도 별로 들지 않았습니다. 그래서 상당히 좋은 것 같아서, 이번에야말로 기필코 확장해야겠다고 생각해서, 제1기 공사로 대동강 하구에 있는 광량만(廣梁灣)이 아주 좋은 곳이었기 때문에, 그곳에 1,000정보의 염전을 계획한 것이 제1기 공사였습니다. 그리고 점점 확장해서, 주안 내에서도 여기저기 정보를 늘리고, 또 광량만 쪽에도 여기저기 정보를 늘렸습니다. 또 북선(北鮮)의 남시(南市) 쪽에도 염전을 만들었습니다. 그리고 황해도의 해안에도 만들었습니다. 그래서 점점 면적이 확장되었고 생산량도 점점 올라갔습니다. 또한, 염전 면적도 모두 약 7,000정보 가까이 되었던 것 같습니다. 맨 마지막에 말이죠. 그 결과 조선의 천일염전도 매우 순조로운 성과를 보이게 되었던 것입니다.

그 사이에 다이쇼 12년(1923) 8월 13일이었던가요? 거대한 쓰나미가 있었는데요. 쓰나미가 제방을 전부, 그래서 광량만에서도, 귀성(貴城)에서도 제방이 무너져 버렸습니다. 그래서 커다란 피해를 입었습니다. 그것도 지금은 요코하마에 계시는 세키 시게오(關重雄) 씨가 복구공사에 노력을 많이 해 주셨고, 서무과장 이코마 씨도 힘을 내서서 빨리 일을 해 주셨는데, 예산과 관련도 있었기에 힘을 내셨고, 세키 씨도 혼신의 힘으로 작업해 주셔서 복구를 빨리 끝낼 수 있었습니다. 그런 의미에서 세키 씨에게 상당히 공적이 있습니다.

염전도 점차 복구되고 여기저기 확장되면서, 조선의 염전도 상당한 성과를 거두게 되었습니다. 그래서 각지의 염전을 확장해서 생산을 올려야 한다고 생각했는데, 그때 마침 전쟁이 끝나고 말았습니다. 그렇게 되어서 좀 더 시간이 있었으면 꽤 좋았을 것 같은데, 그렇게 되어서 저도 일본으로 돌아가게 되었습니다. 옛날을 생각하면 아쉬운 생각이 듭니다만, 35년 사이에 무척이나 좋았던 일도 있었고, 또 힘들었던 적도 있었습니다. 구사일생으로 살아난 적도 있었습니다. 무척 힘든 일도 있었네요.

그 외에 염전의 축조에 대해서는, 이시카와(石川) 씨와 함께 염전 예정지를 조사하러 돌아다녔습니다. 예정지에 말뚝을 박으며, 갯벌을 점(dot)으로 지나고, 몸을 꼿꼿이 해서 깃발을 세우고 대나무를 세웠고. 이시카와 씨도 뒤에서 평판(平板)을 챙겼지요. 그리고 도면을 만들어 보고, 그것을 가지고 측량한 적도 있었습니다. 잘 생각해 보면 재미있는 일도 있었고 힘든 일도 있었는데, 조선의 염전이 어떻게 되었을까를 생각하면, 일전에 핫토리(服部) 시계점에서 조선의 누구더라? 무슨 대표자가 와 있었어요. 거기에 갔었습니다. 그때 조선의 가네코 뭐라는, 아는 사람이 와 있었는데, 만나서 염전의 상황을 물어보았는데, 지금도 주안의 모든 염전이 남아 있다고 했습니다. 남아 있지만 당신들이 있던 때와 같은 생산량은 올리지 못한다고. 염전은 그대로 남아 있다고 들었는데, 그립고 기회가 있으면 한번 가보고 싶다는 생각이 들었습니다. 그대로 남아 있다고 하는데, 이번에 고타키 씨로부터 이런 편지를 받아서 이건 무척 좋은 일이라고 생각해서 재빨리 이시카와 씨에게도 이야기했습니다. 이시카와 씨가 여러 자료를 갖고 있다고 들었기 때문입니다. 한번 이야기해보려고 연락한 것인데, 이렇게 된 셈이지요. 그렇다고 별도의 자료가 있지는 않지만, 구체적으로 말씀드리면 꽤 많은 일이 있었습니다. 뭐. 그렇게 이해하시면 됩니다. 그렇게 오늘에 이르게 된 것입니다.

【고타키】그렇게 고생하셨던 이야기, 단편적이어도 좋습니다.

【하지마】네, 네.

【고타키】띄엄띄엄 이야기하셔도 상관없습니다. 생각나시는 대로 말씀해주세요.

【하지마】네, 염전 예정지를 조사하러 갔을 때는 아시다시피 완사지(緩斜地)였기 때문에 조수가 빠질 때 가는 것입니다. 시간을 보면서 만조 시에 어디까지 물이 밀려오고, 간조 시에는 어디까지 물이 밀려나가는지를 대강 조사해서 예정지의 지반의 높이를 보고, 여기에 대나무를 박고, 여기에도 대나무를 박는 식으로 면적을 확보하는 것입니다. 넓게. 그 사이에 계속 바닷가로 가면, 갯골이 들어와 있기 때문에 이것을 횡단하는데, 하나하나 올라갈 수 없기 때문에 횡단하는 겁니다. 갯골을. 그러면 이 근처까지, 허벅지까지 들어올 때가 있어요. 그것을 겨우 빼고 빼서 건너고, 또 건너편으로 가서 말뚝을 박고, 또 저쪽으로 가서 말뚝을 박고, 그렇게 해도 또 갯골이 있습니다. 그러면 또 갯골을 넘는 식이라서, 예정지를 조사할 때 무척 힘들었습니다.

그리고 나중에는 다시 이시카와 군이 판자를 끼웠습니다. 보면 어떤 모양인지, 너무 모양이 이상할 수 있으니까 여기를 이런 식으로 하고, 좀 더 집어넣으라고 하거나 빼라고 해서 염전을 적당한 모양으로 만들어서, 그렇게 염전을 만들었습니다. 같이 여러 곳에 갔습니다. 그런 적도 있었습니다. 예정지는 그런 식이었습니다. 거기서 조선인 집에

묵기도 했습니다. 그렇게 진행했습니다만, 처음에는 음식에 적응이 안 되어서 속이 안 좋았습니다(웃음). 그래도 나중에는 적응이 되었습니다. 특별한 일은 없었지만 말이지요. 온돌에서 잠을 잤습니다. 그런 적이 있었지요.

또 조금 전에 말씀드린 것같이 다이쇼 12년(1923) 8월 13일, 여기, 제방이 무너진 일이 있어서 그것을 기념하자고, 제방기념일을 만들었습니다. 그날은 반드시 일반의 모든 염전도 제방을 수리했습니다. 손상된 곳을. 그렇게 제방기념일이란 것을 만들었지요.

그래서 그날은 모든 염전이 제방 수리에 매달리기로 했습니다만, 마침 저는 그때 귀성에 있었습니다. 그런데 멀리 바닷가에서 20미터 이상의 바람이 불었기 때문에 몸이 제대로 서 있을 수가 없었지요. 그래도 가보니, 파도가 자꾸 제방으로 올라오고 있었습니다. 그래서 저는 한 가운데에 펌프장이 있었기 때문에, 그 펌프장을 보고 나서 돌아가면 된다고 생각해서 돌아가지 않고, 제방으로 갔습니다. 가서 보니 다른 사람들은 모두 이미 육지로 올라가고 있었지요. 저는 건너편으로 가는 중이었기 때문에, 어디였더라? 귀성의 파출소에서 그쪽은 어디를 가는가, 저쪽으로 가라, 위험하지 않느냐고 말했던 것 같습니다. 그리고 제방에 가 보니, 이미 바람이 강해서 파도가 점점 올라오고 있었습니다. 그리고 다시 보니 뒤쪽 제방이, 뒤에서부터 무너졌던 것입니다. 그쪽은 물이 높고, 뒤편이 낮았기 때문에, 평지 제방이었으니까요. 거기를 넘어 이미 파도가 계속 흘러들어왔던 것이지요. 그러자 가운데에 소금 운반용 궤도(軌道)가 있었는데, 그 궤도가 점점 파도에 흘려 내려 철망처럼 휘어졌습니다. 그래서 저는 할 수 없이 제방 위로 올라갔는데, 바람이 강했기 때문에 어쩔 수 없이 제방을 내려온 다음, 어디 없을까 생각해서 다시 올라가서 보니, 건너편에 배가 있는 것이었어요. 배가 닻에 올라와 있었는데, 닻의 꼭대기는 좀처럼 올라갈 수 있는 것이 아니잖아요. 비는 점점 내리고 있었고 바람도 강하고요. 이거 큰일 났다, 곤란하다고 생각했는데, 건너편에는 배가 보이고요. 그래서 조금씩 제방의 밑을 지나서 거기에 갔더니, 염부(鹽夫)들은 모두 도롱이[217]를 입고 배에 타고 있었습니다. 그래서 제가 기다리라고, 나도 태워달라고 해서 간신히 탈 수 있었습니다. 제가 배에 올랐던

---

[217] 녹음기록에는 'トマ'로만 표기되어 있으나, '苫/篷(トマ)'를 말하는 것으로 판단되어 옛날 짚이나 띠 등을 엮어 만든 비옷인 '도롱이'로 번역하였다.

그곳이 조금 있으면 쓸려 내려가기 때문에, 죽을힘을 다해 제방에 꼭 매달려있었던 것이죠. 그런데 비가 점점 내려서, 큰일이 난 것 같아 어떻게 하면 좋을까 생각했는데, 뭐, 다행히 그 사이에 점차 조수가 빠졌기 때문에, 그렇게 해서 무사히 저녁 늦게, 밤 10시가 넘어서 그대로 귀가했습니다. 목숨을 건진 셈입니다. 집에서는 모두 걱정했었지요. 제가 물살에 쓸려 내려갔을지 몰라서 조마조마했던 것 같습니다. 제가 11시, 11시 반경 집에 돌아오니까, 모두가 기뻐했습니다. 무사해서 다행이라고, 죽다 살아난 셈입니다.

그 밖의 사람들은 이미 제방을 붙잡고 있었는데, 몸이 물에 잠겼고, 미와[三輪, 시게히데(重秀)?] 뭐라고 하는 사람은 물이 목까지 차올라 머리만 내밀고 제방을 붙잡고 있었던 것 같습니다. 그래서 그때는 논밭도 꽤 쓸려 내려갔습니다. 죽은 사람은 없었지만요. 어쨌든 아주 큰 사건이었습니다. 그게 다이쇼 12년(1923) 8월 13일의 일이었습니다. 그때가 '제방기념일'이었지요. 쭈욱 기념일, 기념일로 지냈습니다..

【하기와라】… 거기에 대해서 누군가 불평하지 않았나요?

【하지마】 불평은 안 했지요. 일단 그 조선인들도 천일염전을 축조한 경험이 없었습니다. 그래서 산동(山東)의 인부가 왔습니다.

【하기와라】 아 그렇습니까? 역시.

【하지마】 '바터우(把頭)'라는 이름이 붙었지요. 바터우가 지도했지요. 제가 경성(京城)에서 사령을 받을 때였는데, 그때 염전을 축조한다고 소형 삽으로 흙을 일구었습니다. 흙을 일구는 사람한테 갖고 가서 말립니다. 마른 곳에 바닷물을 넣습니다. 그러면 질척질척해져요. 그것을 휘저어서 고르게 한 다음, 지반을 평평하게 하는 겁니다. 그럼 진흙투성이가 됩니다. 그런 일을 하는 것이었는데, 그렇게 설명한 다음, 너는 학생이었는데 가서 그런 일을 할 수 있겠냐는 말을 들었습니다(웃음). 그래서 뭐든지 하겠다고 했어요. 그러자 수차(水車)도 밟아야 한다면서 수차를 밟은 적이 있는지도 묻더군요. 그래서 밟은 적은 없지만, 해보면 못할 것도 없지 않나요? 그런 식으로 대답했습니다. 아침에 일찍 출근하고, 저녁에 늦게 퇴근합니다. 아침은 좀 더 일찍 나가고, 저녁은 늦게 퇴근하지요. 그래서 무척 피곤했었습니다. 그래도 젊었으니까 열심히 일했습니다. 그렇게 일을 해왔습니다. 쭈욱.

【하기와라】 그러한 사령에 대해 그렇게 말하고, 진흙투성이가 된다고 말한 사람은 누구였습니까?

【하지마】고니시(小西) 씨였습니다.

【하기와라】고니시 씨.

【하지마】네, 고니시 이사무(小西勇)란 사람이 있더군요, 그 사람이.

【하기와라】탁지부 사람입니까?

【하지마】네, 탁지부 분입니다.

【하기와라】그렇군요.

【하지마】그때 광량만 소장이 스다[菅田, 이사무(勇)] 씨였습니다. 아니, 스다가 아니다.

【하기와라】아직 야마기시[山岸, 무쓰조(睦造)] 군은 안 갔었나요?

【하지마】야마기시 씨도, 아직 그때는 오지 않았습니다. 맨 처음 소장은 스다 씨 전 사람은 누구라고 했더라? 첫 번째 소장은? 깜빡 잊어버렸네. 자넨 모르나? 스다 씨 이전의 소장, 맨 처음 소장.

【이시카와】그때는 제가 아직 들어가지 않아서.

【하지마】아직 들어가지 않아서 모르는구나.

【하기와라】스다라고? 어려운 글자였네요.

【하지마】네, 스다 씨는 대나무 관의 '관(菅)'

【하기와라】대나무 관의 ….

【하지마】그 이전에는 뭐라고 하더라. 계속 있었습니다. 그 사람 때에 갔습니다.

【고타키】야마기시 씨는 더 나중인가요?

【하지마】네, 야마기시 씨는 그 이후였습니다. 제가 갔을 때는, 사나다[眞田, 기치노스케(吉之助)] 씨가 이미 와 있었습니다. 사나다 씨입니다. 대만에서 왔었지요. 사나다 기수(技手)였지요. … 그때 이미 기사(技師)가 되어 있었어요. 그리고 토목 쪽은 니노미야[二宮, 쓰네하치(常八)] 씨가 있었네, 니노미야 씨. 그리고 와타나베(渡邊)라는 기사도 있었습니다.

【하기와라】저는 그냥 황해도란 곳은 러일전쟁 후 인심이 꽤 사나워진 곳이었기에, 광량만에 염전을 만들 때, 조선인들이 불평하고 방해하지 않았을까 하는 생각에 질문을 드립니다.

【하지마】아니요, 그런 것은 없었습니다.

【하기와라】그렇습니까?

【하지마】만세 소동 당시에는 조심했습니다. 만세 소동 당시에는 조선인이 좀 거칠었어요.

　　　　그래서 저도 권총을 허리에 차고, 거기서 밤에 경계를 섰었지요.

【하기와라】네. 염전에서는 대부분 조선인, 소위 염부라고 칭하는 사람을 고용하고 있었지요?

【하지마】네, 고용하고 있었습니다.

【하기와라】얼마나 고용하고 있었나요?

【하지마】1정보당 가장 많은 경우 10명입니다.[218]

【하기와라】10명. 그럼 몇 정보였나요?

【하지마】광량만은 그 각 구역마다 차이가 있는데요. 광량만 전부, 정보가 몇 개 있었더라.

【하기와라】넓었지요. 1,000정보쯤 있었지?

【이시카와】네, 1,000정보가 넘었습니다.

【하기와라】1,000정보가 넘었지?

【이시카와】네.

【하기와라】10명이라면, 꽤 많은 노동자가 있었던 셈이지요.

【하지마】네. 꽤 있었네요.

【하기와라】그렇지요? 제가 받았던 여기에도 이야기가 쓰여 있으니까요.

【하지마】네. 네. 거기에도 쓰여 있나?

【고타키】내지인은 적었지요?

【하지마】네. 내지인은 적었습니다.

【고타키】내지인은 염부장(鹽夫長)에?

【하지마】내지인 염부장도, 염부장이 되었지요.

【고타키】아주 적은 숫자였나요?

【하지마】네. 광량만에서는 그랬습니다. 염부장으로 내지인은 별로 없었으니까요. 제가 6구(區)에 부임했을 때는 어, 그러니까 몇 명이 있었지? 4명 정도 있었나? 4, 5명 정도밖에 없었네요.

218　10정보당 10명을 착각하여 말한 것이다. 혹은 녹음자료를 잘못 기록한 것일 수도 있다. 계절에 따라 차이는 있지만 10정보당 보통 유하식(流下式) 염전에는 6~9명이, 급상식(汲上式) 염전에는 7~10명의 염부들이 작업을 하였다.

【하기와라】주안의 염전에는 두세 번 보러 간 적이 있었는데, 광량만은 간 적이 없네요.

【하지마】주안에 간 적이 있었어요?

【하기와라】네. 두세 번 갔었습니다.

【하지마】그렇습니까? 야마기시 씨 때였나요?

【하기와라】아니오. 노구치[野口, 소지(莊次)] 군이 있었을 때.

【하지마】아, 노구치 씨.

【하기와라】그때는 손님을 안내했습니다만, 도쿄(東京)에서 온 손님을.

【하지마】아하.

【하기와라】깨끗한 소금이 만들어졌었어요.

【이시카와】쇼와 12년(1937) 광량만의 '조쇼' 관내(管內)에서 저게 나왔습니다. 그때 전체 염전이 2,181정보였습니다. 광량만이.

【하지마】광량만이 그랬군요.

【이시카와】'센이칸쇼'의 '조쇼' 염전이네요.[219] 그때 얼마나 사람을 고용했는가 보면, 1년 동안 제염 기간 3월부터 10월까지. 3월부터 10월까지 2,181정보에 연인원 41만 2,000명이었습니다. 대강 1개월에 5만 6,500명부터 6만 5,000명입니다. 1개월에. 이것은 이런 숫자가 있으니까, 자세한 것은.

【하기와라】굉장히 많았네요. 큰일이었군요.

【이시카와】2,181정보. 이것은 [쇼와] 12년(1937)의 기록이지만요. 최근 것도 아직 있는데, 이것은 광량만출장소의 기록이 남은 것입니다. 이런 식으로 각각 따로따로, 여기에 남아 있으니까요.

【고타키】그럼 하지마 씨에게는 나중에 다시 질문 드리기로 하고, 이시카와 씨, 먼저 당신이 경험했던 이야기를 부탁드리고 싶습니다.

【이시카와】제 경험은 학력이 없기 때문에, 밑바닥의 소년을 뽑은 셈이지요. 그래서 다이쇼 11년(1922)에 임시 직원으로 들어왔습니다. 주안출장소에서 임시 직원으로 들어간 것인데, 약학교(藥學校)를 졸업한 것 때문에 분석을, 소금의 감정 분석 일을 맡게 되었습니

---

219 '센이칸쇼(センイカンショウ)'와 '조쇼(ジョウショウ)' 모두 확인되지 않는 지명이다.

다. 광량만이 아니고, 주안출장소에서 소금 분석으로 [다이쇼] 11, 12, 13년을 지냈습니다. 소금의 분석 일로. 그다음 현장 쪽으로 나가게 되었습니다. 현장의, 이번에는 염전감독의 견습으로 나갔던 것입니다. 학력이 없는 사람들은. 정식 관리(本官)가 되지 않은 사람은. 그래서 [다이쇼] 13, 14년, 쇼와 3년(1928)까지 현장감독을 하게 되었던 것입니다. 그렇게 처음으로 천일염전의 일을 5~6년간 익혔던 것입니다. 염전감독은 대개 주안출장소 관내에서는 50정보부터 100정보 정도 감독을 합니다. 견습 감독 때 저는 50정보에서 100정보의 염전을 감독했습니다.

그리고 나서 쇼와 3년(1928)경이 되어 주안출장소 관내에 있는 남동염전의 감독이 되었습니다. 정확히 6, 7년째인 쇼와 3년(1928)에 남동 제2구 염전의 감독이 되었는데, 그 염전은 100정보 정도라고 생각됩니다만, 이때는 이미 꽤 일에 익숙해져, 천일염전에서 소금을 많이 얻기 위해서는 어떻게 하면 좋을지를 점차 알게 되었고, 이곳 제2구 염전 근무 당시에 우승, 전 관내 우승을 하기도 했습니다. 우승 깃발을 받았습니다. 천일염전의 일이라는 것은 관공서의 일이었고, 꽤 넓은 면적 안에 사람을 투입해서 일을 진행하는 것이었기 때문에, 감독이 보지 않는 곳에서도 소금을 채취하도록 해야 했습니다. 그리고 뭐 세입(歲入)을 올려야 했고. 전매국의 수입인 소금의 생산을 늘리기 위해 어떻게 하면 좋을지를 전매국이 여러 가지로 지혜를 모았습니다. 그래서 염전 종업원이 많은 소금을 채취하게끔, 여러 가지로 생각했습니다. 첫째, 일단 고용된 자는 본관이 되어 판임관(判任官)으로 가는 코스를 만들었습니다. 그러기 위해서는 역시 성적을 올려야 했습니다. 그리고 또, 소금 채취 성과를 올리기 위해 상금을 내놓았어요. 주안출장소 관내에서 그 우승 깃발을 받으면 100엔이라는 상금을 받았습니다. 그 당시에. 지금 돈으로 환산하면 아마 천 배, 현재의 일본은행의 지수로 딱 천 배에 해당할 겁니다.

【하기와라】 10만 엔이네.

【이시카와】 10만 엔의 상금이 걸려있었던 셈입니다. 그것을 제가 받았습니다. 모든 염전감독관은 일단 임시 직원에서 판임관이 되면, 판임관은 고등관(高等官)이 될 수 있기에 성적을 올려야 했습니다. 모두 아주 열심히 공부했습니다. 그래서 먼저 저는 그때, 지금까지 전혀 주목을 받지 못했던 남동 제2구 염전, 즉 남동파출소라고 하는 300정보의 염전을, 파출소로 되어 있었지만 그때 마침 [쇼와] 6, 7년(1931~1932)에 소금을 많이 채취할 수

있는 것은 역시 해수(海水)의 원료, 그것에 주목해야 한다고 생각했습니다. 농도가 아주 잘 맞는 해수를 이른 봄에 모두 모아 놓고, 그것을 최대한 활용해서 소금을 얻어야 한다고 해서, 저는 이른 봄에 상당히 진한 농도 2도 반 정도, 3도 징도 되는 해수를 저수지에 채워서 얻어냈습니다. 그것을 1년 동안 뭐, 최대한 잘 사용했기 때문에 믿기 어려울 정도의 성적을 올렸던 것입니다. 그것을 그때, 우승 깃발을 받았을 때, 전매국장 마쓰모토[松本, 마코토(誠)] 국장 각하라든지, 야마다(山田) 씨가 오셔서, 함께 사진을 촬영하고 받았던 우승 깃발 사진이 여기에 있습니다만, 암튼 그런 식의 코스로요.

어쨌든 염전 일에 관련해서는 대체로 우승 깃발을 받았습니다만, 첫째 본국(本局)에 가고, 둘째 천일염전을 지령하는 일도 배워보고 싶어서, 당시 소장으로 있던 오야마[大山, 기요시(淸)] 씨에게 부탁해서 본국의 제조과 쪽으로 전근을 가게 되었고, 그 후 3년간 쇼와 4년(1929), 5년(1930), 6년(1931)의 3년간, 본국에 임시 직원으로 들어가게 되었습니다. 그래서 이번에는 사무 쪽 일을 했습니다. 사무 계통. 그리고 분석하는 일도 했습니다. 거기서 제가 여러 가지 통계자료를 모으고, 여러 가지 팸플릿을 만들기도 한 것이 인정을 받아 임관하게 되었습니다. 8급으로요. 그리고 쇼와 7년(1932)에 현장으로, 광량만출장소의 현장감독으로 가게 되었습니다. 그래서 광량만염전의 4·5구 염전, 6·7구 염전을 쇼와 7년부터 9년(1934)까지 3년간, 현장감독으로 일했습니다.

그런데 제가 생각했던 것은, 주안염전에서 광량만염전으로 가서 처음 천일염전의 어려움, 그리고 여러 가지 일을 보고, 주안염전과 광량만염전이 얼마나 제염기술이 다른가를 이해했습니다. 정말로 놀랐습니다. 이미 광량만에 쇼와 7년(1932)에 가서 3년간 일을 했을 때, 제가 주안의 염전에서 견습하던 시절에 배웠던 것과 광량만에서 3년간 배웠던 것이 제염기술에 있어서 정말로 현격한 차이가 있다는 것을 알게 되었습니다. 그래서 이젠 어떻게 해서든지 천일제염의 기술을 후세에 남기지 않으면 안 되겠다고 그때 생각했습니다.

그래서 정말로 소금 만드는 방법이 능숙했습니다. 광량만의 기술자는. 실제로 그것은 놀라운 것이었습니다. 소금의 생산량도 상당히 높았습니다. 저는 마침 주안의 염전에 쇼와 3년(1928)까지 있었는데, 소금의 취급에 관련해서 남동에 갔을 때는 훌륭한 성과를 거두었지만, 쇼와 2(1927)년까지의 사이에, 주안염전의 6·7·8구 염전 총 88정보를 감독을 때는 꽤 소금을 채취하지 못해서, 본국으로부터 왜 너는 소금을 채취하지 못하느냐고 힐문장(詰問狀)을 받아서, 불과 4, 5년의 경험으로 주제넘게도 채취가 안 되는 여러 가지 채취하지 못하는 이유를 들었습니다만, 그런데 광량만염전에 가서 생각해보고 놀랐습니다. 저희가 능력이 없었음을 그때 알게 되었습니다.

그래서, 쇼와 7년(1932)부터 9년(1934)까지 터득한 업무를 동료들과 함께 수행했었는데, 그 당시의 동료로는 다나카 가메하루(田中龜治), 지금은 돌아가셨지만, 그분이 상당히, 6구, 7구의 감독으로 있으면서 일을 열심히 하신 분인데, 차례로 새로운 것을 생각하는 사람으로, 성과를 올렸습니다. 그 성과를 올리기 위해 어떻게 해서든 부하를 치켜세운다고 하면 표현이 나쁘겠지만, 음, 부하를 잘 부렸습니다. 그리고 어떻게 하면 부하에게 돈을 더 벌게 해 줄지를 실행해야 하는데, 감독의 돈벌이와 관련해서는 제염가급금(製鹽加給金)이라는 제도가 있었습니다. 소금의 증산을 위해 제염가급금이라는 당근이 있는데, 그것을 최대한 활용하는 것입니다. 그래서 아래로는 염부로부터, 염부장, 감독까지. 제염가급금을 받으려고 하는 것인데, 제염가급금을 받기 위해서는 지금까지 소금을 거두지 못했던 염전을 개조해서, 소금을 채취할 수 있는 염전으로 바꾸기 위해 염전을 수리해야 했습니다. 그 당시에는.

그래서 그때의 광량만염전은, 마침 앞에서 하지마 씨가 말씀하셨듯이 강한 파도 때문에 모든 염전이 2년 정도 수몰되어 있었기 때문에, 상당히 많은 양의 진흙이 염전에 들어갔고, 그 진흙이 있어서 함수(鹹水)의 생성이 나빴기에, 함수의 증산을 위해 어떡하든 진흙을 걷어내야 했습니다. 그리고 염전의 '시보리(絞り)'가 허술하게 되어 있었고. 어떻게 해서든 염전의 '시보리'를 개조를 해야 한다고 했는데, 이 다나카 씨란 사람이 염전을 모조리 개조했던 사람입니다.

【고타키】 '시보리'라는 것은 어떤 의미인가요?

【이시카와】 '시보리'이라는 것은 말이죠, 염전에 있는 각 증발지(蒸發池)의 면적 비율입니다. 면적 비율이 나빠서, 생성된 함수가 다시 거꾸로 되돌아가는 것이지요. 순서대로 농도가 올라가지 않는 것이지요.

【고타키】 높이 말입니까?

【이시카와】 크기입니다. 이 다나카 씨란 사람이 이것을 개조한 것입니다. 그렇게 하면, 소금

의 증산은 반드시 됩니다. 그리고 이 사람이 상당히 머리가 좋은 사람이어서 그렇게 했기 때문에, 저도 그것을 배웠고, [쇼와] 8년, 9년에 그것을 해냈습니다. 그렇게 되어 다소 상사에게 인정을 받게 되었는지, [쇼와] 10년(1935)부터 아니, 9년(1934)부터 시작된 귀성 제3구의 507정보. 이 염전이 축조되기 시작했는데, 그것이 대강 공사가 끝난 게 쇼와 9년(1934) 말이었으니까, [쇼와] 10년(1935)에 귀성의 507정보의 염전에서 염전 마무리 공사에 가게 되었습니다. 이때 [쇼와] 10년(1935)부터 11년(1936)에, 귀성 3구의 염전공사를 마무리해서, 처음으로 소금을 채취하고. 또 그 경험으로, 다시 [쇼와] 11년(1936)부터 착수해서 [쇼와] 12년(1937)에 끝냈는데, 그게 532정보입니다. 이 염전에서도 다시 마무리 공사와 첫 소금 채취에 매달렸는데, 그렇게 딱 약 1,000정보의 염전을 마무리 지어서 첫 소금 채취를 성공시키고, 뭐 그래서 쇼와 10년(1935)에 광량만출장소의, 이번에는 사업주임(事業主任)이 되었습니다. 그래서 광량만출장소의 2,000정보의 사업주임이 되어, 그다음에는 여기서 염전감독에서 손을 떼고, 제염관리소의 관리 관계의 일을 하게 된 것이지요.

그래서 광량만의 사업주임을 12년(1937), 13년(1938)에 하고, 그 사이에, 당시 소장이 스즈키 다마오(鈴木球雄), 그전에는 사나다 기치노스케란 기사였는데요. 광량만 사업주임을 13년(1938)에, 14년(1939)에는 덕동(德洞)의 파출소장이 되었습니다. 덕동의 파출소장을 1년 반 정도 하고, 다음에는 쇼와 16년(1941)에 남동(南洞)의 파출소장이 되었습니다. 그리고 1년 남동 파출소장을 하고, 17년(1942)에는 군자(君子) 파출소장이 되었습니다. 그런데 마침 쇼와 16년(1941), 17년(1942)은 대동아전쟁(大東亞戰爭)에 돌입한 해이기 때문에, 소금의 증산을 강하게 을 요청받은 해였는데, 소금을 채취하는 것과 함께 종업원의 식량문제 등으로 상당히 머리가 아팠던 시대로서, 대동아전쟁 동안에 염전에서는 신들린 듯이 소금의 증산에 열중했습니다(웃음소리). 그러한 관계로, 저는 18년(1943)에는 파출소장에서 귀성의 출장소의 사업주임이 되었는데, 귀성은 그때도 1,300정보 정도의 염전이었기 때문에, 그곳의 사업주임이 되었고, 19년(1944) 3월에 3급봉으로 퇴직하게 되었습니다.

그리고 19년(1944) 3월에 퇴직 후에는 19년(1944) 4월에 점점 대동아전쟁의 압박이 심해졌는데, 그때는 이미 17년(1942)경부터 비행기의 재료로 쓰이는 마그네슘의 고즙공업

(苦汁工業)이란 것이 무서운 기세로 전매국의 일이 되었습니다. 마침 19년(1944) 4월부터 남조선(南朝鮮)의 목포(木浦)라는 곳에 남선화학공업주식회사(南鮮化學工業株式會社)라는 화학공업회사가 만들어져 그곳에 1,000정보의 염전을 축조하게 되었고, 제가 전매국으로부터 기사로 파견되었습니다. 19년(1944) 4월부터 8월까지 염전의 설계를 하고 드디어 축조공사에 들어가게 되었는데, 그때 이미 전황이 상당히 어려워져서 이 1,000정보의 염전은 목포 쪽, 학자(鶴子)라는 곳에 있었는데, 일단 500정보의 염전을 시작하는 단계였지만, 준공까지는 어떻게 해도 2년의 세월이 필요했기 때문에 도저히 대동아전쟁의 결말에 맞추지는 못했습니다. 마그네슘공장이 완성될 기미가 보이지 않아서 제염자재(製鹽資材)인 철재, 시멘트, 여러 가지 목재 등 온갖 자재를 다 쏟아 부을 수는 없었기 때문에, 8월에 귀국명령이 내려왔습니다. 설계서도 완성하고 이미 모든 준비를 마쳤지만, 어쩔 수 없이 그렇게 시작한 염전은 모두 멈추게 되었습니다.

그리고 저는 19년(1944) 10월에 내지로 돌아와서 지금 내지의 '염업조합중앙회'라는 곳에 들어갔는데, 대체로 제가 염업조합 쪽에 들어간 쇼와 19년(1944) 10월부터 정확히 작년까지 20년간 염업조합 중앙회 직원으로 일했습니다. 그동안에 생각이 든 것이 내지의 소금 제조업자라든지, 또 내지의 전매국 분들이 조선의 천일염전에 대해 잘 모른다는 겁니다. 천일염전의 묘미라고 하는 것을 모른다는 생각이 들었습니다. 그래서 그 점에 대해 무척 이상하다고 생각해서, 그 천일제염의 기술이라는 것에 관해 누군가에게 결국 사실을 알려줄 필요가 있지 않을까 하고 종종 생각했습니다. 기술을. 지금 내지에서 20년간 염업조합에 있으면서 오늘날의 제염에 대해 생각한다고 하면, 그 기술을 후세에 전할 필요가 있지 않을까 하는 생각입니다.

또, 내지의 염업이라는 것은 주로 전매국이 민간 회사에 맡기고 있습니다만, 조선의 염업이라는 것은 관(官)이 스스로 작업화를 신고, 마치 내지에서 하는 것처럼 회사의 직원처럼 일하고 있었습니다. 그런 것은 특이하기 때문에 누군가의 참고가 되지 않을까 하고 늘 머릿속으로 생각했었는데, 전매국이 천일염전을 증산하기 위해 어떻게 머리를 썼을까, 지혜를 짜내 잘 증산했을까 하는 기록, 이런 것이 어떠한 형태로든 누군가의 참고가 되지 않을까 하고 생각했습니다. 그런 식으로 뭐, 생각했고, 그런 기록이 두세 개 있습니다. 제염의 방법, 천일염의 제염 기록에 관해 말입니다. 여기 다나카 가메하루 씨가 쓴

「염부 숙소의 창에(塩夫舎の窓に)」란 기록이 있습니다. 여기에는 상당히 조선의 천일염전의, 제염의 내용이 명확하게 쓰여 있습니다.

또 다이쇼 15년(1926)에 내지의 전매국 기사로, 칙임 다나카[田中, 신고(新吾)] 기사가 「조선 염업에 대한 사견」이라는 복명서(復命書)를 썼습니다. 이것은 조선의 염업을 알기 위해 상당히 좋은 자료입니다. 다이쇼 15년(1926)에. 그리고 스즈키 다마오라는 기사가 쓴 「천일염전의 시보리(絞り)에 대해」라는 것이 있습니다. 이것은 일단 천일염전의 '시보리'를 어떻게 결정해야 하는가에 대한 것인데요, 처음으로 염전축주에 매달렸던 사람들이 골머리를 썩였던 것에 대한 기록입니다.

그리고 또 하나는, 다이쇼 14년(1925)에 완성된 「군자염전의 준공」입니다. 이 군자염전이 조선 전매국에서 얼마나 심혈을 쏟아 만들어낸 염전인가하면, 군자염전은 500, 아니 603정보의 염전이었는데, 이 염전을 준공시키기 위해 전매 본국, 국장 이하 모두가 얼마나 골머리를 썩이면서 염전을 만들었는지, 눈물이 나올 것 같은 기록이 있습니다. 이런 것들은 함부로 버리기에는 도저히 견딜 수 없는 기록입니다. 조선의 염업을 말할 때, 이 한 페이지는 무슨 일이 있어도 남겨놓고 싶다고 말했으므로, 언제가 기회가 되면 활자화하고 싶습니다. 이렇게 부탁드립니다. 그 외에 여러 가지가 있습니다만, 제가 늘 생각하는 것은 염부 숙소의 창에서 엿본 염전감독이 염부에게 일을 시키는 상황이 거의 파노라마 같은 모습으로 쓰여 있다는 것입니다. 이것이. 그러한 기록들은. 이걸 쓴 다나카 씨도 이미 돌아가셨지만.

【하지마】 작년에 돌아가셨지요.

【이시카와】 예. 그리고 다나카 기사가 쓴 「조선 염업에 대한 사견」과 같은 거 말이지요. 이런 것은 확실히 그 당시 조선의 염업을 말하고, 내지의 염전에서 본 조선의 염업이라는 것을 충분히 설명하고 있습니다. 또 군자염전의 준공에 관한 것. 이런 것은 활자화하려고 생각해서, 저는 이미 남겨놓았는데, 이것을 언젠가 활자화하고 싶다고 생각하고 있습니다. 그런 것을 저는 염두에 두고 있습니다. 이상입니다. 밑바닥에서 일해서 중요한 기록은 없습니다.

【고타키】 스즈키 다마오 씨는 건강하신가요?

【하지마】 그건 모르겠습니다. 어디 계실까 생각하고, 서로 물어봤는데, 어디에 계신지 모르

겠습니다. 그분은 이시카와(石川)현 사람이지요.

【이시카와】그렇습니다.

【고타키】사나다 씨는 어떻습니까?

【하지마】사나다 씨는 돌아가셨습니다.

【고타키】돌아가셨군요. 야마기시 씨도?

【하지마】야마기시 씨도 돌아가셨습니다.

【기시】저는 주안의 염전은 여러 번 방문했어요. 사나다 씨, 그리고 야마기시 씨가 계셨을 때.

【하지마】네, 그런가요?

【기시】전기회사에서 수리조합의 농장에 전기를 연결하기 위해 염전을 조사한 적이 있습니다. 염전에도 전기가 상당히 필요할 것이니까, 어떤 방면으로 전기를 사용하도록 하면 염전도 능률이 오르고 전기회사에서도 전기를 더 많이 팔 수 있는지, 가서 조사해 보라고 해서 여러 번 그곳을 방문한 적이 있습니다.

【하지마】아, 그렇군요.

【기시】그리고 야마기시 씨, 아니 사나다 씨의 의견으로, 모터로 염수(鹽水)를 끌어 올리는 방법을. 염전의 저수지라든지, 축조 방법도 완전히 바꾸어 놓아야 했기에 중요한 일이었는데, 큰 작업이라서, 반드시 모터를 사용하기 위해서는 지금까지와는 다른 방법이 될 것이라고 하셨지요. 끝내 실현이 되지는 않았지만요. 그 당시 염전에 전기를 연결하는 것과 관련해서 보고서를 조금 쓴 적이 있었어요. 인쇄는 되지 않았습니다. 회사의 중역들에게 제출하는 보고서였기 때문에. 지금 경성전기(京城電氣)에 남아 있을지 어떨지는 모르겠네요.

【하지마】그랬군요.

【고타키】미즈구치[水口, 류조(隆三)] 전매국장 때, 오야마(大山) 기사를 내지에서 데려왔습니다. 뭔가 제염에 관해 새로운 공부를 시키려고요. 그런 것을 하긴 했는데, 제 상상으로는 기대에 완전히 어긋나서, 오야마 씨가 일해서 좋은 성과가 나타났다고는 생각하지 않습니다. 거기서 오야마 씨는 그다지 오래 있지는 않았습니다. 제 기억으로는 관동주로 갔던 것 같습니다. 확실히 진공부제염(眞空缶製鹽)이라고 해서, 오야마 씨의 의견으로 연구한 일이 있었습니다. 대단하다고 생각했지만 실현되지는 못했던 것 같아요.

【이시카와】 실현되었습니다.

【고타키】 실현되었다고요?

【이시카와】 진공부 공장을 만들었습니다.

【하지마】 진공식(眞空式) 제염공장이란 것을 만들었습니다.

【고타키】 그 후 어떻게 됐나요?

【하지마】 제품을 만들었습니다.

【고타키】 종전까지?

【하지마】 네, 종전 때까지 만들었습니다.

【고타키】 능률은 올랐습니까?

【하지마】 대단한 것은 아니었습니다. 그건 오야마 씨의 독특한 안으로, 계획이 세워져서 한 것입니다. 대단한 성과는 없었어요, 효과는.

【고타키】 그렇다면, 천일염전에서 소금을 생산하는 것과 똑같은 것이었다는 말씀입니까?

【하지마】 오히려 비용이 더 들었습니다.

【고타키】 역시 비용이군요.

【하지마】 네. 계속 이어서 했는데, 야마기시 씨 이후입니다. 저는 그곳에 소장으로 갔었습니다만, 역시 대수로운 것은 없었습니다.

【고타키】 이시카와 씨의 지금 이야기에서, 군자염전에서의 고생담이 있다고 하셨는데. 그것을 한마디로 말할 수는 없겠지만, 하나, 둘 차례로 이런 점에서 고생했고, 저런 점에서 고생했다고 말씀해 주시겠습니까?

【이시카와】 그렇습니다. 그걸로 정말 엄청나게 고생했습니다. 여기에 곤도 주타로(近藤壽太郎) 씨가 쓴 것이 있는데요.

【하지마】 곤도 주타로 씨라면 주안의 서무주임이셨지요.

【하기와라】 아까 부산 옆의 '레이코토우'를 언급하셨는데요.

【하지마】 명호도(鳴湖島)입니다.

【하기와라】 어떤 글자인가요? '명'은 밝을 '명(明)'인가요?

【하지마】 '명'은 울'명(鳴)'이에요, 호수의.

【하기와라】 그렇습니까?

【하지마】섬입니다.

【하기와라】논문에 있었거든요.

【구도】들어본 적이 없는데. 처음 듣는 이름이네.

【하기와라】처음 듣는 이름이네.

【고타키】토지 선정이 제일 먼저 한 고생이었습니까?

【이시카와】토지의 선정도 조금 무리였던 것 같습니다.

【하지마】마무리가 잘 되지 않았습니까?

【고타키】마무리를 못 했습니다.

【이시카와】좀 너무, 염전이 컸습니다.

【고타키】수로 쪽이 마무리가 안 되었지요.

【하지마】너무 넓었으니까요.

【고타키】그때 책임자가 누구였습니까?

【이시카와】그때 주안출장소 소장은 노구치(野口) 씨였지요.

【고타키】노구치 씨였군요.

【하지마】야마기시 씨도 그 당시, 주임은?

【이시카와】야마기시였습니다. 그때 염전의 마무리 공사를 할 당시, 1,000정보의 염전을 만드는 것을 목적으로 했습니다. 이것이 인천 앞바다, 정확히 8마일 지점에, 정확히 인천항에서 약 8마일 정도의 앞바다였는데, 옥금도(玉金島)[220]와 오이도(烏耳島)라는 섬이 있습니다. 그 섬을 육지에서 이렇게 삼각형으로 연결했지요. 삼각형으로 연결해서 그 1,000정보의 포용 면적을.

【하지마】이게 오이도입니다. 여기는 옥금도입니다. 섬에서 섬을 연결했습니다. 여기에서부터 이 섬에서 여기를 이었습니다. 그리고 염전을 만든 겁니다. 603정보.

【고타키】제방 축조가 힘들었지.

【이시카와】제방 축조 말인데요, 지금까지 한 번도 경험하지 못한 일을 시작했던 겁니다. 지금까지 그, 다이쇼 10년(1921)경까지는 한 구획 1,000정보의 염전에 매달렸던 일이 없었

---

220 옥구도(玉鉤島의) 오타로 보인다.

습니다. 대개 뭐 200정보, 300정보 정도가 고작이었습니다. 한 구획에 말이지요. 그런데 뭐 대체로 뭐 기술은 있었습니다. 염전축조 기술 말이지요, 그 당시의. 다이쇼 10년(1921) 경까지네요. 그러다가 드디어 큰 공사에 매달리게 된 셈이지요. 그게 염전 지반이 낮은 곳이라서. 그 전에는 염전의 문제라는 것이 경비 문제, 염전기술의 문제였기 때문에, 육지 근처의 높은 지반에 염전이 많았습니다. 그래서 염전을 마무리하는 것도 상당히 간단한 마무리 공사로 끝났지만, 이 군자염전 당시에는 대단한, 1,000정보나 되는 방대한, 바다를 향해 염전을 늘리는 구상이 되어 있었습니다. 왜 그렇게 되었는지 이유는 알 수 없었지만, 당시의 토목기술로서는 좀 무모했다고 생각할 수 있습니다. 뭐라고 말하든, 기계류가 없었고. 인력으로 조선인의 '지게'라고 하는, 원시적인 '지게'를 가지고 제방을 쌓았으니까요. 그 당시의 리수(里數)로 치면, 2리가 넘게 긴 제방을 만들었으니까요. 그 동안 매우 높게 쌓은, 높은 제방을 만들어야 한다, 방대한 대규모의 염전을. 지반이 낮으니까, 아주 큰 제방을 만들었습니다. 이 과정에서 몇 가지 착오가 생겼던 것 같습니다. 다이쇼 10년(1921) 10월 20일, 하청 계약을 하고, 14년(1925) 3월에 완성되었는데, 축조를 시작한 해부터 염전의 제방이 몇 번이고 폭풍우로 무너지고 말았습니다. 두 번까지는 어떻게든 했습니다만, 세 번째 대 폭풍으로 완전히 제방이 무너졌습니다만, 애써서 쌓은 것을 다시 쌓았지요.

【고타키】국장은 누구였지요?

【이시카와】국장은 아오키[青木, 가이조(戒三)] 씨가 아니었나? 그때 아오키(青木) 국장입니다.

【고타키】세 번째가 몇 년도였지?

【이시카와】그게 쇼와 12년(1937)이었지요.

【고타키】쇼와?

【이시카와】다이쇼 12년(1923).

【고타키】다이쇼네요. 그럼 아까 말씀하신 다이쇼 12년 8월이라고 하신 게 그거였습니까?

【이시카와】그렇습니다.

【고타키】8월의?

【이시카와】13일.

【고타키】그럼, 아오키 국장이다. 그리고 이마무라[今村, 다케시(武志)] 서무과장이다. 그래, 그

리고 야마기시 기사지요?

【이시카와】 그렇습니다.

【고타키】 야마기시? 노구치였네.

【하지마】 노구치 씨네요.

【고타키】 뭐든 마무리할 때 아주 어두운 지점을 칸델라(kandelaar, 석유등) 같은 것으로 비추면서. 폭풍이 불던 때 같은데, 아주 난리가 났다는 이야기를 들었습니다.

【하지마】 그때였지요. 노구치 씨가 당했던 것이. 군자염전에서.

【고타키】 무슨 소리? 당하다니.

【하지마】 그게, 청부인한테 당했습니다.

【고타키】 말씀해 주십시오. 전 모르는 일입니다.

【하지마】 염전이 준공했었던 때 말입니다. 준공 당시에 그, 청부인이 검사를 그다지 엄중하게 하지 말라고, 여러 번 다소의 뇌물이 있었습니다. 하지만 노구치 씨는 선고검사(選考檢査)라는 것을 엄중하게 했던 것 같습니다. 그래서 여기저기 수리를 했습니다. 여기도 줄이고, 저기도 줄였다고 합니다. 또 낙차(落差)를 나게 해야 했습니다. 낙차도, 여기는 이렇게 낙차를 나게 하고, 여기는 이런 식으로. 그래서 여기는 낙차가 있는 것 같았지만, 실제로는 이미. 그래서 실제로 물을 흘려보니까 낙차가 없었고, 물이 흐르지 않았던 셈이지.

【고타키】 흐르지 않는다?

【하지마】 그런 일이 있었습니다. 그렇게 된 것이니까요, 모처럼 부탁했는데도 말이지요. 지나치게 엄중하게 검사했다는 이유로. 저녁때 부인과 둘이서 제방 위에서 산책을 하고 있었던 것 같습니다. 날이 저물어 인천 바다를 바라보고 있었는데, 어느새 제방 위에서, 밑에서 … 그렇게, 쇠파이프로 머리를 친 것이었습니다. 그래서 나가떨어졌습니다. 마침 만조 시각이라서 바다 속으로 떨어졌지요.

【고타키】 바다로 떨어졌군요.

【하지마】 예. 그 쇠파이프에 부인도, 부인은 제방 안으로 떨어졌습니다.

【고타키】 그래서?

【하지마】 그래서 청부인 중 누군가가 마침 지나가고 있어서, 사람 같은데, 무엇인가가 떠 있다고 했어요. 제가 내려가서 보았더니, 노구치 씨였습니다. 그래서 큰 소동이 일어난 겁

니다. 그곳에 군자에 의사가 있었습니다. 그래서 의사를 불러서, 그래서, 상처가 생겨서 바늘로 꿰매고, 그리고 경성에 알렸는데 연결은 안 되었습니다. 전화선이 끊어져 있었던 거지요. 전화가 되지 않았어요. 그래서 그대로 다음날 시내 병원에 입원시켰습니다. 부인도 … 해서 치료하고 … (청취 불능)

【고타키】그래서 (청취 불능)

【하지마】그래서, 그때부터 제대로 낫기까지 꽤 걸렸죠, 1개월 이상 걸렸으니까.

【고타키】마무리는 되기는 했나요?

【이시카와】되었습니다. 이걸 좀 읽어 볼까요?

【기시】테이프를 되감겠습니다.

【이시카와】이제 됐습니까? 그럼 읽겠습니다.

<군자염전의 준공>

1. 조선 경기도 시흥군 군자면, 유효면적 575정보, 공사총액 140만 8,000엔. 현재 돈으로 하면 약 5억 엔. 연혁. 군자염전은 다이쇼 9년(1920)에 우리 조선 내 소금의 자급책을 강구하여, 7개년 계속사업으로서 2,600정보의 천일염전을 축조할 것을 결정하고, 예산도 성립해서 주안에 1,100정보, 광량만에 1,000정보, 남시에 5백 정보를 할당한 것이다. 주안에서는 현재 염전을 확장할 여지가 없으므로 남동염전 이남의 땅을 골라서 남진(南進)하는 것을 득책(得策)으로 인정했다. 우선 남동 제1, 제2, 제3구를 축조하고, 소래(蘇萊)염전을 나중으로 미루고, 제6구를 축조하게 되었던 것이다. 군자염전은 즉 이런 것이다.

2. 공사 및 경과. 염전축조 공사는 보통의 토목공사와 달리, 창해(滄海)를 변화시켜 밭으로 만드는 공사여서, 밀물과 썰물의 때와 밀접한 관계가 있다. 따라서 특별히 경험과 신용을 필요로 하기 때문에, 공개 입찰하지 않고, 지명입찰하는 것을 예(例)로 하고 있다. 본 공사도 이 예에 따라 유력한 토목청부업자 7명을 선발해서 지명입찰에 부쳤던 것이다. 그 결과, 경성 요시노초(吉野町)의 도카와 긴조(戶川金藏) 씨에게 금 91만 8,000엔에 낙찰되었다.

다이쇼 10년(1921) 10월 22일, 청부계약을 체결하고, 같은 해 11월 1일 공사에 착수했다. 이윽고 머지않아 결빙기에 들어섰기에 임시 사무소의 건축, 외곽제방용 채석 준비 등을 소홀히 하지 않고 실행했다. 완사지(緩斜地)는 일견 평탄한 것 같아도 종종 물길과 연결되어 있어서, 이를 막는 것이 쉬운 일은 아니었다. 내부의 총면적이 약 1,000정보로 넓기 때문에 크고 작은 무수한 물길 중에 최대로 큰 것을 마지막으로 남기고, 다른 것은 순서대로 막아서 제방을 연속되게 하였다. 같은 해 3월 얼음이 녹은 후에는 매일 2,000명 이상의 인부를 동원해서 공사도 순조롭게 진척되어, 연장 약 5,000칸에 걸친 외곽제방의 약 5할 정도가 완성되었던 다이쇼 11년(1922) 7월 27일, 큰 폭풍우가 몰려와 겨우 쌓은 흙의 태반이 유실되었고, 그 피해가 아직 가시지도 않았는데 또다시 8월 2일, 그때보다 한층 더 격렬한 강풍이 내습하였다. 더욱이 호우를 동반했는데, 그때 마침 고조시(高潮時)가 되어 심대한 피해를 입었기에 난공사가 되기에 이르렀다. 그 복구를 위해 흙을 쌓으면 유실되고, 어제 쌓은 흙이 오늘 아침에 무너진 것이 몇 번인지 모른다. 그래서 공사에 큰 차질을 빚었다. 차질을 빚어져 진척되지 않은 것이 너무 많아 청부인 도가와 긴조 씨는 마침내 실각하고, 보증인이었던 아키야마 겐스케(秋山研亮) 씨가 대신 공사를 시공하게 되었다. 다이쇼 12년(1923) 4월, 그 조직을 개편하고, 극력 공사의 진척을 꾀하면서, 현장 감독원에게도 편달을 게을리 하지 않아 같은 해 7월 13일, 외곽제방을 쌓는 공사를 마쳐서 잠시나마 평화로운 일상이 찾아왔다.

달에 구름이, 꽃에 바람이 깃들듯, 뜻대로 되지 않는 세상사라고 말하는데, 평화로운 일상이 시작된 지 한 달째인 8월 13일, 서해안 일대를 덮친 거대한 해일이 닥쳐와서 일시에 여러 곳이 무너져 그 일대가 다시 창해(滄海)로 변하니, 그 참상이 보기 힘든 지경에 이르렀던 것이다.

통상 이 정도라면 최종적으로 제방 공사를 끝내기 어려운 상태이다. 그래서 미처 예측하지 못한 큰 해일의 손해액 중 몇 할을 정부에서 부담하는 것으로 해서 같은 해 12월, 숨도 얼어붙는, 모든 것이 얼어붙을 것처럼 추위를 무릎 쓰고 전매국 아오키 국장, 이마무라 서무과장, 야마기시 기사, 사나다 기수, 더불어 주안에서는 미야타(宮田) 소장 외 십 수 명이 현장으로 출장 와서, 거의 직영(直營)처럼 일을 단숨에 몰아치었다. 숨 돌릴 틈도 없이 인부들을 독려한 보람이 있어서 같은 달 4일, 완전히 제방 공사를 끝냈다. 그때부터 공사는 순조로이 진행되어 쇼와 13년 3월 …

【하지마】다이쇼입니다.

【이시카와】14년입니다. 쇼와 14년 3월.

【하지마】네? 다이쇼 아닌가요?

【이시카와】다이쇼군요. 착각했습니다.

다이쇼 14년(1925) 3월 31일에 완전한 준공한 것이다.

군자염전 축조 공사비는 처음에는 소비액 91만 8,000엔이었다가, 폭풍 또는 해일로 인해 몇 차례 설계변경이 이루어져, 약 127만 엔에 달하게 되었다. 그 대신에 제방 등은 처음의 설계와 다르게 되어, 훌륭하게 완성되었다. 내부면적 1,000정보의 염전으로서 제방을 이 정도로 한 것은 오히려 당연하다고 본다.

본 공사에서 주로 희생이 된 것을 들자면, 전(前) 공사주임 오스미[大住, 히로시(弘)] 기수는 공사를 신장(伸張)시키지 않았기에 그 전도(前途)를 염려해서 지병이 진행되어, 다이쇼 12년(1923) 2월 모일 옥금도(玉金島)의 관사에서 황천의 객이 되었고, 청부인의 현장 대리인이었던 요시키 요시로(吉城興四郞) 씨는 늘 현장으로 출장해서 분골쇄신의 노력을 마다하지 않았는데, 역시 병을 얻어 수개월 후 병사했으며, 청부인 도카와 긴조 씨의 실각은 앞에서 서술한 바와 같다. 또 아키야마 겐스케 씨는 수십만 엔(현재 돈으로 1,000만 엔)의 사재를 탕진하고, 게다가 이행하지 못한 채무가 수만 엔이었다고 한다. 그 밖에 노구치 현 소장 부부는 괴한의 칼에 습격당해 머리에 큰 부상을 당했는데, 다행히 수개월 후 완쾌되긴 했지만 한때 중태에 빠지는 등의 일이 있었다.

다음은 준공식 및 축하연입니다. 이것은 세세하게 쓰여 있으니까요. 그때의 식사(式辭)를 잠시 읽어 보겠습니다. 아키야마 겐스케라는 사람이 읽었던 식사입니다만,

때는 바야흐로 양춘(陽春)의 계절, 오늘 이곳에서 군자염전 축조공사의 낙성식을 거행합니다. 망망한 1,000정보의 염전이 눈앞에 펼쳐지며 이 식전을 꾸며주고 있습니다. 아아, 얼마나 통쾌합니까? 되돌아보면 다이쇼 10년(1921) 11월, 이 공사에 착수해서 오늘에 이르기까지 실로 3년 5개월의 긴 시간이 필요했습니다. 당초 드넓은 바닷가의 진흙, 무릎이 빠지는 그 속에 들어가 물새처럼 온몸이 진흙투성이가 되어 축조에 매달리며, 밀려왔다 돌아가는 파도에 떠밀리면서도 더욱 힘을 다해 공정을 진행했습니다. 간혹 해일에 혹은 폭풍우에 허다한 재해를 겪으며, 이젠 그 완성도 위태롭게 되었어도, 전매국 당국을 비롯해 여러분의 심심한 마

음에 의지해 드디어 이 난관을 돌파했습니다. 이후 곤고하고 결핍한 상황을 견디고, 온갖 고생을 다 한 끝에, 오늘의 축전을 거행하기에 이르렀습니다. 한번 지팡이를 짚고 바깥 제방을 돌면, 일찍이 몸을 바쳐 싸웠던 지점의 외곽은 외해(外海)로부터 밀려오는 진흙에 덮여 그 당시의 상황을 떠올리기에 충분하지만, 내부에 깨끗한 물을 가득 채워도 매몰되지 않는 것을 보면, 불과 얼마 전의 모습을 떠올리게 하는 것이 남아 있습니다. 이 지점에 서서 당시를 회상하면 감개무량하고, 거닐면서도 떠나지 못합니다. 오호라. 이와 같은 괴로움을 거쳐 이 기쁨을 맞이합니다. 제 마음속에 드는 상쾌한 심정은 도저히 필설로 다할 수 없으며, 너무나 감격스럽고 기뻐서 목이 메일뿐입니다.

공사 설계자 오스미 기수는 이 땅에서 영원히 잠들었고, 청부인 도카와 긴조 씨는 실각해서 이 땅을 떠났으며, 현장 주임 요시키 요시로 씨는 이 사업의 책임을 견디지 못하고 쓰러졌습니다. 우리도 보증 책임을 위해 재산을 탕진하고, 거액의 채무를 지면서 본 사업에 몸을 던졌으며, 제방이 손상되면 신음했습니다. 황천에서 이를 지켜보는 조상님의 심령도 편히 잠들 수 없었을 것입니다.

그렇지만 사람이 모두 무엇인가의 사명을 갖고 이 세상에 태어났기 때문에, 각각 그 사명을 다해 하늘의 뜻에 따르는 것을 본분으로 삼아야 합니다. 우리의 사명은 이 사업을 위해 목숨을 바치며 쓰러져야 한다는 것을 느끼기에, 집안이 쓰러지고 몸으로 순직해도 본 사업이 완성된 것을 보면서 스스로 위로가 되기도 했으며 동시에, 인생의 의의를 영구히 이 땅에 남기고 평안해지기를 바랍니다. 천신지기(天神地祇) 또한 다행히 이것을 허락했습니다.

군자염전 준공의 계절을 맞아 미력하나마 축의(祝意)를 표합니다.

다이쇼 14년(1925) 5월 6일, 공사 시공인 아키야마 겐스케

　라고 되어 있습니다. 노구치 씨의 축사도 있네요. 노구치 씨의.

【고타키】 그랬군요. 소금 채취 성과는 뜻대로 되지 않았군요. 다른 염전에 비해서.

【이시카와】 그렇지는 않더라고요.

【고타키】 그렇지 않았다고요?

【하지마】 그렇지 않았어요.

【고타키】 그렇지 않았어요?

【하지마】비교적 좋았어요. 저도 그곳에서 6년 있었습니다.

【고타키】그렇습니까?

【이시카와】이곳은 유하식(流下式) 염전이었기 때문이죠. 편리했어요, 일이. 유히식입니다.

【고타키】전부 유하식은 아니었지요?

【이시카와】예. 이곳 주안염전은 쌓아 올리는 식이었죠. 지반 때문이지요. 결정지(結晶池)로 갖고 가서, 그곳 지반을 높여서 소금을 채취하는 식입니다. 이것은 조금 설명을 해도 이해하지 못하시겠지만.

【하지마】여기에 쓰여 있네요.

【고타키】쌓아 올린다는 것은 펌프로 올린다는 건가요?

【이시카와】아니오, 수차로 올립니다.

【고타키】수차로. 아, 그렇구나.

【이시카와】함수가 빠져나갑니다.

【고타키】광량만은 어떤 것이었습니까?

【이시카와】광량만은 주로 유하식입니다.

【고타키】유하군요.

【이시카와】유하식입니다.

【고타키】아까 말씀하신 '시보리'라는 것은 점점 작아지는 겁니까? 전체 면적이.

【하지마】그렇습니다, 그래요. 이 염전의 면적이 있죠. 여기에 보통의 물이 있습니다.

【이시카와】1할씩 작아집니다. 염전이.

【하지마】1할이 줄어듭니다. 조금씩 조금씩 빠지면서.

【하기와라】조금씩인데, 제1, 제2, 제3으로, 물이 염전으로 바뀌어 가지요.

【하지마】네, 농도가 진해지면서, 점점 물의 양이 줄어 들어드니까 말입니다.

【하기와라】그렇게 큰 것이 점점 작아지게 되기 때문에 '시보리'라고 하지.

【하지마】네, 네.

【고타키】마지막에 결정지가 있네요, 결정지. 거기에 기와를 깔아놓든가 해서.

【하지마】말했습니다.

【고타키】여러 가지가 있는데, 자세한 이야기가 있으니까, 전부 기와로 되어 있었지요?

【이시카와】결정지 개량공사를 하면요, 1할 5푼이나 증산이 됩니다. 1할 5푼에서 2할 정도까지.

【고타키】몇 년 정도 지나면 그렇게 됩니까?

【하지마】처음에는 항아리 기와 중 큰 것을 깔았지요. 이러면 역시 흙이 올라오니까. 다음에는 이렇게 사각으로 만들어서, 그렇게 해서 그것을 쭉 나란히 놓은 다음, 그렇게 다시 했습니다.

【고타키】그것은 도기(陶器)입니까? 아니면 사기그릇?

【하지마】도자기입니다.

【고타키】도자기?

【하지마】타일(tile)을 사용했습니다.

【고타키】타일이라면, 질그릇은 아니었네요.

【하지마】질그릇은 아닙니다. 그러니까 늘 깨끗한 소금을 얻을 수 있었지요.

【이시카와】그런 것들은 조선 염업 기술의 성공에 속하지요. 결정지 개량이란 것은 대단한 것이에요, 그런 것들은.

【고타키】대체로 1정보에서 얼마 정도를 채취했습니까?

【이시카와】염전에서?

【고타키】크고 작은 차이는 있겠지만.

【하지마】네, 크고 작음의 차이는 있겠지요.

【고타키】평균적으로, 비가 적었던 해가 좋습니다.

【하지마】네, 비가 적었던 때가 좋습니다. 장마가 길어지면 곤란하죠.

【하기와라】많이 곤란하지요, 희생자도 있었지요.

【고타키】'지(ジ)'라고 했었지요. 기록이 있습니까?

【이시카와】이것은 1정보당입니다. 다이쇼 11년(1922)부터 쇼와 19년(1944)까지의 1정보당 생산량인데요, 다이쇼 11년에 2만 7,000톤.

【고타키】톤입니까?

【이시카와】이것을 모두 톤으로 고쳤습니다. 11년(1922) 2만 7,000톤, 여기부터 쇼와 원년(1926)에 3만 8,000톤. 쇼와 5년(1930)에 5만 9,000톤. 그때부터 쇼와 10년(1935)에 9만

9,000톤이라는 숫자가 나오네요. 그리고 쇼와 17년(1942), 5만 1,000톤. 그다음 쇼와 17, 18, 19년 이렇게 가는데, 염전에서 고즙(苦汁)을 채취하는 일이 시작되어, 생산이 떨어진 것입니다. 마그네슘 공장에서 고즙을 채취했는데, 그 때문에 마그네슘으로 돌린 것이지요. 그래서 소금 생산량이 떨어졌습니다만.

【고타키】어떤 방법으로 고즙을 채취했습니까?

【이시카와】역시 생산된 모액(母液)을, 모액을 말인데요, 고즙을 상당히 함유합니다. 소금을 몇 번이고 채취하면, 그러면 고즙을 함유한 액이 많아집니다. 그게 너무 많아지면 생산이 떨어지게 되지만, 또 그것이 없으면, 고즙이 없으면 또 천일 결정(結晶)이 저해되는 점도 있습니다. 뭐 천일제염의 근본은 원래 이 고즙입니다. 고즙으로 농도를 올려 소금을 결정시키는 시스템이지요. 그래서 화학적인 제염법이라고 합니다. 지금 내지에서, 일본에서 하고 있는 수지염막(樹脂鹽膜)에 의한, 염전을 전혀 사용하지 않는 제염법이란 것이 있는데요. 수지막제염(樹脂膜製鹽). 이것은 일본에서 염전을 없애고 있는데, 그런 제염으로 바뀌고 있습니다만, 이것도 화학 제염의 하나입니다. 또 천일제염도 하나의 화학 제염으로, 원리부터 따진다면 똑같은데 그 점을 알기에는 어려운 측면이 있습니다. 내지의 제염업자들은. 이 천일(天日)의, 청명한 날 하루나 이틀 동안 소금을 결정(結晶)한다는 원리는 고즙 덕택입니다. 고즙이 없으면 소금의 결정은 불가능합니다. 희박한 함수로, 예를 들어 18도에서 20도 정도의 함수로, 31도 정도의 고즙을 혼합하면 25도 정도의 함수가 생깁니다. 이런 원리를 응용해서 3일, 4일이 걸리는 일수를 단축하는 셈인데요, 고즙으로. 그렇게 농도가 짙은 포화함수를 만드는 것입니다. 그 원리는 말하자면 화학적으로 보아도 된다고 생각합니다, 저는. 시험관 안에, 예를 들어 18도의 함수를 넣고 소금을 만들려고 해도 소금은 결정하지 않겠지만, 31도의 고즙을 넣으면, 소금이 빠르게 결정하거든요. 새하얀 소금이 생깁니다. 이런 원리를 응용한 것이 천일제염입니다. 그래서 연료도 들지 않고요. 화학약품을 사용해서 소금이 결정하는 원리입니다. 그래서 흐린 날에도 결정시킬 수 있으니까요. 고즙을 넣으면 소금의 결정이 진행됩니다. 이것이 그렇게 간단한 원리는 아니라고 생각하지만요.

【고타키】그 고즙을 채취하는 것은 어떻게 해서 채취하는 건가요?

【이시카와】그건 소금이 결정한 것을 채염한 다음, 나중에 남은 질척질척한 모액이 고즙이

되는 겁니다. 그 고즙을 끊임없이 새로운 함수에 섞어서 소금을 얻는데, 이것을 순서대로 반복하는 것입니다. 그러니까 그런 비상한 화학적 방법으로 천일염전을 만들고 있는 것에 대해, 내지 쪽에서는 별로 알지 못했어요, 그 원리를. 내지에서 20년간 근무했습니다만 몰랐다는 것이 놀랍더군요. 좋은 방법이었다고 저는 생각합니다만.

【하지마】 내지의 전오염(煎熬鹽)보다도 천일염이 더 좋다는 겁니까?

【고타키】 그렇지요.

【하지마】 입자가 크지만요.

【구도】 1정보당 어느 정도 채취했습니까? 평균적으로.

【이시카와】 어디서요?

【구도】 일본에서는.

【이시카와】 일본에서도 뭐 70톤에서 80톤 정도는 채취합니다. 정보당, 내지의 염업은.

【기시】 그럼 조선은?

【이시카와】 조선은 뭐 최근에는 50톤인가 60톤입니다.

【하지마】 꽤 떨어지는 것 같습니다.

【기시】 옛날에는.

【이시카와】 뭐 70톤이었던 해도 있었습니다. 그것은 날씨가 좋을 때, 그런 날씨가 계속될 때는 말이지요. 그러나 70톤이 넘는 경우는 별로 없습니다.

【기시】 외지(外地)는 함수를 한 번에, 〈내지는〉 농축함수를 연료로 끓여서 그렇게 70톤.

【이시카와】 네, 그렇습니다.

【고타키】 전체 조선의 소금 양은 기억나지 않지만, 그것은 조선의 천일염전에서 만드는 소금은 전체 수요의 4분지 3 정도 되어서 그렇습니다.

【이시카와】 이것을 보아도, 다이쇼 14년(1925)부터 [쇼와] 19년(1944)까지에 의하면, 다이쇼 14년(1925)에는 수요량이 26만 톤이었네요.

【하기와라】 261만 톤이지요, 수요고(需要高)는. 26이 아니라, 점 하나가 틀렸어요.

【이시카와】 아, 그런가? 아니에요, 26만 1,000톤.

【하기와라】 26만 1,000톤.

【이시카와】 26만 1,000톤에 대해 국내의 수요, 이것이 수요인데요. 26만 1,000톤에 대해 조

선 내 생산은 28% 밖에 안 되었습니다. 28%.

【고타키】언제쯤이죠?

【이시카와】그게 다이쇼 14년(1925)입니다. 10년이 되어서도, 44만 3,000톤의 수요에 대해, 조선 내 생산은 63%밖에 안 되었습니다. 이것이 쇼와 19년(1944)이 되면, 59만 7,000톤인데요, 수요가. 그런데 조선 내 생산은 26만 7,000톤으로, 52%, 수요의 절반밖에 생산되지 않아서, 나머지는 수입해서 충당했습니다. 수입 소금으로. 그러니까 5할밖에 생산되지 않은 셈입니다, 수요에 대해. 그런데 쇼와 18년(1943)부터는요, 민간의 염전이 점점 늘어나서 대일본염업(大日本鹽業), 그리고 동척(東拓)의 옹진염업(甕津鹽業), 그리고 해남(海南)이라든지, 서산(瑞山)이라든지, 쇼잔 같은 곳의 염전이 축조되고 있었으니까요.

【고타키】그것은 18년(1943)부터인가요?

【이시카와】네, 18년(1943)부터. 이게 완성되면, 약 8,000정보 정도의 염전이 되면, 그땐 이미, 쇼와 22, 23년(1947~1948)경에는 자급할 수 있습니다.

【고타키】18년(1943)부터 축조를 시작했는데, 종전까지 소금을 채취하지 못했지요.

【이시카와】그렇습니다.

【하지마】공사가 안 끝나서.

【고타키】공사비 때문에?

【이시카와】네.

【고타키】동척에는 있었습니까?

【이시카와】동척, 873정보. 여기서 18년(1943)에 2만 3,000톤 채취했습니다, 소금을. 그렇게 채취한 적이 있습니다. 이곳은 청천강이라고 하는데요, 평안남도.

【하지마】평안남도군요.

【이시카와】이곳은 기록이 남겨져 있습니다. 쇼와 18년(1943)의 생산고(生產高)가.

【고타키】대일본염업은 어디였습니까?

【이시카와】대일본염업 말입니까? 이곳은 청천강인데, 대일본염업이 계획했습니다.

【고타키】동척은?

【이시카와】동척은 옹진이라고 하는 곳, 300정보.

【고타키】황해도의?

【이시카와】네. 이곳의 기록은 저에게 없습니다.

【고타키】안 갖고 왔었나?

【이시카와】아마도 없었던 것 같습니다.

【고타키】그런가요?

【이시카와】그러니까 관염(官鹽)의 경우, 쇼와 19년(1944)까지에 6,880정보가 완성되었다면, 6,800정보는 되었겠지요.

【고타키】쇼와 18년(1943)부터는 어려운데, 축조가 시작되었어도 기록이 안 남아 있을 텐데.

【하지마】좀처럼 보이지 않아.

【고타키】호즈미 씨, 들어본 적 있습니까?

【호즈미】뭐가?

【고타키】쇼와 18년(1943)에 대일본염업, 동척이 염전 축조를 시작한 것.

【호즈미】저는 들어본 적 없습니다.

【이시카와】쇼와 18년에 저는 이 청천염전에 갔었습니다. 그때 기록을 받았는데요, 18년에 소금을 채취하고 있었습니다.

【고타키】저는 들었을지도 모르지만, 기억이 안 나는데.

【기시】그것은 쇼와 14, 15년(1939~1940)경부터인데, 공업용 소금이 필요해서. 그리고 지금의 마그네슘이 필요했다고 하는 것인데요. 무엇이든 좋으니 그렇게 화학공업회사가 진출해서 염전을 만들라고 했다는 것은 기억하고 있습니다. 그래서 점차 만들게 되었던 것입니다. 하지마 씨, 처음에 말인데요, 주안, 광량만을 만들기 전인데요, 조선에서. 요컨대 전매국이 되기 전에는 조선, 이조(李朝) 정부 시대부터 염전이 있었던 것 같은데, 그게 재래염전이라고 하는 부분이 어디, 어디에 있었는지 알고 계십니까?

【이시카와】여기에 기록이 아주 많습니다.

【고타키】천일염전이라고 하는 것은 없었나요?

【기시】천일염전은 없었습니다.

【하지마】천일염전 …, 그것은 모두 양빈식 염전입니다. 절구를 이렇게, 무엇인가를 덮듯이 주위에 모래가 있습니다. 조수간만의 차에 의해, 만조 때가 되면 그것을 모두. 조수가 빠진다고 하면 나가서. 그렇게 그 모래에 수분 … 증발하고, 소금만, 염분이 생기는 셈이지

요. 그 모래를 모아서 가마에 … 이것도 넣습니다.

【기시】가마에?

【하지마】그래서, 그것을 가마에.

【고타키】전오염(煎熬鹽)이네요, 내지와 똑같은.

【하지마】조선 쪽은 양빈식 염전이지요. 조수 간만의 차를 이용해서 했어요.

【고타키】그것은 경상남도나 전라남도 같은 곳의 해안 쪽에 약간 남아 있었습니다.

【하지마】남아 있습니다. 하지만 유치했지요, 역시나. 그리고 연료가 필요했습니다. 아니면 노력이 필요하든지. 어떻게 해도 비용이 많이 들어갔습니다. 그리고 유치한 것이라서 작은 모래가 들어있기도 했어요.

【기시】전매국이 되었는데도, 그것은 역시 판매되었나요?

【하지마】물론 판매되고 있었어요.

【기시】판매되고 있었다고요?

【하지마】네.

【기시】비용이 비싸면 비싼 대로 파나요?

【이시카와】자유였습니다. 자유입니다. 전오염은 뭐 전혀 간섭하지 않았어요, 전매국은.

【하지마】간섭이 없었습니다.

【이시카와】그것은 뭐 자유입니다. 재제염(再製鹽)도 자유롭게.

【기시】마음대로 만들어 팔아도 괜찮았나?

【이시카와】네, 상관없었습니다. 다만 수입염은 관리했습니다. 수입염은 정부가 관장한 셈입니다.

【기시】싼 천일염 같은 것이 계속 들어오지 않았나요?

【하지마】네, 그렇습니다.

【이시카와】부족했기 때문이지요. 어떻게 해서든 수입염을 사야 했습니다.

【하지마】어찌되었든 부족했기 때문이지요.

【고타키】역시나 가격은 외국염 쪽이 쌌나요?

【이시카와】아니오, 여기서 나오는데요. 이것을 보면 아시겠지만, 조선의 관염입니다. 관염의, 이것은 쇼와 5년(1930)의 관염의 가격인데, 이게 65전이라는 숫자가 나온 것이지요,

관염이.

【고타키】얼마?

【이시카와】60kg이 100근이지요, 60kg이. 그런데 그때의 재래 전오염은 1엔 45전이었습니다. 그리고 재제염, 이것은 수입염을 녹여서 재제(再製)하는 것인데, 1엔 55전 3리(厘)이고. 그때의 수입염인데요, 수입염, 관동주의 2등염이 50전에 들어왔습니다. 50전. 그리고 대만. 대만의 1등염이 62전 6리이고. 이렇게 세세한 숫자가 많이 나오니까요. 그런 게 있으니까요.

【호즈미】… 관동염입니까?

【하지마】예, 그렇습니다.

【하기와라】염전의 … 것 같군요. 관동주에서 갖고.

【호즈미】유럽 쪽에서부터.

【하기와라】스페인이었죠.

【하지마】스페인에서도 들어왔습니다.

【하기와라】그것은 암염(岩鹽)이 아니었나요? 암염, 산에서 캔 소금 아닙니까? 유럽에서 왔던 것은.

【이시카와】수입염은 재제염의 원료가 되었지요. 재제염은 역시 뭐 1,500엔 정도로 팔렸으니까요. 스페인으로부터 소금을 들여와도 채산이 맞았던 셈이오. 그처럼 먼 곳에서 가져와도. 이것은 또 용도가 다르기에. 관염과 같이 검사가 통과된 물품은 약간 모래 같은 것이 섞여 있었기 때문에 절인 음식에나 쓰였을 뿐이고, 제대로 된 식량에는 역시 재제염, 상류사회에서 사용했겠지요. 하층사회는 뭐 천일염을 사용하고. 어쨌든 뭐 수요의 반 정도로 수입염이 들어왔었으니까요.

【하기와라】주로 산동에서 왔었지요?

【이시카와】네.

【하기와라】관동주에서는?

【이시카와】관동주에서 그리고 산동성, 청도(青島).

【하기와라】이른바 산동염도.

【이시카와】대만.

【고타키】빨갛고, 검었던 것 같은데.

【하지마】맞아 맞아.

【하기와라】그래서 재제해서 팔았군요. 분명히

【이시카와】그렇지요.

【고타키】그쪽은 뭐랄까, 임금이 쌉니다. 조선의 연안보다도 비가 적었습니다.

【○○】그렇습니다.

【이시카와】날씨가 좋습니다.

【고타키】그래서 능률이 좋았습니다. 그리고 조선의 전매국 같은 훌륭한 조직의 염전이 아닙니다. 뭐 결정지라고 해서, 그렇게 기와를 깔거나 하지 않았지요.

【하지마】그랬습니다.

【고타키】엉터리였네.

【하지마】비용은 쌌습니다.

【고타키】그래서 1정보당 소금 수확고라면 조선 쪽이 좋았던 셈이지요.

【구도】잘 보존되어 남아 있어요. 대단하네요. 사진이든 무엇이든.

【하지마】언젠가, 이시카와 군이 말했었지요. 자기도 여러 가지 재료를 가지고 있다고. 이것을 태워버리고 싶지 않다는 말을 한 적이 있습니다. 그래서 마침 고타키 씨의 말씀도 있고 해서, 이게 딱 좋다고 생각해서. 그래서 저는 대단한 것은 아니지만, 말하자면 모두 가지고 있다고 해서 소개했습니다.

【고타키】그렇군요. 이시카와 씨의 귀중한 자료, 여기에 주셔도 괜찮습니까?

【이시카와】네, 저는 이미 퇴직해서 지금은 소속이 없습니다. 집에서 갖고 있다가 햇볕에 말리는 것 보다는 나을 것 같습니다. 뭐니 뭐니 해도 추억이 서린 이 천일염 일에 종사했기 때문입니다. 이런 기록은 손쉽게, 죽을 때 태우게 되니까요. 아까운 것 같은 기분이 들기도 하고요. 여기서 자료가 필요하다면 드리겠는데, 전부 드리고 싶습니다. 그런데 드리려고 하는데, 한가하기도 해서 정리해 보면 어떨까 하고, 이것인데요, 제가 정리한 것인데요, 이게 제가 2년간 정리한 서류입니다. 이건 꽤 참고가 되지 않을까 하고 생각합니다. 4년간, 조선의 채염(採鹽). 전부 이게, 도매가격부터 소매가격까지 자세하게 관염에 대한 것입니다. 게다가 판매했던 도매 이익, 소매 이익 등 여러 가지가 그렇게 자세하게, 제조

과(製造課)에서 판매계획을 세웠습니다. 그때의 자료가 여기에 있는 셈입니다. 이것이. 이런 것은 음, 지금은 없지 않을까 생각됩니다.

【여러 사람】없을 것입니다.

【이시카와】여기까지, 조선에서 귀국할 때, 배낭에 넣어 온 사람은 없을 것이라고 생각합니다.

【여러 사람】없었지.

【구도】종전 이전에 귀국했기 때문에.

【이시카와】그래서 있었다고 생각해요. 게다가 제가 임시 직원 신분으로 이 정도의 자료를 뒤졌습니다. 제조과의 자료를 말이에요. 대만의 것부터 내지의 관염까지입니다. 이것이 제가 분석실(分析室)에서, 분석의, 본국(本局)의 분석 지령을 하던 것이에요. 몸은 비교적 편했어요. 분석하는 사이에 짬도 있고. 그리고 상당히 많은 견본이 있었습니다. 견본용 소금이 자꾸 들어오고, 그것을 수매했기 때문에. 저희 쪽에서 분석해서 구매했기 때문에. 그, 우선 그 소금의 견본에 관해, 각 담당자가 여러 가지 질문을 받는 경우가 있었던 것 같습니다. 여러 가지. 그래서 여러 가지 말을 들었는데요. 모두 저에게 물으러 왔습니다. 그러면 한 가지를 물어봐도, 늘 메모장으로 정리했습니다. 생산비부터 이것저것 모두. 그렇게 정리한 것을 모두에게 주려고. 그래서 틈이 날 때, 저쪽에도 잘 만들어 주어야겠다고 생각했습니다. 이런 정도의 자료를. 그래서 저 같은 임시 직원 신분에게. 잘 공개해주었던 것 같습니다. 이러한 서류를.

【기시】이만큼의 자료를 일단 직장에서 등사판(謄寫版) 혹은 다른 것으로 뭐든 만들었나요?

【이시카와】모두 도와주었습니다. 고용된 중간에.

【기시】비밀리에 했습니까?

【이시카와】극비로.

【기시】나누어 준 적이 있습니까?

【이시카와】네. 그 뭐 출장소장 관계로.

【고타키】그렇습니까?

【이시카와】동그랗게 '비(秘)' 직인이 찍혔습니다. 이런 건 안 된다, 이런 것을 반출할까 봐. 그 당시 생산비에 대해 이런저런 말이 많았습니다.

【고타키】생산비가 문제군요.

【이시카와】 뭐 도매의 이익이랄까, 소매의 이익이랄까 같은 것이지요. 그런 거 반출되면 안 된다고 하면서, 한 번은 압수당한 적도 있었습니다. 그래도 이제는 그때 왜 이런 것을 만들었는지 지금 생각하면, 잘했다고 생각합니다. 놀라고 있습니다. 나 자신이.

【기시】 상당히 조사 관계 사무관 같은 분도 계셨을 텐데, 그러한 분들은?

【이시카와】 예, 성가시게 하지는 않았습니다. 다만, 생산비만큼은 모두 조금씩 화를 냈던 것 같습니다. 그래도 뭐, 이게 지금은 쓸모가 있으리라고는 꿈에도 생각하지 못했습니다.

【기시】 이것이 지금, 이런 식의 시리즈나 뭔가로 해서 팸플릿으로 내놓으면, 한국이 통일시킬 수 있습니다. 한국 정부가.

【고타키】 한국으로 보내주면 그쪽에서 쓸모가 있겠지요.

【이시카와】 저는요, 염업조합중앙회에서, 염업조합중앙회에 있는 동안이었습니다만, 저는 핸드북을 만들려고 했었습니다. 정말 내지의 염업자(鹽業者)들은 참으로 그 천일염을 까닭 없이 싫어합니다. 그런 것이 들어오면, 역시 일이 되지가 않습니다. 여러 가지 이익이 있으니까요. 그러한 것을, 떠들면 곤란하다고 해서. 거기에 있는 동안에는 안 된다고. 이 자료를 만들어 보았을 때입니다. 그리고 일본염업사(日本鹽業史)라는 것을 염업조합의 자금으로 역사물을, 팸플릿을 차례로 만들고 있습니다만, 이것은 제가 신청해도 싫어하지 않을까 하고 생각합니다.(웃음) 네, 정말로. 그래서 자비로 할까도 생각했습니다. 어쨌든 그만큼 모두 고생했기 때문에, 염업의 기술자로서. 어차피 뭐 사라져서 없어져 버리는 역사물이니까요.

【구도】 이렇게 중요한, 요컨대 사람에게 없어서 안 되는 것이 미염(米鹽)인데, 이것은 쌀(米)과 소금(鹽)을 가리킵니다만, 사람에게 없어서는 안 되는 것에 대해 〈우리가〉 고심했던 것은 모를 것입니다. 소금은 싼 것이기도 하고.

【이시카와】 사나다(기치노스케) 기사가 여기에 쓴 의견서라고 하는 것이 있는데요. 이것은 관동주의 소금과 관염으로, 어떻게 직접생산비가 이렇게 비싼가 하고, 사나다 기사에게 본국(本局)에서 의견서를 쓰라고 해서, 그래서 사나다 씨가 의견서를 쓴 기억이 있습니다. 왜 관염은 관동주의 소금에 비해 비싼 것인가. 그 이유를 거론하면서, 거기에 대해 답신하라고. 답신서이기 때문에, 이것은 사나다 기사의 의견서인데, 이것은 가치가 있는 것 같습니다. 왜 조선의 관염은 비싼 것일까? 관동주에 비해. 거기에 대해 잘 답하고 있습니

다. 이것이. 이런 자료는.

【고타키】 주요한 점은 뭐지? 한마디로 말해서 주요한 점은?

【이시카와】 직접생산비입니다. 노임(勞賃), 노임. 어째서 비싼가에 대해 이에 대해 사나다 씨는 이렇게 말했습니다. 역시 직무라서, 관리비입니다. 관동주에 비해 비싼 것은 당연하다고. 그래도 결국은 싼 관동주의 소금도 운임을 매기면 결국 조선 쪽이 쌉니다. 조선 쪽이. 그래서 운임을 매기면 오히려 조선 쪽이 싸다고 하는 결론이 납니다. 그래서 조금 비싸다고도 해도, 직접생산비를 비교해 보았을 때는 비싼 것 같지만, 선박 운임이 문제라서, 그런 비용을 더하면 역시 조선에서 생산하는 것이 이득이라는 것이 이 보고서의 결론입니다. 그래서 결국은 쌉니다. 선박 운임이 크니까. 그리고 여러 가지 중간에서 수입에 필요한 수수료가 들기 때문에, 여러 회사의 수수료가 들어가기 때문입니다. 결국은.

【하기와라】 지나(支那)나 산동에서 정크선으로요?

【이시카와】 네, 여러 사람의 손을 거쳐 오기 때문입니다. 그랬던 것이 자세하게 여기 쓰여 있습니다. 이것이 의견서입니다.

【기시】 많이 왔어요, 정크선으로. 뭐 이맘때쯤, 이미 한 차례 그런 것을 조사했고, 이젠 조사할 수 없습니다.

【이시카와】 이건 본국(本局)이 사나다 기사에게 쓰게 한 것입니다. 이런 건 귀중하지 않을까 생각합니다만, 생산비 뭐라고 하는 것들은. 미래에는 말입니다.

【하기와라】 그렇습니다.

【고타키】 이시카와 씨, 당신은요, 빈손이겠지만요, 이런 것들을 정리할 기회가 있다면 해 주셨으면 합니다. 그래서 제대로 된 것을 여기로 주셨으면 합니다.

【이시카와】 네.

【고타키】 그리고 말이에요. 다만, 여기에 대해 너무 자세하게 이야기하지는 않겠지만, 여기는 정부의 보조라는 것은 한 푼도 없었습니다. 그래서 말인데요, 지금까지 17년간, 호즈미 씨가 이곳저곳의 독지가를 방문해서 기부금을 받아 가지고 17년간 이어온 것입니다. 호즈미 씨도 심장이 나빠져서 만 2년, 집에서 틀어박혀 있어서, 요주의 상태였습니다. 최근 건강해졌지요. 그래서 네가 거들어달라고 호즈미 씨가 말씀하셔서, 제가 재작년부터 호즈미 씨를 대신해서 이곳저곳의 독지가를요, 구걸하듯이 부탁하고, 얼마 안 되지만. 그

렇게 겨우 겨우 운영하고 있습니다. 비용이 없으니까요. 그래서 … 그런 상황에서 우방(友邦) 시리즈라는 것을 예를 들어 조선의 토지조사라던가, 그다음 호즈미 선생이 메가타(目賀田) 남작이 재정 고문으로서 재정 정리를 한 이야기, 그런 것에 대해. 하기와라 씨가 이번 자료를 사용해서 전부 조사하여, 그렇게 쓴 것입니다. 그래서 모두 이런 식으로 우리가 의용봉공(義勇奉公)한 것입니다. 적당히, 의용봉공으로. 하기와라 씨가 이만큼 조사했어도 협회에는 한 푼도 없어서. 다만 여기서 인쇄비용만은 냈습니다. 그렇게 했고, 이것은 물론 비매품. 조금 전 말한 것처럼 녹음한 분량이 270분이 되요. 여기서 일하고 있는 사람은 여기 기쿠도카이(キクドウ会)라고 하는데, 지금 『이조재정사(李朝財政史)』라고 하는 것을 편찬, 지가사키(茅ヶ崎) 자택에 틀어박혀 있었습니다. 그걸 지켜보았던 사람이 재정국장이었습니다. 미즈타 나오마사(水田直昌) 씨인데, 은행협회의 전무이사인데, 10년 정도 했어요. 미즈타 씨가 이 일을 동정해서 말입니다, 은행에서, 각 은행, 조선에 연고가 없어요, 태반이. 그러나 미즈타 씨의 주선으로 은행협회에서 1년에 150만 엔씩, 전부 7회에 걸쳐, 750만 엔을 받았습니다. 그래서 17년간, 주요한 자금이 되었습니다. 그 밖에 예를 들면, 야와타(八幡)제철 같은 곳은 아, 후지이(藤井)라는 부사장이 호즈미 씨를 위해서라면 무엇이든 하겠다고 말해서, 그렇기는 해도 20만. 그리고 조선수전(朝鮮水電)의 구보다 유타카(久保田豊) 씨도 1년에 10만 정도. 그렇게 해서 조금씩 이곳저곳으로부터 독지가의 돈을 받아 간신히 계속하고 있습니다. 인쇄비가 겨우 되는 정도랄까. 그래서 그런 것을 이해하고, 여기서 해 주시면 고맙습니다만, 그에 대해 실비의 보수를 지불하는 것은 절대로 불가능합니다. 단, 당신이 자비로라도 해볼까 하는 마음으로 후세를 위해 정리할 수 있다면, 그렇게 정리된 것을 이쪽으로 주신다면, 그것도 뭐. 단, 인쇄가 될 수 있을지 없을지는 문제입니다. 지금도 인쇄할 원고를 많이 받았지만 비용 면에서 어려울 것 같습니다. 그렇게 하고 싶은데 말입니다. 그래도 여기서 자료를 입수한다면 말입니다. 녹음테이프의 경우, 영원히 남길 수는 없습니다. 그렇게 미래에 영구히 남을 수 없습니다. 활자로 해두면 언제까지나 남겠지요. 그래서 그것을 정리해서 주신다면, 그것을 언젠가 활자로 인쇄하고 싶습니다. 그렇게 생각합니다.

【이시카와】 저도 무척 아깝다고 생각합니다.

【고타키】 부탁드립니다. 그리고 혹시 천일염전의, 이렇게 하면 좋았을 것 같은 고생담. 그것

은 지금의 한국 정부에 참고로 보내주면, 실제로 세상을 위해, 아시아의 민족을 위해 쓸 모가 있을 것으로 생각합니다만.

【이시카와】저도 그렇게 생각입니다.

【기시】인쇄가 되면 바로 한국으로 보낼 수 있도록.

【이시카와】제가 보기엔 염업조합중앙회는 돈이 많아요. 그래서 그쪽이 기부금을 내도록 하면 어떨까요? 하겠지요. 돈이 있으니까. 염업조합은.

【구도】염업의 일이니까 해 달라고?

【고타키】단, 염업의 내용이.

【이시카와】조선에 관한 것도, 지금 조선에서 20만 톤 정도의 소금을 수입하고 있으니까, 전매국은. 그렇게 되면 전매국의 하청인 수입업자들 말인데요, 그들은 이익을 얻고 있습니다. 이들도 역시 염업조합의 관할 하에 있으니까. 염업조합은 이 서적 발행을 긍정적으로 보고 있습니다.

【고타키】오 그래요?

【이시카와】네, 염업에 관련해서는요. 이미 상당한 출판비를 아끼지 않고 척척 쓰고 있습니다. 이게 뭐냐면, 《염업시보(鹽業時報)》(염업조합중앙회간행. 1949(?)~1971)라는 월간잡지인데요. 120~130엔이지만 무상으로 모두 나눠주고 있습니다. 그렇다고 해요. 돈은 충분히 있습니다. 그래서 지금 여러 가지 책을 출판하고 있습니다. 그쪽에서 말입니다.

【고타키】그건 솔깃한 이야긴데요. (일동 웃음)

【이시카와】『일본염업사(日本鹽業史)』(일본전매공사간행. 1958)라는 것을 그쪽에서 편찬하고 있습니다. 거기서 이미 방대한 자금을 계속 쏟아 붓고 있어요. 다만 저는 조선과의 인연이 지금까지 없지만, 수입염이 생기면서부터 이것은 장래 염업조합에 인쇄해달라고 하는 것은 어떨까 하고 생각했습니다. 요 녀석을 정리하다 보니. 그쪽의 상무를 알고 있으니까요.

【고타키】그것은 그쪽에서 정리해 주면 좋겠지요.

【이시카와】네, 그쪽에서.

【고타키】아니면, 그쪽이 한다고 하면 기부금을 받고, 인쇄비도 받고, 이쪽에서는. 이쪽에서 『조선 염입사』를 출판하는 것도 좋을 텐데요.

【이시카와】네, 일단은.

【기시】된다면 그게 더 좋겠네요.

【이시카와】이쪽의 높으신 분이 좀 그쪽의, 전매국장님에게 이야기를 해서.

【하기와라】당신이 말씀하신 대로입니다.

【이시카와】염업조합의 회장님.

【고타키】호즈미 씨, 염업조합이란 것은 상당한 비용이 있어서 자꾸자꾸 인쇄, 출판을 하고 있는 것 같습니다. 그래서 이시카와 씨가 본인이 정리한 것을 염업협회로 가져가 부탁힐까도 생각했던 것이고, 이렇게 말하니까요. 그렇게 해도 좋고, 만약에 이쪽의 사업에 찬성해 주어서, 이쪽의 이시카와 씨가 정리한 것을 우방협회(友邦協會)에서 출판하고, 그 비용을 염업협회에서 내줄 수 있으면 좋을 것 같습니다.

【호즈미】그쪽에서 내면 좋은데.

【고타키】어느 쪽이라도 좋아.

【이시카와】일본의 산하에 있는 조선이니까요.

【고타키】그렇습니다.

【이시카와】그러니까 일본의 염업에 대한 것입니다, 여러 가지 출판물을 하고 있으니까요. 그것을 염업조합의 풍부한 자금으로 하면 뭐 돈을 아끼지 않고 하고 있으니까요.

【호즈미】이시카와 씨가 말씀하시는 대로에요. 일본의 모든 곳이 조선이나 다른 곳에 대해 상당히 냉담해.

【이시카와】그렇습니다.

【호즈미】자기 나라가 아니라고 생각하는 것이지요.

【이시카와】네.

【호즈미】그래서 염업조합에서 해주면 좋겠지만, 출판을 위해서는 우리가 죽을힘을 다해서라도 염업조합을 납득시키지 않으면 안 될 텐데.

【이시카와】어느 정도 저도 원고가 완성되었으니, 윤곽이 잡히면 그것을 가지고 이야기할 수는 있는데, 그것이 윤곽이 잡히지 않으면 그냥 플랜(plan)에 불과하니까 그쪽도.

【고타키】그건 그렇지요.

【이시카와】대강 원고가 완성되어 이런 식으로 되었는데, 이것을 활자로 해서 남겨두고 싶

다고, 그쪽과 이야기를, 높으신 분이 갖고 가면 어떨까 하고 생각하고 있는 것입니다만. 그런데 이것을 편찬한다고 하면, 일단 통계자료를 모은 것만은 어떻게든 할 수 있지만, 이것을 문장으로 하는 것은 말입니다. 그런 것을 하기에는 학력이 별로 없어서. 이런 학력이란 것도 우습지만, 그런 문장을 조합하는 기술 말인데요. 그게, 막상 벽에 부딪치는 것입니다. 어떤 학자가 쓴 책을 보았는데요. 일단 책으로서, 막상 한 권으로 정리한다고 하면, 그러한 조합의 방법이 상당히 어렵지 않나 생각해서. 이런 식으로 통계를 개별적으로 늘어놓기만 한다면, 그러면 저는 할 수 있습니다만. 이것을 하나의 역사라면 역사에 맞게끔, 조합한다고 하면, 저 정도의 학력을 가진 사람들은 조금 무리라고 생각하곤 합니다. 어쨌든 조합이 한다면.

【여러 사람】괜찮아.

【이시카와】어려울 것 같습니다. 이 정도라면 저도 할 수 있습니다. 중학교보다 조금 나은 정도의 학력밖에 없으니까. 한심한 것은 저는 거기서 큰 벽에 부딪힌 것입니다.

【여러 사람】괜찮아.

【이시카와】조금 더, 그게, 기초지식이. 염전에서 작업화를 신은 것 같은 사람이기 때문에. 그래서 조금 더 고등 학문을 한 사람이었다면.

【고타키】아니, 그렇지 않아.

【하기와라】작업화를 신었기 때문에, 귀중한 경험이 있어.

【이시카와】한심한 것 같아요. 여러 가지로.

【하기와라】어쨌든 신경 쓰지 말고, 생각한 대로 쓰면 괜찮을 거예요.

【구도】그래요, 그래요.

【하기와라】너무 격식을 차리고 어깨에 힘을 주고 쓰면, 뜻밖에 잘 안 되니까.

【이시카와】어렵네요.

【기시】조선총독부의 시작, 처음 … 시작할 때부터, 있는 그대로를 순서대로 쭉 경과를 써 주신다면. 그리고 가나 표기법이나 한자가 어떤지는 우리가 돕겠습니다.

【이시카와】그렇게 해 주시겠습니까? 그래요?

【구도】우리도 할 테니까요.

【이시카와】저도 책을.

【○○】그건 저도.

【이시카와】아아, 그렇습니까? 그것을 걱정했습니다.

【기시】이거, 자료를 전부 꺼낼 테니, 너 여기서 문장을 조합하라는 말을 들어도. 이런 원고는 하나도 손을 안 댄 것이 많이 있는데, 일단 이런 식으로 계속할 수 있으면. 그것을 다음에는 화끈하게 추진하기 전에, 가나 표기법 정도는 보고.

【이시카와】가나 표기법입니다, 가장 큰 문제는.

【기시】그것은 지금의 새로운 가나 표기법?

【이시카와】국어의 가나 표기법부터, 기초부터 공부해야 할 것 같습니다.

【기시】그것은 상관없으니까.

【이시카와】지금 책을 샀어요. 문장을 조합할 때 어떻게 조합해야 하는지.

【하기와라】그건 힘든데. 너무 어렵게 생각하지 않는 편이 좋습니다.

【이시카와】그래서 말인데요, 조합하는 방법을, 뭐 공부하고 있습니다. 그 사이에 자료를 계속 만들어 놓고 있습니다.

【구도】그렇게 어렵게 생각하지 하는 게 좋습니다. 생각하는 대로 자기가 쓰고, 다음에는 여기서, 본직(本職)에 대해서는 이것을 어떻게 쓰면 좋은가 하면, 의미가 틀리지 않도록, 당신의 의견을 받아서 문장만 고치겠습니다.

【이시카와】만들어 주시는군요. 그거에요. 이렇게, 대략 ….

【하기와라】그런 식의 도움은 드리겠습니다.

【구도】너무 어렵다고 생각하면 힘들어지니까요.

【호즈미】너무 비하하지 마세요.

【기시】그렇습니까? 이것을 5년 정도 걸려 저쪽에서 썼었는데요. 조선 전체의 전기회사의 역사입니다만. 이것이 위원회가 되고, 그 위원회의 중역분들이 위원회가 되어서, 각 회사의. 그래서 최초의 목차를 정하게 되었는데, 이것이 그 목차인데요. 이것은 제1권뿐이지만, 제10권까지 있습니다.

【이시카와】굉장해.

【기시】이것 하나만 목차인데요, 이것 하나만. 이 목차를 우선 조합해주셔서 그 순서대로 저는 자료를 모아 만들 수 있었습니다.

【이시카와】 그렇습니까?

【기시】 목차를 먼저 만든 다음에?

【이시카와】 목차를 만들어 왔으니까요. 그래서 어떤 식으로 조합을 할지. 다만, 맨 처음으로 제가 회상 같은 것입니다만, 회상 같은 것으로 해서, 내지 염업자의 낮잠 잠꼬대 같은 《전매통보(專賣通報)》의 정월호(正月號)에 〈조선염전의 추억〉이란 제목으로, 염전의 '시보리'라던지, 또 군자염전의 준공이라던지, 조선염전에 대한 내지의 전매국 고관(高官)은 조선의 염전을 다이쇼 15년(1926)경 어떤 식으로 보고 있었을까와 같은 것을, 그리고 조선의 염업자에 대해 알고 있으라고. 그래서 현재는 조선의 염업은 이 정도로 성장했다고. 그래서 이러 이러하다고 알게 된 것을, 정월호 부록으로 하여 회상 같은 것으로 해서, 우선 싣도록 해서, 그게 좋으면, 이런 통계자료에 있는 조선의 염업이랄까 하는 딱딱한 것으로 해 보고 싶기도 하고 나중에. 그것을 염업조합의 임원 같은 높은 사람이, 그럼 우리 쪽에서 그 비용은 있으니까 해 볼까요 하고 말할 수도 있지 않을까요. 그때까지 하나의 자료를 만들려고, 지금 원고용지에 쓴 것이 있습니다. 그것을 가지고 말이에요, 아니야, 이런 것은 쓸데없어, 라는 말을 들을까, 그런 자료가 있었나, 그럼 조선의 염업도 하나의 일본 역사의 한 페이지니까, 정리 해주게 하고 말할 것 같아서, 내심 이렇게. 이제부터 죽을 때까지 당신, 몸이 남아나지 않을 테니까.

【호즈미】 이시카와 씨, 몇 살입니까?

【이시카와】 71세가 되었습니다. 그래서 이제부터 5, 6년 동안, 너 도대체 뭐하면서 살 건데? 작년에 그만둘 때, 그만두는 데도 들었던 말입니다만.

【구도】 이것을 보면, 당신의 사진이 나오는데, 상당히 멋진 청년으로, 멋진 청년의 … 쓰여 있어서 그런데, 이런 때가 있었군요.

【이시카와】 저는 염업조합에서는 조선의 염업에 대한 것은 한마디도 말하지 않았습니다. 그게 결국은, 이젠 전혀 상대하지 않아요. 뭐, 그런 단체니까, 다소 역시 저런 기술도, 여러 가지 참고가 될까 생각한 것이 별로 참고가 되지 못했습니다. 다만 저를 그곳에 채용했던 목적인데요. 조선의 기술자란 사람들은 염전의 설계부터 경영에 대해서도 상당한 권위자라고. 그러니깐 그런 뭐 설계라든가 그런 것이 가능한 사람을 고용하는 것이 목적이었던 것 같습니다. 그래서 내지의 자급제염(自給製鹽)에 뭔가 쓸모가 있지 않을까 해서,

똑같은 직원이라도 작업화를 신고 일한 사람들은 조선의 염인(鹽人)이기 때문에, 그러한 쪽의 기술자를 뭐. 자급제염에 쓴다고 해서, 저를 그곳에 넣어주었던 것입니다. 19년 (1944)인 것 같은데요, 쇼와의. 그 후 내지에서 점점 소금이 부족해지면서, 그래서 자급제염 쪽에 저를 썼던 것 같습니다. 조금 2~3년간 일했습니다만 거기서 더 파고들어서 조선의 염업이랄까, 내지의 염업과 비슷해지는 것 등에 대해 이것을 이용한다고 하는 생각은 없었던 것 같습니다.

【구도】 소금이 없었군요. 이시이 씨였던 것 같은데, 이시이 미쓰지로 씨였던가? 그 사람은 전기(電氣).

【기시】 이런 것을 말씀드리기에 죄송하지만 내지의 소위 염업이란 것, 염전주(鹽田主)라고 할까, 염전조합이라고 할까, 역적 같은 놈들이기 때문에 죄를 씻기 위해 얌전히 돈을 내도 됩니다. 태풍이 오면 제방이 무너져서 돈을 더 많이 받으니까, 태풍이 올 때마다 살이 찌니까. 저의 친척 중에도 염전, 염전조합에 있어서 잘 알고 있습니다만, 제가 다니던 회사에서 제 밑에 있었던 사람이 거기에 들어가서 비서 겸 회계를 모두 하고 있어서. 정말 너무한 사람들이라고, 나쁘게 이야기하고 있습니다. 이런 회계를 자기는 하기 싫다고 하더군요. 이제 지금은 그만두고 회계사를 하고 있는데, 그다음에 자세히 들었습니다만, 그런 짓만 하고 있으니까, 국비를, 보조금을 받는 것이지요. 그래서 염업조합은 죄를 씻기 위해서 얌전히 이런 것을.

【이시카와】 그렇습니다. 염업에 관련해서 말하면, 염업조합은.

【호즈미】 안돼, 그쪽에 마음을 움직이게 하지 않으면.

【이시카와】 그게 뭐해요, 이쪽에서 높으신 분을 통해 이야기하면 얼마간 돈을 냅니다.

【하기와라】 회장은 어떤 사람입니까?

【이시카와】 회장 말씀이십니까?

【하기와라】 네.

【이시카와】 요즈음은 쓰시마 주이치(津島寿一) 씨.

〈녹음 종료〉

2. 조선에서의 천일염전의 축조와 일본에서의 염의 수급방책

〈자료 206〉

- 원제목: 朝鮮における天日鹽田の築造と日本における鹽の需給方策
- 녹음기록번호: 8014(T381)
- 일시: 1970년 11월 24일
- 장소: 중앙일한협회(中央日韓協會) 회의실
- 강술자(대담): 이시카와 다케요시(石川武吉), 야나기다 만키치(柳田万吉)
- 사회: 기시 켄(岸謙)
- 녹음시간: 약 127분

【기시】 오늘은 쇼와 45년(1970) 11월 24일, 전(前) 조선총독부 전매국의 기사(技師)로 계셨던 야나기다(柳田) 씨와 이시카와(石川) 씨로부터 이야기를 듣겠습니다. 주제는 '조선에서의 천일염전의 축조 회고담'으로 하려고 합니다. 잘 부탁드립니다. 학교부터, 처음부터, 모쪼록 잘 부탁합니다.

【야나기타】 저는 가나가와현립(神奈川縣立)의 히라쓰카(平塚) 농업학교, 지금의 고등농업인데요. 그곳에 통학하고 있었을 당시, 졸업하는 해에 당시의 교감 선생님이신 노다(野田)라고 하시는 분이, 조선으로 갈 생각은 없는가, 누군가 가지 않겠느냐 해서 희망했습니다. 그래서 졸업해서 저, 오이소(大磯)에서 저와 또 한 사람 소노다라는 남자가 함께 갔는데, 미에(三重)현에서 역시 농업학교 졸업생이 두 사람 갔습니다. 그래서 메이지 44년(1911) 6월에 광량만염전(廣梁灣鹽田)에 부임했던 것입니다.

그 당시의 광량만염전의 상황은 1구(區)부터 8구까지 있었었는데, 그중에 이미 제염(製鹽)에 착수한 염전은 1구의 일부와 5구뿐이었습니다. 그 밖의 2구, 3구, 4구, 6구, 8구의 염전은 아직 공사 중이었는데, 염전이 생긴 것은 그로부터 4~5년 전입니다. 그 당시 광량만의 염전이라고 하는 곳은 돌아보고 그렇게 말하면 실례일 수 있겠지만, 종전(終戰)

때부터 돌아보면 꽤 변변치 않은 염전이었고, 작업도 고만고만한 상황이어서 아직 그다지 좋은 염전이라고는 생각하지 않았습니다. 그런데 점차 점차 기술이 발달해서 점점 생산도 올라가고, 그리고 소금의 침출(浸出) 방법에 관해서도 이제는 꽤 평상시에도 여러 가지로 감독이 엄해졌습니다.

그래서 뭐, 당시 우리가 갔을 때의 일이라는 것은 다만 염전에는 증발지(蒸發池)와 결정지(結晶池)가 있어서 거기에 저수지로부터 물을 조금씩 빼서, 그 비중을 관측하는 것을 주로 했습니다만, 일에 익숙해질 때까지. 그 후 조금 익숙해지니까, 뭐라고 해야 할시, 그 당시 5구(丁)의 염전에는 옥석(玉石), 해안에 직경 5~6분(分) 정도의 옥석이 전부 깔려 있었는데, 그 위에 소금을 모으고 있었습니다. 그곳을 평평하게 하기 위해 조선어로 '춘도'라고 말하는데요, 저, 마치 상자 모양의 두꺼운, 깊이 5촌(寸) 정도의 재료의 한 가운데에 자루가 붙어 있어서, 거기에 이렇게, 옥석의 위를 두드리는 것입니다. 그래서 그곳을 평평하게 한 다음, 함수(鹹水)를 들이부어 소금을 채취하는 식으로 작업을 했습니다.

그리고 그 당시의 광량만출장소의 소장은 아카쿠라(赤倉), 이름은 잊어버렸습니다만, 아카쿠라[기치사부로(吉三郞)] 씨였습니다. 그 분은 저희가 갔을 때 계셨으니까, 메이지 … 다이쇼 초에 교체되고, 그다음의 소장님이 스다(菅田), 스다 이사무(菅田勇)라는 분입니다. 그 분도 다이쇼 10년(1921)경 다른 곳으로 전직되었고, 그 후 야마기시 무쓰조(山岸睦造)라는 기사분이 소장으로 취임하고, 그다음은 야마다 나오지로(山田直次郞)라는 분, 처음 조선의 염전의 형태를 만들었던 것이 이분입니다. 내지(內地)의 수전(水田)이나 염전 관계, 해안, 멀리는 대만 쪽까지 시찰하시고 돌아와서부터 주안(朱安)의 염전에 1정보의 시험염전을 만들었고, 거기서 시험한 결과, 조선에서도 천일염전이 가능하다는 확신을 상사분이 인정하게 되어, 그때부터 차츰차츰 염전이 각지에 만들어졌다고 들었습니다.

그 분은 쇼와 7년(1932)경 그만두시고, 다음으로 미야타 사이조(宮田才藏) 씨가 소장이 되셨고, 우에다(上田), 이름은 잊어버렸지만, 우에다[이치로(一郞)] 씨, 요시토시 씨, 그리고 사나다[眞田, 기치노스케(吉之助)] 씨, 그러한 분들이 소장이 되셨고, 마지막 시기에는 분명히 저기, … 도요토미 레이조(豐富禮三) 군이 소장일 때에 종전이 되었던 것 같습니다. 그래서 뭐, 광량만의 염전의 이야기는 뭐 대체로 그 정도인 것 같습니다.

그리고 저는 만주(滿洲)의 염전, 다이쇼 6년경 덕동(德洞)염전의 축조공사 쪽에 배치되었는데, 그곳 일을 마치고 다음에는 '스이니치리', 덕동의 염전 바로 옆에 있는 '스이니치리'의 염전공사가 종료되어, 일단 광량만으로 돌아왔습니다. 그리고 다이쇼 8년경인 것 같은데, 만주의 염전 측량이 시작되어, 그다음 해 8년경 만주의 측량, 저는 원래 측량 쪽은 전문이 아니었지만, 도와줄 겸해서 갔던 것입니다. 만주의 염전 측량을 따라다니고, 그리고서 그 염전을 설계할 당시에는 광량만출장소로 돌아가서 그해 겨울 동안 마무리하고 나서, 그리고 다음에는 본 공사가 시작된 것입니다. 그 염전을 마무리하고, 이번에는 만주의 2구의 공사가 시작되었는데, 관동대지진 때문에 사업 공채가 끊어져 임시비의 공사는 일절 중지되었고, 그대로 2구의 염전은 되어 있었습니다. 그리고 2구의 염전은 2, 3년 쉽게 되어서, 음-, 다이쇼 10년부터 시작해서 12년경 2구의 염전이 완성된 것입니다.

그러고서 저는 만주의 염전공사 쪽에 갔었는데, 그래서 당시 우에다(上田)라는 광량만 출장소의 소장이 있었던 시기에 귀성(貴城)의 염전으로 전근되어서, 그곳에서 약 3년, 그리고 덕동염전에서 또 3년 정도 있었습니다. 그래서 덕동염전에서 이번에는 귀성의 염전에서 공사가 시작됐기 때문에 또다시 귀성의 파출소로 가서, 2, 3년 있었습니다만, 그 후 광량만의 출장소로 돌아왔습니다만, 귀성의 3구, 4구 및 1구의 공사를 한다는 제한을 받으며 또 귀성의 파출소로 왔습니다. 그래서 귀성의 3구, 4구가 만들어졌을 때 또 다시 만주의 출장소로 전근을 가게 되었습니다. 그것은 확실히 다이쇼 13년 여름으로 기억합니다. 그리고 14년이 끝날 무렵 이번에는 해남(海南)의 염전으로 가라고 해서, 해남의 염전에서 근무했습니다.[221]

그러고서 쭉 종전까지 그곳에 있었는데, 당시 해남의 염전은 제방, 요컨대 물을 빼는 제방이라고 하나요, 소금이 들어가지 않는 정도로 만든 제방을 당시 공사장에서는 물을 빼는 제방이라고 했습니다만, 그 제방이 생긴 정도였는데, 나중에는 안쪽의 염전을 정지(整地)할 때 나오는 소금을 점점 제방의 예정 높이까지 쌓아 올렸던 것입니다. 그 당시에는 물자가 상당히 부족했고, 또 인부의 수도 적었습니다. 인부의 임금은 올라갔고, 좀처럼 청부인이 공사를 계속할 수 없다는 듯한 상황이 여러 번 있어서, 세 번도, 네 번도 설

---

221 야나기타는 계속하여 다이쇼(大正)와 쇼와(昭和) 시대를 헷갈려서 말하고 있다. 해남염전이 착공된 때는 다이쇼 14년(1925)이 아니라 쇼와 14년(1939)이다.

계를 변경했던 것입니다. 그래서 간신히 다이쇼 19년이라고 생각되는데, 다이쇼 19년이 끝나갈 무렵 겨우 준공을 …

【○○】쇼와 19년, 쇼와.

【야나기타】쇼와 19년이 끝날 무렵 준공했습니다. 그리고 염전의 마무리 공사 등은 인부가 적은 상태인 채 계속 진행되기는 했지만, 먼저 생긴 염전은 이미 소금을 채취하기 시작했습니다. 그리고 그해의, 염전 관계의 각 출장소에 책임을 지게 한 수량 이상의 여분을 거둔 출장소에는 여분을 거둔 노동자에게 장려금을 준다고 하는 장려방법도 있었고, 그때 뭐, 해남의 염전이 전매국 안에서 1등을 차지하긴 했지만, 공교롭게도 종전이라는 것을 맞이했고, 동시에 종전 직전에 저수지와 연결된 배수구가 일부 무너져서, 밤낮으로 매달려서 가까스로 물이 새지 않는 정도로는 엔프레 했었는데, 그 당시, 현재 우방협회(友邦協會)의 이사장을 하셨던 미즈타[水田, 나오마사(直昌)] 씨가 상당히 걱정해주셔서, 바쁘신 와중에 일부러 와주셔서 노동자들을 독려해주셨습니다.

그러는 가운데 곧 종전이 되어, 우리들 내지인은 이제 밖으로 나올 수 없게 되었고, 그 당시 해남의 염전에는 소금이 약 30만 톤 정도가 있었는데, 그 소금의 관리 등에 대해 조선인 쪽에 여러 가지로 꽤 주의를 시켰지만, 당시 국내적으로 소금이 부족한 까닭에 감시가 제대로 미치지 못했기 때문에 꽤 도난을 당했습니다. 미국의 진주군이 염전에 모습을 드러낼 때, 일부러 현장까지 갔었는데, 그 당시 소금이 도난당한 상황을 보게 되었습니다만, 마치 소금산 속을 터널 삼아 내용물을 모조리 가져간 것 같은 상태였습니다. 이러한 상태에서 우리도 1개소에서 농성을, 내지인 전부가 농성해서, 약 3개월 정도 한 곳에서 모두 공동취사하며 지냈는데, 11월 중순경, 진주군의 사람이 순회해서 왔을 때 우리들 일본인끼리 상담한 결과, 언제까지 이렇게 있을 수 없기에, 진주군 측에 귀국하고 싶다고, 그러니까 차를 내줄 수 없냐고, 노인도 있고 짐도, 소지품도 있으니 지프를 내어 달라고 청원했던 바, 흔쾌히 그것을 받아주어서 예정대로 11월 30일에 귀성(貴城)의, 귀성이 아니라 해남의 출장소를 모두 철수시켰습니다. 귀국하러 나왔는데, 지프는 경성(京城)까지는 가지 않고, 도중의 선착장인 백석포(白石浦)라고 하는 곳이 있었는데, 그곳까지 보내주어서, 거룻배를 진주군 사람의 알선으로 고용했습니다. 그런데 이번에는 또 도중에 해적이 나올지도 모른다고 해서, 진주군의 지도로 그 지역의 경찰, 요컨대 당시는 보안대(保安隊)라고 했는데, 그 사람들이 각 거룻배에 무기를 가지고 나누어 승선해서, 용산의 마포에 상륙하기 위해 갔습니다만, 도중에 조수의 관계로 얕은 여울에 배가 걸려버려 1, 2일 정도 조수를 기다렸다가 겨우 마포에 도착할 수 있었습니다. 다행히 모두 무사했는데, 거기서 약 3일 정도 용산에서 철수하기까지 폐를 많이 끼쳤습니다. 그다음에는 용산에서, 용산역에서 철수하는 귀환 열차에 오르게 되었습니다. 12월 7일에 시모노세키(下關), 아니, 하카타(博多)에 상륙할 수 있었습니다. 본가로 들어간 것이 12월, 12월 9일에 간신히 귀가한 것입니다. 그런 상태로, 염전의 자료 관계, 이것도 정리해서 가져오고 싶었지만, 가져오게 되면 방대한 서류가 되어서, 가재도구는 모두 버려두고 왔습니다. 대부분 자기 몸 하나만 돌아온 것이고, 현재는 뭐 기억에서도 꽤 멀어져서, 충분한 이야기도 될 수 없을 정도의 상태가 되었습니다. 뭐, 이러한 상태입니다만.

【기시】긴 시간 고생하셨습니다. 감사드립니다.

【야나기타】아니에요, 변변한 이야기도 아닌데 말입니다.

【기시】메이지 44년(1911)부터 몇 년을 계셨습니까?

【야나기타】약 32년간 정도. 해남의 염전은 제일 마지막에 있었던 곳이고 해서, 무척 고심했던 염전이기 때문에 다소 인상에 남았습니다만, 숫자 관계의 일은 대부분.

【기시】해남에서만 몇 년을 계셨습니까?

【야나기타】해남은 15년 끝 무렵부터, 아니, 14년(1939) 끝 무렵입니다, 14년 끝 무렵부터 종전으로 귀국했습니다. 그러니까 약 7년.

【기시】그곳은 무슨 도(道) 무슨 군(郡)입니까?

【야나기타】그곳은 황해도 연백군(延白郡) 해남리(海南里)라는 곳입니다.

【기시】그곳에 미군이 온 것입니까?

【야나기타】귀국하기 한 달 전에 미군이, 대위, 중위가 12명인가였는데, 연백이란 곳에 주둔하고 있었습니다.

【기시】그곳은 38도선이 가깝기 때문에, 소련군과의 관계는 뭐, 원활했습니까?

【야나기타】마침 제가 있던 곳은 돌출된 곳으로, 그 근원이 37도, 38도의 선으로 벌어져 있었습니다. 경성과의 연락은 뭐 전혀 이루어지지 못했습니다. 그래서 용무가 있어서 경성에 나가고 싶다고 해도 나갈 수 없었습니다. 그래서 해남의 염전이 마지막이 되었습니

다. 종전이 되어 확실히 10월이었던 것 같은데, 당시 여기에 계신 시오다[鹽田, 마사히로(正洪)] 씨가 광산국장(鑛山局長)으로 계셨는지 아닌지 잘 모르겠지만요.

【기시】전에 시오다 씨 계셨어요, 그 근처에. 당신 맞은편에 앉아 계셨던 분이 시오다 씨. 시오다 광산국장.

【야나기타】아아, 그렇습니까? 그럼 이번에는 … 조선인 어느 유력자가 본부(本府)의 미국인으로서 광산국장이 될 사람과 의논한 결과, 해남염전은 광산이다, 그러니까 나한테 맡기라고 말하는 브로커가 들어온 겁니다. 그렇게 되어 서류를 받아 온 것입니다. 그것도 연안(延安)에 주재하고 있는 미국인, 대장은 확실히 엘레벳 소령이었던 것 같습니다만, 그분 외에 군인 12명이 따라왔고, 그 광산을 자기가 경영하겠다고 하는 사람도 함께 와서, 광산국장으로부터 이런 서류가 왔다고, 도장을 찍어 달라고, 그렇게 말했습니다. 그래서 본부에 연락하려고 했지만, 연락이 되지 않았습니다. 한동안 손을 놓고 생각하고 있었는데, 진주군 사람이 말하길, "괜찮아요, 이런 것. 이런 식으로 서류가 되어 있으니까 걱정 안 해도 돼요."라고 했습니다. 이런 상태였으니 저도 걱정이 되었지만, 서무과장이나 사업과장 쪽이랑 상담했습니다만, 어쩔 수 없을 것이라고 해서 도장을 찍어준 것입니다. 찍었지만 그 사본을 갖고 있어서, 언젠가는 본부에 보고하지 않으면 안 되었기에, 마침 또 그 후에 진주군이 왔을 때, 저는 실제 그동안 이런 서류를 받았는데, 본부에 연락도, 아무것도 못했다. 그러니까 언젠가 당신들이 갈 때 함께 데리고 가 달라고 이야기하자, 그래서 어느 날짜에 가자고 했는데, 그 밖에 또 문제가 있었습니다. 배수구가 무너진 공사에서 고용한 인부의 임금, 대금을 지불할 것, 당시는 뭐 이미 자금이 동결되어 자유롭지 않았기에, "돈을 안 주고 있어, 돈을 안 주고 있어"라고 큰 소동이 일어나서 뭐, 우리 사무소를 에워쌌는데, 그 이야기도 있었고, 그 지금의 브로커 이야기도 처리해달라고 하는 이야기도 있어서, 다행히 진주군의 지프로 … 거기에 타서 경성에 왔습니다. 그때도 마침 미즈타 씨를 만나게 되어, 미즈타 재무국장이 자리에 계셔서, 그래서 진주군의 광산국장과 진주군의 전매국장이 되는 분이 있는 자리에서 회의를 열어주셨습니다. 그 자리에서 이런 사정으로 이렇게 광산국장의 서류에 도장을 찍었다고. 또 그때 출장소의 금고에 있었던 돈까지 가지고 왔다고. 음, 당시의, 지금도 머리에 있습니다만, 18만 3,000엔 정도의 현금이 있었는데, 출납부와 대조해서 가져왔었는데, 그것도 이야기했습니다. 그

래서 회의를 열었던 결과, 뭐 알았다, 착오가 있었다고. 그리고는 그 돈을 지금 돌려주시오. 브로커도 왔기 때문에. 그리고는 돈 이야기는 됐고, 나중에 여기서 이야기를 마무리지을 테니까, 겨우 결론이 난 셈입니다. 그런 일도 있었습니다.

【기시】광산국장이 마음대로 그 브로커와 결탁해서 돈을 챙겼던 것입니까?

【야나기타】그 인계받은 서류에 도장을 찍고, 출납부를 보여 달라, 금고를 열어달라고. 그래서 대조하고.(청취 불능)

【기시】그건 결국 돌아오지 않았지요?

【야나기타】그건 확실히 본부의 분과 이야기한 결과 챙겼던 것 같습니다만, 출장소 쪽으로는 돌아오지 않았습니다.

그리고 또 하나는, 인부의 임금 지불 건입니다. 그 이야기도 뭐, 당연히 지불해야 하는 것인데, 좀 진정되면 지불하겠다고 하는 본부 쪽의 이야기가 있어서, 그것은 돌아가서 제가 노동자에게 이야기해야 하는 것인데, 제가 출장소로 돌아오니, "자 돌아왔다, 와아"하고 찾아옵니다. 방 안으로 자꾸 들어왔습니다. 그렇게 들어오면 이야기가 안 되니, 누군가가 대표로 2~3명 들어오라고 해서 3명 정도가 들어왔습니다. 그때는 당시 조선인 직원도 저와 함께 동행해서, 여러 가지 이야기를 듣거나 이야기하곤 했습니다. 이런 식으로 나중에는 괜찮다고, 지불한다고 하는 언질을 받았기 때문에, 너무 떠들지 말고 조용히 해달라고 말했었는데, 그 대표 3명이 잘 알겠다고 하면서 물러나 주었기 때문에, 그때는 안도의 한숨을 쉬었습니다. 제가 혼자서 말하면 그럼, 당시의 노동자는 여러 가지 의문을 갖고 있을 것이라고 생각했습니다만, 조선인 직원도 있으니까, 괜찮으니까 잠시 물러가 있으라는 식의 말로 조언했기 때문에 무난하게 넘어갔나 봅니다. 마지막에 그런 일이 있었습니다.

【기시】그 당시 노동자는 몇 명 정도 있었습니까?

【야나기타】보통은 1,200명 정도가 있었습니다만, 여러 가지로 벌써 식량 사정이 나빠지고 뭐랄까 임금이 낮은 것도 있어서 점차 돌아가 버리고 말았습니다. 식료(食料) 쪽은 저 같은 사람은 중요산업이라서, 여러 가지 특별 배급 등을 받고 있어서 충분했습니다만, 역시나 급료는 낮았습니다.

【기시】종전 당시에는 몇 명 정도가 있었습니까? 1,200명의 반 정도는 되었나요?

【야나기타】반까지 떨어지지는 않았습니다. 1,000명 정도는 있었겠지요.

【기시】1,000명. 큰일이었군요.

【야나기타】그것도 역시 모두 국(局)에서 토지를 매수해서 집을 말인데요, 제대로 살 수 있도록 가족 모두를 이사할 수 있게 해주어서, 집을 만들기도 하고, 토지를 염전의 주위에 사들여서 충분히 만들었던 것입니다. 그래도 역시 임금이 좋은 곳으로 모두 가 버렸습니다.

【기시】대체로 평균 얼마 정도 벌었습니까? 하루에?

【야나기타】그 당시는 70전이었을 거에요.

【기시】70전이라면 좀 무리였을지도 모르겠군요. 염전은 상당한 힘든 노동이잖아요. 노동이 상당히 힘들었겠지요.

【야나기타】중노동입니다.

【기시】가장 많이 채취했을 때는 어느 정도였습니까?

【야나기타】글쎄요, 1정보에 한 명 정도는 투입했습니다. 1,520명 정도 있었습니다. 처음에는 아무래도 한 명으로 편성하니까. 점차 소금을 채취하게 되면 적어지지만, 최초에는 1정보에 한 명 정도의 비율로 모두 일하고 있었으니까. 그런데도 주위에 부락이 적었기 때문에, 대부분 여기저기서 모집해온 인부였기 때문에, 그다지 정착하는 사람은 적었습니다.

【기시】가장 많이 급료를 받는 경우는 어느 정도 받았나요? 최고는.

【야나기타】인부 말입니까? 대체로 같아서, 글쎄요, 그게, 계급이 염전의 염부(鹽夫)라고 하면, 바터우 라는 것은 머리입니다만, 인부의 우두머리(人夫頭). 그다음이 막일꾼이 있습니다. 이것이 보통의 평인부(平人夫)로 되어 있는데, 평인부가 평균 70전 정도입니다, 일급(日給)이. 10전 정도의 차이는 있었습니다.

【기시】좀 적었는지도 모르겠군요, 종전 당시의 급료로서는. 이시카와 씨, 어떻습니까?

【이시카와】90전에서 1엔까지 올랐던 경우도 있습니다. 경우에 따라서는, 장소에 따라서는. 인천이나 그런 곳은 가격이 높았습니다. 그리고 북쪽으로 갈수록 싸졌습니다. 진남포(鎭南浦)나 귀성 언저리는 역시나 70, 80전이 종전 경에는 거의 1엔 가까이가 되었다고 합니다.

【기시】이시카와 씨, 그럼 나중에 자세한 부분, 세세한 부분을 질문해 주세요.

【이시카와】글쎄요, 제염 방법의 기술에는 뭐 이미 말씀하셨잖아요?

【기시】아니에요. 아직 녹음하지 않았고, 제염에 대해서는 아직 전혀 녹음하지 않았습니다. 그래서 하세가와(長谷川) 씨도 모릅니다. [테이프 뒤집음]

【기시】또 기술적인 면은.

【야나기타】처음부터 끝까지 어떤 식으로 변해 갔느냐 하는 것은 좀 말씀드리기 어렵습니다만, 처음과 마지막의 업무 차이 관련입니다.

처음에는 뭐랄까요, 우리가 광량만에 갔던 때는 이제껏 말했지만, 증발하면서 어떻게 되어가고 있었느냐 하면, 그냥 물을 퍼지게 해서 증발시키면 좋다고 하는 것과 대체로 관련이 있었습니다. 그것을 반쯤 하다 보면, 염전이라는 것은, 천일염전이란 것은 해수(海水)를 증발시킨다고, 지반을 단단하게 하지 않으면 건조의 효율이 떨어질 것이고, 결국 함수도 생기기 어려울 것이라는 점을 모두 생각을 하고 온 것입니다. 그렇다면 염전을 딱딱하게 만들기 위해 어떻게 할 것인가? 염전에는 갯지렁이, 요컨대 염전의 염수(鹽水) 속에 사는 어떤 지렁이 같은 기다란 갯지렁이가 있습니다. 그것도 있고, 게도 구멍을 파서 함수가 점점 배수로로 흘러가니까, 이것도 쫓아내야 했습니다. 해충구제(害蟲驅除)를 어떤 방법으로 해야 할까의 문제가 생겼는데, 당시 전매국에 있던 담배 제조할 때의 찌꺼기 담배가 말입니다. 처음에는 비료인지 뭔가로 전부 사용했던 모양인데, 그 찌꺼기 담배, 즉 담배의 니코틴인데요. 니코틴을 이용해서 없애려고, 담배 제조공장에서 점점 찌꺼기 담배를, 그 대신 단속이 엄중했기에 이 담배를 염전에 자꾸자꾸 뿌려서, 그 침출되는 니코틴 가지고 갯지렁이나 게를 죽였던 것입니다. 그러나 갯지렁이는 가느다란 국수, 우동 같아서 뚝뚝 관절이 부러져 죽을지도 모르지만, 게의 경우에는 좀처럼 죽지 않았습니다. 또 거기에 더해 분말 담배를 염전에다 겨울에 뿌리면, 그 후 분말 담배는 부패하면서 작은 수초가 생깁니다. 해캄이라고 하는데, 그런 게 생겨서, 그것이 뭐, 물에 퍼지게 할 때 떠오릅니다. 따라서 증발이 나쁘게 됩니다. 도리어 해를 끼칩니다. 그것을 제거하는 데에 상당히 많은 인부의 손을, 일손을 꽤 써야 합니다. 그러한 관계로 뭔가 좋은 방법은 없을까 했는데, 끝 무렵에는 석탄질소가 좋다고. 간척지의 게나 갯지렁이, 논농사에서 모든 것을 절단하는 녀석이 게라고. 그것들을 없애는데 석탄질소를 쓰고 있다고 해서 제안했지만, 당시는 비싸기도 했고, 그것은 비료가 아니냐고 해서, 뭐, 시험을 해 보라고 해서 하게 되었는데, 시험 결과, 상당한 효과가 있어서 마지막에는 염전의 해충을 없앨 때

석탄질소가 없으면 안 되는 상황에 이르렀습니다. 석탄질소는 담배의 분말과 달라서 염전에 뿌려도 특별히 수초가 생기지 않았으며, 오히려 이번에는 석탄가루가 다소 있었기 때문에, 염전의 지반이 단단해졌습니다. 그리고 더구나 게·새우의 갑각류에 그 석탄질소의 액이 닿으면 모두 그것이 썩어버렸습니다. 꽤 좋은 효과 100%. 마지막에는 모두 석탄질소가 되었습니다. 그러한 단계가 있어서, 차츰차츰 염전 지반을 굳히고, 일찌감치 함수도 신경 써서 차츰차츰 생산량도 오른 상태였습니다.

처음에는 1년의 제염 기간 중 1정보당 채염량(採鹽量)은 몇 만 근이라는 식으로 근으로 파악하고 있었는데, 우리가 갔던 당시에는 그러한 예상은 거의 없었지만, 쇼와 초기부터 1정보당 2~3만 근을 채취하라든가 5만 근을 채취하라든가 하는 할당이 있었습니다. 그래서 그것에 가깝게 점점 올랐고, 그 예산은 어떻게 결정했냐면, 지나간 해의 2년, 3년의 실적에 의해, 그래서 소금의 예정량을 정하고, 정확히 맞추었습니다. 마지막에는 대부분 10만 근에 가깝게 채취하게 되었습니다.

그리고 또, 그렇게 생산이 오른 이유로는 지반을 굳히거나 해충구제를 했던 것에도 있었지만, 한편으로는 함수인데요, 함수를 중요하게 여기는 것은 지도자 모두의 머릿속에 있기 마련이었습니다. 원래 전매국에서는 함수 보메(Baume) 비중 5도 이상이 함수라고 되어 있었지만, 그 5도 이상의 함수를 중요하게 여기는 생각이 노동자 중에는 적습니다. 다소 함수에 그런 쓸데없는 물이 있어도 대수롭지 않게 여겨서 모두 버리는 식의 경향이 있었던 것입니다. 따라서 그 점은 엄중하게 함수를 중요하게 다루어라, 하고 버려지지 않도록 조치를 강구했는데, 그것도 해충구제 다음으로 생산량 증가의 한 요인이 되었습니다.

그것과 동시에, 햇수가 지남에 따라서, 역시 실제 그 일에 종사한 노동자도 대체로 요령을 이해하게 되었고, 여러 가지 조작이 능숙하게 되었습니다.

그리고 날씨의 관측, 이 날씨는 비가 내리느냐 안 내리느냐, 이것도 천일염전을 하는 데는 제일 많이 연구하지 않으면 안 되는 점입니다. 그 점도 종업원은 말할 것도 없고, 실제의 노동자도, "아아, 날씨가 나쁘구나"라든 지, "건조하지 않구나"라든 지, "소금을 채취해야겠구나"라는 식이 되어서, 점차 그런 것을 간부로부터 지도받아, 나중에는 일기예보를 각지에서 가져왔고, 오늘은 비가 내린다, 소나기가 온다, 바람이 분다와 같은 예보를 각 감독에게 통지해서 일기예보의 깃발을 세웠던 것입니다. 그런 점도 소금 생산에 꽤 힘이 되었습니다.

【이시카와】제가 말인데요, 저 광량만염전이 가장 기술이 발전했던 시절이라고 생각하는 것은 쇼와 5년(1930) 이후입니다만, 쇼와 5년부터 쇼와 10년(1935) 정도 사이의 광량만염전이 말이지요, 쑥쑥 소금의 수확량이 오르고 있었습니다. 그래서 그때의 일은 야나기타 씨가 그때 계셔서 잘 알고 계시리라고 생각합니다만, 출장소로서는 스다 씨가 미국으로 가서서 해외의 염업을 시찰하고 오셨던 것입니다. 그래서 해외의 사정을 이해했고, 그래서 천일염전을 개량시험 하듯이 맹렬히 일을 시작했고, 그래서 여러 시험을 했던 것이 그때였습니다. 쇼와 5년(1930)경부터 약 5년간 여러 가지 시험을 했습니다. 그래서 종업원도 상당히 제염기술에 숙달해 갔습니다. 우수한 담당자가, 일본인 담당원이 고정배치된 셈입니다. 니가타현(新潟縣) 주위에도 많은 그, 우수한 염부장(鹽夫長), 다케우치(竹內) 씨라든지 여러 훌륭한 염부장이 계셨습니다. 그래서 그런 사람들이 말입니다, 모두 상당한 기술을 서로 공부하는 중에 제가 느꼈던 것은 그 당시 아직 주안(朱安)의 염전에서는 그 정도로 기술을 연마하고 있던 염부장이 없었다는 것입니다. 단, 제염기술에 관해서는 연구를 위해 서로 경쟁하는 기풍이 별로 없었습니다. 그런데 광량만은 상당한 그런 기풍이 퍼져있었습니다. 사토 고이치(佐藤興市) 씨라고 했던 것 같은 사람이 뭐, 그야말로, 천일염의 귀신이라고도 할 수 있어서, 뭐, 뭐랄까 정신없이 일했던 분이 계셨습니다. 그래서 그때는 광량만이 제일 성적이 좋았습니다.

【기시】그것은 1정보당.

【이시카와】그때는 말이에요, 주안염전이 최고 5만 근 정도밖에 채취하지 못했습니다. 그때 광량만은 이미 10만 근 가까이였습니다. 2배지요. 그 원인은 무언가 하니, 소금의 함수를 만드는 법이 주안염전과는 비교가 되지 않을 정도로 향상되어 있었던 것입니다. 주안염전의 소금은 말이에요, 겉보기에는 많이 채취할 수 있습니다. 무게가 없어요, 가벼운 소금을 채취한 겁니다. 가벼운 소금이라는 것은 함수의 조작(操作)을 모르는 겁니다. 함수를 어떻게 하여 결정(結晶)시키는가 하는 근본적인 기술을 모르는 겁니다, 주안의 염전에서는. 그것이 무엇인가 하면 그때 염전 축조 쪽은 번성하고 있었지만, 염전의 제염(製鹽) 쪽은 빠져있었어요. 그때는 그 군자(君子)염전의 축조나 새로운 염전을 차츰차츰 만들고 있었던 시절로 소장도, 누구도 그쪽의 염전 축조에 머리를 썼을 뿐, 제염기술 쪽은 머리

에 없었습니다. 그때 마침 안정되었던 때에, 스다 소장이 미국으로부터 돌아와서, 여러 가지 시험을 통해 함수가 어떤 것인가 하는 것을, 채함모액(採鹹母液)과 새로운 함수를 조합해서 몇 도의 함수에서 가장 단단하고 무거운 소금이 얻어지는가 하는 연구가 그 시절에 시작되었던 것 같습니다. 야나기타 씨 같은 분이 그때의 대체적인 상황을 알고 계실 것입니다만, 결정모액(結晶母液)에 새로운 함수를 넣는 경우인데요, 몇 도의 모액에 몇 도의 새로운 함수를 넣으면 빨리 소금이 나오느냐 했던 것으로, 도제(徒弟)로서 소금을 채염하는 경우, 그것을 모두가 서로 비밀로 해서 연마하고 있다고 들었습니다. 저는 주안에서 갔다가 깜짝 놀랐습니다. 주안에 간 것은 쇼와 7년(1932)이니까, 쇼와 7년에 주안염전에서 사용한 적이 없는 함수의 사용 방법을 쓰고 있었던 것입니다. 그래서 이것 때문에 역시 무게 있는 단단한 소금이 만들어진다는 것을 알게 되었습니다. 그래서 처음입니다만, 천일염전이라는 것은 상당한 양의 고즙(苦汁)을 포함한 모액 속에 새로운 함수를 넣으면 '팟'하고 소금이 결정해서 나오는 것입니다. 그 부분을 말입니다, 연구하게 된 것 같습니다. 그런데 주안 쪽 사람들은 그 채염모액 연구를 하지 않은 것입니다. 채염모액을 만드는 방법이란 것을. 비가 많았던 탓도 있다고 생각합니다.

【야나기타】저, 농도가 높은 함수 속에 보메 20도 정도의 녀석을 혼합하는 것으로, 그리 쉽게 함수와 새로운 물이라는 녀석이 섞이는 것은 아닙니다. 결국은 비중이 적은 쪽이 위에 뜨겠지요, 얇게. 그리고 아래에는 결국 농도 짙은 녀석은 다소 온도를 가지고 있습니다. 위에 얇게, 죽 20도 정도를 유지하는 녀석은, '팟'하고 아래로부터 따뜻한 바람이 있어 증발하게 됩니다. 그래서 소금이 확 생겨납니다. 그런 식으로.

【이시카와】단단한 소금을 얻을 수 있었습니다, 무게가 있는.

【야나기타】그것은 저, 고즙과 20도 정도의 함수를 아무리 섞어도 섞이지 않아요, 이렇게 정지시키면 모두 분리됩니다.

【이시카와】그것을 섞기 위해 역행을 사용하는 것을 주안은 하지 않았습니다. 역행에서 채함모액(採鹹母液)을 역행으로 섞고, 그다음 증발지(蒸發池) 상단으로 가져가서 뒤로 보내는 작업을 주안은 하지 않았습니다. 그 점에 대해서는 그쪽 사람들이 기억했습니다. 그래서 저렇게 훌륭한 성적을 거두게 되었던 것을 나중에 깨달았습니다. 그 점은 말이지요, 광량만은 뭐니 뭐니 해도 소금의 메카였던 것입니다.

이제 그 출장소의 체제에도 먼저 일기예보를 출장소에서 만들었습니다. 그래서 염전에 알려주는 시스템, 기계의 설비도 광량만부터 시작된 것입니다. 주안에서는 그런 것은 하지 않았습니다. 무엇보다 그곳에는 인천관측소가 있어서, 예보는 얻을 수 있었지만. 광량만출장소는 우선 청우계(晴雨計)를 비롯해 여러 가지 기계를 전부 모으고, 그리고 인천에서 전보로 각지의 기상 상황을 수집했으며, 그래서 그쪽에서 일기도(日氣圖)를 만들어, 그것을 염전 쪽에 시시각각으로 알리는 것. 그리고 야간작업이라고 해서 밤에 비가 오는 경우에는 전원(全員) 염전에 나가 채염(採鹽)을 한다든지, 함수를 채취한다든지, 그런 작업은 주안에서는 거의 하지 않았습니다. 따라서 광량만은 그런 점에서 이미 상당히 열심이었다고 저는 생각합니다. 여러 가지로 그때는 제염시험이란 것이 발달했던 시절입니다. 그 점은 저 야나기타 씨가 크게 노력했던 시절이라고 생각합니다.

【기시】 주안은 거기에, 10만 근에 못 미쳤던 것입니까? 마지막까지.

【이시카와】 7만 근이나 8만 근 나오면 좋았던 것인데, 제가 주안염전으로 들어간 3년째 …, 4년째에 고작 4만 근 정도밖에 채취하지 못해서, 본국(本局)으로부터 혼난 적이 있습니다. 어째서 주안염전은 소금을 제대로 수확하지 못하는가, 그 이유는 무엇인가 하고 묻는 질문서가 왔습니다. 그때 저는 주안에 들어온 지 3, 4년째여서, 딱 30대였습니다.

【기시】 몇 년? 쇼와?

【이시카와】 다이쇼 만년 가까이에 질문서가 왔습니다. 쇼와 2년(1927)이었던가? 쇼와 2년에 질문서가 왔었군요. 왜 소금을 제대로 수확하지 못하냐고.

【기시】 그렇다면, 쇼와 2년에는 몇 만 근 정도 수확하고 있었습니까? 광량만은?

【이시카와】 광량만은 7, 8만부터 10만까지는. 그것은 그 당시 광량만에서는 염전의 해충구제 같은 것도 생각하고 있었고, 주안염전에서는 아직 그때 해충구제라는 것은 생각도 하지 않고 있었습니다. 증발지는 게·갯지렁이가 산처럼 많았고, 고르지 않았습니다. 증발지의 해충구제를 하는 돈은 $1m^2$당 그 당시에 1전인가 2전이었습니다. 광량만에서는 제대로 설계서를 만들었고, 그래서 염전수리비라는 것을 배분했지요. 염전을 차츰차츰 수리하고 있었던 것입니다. 증발지의 정비라고 할 수 있겠지요. 제가 주안에 있을 때는 염전의 증발지라고 하는 것은 정비하지 않았습니다. 그래서 염전감독은 그때 테니스인가를 하고 있었고, 4시기 되면 쌩하니 집으로 돌아갔습니다. 그리고 그 당시 소장은 4시가

되면 모든 염전감독을 청사 뒤쪽의 테니스코트로 모이게 해서 테니스를 했습니다. 그때 광량만의 사람들은 작업화를 신고, 밤 6시나 7시까지 염전에서 힘쓰고, 염전 증발지의 땅을 평평하게 하거나, 또 서로 소금 모으는 것에 열중하며 일하던 시절이었습니다. 세가 있었던 때는 소장님의 이름을 대는 것은 좀 모양새가 안 좋으니까 말하지는 않겠지만, 테니스를 치면서 놀던 시절이었습니다.

【기시】쇼와 2~3년경이면 사나다 씨도 있지 않았나요?

【이시카와】사나다 씨는 아니에요.

【기시】야마기시(山岸) 씨가 소장이었나?

【이시카와】야마기시 씨도 아니에요. 훨씬 전입니다. 별로 사람들이 이야기하지 않는데, 돌아가셨으니까 말을 해도 괜찮겠지만, 그것은 말하지 않겠습니다. 그러한 시절이 있었는데, 별로 열정이 없었습니다.

【야나기타】야마기시 씨는 광량만 소장에 2번인가, 3번?

【기시】사나다 씨는 본국(本局)에 계셨네요.

【이시카와】예, 그런 것을 본국에서는 알고 있던 것이지요, 그쪽 사람들이 죽을힘을 다하고 있었던 것을. 참으로 여러 가지 시험을 하고 있었습니다. 그리고 또 그쪽에서는 말입니다만, 새로운 염전을 만드는 시절이 아니었습니다. 뭐 염전축조는 전부 떡하니 기다리고 있었습니다. 그런데 주안 관내의 군자염전이 축조 중이었습니다. 그런 관계로 축조 쪽에 열중한 나머지, 특히 상층부에서는 제염 방법 쪽에는 관심을 갖고 있지 않았습니다. 그래서 소장이 기술자가 아니었던 겁니다. 미야타 사이조(宮田才藏) 씨라고 해서, 경리 관계 출신 소장으로, 기술자 소장이 없었던 시절이 있었습니다. 가고시마(鹿兒島)현 출신자입니다. 그러한 점에서 기술자가 없어서. 뭐 그랬던 시절이 있었기 때문에, 담당원부터 감독까지 노는 것에 열중했던 시절이 있었던 것입니다.

그런 것을 저는 몰랐기 때문에, 아마 결정지의 구조가 나빴거나, 수리하지 않았기 때문에 울퉁불퉁하게 된 것인데, 결정지가. 그 당시 뭐, 소금을 결정하는 것은 항아리 기와[瓶瓦]로서, 폐기물을 이용해서 항아리 기와의 파편을 결정지에 깔아 놓았습니다. 그렇게 소금을 채취하면 2~3할 채취량이 늘어납니다. 모래가 섞이지 않은 천일염을 채취할 수 있습니다. 그리고 또 야나기타 씨의 이야기에 나왔던 옥석이라고 하는 돌을 깐 결정지가 있었습니다. 보통의 둥근 옥석을, 그것을 깔아서 결정지로 삼으면, 돌과 돌 사이에 구멍이 많이 뚫려 있습니다. 돌맹이니까. 그곳에 모래가 있어서, 채취한 소금은 모래가 섞여 있었습니다. 그리고 또 울퉁불퉁한 곳이 많았기 때문에 채염량이 적었습니다. 그것을 대만에서는 항아리 기와를 깐다는 것을 알게 되어, 항아리 기와의 파편을 결정지에 깔아 놓았는데, 그렇게 하니 모래와 섞이지 않고, 수심이 일정한 결정지가 되어, 2~3할 많이 수확하는 시대가 된 것입니다. 그런데 그 결정지를 만들고 나서 한 번도 수리하지 않은 것입니다. 그래서 그게 울퉁불퉁하게 되어 버렸습니다. 거기는 겨울이 되면 동결되어 지반이 울퉁불퉁하게 됩니다. 그것을 제염기술을 알지 못했기 때문에, 수리라는 것을 감독원도, 염부장도 하지 않았습니다. 인천이 가까웠던 관계로 노는 것만 생각했던 것이지요. 그러니까 그게, 수리비를 받아 염전을 수리하는 일을 하지 않았습니다. 그런데 광량만에서는 뭐 이미 그때 다나카(田中) 씨와 같은 사람이 있어서, 뭐 슬슬 수리비를 차츰차츰 출장소가 내서, 각 감독이 수리하고 있었던 것입니다. 따라서 증발지가 부쩍 좋아지고, 결정지도 훌륭하게 되어 갔습니다. 한쪽은 그런 게 없었던 것이지요. 저는 광량만을 본 적도 없었는데, 거기로 쇼와 7년(1932)에 전근으로 처음 가서 깜짝 놀랐지요. 모두 일을 잘 하고 있었어요, 그리고 소금기의 차이처럼 소금의 제염기술도 염부장 쯤 되는 사람이 하고 있었던 것, 거기에 놀라서, 이러니까 소금을 수확하는구나 하고 생각했고, 그때 처음으로 소금이 잘 채취하는 원인을 알게 되었습니다.

【야나기타】 그리고, 다이쇼 7, 8년(1918~1919)경.

【이시카와】 사나다 씨의 시절 말씀이세요?

【기시】 쇼와 7, 8년(1932~1933).

【야나기타】 그런가? 쇼와. 쇼와 초반경에는 광량만의 염전은 대부분 폐전(廢田)과 같은 상태가 되어 버렸습니다. 그것은 역시 방치해 두었기 때문에 배수로는 메워지고, 위의 염전과 아래의 염전, 증발지 같은 곳의 밭두둑[222]은 굵어졌습니다. 저는 축조 쪽에 오랫동안 있었기 때문에 그것을 보고, 당신, 사토(佐藤) 기사에게 말한 적이 있었습니다. "염전에서

---

222 녹음기록에는 그 뜻을 알 수 없는 '테이한(ティハン)'이란 용어로 나오지만, 대화상의 의미는 '畦畔(ケイハン)'을 말하는 것 같아서 '밭두둑'으로 수정하였다.

지반이 부드러워지면 안 돼 라든지 해충이 늘어나면 안 돼 라든지, 뭐야, 그런 짓을 하면 뭐가 되겠는가? 배수로는 배수가 정확히 꺾이도록 하면 된다. 밭두둑도 보라고. 염전면적이 몇 백 정보가 되는지 모르지만, 밭두둑이 깔린 면적을 확보해 두어라. 얼마나 염전의 유효면적이 손상되어 가는지 알지 못하느냐. 그거 정리해라."라고 말한 적이 있습니다. 그런데 밭두둑은 물이 멈출 정도로 좁다랗게 모두 깎였고, 높이도 깎여서, 낮은 곳으로 모두 흙이 쌓였던 것입니다. 배수로는 배수로. 당시 저는 귀성에 갔었는데, 지반이 완만해서 함수가 새도 어쩔 도리가 없었습니다. 염전을 계속 보았는데, 과연 배수로가 염선의 지반보다 높았던 것입니다. 이렇게 되어 있으니까 과감하게 파지 않으면 단단해지지 않습니다. 물이 게의 구멍에서 나오는 정도라는 것은 인간이 가서 구멍을 막아서 멈추는 것이기 때문에. 지반이 단단해지고 [테이프 교환] 왕성하게 흐르는 겁니다.

【이시카와】그것은 다나카(田中) 씨 시절이 되고부터 꽤 염전이 …

【야나기타】그다음에, 이번에는 염전축조 쪽을 보면, 염전축조의 손질과 관련해서 대부분 이시카와 군도 충분히 귀성에서 애쓰기도 했지만, 손질이라고 하는 것은 정말로 조금이었습니다. 완성되면 바로 염전으로 삼아서, 천일제염의 일을 할 수 있게끔 되어 있었습니다. 그런 식으로 뭐 염전 쪽의 축조를 담당하는 사람의 일도 메이지의 말기, 다이쇼 초기의 축조공사에 종사했던 사람과 꽤 차이가 있었던 셈입니다.

【이시카와】그건 그렇습니다. 뭐 그때의 젊은 30대 감독원 다나카 씨라든가 그때 시절이 최고 전성기였던 것 같습니다. 최고의 염전이.

【야나기타】그리고 관동주에서는 일찍부터 해 온 것인데, 겨울 동안, 염전의 낮은 곳으로 물을 모아 동결(凍結)시켰습니다. 위의 물을 얼리어, 그 얼음을 제거한다고 하는데, 대량의 얼음이라 제거할 수 없으니까, 얼어있는 사이, 하수(下水)만 빼버립니다. 그런 방법도 대체로 광량만의 출장소에서도 시작했습니다. 그리고 만주의 염전에서도 사토 기사가 특별히 저수지를 도중에 막아 펌프장을 설치하고, 겨울 동안 얼어있을 때 차츰차츰 위의 저수지로 올렸는데, 그래서 꽤 효과를 거두었던 것 같습니다. 그랬던 점도 염전 소금의 수확량 증가라는 점에서 상당한 효과가 있었습니다.

【이시카와】어쨌든 결정지의 개량 공사라는 것은 일단 어떠했던 것 같습니까? 동양에서는 가장 진보하지 않았었나요?. 관동주나 중공(中共) 같은 곳의 염전과 비교해서, 결정지를

개량해서 상질(上質)의 천일염을 만드는 일은 조선총독부니까 할 수 있었던 것입니다. 그것은 일단 아마 대만이라 해도 그 정도로 훌륭하게 기와를 깐 결정지는 만들 수 없었을 것입니다. 그러한 점에서는 제 자신이 대단했다고 생각합니다.

【기시】일본 내지의 염전과 비교해서 어떻습니까?

【이시카와】일본 내지의 염전은 그 당시에는 염전이라고 하면 뭐, 미타지리(三田尻) 근처의 내지의 갯벌입니다. 그 부근에 강이 있어서, 강물이 흘러들어서 갯벌을 만든 셈입니다. 그 갯벌에 제방을 만듭니다. 내지에서는. 그 갯벌을 평평하게 해서, 그리고 직사각형으로 만들어, 수평 형태의 갯벌을 만듭니다만. 그곳에 모래를 뿌립니다. 모래를 뿌리면, 모래가 지하를 통과해 염전 지반에 침투하고, 제방 밖의 해수가 제방의 지하를 통과해서 염전 지반에 침투하고, 그래서 그것이 태양의 햇빛으로 말입니다, 모래 안에 모세관 현상으로 물이 뿜어져 나와, 그것이 결정하는 것입니다. 그 모래를 모아서 이번에는 해수로 용해해서, 그것을 바짝 졸이는 구조라고 할 수 있습니다. 그러므로 함수를 만드는 경우에는 일단 진흙이 섞인 소금을 채취합니다, 진흙투성이의 소금을 채취하는 것입니다. 그 진흙을 운반하는 데 같은 1정보에 대해 천일염이 한 사람으로 끝나는 것을 10명을 필요로 합니다. 소금을 채염(採鹽)하는 데 말입니다. 진흙이 섞인 소금을 채염하는 데 10명의 인력이 필요합니다. 1정보에 대해. 10명의 힘이 필요합니다. 그리고 소금이 섞인 흙을 모아서, 그것을 이번에는 여과층에 넣어서 해수로 여과하여 15~16도로 함수를 얻습니다. 그것을 석탄으로 졸입니다. 그러므로 소금 1톤을 만들기 위해서는 석탄 1톤이 필요하다고 합니다. 석탄이 그 당시 뭐, 1톤에 12~13엔이었을 것입니다, 12~13엔부터 17엔 정도였던 것입니다, 1톤이.

【기시】그때는 전시 중이었기 때문입니다. 대체로 10엔 정도에 살 수 있었습니다.

【이시카와】네. 그러나 한편의 천일염 쪽은요, 그 10분의 1의 인부로 똑같이 16도에서 18도의 함수를 얻을 수 있었기 때문에, 이미 10분의 1의 경비였던 거에요, 채함(採鹹)의 경우에. 그 점이 큰 차이였던 것입니다. 채함에서는.

【기시】똑같은 소금인가요? 모래를 넣지 않고 깨끗한 곳으로 곧장 들어가서, 그 소금이 증발하는 것입니까?

【이시카와】이번에는 천일염 쪽은, 똑같은 갯벌에서도 그것을 갯벌을 먼저 제방으로 막고,

그곳에 수전(水田)을 마치 계단식 밭처럼 만듭니다. 그래서 높은 곳에서 낮은 곳으로 물을 흐르게 하고. 그래서 인간의 힘이 아닌, 액체를 굴려서 함수를 얻는 구조, 한쪽은 인간의 어깨 힘으로 소금을 만드는 구조입니다, 일본의 경우는. 그렇게 하니 눈 깜짝할 사이에 만들어지는 겁니다. 일본의 방식, 소금이 진흙 속에서 결정하는 시간이라는 것은 빠릅니다. 지나인(支那人)이 생각한 방법은 먼저 갯벌을 꼭 막고 나서 계단식 밭을 만드는 공사가 필요합니다. 내지의 방법은 계단식 밭이 아니라 평탄해도 괜찮았기 때문에 우선 축조비가 싸다는 것이지만, 한쪽은 계단식 밭을 만들어 차츰차츰 함수를 얻는다는 것인데, 그 수고스러움은 내지의 방법이 좀 낫습니다. 한편은 계단식 밭을 통과한 함수를 모으고, 다음으로 소금을 얻는 경우는 석탄을 쓰지 않고 순식간에 소금을 얻으려고 한다는 것입니다. 그런 점은 일본인이 성질이 급해서 생각한 것 같지만, 그것은 모래와 소금이 섞인 것을 용해해서, 그것을 석탄으로 졸이는 방법입니다. 그런 부분도 괜찮지만, 지나인의 방법은 우선 채취한 함수에서 소금을 채취하는 것입니다. 채염(採鹽)을 하는 사이에 고즙(苦汁)이 생기는 것이지요. 다음에는 그 고즙을 잔뜩 모아 놓고 말이지요, 그 모액을 이용해서 이번에는 언젠가 말한 것처럼, 그 고즙 안에 새로운 해수를 넣으면, '팟'하고 소금이 되는 겁니다. 그 원리를 지나인은 생각했던 것입니다. 거기까지 도달하기까지 지나인 입장에서는 길고 오래 걸렸겠지만, 지금에서 생각해 보면 노동력이 필요 없이 소금을 만드는 방법이었던 것입니다. 일단 축조비용이 들지만, 일단 염전을 만들어 놓으면 나중에는 지속적으로 소금을 얻는 구조를 지나인은 생각한 겁니다. 지나로부터 전해진 것입니다. 일본인은 거기까지 생각하지 못했습니다. 갯벌도 똑같아요. 일본에도 갯벌이 있습니다. 있는데도, 그 구조를 어떻게 흉내를 못 냈을까? 그것을 흉내 냈더라면 좋았을 것 같습니다.

【기시】 그것이 전후에는 조릿대[223] 같은 것을 위에서 이렇게.

【이시카와】 그런 것을 하니까, 함수만 얻었던 것이고, 그것은.

【기시】 고즙은 생기지 않겠네요.

---

223 녹음기록에는 '사사(ササ)'라고만 표기하였으나 이를 '조릿대(笹, ササ)'로 번역하였다. 대화의 내용 상, 전후 일본에서 개발된 유하식(流下式) 염전, 즉 '시조우카(枝條架)'를 설명하는 것으로 파악되기 때문이다.

【이시카와】네, 생길 수가 없습니다. 그런 것을 저렇게 그냥 간단히, 진짜 천일염의 정수를 끝까지 파헤치지 않았으니까 그렇게 되어 버렸지요.

【기시】그렇게 몇% 정도의 함수가 되는 것입니까?

【이시카와】그것은 몇 번이나 모터로 빙빙 돌려서 15~16도 얻으려고 했던 것이에요. 동력을 사용한 것은 그래도 괜찮았지요.

【기시】동력비가 들었겠네요.

【이시카와】하지만 지나인은 광대한 갯벌을 이용해서 염전을 만들었다는 것, 그리고 만든 염전에서 우선 함수를 얻고, 그것의 모액을 원료로 했었지요. 그리고 약간 날씨가 나빠도 풍력으로 1~2시간 동안에 소금이 결정해 가는 구조를 생각했습니다. 한편은 석탄을 때서 소금을 결정하는 것을, 〈다른 한 편은〉 고즙을 이용해서 소금을 만든다고 하는 원리를, 천일염을 생각한 것입니다. 그 점에 대해서는 대대로 여러 가지 책을 보았지만, 그 원리는 쓰여 있지 않았어요. 천일염이란 것은 도대체 무엇인가라는 것을 여러 가지 서적을 읽어 보아도, 그 원리는 쓰여 있는 책이 없었어요. 천일염의 원리는 무엇인가라는. 저는 한심하다고 생각합니다.

【야나기타】천일염은 전오염(煎熬鹽)과 다르게 천일(天日)에만 의지해서, 전오염만큼 경비가 들지 않습니다.

【기시】그것밖에 쓰여 있지 않나요?

【이시카와】그래서 사이토[齋藤, 마코토(實)] 총독 각하의 시절에 다나베(田邊) 씨가 사이토 씨에게 불려가서, 자네, 조선의 천일염을 연구하라고. 그 뭐 오쿠보 히코자에몬(大久保彦左衛門)[224]과 같은 역할로 전매국에 다나베 씨가 온 것입니다. 기사(技師)로서요, 내지의 전매국에 있었습니다. 그래서 다나베 씨는 내지의 전매국 기사로서 상당한 실력이 있는 분이신데, 조선의 천일염에 홀딱 반했던 것입니다. 그래서 대단하다, 어째서 지금까지 이런 것을 몰랐을까 하고. 그래서 다나베 씨가 사이토 총독을 납득시켰던 것은 역시 그 고즙입니다. 고즙 안에 해수를 드리우면 소금이 결정하는 것을 보여 주었던 것입니다. 이것은 이런 원리라고. 천일염의 원리라는 것은 이런 구조로서 천일염이란 것은 존재하고,

---

224 에도 시대의 인물로 도쿠가와 막부에 충성을 다해서 무사의 모범이 되었음.

이것은 화학반응으로 소금을 얻는 제염법이라고. 그러니까 이것은 화학반응이기 때문에 열도 아무것도 필요 없다. 어느 포화점에 도달하면 혼자서 결정한다.

【기시】연료는 전혀 필요 없습니까? 아직 증발하지 않은 새로운 해수를.

【이시카와】네, 열이 필요 없습니다. 다만 일정한 농도에서 고즙의 모액에 얇게 해수를 넣으면 소금이 됩니다.

【기시】새로운 해수를 넣는다는 것입니까?

【이시카와】넣으면 소금이 '팟' 하고 나옵니다. 그것을 보여 주었다는 것입니다.

【기시】사이토 씨에게.

【이시카와】네, 천일염의 원리라는 것은 이런 것이라고. 그러므로 석탄도 필요 없기 때문에 공장도 필요 없다고. 지금 전 세계의 천일염이 중공이나 여러 곳의 몇 만 정보에서 얻어지는 소금은 얼마나 쌀까 라든지. 조선의 염업, 재래염이 무너진 것도 천일염이 들어왔기 때문입니다. 일본은 장래 외국염을 수입하면 안 된다는 것을, 사이토 씨 시절은 뭐 그런 기개가 있었습니다. 그래서 마침내 외국염을 수입하지 않고 끝난 거예요. 쇼와 19년(1944) 경은.

【야나기타】만주염전에서도, 해남의 염전에서도, 앞바다는 조선의 3대 어업지였기 때문에 그 쪽으로 지나의 정크선들이 소금을 모두 싣고 와서 돌아갈 때는 물고기를 가지고 갔는데, 소금과 바꾼 것입니다. 그리고 물론 지나인의 정크선으로 갖고 오는 것은 대부분 밀수입입니다. 이러한 점을 막기 위해서 어장(漁場) 가까이에, 게다가 염전에 적합한 곳이 있었기 때문에, 그곳에 차츰차츰 만들었던 것입니다. '류나'[225]의 앞바다 부근은 이미 이 정도의 강 하나로 국경이 되기 때문에. 그 앞바다가 조선의 3대 어업의 하나로, 이미 아주 대단한 양이었습니다. 그래서 날 것을 앞바다에서 모두 소금을 쳤기 때문에, 소금을 제때 공급하기 위해 염전이 생기기 전에는 모두 정크선이.

【기시】관동주에서 가져왔습니다.

【야나기타】그리고 또, 해남의 염전 앞바다에도 거기에는 연평도(延平島)라고 해서, 인천 아래쪽에 연평도란 곳이 있어서, 연평도인 것 같습니다. 그곳에도 역시 어기(漁期)가 되면 어선이 우리들이 전매국 사택에 있어도 조용한 밤에는 바다에서 야-야-야-야-하고 거

---

225 '류나(リュナ)'는 압록강 하구 쪽을 지칭하는 지명 같은데, 정확히 파악되지는 않는다.

센 함성이 들렸습니다. 배가 새까맣게 몰려왔던 것입니다. 전에는 거기로 소금을 계속 가져갔던 것 같습니다.

【기시】그것은 다이쇼 몇 년경까지였습니까? 그러한 상태였던 것은?

【야나기타】그것은 만주의 염전을 건설하기 전부터 이미 그것을 상사가 알고 있었던 것입니다. 그래서 정책상 저기에 만들었고. 당시 저, 누구였더라? 이마무라(今村) 씨가 서무과장이었던 시절입니다.

【기시】이마무라 다케시(今村武志) 내무국장.

【야나기타】그 사람이 서무과장이었을 때 남시의 염전을 만들기로 했습니다.

【기시】전매국의 서무과장을 했던 시절이 있었나요?

【이시카와】대단한 시절이었는데, 그때는. 이마무라 씨가 활약했습니다.

【기시】이마무라 씨의 부인은 지금까지도 건강하세요. 이마무라 씨는 이미 10년 진쯤 전에 돌아가셨지만요.

【이시카와】그러니까 역시 일본에서도 지금부터라도 늦지 않았다고 생각합니다만.

【기시】일본에서도 지금 적합한 땅이 있다면 그런 식의 유하식(流下式)의 천일염전을 만들면 좋을 텐데요.

【이시카와】누군가가 해야 한다고 생각합니다. 그래서 오늘 사이토 씨의 이야기 말인데요, 저쪽 오스트레일리아에는 천일염전을 축조 중이라고 합니다. 일본의 천일염전 기술자가 가서.

【기시】잠시 최근 일본 소금의 수급 상황과 그리고 중공으로부터 수입하고 있는 가격이랄까, 최근의 상황과 비교해 보았으면 합니다. 잠깐 말씀해주셨으면 합니다.

【이시카와】지금, 조선으로부터 종전 후 소금이 수입되게 되었습니다. 그것이 말입니다, 쇼와 35년(1960)부터 36년, 37년 3개년간 일본에서는 한국으로부터 수입하고 있었던 것입니다.

【기시】그것은 인천 부근의 것입니까?

【이시카와】네, 그렇습니다. 한국으로부터, 소금이 남아서 말이지요, 35년에는.

【기시】남는다고 하는 것은 주안, 군자, 소래?

【이시카와】서산과 인천, 그 두 곳입니다. 서산과 인천의 소금이 들어왔습니다.

【기시】 인천은 예를 들면?

【이시카와】 주안염전.

【기시】 군자, 소래는?

【이시카와】 그것도 주안염전입니다.

【기시】 총칭해서 주안염전?

【이시카와】 그리고 해남은 들어오지 않았습니다.

【기시】 서산이 들어와 있다는 것이군요. 그래도 한국은 소금이 남습니까?

【이시카와】 네, 남아서, 올해는 30만 톤도 수입하고 있습니다.

【기시】 대단하군. 훌륭합니다.

【이시카와】 올해는 30만 톤 수입하고 있습니다.

【기시】 반대로 쌀은 우리 쪽에서 30만 톤씩 빌려주고 있습니다.

【이시카와】 전매국에 아까 전화했는데, 아니라고, 올해는 수입하고 있지 않다고 말은 하지만, 스미토모상사(住友商事)에 물어보니, 한국뿐만 아니라, 수입, 그 밖의 외국의 것도 합쳐서 30만 톤을 외지염(外地鹽)이라고 합니다.

【기시】 외지염이라고 하는데, 그중 상당량의 한국 소금이 있다고.

【이시카와】 37년(1962)은 5만 톤이 들어왔습니다. 36년(1961)이 12만 톤, 한국에서.

【기시】 35년(1960)은?

【이시카와】 35년(1960)이 1만 톤, 36년(1961)이 12만 톤, 37년(1962)이 5만 톤. 그 가격이 37년에는 톤당 2,800엔 정도 되었습니다. 그러나 올해 같은 경우, 올해는 아마 상당히 올라서 톤 당 4,300엔 정도 입니다. 37년에는 2,840엔이었지만, 올해는 좀 비싸다고 하네요.

【기시】 4,300엔은 어디서 온 소금입니까?

【이시카와】 한국염(韓國鹽)입니다. 그런데, 중공염(中共鹽)은 작년도에는 100만 톤이 들어왔다고 합니다. 그런데 달러화로 1톤이 9,300 엔인가요?

【기시】 중공염은 비싸네.

【이시카와】 9달러 30센트입니다. 9달러 30센트에 360엔 곱한 것입니다. 7,000엔 정도가 되겠네요.

【기시】 약 10달러입니다. 1달러가 360엔이니까, 10달러라고 하면 3,600엔.

【이시카와】 그런가, 3,600엔 정도인가.

【기시】 3,600엔이 안 되니까, 3,500엔 정도.

【이시카와】 그렇군요. 일본 소금은 말이에요, 현재의 식탁염(食卓鹽)인데, 9만 2,000톤부터 9만 3,000톤 가량을 연간 생산하는 것 같습니다, 국내의 식료염은 연간 생산 9만 3,000톤 정도.

【기시】 적군요.

【이시카와】 네, 요염(料鹽)이군요. 이것은 국내의 염업입니다. 그것은 톤당 1만 2,000엔 내외라고 합니다. 1만 2,000엔, 톤 당. 외국염은 3,000엔 아니면 4,000엔이겠지요. 그것을 원료로 해서 졸이면, 이 정도가 됩니다. 재제(再製)하니까 말입니다.

【기시】 중공염으로도 이것을 재제하면?

【이시카와】 그러나 재제는 별로 하지 않습니다. 내지의 소금이라고 하는 것은 지금은 수지막(樹脂膜)이라든가 여러 가지 방법으로 하고 있기 때문에, 1만 2,000엔 내외가 수납가격입니다. 이것은 톤이기 때문에 코링(coring)하면 좀 비싼 셈이지만.

【야나기타】 지나나, 중공이나, 조선에서 온 것은 천일염이지요?

【이시카와】 네, 그렇습니다.

【야나기타】 그래서, 그대로 식탁에 올리지 못합니다. 대부분 공업염으로 돌리잖아요.

【이시카와】 공업용이지요. 그러한 상황이지요. 지금 대만은 옛날에는 일본이나 조선에도 수출한 적이 있었다고 합니다. 그리고 대만은 최근에 공업화가 발달해서, 이미 대만산의 소금이란 것은 이미 전부 국내에서 사용해서, 오히려 수입하는 시대가 되고 있습니다만, 대만 천일염이란 것은요. 현재에는 일본은 수입하지 않고, 거꾸로 대만은 원염(原鹽)은 수입하는 시대에 들어섰다고 하고 있습니다. 그런 관계로 ….

【기시】 지금 살 수 있는 것은 한국과 중공뿐인가.

【이시카와】 그렇습니다. 인도, 오스트레일리아의 소금이 얼마간 들어오고 있습니다.

【기시】 그게, 일본은 천일염전의 개발에는 글쎄, 어디 없나, 좋은 장소가?

【이시카와】 아직 일본에서는 전매국이 내지 염업자를 보호한다고 하는 명분 하나로 추진해 버렸습니다. 그래서 연간 생산 공업염 100만 톤의 문제가 아니라, 막으려고 하는 마음 자세가 없습니다. 100만 톤 필요한데, 이것을 외국으로부터 수입하면 괜찮다고 하고, 일본

내지에서 천일염전을 만들려고 하는 마음 자세가 없는 것입니다. 이것은 뭔가 저, 여우한테 홀린 것 같은 모양새입니다. 그래서 전매국은 어떻게 해서든 일본의 내지 염업자를 육성하는 것에만 열중했던 것은 아니었나 하고 생각할 수 있는 부분이 있습니다. 전혀 안 된다고, 비가 내려서 다우다습(多雨多濕)하고 천일염전과 같은 갯벌 땅은 일본에는 없다고. 모래땅만 있고, 해변의 해안선이어서, 사해(四海)의 바다에 둘러싸여 있지만, 일본에서는 도통 조선과 같은 갯벌 땅은 없다고. 다우다습해서 비가 많이 내리므로 전혀 천일염전은 안 된다고, 부적격이라고, 그렇게 되어 버린 것입니다. 그것 때문에 미신처럼 되어 버렸습니다. 아무도 거기에 반발해서, 기상을 보아도 말입니다만, 조선과 일본과의 일의대수(一衣帶水) 사이에 그렇게 기상이 바뀔 리 없다는 것을 생각하지 않고, 다소 그것은 다우다습의 시기도 있지만, 건조기(乾燥期)도 일본에는 많이 있지요. 이미 이상건조기(異常乾燥期)라는 것은 일본에는 겨울부터 여름에 걸쳐있는데, 이상건조기라고 말하는 사람은 없습니다, 일본에 있는 것을. 다만 부슬부슬 비가 내린다고 말하고, 일본에는 상당히 제염에 좋은 1월, 2월, 3월에, 비가 내리지 않습니다. 봄비와 가을비는 분명히 나쁜 것이지만, 건조기가 상당히 깁니다. 그리고 저, 기온이 높아요, 조선이나 다른 곳과 비교해서. 그리고 저, 겨울의 지반의 경우, 조선이 얼어붙습니다. 일본에서는 언다는 것을 모릅니다. 그래서 해수 온도가 높아요, 쿠로시오(黑潮)의 관계로. 따라서 해수의 비중이 높은 것, 온도가 있는 것, 이상건조기가 있는 것, 상당히 기상적으로 혜택을 받고 있습니다. 이것을 이용해서, 그래서 지금 내지의 수전이 대부분 쌀을 거두지 않는 시대가 되었다면, 내지의 수전을 염전으로 바꾸어서, 그래서 천일염을 만들면 좋다고 하는 시대가 이미 눈앞에 오고 있지 않은가 하고 생각합니다.

【기시】그렇게 생각이 됩니다.

【이시카와】네, 그리고요, 이것을 놓칠 수는 없습니다. 100만 톤의 공업염을 수입하는 바보는 없으니까요.

【기시】만일 지금 100만 톤의 천일염을 만든다고 하면, 어느 정도의 면적이 필요합니까?

【이시카와】에-, 뭐 5,000정보에서 1만 정보 사이입니다. 100만 톤이.

【기시】100만 톤의 천일염전이?

【이시카와】1만 정보인 것 같은데요, 1만 정보에서 2만 정보 있으면 되지 않을까요?

【야나기타】 100만 톤이라면, 1정보에 8만 근 얻는다면, 근과 톤은 좀 관계가 없지만. 그게, 근으로 하는 편이 빠르니까.

【이시카와】 1만 정보가 있으면 좋지 않을까요?

【야나기타】 그렇지 않을까요?

【이시카와】 1만 정보는 필요 없는 건가?

【기시】 8만 근이라면 몇 톤이라는 것입니까?

【이시카와】 근은 6을 곱한 것입니다.

【기시】 5,000톤입니까?

【이시카와】 6할이네요.

【기시】 6을 곱하고 8이니까 약 5,000톤인가.

【이시카와】 10만 근 이란 것은 60톤을 말합니다, 6할이니까. 1정보당 60톤.

【기시】 8만 근이면 50톤이라는 거네.

【이시카와】 네.

【기시】 1정보는 60톤, 그러면 10정보는 600톤, 100정보는 6,000톤, 1,000정보는 6만 톤, 1만 정보면 60만 톤이네요, 그러니까 100만 톤이 되려면 1만 6,000정보가 필요한 셈입니다.

【이시카와】 그럼 2만 정보네.

【기시】 그러니까 2만 정보 조금 안 되는 정도네요. 이것의 축조비는 어느 정도가 들까요, 1정보당.

【이시카와】 귀성이 1정보당 3,400엔 정도였으니까, 그것의 1,000배로 하면.

【기시】 34만 엔.

【이시카와】 정보당 4,000엔으로 해 주세요.

【기시】 4,000엔으로 하면 40만 엔.

【이시카와】 쇼와 10년(1935) 당시, 정보당 4,000엔. 1,000배네요.

【기시】 1,000배면 40만 엔.

【이시카와】 50만 엔으로 해도 괜찮습니다.

【기시】 그 용지비(用地費)는 공짜가 아닙니다. 용지비가 1정보당.

【이시카와】 자기네 수전(水田)을 전용하면 되니까. 이것으로 염전을 새로 만들 필요는 없군.

【기시】그럼 1정보당 50만 엔의 보조금을 주면 좋을 텐데.

【이시카와】그럼, 그럼.

【기시】보조금을 줄테니 염전으로 개조하라고, 천일염전으로.

【이시카와】그렇습니다.

【기시】그렇게 하면 양수비(揚水費)가 필요할 텐데, 논바닥에는.

【이시카와】그렇습니다.

【기시】그리고 동력비가 조금 필요할 텐데. 연료비는 필요가 없지만, 동력비는 조금 필요해.

【이시카와】그렇습니다. 그러니까 원염(原鹽)을 만들게 하면 좋겠지요.

【기시】원염을 만드는 데는 동력비가 필요한데. 물을 끌어올려서 … 무언가를. 그리고 톤당 어느 정도의 생산원가가 될 것인가로군.

【이시카와】그렇습니다.

【기시】50만 엔이면 50만 엔에서 용지비를 얼마쯤, 자본을 투자할 것이기 때문에, 용지비가 얼마나 될까, 그것과 맞추어 상각비(償却費)랑, 그리고 50만 엔에 대한 이자라든지, 상각비랑 그리고 동력비라든지, 그런 것이 … 그렇게 되지 않을까. 그러면 톤당 얼마나 되는지 좀 계산을 해서 정부에 내는 것이 좋을 것 같은데.

【이시카와】그렇습니다, 누군가가. 누군가가, 이렇게 변화하는 시기니까 딱 좋은 기회가 아닐까 생각합니다. 그래서 그런 점을 얼마 전부터 돌아와서부터.

【기시】이런 식으로 계산해서, 우방협회는 이 녹음한 것을, 원고로 해서, 간단한 염전의 우방 시리즈를 책 하나로 준비하고, 거기에 이 경비를 추산해서 넣음 다음 농림성(農林省)에 내면 좋겠군, 이 책을 만들고.

【이시카와】그렇습니다.

【기시】그렇게 하면 농림성은 깜짝 놀랄 것입니다.

【이시카와】어쨌든 누군가가 수를 내지 않으면 안 되는 일이지 않을까 생각합니다.

【기시】이 논바닥을 전환할 때, 어떻게 전환하면 좋을지 몰라서 곤란한 시대이기 때문에, 그래서 2만 정보나 3만 정보, 이걸로 전환하라고. 그래서 보조금을 충분히 주면 좋아. 다만 이 50만으로 사람들이 할까? 올해 즈음 너희 땅 논을 쉬게 하면, 돈을 주겠다고 해서, 풀을 무성하게 만들어 놓는 그런 바보 같은 일은 없어.

【이시카와】그러니까 해안의 수전을 개간해서 만든 염전은 예컨대 오카야마(岡山)현 주변의 고지마(児島)라든지.

【기시】최고로 좋은 곳은 세토나이카이(瀬戸内海)입니다. 왜냐하면, 기상조건이 북쪽에서 오는 구름이 주고쿠산맥(中國山脈)에서 가로막힙니다. 일본해(동해) 해안 쪽으로 가 보세요. 돗토리(鳥取)부터 시마네(島根)나 야마구치(山口)현의 일본해 쪽의 하기(萩) 근처부터 쭉, 겨울에도 여름에도. 여름은 비교적 날씨가 좋지만, 겨울은 비가 이미 내려버렸습니다. 그런데 세토나이카이 쪽에 들어서면, 반대로 남쪽에서 오는 구름이 시코쿠산맥(四國山脈)으로 가로막힙니다. 양쪽에서 구름이 가로막히고, 그 안은 활짝 갭니다, 언제나. 그래서 사카이데(坂出)라든지 그런 식의 염전이 많은 것도 그 때문입니다. 그러므로 저기 근처 논바닥의 물을 끌어 올리는 것과 같은 조직으로 만들어서 계속 시키면 좋은 염전이 많이 생깁니다.

【이시카와】어쨌든 지금은 불도저가 있으니까 순식간에 생길 것입니다.

【야나기타】그러니까 조선과 같은 천일염전의 양식을 따르지 않아도 괜찮은 겁니다. 도우코우센의 면적을 달아 두어서, 지금 동력을 자유롭게 사용할 수 있으니까, 인간을 사용하지 않고 동력을 사용하는 쪽이.

【기시】옛날에는 고즙 같은 것이 모래톱을 굳혔는데, 지금은 더 좋은 굳히는 방법이 있지요.

【이시카와】어쨌든 공업염을 만들라고, 100만 톤을 막으라고. 그래서 일본은 옛날, 일본의 공업염을 수입하는 것을 막기 위해 조선을, 시험을 위해 조선에 염전을 만들었던 게 아니냐고. 게다가 조선에서는 염전이 당당히 외국염을 빼앗지 않았느냐고. 그러한 시험의 결과가 나타났으니까, 일본에 염전을 만들라고. 왜 멍하니 있느냐고. 안 그렇습니까?

【기시】여기서 우방 시리즈 만들 때는 조선의 염전이 이런 식으로 발달해 가서 외국 소금은 전혀 들어오지 못했다고. 조선의 소금은 일본 내지에도 자꾸자꾸 공급되었다고. 그것이 지금 이렇게 된 것이다. 그런데 일본은 논바닥이 남아나지 않는다. 그러니까 해안지대를 2만 정보 정도 전환시켜 그곳에서 하면 어떨까 라고. 1정보당 50만 엔 정도 보조해서, 국가가 돈을 내니까 하라는 식으로 시키면 되지 않을까 라고.

【이시카와】그렇습니다. 계절성 노동 같은 거 필요 없어요. 모두 염전의 소장님이 되고. 그래서 원염을 자꾸자꾸 만들어, 유리공업 쪽에 팔면 되겠네. 완전히 말도 안 되는 이야기입

니다. 그게 오스트레일리아에서 앞으로 시작한다고 하는데, 일본의 자본으로.

【기시】오스트레일리아에서 천일염전을 한다는 것입니까?

【이시카와】운임이 늘어나지 않을까? 우선 오스트레일리아와 일본이 합체해서, 지금 스미토모상사가 염전을 만들고, 그런 먼 곳에서부터 일본으로 원염을 가져온다는 거니까.

【야나기타】그것은 큰일이네요.

【이시카와】그럼 일본에서 만든다면, 소금의 수송비 말입니다만, 말하기에도 뻔합니다. 수송비라는 점에서 유리하다는 것이. 누군가가 여기에 동조하고, 공감하는 사람도 나오면, 이것은 아마도 잘 되지 않을까 생각합니다.

【기시】제일 좋은 것은, 일본은 사토 씨나 기시 씨가 다부세(田布施) 출신입니다. 다부세의 염전이란 것도 모두 유하식으로 되어 있어서, 모두 망했습니다. 구다마쓰(下松)부터 미타지리, 미타지리 근처에 잔뜩 염전이 있었는데, 다부세의 염전도, 구다마쓰의 염전은 저희 집안 친척의 염전이었는데, 모두 이제는 그만두어 버리고, 두부 가게가 되기도 하고 여러 가지를 하고 있습니다, 다른 일을. 그러다 보니 염전을 가지고 있어도 아무것도 안 되니까, 그런 곳이 많이 있습니다. 그런 것을 천일염전으로 개조시키면, 그 근처의 논바닥을 차츰차츰 하게끔 하면, 그 주변 일대에 아직도 그런 토지가 많이 있으니까요. 일단 공장지대화한다고 자꾸 말하고 있지만, 좋은 소금이 얻어질지 어떨지 모르니까.

【이시카와】옛날처럼 흙을 움직이게 하는 것까지 생각하고 있습니다.

【기시】다부세 옆에 히라오초(平生町)라고 하는 곳이 있는데, 그곳에 커다란 염업조합이 있었어요. 거기서 공장에서 점차 전오(煎熬)를 하고 있었는데, 여기저기 염전으로부터 그곳으로 모든 함수를 모아서, 그곳에서 전오를 통해 소금을 생산했었습니다. 그런 곳이 모두 어떻게 되었는지? 망했겠지요, 지금쯤은.

【이시카와】이제는 채취하지 않는다는 것과 전매국이 장려하지 않기 때문에. 전혀 천일염에 대해서는 노코멘트입니다. 이젠, 채취할 수 있어도 할 수 없게끔 해버린 것입니다. 그것은 역시 전매공사의 방침이 내지의 염업을 보호하는 것이라고 한다면, 국책(國策)이란 것을 잊어버린 것이지요. 애석한 일입니다. 일본의 국책을 어떻게 해야 하는가와 그리고 무역수지를 이렇게 한다, 저렇게 한다와 같은 높은 견지에서.

【기시】지금 일본의 염전이 저 정도로 보호받았지만 무너진 상태잖아요. 그러므로 이번에

하는 것은 모두 천일염전의 새로운 방식으로 한다면 됩니다. 이번에는 괜찮아.

【이시카와】 그래서 전매제도가 아니라, 농민이 쌀을 만드는 것처럼 소금을 만들자고.

【야나기타】 원래 일본의 염전을 정리한 것은 일본에서 수출하는 담보물로부터 소금을 거둔 다는 정부의 방침 때문이었습니다.

【이시카와】 전매를 했던 이유는 내지의 염업자를 보호한다는 것이 있지 않았나 하고 저는 생각합니다. 그것은 대국적으로 그 당시의 농상무성(農商務省)이 계획하던 일본의 염업이라고 하는 것에는 장래 외국염의 수입을 막지 않으면 안 된다는 커다란 기둥이 하나 있었던 것이 확실합니다. 옛날에, 그것을 조선에서 실험하자고 하면서. 그래서 조선에 염전을 만들었다고 쓰여 있습니다. 조선염전의 기원이라고 하는 것은 뭐냐고 하면, 조선의 그것을 보호하기 위해서가 아니라, 일본의 전매제도를 어떻게 해야 할까 에서 출발했다는 것을 읽고 저는 깜짝 놀랐습니다. 일본의 국책은 장래 수입염을 어떻게 해서 막을 것인가 였다고. 그래서 우선 조선에서 해 보지 않겠느냐고 해서 조선에 막대한 나랏돈을 써서 조선에서 실험하게 한 것을 까맣게 잊었던 것입니다.

【야나기타】 자급자족이라는 입장에 입각했던 셈이군요.

【이시카와】 그래, 그래, 자급자족이라고 하지요. 그 당시와 같은 생각을 하는 사람은 역대의 인물 중에 없습니다. 그것은 역시 모든 관청의 하나의, 한심하지요. 이런 시대를 맞이해 버린 것 같습니다. 그래서 결국 일본의 염업은 무너져 버렸습니다. 이것이 만약에 그 당시 누군가가 일본에서도 만들라고 해서, 천일염전을 만들었다면, 공업염 따위는, 수입하지 않고 넘어갔겠지요.

【기시】 지금인데요. 외국으로부터 소금을 자꾸자꾸 들어오는데, 다케다 신겐(武田信玄)같이 되는 경우에 누가 소금을 줄까요? 소금을 주는 우에스기 겐신(上杉謙信)은 없습니다.

【이시카와】 지금도 조선에서 30만 톤 수입하고 있습니다.

【기시】 석유도 그렇지만 말입니다. 지금 하루아침에 무언가가, 세계적으로 소란을 피우면, 석유도 그와 같이 되고, 그리고 또 석탄도 외국에서 들어오고, 철의 원료도 외국에서 전부 들어오고, 일본은 일본만으로 버티지 않으면 안 된다고. 주변은 소련이 잠수함을 잔뜩 가지고 있고, 그래서 접근하면 안 돼 하고. 그래서 소금이 오지 않게 되면, 이것은 큰 일이에요. 석유는 없어도, 무언가 일단 쌀이라도 만들고 있으면 견디기는 하겠지만, 쌀

외에 필요한 것은 역시 소금입니다. 그런 소금이 오지 않으면 어떻게 할 수가 없어요. 그래서 소금 정도는 하다못해 국내에서 필요한 소금 정도는 어느 정도 만들 수 있게 하는 것이 국책으로서는.

【이시카와】이 정도로 태양광선이 있으니 아깝습니다. 사람은 남으니까 농민이 남고, 쌀이 남아돌아서. 이젠 이런 기회를 놓치면.

【야나기타】소금은 어쨌든 생활의 필수품이니까요.

【기시】천일염전이면 일손은 그렇게 필요하지 않으니까요.

【이시카와】쌀 만드는 것처럼 각 농가가 만들면 됩니다.

【기시】쌀보다는 편합니다.

【이시카와】날씨가 좋은 시기에 몽땅 가마니에 넣고, 그래서 농업단체에 저장해 두면 됩니다. 쌀가마니라도 묵은 쌀도 아니고 소금 저장 가능합니다. 식료염(食料鹽)은 재래의 염업자에게 맡겨두면 됩니다. 공업염은 농민에게 만들도록 하고. 이게 정말 말도 안 되긴 하지만(웃음).

【기시】저-, 지금의, 대강, 시리즈로 준비하는 순서는 이것으로 된 것 같군.

【이시카와】네.

【기시】조선에서 염전이 어떤 식으로 발달했는가 하는 것을 간단히 서술하고, 그다음에는 이와 같은 것을 만든다면, 일본에서 이 정도의 경비로 연간 100만 톤이 가능할 거라고. 이 정도의 토지를 바꾸면 100만 톤 정도가 가능하다는 의견서가 될 수 있습니다. 그렇게 옛날의 오래된 것만 말하지 않고 새로운 것도 넣고, 그것의 시산서(試算書)를 준비해서, 이런 식으로 계획하면 이렇게 된다는 안(案)을 내면, 이것을 사토 씨나 그 주변의 선거민(選擧民)에게 뿌립니다. 평생의 염업조합 같은 곳에도, 그런 곳의 소금 가게에, 옛날의 염업자를 중심으로 한 농협에 뿌려 버리는 것입니다. 업종을 전환해서 세토나이카이에 만들자고, 전환입니다. 소금의 자급자족이 가능하게 됩니다. 쌀을 만드는 대신 그러한 식으로 하자고. 그런 곳에 의견을 내면, 이거 의외로 실현될지도 모르겠군.

【이시카와】반향을 불러일으킬지도 모릅니다.

【기시】빨리 만들지 않으면 안 되니까요.

【이시카와】이것은 갑자기 만들 수 없지요. 누군가가 이것을요. 저는 뼈대만 생각하고 있었

습니다, 그 전부터.

【기시】그 뼈대로 부디 이시카와 씨, 부디 열심히 봐주세요(웃음). 그리고 야나기타 씨와 상담하시고. 두 분의 이름을 확실하게 실으십시오. 이런 기술자의 의견도 있습니다.

【이시카와】야나기타 씨, 돌아가시지 마세요, 좋은 시대가 올 겁니다. 지금 참으로 좋은 기회에요. 이거.

【기시】해봅시다, 모쪼록.

【이시카와】어쨌든 스미토모상사 같은 곳이, 오스트레일리아에 염전을 만든다고 하는 시대예요, 일본의 돈 가지고.

【기시】그것을 다른 데에 만드는 것보다 국내에 길이 있으면, 그렇게 하는게 좋겠지요. 시코쿠와 주고쿠의 오카야마현, 히로시마(廣島)현, 야마구치(山口)현, 그리고 가가와현(香川)현, 에히메(愛媛)현. 에히메현은 그다지 좋은 곳은 아니지만, 가가와현에는 있습니다. 도쿠시마(德島)현, 가가와현 주변의 적합한 땅을 모두 합쳐서 몇 만 정보 정도 만들도록 하는 겁니다.

【이시카와】그렇습니다, 수전을 전용해서요.

【기시】2, 3만 정보 정도 필요하겠지요.

【이시카와】필요한 대로, 전력을 사용해서, 공장을 준비해야 합니다. 공해는 없고요.

【기시】이렇게 하면 공해는 없고, 일석몇조도 됩니다.

【이시카와】농한기를 이용하면 좋습니다. 어쨌든 가을비와 봄비만 넘기면, 이 한여름의 더위란 것은 조선에는 없습니다. 이상건조라는 것이 이번 여름에 왔습니다만, 이젠 소금을 거둘 수 있고, 거둘 수 있게 되니까 할 수 없지요. 저는 이 이상건조기가 되면, 아, 소금을 만들 수 있겠구나 하고 생각하며 감정이 무뎌집니다. 정말. 좀 과장을 해서 이야기해 버렸네요.

【기시】일본의 염전 인부와 조선 사람과의 능률은 어땠습니까? 관계없습니까? 역시 천일염전과 이쪽이니까.

【이시카와】그건, 일본인은 일 잘했습니다. 자기 일이 되면 일하는 것 같습니다. 지금은 조선과 같은 규모가 아닙니다만, 이미 불도저도 생겼고, 아스팔트 같은 것도 있으니까, 멋진 결정지도 순식간에 만들 수 있다고 봅니다. 그러니까 전매공사에 뭔가 시키면 안 됩니

다. 전매공사의 전매품이 아닙니다. 이미 전매는 없어진 게 아닌가요? 전매제도는, 아니지 않나 생각합니다. 최근에도 신문에 나오고 있습니다만, 정말 전매제도는 없어진 것이 아닌가 생각합니다. 그러므로 농림성(農林省)에 직속으로 두어도 괜찮습니다. 어쨌든 간에 이젠 제도가 희미해지고 있으니까요.

【기시】소금의 전매라고 해서, 외국에서 수입해서 전매하는 방법은 없습니까?

【이시카와】맞습니다. 단, 지금 수입상사의 리베이트(rebate)를 탐내서 많은 국회의원도 지금까지는 그쪽에 가담하지 않았나 생각합니다. 모두 전매공사의 수입상사입니다. 그런 것은 역시 정치헌금 쪽의.

【기시】전매공사가 정치헌금을 하지는 않겠지요.

【이시카와】하고 있는 게 아니에요?

【기시】전매공사가 안 하고 있습니다.

【이시카와】아니, 단체가 하고 있습니다. 전매국의 영업자가 하는 것이 아닙니다. 정치헌금이란 것은.

【기시】수입업자 쪽이 한다는 겁니까?

【이시카와】수입업자도 할 것이고, 내지의 제염업자도 정당에 헌금하고 있습니다. 저는 염업조합에 있었기 때문에, 각 국회의원이 있는 곳을 방문했기 때문에 알고 있습니다만. 그래서 자신들의 구매품을 말입니다, 소금을 제조하는 구매품의 가격을 인상하는 것, 여러 가지 제도의 개혁은 모두 국회의원을 통해 전매공사를 움직이는 것입니다. 그러한 정치성이 있습니다. 그래서 천일염이란 것에 대해서는 이제껏 전혀 말을 꺼내지도 않고 있습니다, 염업조합도 지금까지. 이것은 이제 무언가 기피 대상이 되었을 것입니다. 이런 정세이기 때문에, 천일제염의 원리는 이런 것이다 하는 것을 널리 세간에 알려서 말입니다, 그런가, 그렇다면 그쪽에 한번 돈을 넣어볼까, 물건을 시험 삼아 시도해 볼까 하는 사람도 나올 수 있습니다. 그렇겠지요? 그런데 지금까지는 하는 사람이 없었던 것입니다. 전매공사가 이유 없이 싫어하니까, 전혀 안 된다고 해서, 안 되는 것으로 간주하고 있으니까.

【야나기타】그렇구나. 전매공사를 없애버린다면, 다음엔 소금과 관계된 것은 민간 기업이 하면 되겠군.

【이시카와】민간에서 농업단체가 만들어지면 좋겠네요. 농업단체가 소금의 창구가 되면 좋을텐데.

【기시】이쪽의 염전 기술자, 일본에 있는 염전 기술자는 앞으로 천일염전은 쓸모가 없다고 말하는 셈인가.

【이시카와】그게 천일염전이라는 것은 일본은 안 된다고.

【기시】손대지 않는 것이 좋다고 말하는 셈이지요.

【이시카와】지금은 화학적으로 수지막과 같은 것을 가지고 전기제염을 하는 시대로, 나중은 생각하지 않습니다. 천일제염 같은 것은 바보 같은 이야기라고.

【기시】수지교환(樹脂交換)으로 톤당 어느 정도가 될까요?

【이시카와】네, 채산이 안 맞는다는데요. 역시 정부의 보조금이 필요하지 않겠습니까?

【기시】톤당 어느 정도?

【이시카와】정부 수매가 톤당 1만 2,000엔입니다. 분명히 1만 3,000엔 정도는 될 것입니다. 차액은 역시 보조하고 있을 것입니다.

【기시】그럼 문제 되지 않나, 천일염전의 비용과 비교하면.

【이시카와】어쨌든 아직 정부의 보조금이 필요하니까, 아직 작년 즈음 까지는.

【기시】축조비나 용지비 같은 그런 것이 비싸니까, 그건 그렇고, 톤당 3,000엔 안짝으로 가능하다면, 이것은 실현될 수 있겠네요.

【이시카와】그렇습니다.

【기시】그 정도로 되겠지.

【이시카와】톤당 3,000엔이나 4,000엔 정도로 될 수 있을지, 한 번 계산해 봅시다.

【기시】그게 필요하겠군요.

【이시카와】"그래서 이렇다"라고 하는 것을 누군가 말해야 합니다. 따돌림을 당해도 상관없습니다.

【기시】조선의 경험자가 말하지 않으면 안 돼. 조선에서 이렇게 했으니까 가능하다고.

【이시카와】저는 쇼와 20년(1945)에, 염업조합에 들어갔던 해에, 20년 7월에, 후나바시(船橋)에 5정보의 염전을, 시험염전을 천일염전으로 만든다고 하면서, 해보았습니다. 해보았는데, 설계서까지 만들었고, 일단 착수했습니다만, 이것은 전쟁에서, 종전이 되어 그만두었

습니다만, 이게, 그렇게 된 것입니다.

【기시】그럼 당신이 그곳의 토지를 매입해서 했다는 것입니까?

【이시카와】아니, 그곳에 노무라(野村)제강소라는 제강소가 있었는데, 그곳에 빈 땅이 있어서, 5정보의 염전을 계획했던 일이 있었습니다. 장래 일본은 천일염전을 만들지 않으면 안 된다고 해서, 20정보의 계획안을 염업조합에 냈던 것입니다. 이것이 천일염전입니다 하고.

【야나기타】물론 이쪽이 북쪽이죠?

【이시카와】네. 이것은 말입니다, 이것이 그때 생겼다면, 5만 엔을 염업조합에서 냈으니까, 만들지 않겠나 하고. 그것은 제가 8만 엔으로 만들 테니까, 남은 4만 엔은 후나바시(船橋)가 출자한다고 해서 시도한 것이지만, 어쨌든 종전이 되어 버렸네요. 이것이 설계서입니다. 쇼와 20년 7월에.

【기시】아하 아깝습니다. 1년만 빨랐다면.

【이시카와】네. 여기에 지금처럼 저는 열의를 쏟아, 이렇게 이렇게 하면 이만큼 벌 수 있다는 안(案)을 제출했던 것입니다. 그래서 후나바시의 노무라제강소를 움직여 용지를 빌리는 것으로 해서 계획했던 것이지요.

【야나기타】지금 이 단가로 할 수 있겠네. 이거 단가 8엔이지요?

【이시카와】그 당시라서요, 쇼와 20년 7월이라서. 그 당시 여기, 내지의 소금은 얼마, 조선의 소금은 얼마로 얼마 번다고 하는 것을 표에 나타내고 있습니다. 조선의 소금이 소금 100kg에 3엔 83전이고, 그다음 조선 염업회사의 소금은, 인천에서 그 당시 100kg에 7엔 50전입니다. 내지의 증기를 이용한 소금이 11엔 80전입니다. 그래서 후나바시의 것은 12엔으로 가능하다고.

【야나기타】내지의 전오염은 12엔 20전.

【이시카와】그리고, 생산비가 조선이 3엔 49전, 그리고 조선 염업이 6엔 25전, 내지의 염업이 16엔 52전입니다. 그리고 후나바시가 9엔 69전이고. 이런 숫자를 표시해서, 이만큼 이익이 오른다고 숫자를 제출했고, 그래서 납득시켜서, 채택된 것입니다.

【야나기타】모처럼 시도했었는데.

【기시】아깝습니다.

【이시카와】아깝지요. 염업조합이 돈을 낸 것은 5만 엔밖에 되지 않습니다. 그렇지만 역시 5만 엔이 갖고 싶었던 것 같은데. 그 당시의 5만 엔이기 때문에.

【기시】그런 재료가 있으면 계획서 만드는 것은 문제없겠네요.

【이시카와】문제없습니다. 계획서는 20년에 이미 있었으니까요.

【야나기타】그 당시 지바(千葉)현 고이(五井)에 양산(量産) 염전을 만들고 있었는데.

【기시】전기제염이었지.

【야나기타】다만, 정부에서 보조금을 받아 준공기한이 있었던 공사로, 결국, 기한을 맞출 수 없었지요.

【이시카와】그런 시절이 있었습니다. 모두 얼마 줄 테니 만들라고 해서 소란을 피우면서 하고, 그런데 종전이 되었던 것입니다. 그러니까 전쟁이었으면 했겠지요. 이것도 제가 목숨을 걸고 했을 것입니다, 이거.

【야나기타】귀국한 후에 고이의 염전으로 가지 않겠느냐고 권유를 받았었지만, 결국, 그만두었습니다.

【이시카와】일본의 소금이란 것은 순식간에 만들 수 있습니다. 이거 만드는 데 어쨌든 1년 걸립니다, 반년 정도. 기다릴 수 없습니다.

【야나기타】이거 혼자 정리했어?

【이시카와】그럼 그럼.

【야나기타】정말 잘했어.

【이시카와】여러 가지 일이 있습니다.

【기시】정말 오랜 시간 감사했습니다. 15분만 더 있으면 4시가 됩니다. 전철이 크게 붐비기 전에 돌아가지 않으면 미안하니까.

【야나기타】대단한 이야기도 못하고.

【기시】먼 곳에 오셔서, 감사했습니다. 덕분에 귀중한 이야기를 듣게 되어 감사했습니다.

【이시카와】그럼, 아래로 글자 하나를 넣어주시고.

【기시】아래로 10분이나 15분 정도. 일단 이것으로 마칩니다.

〈녹음종료〉

자료목록

연번	대분류	소분류	편저자	문건명 (호수, 일자 등)	자료(책)명	발행처	발행일	대표 편찬자	편찬 연차	본문 쪽수	비고
1	경제	신문기사		변씨심방	독립신문		1899.2.16		1년차	18	
2	경제	신문기사		買械造鹽	황성신문		1899.6.28		1년차	18	
3	경제	신문기사		送費製鹽	황성신문		1900.8.27		1년차	19	
4	경제	신문기사		製鹽石數	황성신문		1901.8.31		1년차	19	
5	경제	신문기사		鹽費犯逋	황성신문		1901.10.30		1년차	19	
6	경제	신문기사		鹽費見失	황성신문		1901.12.9		1년차	20	
7	경제	신문기사		對質鹽費	황성신문		1902.4.29		1년차	20	
8	경제	신문기사		敍任及辭令	황성신문		1902.12.15		1년차	21	
9	경제	신문기사		日人製鹽開業	황성신문		1902.5.17		1년차	21	
10	경제	신문기사		염업전매	대한매일신보		1904.9.8		1년차	21	
11	경제	신문기사		鹽業會社	제국신문		1906.4.23		1년차	22	
12	경제	신문기사		鹽稅規正	황성신문		1906.11.6		1년차	22	
13	경제	신문기사		勅令 제69호 鹽稅規程	황성신문		1906.11.21		1년차	23	
14	경제	신문기사		광고	황성신문		1907.1.7		1년차	24	
15	경제	신문기사		製鹽檢查法	황성신문		1907.1.15		1년차	25	
16	경제	신문기사		訓施鹽業	황성신문		1907.5.11		1년차	26	
17	경제	신문기사		鹽民呼冤	황성신문		1907.5.28		1년차	27	
18	경제	신문기사		鹽民訴部	대한매일신보		1907.6.6		1년차	28	
19	경제	신문기사		鹽會請認	황성신문		1907.6.18		1년차	29	
20	경제	신문기사		鹽會設立	대한매일신보		1907.7.10		1년차	29	
21	경제	신문기사		南陽郡鹽業會議所趣旨書	대한매일신보		1907.7.24		1년차	30	
22	경제	신문기사		製鹽將始	황성신문		1907.5.11		1년차	32	
23	경제	신문기사		鹽田視察	황성신문		1907.9.22		1년차	32	

연번	대분류	소분류	편저자	문건명 (호수, 일자 등)	자료(책)명	발행처	발행일	대표 편찬자	편찬 연차	본문 쪽수	비고
24	경제	신문기사		天日鹽良好	황성신문		1907.11.5		1년차	32	
25	경제	신문기사		南浦製鹽	황성신문		1908.3.4		1년차	33	
26	경제	신문기사		鹽田擴張	황성신문		1908.9.5		1년차	33	
27	경제	신문기사		廣梁鹽田	황성신문		1908.10.22		1년차	33	
28	경제	신문기사		鹽業場廢止	대한매일신보		1909.2.24		1년차	34	
29	경제	신문기사		廣梁灣製鹽	황성신문		1909.5.14		1년차	34	
30	경제	신문기사		天日製鹽 好成績	황성신문		1909.5.14		1년차	35	
31	경제	신문기사		鹽田增設	황성신문		1909.5.18		1년차	35	
32	경제	신문기사		役夫使用의 協議	황성신문		1909.7.2		1년차	35	
33	경제	신문기사		불공평하다고	대한매일신보		1910.4.14		1년차	36	
34	경제	신문기사		鹽工罷業後聞	대한매일신보		1910.5.17		1년차	36	
35	경제	신문기사		韓淸人爭鬪	황성신문		1910.6.5		1년차	37	
36	경제	신문기사		天日製鹽失敗	황성신문		1910.8.27		1년차	37	
37	경제	신문기사		廣梁灣 鹽業擴張, 製鹽 粉碎機	경남일보		1910.11.23		1년차	39	
38	경제	신문기사		朱安鹽田 工事 開始	매일신보		1911.3.15		1년차	40	
39	경제	신문기사		廣梁灣鹽田事業縮少	매일신보		1911.9.19		1년차	40	
40	경제	신문기사		京畿 沿岸과 製鹽	매일신보		1911.9.29		1년차	41	
41	경제	신문기사		廣梁鹽田 修築	매일신보		1912.7.21		1년차	41	
42	경제	신문기사		최근의 평남: 廣梁灣의 鹽田 完築	매일신보		1913.5.11		1년차	42	
43	경제	신문기사		新鹽田의 開設	매일신보		1916.8.09		1년차	42	
44	경제	신문기사		朱安鹽田 擴張	매일신보		1916.12.22		1년차	43	
45	경제	신문기사		朱安鹽田 擴張	매일신보		1917.6.21		1년차	43	
46	경제	신문기사		鹽田 擴張 起工	동아일보		1920.8.20		1년차	44	
47	경제	신문기사		朝鮮天日鹽田擴張着手, 擴張 費約六百五十萬원	동아일보		1920.9.08		1년차	45	
48	경제	신문기사		朱安鹽田 擴張	매일신보		1921.10.15		1년차	45	
49	경제	신문기사		朱安鹽田 近況	매일신보		1922.11.13		1년차	46	
50	경제	신문기사		龍岡鹽田擴張	동아일보		1923.10.14		1년차	46	

자료목록 751

연번	대분류	소분류	편저자	문건명 (호수, 일자 등)	자료(책)명	발행처	발행일	대표 편찬자	편찬 연차	본문 쪽수	비고
51	경제	신문기사		廣梁灣의 鹽田新計劃 將來 三億斤을 生産	시대일보		1924.10.12		1년차	47	
52	경제	신문기사		鹽田豫定地 各道九千町步	동아일보		1926.5.16		1년차	47	
53	경제	신문기사		官鹽生産高 昨年보담 七千萬斤增, 專賣局新記錄	동아일보		1926.10.5		1년차	48	
54	경제	신문기사		鹽전매의 장래	매일신보		1911.10.1		1년차	48	
55	경제	신문기사		鹽稅規程起草	매일신보		1911.10.10		1년차	49	
56	경제	신문기사		官鹽과 輸入鹽	매일신보		1911.12.17		1년차	49	
57	경제	신문기사		官鹽販賣契約	매일신보		1912.8.9		1년차	50	
58	경제	신문기사		朝鮮의 製鹽業	매일신보		1912.8.27		1년차	51	
59	경제	신문기사		天日製鹽 將來 度支部長官 談	매일신보		1912.9.11		1년차	52	
60	경제	신문기사		朝鮮과 關灣兩鹽	福岡日日新聞		1913.3.23		1년차	53	
61	경제	신문기사		輸移入鹽 激增	매일신보		1916.6.23		1년차	56	
62	경제	신문기사		天日鹽田 將來-朝鮮의 自給을 最小限度로 함, 某 當局者 談	매일신보		1918.1.24		1년차	56	
63	경제	신문기사		鹽專賣 移管 問題	매일신보		1921.2.22		1년차	58	
64	경제	신문기사		鹽專賣問題, 來年度實現觀測	동아일보		1923.6.28		1년차	59	
65	경제	신문기사		鹽專賣는 前途遼遠, 염전 확장은 전매와 무관계	매일신보		1924.3.4		1년차	59	
66	경제	신문기사		食鹽專賣說은 事實無根	매일신보		1926.2.9		1년차	60	
67	경제	신문기사		朝鮮鹽業 營業範圍擴張	매일신보		1926.2.21		1년차	61	
68	경제	신문기사		輸移入鹽壓倒로 官鹽賣出不振	중외일보		1926.11.25		1년차	62	
69	경제	신문기사		鹽專賣制度 目下考究中	매일신보		1927.5.27		1년차	62	
70	경제	신문기사		朝鮮의 鹽專賣 實施不可能?	중외일보		1927.6.2		1년차	63	
71	경제	신문기사		明年度부터 鹽專賣 斷行	동아일보		1929.3.3		1년차	63	
72	경제	신문기사		鹽專賣制度 明年度에 實施乎	매일신보		1929.7.12		1년차	64	
73	경제	신문기사		來年度豫算에 계上하야 鹽專賣實施키를 決定	중외일보		1929.10.24		1년차	64	
74	경제	신문기사		官鹽特約販賣를 嚴重히다	동아일보		1929.12.17		1년차	65	
75	경제	신문기사		鹽專賣後에는 小賣價格을 引下	매일신보		1930.4.16		1년차	66	

연번	대분류	소분류	편저자	문건명 (호수, 일자 등)	자료(책)명	발행처	발행일	대표 편찬자	편찬 연차	본문 쪽수	비고
76	경제	신문기사		鹽專賣支局 管轄區域決定	중외일보		1930.5.10		1년차	66	
77	경제	신문기사		廣梁灣鹽田 擴張起工式 十一日 現場에서 擧行	매일신보		1933.6.14		1년차	68	
78	경제	신문기사		鹽田工事進捗	매일신보		1933.9.12		1년차	69	
79	경제	신문기사		廣梁灣鹽田 大擴張계획 人夫 三千名을 募集中	매일신보		1934.4.15		1년차	69	
80	경제	신문기사		蘇萊鹽田築造의 起工	동아일보		1934.7.4		1년차	70	
81	경제	신문기사		廣梁灣의 鹽田五百町步擴張	조선중앙일보		1935.6.20		1년차	71	
82	경제	신문기사		廣梁灣鹽田工事에 使用人夫 大不足	동아일보		1935.8.7		1년차	71	
83	경제	신문기사		海南에 鹽田擴張	조선중앙일보		1935.9.29		1년차	72	
84	경제	신문기사		南市第二鹽田 十八日竣工式	매일신보		1935.11.22		1년차	72	
85	경제	신문기사		昭和十八年부터는 五億斤 收穫可能 廣梁灣 第二期 鹽田 擴張後 山本鹽蔘課長	매일신보		1936.5.20		1년차	72	
86	경제	신문기사		千二百町步의 大鹽田 계획	동아일보		1938.3.26		1년차	73	
87	경제	신문기사		延白海城鹽田 明年度에 一部採鹽豫定	동아일보		1939.11.18		1년차	74	
88	경제	신문기사		鹽田築造에 勤勞隊出動	매일신보		1942.8.27		1년차	74	
89	경제	신문기사		鎭南浦廣梁間鐵道敷設具體化	朝鮮新聞		1931.4.14		1년차	75	
90	경제	신문기사		廣梁灣天日鹽田 少數資閥이 獨占	동아일보		1931.4.28		1년차	76	
91	경제	신문기사		經費六百萬원으로 鹽田을 擴張官營	동아일보		1931.11.7		1년차	77	
92	경제	신문기사		日本鹽業會社의 平原進出	매일신보		1936.5.3		1년차	78	
93	경제	신문기사		大日本鹽業에 保留鹽田拂下	매일신보		1937.3.6		1년차	79	
94	경제	신문기사		廣梁灣鹽山 明春에 增造	매일신보		1937.11.11		1년차	79	
95	경제	신문기사		甕津에 大鹽田施設 干潟埋立 千餘町步	동아일보		1938.2.9		1년차	80	
96	경제	신문기사		大日本鹽業이 工業鹽에 進出	매일신보		1938.1.28		1년차	80	
97	경제	신문기사		淸川江下流地域에 工業用鹽田을 建設	동아일보		1938.6.22		1년차	81	

연번	대분류	소분류	편저자	문건명 (호수, 일자 등)	자료(책)명	발행처	발행일	대표 편찬자	편찬 연차	본문 쪽수	비고
98	경제	신문기사		大日本鹽業의 平南鹽田一期 工事終了	매일신보		1940.2.8		1년차	81	
99	경제	신문기사		朝鮮の化学工業③: 朝窒계画の曹達工業	京城日報		1936.11.13~ 1936.11.17		1년차	82	
100	경제	신문기사		鹽田の廢物苦汁から大發見	朝鮮新聞		1937.3.19		1년차	86	
101	경제	신문기사		朱安과 廣梁灣에 '간수' 뽑는 大工場, 대판의 대재벌에서 진출 결정	매일신보		1937.3.20		1년차	88	
102	경제	신문기사		朝鮮에서 '苦汁'生産 마구네슘도 將來는 製造	매일신보		1937.3.24		1년차	88	
103	경제	신문기사		【特輯】食鹽과 工業鹽	매일신보		1938.9.17		1년차	89	
104	경제	신문기사		非常時와 食鹽資源	매일신보		1938.9.17		1년차	95	
105	경제	신문기사		鹽田도 國策에 一役	매일신보		1943.8.6		1년차	100	
106	경제	신문기사		간수 工場을 增設	매일신보		1943.10.9		1년차	101	
107	경제	염업 조사		韓國鹽業ヲ我官業トナス義ニ付調査方上申ノ件	韓國鹽業關係雜纂	일본 외무성	1904.7.7		1년차	108	
108	경제	염업 조사		韓國鹽業ヲ我官業トナスノ件ニ付回答	韓國鹽業關係雜纂	일본 외무성	1904.7.26		1년차	110	
109	경제	염업 조사		製鹽業試驗場ニ關スル件	韓國鹽業關係雜纂	일본 외무성	1904.8.31		1년차	110	
110	경제	염업 조사		製鹽試驗場ニ關スル件	韓國鹽業關係雜纂	일본 외무성	1904.9.9		1년차	111	
111	경제	염업 조사		下水産技師韓國出張ニ際シ木浦地方ノ鹽業ヲ調査セシメラレ度キ件	韓國鹽業關係雜纂	일본 외무성	1904.12.13		1년차	112	
112	경제	염업 조사		韓國全羅南道製鹽調査ニ關スル件	韓國鹽業關係雜纂	일본 외무성	1904.12.21		1년차	112	
113	경제	염업 조사		農商務省下技師全羅南道鹽業調査命令之件	韓國鹽業關係雜纂	일본 외무성	1904.12.24		1년차	113	
114	경제	염업 조사		下農商務技師全羅南道鹽業調査之件	韓國鹽業關係雜纂	일본 외무성	1904.12.28		1년차	113	
115	경제	염업 조사		韓國製鹽業調査ノ爲メ技師派遣方再應稟請ノ件	韓國鹽業關係雜纂	일본 외무성	1905.3.1		1년차	114	

연번	대분류	소분류	편저자	문건명 (호수, 일자 등)	자료(책)명	발행처	발행일	대표 편찬자	편찬 연차	본문 쪽수	비고
116	경제	염업 조사		全羅南道沿岸干潟地及榮山江 水路狀況調査ノ爲メ技師派遣 方上申ノ件	韓國鹽業關係 雜纂	일본 외무성	1905.5.8		1년차	115	
117	경제	염업 조사		木浦港一里以內干潟地使用ニ 關スル件	韓國鹽業關係 雜纂	일본 외무성	1905.5.17		1년차	116	
118	경제	염업 조사		木浦港一里以內干潟地使用ニ 關スル件	韓國鹽業關係 雜纂	일본 외무성	1905.5.17		1년차	118	
119	경제	염업 조사		일본의 목포 간석지 사용에 관 한 회답 여부 조회 건	韓國鹽業關係 雜纂	일본 외무성	1905.6.8		1년차	121	
120	경제	염업 조사		來電 제127호에 대한 회신	韓國鹽業關係 雜纂	일본 외무성	1905.6.9		1년차	122	
121	경제	염업 조사		木浦干潟地使用ニ關スル件	韓國鹽業關係 雜纂	일본 외무성	1905.6.16		1년차	122	
122	경제	염업 조사		干潟地使用之件	韓國鹽業關係 雜纂	일본 외무성	1905.6.16		1년차	123	
123	경제	염업 조사		干潟地調査ノ爲技師派遣ノ件	韓國鹽業關係 雜纂	일본 외무성	1905.6.27		1년차	124	
124	경제	염업 조사		鹽田及蠣田ニ關スル件	韓國鹽業關係 雜纂	일본 외무성	1905.7.15		1년차	124	
125	경제	염업 조사		元山灣內鹽田及蠣田ニ關スル 件	韓國鹽業關係 雜纂	일본 외무성	1905.7.26		1년차	126	
126	경제	염업 조사		分度器送付方上申ノ件	韓國鹽業關係 雜纂	일본 외무성	1905.7.17		1년차	127	
127	경제	염업 조사		分度器送付ノ件	韓國鹽業關係 雜纂	일본 외무성	1905.8.3		1년차	128	
128	경제	염업 조사		元山灣內永興文川兩郡沿岸ノ 土地賣買件	韓國鹽業關係 雜纂	일본 외무성	1905.8.11		1년차	128	
129	경제	염업 조사		鹽田及蠣田經營ノ件	韓國鹽業關係 雜纂	일본 외무성	1905.8.15		1년차	129	
130	경제	염업 조사		山內工學士出張延期幷テ調査 費送付方懇請ノ件	韓國鹽業關係 雜纂	일본 외무성	1905.8.18		1년차	129	
131	경제	염업 조사		山內工學士出張期間延長ノ件	韓國鹽業關係 雜纂	일본 외무성	1905.8.25		1년차	130	
132	경제	염업 조사		干潟調査ニ關スル機密金送付 之件	韓國鹽業關係 雜纂	일본 외무성	1905.8.26		1년차	131	

연번	대분류	소분류	편저자	문건명 (호수, 일자 등)	자료(책)명	발행처	발행일	대표 편찬자	편찬 연차	본문 쪽수	비고
133	경제	염업 조사		山內技師干潟調査ニ關スル件	韓國鹽業關係雜纂	일본 외무성	1906.1.31		1년차	131	
134	경제	염업 조사		山內技師干潟地調査復命書ニ關スル件	韓國鹽業關係雜纂	일본 외무성	1906.2.17		1년차	132	
135	경제	염업 조사	若松兎三郎	木浦地方ニ於ケル製鹽業ニ關シ在同地領事ヨリ報告ノ件	通商彙纂 51	일본 외무성	1904.8.25		1년차	133	
136	경제	염업 조사	下啓助	韓國鹽業	韓國水産業調査報告	農商務省水産局	1905.4		1년차	137	
137	경제	염업 조사	山內一太郎	韓國鹽田狀況	通商彙纂 27	일본 외무성	1906.5		1년차	146	
138	경제	염업 조사	奧健藏	奧技師復命書	朝鮮の天日製鹽に関する資料	미발간	1920.6.22	石川武吉	1년차	179	
139	경제	염업 조사	田中新吾	大正十五年七月, 田中技師朝鮮鹽業視察復命書	朝鮮の天日製鹽に関する資料	미발간	1926	石川武吉	1년차	185	
140	경제	염업 조사	目賀田種太郎	鹽務ニ關スル件	財務週報 1	度支部	1907.4.15		1년차	205	
141	경제	염업 조사	井上財務官	鹽稅及水産稅實施經過報	財務週報 8	度支部	1907.6.3		1년차	207	
142	경제	염업 조사	藤本財務官補, 井上財務官, 尾野財務官補	鹽稅水産稅實施行ノ狀況	財務週報 14	度支部	1907.7.15		1년차	210	
143	경제	염업 조사	亭財務官補	水産稅鹽稅實施後ノ狀況	財務週報 15	度支部	1907.7.22		1년차	214	
144	경제	염업 조사	齊藤財務官補	鹽稅及水産稅實施後ノ狀況	財務週報 16	度支部	1907.7.29		1년차	217	
145	경제	염업 조사		製鹽地調査內規	財務週報 19	度支部	1907.8.19		1년차	223	
146	경제	염업 조사	神谷卓男	咸興郡連浦暴民處刑ノ件	財務週報 22	度支部	1907.9.9		1년차	225	
147	경제	염업 조사	井上財務官	水産稅鹽稅施行情況報告	財務週報 23	度支部	1907.9.16		1년차	227	

연번	대분류	소분류	편저자	문건명 (호수, 일자 등)	자료(책)명	발행처	발행일	대표 편찬자	편찬 연차	본문 쪽수	비고
148	경제	염업 조사	神谷 財務官	鹽稅實施ニ關スル件	財務週報 25	度支部	1907.9.30		1년차	235	
149	경제	염업 조사	小笠原 財務官	水産物及鹽業上ノ調査ノ件	財務週報 37	度支部	1907.12.23		1년차	237	
150	경제	염업 조사	小笠原 財務官	水産稅鹽稅ニ關スル件	財務週報 38	度支部	1908.1.13		1년차	240	
151	경제	염업 조사	赤倉 監査官	韓國南部製鹽業視察報告	財務週報 3	度支部	1907.4.29		1년차	248	
152	경제	염업 조사	間室義章	京城韓人市場ニ於ケル食鹽集散狀況	財務週報 10	度支部	1907.6.17		1년차	252	
153	경제	염업 조사	稅務部 調査課	鹽及水産物ノ生産集散狀況時價	財務週報 13	度支部	1907.7.8		1년차	254	
154	경제	염업 조사	秦 財務官補	製鹽及水産物ニ關スル報告	財務週報 14	度支部	19070715		1년차	259	
155	경제	염업 조사	中島熊記 外	朱安面鹽業調査報告	財務週報 25	度支部	1907.9.30		1년차	261	
156	경제	염업 조사	豊田衣俵	食鹽集散狀況調査報告	財務週報 60	度支部	1908.6.22		1년차	265	
157	경제	염업 조사	德永勳美	製鹽業	韓國總覽	博文館	1907		1년차	269	
158	경제	염업 조사	吉松悳郎, 上野登一 郎	密輸入及密漁獵ニ關スル報告	財務週報 35	度支部	1907.12.9		1년차	274	
159	경제	염업 조사	渡邊爲吉	密輸入鹽狀況調査	財務週報 36 부록	度支部	1907.12.16		1년차	280	
160	경제	염업 조사		製鹽試驗場ニ關スル件	財務週報 10	度支部	1907.6.17		1년차	303	
161	경제	염업 조사		韓國土壤分析成績	財務週報 10	度支部	1907.6.17		1년차	303	
162	경제	염업 조사		韓國鹽分析結果	財務週報 13	度支部	1907.7.8		1년차	305	
163	경제	염업 조사		朱安模範鹽田ノ巡視	財務週報 25	度支部	1907.9.30		1년차	307	
164	경제	염업 조사		朱安出張所天日製鹽分析成績表	財務週報 27	度支部	1907.10.14		1년차	309	
165	경제	염업 조사	濱日 專賣局 收納部長	朱安天日製鹽試驗成績	財務週報 31	度支部	1907.11.11		1년차	310	
166	경제	염업 정책	臨時財 源調査局	韓國鹽務槪況	韓國鹽務槪況	度支部	1910.7		1년차	312	

연번	대분류	소분류	편저자	문건명 (호수, 일자 등)	자료(책)명	발행처	발행일	대표 편찬자	편찬 연차	본문 쪽수	비고
167	경제	염업 정책	臨時財源調査局	韓國鹽務行政要領	韓國鹽務行政要領	度支部	1910.7		1년차	335	
168	경제	염업 정책	庵原文一	韓國鹽業ヲ官營ト爲スノ計劃ニ反對スル理由槪項	朝鮮の鹽業	友邦協會		石橋雅威	1년차	347	
169	경제	염업 정책		염세규정 폐지의 건	관보 2288	조선총독부	1920.3.30		1년차	354	
170	경제	염업 정책		염의 輸入 또는 移入에 관한 건	관보 970	조선총독부	1930.3.31		1년차	356	
171	경제	염업 정책	松本誠	鹽輸移入管理施行に就て	朝鮮 180	조선총독부	1930.5		1년차	357	
172	경제	염업 정책		朝鮮鹽專賣令	관보 4590	조선총독부	1942.5.20		1년차	363	
173	경제	염업 정책		朝鮮鹽專賣令 施行規則	관보 4604	조선총독부	1942.6.5		1년차	367	
174	경제	염업 정책		朝鮮鹽專賣令 鹽賣捌規則	관보 4604	조선총독부	1942.6.5		1년차	374	
175	경제	염업 정책		조선 염 전매령 개정의 건	관보 5218	조선총독부	1944.6.8		1년차	381	
176	경제	염업 정책	(全州)KS生	鹽專賣令同施行規則並に賣捌規則の解釋及其の運用に就て	專賣の朝鮮 214	朝鮮專賣協會	1942.9		1년차	382	
177	경제	염업 정책	藤邱軾	朝鮮鹽專賣法規解說(一)	專賣の朝鮮 216	朝鮮專賣協會	1942.11		1년차	389	
178	경제	염업 정책	藤邱軾	專賣令と價格等統制令	專賣の朝鮮 226	朝鮮專賣協會	1943.10		1년차	399	
179	경제	실행내용	平井三男	朝鮮の鹽	朝鮮彙報 대정7년 2월호	조선총독부	1919.2		1년차	412	
180	경제	실행내용	長田義彦	朱安天日製鹽事業成績	朝鮮彙報 대정9년 3월호	조선총독부	1920.3		1년차	418	
181	경제	실행내용	石川武吉	朝鮮の天日製鹽に關する資料 [總說編]	朝鮮の鹽業	友邦協會	1983.11.23		1년차	426	
182	경제		杉木生	廣梁灣瞥見	朝鮮彙報 대정9년 5월호	조선총독부	1920.5		1년차	465	
183	경제	실행내용	石谷寅三	水原郡の鹽田を視て煎熬鹽の對策を論ず	專賣通報 98~100	朝鮮專賣協會	1933.1~1933.3		1년차	473	

연번	대분류	소분류	편저자	문건명 (호수, 일자 등)	자료(책)명	발행처	발행일	대표 편찬자	편찬 연차	본문 쪽수	비고
184	경제		石谷寅三	鹽の仁川	朝鮮之水産 105	朝鮮水産會	1934.2		1년차	496	
185	경제	실행내용	S生	廣梁灣鹽田創業當時の思ひ出	專賣の朝鮮 131	朝鮮專賣協會	1935.10		1년차	514	
186	경제	실행내용	田邊降平	天日鹽田の回想	專賣の朝鮮 142	朝鮮專賣協會	1936.9		1년차	520	
187	경제	실행내용	近藤壽太郞	鹽田祭並鹽夫慰安會	專賣通報 ?	朝鮮專賣協會	1924		1년차	525	
188	경제	실행내용	田中龜治	鹽夫舍の窓から	專賣通報 ?	朝鮮專賣協會	1928		1년차	528	
189	경제	실행내용	田邊生	大正十二年八月十三日, 廣梁灣鹽田羅災に就て	專賣通報 105	朝鮮專賣協會	1933.8		1년차	545	
190	경제	실행내용	田邊降平	海水使用量より見たる朝鮮天日鹽田の採鹽標準隊定量に就て	專賣通報 107	朝鮮專賣協會	1933.10		1년차	550	
191	경제	실행내용	田邊降平	朝鮮に於ける天日煎熬製鹽を論じて天日鹽田の結晶池改良に及ぶ	專賣通報 108	朝鮮專賣協會	1933.11		1년차	558	
192	경제	실행내용	田邊生	天日鹽田で良鹽を製造する話	專賣通報 116	朝鮮專賣協會	1934.7		1년차	564	
193	경제	실행내용	田邊降平	天日鹽田の結晶池改良が日本の鹽政策上に及ぼす影響	專賣通報 119	朝鮮專賣協會	1934.10		1년차	566	
194	경제	실행내용	佐藤與市	鹽務功勞者事蹟	專賣の朝鮮 153	朝鮮專賣協會	1937.8		1년차	580	
195	경제	실행내용	水口隆三	靑島鹽の朝鮮輸入に就て	朝鮮 131	조선총독부	1926.4		1년차	583	
196	경제	실행내용	石谷寅三	朝鮮及滿洲の鹽制と鹽の密輸問題	專賣通報 116	朝鮮專賣協會	1934.7		1년차	585	
197	경제	실행내용	德安滿洲男(奉天)	支那鹽のあらまし	專賣の朝鮮 169	朝鮮專賣協會	1938.12		1년차	595	
198	경제	실행내용	上田生	賣鹽問題と毒瓦斯に就て	專賣通報 102	朝鮮專賣協會	1933.5		1년차	612	
199	경제	실행내용	朝倉昇	製鹽工業を語る: 附朝鮮鹽工業の將來	專賣の朝鮮 145	朝鮮專賣協會	1936.12		1년차	623	

연번	대분류	소분류	편저자	문건명 (호수, 일자 등)	자료(책)명	발행처	발행일	대표 편찬자	편찬 연차	본문 쪽수	비고
200	경제	실행내용	朝倉昇	製鹽工業再論	專賣の朝鮮 149	朝鮮專賣協會	1937.4		1년차	638	
201	경제	실행내용	田邊隆平	鹽の苦汁に就て	專賣の朝鮮 176	朝鮮專賣協會	1939.7		1년차	644	
202	경제	실행내용	菊山嘉男	鹽の話	專賣通報 106	朝鮮專賣協會	1933.9		1년차	650	
203	경제	실행내용	城東散人	鹽にささぐ	專賣通報 112	朝鮮專賣協會	1934.3		1년차	654	
204	경제	실행내용	齋藤岩藏	鹽の話: 主として朝鮮の鹽政に就いて	專賣の朝鮮 147	朝鮮專賣協會	1937.2		1년차	658	
205	경제	실행결과	宮田節子	[錄音記錄] 朝鮮における天日鹽田の築造について	東洋文化研究 13	學習院大學東洋文化研究所	1967.4.20		1년차	672	
206	경제	실행결과	宮田節子	[錄音記錄] 朝鮮における天日鹽田の築造と日本における鹽の需給方策	東洋文化研究 13	學習院大學東洋文化研究所	1970.11.24		1년차	715	

참고문헌

⟨단행본⟩

고광민 외, 2006, 『조선시대 소금 생산방식』, 신서원.

김충식, 2015, 『목화꽃과 그 일본인: 외교관 와카마쓰의 한국 26년』, 메디치.

류창호, 2017, 『식민지기 인천의 근대 제염업』, 보고사.

사이먼 하비(김후 옮김), 2016, 『밀수이야기: 역사를 바꾼 은밀한 무역』.

새뮤얼 애드세드(박영준 옮김), 2001, 『소금과 문명』, 지호.

오금성 외, 2007, 『명청시대 사회경제사』, 이산.

유승훈, 2008, 『우리나라 제염업과 소금민속』, 민속원.

_____, 2012, 『작지만 큰 한국사, 소금』, 푸른역사.

유종인, 2007, 『소금이 일어나는 물거울, 염전』, 눌와.

윤형숙 외, 2010, 『소금과 새우젓』, 민속원.

이승일 외, 2009, 『일본의 식민지 지배와 식민지적 근대』, 동북아역사재단.

이영호, 2001, 『한국근대 지세제도와 농민운동』, 서울대학교출판부.

인천광역시 남구, 2016, 『도시마을 생활사: 용현동·학익동』.

인천도시인문센터 엮음, 2013, 『파도위의 삶, 소금밭에서의 생』, 한울.

정동효, 2013, 『소금의 과학』, 유한문화사.

정연태, 2011, 『한국근대와 식민지 근대화 논쟁』, 푸른역사.

정태헌, 2007, 『한국의 식민지적 근대 성찰』, 선인.

차배근, 2000, 『개화기일본유학생들의 언론출판활동연구(1)』, 2000.

최덕수 외, 2010, 『조약으로 본 한국근대사』, 열린책들.

피에르 라즐로(김병욱 옮김), 2001, 『소금의 문화사』, 가람기획.

호리 가즈오(주익종 옮김), 2003, 『한국 근대의 공업화: 일본자본주의와의 관계』, 전통과 현대.

홍성찬 외, 2008, 『일제하 경제정책과 일상생활』, 혜안.

姜在彦 編, 1985, 『朝鮮における日窒コンツェルン』, 不二出版.

廣山堯道, 2016, 『塩の日本史』, 雄山閣.

橋本寿夫·村上正祥, 2003, 『塩の科学』, 朝倉書店.

吉田敬市, 1954, 『朝鮮水産開發史』, 朝水會.

落合 功, 2010, 『近世瀬戸內鹽業史の研究』, 校倉書房.

峰毅, 2009, 『中国に継承された「満州国」の産業 - 化学工業を中心にみた継承の実態』, 御茶の水書房.

小澤利雄, 2000, 『近代日本塩業史 - 塩専売制度下の日本塩業』, 大明堂.

神田さやこ, 2017, 『塩とインド：市場・商人・イギリス東インド会社』, 名古屋大学出版会.

永野愼一郎, 2017, 『明治期外交官 若松兎三郎の生涯』, 明石書店.

日本專賣公社, 1975, 『日本鹽産業大系』近・現代資料編.

佐伯富, 1956, 『清代鹽政の研究』, 東洋史研究會.

太田健一, 2010, 『野崎台湾塩行の研究』, 吉備人出版.

纪丽真, 2009, 『明清山东盐业研究』, 齊魯書社.

宋良曦 外, 2010, 『中国盐业史辞典』, 上海辞书出版社.

丁长清 外, 1997, 『中国盐业史：近代・当代编』, 人民出版社.

曾仰豊, 1978, 『中國鹽政史』, 商務印書館.

Indrajit Ray, 2014, *Bengal Industries and the British Industrial Revolution*(1757-1857), Routledge: Abingdon and New York.

Kwan Man Bun, 2014, *Beyond Market and Hierarchy: Patriotic Capitalism and the Jiuda Salt Refinery, 1914-1953*, Palgrave Macmillan US

Madeleine Zelin, 2006, *The Merchants of Zigong*, New York: Columbia University Press.

Mark Kurlansky, 2002, *Salt: A World History*, New York: Penguin Books(이창식 옮김, 『소금』, 세종서적, 2003).

S. A. M. Adshead, 1970, *The Modernization of the Chinese Salt Administration, 1900-1920*, Cambridge, Massachusetts: Harvard University Press.

〈논문〉

Michell Tony, 1989, 「조선시대의 인구변동과 경제사 : 人口統計學的인 측면을 중심으로」, 『역사와 경계』 17, 경남사학회.

강만길, 1970, 「朝鮮後期 公鹽 制度考 - 鳴旨島 鹽場을 중심으로」, 『사학지』 4, 단국대학교 사학회.

고승제, 1956, 「李朝鹽業의 經濟構造」, 『논문집』, 서울대학교.

_____, 1956, 「李朝鹽制의 基本構造」, 『논문집』, 서울대학교.

고태우, 2012, 「1930년대 조선총독부의 궁민구제토목사업과 지역개발」, 『역사와 현실』 86, 한국역사연구회.

_____, 2015, 「조선총독부 토목행정과 토목관료의 '조선개발' 인식」, 『역사와 경계』 97, 부산경남사학회.

곽민선, 2005, 「우리나라 소금산업의 특성과 發展方案에 관한 硏究」, 고려대학교 생명환경과학대학원 석사학위논문.

구범진, 2004, 「淸末의 北洋新政 硏究 - 直隸省의 鹽政改革과 財政問題 - 」, 서울대학교 동양사학과 박사학위논문.

김준, 2002, 「소금과 국가 그리고 어민」, 『도서문화』 20, 목포대학교 도서문화연구소.

김경옥, 2016, 「19~20세기 비금도 간척지의 조성과 이용 실태」, 『한국학연구』 41, 인하대학교 한국학연구소.

김명수, 2009, 「한말 일제하 賀田家의 자본축적과 기업경영」, 『지역과 역사』 25, 부경역사연구소.

김문기, 2009, 「기후, 바다, 어업분쟁: 1882~1910년간 조청어업분쟁의 전개」, 『중국사연구』 제63집.

김승태, 2000, 「한말 캐나다장로회 선교사들의 선교활동과 일제와의 갈등, 1898~1910」, 『한국 기독교의 역사』 12호, 한국기독교연구소.

김의환, 2015, 「조선후기 소금 생산법의 변화와 曬鹽法의 대두」, 『한국사학보』 59, 고려사학회.

김일기, 1991, 「煎熬鹽 製造方法에 관한 硏究」, 『문화역사지리』 3, 한국문화역사지리학회.

김혜숙, 2010, 「전시체제기 '가격통제' 제도와 조선의 상거래 관행」, 『숭실사학』 24, 숭실대학교사학회.

김혜정, 2005, 「러일전쟁 이후 일제의 顧問政治 실시와 목적: 재정고문 目賀田種太郎을 중심으로」, 『한국민족운동사연구』 44, 한국민족운동사학회.

김혜정, 2015, 「일제의 財政顧問部 조직과 운영(1905~1907)」, 『한국민족운동사연구』 83, 한국민족운동사학회.

김호종, 1986, 「朝鮮後期 魚鹽의 流通實態」, 『대구사학』 31, 대구사학회.

김호종, 1984, 「朝鮮後期 製鹽에 있어서의 燃料問題」, 『대구사학』 26, 대구사학회.

류창호, 2019, 「근대전환기 동아시아 製鹽業의 교류와 네트워크」, 『한국학연구』 54, 인하대학교 한국학연구소.

_____, 2016, 「낙섬 일대를 염전으로 개발한 조선염업주식회사」, 『도시마을생활사(용현동·학익동)』, 인천광역시 남구.

_____, 2018, 「러일전쟁기(1904~1905) 주한일본영사관의 염업 조사 사업」, 『도서문화』 51, 목포대학교 도서문화연구원.

문홍일, 2015, 「천일염 생산시설의 변화」, 『도서문화』 46, 목포대 도서문화연구원.

박민웅, 2008, 「1905~1910년 일제의 염업 정책」, 『지배문화와 민중의식』, 한신대학교 출판부.

박성준, 2005, 「1894~1910년 海稅制度의 변화와 稅制 정비의 방향」, 『한국사연구』 128, 한국사연구회.

박정석, 2009, 「천일염의 생산과정과 유통체계, 그리고 정부정책」, 『도서문화』 34, 목포대 도서문화연구원.

박준형, 2016, 「'租界'에서 '府'로: 1914년, 한반도 공간의 식민지적 재편」, 『사회와 역사』 110, 한국사회사학회.

박찬승, 2001, 「1890년대 후반 관비유학생의 도일유학」, 『근대교류사와 상호인식』 1, 고려대학교 아세아문제연구소.

손정목, 1990, 「日帝下 化學工業都市 興南에 관한 硏究(상·하)」, 『한국학보』 59·60, 일지사.

송지연, 1996, 「러일전쟁이후 일제의 軍用地 收用과 한국민의 저항」, 이화여자대학교 석사논문.

양향룡, 1991, 「서해안 천일염전의 공간구조에 관한 연구」, 전북대학교 교육대학원 석사학위논문.

여은영, 1982, 「鹽田」, 『녹우연구논집』 24, 이화여대 사범대학 사회생활과.

유승훈, 2004, 「20세기 초 인천지역의 소금생산」, 『인천학연구』 3, 인천대학교 인천학연구원.

_____, 2005, 「20세기 초 일제의 소금정책과 생산체제의 재편」, 『국학연구』 6, 한국국학진흥원.

_____, 2011, 「인천연안의 염전」, 『인천연안의 어업과 염업』, 인천광역시립박물관.

이욱, 2002, 「조선후기 염업 정책 연구」, 고려대학교 박사학위 논문.

이영민, 2005, 「경인선 철도와 인천의 문화지리적 변화」, 『인천학연구』 4, 인천대 인천학연구원.

이영학, 1991, 「개항기 제염업에 대한 연구」, 『한국문화』 12, 서울대학교 규장각 한국학연구원.

_____, 2001, 「조선후기 어물의 유통」, 『한국문화』 27, 서울대학교 규장각 한국학연구소.

_____, 2012, 「19세기 후반 정부의 염세징수와 그 성격」, 『한국학연구』 26, 인하대학교 한국학연구소.

이영호, 1995, 「대한제국시기 내장원의 外劃운영과 상업활동」, 『역사와 현실』 15, 한국역사연구회.

_____, 1991, 「통감부시기 조세증가정책의 실험과정과 그 성격」, 『한국문화』 12, 서울대 규장각 한국학연구원.

이윤상, 1986, 「일제에 의한 식민지 재정의 형성과정」, 『한국사론』 14, 서울대학교.

이형식, 2015, 「패전 후 조선통치관계자의 조선통치사편찬-우방협회를 중심으로」, 『동양사학연구』 131, 동양사학회.

조한보, 1984, 「인천연안염업에 관한 연구」, 『논문집』 18-2, 인천교대.

주강현·이기복, 2007, 「군자와 소래염전의 천일염」, 『시흥시사』 6, 경기도 시흥시.

최성환, 2011, 「러일전쟁기 일본해군의 玉島·八口浦防備隊 설치와 활용」, 『도서문화』 38, 목포대학교 도서문화연구원.

최성환, 2017, 「목포 고하도 일제강점기 역사유적의 내력과 그 성격에 대한 고찰」, 『한국학연구』 61, 고려대학교 한국학연구소.

_____, 2012, 「비금도 천일염전 개발과정과 사회적 확산」, 『도서문화』 40, 목포대 도서문화연구원.

추교찬, 2010, 「소금생산과 남동·소래염전」, 『남동구 20년사』, 인천광역시 남동구.

한인수, 1977, 「한말이후 일제하의 우리나라 재염업의 실태」, 『응용지리』 1-3, 한국지리연구소.

한철호, 2004, 「대한제국기(1896~1900) 주일 한국공사의 외교 활동과 그 의의」, 『진단학보』 97, 진단학회.

황은수, 2010, 「주안염전의 축조 배경과 과정」, 『남동구 20년사』, 인천광역시 남동구.

加藤圭木, 2013. 5, 「日露戰爭以降の朝鮮における軍事基地建設と地域-永興灣を對象として-」, 『一橋社會科學』.

加茂詮, 1994, 「近代日本塩業の展開過程」, 『日本塩業の研究』 23.

堀和生, 1980, 「日本帝國主義の朝鮮植民地化過程における財政變革」, 『日本史研究』 219.

宮田節子 監修, 2011, 「未公開資料 朝鮮總督府關係者 錄音記錄(12)-植民地期朝鮮における專賣制度-鹽業を中心に-」, 『東洋文化研究』 13, 學習院大學 東洋文化研究所.

貴志俊彦, 1997, 「永利化学工業公司と范旭東」, 『中国近代化過程の指導者たち』, 東方書店.

渡辺惇, 1975, 「清末における張謇の塩法論とその歴史的背景」, 『熊本大学教育学部紀要』 24, 熊本大学教育学部.

渡辺惇, 1970, 「清末揚子江下流域における私塩集団」, 『社會文化史学』 6, 社会文化史学会.

渡辺惇, 1982, 「清末長江下流域における靑幇, 私塩集団」, 『歴史における民衆と文化: 酒井忠夫先生古稀祝賀記念論集』.

渡辺惇, 1994, 「張謇の塩業経営と塩政改革運動」, 『駒沢史学』 47, 駒沢史学会.

山腰敏寛, 2011, 「近代日本と中国塩認識」, 立命館大学博士学位論文.

松永秀夫, 「田中鶴吉, 東洋の小ロビンソン(1855-1925)」, 『太平洋学会学会誌』 28, 太平洋学会.

柴田一, 1966, 「明治期における食塩市場と塩業界の動向: 國産塩の輸出運動と外塩対策」, 『日本塩業の研究』 9, 日本

塩業研究会.

神田さやこ, 2016, 「19世紀半ばにおけるベンガル製塩業衰退要因の再検討 - '脱工業化'をめぐる一考察 - 」, 『三田学会雜誌』 109卷 3号, 慶應義塾経済学会.

辻弘範, 2005, 「朝鮮總督府關係史料の整理と調査 - 學習院大學東洋文化研究所での事例 - 」, 『동북아시아문화학회 국제학술대회 발표자료집』.

辻弘範, 2003, 「韓國近代史 關係史料의 蒐集·編纂現況과 展望 - 友邦文庫 朝鮮總督府 관계자료를 중심으로」, 『史學硏究』 70, 한국사학회.

兒玉州平, 2014, 「滿州塩業株式會社の設立意義: 過当競爭下日本ソーダ製造業との關連に注目して」, 『國民經濟雑誌』 210(6), 神戶大学経済経営学会.

伊藤昭弘, 2011, 「日露戰後の遼東半島における日本人の製塩經營 - 山口県村井家を事例に」, 『文化交涉における画期と創造』 Vol.3, 関西大学文化交涉学教育研究拠点.

李正熙, 2009, 「朝鮮開港期における中國人勞働者問題 - '大韓帝國'末期広梁灣鹽田築造工事の苦力を中心に」, 『朝鮮史研究會論文集』 47, 朝鮮史研究會.

前田廉孝, 2012, 「戰前期台湾·関東州製塩業における日系資本の進出過程: 野崎家と大日本塩業株式会社を中心に」, 『社會經濟史學』 78-3, 社會經濟史學會.

田中新吉, 1950, 「日本塩業を顧みて」, 『日本塩学会志』 4(3-4), 日本塩学会.

田中正敬, 2003, 「1930年以後の朝鮮における塩需給と塩業政策」, 『姜德相先生古希·退職記念日朝関係史論集』, 新幹社.

田中正敬, 2011, 「植民地期朝鮮における專賣制度 - 鹽業を中心に - 」, 『東洋文化研究』 13, 學習院大學 東洋文化研究所.

田中正敬, 1997, 「植民地期朝鮮の塩需給と民間塩業 - 1930年代までを中心に」, 『朝鮮史研究会論文集』 第35集.

田中正敬, 2006, 「日本における工業用塩需要の拡大と朝鮮塩業: 內外地塩務主任官会議を中心に」, 『人文科学年報』 36, 專修大學 人文科學研究所.

田中正敬, 1996, 「統監府の塩業政策について」, 『一橋論叢』 115-2, 一橋大學 一橋學會.

田中正敬, 2001.2, 「近代朝鮮における塩需要と塩業政策」, 一橋大學 博士學位論文.

井上敏孝, 2016, 「朝鮮における築港事業: 韓国財政顧問目賀田種太郎の業績と吞吐分散方針を中心に」, 『東洋史訪』 23, 兵庫教育大学 東洋史研究会.

糟谷憲一, 1975, 「戰時經濟と朝鮮における日窒財閥の展開」, 『朝鮮史研究會論文集』 12.

川尻文彦, 2010, 「張謇の'國際秩序'觀: 朝鮮經驗と日本經驗の間」, 『19世紀東アジアにおける國際秩序觀の比較研究』, 國際高等研究所.

村上正祥, 1982, 「わが国における製塩法の発達: 明治以降の製塩法の発展」, 『日本海水学会』 36-2.

村上正祥, 1991, 「朝鮮の在來製塩法について(1)」 『日本塩業の研究』 20, 日本塩業研究会.

村上正祥, 1992, 「朝鮮の在來製塩法について(2)」 『日本塩業の研究』 21, 日本塩業研究会.

太田健一, 2001, 「19世紀末以降の日本塩業資本と台湾の関係: 野崎台湾塩行を中心にして」, 『山陽論叢』 8, 山陽学園大学紀要論集委員会.

土屋洋, 2016, 「明治·清末期, 野崎家を訪問した中国の官紳-張謇と蔣黼」, 『文化共生學研究』15, 岡山大学大学院 社会文化科学研究科.

纪丽真, 2007, 「清代山东海盐生产技术研究」, 『盐业史研究』2期.
劉常山, 2004, 「張謇的鹽務思想與實踐」, 『逢甲人文社會學報』第9期, 逢甲大學人文社會學院.
宋志东, 2008, 「民国时期山东盐业生产管理研究」, 『盐业史研究』1期.

Tao-Chang Chiang, 1975, *The Salt Industry of China*, 1644-1911: A Study in Historical Geography (Doctoral dissertation), University of Hawaii at Manoa.

찾아보기

ㄱ

가격등통제령(價格等統制令) 353, 399~401, 403~406
가네가후치해수이용공업주식회사(鐘淵海水利用工業株式會社) 445
간석지(干潟地) 46, 104, 115, 116, 118~124, 127, 128, 130~132, 262, 319, 347, 418, 427, 431, 434, 441, 495
경제블록 503, 633
고즙(苦汁) 12, 86~88, 100, 175, 188, 191, 194, 197, 235, 311, 410, 456, 543, 567, 582, 635, 636, 644~649, 660, 671, 698, 726, 732, 733, 741
고즙공업(苦汁工業) 87, 445, 612, 636, 637, 684
고즙의 화학공업화 637
공업염(工業鹽) 12, 17, 79~82, 89, 94~99, 445, 460, 463, 502, 611, 623, 625, 616, 633~639, 642, 643, 737, 743
관동주염 42, 54, 55, 252, 340, 353, 498, 570, 575~577, 623, 624
관염(官鹽) 49~51, 55, 60~63, 65, 75, 85, 186, 424, 437, 489, 492, 493, 581, 701
관영 천일염전 12, 16, 204, 312, 352, 408, 508
관제염(官製鹽) 43, 44, 581
광량만염전(廣梁灣鹽田) 37, 40, 41, 48, 53, 55, 68, 69, 71, 79, 328, 409, 433, 435, 458, 514, 515, 520, 545, 715
군자염전(君子鹽田) 107, 185, 435, 440~443, 446, 452, 461, 463, 492, 523, 527, 552, 670, 686, 688, 690~692, 694, 695, 713, 728
근해염(近海鹽) 73, 96, 97, 454, 609, 611

ㄴ

남동염전(南洞鹽田) 435, 510, 526, 527, 552, 553, 681, 692
남시염전(南市鹽田) 69, 73, 90, 101, 436, 458, 635
남촌염전(南村鹽田) 46
내지식(內地式) 249, 428, 500
내지염(內地鹽) 33, 252, 570, 574, 576, 577

ㄷ

대만염(臺灣鹽) 53, 54, 161, 162, 167, 170, 171, 252, 256, 257, 266, 267, 333, 334, 336, 337, 340, 347, 575, 577, 624
대일본염업주식회사(大日本鹽業株式會社) 78, 80, 445

ㅁ

민염(民鹽) 53
밀수입염 204, 276, 280, 288, 291, 296, 315, 336, 340, 589, 591
밀어업 274, 276, 277, 279, 280

ㅂ

변국선(卞國璇) 16, 18~20

ㅅ

산동염(山東鹽) 42, 54, 289, 353, 597
소금의 인천 496, 497, 513, 514
소다공업 82, 85, 410, 497, 498, 595, 609, 611, 625, 627~631, 633, 635, 637, 639, 643
수산세 207, 208, 210, 213, 214, 215, 217, 219, 222, 224, 227, 235, 240
수이입관리제(輸移入管理制) 566
수이입염(輸移入鹽) 12, 17, 56, 62, 85, 96, 352, 353, 361, 391, 392, 410, 434, 485, 513, 570~572, 575, 592, 593, 624, 633, 638, 651, 661
식료염(食料鹽) 73, 607, 608, 623, 632~635, 639, 660, 663, 664, 737, 744
식염(食鹽) 51, 56, 57, 60, 93~97, 99, 100, 108, 120, 133, 157, 160, 163, 166, 167, 175, 192, 202, 252, 265, 316, 347, 372, 581, 613
식탁염(食卓鹽) 46, 92, 185, 196, 352, 359, 414, 437, 449, 499, 509, 651, 737

ㅇ

연포사(連浦社) 203, 226
염 매팔인 364~367, 374~379, 381, 383, 385, 386, 493, 592
염 전매제(鹽專賣制) 12, 17, 42, 59, 60, 62~65, 105, 202, 204, 352, 390, 391, 392, 409, 411, 489, 498
염 품질 310, 421
염매팔규칙 353, 374, 385, 390
염무기관(鹽務機關) 408, 590, 604, 605, 608
염부사(鹽夫舍) 409, 444, 528, 531, 532, 534~536, 538, 539
염상(鹽商) 50, 150, 187, 353, 438, 552, 601~603
염세(鹽稅) 16, 21, 23, 24, 28, 54, 55, 104, 156, 168, 202, 203, 205, 207, 209~214, 217, 221, 226~228, 231, 232, 234, 235, 316, 317, 349, 352, 355, 417, 508, 586~591, 593, 601, 603~606
염세·수산세 210, 212, 213
염세규정 폐지의 건 352, 354
염세규정(鹽稅規程) 22, 23, 25, 26, 49, 203, 205~207, 210, 215, 224, 241, 316, 352, 354, 417
염수이입관리령(鹽輸移入管理令) 352, 353, 356
염의 운반 161, 602
염전 축조 70, 74, 160, 183, 318, 320, 321, 344, 360, 409, 415, 418, 434, 442, 444, 448, 449, 460, 461, 463, 472, 505, 516, 519, 521, 596, 670, 672, 701, 725
염전 확장 17, 33, 43, 44, 45, 59, 68, 69, 71, 72, 73, 78, 426, 435, 461, 503, 506, 523, 632, 652, 653
염전확장계획 486, 495, 523, 643, 652
외염관리제도 487, 489
우방협회(友邦協會) 668, 670, 710, 740
울산염전(蔚山鹽田) 150, 158
원매팔인(元賣捌人) 374, 378, 379, 387, 424, 661
인천염공동판매조합(仁川鹽共同販賣組合) 512
인천제염장(仁川製鹽場) 18, 19
입빈염전(入濱鹽田) 229, 248

ㅈ

자염 11, 12, 28, 204, 409
재래전오염 185, 155, 358, 359, 391, 413, 417, 437, 438, 488, 493, 558, 559, 562, 563, 575, 593, 651, 663, 664

재제염 55, 92, 167, 185, 194~196, 199, 352, 358,
　　359, 362, 379, 415, 416, 422, 437, 488, 499, 500,
　　504, 506~509, 559, 563~565, 569, 571, 573,
　　575, 577, 592, 598, 651, 660, 661, 702, 703
전매국 13, 48, 58, 65, 66, 72, 73, 76, 88, 90, 93, 94,
　　101, 107, 179, 185, 310, 373, 426, 437, 441, 442,
　　447, 448, 451, 453, 464, 473, 485~487, 504, 506,
　　509, 510, 521, 573, 577, 578, 592, 608~610, 685,
　　686, 693, 394, 704, 713, 718, 733, 734
전오법(煎熬法) 89, 93, 148, 174, 338, 418
전오염(煎熬鹽) 52, 53, 65, 66, 87, 140, 169, 181, 192,
　　194, 195, 199, 316, 328, 332~335, 337, 339,
　　340, 342, 352, 358, 359, 362, 412, 414~417,
　　420~422, 425, 426, 433, 434, 473~475,
　　477~479, 481, 483, 484~496, 499~502,
　　504~508, 559, 563~565, 568~571, 576~577,
　　580, 581, 592, 593, 598, 643, 645, 651, 661, 699,
　　702, 703, 733, 748
전오제염(煎熬製鹽) 194, 195, 199, 312, 316, 332, 336,
　　342, 427, 430, 431, 433, 520, 521, 560, 562, 566,
　　643, 646~648, 659
정제염 92, 452, 499, 509, 578, 651
정크선 134, 171, 239, 275~277, 279~281,
　　284~287, 289~292, 295, 296, 300, 302, 309,
　　361, 413, 510, 511, 707, 734
제염공업주식회사(製鹽工業株式會社) 445, 449
제염법의 공업화 612
제염시험장 16, 18, 34, 105, 106, 111, 204, 249, 303,
　　311, 427, 430
제조전매 204, 341
조선 염 전매령(朝鮮鹽專賣令) 12, 353, 363, 367,
　　370~376, 379, 381, 384, 390
조선 염업철도주식회사(朝鮮鹽業鐵道株式會社) 75, 76,
　　78

조선산염(朝鮮産鹽) 504
조선에서의 천일염전의 축조 회고담 715
조선염(朝鮮鹽) 50, 59, 60, 257, 410, 569, 576, 653,
　　654
주안염전(朱安鹽田) 40, 43~46, 48, 49, 56, 86, 90, 418,
　　419, 433, 435, 451, 458, 510, 525, 553, 682, 696,
　　725~727, 736
지나염(支那鹽) 50, 52, 54, 60, 61, 93, 96, 139, 140,
　　160, 238, 239, 255, 260, 340, 421, 428, 595~597,
　　604, 606, 609, 610

──
ㅊ

천일염관리제(天日鹽管理制) 592
천일제염 관영 계획 320, 342
천일제염(天日製鹽) 17, 18, 35, 37, 89, 90, 104, 105,
　　140, 185, 188, 203, 204, 307, 309~311, 315, 319,
　　320, 326~330, 332~335, 339, 341~346, 394,
　　410, 414, 416, 427~430, 460, 520, 559, 747
청국염 109, 134, 140, 161~163, 165, 167, 170, 171,
　　259, 267, 291, 292, 297, 298, 315, 333~336, 347

──
ㅌ

탁지부(度支部) 16, 22, 24, 25, 27, 28, 32, 34, 35, 37,
　　40, 43, 51, 52, 204, 216, 294, 308, 312, 316, 329,
　　673, 678
통제경제정책 507

──
ㅎ

해남염전(海南鹽田) 90, 93, 94, 440, 445, 446,
　　451~453, 458, 462, 463, 669, 720

동북아역사재단 일제침탈사 자료총서 37
경제편

수산업—염업
일제의 염업 개발과 통제

초판 1쇄 인쇄 2021년 12월 20일
초판 1쇄 발행 2021년 12월 31일

기획 | 동북아역사재단 일제침탈사 편찬위원회
편역 | 류창호
펴낸이 | 이영호
펴낸곳 | 동북아역사재단

등록 | 제312-2004-050호(2004년 10월 18일)
주소 | 서울시 서대문구 통일로 81 NH농협생명빌딩
전화 | 02-2012-6065
팩스 | 02-2012-6189
홈페이지 | www.nahf.or.kr
제작·인쇄 | 청아출판사

ISBN 978-89-6187-718-3 94910
        978-89-6187-717-6 (세트)

• 이 책은 저작권법으로 보호를 받는 저작물이므로 어떤 형태나 어떤 방법으로도
  무단전재와 무단복제를 금합니다.
• 책값은 뒤표지에 있습니다. 잘못된 책은 바꾸어 드립니다.